D1620742

PRAKTISCHE THEOLOGIE HEUTE

PRAKTISCHE THEOLOGIE HEUTE

Herausgegeben von
Ferdinand Klostermann
Rolf Zerfaß

unter Mitarbeit von
Ludwig Bertsch
Norbert Greinacher
Alois Müller
Yorick Spiegel

Kaiser / Grünewald

Gedruckt mit Unterstützung der Deutschen Forschungsgemeinschaft

 ISBN 3-459-00978-0
Matthias-Grünewald-Verlag, Mainz. ISBN 3-7867-0480-5
 – Umschlag- und Einbandgestaltung von Ingeborg Geith. – Satz und Druck: Sulzberg-Druck GmbH, Sulzberg im Allgäu. – Printed in Germany.

Inhalt

Abkürzungsverzeichnis

Die Abkürzungen stimmen mit denen des Lexikons »Die Religion in Geschichte und Gegenwart« (^{3}1957 ff.) überein.

AAS	Acta Apostolicae Sedis (Rom 1909 ff.)
AkatKR	Archiv für katholisches Kirchenrecht (1857 ff.)
ATHANT	Abhandlungen zur Theologie des Alten und Neuen Testaments (1942 ff.)
Barth, KD	K. Barth, Die Kirchliche Dogmatik (1932 ff.)
Biemer/Siller	G. Biemer / P. Siller, Grundfragen der Praktischen Theologie (1971)
Birnbaum	W. Birnbaum, Theologische Wandlungen von Schleiermacher bis Karl Barth (1963)
Communio	Internationale Katholische Zeitschrift Communio (1972 ff.)
ComSoc	Communicato Socialis. Zeitschrift für Publizistik in Kirche und Welt (1968 ff.)
Dahm/ Luhmann/ Stoodt	K. W. Dahm / N. Luhmann / D. Stoodt, Religion – System und Sozialisation [Reihe Theologie und Politik, hg. von H.-E. Bahr] (1972)
Denzinger	Enchiridion Symbolorum, hg. von A. Schönmetzer (^{34}1967)
DUZ	Deutsche Universitäts-Zeitung (1946 ff.)
EvKomm	Evangelische Kommentare. Monatsschrift zum Zeitgeschehen in Kirche und Gesellschaft (1968 ff.)
EvTh	Evangelische Theologie (1934 ff.)
Graf	A. Graf, Kritische Darstellung des gegenwärtigen Zustands der praktischen Theologie (1841)
GuL	Geist und Leben. Zeitschrift für Aszese und Mystik (1947 ff.)
HerKorr	Herder-Korrespondenz (1946 ff.)
HKG	Handbuch der Kirchengeschichte, hg. von H. Jedin, 6 Bde. (1962 ff.)
HPhG	Handbuch philosophischer Grundbegriffe, hg. von H. Krings / H. M. Baumgartner / C. Wild (1973)
HPTh	Handbuch der Pastoraltheologie, hg. von F. X. Arnold u.a. (1964–1972)
IDZ	Internationale Dialog-Zeitschrift (1968 ff.)
IJRS	Internationales Jahrbuch für Religionssoziologie, hg. von G. Dux / Th. Luckmann / J. Matthes (1965 ff.)
Imago	Imago Mundi, Probleme der Parapsychologie (1969)
JCS	Jahrbuch für Christliche Sozialwissenschaften (1968 ff.; bis 1967: Jahrbuch des Instituts für Christliche Sozialwissenschaften der Westfälischen Wilhelms-Universität Münster)
JLH	Jahrbuch für Liturgik und Hymnologie (1955 ff.)
JLW	Jahrbuch für Liturgiewissenschaft (1921 bis 1941)
Jüngel / Rahner / Seitz	E. Jüngel / K. Rahner / M. Seitz, Die Praktische Theologie zwischen Wissenschaft und Praxis (1968)
KatBl	Katechetische Blätter (1874 ff.)

Kathpress	Katholische Presseagentur, A-1010 Wien 1, Wollzeile 7
KNA	Katholische Nachrichtenagentur, 53 Bonn, Wesselstraße 8
Krause	G. Krause (Hg.), Praktische Theologie (1972)
KuD	Kerygma und Dogma. Zeitschrift für theologische Forschung und kirchliche Lehre (1955 ff.)
KZSS	Kölner Zeitschrift für Soziologie und Sozialpsychologie (1957 ff.)
LS	Lebendige Seelsorge (1950 ff.)
LThK	Lexikon für Theologie und Kirche, begr. von M. Buchberger, hg. von J. Höfer / K. Rahner (²1957 ff.)
Metz / Rendtorff	J. B. Metz / T. Rendtorff, Die Theologie in der interdisziplinären Forschung (1971)
MkPr	Monatsschrift für kirchliche Praxis (1901 ff.)
NAEB	Nachrichten der Evangelisch-Lutherischen Kirche in Bayern (1946 ff.)
NZsysTh	Neue Zeitschrift für Systematische Theologie und Religionsphilosophie (1959 ff.)
Otto	G. Otto, Zur gegenwärtigen Diskussion in der Praktischen Theologie, in: PTH 9–24
Pastoraltheologie	Monatsschrift für Pastoraltheologie (1911–1965); Pastoraltheologie, Wissenschaft und Praxis (1966–1969)
PTH	Praktisch theologisches Handbuch, hg. von G. Otto (1970)
Rahner	K. Rahner, Schriften zur Theologie, 10 Bde. (1954 ff.)
Reform der theologischen Ausbildung	Reform der theologischen Ausbildung. Untersuchungen, Berichte, Empfehlungen (1967 ff.); I–VIII, hg. von H. E. Hess / H. E. Tödt; IX und X, hg. von T. Rendtorff / H. Reiss
RGG	Die Religion in Geschichte und Gegenwart, hg. von K. Galling (³1957 ff.)
SC	Social Compass; international review of socio-religious studies (1953/54 ff.)
Schleiermacher, GL	F. D. Schleiermacher, Der christliche Glaube nach den Grundsätzen der evangelischen Kirche im Zusammenhange gestellt, hg. von M. Redeker (⁷1960)
Schleiermacher, KD	F. D. Schleiermacher, Kurze Darstellung des theologischen Studiums zum behuf einleitender Vorlesungen (⁴1910)
Schleiermacher, PT	F. D. Schleiermacher, Praktische Theologie (1850)
Schleiermacher, SW	F. D. Schleiermacher, Werke. Auswahl in vier Bänden (²1967)
Schuster, GP	H. Schuster, Die Geschichte der Pastoraltheologie, in: HPTh I, 40–92
Schuster, WP	H. Schuster, Wesen und Aufgabe der Pastoraltheologie als praktischer Theologie, in: HPTh I, 93–116
SM	Sacramentum Mundi. Theologisches Lexikon für die Praxis, hg. von K. Rahner u.a., 4 Bde. (1967–1969)
SW	Soziale Welt. Zeitschrift für sozialwissenschaftliche Forschung und Praxis (1950 ff.)
ThEx	Theologische Existenz heute. Schriftenreihe, hg. von K. Barth / E. Thurneysen (1934 ff.) Neue Folge (1946 ff.), hg. von K. G. Steck / G. Eichholz, ab Heft 171 hg. von T. Rendtorff / K. G. Steck

ThLZ	Theologische Literaturzeitung. Monatsschrift für das gesamte Gebiet der Theologie und Religionswissenschaft (1876 ff.)
ThPr	Theologia practica. Zeitschrift für Praktische Theologie und Religionspädagogik (1966 ff.)
ThRv	Theologische Revue (1902 ff.)
TThQ	Tübinger Theologische Quartalschrift (1819 ff.)
TThZ	Trierer Theologische Zeitschrift (1888 ff.)
Vaticanum II	Das Zweite Vatikanische Konzil. Konstitutionen, Dekrete und Erklärungen, hg. von H. S. Brechter u.a., 3 Bde., LThK 1966–1968
VuF	Verkündigung und Forschung. Beihefte zu »Evangelische Theologie« (1956 ff.)
WA	M. Luther, Werke. Kritische Gesamtausgabe (»Weimarer Ausgabe«) (1883 ff.)
WPKG	Wissenschaft und Praxis in Kirche und Gesellschaft (1970 ff.) (bis 1969: Pastoraltheologie)
WzM	Wege zum Menschen. Monatsschrift für Arzt und Seelsorger, Erzieher, Psychologen und soziale Berufe (1949 ff.)
ZEE	Zeitschrift für Evangelische Ethik. Studien, Kommentare, Dokumente (1957)
ZfPäd	Zeitschrift für Pädagogik (1955 ff.)
ZfS	Zeitschrift für Soziologie (1972 ff.)
ZThK	Zeitschrift für Theologie und Kirche. Organ für systematische und prinzipielle Theologie (1891 ff.)

Vorwort

Vom 2. bis 5. Januar 1974 tagte in Wien der Kongreß »Praktische Theologie 1774–1974«. Veranstalter war die Konferenz der deutschsprachigen Pastoraltheologen, eine seit 1960 bestehende Arbeitsgemeinschaft der katholischen Fachvertreter aus Deutschland, Österreich und der Schweiz; den Anlaß bot die Einrichtung der Pastoraltheologie als selbständige Universitätsdisziplin vor 200 Jahren, im Rahmen einer Studienreform, die Kaiserin Maria Theresia am 1. August 1974 in Kraft gesetzt hat.

Die vorliegende Publikation ist im Zusammenhang mit diesem Kongreß vom Beirat der Konferenz geplant und in Auftrag gegeben worden; sie versucht eine Bestandsaufnahme der wissenschaftstheoretischen und didaktischen Überlegungen, die im letzten Jahrzehnt innerhalb der Praktischen Theologie wirksam geworden sind und heute die Arbeit in Forschung und Lehre, an Universitäten, Priester- und Predigerseminaren, im Bereich der Fortbildung und der seelsorglichen Planung in den Kirchenleitungen anregen.

Damit wurde dieses Studienwerk – wie selbstverständlich – zu einem ökumenischen Unternehmen. Denn in allen wesentlichen Fragen gegenwärtiger praktisch-theologischer Reflexion – in der Bestimmung der Rolle der Kirchen in unserer Gesellschaft, in der Einschätzung des Theorie-Praxis-Problems, in bezug auf das Gespräch mit den Humanwissenschaften, im Bemühen um eine gründliche Studienreform – hat sich in den letzten Jahren weithin ein gemeinsames Problembewußtsein entwickelt, das über die konfessionelle Orientierung des einzelnen Theologen hinausgeht und die kritische Korrektur christlich-kirchlicher Praxis als gemeinsame ökumenische Aufgabe in den Blick treten läßt. Wenn daher im folgenden darauf verzichtet wird, die Teilthemen des Studienwerks jeweils »aus katholischer und evangelischer Sicht« darzubieten, möchten die Herausgeber damit nicht nur zum Ausdruck bringen, daß sie ihren Lesern genügend theologisches Urteil zutrauen, sondern zugleich dokumentieren, in welchem Umfang Zusammenarbeit und Vertrauen zwischen den Fachvertretern der Praktischen Theologie heute möglich geworden sind.

Der Aufbau des Werkes ergibt sich aus seiner Zielsetzung.

Der einführende historische Teil möchte die Geschichte der Disziplin als kritisches Korrektiv der gegenwärtigen wissenschaftstheoretischen Reflexion in Erinnerung halten, sind doch die heutigen Aporien des Faches im Spannungsfeld zwischen Wissenschaft und Praxis, Universität und Kirche, Theologie und Gesellschaft von allem Anfang an erkennbar.

Der zweite Abschnitt erörtert die wichtigsten wissenschaftstheoretischen Fragestellungen der gegenwärtigen Debatte: das Theorie-Praxis-Problem, die neueren Ansätze praktisch-theologischen Denkens, das Methodenproblem, die angesichts der laufenden Studien- und Fachbereichsreformen sehr aktuelle Frage der Abgrenzung gegenüber den theologischen Nachbardisziplinen und schließlich das faszinierende und schwierige Feld der Zusammenarbeit mit den Humanwissenschaften.

Der dritte Teil wendet sich einzelnen Bereichen christlich-kirchlicher Praxis zu. Es geht hier freilich weniger um die Beschreibung dieser Praxisfelder selbst, als um die Erschließung methodisch gesicherter Zugangswege zu ihnen. Indem die Voraussetzungen zur Erforschung und Veränderung kirchlichen Handelns exemplarisch erörtert werden, indem einzelne Analyseebenen voneinander abgehoben und verschiedene Lösungsstrategien durchgespielt werden, werden zugleich bestimmte Grundmuster praktisch-theologischen Denkens vorgeführt.

Der vierte Teil berichtet von den wichtigsten didaktischen Reformversuchen innerhalb der Disziplin, von dem Bemühen, Aus- und Fortbildung, universitäres und kirchliches Angebot besser aufeinander zu beziehen, insbesondere von den Erfahrungen mit neuen, integrativen Lernmethoden in Holland.

Schließlich kommen – im fünften Abschnitt – einzelne Erfahrungen der kirchlichen Praxis zur Sprache, die sich in den letzten Jahren besonders inspirativ auf die Theoriebildung in der Praktischen Theologie ausgewirkt haben. Sie belegen, daß wissenschaftlicher Fortschritt auch in der Theologie nicht möglich ist, ohne daß Utopie und Phantasie, das theoretisch nicht voll abgestützte Experiment und die gewagte These ihr Recht behalten. Sie stimulieren eine an der Erneuerung christlich-kirchlichen Lebens interessierte Theologie, den befreienden, vorwärts drängenden Erfahrungen und Aufbrüchen des Geistes genügend Aufmerksamkeit zu schenken.

Es ist eine vornehme Pflicht der Herausgeber, allen zu danken, die zum Entstehen dieses Werkes beigetragen haben: an erster Stelle den Verfassern der einzelnen Beiträge, die sich sehr kooperativ in das Konzept dieses Studienwerks eingefügt haben; sodann der Deutschen Forschungsgemeinschaft und allen Fachkollegen, Bistümern und Landeskirchen, die durch Zuschüsse und Spenden die Realisierung des Plans ermöglicht haben; schließlich dem Lektorat des Chr. Kaiser Verlages und den Mitarbeitern am Pastoraltheologischen Seminar Würzburg, die sich in die beträchtliche Mühe der redaktionellen Arbeit geteilt haben.

Wien/Würzburg, 1. August 1974

Für die Herausgeber

Ferdinand Klostermann
Rolf Zerfaß

1 ZUR GESCHICHTE DER DISZIPLIN

1|1 Alois Müller
Praktische Theologie zwischen Kirche und Gesellschaft

1. *Die historische Hypothek der Praktischen Theologie*

Die Praktische Theologie hat das fragwürdige Privileg, in historisch unlöslicher Beziehung zur Staatsgewalt zu stehen. Ist doch die Existenz der Disziplin »Pastoraltheologie« an den katholischen theologischen Fakultäten auf immer mit Namen und Regierung der österreichischen Kaiserin Maria Theresia (1740–1780) verknüpft. Ja, in der zweiten Hälfte des 18. Jahrhunderts wurde das Schicksal der theologischen Lehrtätigkeit überhaupt weitgehend in Wien politisch ausgefochten und entschieden.

1752 wurde von Staats wegen eine erste theologische Studienreform eingeführt, in deren Urheberschaft sich der Fürsterzbischof Graf Johann Josef Trautson und der theologische Studiendirektor Ludwig de Biel SJ teilten[1]. Sie wollte das Problem der differierenden Interessen von Wissenschaft und Praxis lösen durch die Teilung in eine höhere und eine niedere Theologie, wobei zugleich der Praxis die Minderbegabten zugewiesen wurden.

Die Aufhebung des Jesuitenordens, in dessen Händen das theologische Studium in Österreich bislang gelegen hatte, gab der Kaiserin 1773 Gelegenheit, der Studienhofkommission auf deren Anregung einen neuen theologischen Studienplan in Auftrag zu geben. Bischöfe, Äbte und Fakultätsdirektoren wurden um Reformvorschläge gebeten. Der neugewählte Abt von Břevnov-Braunau, der Kanonist F. S. Rautenstrauch, seit 1774 Direktor der theologischen Fakultät Prag, legte daraufhin seinen »Entwurf einer besseren Einrichtung theologischer

---

1 Vgl. J. Müller, Der pastoraltheologisch-didaktische Ansatz in Franz Stephan Rautenstrauchs »Entwurf zur Einrichtung der theologischen Schulen« (1969) 99; R. Flüglister, Die Pastoraltheologie als Universitätsdisziplin. Eine historisch-theologische Studie (1951) 12–15; F. Dorfmann, Die Ausgestaltung der Pastoraltheologie zur Universitätsdisziplin (1910). Wesentliches an (heute teilweise vernichtetem) Quellenmaterial findet sich bei C. Wolfsgruber, Christoph Anton Kardinal Migazzi Fürsterzbischof von Wien. Eine Monographie und zugleich ein Beitrag zur Geschichte des Josephinismus (1897) sowie bei H. Zschokke, Die theologischen Studien und Anstalten der katholischen Kirche in Österreich (1894).

Schulen« vor, und dieser, am 1. August 1774 von der Kaiserin approbiert und am 3. Oktober leicht abgeändert unter dem Titel »Verfassung der theologischen Facultät« veröffentlicht, hat die Pastoraltheologie in den Kanon der theologischen Universitätsdisziplinen eingeführt.

Rautenstrauchs pastoraltheologisches Werk in seinem zeitgeschichtlichen Rahmen wirft für die heutige Praktische Theologie eine doppelte Frage auf. Die erste ist diejenige der theologisch-wissenschaftlichen Grundlegung dieser Disziplin, die gerade in ihren Anfängen und Vorformen mehr als Kunst und Technik denn als Wissenschaft angesehen wurde. Die zweite betrifft das Verhältnis der Kirche zum Staat. Maria Theresia war die Mutter Kaiser Josefs II. und sicher in gewisser Weise auch die Mutter des Josefinismus. Schon damals und beinahe bis heute schieden sich am Rautenstrauchschen Reformprojekt die Geister in der Frage, ob hier nicht dem Kaiser gegeben werde, was, wenn nicht Gottes, so doch der kirchlich-hierarchischen Gewalt sei. Der Fürsterzbischof von Wien, Kardinal Christoph Anton von Migazzi, wandte sich gegen Rautenstrauchs »Anleitung und Grundriß der systematischen dogmatischen Theologie« in einer Eingabe an die Kaiserin und stellte die Frage: »Was soll die Religion, was die Kirche, was das gläubige Volk von dergleichen Schulen Gutes zu erwarten haben? Die Religion den Verfall, die Kirche Verwirrung, die Diener des Altars Unwissenheit und das gläubige Volk Irrtum ... Die Lehre der Religion wird denjenigen gänzlich und ohne alle Abhängigkeit überlassen, welchen doch das Pfand des Glaubens nicht anvertraut ist, und sie werden zu Lehrern in Israel aufgeworfen, da sie doch ihr Beruf zu solchen nicht macht.«[2] Der Prälat von Braunau war in seiner Verteidigung auch nicht skrupulös: »Wenn man das Argument des Kardinals hätte gelten lassen«, schrieb er, »so säßen noch alle Wissenschaften und Künste in ihrer ersten Kindheit, und wir würden nichts als wilde deutsche Waldmänner sein.« Ja, er ging zum Gegenangriff über: »Blindheit unter den Hirten des Volkes war schon lange vor dieser Einrichtung, und wenn die Oberhirten nicht selbst mit mehrerem Lichte werden anfangen, ihren subordinierten Hirten vorzuleuchten, so wird es freilich aller Schuleinrichtung ungeachtet noch immer gar zu viele blinde Hirten des Volkes geben.«[3]

Tatsächlich stand Rautenstrauch als Vertreter der Aufklärung ganz auf dem Boden des Staatskirchentums. Die Seelsorger waren ihm geistliche Beamte des Staates. Dem Staat müsse viel daran gelegen sein, »gute Seelsorger, welche die eigentlichen Volkslehrer wären, und ohne deren Aufklärung keine National-Aufklärung jemals zu erhoffen sei,

---

2 Wolfsgruber, 320.

3 AaO. 321 f.

zu erhalten«[4]. So dachte auch die Studienhofkommission, »umso mehr, als die tägliche Erfahrung lehre, wie höchst nötig es sei, den geistlichen Stand und besonders die Seelsorger ... zu nützlichen Mitwirkern im Staat umzuschaffen«[5]. Und im tabellarischen Grundriß der in deutscher Sprache vorzutragenden Pastoraltheologie, 1778 veröffentlicht, dem eigentlichen ersten Leitfaden unserer Disziplin, vertritt Rautenstrauch die Ansicht, der Seelsorger müsse sich bemühen, »durch seine Lehren nicht nur gute Christen, sondern auch dem Staate gute Bürger und der menschlichen Gesellschaft wahre Menschenfreunde zu bilden. Und weil die Seelsorger vom Staate ernährt werden, so erwartet auch derselbe von ihnen, daß sie in ihren öffentlichen Vorträgen nebst anderen heilsamen Lehren ihren Gemeinden die Pflicht gegen sich selbst, gegen ihre Nebenmenschen, gegen ihren Landesherrn etc. und andere dergleichen den Begriffen und Bedürfnissen des gemeinen Mannes angemessene Wahrheiten, öfters als es bisher geschah, einprägen etc.«[6]. In dieser Auffassung stimmte Rautenstrauch mit seinem evangelischen Vorbild Johann Peter Miller von Göttingen überein[7].

So vollzog sich nicht nur die *Einführung* der Pastoraltheologie an den Universitäten unter den Auspizien eines ganz bestimmten Verhältnisses von Kirche und Gesellschaft bzw. Staat, sondern dieses Verhältnis wurde auch zu einer *Begründung* für die neue Disziplin.

Der sog. »josefinistische Zug« der ersten Pastoraltheologen wurde in späteren Darstellungen übertrieben[8]. Voll kam er eigentlich nur zur Geltung beim ersten Wiener Pastoralprofessor, F. Giftschütz (1748 bis 1788)[9]. In seinem »Leitfaden für die in den k.k. Erblanden vorgeschriebenen deutschen Vorlesungen über die Pastoraltheologie« heißt es: »Der Seelsorger nun hat als eines von den wichtigern Gliedern der Gesellschaft Gelegenheit genug, die Untergebenen im Frieden, in der Ruhe zu erhalten, allen Geist der Empörung zu ersticken, wenn er die Pflichten der Untergebenen gegen die höchste Gewalt, Treue, Gehorsam, Ehrerbietung, redliche Entrichtung der Abgaben usw. nachdrücklich einprägt. Dies erwartet der Staat von ihm, dies fordert die Religion, deren Pflichten mit den Pflichten der Gesellschaft im genauesten Zusammenhang stehen. Der gute Christ ist allemal auch ein guter Bürger«[10].

4 Müller, 36.

5 AaO. 37.

6 AaO. 40.

7 Vgl. aaO. 80.

8 Vgl. aaO. 126, 129 f, 132, 135. Der Vorwurf richtet sich vor allem an Dorfmann.

9 Müller, 129–131.

10 Giftschütz, Leitfaden für die in den k.k. Erblanden vorgeschriebenen deutschen Vorlesungen über die Pastoraltheologie, 2 Teile (1786) I 63 f. (zit. nach Müller, 130, Anm. 628).

Wenn man es auch heute nicht mehr gerade so sagt, so weist diese ganze Tendenz doch auf einen Sachverhalt hin, der für die Pastoraltheologie grundlegend ist und heute in ganz anderem Lichte neu erkannt wird.

Bis zum Tübinger Pastoraltheologen A. Graf gegen Mitte des 19. Jahrhunderts[11] galt die Pastoraltheologie ausschließlich als Lehre von den Amtsobliegenheiten des priesterlichen Seelsorgers. Der Gesellschaftsbezug verlief alsdann über Person und Amt des Priesters in dessen Verhältnis zur Staatsgewalt. Graf selber sah als Gegenstand der »Praktischen Theologie«, wie er sie nannte, die Kirche hinsichtlich ihrer Selbsterbauung in die Zukunft, die Kirchen in allen ihren Gliedern, die Kirche in allen ihren Täigkeiten und Faktoren. Damit ist auch der Berührungsbereich Kirche – Gesellschaft, wie er die Praktische Theologie interessiert, wesentlich ausgeweitet.

Grafs Intuition wurde zwar alsbald wieder verlassen, ja zurückgewiesen. Damit mangelte auch dem Thema »Kirche und Gesellschaft« weitgehend die wissenschaftliche Reflexion. Erst in den letzten fünfundzwanzig Jahren wurde er wieder wirksam herangezogen[12], und heute ist eher die Rede davon, seinen Ansatz noch auszuweiten als hinter ihm zurückzubleiben. Denn gleichzeitig und unabhängig von formalen Sorgen der Praktischen Theologie ist in unseren Tagen das Thema Kirche und Gesellschaft wieder akut geworden. Man kann es daraus erkennen, wie fremd, ja geradezu falsch uns heute das vorgenannte Zitat von Giftschütz klingt. Nicht ob der Kirchendiener Staatsdiener, ob er Revolutionär sein müsse, ist die heute interessierende Frage. Neutraler ausgedrückt: Die Selbsterbauung der Kirche in die Zukunft hat immer etwas mit der Gesellschaft zu tun, damit, wie diese Gesellschaft sei und wie Kirche sich zu Gesellschaft verhalte.

Die Diskussion geht heute um Sätze wie: »Praktische Theologie ist kritische Theorie religiös vermittelter Praxis in der Gesellschaft«[13]; oder: »Religiös vermittelte und kirchlich institutionalisierte Praxis interessieren eine theologisch motivierte kritische Handlungswissenschaft nicht als Selbstzweck, sondern unter der Fragestellung nach ihrem Stellenwert im geschichtlich-gegenwärtigen Prozeß menschlicher Selbstbefreiung«[14]. Man erkennt daraus, welchen Stellenwert Gesellschaft mitunter schon in Praktischer Theologie hat. Der Titel dieses Auf-

---

11 Zu Graf vgl. Schuster, GP, 56–62. Flüglister, 29 f. weicht in der Grafdeutung davon ab.

12 Seit F. X. Arnold, Grundsätzliches und Geschichtliches zur Theologie der Seelsorge (1949).

13 Otto, 23.

14 B. Päschke, Praktische Theologie als kritische Handlungswissenschaft. Überlegungen zum Verhältnis von Praxis und Geschichte, in: ThPr 6 (1971) 1–13.

satzes plaziert die Praktische Theologie akkurat »zwischen« Kirche und Gesellschaft. Wie denn die Praktische Theologie zwischen der Kirche und der Gesellschaft steht, wollen die nachfolgenden Überlegungen untersuchen.

2. *Der Horizont einer neuen Funktionsbestimmung der Praktischen Theologie*

Um einen Einstieg zu haben, müssen wir von der vorläufigen Annahme ausgehen, daß Praktische Theologie etwas mit der Praxis der Kirche zu tun habe, wie immer dieses Verhältnis nachher zu bestimmen sei. In diesem Fall liegt unserer Frage das Problem des Verhältnisses Kirche–Gesellschaft zugrunde. Es soll darüber zwar nicht vorfabrizierte Theorie geboten werden, bei der dann die Praxis schauen kann, wie sie zum Zuge kommt, aber einige Vorabklärungen sind doch unerläßlich. In welchem Horizont stellen wir die Frage nach dem Verhältnis Kirche–Gesellschaft?

Wenn man unter Gesellschaft ein konkretes Gesamt menschlicher Gemeinschaftsbezüge versteht – oder auch die Menschheit überhaupt – auf dem Einheitsnenner ihrer sozialen Verflechtungen, dann könnte man von vornherein »Gesellschaft« als den weitesten, ja den absoluten Horizont menschlicher Wirklichkeit ansetzen. In diesem Fall wäre Kirche gänzlich unter dem Begriff Gesellschaft subsumiert, wäre zur Gänze ein Phänomen an der Gesellschaft, in der Gesellschaft oder *der* Gesellschaft. Gesellschaft und Kirche würden sich dann verhalten wie das Ganze zum Teil, wobei der Teil nur vom Ganzen her Sinn, Berechtigung und Maß empfinge.

Was an einer solchen Überlegung berechtigt sein könnte, soll im Augenblick noch nicht erörtert werden. Es muß aber jetzt schon vermerkt werden, daß im bisherigen Verständnis von Kirche für diese noch ein anderer Bezugspunkt nicht nur namhaft zu machen, sondern primär ist, nämlich Gott. Es soll hier so gesprochen werden, daß der Begriff »Gesellschaft« nicht schon eine Theologie und ein Gottesverhältnis einschließt, sondern als nicht-transzendentes Sinngefüge verstanden wird. Dann müßte klar sein, daß Kirche nicht in diesen Begriff verschließbar ist, sondern daß sie, als Phänomen *in* einer Gesellschaft, zugleich lebt aus der Verwiesenheit und dem Verweis auf Transzendenz. Lebt aber Kirche aus Transzendenz und ist im Begriff Gesellschaft Transzendenz nicht mitgemeint, dann besteht eine Differenz zwischen Kirche und Gesellschaft, und diese Differenz läßt nach dem Verhältnis beider Größen fragen.

Vielleicht ist diese Überlegung selber schon die Folge eines bestimmten derartigen Verhältnisses. In den alten Stammesreligionen wie auch beim Volk Israel war der Transzendenzbegriff im Gesellschaftsbegriff eingeschlossen. Die Gesellschaft selber war die Sozialform des Transzendenzbezuges. Es soll hier offen bleiben, wieweit es rein geschichtliches Ergebnis ist oder wieweit es im Wesen des Christentums liegt, daß wir heute die Situation einer selbstorganisierten Kirche einerseits, einer transzendenztauben Gesellschaft anderseits haben, und es wird die Frage zu stellen sein, ob es ein drittes gibt.

Nach diesen Vorbemerkungen soll nun ausdrücklich die Frage gestellt werden: Was hat Kirche mit Gesellschaft zu tun?

a. Begriffliche Vorklärungen

Tatsache ist, daß durch Jesus ein bestimmter »Ruf in die Transzendenz« ergangen ist und daß die Kirche oder die Kirchen es als ihre Wesensaufgabe beanspruchen, diesen seinen Ruf in seinem Namen weiterzutragen, in jeder Gesellschaft durch Raum und Zeit gegenwärtig und wirksam zu erhalten. Es ist nun zu unterscheiden: auf seiten der »Kirche« die Botschaft Jesu einerseits und die auf diese Botschaft verpflichtete Kirche in ihrer Sozialgestalt andererseits, bei der »Gesellschaft« die diffuse menschliche Wirklichkeit einerseits, die konkreten gesellschaftlichen Sozialgestalten (Institutionen) andererseits. Theoretisch ergeben sich so vier Fragestellungen: (1) Das Verhältnis der Botschaft Jesu zur menschlichen Wirklichkeit, (2) das Verhältnis der Botschaft Jesu zu den gesellschaftlichen Institutionen. (3) Das Verhältnis der Kirche als Institution zur menschlichen Wirklichkeit und (4) das Verhältnis der Kirche als Institution zu den gesellschaftlichen Institutionen. Trotz der Pedanterie dieser Einteilungen müssen sie auseinandergehalten werden, da manche Meinungsverschiedenheit nur auf unbemerkter Verschiedenheit in den genannten Fragestellungen beruhen dürfte. Diese müssen darum der Reihe nach behandelt werden, was in Form von Thesen geschehen soll.

An einem recht geläufigen und ebenso heiklen Beispiel soll das verdeutlicht werden: am Beispiel der Erziehung.

(1) Die Botschaft Jesu vom in Gott befreiten, von Gott sich selbst und dem Nächsten zurückgegebenen Menschen, ist zunächst eine Herausforderung an die menschliche Wirklichkeit der Erziehung überhaupt, vorausgehend aller Institutionalisierung.

(2) Die Erziehung ist aber gesellschaftlich institutionalisiert, und die Probleme, auf die sich die genannte Botschaft Jesu bezieht, bekommen auch institutionelle Ausformungen, werden durch die Institutionen zB. verschärft, verfremdet oder verschoben usw. Aus der Botschaft Jesu können dann allenfalls Herausforderungen entspringen nicht nur an

die Erziehung im allgemeinen, sondern gerade an diese institutionellen Formen von Erziehung.

(3) Die Kirche (ohne diesen Begriff hier zu differenzieren) will die Botschaft Jesu an die menschliche Wirklichkeit der Erziehung vermitteln. Sie ist aber Institution. Sie muß zu dieser Vermittlung also institutionelle Formen einsetzen, mit deren Möglichkeiten und deren Grenzen, mit dem unvermeidlichen Betrag an Veränderung, den die Botschaft durch die Institution erfährt.

(4) Mit ihrem Vermittlungwillen trifft die Institution Kirche schließlich auf die Erziehungs*institutionen* der Gesellschaft. Durch einen doppelten institutioneller Raster hindurch soll die Botschaft Jesu noch die Erziehungswirklichkeit herausfordern. Die unter (2) und (3) genannten Gefährdungen kumulieren sich, zumindest sind die Einflußpotenziale stark kanalisiert. Trotzdem wird sich der Einfluß der Botschaft Jesu auf die Erziehung unvermeidlich auch von Institution zu Institution ereignen müssen.

Dieses Beispiel mag nun als verdeutlichender Hintergrund der folgenden abstrakt gehaltenen vier Thesen dienen.

b. Vier Thesen zum Beziehungsverhältnis Kirche – Gesellschaft

1. These: Die Botschaft Jesu bezieht sich auf die menschliche Wirklichkeit und gibt ihr eine letzte Sinndeutung und Normierung aus einem geoffenbarten Transzendenzbezug.

Diese These enthält vier Aussagen.

(1) Die Botschaft Jesu bezieht sich auf die menschliche Wirklichkeit. Diese letztere ist mit der Botschaft Jesu gemeint, angezielt. Es handelt sich bei der Botschaft Jesu nicht um eine überweltliche Theorie, die an der menschlichen Wirklichkeit vorbeizielte oder sie womöglich als bloßes Hindernis, ja als Widerpart betrachtete.

(2) Die Weise der Bezogenheit der Botschaft Jesu auf die menschliche Wirklichkeit ist zunächst, daß sie dieser eine letzte Sinndeutung gibt. Damit wird – zunächst – diese Wirklichkeit nicht tangiert, nicht verändert, es werden auch durch die Botschaft Jesu keine neuen, anderen Wirklichkeitspakete geliefert, es wird nur vom Ganzen ein letzter Bezug ausgesagt, in welchem auch der letzte Sinn liegt. (Der Sinnbegriff kann nicht weiter zerlegt oder funktionalisiert werden; er wird nur entweder angenommen oder verworfen, man kann auch sagen wahrgenommen oder übersehen.) Eine letzte Sinnaussage, das Wissen um das Um-wessentwillen des Daseins ist allerdings für den Menschen von lebensentscheidender Bedeutung.

(3) In einer Wirklichkeit, die freier Verwirklichung aufgegeben ist, bewirkt eine Sinndeutung auch eine Normierung. Das der Sinndeutung

Entsprechende wird gewählt, das mit ihr Unvereinbare wird verworfen. Dadurch wirkt sich die Sinndeutung doch wirlichkeitsverändernd aus.

(4) Die Sinndeutung selber liegt nicht noch einmal in der angesprochenen Wirklichkeit, sondern in einem behaupteten Transzendenzbezug, der nun die autoritative Aussage, ja Selbstaussage Jesu ist und darum mit Recht als Offenbarung bezeichnet wird.

Mit diesem von Jesus gemeinten und in Jesus gesetzten Transzendenzbezug ist etwas Neues, Unableitbares gegeben, das nicht früher oder später aus der menschlichen Wirklichkeit ohnehin abgeleitet worden wäre. Ohne die lebendige Annahme dieses Transzendenzbezugs (Glaube) würde eine Sinn- und Normnahme von Jesus her der letzten Begründung entbehren, wäre etwas Beliebiges.

2. *These: Die Botschaft Jesu betrifft die gesellschaftlichen Sozialgestalten in dem Maß ihrer Beziehungen zur Sinndeutung menschlicher Wirklichkeit.*

Auch die Sozialgestalten menschlicher Wirklichkeit sind auf die Sinndeutung hin offen und ihrer bedürftig. Soweit dies – in verschiedenem Grade – gegeben ist, stehen auch sie vor der Herausforderung der Botschaft Jesu, werden durch sie allenfalls zur Veränderung gerufen. Doch kann das nur geschehen durch Personen, welche sich der Botschaft Jesu öffnen und sie in den Institutionen ihrer Rolle gemäß zur Geltung bringen.

3. *These: Die Kirche als Sozialgestalt der Botschaft Jesu hat in der menschlichen Wirklichkeit auf die Weise sozialer Funktionen diese Botschaft zur Geltung zu bringen.*

Für die gegenwärtige Fragestellung kann abgesehen werden vom Problem, was der Eigenwert eines innerkirchlichen Selbstvollzugs sei. Sondern die Kirche wird in ihrer transitiven Funktion genommen, eben als Sozialgestalt des Vorgangs, daß die Botschaft Jesu zur Geltung gebracht wird. Damit ist sie – und ihr Anspruch – nicht mehr einfachhin identisch mit der Botschaft Jesu, obwohl andererseits nur von dieser her zu rechtfertigen.

Als Institution kann die Kirche mittels sozialer Funktionen mit der menschlichen Wirklichkeit in Interaktion treten. Generell läßt sich diese Interaktion als Kommunikation definieren. Wesentlicher Zielgehalt dieser Kommunikation ist die Botschaft Jesu in ihrer Relevanz für die gesellschaftliche Wirklichkeit (im Sinn der 1. These).

4. *These: Der Kommunikationsauftrag der Kirche gegenüber der menschlichen Wirklichkeit spezifiziert sich gegenüber den gesellschaft-*

lichen Sozialgestalten nach Maßgabe des Verhältnisses dieser Institutionen zur menschlichen Wirklichkeit.

Die gesellschaftlichen Institutionen bis hin zur Staatsgewalt sind Sozialgestalten der menschlichen Wirklichkeit, sind aber mit dieser nicht einfachhin identsch. Wegen der bestehenden intensiven Wechselbeziehung zwischen beiden Größen ist die Kirche auch an die Institutionen verwiesen, und das Verhältnis besteht nun wechselseitig in sozialen Funktionen, das heißt: die Beziehung wird politisch. Der Grundsachverhalt, der in der 1. These ausgedrückt wurde, ist grundlegend vorhanden und bestimmend, ist aber doppelt gebrochen: Die Kirche ist nicht total identisch mit der Botschaft Jesu und doch um ihretwillen da; die gesellschaftlichen Institutionen sind nicht total identisch mit der menschlichen Wirklichkeit und doch als deren Sozialgestalten hervorgebracht.

Die Frage also, was Kirche mit Gesellschaft zu tun habe, hat verschiedene, wiewohl miteinander eng verknüpfte Antworten, je nachdem wie der Schnitt gelegt wird. Es ist gut, wenn nicht falsche Gleichheitszeichen zwischen Kirche und Botschaft Jesu, zwischen Institutionen und menschlichen Wirklichkeiten, gleich in welcher Richtung, gesetzt werden, weil sonst Schlußfolgerungen zu Sophismen werden könnten.

Nur im Überflug sollen folgende Feststellungen gemacht werden: Kirche als Institution kann sich nicht dieselbe Unbedingtheit zuschreiben, die der Botschaft Jesu zukommt. – Menschliche Wirklichkeit ist nicht schon erreicht, wenn eine Institution erreicht ist (zB. das Schulwesen), sie ist aber auch nie ganz erreicht, wenn ihre institutionellen Formen nicht erreicht werden. – Die Sozialgestalt Kirche kann ihre Botschaft nicht ausrichten außerhalb institutionalisierter Funktionen, und erst recht geht es nicht ohne institutionellen Rahmen in der Wechselbeziehung mit den Institutionen der Gesellschaft.

c. Das Problem der Teilidentität von Kirche und Gesellschaft

Stand bisher die *Interaktion* zwischen Kirche und Gesellschaft im Blickfeld, so ist nun noch ein kurzes, aber wichtiges Wort zu sagen zur Frage der *Teilidentität* von Kirche und Gesellschaft. Banal ist die Feststellung, daß die Glieder der Kirche stets auch einen kleineren oder größeren Teil der Gesellschaft ausmachen und deren Bedingungen teilen.

Wichtiger ist die Tatsache, daß die Kirche als Institution nie nur Verkündigungsinstanz gegenüber der Gesellschaft ist, sondern immer auch Institution und Gruppe unter anderen *in* der Gesellschaft, meßbar, wenn auch nicht total, mit den einschlägigen Begriffen der Gesellschaftswissenschaften.

Und die Kehrseite dieses Faktums ist schließlich, daß sich auch innerhalb des kirchlichen Sozialkörpers selber Gesellschaft ereignet: Rollen, Institutionen, Normen, Sanktionen, Über- und Unterordnung, Meinungsbildung, Druck und Gegendruck usw. Damit bricht für die Kirche bei ihrem Verkündigungsauftrag teilweise plötzlich die Subjekt-Objekt-Spannung in sich zusammen. Sie hat sich selber den Spiegel der Botschaft Jesu vorzuhalten, ihr Handeln *in der* Gesellschaft ist unausweichlich, zum Guten oder zum Schlechten, ein Teil ihrer Botschaft *an die* Gesellschaft. Vor allem ist ihre eigene Sozialstruktur der Ort, wo zuerst ihre Botschaft an die Gesellschaft Subjekt werden müßte, nämlich vorgelebtes Beispiel des zu Sagenden.

Hier hört unter Umständen die Gemütlichkeit auf, und es tauchen unbequeme Fragen auf: Könnte eine Kirche mit Überbleibseln der Feudalstruktur der Gesellschaft vorleben, worauf es nach der Botschaft Jesu heute ankommt? Könnte eine Kirche mit teilweise ungesicherten, gar verweigerten Menschenrechten Subjekt dessen sein, was das Objekt ihres Auftrags an die Gesellschaft ist?

3. *Die doppelte Aufgabe der Praktischen Theologie*

So vielschichtig, so vielbedeutend ist also das Verhältnis der Kirche zur Gesellschaft. Und nun hat die Praktische Theologie mit der Praxis der Kirche zu tun, also in vorzüglicher Weise mit der Wechselbeziehung zwischen Kirche und Gesellschaft. Ihre Aufgabe darin soll durch zwei weitere Thesen ausgedrückt werden.

a. Die praktische Theologie hat der Kirche die Gesellschaft zu vermitteln

Wenn Praktische Theologie Praxis der Kirche normativ reflektieren will, dann ist die spezifische, aus der jeweiligen Situation aufgegebene Beziehung der Kirche zur Gesellschaft wesentlicher Bestandteil dieser Reflexion. Dabei sagt unsere These aus, daß die Beziehung zur Gesellschaft oder die Beurteilung der gegebenen Situation, nicht einfachhin der Praxis selber überlassen werden kann. Sondern praktisch-theologische Reflexion muß der Kirche die Gesellschaft vermitteln.

(1) Die Praktische Theologie muß die gesellschaftliche Wirklichkeit studieren. Mit den Mitteln der Soziologie und der übrigen Gesellschaftswissenschaften muß sie die Lage erkennen und deuten. In die Kirche hinein ist zu sagen: Die Interpretation gesellschaftlicher Wirk-

lichkeit mit dilettantischen oder mit überholten Modellen ist nicht mehr verantwortbar, wenn neue Wissenschaften verbesserte und methodisch überprüfbare Modelle anbieten. Man soll das nicht beklagen als Übergewichtigkeit der Humanwissenschaften in der Theologie. Wie die Gesellschaft *ist,* weiß nicht die Theologie; es gibt hier keine Berufung auf einen übergeordneten Standpunkt des Glaubens. Wie die Gesellschaft *ist,* muß die Theologie, die Kirche vielmehr zuerst lernen, damit sie überhaupt auch weiß, wie heute ihr Glaubensauftrag zu umschreiben ist.

(2) Die Praktische Theologie muß sodann den Ist-Zustand der Gesellschaft auf seine Bedürftigkeit hinsichtlich der Botschaft Christi befragen. Es ist das eine Reflexion eigener Art. Zu wissen, wie die Glaubenssätze lauten und zu wissen, wie es um die Welt bestellt ist, genügt noch nicht, um dieser Welt die Botschaft Jesu auszurichten. Die Frage muß geprüft werden, was nun für ein Wort an diese Gesellschaft in der Botschaft Jesu geborgen ist. Die Deutung der Situation muß vertieft werden auf ihre theologische Bedeutung. Dilettantismus in dieser Aufgabe würde zu dem Eindruck führen, daß sehr viel gesprochen wird, aber beinahe nie das, was zu sagen wäre.

(3) Ist aber erkannt, welcher Botschaft die heutige Gesellschaft bedarf, dann braucht es noch einmal die praktisch-theologische Reflexion darüber, mit welchen Mitteln die Kommunikation gelingen kann. Auch das liegt nicht schon im theologischen Verständnis der Situation. Wieder braucht es das Wissen um innere und äußere Bedingungen der Kommunikation, um den faktischen Stellenwert der Kirche in der Gesellschaft, das Unterscheidungsvermögen zwischen dem Kommunikationswert des objektiven Wortes und dem der subjektiven Selbstverwirklichung der Kirche gemäß diesem Wort.

(4) In all dem hat die Praktische Theologie der Kirche manches zu sagen, was für diese demütigend ist. Es kann sein, daß sich gegen diese Verdemütigung Widerstand erhebt, Abwehr, Verdrängung, etwa mit dem Verweis an die Praktische Theologie, sie liebäugle lieber mit weltlichen Wissenschaften als mit den Glaubensgrundlagen. Aber wenn die vorausgegangenen Überlegungen stimmen, gibt es nur diesen Weg, die Botschaft Jesu je heute wirklich zur Geltung zu bringen, Glauben zu wecken.

b. Die praktische Theologie hat der Gesellschaft die Kirche zu vermitteln

Mit der zuletzt genannten Aufgabe ist auch schon die Reziprozität, die umgekehrte Sinnrichtung praktisch-theologischer Reflexion angesprochen. Kommunikation ist ja gegenseitig. Auch die Gesellschaft – ob das nun bedeutet: die Massenmedien, die Wissenschaft, ein Parlament oder eine Basisgruppe – auch die Gesellschaft muß Interpretation erhalten, um was es eigentlich dieser Kirche oder dieser Botschaft Jesu gehe, die da ungebeten sich zu Wort meldet in einer Gesellschaft, welche sich so gerne als geschlossenes System versteht und einrichtet. Es ist ja eine Gesellschaft, die sich heute an den einen Orten die Transzendenzlosigkeit zur Parole gemacht hat, und die an anderen Orten mit vorgeblichem Transzendenzbezug Unmenschlichkeit zu tarnen oder zu rechtfertigen meint.

Die Praktischen Theologen stehen hier im Außendienst. Wie sie der Kirche die Welt verständlich machen müssen, so müssen sie der Gesellschaft die Kirche verständlich machen, nicht im Stil von Public-Relations-Managern, sondern als redliche Interpreten. Sie werden der Gesellschaft damit auch nicht ohne weiteres willkommen sein, haben sie doch eine Botschaft verständlich zu machen, welche die Gesellschaft relativiert und von ihr als subversiv erfahren werden kann. Wenn unsere Einsicht gilt, daß die Botschaft Jesu sich auf die menschliche Wirklichkeit bezieht, wenn somit die Herrschaft Gottes der Gesellschaft, nicht »der Kirche« verkündet werden muß, wenn die Unterscheidung von Gesellschaft und Kirche nur unter einem begrenzten Aspekt gilt, dann darf die Praktische Theologie die Gesellschaft nicht etwa von der Harmlosigkeit der Kirche überzeugen wollen, die froh ist, wenn man sie in Ruhe läßt, dann muß sie tatsächlich – weil sie vom Glauben herkommt – eine kritische Kraft in der Gesellschaft sein.

Die ersten Pastoraltheologen waren stark darin, die damalige Gesellschaft in die Kirche hinein zu erklären. Das Verhältnis von Kirche und Staat war anders und wurde anders gesehen als heute. Was aber geblieben ist, ist die Aufgabe, welche die Praktische Theologie zwischen Kirche und Gesellschaft hineinstellt. Den genauen äußeren und inneren Ort dieses Zwischen muß sie immer wieder suchen.

1 | 2 Wolfgang Steck
Friedrich Schleiermacher und Anton Graf – eine ökumenische Konstellation Praktischer Theologie?

1. Ökumenische Strukturen in der Praktischen Theologie

Ökumenische Impulse sind in der Praxis des kirchlichen Lebens offenbar leichter zu verwirklichen als in der theologischen Arbeit. Diese Erkenntnis gehört zu den Grunderfahrungen der gegenwärtigen ökumenischen Bewegung, zu ihren Hoffnungen und zu ihren Enttäuschungen. Legt sich schon das kirchenamtliche Reglement nicht selten wie ein Schatten auf die hoffnungsvollen interkonfessionellen Versuche in gemeinsamer religiöser und kirchlicher Praxis und bewegt sich die ökumenische Frömmigkeit deshalb oft außerhalb der konfessionellen Kirchlichkeit katholischer und evangelischer Provenienz, so stabilisiert theologische Argumentation gelegentlich noch die kirchliche Kritik an der neuen religiösen Praxis, einer Frömmigkeit und Kirchlichkeit, die sich ohnehin nur schwer in theologische Formen und Begriffe fassen läßt. Die ökumenischen Hoffnungen der Gegenwart verbinden sich daher eng mit der religiösen Praxis, der theologischen Theorie aber stehen sie oft kritisch gegenüber. Die oft beklagte Kluft zwischen Christentum und Theologie in der Neuzeit kennzeichnet auch das Erfahrungsfeld ökumenischer Praxis. Das Theorie-Praxis-Problem stellt sich in einer neuen Perspektive, in seiner ökumenischen Konstellation.

Ökumenische Theologie ist nur denkbar, wenn es gelingt, den Riß zwischen traditioneller theologischer Arbeit und unkonventioneller ökumenischer Frömmigkeitspraxis zu schließen, wenn die ökumenische Praxis in einer ökumenischen Theorie ihr Pendant findet. Es gehört daher zu den wesentlichen Aufgaben der gegenwärtigen Theologie, neue Impulse religiösen Lebens und neue Wege kirchlicher Arbeit kritisch zu begleiten, sie durchsichtig zu machen und damit bewußtes ökumenisches Christentum zu ermöglichen.

Ökumenische Hoffnungen verbinden sich deshalb gegenwärtig auch mit der Praktischen Theologie. Sie ist mehr als ihre Schwesterdisziplinen von den Spannungen zwischen Praxis und Theorie betroffen und daher auch mehr als sie in der Lage, zur Verminderung der Konflikte zwischen ökumenischer Praxis und konfessioneller Theologie beizutragen. Kaum irgendwo in der Theologie kommt die ökumenische Dimension theologischen Denkens deutlicher zum Ausdruck als in der wissenschaftlichen Lage der gegenwärtigen Praktischen Theologie. In der *Analyse der religiösen und kirchlichen Situation* der Gegenwart, einem wichtigen Gebiet praktisch-theologischer Forschung, treten immer deutlicher Tendenzen und Strukturen einer interkonfessionellen Frömmigkeit ins Blickfeld, religiöse Ausdrucksformen, die quer zu konfessionellen Begrenzungen auf neue Weisen kirchlicher Gemeinschaft hinzielen. Aber auch die vielfältigen *methodischen Impulse* gegenwärtiger Praktischer Theologie, die Rezeption humanwissenschaftlicher Aspekte und Perspektiven im Gebiet theologischer Arbeit, sind keineswegs auf eine Konfession beschränkt. Religionssoziologische und kirchensoziologische Studien katholischer Provenienz sind für die evangelische Praktische Theologie von großem Gewicht. Und häufig verlieren die praktisch-theologischen Ansätze in neuester Zeit ganz ihr konfessionelles Cachet. Praktische Theologie ist in weiten Bereichen schon ökumenische Theologie.

Die enge Verflechtung theologischer Arbeit bezieht sich aber durchaus nicht nur auf methodische Aspekte. Auch die *Gestaltung der Praktischen Theologie als theologische Disziplin,* ein Problem, das evangelische und katholische Praktische Theologie seit ihrem Entstehen vor beinahe zweihundert Jahren gemeinsam begleitet, verläuft in ähnlichen oder in denselben Kategorien, Formen und Modellen. Schließlich reichen auch die *theologischen Positionen* über konfessionelle Grenzen hinweg, und positionelle Differenzen wiegen wie in der kirchlichen Praxis, so auch in der theologischen Theorie oft schwerer als die Konfessionszugehörigkeit. Nicht nur im Verhältnis zu den Humanwissenschaften, auch in der Beziehung zu ihren theologischen Schwesterdisziplinen stehen katholische und evangelische Praktische Theologie vor denselben Problemen. Die wissenschaftliche Situation der Praktischen Theologie in der Gegenwart zwingt zu ökumenischer Arbeit.

Die gegenwärtige Situation der Praktischen Theologie gibt aber nicht nur Anlaß zu einer gemeinsamen interkonfessionellen Reflexion ihrer wissenschaftstheoretischen Bedingungen. Sie reizt auch zu einer Darstellung der *wissenschaftshistorischen* Konstellation der Praktischen Theologie und damit zu einer Erforschung ihrer gemeinsamen geschichtlichen Grundlagen. Die wissenschaftliche Praktische Theologie entstand zu Beginn des vergangenen Jahrhunderts auf dem Hintergrund vielfältiger interkonfessioneller Problemstellungen und verbindender Denkstrukturen. Diese ökumenischen Querverbindungen beziehen sich durchaus nicht nur auf unterschwellige zeitbedingte Strömungen, auf Gemeinsamkeiten der religiösen Situation und auf gemeinsame Interessen der Kirchen. Die interkonfessionelle Tendenz der Praktischen Theologie richtet sich gerade in ihren Anfängen auf die verbindenden theologischen Grundlagen und Prinzipien. Die evangelische und die katholische Praktische Theologie entstand aus dem Bedürfnis, das lediglich zeitbedingte und vom Rationalismus geprägte Berufswissen des Pfarrers durch eine theologisch reflektierte und wissenschaftlich gestaltete praktische Theorie kirchlichen Handelns abzulösen.

Gemeinsamkeiten und Differenzen in der evangelischen und katholischen Praktischen Theologie des beginnenden 19. Jahrhunderts aufzudecken, ist daher von mehr als nur historischer Bedeutung. Nicht umsonst erinnert sich die Praktische Theologie gegenwärtig auf beiden Seiten ihrer ursprünglichen wissenschaftlichen Konzeptionen. Wie in der evangelischen Theologie F. D. Schleiermachers Programm theologischer Enzyklopädie in den letzten Jahren zunehmend an Bedeutung gewann, so entdeckte die katholische Pastoraltheologie ihren eigenen praktisch-theologischen Ansatz im 19. Jahrhundert. Der Programmschrift des Tübinger Privatdozenten A. Graf, seiner »Kritischen Darstellung des gegenwärtigen Zustandes der praktischen Theologie« von 1841, kommt auf katholischer Seite eine ähnliche Funktion zu wie auf evangelischer Seite der »Kurzen Darstellung des theologischen Studiums«, mit der Schleiermacher 1810/11 seine Lehrtätigkeit an der Berliner Universität begann.

Die Beziehung zwischen Schleiermacher und Graf, Rezeption und Kritik, Fortsetzung und Wandel des ursprünglichen Modells praktisch-theologischer Wissenschaft ist in besonderer Weise exemplarisch für das Verhältnis der beiden praktisch-theologischen Disziplinen zueinander. Sie erhellt nicht nur die historischen Bedingungen, die zum Entstehen eigener praktisch-theologischer Universitätsdisziplinen geführt haben. Sie macht auch die gemeinsame und doch wieder getrennte Entwicklung evangelischer und katholischer Praktischer Theologie im 19. und 20. Jahrhundert durchsichtig. Eine Skizze des Verhältnisses von Schleiermacher und Graf könnte daher zu einem bewußteren Verständnis auch der gegenwärtigen Querverbindungen zwischen beiden praktisch-theologischen Wissenschaften beitragen.

2. *Anton Graf: Praktische Theologie als wissenschaftliches Selbstbewußtsein der Kirche*

Die ökumenische Konstellation der praktisch-theologischen Wissenschaftsgeschichte in der ersten Hälfte des 19. Jahrhunderts wird in neuerer Zeit vorwiegend von der katholischen Pastoraltheologie hervorgehoben, während auf evangelischer Seite nur selten auf die parallele und gemeinsame Entwicklung der Praktischen Theologie hingewiesen wird[1]. Die Aktualität der Beziehungen zwischen Schleiermacher und Graf hat nämlich nicht zuletzt ihren Grund darin, daß Grafs Programm einer bewußt wissenschaftlichen und damit dezidiert theologischen Gestaltung des praktischen Wissens in Kirche und Pfarrerberuf zum Vorbild für ein praktisch-theologisches Standardwerk der Gegenwart, zum Ansatz des »Handbuchs der Pastoraltheologie« geworden ist[2].

Schon in F. X. Arnolds Darstellung der pastoraltheologischen Wissens- und Wissenschaftsgeschichte kommt dem Programm von Graf besonderes Gewicht zu[3]. Arnold geht vom »Prinzip des Gott-Menschlichen« aus, das er in seiner Bedeutung für die Pastoraltheologie untersucht. In charakteristischer Diastase werden »anthropozentrische« und »theozentrische« Pastoraltheologie einander gegenübergestellt. Unter dem Einfluß des Rationalismus wurde zwar die Pastoraltheologie an der Universität institutionell verankert. Aber indem nun »alle möglichen Wissensgegenstände aus den verschiedensten, zum Teil völlig untheologischen Gebieten in der neuen Disziplin zusammengetragen wurden«, entstand keine praktisch-theologische Wissenschaft. Die Pastoraltheologie ging vielmehr »ihres theologischen Charakters weithin verlustig«. Pragmatismus und Utilitarismus bestimmten Form und Gehalt der pastoralen Wissens-Systeme. »Der Geist des Christentums wurde vom Geist der Weltklugheit verdrängt, gerade im Bereich der praktischen Theologie.«[4]

Der anthropozentrischen Pastorallehre stellt Arnold die theozentrische Pastoraltheologie gegenüber. Ihr Motiv ist »eine ausgesprochen biblisch-prophetische Reaktion gegen die Überwucherung des christlichen Kerygmas mit Denkmotiven der Philosophie und der Aufklärung«[5], repräsentiert einmal in J. M. Sailers biblischer Pastoraltheologie und zum andern in der ekklesiologischen Konzeption der Praktischen Theologie der Tübinger Schule, vor allem im Programm von Anton Graf.

Diese modellartige Gegenüberstellung zweier Grundansätze von praktisch-theologischer Wissenschaftsgestaltung läßt die Konturen des Grafschen Buches deutlich hervortreten. Auch Graf selbst war sich seines eigenen geradezu epochalen Anspruchs durchaus bewußt. Die vielfältige pastoraltheologische Tradition des 18. und 19. Jahrhunderts

---

1 Als eine Ausnahme vgl. Birnbaum über Ignaz Thanner (26 ff.) und über die wichtigsten katholischen Arbeiten (83 ff.), auch über Anton Graf (86 ff.).

2 Schuster, GP, 56–62.

3 F. X. Arnold, Pastoraltheologische Durchblicke. Das Prinzip des Gott-Menschlichen und der geschichtliche Weg der Pastoraltheologie (1965).

4 AaO. 103.

5 AaO. 261.

erscheint bei ihm durchweg unter dem Etikett des Konventionellen, des Gängigen, des »Gewöhnlichen«. Graf konzediert gelegentlich, daß die »gewöhnlichen Werke« zwar »ohne Zweifel das Wahre im Sinne« gehabt hätten, »es blieb aber stets in der Feder zurück«[6]. Von seinen eigenen praktisch-theologischen Vorstellungen findet Graf dagegen, daß sie »von dem Hergebrachten und mitunter zum fixen Vorurtheil Gewordenen nicht selten durchgreifend abweichen«[7].

Ähnlich erscheint auch in H. Schusters Darstellung der pastoraltheologischen Wissenschaftsgeschichte Grafs praktisch-theologisches Programm als Gipfel einer historischen Entwicklung, die danach bald wieder hinter das schon erreichte Niveau wissenschaftlicher Reflexion zurücksank. Dem »untheologische(n)« und »pragmatische(n) Ansatz« der Aufklärungszeit setzt Graf sein dezidiert theologisches und wissenschaftliches Verständnis, dem ebenfalls auf den Pastor zugeschnittenen Ansatz Sailers stellt er seinen »ekklesiologische(n)« Entwurf praktischer Theologie entgegen. Die weitere Entwicklung der Pastoraltheologie im 19. und 20. Jahrhundert ist dann durch die »Preisgabe des ekklesiologischen Ansatzes«, durch den »unekklesiologische(n) Ansatz einer pragmatischen Pastorallehre« bestimmt[8].

Daß Grafs Ansatz so scharfe Konturen trägt, daß er sich so deutlich von der vorhergehenden und auch von der folgenden pastoraltheologischen Tradition abhebt, mag einen Grund darin haben, daß Graf seine auf drei Bände veranschlagte Praktische Theologie nicht ausführte, sondern nur den ersten Band, die kritische Darstellung der bestehenden praktisch-theologischen Verhältnisse vorlegte. Und hier überwiegt in der Tat die Kritik der Tradition, die »positive Kritik«, wie Graf sie nennt, der Wille, »das bisher Geleistete nach dem Maßstab des Besseren (zu) beurtheilen«.

Tradition und Kritik erscheinen Graf aber in gleicher Weise ökumenisch, und darum versteht er auch seine eigene Praktische Theologie als katholisch und ökumenisch zugleich. Graf ist bemüht, »die protestantische Praktische Theologie mit demselben Fleiße und derselben Unparteilichkeit, wie die katholische« in seine kritische Darstellung aufzunehmen. Das in vierzehn Paragraphen gegliederte Buch verarbeitet dann auch die praktisch-theologischen Entwürfe seiner Zeit, evangelische und katholische, unwissenschaftliche und streng wissenschaftliche, in aller Ausführlichkeit. In seinem eigenen Programm schließt sich Graf bemerkenswerterweise aber nicht der katholischen, sondern der protestantischen Tradition an und legitimiert diese interkonfessionelle Verschränkung schon im Vorwort mit der Feststellung, »daß

6 Graf, 107 f.

7 AaO. IX.

8 Schuster, GP, 40–92.

eben Protestanten für den wissenschaftlichen Aufbau der praktischen Theologie in der neuesten Zeit mehr gethan haben, als wir Katholiken«[9].

An der wissenschaftlichen Konstitution der Praktischen Theologie ist Graf aber vor allem gelegen. Er sieht in Schleiermachers Programm wissenschaftlicher Theologie einen epochalen Einschnitt. Mit ihm ist das Ende der herkömmlichen Pastoraltheologie und der Beginn eines neuen praktisch-theologischen Bewußtseins, der Anfang der Praktischen Theologie zu datieren. Graf setzt sich ausführlich mit dem vorwissenschaftlichen Berufswissen des Pfarrers auseinander. Und er hebt auch hier mehr die ökumenischen Gemeinsamkeiten hervor als das Konfessionelle, das Trennende. Ökumenisch ist daher auch die Notwendigkeit einer wissenschaftlichen Konstruktion Praktischer Theologie. Denn die »sehr große Zahl ausdrücklicher und umfassender Anweisungen für die Verwaltung einzelner Zweige des geistlichen Amtes« vermag zwar einem »praktischen Bedürfnisse« zu genügen. Auch werden die pastoraltheologischen Lehrbücher dem theoretischen Interesse der Pfarrer wenigstens insofern gerecht, als sie »durch den religiösen und kirchlichen Geist, der öfter in ihnen weht, in hohem Grade das ersetzen, was ihnen an Wissenschaftlichkeit abgeht«. Aber gerade die Praxis, der die pastoraltheologischen Wissenssysteme genügen sollen, die Kirche, verlangt schließlich nach einer bewußteren Gestaltung praktisch-kirchlichen Wissens. »Die Kirche hat sich in neuerer und neuester Zeit ihr wissenschaftliches Selbstbewußtseyn, welches die Theologie ist, nach zwei Seiten sehr vervollständigt, nämlich das Bewußtseyn um ihren Ursprung und ihre Erhaltung und Entwicklung durch die Zeiten hindurch bis heute (die biblische und historische Theologie), und das Bewußtseyn um ihr wahres, göttliches unabänderliches Wesen (Dogmatik und Moral).« In einer Richtung steht die Entfaltung des kirchlichen Bewußtseins aber noch aus: »das *wissenschaftliche* Bewußtseyn von sich selbst, sofern sie eine sich in die Zukunft hinein erhaltende, entwickelnde und vervollkommnende ist, blieb leider bisher unvollkommenes Stückwerk«. Die Wissenschaft von der »Erhaltung, Fortbildung und Vollendung« oder – wie Graf gerne sagt – von der »Erbauung« der Kirche ist die Praktische Theologie[10].

Graf hat damit die beiden Grundprinzipien seines praktisch-theologischen Denkens aufgestellt: Kirchlichkeit und Wissenschaftlichkeit. Daß die Praktische Theologie Wissenschaft ist, unterscheidet sie von den vielfältigen Pastorallehren der Vergangenheit und der Gegenwart. Sie sind unwissenschaftlich zu nennen, weil sie sich nicht in einem lo-

---

9 Graf, VII ff.

10 AaO. 7 ff., 4 ff.

gischen Zusammenhang, in einem System darstellen. Ihre Erkenntnisse sind zufällig, ihre Lehren subjektiv, ihre Anweisungen modisch. Nicht umsonst liest sich Grafs Buch geradezu als eine einzige polemische Auseinandersetzung mit rationalistischer Pastoraltheologie, als eine vehemente Kritik des aufgeklärten Geistlichen und seiner Berufstheorie. Beschreibt etwa Danz die vielschichtigen Wissensgebiete der Pastoraltheologie als »Wissenschaft des geistlichen Berufes«, so drückt sich darin für Graf die blanke »Verzweiflung« aus, die Unfähigkeit, »die praktische Theologie als ein organisches Ganze darstellen zu können«. Die vielfältigen Themen und Materialien der Pastoraltheologie sind offenbar nur dadurch zusammengehalten, »daß sich alle auf den geistlichen Beruf beziehen«[11]. Das Vokabular der rationalistischen Theologie gebraucht Graf mit beißender Ironie, das Erkenntnisprinzip der praktischen Theorie des Pfarrers, Empirie und Erfahrung, scheint ihm kaum der Ablehnung würdig. Zu offensichtlich hat die Begründung des Pfarrerberufs aus seiner gesellschaftlichen Funktionalität, seiner »Wohlthätigkeit« und »Nutzbarkeit«, wie auch der ständige Rekurs auf empirische Praxis und Erfahrung nach Grafs Urteil Theorie und Praxis des geistlichen Amtes aufgelöst. Der rationalistische Geist der Pastoraltheologie trägt die Schuld daran, »wenn der Begriff eines christlichen und katholischen Geistlichen hier und dort abhanden gekommen ist, und das Volk den Respekt verliert«. Man kann es dann am Ende selbst »den Schulmeistern nicht verargen, wenn sie glauben, auch sie könnten das geistliche Geschäft verrichten«[12].

Wissenschaftlich ist die Praktische Theologie erst, wenn sie Utilitarismus und Empirismus hinter sich gelassen hat, wenn sie nicht die Nützlichkeit des geistlichen Berufs, sondern die »wahre Nothwendigkeit des geistlichen Standes« und ebenso nicht nur die praktische Brauchbarkeit theologischen Wissens, sondern dessen theoretische Notwendigkeit nachweist. Beides ist aber nur möglich, wenn sich die Praktische Theologie nicht als Berufswissen des Pfarrers oder gar als »Standesmoral« begreift, sondern wenn sie kirchlich und damit wissenschaftlich, wenn sie kirchliche Wissenschaft wird. Nur dann darf sie sich mit Recht als dritte Disziplin an die Seite von Historie und Dogmatik stellen und sich Theologie nennen. Die Praktische Theologie darf – so Graf – »nicht, wie es bisher geschah, bei dem geistlichen Stande und seinen Thätigkeiten, als bloßen Thätigkeiten dieses Standes, stehen bleiben; sie muß tiefer zurückgehen, muß über den geistlichen Stand hinaus zu Christus und der Kirche und den einzelnen Gemeinden fortschreiten, muß zeigen, wie *Alles* nothwendig aus dem Willen und Wesen dieser hervorgeht, wie Christus und nach ihm die

11 AaO. 13 f.

12 AaO. 94.

Kirche und die Gemeinden das Ziel und die Mittel zum Ziele und sofort den geistlichen Stand selbst und die einzelnen von der praktischen Theologie zu beschreibenden Thätigkeiten dieses Standes wollen und wirken«[13]

Grafs wissenschaftliche Methode ist daher nicht empirisch-induktiv, sondern weit eher deduktiv zu nennen. Nach Graf hat die Praktische Theologie nicht von der Praxis auszugehen, sondern auf sie hinzuzielen. »Zuerst deducire man aus dem Begriffe der Theologie, dem Wissen durch die Kirche und um die Kirche, den Begriff der praktischen Theologie«. Und »aus diesem Begriffe oder aus der sich selbst erbauenden Kirche« muß dann »die ganze praktische Theologie« abgeleitet werden. Daß damit »die Rücksicht auf die Erfahrung« nicht ausgeschlossen sei, wird zwar am Rande vermerkt, aber nirgends zum Prinzip erhoben. Die Beziehung von Theorie und Praxis scheint problemlos geklärt: »Das zunächst Allgemeine und Abstracte hat man nur näher in's Auge zu fassen, und es wird sich zum Concreten und Gegliederten gestalten.«[14]

Grafs praktisch-theologische Zeitkritik läßt sich nur aus seiner streng antirationalistischen Grundhaltung verstehen. Sie gibt sich durchweg als Kritik des Verlustes an theologischem und wissenschaftlichem Bewußtsein und als Vertiefung oberflächlicher pastoraler Einstellung und unwissenschaftlicher Theoriebildung. Kirchlichkeit und Wissenschaftlichkeit, die beiden Grundprinzipien des Grafschen Entwurfs, richten sich gegen das praktisch-kirchliche Wissen der Aufklärung. Beides sind – und darin liegt wohl die Relevanz von Grafs Buch für die Untersuchung ökumenischer Verbindungen in der Praktischen Theologie – aber auch die Hauptargumente einer grundsätzlichen Kritik an Schleiermachers theologischem Programm. Grafs Buch liest sich wie ein Dokument der wiedererstarkten Kirchlichkeit gegenüber aufgeklärter Religiosität und Frömmigkeit. Aber es liest sich ebenso als eine ständige Kritik und Polemik gegen Schleiermacher.

3. *Friedrich Schleiermacher: Praktische Theologie als Technik evangelischer Kirchenleitung*

Es mag sein, daß Graf für sich eine ähnliche Rolle innerhalb der katholischen Praktischen Theologie beansprucht, wie er sie Schleiermacher für die evangelische Theologie zuerkennt. Aber Graf ist kein Erneuerer von Schleiermachers Programm, kein Schleiermacher redivivus. Graf versucht vielmehr, Schleiermacher zu überwinden. Und er bedient

---

13 AaO. 89 f.

14 AaO. 267 f.

sich dazu der Argumente und Positionen seiner Zeit. Daß nicht der Geistliche, sondern die Kirche das Subjekt der Praktischen Theologie zu sein habe, daß nicht bloße Erfahrung, sondern deren Vermittlung mit der Spekulation praktische Erkenntnis hervorbringe, daß die Praktische Theologie endlich der theoretischen nur ebenbürtig werden könne, wenn sie sich neben Historie und Dogmatik als dritte theologische Disziplin begründe, dies alles findet sich auch in der evangelischen Praktischen Theologie der Zeit, teils bei Marheineke, teils bei Schweizer, vor allem aber bei Nitzsch, und manche Grundansätze des Grafschen Entwurfs lassen sich schon bei Thanner aufzeigen[15]. Graf ist sich selbst seiner Kritik an Schleiermacher ebenso bewußt wie der Berufung auf die zeitgenössische Praktische Theologie. Er rechnet Nitzsch und Schweizer, vor allem aber Rosenkranz und Marheineke und am Ende wohl auch sich selbst unter »diejenigen, welche Schleiermachers Leistung vervollkommnen wollten«[16]. Und wer Schleiermachers Praktische Theologie weiterführen will, der muß sie nach Grafs Erkenntnis zuallererst von verschiedenen Verengungen und Einseitigkeiten befreien.

Graf setzt sich vor allem mit Schleiermachers Kurzer Darstellung auseinander. Seine Kritik wendet sich zunächst gegen verschiedene Einzelzüge in Schleiermachers Programm, gegen seine Relativierung der äußeren Mission oder gegen seine Grundzüge zur Behandlung von Konvertiten[17]. Zeigt sich schon in diesen Details der Gegensatz in der theologischen Grundeinstellung, so wird er vollends deutlich, wo sich Graf mit Schleiermachers wissenschaftlichem Grundprinzip, mit seinem Verständnis von Theologie auseinandersetzt. Schleiermacher gestaltet sein Programm theologischer Enzyklopädie auf dem Hintergrund idealistischer Wissenschaftstheorie. Er geht von der Identität von Sein und Wissen aus und versucht, die komplexen Strukturen der Wirklichkeit in einem komplizierten System spekulativer und empirischer, auf die Natur und auf die Geschichte bezogener Wissenschaften abzubilden[18].

---

15 Vgl. etwa Ph. Marheineke, Entwurf der praktischen Theologie (1837); A. Schweizer, Begriff und Einteilung der praktischen Theologie (1836); C. I. Nitzsch, Observationes ad theologiam practicam felicius exolendam (1831); I. Thanner, Encyklopädisch-methodologische Einleitung zum akademisch-wissenschaftlichen Studium der positiven Theologie, insbesondere der katholischen (1809).

16 Graf, 138.

17 AaO. 192 ff. (auch 186).

18 Zum wissenschaftlichen System Schleiermachers vgl. W. Dilthey, Leben Schleiermachers II: Schleiermachers System als Philosophie und Theologie (1966) und für Schleiermachers Verständnis der Theologie und ihrer Einordnung in das Wissenschaftssystem: H.-J. Birkner, Schleiermachers Christliche Sittenlehre im Zusammenhang seines philosophisch-theologischen Systems (1964); bes. 30 ff.

Bezeichnenderweise nimmt Schleiermacher die Theologie aber nicht in den Grundzusammenhang dieses Wissenschaftssystems auf. Sie gehört nicht zur »eigentlichen Wissenschaft«[19], denn sie entsteht nicht aus theoretischem, sondern aus praktischem Interesse. Die Theologie ist eine »positive Wissenschaft«, weil ihre einzelnen Elemente, Methoden und Urteile nicht »einen vermöge der Idee der Wissenschaft notwendigen Bestandteil der wissenschaftlichen Organisation« bilden. Theologische Erkenntnisse ergeben überhaupt nur einen sinnvollen, einen wissenschaftlichen Zusammenhang, »sofern sie zur Lösung einer praktischen Aufgabe erforderlich sind«[20].

Schleiermacher möchte zwar wie auch Graf die vorwissenschaftlichen Berufslehren des Pfarrers durch wissenschaftliche Theorie überwinden. Aber er hält an der engen Verbindung zwischen kirchlichem Beruf und kirchlicher Wissenschaft, zwischen pastoraler Praxis und theologischer Theorie fest und begründet geradezu den untrennbaren Zusammenhang von Praxis und Theorie in der Theologie neu. Es kennzeichnet nach Schleiermacher die wissenschaftliche Situation der Neuzeit, daß sie die »Neigung zu dem bloß handwerksmäßigen und empirischen« durch »wissenschaftliche(n) Geist« überwindet. Erst die Kritik der traditionellen Pastoralweisheit durch wissenschaftliches Denken schafft daher in der Praktischen Theologie die Voraussetzung für eine besonnene, eine kritisch reflektierte Berufspraxis des Pfarrers. Der Übergang von der vorwissenschaftlichen zur wissenschaftlichen Theorie, von der Pastoraltheologie zur Praktischen Theologie vollzieht sich bei Schleiermacher im Rahmen berufsbezogener Therориebildung. Schleiermacher kann darum die Entwicklung und den Charakter der Theologie mit anderen »positiven« Wissenschaften parallelisieren, etwa mit der Medizin, der Jurisprudenz oder der Staatswissenschaft. Alle diese Wissenschaften entstehen aus dem »Bedürfnis, eine unentbehrliche Praxis durch Theorie und Tradition von Kenntnissen sicher zu fundiren«[21].

4. *Schleiermacher und Graf: zwei Modelle praktischer Theorie*

Schleiermacher faßt sein Verständnis wissenschaftlicher Theologie am Anfang seiner Enzyklopädie programmatisch zusammen. Theologie ist für ihn »der Inbegriff derjenigen wissenschaftlichen Kenntnisse und

19 Schleiermacher, KD, § 28. 20 AaO. § 1.

21 F. Schleiermacher, Gelegentliche Gedanken über Universitäten in deutschem Sinn (1808), SW III 1, 535–644; 581 f. Vgl. auch die Einleitung zur Praktischen Theologie (1850), SW I 13.

Kunstregeln, ohne deren Besitz und Gebrauch eine zusammenstimmende Leitung der christlichen Kirche, dh. ein christliches Kirchenregiment, nicht möglich ist«[22]. Oder noch schärfer: »Die Theologie eignet nicht allen, welche und sofern sie zu einer bestimmten Kirche gehören, sondern nur dann und sofern sie an der Kirchenleitung teilhaben.«[23]

Graf hält diese strenge Beziehung der Praktischen Theologie auf den theologischen Beruf für verfehlt und auch für überholt. Er zitiert Schleiermachers Satz und fragt dann rhetorisch, ob gegenwärtig etwa irgend jemand diesen Prinzipien noch zuzustimmen vermöge. Schleiermacher hat nach Graf die »ganze Theologie zum bloßen Mittel herabgesetzt und das rein wissenschaftliche Interesse gänzlich verbannt«. Deshalb scheiterte er auch an seinen eigenen Ansprüchen. Die Überwindung vorwissenschaftlicher Pastorallehren und die Konstruktion einer wissenschaftlichen Praktischen Theologie konnte ihm in Grafs Sicht gar nicht gelingen. Im Gegenteil: er ließ »die praktische Theologie in ihrem bisherigen Zustande, bloß praktisch und bloß Anleitung für den Dienst in der Kirche seyn zu sollen, stehen, und zog die theoretische Theologie nur zu ihr herab, indem er derselben ihr rein wissenschaftliches, zunächst sich selbst genügendes Wesen entzog«[24]

Graf geht den umgekehrten Weg. Er versucht »das Hinaufheben der praktischen Theologie zur theoretischen«. Und er kehrt darum das Verständnis von Theorie und Praxis um: »Die praktische Theologie ist nicht da, weil es ein überwiegend praktisches Interesse in der Theologie gibt, sondern jene und dieses sind da, weil die Kirche eine sich selbst erbauende ist.« Nicht zufällig bedient sich Graf zur Darstellung des besseren Ansatzes dann der Hegelschen Kategorien in der Enzyklopädie von Rosenkranz.[25]

Der Bezugspunkt der ganzen Theologie und damit auch ihrer praktischen Disziplin sind für Graf nicht die »Leitenden« in der Kirche, sondern ist die Kirche selbst. Graf möchte damit den Horizont der praktisch-theologischen Wissenschaft erweitern und ihre Relevanz nicht auf die Geistlichen beschränkt sehen. Andererseits erscheint Graf aber Schleiermachers Begriff der Kirchenleitung auch wieder zu weit. Denn Schleiermacher gebraucht den Ausdruck Kirchenleitung ausdrücklich »im weitesten Sinne«, »ohne daß an irgendeine bestimmte Form zu denken wäre«[26]. Auch der theologische Lehrer und sogar der theologische Schriftsteller hat daher am Kirchenregiment Anteil. Graf dagegen faßt den Begriff der Kirchenleitung enger. Die Praktische Theologie ist bei ihm »die Theorie der kirchlichen Thätigkeiten durch kirch-

22 Schleiermacher, KD, § 5.

23 AaO. § 3.

24 Graf, 137 f., vgl. auch 31 ff.

25 AaO. 143.

26 Schleiermacher, KD, § 3.

lich aufgestellte Organe«. Nicht in den Bereich der Kirche und damit auch nicht in das Gebiet der Praktischen Theologie gehört, »was Jemand ohne Auftrag der Kirche und in ihrem Namen rein aus sich selbst, zB. als theologischer Schriftsteller thut«[27].

Der Gegensatz zwischen Schleiermacher und Graf ist Ausdruck eines unterschiedlichen wissenschaftlichen Grundansatzes. Schleiermacher geht von der Praxis, von der Wirklichkeit der Kirche, ihren sozialen Formen und Strukturen aus. Er beschreibt den Gegensatz von Klerus und Laien, von Hervorragenden und Masse, wie er sich in der christlichen Kirche gebildet hat, und er setzt sich dann mit den verschiedenen Gestaltungen dieses Gegensatzes in seiner Zeit, mit der Kirchenverfassung und der Organisation des Kirchenregiments auseinander. Es ist, wie Graf richtig bemerkt, »der Blick auf die Wirklichkeit«, der Schleiermachers theologischen Ansatz prägt[28].

Graf findet diese Ableitung des Kirchenregiments unzulänglich. Nicht der Hinweis auf den überall anzutreffenden Gegensatz von Leitenden und Geleiteten und die abwägende Diskussion möglicher Kirchenverfassungen, sondern erst der »Erweis«, daß »diese oder jene concretere Kirchenleitung nothwendig ist«, könnte ein neues Verständnis praktisch-theologischer Wissenschaft begründen. Graf macht sich geradezu zum Anwalt evangelischer Praktischer Theologie, wenn er Schleiermacher vorwirft, die ständige Relativierung des Gegensatzes von Klerus und Laien sei auch nach evangelischer Auffassung unnötig. Hätte Schleiermacher darum »nachgewiesen, wie ein positiv aufgestellter Klerus wesentlich aus dem Willen der Gemeinden und der Kirche und mittelbar aus dem Willen Christi hervorwächst; so hätte er, ohne sich auf den katholischen Standpunkt zu stellen, jenem Schwanken ein Ende gemacht«[29].

Grafs These, daß der Gegensatz von Klerus und Laien christologisch begründet werden müsse, bildet für Schleiermacher freilich gerade das Spezifikum der katholischen Kirchenverfassung und ihrer Theorie, einer Auffassung von Kirchenleitung, die er in seinem ganzen theologischen Werk, in der Glaubenslehre so gut wie in der Sittenlehre, vor allem aber in der Praktischen Theologie aufs entschiedenste zurückweist. Das Negativbild, von dem Schleiermacher seine eigene Auffassung von Kirche und Theologie abhebt, ist zwar wie bei Graf auch das eines rationalistischen Christentums, das den Zusammenhang der Kirche auflöst. Viel deutlicher und ausführlicher setzt sich Schleiermacher aber von der katholischen Gestaltung der Kirche ab, die nach

27 Graf, 138 f.

28 AaO. 223.

29 AaO. 224.

seiner theologischen Auffassung dem Grundprinzip des christlichen Glaubens nicht entspricht. Die christliche Glaubensweise ist für Schleiermacher dadurch gekennzeichnet, »daß alles in derselben bezogen wird auf die durch Jesum von Nazareth vollbrachte Erlösung«[30]. Aus diesem grundlegenden Prinzip christlichen Glaubens ergibt sich sowohl die »Lehre von der Rechtfertigung durch den Glauben« als auch »die Gleichheit aller gläubigen unter Christo und dem göttlichen Worte, so daß die Differenz zwischen gebietenden und gehorchenden in der Kirche aufgehoben wird«. Rechtfertigung und Gleichheit sind nicht zwei verschiedene Grundelemente christlicher Glaubensauffassung, sondern »nur beides zusammengenommen, bildet das eigenthümlich protestantische Princip«[31].

Das katholische Verständnis von Glaube und Kirche unterscheidet sich nach Schleiermachers Auffassung davon grundsätzlich. Denn »die katholische Kirche nimmt eine ursprüngliche Ungleichheit in ihre Construction auf, nämlich den Gegensatz zwischen Priestern und Laien«[32]. Sie verläßt damit das christliche Grundprinzip der Gleichheit aller Erlösten und zerstört so auch die Gemeinschaft der Kirche. Kirche ist in der katholischen Verfassung – so Schleiermacher – im strengen Sinne nur der Klerus, während die Laien gar nicht eigentlich zur Kirche gehören. Sie stehen den Priestern in absolutem Gegensatz gegenüber. Das Verhältnis von Klerus und Laien ist durch Befehl und Gehorsam bestimmt, eine Form sozialer Beziehung, die der religiösen Gemeinschaft nicht gerecht zu werden vermag. Der Umgang der Priester mit den Gläubigen ist daher häufig durch Herablassung, das Verhältnis der Laien zum Klerus umgekehrt durch eine geradezu »superstitiöse Ehrfurcht« gekennzeichnet[33].

In seiner Darstellung evangelischer Kirchenleitung relativiert Schleiermacher nicht nur den Gegensatz von Klerus und Laien, sondern er stellt die Notwendigkeit eines übergeordneten Kirchenregiments überhaupt in Frage. »Wenn die Kirche ohne Regiment bestehen könnte: so wäre sie vollkommen.« Für die evangelische Kirche wäre dies »das höchste Ideal«. Die katholische Kirche dagegen würde sich nach Schleiermachers Urteil »vernichten, wenn sie sich ohne Kirchenregiment denken wollte«. Gerade weil Schleiermacher auch das Kirchenregiment in den Bereich praktisch-theologischer Theorie aufnimmt, muß er die

---

30 Schleiermacher, GL, § 11. Vgl. auch ders., Die christliche Sitte (1884), Beilage A § 23 und 24 (SW I, 12; Beilagen 8).

31 Die christliche Sitte, 90.

32 AaO. 519.

33 Schleiermacher, SW, I 13, 559, 521 ff.; vgl. auch Die christliche Sitte, 123 f., 384 ff., 519 ff.

Differenz zwischen evangelischer und katholischer Kirche so scharf betonen. Denn »der Begriff des Kirchenregimentes ist ... in der katholischen Kirche ein anderer als in der unsrigen«[34].

Ist die Praxis kirchlicher Gestaltung in beiden Kirchen so unterschiedlich, so läßt sich nach Schleiermachers Erkenntnis auch deren Theorie, die Praktische Theologie, nicht ökumenisch gestalten. »Unbestimmte Wirkungen kann einer hervorbringen von einer Kirche auf die andere im einzelnen und allgemeinen: aber Wirkungen, die eigentlich in die praktische Theologie gehören, können nur innerhalb einer und derselben Kirche hervorgebracht werden.«[35] Soll die Praktische Theologie den Gegensatz von Klerus und Laien in der Kirche bewußt gestalten helfen, dann kann es keine gemeinsame katholisch-evangelische Theorie der Praxis geben. Zwar sind durchaus gemeinsame Regeln der kirchlichen Berufsausübung, interkonfessionelle praktische Erkenntnisse und Erfahrungen denkbar. Sie zusammenzustellen, konnte aber allenfalls der vorwissenschaftlichen Pastoraltheologie genügen. Gerade der wissenschaftliche Anspruch der Praktischen Theologie, die Vermittlung von Prinzip und Erfahrung, und die Ausweitung ihres Erkenntnishorizonts auf die verschiedenen Formen kirchenleitender Tätigkeit, kurz: die Konzentration auf die gegebene Praxis in allen ihren Ausprägungen fordert zugleich die Beschränkung auf eine konfessionelle Kirche wie auf eine konfessionelle Theologie.

Graf beurteilt die wissenschaftliche Situation der Praktischen Theologie anders als Schleiermacher. Er sieht in ihrer Lösung von pragmatischen Berufslehren und im Regress auf die Grundstrukturen der Kirche eine ökumenische Tendenz. Aber für ihn hat das Prinzip der Kirchlichkeit auch eine andere Qualität. Kirche ist für Graf weit eher der theologische Begriff als die empirische Realität. Daher wirkt seine Praktische Theologie auch viel abstrakter als die Schleiermachers. Daß in Begriffen Ökumene leichter zu verwirklichen ist als in der praktischen Realität, in dieser Formel könnte man den Gegensatz zwischen Schleiermacher und Graf verdichten. Um den Preis ihrer praktischen Beziehungen ist ökumenische Theologie freilich zu teuer erkauft. Ökumenische Theologie kann – zumal im Bereich ihrer praktischen Disziplin – auch in der Gegenwart nicht fern der Praxis, sondern nur aus der kritischen Analyse des gegenwärtigen religiösen und kirchlichen Lebens gestaltet werden. Die Flucht ins Reich der Begriffe würde den wissenschaftlichen Ansatz der Praktischen Theologie preisgeben. Schon deshalb bleibt die Erinnerung der Praktischen Theologie an ihre wissenschaftlichen Ursprünge im vergangenen Jahrhundert eine ihrer wesentlichen kritischen Aufgaben.

---

34 Schleiermacher, PT, 521, 525.

35 AaO. 51.

Gerade die Wiederaufnahme des enzyklopädischen Ansatzes in den ersten Entwürfen praktisch-theologischer Wissenschaft fordert nun aber eine neue Gestaltung der Praktischen Theologie in der Gegenwart. Indem sich Praktische Theologie auf die gegenwärtig gegebene religiöse und kirchliche Wirklichkeit bezieht, erkennt sie, daß Schleiermachers und Grafs Urteile und Erfahrungen nicht ewig gültig, sondern zeitgebunden sind. Daß es »zuletzt nöthig (wäre), in jedem Jahre eine neue praktische Theologie zu construiren, denn die Zeit und Alles in ihr ist in ewigem Wechsel begriffen«[36] – dieser Satz von Anton Graf, in dem sich einst sein beißender Spott über die rationalistische Pastoraltheologie ergoß, ist in der Gegenwart zum Ausdruck einer positiven ökumenischen Erfahrung aller im Gebiet von Theologie und Kirche Tätigen geworden.

Die Praxis der Kirche hat sich weiterentwickelt, die »kirchliche Ausübung des Christentums«[37] ist vielfältiger geworden. Zu den Charakterzügen gegenwärtigen kirchlichen Lebens gehört vor allem auch sein ökumenischer Geist. Die Praktische Theologie würde ihre Beziehung zur Praxis und damit sich selbst aufgeben, würde sie nicht selbst zu einer ökumenischen Theologie. In dieser Hinsicht jedenfalls sind Grafs praktisch-theologische Impulse von bleibender Gültigkeit, seine einleitenden Sätze gegenwärtig nicht weniger aktuell als vor 130 Jahren: »Ich glaubte nämlich, das im Leben Verbundene in seiner Darstellung nicht trennen zu dürfen. Außerdem bin ich der Überzeugung, die Theologie gedeihe in keinem ihrer Zweige wahrhaft, wenn man, wie es häufig zu geschehen pflegt, die Leistungen der anderen Confession vornehm ignoriert oder auf die Seite schiebt. Was die Vorsehung nach weisem Plane neben einander gestellt hat, soll der Mensch nicht trennen.«[38]

---

36 Graf, 120.

37 Als profiliertester Entwurf Praktischer Theologie in der Epoche nach Schleiermacher kann wohl C. I. Nitzschs breit angelegte Praktische Theologie ([2]1859) gelten. Ihr steht Anton Graf in manchen seiner Denkformen nahe. Die evangelische Theologie der Jahrhundertwende sah nicht in Schleiermacher, sondern in Nitzsch den eigentlichen Begründer wissenschaftlicher Praktischer Theologie (vgl. etwa F. Niebergall, Die wissenschaftlichen Grundlagen der Praktischen Theologie, MkPr 3 (1903) 268–281. Jetzt auch in: Krause, 223 ff.). Schließlich könnte Nitzschs programmatische Formulierung auch für die Gegenwart wieder an Bedeutung gewinnen: »Demnach vollendet sich die kirchliche Wissenschaft durch Theorie der kirchlichen Ausübung des Christentums und wird so zu einer praktischen Theologie« (aaO. I, 1). – Zum theologischen Ansatz von C. I. Nitzsch und seiner historischen Einordnung vgl. auch F. Wintzer, C. I. Nitzschs Konzeption der Praktischen Theologie in ihren geschichtlichen Zusammenhängen. EvTh 29 (1969) 93–109.

38 Graf, IX.

1 | 3 Josef Müller
Die Pastoraltheologie innerhalb des theologischen Gesamtkonzepts von Stephan Rautenstrauch (1774)

Die zweihundertste Wiederkehr der Einführung des Studienplanes des Benediktinerabts und Wiener Fakultätsdirektors Rautenstrauch[1] bietet einen aktuellen Anlaß zur Diskussion über das Verhältnis von Theorie und Praxis am Beginn der Pastoraltheologie, die im Rahmen der Rautenstrauchschen Studienreform als Universitätsdisziplin eingeführt wurde[2]. Da bis in allerjüngste Zeit auf den »untheologischen, pragmatischen Ansatz« hingewiesen wird, den Rautenstrauch mit ihren Anfängen verbunden habe[3], erscheint es angebracht, die Grundsätze zu untersuchen, nach denen Rautenstrauch die umfassende Reorganisation des theologischen Studiums – vor allem hinsichtlich der pastoralen Ausrichtung der gesamten Theologie – in Angriff nahm.

Rautenstrauch hatte sich zuvor durch staatskirchliche Grundsätze in seinen Veröffentlichungen auf dem Gebiet des Kirchenrechts emp-

1 Franz Stephan Rautenstrauch, geb. am 26. Juli 1734 zu Blottendorf bei Böhm. Leipa (Nordböhmen), trat 1750 in das Benediktinerkloster Braunau ein, das mit dem bei Prag gelegenen Kloster Břevnov eine Doppelabtei bildete. Nach philosophischen und theologischen Studien an der Ordenshochschule in Břevnov wurde er zum Studium an die Universität Prag geschickt. 1758 wurde Rautenstrauch zum Priester geweiht und am 15. März 1773 zum Abt der Doppelabtei Břevnov-Braunau gewählt. Der Berufung zum Direktor der theologischen Fakultät Prag im Oktober 1773 folgte am 11. November 1774 die Ernennung zum Fakultätsdirektor in Wien. Am 24. Juli 1782 ernannte ihn Joseph II. zum Wirklichen Hofrat bei der böhmisch-österreichischen Hofkanzlei und übertrug ihm die Gründung der Generalseminarien. In Erfüllung dieses Auftrages starb Rautenstrauch auf einer Visitationsreise am 30. September 1785 in Erlau (Ungarn). Zur neueren Literatur über Rautenstrauch vgl. B. F. Menzel, Abt Stephan Rautenstrauch von Břevnov-Braunau, Herkunft, Umwelt und Wirkungskreis (1969); J. Müller, Der pastoraltheologisch-didaktische Ansatz in Franz Stephan Rautenstrauchs »Entwurf zur Einrichtung der theologischen Schulen« (1969).

2 Zum historischen Kontext s.o. 15–17, sowie die grundlegenden Arbeiten von F. Dorfmann, Die Ausgestaltung der Pastoraltheologie zur Universitätsdisziplin (1910) und R. Flüglister, Die Pastoraltheologie als Universitätsdisziplin. Eine historisch-theologische Studie (1951).

3 Vgl. u.a. Schuster, GP, 47.

fohlen[4]. Sein »Entwurf einer besseren Einrichtung theologischer Schulen«[5] wurde der Kaiserin am 4. Mai 1774 vorgelegt und am 1. August des gleichen Jahres in Kraft gesetzt, nachdem die Aufteilung der Disziplinen geringfügig abgeändert worden war[6]. Rautenstrauch legte ihn 1782 gedruckt vor[7] und ließ 1784 als letztes organisatorisches Reformwerk einen »Entwurf zur Einrichtung der Generalseminarien« folgen[8].

Die Durchführung des neuen Studienganges begann jedoch schon 1774 und erfolgte in Stufen. Da während der Übergangszeit von der bisherigen zur neuen Studienordnung für zahlreiche Hörer eine Überbrückung geschaffen werden mußte, wurden 1776 der *dritte* und *vierte* Kurs gleichzeitig eingeführt. Diese Übergangslösung bringt in das einschlägige Aktenmaterial eine gewisse Unsicherheit über die Einführung des *fünften* Kurses[9]. In den Referatsentwürfen, die Rautenstrauch für die Sitzungen der Studienhofkommission vorbereitet hat, taucht für

---

4 Prolegomena in ius ecclesiasticum (1769); Institutiones iuris ecclesiastici cum publici, tum privati usibus Germaniae accommodatae (1769); Institutiones iuris ecclesiastici Germaniae accommodatae. Tom. I (ius ecclesiastic. publicum) (1772); De iure Principis praefigendi maturiorem professioni monasticae solemni aetatem diatriba (1773); Institutionum iuris ecclesiastici Germaniae accommodatarum Prolegomena, editio auctior (1774, ²1781).

5 In den Beständen des Břevnover Klosterarchivs im Státní ústřední archiv Prag stieß der Verf. auf Rautenstrauchs bisher unveröffentlichten handschriftlichen »Entwurf einer besseren Einrichtung theologischer Schulen« aus dem Jahre 1774, den dieser zur Weiterleitung an die Studienhofkommission ausgearbeitet hat. Der »Entwurf« enthält neben einer grundlegenden Einführung die Aufteilung der einzelnen Disziplinen auf die fünf Studienjahre, eine »Generaltabelle« darüber und Anleitungen für die einzelnen Fächer. Der Verf. hat den Text des »Entwurfs« im Anhang seiner Untersuchung veröffentlicht (vgl. Müller, Ansatz, 143–158), im folgenden zitiert als »Erstentwurf«.

6 Die Dogmatik wurde auf zwei Jahre verteilt und die Moraltheologie ins dritte Studienjahr verlegt.

7 F. S. Rautenstrauch, Entwurf zur Einrichtung der theologischen Schulen in den k.k. Erblanden (1782).

8 Ders., Entwurf zur Einrichtung der Generalseminarien in den k.k. Erlanden (1784).

9 So berichtete der Vorsitzende der Studienhofkommission Freiherr von Kressel am 19. März 1777 der Kaiserin vom »Fortgang des bereits im dritten Jahre nach dem allerhöchst vorgeschriebenen Plane eingeleiteten theologischen Studii« (vgl. Dorfmann, 75). Im Einführungsdekret für das dritte und vierte Studienjahr, das am 31. August 1776 an die Länderstellen gesandt wurde, heißt es: »Nachdem bisher die durch zwei Schuljahre vorzulesenden theologischen Vorbereitungswissenschaften nach dem neuen Plan bereits zur Einrichtung gebracht worden seien, und nun die theologischen Wissenschaften selbst einzurichten kommen«, werden »zu deren sämtlichen Vorlesungen zwei Schuljahre erfordert ...« (Allgemeines Verwaltungsarchiv, Wien, 5 in gen: Theologische Studien 1754–1786, Fasz. 15).

die »Einrichtung des fünften Schuljahres des neuen theologischen Kurses« die Jahreszahl 1778 auf[10].

1. *Theologie im Dienst der Seelsorge: Die Einführung der »Pastoraltheologie«*

Im »Entwurf« bezeichnet Rautenstrauch die Ausbildung der Seelsorger als Prinzip des ganzen theologischen Studiums. Seiner Ansicht nach besteht »der Endzweck der Theologie« darin, »würdige Diener des Evangeliums, dh. vollkommene Seelsorger zu bilden«[11]. Darum muß sich das Ziel des ganzen Studiums danach richten, welche »Eigenschaften« und Fähigkeiten vom kommenden Priester und seiner späteren Tätigkeit in der Seelsorge verlangt werden. Die »Wichtigkeit« und der große »Umfang« des Seelsorgeramtes bestimmen den Studienplan für sämtliche theologische Disziplinen[12].

In der Konzeption des »Entwurfs« teilen sich die von Rautenstrauch als eigenständige Wissenschaften eingeführten Fächer des fünften Jahres: Homiletik, Katechetik, Liturgik und Pastoraltheologie in die unmittelbare Zurüstung der künftigen Priester für ihr Wirken in der Seelsorge. Diese Disziplinen setzen nach der Vorstellung Rautenstrauchs eigene Prinzipien und Methoden voraus und lehren »die echte Anwendung« der Theologie auf die Seelsorge[13].

Die Bedeutung, die Rautenstrauch den pastoralen Disziplinen zuerkannte, wird dadurch unterstrichen, daß er sie ihrer Funktion nach als selbständige Hauptwissenschaften in die Studienordnung eingestuft hat: Die praktischen Fächer stellen für Rautenstrauch im organischen »Aufbau« der Theologie kein »Anhängsel« dar, sondern den vom Wesen der theologischen Wissenschaft geforderten Abschluß.

Die Einteilung der Pastoraltheologie in die drei Hauptteile: »Unter-

10 Státní ústřední archiv Prag, Fond RA-Benedictini Břevnov, K – 2 Ms. 20, Nr. 48 b. Während in der Literatur bisher das Jahr 1777 als eigentliches Geburtsjahr der Pastoraltheologie als Universitätsdisziplin galt, nimmt der Verf. das Jahr 1778 an. Vgl. J. Müller, Zu den theologiegeschichtlichen Grundlagen der Studienreform Rautenstrauchs, in: TThQ 146 (1966) 87 u. 91.

11 Rautenstrauch, Erstentwurf, fol. 21 r (Müller, Ansatz, 143).

12 Ebd.

13 Rautenstrauch, Entwurf Schulen, 91 und 115. Nach dem Erstentwurf soll im fünften Jahr, dem sogenannten »praktischen Kurs«, neben Vorlesungen über Katechetik, Homiletik und Liturgik die Pastoraltheologie darin »Unterricht geben«, wie sich ein »Diener des Evangeliums, ein Seelsorger« bei seinem Wirken am »besten und klügsten« zu verhalten habe (fol. 28 v und 30 v [Müller, Ansatz, 150 u. 152]).

weisungs-, Ausspendungs- und Erbauungspflicht«, die dem gedruckten »Entwurf zur Einrichtung der theologischen Schulen« von 1782 zugrunde liegt[14], findet sich auch in Rautenstrauchs »Tabellarischem Grundriß« der Pastoraltheologie aus dem Jahre 1778. Hier spricht Rautenstrauch – wenn auch nicht streng dem *Begriff*, so doch der *Sache* nach – von den pastoraltheologischen Fächern (Katechetik, Homiletik, Liturgik und Poimenik bzw. Hodegetik im Sinne der sog. »Seelsorgewissenschaft«) als Teilgebieten der *einen* Pastoraltheologie, deren Hauptaufgabe darin bestehe, einen »zusammenhängenden Unterricht von den Pflichten des Pastoralamtes und derselben Erfüllung« zu bieten[15]. In der Pastoraltheologie werde, den »künftigen Seelsorgern frühzeitig, eher nämlich, als sie fehlerhafte Gewohnheiten angenommen haben, die echte Praxis beigebracht«[16].

Im handschriftlichen »Entwurf« von 1774 hatte Rautenstrauch die Bezeichnung »Pastoraltheologie« ausschließlich für die eigentliche Lehre von der dem »Pastor« übertragenen Sorge für die Glieder der Gemeinde verwendet und nicht als »Sammelbegriff« für die einzelnen »pastoraltheologischen Disziplinen«. Insofern entspricht Rautenstrauchs ursprüngliche Konzeption der vorwiegend aus didaktischen Gründen erfolgen *Verselbständigung* der pastoraltheologischen Fächer. Später hat Rautenstrauch jedoch die *Gemeinsamkeit* der pastoralen Grundfunktionen des Heilsdienstes deutlich betont.

2. *Rautenstrauchs Beitrag zur didaktisch-methodischen Erneuerung des Theologiestudiums*

a. Die wissenschaftliche Grundlage der pastoralen Tätigkeit

In einer Eingabe an Maria Theresia kommt Rautenstrauch darauf zu sprechen, wie notwendig es sei, den kommenden Seelsorgern als Grundlage ihres späteren Wirkens nicht nur ein gediegenes *theologisches* Wissen, sondern insgesamt eine gründliche *wissenschaftliche* Ausbildung zu vermitteln[17]. Zwar geht es in Rautenstrauchs Neuordnung des Theologiestudiums nicht um die Heranbildung »ausgemachter Gelehrter«, sondern »guter Seelsorger«[18]. Darum kommt es vor

14 AaO. 91–115.

15 Tabellarischer Grundriß der in deutscher Sprache vorzutragenden Pastoraltheologie (1778), vgl. bes. die Einleitung.

16 Rautenstrauch, Entwurf Schulen, 92.

17 Rautenstrauchs Eingabe vom 27. Februar 1775, Fond RA-Benedictini Břevnov, K – 1 Ms. 19, Nr. 1 h.

18 Rautenstrauch, Erstentwurf, fol. 21 r (Müller, Ansatz, 143 f.).

allem auf die »Grundlinien« der Theologie an, die der Seelsorger für die Ausübung seines Amtes kennen muß[19]. Andererseits legte Rautenstrauch großen Wert auf die wissenschaftliche Auseinandersetzung mit den Problemen der jeweiligen Gegenwart. Der Priester muß mit den Bestrebungen seiner Zeit vertraut sein, wenn er in ihr wirksam werden und auf sie Einfluß ausüben will[20].

Dadurch daß Rautenstrauch im »Entwurf« die ersten Jahre dem Grundlagenstudium vorbehielt, stellte er die spätere Tätigkeit des Priesters auf eine breite theologische Basis. Die kommenden Seelsorger sollten fähig werden, die »Glaubens- und Lebenslehren« aus den »echten Quellen« zu schöpfen, um sie stets neu und lebendig darzustellen[21]. Rautenstrauchs eindeutig praxisbezogener Studienplan bedeutet demnach keineswegs einen Abbau der »Wissenschaftlichkeit«, sondern er bringt im Gegenteil die Forderung nach einem empirisch überprüfbaren und historisch belegbaren Wissen.

In einer positiven Auseinandersetzung mit dem Gedankengut der Aufklärung versuchte Rautenstrauch, eine neue Epoche theologischen Schaffens zu begründen. Daß wesentliche Teile dessen, wodurch Rautenstrauch den theologischen Studien eine straffe Ausrichtung und wissenschaftliche Vertiefung zu geben versuchte, in der Folgezeit durch Modifikationen und Vereinfachungen des Studienganges wieder entfielen, lag nicht in seiner Absicht. Durch seinen frühen Tod im Jahre 1785 erlebte Rautenstrauch die Abänderungen seines Studienplanes nicht mehr. Aber schon im Jahre 1783 hatte er, der »früher als engagierter Anwalt der Regierung« seine Reformen den Bedenken und Einsprüchen der Kirche gegenüber verteidigen zu müssen glaubte, die gleichen Reformen dem Staat gegenüber in Schutz nehmen müssen[22].

b. Der Schritt von der »Spekulation« zur »echten Erudition«

Die Notwendigkeit einer *staatlichen* Reform der theologischen Studien erblickten die maßgebenden Kreise der Studienhofkommission im wissenschaftlichen Tiefstand, der den Studiengang beeinträchtige. Die durch das Aufkommen der modernen Naturwissenschaften entstandene Situation wurde nur mit Mühe oder überhaupt nicht aufgearbeitet.

19 AaO. fol. 24 v (Müller, Ansatz, 146).

20 Vgl. Müller, Ansatz, 42.

21 Rautenstrauch, Erstentwurf, fol. 21 v (Müller, Ansatz, 144).

22 Vgl. J. Müller, Der Rautenstrauchplan und die Erneuerung der Priesterbildung, in: Oberrh. Pastoralblatt 63 (1962) 242–258, 250.

Rautenstrauch, selbst ein »vielseitig gebildeter Gelehrter«[23], begründete seine Forderung, die Theologie methodisch zu erneuern, mit der Feststellung, die bisherige scholastische Lehrart habe »weder der *Wichtigkeit* noch dem *Umfange*« der theologischen Wissenschaft entsprochen[24]. Daraus zieht er die Folgerung: »Wenn wir bessere Seelsorger haben wollen«, brauchen wir für das Theologiestudium eine »bessere Methode«[25]. Im »Entwurf« weist Rautenstrauch darauf hin, die Behandlung der theologischen Wissenschaften entspräche nicht mehr »den Bedürfnissen unserer jetzigen Zeiten«. Der Lehrstoff und die Lehrart in der Theologie müsse sich vor allem nach den Kenntnissen richten, die ein »Seelsorger« für seine spätere Tätigkeit brauche[26].

Eine wesentliche Neuerung, die der Reformplan des Jahres 1774 den früheren österreichischen Studienplänen voraushat[27], stellt das Bemühen um den Rückgriff auf die Quellen und deren wissenschaftliche Erfassung dar. Rautenstrauch forderte die Pflege der historischen und biblischen Disziplinen, die sich der Erschließung der Quellen widmeten. Das Studium der Hl. Schrift, die Erforschung der Lehrüberlieferung und -entwicklung bei den Vätern, Kirchen- und Dogmengeschichte wurden zu den Grundelementen der theologischen Wissenschaft. Durch die Einbeziehung der Hilfswissenschaften: Philologie, Kritik, Chronologie und kirchliche Geographie vollzog Rautenstrauch den Schritt von der *scholastischen Lehrart* zur echten *Erudition*[28]. Damit folgte Rautenstrauch den profanen Wissenschaften, die sich längst der Quellenforschung zugewandt hatten.

Um das Ausbildungsziel, die Heranbildung guter Seelsorger zu erreichen, wollte Rautenstrauch auch *didaktisch* neue Wege gehen. Er forderte daher für die gesamte Theologie eine neue Methode, um den »Lehrbegierigen« in jedem Fach die notwendigen Kenntnisse »auf die leichteste und gründlichste Art« beizubringen[29]. *Die* Methode ist nach

---

23 Im Gutachten der Studienhofkommission von 1774 wurde besonders Rautenstrauchs »Gelehrsamkeit« in der Theologie und im Kirchenrecht hervorgehoben, vgl. J. Mühlsteiger, Die Wiener Tätigkeit des Abtes Rautenstrauch (Theol. Diss. Innsbruck masch. 1960) 36.

24 Rautenstrauch, Erstentwurf, fol. 21 r (Müller, Ansatz, 143).

25 AaO. In der Einleitung schreibt Rautenstrauch: In der unzureichenden Lehrart der Theologie liege »unstreitig eine Ursache . . ., warum unsere Seelsorger das nicht leisten, wozu sie ihr Amt verbindet«.

26 Rautenstrauch, Entwurf Schulen, 1.

27 Vgl. bes. H. Zschokke, Die theologischen Studien und Anstalten der katholischen Kirche in Österreich (1894).

28 Vgl. das Angebot an außerordentlichen Vorlesungen, die in der »Verfassung der theologischen Facultät« aufgeführt werden, zit. bei Müller, Ansatz, 54, Anm. 180.

29 Rautenstrauch, Entwurf Generalseminarien, 89, Anm.

Rautenstrauch »die beste, nach welcher der Endzweck der Wissenschaft am sichersten und geschwindesten erreicht wird«[30].

In seinen Animadversiones litterariae notiert Rautenstrauch: »Unser bisheriger ... Lehrinhalt der Kirche bedarf keiner Verbesserung oder Veränderung, aber was Lehrform, Vorstellungsarten, zweckmäßige, gesunde Behandlung dieser alten Wahrheiten betrifft, darin ist noch viel zu erneuern.«[31]

Besonderen Wert legte Rautenstrauch auf eine »pädagogisch« geschickte Lehrart. Er schreibt, um den Nutzen des Lehrplanes einzusehen, müsse man denselben gehörig durchdacht haben »und Kenntnisse der *Pädagogik* und *Methodologie* besitzen«[32].

Die Forderung nach Abwechslung zwischen Vorlesungen und praktischen Übungen bestätigt die Offenheit Rautenstrauchs für die Ergebnisse der Reformpädagogik seiner Zeit. Durch die rege Benützung des Wiener Lekturkabinetts[33] war Rautenstrauch ganz in den Bannkreis jener pädagogischen Bewegung gelangt, die im Philanthropinismus ihren Höhepunkt erreichte[34].

In diesem Zusammenhang verdient die Tatsache Beachtung, daß der überwiegend pastoraltheologisch-pädagogisch ausgerichtete Reformplan Rautenstrauchs, der mit der Ergänzung des Studienganges durch die praktischen Fächer die Theologie für das christliche Leben »brauchbar« machen sollte, anfangs bloße Theorie zu bleiben schien. Darum ordnete ein Hofdekret vom 1. Juni 1779 katechetische und homiletische Übungen an. Im Studienjahr 1785/86 wurde die Pastoraltheologie dem vierten Jahrgang zugeteilt, um das fünfte Jahr für das Erlernen der echten »Katechisierart« und »Normalschulmethode« vorzubehalten[35].

c. Die Intensivierung der pastoral-praktischen Ausbildung

Um zu erreichen, daß alle Seelsorger diesem vorgeschriebenen Studienaufbau folgten, machte der Staat den Empfang der Priesterweihe vom bestandenen Examen in der Pastoraltheologie abhängig. Kein Bischof durfte seine Kleriker vor Ende des fünften Studienjahres abberufen[36]. Auch die Gründung der allerdings nur kurz bestehenden *Generalseminarien* hängt mit der pastoral-praktischen Berufsvorbereitung der

---

30 Ders., Erstentwurf, fol. 21 r (Müller, Ansatz, 143).

31 AaO. fol. 165 r.

32 Vgl. Rautenstrauchs Eingabe vom 11. Mai 1779, Fond-RA-Benedictini Břevnov, K – 3 Ms. 21, Nr. 15.

33 Müller, Ansatz, 63 f.

34 Siehe u. 51.

35 Müller, Rautenstrauchplan, 250.

36 Ebd.

Geistlichen zusammen. Die Organisation dieser zentralen Ausbildungsstätten, die an die Stelle der einzelnen bischöflichen Priesterseminare und klösterlichen Hauslehranstalten traten, übertrug der Kaiser dem inzwischen zum Hofrat und Mitglied der Geistlichen Hofkommission ernannten Rautenstrauch[37].

Die Zusammenlegung der wissenschaftlichen Priesterausbildung an wenige Zentren sollte durch die Mitarbeit der theologischen Fakultäten nicht nur der »Gleichförmigkeit«, sondern vor allem der Intensivierung der theologischen Studien dienen. Rautenstrauch führte dazu aus: In den Generalseminarien gehe es »hauptsächlich um Bildung guter Seelsorger . . . , die einst in der Mitte des Volkes leben, diesem mit Worten und Werken zum Guten vorleuchten und Hilfe leisten« sollen[38].

Der Hauptaufgabe der Generalseminarien entsprechend, lag das Schwergewicht des Theologiestudiums auf der unmittelbaren Vorbereitung auf die spätere Seelsorgetätigkeit. Das erstrebte Ideal war der Priester als *pastor bonus* im Sinne des – trotz seiner Indizierung – weit verbreiteten Pastoralwerkes des Löwener Theologieprofessors J. Opstraet, das Rautenstrauch als erstes Lehrbuch der Pastoraltheologie vorschrieb[39]. Für die äußere Ordnung in den Seminarien und die geistlich-aszetische Bildung sollten die Konstitutionen des Kardinals Karl Borromäus und das Vorbild von St.-Sulpice zur Richtschnur dienen[40].

Das Verlangen der Aufklärungspastoraltheologie, dem künftigen Priester eine praktische Anweisung für seinen Dienst als Lehrer, Hirt und Erzieher des Volkes zu vermitteln, gab den methodischen Fragen des seelsorgerlichen Wirkens ein deutliches Übergewicht vor den theologischen Problemen des kirchlichen Mittlerwirkens. Eine nachhaltige Beeinflussung des religiösen Lebens wurde hauptsächlich von der »Belehrung« und von der »Einsicht« erwartet. Demgemäß führte »die Vorherrschaft des Lehrhaften« zur besonderen Betonung der *Unterweisung* und *Verkündigung* als den vordringlichsten Aufgaben des pastoralen Amtes[41].

---

37 Zum Hofdekret vom 30. März 1783 vgl. Zschokke, 55; C. Wolfsgruber, Christoph Anton Kardinal Migazzi (^{2}1897) 546–572; Mühlsteiger, 107–128.

38 Rautenstrauch, Entwurf Generalseminarien, 36.

39 Vgl. A. Schuchart, Der »Pastor bonus« des Johannes Opstraet. Zur Geschichte eines pastoraltheologischen Werkes aus der Geisteswelt des Jansenismus, (1972) 180, 190, 195, 201.

40 Vgl. die kaiserliche Entschließung vom 31. März 1783, zit. bei Wolfsgruber, 550.

41 F. X. Arnold, Dienst am Glauben (1948) 32.

3. *Die theologiegeschichtlichen Grundlagen der Studienreform Rautenstrauchs*

a. Eine Theologie ad mentem Jesu Christi unter dem Einfluß der Wissenschaftstradition des Benediktinerordens

Die wissenschaftliche Tradition des Benediktinerordens trug entscheidend dazu bei, daß Rautenstrauch in der Scholastik und Kasuistik seiner Zeit eine Verfälschung der wahren Theologie erblickte und den geschichtlichen Charakter der Offenbarungsreligion betonte. Die theologische Wissenschaft bildet nach Rautenstrauch ein »natürliches System«: Die *historischen* Disziplinen und die *biblische Einleitung* müssen ihren Platz vor den *systematischen* Fächern finden, und die *praktische* Theologie setzt als Grundlage eine sorgfältige Ausbildung in der Glaubens- und Sittenlehre voraus. Auf diese Weise kann die Theologie besser dem geschichtlichen Verlauf der Offenbarung folgen und nicht nach dem Gutdünken eines einzelnen Gelehrten, sondern *ad mentem Jesu Christi* vorgetragen werden[42].

In den kirchenrechtlichen Werken Rautenstrauchs[43] sind die von der Gelehrtenschule von Saint-Germain des Prés ausgehenden starken Impulse zur Ausrichtung der Theologie an der Hl. Schrift und der Väterlehre wirksam geworden, die aus der benediktinischen Wissenschaft des 17. und 18. Jahrhunderts nicht wegzudenken sind. Fraglos übte J. Mabillons *Traité des Etudes monastiques*[44] einen maßgebenden Einfluß auf die theologisch-wissenschaftliche Entwicklung der Břevnover Schule aus, die Rautenstrauchs theologische Entwicklung weitgehend bestimmt hat[45].

b. Die pädagogisch orientierte Gesamtkonzeption der »Einrichtung der theologischen Schulen«

K. H. Seibt, der im Jahre 1763 als Professor der schönen Wissenschaften und Pädagogik an die philosophische Fakultät der Universität

---

42 Rautenstrauch bemerkt dazu: »Es ist ein Mißbrauch, wenn man die Dogmatik *ad mentem S. Agugustini, Thomae, Scoti* usf. betitelt und einrichtet. Die Dogmatik ist ein szientifisches System der Glaubenslehren Jesu Christi; sie muß also auch *ad mentem Jesu Christi* vorgetragen werden.« Ders., Anleitung und Grundriß zur systematischen dogmatischen Theologie (1776) 5; vgl. Rautenstrauchs Entwurf Schulen, 16 u. 83.

43 S. o. Anm. 4.

44 Zur Person und Wirksamkeit Jean Mabillons (1632–1707): J. v. Bergkamp, D. J. Mabillon and the Benedictine Historical School of Saint-Maur (1928); L. Deries, D. J. Mabillon (1932).

45 Müller, Zu den theologiegeschichtlichen Grundlagen, 65–70.

Prag berufen worden war, machte den jungen Rautenstrauch, damals Professor des Břevnover Klosterstudiums, mit den von Leipzig ausgehenden philosophischen und pädagogischen Ideen der Aufklärung bekannt[46]. In seinen Vorlesungen aus den Gebieten Moral, Pädagogik, deutsche Sprache und Geschichte trat die Anerkennung der exakten Wissenschaften, die vom Newtonschen Geist der naturgesetzlichen Bewältigung wissenschaftlicher Probleme und der empirischen Psychologie J. Lockes (1632–1704) geprägt waren, an die Stelle der Spekulation[47].

Durch die Vermittlung Seibts lernte Rautenstrauch die Bestrebungen der Philanthropinisten kennen, die das pädagogische Programm des Engländers Locke mit den Ideen J. J. Rousseaus verbanden, der die Entfaltung der natürlichen Anlagen des Menschen, die Gewöhnung an die Selbsttätigkeit und eine dem natürlichen Entwicklungsprozeß des Kindes angepaßte Erziehung forderte. J. B. Basedow (1724–1790) hatte diese Gedanken in zahlreichen Schriften verbreitet und am »Philanthropinum« in Dessau verwirklicht[48].

Neben den genannten Einflüssen der wissenschaftlichen Pädagogik der Aufklärungszeit ist es wohl vor allem die Vertrautheit mit dem entfalteten Lehrbetrieb in den Disziplinen der Praktischen Theologie an den evangelischen Fakultäten, die Rautenstrauch aufgrund seines eingehenden Studiums der zeitgenössischen theologischen Fachzeitschriften erworben hatte, die ihn zur Erneuerung des theologischen Studienganges bewog[49]. Indem Rautenstrauch im Zuge der organischen Entfaltung der *einen* Theologie die Pastoraltheologie und ihre einzelnen Fächer als »die der Ausübung der Theologie dienenden Wissenschaften«[50] konzipierte, hat er nicht nur die Entwicklung der Pastoraltheologie bis in unsere Tage mitbestimmt, sondern auch im Hinblick auf die Richtziele des Theologiestudiums einen Beitrag geleistet, der bei der Neuumschreibung der »Zielfelder« der einzelnen theologischen Disziplinen im Rahmen der gegenwärtigen Studienreform nicht übersehen werden dürfte.

---

46 Zahlreiche bedeutende Männer, ohne die der Josephinismus der siebziger und achtziger Jahre des 18. Jahrhunderts nicht zu denken wäre, gehörten zum Freundeskreis um Seibt: neben Rautenstrauch und Staatsrat Freiherr von Kressel auch Hofrat Augustin Zippe, der unmittelbare Nachfolger Rautenstrauchs, und Probst Ferdinand Kindermann, der Organisator des böhmischen Schulwesens und spätere Bischof von Leitmeritz. Dieser Seibtkreis verschaffte dadurch den aufgeklärten Ideen Zugang in die Wiener Staatskanzlei, daß sich die Seibt-Anhänger gegenseitig zu verantwortlichen Stellen verhalfen. Zu Seibt vgl. J. Müller, Zu den theologiegeschichtlichen Grundlagen, 79–85 (mit Literaturhinweisen).

47 Vgl. aaO. 84.

48 Ebd.

49 Müller, Ansatz, 73–95.

50 Rautenstrauch, Erstentwurf, fol. 37 r (Müller, Ansatz, 156).

1 | 4 Rainer Volp

Praktische Theologie als Theoriebildung und Kompetenzgewinnung bei F. D. Schleiermacher

1. Inventur am historischen Denkmodell

Theoriemodelle, die hinter dem bereits erreichten Stand theologischen Problembewußtseins zurückbleiben, verfehlen ihr Ziel[1]. Welchen Stand aber könnte man als erreicht ansehen? Auf Hegels Apotheose des geisten Prinzips hat die Theologie im Rekurs auf Thomas oder Luther mit einer Apologie der Grundwahrheiten des Glaubens geantwortet. Heute bemerken wir, daß der Herausforderung Fichtes, Theologie könne sich als *Wissenschaft* nur unter dem Verzicht auf ihren positiven Offenbarungsglauben betrachten, jedenfalls wissenschaftstheoretisch nur ungenügend begegnet wurde. Zwischen der »grundlosen Setzung des theologischen Bewußtseins«, wie man das der Dialektischen Theologie vorwarf[2] und dem neuerlich »apologetischen Krebsgang« einer auf Konkretion eingeschworenen Pragmatik[3] fehlen überzeugende Systementwürfe. Was einer ganzen Wissenschaft schon schwerfällt, muß derjenigen Disziplin, die dem Ansturm hermeneutischer, empirischer und gesellschaftskritischer Fragen in besonderem Maße ausgesetzt ist, erst recht zu schaffen machen, ist doch die Frage Fichtes durch den logischen Empirismus, den kritischen Rationalismus und den Neomarxismus gerade im Blick auf die praktische Relevanz theologischer Aussagen und religiösen Verhaltens nur noch verschärft worden. Neue Entwürfe entdecken wohl durch Verschiebungen der Sprachkonvention in Zielvorstellungen wie »Hoffnung«, »Information«, »Fest« usw. wertvolle Zusammenhänge, weitreichende Theorie- oder gar Systementwürfe blieben aber auch hier aus[4].

Friedrich Schleiermacher[5], der enttäuscht und mit guten Gründen die philosophischen Entwürfe seiner Zeitgenossen von Fichte bis Hegel

---

1 Vgl. W. Pannenberg, Wissenschaftstheorie und Theologie (1973) 348.

2 AaO. 274.

3 G. Sauter, Grundzüge einer Wissenschaftstheorie der Theologie. In: Wissenschaftstheoretische Kritik der Theologie, hg. von G. Sauter u. a. (1973) 295.

4 Vgl. aaO. 314.

5 Über das allgemeine Abkürzungsverzeichnis hinaus werden für die Werke Schleiermachers folgende Abkürzungen verwendet: DJ = Dialektik, ed. L. Jonas, 1839. AO = Ästhetik, ed. R. Odebrecht, 1931. DO = Dialektik, ed. R. Ode-

als bloße »Einfälle, Erzeugnisse des freien und künstlerischen Denkens« apostrophierte[6], hätte wohl viele spätere Systemansätze in den Bahnen des spekulativen Idealismus, mit seinen Schülern beginnend über Dilthey bis zum heutigen Hegelianismus kaum günstiger beurteilt. Zwar wird ihm selbst immer noch vorgeworfen, er sei inkonsequent, weil einmal ganz Philosoph, ein andermal ganz Theologe, einmal ganz Idealist, ein andermal ganz Realist[7]; er urteile einmal formalistisch, dann wieder empiristisch, die Praktische Theologie zumal begründe er einmal ganz pragmatisch, dann wieder vom enzyklopädisch freischwebenden Begriff her[8] und schließlich: er habe die Praktische Theologie als Aufgabe der Kirchenleitung in einer Zeit konzipiert, die sowohl kirchlich wie politisch andere Sorgen hatte[9]. Wer sich jedoch nicht mit Schleiermachers bloßen Anregungen für dies und andere Fächer (Hermeneutik, Pädagogik, Philologie usw.) zufrieden gibt, wer zumal die heutige Diskussion um Sprachtheorie und Semiotik kennt, wird diese Vorbehalte schnell als im Prinzip unbegründet bloßlegen und fragen, wie ein derart überlegener Systemansatz so lange für die Theologie – nicht nur des Protestantismus – und Wissenschaftstheorie unserer Tage unausgewertet blieb[10]. Der »Sokrates des 19. Jahrhunderts« (so Moritz Diesterweg) hat mehr Fragmente als abgeschlos-

---

brecht, 1942; E = Entwürfe zu einem System der Sittenlehre, ed. O. Braun, Werke i.A., 2. Band, 1913; CS = Christliche Sitte, ed. L. Jonas, 1884. Zum Ganzen vgl. meine Arbeit »Zeichen und Struktur«, in der ich auch die folgenden Ausführungen, Teilergebnisse meiner bislang unveröffentlichten Habilitationsschrift von 1970 (»Die Prämissen einer Theorie religiöser Rede in besonderer Hinsicht auf die Grundsätze F. D. Schleiermachers«), näher begründet habe (erscheint demnächst im Gütersloher Verlagshaus).

6 Schleiermacher, DJ, 602, 607, 565.

7 So insbesondere die Kritik von der Seite K. Barths und der Dialektischen Theologie (zuletzt noch im Nachwort zur Schleiermacherauswahl, Siebenstern-Tb. [1968]). Bezeichnend für diese Position etwa:. F. Flückiger, Philosophie und Theologie bei Schleiermacher (1947), aber auch noch O. Bayer, Was ist Theologie? (1973) oder F. Weber, Schleiermachers Wissenschaftsbegriff (1973).

8 Diesbezügliche Bemerkungen von W. Trillhaas, Schleiermachers Predigt und das homiletische Problem (1931), W. Jetter, Die praktische Theologie, in: ZThK 64 (1967) 451–473 bzw. H. J. Birkner, Schleiermachers christliche Sittenlehre (1964) werden bis zur Stunde wiederholt (Pannenberg, 252; G. Sauter, Beobachtungen und Vorschläge zum gegenseitigen Verständnis von Praktischer und Systematischer Theologie, in: ThPr 9 [1974] 19–26).

9 So zB. Pannenberg, 250 f.

10 Eine höchst beachtliche Würdigung durch die katholische Theologie hat R. Stalder, Grundlinien der Theologie Schleiermachers. Band I: Zur Fundamentaltheologie (1969), begonnen. Die protestantische Theologie hat sich unter dem Eindruck Hegels, Diltheys, des Neukantianismus und Heideggers einen sachgerechten Zugang zu Schleiermachers Systemansatz immer wieder verstellt (so auch noch Otto, 9–24).

sene Werke hinterlassen, dennoch ist der von ihm erreichte Stand des theologischen Problembewußtseins trotz einer inzwischen kaum mehr übersehbaren Literatur[11] noch kaum gesehen worden. Er hat, die Traditionen antiker Rhetorik, abendländischer Patristik und Mystik sowie moderner Wissenschaftstheorien verarbeitend[12], die eingangs erwähnte Herausforderung auf eine äußerst originelle und, wie ich meine, auch heute tragfähige Weise aufgenommen. Als Begründer des Fachs »Praktische Theologie« fordert er zumal dazu auf, das immer noch erschreckende Defizit theologischer Systematik in demselben zunächst einmal an den von ihm selbst ausgegebenen Postulaten zu messen.

2. *Der Ort praktischer Theologie*

Praktische Theologie ist für Schleiermacher Höhepunkt des Studiums[13], weil es den Gegenstand der Theologie, »das eigene religiöse Leben und die religiöse Weltbetrachtung«[14] oder auch kurz: »das religiöse Leben« als »besondere Beziehungen«[15] jedem Theologen permanent bewußt zu machen hat, anders könnte sich dieses Leben, das er nur in einer konkreten Gemeinschaftsform denkt, nie ausbilden. Praktische Theologie treiben ist insofern Sache jedes denkenden Christen wie eines philosophisch argumentierenden Theologen, dieses als Problem zugleich ethischen Verhaltens wie wissenschaftlichen Handelns und Verhaltens zu thematisieren, macht jedoch erst eine besondere wissenschaftliche Disziplin notwendig. Sie hat die Regularität religiösen Lebens – man könnte auch von innerer und äußerer Logik sprechen – theoretisch bewußt zu machen und die Kompetenz kirchlichen Handelns in die Wege zu leiten[16]. Insofern steht sie nicht zwischen Wissenschaft und Praxis, sondern als theologische Wissenschaft

11 Seit der 1966 erschienenen Bibliographie (Princeton Pamphlets 12, ed. T. N. Tice) mit 1928 Titeln ist die Literatur in letzter Zeit noch angeschwollen.

12 Auf den genetischen wie sachlichen Zusammenhang zwischen der Aufnahme dieser, besonders der rhetorischen Traditionen mit der gegenwärtigen Wissenschaftstheorie habe ich in meiner Anm. 5 genannten Arbeit aufmerksam gemacht. Vgl. auch das soeben erschienene Buch von E. Herms, Herkunft, Entfaltung und erste Gestalt des Systems der Wissenschaften bei Schleiermacher (1974).

13 Der 1810 geprägte Ausdruck »Krone« (Schleiermacher, KD, § 31) wurde – vermutlich aufgrund mancher Mißverständnisse – später fallen gelassen.

14 Schleiermacher, PT, 771.

15 AaO. 805.

16 »Wir brauchen also nicht den Umfang der praktischen Theologie beschränken auf das, was in der eigentlichen Amtsführung des Geistlichen liegt; es wird alles hineingehören, was ein Handeln in der Kirche und für die Kirche ist, ein solches, wofür sich Regeln darstellen lassen« (Schleiermacher, PT, 271.

reflektiert sie systematisch die kirchliche Praxis und Theologie in ihren ethischen Zusammenhängen als »besondere Beziehungen« und ist damit *zugleich* wesentliches Element der praktischen Verantwortung.

Eine solche Aufgabenstellung fordert die Frage nach dem Ort der Praktische Theologie im Rahmen anderer theologischer Disziplinen heraus. Die *historische* Theologie ist für Schleiermacher »Körper« des theologischen Studiums, weil man sich durch Einsicht in den geschichtlichen Verlauf der Kirche, ihren gegenwärtigen Zustand *und* das, was jetzt in ihr theoretisch und praktisch gilt[17], eine »reale« *Vorstellung* und einen *Begriff* von ihr machen kann. Doch »ein in lebendiger Entwicklung begriffenes lebendiges Ganze« wie die Kirche[18] zwingt dazu, solche Begriffe solange »in der Schwebe« zu halten, wie sie nicht entweder im Kontext anderer Wissenschaften bzw. Theologien für begründet angesehen oder im praktischen Verhalten und Handeln als ethische Tatsachen angenommen werden können.

Ersteres ist die Aufgabe der *philosophischen*, letzteres die der *praktischen* Theologie: während es der Dogmatik wie den andern geschichtlichen Disziplinen um die rechte Vorstellung von der Kirche, um ihre »Vollkommenheit als geschichtliche Erscheinung« geht[19], gebrauchen beide, philosophische wie praktische Theologie die aus dem historischen Sprachgebrauch entwickelten Sätze der Theologie nur als »Mittel«, um sie »im Zusammenhang und auf den Zusammenhang« hin einsehbar zu machen; ihr Interesse haftet weniger an den Vorstellungen von den Dingen, sondern an dem »Verkehr mit den Gegenständen«, sie denken »zum Behufe des Handelns«[20], der praktische Theologe im Blick auf die religiöse, der philosophische im Blick auf die wissenschaftliche Praxis[21]. Beide Disziplinen, die Schleiermacher als die »formale« Seite der Theologie ansieht[22], müssen, wollen sie dasselbe wie der Dogmatiker sagen, es anders sagen; denn nicht die Bezeichnungen, sondern die *Beziehungen* zwischen den Zeichen und ihrem Gebrauch für Bedeutung und Wirkung müssen den in den historischen Disziplinen aufgestellten Axiomen entsprechen. Schleiermachers enzyklopädische Einteilung versteht man kaum, wenn man

---

17 Schleiermacher, CS, 4 d. Anm.

18 Ders., KD, § 11/28.

19 Ders., PT, 11.

20 Ders., DO, 104.

21 Nur in diesem Sinne ist die Bemerkung von der »eigentlichen« Wissenschaft zu verstehen (Schleiermacher, KD, § 11/28).

22 Gemeinsam genannt werden sie zB. aaO. § 24–28, 66, 257.

nicht seine »Wissenschaftslehre«, die »Dialektik«[23] und die wissenschaftstheoretisch konzipierte »Ethik« berücksichtigt, die mit erstaunlicher Klarheit den spekulativen Idealismus jener Zeit zu widerlegen suchen. Danach findet Wissenschaft ihre letzte überprüfbare Kontrolle im sokratisch gedachten Handlungsschema des Gesprächs, durch welches man die Einteilung und deren Gründe zu unterscheiden weiß[24]. Menschliches Denken beginnt stets innerhalb eines infiniten Diskurses konkreter Menschen. Denn kein Denken kommt aus der Differenz heraus, daß es einerseits Invarianz der Bedeutung im unverwechselbaren Individuum bzw. lebenden Organismus gibt (und nur in diesem Sinn spricht Schleiermacher von der »Identität des Seins und Denkens in uns«[25]), daß andererseits aber dem *Denken* Sein und Wissen *nie* identisch sein können. Nur in der Differenz zwischen Organ und Symbol, Relation und Zeichen, Urteil und Begriff, Satz und Wort, Ethos und Logos liegt ein zureichender Anschauungsgrund.

Diese Voraussetzung gilt auch für die philosophische Theologie, welche die Invarianz der Bedeutung im Bezug auf die von ihr gemeinte Glaubensgemeinschaft zu entwickeln hat[26]. Dazu braucht sie ebenso die Kenntnis des Stoffs historischer Theologie[27] wie ein Interesse an der kirchenleitenden Praxis[28]. Indem sie aber Wesensbestimmungen des Christentums kritisch überprüft, stellt sie Propositionen bereit, mit denen Systementwürfe der historischen Theologie begründet werden[29]. Wie die philosophische Theologie das Handeln mit Kenntnissen thematisiert, so die praktische Theologie das *Bewußtsein von Kunstregeln*[30].

Die Voraussetzung von der wissenschaftlich unaufhebbaren Diffe-

23 Die Dialektik gibt selbst eine Art Modell für die enzyklopädische Aufteilung her: 1. eine Einleitung, um die gemeinschaftliche Grundvorstellung zu bestimmen, 2. ein transzendentaler Teil, um »die Anwendung auf den Zusammenhang mit den beiden streitigen Punkten vermittels schon früher gefundener und anerkannter Regeln über die Teilung und Verknüpfung im Denken« und 3., in einem »technischen oder formalen Teil« der Inbegriff beider, »die Konstruktion alles Wissens in seinem Zusammenhange« (Schleiermacher, DO, 118).

24 AaO. 399.

25 AaO. 270.

26 Ders., KD, § 257.

27 AaO. § 48.

28 AaO. § 38.

29 S. dazu die »Einleitungen« der verschiedenen Abhandlungen Schleiermachers (vgl. D. Offermann, Schleiermachers Einleitung in die Glaubenslehre [1969]).

30 Schleiermacher, KD, § 5. Beide sorgen demnach dafür, daß die Vorstellung vom Inhalt durch formale, dh. umkehrbare Übersetzungsoperationen in ihrer Bedeutung und Wirkung bedacht wird, beide wissen sich aber auch für die Invarianz seiner Vermittlung verpflichtet, weil keine noch so formalisierte Methode den Objektbereich bestimmt, sondern dieser einer Wissenschaft auch zu seiner Methode verhelfen muß. Ähnliche Einsichten sind bei H. Mead, P. Schütz oder im Strukturalismus zu finden.

renz von Zeichen und Bezeichnetem läßt Schleiermacher den *Ort praktischer Theologie zweifach bestimmen; einmal* muß sie, zusammen mit dem philosophischen Teil, den Logos »Theologie« als Ethos im Umgang mit Wissenschaft und Kunst erweisen: *Teil des metatheoretischen Horizonts der Theologie.* Zum *andern* ist sie selbst *Ziel eines Prozesses,* den der Theologe über die Dialektik von philosophischen und dogmatischen Urteilen hinaus finden muß.

3. *Theorien praktischen Handelns*

Theorien bemühen sich um ein zusammenfassendes und vereinheitlichendes *Bild* von der Wirklichkeit, nicht um ein vereinheitlichendes Handeln ihr gegenüber, welches eher als ästhetisches Verhalten zu bezeichnen wäre[31]. Schleiermacher sieht ähnlich in Theorien, mit denen er seine praktische Theologie zu fassen sucht, Konzeptionen der religiösen Realität, wie sie schon in jeder formulierten und begründeten Anschauung vorhanden sind[32]. Man braucht sie, sobald nach dem Verhalten bzw. den Regularitäten des religiösen Lebens gefragt wird, weil anders nur ein Agglomerat von Beobachtungen zustande käme.

Die »praktische Theologie« Schleiermachers entwickelt höchst eigenständige Theorien, wie er sie methodisch in der Dialektik erläutert hat[33]. Wer meint, hier wolle man nur »die Aufgaben richtig fassen lehren«, verkennt sie als eine Art Gebrauchsanweisung, sie hat ihre Aufgaben vielmehr zu »klassifizieren« und »in gewissen Gruppen« zusammenzustellen[34]. Sie ist die »*Theorie über das Fortbestehen der evangelischen Kirche als einer solchen, sofern dieses von absichtlichen freien Handlungen ausgeht*«[35]. Ein solches Ziel der »Kirchenleitung« kann natürlich weder eine Praxis normativ bestätigen (deren Kenntnisnahme gehört als »Statistik« noch in den Bereich der historischen Theologie[36]), noch aus einem Kirchenbegriff einfach deduziert werden. Der grundsätzlichen Aporie, daß die Theorie »über die Grenzen« des Gegebenen hinaus muß, andererseits aber der verantwortlich Han-

31 S. J. Mukarovsky, Kapitel aus der Ästhetik (1970) 129. Auch die Bestimmung, theoretische Elemente seien durch Denken reduktiv zustande gekommene Aussagen (also weder Verallgemeinerungen noch Stilisierungen), entspricht dem: I. M. Bochenski, Die zeitgenössischen Denkmethoden (^{3}1965) 108.

32 Der Definition von H. Stachowiak, Denken und Erkennen im kybernetischen Modell (1969) 115, nach dem eine Theorie ein Maximum von Beobachtungsdaten auf ein Minimum von Realbegriffen und allgemeinen Sätzen zurückführen soll, könnte Schleiermacher wohl weithin zustimmen.

33 Schleiermacher, DO, 315 ff.

34 Ders., KD, § 260.

35 Ders., PT, 62.

36 Ders., KD, § 232–250.

delnde bemerkt, daß auch »das Ganze über die Grenzen der Theorie hinausliegt«[37], begegnet Schleiermacher mit dem Grundsatz, die angestrebte Einheit als Variable aus der Totalität der Funktionsbeziehungen, in denen sie sich zeigt und bildet, nicht aus der vermeintlichen »Natur« einer Idee zu bilden[38]. Damit entwickelt er eine offene *Systemzieltheorie,* die Strukturgleichheiten quer durch alle Disziplinen und Konfessionen entdecken kann, ohne die intendierte Bedeutung des eigenen Glaubens ändern zu müssen.

Diesem Ansatz entspricht es, daß praktische Theorien nur als voneinander unabhängige Aussageketten mit anfangs undefinierten Grundbegriffen entwickelt werden können[39]. Sie verhalten sich zueinander wie Logos und Ethos, Zeichen und Zeichenbeziehungen und werden von Schleiermacher nach dem aus der Infinitesimalmethode entnommenen Prinzip logischer Reihen konsequent als »Theorie vom Kirchendienst« und »Theorie vom Kirchenregiment« entwickelt[40].

Die *Theorie vom Kirchendienst* will der Frage begegnen, wie »durch alle Handlungen der Kirche ... die selbstthätige Ausübung des Christentums erhalten und gestärkt wird«, und zwar bezogen auf den Einzelnen[41]. Schleiermacher setzt bei der örtlichen Kirchengemeinde ein[42], um Klassifikationen und Differenzierungen von Aufgaben an weiteren Einheiten derselben logischen Klasse, jedoch anderer sozialer Größe zu überprüfen[43]. Von der festbestimmbaren Funktion aus bildet er hypothetische Stammfunktionen, um dem Handelnden die Perspektive für die gesuchte neue Einheit in anderen Situationen zu erschließen. Dazu braucht er eine Fülle von Theorien, zB. der Liturgie, des Gesangs, des Gebets, der religiösen Rede usf., die ihre Verifikation durch die gegenseitige Bewährung in derselben Reihe haben.

Die Problematik der Leitungsfunktion selbst ist das Thema der

---

37 Ders., PT, 751.

38 AaO. 750.

39 Vgl. Schleiermacher, DO, 167 A.

40 Schleiermacher postuliert als Voraussetzung aller Wissenschaft jedes »wahre und der Idee nach durchdrungene Wissen«. »In jedem Wissen ist nur so viel wahres und der Idee nach durchdrungenes Wissen, als darin Dialektik und Mathematik ist« (DO, 464). Am Beispiel der Begriffs- und Urteilsbildung (DO, 321 A) begründet Schleiermacher, wie sich die Methoden der »Konstruktion« (Hypothesenbildung) und der »Kombination« (Induktion) zwischen Sprachgebrauch und mathematischer Operationalisierbarkeit entwickeln lassen (DO, 324–464). Für ihn sucht jede praktische Wissenschaft nach Regeln, mit denen die Differenzen in der Beobachtung auf Einheiten gebracht werden, um die Wirklichkeit auf dem Wege der Kombination und Konstruktion von optimalen Hypothesen aus zu beurteilen (DO, 73), ohne den ethisch postulierten Zusammenhang aus dem Auge zu verlieren.

41 Ders., PT, 62 f.

42 Ders., KD, § 277.

43 AaO. § 260 ff., 280.

Theorie vom Kirchenregiment. Hier werden die »Formen der Gemeinschaft«[44] in ihrem Bezug zu den Kirchenverfassungen, zum gesellschaftlichen Leben, zu Staat, Wissenschaft, Kunst und geselligem Verkehr herausgearbeitet, ein Unternehmen, von dem Schleiermacher selbst meint, daß der Begriff »Pastoraltheologie« zu eng sei[45]. Die in seiner Ethik postulierten Konstrukte gesellschaftlicher Systeme sollen so eingeführt werden, daß theologische Verantwortung und religiöses Verhalten ohne *sacrificium intellectus,* aber auch ohne Aufgabe der religiösen Interessen jederzeit denkbar sind. Nur, wenn die Prozesse der religiösen Kommunikation in allen gesellschaftlichen Prozessen wie in jeder personalen Einheit (so die Theorie vom Kirchendienst) theoretisch einsehbar werden, kann kirchenleitende Kompetenz erreicht werden. Weil in dem angenommenen Differential nicht nur allgemeine Grundbegriffe, sondern auch der eigene Stil des Theologen als Code formalisiert wird, hat die Frage nach der Kompetenz des Theologen Mißverständnisse ausgelöst, die abschließend noch zu klären sind.

4. *Praktische Theologie als Kompetenzgewinnung*

Theologie auf ihre praktische Auswirkung hin zu bedenken heißt, sich ebenso der Verfahren zu vergewissern, mit denen wir diese Praxis kritisch und projektiv beobachten wie der Regularien, mit denen sie sich selbst darstellt, den Beobachter nicht ausgenommen. Beides ist für Schleiermacher eine hohe »Kunst«, wie differenziert die Überlegungen auch sein mögen[46]. Von *Kunst* zu reden, erfordert schon die logische Notwendigkeit, daß keine Sprache nur durch ihre eigene Sprache beurteilbar ist, sie muß zu anderen Sprachebenen hin generieren können. Insofern ist ihm »Kritik« etwa wesentlich Kunst, allerdings im Interesse am Wissen, welches im Gegensatz zur Religion auf Differenzierung aus ist (mit allen sozialen Konsequenzen bis hin zur Differenz »Klerus« und »Laie«). Das höchste Interesse *an* der Religion dagegen zeigt sich in einer Kompetenz, die ihrer eigenen Grenzen hinsichtlich der oben genannten Verfahren bewußt ist und die Schleiermacher als »Technik« bezeichnet; sie ist »nur« in weiter nicht reduzierbaren Formeln möglich, »in denen die Art und Weise ihrer Anwendung auf ein-

44 Ders., PT, 63.

45 Ders., KD, § 308.

46 Kunst meint für ihn, sich der Verfahren bewußt zu werden, welche auf jedem Schritt des Lebens zu beobachten sind (Ders., DO, 80) oder, wie es in der Ästhetik heißt: sich permanent der Strukturen bewußt zu werden, die der Mensch in sich trägt (Ders., OA, 78 ff.).

zelne Fälle nicht schon mitbestimmt ist«[47]. Hier wiederholt sich in projektiver Sicht, was die Hermeneutik reproduktiv mit dem Begriff der »*Technik*« meint: um die Aussage einer Botschaft zu verstehen, sind stets neue Codes auszuprobieren, statt die eigene Meinung hineinzufragen.

Wie lassen sich aber Aussagen jenseits bloßer Eintragungen oder purer Skepsis (die Hermeneutik nach Schleiermacher hat beides hervorgebracht) formulieren, die sowohl theologisch wie pragmatisch relevant sind? Schleiermacher entdeckt, was erst Wittgenstein wieder bewußt machte, daß die Struktur nicht zur empirischen Beobachtung gehört; man findet sie als gleichartige Eigenschaft verschiedener Systeme in deren Transformationen. Solche sind in jeder »zusammengesetzten Hervorbringung«, der »Kunst« evident[48]; die Systeme zeigen sich dagegen in der Sprachgemeinschaft wie in der Mathematik. Durch Operationen, die den Regreß auf das Gemeinte festhalten, kontrollieren wir die Prozesse im organischen Lebenszusammenhang, das »Einswerdensollen« eines offenen Geschichts- und Planungsbewußtseins. Weil aber im Wahrnehmungsurteil der (im Sinne Kants) unsere Erkenntnis erweiternde Schluß liegt, hat Schleiermacher in der Kritik an Kants transzendentaler Logik *drei Kategorien von Symbolen,* »einsgewordenen» Zeichen postuliert, in denen sich letzte Reduktionen von Wirklichkeit dem Bewußtsein bieten: 1. *»mathematische» Einheiten,* Teile einer »Menge« und unendlich teilbar, 2. eidetische, *»transzendent« genannte Einheiten,* die dem Bewußtsein als Bild, Reihe, Kreis usw. absolut erscheinen und 3., beide inbegriffen, die *»unnennbare« Einheit,* insofern der Mensch, Gattungselement und Individuum zugleich, spricht und gesprochen wird[49]. Durch die Beziehungen dieser Signifikanten zueinander lassen sich strukturelle Gleichheiten in diversen Kommunikationssystemen nachweisen, ohne unnötige metaphysische Auflagen zu machen. Denn die gemeinten Zeichen sind auch in

47 Ders., KD, § 265, 132. 48 AaO. § 132.

49 Ders., E, 625 f., 645, vgl. ders., DO, 270. Aus der gleichen Einsicht, daß wissenschaftliche Kompatibilität nur durch Zeichen zu vermitteln sei, hat Ch. S. Peirce drei Symbolqualitäten postuliert, die in jeweils anderer Relation etwas anderes vorstellen (Collected Papers, hg. von Ch. Hartshorne u.a. [²1960] 5.283, 2.228). Sie implizieren wie für Schleiermacher drei Kategorien: als »Index« ist es zur Identifikation der Gegenstände in jedem Erfahrungsurteil vertreten, als »Icon« in jedem Prädikat eines Erfahrungsurteils (um den Bildgehalt einer gefühlten Weltqualität in die Synthesis der Repräsentation zu integrieren), als »Symbol« integriert es beide andern Funktionen, um etwas als etwas herzustellen. Wie Schleiermacher, den Peirce wohl kaum genauer kannte, setzt er an Stelle von Kants »konstitutiven« Prinzipien regulative, die sich »in the long run« als konstitutiv erweisen müssen; der bemerkenswerte Unterschied beider: der »logische Sozialismus« von Peirce ist bei Schleiermacher das Ethos einer Weltgemeinschaft.

der Abwesenheit des Interpreten gültig, sofern sie in den Relationen methodisch zuverlässig erfaßt und in der endlosen Bewegung zwischen Einssein und Einswerdensollen, Zeichen und Verhalten, Bezeichnetem und zu Bezeichnendem diejenige Sprachsituation treffen, die die praktische Situation erfordert. Nicht schon was sich zeigt, sondern was wir bezeichnen, was, um mit Wittgenstein zu sprechen, »der Fall ist«, läßt sich operationalisieren[50].

Durch diesen wissenschaftstheoretischen Ansatz, der die Relationenlogik von Ch. S. Peirce im wesentlichen vorweggenommen hat, gelingt es Schleiermacher, die Einheit des Handelns bei gleichzeitiger Differenzierung der Theorieebenen zu sehen: religiöses Sein und theologisches Wissen beziehen sich so aufeinander, daß Kenntnisse, Theoriegewinnung und Verhaltenskontrolle zu einer Kompetenz gerinnen, die das eigene Konzeptionsvermögen richtig einschätzt[51]. Gleichgewicht im Prozeß geschichtlicher Bewußtwerdung meint kein harmonisierendes Ideal, sondern die zugleich logische wie ethische Evidenz religiöser Mitteilung des unerschöpflichen Stoffs. Solange man die semiotischen Kategorien übersehen hat, verkannte man, durch den Sachverhalt des Gefühls irritiert, den zugleich streng theologischen Ansatz seines Denkens. Im Unterschied zu Gedanken lassen sich Gefühle nicht übertragen, sie sind signifikant für die Art, wie Individuen mit Hilfe ihrer Reflexion miteinander umgehen. Würde man – durch Theorien gesteuertes – Verhalten auf Einheiten beziehen, die unser Interesse auf die infinit teilbare Menge lenken, bliebe *dies bloß* ästhetische Kompetenz, ein Einüben der Empfindungen, ein vereinheitlichendes Verhalten. Würde man auf absolute Einheiten aus sein, käme man, wie Empiristen und Idealisten, auf Welterklärungen heraus, die in festen Vorstellungen enden. Um aber zu vermeiden, daß auf irgendeine Art die Wirkung der bekannten Größen diejenige der unbekannten Größe aufhebt, muß im Interesse an der unnennbaren Einheit der Funktionszusammenhang zwischen dem logischen Bild des Erlösers in der Kirche und der ethischen Norm religiösen Lebens aus dem lebendigen Christus festgehalten werden. Nur so bildet sich das Maß für die »Vollkommenheit« des Handelns als »Kräftigkeit des Gottesbewußtseins« in der »Bestimmtheit beider durcheinander«[52]. So erweist sich der undefinierte Grundbegriff »religiöses Leben« als wirkliche »Gemeinschaft

---

50 Schleiermacher, DO, 297–307.

51 Ders., PT, 793. Pannenberg, 330 vermißt das von H. Scholz postulierte »Kohärenzpostulat«, verkennt jedoch Schleiermachers sprachtheoretischen Ansatz.

52 Schleiermacher, PT, 805. Vgl. auch die Bestimmungen 804. In der Dialektik zeigt sich das logische Gerüst dieser Ausführungen. Dort heißt es: Gott, als Idee, ist die Prämisse des identischen Handelns (DJ, 530), in Wirklichkeit ist er »der Grund ... aller Relationen« (DJ, 303 Anm.).

mit dem Erlöser«. Was immer im einzelnen bezweckt wird, sei es als Rede oder Gemeindeplanung, »das mitzutheilende in seiner Ursprünglichkeit (ist der) Stoff = Gefühlszustand im Verhältnis zu Gott«[53].

Eine solche Definition bevorzugt – der traditionellen Priorität von Lehre zum Trotz – die ethisch-habituale Kompetenz vor der kognitiven. Schleiermacher zeigt dies besonders deutlich am Modell des Gottesdienstes, den er in der Christlichen Sitte als *»darstellendes Handeln«* herausgearbeitet hat[54]. Denn das Verhältnis zum Urbild, dem Erlöser, zeigt sich zuerst als unabsichtliches Verhalten, was in der empirischen Analyse unter dem Begriff des Festes dann als »mitteilende Darstellung« erörtert wird[55]. Auch wenn das Verhältnis zur unnennbaren Einheit nur mit »Asymptoten« zu den Darstellungen kollektiver Riten und individueller Spontaneität gedacht werden kann, auch wenn sich in jedem Menschen auf eigentümliche und zugleich gleichwertige Weise Doxologien bilden, will religiöses Leben als Gemeinschaft Sprache werden, »darstellende Mitteilung«, welche in Kenntnis von Kombinationen und Konstruktionen religiöser Prozesse, von Traditionen oder neuen Ideen eine Kompetenz erreichen soll, die, obwohl sie in ihrem Interesse an Sprache auf Klassifizierung, Leitung und Strukturierung aus ist, sich dennoch begrenzen läßt durch die »mitteilende Darstellung«. Denn auch oder gerade im Kultus muß sich nach Schleiermacher die ethische Prämisse bewähren: »Im Menschen ist alles, je mehr es ihm eigenthümlich ist, um so mehr ein gemeinschaftliches. Auch das religiöse Prinzip will sich als gemeinschaftliches äußern. Dies das Wesen des Cultus.«[56] Erst der Theologe, der in der Gruppenprobe der Gemeinde die Prioritäten der Funktionsreihen »mitteilende Darstellung« und »darstellende Mitteilung« etwa zu setzen weiß, wird zu vollkommenen Urteilen gelangen und die Klasse seiner eigenen Theorien einzuordnen verstehen.

Die Gruppenprobe hat Schleiermacher in seinen Predigten und Vorlesungen vollzogen. Er war der Überzeugung, daß die wissenschaftstheoretisch aufgestellten Regeln über das Verhältnis von Zeichen und Zeichenbeziehung auch im Ethos gültig sind: im Horizont der Kommunikation haben sie ihren eigenen Rahmen auszugrenzen und die Klasse ihrer Theorien zu begrenzen. So kann »vollkommen« handeln kein Ideal subjektiver Produktion von Ideen, noch objektivierender Nachahmung von Vorschriften sein, sondern meint eine Kompetenzgewinnung mit Hilfe von Theorien, die fähig ist, alle nur denkbaren Methoden zu überprüfen und auszuwählen[57]. Hat schon die Theorie-

53 Ders., PT, 799.
54 Ders., CS, 502–509.
55 Ders., PT, 736, 788, 839 u.ö.
56 AaO. 737.
57 Ders., KD, § 264.

bildung nicht zugelassen, jenseits geschichtlich gegebener Differenzen der eigenen Kirche anzusetzen, so müssen die »Verfahren« über die Verfahren erst recht darauf achten, Alternativen zur Kontrolle der eigenen Schritte anzubieten. Um die Voraussetzungen des Einzelnen, Disponibilität und Fähigkeit, nicht zu blockieren, empfiehlt Schleiermacher, die Sequenz methodischer Schritte auch umkehrbar zu denken[58]. Denn der Bezug zur unnennbaren Einheit ist immer zugleich aus der gegebenen Erlösung in unverwechselbarer Wirklichkeit zu erspüren. Nach Schleiermachers Meinung wäre es töricht, die Wirkung geistiger bzw. ästhetischer Effekte oder gesellschaftlicher Differenzen zu leugnen, doch dem praktischen Theologen müsse, zugleich determiniert und »selbstthätig handelnd«, Struktur und Geschichte ineins, alles daran gelegen sein, »besonnenes« Handeln und Verhalten zu ermöglichen[59].

5. Haben wir den Problemhorizont Schleiermachers erreicht?

Im Streit um vielbeschworene Scheinalternativen unserer Tage wird man an Schleiermachers Theorieansatz, wie er ihn der praktischen Theologie mit auf den Weg geben wollte, nicht vorbeigehen können. Diese war ihm eine *Lehre theologischer Theoriebildung zur Praxis religiöser Lebensformen sowie kritischer Kompetenzgewinnung für selbständiges kirchliches Handeln und Verhalten.* Eine strukturell andere Argumentationsweise als dies der historischen Theologie (die Dogmatik eingeschlossen) zukommt, hat es ihm ermöglicht, den pragmatischen Geltungsbereich als zugleich theologisch wie ethisch relevant zu erweisen. Gegen die teilweise bis heute herrschenden spekulativen wie empiristischen Denksysteme hat er eine Art *Semiotik der religiösen Kommunikation als Verständigung über den Glauben* postuliert, die in ihren Konsequenzen für die weitere Diskussion über Sinn und Aufgabe praktischer Theologie wohl noch kaum ausgeschöpft ist. Schon allein die Entscheidung, Pragmatik ebenso relational wie in Gegensätzen zu differenzieren, eine seit Wittgenstein umstrittene Frage, birgt eine vermutlich radikale Methodenkritik. Eine »spezielle Methodik der praktischen Theologie« zu vermissen[60], wäre ein fatales Mißverständnis. Vielleicht hat, mitbedingt durch eine schlechte und späte Edition seiner Darlegungen sowie das ganz andere Klima kontinenta-

58 So etwa in der Frage, ob man mit der *inventio* oder mit der *dispositio* beginnen soll; vgl. ders., PT, 814.

59 AoO. 813.

60 Gegen Sauter, Beobachtungen, 22.

ler Theologie und Philosophie, die Präzision, Differenziertheit und Weite seines Systems selbst verhindert, was Schleiermacher jederzeit angestrebt hat: die Einheit kirchlichen Handelns in der Differenz zwischen Erfahrung und Idee, Tradition und Zukunftsperspektiven zu begreifen. Solange es aber nicht gelingt, die unnennbaren Signifikate unserer Gegenwart überzeugend zu bedenken, dürfte der von Schleiermacher erreichte Problemhorizont noch vor uns liegen.

2 WISSENSCHAFTSTHEORETISCHE PROBLEME

2|1 Theorie und Praxis

2|11 Adolf Exeler / Norbert Mette
Das Theorie-Praxis-Problem in der Praktischen Theologie des 18. und 19. Jahrhunderts

Leitend für die Konzeption von Praktischer Theologie ist seit ihrer Entstehung ein praktisches Interesse; inwiefern theoretische Reflexionen einem solchen Interesse hinderlich oder förderlich sind, ist während der bisherigen Geschichte dieser Disziplin kontrovers diskutiert worden und hat im Laufe der Zeit die unterschiedlichsten Antworten gefunden. Die Neubesinnung auf Grundlagen und Zielsetzung der Praktischen Theologie, wie sie sich in diesem Sammelband anzeigt, erweist die Aktualität der Frage. Für die gegenwärtige Fragestellung lassen sich aus der Aufarbeitung der Wissenschaftsgeschichte dieser Disziplin wesentliche und kritische Aspekte gewinnen; kritisch sowohl in einem erkenntnis- und wissenschaftstheoretischen als auch in einem politischen Sinne, letzteres besonders dann, wenn die inhaltliche Problematik in ihrem gesellschaftlich-praktischen Kontext analysiert wird[1].

Gefordert und gefördert wird die Reflexion des Theorie-Praxis-Problems innerhalb der Praktischen Theologie angesichts der Herausforderung durch die moderne Wissenschaftstheorie. So sehr einerseits hierdurch die Wissenschaftsgeschichte eine enorme Aufwertung erfahren hat, so ist doch andererseits sehr deutlich die damit gegebene Gefahr zu sehen: Der Gebrauch der Kategorien »Theorie« und »Praxis« in der Wissenschaftstheorie, so verschieden er in den einzelnen Richtungen auch sein mag, verführt dazu, aus heutiger Perspektive ein Raster anzulegen, das der Praktischen Theologie in ihrer geschichtlichen Entwicklung eventuell nicht gerecht wird. Es muß also zunächst einmal zutage gefördert werden, was in der bisherigen Praktischen Theologie bzw. ihren verschiedenen Entwürfen als »Praxis«, was als »Theorie« verstanden wurde. Dabei erweist sich, daß es im Verständnis beider Kategorien elementare Unterschiede gibt:

»Praxis« bezeichnet einmal die Tätigkeit des *»pastor«;* ein anderes Mal die gesamte kirchliche Praxis, wobei häufig nochmals die Ebenen »ethisch« und »pastoral« vermischt sind; an anderen Stellen weist die

---

1 Vgl. Krause XIII f.

Verwendung von »Praxis« auf den Zusammenhang von Kirche und Gesellschaft. »Theorie« bezeichnet häufig das Moment der systematisch-theologischen Vergewisserung, die natürlich von der jeweils zugrundeliegenden theologischen Konzeption abhängig ist. Andererseits wird der Begriff fast ebenso häufig im Gegensatz zu »Erfahrung« gebraucht, in diesem Kontext meist im pejorativen Sinne: Von der Praktischen Theologie erwartet man keine »Theorie«, sondern technisch-pragmatische Anleitungen. Entsprechend einer solchen Vielfalt im Gebrauch der Kategorien finden sich die unterschiedlichsten Vorstellungen bezüglich des Verhältnisses von Theorie und Praxis, deren Hauptrichtungen man verkürzt folgendermaßen umreißen könnte:

– die einbahnige Dominanz einer bestimmten Theorie, aus der alle Praxis abgeleitet wird;
– die »theorielose« Ansammlung praktischer Erfahrungssätze, oft in bewußter Frontstellung gegen die Theorie;
– eine Theorie, die in ständigem Bezug zur Praxis ausgebildet wird.

Dieser wissenschaftsgeschichtliche Befund läßt es als eine dringende Aufgabe erscheinen, den Gebrauch solcher grundlegender Kategorien innerhalb der Praktischen Theologie zu präzisieren. Andererseits muß sich die Praktische Theologie auch der Grenzen eines solchen Unternehmens bewußt bleiben: die Besonderheit ihres Gegenstandes, nämlich das jeweils gegenwärtige Handeln der Kirche, bedingt eine ständige Reflexion und Umkonstruktion ihrer Grundlagen. Eine Praktische Theologie, die sich von fraglos übernommenen Grundlagen aus allein noch um terminologische Exaktheit bzw. wissenschafts-systematische Geschlossenheit bemühte, bliebe steril[2].

Gerade ihre Flexibilität, so ist dem geschichtlichen Befund zu entnehmen, hat es der Praktischen Theologie ermöglicht, auf die Ergebnisse sowohl der anderen theologischen Disziplinen als auch außertheologischer Wissenschaften zurückzugreifen. Damit trug sie, ohne sich unbedingt dessen bewußt zu sein, entscheidend dazu bei, daß trotz aller Differenzierung die Einheit der Theologie nicht aus dem Blick verloren wurde. Darüber hinaus praktiziert sie schon seit längerem so etwas wie interdisziplinäre Zusammenarbeit, wenn auch in sehr bescheidenen und kaum reflektierten Anfängen.

Die folgenden Ausführungen versuchen – in gebotener Kürze[3] –, die Diskussion des Theorie-Praxis-Problems insbesondere in der katholi-

---

2 Vgl. Krause XXI f.

3 Aus diesem Grunde kann manches nur verkürzt, sehr oft hypothetisch vorgetragen werden; dies soll durch die Thesen verdeutlicht werden, die den einzelnen Abschnitten vorangestellt worden sind. Eine ausführlichere Darstellung ist in Arbeit.

schen Praktischen Theologie (bzw. Pastoraltheologie) des 18. und 19. Jahrhunderts nachzuzeichnen[4]. Folgende thematischen Schwerpunkte wurden gewählt: G. Rau stellte die These auf, daß besonders in »Krisenzeiten«, wenn aufgrund eines sozialen Umbruchs auch die überlieferten Formen kirchlichen Handelns ihre Plausibilitäten verloren, der Ruf nach Anweisungen für das kirchliche Wirken laut wurde[5]; von daher ist zu vermuten, daß die Einrichtung der Pastoraltheologie als Universitätsdisziplin eine besonders tiefgreifende Krise markiert (1). Den richtigen Ort zwischen Theorie und Praxis zu finden, war dauerndes Thema der theoretischen Reflexion dieser theologischen Disziplin: Angesichts einer bloßen Duldung als Anhängsel an die angeblich in höherem Maße wissenschaftlich-theologischen Disziplinen bemühte sich die Praktische Theologie immer wieder, ihre Wissenschaftlichkeit unter Beweis zu stellen. Andererseits erwarteten die Seelsorger konkrete Hilfe und Anleitung für die Praxis und wandten sich enttäuscht ab, wenn sich die Praktische Theologie zu abstrakt wissenschaftlich gab (2). Die Entwicklung der Ekklesiologie im 19. Jahrhundert gab der Pastoraltheologie die Chance einer theoretischen Fundierung; damit war jedoch gleichzeitig die Gefahr einer ekklesiozentrischen bzw. klerikalen Verengung gegeben, die ganz bestimmte politische Implikationen hatte (3).

1. *»Krisenwissenschaft«*

Die Praktische Theologie bzw. Pastoraltheologie als Universitätsdisziplin ist in ihrem Ursprung eine »theologische Krisenwissenschaft«[6]. Eine praxis-ferne Theologie und eine theorie-lose kirchliche Praxis hatten der aufklärerischen Kritik nicht standhalten können (a). Andererseits wirkten gerade die Herausforderungen seitens der Aufklärung auf die theologische und pastorale Reflexion ein; notwendige Reformen in Theorie und Praxis wurden in Angriff genommen (b). Die Einrichtung der Pastoraltheologie als Universitätsdisziplin sollte die Vermittlung zwischen Theorie und Praxis institutionalisieren (c).

---

4 Für die evangelische Praktische Theologie liegen ähnliche Entwürfe bereits vor: vgl. besonders Otto.

5 Vgl. G. Rau, Pastoraltheologie. Untersuchungen zur Geschichte und Struktur einer Gattung praktischer Theologie (1970) 27–29.

6 Zur hier gemeinten Verwendung des im Kontext der Entstehung der Soziologie geläufigen Begriffs [vgl. J. Habermas, Theorie und Praxis ([4]1971) 249 ff.] vgl. Rau, 27–29.

a. Wild wuchernde Praxis

Seit der Mitte des 17. Jahrhunderts kennzeichnete die Theologie ein zunehmender Praxisverlust: die scholastische Theologie war so sehr mit ihren eigenen Problemen beschäftigt, daß sie jeglichen Kontakt zur Gegenwart und zur Praxis des kirchlichen Lebens verloren hatte. Unfähig, die wissenschaftlichen, technischen, ökonomischen und gesellschaftlichen Veränderungen, die spätestens in der Aufklärung manifest wurden, in ihre theoretische Reflexion aufzunehmen, konnte es ihr natürlich erst recht nicht gelingen, die kirchliche Praxis den Bedingungen der Zeit anzugleichen.

Um so ungehinderter konnte diese ein bunt schillerndes Eigenleben entfalten, allerdings oft genug auch zum Schaden für die weitere Entwicklung von Seelsorge und Frömmigkeit. Diese Entwicklung erwuchs allerdings auch aus der vom Tridentinum angestoßenen minutiösen Regelung der pastoralen Praxis, durch die endgültig die vorreformatorischen Mißstände überwunden werden sollten; sie bewirkte im Bereich der Pastoral – von einigen Ausnahmen abgesehen – genau das Gegenteil: Gegen Rechtsformalismus und Kasuistik und neben der normierten Kleruslitúrgie entwickelte das Volk unabhängige Formen der Frömmigkeit; unkontrolliert konnten sich Abwegiges und Aberglaube mit Wesentlichem vermischen. Der Aufklärung bot sich hier ein breites Feld der Kritik.

b. Reformbemühungen und Aufklärungspastoral

Diese Herausforderungen seitens der Aufklärung wirkten belebend auf die theologische und pastorale Neubesinnung ein; not-wendige Reformen in Theorie und Praxis wurden in Angriff genommen, Denkmodelle entwickelt, die die Wahrheit des Christentums so auszulegen und auszusagen versuchten, daß damit eine verständliche und glaubwürdige Antwort auf die in der Zeit gestellten Fragen gegeben war – in der Sprache und in den Denkformen der Zeit. Den Zwiespalt zwischen Liturgie und Volk versuchten die Reformer zu überbrücken, indem sie die liturgischen Handlungen erschlossen und stärker die Muttersprache berücksichtigten; in der Verkündigung waren sie bemüht, den entstandenen Weltverlust durch »Übertritt in die neue Sphäre der bürgerlichen Publizität«[7] zu überwinden. Den Eigenwegen und Auswüchsen der Volksfrömmigkeit begegneten sie dadurch, daß sie die Heilige Schrift betonten und unter dem Volk verbreiteten[8].

---

7 H.-E. Bahr, Verkündigung als Information (1968) 50.

8 Vgl. zu diesem Abschnitt W. Müller, Liturgie und Volksfrömmigkeit. Neue Orden, in: Handbuch der Kirchengeschichte V (1970) 603–605.

c. Im Kampf gegen den Sog der Abstraktheit

Diese Reformen waren an die Voraussetzung geknüpft, daß insbesondere der Klerus hinreichend auf seine Praxis vorbereitet wurde – sowohl theoretisch als auch praktisch. In der sehr lebhaft geführten Studienreformdiskussion während der zweiten Hälfte des 18. Jahrhunderts trat immer wieder ein Anliegen besonders hervor: während des Studiums schon eine bessere Vermittlung von Theorie und Praxis zu gewährleisten[9]. Eben dies glaubte F. S. Rautenstrauch durch die Einrichtung der Pastoraltheologie als Universitätsdisziplin erreichen zu können. Schon lange vorher war man dazu übergegangen, die Theologie in verschiedene Disziplinen aufzugliedern: Aufgrund praktischer Bedürfnisse (vor allem der Beichtpraxis) hatte sich schon unmittelbar nach dem Tridentinum die Moraltheologie von der Dogmatik getrennt. Im 17. und 18. Jahrhundert bildeten sich – nachdem Dogmatik und Moral »zu theoretisch« geworden waren – die sehr praktisch orientierten Sonderdisziplinen Aszetik und Mystische Theologie heraus. Der Aufbruch der historischen Forschung seit dem 17. Jahrhundert sowie – angeregt durch die Aufklärung – das Aufkommen der Bibel- und Religionswissenschaften sind weitere Belege für das wachsende Interesse an praxisorientierter Wissenschaft. Die Ausdifferenzierung der Pastoraltheologie als eigenständige theologische Disziplin stellt also nur einen weiteren Schritt in dieser Entwicklung dar.

Der Entwurf Rautenstrauchs verlangte eine »bessere Lehrart« in der »theoretischen« Ausbildung – anstelle eines weitläufigen und spitzfindigen »Schulmetaphysierens«, das den »Zusammenhang der Glaubenslehre« zu sehr verloren gehen lasse[10]. In der »praktischen« Ausbildung sollte dann – nach Vorbild des Medizin- und Jurastudiums – »die echte Anwendung der theoretischen Wissenschaften klar und deutlich gelehrt«[11] werden.

Rautenstrauch war also um eine Vermittlung von Theorie und Praxis schon während des Studiums besorgt. Keine der beiden Seiten sollte zu kurz kommen: Er bezeichnete die Pastoraltheologie als Hauptwissenschaft, nicht als »Anhängsel« der Theologie; andererseits betonte er, daß eine wirkliche Befähigung zur Auseinandersetzung mit den Pro-

9 Vgl. F. Dorfmann, Ausgestaltung der Pastoraltheologie zur Universitätsdisziplin und ihre Weiterbildung (1910) 5–112.

10 Der Entwurf Rautenstrauchs ist in seiner Erstfassung ediert in: J. Müller, Der pastoraltheologisch-didaktische Ansatz in Franz Stephan Rautenstrauchs »Entwurf zur Einrichtung der theologischen Schulen« (1969) 143–158. Vgl. den Beitrag von J. Müller in diesem Band 42–51.

11 Vgl. aaO. 44.

blemen der jeweiligen Gegenwart gediegenes theologisches Wissen, dh. eine gründliche theoretische Ausbildung voraussetze[12].

Noch ein anderer Aspekt, ein »politischer«, war nach Rautenstrauch mit der Einrichtung der Pastoraltheologie verbunden: Die enge Verquickung von Kirche und Staat zur Zeit des Josephinismus ließ eine Trennung der Theologie in »rein kirchliche« und »politische« Funktionen kaum zu; Staat und Kirche arbeiteten auf ein gemeinsames Ziel hin: die Glückseligkeit der ganzen Menschheit. Der Geistliche war gleichzeitig Seelsorger und Volkserzieher, Kirchen- und Staatsbeamter. Insbesondere die Pastoraltheologie sollte die Geistlichen auf diese umfassende Aufgabe vorbereiten.

Was sich hier andeutete – nämlich in der Sorge um die Bildung des Volkes und um die Förderung der »allgemeinen Glückseligkeit« eine umfassende Sicht von kirchlichem Handeln zu gewinnen –, bekam allerdings eine dermaßen einseitige Ausrichtung, daß in der Folgezeit der ganze Ansatz verworfen wurde. Schuld trug die Kirchenpolitik Josephs II., die allzu sehr auf das Staatsinteresse ausgerichtet und den kirchlichen Reformen weithin nicht förderlich war[13].

2. *Unterschiedliche Lösungsansätze*

Um das Theorie-Praxis-Verhältnis in der Praktischen Theologie zu bestimmen, wurden unterschiedliche Lösungsansätze diskutiert: Besonders seit Schleiermacher und Graf stießen die pastoraltheologischen Ansätze zunehmend auf Kritik, die sich darauf beschränkten, bloße (meist durch zufällige Erfahrung gewonnene) Pastoraltechniken zu lehren (a). Doch immer wieder drang ein Interesse durch, das alle Versuche, praktische Theologie wissenschaftlich zu begründen, letztlich scheitern ließ: der Praktiker erwartet keine systematische Wissenschaft, sondern konkrete Anleitungen (b). Eine andere Schwierigkeit kam hinzu: Sowohl die »wissenschaftliche« als auch die »pragmatische« Richtung verstanden die Zuordnung von Theorie und Praxis als »Einbahnstraße« von der Theorie zur Praxis (c). Allerdings deutete sich in dem häufigen Verweis und Rückgriff auf die »Erfahrung« wenigstens die Möglichkeit des umgekehrten Weges an: eine legitime Bereicherung der Theorie durch die Praxis (d).

---

12 Vgl. aaO. 42–45.

13 Vgl. Dorfmann, 184–197; R. Füglister, Die Pastoraltheologie als Universitätsdisziplin. Eine historisch-theologische Studie (1951) 23–27, sowie den Beitrag von A. Müller in diesem Band, 15–26.

a. Ausgangspunkte: Offenbarung, Kirche, Klerus

J. M. Sailer markiert den Übergang von der Aufklärungstheologie zu einer von der Romantik beeinflußten Theologie, die für die erste Hälfte des 19. Jahrhunderts bestimmend sein wird, auch innerhalb pastoraltheologischen Denkens[14]. Auf den ersten Blick läßt sich bei Sailer kein neuer praktisch-theologischer Ansatz finden. Ähnlich wie Rautenstrauch definierte er Pastoraltheologie als die Wissenschaft, »die die Führung des dreyfachen Amtes der Seelensorge (Lehramt, Liturgenamt, Amt der individuellen Seelenpflege) zum Gegenstand und die vollständige Bildung des Seelensorgers zum Zwecke hat«[15]. Da Sailer die praktische Ausbildung von Seelsorgern als überaus dringlich betrachtete, nimmt es nicht wunder, daß in seinem Werk kaum wissenschaftstheoretische Darlegungen zu finden sind. Allerdings wird in der Durchführung der Unterschied zur bisherigen Pastoraltheologie deutlich genug: Sailer entwarf die Theorie und das System der Seelsorge konsequent von der positiven Offenbarung und Heilstat Gottes her und entwickelte so ein neues Verständnis kirchlichen Lebens und Handelns. Das schlug zum Beispiel konkret nieder in der Bestimmung des Seelsorgers nicht mehr als »Religionsdiener« im Sinne der Aufklärung, sondern als Diener Christi und der Kirche. Quelle, Norm und Ziel der Pastoraltheologie sind nach Sailer das von Christus gewirkte Heil, wie es den Menschen von Gott zugedacht ist. »Gott in Christus – das Heil der sündigen Welt« lautet die Kurzformel für Sailers Pastoraltheologie[16].

Abgesehen von dieser theologischen Vertiefung der Pastoraltheologie wird Sailer von der Nachwelt noch in anderer Beziehung gewürdigt: Es beeindruckte bei ihm »die geglückte Abstimmung von Theorie und Praxis. Es ist ihm einerseits gelungen, der Wirklichkeit so viel abzulauschen, daß seine Lehre ganz auf das Leben hin gestaltet ist, und andererseits seine Lehre so weit selbst zu praktizieren, daß er sie an der eigenen Erfahrung verifizieren konnte. Er hat dadurch in seiner Person die Kluft zwischen Schultheologie und Seelsorgepraxis überbrückt, die zu seiner Zeit nicht weniger drückend empfunden wurde als heute«[17].

J. M. Sailer gilt, insbesondere wegen seines im Anschluß an das romantische Organismusdenken entwickelten Kirchenverständnisses,

---

14 Vgl. F. X. Arnold, Pastoraltheologische Durchblicke (1965) 218–229, 239 bis 242.

15 Zitiert nach Arnold, 264.

16 Vgl. ausführlicher J. Hofmeier, Seelsorge und Seelsorger. Eine Untersuchung zur Pastoraltheologie Johann Michael Sailers (1967).

17 AaO. XII.

als Vorläufer der Tübinger Schule. Vor allem die Weiterentwicklung der Ekklesiologie durch die Tübinger Schule war für die praktisch-theologische Konzeption von A. Graf bedeutsam. Die ekkelsiologische Fundierung hatte weitreichende Konsequenzen für die Bestimmung des Theorie-Praxis-Verhältnisses. In der Diskussion dieser Problematik machte sich bei Graf noch ein anderer Einfluß geltend: die protestantische Praktische Theologie seit F. D. Schleiermacher. Ausführlich und grundlegend von Schleiermacher erörtert, wurde gerade das Theorie-Praxis-Problem hier immer wieder ausdrücklich aufgegriffen, und zwar nicht als nur zweitrangiges Problem. Im Gegenteil, beeinflußt von der idealistischen bzw. romantischen Philosophie wurde die Vermittlung zwischen Theorie und Praxis als für die Wissenschaftlichkeit der Praktischen Theologie konstitutiv angesehen[18].

Graf wollte zwei Extreme, die ihm in den zeitgenössischen Pastoralwerken auf Schritt und Tritt begegneten, überwinden: »den reinen Empirismus, dh. das einseitige Pochen auf Erfahrung und Praxis, aber auch die Konzeption der praktischen Theologie auf dem Weg der Spekulation«[19]. Indem er – im Anschluß an Schleiermacher und J. S. Drey – die gesamte Theologie als das »wissenschaftliche Selbstbewußtsein der Kirche«[20] verstand, konnte er die Praktische Theologie einordnen und von der Idee der Kirche her konzipieren. Nicht das subjektive Interesse des Theologen, der einmal »theoretisch« über die Idee und das Wesen der Kirche nachdenkt und ein andermal »praktische« Anweisungen für das Wirken in der Kirche sucht, sondern das Wesen der Kirche sollten die Einteilung der Theologie in eine theoretische und praktische bestimmen. Weil die »Erbauung der Kirche« eine der drei Weisen sei, wie die Kirche sich der theoretischen Reflexion darbiete, sei die Praktische Theologie ein notwendiges Glied der Theologie. Die Praktische Theologie definierte Graf als »Wissenschaft der kirchlichen, göttlich-menschlichen Thätigkeiten vermittelst kirchlich beamteter Personen, vorzugsweise des geistlichen Standes, zur Erbauung der Kirche«[21]. Was an dieser Definition auffällt, ist die Begründung der Praktischen Theologie in einer ekklesiologischen Theorie. Erst so läßt sich nach Graf das Hauptgebrechen der bisherigen praktischen Theologie überwinden, »treue Schilderung der gar oft vorkommenden, und noch heute nicht ganz zu Grabe getragenen falschen Praxis (zu) seyn

18 Vgl. hierzu Birnbaum, 25–50; Rau, 190–196. Zur praktischen Theologie Schleiermachers vgl. ausführlicher Birnbaum, 6–26; E. Jüngel, Das Verhältnis der theologischen Disziplinen untereinander, in: Jüngel/Rahner/Seitz, 19–32; Krause XIV–XVII; Otto, 10–14.

19 Arnold, 293.

20 Graf, 8. Diese Definition ist von C. I. Nitzsch übernommen (vgl. Otto, 13).

21 AaO. 149.

und diese dann hinwiederum (zu) befördern«[22]. »Statt über der Praxis stehende und diese wahrhaft regelnde Normen«[23] zu entwickeln, war die unwissenschaftliche Pastoraltheologie »durch und durch eine Magd der Praxis und hat noch das traurige Loos, eine schlechte Praxis doch nicht verhindern zu können«[24].

Indem Graf grundsätzlich alle Glieder der Kirche als Träger ihres Wirkens bezeichnete, gelang es ihm, die Praktische Theologie aus der bis dahin herrschenden klerikalistischen Engführung zu befreien. Diese ekklesiologische Konzeption gab jedoch schon sein Schüler J. Amberger wieder preis, obgleich er – hier Graf folgend – an der Notwendigkeit einer wissenschaftlichen Pastoraltheologie festhält[25]; er führt die Praktische Theologie wieder auf ihren alten Ansatz zurück, Darstellung der Tätigkeiten des einzelnen »pastor« zu sein.

b. Theoriefeindlich, aber produktiv

Die Pastoraltheologen nach Amberger haben das Verhältnis von Theorie und Praxis kaum noch thematisiert; wenn überhaupt, dann verneinten sie für die Pastoraltheologie die Notwendigkeit einer theoretischen Reflexion; sie habe genug damit zu tun, Anleitungen für die Praxis zu geben. Beispielhaft ist ein Zitat von M. Benger: »Alle sogenannte wissenschaftliche Construction der Pastoral, die nicht wesentlich und zuerst Anleitung ist; – ›wissen wollen, um zu wissen‹ – ›damit man wisse und zunächst im Wissen volles Genüge habe;‹ – einen wissenschaftlichen Organismus der Pastoral bilden, ›mag er für die Pastoral von Nutzen sein oder nicht;‹ – das wissenschaftliche Interesse mit dem Interesse für das Wohl der Kirche für ganz gleichberechtigt darstellen – ist, nach unserem Dafürhalten, gefährlich und verkehrt.«[26] Pastoraltheologie ist also wieder Anleitungsdisziplin, allein darauf bedacht, die Seelsorge kasuistisch zu reglementieren. Daß eine solche Konzeption keinen Einzelfall darstellte, belegt ein Zitat von C. Krieg aus dem Jahre 1903: Rückblickend meinte er, die Entwicklung

---

22 AaO. 70.

23 AaO. 63.

24 AaO. 120 f. – Welche Chance jedoch dieses Konzept hatte, sich durchzusetzen, konnte sich wohl Graf selbst ausrechnen, wenn er schrieb: »Aber freilich gibt es gar Viele, denen die Praxis das Ein und Alles ist; die Praxis weiß Alles, kann Alles, beurteilt Alles, natürlich nach sich selbst, als der höchsten aller Normen. Die Praxis verlangt zB., daß alle Dogmatik, Exegese usw. nur auf sie angelegt sei, und vergißt die Wissenschaft, weil sie derselben längst Lebewohl gesagt hat, vergißt, daß sie selbst mitunter vor lauter Erfahrung zu keiner Erfahrung kommt.« (118 f., Anm.)

25 Vgl. J. Amberger, Pastoraltheologie I ([3]1866) 35–39 (§ 12: Theorie und Praxis).

26 M. Benger, Pastoraltheologie I (1861) 2.

der Pastoraltheologie nach Amberger sei eher »ein Rückgang als ein Fortschritt. Ja an dem systematischen Aufbau des pastoraltheologischen Materials verzweifelnd, fiel man von der Errungenschaft früherer Pastorallehre wieder ab, und indem man die Pastoral für eine Disziplin erklärte, die auf die Ehrenstellung einer Wissenschaft keinen Anspruch habe, begnügte man sich wiederum entweder mit einer bloßen Technik der Hirtenamtsverwaltung oder mit aszetischen Handbüchern. Die ›Praxis‹, so meinte man, bedarf nicht der Wissenschaft; es genügt eine gute Amtserfahrung, wobei man verkennt, daß die ›Erfahrung‹ ohne sichere kirchliche Prinzipien so gut zum Absturz ins Absurde führen kann als eine falsche Logik«[27].

Der Verzicht auf Wissenschaftlichkeit behinderte indes nicht die literarische Produktion. Eher scheint das Gegenteil der Fall zu sein. Zwischen 1850 und 1915 erscheint eine Vielzahl pastoraltheologischer Lehrbücher – ein ähnliches Phänomen übrigens wie in der Zeit zwischen Rautenstrauch und Sailer[28]. Ein solch deutlicher Beleg dafür, daß das Bedürfnis nach Praktikablem – und nicht nach wissenschaftlichen oder gar wissenschaftstheoretischen Erörterungen – immer wieder die Oberhand gewann, könnte Anlaß zu der Vermutung geben, daß weder Rautenstrauch noch Graf es vermocht haben, die Forderung nach Wissenschaftlichkeit und den Bedarf an praktischer Anleitung so in Einklang zu bringen, daß das eine das andere förderte. Der protestantischen Praktischen Theologie erging es ähnlich[29].

c. Einbahnverkehr: von der Theorie zur Praxis

Von ihrer ursprünglichen Konzeption her sollte durch die Einrichtung der Praktischen Theologie als Universitätsdisziplin die Vermittlung zwischen Theorie und Praxis institutionalisiert werden. In dem Bemühen darum stimmten alle seitdem entstandenen Lehrbücher grundsätzlich überein. Der Konflikt zwischen der »wissenschaftlichen« und der »pragmatischen« Richtung entzündete sich an der Frage, ob sich Pastoraltheologie als diese Vermittlungsinstanz selbst noch einmal theoretisch begreifen muß oder ob sie – als Schlußstein des theologischen Studiums – nicht vielmehr das theoretisch Gelernte für die Praxis aufbereiten soll, eher also eine »pastorale Technologie« als eine »pastorale Theologie« (L. Bopp) zu sein hat.

Beide Richtungen stimmen jedoch wiederum darin überein, daß die Praxis sich nach der Theorie, nach obersten Prinzipien zu richten hat,

27 C. Krieg, Die Wissenschaft der speziellen Seelenführung ([2]1919) V.
28 Vgl. Schuster, GP, 69 f., 51.
29 Vgl. Otto, 17; Birnbaum, 106–171.

die Vermittlung also grundsätzlich als Weg von der Theorie zur Praxis gedacht werden muß: Die in den systematisch-dogmatischen Disziplinen entwickelten Prinzipien sollen vermittels der Praktischen Theologie (in wissenschaftlicher bzw. pragmatischer Weise) für die Praxis verfügbar gemacht werden.

Ausdrückliche Belege für diese These lassen sich natürlich leichter bei Vertretern der wissenschaftlichen Richtung finden: Nach Amberger müssen sich die kirchliche Praxis und die Praktische Theologie an den ekklesiologischen Prinzipien orientieren[30]. Graf kritisierte ausdrücklich die pastoraltheologischen Konzeptionen, die die Praxis als Richtschnur nehmen und sie deswegen nicht mehr kritisch hinterfragen können[31]. Und die Bezeichnung der Praktischen Theologie als »Technik« bzw. »Kunstlehre« durch F. D. Schleiermacher und J. S. Drey hebt den Vermittlungscharakter dieser Disziplin innerhalb der Theologie hervor: von der Theorie zur Praxis[32].

Auch die pragmatische Richtung wollte durchaus nicht die vorgefundene Praxis bloß kopieren und damit perpetuieren, wie Graf ihr pauschal vorgeworfen hatte, sondern an die theologische Wissenschaft anknüpfen und diese für die Praxis aufbereiten[33]. Allerdings lag das von Graf zu Recht kritisierte Ungenügen der Pastoralanweisungen häufig darin, daß sie sich nicht an die theologische Theorie, sondern mehr an bewahrte und bewährte Erfahrungen hielten, so daß öfter in der Tat nur »hausbackene Rezepte« an den Mann gebracht wurden.

d. Praxis als Korrektiv der Theorie?

So ungenügend die pragmatische Richtung auch war, so war damit doch, wie Schuster bemerkt, wenigstens »grundsätzlich ... in der Theologie – oder zumindest in der theologischen Ausbildung – eine Tür geöffnet für die konkrete Situation der Gegenwart, in die hinein die ›Religion‹ je gelebt und ausgeübt werden soll«[34].

Ähnliches brachte Rautenstrauch zum Ausdruck, wenn er so großen Wert auf die »Erfahrung« legte. Seinen Grundsatz, daß »das meiste auf die eigene Erfahrung ankommt«[35], haben alle Pastoraltheologen nach ihm wiederholt: So hatte die erste Generation von Pastoraltheo-

30 Vgl. Amberger, 37–39.

31 Vgl. Graf, 96.

32 Vgl. Schleiermacher, KD, § 260; J. S. Drey, Kurze Einleitung in das Studium der Theologie mit Rücksicht auf den wissenschaftlichen Standpunkt und das katholische System (1819) 47 (§ 74).

33 Graf bietet dafür genügend Belege; vgl. 114–150.

34 Schuster, GP, 46.

35 F. S. Rautenstrauch, Entwurf, zit. nach Müller, 44.

logen zunächst einmal auf den lebendigen »Erfahrungsfundus« zurückgegriffen, der teils aus eigenen bzw. gegenwärtigen Erfahrungen gebildet wurde, teils aus Erfahrungen, die ihren Niederschlag in den vielfältigen Pastoralschriften seit der Väterzeit gefunden haben[36]. Offensichtlich wies die aufkommende wissenschaftliche Richtung der Praktischen Theologie dieses Verfahren nicht zurück, sondern rügte nur die Fehlform, daß »in der gewöhnlichen praktischen Theologie alles rein erfahrungsmäßig behandelt wird«[37]. Graf selbst hat auf den »unberechenbaren Nutzen« der *geschichtlichen* Erfahrung für die Praktische Theologie hingewiesen, den er in den bisherigen Handbüchern vermißte: Einerseits könne man aus den schon einmal begangenen Fehlern lernen, andererseits könne man sich an bewährten Handlungsweisen orientieren[38]. Auch hat Graf gefordert, die *heutige* Praxis und Erfahrung in die pastoraltheologische Reflexion einzubeziehen, sie kritisch zu überprüfen. Er wollte keine Praktische Theologie a priori konstruieren, sondern strebte in etwa ein Gleichgewicht zwischen Prinzipien und Erfahrungen an[39].

Wenn auch die theologischen Prinzipien durch die Praxis nicht in Frage gestellt werden können, so hielt es Graf doch für denkbar, daß diese mitunter in der Praxis besser verwirklicht werden als in der Theorie: dann bilde die Praxis ein kritisches Korrektiv gegenüber der Theorie[40].

Die Praxis zeichnet sich durch einen Erfahrungsvorschuß aus, der theoretisch nicht einholbar, nicht vorwegnehmbar ist. Deswegen ist es der Praktischen Theologie nie möglich, bis in Einzelheiten gehende Praxisanleitungen zu geben. Schon Schleiermacher betonte, daß »alle Vorschriften der praktischen Theologie ... nur allgemeine Ausdrücke sein« können, »so daß das richtige Handeln in Gewißheit der Regeln immer noch ein besonderes Talent erfordert, wodurch das Rechte gefunden werden muß«[41]: die »Pastoralweisheit«[42]. Indem die Praktische Theologie diesen Ansatz nicht in gründlicher theoretischer Reflexion aufgriff, verpaßte sie ihre große Chance.

---

36 Vgl. W. Jetter, Die Praktische Theologie, in: ZThK 64 (1967) 454.

37 Graf, 95.

38 AaO. 274 f.

39 AaO. 276. Vgl. auch Amberger, 38 f.

40 Vgl. Graf, 81; Amberger, 38; Krieg, 52.

41 Schleiermacher, KD, § 265; vgl. J. S. Drey, Kurze Einleitung in das Studium der Theologie mit Rücksicht auf den wissenschaftlichen Standpunkt und das katholische System (1819) 222 (§ 331).

42 Vgl. Drey, 253 (§ 386).

3. Eingeengter Fragehorizont

Bedingt durch ihren latenten Hang zum theorielosen Pragmatismus schränkte die Praktische Theologie zunehmend ihren eigenen Fragehorizont ein: als einzig relevant erschien ihr die kirchliche Praxis. Mit dieser Entwicklung folgte die Praktische Theologie einer allgemeinen Tendenz in der Theologie (a). Diese ekklesiozentrische (klerikale) Verengung und pragmatische Entleerung ist eine Konsequenz aus der Tatsache, daß die Praktische Theologie nicht mehr ihre gesellschaftliche Funktion reflektierte. Damit wurde sie keineswegs unpolitisch. Im Gegenteil, sie leistete um so wirksamer den kirchlichen und gesellschaftlichen Restaurationsbestrebungen Vorschub (b).

a. Weltlose Kirche

Kennzeichnend für die Theologiegeschichte des 19. Jahrhunderts ist, daß der ekklesiologische Traktat in den Mittelpunkt theologischen Interesses rückte. Daß sich das in der Entwicklung der Praktischen Theologie widerspiegelte, dürfte aufgrund des bisher Gesagten schon deutlich geworden sein. Deswegen beschränken wir uns hier auf einige ausdrückliche Hinweise.

Die ekklesiologische Ausrichtung der Pastoraltheologie begann im wesentlichen erst mit J. M. Sailer und wurde durch die Tübinger Schule vertieft. Die Praktische Theologie erreichte damit zweifelsohne ein besseres theologisches Fundament. Allerdings hätte die ekklesiologische Vertiefung nicht unbedingt eine Beschränkung auf kirchliche Praxis bewirken müssen. Wenn Sailer die Pastoraltheologie als »Volkstheologie« bezeichnet, so ist er hier beeinflußt durch das pädagogische Bemühen der Romantik. Eine ähnlich umfassende Sicht von Pastoral erreichte auch noch die Tübinger Schule mit ihrer ebenfalls von der romantischen Philosophie beeinflußten Ekklesiologie: Die Ekklesiologie war eingefügt in ein umfassendes Offenbarungs- und Geschichtsverständnis; der kirchliche Auftrag wurde verstanden als Verwirklichung des Reiches Gottes in der Menschheit. Beides macht deutlich, daß die Kirche ihren Ort inmitten von Gesellschaft und Geschichte hat – und nicht irgendwo daneben oder darüber.

Diese Theologie, die sich in kritischer Auseinandersetzung mit den geistigen Strömungen der Zeit bildete, verfolgte nicht nur ein theoretisches, sondern auch ein praktisches Anliegen: der Pastoral eine der Zeit adäquate Gestalt zu geben. Von der Tübinger Schule gingen bedeutende Reformimpulse aus, und ihre besten Theologen waren in

Sachen Kirchenreform (und Gesellschaftsreform) stark engagiert[43]. Von daher ist es auch nicht verwunderlich, daß die Pastoraltheologie mit dem Werk von Graf einen bis dahin – und auch lange Zeit nachher – nicht erreichten Höhepunkt fand. Allerdings konnte Graf seine Konzeption nicht vollenden; 1843 fiel er einer »Säuberungsaktion« zum Opfer. Ob Graf also den Ertrag der Tübinger Schule für die Praktische Theologie im angedeuteten umfassenden Sinne fruchtbar zu machen vermocht hätte, bleibt eine unbeantwortbare Frage. Eins ist jedoch sicher: Nachdem seine Schüler J. Amberger wieder eine Epoche der klerikalen Engführung in der Pastoraltheologie eingeleitet hatte, verzichtete die Praktische Theologie auf eine weite Handlungsdimension; sie beschränkte sich bewußt auf die innerkirchliche Praxis, was sehr schnell zur Folge hatte, daß nur noch technisch-organisatorische Fragen gestellt wurden. Unter dem Einfluß der Neuscholastik manövrierte sich die Praktische Theologie zunehmend in eine klerikale Reduktion hinein; einziges Praxisfeld ist die sich ins Ghetto isolierende Kirche[44]. Eine so verfahrende Pastoraltheologie vermochte die innere Einheit der einzelnen kirchlichen Tätigkeiten nicht mehr zu reflektieren und begann sich folgerichtig in einzelne Disziplinen (Liturgik, Homiletik, Katechetik) aufzulösen.

Wenn auch nicht in den einzelnen Voraussetzungen, so ist doch im Ergebnis eine ähnliche Entwicklung in der protestantischen Praktischen Theologie festzustellen[45]. Das läßt nach außertheologischen Voraussetzungen und Implikationen der ekklesiozentrischen bzw. klerikalen Verengung fragen, wozu der gesellschaftliche, politische und kulturelle Kontext nun ausdrücklich in die Analyse einbezogen werden muß.

b. Agent der Restauration

In der Nachzeichnung des Verlaufs der Theorie-Praxis-Diskussion innerhalb der Praktischen Theologie begegnete immer wieder die Tendenz, die schließlich auch die Oberhand gewann, unter Verzicht auf

43 Vgl. zB. K. Helbling, Ecclesia semper reformanda. Zur Kirchenreform Johann Baptist Hirschers (ungedr. Diss. Trier 1968).

44 Außerdem interessierte nur die Praxis der eigenen Kirche. Der reiche Erfahrungsschatz, der in anderen Kirchen, ihren Strukturen und ihren Praktiken enthalten war, wurde fast nie genützt. Bis heute fehlte noch eine »vergleichende Praktische Theologie« – angesichts sonstiger ökumenischer Bestrebungen eigentlich höchst erstaunlich. Dies hängt wohl nicht zuletzt mit der beschriebenen theologisch begründeten Überheblichkeit und ekklesiologisch akzentuierten Engführung zusammen, die beide bis heute nachwirken.

45 Vgl. Otto, 14–17.

jede Theorie sich auf praktische Anweisungen, auf Übermittlung von Techniken zu beschränken. Statt die Krisensituation – vor allem hervorgerufen durch die politischen und sozialen Umwälzungen in der ersten Hälfte des 19. Jahrhunderts – zu erfassen und zu begreifen und statt eine Theorie kirchlicher Praxis anzustreben, die mit den neuen gesellschaftlichen Zuständen kompatibel war, fiel die Entscheidung zugunsten einer Fortschreibung der bisherigen Pastoral: »Man feierte die ländliche Familie, die verschont blieb von den Zerstörungen der Revolution und den Ansteckungen durch die Übel der Stadt, die symbolisiert werden durch die ›gefährliche Klasse‹: die Arbeiter und die Müßiggänger, die Säleute der Unmoral.«[46] Entsprechend gingen Verkündigung und Seelsorge eine »Symbiose mit den beharrenden Kräften« ein, »orientiert an festen, rustikalen Rhythmen, zentriert um den stabilen parochialen Mittelpunkt des Altars«[47]. Ein beliebtes Argument, das eine solche Pastoral nachträglich legitimieren soll, ist der Verweis auf die trotz allen »Zeitgeistes« im Volk tiefverwurzelte Glaubenstreue[48]: Die glückliche Ignoranz wird nur allzugern als Stütze für den Glauben der Einfältigen gepriesen[49].

Daß die Pastoral zur nützlichen Handlangerin der politischen Restauration werden konnte, lag nicht allein an ihrer Theorielosigkeit. Bei aller pragmatischen Orientierung – hinter ihr verbarg sich eine bestimmte ekklesiologische Konzeption: Die Revolution aller herkömmlichen und als gültig geschätzten Lebensformen und Wertvorstellungen hatten eine gesellschaftliche und politische Verunsicherung und Krise bewirkt; es wuchs das »Bedürfnis nach einer innerlich gefestigten, verbindlichen, durch göttliches Recht und geschichtliche Kontinuität legitimierten Institution, die über alle verhängnisvollen Tendenzen der gegenwärtigen Geschichte erhaben und vielleicht auch aktiv gegen sie gerüstet wäre«[50]. Dafür bot sich die Kirche par excellence an. Auf solchem Hintergrund bildete sich in der zweiten Hälfte des 19. Jahrhunderts eine Ekklesiologie heraus, die zwar nicht politisch sein wollte, es aber doch im höchsten Maße war. Sie bezog zwar den veränderten Status des Christentums und der Kirche in der Gesellschaft in ihre Überlegungen ein; aber daß sie dabei auf vorneuzeitliche Traditionen zurückgriff und sich damit explizit der modernen

46 B. Plongeron, Archetypus und Repristination einer Christenheit: »1770« und »1830«, in: Concilium 7 (1971) 502.

47 Th. Strohm, Theologie im Schatten politischer Romantik (1970) 24.

48 Vgl. F. Schnabel, Deutsche Geschichte im 19. Jahrhundert VII: Die katholische Kirche in Deutschland (1965) 64–68.

49 Plongeron, 500.

50 R. Strunk, Politische Ekklesiologie im Zeitalter der Revolution (1971) 13; vgl. auch 306.

Freiheits- und Aufklärungsgeschichte entgegenstellte, machte sie letztlich zur Restaurationsideologie[51].

Was G. Otto für die evangelische Praktische Theologie dieser Epoche feststellte, gilt ohne Abstriche auch für die katholische Pastoraltheologie in der zweiten Hälfte des 19. Jahrhunderts, teilweise auch schon früher: »Müßte man von der Praktischen Theologie aus auf die Zeit schließen, in der sie konzipiert ist, man käme erst auf Umwegen auf den Gedanken, daß das 19. Jahrhundert in kultureller wie in sozialer Hinsicht in der Tat *bewegt* war – denn Kirche und Praktische Theologie nehmen daran nicht teil, sondern reagieren, weswegen die Kirche primär ein Interesse an ihrer Selbsterbauung hat, kräftig unterstützt dabei von der Praktischen Theologie.«[52] Hinter dem Rücken einer sich isolierenden und unpolitisch wähnenden Kirche jedoch machen sich massive politische Interessen geltend: Sowohl in ihrer Theorie als auch in ihrer Praxis stellt die Kiche sich oft genug als Legitimation und Garant einer restaurativen Politik zur Verfügung, indem sie dieser quasi-religiöse Dignität verleiht.

Allerdings ist daran zu erinnern, daß es – zumindest ansatzweise – theologische Entwürfe gegeben hat, die die Frage nach einer »eigenständigen kirchlichen Präsenz und Praxis in einer revolutionären Welt«[53] dahingehend entschieden, daß sie aktiv an dem neuzeitlichen Freiheits- und Aufklärungsprozeß partizipierten: Diese Theologie wollte eine Theologie der Praxis im Sinne einer Einheit von Theorie und Praxis entwickeln. Insbesondere von der »Idee des Reiches Gottes« herkommend versuchte sie, in exemplarischer Realisation die Wahrheit der Lebensverhältnisse zu antizipieren. Indem sie sich von dieser Utopie her kritisch auf die kirchliche und gesellschaftliche Praxis bezog, vermochte sie, kooperabel und kommunikationsfähig zu werden. So konnte sie als kritisches und gestaltendes Prinzip ihre Verbindlichkeit in die Gesellschaft einbringen[54]. – Allerdings war es diesen Entwürfen nicht vergönnte, über erste Ansätze hinauszugelangen und sich dem Test der Praxis auszusetzen.

---

51 Vgl. J. B. Metz, Kirchliche Autorität im Abspruch der Freiheitsgeschichte, in: J. B. Metz / J. Moltmann / W. Oelmüller, Kirche im Prozeß der Aufklärung (1970) 54.

52 Otto, 17.

53 Strunk, 309.

54 Vgl. Strohm, 74 f.

2 | 12 Karl Lehmann
Das Theorie-Praxis-Problem und die Begründung der Praktischen Theologie

1. *Der spezifische Praxisbezug als Kernproblem einer wissenschaftstheoretischen Grundlegung der Praktischen Theologie*

a. Die Einführung der »Pastoraltheologie« als selbständiger Universitätsdisziplin durch F. J. Rautenstrauchs »Entwurf zur Einrichtung der theologischen Schulen« hatte zwar zum Ziel, das gleichgültige Nebeneinander von theologischer Theorie und davon weitgehend isolierter bloßer Anweisung für die Praxis durch die Ausrichtung der ganzen Theologie auf die Seelsorge zu überwinden, doch gelang bis heute – trotz immer wieder neuer Bemühungen in fast jeder Generation – wohl noch keine zureichende wissenschaftstheoretische Begründung der Praktischen Theologie.

Pastoraltheologie im Sinne eines speziellen Berufswissens für den Pfarrer gab es schon sehr früh[1]. Im 16. Jahrhundert hatte sich die formell spekulative und die im weiteren Sinne praktische Theologie auseinanderentwickelt[2]. Erst gegen Ende des 18. Jahrhunderts trennte sich dann das, was wir heute Moraltheologie im engeren Sinne und Praktische Theologie nennen, in zwei Disziplinen. Das beförderte Praxisinteresse hat in dieser Entwicklung jeweils sehr unterschiedliche Motive: Es reicht von Reformtendenzen für eine bessere Verwaltung der Seelsorge über unterschiedliche Beweggründe aus Pietismus (*praxis pietatis*) und Aufklärung (»praktisches Christentum«) bis zu konservativ orientierten Bemühungen restaurativer staatlicher Kultuspolitik. Durch diese weitgespannte Mehrsinnigkeit im konkreten Verständnis »Praktischer Theologie« erntete diese nicht nur bis zum heutigen Tag Kritik und manchmal auch Spott der Fakultätskollegen aus anderen theologischen Disziplinen, sondern auf die Dauer konnte sich

1 Dazu P. Michaud-Quentin, Les méthodes de la pastorale du XIIIe au XVe siècle, in: A. Zimmermann (Hg.), Methoden in Wissenschaft und Kunst des Mittelalters (1970) 76–91 (Lit.).

2 Vgl. bes. J. Molanus, Theologiae practicae compendium (1585). Zu dieser Entwicklung J. Theiner, Die Entwicklung der Moraltheologie zur eigenständigen Disziplin (1970).

auch »der Eindruck einer konstitutiven Unsicherheit ihrer Grundlagen und Zielsetzung nicht verbergen«[3].

b. Die Ambivalenz der Praktischen Theologie ist nicht ohne tieferen Zusammenhang mit der wissenschaftstheoretischen Begründung der Theologie überhaupt, wie auf evangelischer Seite besonders am bahnbrechenden Entwurf F. Schleiermachers[4] zum Ausdruck kommt. Heute gibt es einen wachsenden Konsens darüber, daß die *Theologie als Ganze* durch einen grundlegenden Bezug zur menschlichen und christlichen Lebenspraxis konstituiert wird[5]. Man hat oft vergessen, daß auch in der klassischen Tradition die Reflexion über den spekulativen oder praktischen Grundcharakter der Theologie sich nie völlig beruhigt hatte, worauf mit Recht in jüngster Zeit W. Pannenberg[6] hingewiesen hat.

c. Die Praktische Theologie ist gelegentlich auch dadurch qualifiziert worden, daß man ihr einen spezifischen Bezug zur jeweils gegenwärtigen gesellschaftlich-kirchlichen Wirklichkeit zugesprochen hat. K. Rahner, der eine solche Konzeption dem »Handbuch der Pastoraltheologie« zugrundelegte, formulierte darum thesenhaft den Auftrag der Praktischen Theologie dahingehend, daß sie »sich mit dem tatsächlichen und seinsollenden, je hier und jetzt sich ereignenden Selbstvollzug der Kirche beschäftigt mittels der *theologischen* Erhellung der jeweils gegebenen Situation, in der die Kirche sich selbst in allen ihren Dimensionen vollziehen muß«[7].

In dieser Wesensbeschreibung sind sicher elementare Momente einer wissenschaftstheoretischen Bestimmung der Praktischen Theologie enthalten. Auch wurden Rahners methodische Konstruktion und sein inhaltlicher Entwurf bis zur Stunde noch nicht hinreichend erfaßt und gewürdigt. Doch sind grundlegende Schwierigkeiten dieses Konzepts nicht genügend geklärt. Zunächst besteht die Gefahr – nicht unmittelbar in Rahners Konzeption –, daß die Aufgabe der Praktischen Theologie nur als nachträgliche Applikation und periphere Aktualisie-

3 Krause XX; zur Entwicklung in der evangelischen Theologie bes. W. Pannenberg, Wissenschaftstheorie und Theologie (1973) 233 ff., 426 ff.; G. Rau, Pastoraltheologie. Untersuchungen zur Geschichte und Struktur einer Gattung praktischer Theologie (1970).

4 Dazu Pannenberg, 429 ff.; E. Jüngel, Das Verhältnis der theologischen Disziplinen untereinander, in: ders., Unterwegs zur Sache (1972) 34–59, bes. 43 ff.

5 Vgl. zB. Pannenberg, 230 ff., 426 ff.; Jüngel, 56, These 2.

6 AaO. 230–240 (Lit.).

7 K. Rahner, Die praktische Theologie im Ganzen der theologischen Disziplinen, in: Rahner VIII, 133–149, hier 134. – Zu K. Rahners weiteren pastoraltheologischen Beiträgen und Arbeiten in diesem Umkreis vgl. ebd., Anm. 4. Aus jüngster Zeit vgl. außerdem K. Rahner, Neue Ansprüche der Pastoraltheologie an die Theologie als ganze, in: Rahner IX, 127–147.

rung schon vorgegebener dogmatisch-ethischer Normen mißverstanden wird. Woher legitimiert sich außerdem im wissenschaftlichen Bereich die für die Situationserhellung und Entscheidung geforderte schöpferisch-prophetische Erkenntnis – so notwendig sie ist? Was haben die unerläßlichen empirischen Methoden und Daten – so wenig diese »voraussetzungslos« angenommen werden dürfen – in einer solchen Konzeption für einen formalen und inhaltlichen Stellenwert? Schließlich ist die Konfrontation von Tradition und Gegenwartssituation nicht nur ein Auftrag der Praktischen Theologie, sondern selbstverständlich eine Grundaufgabe gerade der systematischen Disziplinen, nämlich »das überlieferte Glaubenszeugnis *als gegenwärtig zu verantwortendes* zu bedenken«[8]. Wenn die ganze Theologie geschichtlich bestimmt wird, weil sie zur geschichtlichen Verantwortung dessen genötigt wird, was immer sie »historisch« zu *erklären* hat, dann zeigt sich eine ursprüngliche Konvergenz der Geschichtlichkeit *und* der praktischen Zielbestimmung *aller* Theologie[9].

d. Ergebnis: 1. Die Theologie ist das Ganze und insofern praktisch, »als sie Gottes Wort jederzeit als Ereignis zu wiederholen *ermöglicht*«[10]. 2. Jeder theologischen Disziplin eignet grundsätzlich ein radikaler Bezug zur Gegenwartssituation. 3. Die Praktische Theologie thematisiert als wissenschaftliche Theorie besonders ausdrücklich, dh. unter Ausschöpfung aller ihr zur Verfügung stehenden Mittel und Möglichkeiten, *die in der jeweiligen Gegenwart stets neu zu realisierende Praxis der Kirche*. In diesem Sinne ist die Praktische Theologie nach einem bekannten Wort E. Jüngels zwar »nicht die Summe, wohl aber die Pointe der Theologie«[11]. Die Reflexion dieses *spezifischen Praxisbezugs*[12] blieb – von Randbemerkungen abgesehen – in den versuchten Bestimmungen der Praktischen Theologie wenig erörtert. Daher stellt sich heute vordringlicher das Problem, ob und unter welchen Bedingungen die Praktische Theologie sich im Ganzen der Theologie und im Verhältnis zu den anderen Wissenschaften als ein relativ selbständiger Typ von Handlungswissenschaft konstituieren kann. Sie ist bei aller Betonung des praktischen Bezugs nicht selbst Praxis, sondern – so schon F. Schleiermacher – »Theorie der Praxis«. Diese Theorie-Praxis-Vermittlung muß nun eigens reflektiert und dadurch vertieft werden. Um was für ein Theorie-Praxis-Verständnis

8 G. Ebeling, Wort und Glaube I (1960) 454 (Hervorhebung von mir).

9 Dazu Jüngel, 51 f.

10 AaO. 56, These 2.2.

11 Ebd., These 2.12.

12 Dazu H.-D. Bastian, Vom Wort zu den Wörtern, in: EvTh 28 (1968) 25–56; Otto, 23 f.; Biemer/Siller, 133–187.

geht es hier? Woher kann eine vertiefende Begründung gewonnen werden?

2. *Der Wandel des Theorie-Praxis-Verständnisses als Horizont der theologischen Fragestellung*

Die Erörterung des Theorie-Praxis-Verhältnisses gehört zunächst und auf weite Strecken in den Bereich der theoretischen Reflexion und vor allem der Philosophie. Nun ist aber die philosophische Problematik der Praxis-Theorie-Vermittlung fast unermeßlich, so daß hier nur einige wenige Grundsätze skizziert werden können, die im Horizont der hier verhandelten Frage notwendig erscheinen. Die Formel »Theorie-Praxis-Problem« trügt nämlich in ihrer allgemeinen und alltagsbekannten Plausibilität (vgl. noch Kants Hinweis auf den »Gemeinspruch: das mag in der Theorie richtig sein, taugt aber nichts für die Praxis«). Vielmehr sind der geschichtliche Wandel des Theorie-Praxis-Verständnisses sowie ihrer jeweiligen Vermittlung und erst recht ihrer reflexiven Deutungen kaum zu übersehen[13]. Bevor also eine wissenschaftstheoretische Begründung der Praktischen Theologie unbesehene Anleihen bei einer unreflexierten Theorie-Praxis-Vermittlung macht, muß erst der Horizont des gegenwärtigen Fragestandes zum vollen Bewußtsein gebracht werden.

a. Seit dem 18. Jahrhundert sind kaum mehr die natürlichen Handlungen und Institutionen einer ihrem Wesen nach konstanten Menschennatur das Thema des Theorie-Praxis-Verhältnisses[14], vielmehr zielt Theorie auf den Entwicklungszusammenhang einer sich selbst und ihre Welt produzierenden Gattung Mensch, die sich zu ihrem Wesen als Humanität in diesem geschichtlichen Gang erst noch bestimmen muß. Indem Erkenntnis zusehends auf Erfahrungswissenschaft reduziert wird und die »Theorie der Praxis« weitgehend der Steigerung und Vervollkommnung der Möglichkeiten zweckrationalen Handelns dient, zerfällt das traditionelle Theorie-Praxis-Verhältnis[15]: Theorie wird Herstellungswissen, ist maßgeblich von einem

13 Man vgl. allein zu Hegel den umfangreichen Literaturbericht von M. Theunissen, Die Verwirklichung der Vernunft (1970); zur Sache vgl. die Sammelbände von P. Engelhardt (Hg.), Zur Theorie der Praxis (1970) und M. Riedel (Hg.), Rehabilitierung der praktischen Philosophie I (1972).

14 Dazu J. Habermas, Erkenntnis und Interesse (1968, erw. Neudruck 1973); ders. Theorie und Praxis (1963, erw. Neudruck 1971) vgl. bes. die Einleitung zu dieser Neuausgabe, 9–47.

15 Dazu J. Ritter, Methaphysik und Politik (1969) 9 ff., 57 ff., 106 ff.; C. v. Bormann, Der praktische Ursprung der Kritik (1974) 20 ff., 26 ff., 181 f.; vgl. auch die in Anm. 56 erwähnte Literatur.

technischen Erkenntnisinteresse geleitet, hat kaum mehr einen anderen Anspruch auf Praxis und gibt keine Antworten auf praktische Fragen. Ursprüngliche Handlungsorientierung zerfällt in eine rationale Vermittlung von Techniken und Strategien *und* in eine meist als irrational angesetzte Entscheidung über sogenannte »Wertsysteme«.

b. In der klassischen Tradition gibt es eine unaufhebbare Zusammengehörigkeit der ethischen und der pragmatischen Dimensionen der Praxis[16]. Wenn das *Können* nicht mehr einem *Sollen* und *Wollen* primärer Ziele zugeordnet bleibt, wird die praktische Vernunft zu einer nur instrumentalen Absolutsetzung der Mittel gezwungen und damit verkürzt. Die Einheit der Praxis geht in dieser Hinsicht schon bei Kant verloren: Das Faktische, Technische und unmittelbar »Praktische« fällt aus einer Moralphilosophie heraus, die reines Sollen darstellt. Die ethische und die pragmatische Dimension werden nicht mehr miteinander vermittelt, sie stehen damit beziehungsweise als ideales Sollen-reines Wollen und reales Können-empirisches Tun einander gegenüber. Was »Handlung« als immer endlich vermittelte Einheit beider ausmacht, wird zwischen diesen unvermittelten Polen aufgerieben.

c. In kaum überbietbarer Weise versucht Hegel[17] eine letzte Vermittlung der Einheit von Theorie und Praxis. Er überwindet einen fundamentalen Mangel der klassischen Philosophie, nämlich das Fehlen einer tragfähigen Vermittlungsinstanz zwischen Theorie und Praxis, indem die *Geschichte* den neuen Boden bildet, auf dem die Realisierung des Theorie-Praxis-Verhältnisses gelingt[18]. Idee und Wirklichkeit werden durch die Instanz der Geschichte vermittelt. Die Weltgeschichte ist der Ort, wo diese Realisierung der Vernunft stattfindet. So ist die Welt auf dem Boden der Moderne vollends zu sich selbst gekommen, dh. philosophisch-theoretisch geworden, und die Philosophie »weltlich«. Es besteht kein Zweifel, daß Hegels Denken eine Theorie thematisiert, die durchaus von Praxis getragen ist und auf sie zurückwirkt[19]. Man kann mit gutem Recht aus dem System des absoluten Idealismus eine »Einheit von Theorie und Praxis« herauslesen, und jede Hegel-Deutung – auch wenn sie andere Wege geht – tut gut daran, diese Dimension nicht zu unterschlagen. Dennoch bleibt eine

16 Zu diesem Abschnitt vgl. bes. B. Waldenfels, Ethische und pragmatische Dimensionen der Praxis, in: Riedel, 375–393.

17 Vgl. neben dem in Anm. 13 genannten Literaturbericht (bes. 69–89) von M. Theunissen dessen Buch: Hegels Lehre vom absoluten Geist als theologisch-politischer Traktat (1970) bes. 387–419. Nachzutragen wäre noch M. Riedel, System und Geschichte (1973); R. Bubner, Theorie und Praxis – eine nachhegelsche Abstraktion (1971).

18. Genaueres bei Riedel, System, 12–15.

19 Vgl. Theunissen, Vernunft, 69 ff.

unausgetragene Spannung zwischen dem Plädoyer für die »leidenschaftslose Stille der nur denkenden Erkenntnis«[20], worin das Erbe der reinen Theorie griechischer Metaphysik durchschlägt: selbstgenügsame Betrachtung gegenwärtigen Seins, und einem gleichzeitig sichtbar werdenden Ja zum Praktischwerden der Theorie: Spuren des christlichen Geistes, in dem die Praxis universaler Versöhnung noch aussteht und schließlich auch noch Theorie umgreift[21]. Die Zweideutigkeit bleibt. Hegel vollendet in diesem Sinn das mit dem Selbstzweckbegriff verbundene Theorieverständnis: Diese Theorie ist nach einem aristotelischen Wort – nun modifiziert und radikalisiert – die höchste Praxis.

d. Die Idee einer zur Welt erweiterten und geschichtlich realisierten Philosophie (womit sich dieser Begriff nach Hegel zugleich sprengt) bestimmt auch noch das Denken von K. Marx[22]. Aber nur wenn diese »Philosophie« Theorie ist mit dem Primat einer Praxis, die nicht nur theoretisch-kritisch das Reich der Vorstellungen auflöst, sondern zur revolutionären Negation der bestehenden Welt wird, kann sie zum Stoßtrup der weltgeschichtlichen Entwicklung werden. Eine eigentümlich meta-theoretische Instanz gibt zu diesem Eingreifen Grund: »die Leidenschaft der Emanzipation, die aus dem Leiden an Gewalt und Unterdrückung ihren Anstoß, durch kritische Reflexion ihre Aufklärung und in der Aktion ihre Rechtfertigung findet«[23]. Daraus resultiert das politische Modell des Kampfes und der Emanzipation, getreu der elften These über Feuerbach: »Die Philosophen haben die Welt nur verschieden *interpretiert,* es kömmt darauf an, sie zu verändern«[24]. Durch das Studium der Nationalökonomie und wiederum Hegels ergänzt Marx sein Praxisverständnis: Das Wesen des Menschen gründet nicht in der Ungegenständlichkeit des Geistes, sondern im gegenständlichen Sein der Natur, die er durch seine Tätigkeit vergegenständlicht. Damit ist die *Arbeit* – die griechische »Poiesis«, nicht die »Praxis«: diese hat ihren Zweck nicht außer sich, sondern in ihrem Vollzug – das entscheidende Element und die höchste Form der Praxis[25].

Dies ist zugleich die Grenze des Marxschen Praxisverständnisses. Es

20 G. W. F. Hegel, Wissenschaft der Logik I (1951, Leipziger Ausgabe) 22.

21 Hier schließe ich mich Theunissen, Vernunft, 87 ff. an. Vgl. auch W. Pannenberg, Gottesgedanke und menschliche Freiheit (1972) 78–113.

22 Ausführlich dazu M. Riedel, Theorie und Praxis im Denken Hegels (1965); ders., System, 9–39; Bubner; D. Böhler, Metakritik der Marxschen Ideologiekritik (1971); Th. Meyer, Der Zwiespalt in der Marxschen Emanzipationstheorie (1973).

23 Riedel, System, 21; vgl. auch 15 f., 18 f., 21 f.

24 K. Marx, Die Frühschriften, hg. v. S. Landshut (1953) 341. Zur Interpretation vgl. Riedel, System, 9 ff.; E. Bloch, Das Prinzip Hoffnung I (1959, Neudruck 1973) 288 ff.

25 Zu diesem ganzen Komplex vgl. Riedel, System, 24–39; J. Habermas, Technik und Wissenschaft als »Ideologie« (1968) 9–47; Bubner, 17 ff.

bleibt im Horizont gegenständlichen Produzierens und der Arbeit[26]. Der revolutionäre Appell ist damit keineswegs vermittelt, obgleich Marx deren Einheit anzielte[27]. Die Revolution wird nur negativ aus der vernünftigen Einsicht in die Unhaltbarkeit des Bestehenden bestimmt. Im Grunde wird ein Umschlag der Theorie als Ganzer in eine totale Praxis unterstellt. Die philosophische Marx-Kritik ist in vielen ihrer Vertreter überzeugt, daß Marx keine zureichende Theorie der Praxis geleistet habe, daß die wirkliche Praxis hinter der Vorstellung eines Umschlags der Theorie geradezu verschwinde, daß die »Praxis« ohne ein adäquates Subjekt in Gang komme (»subjektlose Praxis«) und daß aus der Theorie kein schlüssiges, wirkliches Handeln abgeleitet werden könne[28]. Diese Kritik gipfelt neuerdings in dem Vorwurf, Marx habe weniger als Begründer einer Theorie-Praxis-Vermittlung zu gelten, sondern entpuppe sich »vielmehr als Verfechter einer *materialistischen theoria*«[29]. Er habe deshalb die Theorie-Praxis-Vermittlung von vornherein verfehlt, weil ihn sein geschichtsphilosophisch bestimmter »Dogmatismus des revolutionären Handelns«[30] und die Voraussetzung eines objektivistisch interpretierten Geschichtsfortschritts daran gehindert habe.

e. Die Aporien des Marxschen Denkens haben zu vielen Lösungsversuchen geführt, die hier selbstverständlich nicht vorgestellt werden können. So wäre zB. der Satz von G. Lukacs ausführlicher auszulegen: »Die Organisation ist die Form der Vermittlung zwischen Theorie und Praxis«[31]: Theorie ist eine unerläßliche Vorbedingung für praktisches Handeln; bloße Theorien als abstrakte Meinungen interessieren jedoch wenig; wenn dieselben theoretischen Fragen aber organisatorisch, dh. im Hinblick auf Imperative der Führung des politischen Kampfes gestellt werden, entwickeln sie sich zu einander schroff ausschließenden Richtungen, die als Abweichungen auf der Ebene der Organisation (Partei) auch sanktioniert werden müssen. Die so verstandene Theorie wird als eine für die »Masse« unangreifbare objektive Instanz verstanden.

Eine entscheidende Komponente des Marxschen Praxisbegriffs ist die »Kritik«[32], welche bestimmte theoretische Positionen auflöst, in-

26 Vgl. kritisch vor allem Bubner, 17–29.

27 Hierzu die in Anm. 22 angeführten Arbeiten von Böhler und Meyer; ferner W. Becker, Idealistische und materialistische Dialektik (1970) 79 ff.

28 Darin gehen Meyer, Bubner, Böhler einig. – Zur Darstellung vgl. auch F. van den Oudenrijn, Kritische Theologie als Kritik der Theologie (1972).

29 Böhler, 10.

30 AaO. 114.

31 G. Lukacs, Frühschriften II (Werke 2, 1968) 475.

32 Vgl. hierzu R. Koselleck, Kritik und Krise (1959, Neudruck 1973); v. Bormann (Anm. 15).

dem sie in ihrer historisch-gesellschaftlichen Relativität durchschaut werden. Wenn Marx Kritik als die höchste Praxis bezeichnet, dann kann er sich nicht zu Unrecht auf Hegel berufen: »Die theoretische Arbeit, überzeuge ich mich täglich, bringt mehr in der Welt zustande als die praktische; ist erst das Reich der Vorstellungen revolutioniert, so hält die Wirklichkeit nicht aus«[33]. In dem Augenblick, wo die genuin Marxsche Lösung der Einheit von Theorie und Praxis nicht mehr aufrechterhalten werden kann, gewinnt diese Perspektive der Kritik, dh. der Erkenntnis bestehender Nichteinheit von Theorie und Praxis, eine zentrale Bedeutung. Dies ist zB. in der »kritischen Theorie« in ihren verschiedenen Spielarten der Fall. Leitend dabei ist ein »emanzipatorisches Erkenntnisinteresse«, das durch kritische Einsicht undurchsichtige und verblendete gesellschaftliche Verhältnisse in ihrer Pseudo-Objektivität auflöst und ideologiekritisch verborgene Interessen freilegt. Die Praxis, die auf dieser emanzipativen Kritik gründet, ist dann vernünftig, wenn sie eine Befreiung von einem äußerlich imponierten Zwang bedeutet. Indem die »kritische Theorie« jedoch die Zukunft ihrer eigenen Praxis noch nicht kennt, wird eine problematische Voraussetzung offenkundig[34]. »Aktionismus« wird auf jeden Fall abgelehnt[35]. Trotz wichtiger Einsichten, von denen auch die Praktische Theologie lernen kann, bleibt auch bei J. Habermas das, was Handlung ist, unklar[36]. Im Begriff der »Interaktion«[37] wird der Praxisbegriff als »Arbeit« zu erweitern gesucht. Es besteht jedoch der Eindruck, als werde Handlung durch eine an Hegel orientierte kritische Reflexion ersetzt oder jedenfalls einstweilen nur negativ von Reflexion und Diskurs abgegrenzt[38].

---

33 G. W. F. Hegel, Briefe I, hg. v. J. Hoffmeister (1952) 253 (Brief an Niethammer).

34 Vgl. A. Wellmer, Kritische Gesellschaftstheorie und Positivismus (1969) 51; kritisch dazu E. Schillebeeckx, Glaubensinterpretation (1971) 114 ff., bes. 140 f.; R. Bubner, Was ist kritische Theorie? in: K.-O. Apel u.a., Hermeneutik und Ideologiekritik (1971) 160–209; M. Theunissen, Gesellschaft und Geschichte (1969).

35 Aufschlußreich dafür sind die Seminarthesen in: J. Habermas, Protestbewegung und Hochschulreform (1969) 245 ff.; ein wichtiges Dokument zur Sache bringen die »Marginalien zur Theorie und Praxis«, in: Th. W. Adorno, Stichworte. Kritische Modelle 2 (1969) 169–191 (der Text stammt aus der letzten Vorlesung Adornos vor seinem Tod im Sommer-Semester 1969, die gestört wurde und abgebrochen werden mußte).

36 So zB. mit Recht Bubner, Theorie und Praxis, 25 f., Anm. 29.

37 Vgl. J. Habermas, Technik bes. 33 ff.

38 Vgl. zB. die Definition von Handlung bei J. Habermas, Wahrheitstheorien, in: H. Fahrenbach (Hg.), Wirklichkeit und Reflexion (1973) 211–265, bes. 214. In den neueren Arbeiten von J. Habermas wird offensichtlich die Theorie-Praxis-Relation gegenüber den früheren Entwürfen in eine umfassendere Theorie der

f. Die zeitgenössische philosophische Diskussion zur Theorie-Praxis-Vermittlung ist nicht mit dem schlichten Sinn der alltäglich erfahrenen Differenz von Theorie und Praxis zu identifizieren. Die gegenwärtige Theorie-Praxis-Problematik verdankt sich im Grunde der Aporie des Hegelschen Systems[39]. Die junghegelianische und wohl auch Marxsche Konzeption hat Praxis als Gegensatz bzw. als Resultat einer für sich absolut gesetzten Theorie bestimmt. »Die Junghegelianer lösen den Gegensatz in unablässige Einzelreflexionen der Philosophie angesichts der Vielfalt der Zeiterscheinungen auf, Marx stellt einen umfassenden Akt genereller Umwälzungen dagegen, wobei er Praxis und Produktion nicht mehr unterscheiden kann. In beiden Fällen ist das, wovon emphatisch gesprochen wird, die Handlung nämlich, entweder verzerrt oder gar nicht gesehen. Die Abstraktion, die eine Praxis der Theorie fordert, geht aus dem Mangel einer Theorie der Praxis hervor«[40].

In verschiedener Weise haben die einzelnen Stationen und Konzeptionen neuzeitlicher Theorie-Praxis-Problematik auf die Praktische Theologie eingewirkt. Dabei blieb es freilich bei zumeist entliehenen Einzelaussagen, ohne daß der Gesamtzusammenhang ausreichend kritisch reflektiert worden ist. Die inneren Aporien der aufgezeigten Modelle einer Theorie-Praxis-Vermittlung dürfen weder in sich noch in ihrer Anwendung auf theologische Sachverhalte in ihren Folgen unterschätzt werden. Es hat darum m.E. wenig Sinn, eines dieser Konzepte zum Grundmodell theologischer Disziplinen auszuwählen. Dies schließt nicht aus, daß zentrale und wichtige Leitmotive Verwendung finden können. Leider sind andere, weniger bekannte philosophische Beiträge zur Sache, vor allem die Neuinterpretationen der klassischen Tradition[41], die »Action« M. Blondels[42] und andere Entwürfe[43], bisher wenig fruchtbar gemacht worden. Dies soll in Ansätzen später versucht werden.

Kommunikation einbezogen. Kritisch zu Habermas' Handlungsbegriff vgl. auch P. Gross, Reflexion, Spontaneität und Interaktion (1972) 19 ff., 115 ff.

39 Dies hat wohl Bubner, Theorie und Praxis, überzeugend nachgewiesen, vgl. bes. die Zusammenfassung, 40 ff.

40 AaO. 41.

41 Außer den schon in Anm. 13 und 15 genannten Abhandlungen vgl. die Angaben unten in Anm. 56.

42 M. Blondel, L'Action [1893] (Paris [3]1973), dt.: Die Aktion (1965); zur Interpretation bes. P. Henrici, Zwischen Transzendentalphilosophie und christlicher Praxis, in: Philosophisches Jahrbuch 75 (1967/68) 332–346; M. Jouhaud, Le problème de l'être et l'expérience morale chez Maurice Blondel (Paris/Löwen 1970); U. Hommes, Transzendenz und Personalität (1972).

43 Vgl. zB. die Arbeiten von A. Schütz, G. H. Mead, bes. aber A. Gehlen, Stu-

3. Logische Strukturmomente des Theorie-Praxis-Verhältnisses

So wenig die wissenschaftstheoretische Begründung an den wichtigsten Entwürfen eines philosophischen Praxisverständnisses und soziologischer Handlungstheorien vorbeigehen kann, so wenig darf sie sich mit einem äußeren Konglomerat disparater Einzelelemente begnügen, sondern sie muß bei jeder – notwendig immer selegierenden – Rezeption von einer Fundamentalanalyse des Bezugs von Glaube-Hoffnung-Liebe als Inbegriff christlicher Botschaft geführt werden. In aller interdisziplinären Kooperation darf eine wissenschaftstheoretische Begründung der Praktischen Theologie ihre eigene theologische Grunddimension als kritischen Leitfaden nicht vergessen. Das Problem kann nur gelöst werden, wenn man erkennt, daß ein bestimmtes Theorieverständnis, das den Selbstzweck und die Selbstgenügsamkeit reiner Erkenntnis zur Mitte des Interesses macht, in Anwendung auf den christlichen Glauben inadäquat ist. Man wird dabei mit dem vielschillernden Begriff der »Orthopraxie« und ihrer relativ leichten polemischen Abgrenzung von der »Orthodoxie« bei allem Körnchen Wahrheit in der Sache nicht mehr weiterkommen als bei der abstrakten Opposition zwischen reiner Theorie und dem Appell bzw. Entschluß zu unmittelbarer Praxis. Über eines dürfte Klarheit und heute auch ein Konsens bestehen: Solange der biblische Glaube maßgeblich mit Hilfe der reinen Schau griechischer »Theoria« gedacht wird, die in ihrer Selbstgenügsamkeit und Selbstzwecklichkeit sich im Grunde nur auf immer schon vollendetes, autarkes, »göttliches« Sein beziehen kann[44], werden auch Erlösung und Heil in ihrer geschichtlichen Vermittlung durch Jesus Christus allzuleicht als objektiv bereits vollbrachte, nur noch subjektiv anzueignende Versöhnung begriffen[45]. Die biblische

dien zur Anthropologie und Soziologie (1963) 196 ff. u.ö. (vgl. Reg.); K.-O. Apel, Transformation der Philosophie II (1973) 9 ff., O. Schwemmer, Philosophie der Praxis (1971); F. Kambartel/J. Mittelstraß (Hg.), Zum normativen Fundament der Wissenschaft (1973); R. Dahrendorf, Die Soziologie und der Soziologe. Zur Frage von Theorie und Praxis (Konstanz o. J. [1967]).

44 Vgl. dazu die in der Lit. der Anm.15 nachgewiesenen Arbeiten von B. Snell, F. Boll, M. Heidegger, J. Ritter u.a., vor allem auch G. Picht, Der Sinn der Unterscheidung von Theorie und Praxis in der griechischen Philosophie, in: ders., Wahrheit. Vernunft. Verantwortung (1969) 108–140; M. Müller, Erfahrung und Geschichte (1971) 424–444.

45 Genaueres bei Theunissen, Hegels Lehre (vgl. Anm. 17) 439 ff.; ders., Vernunft, 86 ff.; Pannenberg, 438 ff. In anderer Hinsicht wäre hier das gesamte Werk von E. Bloch zu nennen.

Botschaft kann also nicht selbstgenügsam in der Betrachutng gegenwärtigen und vollendeten Seins aufgehen, sondern drängt über sich in die Zukunft ihrer Verheißung hinaus.

In der unaufgebbaren, jedoch in ihren einzelnen Momenten durchaus unterscheidbaren Spannung zwischen dem end-gütligen Heilsereignis in Jesus Christus und der faktisch immer noch unerlösten Welt mit ihren Leiden und ihrer Ungerechtigkeit[46] muß der Praxisbezug christlichen Glaubens begründet werden. Deshalb gehört gleichursprünglich zur Botschaft von der christlichen Erlösung das Wort von der Sendung der Kirche in die Fremde, wobei die Kirche das zwar durch die Praxis Jesu Christi Verheißene, aber in der geschichtlichen Welt noch Ungewordene, Unabgegoltene und also Ausstehende zu verwirklichen trachtet. Dies hat zur Konsequenz, daß der reflektierte Glaube nicht von der praktischen Verwirklichung getrennt werden darf und daß die daraus folgende Zukunftsbezogenheit jeder praktisch dimensionierten Theologie der reinen Selbstgenügsamkeit einer im Gegenwärtigen aufgehenden Schau zuwiderläuft. Ohne einen solchen Rückgriff auf die Mitte der christlichen Theologie ist ein zureichendes Modell der Theorie-Praxis-Vermittlung – jedenfalls im Blick auf die hier verhandelte Frage – nicht zu erstellen.

An dieser Stelle kommt ein uraltes Problem aus der schwierigen Nachbarschaft von Judentum und Christentum ins Spiel. Nicht umsonst entstammt der Wille zu radikaler Weltveränderung alttestamentlich-jüdischen Quellen: Der Jude glaubt an die Zukunft des gegenwärtig noch ausstehenden Heils. Die eigentümliche Verfassung der christlichen Eschatologie lehrt aber, daß das in seiner Vollendung noch ausstehende Eschaton durch das antizipierende Heilsereignis Gottes in Jesus Christus mindestens anfänglich schon gegenwärtig ist. Wenn nun dasjenige Moment, durch das sich die christliche Eschatologie von der jüdischen Eschatologie unterscheidet, absolut gesetzt wird, dann liegt es nahe, wie M. Theunissen[47] für Hegel genauer gezeigt hat, die objektiv gegebene Versöhnung unmittelbar auf die faktischen gesellschaftlichen Verhältnisse zu projizieren. Hier liegt denn auch ein Grund, warum das Christentum reaktionär mißbraucht werden kann. Wenn aus der beschriebenen eschatologischen Struktur ein bewußter Verzicht auf reale Veränderung wird, dann löst sich die Erkenntnis völlig von der Lebenspraxis und steht in Gefahr, reine und abstrakte Theorie im schlechten Verstande zu werden. Durch die griechische

46 Vgl. dazu Genaueres bei K. Lehmann, Wandlungen der neuen »politischen Theologie«, in: Communio 2 (1973) 385–399 und die Fortsetzung: Emanzipation und Leid, aaO. 3 (1974) 42–55 (Lit.).

47 Theunissen, Hegels Lehre, 442 ff.

Prägung des Theoriebegriffs und seine Implikationen ist darum eine problematische Überformung des christlichen Glaubensverständnisses möglich[48], wobei diesem von ihm selber her besonders dann eine gefährliche Neigung dazu anhaftet, wenn die innere Spannung in den Heilsaussagen nicht ausgehalten und die eschatologische Dimension nicht gewahrt wird[49].

Überdies ergibt sich auch philosophisch ein enger Zusammenhang von Praxis und Zukunftsdimension. »Zukunft ist ... im praktischen Dasein des Menschen strukturell notwendig vorausgesetzt als die offene Dimension dessen, was sein kann; auf die hin sich der Mensch als zum Handeln genötigtes und befähigtes Wesen, das noch nicht ist und hat, was es haben und sein kann, verstehen und realisieren muß«[50]. Die Zukunftsdimension des Handelns und der Praxisbezug der Zukunft gehören zusammen, was sich besonders zB. am Phänomen der Planung ablesen läßt.

4. *Grundlegung einer Theorie-Praxis-Vermittlung in der Praktischen Theologie*

Der eben versuchte Ansatz soll nun nach einigen Dimensionen hin weiter erhellt werden, wobei das innere Gefüge des Theorie-Praxis-Verhältnisses verdeutlicht werden soll. Verschiedene Anregungen aus unterschiedlichen philosophischen Theorien werden dazu aufgegriffen[51]. Der Entwurf zielt auf die Grundlegung einer Theorie-Praxis-Vermittlung für die Praktische Theologie, ohne sich freilich darauf zu beschränken. Da die philosophischen Klärungen schon erheblich anspruchsvoll sind und die spezifisch theologischen Strukturmomente des Theorie-Praxis-Verhältnisses im einzelnen eigens in anderen Beiträgen behandelt werden, kommt es hier vor allem auf die grundlegenden Einsichten an. Die theologischen Bezüge verstehen sich, wenn nicht wenigstens angedeutet, im übrigen meist von selbst.

---

48 In diesem Bereich wären freilich noch genauere Untersuchungen zum Verhältnis von »Theorie« – Kontemplation – christliche Lebenspraxis in historischer Hinsicht anzustellen, doch würde dies m.E. den grundsätzlichen Befund nicht aufheben.

49 Dazu auch P. Cornehl, Die Zukunft der Versöhnung (1971) 313–359; wie sehr das Theorie-Praxis-Problem in theologischer Hinsicht noch vielfältiger Vertiefung fähig ist, zeigt H. U. v. Balthasar, Theodramatik I (1973); ders., Jenseits von Kontemplation und Aktion, in: Communio 2 (1973) 15–22.

50 H. Fahrenbach, Zukunft als Thema der Philosophie, in: ders. (Hg.), Wirklichkeit und Reflexion (vgl. Anm. 38) 99–135, hier 108.

51 Vgl. die Anm. 13, 35, 42, 43, 49, 52, 53, 54 und 56.

a. *Als Theorie einer Praxis muß die Praktische Theologie zunächst einmal die Lebensäußerungen der Kirche und die Handlungen des christlichen Glaubens voraussetzen.* Dies bedeutet noch nicht, daß diese Lebenspraxis in ihren Motiven, ihrem Verlauf und in ihren Ergebnissen von vornherein und schlechthin bejaht wird. Gerade weil Praxis nicht ein gedachter Gegenstand ist und auch nicht unmittelbar aus der Theorie abgeleitet werden kann, bedarf es dieser keineswegs trivialen Voraussetzung. In der Praxis wird sichtbar, was in der Theorie ausgearbeitet, verbessert und vielleicht über die bisherige Form hinaus neu angestoßen werden muß. Dabei muß die ganze Vielfalt von Handlungsweisen im Auge behalten werden. Praxis darf weder auf spontanes Tun noch auf gesteuerte und geplante Manipulation eingeengt werden. Es geht nicht nur um Aktionsformen, sondern auch um existentiell-praktische Verhaltensweisen, wie zB. das Hoffen. Gerade für die Praktische Theologie ist es unerläßlich, daß keine Horizontverengung möglicher Praxisfelder erfolgt und schon vom Ansatz her kein Verständnis mehr aufgebracht würde für jene religiösen Vorgänge, die nicht auf direkte oder überhaupt kontrollierbare »Wirkungen« zielen: Gebet, Kontemplation, Gottesdienst, Hören und Schweigen. Man muß der Praxis und ihrem Verständnis von Anfang an diese innere Öffnung und die fast unbegrenzte Variationsbreite belassen[52], wenn man nicht von vornherein ideologisch oder mindestens übertheoretisch das vielgestaltige Phänomen der Praxis verfehlen will. Darum ist eine Definition dessen, was Handlung im allgemeinen ist[53], auch so schwierig und meist unbefriedigend.

b. Ein solcher Ansatz ist das Gegenteil einer unmittelbaren und

---

52 Darum haben »Erfahrung« (hierzu K. Lehmann, Erfahrung, in: SM I, 1117–1123), »Hermeneutik« (ders., Hermeneutik, in: SM II, 676–684) und »Phänomenologie« (ders., Phänomenologie, in: SM III, 1157–1163) eine wichtige Funktion in der Begründung und im Vollzug Praktischer Theologie. Vgl. dazu H. Schröer, Der praktische Bezug der theologischen Wissenschaft auf Kirche und Gesellschaft, in: H. Siemers/H.-R. Reuter (Hg.), Theologie als Wissenschaft in der Gesellschaft (1970) 156-172; zur Kritik an diesem Entwurf vgl. H.-R. Reuter, aaO. 173 ff.; Pannenberg, 429, Anm. 808; 435, Anm. 822; 436, Anm. 825.

53 Vgl. zB. H.-U. Hoche, Handlung, Bewußtsein und Leib (1973) 110 f.: »Als Handeln im weiteren Sinne könnte man jedes intentionale Verhalten bezeichnen, das auf Veränderung der Welt oder des eigenen Bewußtseins aus ist, mit dem man also die Welt entweder nach ihren objektiven (intersubjektiv erfahrbaren) oder nach ihren subjektiven (nur mir selber zugewandten) Zügen verändern will, und als Handeln im engeren Sinne dasjenige intentionale Verhalten, das im Unterschied zu dem bloß das eigene Bewußtsein verändernden Verhalten, insbesondere zum theoretischen ›Fest-stellen‹, auf eine objektive Veränderung der Welt einschließlich der anderen Menschen und ihres Verhaltens (ihrer ›Bewußtseinszustände‹) abzielt.« – Zur Sache vgl. auch B. v. Brandenstein, Handlung, in: HPhG II, 677–685; s. auch A. Schmidt, Praxis, aaO. 1107–1138.

blinden Rechtfertigung von Praxis als solcher. Wenn die Handlung auch nicht durch Reflexion ersetzt werden kann, so muß jene doch vernünftig sein. *Es geht zunächst um die Thematisierung des komplexen, in der Lebenspraxis und ihrer Erfahrung bereits zur Verfügung stehenden und im Vollzug wirkenden Wissen.* Zuvor Ungewußtes wird – vielleicht praktisch folgenreich – bewußt gemacht. Die Intelligibilität der Lebenspraxis ist nur schwer aufhellbar und nur unter stetiger Abwehr gegenläufiger Tendenzen sichtbar zu machen. Schon aus diesem Grunde verdeckt jeder bloße Appell an Praxis und jeder Schrei nach dem unmittelbaren Entschluß zur Tat die Problematik der Handlung. Der menschlichen Praxis wohnt die Vernünftigkeit weder notwendig noch faktisch inne. Solange sie nicht mittels verallgemeinerungsfähiger Grundsätze und Interessen gerechtfertigt werden kann, bleibt ihr das Odium der Unvernunft. Wegen dieser eigentümlichen geistigen Qualität der Praxis mit ihrer eigenen »Logik« hat der Dezisionismus[54] alle lebenspraktisch relevanten Entscheidungen (zB. die Annahme von Werten, die Wahl eines lebensgeschichtlichen Entwurfs) einer vernünftigen Beratung nicht für zugänglich erklärt. Eine solche Deutung kann leicht in Irrationalismus, Pragmatismus und Praktizismus abgleiten. Zwar sind die in den unmittelbaren Lebensäußerungen implizit mitgesetzten Geltungsansprüche in ihrer stillschweigenden Anerkennung noch nicht gerechtfertigt, aber darum auch nicht einfach blind.

Zumal in der unbegriffenen und begriffslosen Praxis, die man sich selbst überläßt, haust gerne das Irrationale. Auflichtende Erkenntnis dient zuletzt – versteht sie sich selbst recht – dem Tun selber. Ein unbestimmtes Gefühl zB. von Liebe, das selber nicht von Erkenntnis erleuchtet wird, kann sich die wirklich helfende Tat geradezu versperren. Der Ruf zur Tat allein kann leicht zum Freibrief für Willkür und Herrschaft werden. Je weniger Praxis im Sinne herkömmlicher Lebensäußerungen, sondern als geplante und technisch gesteuerte Veränderung begriffen wird, um so mehr bedarf es einer kritisch begleitenden Erkenntnis. »Verändern im unwahren Sinn läßt sich ... vielfach, auch ohne Begriff; die Hunnen haben gleichfalls verändert, es gibt auch eine Veränderung durch Caesarenwahnsinn, durch Anarchismus ... aber *gediegene* Veränderung, gar die zum Reich der Freiheit, kommt einzig durch *gediegene* Erkenntnis zustande, mit immer genauer beherrschter Notwendigkeit.«[55] Anderseits gilt die notwendige Aufklä-

---

54 Dazu H. Hofmann, Dezision, Dezisionismus, in: J. Ritter (Hg.), Historisches Wörterbuch der Philosophie II (1972) 159–162. Außer der dort genannten Lit. vgl. H. Lübbe, Theorie und Entscheidung (1971) 7 ff., 144 ff. u.ö.; O. Höffe, Rationalität, Dezision oder praktische Vernunft, in: Philosophisches Jahrbuch 80 (1973) 340–368 (Lit.).

55 Bloch, Hoffnung I, 326.

rung der Praxis nicht weniger auch den traditionell verankerten Lebensäußerungen. Vor allem die Praktische Theologie wird hier angesprochen: Sie darf das Thema der Folgen einst erworbenen Glaubens nicht einfach der christlichen Praxis unkontrolliert überlassen. Sie darf nicht zusehen, daß gewordene Überlieferung oft folgenlos und unverbindlich »gelebt« und verwaltet wird, sondern muß dafür sorgen, daß ihr Sinnpotential für die jeweilige Verantwortung des Glaubens in der Gegenwart entfaltet wird.

c. *Wenn Praxis im Lichte der Vernunft aufgehellt werden kann und muß, bedarf die dafür notwendige Reflexion einer genaueren Bestimmung.* Diese kann im Grunde nur die Mitte zwischen dem einen Extrem bilden, nämlich in einem überzogenen Rationalitätsanspruch das menschliche Handeln vollständig in Theorie aufzuheben und so die Verantwortung dafür zu verdecken, und dem anderen Extrem, nämlich dieses Moment der Verantwortung im Handeln für unerkennbar zu erklären und damit eine Kapitulationserklärung des Denkens abzugeben.

Besonders die aristotelische »Logik der Praxis«[56] kann verstehen lehren, *wie* sich in diesem Bereich die Theorie an die eigentümlichen Strukturen praktischer Vollzüge anmessen muß. Eine *schon gegebene* Vernunft wird systematisch in die eigene Verantwortung übernommen. Das theoretische Begreifen kann dem konkreten Gang von Handlungsprozessen förderlich sein, indem es das Handeln selbst verbessern und im guten Sinne stabilisieren kann. Der »Zwangscharakter« der Praxis kann bis zu einem gewissen Grad aufgehoben werden, der Handelnde wird in der Reflexion auf sich gestellt und damit frei. »Emanzipation« wird vom Handelnden selbst durchgeführt, nicht andere besorgen sie für ihn. Der Sinn von Praxis enthüllt sich voll erst im realen Vollzug. Darum ist es auch faktisch unmöglich, eine allumfassende Theorie der Praxis wie eine Art oberste Wissenschaft und Technik zu schaffen und auf den ganzen Bereich des Handelns anzuwenden. Die Praxis ist auch nicht einfach der Gegenstand eines allmächtigen Herstellens, denn sie bedenkt nicht nur Verfügenkönnen über Fremdes, das von uns angeeignet wird, sondern auch Eingehen auf Fremdes nach Art eines offenen Dialogs. Darum müssen *rein* theoretische Maßstäbe in einer wirklichen Theorie der *Praxis* bis zu einem gewissen

56 Dazu G. Bien, Das Theorie-Praxis-Problem und die politische Philosophie bei Platon und Aristoteles, in: Philosophisches Jahrbuch 76 (1968/69) 264–314; O. Höffe, Wissenschaft in »sittlicher Absicht«. Zu Aristoteles' Modell einer eminent praktischen Philosophie, aaO. 79 (1972) 288–319; W. Kluxen, Wahrheit und Praxis der Wissenschaften, aaO. 80 (1973) 1–14; H. Schweizer, Zur Logik der Praxis (1971); G. Bien, Die Grundlegung der politischen Philosophie bei Aristoteles (1973); weitere Lit. in den Anm. 13, 15, 44.

Grad zurückgenommen werden, so zB. umfassende Allgemeingültigkeit, schlüssige Stringenz und formale Notwendigkeit. Der Anspruch der Theorie an ihre eigene Selbstgewißheit kann sich hier nur in sehr gebrochener Weise behaupten. Dafür treten andere Momente in den Vordergrund, die in einer Theorie der Praxis nicht fehlen dürfen: die Endlichkeit und Vereinzelung des Praktischen, das Angewiesensein auf kontingente Bedingungen, die Unablösbarkeit vom Realen und vom jeweiligen konkreten Vollzug, ein nicht völlig abwägbares Risiko und die entsprechende Verantwortung, das Eingebundensein von Praxis innerhalb eines begrenzten Spielraumes realer Möglichkeiten. Darum kann man der Praxis ihren Sinn, den sie zunächst in sich trägt, auch nicht einfach von außen vorschreiben. »In diesem Sinn hat Aristoteles die philosophische Theorie verpflichtet auf die Verständigung des realen Handelns über seine Struktur und über das, worauf es eigentlich und im Zusammenhang der vielen Einzelvollzüge aus ist. Die Theorie der Praxis hat die vernünftige Selbstverwirklichung des Menschen als eine Leistung des konkreten Handelns anzuerkennen und nicht wie eine eigene Weisheit zu verwalten, die dann die entsprechende ›Umsetzung‹ in Praxis erst zum Problem macht«[57] Der Vollzug des Handelns wird also nicht über die stringente Sicherung einer Theorie zugänglich. Vielmehr ist es gerade auf den je neuen Vollzug verwiesen, ist darum trotz aller »Endgültigkeit« gesetzter Handlungen merkwürdig offen. Aus diesen Gründen bedarf auch die praktische Reflexion einer induktiven Basis, welche die tatsächlich praktischen Erfahrungen auf einen Vorbegriff bringt. Dabei darf nie vergessen werden, daß das Handeln einem freien Tätigsein entspringt. Wenn man jede Verkehrung und alle Zweideutigkeit des Fortschritts und damit auch das Risiko der Freiheit aus der Praxis ausschließen will, ruft man notwendig den Zwang herbei. Darum kommt auch eine Theorie, die eine direkte Applikation und Konsequenz für die Praxis sein will, so leicht in die Gefahr, gewalt-tätig zu werden.

d. Wenn man die Differenz von Theorie und Praxis so versteht, kann man auch besser *die Funktion der Theorie gegenüber der Praxis* begreifen. Als Theorie hat sie das Recht und die Pflicht, in unbegrenzter Weite und in einer Rücksichtslosigkeit des Fragens radikal zu sein. Zur Theorie gehört die Möglichkeit, mit methodischer Grundsätzlichkeit auf Traditionen kritisch zu reflektieren, Autoritäten in Frage zu stellen, sofern die Gründe dafür ausreichend sind und die Argumente zutreffen. Weil Theorie weiß, daß sie in praktischen Situationen fälliger Entscheidungen ohnehin meist nachhinkt, hat sie ihrerseits Zeit, Zweifel um Zweifel zu lösen. In der Praxis des Lebens muß man nicht

57 Bubner, Theorie und Praxis, 34.

selten – wenigstens für eine bestimmte Zeit – bei einmal getroffenen Entscheidungen bleiben, auch wenn man bald einsieht, daß man anders und besser hätte handeln können und sollen. In einer wirklichen Theorie hat man das Privileg, mit äußerst geringen Folgen oder sogar folgenlos Irrtümer korrigieren zu können. Diese Vollkommenheit und Unabhängigkeit strebt die Theorie an und darum ist sie auch allein der Wahrheit verpflichtet[58]. Will sie vorbehaltlos der Wahrheit dienen, darf sie auch als Theorie der Praxis im Prinzip keinem Zeit- und Handlungsdruck ausgesetzt werden. Wo Theorie mit Handlungsvorstellungen, die ihr von außen aufgedrängt werden, gleichgeschaltet wird oder sich gleichschalten läßt, gibt sie jene kritische Distanz preis, die sie als Wissenschaft auszeichnet. Als *Theorie* der Praxis transzendiert sie Handlungszwänge und suspendiert in der kritischen Distanzierung zunächst jeglichen Praxisbezug.

Je mehr die Theorie auf eine Praxis bezogen ist, um so potenzierter muß ihre wirklich »kritische« Reflexion sein. Nur allzu leicht gerät sie in die Gefahr, die Frage nach der Wirksamkeit zu einem Kriterium für die Wahrheit zu machen. Wenn dies geschieht, wird Theorie am Ende in Pragmatismus oder in eine Technologie von Aktionen umgesetzt. Theorie darf sich keinem ihr fremden Zweck unterordnen. Darin besteht auch heute noch der »harte Kern« der antiken Lehre von der Autarkie und Selbstzwecklichkeit der Theorie. Dies ist gleichbedeutend mit der Ansicht, daß der Wahrheitsbegriff nicht funktionalistisch unterlaufen werden darf[59]. So muß zB. auch zwischen der Verständlichkeit einer Äußerung und der Anerkennung des Wahrheitsanspruchs von Aussagen unterschieden werden.

Nur unter solchen Bedingungen kann die Theorie der Praxis auch immun sein gegen eine unbedachte Übernahme nur modischer Phraseologien, gegen eine allzu willige Bedienung und Erfüllung flüchtiger Gegenwartsbedürfnisse oder gegen eine unkritische Anpassung an herrschende Trends. Wegen dieser Grundstruktur ist auch die Behauptung falsch, jede selbständige, nicht gesellschaftsbezogene Theorie sei »an sich« schon das Resultat geronnener gesellschaftlicher Arbeit. Natürlich gehört eine kritische Interessenanalyse zur Funktion von Theorie[60], aber mit der erwähnten globalen These wäre die prinzipielle Differenz von Theorie und Gegenständlichkeit und damit auch

58 Daß dies nicht in gleicher Weise für die Ethik und die sittliche Praxis gilt, zeigt im Beispiel Descartes' R. Spaemann, Die zwei Grundbegriffe der Moral, in: Philosophisches Jahrbuch 74 (1967) 368–384.

59 Näheres bei J. Habermas, Wahrheitstheorien (Anm. 38) 237 f.

60 Vgl. dazu im Blick auf die Religionspädagogik meinen Beitrag »Ideologie und Ideologiekritik«, in: E. Feifel u.a. (Hg.), Handbuch der Religionspädagogik II (1974) Kap. 5.2 (Lit.).

die Gültigkeit von Aussagen aufgehoben. In der Struktur von Theorie liegt es darum, daß sie zwar die Reflexe von Zeitphänomenen in sich aufnimmt und somit auch in der Zeit wurzelt, daß sie gleichzeitig aber durch die Anstrengung des Begriffs diese »Zeit in Gedanken erfaßt«[61] und damit die prinzipielle Überlegenheit über das beweist, was eine Gegenwart in ihren herrschenden Tendenzen, in ihren fraglos angenommenen Meinungen und damit auch in ihrer Beschränktheit darstellt.

Aus leicht einsichtigen Gründen ist die Theoriebedürftigkeit der Theologie – was sich nicht nur auf theologische Reflexion zu erstrecken braucht – besonders hoch. Die Praktische Theologie kann in dieser Hinsicht gar nicht genügend »theoretisch« sein, weil sie nur so kritisch und hilfreich wahrer Praxis auf die Dauer dienen kann.

e. Nachdem die unterschiedlichen Funktionen, Strukturen und die wechselseitige Beziehung zwischen Theorie und Praxis erörtert worden sind, muß noch genauer nach ihrer *Einheit* gefragt werden.

(1) Es gibt sicher eine gegenseitige Einwirkung von Theorie und Praxis, die in ihren Ausmaßen längst noch nicht entdeckt ist. So zeigt sich, daß empirische Beobachtungsaussagen in einem hohen Maß theorieabhängig sein können und daß eine differenziert ausgebaute Theorie auf bestimmten und beschränkten Paradigmen aufbauen kann[62]. Die abstrakte Opposition »Theorie versus Praxis« löst jedenfalls das Problem überhaupt nicht. Die übrigen begrifflichen Modelle zur Erläuterung der gesuchten Einheit sind nur deswegen bedingt brauchbar, weil die darin verwendeten Grundbegriffe mehrsinnig oder nur schwer konkret zu denken sind: Vermittlung, (bi-)polare Einheit, dialektische Einheit, Synthese von Gegensätzen, differente Identität. Vielleicht könnte man die gesuchte »Einheit« auch im Sinne einer Gleichursprünglichkeit von Theorie und Praxis denken. Der Unterschied darf jedoch nicht als einfacher Widerspruch begriffen werden, vielmehr ruht er irgendwie als »differente Identität« in einer vorgängigen Einheit. Jedenfalls ist die Differenz und Spannung nicht nach einer Seite hin auflösbar, und sie läßt sich auch nicht in einer abschließenden Synthese vermitteln. Wie immer diese Einheit formuliert wird, gerade hier kommt jede bloße Formel an eine innere Grenze. Entscheidend bleibt, daß in der *einen* Bewegung des Theorie-Praxis-Verhältnisses die unterschiedlichen Momente nicht eingeebnet werden und daß die in der Sache selbst gelegene Relation nicht aufgelöst wird. Es

---

61 Zur Interpretation dieses Hegelschen Gedankens vgl. R. Bubner, »Philosophie ist ihre Zeit, in Gedanken erfaßt«, in: K.-O. Apel u.a., Hermeneutik und Ideologiekritik, 210–243; ders., Theorie und Praxis, 38, Anm. 44.

62 Vgl. Th. S. Kuhn, Die Struktur wissenschaftlicher Revolution (1967).

kann hier aus ähnlichen Gründen auch offen bleiben, ob der Begriff des »Interesses«[63] eine wichtige Vermittlungsgröße in der Beziehung von Theorie und Praxis ist.

(2) Für die weitere Bestimmung des Verhältnisses muß nochmals deutlich gemacht werden, daß das Perhorreszieren von Theorie noch keine Praxis schafft. Die Theorie bewirkt überhaupt keinen lückenlosen oder gleitenden Übergang zur Praxis. Jeder Prxaisbezug wirklich vollzogener Theorie ist in jedem Fall durch die kritische Distanznahme gebrochen und darum bestenfalls »indirekt«. Ebensowenig kann die Theorie unmittelbar aus Imperativen der Lebenspraxis abgeleitet werden. Die Theorie vermag ihrerseits keine Informationen zu liefern, die direkt das künftige Handeln der Betroffenen präjudizieren. Dies schließt nicht aus, daß dabei eine Art von Handlungsvorbereitung oder besser Handlungs*orientierung* erfolgt. Die Theorie hat zunächst die normativen Voraussetzungen argumentativ zu entwickeln und die Realisationsbedingungen zu klären, ehe sie praktische Folgerungen zieht. Sie kann aufzeigen, daß es eine rationale Konsequenz ist, gewonnene praktische Einsichten auch zu verwirklichen, ohne daß damit schon prospektive Handlungsanweisungen erteilt würden. Solche Einsichten werden zunächst einmal eine Erhellung, eine Erweiterung und vielleicht auch eine Veränderung des praktischen Bewußtseins und in deren Folge eine Einstellungsänderung erwirken. Es ist eine ganz wesentliche Aufgabe der Theorie, Reflexions- und Aufklärungsprozesse dieser Art auszulösen, wie zB. Barrieren der Verständigung abbauen. Der Gültigkeitsanspruch reflektiver Theorie kann im übrigen nicht durch irgendein Diktat durchgesetzt werden, sondern die Reflexionsprozesse sollen dahin führen, daß die theoretisch ableitbaren Interpretationen zwanglose Anerkennung finden. J. Habermas hat darum Recht, wenn er in der Entzerrung und Verbesserung der Kommunikation ein grundlegendes Ziel der Theorie-Praxis-Vermittlung sieht[64]. Daß dafür auch institutionelle Bedingungen erfüllt sein müssen, liegt auf der Hand, kann hier aber nicht mehr verfolgt werden (vgl. die Bedeutung von Ideologiekritik, Reform usw.).

(3) Die Vorstellung eines gewissen Mechanismus mit zwingender

---

63 Vgl. dazu außer den genannten Arbeiten von Habermas bes. Theunissen, Hegels Lehre, 429–438; A. Esser, Interesse, in: HPhG II, 738–747; H. Neuendorff, Der Begriff des Interesses (1973).

64 Vgl. bes. J. Habermas, Vorbereitende Bemerkungen zu einer Theorie der kommunikativen Kompetenz, in: J. Habermas/N. Luhmann, Theorie der Gesellschaft oder Sozialtechnologie – Was leistet die Systemforschung? (1971) 101–141. – Zur theologisch-praktischen Relevanz: R. Zerfaß, Herrschaftsfreie Kommunikation – eine Forderung an die kirchliche Verkündigung?, in: W. Weber (Hg.), Macht, Dienst, Herrschaft in Kirche und Gesellschaft (1974) 81–106.

Kausalität zwischen Theorie und Praxis erwartet eine geheime Entlastung, indem man nämlich von der Theorie gleichsam anonym das objektive Hervortreten praktischer Wirkungen erwartet. Aber auch die auf Praxis angelegte Theorie nimmt nicht das Handeln ab und legitimiert nicht die riskanten Entscheidungen konkreten Handelns in bestimmten Situationen. Keine Theorie entbindet von den Risiken der Wahl und den mit einer solchen Entscheidung verbundenen kalkulierbaren und unkalkulierbaren Folgen. Die Konsequenz der Theorie muß der Handelnde in verantwortlicher Entscheidung selbst ziehen. Hier kommt die Rechtfertigungskapazität von Theorie an eine innere Grenze. »Es kann sinvollerweise keine Theorie geben, die per se, ohne Ansehung der Umstände, auf Militanz verpflichtet. Wir können Theorien allenfalls danach unterscheiden, ob sie ihrer Struktur nach auf mögliche Emanzipation bezogen sind oder nicht«[65]. Ohne eine »Parteilichkeit« im vorpolitischen Sinn[66] gibt es keine Praxis. Es ist ihr Risiko und ihre Verantwortung, daß sie – sieht man einmal von möglichen Selbstkorrekturen ab – nachträglich u.U. durch Theorie desavouiert wird. Aber ersetzbar durch Theorie ist solche notwendige Parteinahme nicht.

An dieser Stelle kommt auch ein »politisches« Element in einem weiten Sinne ins Spiel. Wo die Mittel und vielleicht sogar der Zweck und das Ziel noch strittig sind, über rivalisierende Präferenzen entschieden werden muß, hochkomplexe und darum nicht eindeutig analysierbare Situationen gegeben sind, sind die fälligen Entscheidungen mit einem hohen Risiko belastet. Hier ist der genuine Ort der »Politik.« Politik ist jene Praxis, die im Streit der Meinungen, Zielvorstellungen und Interessen eine möglichst hohe Zustimmungsbereitschaft zu erzeugen und dadurch einen entscheidungs- und handlungsfähigen Willen aufzubauen versucht[67]. Dieser Kontext ist zugleich der Ort, wie die Praktische Theologie ihr Verhältnis nicht nur zur Kirchenleitung, sondern zu allen Entscheidungsträgern in der Kirche neu reflektieren muß.

---

65 Habermas, Theorie und Praxis, 37. – In theologischer Hinsicht vgl. im Zusammenhang auch D. Berdesinski, Die Praxis – Kriterium für die Wahrheit des Glaubens? (1973).

66 Genaueres dazu im Blick auf das Theorie-Praxis-Problem bei Bloch, Hoffnung I, 316–318.

67 Vgl. neben den schon erwähnten Arbeiten von Habermas besonders Schweizer, Zur Logik der Praxis, 228 ff.; K. Lompe, Wissenschaftsorganisation und Zukunftsbewältigung, in: Engelhardt, Zur Theorie der Praxis, 175–202, bes. 199 ff.; ders., Wissenschaftliche Beratung der Politik (1966); K. Messelken, Politikbegriffe der modernen Soziologie ([2]1970); K.-O. Apel, Transformation der Philosophie II (1973) 128–154, bes. 145 ff.; F. H. Tenbruck, Zur Kritik der planenden Vernunft (1972); H. v. Hentig, Die Wiederherstellung einer Politik (1973).

(4) Die Frage nach dem Subjekt des Handelns und damit in gewisser Weise nach dem Adressaten der Theorie darf zumal im Blick auf die Praktische Theologie nicht übergangen werden. Gerade heute wächst die Gefahr subjektloser und anonymer Handlungsprozesse. Die Frage nach einem angebbaren Subjekt geschichtlicher Prozesse wird immer weniger beantwortbar. Die Praktische Theologie muß dafür Sorge tragen, daß nicht eine technokratische Mentalität des Verfügens und Manipulierens auch in der Praxis der Kirche um sich greift. Die personalen Elemente kirchlichen Handelns (Einheit von Tun und Existenz, personal vollzogener Dienst und persönliches Zeugnis, spirituelle Dimension usw.) können bis zu einem gewissen Grad der Auszehrung verantwortlicher »Subjekte« begegnen. Die Praktische Theologie hat als Praxisfeld die kirchliche Lebenswelt, ohne daß sie darauf fixiert wäre oder daß diese mit den institutionellen Erscheinungsformen gleichgesetzt würde. Die Weltzuwendung des Glaubens braucht um so weniger auch unter dieser Voraussetzung zu einem kirchlichen Herrschafts- und Führungsanspruch zu werden, weil nicht nur die Inhaber des kirchlichen Amtes, sondern das ganze je jetzt geforderte Tun aller Glieder der Kirche als Adressaten und Subjekte des Handelns angesprochen werden. In diesem Sinne zielt die Praktische Theologie zentral auf kirchliches Handeln[68]. Sie würde ihren Auftrag verfehlen, wenn sie sich abgeschirmten und »kirchenpolitisch« folgenlosen Subkulturen zuwenden würde, der *Praxis Ecclesiae* aber keine Erhellung und Orientierung zukommen ließe. Im übrigen muß die Frage nach dem Adressaten der Theorie und dem Subjekt möglichen Handelns stets neu gestellt und abgewandelt werden. Nicht zuletzt deshalb, weil kein angebbares, verantwortliches oder noch aufzubauendes Subjekt der Praxis im Blick ist, scheitert mancher Versuch der Theorie-Praxis-Vermittlung.

5. Zusammenfassung

Die Vermittlung von Theorie und Praxis soll am Ende im Anschluß an Überlegungen von J. Habermas[69] schematisch zusammengefaßt werden. Die Organisation angewandter Theorie und über sich selbst aufgeklärter Praxis muß in die folgenden drei Funktionen unterscheiden und in ihrer inneren Zusammengehörigkeit gesehen werden:

---

68 Darüber wäre eine kritische Auseinandersetzung mit der Konzeption von T. Rendtorff, Theorie des Christentums (1972) 150–160, notwendig.

69 Vgl. ausführlicher Habermas, Theorie und Praxis, Einleitung zur Neuausgabe, 22 f., 37–42.

1. Bildung und ständige Überprüfung kritisch reflektierter theoretischer Entwürfe.

2. Organisation der notwendigen Reflexions- und Aufklärungsprozesse; Veränderung der Bewußtseinslage durch Erhellung und Erweiterung der Horizonte; Einstellungsänderung.

3. Wahl der jeweils angemessenen Strategien, verantwortliche Entscheidung.

Nochmals in Stichworten: Wahre Aussagen – Erprobte praktikable Einsichten – Kluge und verantwortliche Entscheidungen.

Will die Praktische Theologie nicht zu einem nur-instrumentalen Handeln verkürzt werden, dann muß sie das Ensemble der aufgezeigten Möglichkeiten, Bedingungen und Erfordernisse erfüllen. Uneigennützig dient sie der Lebenspraxis der Kirche nur dann, wenn sie sich keiner Gestalt von Praxis distanzlos ausliefert. Diese »kritische« Grundeinstellung entspringt dem Ethos wahrer und darum auch hilfreicher Erkenntnis.

2 | 13 Norbert Greinacher
Das Theorie-Praxis-Problem in der Praktischen Theologie

1. These: Das Verhältnis von Theorie und Praxis wird in der Kirche vor allem dann problematisch, wenn die Kirche sich in einer Identitätskrise befindet und sich ihrer Funktion in der Gesellschaft nicht mehr sicher ist.

In der Geschichte der Kirche standen vor allem dann einzelne prophetische Gestalten auf und entstanden dann reformerische Bewegungen, wenn die Kluft zwischen Anspruch und Wirklichkeit der Kirche besonders groß wurde. Es sei zB. erinnert an Franz von Assisi, an Katharina von Siena, an Savonarola, an Las Casas, an die konziliaren Reformbewegungen, etwa im Zusammenspiel mit dem fünften Laterankonzil, an den sogenannten »Reformkatholizismus« oder »Kritischen Katholizismus« am Ende des 19. und zu Beginn des 20. Jahrhunderts. Symptomatisch scheinen mir in diesem Zusammenhang auch die Bemühungen um eine eigene Verkündigungstheologie in den dreißiger Jahren dieses Jahrhunderts zu sein, deren Vertreter bekanntlich den Standpunkt vertreten haben, daß es neben der wissenschaftlichen Theologie, die das »verum« zum Formalobjekt habe, eine kerygmatische Theologie mit dem Formalobjekt des »bonum praedicabile« geben müsse. Zwar wurde das Theorie-Praxis-Problem – wenigstens im katholischen Bereich – nie eigens angesprochen. Aber es zeigte sich dabei doch, daß immer dann, wenn die Kirche unsicher war oder von der Gesellschaft her verunsichert wurde, ein Problemdruck entstand, der zu Überlegungen führte, die das Theorie-Praxis-Problem der Sache nach betrafen.

Wenn man von der Hypothese ausgeht, daß mit dem Tode Pius XII. eine kirchengeschichtliche Epoche zu Ende gegangen ist und daß der Beginn der neuen Epoche zwar einen neuen Aufbruch durch Papst Johannes XXIII. und das Zweite Vatikanische Konzil mit sich brachte, seit einigen Jahren aber immer mehr durch eine Identitäts- und Funktionskrise der Kirche gekennzeichnet ist, dann wird auch deutlich, wieso sich in dieser Situation das Theorie-Praxis-Problem in der katholischen Kirche heute mit aller Schärfe stellt. Dabei erhält die Situation dadurch noch eine Zuspitzung, daß sich innerhalb der theologischen Wissenschaften Tendenzen zeigen, die sich dem kirchlichen Lehramt und den kirchlichen Amtsträgern gegenüber kritisch verhalten. Dazu kommt, daß der säkularisierte Staat und die sich im Prozeß der Säkularisierung befindliche Gesellschaft die überkommene Stellung der Kirche nicht fraglos akzeptieren. Deshalb ist es dringend notwendig, das Theorie-Praxis-Problem im Rahmen der Praktischen Theologie grundsätzlich zu bedenken.

2. These: Unter Praxis verstehe ich im Rahmen der Praktischen Theologie kirchliche Praxis, d.h. Handeln von Einzelnen oder von Gruppen, insofern es als öffentlich-kirchliches Handeln geschieht oder von den Betreffenden als solches verstanden wird.

Praxis bedeutet Handeln schlechthin, vor allem bewußtes Tun im intersubjektiven Bereich in Unterschiedenheit von naturhaften Verhaltensweisen[1]. Wenn ich hier im Rahmen der Praktischen Theologie von kirchlicher Praxis ausgehe, dann weiche ich darin ab von G. Otto, der Praktische Theologie bestimmt als kritische Theorie religiös vermittelter Praxis in der Gesellschaft[2]. Mein Einwand gegen Otto ist nicht grundsätzlicher, sondern mehr formaler Art. Die Formulierung von Otto ist mir deshalb zu weit, weil sie das ganze Gebiet dessen abdeckt, was theologische Ethik und Praktische Theologie zusammen zu bestellen haben. Zwar bin ich einerseits der Meinung, daß die einzelnen theologischen Disziplinen immer enger zusammenarbeiten müssen und daß ihre strenge Abgrenzung immer fragwürdiger wird und die Grenzen immer fließender werden. Andererseits kommt die theologische Wissenschaft auch in Zukunft nicht ohne eine vernünftige Arbeitsteilung aus. Allerdings zeigt sich hier deutlich, daß die Praktische Theologie und die theologische Ethik viel Gemeinsamkeiten haben. D. Rössler schreibt: »Die Praktische Theologie und die Ethik bauen auf derselben wissenschaftlichen Methode auf, und die Bestimmung ihrer Gegenstände ist nur die Distinktion im Rahmen eines weiten umfassenden Themas: Das Leben unter den Bedingungen des Christentums. Hier hat es die Sittenlehre mit dem christlichen Leben zu tun, die Praktische Theologie mit dem kirchlichen.«[3]

Wenn hier von kirchlicher Praxis die Rede ist, handelt es sich natürlich nicht nur um das Handeln der offiziellen Kirche und der Amtsträger. Kirchliche Praxis bezieht sich in gleichem Maße auf kirchliche Tätigkeiten aller Glieder der Kirche. Von der Praktischen Theologie sind alle Handlungs- und Verhaltensweisen zu bedenken, die von Ein-

1 Vgl. W. Schmied-Kowarzik / D. Benner, Theorie und Praxis, in: Handbuch pädagogischer Grundbegriffe II (1970) 590–622.

2 Vgl. Otto, 23.

3 D. Rössler, Prolegomena zur Praktischen Theologie, in: ZThK 64 (1967) 357 bis 371, hier 368.

zelnen oder Gruppen entweder in der innerkirchlichen Öffentlichkeit oder im Namen der Kirche oder einfach als Kirche vollzogen werden. Dabei ist es zunächst unerheblich, ob diesem oder jenem von irgendjemandem die Kirchlichkeit zu- oder abgesprochen wird. Die vorhandene oder fehlende Kirchlichkeit hat sich erst im Verlauf der Reflexion der Praktischen Theologie zu erweisen. Hingegen würde das individuelle und soziale Leben unter den Bedingungen des Christentums – um diese Formulierung aufzugreifen – jene Praxis betreffen, welche von der theologischen Ethik zu reflektieren ist.

3. These: Unter Theorie verstehe ich im Rahmen der Praktischen Theologie eine theologische Theorie, d.h. ein kohärentes Gefüge normativer Aussagen, die sich an der Sache Jesu und ihrer Tradierungsgeschichte, an der heutigen kirchlichen Praxis und der heutigen gesellschaftlichen Situation orientiert.

Praktische Theologie ist wie jede Handlungswissenschaft dadurch gekennzeichnet, daß sie als Theorie unmittelbaren Folgerungen für das soziale Handeln offensteht, ja gerade darauf bezogen ist[4]. Wie andere Handlungswissenschaften geht auch die Praktische Theologie von der Voraussetzung aus, daß Geschichte und Gesellschaft nicht feststehende Größen, nicht passiv hinzunehmende Wirklichkeiten sind, sondern daß Geschichte gestaltbar, Gesellschaft machbar ist. Auch kirchliche Praxis ist machbar. Dabei ist Praktische Theologie in ihrer Aufgabenstellung am ehesten zu vergleichen mit der Politikwissenschaft. Was K. Lompe im Hinblick auf eine politische Entscheidungslehre schreibt, gilt entsprechend auch für die Praktische Theologie: »Diese Wissenschaft soll deduktiv sein, indem sie aus axiomatischen Systemen Folgerungen ableitet und Modelle für Handlungstypen konstruiert; instrumentell, indem sie die Mittel und Methoden für die Anwendung in konkreten Situationen entwickelt; pragmatisch, indem sie die Anwendbarkeit ständig berücksichtigt und bei der Anwendung selbst beteiligt ist.«[5]

Die Praktische Theologie ist deduktiv, insofern sie von der Sache Jesu und seiner Tradierungsgeschichte ausgeht. Dabei ist hier mit der etwas mißverständlichen Formel »Sache Jesu« gerade nicht ein »sächliches« System von Ideen, sondern Person, Reden und Handeln, Leben, Sterben und Auferweckung des Jesus von Nazareth und die Tra-

4 Vgl. H. Schelsky, Einsamkeit und Freiheit (1963).

5 K. Lompe, Wissenschaftsorganisation und Zukunftsbewältigung. Das Verhältnis von Theorie zu Praxis in der technisch-wissenschaftlichen Zivilisation, in: P. Engelhardt (Hg.), Zur Theorie der Praxis (1970) 199.

dierungs- und Wirkensgeschichte dieser Sache gemeint. Praktische Theologie ist auch insofern deduktiv, als sie die neuzeitliche Freiheits- und Emanzipationsgeschichte, die ja durch die Tradierungsgeschichte der Sache Jesu mitbestimmt wurde, grundsätzlich in ihre Überlegungen miteinbezieht. Die Praktische Theologie ist instrumentell und operationalisierbar, insofern sie Modelle und Imperative kirchlichen Handelns entwickelt. Sie ist aber gleichzeitig induktiv, indem sie auch an der konkreten Situation der Kirche in der Gesellschaft und der allgemeinen heutigen gesellschaftlichen Situation orientiert ist, ohne sich rein passiv daran anzupassen.

Man könnte die Praktische Theologie auch eine kirchenpolitische Entscheidungslehre nennen. Sie hat auf wissenschaftliche Weise die »Politik der Kirche« – Politik hier in einem sehr weiten, ursprünglichen Sinne verstanden – zu reflektieren, dh. sie hat Lehre vom Handeln der Kirche in der Gesellschaft zu sein. Sie hat eine Theorie des kirchlichen Handelns als einem offenen Erkenntnissystem zu entwickeln, das von einer kritisch reflektierten Praxis verändert wird.

4. These: Es gibt keine reine theologische Theorie der kirchlichen Praxis. Theorie ist immer geschichtlich vermittelt und gesellschaftlich bedingt.

Es wäre eine Illusion zu meinen, daß es eine reine Theorie – unabhängig von der Praxis – gibt. Die Bedingung der Möglichkeit des Entstehens von Theorie ist eine Praxis, in der aber immer schon wieder Elemente einer Theorie impliziert sind. Eine Theorie kann nie auf einer »tabula rasa« entwickelt werden. Sie steht bewußt oder unbewußt in einem Kontinuum der Geschichte, und sei es nur durch die Sprache, deren sie sich notwendigerweise bedienen muß. Ferner ist die Theorie mitbedingt durch die gesellschaftliche Situation, in der sie entsteht. Darauf hat uns die Wissenssoziologie hingewiesen. Diese fragt einerseits nach den sozialen Bedingungen bestimmter Vorstellungen über die Wirklichkeit, wie sie andererseits auch den Konsequenzen nachgeht, die Ideen auf das gesellschaftliche Leben haben. So schreibt etwa K. Mannheim: »Ganz besonders sind wir aber in der Geisteswissenschaft der Überzeugung, daß eine Frage nicht in jeder geschichtlichen Situation gestellt, geschweige denn gelöst werden kann, daß das Aufsteigen und Untergehen von Problemen in einem eigentümlich erforschbaren Rhythmus erfolgt ... Wenn irgendwo, so bewährt sich hier das Wort: daß etwas, um zum Problem zu werden, zunächst im Leben problematisch geworden sein muß.«[6]

6 K. Mannheim, Wissensoziologie (1964) 309 f.

Wie darüber hinaus ein enger Zusammenhang zwischen Erkenntnis und Interesse besteht, darauf hat J. Habermas überzeugend hingewiesen[7]. Wie Habermas wendet sich auch M. Horkheimer gegen die Illusion des Szientismus: »Soweit der Begriff der Theorie jedoch verselbständigt wird, als ob er etwa aus dem inneren Wesen der Erkenntnis oder sonstwie unhistorisch zu begründen sei, verwandelt er sich in eine verdinglichte, ideologische Kategorie.«[8]

Was hier im Hinblick auf die Theorie überhaupt angedeutet wird, betrifft auch die theologische Theorie. Auch sie entsteht nicht in einem luftleeren Raum. Christliche Theologie geht bewußt aus von der Praxis des Lebens und Sterbens Jesu, besinnt sich auf die Tradierungs- und Wirkungsgeschichte dieser Praxis, ist sich ihrer eigenen geschichtlichen und gesellschaftlichen Bedingtheit bewußt, reflektiert sie mit und versucht, diese so verstandene Sache Jesu erneut auf Praxis hin zu interpretieren. So schreibt W. Kasper. »Nimmt man beide Gesichtspunkte, unter denen ein Praxisbezug der Kreuzestheologie ausgewiesen werden kann, zusammen, so ergibt sich ein Entwurf einer geschichtlich orientierten Theologie, die von konkreter geschichtlicher Praxis ausgeht und zu ihr zurückführt.«[9]

5. These: Es gibt bewußtlose, aber keine theorielose Praxis. Diese ist immer durch Theorie mitbedingt. Wer sich dessen nicht bewußt ist, verfällt einer ideologischen Praxis.

So wenig es eine reine Theorie gibt, so wenig gibt es eine reine Praxis. Zwar gibt es eine verbreitete Theoriefeindlichkeit unter den Personen, die in der kirchlichen Praxis engagiert sind. Sie bilden sich oft ein, daß sie einer Theorie nicht bedürften. Schon I. Kant hat diese Einstellung kritisiert: »Es kann also niemand sich für praktisch bewandert in einer Wissenschaft ausgeben und doch die Theorie verachten, ohne sich bloßzugeben, daß er in seinem Fache ein Ignorant sei.«[10] Die Beschränkung der Praxis auf die Praxis ist eine Fiktion. Verzichtet der Praktiker bewußtseinsmäßig auf die Theorie, dann wird seine Praxis nicht eine reine Praxis, sondern eine ideologische Praxis[11]. Theorie ist

7 J. Habermas, Erkenntnis und Interesse (1973).

8 M. Horkheimer, Kritische Theorie II (1968) 143.

9 W. Kasper, Theorie und Praxis innerhalb einer theologia crucis. Antwort auf J. Ratzingers »Glaube, Geschichte und Philosophie«, in: Hochland 62 (1970) 152 bis 157, hier 155.

10 I. Kant in seiner Schrift »Über den Gemeinspruch: Das mag in der Theorie richtig sein, taugt aber nicht für die Praxis«, in: I. Kant / F. v. Gentz / A. W. Rehberg, Über Theorie und Praxis (1967) 42.

11 Vgl. D. Mieth, Praxis ohne Theorie? in: Diakonia / Der Seelsorger 2 (1971) 150–162.

in jeder Praxis vorhanden. Wird sie nicht bewußt gemacht, wird sie nicht kritisch reflektiert, stellt sie eine Ideologie dar. Ein ideologischer Praktiker schadet damit nicht nur der eigenen Praxis, indem er nichtreflektierte Ziele in seiner Praxis verfolgt. Er schließt sich auch gegenüber der reflektierten Theorie ab und unterläßt es, seine eigene, aus der Praxis gewonnene Theorie mit der Theorie des Theoretikers kritisch zu reflektieren. Ein ideologischer Praktiker erwartet von dem Theoretiker nicht die Theorie als solche, sondern eine Bestätigung seiner eigenen Praxis einschließlich seiner impliziten ideologischen Voraussetzungen. Er verlangt Kurzinformationen, ohne die Begründung und den Zusammenhang zu reflektieren. Er verlangt nach vorgeformten, allzu verständlichen, praxisbezogenen Rezepten. Ein Grund für die Theoriefeindlichkeit vieler Praktiker ist darin zu sehen, daß vor allem eine kritische Theorie die ideologische Praxis infrage stellen muß. Wird der Praktiker dieser Theorie rechtgeben, müßte er seine eigene Praxis verändern. Er müßte lernen, und vor allem müßte er lernen zu lernen.

6. These: Abzulehnen ist ein Primat der Theorie über die Praxis, wie er in der Praktischen Theologie lange vorherrschend war und zum Teil heute noch ist. Eine solche Verhältnisbestimmung wird weder der Sache Jesu noch der heutigen kirchlichen Praxis gerecht.

In der Theologie im allgemeinen und in der Praktischen Theologie im besonderen hält sich hartnäckig die Feststellung von der grundsätzlichen Überlegenheit der Theorie über die Praxis. Nicht selten verbirgt sich dahinter eine platonische Entfremdung der christlichen Botschaft[12]. Dabei wird die Theorie vor allem als eine statische Wirklichkeit aufgefaßt. Gerade in der Theologie wurde und wird oft die Unveränderlichkeit und damit Überlegenheit der Wahrheit, mit der sich der Theoretiker beschäftigt, der Veränderlichkeit und damit Unterlegenheit der Wirklichkeit gegenübergestellt. D. Mieth schreibt zurecht: »Die Theorie als ens stand über der Theorie der Praxis, die Interpretation des Glaubens über der Planung des Handelns.«[13] Die Theorie gerät damit in Gefahr des Selbstzweckes und des Selbstgenusses.

Diese vermeintliche Überlegenheit der Theorie über die Praxis hat in der christlichen Spiritualitätsgeschichte eine verhängnisvolle Ent-

12 Vgl. hierzu etwa die Kritik von W. Kasper an J. Ratzingers »Einführung in das Christentum«: Das Wesen des Christlichen, in: ThRv 65 (1969) 182–187, und die Antwort von J. Ratzinger, Glaube, Geschichte und Philosophie, in: Hochland 61 (1969) 533–543.

13 Mieth, 152.

sprechung gefunden, indem die vita contemplativa über die vita activa gestellt wurde. So schreibt etwa Thomas von Aquin: »Vita contemplativa simpliciter melior est quam activa.«[14] Die Praxisfeindlichkeit gerade auch der deutschen katholischen Theologie ist von hier aus wenigstens zum Teil verständlich. Was K. Marx im Hinblick auf die deutsche Philosophie ausführt, kann auch auf die deutsche katholische Theologie übertragen werden: »Die Philosophie, vor allem die deutsche Philosophie, hat einen Hang zur Einsamkeit, zur systematischen Abschließung, zur leidenschaftslosen Selbstbeschauung, die sie dem schlagfertigen, tageslauten, nur in der Mitteilung sich genießenden Charakter der Zeitungen von vornherein entfremdet gegenüberstellt. Die Philosophie, in ihrer systematischen Entwicklung begriffen, ist unpopulär, ihr geheimes Wesen in sich selbst erscheint dem profanen Auge als ein ebenso überspanntes wie unpraktisches Treiben; sie gilt für einen Professor der Zauberkünste, dessen Beschwörungen feierlich klingen, weil man sie nicht versteht.«[15]

Damit wird die christliche Theologie aber dem Gesetz ihres Ursprungs nicht gerecht. Denn Jesus von Nazareth ging ja nicht von einer fertigen Theorie aus, sondern er hat in dauernder Konfrontation mit spezifischen individuellen und sozialen Situationen seine Botschaft verkündigt, wobei es ihm entscheidend darauf ankam, daß die Wahrheit getan wird (vgl. Jo 3,21).

Ferner ist zu sehen, daß derjenige, der daran festhält, daß der Geist Gottes auch heute in der Praxis der Kirche wirksam ist, dieser kirchlichen Praxis durchaus die Qualität eines »locus theologicus« zubilligen muß. Insofern kommt der kirchlichen Praxis eine theologische Relevanz zu und kann sie durchaus für die Ausgestaltung einer theologischen Theorie maßgebend sein.

7. These: Abzulehnen ist ein Primat der Praxis, wie er einerseits von einigen marxistischen Tendenzen, andererseits aber auch von einigen Kirchensoziologen und kirchlichen Amtsträgern bewußt oder unbewußt gefordert wird. Ein solcher Standpunkt dient letztlich nur der Stabilisierung des status quo in der Kirche.

Genauso wie ein Primat der Theorie über die Praxis ist ein Primat der Praxis über die Theorie abzulehnen. Eine solche Einstellung kann verschiedene Wurzeln haben. Auf der einen Seite ist es falsch, die Theorie in völliger Abhängigkeit von den ökonomischen und gesellschaftlichen Strukturen zu sehen. Damit würde u.a. auch übersehen, daß diese

14 Th. von Aquin, Summa theologica (1267–1273) II, 2, q. 182, 1.

15 K. Marx, Werke in sechs Bänden, Bd. 1 (1962) 187.

Strukturen ihrerseits ja auch das Ergebnis von theoretischen Überlegungen sind.

Im kirchlichen Raum ist aber auch klar die Gefahr zu erkennen, daß es nicht selten Kirchensoziologen und kirchliche Amtsträger gibt, denen es im Grunde nur um die Bestandserhaltung des sozialen Systems der Kirche geht, um eine möglichst unversehrte Reproduktion des augenblicklichen Zustandes der Institution Kirche in die nahe Zukunft hinein. N. Mette hat dies die technologische Konzeption genannt[16]. Die augenblickliche Praxis wird absolut gesetzt. Es wird zwar nach verbesserten, wirksameren Methoden gesucht, aber die gegebenen Ziel- und Ordnungsvorstellungen werden nicht infrage gestellt. F. X. Kaufmann äußert die Befürchtung, »daß der zentrale Sinngehalt der christlichen Botschaft keine selbstkritische Funktion in der Kirche mehr ausüben könnte, ja daß durch eine Verbindung von einer zur Sozialtechnologie degenerierten Pastoraltheologie und einer von feudalistischen zu technokratischen Führungsformen gemauserten Kirchenbürokratie jenes Bild der Kirche historische Wirklichkeit würde, das im antiinstitutionellen Affekt mancher heute um ihren Glauben ringender Menschen bereits antizipiert wird: die Vorstellung von Kirche als einem sich mit Heilswissen drapierenden Herrschaftsverband, der – auf seine eigene Erhaltung bedacht – zur Erhaltung der jeweiligen gesellschaftlichen Verhältnisse beiträgt, ohne doch den an sie glaubenden Menschen ein irgendwie erfahrbares Heil ernsthaft vermitteln zu wollen.«[17]

8. These: Das Verhältnis von theologischer Theorie und kirchlicher Praxis ist weder bestimmt durch eine völlige Trennung noch durch Identität, sondern durch eine bipolare Spannungseinheit. Der Übergang von der Theorie zur Praxis und umgekehrt stellt einen qualitativen Umschlag dar. Theorie bedarf dauernd der Verifizierung bzw. Falsifizierung durch die Praxis. Diese muß von der Theorie immer wieder transzendiert werden.

Es geht nicht um eine Identität von Theorie und Praxis, um ein Aufgehenlassen der einen in der anderen. Es geht auch nicht um Subordination der einen Wirklichkeit unter die andere, sondern es muß zu einer bipolaren Spannungseinheit kommen. Theorie ist nicht einfach Abbild oder Reflex der Praxis, sondern eine synthetische Leistung zwischen Erfahrung und Vernunft.

---

16 N. Mette, Das Verhältnis von Theorie und Praxis als Problem der Praktischen Theologie (Manuskript, Münster o. J.), vor allem 206–214.

17 F. X. Kaufmann, Theologie in soziologischer Sicht (1973) 58 f.

Andererseits darf Theorie nicht einfaches Hinnehmen des Faktischen, eine rein passive Anpassung an den Status quo sein. Theorie muß die Offenheit besitzen, neue Erfahrungen zu machen, die augenblickliche Fakten, das scheinbar unveränderlich Gegebene auf verborgene Möglichkeiten hin zu befragen. Theorie kann sich nicht damit zufrieden geben, die Welt nachzukonstruieren.

Das richtige Verhältnis von Theorie und Praxis wird von Th. W. Adorno so bestimmt: »Sind Theorie und Praxis weder unmittelbar eines noch absolut verschieden, so ist ihr Verhältnis eines von Diskontinuität. Kein stetiger Weg führt von der Praxis zur Theorie ... Theorie gehört dem Zusammenhang der Gesellschaft an und ist autonom zugleich. Trotzdem verläuft die Praxis nicht unabhängig von Theorie, diese nicht unabhängig von jener. Wäre Praxis das Kriterium von Theorie, so würde sie dem thema probandum zuliebe zu dem von Marx angeprangerten Schwindel und könnte darum nicht erreichen, was sie will; richtet die Praxis sich einfach nach den Anweisungen von Theorie, so verhärtete sie sich doktrinär und fälschte die Theorie obendrein ... Das Dogma von der Einheit von Theorie und Praxis ist entgegen der Lehre, auf die es sich beruft, undialektisch: Es erschleicht dort simple Identität, wo allein der Widerspruch die Chance hat, fruchtbar zu werden. Während Theorie aus dem gesellschaftlichen Gesamtprozeß nicht herausoperiert werden kann, hat sie in diesem auch Selbständigkeit ... Das Verhältnis von Theorie und Praxis ist, nachdem beide einmal voneinander sich entfernten, der qualitative Umschlag, nicht der Übergang, erst recht nicht die Subordination. Sie stehen polar zueinander.«[18]

9. These: Theorie im Rahmen der Praktischen Theologie muß kritische Theorie sein. Das besagt einerseits, daß die Theorie sich von der Praxis immer wieder infrage stellen lassen muß. Das bedeutet andererseits, daß die Theorie auf der Grundlage der Sache Jesu und ihrer Tradierungsgeschichte, der geschichtlich gewordenen kollektiven kritischen Rationalität und den Erkenntnissen der nichttheologischen Wissenschaften die kirchliche Praxis kritisch reflektieren muß, um der Befreiung der Menschen willen.

In der Geschichte der Praktischen Theologie wurde diese oft verstanden als eine Theorie, welche einerseits die Existenz der Kirche und ihre sozialen Strukturen als prinzipiell nicht hinterfragbare Größe anerkannte und daraus deduktiv normative Aussagen folgerte für die Praxis der Kirche. Andererseits wurde auch die Gesellschaft, wenn sie

18 Th. W. Adorno, Stichworte. Kritische Modelle 2 (1969) 189 f.

überhaupt zur Kenntnis genommen wurde, als Faktizität hingenommen. Anders verhält es sich, wenn man Praktische Theologie als kritische Theorie versteht. Dabei wird bewußt angeknüpft an die kritische Theorie der Frankfurter Schule, ohne Praktische Theologie damit identifizieren zu wollen[19]. Kritik an dem Bestehenden und Mißtrauen gegenüber dem Status quo ist dann nicht etwas, was auch irgendwann einmal zu den Aufgaben der Praktischen Theologie dazugehört, sondern Kritik und Mißtrauen sind Elemente, die das Denken durchgehend bestimmen. »Wer denkt, setzt Widerstand«, betont Th. W. Adorno[20]. Für die Praktische Theologie ist nicht der Status quo in statu possesionis, sondern der Status quo der Kirche in der Gesellschaft hat sich immer wieder von neuem zu legitimieren vor dem Anspruch der Sache Jesu und ihrer Tradierungsgeschichte, vor den mühsam gewonnenen Erkenntnissen vor allem der neuzeitlichen Freiheits- und Emanzipationsgeschichte und vor den Erkenntnissen der nichttheologischen Wissenschaften. Die Praktische Theologie wird dabei vermutlich häufiger die kirchliche Praxis in der Gesellschaft zu falsifizieren als zu verifizieren haben.

Der Praktischen Theologie als kritischer Theorie geht es dabei nicht um eine Verunsicherung des Status quo um der Verunsicherung willen, sondern um der Emanzipation der Menschen willen. Es geht ihr, theologisch gesprochen, dabei um Heil, Freiheit und Frieden der Menschen in dem umfassenden Sinne, den diese Begriffe im Neuen Testament beinhalten, ohne damit Emanzipation mit diesen biblischen Begriffen einfachhin identifizieren zu wollen. Es geht um die Überwindung der Entfremdung der Menschen, um die Ermöglichung der Findung einer neuen Identität der Menschen, paulinisch gesprochen um die Erlösung von den Mächten und Gewalten. So schreibt E. Schillebeeckx: »Auf diese Weise ist die Theologie Kritik am Menschen, an Gesellschaft und Kirche, bringt aber gleichzeitig die Verheißung von Gottes Heil in Christus zur Sprache: Die Verheißung, die nicht nur eine Verheißung im Gang der Geschichte verlangt, sondern diese auch möglich macht.«[21]

---

19 Vgl. B. Päschke, Praktische Theologie als kritische Handlungswissenschaft, in: ThPr 6 (1971) 1–13.

20 Adorno, 174.

21 E. Schillebeeckx, Die Kritik in der Theologie, in: Die Zukunft der Kirche. Berichtband des Concilium-Kongresses 1970 (1971) 60–67, hier 67.

10. These: Kirchliche Praxis in der Gesellschaft muß kritische Praxis sein. Das bedeutet, daß sie ihre eigenen theoretischen Voraussetzungen, Implikationen und Zielsetzungen, ihre Effizienz und Auswirkungen immer wieder kritisch bedenken muß.

Die Praktische Theologie muß darauf aus sein, die ideologische Praxis zu überwinden. Statt einer Pragmatik aus Ideologie muß sie es ermöglichen, daß der Praktiker zu einer kritischen Einstellung zu seiner eigenen Praxis findet. Der Praktiker soll dahin kommen, daß er sich argumentierend Rechenschaft ablegt über das, wovon er ausgeht und was er erreichen will. Es darf nicht zu einem unkritischen Nachvollzug des Vorgegebenen, nicht zu einer passiven Anpassung an die faktische Situation kommen, sondern zu einer permanenten Reflexion seiner Praxis. Durch die Konfrontation der eigenen Praxis mit der Praxis anderer werden sich neue Einblicke, Korrekturen, auch Kontrasterfahrungen ergeben, welche die eigene Praxis infrage stellen. Dazu muß die dauernde Konfrontation der eigenen Praxis mit der kritischen Theorie kommen.

11. These: Damit eine Vermittlung von kritischer theologischer Theorie mit kritischer kirchlicher Praxis im Sinne der bipolaren Spannungseinheit verwirklicht werden kann, müssen die Theoretiker und die kirchlichen Amtsträger ihren Absolutheitsanspruch und die Praktiker ihre Theoriefeindlichkeit aufgeben. Praktiker, Amtsträger und Theologen müssen in einem dauernden Dialog stehen. Durch eine Demokratisierung der kirchlichen Strukturen, vor allem durch das Entstehen einer innerkirchlichen Öffentlichkeit müssen die Voraussetzungen für diese Vermittlung geschaffen werden.

Eine Vermittlung zwischen Theorie und Praxis, wie sie hier angestrebt wird, ist in einem hierarchisch-autoritären System nicht möglich. Wenn kirchliche Amtsträger oder Theologen mit dem absoluten Anspruch auftreten, ein theoretisches Wissen zu besitzen, wie alles in der Kirche getan werden muß, oder wenn die Praktiker sich überhaupt nicht um die Aussagen der theologischen Wissenschaft und der Amtsträger kümmern, kommt kein vermittelnder Dialog zustande. Praktische Theologie wie kirchliches Leitungsamt müssen die entstehenden Probleme in dauerndem Dialog mit der Praxis zu lösen versuchen und müssen die Bemühungen um eine Theorie von einer gelingenden Praxis abhängig machen. Sie setzen damit ihre Theorien der Logik von Versuch und Irrtum aus. »Die Praktische Theologie ist deshalb darauf angewiesen, daß sie von einer disputierenden, dialogisierenden, praktizierenden Selbstreflektion von Individuen und Gruppen innerhalb der Kirche – frei von autoritativen Zwängen – geleitet wird. Aus diesem Grunde setzt sie sich dafür ein, daß die innerkirchliche Öffentlichkeit nicht länger fremd bestimmt wird, sondern über die sie betreffenden praktischen Fragen auch selbst entscheidet.«[22]

12. These: Ein wichtiges Medium der Vermittlung von Theorie zur Praxis hin ist das Modell. Es stellt eine mittlere Abstraktionsebene zwischen Theorie, Prinzip und Gesetz einerseits und Praxis, Imperativ und Rezept andererseits dar. Ohne eine direkte Anweisung geben zu können, vermittelt es exemplarisch und verbindlich, wie eine Theorie in Praxis umgesetzt werden kann.

Th. W. Adorno schreibt: »Das Modell trifft das Spezifische und mehr als das Spezifische, ohne es in seinem allgemeinen Oberbegriff zu verflüchtigen.«[23] Modell ist nicht gleich Theorie, aber jedes Modell ist Ausdruck einer Theorie. Es konkretisiert exemplarisch eine Theorie, ohne die Theorie ganz artikuliert zu erhalten. Modell ist aber nicht einfachhin Praxis. Das Modell bedarf noch der Realisierung, ist aber dafür jederzeit offen. J. Blank hat darauf hingewiesen, daß das Neue Testament und der historische Jesus weithin mit ethischen Modellen arbeiten. Jesus entwickelt kein ethisches oder dogmatisches System. Wohl hat er theoretische Vorstellungen, aber diese legt er modellhaft dar, etwa in der Bergpredigt[24]. Die Botschaft Jesu zeichnet sich dadurch aus, daß sie kein fertiges theoretisches Wahrheits- und Moralsystem aufweist, daß sie sich aber dennoch als verbindlich versteht.

An dem Modell wird anschaulich, was in der Theorie gemeint ist; andererseits ist das Modell bereits eine erste Abstraktionsebene der Praxis. Man praktiziert nicht einfach etwas, sondern wird sich am Modell bewußt, daß hier etwas Typisches vorliegt, das nicht nur für diesen einen Fall, sondern auch für andere Fälle gilt. Diese Modelle können durch die Praxis falsifiziert oder verifiziert werden, und entsprechend muß dann auch die Theorie geändert werden. Andererseits kann die Theorie mit Hilfe der Modelle auch die Praxis korrigieren und verändern.

13. These: Ein wichtiges Medium von Praxis zur Theorie hin ist die Erfahrung, vor allem die Kontrasterfahrung. Sie vermittelt auf einer ersten Abstraktionsebene Praxis zur Theorie hin.

Erfahrung, vor allem bewußte und reflektierte Erfahrung ist eine In-

22 Mette, 180.
23 Th. W. Adorno, Negative Dialektik (1970) 37.
24 J. Blank, Schriftauslegung in Theorie und Praxis (1969) 129–143.

tensitätsform der Praxis[25]. Sie stellt eine erste kritische Distanzierung von Praxis dar. Dies geschieht vor allem bei der Wirklichkeit, die Schillebeeckx die Kontrasterfahrung nennt. »In unserer Gesellschaft reifen ethische Imperative und geschichtliche Entscheidungen vor allem aus dem Erlebnis gesellschaftlicher Leiden ... Die allgemeinen Normen dagegen sind die Kartographierung einer langen Erfahrungsgeschichte (voll von Kontrasterfahrungen), in welcher der Mensch auf der Suche nach immer mehr Menschenwürde ist, die er vor allem aus negativen Erfahrungen schöpft.«[26] Aber auch eine positive Erfahrung kann der Vermittlung von Theorie und Praxis dienen, wobei es durchaus so sein kann, daß eine Kontrasterfahrung des Praktikers zu einer positiven Erfahrung des Theoretikers werden kann und umgekehrt.

Lernen bedeutet u. a., sein Verhalten und seine Einstellung zu ändern aufgrund von neuen Erfahrungen. Erfahrungen, vor allem auch negative Erfahrungen können so zu neuen Einsichten führen und einen Lernprozeß in Gang bringen. So kommt dem Lernprozeß aufgrund von neuer Erfahrung, vor allem von Kontrasterfahrungen, in der Vermittlung von Praxis zur Theorie hin eine wichtige Bedeutung zu.

14. These: Damit die Vermittlung zwischen Theorie und Praxis verwirklicht werden kann, muß es zu einem wenigstens vorläufigen Konsens zwischen Theoretikern und Praktikern kommen.

Um des möglichst guten Gelingens der kirchlichen Praxis willen muß es zu einer Vermittlung von Theorie und Praxis kommen. Dazu sind der gute Wille und das ernsthafte Bemühen von beiden Seiten notwendig. In der augenblicklichen Situation ist es um diese Vermittlung schlecht bestellt. Der Praktische Theologe kommt oft nicht an bei den Praktikern. Umgekehrt erreichen die Erfahrungen des Praktikers oft nicht den Theologen. Praktiker und Theoretiker müßten vor allem ansetzen bei den Kontrasterfahrungen und sich in einem Diskurs um einen – zumindest partiellen – Konsens mühen. Ohne diesen Konsens wird weder der leidvollen Erfahrung begegnet noch die Theorie ihrer Praxisferne entrissen.

15. These: Zu der historisch-kritischen Hermeneutik, welche die Sache Jesu in die heutige Praxis hinein vermittelt, muß eine praktisch-theo-

25 Vgl. Mieth, 159.

26 E. Schillebeeckx, Um die theologische Tragweite lehramtlicher Verlautbarungen über gesellschaftspolitische Fragen, in: Concilium 4 (1968) 411–421, hier 416 f.

logische Hermeneutik treten, welche die heutige Praxis auf die Sache Jesu und ihrer Tradierungsgeschichte hin vermittelt. Beide Arten von Hermeneutik sind für die Theologie konstitutiv. Im Hinblick auf die praktische Hermeneutik kommt der Praktischen Theologie im Ganzen der Theologie eine besondere Bedeutung zu.

Theologie stellt einen hermeneutischen Vorgang dar. Christlicher Theologie geht es vor allem darum, die in Jesus von Nazareth geschehene Selbstmitteilung Gottes an die Menschen heute verständlich zu machen. Bei aller Diskontinuität in der Geschichte hat sie auf die Kontinuität des christlichen Glaubens zu achten. Dabei kommt der historisch-kritischen Methode eine besondere Bedeutung zu. Indem sich aber die Praktische Theologie mit der kirchlichen Praxis in der Gesellschaft beschäftigt, leistet sie damit nicht nur einen Dienst an der Praxis der Kirche und damit auch an der Gesellschaft, sondern sie übernimmt auch eine wichtige hermeneutische Funktion im Ganzen der Theologie. H. Schuster drückt es so aus: »Es ist nicht zu verkennen, daß die Pastoraltheologie, insofern sie die Gegenwartssituation der Welt innerhalb der Gesamttheologie zur Sprache bringt, eine ständig neue Anfrage an die Theologie bedeutet, so daß die essentiellen Aussagen der Theologie (vor allem der Ekklesiologie) jetzt erst dann wirkliche, adäquate Antworten sind, wenn die vorher von der Praktischen Theologie (im Namen der Welt) formulierten Fragen gehört und respektiert werden. Insofern hätte also die Pastoraltheologie als Praktische Theologie eine hermeneutische Aufgabe für die Gesamttheologie.«[27]. Die Praktische Theologie muß dafür sorgen, daß in dem hermeneutischen Prozeß, den die Theologie darstellt, die richtigen Fragen gestellt werden, daß aber auch die praktisch vollzogenen Antworten in Kirche und Gesellschaft als heilsgeschichtlicher Ort, als »locus theologicus« angesehen und in den hermeneutischen Vorgang hineingenommen werden. Die Praktische Theologie muß konstitutiv mitbeteiligt sein an dem Interpretationsgeschehen, in welchem die Sache Jesu und die gegenwärtige Situation sich gegenseitig auslegen. H.-D. Bastian drückt es so aus: »Die Praktische Theologie kann als Wissenschaft ihre Aufgabe nur erfüllen, wenn es ihr gelingt, durch gründliche Feldforschung eine Hermeneutik kirchlichen Handelns zu erarbeiten, welche die Hermeneutik biblischer Texte komplettiert. Wir stellen also der systematischen Hermeneutik des Wortes Gottes eine praktische Hermeneutik menschlicher Wörter zur Seite.«[28]

27 H. Schuster, Pastoraltheologie, in: SM III, 1063.
28 Vom Wort zu den Wörtern, in: EvTh 28 (1968) 25–55, hier 39.

16. These: Wenn es gelingt, diese bipolare Spannungseinheit zwischen kritischer kirchlicher Praxis und kritischer theologischer Theorie im Rahmen der Praktischen Theologie zu verwirklichen, dann verläßt die Praktische Theologie den gefährlichen Zirkel einer sowohl deduktiven Rezeptologie wie einer ideologischen Anpassung. Sie läßt sich auf einen dynamischen Prozeß ein, der durch Offenheit geprägt ist.

Die Praktische Theologie ist heute vor allem durch zwei Gefahren bedroht. Auf der einen Seite verstand sie sich jahrzehntelang und zum Teil heute noch als die Anwendung der systematischen Theologie auf die kirchliche Praxis, dh. als eine »Wissenschaft«, die aus den vorgegebenen »Wesensaussagen« praktische Konsequenzen zog. Auf der anderen Seite steht sie in der Gefahr, zu einer ideologischen Rechtfertigung der augenblicklichen kirchlichen Praxis mißbraucht zu werden. Demgegenüber muß die Praktische Theologie sich verstehen als eine Wissenschaft, die sich in einem permanenten Lernprozeß befindet. Sie muß offen sein für den sozialen Wandel, der sich in der Gesellschaft und der kirchlichen Praxis in der Gesellschaft andauernd vollzieht. Sie muß sensibel sein für alle Entwicklungen und Tendenzen, die sich in der Praxis ereignen, und muß sie kritisch prüfen gemäß dem Worte Pauli: »Prüfet alles, das Gute behaltet – und von allem Unechten haltet Euch fern« (1 Thess 5, 21 f.). In diesem Sinne wird die Praktische Theologie nie arbeitslos, weil sie davon ausgeht, daß das Wirken Gottes in Kirche und Gesellschaft nie abgeschlossen ist.

17. These: Praktische Theologie als kritische Theorie der kirchlichen Praxis in der Gesellschaft wird damit nicht nur rückbezogen auf die Sache Jesu und ihre Tradierungsgeschichte, nicht nur normativ bezogen auf die gegenwärtige kirchliche Praxis, sondern es kommt ihr auch die Aufgabe zu, unter Transzendierung des Status quo von Theorie und Praxis des kirchlichen Lebens die Zukunft der Kirche antizipierend zu bedenken und zu gestalten.

Die Praktische Theologie ist an der Vergangenheit orientiert, weil sie christliche Theologie ist und deshalb sich dem verpflichtet weiß, was durch und an der Person des Jesus von Nazareth geschehen ist, und sich darüber hinaus der Tradierungs- und Wirkungsgeschichte der Sache Jesu verbunden weiß. Sie ist ferner wesentlich auf die gegenwärtige Praxis der Kirche in der Gesellschaft bezogen, weil sie sich als Handlungswissenschaft verstehen muß. Sie ist aber auch auf die Zukunft hin orientiert, weil sie sich nicht damit zufrieden geben kann, den Status quo zu reflektieren. Sie muß neue Möglichkeiten bedenken und die Zukunft planend vorwegnehmen. Sie muß das tun, was A.

Comte der Soziologie zuschreibt: »Voir pour prévoir pour prévenir«. Damit hat aber Praktische Theologie auch einen futurologischen Aspekt. H.-D. Bastian fordert mit Recht, daß die Praktische Theologie aufhören muß, vornehmlich nachdenklich zu sein: »Sie wird ausdrücklich vorsichtig werden.«[29] Dadurch wird der kritische Charakter der Praktischen Theologie als Handlungswissenschaft noch einmal unterstrichen. Sie muß einen utopischen Charakter haben. Dabei darf es aber gerade nicht um eine technokratische Extrapolation der heutigen Praxis gehen, dh. die Zukunft darf nicht unter den Bedingungen der heutigen Situation geplant werden, sondern es muß das kritische Potential und die schöpferische Phantasie in der Gestalt einer Utopie miteingebracht werden, ohne damit die gegenwärtige wie zukünftige Wirklichkeit der Utopie opfern zu wollen. A. Einstein schrieb 1935 an K. Popper: »Ich halte es für trivial, daß man auf atomistischem Gebiet nicht beliebig genau prognostizieren kann, und denke, daß Theorie nicht aus Beobachtungsresultaten fabriziert, sondern nur erfunden werden kann.«[30] Wenn das für die Naturwissenschaften gilt, um wieviel mehr für die Praktische Theologie!

Planung des kirchlichen Handelns ist allerdings kein zentralistischer Perfektionismus, sondern zielbewußte Strategie. Planung bedeutet nicht totalitäre und autoritäre Manipulation, sondern verantwortungsbewußte Kooperation aller Beteiligten. Planung muß immer wieder korrigiert werden aufgrund des Rückflusses von neuen Informationen. Schon A. Graf hat der Praktischen Theologie die Aufgabe zugewiesen, die »Selbsterbauung der Kirche in die Zukunft« hinein zu reflektieren[31]. In diesem Sinne wird die Praktische Theologie als kritische Theorie der kirchlichen Praxis in der Gesellschaft mehr als bisher kurz-, mittel- und langfristige Vorstellungen über die Kirche in der Welt von morgen zu entwickeln haben.

29 AaO. 48 f.
30 K. Popper, Logik der Forschung ([3]1969) 413.
31 Graf, 5, 107, 167–180; vgl. dazu Schuster, GP, 56–62.

2 | 14 Gerhard Sauter
Der Praxisbezug aller theologischen Disziplinen

Nach dem Praxisbezug der theologischen Disziplinen soll gefragt werden – nicht nach der Beziehung der Praktischen Theologie zu den historischen und systematischen Fächern der theologischen Fakultäten. Ersteres ist eine Frage, die der Theologie im Ganzen gestellt ist, die es mit der Einheit der Theologie zu tun hat und darum kein Monopol eines einzelnen Arbeitszweiges theologischer Wissenschaft sein kann. Das zweite ist ein Gesichtspunkt, der aus der Fächertrennung der Theologie, also aus wissenschaftsgeschichtlichen Ursachen, erwachsen ist; hier steht zur Debatte, ob diese Aufsplitterung wissenschaftstheoretisch berechtigt ist und wie sie wissenschaftspraktisch bewältigt werden kann, um ein arbeitsteiliges Zusammenwirken zu erreichen.

1. Der Praxisbegriff in der Theologie

Zwar wird beides – der Praxisbegriff der Theologie und der enzyklopädisch-wissenschaftsorganisatorische Aspekt – nicht streng voneinander getrennt werden können, eben weil seit rund zweihundert Jahren ein Fach existiert, das sich als Anwalt der Praxis in der Theologie verstanden hat und sich heute mehr denn je so versteht. Aber dies ist auch zum spezifischen Problem der Disziplin »Praktische Theologie« geworden, denn von ihren Anfängen bis zur Gegenwart ist ungeklärt geblieben, *welche Praxis* sie betrifft. Die Praktischen Theologen haben sich mit diesem Problem besonders dann auseinandergesetzt, wenn sie die Wissenschaftlichkeit ihrer Arbeit erörterten und sich deshalb um eine Theorie der Praxis bemühten, die Gegenstand der Praktischen Theologie ist.

a. Die kirchliche Lebenswelt als Praxisfeld der Theologie

So hat bereits F. D. Schleiermacher argumentiert, als er schrieb, daß »praktische Theologie nicht die Praxis, sondern die Theorie der Praxis« sei[1]. Er stellt damit die Disziplin in einen bestimmten Rahmen des (philosophischen) Theorie-Praxis-Problems, der jedoch schon zu

1 Schleiermacher, PT, 12.

seiner Zeit nicht mehr der allein maßgebende war: nach dieser Auffassung meint »Praxis« einen Handlungszusammenhang, der einer eigenen Theorie bedarf. Das ist der Praxisbegriff, der der Praktischen Philosophie der Aufklärung und dem Verständnis der praktischen Vernunft bei Kant zugrunde liegt. Praxis ist hier ein besonderes Handlungsfeld, das zwar wissenschaftlich (dh. theoretisch) zur Sprache gebracht werden muß, aber nicht einfach den theoretischen Grundfragen des Denkens (bei Kant: der reinen Vernunft) untergeordnet werden darf. Praktische Theologie nimmt dementsprechend einen Handlungszusammenhang in den Blick, der durch die theologische Begründung des Glaubens nicht hinreichend wahrgenommen ist und der Rechenschaft des Glaubens als selbständiges Arbeitsfeld der Theologie gegenübersteht. Derart versteht Schleiermacher die Praktische Theologie als Theorie des kirchenleitenden Handelns. *Die Kirche* – und zwar die gegenwärtige Kirche – *in ihren Lebensäußerungen:* das ist die Praxis, um deren Grundlegung und Kontrolle sich die Praktische Theologie bemüht.

Doch sind nicht auch die anderen theologischen Disziplinen auf diese Praxis ausgerichtet? Darauf gibt Schleiermacher bezeichnenderweise keine eindeutige Antwort. In seiner Darstellung des theologischen Studiums, in enzyklopädischer Absicht also, erklärt er die Theologie insgesamt als eine positive Wissenschaft, weil und sofern ihr organisatorischer Zusammenhang zur »Lösung einer praktischen Aufgabe« ausgebildet worden ist, nämlich zur Leitung der Kirche[2]. Jede theologische Arbeit bezieht sich demnach auf die Aufgabe, den gegenwärtigen Zustand der Kirche von ihren Überlieferungen her zu bedenken und ihren künftigen Weg zu verantworten. Diese Bestimmung des Praxisbezuges aller Theologie deckt sich indessen nicht mit dem theologischen Konzept, das Schleiermacher sonst vertritt. Dort entfaltet die Theologie das Wesen des Christentums in seinen vielfältigen Beziehungen, und sie ist dabei gleicherweise an der individuellen Frömmigkeit wie an den allgemeinen geschichtlichen Verwicklungen der christlichen Tradition orientiert. Schleiermacher verwendet dafür den Begriff der Praxis nicht, der nun für den begrenzten, wenn auch sehr weit gefaßten Handlungsbereich der Kirche in ihrer jeweiligen konfessionellen Ausprägung ausgespart bleibt.

Schleiermachers Auffassung wirkt bis heute überall dort nach, wo die Praktische Theologie gemäß seinem Theorie-Verständnis als kirchliche Handlungswissenschaft begriffen wird[3]. Hierbei scheint die Frage nach dem Praxisbezug der übrigen theologischen Disziplinen auch schon beantwortet: Ist die Praktische Theologie eine »Methodenlehre

---

2 Schleiermacher, KD, § 1.

3 Vgl. Krause XXII f.

des Handelns« (C. I. Nitzsch)[4], befaßt sie sich mit »dem verbreitenden Handeln der Kirche« (F. A. Ehrenfeuchter)[5], versteht sie sich als »Theorie von der fortgehenden Selbstverwirklichung der Kirche in der Welt« (G. v. Zezschwitz)[6] oder handelt sie vom »Volk Gottes im Weltgeschehen« (K. Barth)[7] – dann zielen exegetische und historische Forschung, die Dogmatik und die Ethik auf diese Praxis hin und bereiten sie vor. Ein nicht wesentlich anderes Bild als diese Aufgabenverteilung protestantischer Theologie zeichnen die neuen katholischen Ansätze, die die ältere Pastoraltheologie ablösen wollen: »Wissenschaftlich-theologische Lehre über den je jetzt aufgegebenen Vollzug der Kirche« heißt es hier (H. Schuster)[8] von der Praktischen Theologie, wobei der Unterschied zu einer evangelischen Umschreibung wie »Wissenschaft von der aktuellen Sendung und Sammlung der Kirche durch Gottes Geist und Wort« (R. Bohren)[9] nur mehr im Kirchenbegriff zu suchen ist. Von dort aus läßt sich der gemeinsame Praxisbezug der theologischen Disziplinen unschwer auf den Nenner *»Geschichte und Gegenwart der Kirche«* bringen. Die biblischen Fächer und die Kirchen-, Dogmen- und Theologiegeschichte werden sich daraufhin der historischen Perspektive, die systematischen Disziplinen dem Wesen der Kirche und die Praktische Theologie der aktuellen kirchlichen Situation widmen müssen.

Was spricht dagegen, die *kirchliche Lebenswelt* als Praxisfeld der Theologie anzusehen? Man wird schwerlich einwenden dürfen, damit sei der Bereich christlichen Handelns zu eng bemessen. Es soll ja nicht behauptet werden, diese Praxis bleibe auf die herkömmlichen kirchlich-institutionellen Lebensformen beschränkt. »Kirchliche Lebenswelt« meint vielmehr ein sprachlich vermitteltes System, das ohne Zwang Menschen einlädt, auf Gottes Kommen zu antworten, ihn zu loben und ihn in dem Bekenntnis zu seiner heilvollen Gegenwart zu erwarten. Daraus entstehen viele Aktivitäten, die sich beileibe nicht in interner kirchlicher Verständigung und in der Bewahrung des Hergebrachten erschöpfen. Darum wäre es verfehlt, die theologische Praxis an den Grenzen der Kirche messen zu wollen – als ob diese

---

4 C. I. Nitzsch, Praktische Theologie I ([2]1859) 121.

5 F. A. Ehrenfeuchter, Praktische Theologie I (1859).

6 G. v. Zezschwitz, Praktische Theologie I (1876) 5.

7 Barth, KD IV/3, 780 ff.

8 H. Schuster, Praktische Theologie, in: LThK VIII, 682; vgl. A. Knauber, Pastoraltheologie, aaO. 164; K. Rahner, Plan und Aufriß eines Handbuchs der Pastoraltheologie (1962); ders., Ekklesiologische Grundlegung. Die Träger des Selbstvollzugs der Kirche, in: HPTh I, 117–215; H. Schuster, Pastoraltheologie, in: SM III, 1060; Schuster, WP.

9 R. Bohren, Praktische Theologie, in: LThK VIII, 686.

Grenzen feststünden, als ob sie sich nicht immer neu bildeten im notwendigen Ja und Nein zu ihrer Umwelt! Praxis kann solche Grenzen nicht einebnen, sondern wird sie immer dann sichtbar machen, wenn sie nach ihrer Begründung und Legitimation gefragt wird. Darauf zu antworten, gehört zum Praxisbezug der Theologie.

Bedenken gegen die Gleichung »Praxis = Handeln der Kirche« entstehen aus einem anderen Grunde. Erinnern wir uns an die Anfänge der evangelischen Praktischen Theologie und der katholischen Pastoraltheologie in der Wende vom 18. zum 19. Jahrhundert! Vieles spricht dafür, daß das gesteigerte Interesse an der kirchlich-pastoralen Praxis, das diese Fächer einrichtete, einer Sezession entstammte: der Trennung des Handlungszusammenhanges vom herkömmlichen Orientierungsgefüge der Metaphysik, der Spekulation. Weg vom bloßen Denken, vom nur richtigen Reden, los von allen Abstraktionen! Diese Parole ist der Praktischen Theologie in ihr Stammbuch geschrieben worden. Doch wenn die Ablösung der theologischen Theorie durch die Praxis nicht als Irreführung durchschaut wird – Theorieverdruß mag aus aktuellem Anlaß berechtigt sein, versagt aber auf die Dauer völlig –, bringt die Berufung auf Praxis die Theologie als Ganzes nicht weiter. Denn alle theologischen Disziplinen geraten auf den Holzweg, wenn nach einer Theorie für die kirchliche Praxis in der erklärten (oder auch verborgenen) Absicht gesucht wird, die Theorie aus dieser Praxis selbst – unabhängig von der theologischen Denkpraxis – ableiten zu wollen.

Wie gefährlich dies für die Theologie als Wissenschaft ist, zeigt noch eine andere Beobachtung. Wohl nicht von ungefähr ist zur gleichen Zeit, als eine besondere Theorie kirchlicher Praxis angestrebt wurde, die Theologie zur positiven Wissenschaft erklärt worden. Schleiermacher hat diese Bezeichnung aus den Universitätsprogrammen Kants, Schellings und Fichtes übernommen, die der Theologie wie der Jurisprudenz und der Medizin die praktische Funktion zuweisen, dem öffentlichen Nutzen zu dienen[10]. Theologen werden gebraucht, weil die Bürger nach ihrem ewigen Heil und dem Sinn ihres Lebens über den Tod hinaus fragen. Derart soll die Theologie praktisch sein, um ihre Existenz als Fakultät politisch und bei Gelegenheit auch kirchenpolitsich zu rechtfertigen. Ihr Existenzrecht ist an die Aufgabe gebunden, Geistliche auszubilden, deren das Gemeinwesen bedarf. Was wundert es, wenn alsbald die Tendenz aufkam, neben der Praktischen Theologie eine Pastoraltheologie (wieder) einzuführen, die nun ganz auf die Tätigkeit des Pastors zugeschnitten war und eigentlich »Pastorentheologie« hätte heißen müssen! Auf katholischer Seite wird

10 W. Pannenberg, Wissenschaftstheorie und Theologie (1973) 230 ff.

diese Tendenz, die dem Fach »Pastoraltheologie« offenbar Pate gestanden hatte, heute energisch als Klerikalisierung kritisiert.

Das Körnchen Wahrheit in diesem Praxisbezug ist der Realitätssinn, der die Theologie von ihrem selbstgezimmerten Thron weltbedeutender Ansprüche herunterholt, der sie zwingt, in aller ihrer Arbeit um Gottes willen für Menschen dazusein, und zwar nicht gleich für die Menschheit, sondern für bestimmte Menschen, die auf eine Rechenschaft ihres Glaubens und ihrer Hoffnung angewiesen sind. Darauf aber gleich eine Theorie der Theologie aufzubauen, desorientiert die theologischen Disziplinen und letzten Endes auch die theologischen »Praktiker«. Darum werden wir nach der *Dimension* der Praxis fragen müssen, auf die sich die Theologie bezieht.

b. ›Praxis‹ als Inbegriff der geschichtlichen Wirklichkeit und das Praktischwerden der Theologie

Bleiben wir am Leitfaden des Praxisbegriffes, dann bietet sich jetzt die enge Wechselbeziehung von Theorie und Praxis an, wie sie seit Hegel die philosophische Erörterung nachhaltig bestimmt hat. Nicht ihr Einfluß auf die Theologie im allgemeinen soll uns beschäftigen, sondern die Auffassung von Praxis und Praxisbezug, die sich aus ihr ergibt. Diese Deutung ist nicht allein dem direkten Zugang zu einzelnen praktischen Fragen zu entnehmen. *Praxis* wird hier vielmehr zum *Inbegriff der geschichtlichen Wirklichkeit,* in der die Vernunft zu ihrer Erscheinung kommt. Diese Wirklichkeit deckt sich keineswegs mit der empirischen Realität, der Welt der Tatsachen, Funktionen und Vorgänge, die beschrieben, analysiert und theoretisch erfaßt werden können. Nein, die Wirklichkeit der Praxis muß begriffen, dh. mit dem ganzen Einsatz des Bewußtseins angeeignet werden, weil sie die Gestaltwerdung des Geistes ist. Dieses Doppel von Realität und Praxis spielt bei Hegel eine wichtige Rolle und taucht immer dann wieder auf, wenn die Praxis nicht auf einzelne »Realitäten«, sondern auf den Gesamtzusammenhang der sinnlich wahrnehmbaren Wirklichkeit bezogen wird.

Ist dies nicht besonders anziehend für die Theologie, die mit ihrem Tun ja nicht etwas herstellen und verrichten will, sondern das hervorbringen oder hervorrufen möchte, was gültig und heilsam ist? Sie kann sich dabei nicht über unsere Erfahrungswelt hinausschwingen wollen, doch darf sie nicht bei der zerstückelten Realität unserer isolierten Beobachtungen verharren, weil es ihr um die Ganzheit und den vollendeten Zusammenhang aller Dinge zu tun ist. Die Praxis, die sich auf den Sinn in den Dingen und Geschehnissen richtet, wächst über alle technischen Lebensbewältigungen hinaus und erschließt den wesenhaften, überlieferungserfüllten und zukunftsträchtigen Charakter der Wirklichkeit. Ihrer Wahrheit werden wir nur durch die Praxis selbst gewahr, die uns in die schöpferische Lebendigkeit geschichtlichen Lebens hineinzieht und uns sie mitbewirken läßt.

Praktisch sein heißt jetzt: das Wesen und die Wahrheit des Wirklichen in seinem geschichtlichen Vollzug ermessen und an diesem Prozeß teilnehmen, heißt durch Verwirklichung das wahre Sein zur Erscheinung zu bringen helfen und zu erkennen geben. Praxis befaßt sich nicht nur mit gestalteter und gestaltender Wirklichkeit, sondern ist selbst der *Moment der Konkretion.* So hat der Hegelianer K. Rosenkranz die Theologie in ihrer Zurückhaltung von der Praxis und in ihrer Hinwendung zur Praxis begriffen: »Die spekulative Theologie entfaltet die Idee der christlichen Religion ohne Rücksicht auf die Erscheinung; umgekehrt entfaltet die historische dieselbe Idee nur, wie sie dem erkennenden Bewußtsein als Erscheinung gegeben ist. Die praktische Theologie aber hat es mit der Idee zu tun, wie sie in der Erscheinung sich verwirklichen soll.«[11]

Rosenkranz begnügte sich noch damit, dieses »soll« als die notwendige geschichtliche Ausformung der Idee auszulegen: die Praxis bezieht sich auf die konfessionell bestimmte Gestalt der Kirche; ein christliches Handeln, eine Erkenntnis der höchsten Wahrheit außerhalb der Kirche ist undenkbar. Wird dieses »soll« jedoch zum »Soll« der Praxis, zu ihrem Ziel und Gegenstand erhoben, dann verändert sich augenblicklich die ganze Szene. Der gegenwärtige Zustand der Kirche muß nun an dem Soll der Religion gemessen werden, er ist kritisch bewußt zu machen und auf die Zukunft der vollendeten Religion hin zu verändern. Auch das geschichtliche Bewußtsein der Religion, die Rekonstruktion der Kirchengeschichte, muß kritisch werden, um an dem bisherigen Versagen vor der Wahrheit zu lernen. Den Überlieferungen müssen die Verpflichtungen und Verheißungen entnommen werden, die künftig realisiert und durch Praxis erfüllt werden sollen. Diese Verheißungen und Verpflichtungen heute – in der kritischen Analyse der bisherigen Geschichte der Kirche und dem gegenwärtigen »Ist« der Religion – zu formulieren, käme nun der theologischen Theorie zu, die an die Stelle der bisherigen systematischen Disziplin zu treten hätte (genauer: der Dogmatik, während die Ethik bereits in das Projektieren der Praxis übergeht).

Solches *Praktischwerden der Theologie* folgt, philosophiegeschichtlich gesehen, dem Schritt von Hegel zu Marx. In der gegenwärtigen Theologie ist er besonders im Anschluß an die Kritische Theorie zur Geltung gekommen. Wer die theologischen Folgerungen, die daraus

---

11 K. Rosenkranz, Encyklopädie der theologischen Wissenschaften (1831) § 139.

gezogen werden, kritisch bedenken will, sollte sich nicht bei vordergründigen Gefahren aufhalten, beispielsweise bei der Sorge, die Kirche bringe sich durch ihre gesellschaftliche Praxis selbst zum Verschwinden (wäre das die Folge, dann wäre sie auch ohnedies schon längst nicht mehr lebensfähig). Nein, der kritische Punkt ist erreicht, wenn sich eine allesumfassende Praxis ihre eigene Erkenntnis ausbildet. Wenn das Reden von Gott, die Wahrheit des Glaubens und die Zuversicht der Hoffnung am Erfolg und Mißerfolg der weltverändernden Praxis abgelesen werden sollen, wird die Wahrheit der Theologie aufs Spiel gesetzt.

Gewiß, es ist in der Geschichte christlicher Theologie nie verschwiegen worden und darf nie vergessen werden, daß der Glaube eines Menschen, ja auch der ganzen Kirche, durch liebloses, blindes, herrschsüchtiges Verhalten unglaubwürdig werden kann. Aber die Theologie hat um der Praxis willen immer, wenn oft auch nur mit äußerster Mühe, die entscheidende Grenze zwischen dem praktischen Versagen oder dem Fortschritt des Glaubens und der Existenz Gottes gezogen. Gottes Verheißungen sind durch keine Praxis anzutasten, können durch menschliches Tun weder für gültig erklärt noch ungültig gemacht werden. Die Berufung des Menschen und die Bevollmächtigung der Kirche zum verheißungsvollen Handeln reichen auch nicht im entferntesten zu einem praktischen Gottesbeweis hin – oder sie verfehlten alles, was sie bedeuten. Der unabweisbar kritische Grenzpunkt alles theologischen Praxisbezuges ist erreicht, wenn unsere Geschichtserfahrungen über Gott entscheiden sollen. Es gibt keinen legitimen Rückschluß von der Praxis auf die Wahrheit der Theologie (sowenig Praxis ihrerseits aus einer bloßen Anwendung richtiger theologischer Einsichten besteht). Diese Unterscheidung von Praxis und Wahrheit wahrzunehmen, ist m. E. das Kardinalproblem des Praxisbezuges in der Theologie heute.

Noch ein weiteres Bedenken ist hier zu nennen. Indem die universale Wirklichkeit zur Dimension der Praxis wurde, schien der Mensch in der ganzen Fülle seiner geschichtlichen Existenz zu umfassender Erkenntnis ermächtigt zu sein. Tatsächlich sind dadurch seine Wahrnehmungsmöglichkeiten außerordentlich erweitert worden. Er hat Voraussetzungen und Folgen seiner Lebensäußerungen, Störungen und Abwehrchancen, Schichten der Aktivität und Passivität, die Hinter- und Untergründe seiner Arbeit an sich selbst, die Verfeinerung seiner Sensibilität und seine vorbewußte Tätigkeit kennengelernt. Unbestreitbar ist die Komplexität seiner Selbst- und Fremdbeobachtung gewachsen. Aber immer mehr wird es zweifelhaft, ob bei alledem sein Menschsein reicher und seine Erkenntnis orientierungskräftiger geworden ist. Menschliches Handeln droht heute auf die Lebensleistung reduziert zu werden, mit der wir nicht nur Gegenstände sachgemäß zustandebringen oder ein zielgerechtes Können unter Beweis stellen, sondern in der wir uns selber verwirklichen müssen. Die Wirkung entscheidet über das Sein. Der Theologie entsteht daraus leicht die Forderung, ein Gebrauchsdenken zu liefern, das seine Verwertbarkeit für die Zukunft des Menschen unter Beweis stellen muß, obwohl der anthropologische Horizont bereits durch die Verkümmerung des Handlungsbegriffes eingeengt ist. Mehr noch: der universale Praxisbegriff, von dem eben die Rede war, wendet sich immer dort gegen die Theologie, wo er Gott und Welt, Gott und Mensch nicht mehr zu unterscheiden erlaubt. Aktivität, die dem Anspruch seiner geschichtlichen Umwelt standzuhalten vermag, wird dann zum Gotteserweis – oder ein brüchiges Geschichtsbewußtsein ruft, durch unabsehbare Verwicklungen menschlichen Schicksals irritiert, nach einem Gottesurteil und meint, Gott habe sich zurückgezogen oder sei gar gestorben.

c. Theologieverständnis und Praxisbegriff

Wie zumal die zuletzt aufgezeichnete Tendenz zeigt, stehen der Praxisbezug der Theologie und der Begriff der Praxis nicht selten in Spannung oder sogar im Gegensatz zueinander. Dies kann nicht der Praktischen Theologie angelastet werden, obwohl sich die genannten Schwierigkeiten in ihrem Selbstverständnis als eigenständiger theologischer Disziplin und in ihrem Verhältnis zu den älteren theologischen Fächern verfolgen lassen. Stärker machen sich die Differenzen zwischen Theologieverständnis und Praxisbegriff heute im Methodenstreit der Theologie und in den Auseinandersetzungen theologischer Positionen quer durch die Disziplinen bemerkbar. Um dem auf den Grund zu kommen, wenden wir uns jetzt der *Theologie in ihrer praktischen Bestimmung* zu, wie sie längst vor der Aufspaltung der theologischen Fakultät in einzelne Fächer umstritten gewesen ist.

2. *Der theologische Praxisbegriff: Theologie als Heilserkenntnis*

Um es vorweg in einer These zusammenzufassen: Die Theologie hat sich das Attribut »praktisch« beigelegt, um die *theologische Erkenntnis als eine Tätigkeit* zu bezeichnen, in der sich Gott und Mensch vereinen und unterscheiden.

Thomas von Aquino hat das Wissen, das Gott von sich selber hat (*scientia speculativa*), von aller Erkenntnis des geschaffenen Seins abgehoben; dieses Sein allein kann nicht nur erschaut werden, sondern ist auch menschlichem Tun zugänglich (*scientia practica*)[12]. Die Theologie ist, wie Thomas vorsichtig abwägend sagt, *magis speculativa quam practica*[13], weil sie mehr auf Gott als auf Objekte menschlicher Tätigkeiten gerichtet ist. Es spricht manches dafür, daß Thomas sich hier bereits gegen ein Überhandnehmen praktischen Interesses wehrt, dem die theoretische Bindung der Theologie fraglich geworden ist. Thomas wird befürchtet haben, das Wissen von Gott könne in Praxis hineingezogen und dadurch manipuliert werden. Dagegen sahen die Scholastiker des 13. Jahrhunderts, die den ganz praktischen Charakter der Theologie behaupteten (zB. Richard von Mediavilla und Duns Scotus)[14], offenbar im Praktischen die theologische Erkenntnis umfassend gewahrt: der Erkenntnisvollzug ist von seinem Ziel derart geleitet, daß der Erkenntnisgegenstand selber das Tun auslöst, das ihm entspricht –, eine Praxis, die sich ihres Objektes nicht bemächtigt, sondern in es eingeht und sich dadurch erfüllt. Die Gotteserkenntnis als Maß aller Theologie wird hier als Heilsweg gesehen – ihre Eigenart wird nicht im Vergleich verschiedener Erkenntnisweisen bestimmt –, darum sind Gottes Wirklichkeit und menschlicher Wille nur aktuell voneinander abzuheben, sie spalten die theologische Erkenntnis nicht in eine theoretische und in eine praktische auf.

Die Theologie ist praktisch, weil sie *Heilserkenntnis* ist. Das ist auch die Meinung Luthers gewesen, der um des Glaubens willen jede spekulative Theologie verworfen hat[15]. Es muß aber gegenüber einem weitverbreiteten Mißverständnis[16] betont werden, daß Luther mit seiner Kritik der scholastischen Spekulation deren Gnadenlehre treffen wollte, letzten Endes also gerade auch den Heilsweg der praktischen Gotteserkenntnis. Er hat darum als Gegenstand der Theologie weder Gottes Sein für sich noch den Menschen in seiner Stellung zu Gott, sondern das gnadenhafte *Heilsgeschehen* bestimmt, in dem Gottes Heil sich ereignet und wir Menschen als Sünder offenbar werden. Darauf, auf die Schöpfung des neuen Menschen, richtet sich die Praxis des Glaubens; daß hier schlechterdings nichts auf menschlichem Willen und Tun beruht, versteht sich aus der Rechtfertigungslehre, die deshalb allem praktischen Interesse zuwiderläuft, sofern es eine (ethische) Erlösungspraxis begründen möchte.

Luther hat diesen maßgebenden Unterschied in seiner theologischen Denkpraxis durchaus bedacht und die ontologischen Grundzüge der Theologie nie verleugnet. Er hat aber versäumt, die wissenschafts-

12 Summa theologica I, 14, 16.

13 AaO. 1, 4 c.

14 Pannenberg, 247 ff.

15 Vgl. zB. WA XX, 641, 26 f., WA XXXI/1, 67, 3–12; WA TR I, Nr. 153.

16 Ihm ist auch Pannenberg, 234, erlegen.

theoretischen Konsequenzen daraus zu ziehen. Das rächte sich bereits in der altprotestantischen Dogmatik, die sich – wie sie dachte, im reformatorischen Sinne – für die *scientia practica* aussprach. Sie meinte damit jedoch die »theologische Existenz«, den Theologen nämlich, der Gotteserkenntnis herbeiführt und damit der Lebensgestalt des Glaubens dient[17]. Dem Pietismus erschien dies immer noch zu sehr intellektuell selbstgenügsam; deswegen forderte er die *praxis pietatis*, die fromme Lebensführung als Erweis der Gläubigkeit des Theologen, und leitete dadurch eine Reform des Theologiestudiums ein. Aber auch die protestantischen Pastoraltheologen des 19. Jahrhunderts (C. Harms, W. Löhe, R. Kübel, A. Vinet) haben sich an der »theologischen Existenz«, dem Pfarrer, orientiert. Ohne die Impulse, die hiervon ausgingen, geringschätzen zu wollen, ist doch zu sehen, daß ein solcher Praxisbezug auf eine Selbstdarstellung des pastoralen Glaubens hinausläuft, im weiteren Sinne auf eine praktisch glaubwürdige Selbstdarstellung der »wahren« Kirche. Dies widerspricht jedoch dem reformatorischen Verständnis von Theologie und Glaubenspraxis radikal.

Wir stehen jetzt erneut vor dem Problem, das in Abschnitt 1a anvisiert worden ist: Unter dem Leitmotiv der Praxis wird nach dem *empirischen Erscheinungsbild des Glaubens bzw. der Kirche* gesucht. Wie verträgt sich das mit dem theologischen Begriff der Praxis, der den *Menschen zwischen Gott und Welt* stellt, um ihn zum Heil zu rufen? Es gibt m. E. nur eine Möglichkeit, diese Praxis theologisch legitim auszulegen und sie zugleich empirisch fruchtbar werden zu lassen: Praxis heißt, angesichts unserer Berufung zum Leben vor Gott die Lebensbezüge entdecken, in denen wir dieses *neue Menschsein erfahren*[18]. Solche »aktuelle« Heilserkenntnis wird der Grenzen unserer geschöpflichen Existenz gewahr, sie zeigt uns konkret die heilsame Differenz zu Gott, zu unserer Umwelt und zu der persönlichen und überindividuellen Vergangenheit, die uns bindet. Der Praxisbezug der Theologie bringt also das Wagnis mit sich, die menschliche Wirklichkeit, wie sie in Gottes Handeln begründet ist, als Gotteserfahrung in einer je bestimmten geschichtlichen Situation und an einem bestimmten Ort in der Welt zu beschreiben. Der Umgang mit der kirchlichen Tradition und den Autoritäten des Glaubens gehört dazu ebenso wie die Auseinandersetzung mit der Geschichte und das Leben in Institutionen (die Kirche eingeschlossen). Weil diese Beziehungen so zahl-

---

17 Belege bei C. H. Ratschow, Lutherische Dogmatik zwischen Reformation und Aufklärung I (1964) 40 ff.

18 Zu diesem Erfahrungsbegriff s. G. Sauter, Erwartung und Erfahrung (1972) 299 ff.

reich und verschiedenartig sind, fächert sich der Praxisbezug der Theologie sinnvollerweise in die Arbeit der einzelnen Disziplinen auf.

Bevor wir jetzt noch versuchen, von diesem gegliederten Praxisbezug ein konstruktives Bild zu gewinnen, sind die beiden Gefährdungen zu nennen, dem der theologische Praxisbegriff von der Heilsfrage her ausgesetzt ist. Einmal droht ein anthropologisches Mißverständnis: der Mensch begreift sich religiös in seiner ursprünglich-habituellen Beziehung zu Gott, die er in seinem geschichtlichen Verhalten ausdrücken soll und will. Hier dekompensiert die Heilserkenntnis, weil sie nur noch das Reden von Gott auf die menschliche Situation hin relativiert. Die andere Verkehrung ist eine ekklesiologische: der neue Mensch erscheint in der Kirche derart aufgehoben, daß ihr Selbstvollzug in der Geschichte zum Inbegriff der Praxis wird. Die Kirche ist dann die Gestaltwerdung Gottes auf Erden, sie vollzieht die Geschichte Jesu Christi weiter und stellt mit den vielfältigen Formen ihrer welthaften Existenz die heilsgeschichtliche Sinnmitte der Weltgeschichte dar. – Es wäre verfehlt, diese beiden Konzepte konfessionell aufteilen zu wollen, sosehr die erste Gefahr den Neuprotestantismus durchzieht und die zweite m. E. dem Neuansatz katholischer Praktischer Theologie nicht ganz fremd sein dürfte. Beide signalisieren die spezifische Problematik des theologischen Praxisbegriffs.

3. *Die theologischen Disziplinen in ihrem Praxisbezug*

Für die theologischen Disziplinen in ihrem Praxisbezug ist nach alledem zunächst zu sagen, daß jede von ihnen lernen sollte, ihre Besonderheit, ihre Arbeitsweise und ihr wissenschaftliches Ziel in ein wissenschaftstheoretisch geklärtes Verhältnis zum Praxisbegriff der Theologie zu bringen. Praxis ist theologisch nicht gleichbedeutend mit empirischer Tatsächlichkeit, sondern mit der *Erfahrung und Erkenntnis der Gegenwart Gottes in der Welt*. Die Entfaltung dieser Praxis in ihren verschiedenen Beziehungen beeinflußt die Theorie der einzelnen theologischen Fächer.

Nach der bisherigen Entwicklung theologischer Wissenschaft versteht sich das nicht von selbst. Von der Aufklärung bis heute hat vielmehr das *Problem der Geschichte* im Vordergrund gestanden. Gegenstand der biblischen Exegese wurden daraufhin die Ursprungsdokumente des christlichen Glaubens, die Erforschung der Kirchen-, Dogmen- und Theologiegeschichte schlug die Brücke von den Anfängen des Christentums zur Gegenwart, die Dogmatik wurde gemeinhin als die Formulierung und Überlieferung der Wahrheit des Glaubens verstanden, wenn auch mit unterschiedlicher Nuancierung: Wahrheit als kirchliche Lehre, als überzeitliches Wissen oder als Einheit der theologischen Wesensaussagen, die geschichtlich vermittelt sind und vermittelt werden müssen. Die Praktische Theologie hat dann ihren Platz in der Regel dort gesucht und gefunden, wo es um die Aktualisierung – den Gegenwartsbezug – christlicher Überlieferung geht; dabei mußte sie sich gegen die Ethik abgrenzen, die die gleiche Funktion für sich beanspruchte. Die Hilfsunterscheidung, die Ethik befasse sich mit dem individuellen Handeln, die Praktische Theologie mit dem Handeln der Kirche, ist sachlich nie ganz zutreffend gewesen und erweist sich auch deshalb als fraglich, weil die Christliche Soziallehre auf katholischer, die Sozialethik auf evangelischer Seite sich mit beiden Bereichen beschäftigen. Wir sehen: die Aufteilung ist nicht organisch, sondern aus dem Bemühen erwachsen, die Sektionen theologischer Wissenschaftspraxis, die hauptsächlich die Frucht einer historischen Desintegration der Theologie sind, nachträglich wieder in eine innere Beziehung zueinander zu bringen.

Integration ist für den Praxisbezug jedoch von vornherein erforderlich – schon deshalb, weil sich die Arbeit der theologischen Disziplinen überall dort, wo sie sich außerhalb des Studiums bewähren will, als Einheit wahrgenommen wird; dies ist zB. auch bei der Religionslehrerausbildung der Fall, die ein disziplinbezogenes Studium nur begrenzt erlaubt. Auf dem Wege zu solcher Integration sehe ich nicht eigentlich jede theologische Disziplin in ihrem spezifischen Praxisbezug – wenn man ihn nicht als »Anwendung« des theoretisch Erarbeiteten mißdeuten will –, sondern verschiedene *Praxisfelder,* die sich den Zielsetzungen einzelner Fächer sinnvoll zuordnen lassen.

Damit sind nicht abgrenzbare Praxisbereiche gemeint. Allgemein umfaßt Praxis das, was vom Menschen an ihm selbst aufgrund seiner Lebensäußerungen wahrnehmbar ist. Von der Praxis ist das ethische Verhalten dadurch unterschieden, daß es sich der Intersubjektivität dieses Lebens zuwendet: der jeweiligen Lebenswelt, einzelnen Problembereichen und gemeinsamen Handlungszielen. Praxis erreicht dagegen die eigentümlich menschliche Einheit des Verhaltens zu sich selber (das weit über die subjektive Reflexivität hinausreicht), sie entdeckt den eigenen Spielraum und erschließt die Weltgestaltung.

Nun geht ja die theologische Praxis davon aus, daß »der Mensch« weder ein Exemplar der Gattung Mensch noch die nicht-empirische Subjektivität ist, sondern der »Mensch in Jesus Christus«, die Person in der Gemeinschaft des neuen Gottesvolkes, der Kirche. Wie dieser Mensch konstituiert wird, läßt sich nur von den ursprünglichen Gotteserfahrungen her sagen, aus deren biblisch-geschichtlicher Bezeugung die Glaubenspraxis ihre Legitimität gewinnt. Diese geschichtliche Orientierung, die auf Verbindlichkeit zu sprechen kommt, wird methodisch durch die biblische Exegese eingeübt. Die weitere historische Theologie sollte nicht einen Überlieferungstransport in Bewegung setzen, der auf dem Rangierbahnhof des »Gegenwartsinteresses« weitergeleitet würde. Sie zwingt, die Frage nach Verbindlichkeit theologischen Redens anhand zusammenhängender oder diskontinuierlicher Sprech- und Handlungssituationen genauer zu stellen, indem sie die Fähigkeit des historischen Bewußtseins zu zeitlich disponierter Beobachtung einsetzt. Den Dogmatiker beschäftigt die Identität und Deutlichkeit theologischer Erkenntnis in kirchlichem Reden und Handeln. Das führt ihn auch zu der Frage, wie sich der christliche Glaube unverwechselbar in einer Umwelt äußert, von der er sich nicht abschließt, in die hinein er sich aber auch nicht verlieren darf. Diese Frage entsteht einmal an den Problemstellungen, deren sich die Ethik als theologische Pragmatologie annimmt, dh. den kirchlichen Entscheidungen und kirchlichen Projekten; zum anderen ist die kirchliche Mitteilungspraxis auf eine ständige theologische Legitimationsprüfung angewiesen. Diese Mitteilungspraxis, in der der Glaube zur Verständigung über die Gegenwart Gottes und zum Konsensus des Bekennens gelangt, ist das Gegenstandsfeld der praktisch-theologischen Theoriebildung[19]. Ihr entscheidender Beitrag zum Praxisbezug der Theologie besteht m. E. darin, die Praxis in ihrer theologisch begründeten Vielfalt zur Geltung zu bringen – weder als bloßes Reden noch als ebenso monomanes Handeln, sondern als eine Tätigkeit, die Hören und Schweigen, Gebet und Kontemplation, wachsame Orientierung und Entscheidungsbereitschaft, Mut zur Einsamkeit und Offenheit zu gemeinsamen Leben einschließt.

---

19 Zur Erläuterung dieser These: G. Sauter, Beobachtungen und Vorschläge zum gegenseitigen Verständnis von Praktischer und Systematischer Theologie, ThPr 9 (1974) 19–26.

2|2 Ansätze zu einem neuen Selbstverständnis

2|21 Josef Goldbrunner
Inkarnation als Prinzip der Pastoraltheologie

Wie sehr F. X. Arnold mit seiner Formel vom »Gott-Menschlichen« als Prinzip für die Pastoraltheologie recht hatte, zeigt die gegenwärtige Stunde. Hatte er doch in seinen geschichtlichen Studien nachgewiesen[1], daß das christliche Leben, das kirchliche Leben und damit die Seelsorge abhängig sind von der jeweiligen geistesgeschichtlichen Situation. Je nachdem ob die herrschende Philosophie und das geistige Klima offen sind für die Transzendenz, oder nur abgeschlossen in der Immanenz, zeigt sich, daß im ganzen kirchlichen Leben eines der beiden Elemente, das Göttliche oder das Menschliche überbetont oder verkürzt wird. Der gegenwärtige Neo-Rationalismus spiegelt sich ebenfalls deutlich in der Pastoral. Man spricht von der gesellschaftlichen Verpflichtung der Kirche, vom Mitmenschen (in dem allein man Gott finde), von der Eucharistie als Gemeinschaftsfeier, von der Predigt als Kommunikation. Der einzelne jedoch in seinem Glauben, Predigt als Verkündigung des Wortes Gottes, Eucharistie als Mysterienfeier – alles also, was mit der vertikalen Linie, dem direkten Gottesbezug zu tun hat, wird vernachlässigt. Im Zusammenwirken zwischen Göttlichem und Menschlichem liegt der Akzent heute wieder eindeutig auf dem diesseitig-welthaften Aspekt und kirchliches Leben partizipiert an der geistigen Atmosphäre der Gegenwart, anstatt aus Eigenem zu leben. Daß diese Abhängigkeit sich so tief und reflexionslos vollziehen kann und die so notwendige Unterscheidung des Christlichen zugunsten einer Einebnung des Christlichen unterbleibt, ist wohl auch auf den Mangel einer anerkannten und wirksamen Konzeption der Pastoraltheologie zurückzuführen. Aufbauend auf den grundlegenden Arbeiten von F. X. Arnold wird deshalb hier versucht, in dem Auf und Ab von pastoraltheologischen Versuchen die Notenlinien zu ziehen. Nach 200 Jahren Arbeitsmöglichkeit der Pastoraltheologie an Universitäten bedarf sie als wissenschaftliche theologische Disziplin wirklich eines durchgehenden Prinzips.

---

1 F. X. Arnold, Pastoraltheologische Durchblicke ([2]1965).

1. Praktische Theologie und Pastoraltheologie

Es ist sehr fragwürdig, ob die Übernahme des protestantischen Gebrauches, von einer Praktischen Theologie zu sprechen und nicht von einer Pastoraltheologie, sich als glücklich erweist[2]. Eine notwendige Unterscheidung scheint hier übersehen zu sein, nämlich die Unterscheidung zwischen der Aufgabe der Kirche und der Aufgabe der »Seelsorge«. Aufgabe der Kirche ist die Welt – der »Acker ist die Welt« (Mt 13, 38). Die Pastoralkonstitution spricht deutlich von »die Schöpfung vollenden« (Nr. 57). Damit ist das Christenleben der Welt zugeordnet. In die theoretische Grundlegung dafür teilen sich besonders Moraltheologie, Kirchenrecht, Dogmatik, Exegese usw. Alle diese theologischen Disziplinen haben Bezüge zum praktischen Leben der Christen. Ihre Zusammenfassung könnte man wohl Praktische Theologie nennen, so wie versucht wurde unter Anthropologie alle Disziplinen zusammenzufassen, die mit der Wirklichkeit des Menschen selbst zu tun haben. Aber wie Anthropologie nicht in einem Lehrstuhl vertreten wird und die einschlägigen Disziplinen gesondert arbeiten, genauso wenig läßt sich Praktische Theologie aus den verschiedenen theologischen Disziplinen herausdestillieren und zusammenfassen. Pastoraltheologie gründet auf anderer Aufgabe und Beauftragung.

2. Pastoraltheologie

Das Volk Gottes der Kirche unterliegt wie jede Gruppenbildung den Sozialisationsprozessen, deren eine die Arbeitsteilung ist. Ist die Aufgabe der Christen (die Bezeichnung Laien ist ebenso ungenügend wie fest eingeführt) die Welt, so brauchen sie für diesen Weltdienst[3] Orientierung, Nahrung, Wegweisung, Hilfe. Nach sechs Tagen Weltdienst kommen sie in das »Haus der Gemeinde« wie zu einer Oase. Wer hier ihre Erwartung erfüllen und ihrem Glaubensleben einen Dienst erweisen soll, muß besondere Bedingungen erfüllen: persönlicher Art, nach Ausbildung, menschlicher und geistlicher Lebenserfahrung. Sein Auftrag ist in erster Linie nicht die Welt, sondern das »Haus der Christen«, der Glaube der Christen oder auch die »Innenwelt«. Ein

---

2 Symptomatisch dafür scheint zu sein, daß protestantische Pastoraltheologen heute zunehmend von Seelsorge reden und schreiben: D. Stollberg, Therapeutische Seelsorge (1972); ders., Seelsorge praktisch (1970); J. Scharfenberg, Seelsorge als Gespräch (1973). – D. Stollberg greift sogar direkt den Begriff »Praktische Theologie« an. In: Mein Auftrag – Deine Freiheit (1972) 26.

3 Vgl. E. Michel, Das christliche Weltamt (1972).

Komplex von zusammengehörigen Arbeiten fordert in unserer differenzierten Welt eine Fachausbildung, so daß man vom Seelsorger[4] als von einem »Fachmann der Innenwelt« sprechen könnte. Die wissenschaftliche Grundlegung dieser Aufgabe und die wissenschaftliche Ausbildung für diesen Beruf[5] sind der Auftrag der Pastoraltheologie. Sie ist deshalb sowohl berufsgebunden, wie auch der Verbindung von Theorie und Praxis in spezieller Weise zugeordnet.

3. Ein wissenschaftliches Prinzip für die Pastoraltheologie

Das Prinzip soll der Pastoraltheologie zum Selbstverständnis verhelfen und ihren Eigenstand unter den anderen theologischen Disziplinen vermitteln. Es sind dafür bestimmte Anforderungen zu stellen; das Prinzip soll verschiedenen Koordinatensystemen entsprechen.

a. Es müßte ein theologisches Prinzip sein. Eine soziologische Kategorie wie »Handlungswissenschaft«[6] genügt ebenso wenig wie die Feststellung, Pastoraltheologie sei empirische Theologie. Beide Aspekte sind einzuordnen in ein umfassenderes, theologisches Prinzip.

b. Die Grundkoordinate »Glaube – Unglaube« müßte von einem Prinzip seelsorgerlicher Arbeit einbegriffen werden. Es ist deshalb nicht möglich nur von »Fernstehenden« zu sprechen[7], oder den Akzent

---

4 Es ist hinzuzufügen, daß mit Seelsorgearbeit in erster Linie Priester befaßt sind, aber dazu auch alle, die hauptamtlich in der Seelsorge mitarbeiten. – Das Priesterbild vom »Fachmann der christlichen Innenwelt« steht in Spannung zu dem Priesterbild, das dem holländischen Pastoralkonzil vorgelegen hatte. Unter priesterlicher Arbeit wurde dort verstanden das »gläubige Vorausgehen« in allen Bereichen des Lebens. Das ist aber gerade heute eine Überforderung. Die Reduzierung der Aufgabenstellung des Priesters auf die Sorge »um das Haus der Christen« (was nicht Rückzug in die Sakristei bedeutet), ermöglicht auf der einen Seite die Freisprechung der Laien für ihr christliches Weltamt und andererseits die Befreiung des Seelsorgers für seine eigentliche seelsorgerische Arbeit.
Zur subsidiären Übernahme von Weltaufgaben durch Priester vgl.: J. Goldbrunner, Seelsorge – eine vergessene Aufgabe ([3]1974) 15 f.

5 Beide Aufgaben gehören zusammen, wie auch in der Ausbildung für die verwandteste Berufsgruppe, der Psychotherapeuten, die persönliche Ausbildung des Therapeuten von seinen theoretischen Studien nicht zu trennen ist. »Das größte Problem der Psychotherapie ist der Therapeut« – das gilt auch für die Seelsorge: »Das größte Problem der Seelsorge ist der Seelsorger«.

6 Vgl. R. Zerfaß, Praktische Theologie als Handlungswissenschaft, in ThRv 69 (1973) 91–98.

7 Vgl. G. Biemer / J. Müller / R. Zerfaß, Pastorale »Eingliederung in der Kirche« (1972). Der Unglaube sollte ernster genommen werden, sonst unterliegt man der Selbsttäuschung, daß nur schlechte kirchliche Arbeit Ursache der zahlenmäßigen Abnahme der Christen sei.

auf das Wirken der Kirche einzuengen (»Pastoraltheologie als Wissenschaft vom Selbstvollzug der Kirche«)[8].

c. Das Prinzip muß spezifisch christlich sein. Eine »kritische Theorie religiös vermittelter Praxis in der Gesellschaft«[9] läßt die Unterscheidung des Christlichen schon im »principium« aus. Theozentrik wie Christozentrik sollten am Prinzip abzulesen sein.

d. Die Koordinaten Individuum – Kollektiv, oder auch der Einzelne und die Gesellschaft: Dahinter versteckt sich das uralte philosophische Problem Person und Gemeinschaft. Zwischen beiden herrscht funktionell die Beziehung der Polarität; aber der höhere Wert liegt eindeutig bei der Person. Dem entspricht das Evangelium als personaler Ruf. Deshalb gebührt auch der Tiefenpsychologie die Priorität als Hilfswissenschaft der Pastoraltheologie gegenüber der Soziologie, da es darum geht, personale Kategorien zu erfassen. Auch »Pastoraltheologie als Befreiung« erfaßt nur einen Aspekt des Ganzen.

e. Die Koordinaten Horizontal – Vertikal sind heute aus dem rechten Winkel und aus der Balance geraten. Die Beziehungen Mensch – Gott, Mensch – Mitmensch müßten an einem Prinzip ausgerichtet werden.

f. Die Raum-Zeit-Koordinaten zwingen seelsorgerliche Arbeit in die geographischen und geschichtlichen Räume mit ihren Widerständen. Einer Pastoraltheologie ist in besonderer Weise aufgetragen, an der Naht zwischen Theorie und Praxis zu arbeiten, dh. geographische und geschichtliche Konkretheit zu verarbeiten.

g. Christliches Leben ist hineingestellt in die Beziehung Natur und Gnade. Das Prinzip seelsorgerlichen Handelns müßte beidem entsprechen.

h. Auch nach dem Koordinatensystem Innenwelt – Außenwelt sollte ein pastoraltheologisches Prinzip befragt werden. Aktion und Kontemplation suchen an einem Prinzip Einordnung in das christliche Leben.

i. Schließlich sei noch hingewiesen auf die Unterscheidung personal – apersonal, die wie ein Koordinatensystem diese ganze Welt in einem grundlegenden Aspekt erfassen läßt. Das Evangelium als personaler Ruf, als Botschaft von der Epiphanie Gottes in Person, verlangt nach einem Prinzip pastoralen Handelns, dem »die Sache Jesu« allein nicht entspricht.

---

8 Schuster, WP, 93–100.

9 Otto, 23.

4. Inkarnation als Prinzip der Pastoraltheologie

Es ist zu prüfen, inwieweit »Inkarnation« als Prinzip der Pastoraltheologie den genannten Bezügen entspricht.

a. Inkarnation gehört zu den zentralen Wahrheiten christlicher Theologie. Es ist die Lehre von der Fleischwerdung Gottes in der Epiphanie Christi. Doch weist der christologische Begriff auf einen größeren Horizont hin. Die Verbindung des Gottesgeistes mit der Materie in Christus ist gleichsam das Siegel auf eine christliche Weltkonzeption, die nach der Leitlinie »Geist in Welt« zu fassen wäre.

Der Kulturauftrag der Genesis an die Menschheit bedeutet, Menschengeist in die materiellen Dinge »hineinzutun«, sie vom Geist her zu durchdringen, auf die Stufe der Kultur zu heben: »Geist in Welt«. Dieses Geschehen vollzieht sich in analoger Weise in den verschiedenen Seinsschichten, in der unbelebten Welt, bei Pflanzen und Tieren. Und beim Menschen bedeutet Selbstfindung die zunehmende Assimilierung des Körpers durch den Geist. In immer stärker realisierter Leib-Seele-Einheit durch die Christwerdung soll göttliche Lebensart im Menschen Fleisch annehmen. Das bedeutet paulinisch formuliert »Christus anziehen« (Röm 13, 14). Die Transformation der Schöpfung in das eschatologische Reich Gottes vollendet endlich die volle Assimilierung der Welt durch den Gottesgeist. Die Strukturlinie »Inkarnation« erlaubt somit den ganzen Weltenplan Gottes von der Genesis bis zur Apokalypse als fortschreitendes inkarnatorisches Geschehen zu überschauen. Die Inkarnation Gottes in Christus ist gleichsam das Siegel darauf.

Seelsorge als inkarnatorische Arbeit ordnet sich dadurch einem großen Weltprogramm ein. Sie ist nicht eine fromme Sache neben der Welt, sondern Arbeit im Kern der Heilsgeschichte. Pastoraltheologie unter dem Prinzip Inkarnation wird deshalb in einem großen heilsgeschichtlichen Horizont gesehen. Sie ist theologisch einem bestimmten Abschnitt der Heilsgeschichte zugeordnet, der Zeit zwischen Himmelfahrt und Wiederkunft, dem tempus medium nach Augustinus.

b. Glaube und Unglaube durchziehen wie Koordinaten die Heilsgeschichte von Anfang bis zum Ende. Sie bedeuten Entscheidung und Scheidung. Ihr Kreuzungspunkt ist die Entscheidung für oder gegen Christus. Die Epiphanie Gottes in Christus wirkt als »Scheidewasser«, an ihr stoßen sich die Geister, hier scheiden sich die zwei Wege. An diesem »Steinblock« am Wege gibt es kein noch so menschenfreundliches Übersehen. Ärgernis oder Befreiung zur großen heilsgeschichtlichen Weltkonzeption markieren die Richtungen, denen Seelsorge zugeordnet ist. Ihre entscheidende Orientierung ist die Lehre von der Inkarnation Christi.

c. Inkarnation verlangt eine christologische Ausrichtung der Pastoral, in dem bekannten doppelten Sinn. Christus (nicht nur als der Mann Jesus aus Nazareth) ist Heilsort, Zentralisationspunkt des christlichen Suchens.

Er selbst aber ist transparent. »Wer mich sieht, sieht den Vater« (Joh 14, 9). Inkarnation ist damit zugleich ein christozentrisches, wie ein theozentrisches Prinzip und weist hin auf deren Ineinander in der Transparenz.

d. Die Inkarnation Gottes in Christus konzentriert das Entstehen des Glaubens sowie die nachfolgende Glaubensentscheidung und die gläubige Lebensformung um die Stellungnahme des Einzelnen zur Person Jesu. Das Christentum als Religion ist deshalb ein Geschehen von Person zu Person, das Evangelium ein personaler Ruf – an den Einzelnen. Erst Gläubige zusammen bilden Gemeinde und damit Kirche. Dem Individuum, dem Einzelnen, dem personalen Leben gehört deshalb die Priorität gegenüber dem Kollektiv, gegenüber jeder Gruppenbildung. Personale Seelsorge ist Konzentrationspunkt, auch wenn funktionell Bekehrung und Glaube in und durch eine Gruppe erfolgen. Denn die individuelle Genese eines Glaubens ist sekundär gegenüber dem Gewicht personaler Glaubensentscheidung, die das innerste Ziel der Seelsorge bleibt.

e. Das Prinzip Inkarnation legt eindeutig den Akzent auf die Vertikale. Das Herabkommen des Göttlichen in das Menschliche hinein als Gabe, Offenbarung und Geschenk, das Fleischwerden des Göttlichen im Menschlichen und damit die Schaffung eines »neuen Geschöpfes« (2 Kor 5, 17) im Christen, ermöglicht erst die Auswirkung in die Horizontale, dh. in das Mitmenschliche hinein. Das gilt nicht nur für den Anfang, sondern für das ganze Christenleben, da der Glaube lebt und ernährt wird von der immer neu aktualisierten Verbindung nach oben, im direkten Gottesbezug. Sofern nun Seelsorge der Innenwelt des Christen zugeordnet ist, folgt konsequent als ihr Hauptanliegen die Sorge für den vertikalen Bezug. Genau das aber erwarten die Christen von ihren Seelsorgern[10]. Aus dem erneuerten Gottesbezug kommen Kraft, Phantasie und Orientierung für die Aktion, das christliche Weltamt. Nach dem Prinzip der Inkarnation zeigen sich die Vertikale und die Horizontale verbunden wie Ursache und Wirkung, wie Neuwerden und Ausdruck, wie Initiation und Vollzug.

---

10 Es war ein überzeugendes Symptom, daß bei der großen Befragung zur Synode der deutschen Katholiken die rein religiöse Stärkung beim Gottesdienst mit einem der höchsten Prozentsätze gewünscht wurde. Vgl. G. Schmidtchen, Zwischen Kirche und Gesellschaft (1972) 24–32.

f. Der Prozeß der Inkarnation vollzieht sich in Raum und Zeit. Pastoraltheologie wird dadurch auf drei Aspekte verpflichtet:

(1) Die geschichtliche Kategorie bindet alles Geschehen an das Einmalige und zugleich Evolutive. Seelsorge muß vom Wesen her dynamisch, dh. dem geschichtlichen »Kairos« verbunden sein.

(2) Inkarnation begegnet in dieser Weltzeit Widerständen. Die Folge ist das »Kreuz« in allen Erscheinungsformen. Pastoraltheologie bekommt daher als Aufgabe zur Realisation der Kreuzannahme (Mt 10, 38) in Theorie und Praxis zu helfen.

(3) Die Dynamik eines final, dh. eschatologisch gesehenen Geschichtsablaufes wirkt sich in immer neuen Möglichkeiten und Widerständen gegen den Inkarnationsprozeß aus. Pastoraltheologie wird folglich immer wieder an der Empirie zu prüfen haben, wie die drei geschichtlichen Elemente (Entwicklungsgrad des Menschen, geistige Atmosphäre, gesellschaftliche Situation) sich auf die Theorie auswirken. Aus dem Zusammentreffen von Theorie und Praxis, von Offenbarung und historischem Augenblick sind die Bedingungen für die Seelsorge zu erarbeiten.

g. Die bleibende Dualität von Natur und Gnade, von Geschöpf und Schöpfer, von Schöpfung und Erlösung, weist hin auf den Gegensatz von Selbsterlösung und Erlösung. Alles Tun des Menschen im Prozeß der Inkarnation des Wortes Gottes ist Geschenk und Gnade. Die entsprechende Haltung des Christen wäre die einer »aktiven Passivität« – oder zeitgemäß ausgedrückt, einer meditativen Einstellung. Der Pastoraltheologe sollte Experte sein für die Bildung einer meditativen Atmosphäre, besonders in der Liturgie. Inkarnation vollzieht sich im Mysterium, dem als menschliche Haltung die genannte aktive Passivität entspricht.

Die Begegnung mit den östlichen Meditationspraktiken verlangt nach christlicher Unterscheidung (zB. keine Verschmelzung, Unterschied in der Bewußtseinsentwicklung des Westens gegenüber dem Osten). Als Frucht solcher kritischen Unterscheidung wird Pastoraltheologie befähigt, dem Seelsorger die Grundlagen zu vermitteln für die seelischen Vorbedingungen, in denen christliche Mysterienfeier entstehen und gedeihen kann. Das Prinzip Inkarnation wirkt als Maß für Unterscheidung und Orientierung.

h. Die Dualität Innenwelt und Außenwelt charakterisiert die menschliche Lebensweise. Einseitige Ausrichtung auf die Außenwelt, auch in der religiösen Praxis und die explosionsartige Reaktion der Innenwelt sind typisch für die gegenwärtige Situation[11]. »Inkarnation«

11 Am deutlichsten läßt sich diese unaufhaltsame Entwicklung ablesen an den Büchern von H. Cox, der in dieser Hinsicht geradezu als Diagnostiker der religiö-

ist ein Geschehen in der Innenwelt, das sich in die Außenwelt hinein auswirkt. Wenn christliche Pastoral sich damit quer legt zum Trend der westlichen Zivilisation, die in ihrem Sog zur Extraversion ein deutliches humanes Defizit hervorruft, so zeigt sich hier allerdings, daß das christliche Anliegen zugleich ein echt humanes ist.

i. Die Leitlinie »Geist in Welt« vollzieht sich in den verschiedenen Seinsschichten auf verschiedenen Ebenen, auf der Stufe der Menschen nur auf der Ebene personalen Lebens. Denn Inkarnation christlicher Offenbarung durch den Glauben setzt freie Zustimmung und damit Verantwortlichkeit voraus. Die Gesetze personalen Lebens werden damit zugleich Bedingungen für pastorales Handeln[12]. Pastoraltheologie unter dem Prinzip der Inkarnation verlangt nach einer philoso-

---

sen Situation der westlichen Menschheit bezeichnet werden kann: Stadt ohne Gott (³1972); Das Fest der Narren (²1970).

12 Es ist hier der Ort, um der Kritik von F. Blachnicki an der Konzeption von F. X. Arnold zu begegnen (Das Prinzip des Gott-Menschlichen als Formalprinzip der Pastoraltheologie, in: Theologie im Wandel der Zeit. Festschrift der Katholisch-Theologischen Fakultät in Tübingen [1967] 631–659). Zwei Einwände werden in der Hauptsache gemacht: Wenn Arnold von einem Synergismus, einem Zusammenwirken, einem Ausgleich der beiden Elemente des Göttlichen und des Menschlichen spreche, so könnte das »mechanistisch« verstanden werden. Richtig ist, daß Arnold keine ausgearbeitete Theorie des Zueinander der beiden Elemente bringt. Insofern bedarf seine Konzeption der Weiterführung. Seine geschichtlich orientierte Forschung ließ ihn das Hauptaugenmerk auf den Nachweis der Partizipation und Abhängigkeit seines grundlegenden Prinzips von der Zeit legen. Andererseits läßt der Kontext seiner Werke alles andere zu als eine mechanistische, ja »quantitative« Auslegung seiner Anschauungen, im Sinne einer »apersonalistischen Auffassung von Gottes Wirken im Heilsprozeß und in der Heilsvermittlung«. Dieser Einwand widerspricht der vielfach nachweisbaren Tendenz seines Gesamtwerkes.

Der zweite Einwand lautet, daß es keine Analogie gäbe zwischen der Inkarnation in Christus und dem »Gott-Menschlichen Synergismus« beim Menschen, denn in Christus sei ja nur *eine* Person. Die Analogie liegt aber gerade darin, daß sich die zwei Naturen in Christus in einer *Person* zur Union einigen, also ein personales Geschehen darstellt. Der christologische Aspekt des »Prinzips vom Gott-Menschlichen« läßt den Gedanken einer Analogie zwischen dem Christusgeschehen und der inkarnatorischen Konzeption des ganzen christlichen Weltgebäudes gerade deshalb aufkommen, weil alles auf die Kategorie des Personalen hindrängt. Allerdings gehören zur Würdigung dieses Argumentes ein reflektierter Personbegriff, die Kenntnis von den Bedingungen zur Personerfassung sowie den Gesetzen personalen Lebens, was alles bei Blachnicki fehlt. Zu letzterem sei hingewiesen auf J. Goldbrunner, Realisation (²1966) 30–42, 79–206.

Die vom Kritiker vorgeschlagene Umformung der Arnoldschen Formel vom »Gott-Menschlichen« zu einem »personalistischen oder dialogischen Prinzip« kann daher nur als Weiterführung der Arnoldschen Konzeption betrachtet werden, die beide Aspekte bereits immanent enthält. Denn das Personale ist die Seinsebene, auf der sich beim Menschen Inkarnation vollzieht und das Dialogische ist Lebensausdruck personalen Lebens.

phisch-theologisch-psychologischen Grundlegung der Realität Person und mehr noch eine Kenntnis des personalen Lebens.

5. *Zusammenfassung*

Auf dem Prüfstand der Erwartungen an ein wissenschaftlich und theologisch tragfähiges Prinzip der Pastoraltheologie zeigt sich, daß »Inkarnation« alle genannten Koordinatensysteme deckt. Zugleich wurde dabei offenbar, daß Pastoraltheologie an der Naht von Theorie und Praxis arbeitet. Hier berühren sich Idee und Material, Offenbarung und Welt, Christus und Mensch. Zwischen beiden oszilliert die pastoraltheologische Forschung. Ihre Quellen sind gleicherweise Theorie und Empirie. In ihrer Verbindung öffnet sich die schöpferische Schwelle hinüber zur Realisation des Christenlebens. Scientia und pietas suchen in einer zukünftigen Pastoraltheologie wieder Versöhnung und gegenseitige Befruchtung.

2 | 22 Gottfried Griesl
Praktische Theologie als Lehre vom Selbstvollzug der Kirche

Wissenschaftlicher Fortschritt lebt von der Kritik der jeweils herrschenden Lehrmeinungen. Man kann dieses Gesetz akzeptieren und gleichwohl bedauern, daß durch solche Kritik gelegentlich wichtigen gedanklichen Durchbrüchen ihre Kraft genommen wird, noch ehe sie sich voll durchsetzen konnten. Wenn nicht alles täuscht, droht dies gegenwärtig auch jenem bedeutsamen Beitrag zum Verständnis der Praktischen Theologie, der sich in den sechziger Jahren im Umkreis des Zweiten Vatikanischen Konzils entwickelt und die Disziplin als Lehre vom Selbstvollzug der Kirche zu bestimmen versucht hat.

1. Das zweite Vatikanische Konzil als Hintergrund

Im Auftrag der Konzilskongregation veranstaltete vom 10. bis 12. Oktober 1971 das neugegründete römische *Centrum Orientationis et Coordinationis Pastoralis (COCP)* in Fribourg einen ersten (und bisher letzten) internationalen Kongreß für katholische Pastoraltheologie[1]. 120 Teilnehmer aus den meisten Ländern Europas und Amerikas repräsentierten die Disziplin. Die Referate befaßten sich mit der »Pastoral d'ensemble« (F. Boulard), mit dem aktuellen Diskussionsstand in den Teilbereichen Religionssoziologie, Homiletik, Katechetik, Liturgik und Pastoralpsychologie, vor allem aber mit der Frage nach dem gegenwärtigen Standort der Pastoraltheologie.

G. Ceriani (Rom) legte nach einem geschichtlichen Rückblick drei Definitionen von Pastoraltheologie vor:

1. »Wissenschaft von der gottmenschlichen Tätigkeit der Kirche beim Aufbau des mystischen Leibes Christi« (nach J. Amberg);

2. »wissenschaftliche Betrachtung des Glaubensgeheimnisses der Kirche in bezug auf ihr Heilshandeln zwischen Himmelfahrt und Parusie« (nach P. Liégé);

3. »theologische Wissenschaft vom übernatürlichen Heilswirken

---

1 Tagungsbericht des Beirats der Konferenz Deutschsprachiger Pastoraltheologen, Limburg 1961, 1 f. (Ms.).

für den Menschen, der hier und heute in der Kirche auf dem Weg zum Himmel ist«.

Bei aller Traditionstreue sind in diesen Formulierungen zwei neue Akzente unüberhörbar: die Neubestimmung des Gegenstandes der Pastoraltheologie und die Betonung ihres Wissenschaftscharakters. Sie wird nicht mehr als eine Pflichtenlehre des Seelsorgers verstanden, sondern als eine Lehre von der Sendung der Gesamtkirche. Und die erste Empfehlung des Kongresses fordert die wissenschaftliche Legitimation dieser Pastoraltheologie in Forschung und Lehre.

Genau ein Jahr später, im Oktober 1962, wurde das Zweite Vatikanische Konzil eröffnet. Das entscheidende Kennzeichen seiner Arbeit war die pastorale Intention, die in *allen* Aussagen und Beschlüssen des Konzils durchgehalten wurde[2], aber ihren deutlichsten Ausdruck in der Pastoralinstitution »Über die Kirche in der Welt von heute«[3] gefunden hat. Bezeichnet schon der Titel dieses Dokuments mit hoher Präzision die Gesamtkirche als den Träger der Heilssorge und die Gegenwartssituation als ihre besondere Herausforderung, so läßt das Vorwort vollends erkennen, was man unter der »pastoralen Haltung« des Konzils zu verstehen hat: In tiefer Solidarität[4] wendet sich das Konzil an alle Menschen[5] und bekennt seine Bereitschaft, sich den drängenden Fragen zu stellen, die auf der Tagesordnung der Welt zur Verhandlung anstehen, sie im Licht des Evangeliums zu durchdringen und den Menschen so jene heilenden Kräfte anzubieten, »die die Kirche selbst, vom Heiligen Geist geleitet, von ihrem Gründer empfängt. Es geht um die Rettung der menschlichen Person, es geht um den rechten Aufbau der menschlichen Gesellschaft. Der Mensch also, der eine und ganze Mensch, Leib und Seele, Herz und Gewissen, Vernunft und Willen, steht im Mittelpunkt unserer Ausführungen.«[6] Das Konzil legt allen Nachdruck darauf, daß die Kirche das Heil jeweils einer konkreten geschichtlich neuen, im ständigen Wandel befindlichen Welt zu vermitteln hat, ja daß sie selber wesentlich als wanderndes Gottesvolk in diesem Prozeß impliziert ist. Daraus folgt, daß sie auf dem Weg ihrer Pilgerschaft zu einer »dauernden Reform

---

2 Y. Congar, Situation und Aufgaben der Theologie heute (1971) 50.

3. Vaticanum II, Pastoralkonstitution. Zur Textgeschichte vgl. die kommentierte LThK-Ausgabe III, 241–279; ferner J. Ch. Hampe (Hg.), Die Autorität der Freiheit, 3 Bde. (1967), III, 5–183.

4 Vgl. die Eingangsworte: »Freude und Hoffnung, Trauer und Angst der Menschen von heute, besonders der Armen und Bedrängten aller Art, sind auch Freude und Hoffnung, Trauer und Angst der Jünger Christi« (Pastoralkonstitution, n. 1).

5 AaO. n. 2; ähnlich die Botschaft der Konzilsväter an die Weltöffentlichkeit zu Beginn des Konzils (20. Oktober 1962).

6 AaO. n. 3.

gerufen wird, deren sie allzeit bedarf, soweit sie menschliche und irdische Einrichtung ist«[7]. Die Gegenwart begreift sie als immer neuen Auftrag Gottes, ihr sichtbares Wesen und Wirken so zu gestalten, wie es ihrer unwandelbaren Heilssendung entspricht. »Pastoral« will das Konzil also sein, weil und insoweit es den gegenwärtigen Menschen in den Mittelpunkt seiner Aufmerksamkeit rückt und seine konkreten Nöte im Licht des Evangeliums einer Lösung entgegenzuführen bemüht ist[8].

Dieses Verständnis des Pastoralen läßt sich auch in vielen Einzelbeschlüssen des Konzils wiederfinden, besonders in denen, die die Ausbildung der kommenden Seelsorger zu regeln bemüht sind. Im Dekret über die Ausbildung der Priester heißt es etwa: »Die gesamte Ausbildung der Kandidaten muß dahin zielen, daß sie ... zu wahren Seelenhirten geformt werden ... Daher müssen alle Bereiche der Ausbildung, der geistliche, intellektuelle und disziplinäre harmonisch auf dieses pastorale Ziel hingeordnet werden.«[9] Die Kandidaten sollen »sorgfältig in den für den priesterlichen Dienst charakteristischen Aufgaben ausgebildet werden, vor allem in Katechese und Predigt, in Liturgie und Sakramentenspendung, in caritativer Arbeit, in der Aufgabe, den Irrenden und Ungläubigen zu Hilfe zu kommen, und in den übrigen pastoralen Pflichten ... Überhaupt sollen die Eigenschaften der Kandidaten ausgebildet werden, die am meisten dem Dialog mit den Menschen dienen, wie die Fähigkeit, anderen zuzuhören und im Geist der Liebe sich seelisch den verschiedenen menschlichen Situationen zu öffnen.«[10]

Um diese Forderungen zu verwirklichen, sollen Praktika eingeführt, Pastoralinstitute gegründet und die Kandidaten für den kirchlichen Dienst in Gebrauch der pädagogischen, psychologischen und soziologischen Hilfsmittel unterwiesen werden[11]. Von der Pastoraltheologie als einer eigenen Disziplin wird freilich in den Konzilsdokumenten an keiner Stelle gesprochen, während die Tochterdisziplin Liturgik ausdrücklich zur *disziplina principalis* aufgewertet wird[12]. Ansätze aus den Kommissionsvorlagen, die in diese Richtung wiesen, sind den allgemeinen Kürzungstendenzen zum Opfer gefallen. Dort war immerhin von der »Pastoraltheologie« und »verwandten Disziplinen« die Rede gewesen, wenn auch nur als von einer *apostolatus ars, temporibus et locis accomodata*[13].

---

7 Ökumenismusdekret, n. 6.
8 Pastoralkonstitution, n. 3.
9 Dekret über die Ausbildung der Priester, n. 4.
10 AaO. n. 19.
11 AaO. n. 20–22.
12 Liturgiekonstitution, n. 16.
13 F. Klostermann, Priester für morgen (1970) 353 f.

Von der Pastoraltheologie als Disziplin lassen die Konzilstexte eher eine traditionelle Vorstellung erkennen. Man schätzt ihre überaus wichtige Aufgabe bei der Ausbildung der Seelsorger in ihren Amtspflichten; sie hat die Inhalte der systematischen und historischen Theologie sowie die kirchliche Lehre und Weisung für den pastoralen Gebrauch zu übersetzen und dazu auch brauchbares Wissen aus den Profanwissenschaften (Psychologie, Pädagogik, Soziologie, Medizin u.a.) zu vermitteln. Aber dies alles im Sinne von Kunstfertigkeiten und Techniken (artes) nicht als eine theologische Disziplin, die zu eigenständiger theologischer Erkenntnis beisteuern könnte. Im Hintergrund steht die aristotelische Sprachregelung, wonach eine Disziplin, die den Gesichtspunkt der Brauchbarkeit und Anwendung zu ihrem Grundaspekt macht, nicht als Wissenschaft, sondern als Technik zu gelten hat. Die Schuld an dieser Abwertung im Sinne einer Seelsorgetechnik ist freilich nicht den Konzilsvätern anzulasten, sondern fällt auf die Pastoraltheologie selbst zurück.

Sie hat sich – davon legen die Konzilsdokumente auf ihre Weise Zeugnis ab – außerhalb des deutschsprachigen Raumes nirgends als eigenständige Disziplin etablieren können und sie hat selbst unter den außerordentlich günstigen Bedingungen der Universität im deutschen Sprachraum den epistemologischen Geburtsfehler nie wirklich überwunden, der ihr im Entwurf Rautenstrauchs anhaftet. Sie blieb, von einzelnen Korrekturanläufen abgesehen[14], als Ausbildungsdisziplin vor allem an der konkreten Vielfalt pfarramtlicher Funktionen orientiert und deshalb hilflos allen Auflösungstendenzen ausgeliefert, die von der Praxis und ihrem Wunsch nach detailliertem Rezeptwissen her auf sie einwirkten. So kam es zum unverbundenen Nebeneinander der pastoraltheologischen Teilfächer (Katechetik, Homiletik, Liturgik, Seelsorgewissenschaft, Caritaswissenschaft usw.) und zur Identitätskrise der »Rest-Pastoraltheologie«, die H. Schuster beschrieben hat[15].

Will man zusammenfassend die Bedeutung des Konzils für die Neubesinnung in der katholischen Pastoraltheologie bestimmen, wird man folgende Doppelthese formulieren können:

(1) Wo das Konzil sachlich auf das Aufgabenfeld der Pastoraltheologie zu sprechen kommt, läßt es eine Vorstellung von der Disziplin erkennen, die eine große, aber nicht sehr ruhmreiche Tradition hat. Das Konzept der Ausbildungs- und Anwendungsdisziplin wird nirgends überwunden.

---

14 Vgl. dazu Schuster, GP, 56–66, sowie die Beiträge von W. Steck und A. Exeler / N. Mette in diesem Band 27–41, 65–80.

15 Schuster, GP, 79 f.

(2) Auf der anderen Seite stellt das Konzil, indem es das Selbstverständnis der Kirche neu definiert und die theologische Reflexion der Gegenwartssituation als Voraussetzung verantwortungsbewußter Reform fordert und selbst wagt, die Disziplin nicht nur vor eine unerhörte Fülle neuer Aufgaben, sondern weist ihr auch methodisch den Weg. Es signalisiert nicht nur die neue Wende, sondern fordert förmlich einen neuen Stil praktisch-theologischen Denkens. Das »Handbuch der Pastoraltheologie« (1964–1972) ist der respektheischende Versuch, sich dieser Herausforderung zu stellen[16].

2. *Der Ansatz des »Handbuchs«*

a. Zur Vorgeschichte

Wie wenig der neue Ansatz auf der Straße lag, lassen die Entwürfe erkennen, die in den Vorüberlegungen im Herausgeberkreis mit zur Diskussion gestanden hatten: F. X. Arnold sah das Zentralthema in Heilsprozeß und Heilsvermittlung (gott-menschliches Prinzip), K. Delahaye in Anruf Gottes und Antwort des Menschen (Prinzip der Korrespondenz), F. Klostermann in der Fortführung der Sendung Christi (apostolisches Prinzip), H. Aufderbeck in der transfiguratio mundi (Prinzip der Heilsökonomie), J. M. Reuss in der Entfaltung der Menschwerdung Gottes (Prinzip der Inkarnation), K. Rahner im Selbstvollzug der Kirche (ekklesiologisches Prinzip). Wenn sich schließlich K. Rahners Konzept durchgesetzt hat, mag dabei keine geringe Rolle gespielt haben, daß dieser ekklesiologische Ansatz umrißhaft bereits im Werk des Tübinger Pastoraltheologen A. Graf. vom Jahre 1841 artikuliert und von F. X. Arnold und H. Schuster wiederentdeckt worden war[17].

b. Zum Aufbau

Was Rahner vorschwebte, war eine Art »Politologie der Kirche«[18], eine umfassende Reflexion darüber, wie sich die Kirche unter den Bedingungen der Gegenwart in die Zukunft hinein aufbaut. Entsprechend

16 HPTh; wichtigste Rezensionen: G. Krause, in: ThPr 2 (1967) 360–371; L. Hofmann / R. Zerfaß / N. Mette, in: ThRev 62 (1966) 328–330; 69 (1973) 89–98, 402–406.

17 Siehe o. Anm. 14 und F. X. Arnold, Seelsorge aus der Mitte der Heilsgeschichte (1956) 170–195.

18 HPTh I, 342.

handelt das Handbuch in seinem ersten Hauptteil (Bd. I und II/1) allgemein vom Wesen der Kirche, von ihren Grundfunktionen, von den Trägern des Selbstvollzugs und von den anthropologischen Voraussetzungen in der heutigen Welt. Erst auf diesem Hintergrund behandelt der zweite Hauptteil – gleichsam die »Spezielle Pastoraltheologie« – den Selbstvollzug der Kirche auf den verschiedenen Ebenen (Bd. II/2 und III) und das Verhältnis der Kirche zu den einzelnen Menschen in den je verschiedenen Situationen des Lebens (Bd. IV), um mit Fragen der Koordination und Planung der kirchlichen Arbeit abzuschließen. Ein Lexikon erschließt und ergänzt die Stoffülle (Bd. V).

c. Zum Wissenschaftscharakter der Disziplin

Es spricht für das Reflexionsniveau des Handbuchs, daß es der unmittelbaren Stoffdarbietung nicht nur eine kritische Wissenschaftsgeschichte, sondern auch den Versuch einer wissenschaftstheoretischen Standortbestimmung voranstellt. Freilich stellte man sich dabei nicht eigentlich dem Methodenproblem, sondern begnügte sich damit – darin wird der historische Abstand zur gegenwärtigen Diskussion am deutlichsten sichtbar –, die Disziplin durch die Umschreibung ihres Gegenstandsbereichs von den übrigen theologischen Disziplinen abzugrenzen und damit in ihrer Eigenständigkeit zu begründen. Dies geschieht gut scholastisch durch die Bestimmung ihres Material- und Formalobjekts[19].

Als *der materiale Gegenstandsbereich* der Disziplin wird – in Kritik an der klerikalistischen Engführung – das kirchliche Leben in seiner ganzen Breite bezeichnet, wie es schon Graf aus der Tübinger Schule bezogen hatte[20] und wie es nun im Vaticanum II gesamtkirchliche Anerkennung finden konnte: Die Kirche wird als die legitim verfaßte Gemeinschaft der Glaubenden gesehen, in der die Selbstmitteilung Gottes durch Jesus Christus in der Welt gegenwärtig und wirksam bleibt. Als umfassendes Sakrament des Heiles[21] stellt die Kirche das unter den Völkern sichtbar errichtete Zeichen dar[22] und verwirklicht zugleich das unsichtbar Bezeichnete, nämlich das Offenbarwerden der Gnade Gottes in der gegenwärtigen Welt. Dies geschieht konkret im Zusammenspiel verschiedener Faktoren (Hierarchie, Laien usw.), auf verschiede-

19 Schuster, WP, 93–100, 107–114. Was zum Methodenproblem gesagt wird (aaO. 100–106), beschreibt eher Zielvorstellungen als Verfahrensweisen.

20 Arnold, 178 f.; Schuster, GP, 57.

21 Vaticanum II, Kirchensonstitution, n. 1; Pastoralkonstitution, n. 45.

22 Ökumenismusdekret, n. 2.

nen Ebenen (Gesamtkirche, Gemeinden) und in unterschiedlichen Dimensionen (Verkündigung, Liturgie, Mission, Diakonie usw.). Der Beschreibung dieses ganzen Feldes hat sich die Disziplin zu widmen – und zwar unter dem besonderen Gesichtspunkt, wieweit die eine und unaufgebare Heilssendung der Kirche in der Gegenwart am besten zur Geltung gebracht werden kann.

Darum bestimmt Schuster als *das Formalobjekt* der Pastoraltheologie »die Bedingtheit des Vollzugs der Kirche durch die Gegenwartssituation«[23]. Wenn und weil nämlich die Kirche nicht nur als vorgegebenes Faktum, sondern auch als aufgegebenes Faziendum betrachtet werden muß, hat die Theologie als das wissenschaftliche Selbstbewußtsein der Kirche die je gegebene Gegenwartssituation als Anruf Gottes zu konkretem Heilsverfahren zu interpretieren. Damit nämlich sind die übrigen theologischen Disziplinen überfordert, sosehr Exegese, Historische und Systematische Theologie sich alle der gegenwärtigen Sendung der Kirche verpflichtet fühlen mögen. Sie bleiben aber an ihre wissenschaftliche Bestimmung gebunden, die Aussagen des Gotteswortes zunächst in ihrem historischen Kontext zu erheben, in ihrer historischen Überlieferung aufzuhellen und auf ihren systematischen Zusammenhang hin zu durchdenken, während Praktische Theologie vom Sein-sollen der Kirche in der konkreten Gegenwart zu handeln hat. Sie darf sich nicht mit dem Ansehen der Gegenwart von hinterher begnügen[24], darf nicht die im Neuen Testament vorausgesetzte kirchliche Praxis in die gegenwärtige Lage einzeichnen, sondern hat den konkreten Vollzug der Kirche in eigenständiger theologischer Forschung zu erheben und zu reflektieren, und zwar auf fortschreitende Verwirklichung hin. Sie hat aus der methodischen Erhebung und theologischen Analyse der Gegenwart Normen zu entwickeln, nach denen die Kirche sich in dieser konkreten Situation entwerfen und verwirklichen muß, um jetzt und für die Zukunft ihrer Sendung zu entsprechen[25]. Dieser nomothetische Charakter der Praktischen Theologie, diese Aufgabe, Prinzipien und Modelle für die Verwirklichung kirchlichen Lebens zu erarbeiten, gehört unverzichtbar zur Bestimmung ihres Gegenstandes.

Den wissenschaftstheoretischen Standort der Praktischen Theologie formuliert das Handbuch also im Blick auf die faktische Lehrtradition an den theologischen Fakultäten einerseits und auf die reformerischen Aufgaben der Kirche andererseits. Wenn die »Selbstüberlieferung des

---

23 Schuster, WP, 98 f.
24 P. Drews, Das Problem der Praktischen Theologie (1910) 64 f.
25 Schuster, WP, 104 f.

Christentums zur beständigen Gegenwart«[26] heute gelingen soll, bedarf es dazu einer Disziplin, die diesen Vorgang theologisch reflektiert. Praktische Theologie als Lehre vom Selbstvollzug der Kirche versucht in umfassender und vorausschauender Forschung dem kirchlichen Dienst in der Gegenwart die wissenschaftliche Orientierung zu geben. Sie hat sich um dieser Zielsetzung willen gerade mit dem Überhang der Gegenwartssituation in die Zukunft hinein zu befassen[27].

3. Weiterführende Überlegungen

Wie Verkaufserfolg, fachwissenschaftliches Echo und fremdsprachliche Übersetzungen zeigen, ist mit dem »Handbuch« ein bedeutsamer Ansatz zum Durchbruch gekommen. Worin seine Grenzen liegen, soll – da der vorliegende Band insgesamt die Diskussion weiterzutreiben sucht – hier nur in Stichworten aufgezeigt werden.

Aus der Perspektive der späteren Entwicklung bleibt bedauerlich, daß die Herausgeber bei der traditionellen Bezeichnung »Pastoraltheologie« geblieben sind, wenngleich sich im Untertitel »Praktische Theologie der Kirche in ihrer Gegenwart« schon die eigentliche Intention Ausdruck verschafft hat. Es scheint heute an der Zeit, von der vielfach belasteten und wissenschaftlich inadäquaten Bezeichnung Abschied zu nehmen, nicht zuletzt aus Gründen der ökumenischen Zusammenarbeit[28].

Kritik gefunden hat besonders das Kirchenverständnis des Handbuchs; mit der Kategorie des »Selbstvollzugs« werde eine Unterordnung der existentialen unter die essentiale Ekklesiologie gefordert, die nicht nur die konkrete Geschichte der Kirchen zu wenig beachte, sondern auch die Bedeutung der Humanwissenschaften für die Praktische Theologie, wenn es ernst wird, neutralisiere[29]. Darüber hinaus wird gefordert, den ekklesiologischen Ansatz durch einen Rückgriff auf den

---

26 Zentralidee bei: J. S. Drey, Kurze Einleitung in das Studium der Theologie (1819) 181–207; Drey ist der Lehrer A. Grafs, der diesen Gedanken in die Praktische Theologie überführt und – in Absetzung gegen Schleiermacher – die Idee von der in die Zukunft hinein sich erbauenden Kirche entwickelt; vgl. Arnold, 183; Schuster, GP, 58. Ähnlich die Definition der Praktischen Theologie als »Theorie von der fortschreitenden Selbstverwirklichung der Kirche in der Welt« bei G. v. Zezschitz, System der Praktischen Theologie (1876–78) 5.

27 Wichtig zur Abgrenzung gegenüber dem Kirchenrecht; vgl. Schuster, WP, 111 f.

28 Vgl. G. Rau, Pastoraltheologie (1970) 13 f., 327 f.

29 F. v. d. Oudenrijn, Kritische Theologie als Kritik der Theologie (1972) 179 bis 186, 203–206.

historischen Jesus zu vertiefen, soll er nicht »auf Selbstbespiegelung der Kirche, auf Binnenfunktion, auf perfekte Kirche« hinauslaufen[30].

Hinter seiner eigenen Zielsetzung zurückgeblieben ist das Handbuch vor allem in der Methodenfrage; das Postulat einer theologisch-soziologischen Gegenwartsanalyse ist – gewiß auch mangels empirischen Materials – über allgemeinste Skizzen der pastoralen Großwetterlage nirgends hinausgekommen. Der Aufwand an hermeneutischer Reflexion verdeckt nur schlecht dieses Defizit an Information und konkreter Analyse kirchlicher Handlungsfelder.

Man kann diese Grenzen sehen und benennen und gleichwohl anerkennen, daß das Handbuch einen Meilenstein in der Geschichte der katholischen Pastoraltheologie und der Praktischen Theologie überhaupt darstellt. Denn, wiewohl man sich gelegentlich auf Meilensteinen ausruhen mag, besteht doch ihre eigentliche Aufgabe darin, zum Weitergehen zu animieren.

---

30 Biemer/Siller, 136.

2 | 23 Heinz Schuster
Die Praktische Theologie unter dem Anspruch der Sache Jesu[1]

1. *Das Problem einer »ekklesiologischen Grundlegung« für die Praktische Theologie*

a. Die Schwäche des Versuchs im HPTh

Die von mir im HPTh vorgeschlagene Definition der Pastoraltheologie als »praktischer Theologie«[2] zeigt – von heute her besehen – ihre Schwächen. Eine erste und entscheidende betrifft die Bestimmung des Materialobjektes der Praktischen Theologie: den »Selbstvollzug der Kirche«. In verschiedenen schriftlichen und mündlichen Kritiken klang schon vor Jahren an, man könne diese Bestimmung so verstehen, als ginge es um den Vollzug der Kirche um ihrer selbst willen. Daß es sich dabei um ein Mißverständnis handelte, konnte zwar leicht anhand der Ausführungen im HPTh geklärt werden[3], aber, wie sich heute zeigt, war jene Befürchtung nicht ganz unbegründet. Der praktischen Theologie ging es ja ausdrücklich um das ganze Feld der Aktualisation dessen, was das Christentum ist und meint. Nun lag es nahe zu sagen, daß die Kirche ja dasselbe will. Und genau diese Folgerung war unkritisch oder zumindest voreilig. Daß die Kirche nichts anderes wollen kann und darf als die aktuelle Verwirklichung dessen, was Jesus war und wollte, ist keine Frage; Frage aber ist, ob die Kirche hier und jetzt *tatsächlich* nichts anderes will und im Sinn hat.

Was der damaligen Definition der Praktischen Theologie also fehlte, war eine genauere inhaltliche Bestimmung des »Vollzugs der Kirche« bzw. ein Kriterium, an dem man das *legitime Seinsollen* und *Wirkensollen* der Kirche messen kann.

---

1 Der folgende kleine Beitrag ist Karl Rahner zu seinem 70. Geburtstag gewidmet. Er hat mit seinen Anregungen wie kein anderer die Neuorientierung der Pastoraltheologie in Richtung auf eine Praktische Theologie gefördert. Er stellt mit seiner Person und seiner Arbeit für den früheren Schüler eine bleibende Motivation dar. Ob er mit einem Ergebnis wie dem unten skizzierten einverstanden ist oder ob er darüber die Stirn runzelt, sei dahingestellt: er wird in jedem Fall sehen, daß meine Vorschläge nicht ohne Eros gegenüber *der* Kirche gemacht worden sind, die man in dem Maß kritisch hinterfragt, als man sie liebt – und umgekehrt.

2 Vgl. HPTh I, 93–109.

3 ZB. HPTh I, 97.

Im HPTh waren für die Praktische Theologie grundsätzlich zwei Instanzen (oder Kriterien oder Quellen) vorgesehen: einmal das »Grundwesen« der Kirche mit den sich daraus ergebenden »Grundstrukturen« und »Grundfunktionen«[4] und auf der anderen Seite die je vorliegende Gegenwartssituation, in der die Kirche ihre Aufgabe zu erfüllen hat. Es wird zwar damals schon gesagt, daß das Grundwesen der Kirche innerhalb der »essentiellen« Ekklesiologie noch nicht so aufgearbeitet ist, daß man es von dort her einfach übernehmen und der Praktischen Theologie voraussetzen könnte. Es wird vielmehr schon die Schwierigkeit gesehen, die sich daraus ergibt, daß die Kirche ein immer neu »sich aktualisierendes Ereignis« ist[5]. Letztlich aber wird an der Notwendigkeit einer »ekklesiologischen Grundlegung« festgehalten[6], diese sei vornehmlich Aufgabe der »essentiellen Ekklesiologie«, und nur weil diese zum damaligen Zeitpunkt nicht imstande war, die gesuchten Daten einer »ekklesiologischen Grundlegung« zu liefern, sollten sie subsidär im Handbuch der Praktischen Theologie aufgearbeitet werden.

An der Notwendigkeit einer »ekklesiologischen Grundlegung« der Praktischen Theologie wird man auch heute nicht zweifeln. Die Praktische Theologie kann sich ja nicht einfach mit irgendeiner Praxis beschäftigen, ihr geht es um das, was die Kirche zu tun hat. Aber die damalige Aufgabenteilung scheint von heute her gesehen schwierig. Sicher spielte ein gewisser Respekt vor der systematisch-dogmatischen Theologie eine Rolle, wenn man damals eine ekklesiologische Grundlegung primär von ihr erwartete und, was entscheidender ist, ihr ohne lange Überlegung zutraute. Daß jene systematisch-dogmatische Theologie heute nicht mehr den unangefochtenen Platz im Gesamt der Theologie hat und daß ihr Selbstverständnis nicht mehr in dem Maße wie früher als intakt vorausgesetzt werden kann, mag mitspielen, wenn wir das Problem einer ekklesiologischen Grundlegung der Praktischen Theologie heute neu sehen. Entscheidend aber ist, daß es aus der Sicht der heutigen Theologie zu optimistisch, wenn nicht sogar naiv scheint, von einer dogmatisch-arbeitenden Theologie allgemeingültige und praktikable Aussagen über ein »Wesen« bzw. »Grundwesen« der Kirche zu erwarten.

Wer sich die Ergebnisse der historisch-kritischen Theologie etwas genauer ansieht, kommt an dem Befund nicht vorbei, daß die Kirche als eine solche strukturierte, organisierte und gesellschaftlich in bestimmter Weise etablierte Größe, wie sie sich heute darstellt, nicht auf einen ausdrücklichen Stiftungswillen Jesu zurückgeführt werden kann;

4 Vgl. HPTh I, 98–99.
5 HPTh I, 96.
6 HPTh I, 95, 117–144.

daß in den Schriften des NT zwar aus und von Gemeinden berichtet wird, die sich an Jesus und seinem Evangelium orientieren; daß aber nicht einmal dort, geschweige denn bei Jesus selbst ein einheitliches, irreversibles »Wesen« der Kirche definiert wird. Über das Phänomen »Kirche« ist, vor allem in Gestalt der differenzierten frühen christlichen Gemeinden, in den historisch-kritischen bzw. exegetischen theologischen Disziplinen relativ viel gesagt worden, aber so weit auch diese Aussagen als gesichert angesehen werden können und so erheblich sie auch für die Frage nach Anfang und Sinn von »Kirche« sind, sie ergeben doch keine systematische, dogmatische Definition des Wesens dieser »Kirche«.

b. Wie weit ist eine »ekklesiologische Grundlegung« möglich?

Bei der Frage, um welches »Feld« oder um welchen »Bereich« von menschlichem Tun es in der Praktischen Theologie eigentlich geht, ist diese zwangsläufig an den Anfang von Christentum überhaupt zurückverwiesen. Diese Rückorientierung darf um keinen einzigen Schritt verkürzt werden, wie man es täte, wenn man einfach von einem dogmatisch-formulierten Grundwesen der Kirche ausginge, aber damit ist auch noch nicht gesagt, mit welcher theologischen Methode und mit Hilfe welcher theologischen Wissenschaft sie geschehen muß.

Wenn wir in den folgenden Überlegungen einige Vorschläge zu jener Rückorientierung machen, dann meinen wir zwar, daß die Praktische Theologie auf sie nicht verzichten kann, wenn sie nicht wieder pure »Pastoraltheologie« oder »Hierarchologie«, also bloße Anleitung zur Führung eines kirchlichen Amtes oder zur Erhaltung des Systems »Kirche« werden will. Wir meinen aber nicht, daß diese Überlegungen selbst schon das Ganze der Praktischen Theologie seien. Es geht ganz einfach um ein Stück – ekklesiologischer und vielleicht auch christologischer – Grundlegung.

Eine erste Anmerkung gilt dabei dem Verständnis und der inhaltlichen Bestimmung der »Sache Jesu« als der normativen Instanz für die Praktische Theologie. Eine zweite gilt dem Verhältnis von Christologie und Ekklesiologie, wobei wir meinen, daß es notwendig ist, in Anlehnung an eine »Christologie von unten« mit einer »Ekklesiologie von unten« anzusetzen. Eine dritte Anmerkung gilt dem springenden Punkt einer solchen »Ekklesiologie von unten«: Der Differenz zwischen dem bleibenden und immer neu relevanten christlichen Motiv, wie es sich aus der Sache Jesu ergibt, und jenen Strukturen, die die Kirche – unter dem Anspruch der Sache Jesu und zugleich unter dem Anspruch der jeweiligen Situation des Menschen – entwickelt hat und immer neu entwickeln muß.

2. *Die Praktische Theologie im Dienst an der »Sache Jesu«*

a. Die normative Bedeutung der »Sache Jesu«

Die Frage, an welchem Punkt die Praktische Theologie ihre theoretischen Überlegungen ansetzen und ihre Handlungsmaximen orientieren muß, zugleich aber auch die Frage, an welcher Instanz die Kirche hinsichtlich ihres faktischen Tuns und notwendigen Sollens gemessen werden kann, scheint uns am besten mit dem Satz beantwortet werden zu können, daß es in beiden Fällen um die »Sache Jesu« gehe. Dieser Begriff ist vielen auf Anhieb nicht eindeutig. Er bezeichnet *formal* zunächst einmal das, was allem Christentum und aller Kirche als Anfang und Grund vorgegeben ist, damit aber zugleich, was die Sache des Christentums und der Kirche von den Anliegen anderer Religionen unterscheidet. Darüberhinaus wird mit dem Begriff das zu fassen versucht, was die Kirche (als *bleibender* Grund) so bestimmt, daß mit ihm das Kriterium gegeben ist, an dem sich Theorie und Praxis der Kirche auszurichten haben und immer neu gemessen werden können.

Mit der »Sache Jesu« ist – inhaltlich – ein theologisch und geschichtlich differenzierter Sachverhalt gemeint. Von vornherein sei festgehalten, daß es unseres Erachtens nicht legitim ist, das, was mit der »Sache Jesu« gemeint ist, aus dem Kontext und dem Vokabular einer bestimmten theologischen Richtung oder Schule zu entnehmen. Der Ausdruck mag ursprünglich eine theologisch-begriffliche Hilfskonstruktion gewesen sein[7], er ist aber längst ein – zunächst jedenfalls – unentbehrlicher Hauptnenner geworden, mit dem man *erstens* die bleibende Relevanz des historischen Jesus, *zweitens* die Relevanz seiner historischen Auswirkung auf die Menschen seiner Umgebung einschließlich deren Betroffenheit durch Jesus, *drittens* die – zwangsläufig nachfolgende – Interpretation der Jesuserfahrung durch die ersten Jünger und Jüngergemeinden in Wort (zB. Traditionen, Schriften) und Tat (zB. Gemeindestrukturen) zu fassen versucht[8].

Ist schon in der Christologie und in der Soteriologie der Begriff der

---

7 So wohl noch bei W. Marxsen, Die Auferstehung Jesu als historisches und als theologisches Problem, in: W. Marxsen / W. Wilckens / G. Delling / H. G. Geyer, Die Bedeutung der Auferstehungsbotschaft für den Glauben an Jesus Christus ([5]1967) 11–39. In seiner späteren Arbeit (Die Auferstehung Jesu von Nazareth, 1968) sieht Marxsen aber einen ähnlichen Zusammenhang von »Sache« und »Person« Jesu, wie wir ihn im folgenden festhalten (vgl. 127–129, 150).

8 Zum Problem der »Sache Jesu« vgl. F. J. Schierse, Die »Sache Jesu« – ein biblischer Begriff? in: Bibel und Leben 10 (1969) 300–306; R. Pesch, Thesen zur Sache Jesu als Begründung kirchlicher Praxis, in: HerKorr 26 (1972) 33–34; W. Kasper, Die Sache Jesu. Recht und Grenzen eines Interpretationsversuches, aaO. 185–189.

Sache Jesu nicht mehr entbehrlich, weil man sonst über die Aufzählung der verschiedenen Momente und Phasen dieser Reflexionen nicht hinauskommt, so hat der Begriff innerhalb der Praktischen Theologie noch eine weiterreichende Bedeutung: Mit ihm ist – relativ deutlicher als mit anderen Begriffen zB. »Evangelium Jesu« oder »Botschaft Jesu« oder »Herrschaft Gottes« – die enge, wenn nicht unlösbare Verknüpfung einerseits der Lehre Jesu mit seinem Wirken und andererseits deren Verknüpfung mit der Interpretation und Realisation durch die frühen christlichen Gemeinden ausgedrückt. Die Sache Jesu meint also einerseits unbedingt *Jesus selbst,* andererseits zugleich die *Praxis* der Jüngergemeinden, in denen Jesus als Christus und Herr gesellschaftlich-geschichtlich aktualisiert wird.

Die Sache Jesu wäre im Ansatz demnach mißverstanden, würde man sie zB. bloß als jenes Phänomen von Mitmenschlichkeit oder Befreiung verstehen, die sich »gelegentlich« in der Person Jesu von Nazareth, wenn auch dort sehr eindrucksvoll, gezeigt hat. Sie ist vielmehr nicht abtrennbar von der Person des historischen Jesus und der Figur des verkündigten Christus, so daß es von daher – und eigentlich nur so – auf dasselbe hinausläuft, ob man zB. vom Weiterleben des auferstandenen Jesus oder vom Weiterleben seiner Sache spricht[9].

Für den Ansatz einer Praktischen Theologie ist diese Vorüberlegung insofern wichtig, als mit ihr das Kriterium bezeichnet ist, an dem sich das Tun und Lassen der Christen zu orientieren hat. *Was* die Christen meinen, glauben, wollen, weitergeben und innerhalb ihrer Gemeinden darstellen wollen, das kann nur die Sache Jesu sein. *Wie* sie dies tun, ist demgegenüber eine zweite Frage. Wenn die Praktische Theologie ihre Aufgabe darin sieht, Vorschläge für das sinnvolle und effektive Wie zu machen, dann hat sie bei der Frage nach Methoden, Strategien und Taktiken relativ freie Hand; dann bleibt ihr aber als verpflichtender Orientierungspunkt das Was der Sache Jesu.

Es wäre natürlich auch möglich, statt von der Sache Jesu vom »Evangelium Jesu« zu sprechen. Aber hier kann, wie gerade die jüngste Vergangenheit zeigt, leicht das Mißverständnis entstehen, als sei das »Evangelium« so etwas wie die »Lehre« oder die »Wahrheiten«, die Jesus formuliert hat. Das Evangelium Jesu ist aber *zugleich* in seinen Worten *und* in seinem konkreten Verhalten, nicht zuletzt in seinem Aushalten des menschlichen Todes und in seiner den Tod überwindenden Hoffnung auf den bleibenden Sinn des menschlichen Lebens

9 Vgl. K. Rahner / W. Thüsing, Christologie – systematisch und exegetisch (1972) 37: »Die wirkliche ›Sache‹ ist, wird sie nicht idealistisch ideologisiert, die im konkreten Dasein der Person vollzogene Sache, ist also als bleibend gültige die Gültigkeit der Person selbst.«

gegeben. Die Nähe der Herrschaft Gottes, die er als Evangelium »verkündet«, *macht* er nahe und real greifbar in seinem gütigen, vergebenden und befreienden Verhalten. Nur wenn das »Evangelium Jesu« gesehen wird als jene »Sache«, die Jesus ist, meint und wirkt, und wenn verstanden wird, daß das Evangelium nicht nur mit Worten verkündigt, sondern – nach dem Modell Jesu – wirksam getan werden muß, drückt der Begriff »Evangelium« dasselbe aus wie die »Sache Jesu«.

b. Die Sache Jesu als Sache des Menschen

Jesus hat, was er meinte und – für sein Volk und seine Jünger – sein wollte, nicht selbst systematisch erklärt. Sein genuines Selbstverständnis bleibt darum vor allem für eine heutige psychologisch-historisch-theologische Fragestellung immer im Dunklen[10]. Auch die frühen christlichen Gemeinden sahen sich außerstande, das von Jesus Überlieferte auf den einheitlichen Hauptnenner einer Jesus-Lehre oder Jesus-Ethik zu bringen. Was hat die Jünger nun bewegt, die Worte Jesu weiterzugeben, von seinem Wirken weiterzuerzählen, so weiterzutun, wie er getan hat?

Diese Frage nach dem Grundmotiv, das zur Entstehung der ersten christlichen Gemeinden geführt hatte, kann offensichtlich nur in Richtung auf die »humane Relevanz« dessen gesucht werden, was Jesus war und tat: Die Jünger haben verstanden, daß *sie* gemeint waren; daß es Jesus um ihre eigene Sache, nämlich um ihre menschliche Situation von Sinnlosigkeit, Hoffnungslosigkeit, unerklärbaren gesellschaftlichen Machtverhältnissen, um ihre Probleme wie Liebe, Leid und Tod ging. Sie erfuhren, daß in diesem Menschen Jesus menschliches Leben so gelebt wurde, daß es sinnvoll wurde trotz aller Sinnlosigkeit. Mit anderen Worten: Die Sache Jesu wurde von den Jüngern als die Sache des Menschen verstanden[11]; so wurde sie interpretiert und vor allem in den späteren Gemeinden aktualisiert.

c. Die Sache des Menschen als Sache Gottes

Im Verständnis der Jünger war aber das, was Jesus bis zum Einsatz seines Lebens *für sie* (und letztlich für alle Menschen) tat, die Erfül-

10 Damit sind die – wenigen – Aussagen, die die Exegese zu dieser Frage mamachen zu können glaubt, keinesfalls als irrelevant abgetan; sie sind vielmehr in dem Maße bedeutend, als sie die einzigen theologisch gesicherten Anhaltspunkte – auch für die hier angestellten Überlegungen – sind. Vgl. dazu zB. F. J. Schierse, Christologie – neutestamentliche Aspekte, in: F. J. Schierse (Hg.), Jesus von Nazareth (1972) 140–142.

11 Vgl. J. Blank, Jesus von Nazareth. Geschichte und Relevanz (1972) 117–121.

lung des »Willens des Vaters«[12]. Hinter der Güte, die die Menschen in Jesus erlebten; hinter der Chance, die er jedem Menschen deutlich machte; hinter der Vergebung, von der er sagte und dokumentierte, daß jeder Mensch auf sie hoffen darf; hinter der Freiheit, die er vermittelte und die stärker war als jedes Gesetz, das den Menschen aburteilen will – hinter all dem steht kein anderer als jener Gott, den Jesus seinen Vater nannte. Seine Lehre kommt darum – wie er selbst – nicht aus ihm[13]: Gott ist vielmehr so viel am Menschen gelegen, daß er in Jesus und *so, wie* er *in diesem* dokumentierte, mit dem Menschen eine Sache macht: die Sache des Menschen.

Von hierher versteht sich, daß in Jesus der Vater für menschliche Augen sichtbar wird (vgl. Joh 14,9), daß in der Liebe (zum Menschen, zu wem sonst?) Gott erkennbar wird (1 Joh 4,8), daß das, was dem Geringsten getan worden ist, letztlich Gott getan wurde (Mt 25,40), daß man Gott nicht lieben *kann,* wenn man seinen Bruder nicht liebt (1 Joh 4,20).

Erst eine spätere Zeit kann diese beiden Dimensionen der einen Sache Jesu – die Sache des Menschen als die Sache Gottes – in zwei »Richtungen« auseinanderdividieren. Daß man damit dem Gottesbild Jesu, bei dem Gott der ist, der dem Menschen nahe ist, nicht gerecht wird, ist oft gesagt worden. Es ist auch klar, daß man mit dem Denkmodell der beiden »Richtungen« (einer »vertikalen« und einer »horizontalen«, wie man heute gerne, aber eben völlig unangemessen sagt) der klassischen Christologie von der Inkarnation des Logos im Fleisch und in der Geschichte des Menschen nicht gerecht wird. Wer die heutige kirchliche Praxis ein wenig kennt, weiß, daß jene Vorstellungen sich vor allem im Bereich der Pastoral halten; bestimmte Vorstellungen der kirchlichen Praxis (zB. der Begriff und die Sache des »Gottesdienstes«) scheinen mit jenem Denkmodell nun einmal zu stehen und zu fallen.

Der Praktischen Theologie kommt darum die Aufgabe zu, die Sache Jesu so zu sehen und zu interpretieren, wie es ihr entspricht – und wie es in anderen Bereichen der Theologie bereits geschieht. Sie muß darauf bestehen, daß sich die christliche Praxis und die Praxis der Kirche kritisch überprüfen und konstruktiv orientieren nicht an traditionellen Vorstellungen oder Denkmodellen, sondern an der Sache des Evangeliums selbst.

Dabei ist die Sache des christlichen Evangeliums, wie sich oben gezeigt hat, keinesfalls eine abstrakte, nur lehrhaft dogmatisch erfaßbare

---

12 Vgl. Mk 8, 33 par; daneben Mt 4, 1–11 par; Jesus bekennt sich hier zu seinem Leidensweg als zur »Sache Gottes«. Dazu Schierse, Die »Sache Jesu«, 300–306.

13 Joh 7, 16–18.

Größe. Es geht bei ihr um nicht mehr und nicht weniger als den Menschen. Er selbst und seine geschichtlich-gesellschaftliche Entfaltung, seine Freiheit und seine Zukunft sind die im Evangelium selbst festgestellten Normen, an denen sich Christentum und Kirche zu orientieren haben. Der Einwand, daß andere Religionen und gesellschaftliche Gruppen sich im Dienst an demselben Menschen verstehen, und darum das Konzept einer christlichen Humanität mit anderen Humanismen zwangsläufig konkurriert, ist zunächst einmal sekundär. Er ist angesichts der Aufgabe eigentlich immer eine Prestigefrage. Aber es sei festgehalten, daß das Christentum für seinen Entwurf *erstens* ein – im wörtlichen Sinn – einmaliges Motiv in der Figur Jesu von Nazareth hat, und daß *zweitens* die Radikalisierung des Problems »Mensch« bzw. der Sinnfrage dieses Menschen auf die letzte »Wurzel« *(radix!)*, die Gott ist und die Jesus seinen Vater nennt, die christliche Interpretation des Menschen und den christlichen Entwurf eines Humanismus auszeichnet. Ein »Evangelium«, in dem ein *solcher* Entwurf nicht nur theoretisch aufgestellt, sondern mit letzter tödlicher Konsequenz und *zugleich* mit einem letzten befreienden Vertrauen gelebt wird, ist unter anderen Religionen nicht leicht zu finden.

3. *Das Verhältnis von Christologie und Ekklesiologie*

a. Die Kirche als Explikation des Glaubens an Jesus

Die Entstehung der ersten christlichen Gemeinden ist nicht denkbar ohne die Betroffenheit der Jünger durch Jesus. Hierin ist auch das eigentliche »Stiftungsmotiv« der Kirche zu suchen. Ein ausdrücklicher Stiftungswille im Hinblick auf eine »Kirche« im Sinne einer Religionsgemeinschaft mit klaren Kompetenzen, Organisationsstrukturen und Riten ist bei Jesus nicht zu finden[14]. Er wird aber von seinen Jüngern offensichtlich richtig verstanden, wenn diese nach dem Tode Jesu an der einmal von ihm initiierten Gemeinschaft der Jüngergemeinde festhalten. Dieses Kollektiv hat Jesus erlebt. In ihm lebt dieses Erlebnis weiter. Es ist imstande, die einmal gemachte Erfahrung zu interpretieren und bildet damit den Ausgangspunkt für weitere Gemeindebildungen. Diese aber sind ihrerseits Zeugnis dafür, daß auch über den ursprünglichen Kreis der »Jünger erster Hand« Menschen von Jesus und seiner Sache betroffen sein können.

14 Vgl. Blank, 122–150; J. Nolte, Die Sache Jesu und die Zukunft der Kirche. Gedanken zur Stellung von Christologie und Ekklesiologie, in: Schierse (Hg.), Jesus von Nazareth, 244.

Wenn man also feststellt, daß die ersten Gemeinden Ausdruck und Konsequenz der Betroffenheit durch Jesus bzw. durch den von den Jüngern verkündeten Herrn sind, dann ist damit Jesus keinesfalls irrelevant für die Entstehung oder Stiftung der frühen Gemeinde geworden. Aber es ist damit etwas Entscheidendes über die wesentlich geschilderte Grundstruktur christlicher Gemeinden gesagt: Sie sind nicht »von oben« dekretiert; sie sind nicht von Jesus selbst organisiert worden; sie sind und bleiben aber, wenn sie ihrem Anfang treu bleiben wollen, immer von neuem von Jesus motiviert.

b. Bemerkungen über eine »Ekklesiologie von unten«

Dem oben skizzierten Sachverhalt wird man wohl am besten gerecht, wenn man – in Anlehnung an eine »Christologie von unten«[15] – einmal eine »Ekklesiologie von unten« versucht. Gemeint ist damit zunächst, daß der historische Anfang von Kirche in der historisch nachweisbaren (in den Zeugnissen des NT sich deutlich, wenn auch differenziert artikulierenden) Betroffenheit der Jünger Jesu zu suchen ist. Wie die »Christologie von unten« ansetzt bei der Jesuserfahrung der Jünger, die sich in einer späteren geschichtlichen Phase, wenn auch unbedingt »im Geiste Jesu«, zu einer Christologie – zunächst in Gestalt verschiedener Hoheitstitel[16] – entfaltet, so ist bei dem Phänomen »Kirche« der Anfang und Grund in dem historischen Prozeß der Glaubensexplikation innerhalb der verschiedenen Gemeinden zu sehen. »Kirche« ist die konsequente Reaktion von Menschen, die ihre Hoffnung und ihren Glauben auf jene Sache setzen, die Jesus als die Sache Gottes für den Menschen (für jeden Menschen) glaubwürdig gemacht hat. Weil diese Sache eine unmittelbare Auswirkung auf das Zusammenleben der Menschen in der Umgebung Jesu und nicht zuletzt auf die Jüngergemeinde selbst gehabt hat, besteht keine andere sinnvolle und effektive Möglichkeit sie weiterzurealisieren als dadurch, daß man sie wiederum in menschlicher Gemeinschaft, also in Gruppen und Gemeinden zu realisieren versucht. Nur hier und so kann greifbar gemacht werden, was Vergebung gegenüber dem Schwachen und dem Sünder, was Solidarität mit dem Außenseiter, was Einsatz für den Abgeurteilten, was Liebe, Güte, Vertrauen, kurz: was die Nähe eines in Liebe zum Menschen herrschenden Gottes, also was »Gottesherrschaft« ist.

---

15 Vgl. Rahner/Thüsing, 47, 11–120; 166.

16 Dazu F. Hahn, Christologische Hoheitstitel. Ihre Geschichte im frühen Christentum (1963); E. Schweizer, Erniedrigung und Erlösung bei Jesus und seinen Nachfolgern (Basel-Zürich [2]1962).

Wenn man den Anfang von Kirche so sieht, versteht sich auch, warum im Zeugnis der neutestamentlichen Schriften kein einheitliches Bild und keine einheitliche Theorie von christlicher Gemeinde zu finden ist[17]. Allen Gemeinden gemeinsam ist zwar die Orientierung an Jesus, seinen Worten und seinen Taten. Aber sowohl die Zusammensetzung, wie auch die damit gegebenen religiösen, philophischen oder ethischen Rückbindungen (judenchristliche Gemeinden, Diaspora-Juden-Gemeinden, hellenistische Gemeinden), wie auch die Akzentuierungen ihres Jesusbildes bleiben zunächst variabel.

Für die Praktische Theologie ist dieser Befund insofern interessant, als sie bei der Frage nach einer »ekklesiologischen Grundlegung« auf diesen historischen Grund und Anfang von Kirche zurückgehen muß, wenn sie nicht bei einem anderen, dann aber beliebigen Datum der Entwicklungsgeschichte der Kirche ansetzen und von dort her das »Wesen« der Kirche bestimmen will.

Geht die Praktische Theologie aber an jenen Anfang zurück, in dem die ersten christlichen Gemeinden innerhalb ihrer jeweiligen Situation und gesellschaftlichen Zusammensetzung versuchen, die Sache Jesu in Wort und Tat zu artikulieren, dann trifft sie dort auch auf den Anfang der »Praktischen Theologie« des Christentums. Diese anfängliche »Praktische Theologie« dient der Theoriebildung der ersten Gemeinden *und zugleich* der Begründung einer adäquaten Praxis. Beide bedingen sich damals noch gegenseitig: Die »Lehre« artikuliert sich in der Praxis der Gemeinde, die Praxis ihrerseits aktualisiert, was die Gemeinde glaubt und worauf sie ihre Hoffnung setzt. Man kann wohl sagen, daß die Praktische Theologie von heute in der damaligen Phase ein *Modell* für die Aufgabe, die Methode und die Zielsetzung von Praktischer Theologie überhaupt finden kann.

4. *Die Differenz zwischen christlichem Motiv und kirchlichen Strukturen*[18]

a. Das Problem kirchlicher »Wesensstrukturen«

Unsere Frage nach einer richtigen ekklesiologischen Grundlegung der Praktischen Theologie spitzt sich zu auf die Frage, ob über den Orientierungspunkt der Sache Jesu hinaus andere, wenn möglich genauere

17 J. Blank, Kirche – Gemeinde oder/und Institution? in: Diakonia 4 (1973) 235–245.

18 Mit den folgenden Überlegungen wird ein entscheidender weiterer Punkt einer »Ekklesiologie von unten« skizziert.

Bestimmungen oder Strukturen der Kirche auszumachen sind, die zur Erfüllung ihrer Aufgabe unverzichtbar wären. Die bisherige Ekklesiologie und somit auch die »ekklesiologische Grundlegung« der Praktischen Theologie sah offensichtlich in den »Grundfunktionen« und »Grundstrukturen« solche unabdingbaren Wesensbestimmungen der Kirche. Wir aber meinen, eine genauere Überprüfung des historischen Grundes und Anfangs von Kirche ergäbe, daß von einem bleibenden »Wesen« der Kirche *im Sinne von irreversiblen* und jede kirchliche Praxis von *vornherein normierenden* Strukturen nicht die Rede sein kann.

Damit ist nicht gesagt, daß man im Zusammenhang mit der Kirche nicht eine »Wesensfrage« stellen könne. Man kann das Phänomen Kirche natürlich auf alle möglichen Abstraktionsebenen reflektieren und dabei zu Bestimmungen wie »Leib Christi«, »Volk Gottes« oder »Ort der Heilsvermittlung« kommen. Diese Bestimmungen treffen aber erstens nicht unbedingt die konkreten historischen Motive, die hinter der Entwicklung und Ausformung der ersten kirchlichen Gemeinden standen, sie sind zweitens nicht als solche jene praktikablen Handlungsprinzipien oder -imperative, die die Kirche braucht, um in jeder neuen Phase ihrer Geschichte das tun zu können, was ihre Aufgabe ist.

b. Die bleibende Relevanz der »christlichen Motive«

Den springenden Punkt unserer Überlegung kann man vielleicht so formulieren: Die Bildung von christlichen Gemeinden in der nachösterlichen Zeit und die Entwicklung erster kirchlicher Strukturen im Sinn kollektiver Denk- und Verhaltensmuster, die auf die innere Ordnung des gesellschaftlichen Ganzen – nämlich der »Kirche«, die sich in Einzelgemeinden artikulierte – hinzielten, sind als solche absolut historischer Natur, sie haben aber ihren Grund in den Motivationen, die sich aus der Sache Jesu ergaben.

Bei dieser Feststellung sind wir uns darüber im Klaren, daß der Begriff des »Motivs« bzw. der »Motivationen« nicht der eindeutigste und beste sein mag. Aber die Richtung, in die er zielt, sollte doch verständlich sein: Was die Jünger zur Bildung der ersten Gemeinde *bewegt,* und was diese Gemeinde ihrerseits bewegt, sich selbst zu strukturieren (also Dienste und Ämter in den Gemeinden zu definieren; Formen der Versammlung, der Verkündigung und der Erinnerung an Jesus zu entwickeln; einen bestimmten Verhaltenskodex bis hin zu einer eigenständigen Moral zu entwickeln usw.), sind Jesus und die Anstöße, *wie* sie aus seinen Worten, aus seinem Verhalten, ja aus seiner ganzen gekreuzigten und dennoch lebendigen Person empfangen und wahrgenommen werden. Diese Motive mögen in sich selbst schon gemeindestiftende Kraft haben (Jesus hat offensichtlich nicht die private Frömmigkeit oder Gesetzesgerechtigkeit als Heilsweg gemeint, sondern seine Sache als Sache der menschlichen Gesellschaft verstanden); sie mögen, vor allem was das Verhalten Jesu anging, schon modellhaften Charakter gehabt haben; aber sie dürfen als solche doch nicht einfach identifiziert werden mit jenen Strukturen, die die ersten Gemeinden gleichsam als *eigenständige und freie Konsequenzen aus ihrer Betroffenheit* (oder ihrer »Motivation«) durch Jesus ziehen.

Nur wenn man an der Differenz zwischen den zugrundeliegenden Motiven und den sich von daher – mit einer gewissen Zwangsläufigkeit – ergebenden kirchlichen Strukturen festhält, kann man, so scheint uns, die Gelassenheit erklären, mit der die ersten Gemeinden ihre »strukturellen Differenzen« oder ihre »strukturellen Uneinheitlichkeiten« aushalten. Nur so versteht sich zB. daß eine mehr jüdisch-presbyteriale »Verfassung« neben einer eher monarchisch-episkopalen »Verfassung« Platz hat[19]; daß Ämter wie die der »Lehrer« und »Propheten« zu bestimmten Orten und Zeiten einen Rang haben, der ihnen anderswo und einige Zeit später generell bestritten wird; daß so entscheidende »Vollzüge« wie die der Eucharistie oder der kirchlichen Buße eine recht lange Zeit brauchen, um sich als Angelpunkte kirchlicher Praxis zu strukturieren; daß das Motiv der Einheit zwar sehr früh die Gemeinden beschäftigt, daß aber ein diese Einheit repräsentierendes Amt sich erst in relativ später Zeit entwickelt usw.

Mit der hier vorgeschlagenen Unterscheidung kann die Praktische Theologie einem weiteren Sachverhalt leichter gerecht werden, der Tatsache nämlich, daß es neben den genuin *christlichen* dh. von der Sache Jesu herkommenden Motiven auch solche gibt, die eher religionsgeschichtlich und kulturgeschichtlich erklärt werden können, die aber als solche – oft sogar eng verwoben mit den genuin christlichen Motiven – Einfluß auf die Strukturierung der Kirche gehabt haben. Man denke nur an bestimmte Ämter in der Kirche, ja an die ganze Reihe der sakral-kultischen Motive, die wohl nicht genuin neutestamentlich sind, somit auch an bestimmte Formen im Gottesdienst, nicht zuletzt an bestimmte Sakramente. Man darf unserem Ansatz nicht unterstellen, daß er solche Motive am liebsten ausgesondert, die Strukturen der Kirche also von hierher purifiziert sehen möchte. Die Kirche ist hinsichtlich der Explikation ihrer Betroffenheit durch die Sache Jesu, die ja die Sache des Menschen und seiner Geschichte ist, selbstverständlich auch frei, andere Motive wahrzunehmen und zu struktu-

19 Vgl. dazu: Reform und Anerkennung kirchlicher Ämter. Ein Memorandum der Arbeitsgemeinschaft ökumenischer Universitätsinstitute (1973) 17–20; 163–186.

rieren. Nur muß der historische und somit kontingente Stellenwert gerade solcher Strukturen beachtet bleiben. Man darf sie nicht zu Wesensstrukturen der Kirche oder gar zu Verfügungen *de jure divino* stilisieren.

5. Konsequenzen für die Praktische Theologie

Was sich aus diesem Ansatz einer «ekklesiologischen Grundlegung« im Sinne einer Ekklesiologie-von-unten für die Praktische Theologie und, durch diese vermittelt, für das Selbstverständnis der Kirche ergibt, sei – in gebotener Kürze und Vorläufigkeit – in einigen Punkten festgehalten:

a. Die Praktische Theologie muß Kirche primär verstehen als eine soziale Explikation der Sache Jesu bzw. der Betroffenheit durch diese Sache. Die Strukturen der Kirche sind zugleich hinsichtlich ihrer Motivation wie auch hinsichtlich ihrer geschichtlichen Bedingtheit ernstzunehmen. Dh. die traditionellen Strukturen der Kirche (Ausformung von Riten, Ämtern, Sakramenten, Moralsystemen, pastoralen Maximen usw.) können im Rückblick auf ihre frühere Motivation nicht einfach als falsch oder illegitim deklariert werden, sie können aber für eine heutige und zukünftige Verwirklichung der Sache Jesu inadäquat, wenn nicht sogar hinderlich sein.

b. Die Praktische Theologie muß sensibel sein und sensibel machen für die verschiedenen Motive, die mit der Sache Jesu gegeben sind und die aus der *je-weiligen* Situation des Menschen in ihr entdeckt werden können. Sie muß also hinhören nicht nur auf das Evangelium selbst, sondern zugleich auf den Menschen, der – thematisch oder unthematisch, reflektiert oder unreflektiert, getrieben von seiner eigenen Sinnfrage oder vom Geist Jesu – von einem bestimmten christlichen Motiv bewegt wird, ob es sich dabei um das Motiv der Freiheit, der brüderlichen Gemeinschaft, der Barmherzigkeit gegenüber dem Mitmenschen usw. oder um das Motiv der Gerechtigkeit zwischen Sozialpartnern, des Widerstandes gegen die Herrschaft bestimmter ideologischer Systeme usw. handelt.

c. Die Praktische Theologie muß bereit sein, Schwerpunkte zu setzen derart, daß sie bei der Strukturierung und Institutionalisierung solcher Motive hilft, die aktuell die Menschen in einer bestimmten Region bewegt, sofern sich solche Motive als genuin christlich und – im Sinne Jesu – menschlich erweisen, auch wenn sie dabei traditionelle Artikulationen von Kirche hintansetzen muß. Diese Entscheidung kann zB. fällig sein, wenn es um die heute und hier adäquate Form kirchlicher Versöhnung in Abgrenzung zu früheren Formen geht; oder wenn nach neuen Diensten und Funktionen innerhalb der kirchlichen Gemeinden gefragt wird; oder wenn der christliche »Explikationswert« bestimmter Sakramente zur Debatte steht (ist es zB. sinnvoll angesichts der wachsenden Notwendigkeit von Kranken- und Sterbendenseelsorge immer auch zugleich die kirchliche Krankensalbung *als Sakrament* ins Spiel zu bringen? Sind die Motive, die hinter beiden stehen, nicht völlig verschieden und darum im Bewußtsein des heutigen Christen nur schwer auf einen Hauptnenner zu bringen?).

d. Die Praktische Theologie muß bei allen kirchlichen Strukturen – seien es die historisch-gewordenen oder die neu zu suchenden und entstehenden – auf Glaubwürdigkeit bestehen, dh. sie muß kritisch prüfen, ob sie wirklich transparent sind in Richtung auf die Sache Jesu, ob sie redlicher und aktuell verständlicher Ausdruck jener Liebe, Hoffnung, Gerechtigkeit und Freiheit sind, wie sie von den Menschen in Jesus als Gabe und Aufgabe des Vaters erfahren worden sind.

2 | 24 Rolf Zerfaß
Praktische Theologie als Handlungswissenschaft

Wenn neuestens in der Praktischen Theologie ein Konsens in Richtung Handlungswissenschaften registriert wird[1], mag das zunächst wie eine Verlegenheitslösung aussehen. Da sie sich hartnäckig dagegen wehrt, als bloße Ausbildungsdisziplin für Pfarramtswärter eingestuft zu werden[2], die Ablösung dieses klerikalen durch einen universalen ekklesiologischen Ansatz aber nicht gelingen will, weil er u. a. zu einer Überforderung der Praktischen Theologie und unvermeidlich zum Konflikt mit den Systematikern führt[3], scheint man jetzt eine dritte, in der Wissenschaftsgeschichte der Disziplin gut belegte Überlieferungslinie reaktivieren zu wollen: das Verständnis der Praktischen Theologie als einer Theorie kirchlichen Handelns[4]. In Wirklichkeit dient der Rekurs auf die Wissenschaftsgeschichte eher der nachträglichen Legitimation einer längst praktizierten Zusammenarbeit mit den modernen Handlungswissenschaften[5]. Spätestens in den sechziger Jahren hat ja der soziale Wandel der Nachkriegsgesellschaft das binnenkirchliche Klima verändert; unter dem Druck gesellschaftlicher Kritik und innerkirchlicher Reformbewegungen mußte reagiert, reformiert, verändert, entschieden werden, und zwar rasch und auf vielen Ebenen des kirchli-

---

1 Vgl. Krause, XXII. 335, 430 f.; H. D. Bastian, Vom Wort zu den Wörtern, in: EvTh 28 (1968) 25–55; H. Schroer, Inventur in der Praktischen Theologie, in: Krause, 445–459; ders., Der praktische Bezug der theologischen Wissenschaft auf Kirche und Gesellschaft, in: Theologie als Wissenschaft in der Gesellschaft, hg. von H. Siemers/H. R. Reuter (1970) 156–172; K. Lehmann, in diesem Band 83 f.

2 Diese Offerte macht neuestens wieder H. Ott, Techne und Episteme – Funktionen der Praktischen Theologie, in: ThPr 9 (1974) 33–35.

3 Vgl. die Rezension des HPTh durch G. Krause, in: ThPr 2 (1967) 360–371, sowie K. Lehmann, in diesem Band 82 f.

4 Beispiele bietet G. Sauter, in diesem Band 120 f.; vgl. ferner Th. Harnack, Praktische Theologie, 2 Bde. (1877): »Wissenschaft vom kirchlichen Handeln«; Ch. D. Palmer, Zur Praktischen Theologie, in: Jahrbuch f. dt. Theologie (1856) I, 317–361; dazu D. Rössler, Prolegomena zur Praktischen Theologie, in: ZThK 64 (1967) 357–362.

5 Der Begriff bezeichnet jene Humanwissenschaften, die ausdrücklich das menschliche Handeln thematisieren, also etwa Soziologie, Psychologie, Pädagogik, Politologie, Wirtschafts- und Kommunikationswissenschaften; vgl. H. Schelsky, Einsamkeit und Freiheit, rde 171/172 (1963) 278 ff.; J. Habermas, Technik und Wissenschaft als Ideologie ([3]1969). Zum Begriff des Handelns vgl. die Beiträge von Y. Spiegel und H. Schroer in diesem Band 178 f., 207–209.

chen Lebens gleichzeitig[6]. Das konnte verantwortlich nur geschehen, wenn gerade auch die nichttheologischen Komponenten dieser Entscheidungsprozesse aufgehellt und ins Entscheidungskalkül einbezogen wurden. Hier hat sich die Praktische Theologie zögernd und zunächst noch sehr unsystematisch eingeschaltet und Hilfestellung angeboten; in die Religionspädagogik, die Pastoralsoziologie, die Homiletik, die Seelsorgelehre hat sie handlungswissenschaftliches Regelwissen eingeschleust und ist dafür von den Praktikern honoriert worden. Erst allmählich hat sie dabei die Überzeugung gewonnen, daß eine wie immer geartete theologische und humanwissenschaftliche Reflexion des konkreten Handlungsgeflechts christlich-kirchlicher Praxis ihre eigentliche und im Ganzen der Theologie unverzichtbare Aufgabe sein könnte[7] – vorausgesetzt, es gelingt ihr der Nachweis, daß sie dieser Aufgabe gewachsen ist[8].

Der Angelpunkt der gegenwärtigen wissenschaftstheoretischen Diskussion ist darum nicht eigentlich die Frage, *welche* Praxis sie aufzuhellen habe – klerikale, kirchliche, christliche oder religiös vermittelte Praxis[9] – sondern, *wie sie das anstellt*. Alles hängt davon ab, ob ihr gelingt, über bloße Intuition hinauszugelangen[10], dh. den Aussagen und Empfehlungen, die sie trifft, nicht durch Plausibilitätsappelle, sondern durch die präzise Angabe ihres Geltungsbereichs Kredit zu ver-

6 H. D. Bastian, Praktische Theologie und Theorie, in: ThPr 9 (1964) 85–96, unter Berufung auf N. Luhmann: »Die durch den sozialen Wandel der Gegenwart gewachsenen und wachsenden Entscheidungslasten des christlich-kirchlichen Handelns bilden den ausschlaggebenden Anstoß, Theologie als Problemlösungsverfahren in Gang zu setzen.« (91)

7 »In der unendlichen Vielfalt möglicher Situationen kirchlicher und christlicher Praxis wiederholt sich mit notorischer Gleichmäßigkeit eine Figur: es wird gehandelt. Hier und nur hier erfährt die Praktische Theologie ihre Herausforderung.« (AaO. 85)

8 Vgl. Ch. Bäumler, Praktische Theologie – ein notwendiges Element der wissenschaftlichen Theologie?, in: ThPr 9 (1974) 72–84.

9 Zu dieser Debatte und ihrer Vorgeschichte im 19. Jahrhundert vgl. G. Sauter, Beobachtungen und Vorschläge zum gegenseitigen Verständnis von Praktischer und Systematischer Theologie, in: ThPr 9 (1974) 19–26, 22 f. Bäumler (77) schlägt vor: »Wenn die Praktische Theologie die Frage nach der sozialen Gestalt christlicher Praxis ... zum Thema macht, dann wird sie sich ... weder auf die kirchliche Praxis beschränken noch in dem weiten Feld gesellschaftlicher Praxis verlieren, sondern ihr Augenmerk auf jene Prozesse richten, die sich zwischen Kirche und Christentum abspielen, die ihrerseits wieder zusammenhängen mit innerhalb der kirchlichen Organisation, zwischen den verschiedenen gesellschaftlichen Subsystemen und zwischen Individuen und Gesellschaft ablaufenden Prozessen.« In diesem weiten Sinn ist im folgenden die Formel »Praxis der Kirche« zu verstehen.

10 Daß auch Intuition weiterhin wichtig bleibt, betont Y. Spiegel in diesem Band 226 f.

schaffen. M. a. W. der Wissenschaftscharakter der Praktischen Theologie entscheidet sich beim Methodenproblem.

Daß an dieser Stelle der handlungswissenschaftliche Ansatz ein Stück weiterführen kann, soll im folgenden dadurch aufgewiesen werden, daß ein Modellkonstrukt in Gestalt eines Regelkreises die wesentlichen Momente des praktisch-theologischen Reflexionsganges vorführt, daß auf diesem Hintergrund einige zentrale Probleme der gegenwärtigen Debatte erörtert und daß hieraus schließlich Konsequenzen für den praktisch-theologischen Forschungs- und Lehrbetrieb abgeleitet werden. Dabei soll das Konzept des amerikanischen Pastoraltheologen S. Hiltner[11] besondere Beachtung finden, weil ihm nicht nur der zeitlich früheste, sondern auch der durchsichtigste handlungswissenschaftliche Entwurf einer Praktischen Theologie gelungen ist, der derzeit zur Diskussion steht – und dies verdient um so größere Aufmerksamkeit, als die Wissenschaftstheorie in der Praktischen Theologie ihren Weg aus dem Oberseminar ins Proseminar erst noch sucht.

1. Ein handlungswissenschaftliches Modell der Korrektur christlich-kirchlicher Praxis

Ein Modell ist »eine Anordnung von Zeichen und Verknüpfungsregeln, die einer Anzahl relevanter Merkmale in einem Realgebilde, in tatsächlichen Vorgängen entsprechen sollen«[12]. In diesem Sinn wird im nachstehenden Modell idealtypisch die Grundstruktur eines korrigierenden Eingriffs in das Handlungsgefüge christlich-kirchlicher Praxis dargestellt.

11 Vgl. S. Hiltner, Preface to Pastoral Theology (1958); im deutschsprachigen Raum erschlossen durch D. Stollberg, Therapeutische Seelsorge (1970) 102–108; R. Riess, Seelsorge (1973) 201–242; R. Zerfaß, Praktische Theologie als Handlungswissenschaft, in: ThRev 69 (1973) 89–98.

12 W. B. Lerg / R. Zerfaß, Modelle der Kommunikation, in: Konfrontation – Massenmedien und kirchliche Verkündigung, hg. v. W. Massa (1972) 17–47, hier 17 (in Anlehnung an K. W. Deutsch). Zum Modellbegriff in der Praktischen Theologie vgl. auch Bastian, Wort, 49 f. und N. Greinacher in diesem Band 114.

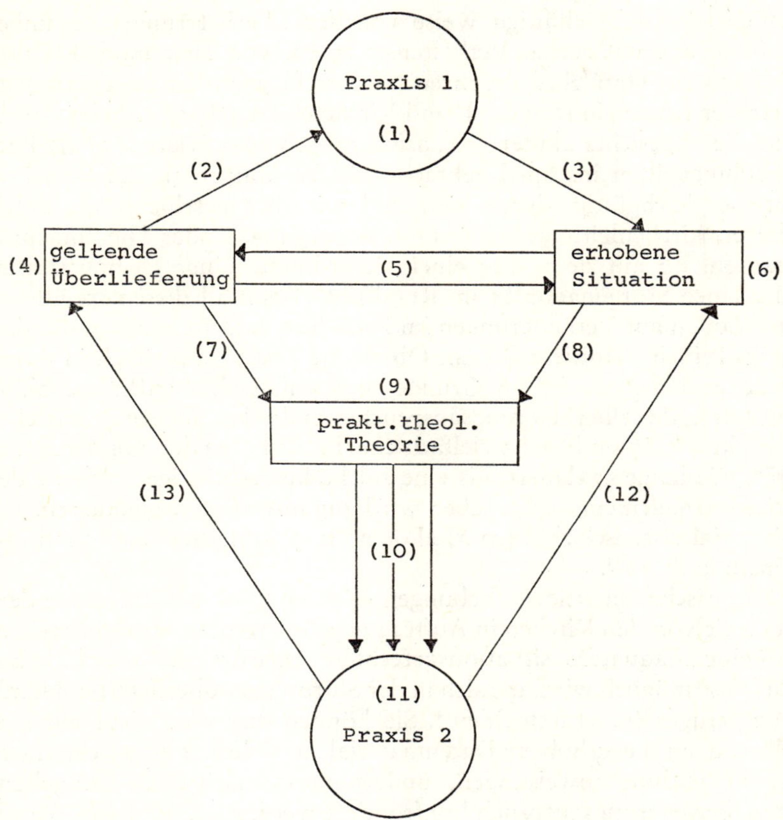

a. Modellbeschreibung

Ausgangspunkt eines handlungswissenschaftlich orientierten Reflexionsganges in der Praktischen Theologie ist per definitionem konkretes christliches und kirchliches Handeln (n. 1). Wenn zB. die Zahl der Kirchenaustritte ansteigt oder die Zahl der Gottesdienstbesucher zurückgeht, erzeugt eine solche krisenhafte Störung eingespielter Interaktionsmuster Handlungsdruck (»Es muß etwas geschehen!«) und damit Reflexionsbereitschaft (Es muß darüber nachgedacht werden, was jetzt am besten zu geschehen hat). Die erste Re-Aktion, die eine solche Spannung im Praxisfeld des kirchlich-gesellschaftlichen Alltags provoziert, dürfte freilich in aller Regel darin bestehen, daß man dem Unruheherd durch einen Rückgriff auf das Regelrepertoire der Überlieferung beizukommen sucht (n. 2). Die Praxis der Kirche als Handlungsgefüge lebt auf vielfältige Weise von der Überlieferung: von unbewußten, internalisierten Verhaltensmustern, von Denkmodellen und Normen des Handelns, die ihren Niederschlag in den Bekenntnisformeln der Kirche, in Dogmatik und Kirchenrecht gefunden haben (n. 4) und die angesichts akuter Verunsicherungen reaktiviert, dh. als Entscheidungshilfen ins Spiel gebracht werden können (n. 2). Dabei ist vorerst gleichgültig, durch wen und wie dies geschieht: ob durch Pfarrer, Kirchenleitungen, Bekenntnisbewegungen oder Theologieprofessoren; ob auf dem Weg einer Verordnung, einer Demonstration oder einer Morgenandacht im Rundfunk. Denn all diesen spontanen Reaktionen auf Veränderungen im Handlungsfeld ist gemeinsam, daß sie im Prinzip intuitiv arbeiten. Ob sie die Praxis tatsächlich in ihrem Sinne beeinflussen, ist im Grunde ungewiß. Daher wirkt die bloße Rezitation des Überlieferungsanspruches in der kirchlichen Praxis eher konfliktverstärkend; es ist vielfach eine bloße Frage der Konfliktintensität, wie lange es dauert, bis eine solche kurzschlüssige Strategie des Krisenmanagements aufgegeben wird zugunsten einer genaueren, dh. mit sozialwissenschaftlichen Methoden (n. 3) zu leistenden Situationserhebung (n. 6)[13].

Empirische Situationserhebungen können und wollen, besonders wenn sie von den Kirchen in Auftrag gegeben werden, dazu beitragen, daß eine adäquatere, situationsgerechtere Antwort (n. 10) auf die Bedürfnisse möglich wird, die sich in der Störung des überlieferten Handlungsgefüges (n. 1) anmelden[14]. Sie können dies aber nicht aus sich selbst; denn das erhobene Datenmaterial (n. 6) liefert als solches noch keine Handlungsanweisungen, sondern muß zunächst mit dem geltenden Überlieferungsanspruch konfrontiert werden (n. 5), wenn die gesuchten Handlungsmodelle nicht einfach dem Druck der Fakten folgen, sondern aus dem Impuls christlicher Überlieferung kritisch und konstruktiv auf das gegenwärtige Handlungsfeld Einfluß nehmen wollen. Wenn freilich diese wechselseitige Anfrage der Daten an die Überlieferung und der Überlieferung an das Datenmaterial nicht in abstraktem Räsonnement stecken bleiben soll, muß innerhalb des in dieser Weise bewußt gewordenen Spannungsfeldes zwischen Überlieferungsanspruch (Sollbestand) und Gegenwartsanalyse (Istbefund) nach Konvergenzen gefragt, muß ein gemeinsamer Boden ermittelt werden, von

13 So für unser Beispiel geschehen in den großen Umfragen G. Schmidtchen, Zwischen Kirche und Gesellschaft (1972); ders., Gottesdienst in einer rationalen Welt (1973); H. Hild (Hg.), Wie stabil ist die Kirche? (1974).

14 Mithilfe der Gottesdienstumfrage der VELKD erhoffte der Auftraggeber, »die Freude und Liebe zum Gottesdienst und zu seinem regelmäßigen Besuch zu wecken und zu stärken« (M. Seitz, Zur Vorgeschichte der Erhebung, in: Schmidtchen, Gottesdienst, XI). Zur Kategorie »Bedürfnis« vgl. Y. Spiegel in diesem Band 182 f.

dem her sich die neuen Handlungsimpulse (n. 10) sowohl theologisch wie humanwissenschaftlich verantworten lassen. Dies ist die Aufgabe praktisch-theologischer Theoriebildung (n. 9). Sie versucht, die Voraussetzungen kenntlich zu machen, auf denen die neu zu formulierenden Handlungsimpulse basieren, und damit den Bereich anzugeben, innerhalb dessen sie Geltung beanspruchen.

Handlungsanweisungen, die in dieser Weise theoretisch abgeklärt in das konflikthafte Handlungsfeld der Kirche eingeführt werden (n. 10), können wahrscheinlich nicht nur situationsgerechter plaziert werden und deshalb die Praxis wirksamer in der gewünschten Richtung beeinflussen (n. 11), als dies »naive« Handlungsanweisungen aus dem Rezeptreservoire der Überlieferung vermögen (n. 2); sie können vor allem auch in Nachfolgeuntersuchungen auf ihre Auswirkungen hin überprüft, dh. auf dem Weg der neuerlichen Situationserhebung (n. 12) für die Präzisierung des Theorierahmens (n. 9) und damit für spätere Handlungsanweisungen (n. 10) fruchtbar gemacht werden. Andererseits wird sich eine neue Praxis auch in Richtung auf ein vertieftes Verständnis der Überlieferung auswirken (n. 13), weil sie den Horizont verändert, in welchem der Anspruch der Überlieferung an die Gegenwart vernommen wird. Besser verstandene Überlieferung aber verhilft wieder über die Relaisstation einer verbesserten Handlungstheorie (n. 9) zu präziseren Handlungsmodellen (n. 10) und damit zu einer »besseren« Praxis (n. 11).

b. Gesamtcharakteristik

Der Erkenntniswert von Modellen beruht gerade darauf, daß sie – nach Art einer Landkarte – vereinfachen, dh. nur die in einem bestimmten Zusammenhang als wichtig erscheinenden Elemente und Strukturverbindungen darstellen. Es muß also nach der Intention und den Grenzen eines Modellkonstrukts gefragt werden.

Unser Modell will in erster Linie die konstitutiven Elemente darstellen, die im Prozeß der Korrektur kirchlicher Praxis eine Rolle spielen. Das Herzstück bildet dabei das Dreieck in der Modellmitte, das sich aus den Pfeilern »geltende Überlieferung« (n. 4), »erhobene Gegenwartssituation« (n. 6) und »Handlungsimpuls« (n. 10) aufbaut. Diese Trias wird um das Moment der Theoriebildung (n. 9) erweitert und zu einem Regelkreis ausgebaut, sofern deutlich gemacht wird, daß auch die neu induzierte Praxis der Kritik und Kontrolle bedarf (n. 12), wie sie andererseits neue hermeneutische Zugänge zur Überlieferung erschließt (n. 13).

In der Vertikalen ist sowohl die Dimension der Zeit (Gegenwart und Zukunft als Spannungsbewegung zwischen Praxis 1 und Praxis 2), als auch das Theorie-Praxis-Problem (Praxis 1 – Theorie – Praxis 2), als auch ein bestimmtes Konzept der Konfliktbewältigung im Spiel[15]; in der Horizontalen bringt das Modell die Spannung zwischen geisteswissenschaftlichen und empirischen Methoden zum Ausdruck[16].

Nicht im Modell selbst abgebildet ist die Rolle der Theologie und insbesondere der Praktischen Theologie im Prozeß der Kurskorrektur christlich-kirchlicher Praxis. Sie näher zu bestimmen ist jedoch eine wichtige heuristische Funktion des Modells.

2. *Zwei wissenschaftstheoretische Kernprobleme der Praktischen Theologie und das Lösungsangebot S. Hiltners*

a. Zur Funktionsbestimmung der Praktischen Theologie

Im Prozeß der Aufhellung und konstruktiven Änderung christlichen und kirchlichen Handelns ist von der Theologie insgesamt offenbar eine dreifache Leistung gefordert: Sie muß (1) die Überlieferung als kritische Potenz in den Streit um die Gegenwart und Zukunft einbringen; sie muß (2) die Bedürfnisse der Gegenwart ernst nehmen, theologisch identifizieren und als Anfrage an die Überlieferung vermitteln; sie muß schließlich (3) Impulse zur konstruktiven Veränderung kirchlicher Praxis, wie sie sich aus dieser Konfrontation ergeben mögen, in ihrer Realisierungsphase kritisch begleiten.

Daraus ergibt sich nach S. Hiltner ein nicht nur quantitativer, sondern *qualitativer Unterschied im Praxisbezug* der einzelnen theologischen Disziplinen[17]: Exegeten, Historiker und Systematiker beschäftigen sich, genau genommen, nicht mit der Praxis der Kirche, sondern mit bestimmten Deutemustern, Zeugnissen, theologischen Interpretationen der kirchlichen Praxis, wissenssoziologisch gesprochen mit dem Legitimationsapparat, den das Christentum als soziale Bewegung zur Abstützung seines Handelns in der Vergangenheit aus sich herausgesetzt hat oder als Regulativ für sein gegenwärtiges Handeln entwirft. Sie erheben den Sinnhorizont, der in bestimmten Texten der Überlieferung steckt, und überprüfen ihn daraufhin, was er für heutige

15 Alle drei Momente bündeln sich im Stichwort »Reform« als Thema der Praktischen Theologie; vgl. dazu H. Schroer, Inventur, 448–451, sowie in diesem Band die Beiträge von N. Greinacher (s. o. 117 f.); K. F. Daiber (s. u. 546 f.); F. Klostermann (s. u. 644 f.); W. Zauner (s. u. 663 f.).

16 Zur Problematik dieses Gegensatzes vgl. H. Schroer und Y. Spiegel in diesem Band 211 f., 238.

17 Hiltner 28, 218; vgl. dazu die instruktive Graphik Hiltners bei Stollberg, 240; Riess, 222; Zerfaß, 93.

Sinnentwürfe hergibt. Natürlich können sie dabei einen mehr oder weniger starken Praxisbezug entwickeln, sich von Problemkonstellationen und Spannungen im Handlungsfeld von Kirche und Gesellschaft inspirieren lassen und ihren Beitrag in dieses Handlungsgefüge hineingeben, aber, weil sie mit geisteswissenschaftlichen Methoden arbeiten, sind sie methodologisch auf die Rekonstruktion und Interpretation von Zeugnissen der christlichen Überlieferung festgelegt.

Ihnen als dem *»logic-centered branch of theology«* stellt Hiltner die Praktische Theologie als die Summe der Disziplinen gegenüber, die sich unmittelbar mit der Praxis der Kirche beschäftigen, dh. einerseits die Bedingungen gegenwärtigen kirchlichen Handelns analysieren, um sie als Anfrage an die Adresse der übrigen theologischen Disziplinen zu richten, und andererseits die kritisch reflektierten Ansprüche der Überlieferung in die kirchliche Praxis vermitteln. Indem Praktische Theologie nicht überlieferte Texte, sondern gegenwärtiges christlich-kirchliches Handeln zu ihrem Ausgangs- und Zielpunkt macht *(»operation-centered branch of theology«)*, muß sie sich *methodologisch* in Analogie zu den modernen Handlungswissenschaften organisieren. Dadurch kommt es zu einer elementaren Zweiteilung der theologischen Disziplinen: »Alle Versuche theologische Forschung einzuteilen, ohne daß man diese Grundentscheidung trifft, führen entweder zu einem Vorurteil gegenüber der Praxis, oder dazu, Studien, die sich mit der Praxis beschäftigen, von vornherein als untheologisch einzustufen.«[18]

Im Modell: Biblische, Historische und Systematische Theologie sind primär mit der kritischen Konstruktion des Überlieferungsanspruchs beschäftigt (n. 4) und wirken von dort aus teils spontan (n. 2), teils durch das Gespräch mit den Handlungswissenschaften (n. 5) und vermittels praktisch-theologischer Theoriebildung (n. 9) auf die kirchliche Praxis ein (n. 10), während Praktische Theologie ihre Aufgabe in der Vorbereitung (n. 3) und Auswertung (n. 8) von Situationsanalysen (n. 6), in der praktisch-theologischen Theoriebildung (n. 9), und Praxisberatung (n. 10) sieht.

---

18 AaO. 218. Ähnlich Bastian, Theorie, 90: »Im Unterschied zu den text-, begriffs- und systemorientierten Methoden ihrer Nachbardisziplinen ist Praktische Theologie erfahrungsorientiert. Ihre wichtigste Reflexionskategorie – das Handeln – wird nicht dogmatisch normiert (der Wahrheitsweg des Wortes Gottes vom Text zur Predigt und wieder zurück), sondern erfahrungswissenschaftlich bestimmt: als zielgerichtet, strukturiert, funktionsabhängig in Wechselwirkungen, durch Zeichen präsentiert, an Werturteilen orientiert.« Zum Vorwurf des Defizits an »Theologie« vgl. D. Stollberg, Die Wissenschaften werden Theologie, in: EvKomm 7 (1974) 17–20.

b. Zur Theoriebildung in der Praktischen Theologie

Wie schon bei der Beschreibung des Modellkonstrukts deutlich wurde, unterscheidet sich der praktisch-theologisch reflektierte Handlungsimpuls (n. 10) von der naiven Mobilisierung geltender Überlieferungsansprüche (n. 2) in erster Linie dadurch, daß er die Bedingungen anzugeben bemüht ist, unter denen er Geltung beansprucht. Er ist nicht unbedingt »besser« oder wirksamer, jedenfalls nicht im Einzelfall und für den Augenblick. Aber er ist langfristig wirksamer, weil er – unter den im Modell angenommenen Voraussetzungen – auf der Grundlage theologisch und empirisch abgesicherten Wissens gegeben wird, deshalb mindestens innerhalb dieses Rahmens auf seine Wirkungen hin abgeschätzt, kontrolliert, korrigiert und für spätere Maßnahmen ausgewertet werden kann. Solches Rahmenwissen zu formulieren ist die Aufgabe praktisch-theologischer Theoriebildung.
Sie hat dazu einerseits ein Koordinatensystem zu erstellen, das es erlaubt, die konkreten Felder und Probleme kirchlicher Praxis einzuordnen, Einzelprojekte in Forschung und Beratung aufeinander zu beziehen, Erkenntnisse aus einem Bereich in den anderen zu transponieren, praktisch-theologische Forschung und Lehre miteinander zu verbinden[19]. Sie muß andererseits darauf aus sein, die Grenze zwischen Gewußtem und Nichtgewußtem nicht zu verwischen und spricht darum in hypothetischen Sätzen[20]; sie versteht sich als »Feststellung von notwendigem Regelwissen unter den Bedingungen des Nichtwissens«, indem »die unbekannten Bereiche mit Hypothesen markiert, eingegrenzt und langsam vermindert werden«[21].

Darüber hinaus hat die bisherige Diskussion zwei zentrale Forderungen an die Theoriebildung in der Praktischen Theologie formuliert:

(1) Sie muß sowohl theologische wie handlungswissenschaftliche Theoriestücke in sich aufnehmen. Daß sie die Zielwerte der Überlieferung samt dem diese Werte präsentierenden theologischen Auslegungsrahmen in sich aufnehmen muß, leuchtet ein, weil ohne die Integration dieser theologischen Vorgaben dem zu erstellenden Handlungsmodell die Kriterien spezifisch christlichen Handelns fehlen wür-

---

19 Hier sei ausdrücklich auf eine graphische Grenze unseres Modellkonstrukts hingewiesen: es präsentiert Theoriebildung (n. 9) nur als Voraussetzung für praktisch-theologische Praxisberatung (n. 10), während sie als Beobachtungsrahmen natürlich auch für alle Versuche der Situationserhellung (n. 3 und n. 12) notwendig ist. Erst dadurch wird Forschung, Lehre und Ausbildung aufeinander beziehbar.

20 Bastian, Wort, 45–55; ders., Fabeln der Dogmatiker, in: EvKomm 6 (1973) 207–211; aufgegriffen von H. Schroer, Reizwort Dogmatik, aaO. 7 (1974) 223–230.

21 Bastian, Theorie, 86 f.

den[22]. Auf der anderen Seite gehen aber auch die Erfahrungswerte der handlungswissenschaftlich erhobenen Situationsanalyse samt den wissenschaftstheoretischen Prämissen, die zur Gewinnung dieser Daten geführt haben, in sie ein. Praktisch-theologische Theoriebildung hat also nicht nur theologische und humanwissenschaftliche Daten, sondern auch die zugehörigen, den Geltungsbereich des jeweils Ausgesagten markierenden Fachsprachen und Theorieelemente miteinander zu vermitteln.[23]

(2) Sie muß sich, wenn sie die Offenheit, Vielfalt und Vieldeutigkeit menschlichen Handelns respektieren will, grundsätzlich mit »Theorien mittlerer Reichweite« bescheiden, dh. sie muß in Abgrenzung zu den Universalansprüchen der Systematischen Theologie einerseits und neomarxistischer Gesellschaftswissenschaften andererseits grundsätzlich mit partiellen, pluralen und vorläufigen Ansätzen zu arbeiten bereit sein. »Die Wirklichkeit kirchlicher Praxis läßt sich mit unterschiedlich fruchtbaren Theorien anschneiden, aber mit keiner einzigen auf einen eindeutigen Begriff bringen. Konkurrenz problemfähiger Theorien ist deswegen eine Bedingung für den Erkenntnisfortschritt Praktischer Theologie.«[24]

Die Fruchtbarkeit des Konzepts S. Hiltners erweist sich nicht zuletzt darin, daß er diese beiden Forderungen voll berücksichtigt und erkennen läßt, wie ihnen in der Praxis des Forschungs- und Lehrbetriebs entsprochen werden könnte. Indem er vorschlägt, die Praktische Theologie nicht mehr, wie bisher, unmittelbar an den Feldern kirchlicher Praxis zu orientieren (wie dies bei den Fächern der Homiletik, Katechetik, Liturgik der Fall ist), sondern neu nach den Dimensionen des *Organizing, Communicating* und *Shepherding* zu gliedern, stellt er erste und oberste Kategorien zur Einordnung theoriefähigen praktisch-theologischen Regelwissens bereit[25].

(1) Eine erste Dimension, die in sich theologische und handlungswissenschaftliche Theorieelemente vermitteln könnte, bezeichnet Hiltner als »*Organizing*«. Darunter will er nicht den technischen Vorgang

---

22 Es ist das Verdienst G. Ottos und B. Päschkes, das Verhältnis »Praxis – Geschichte« thematisiert zu haben; vgl. Bäumler, 80 und die Beiträge von N. Greinacher und G. Otto in diesem Band 111 f., 199 f.

23 Die Schwierigkeiten, die einer dialogwilligen Theologie hier, in der Annäherung der theologischen an die erfahrungswissenschaftliche Sprachebene erwachsen, werden noch kaum gesehen; vgl. die Hinweise bei Y. Spiegel und A. Grabner-Haider in diesem Band 231 f., 388 f. Ermutigend: M. Josuttis, Praxis des Evangeliums zwischen Politik und Religion (1974).

24 Bastian, Theorie 88. Vgl. W. Neidhart, Aspekte der Beziehung zwischen den beiden Disziplinen (sc. Systematische und Praktische Theologie), in: ThPr 9 (1974) 96–104, bes. 101–103; ähnlich Bäumler, 79–83.

25 Hiltner, 55–69, 175–215.

des Organisierens verstanden wissen, sondern das Gesamt aller Vorgänge, die sich auf den neutestamentlichen Auftrag der Kirche zurückführen lassen, das Versprengte zu sammeln und Einheit zu stiften, Gemeinde zu bilden. Weil es dieses Ringen um die Einheit als Auftrag der Kirche gibt, ist ein entsprechender Schnitt durch die komplexe Wirklichkeit kirchlichen Handelns zu legen, und deshalb sollte es eine praktisch-theologische Disziplin geben, die das Handeln der Kirchen und der christlichen Gruppen unter Einsatz der Soziologie und der Sozialpsychologie als der zugeordneten Handlungswissenschaften in dieser Hinsicht analysiert, also konkret fragt, wieweit eine Bußandacht oder ein Kondolenzbesuch, eine Mischehenverfügung oder ein Konkordat diesem *Organizing* dient[26]. Im theologischen Lehrbetrieb könnte unter dieser Fragerichtung zusammengefaßt werden, was bisher sehr disparat im Kirchenrecht, in der Lehre vom Gemeindeaufbau, in der Pastoralsoziologie und in der Ökumenischen Theologie verhandelt wird.

(2) Als zweite fundamentale Perspektive praktisch-theologischer Theoriebildung schlägt Hiltner die Kategorie des »*Communicating*« vor: Wo und wie fördert oder behindert christlich-kirchliches Handeln die Vermittlung des Evangeliums? In dieser Perspektive geht es einerseits darum, die Praxis der Kirche zu erforschen, zB. die Sprache der Verkündigung mit den Methoden der modernen Sprachwissenschaften aufzuhellen oder die Ergebnisse und Fragestellungen der Medienforschung mit der klassischen Theologie der Predigt zu konfrontieren[27], andererseits aber den Blick dafür zu schärfen, daß *alles* Handeln der Kirche Aussagecharakter hat – auch die Ostpolitik des Vatikans, das Engagement der Kirche in der Dritten Welt, das Bauvolumen der Pfarrhäuser in der Bundesrepublik. Auch hier führt der Weg »von der Perspektive zur theologischen Disziplin«[28], und so können hier die klassischen pastoraltheologischen Fächer Katechetik, Homiletik, Erwachsenenbildung, aber auch Missionswissenschaft, kirchliche Publizistik und Öffentlichkeitsarbeit ein gemeinsames Regelrepertoire entwickeln.

(3) Eine dritte, von Hiltner als »*Shepherding*« bezeichnete Grundkategorie praktisch-theologischer Theoriebildung entsteht, wenn in

---

26 Das oben angeführte Ausgangsbeispiel abnehmender Kirchlichkeit behandelt in dieser Perspektive M. P. Zulehner, Religion nach Wahl (1974), indem er die religionssoziologische Privatisierungsthese Th. Luckmanns mit der theologischen Theorie der gestuften Kirchenzugehörigkeit (Vaticanum II) konfrontiert und daraus pastorale Impulse zu gewinnen sucht. In diese Richtung gehen bereits G. Biemer u.a., Eingliederung in die Kirche (1972).

27 Vgl. dazu M. Josuttis, Zur Kommunikation in der Kirche, in: VuF 18 (1973) 47–74, und den Beitrag von J. Kleemann in diesem Band 430–448.

28 Stollberg, Therapeutische Seelsorge, 239.

der Perspektive des kirchlichen Auftrags gegenüber den notleidenden Menschen theologische und handlungswissenschaftliche Impulse zusammengefaßt, geprüft und vermittelt werden.[29] *Shepherding* ist also nicht mit dem Hirtenamt des Pfarrers gleichzusetzen oder als Teilfunktion dieses Amtes zu begreifen, sondern – wie der Dienst an der Einheit und der Dienst am Evangelium – eine durchgängige Dimension kirchlichen Lebens und deshalb eine »operationale Perspektive«, unter der die Praxis Kirche analysiert und korrigiert werden kann. Hier hat Hiltner, selbst Pastoralpsychologe, im Versuch, Psychotherapie und Seelsorge korrelativ[30] miteinander zu verschränken, im Detail die Fruchtbarkeit und auch die Schwierigkeit praktisch-theologischer Theoriebildung demonstriert[31].

3. Konsequenzen für den Lehr- und Ausbildungsbetrieb in der Praktischen Theologie

Der Gewinn eines handlungswissenschaftlichen Ansatzes für die Praktische Theologie liegt vor allem im Bereich der Forschung[32]. Aber seine Bedeutung für die Ausbildung von Theologen, dh. von qualifizierten Rollenträgern im Handlungsgeflecht kirchlich-gesellschaftlicher Praxis, ist nicht geringer. Denn wie immer man die Qualifikation und Kompetenz beschreiben mag, die man ihnen beim Eintritt in den Beruf wünscht, dazu werden Haltungen und Fähigkeiten gefordert sein, die im Sozialisationsprozeß bisheriger theologischer Studiengänge eher verkümmern:

- Neugier, Bereitschaft sich überraschen zu lassen, Interesse für den Einzelfall, Aufmerksamkeit für das Unvorschriftsmäßige, für die Abweichungen von der Regel;
- die prinzipielle Option für eine Vielfalt von Ursachen, Motiven, Zielwerten hinter menschlichem Handeln, Mißtrauen gegen die Eindimensionalität vulgärtheologischer Weltdeutung von rechts oder

29 Vgl. den Beitrag von R. Riess in diesem Band 464–474.

30 Hier bestehen direkte Beziehungen zu P. Tillichs Korrelationsmethode; vgl. Hiltner, 176, 222 f.; Riess, Seelsorge, 204.

31 Referiert bei Riess, aaO. 237–242.

32 Er ermöglicht allererst langfristige und spezialisierte Forschung, wie sie G. Sauter, Wissenschaftstheoretische Kritik der Theologie (1973) 293 von der Praktischen Theologie fordert, damit sie den anderen theologischen Fächern Fragen zu vermitteln vermag, anstatt »bloßer Anwalt des Unbehagens über den mangelnden Ausgleich zwischen dem normativen Anspruch und der empirischen Deutlichkeit der gesamten Theologie zu sein«. Im einzelnen vgl. dazu die Beiträge von H. Schroer und Y. Spiegel in diesem Band 206–243.

von links, Fähigkeit, Nichtwissen und Ratlosigkeit emotional zuzulassen;

- die Fähigkeit, Situationen analytisch aufzuhellen, den konkreten (immer »verwickelten«) Fall zu dimensionieren, dh. von verschiedenen Ebenen her anzugehen, Konfliktherde zu lokalisieren, mögliche Entwicklungen zu prognostizieren, die Wirkung möglicher Interventionen unter gegebenen Bedingungen abzuschätzen;
- Sinn für Kompromisse, für Realisierungsstufen, Phasenverläufe, Handlungsalternativen, strategische Varianten.

All dies setzt »Rahmenwissen« voraus: Kenntnis der Regeln, nach denen beobachtet, geschlossen und interveniert werden kann, der Grenzen, in denen Daten Erkenntniswert und Regeln Geltung besitzen.

Hier empfiehlt sich der Ansatz Hiltners vor allem durch seine Einfachheit. Wenn es im Verlauf – nicht erst am Ende[33] – eines theologischen Ausbildungsganges gelänge, in die drei von ihm artikulierten Hauptdimensionen einzuführen, könnten jene Haltungen des Respekts vor der Wirklichkeit, des Verzichts auf Universalperspektive und Universalkompetenz erlernt werden, die im Entscheidungsfeld kirchlicher Praxis um so nötiger sind, als die Systematische Theologie ihren Anspruch, über das Ganze der Wirklichkeit nachzudenken, nicht aufgeben darf[34].

Didaktisch bieten sich etwa folgende Vermittlungsformen an: im praktisch-theologischen Proseminar kann ein Thema (zB. »Freizeit« oder »Kindertaufe«) nacheinander in der Perspektive des *Organizing, Communicating* und *Shepherding* aufgearbeitet werden; zu Beginn einer Lehrveranstaltung (zB. über »Gemeindeaufbau«) kann bewußt gemacht werden, welche Perspektive die vorherrschende dieses Semesters sein wird, so daß der Student verstehen kann, weshalb er, was er im *Pastoral Counseling* gelernt hat, nicht unbedingt bei einem Projekt regionaler Pastoralplanung verwerten kann; schließlich könnte das örtliche Programm für ein praktisch-theologisches Schwerpunktstudium, aber auch der Signaturplan der Seminarbibliothek von den Dimensionen Hiltners her Struktur gewinnen und zugleich der Habitualisierung dieser Perspektive dienen[35].

Nicht zuletzt ließe sich innerhalb des Lehrkörpers auf diese Weise eine Arbeitsteilung einführen, die das unfruchtbare Nebeneinander in der Praktischen Theologie überwinden helfen könnte. Das bisherige

---

33 Vgl. Bäumler, 84, Neidhart, 98 und die Beiträge von M. Josuttis und G. Otto in diesem Band 554–585.

34 Bastian, Theorie, 87.

35 So im Pastoraltheologischen Seminar der Universität Würzburg verwirklicht.

Prinzip der *Regionalisierung* (der Gottesdienst begründet eine Liturgiewissenschaft, die Überseemission eine Missionswissenschaft, die Predigt eine Homiletik, die Caritas eine Caritaswissenschaft usw.) läßt sich – von allem anderen abgesehen – nicht mehr aufrechterhalten, wenn Disziplinen wie das Kirchenrecht und die Christlichen Sozialwissenschaften sich zur Praktischen Theologie schlagen, wie dies im Rahmen der Hochschulreform derzeit an manchen Orten geschieht. Solche Disziplinen könnten aber echt integriert werden, wenn an die Stelle dieser Regionalisierung eine *Dimensionierung* der Praktischen Theologie träte, wenn also darüber Absprachen getroffen werden könnten, daß Christliche Sozialwissenschaften (mit Pastoralsoziologie), Kirchenrecht, Ökumenik, Missionswissenschaft darin übereinkommen, daß sie vorab die Perspektive des Dienstes an der Einheit (*Organizing*) im Blick haben[36], während Religionspädagogik, Katechetik, Homiletik, Liturgik, Erwachsenenbildung und Publizistik sich darauf konzentrieren, kirchliche Praxis als Wortgeschehen (*Communicating*) zu reflektieren, und die Pastoraltheologie mit Religionspsychologie und dem gesamten Beratungsbereich im Gegensatz zu den beiden vorgenannten Gruppen, die Zuwendung zum Menschen *(Shepherding)* als ihre spezifische Dimension erachtet[37]. Der Student stünde in der Praktischen Theologie nicht mehr acht, sondern drei Grundrichtungen gegenüber, die in ihrer Eigenständigkeit und unterschiedlichen Kooperationsdichte für ihn durchsichtig wären. Die Einheit und Differenzierung in der Praktischen Theologie ließe sich nicht nur fakultätspolitisch (oder gar historisch) rechtfertigen, sondern von der Weise her, wie hier Theologie betrieben wird: ausgehend vom Handlungsgeflecht kirchlicher Praxis und im erklärten Interesse an Reformen, die sich gleichermaßen vor dem Anspruch der Gegenwart wie vor dem der Überlieferung zu verantworten suchen: *eccelesia semper reformanda.*

36 Durch die traditionelle Geringschätzung des Kirchenrechts scheint hier insbesondere an Evang.-theol. Fachbereichen ein schwer verantwortbares Defizit zu herrschen.

37 So ließen sich auch die unerträglichen Wiederholungen in der Praktischen Theologie am besten vermeiden. Viele Stoffe könnten themenzentriert, die »Sakramentenpastoral« zB. vom Liturgiewissenschaftler, Pastoraltheologen und Kirchenrechtler kooperativ behandelt werden.

2 | 25 Yorick Spiegel
Praktische Theologie als empirische Theologie

Praktische Theologie als *empirische* Theologie beschäftigt sich auf wissenschaftliche Weise und unter Verwendung sozialwissenschaftlicher Forschungsmethoden im Wesentlichen mit drei Bereichen unserer gegenwärtigen gesellschaftlichen Wirklichkeit: (1) mit der religiösen und christlichen Lebenspraxis, die eine Erfüllung der Bedürfnisse nach Befreiung, Zuwendung, Sinn und Schutz anstrebt; (2) mit den institutionalisierten Handlungen, die innerhalb eines kirchlichen Kontextes als Angebot zur Erfüllung dieser Bedürfnisse geordnet und regelmäßig zur Verfügung stehen; und (3) mit dem Handeln der christlichen Kirchen und Gemeinschaften als Institutionen, die bestimmte Strukturen und Legitimationen besitzen müssen, um solche institutionalisierten Angebote machen zu können.

Der Begriff des Handelns, der hier verwendet wird (Praxis, Handlungen) und sich auch in begrifflichen Umschreibungen wie »Praktische Theologie« und »Lehre vom Handeln der Kirche« findet, enthält einen systematischen Neuansatz, der, bisher kaum ausreichend reflektiert, sich schlecht in die klassische Fächeraufteilung der Theologie fügt und diese Aufteilung, konsequent durchgeführt, sprengt. Der hier angesprochene Begriff des Handelns steht nicht als ein Gegenbegriff zu »Glauben«, um deren gegenseitige Verhältnisbestimmung man sich dann streiten könnte, sondern der Begriff des Handelns wird entsprechend dem Ansatz der modernen Handlungswissenschaften (M. Weber, T. Parsons)[1] als Grundbegriff menschlichen Verhaltens eingeführt. Statt in der philosophischen Anthropologie von dem Grundbegriff des Menschen als geistigem und sprachfähigem Wesen auszugehen, wird der Mensch hier als handelndes Wesen definiert. Dieses Handeln ist, von Ausnahmen abgesehen, ein intentionales, dh. ein auf ein Ziel gerichtetes Handeln.

In der Theologie findet sich dieser Ansatz, mit Schleiermacher beginnend, im ganzen 19. Jahrhundert, er hat auch K. Barth in seiner Lehre vom Handeln Gottes bestimmt, dessen Sein an seinem Handeln erkannt wird[2]. Handeln, so verstanden, schließt Glauben als Motiva-

---

1 M. Weber, Wirtschaft und Gesellschaft I (1956) 16–18; T. Parsons, The Structure of Social Action (1937).

2 So schon Schleiermacher, KD, § 257; vgl. Y. Spiegel, Theologie der bürger-

tion ein. Die Praktische Theologie teilt mit der Sozialethik den Ansatz, theologische Aussagen als Aussagen über christlich motiviertes Handeln zu machen[3]. Diese Bezugnahme auf die Aussageform der modernen Handlungswissenschaften erschwert jedoch ihre Zuordnung zu den übrigen theologischen Disziplinen, in denen ein historischer und systematischer Wissenschaftsbegriff vorherrschend ist[4].

Praktische Theologie als empirische *Theologie* arbeitet mit einem doppelten Theologiebegriff. Sie beschäftigt sich zum einen damit, die theologischen Aussagen zu erfassen und kritisch zu interpretieren, die sich im alltäglichen Vollzug der religiösen und christlichen Lebenspraxis, in den institutionalisierten kirchlichen Handlungen (zB. im Vollzug einer Amtshandlung oder in einer besonderen Form pastoralen Handelns) und in den Strukturen und Selbstaussagen der Kirchen artikulieren, teils in verbaler, teils in nicht-verbaler Form. Diese Form der Praktischen Theologie kann man als *handelnd vollzogene Theologie* bezeichnen. Die andere Form der Theologie umfaßt die normativen Aussagen, die die Praktische Theologie über diese drei Praxisbereiche macht (zB. die Theologie der Amtshandlungen oder der kirchlichen Berufe). Diese Form der Praktischen Theologie ist als *praxisbezogene Theologie* zu bezeichnen; sie stellt eine theologische Theorie »mittlerer Reichweite« dar.

Diese zwei Formen der Praktischen Theologie als handelnd vollzogener und als praxisbezogener Theologie werden methodisch in den vier Arbeitsschritten des Erfassens, der kritischen Interpretation, der Innovation und der Ausbildung behandelt.

Die Aufgabe, die drei genannten Praxisbereiche zu *erfassen,* findet sich bei Schleiermacher unter dem Stichwort »kirchliche Statistik« innerhalb der Systematik[5]; P. Drews[6] und ihn aufnehmend F. Niebergall sprechen von »religiöser Volkskunde«[7]. Es geht hier um eine umfassende Erhebung der religiösen und kirchlichen Verhältnisse, eine angemessene Beschreibung der Arbeitsfelder der Kirchen und eine Struk-

---

lichen Gesellschaft – Sozialphilosophie und Glaubenslehre bei Friedrich Schleiermacher (1968) 32–39; im gleichen Sinne spricht K. Barth vom Handeln Gottes. Vgl. W. Pannenberg, Zur Bedeutung des Analogiedenkens bei Karl Barth, in: ThLZ (1953) 17.

3 F. Wagner, Gehlens radikalisierter Handlungsbegriff. Ein theologischer Beitrag zur interdisziplinären Forschung, in: ZEE 17 (1973) 213–229.

4 Vgl. den Beitrag von R. Zerfaß in diesem Band 170 f.

5 Schleiermacher, KD, § 232–250.

6 P. Drews, »Religiöse Volkskunde«, eine Aufgabe der praktischen Theologie, in: MkPr 1 (1901) 1–8.

7 F. Niebergall, Praktische Theologie I (1918) 31 ff.; siehe auch: F. Niebergall, Die wissenschaftlichen Grundlagen der Praktischen Theologie, in: MkPr 3 (1903) 268–281.

turanalyse der kirchlichen Institution. Zur Anwendung kommen hierbei sozialwissenschaftliche und hermeneutische Methoden, wobei sowohl die Art des zu erforschenden Objektes als auch das Interesse des forschenden Praktischen Theologen Auswahl der Themen und das Vorgehen bestimmen[8]. Bestandsaufnahme der Praxis wäre unvollständig, wenn die Fragen nach der historischen Entwicklung und das Verhältnis zur Gesamtgesellschaft darin nicht eingeschlossen wären.

Die Aufgabe, die religiösen und kirchlichen Praxisbereiche *kritisch zu interpretieren,* ist in den letzten Jahren besonders durch G. Otto gefordert worden[9]. Diese kritische Interpretation bezieht sich nicht nur auf die drei Praxisfelder der religiösen und christlichen Praxis, auf die institutionalisierten kirchlichen Handlungen und auf die Kirchen als Institution, sondern auch auf die Verflechtungen, die zwischen ihnen bestehen. Eine *Theologie,* die sich auf diese Praxisbereiche bezieht, ergibt sich nicht anders als sich eine Theologie des Neuen Testamentes ergibt, durch Systematisierung und Gewichtung, durch Abgrenzung von nicht angemessenen Aussagen und Berücksichtigung der bisherigen Interpretationsversuche. Der *kritische* Standpunkt ergibt sich dort, wo der Praktische Theologe aufgrund seiner Identifikation mit theologischen Traditionen, vor allem neutestamentlichen, sich herrschenden theologischen und ideologischen Aussagen und Praktiken entgegenstellt, sei es, daß er generell für das Recht einer empirischen Theologie eintritt, sei es, daß er sich zum Befürworter einer spezifischen Lebenspraxis, bestimmter institutionalisierter Handlungen oder einer bestimmten Organisationsform der Kirchen macht[10].

Die Aufgabe, in die Praxisbereiche *innovierend* einzugreifen, kann sich so vollziehen, daß die Praktische Theologie neuartige Praxisversuche von einzelnen Gruppen erfaßt, kritisch reflektiert und als systematisierte Erfahrung an die Basis zurückgibt; sie kann auch eigene Experimente in Gang setzen, und muß es, da es zunehmend zur Frage wird, ob neue Praxismodelle überhaupt allein über Lehre zu vermitteln sind[11].

Die Aufgabe, theologische Mitarbeiter *auszubilden,* indem sie anleitet, Theorie in Praxis umzusetzen, ist die Morgengabe Schleiermachers an die Praktische Theologie[12] und entspricht bis heute weitgehend ihrem eigenen wie dem allgemeinen Verständnis; nach E. Jüngel

---

8 Vgl. meinen Beitrag zur Forschungsmethodik in der Praktischen Theologie in diesem Band 225–243.

9 Otto, 23; vgl. auch seinen Beitrag über »Praktische Theologie als kritische Theorie religiös vermittelter Praxis in der Gesellschaft« in diesem Band 195–205.

10 Vgl. den Beitrag von Chr. Gremmels in diesem Band 244–254.

11 Vgl. N. Greinacher und K. W. Dahm in diesem Band 114 f., 651–662.

12 Schleiermacher, KD, § 260.

entlastet sie die übrigen theologischen Disziplinen »von der speziellen geschichtlichen Verantwortung gegenwärtiger Wiederholung des Wortes Gottes«[13]. Wie H. Schroer festgestellt hat, ist jedoch diese Entlastungsfunktion seit geraumer Zeit zu einer »Alibifunktion« geworden[14], da sich die anderen Disziplinen der Mühe enthoben glaubten, darüber zu reflektieren, was an dem von ihnen bereitgestellten Wissen lebens- und praxisfähig sei. Dies jedoch muß jede Disziplin selbst überprüfen, sofern der alte Grundsatz gilt, daß die Theologie als Ganze und nicht nur die Praktische Theologie eine *theologia eminens practica* sein müsse. Dem Kriterium der Praxis-Relevanz ihres Tuns muß sich jede theologische Disziplin stellen; der Umsetzungsprozeß ist nicht delegierbar[15].

1. Religiöse und christliche Lebenspraxis

Als erster der drei anfangs genannten Praxisbereiche soll auf den Bereich der religiösen und christlichen Lebenspraxis eingegangen werden. In jeder Lebenspraxis von Menschen und sozialen Kleingruppen (Familien, Arbeitsgruppen, Vereinen u. ä.) artikulieren sich neben anderen auch Bedürfnisse nach Befreiung, Zuwendung, Sinn und Schutz und es werden Erfahrungen gemacht, wie es zu einer Erfüllung dieser Bedürfnisse kommen kann[16]. Menschen haben Lebenskrisen überstanden, sie haben die Trennung von anderen erfahren, die für sie wichtig waren, und haben den Verlust beruflicher Positionen verarbeitet. Sie haben Veränderung und Befreiung erfahren, indem sie sich revolutionären oder meditativen Gruppen oder beiden zugleich angeschlossen haben. Es kann aber auch sein, daß sie all dies nicht erfahren haben, sondern allein Unterdrückung, Abwendung, Sinnlosigkeit und Ausgeliefertsein, und dies nur mit rigiden Abwehrmechanismen bewältigen, nur in Krankheit und Neurose, in Isolierung und Selbstaufgabe wenig-

---

13 E. Jüngel, Das Verhältnis der theologischen Disziplinen untereinander, in: Jüngel/Rahner/Seitz, 44.

14 H. Schroer, Der praktische Bezug der theologischen Wissenschaft auf Kirche und Gesellschaft, in: Theologie als Wissenschaft in der Gesellschaft (1970) 159.

15 Vgl. u. a. die Beiträge von F. Haarsma, G. Otto (Curricula), M. Josuttis, R. Roessler in diesem Band.

16 Vgl. J. Habermas, Erkenntnis und Interesse (1968) 242: »Jene Grundorientierungen zielen deshalb nicht auf die Befriedigung unmittelbar empirischer Bedürfnisse, sondern auf die Lösung von Systemproblemen überhaupt.« Beispielhaft analysiert am Bedürfnis nach Sicherheit hat dies F. X. Kaufmann, Sicherheit als soziologisches und sozialpolitisches Problem (1970); vgl. auch M. B. Creelman, The Experimental Investigation of Meaning (1966).

stens ein Minimum an Befriedigung dieser Bedürfnisse sich sichern konnten.

Ohne an dieser Stelle die umfangreiche Diskussion über den Religionsbegriff aufnehmen zu können[17], sollen im Folgenden die Personen, Objekte, Symbole, Aussagen und Handlungen als religiös gelten, wenn von ihnen eine die normale, alltägliche Lebensführung übersteigende Intensität und Lebensqualität ausgeht und sie eine Befriedigung der Bedürfnisse nach Befreiung, Zuwendung, Sinn und Schutz zusichern. Als christlich sind solche Personen, Objekte, Symbole, Aussagen und Handlungen dann zu bezeichnen, wenn sie von den Kirchen und ihren Theologien als christlich definiert werden, wobei diese Definition in jedem Fall Bezug auf das geschichtliche Christusgeschehen nehmen muß.

Der Begriff des Bedürfnisses hat in der Theologie in den letzten Jahrzehnten eine eher abwertende Bedeutung angenommen, weil nicht deutlich zwischen dem religiösen Bedürfnis und dem Objekt unterschieden wurde, von dem es Erfüllung erhofft. Es bestehen Schwierigkeiten, deutlich zwischen beidem zu scheiden, da Bedürfnisse nicht gedacht und artikuliert werden können, wenn ihre Befriedigung nicht vorgestellt werden kann. Dies verweist darauf, daß Bedürfnisse eine theoretische Konstruktion darstellen, mit der etwas Komplexes begrifflich vereinfacht wird[18]. Den Begriff des Bedürfnisses deswegen zu verwerfen, wäre unrichtig, denn er formuliert ein kritisches Potential dort, wo Menschen die Erfüllung wesentlicher religiöser Bedürfnisse vorenthalten wird, die nach dem Stand theologischer Einsicht erfüllbar wären. Die Kirche selbst ist ihrerseits in hohem Maße für die Steuerung ihres Angebotes auf eingeschliffene oder neu geweckte Bedürfnispositionen angewiesen und kann in ihrer Tätigkeit, wenn diese sinnvoll sein soll, an diesen nicht vorbeiarbeiten.

Der Begriff des Bedürfnisses (wie der in diesem Zusammenhang gleichbedeutende Begriff des Interesses)[19] kommt aus dem ökonomi-

---

17 Zur Diskussionslage vgl. R. Robertson, Einführung in die Religionssoziologie (1973) 48–69.

18 K. O. Hondrich, Bedürfnisorientierung und soziale Konflikte, in: ZfS 2 (1973) 264; vgl. auch A. Etzioni, The Active Society (1968) 617 ff.; A. H. Maslow, Motivation and Personality (1953); Chr. v. Ferber, Die gesellschaftliche Rolle des Interesses, in: DUZ (1958) H. 4 und 5; H. P. Dreitzel, Die gesellschaftlichen Leiden und das Leiden an der Gesellschaft (1968) 241–152; J. Habermas, Erkenntnis und Interesse (1968); A. Lutz / Chr. Morgenthaler, Zu einer politischen Bedürfnistheorie, in: IDZ 6 (1973) 113–132.

19 R. Spaemann, Reflexion und Spontaneität (1973) 73 f.; H. Neuendorff, Der Begriff des Interesses. Eine Studie zu den Gesellschaftstheorien von Hobbes, Smith und Marx (1973); W. Maltusch, Materielles Interesse als Motiv (1966); M. Döbler, Triebkraft Bedürfnis. Zur Entwicklung der Bedürfnisse der sozialistischen Persön-

schen Bereich. Was für den wirtschaftlichen Bereich hinsichtlich der Konsumbedürfnisse und ihrer Befriedigung gilt, läßt sich in gewisser Weise auf die Kirchen übertragen. Die Kirchen definieren (und darin besteht ihre Machtposition), welche Bedürfnisse als christlich anzusehen sind, und sie stehen nicht selten in der Gefahr, nur solche Bedürfnisse als christlich anzuerkennen, denen sie ein angemessenes Angebot gegenüberstellen können; weitgehend verfügen sie über das Monopol auf dem religiösen Markt und können ihre Angebote ihren Mitgliedern aufdrängen, ohne daß deren Bedürfnisse damit abgedeckt wären. Auf der Seite der Mitglieder wollen einzelne oder Gruppen ihre Bedürfnisse nicht als christliche interpretieren lassen oder erwarten, daß die Kirchen auf ihre von ihnen als christlich verstandene Bedürfnisse eingehen, ohne daß die Kirchen ein entsprechendes Angebot bereitstellen[20] oder es aber gezielt vermeiden, solche religiösen Bedürfnisse zu unterstützen, die ihre Herrschaftsstruktur in Frage stellen, etwa solche nach Befreiung und Gerechtigkeit[21].

Bisher wissen wir kaum etwas über die religiöse und christliche Lebenspraxis und ihre Bedürfnisse. Den minutiösen psychoanalytischen Lebensgeschichten lassen sich keine vergleichbaren religiösen gegenüberstellen, aus denen sich ersehen ließe, wie religiöse und christliche Vorstellungen in der psychischen Struktur des Einzelnen verwurzelt sind. Wir haben kaum Beschreibungen darüber, wie Menschen im Verlauf ihres Lebens mit Glaube und Kirche in Berührung gekommen sind, was sie daran fasziniert und was abstößt. Jeder Pfarrer wird im Verlauf seiner Tätigkeit mit religiösen Erfahrungen konfrontiert, seien diese Erfahrungen nun genuin religiös oder dienten sie nur als Abwehrmechanismen. Diese sind bisher aber nun selten systematisch an die Praktische Theologie zurückvermittelt worden; sie finden sich höchstens in dem persönlichen, aber partikularen Wissen, das der Praktische Theologe in seine Lehrtätigkeit einbringt.

In der religiösen *Lebenspraxis,* in den »eingeschliffenen Situationsdeutungen, traditionellen Alltagspraktiken, internalisierten Handlungsorientierungen, spezifischen Bedürfnisdispositionen und Status-

---

lichkeit (1969); P. Bollhagen, Interesse und Gesellschaft (1967); A. G. Sdrawomyslow, Das Problem des Interesses in der marxistischen Soziologie, in: Sowjetwissenschaft. Gesellschaftswissenschaftliche Beiträge (1965) H. 7 und 8; M. Halbwachs, L'évolution des besoins des classes ouvrières (1933).

20 T. Rendtorff, Das Problem der Institution in der neueren Christentumsgeschichte, in: H. Schelsky (Hg.), Zur Theorie der Institution (1970) 141–153; ders., Christentum außerhalb der Kirche (1969); Y. Spiegel, Der Gottesdienst unter dem Aspekt der symbolischen Interaktion, in: JLH 16 (1971) 105–119.

21 B. Päschke, Praktische Theologie als kritische Handlungswissenschaft, in: ThPr 6 (1971) 5, 1–16.

aspirationen«[22], liegen unsystematisierte theologische Aussagen, die die Praktische Theologie zu verstehen und kritisch zu interpretieren sucht[23]. Der Praktische Theologe muß dabei in der Beurteilung sich selbst gegenüber sehr selbstkritisch sein: was er für »schlechte« Theologie hält, mag eine Generation zuvor herrschende Theorie gewesen sein; auch wenn der Name Gott darin nicht vorkommt, können solche Aussagen religiös verankert sein; auch wenn sie zwanghaft geworden sind, kann sich dahinter eine wertvolle theologische Tradition verbergen.

Dabei muß die Praktische Theologie in ihrer Reflexion das gesamtgesellschaftliche System einbeziehen, in dem sich solche religiösen Erfahrungen von Befreiung und Zuwendung, Sinn und Schutz vollziehen. Für die gesellschaftliche Entwicklung lassen sich zwei Tendenzen aufweisen, die besonders relevant für die Ausformung der religiösen Praxis sind: Differenzierung und Säkularisierung.

Das Konzept der gesellschaftlichen *Differenzierung* besagt, daß in einfachen Gesellschaften sich Religion, Recht, Wirtschaft usw. gegenseitig durchdringen. Wirtschaftliche Tätigkeiten können zugleich religiöse Bedeutung haben und damit religiöse Bedürfnisse nach Befreiung, Zuwendung, Sinn und Schutz befriedigen, das gleiche gilt für das Recht. Die zunehmende Entwicklung einer Gesellschaft besteht darin, daß sich Wirtschaft, Recht, Religion usw. als eigene Systeme konstituieren[24]. Kann in einer undifferenzierten Gesellschaft potentiell jede Tätigkeit religiöse Bedeutung annehmen und religiöse Bedürfnisse befriedigen, gibt es heute nur einen Bereich, der funktional zuständig ist für die religiösen Bedürfnisse, in unserer Gesellschaft vor allem die Kirchen[25]. Dies schließt nicht aus, daß andere Sektoren der Gesellschaft, etwa die Wirtschaft oder der Staat, nebenher auch auf religiöse Bedürfnisse eingehen, aber es gehört nicht zu ihrer primären Zielsetzung, sondern wird dieser Zielsetzung eingeordnet, sofern es für die Erreichung dieser Zielsetzung unumgänglich ist.

Eine in solcher Weise differenzierte Gesellschaft sozialisiert den einzelnen in eine psychische Struktur, die es ihm ermöglicht, Träger gesellschaftlicher Rollen zu sein. Er nimmt bestimmte Rollen ein, um mit den einzelnen Sektoren der Gesellschaft interagieren zu können, ohne sich jedoch mit einem Sektor, und seien es die Kirchen, normaler-

---

22 B. Badura, Bedürfnisstruktur und politisches System (1972) 8; vgl. P. L. Berger, Zur Dialektik von Religion und Gesellschaft (1973) 21.

23 J. Matthes, Gesellschaftsentwicklung – Pfarramt und Pfarrerrolle, in: WPKG 61 (1972) 27.

24 T. Parsons, The System of Modern Societies (1971); ders., Structure and Process in Modern Societies (1960) Kap. 10.

25 K. O. Hondrich, Bedürfnisorientierung und soziale Konflikte, in ZfS 2 (1973) 264.

weise voll identifizieren zu müssen. Seine Leistung als Persönlichkeit besteht darin, die verschiedenen segmentären Rollen zu integrieren. Gerade weil die gesellschaftliche Differenzierung sich schneller entwickelt als die Differenzierung der psychischen Struktur, weist die letztere stets ein potentielles Anpassungsdefizit auf[26]; zugleich hilft die Gesellschaft dem einzelnen wenig, die notwendige Integration zu leisten.

Das berührt das zweite Problem, das hinsichtlich der religiösen Lebenspraxis für die Praktische Theologie relevant ist: Das Problem der *Säkularisierung*. Säkularisierung ist ein gesamtgesellschaftlicher, nicht ein rein auf Glaube und Kirche beschränkter Prozeß; er betrifft alle traditionellen Institutionen wie den Staat, das Recht, die Medizin, das Militär. Säkularisierung ist einerseits nur der theologische Begriff für den soziologischen Begriff der Differenzierung; in diesem Zusammenhang bedeutet er, daß Religion sich aus allen Sektoren des gesellschaftlichen Lebens zurückzieht und daß nur noch ein Sektor, die Kirchen, die Funktion des Religiösen in einer Gesellschaft übernehmen. Der Säkularisierungsprozeß bedeutet aber, und hier liegt seine weiterreichende Bedeutung, einen Demokratisierungsprozeß, sofern hier auf neue Weise die Integration der Gesellschaft versucht wird, die durch die zunehmende Differenzierung zum Problem geworden ist, für die Gesellschaft ebenso wie für den Einzelnen.

Demokratisierung in diesem Sinne, bezogen auf die religiöse Lebenspraxis, bedeutet, daß die Erfüllung der religiösen Bedürfnisse nach Befreiung, Zuwendung, Sinn und Schutz auf eine andere Weise erwartet wird als in der Vergangenheit (wobei es hier vor allem um eine Akzentuierung und nicht so sehr um eine gegenseitige Ausschließung geht). Der Prozeß der Demokratisierung als religiöser Prozeß bedeutet, daß Bedürfniserfüllung (1) nicht so sehr durch den Rückbezug auf das Vergangene, sondern durch Bezug auf das Neue, das Überraschende, das Kommende, das sich Verändernde erwartet wird. Bezogen auf die zentrale Person, von der religiöse Bedürfnisbefriedigung erwartet wird, bedeutet dieser Prozeß (2), daß nicht mehr vertikale Herrschaftsstrukturen die Beziehung Gottes zu den Menschen bestimmen, sondern ein Gott, der in der Transzendenz immanent ist und in der Solidarität menschlichen Handelns hervortritt, und daß Gott (3) sich nicht primär offenbart als der Heilige und Erschreckende, der sich

26 R. N. Bellah, Religious Evolution, in: ders., Beyond Belief. Essays on Religion in a Post-Traditional World (1970) 20–50; R. E. Sykes, An Appraisal of the Theory of Functional-Structural Differentation of Religious Collectivities, in: Journal of the Scientific Study of Religion 8 (1969) 285–299; L. Schneider, Sociological Approach to Religion (1970) 37–92.

menschlichen Berechnungen nicht fügt, sondern daß er sich mit dem Unwirklichen und Traumhaften verbindet, ohne deshalb an Macht zu verlieren. Im religiösen Prozeß der Demokratisierung wird (4) gut und böse nicht mehr an einzelnen Handlungen definiert, sondern das moralische Handeln des einzelnen kann nur aus der ganzen Persönlichkeitsstruktur und dem gesamtgesellschaftlichen System, in dem er steht, verstanden werden. Schließlich werden (5) Befreiung und Erlösung nicht primär als ein Vorgang innerhalb einer Person angesehen, sondern gerade als Entgrenzung und Aufhebung der Person und ihr Eingehen in eine allumfassende Einheit eines Weltganzen[27].

2. *Institutionalisierte kirchliche Handlungen*

Praktische Theologie beschäftigt sich zweitens mit den im obigen Sinne *ausdifferenzierten und institutionalisierten kirchlichen Handlungen*. Das Angebot an kirchlichen Handlungen in bezug auf die Befriedigung religiöser Bedürfnisse nach Befreiung, Zuwendung, Sinn und Schutz hat über die Jahrhunderte gewechselt und ist vielfach davon abhängig, wieweit andere gesellschaftliche Institutionen diese Bedürfnisse bereits zureichend abdecken und wieweit die Kirchen hier bestimmte Bereiche monopolisieren konnten[28]. In der derzeitigen besonderen historischen Situation der BRD machen die Kirchen vor allem Angebote in der Wertsozialisation, in der Beratung und in der Sozialarbeit[29]. Institutionalisierte kirchliche Angebote auf dem Gebiet der *Wertsozialisation* repräsentieren die Arbeit in Kindergärten, den Firm- und Konfirmandenunterricht, die Jugendarbeit, den Religionsunterricht, den lebenskundlichen Unterricht in der Bundeswehr und die Erwachsenenbildung. Auf dem Gebiet der *Beratung* bestehen kirchliche Angebote für die Einzel- und Gruppenberatung in Krisenfällen, die rituelle Begleitung in den Krisen von Geburt und Tod, von Eheschließung und Mündigwerden, in generellen Einführungen in neue Lebenssituationen und in der Förderung von Gruppen, die durch Meditation, Gruppendynamik, Bibelarbeit eine Stabilisierung und Erneuerung religiöser Einstellungen erfahren wollen. Im Bereich der kirchlichen *Sozialarbeit* machen die Kirchen Angebote an soziale Gruppen, die aus verschiedenen Gründen von der Teilnahme am öffentlichen Leben aus-

27 Genauer ausgeführt in: Y. Spiegel, Zur Krise des kirchlichen Amts in evangelischer Sicht, in: Reform und Anerkennung kirchlicher Ämter (1973) 102–109.

28 Matthes, 23; Arbeitsgruppe Bielefelder Soziologen (Hg.), Alltagswissen, Interaktion und gesellschaftliche Wirklichkeit, 2 Bde. (1973).

29 Y. Spiegel, Kirche in der Klassengesellschaft, in: ders. (Hg.), Kirche und Klassenbindung (1974).

geschlossen sind, wie Kranke, Suchtabhängige, durch die herrschende Sexualmoral oder aufgrund herrschender politischer und ökonomischer Herrschaftsverhältnisse Diskriminierte, wobei die Kirchen sich am Prozeß der Gesetzgebung beteiligen (Gesellschaftsdiakonie).

Wie bei der religiösen Lebenspraxis wird die Praktische Theologie sich im besonderen mit den theologischen Aussagen beschäftigen, die in den institutionalisierten kirchlichen Handlungen vorliegen. Eine handelnd vollzogene Theologie ist durch die Struktur dieser Handlungen und die in ihrer Durchführung gesprochenen Worte gegeben, eine praxisbezogene Theologie durch eine Theologie der spezifischen Amtshandlung oder eines spezifischen Bereiches, wie zB. der Beratung. Beide Formen dieser Theologie können sich widersprechen; R. Bohren hat am Beispiel der Amtshandlungen deutlich gemacht, wie ihr Vollzug die Verkündigung unwirksam macht[30]; ähnlich steht vielfach die Struktur des Gottesdienstes im Widerspruch zur Predigt[31]. Praktische Theologie wird zudem prüfen müssen, wie die theologischen Aussagen in Handlungsangebote übersetzt werden, wo solche Angebote fehlen und welche Angebote Priorität vor anderen haben.

Das Angebot an institutionalisierten kirchlichen Handlungen muß auch hier die gesellschaftliche Gesamtverfassung berücksichtigen. Für die Praktische Theologie stellen sich in diesem Praxisbereich zwei Probleme besonders dringlich, die Frage nach der Allgemeinheit oder Spezifizität des kirchlichen Angebotes (womit die Frage der Differenzierung wieder aufgegriffen wird) und die Frage nach der systemstabilisierenden oder systemüberwindenden Zielsetzung institutionalisierter kirchlicher Handlungen (womit sich erneut die Frage der Demokratisierung stellt).

Die Frage nach der Spezifizität des kirchlichen Angebots läßt sich in besonderer Weise am Gottesdienst verdeutlichen. Zumindest nach der Tradition stellt er *das* zentrale Angebot der Kirchen dar. Der Gottesdienst in seiner bisherigen Form ist jedoch kein spezifisches Angebot, sondern ein undifferenziertes, dh. er enthält zwar das allgemeine Angebot, die Bedürfnisse nach Befreiung, Zuwendung, Sinn und Schutz zu erfüllen, enthält aber kein spezifisches Angebot, weder hinsichtlich der Wertsozialisation, noch der Beratung, noch der sozialpolitischen Aktivität. Er stellt wohl die Einheit und Zielsetzung alles kirchlichen Handelns dar, vermag aber nicht mehr auf Individuen und Gruppen zu wirken, für die Religion nur ein Segment ihres Lebens ausmacht. Ein

---

30 R. Bohren, Unsere Kasualpraxis – eine missionarische Gelegenheit? ([3]1968); Y. Spiegel, Gesellschaftliche Bedürfnisse und theologische Normen. Versuche einer Theorie der Amtshandlungen, ThP 6 (1971) 213–231.

31 Spiegel, Gottesdienst, 105–119.

diffus ausgerichtetes kirchliches Angebot, wie der traditionelle Gottesdienst, stößt damit auf eine Bedürfnisstruktur, die nur auf spezifische Angebote eingestellt ist.

Nun zeigt gerade das Wort »Angebot«, daß innerhalb einer kapitalistischen Gesellschaft nicht nur Produkte manueller Tätigkeit zu Waren werden, sondern auch solche Tätigkeit, die auf geistiger oder theologischer Tätigkeit beruhen[32]. In einer solchen Gesellschaft sind die Kirchen gezwungen, religiöse Waren in der Gestalt von Dienstleistungen anzubieten[33], die in letzter Konsequenz durch finanzielle Gegenleistung abgegolten werden können. Es erweist sich dann als gesamtgesellschaftliches Problem, wieweit Erfüllung religiöser Bedürfnisse überhaupt als spezifische Leistung käuflich sind, ohne daß ein unverfügbarer Rest, gewöhnlich Liebe oder Vertrauen genannt, dabei wegfällt[34]. Mit anderen Worten: wie diffus und wie spezifisch muß ein kirchliches Angebot sein, um religiöse Bedürfnisse abdecken zu können? Auf gleicher Ebene stellt sich, exemplarisch durchdiskutiert im politischen Bereich, die Frage, wieweit es institutionalisierte kirchliche Handlungen überhaupt geben kann, ohne daß das Kirchenmitglied selbst einen aktiven Beitrag dazu erbringt und sich aktiv an der Gestaltung des kirchlichen Angebotes beteiligt[35].

Es war oben gesagt worden, daß der Prozeß der Ausdifferenzierung der verschiedenen gesellschaftlichen Großorganisationen funktional für die Gesamtgesellschaft ist. Sie erstellen jeweils spezifische Leistungen für das gesamte soziale System, wobei den Kirchen die Aufgabe zufällt, auf die religiösen Bedürfnisse nach Befreiung, Zuwendung, Sinn und Schutz einzugehen. Es stellt sich damit die Frage, für welche Gesellschaft institutionalisierte kirchliche Handlungen funktional sind: für eine Gesellschaft, die von vielen Seiten als repressiv erfahren wird, oder für eine neue Gesellschaft, in der die religiösen Bedürfnisse in ihrer Erfüllung nicht mehr auf die Kirchen angewiesen sind, sondern sie durch die gesamte Gesellschaft erfahren. Für die christlichen Kirchen, so läßt sich von vornherein sagen, gilt als (häufig oder meist nicht eingelöste) Zielsetzung, sich nicht mit einer repressiven Gesell-

---

32 A. Sohn-Rethel, Warenform und Denkform (1971).

33 Berger, 135 ff.; ders., Ein Marktmodell zur Analyse ökonomischer Prozesse, in: IJRS 1 (1965) 235–249.

34 H. Junker, Das Beratungsgespräch. Zur Theorie und Praxis kritischer Sozialarbeit (1973) 9–15; N. Luhmann, Vertrauen (1968).

35 Wie diese Problematik sich in der Organisation des Pfarramtes konzentriert vgl. R. Köster, Soziologie des kirchlichen Amtes: Religion als Beruf, in: H.-D. Bastian (Hg.), Kirchliches Amt im Umbruch (1971) 67; Y. Spiegel, Der Pfarrer im Amt. Gemeinde, Kirche, Öffentlichkeit (1970) 183–194. Zur Gemeinde: W. Goddijn, Religiöse Partizipation und Kontinuität der Kirche als soziales System, in: W. Menges/N. Greinacher (Hg.), Die Zugehörigkeit zur Kirche (1964) 133–154.

schaft abzufinden und zu versöhnen. Versöhnung ist nur im kommenden Reich Gottes zu finden. Als wie repressiv die jeweils gegenwärtige Gesellschaft, als wie gottverlassen die Welt allerdings einzuschätzen sei und wieweit sich diese Welt mit einer zukünftigen identifizieren lasse, darüber bestand niemals Einigkeit, und insofern blieb die Frage stets unentschieden, ob ein quantitativer Schritt oder ob ein qualitativer Sprung vom kommenden Reiche Gottes trenne.

Die Frage nach der letztgültigen Gesellschaft ist jedoch nur die eine Seite des Problems, das kirchliches Handeln zu lösen hat. Die andere Frage ist die faktische Vermittlung zwischen der repressiven Gesellschaft und dem Kommen des Reiches. Die Kirchen- und Theologiegeschichte berichtet über eine Vielzahl von Versuchen, entsprechend der jeweiligen gesellschaftlichen Situation zwischen der repressiven Gesellschaft und der utopischen Zielsetzung zu vermitteln. Beispiele dafür sind die Auseinandersetzungen über die Absolutheit des Liebesgebotes, die ständige Neuinterpretation der Bergpredigt, die Lehre von den zwei Reichen mit ihren Kritiken und Antikritiken. Das Problem der Doppelstrategie, daß beides zugleich angestrebt werden muß, das Reich Gottes und die Vermittlung zwischen ihm und der repressiven Gesellschaft, stellt sich für die Praktische Theologie nicht erst heute. Der bedeutendste Unterschied gegenüber der bisherigen historischen Situation besteht allerdings darin, daß eine totale Veränderung der Gesellschaft in das Bild der Utopie hinein als Möglichkeit menschlichen Handelns denkbar, wenn auch sicher noch nicht realisierbar geworden ist.

3. *Handeln der Kirche als Institution*

Die Praktische Theologie beschäftigt sich drittens mit dem *Handeln der Kirche als Institution*. Die beiden Kirchen in der BRD stellen gesellschaftliche Großorganisationen mit einer halben Million Mitarbeiter dar[36]. Im einzelnen zerfallen sie in eine Vielzahl von Landeskirchen und Diözesen mit einer jeweils unterschiedlichen Praxis in Legislative und Exekutive auf der einen und einer Vielzahl von Verbänden auf der anderen Seite. Die kirchliche Bürokratie steht vor der schwierigen Aufgabe, eine Vielzahl von Gruppen, deren Spektrum von der äußersten Rechten bis zur entschiedenen Linken reicht, in sich zu in-

36 N. Greinacher/Th. Risse, Bilanz des deutschen Katholizismus (1966); E. G. Mahrenholz, Die Kirchen in der Bundesrepublik (1969); D. Goldschmidt, Evangelische Kirchen im westlichen Deutschland, in: Die Gesellschaft in der Bundesrepublik, Analysen II (1971).

tegrieren und sich als Organisation funktionsfähig zu erhalten. Sie muß jedoch nicht nur für die innere Systemerhaltung und damit für die Loyalität ihrer Mitglieder Sorge tragen, sondern auch dafür, daß sie rechtliche Anerkennung und finanzielle Sicherung durch die bestimmenden politischen Kräfte einer Gesellschaft erhält. Dazu ist es notwendig, den eigenständigen gesellschaftlichen Beitrag herauszustellen. Sie muß also eine Theologie entwickeln, die sowohl der Abgrenzung wie der Herausstellung dieses spezifischen gesellschaftlichen Beitrages dient, sie muß die Tätigkeit als Kirche in öffentlichen Veranstaltungen, wie in den Gottesdiensten, symbolisieren und zugleich ein Bild von sich selbst vermitteln, das das Bedürfnis erweckt, hier könnten Befreiung, Zuwendung, Sinn und Schutz zu finden sein[37].

Kirchlich-institutionelles Handeln enthält Theologie, enthält »Verkündigung in Strukturen«. Die Intentionen, die in die kirchliche Struktur eingegangen sind, erweisen sich in den meisten Fällen als höchst widersprüchliche; jüngere theologische Einsichten haben ältere Traditionen überlagert und sind mit ihnen einen mühsam ausgehandelten Kompromiß eingegangen. Die faktische Durchführung kann in sichtbarem Widerspruch zu den Intentionen stehen. Das Kirchenrecht hat eine lange Tradition, die wichtige Erkenntnisse über die kirchliche Struktur enthält und hat normsetzend gewirkt[38], jedoch ist empirische Theologie nicht nur in den juristischen Setzungen enthalten, sondern auch in dem institutionalisierten Handeln, das sich gewohnheitsmäßig eingespielt hat, seine guten theologischen Gründe hat, oder wenigstens sich nachträglich seine theologische Rechtfertigung sucht. Hier ist es Aufgabe der Praktischen Theologie, diese strukturelle Theologie in all ihrer Widersprüchlichkeit zu erfassen, kritisch zu interpretieren und Formen für eine Institutionsberatung zu finden[39].

Im Bereich des Handelns der Kirche als Institution stehen zwei wesentliche Probleme an: Das Problem der zunehmenden Bürokratisierung[40] und die dadurch hervorgerufene Forderung nach Demokratisierung, und das Problem des Verhältnisses zwischen den Kirchen und den theologischen Fakultäten, ein Problem, das gerade auch die Praktische Theologie betrifft.

Die ursprünglich von den Kirchen entwickelte, dann vom Staat übernommene bürokratische Organisationsform überträgt sich gegenwär-

---

38 Vgl. den Beitrag von H. Herrmann in diesem Band 266–276.

39 P. Fürstenau, Neuere Entwicklungen der Bürokratieforschung und das Schulwesen. Ein organisationssoziologischer Beitrag, in: C.-G. Furck (Hg.), Zur Theorie der Schule (1969) 47–66.

40 K. Heymann, Die Bürokratisierung der Klassenverhältnisse im Spätkapitalismus, in: K. Meschkat / O. Negt (Hg.), Klassenstrukturen (1973) 92–129; B. Rizzi The Bureaucratisation of the World (1939).

tig auf alle gesellschaftlichen Großorganisationen[41]. In den Kirchen geht die traditionell begründete Hierarchie immer mehr in eine rational begründete über; wo Selbstverwaltungsorgane vorhanden sind, werden sie ähnlich wie im politischen Bereich zunehmend durch die Bürokratie verdrängt, neukonstitutierte Vertretungsorgane und Initiativgruppen haben nur geringe Durchsetzungschancen[42]. Als Gegentendenz gegen die zunehmende Konzentration der materiellen und analog dazu der immateriellen Produktion sowie der administrativen Macht in wenigen Großorganisationen wird die Demokratisierung aller relevanten gesellschaftlichen Institutionen zu einer unabdingbaren und unüberhörbaren Forderung[43]. Davon sind auch die Kirchen als Institution betroffen[44]. Mitbestimmungsforderungen werden vor allem durch die nichttheologischen kirchlichen Mitarbeiter und durch die ehrenamtlich tätigen Initiativgruppen vertreten. Daß es hier um einen Klassenkonflikt geht[45], wird verdeckt durch die ambivalente Stellung der Pfarrerschaft, die sich auf der einen Seite dem Druck ausgesetzt sieht, in die Bürokratie der Kirchen eingegliedert zu werden, und die liberalbürgerliche Freiheiten ihrer Amtsführung verteidigt, andererseits durch materielle und rechtliche Vorteile privilegiert ist.

Das zweite Problem, das sich für den Bereich der Kirchen als Institution stellt und die Praktische Theologie unmittelbar betrifft, ist das Verhältnis von verfaßter Kirche und den theologischen Fakultäten. Es

---

41 E. Schrader, Handlungen und Wertsysteme. Zum Begriff der Institutionalisierung in Talcott Parsons soziologischem System, in: SW 17 (1966); B. Willems, Institution und Interesse. Elemente einer reinen Theorie der Politik, in: Schelsky (Hg.), 43–57.

42 Y. Spiegel, Kirche als bürokratische Organisation (1969); K. Bridston, Church Politics. An Analysis of the Church as a Political Institution (1969); P. M. Harrison, Authority and Power in a Free Church Tradition (1959); J. Klein, Structural Aspects of Church Organisations, in: IJRS 4 (1968) 101–122; G. Langerod, La méchanisme institutionel de l'Église catholique abordé sous l'angle de la science administrative, in: SC 16 (1969) 241–252; K. Thompson, Bureaucracy and Church Reform: The Organizational Response of the Church of England to Social Change 1800–1965 (1970).

43 K. O. Hondrich, Demokratisierung und Leistungsgesellschaft (1972); F. Naschold, Organisation und Demokratie. Untersuchung zum Demokratisierungspotential in komplexen Organisationen (1969).

44 Demokratisierung der Kirche. Ein Memorandum deutscher Katholiken, hg. vom Bensberger Kreis (1970).

45 R. Faber/H.-D. Bamberg/E. Rupp, Kirche im Kapitalismus I. Verfall bis zur Jahrtausendwende? Der Katholizismus und die Fiktion einer heilen Welt, in: U. Greiwe (Hg.), Herausforderung an die Zukunft (1970) 231–259; E. Weber/R. Trommershäuser, Kirche im Kapitalismus II. Deutscher Protestantismus in einer technologischen Welt, aaO. 260–273.

ist die konsequente Tendenz der kirchlichen Bürokratie, die Ausbildungsstätten sich einzugliedern oder zumindest den Anspruch der Fakultäten einzuschränken, indem sich die Kirchen so weit wie möglich in die praktische Ausbildung der Pfarrer einschalten. Durch die Erstellung von praktischen Ausbildungsmodellen in Priester- und Predigerseminaren und durch Einrichtungen für Sozialforschung, Beratung und Erziehung haben die Kirchen Ausbildungsformen und Forschungsmöglichkeiten geschaffen, die vielfach die der Fakultäten übertreffen[46]. Die von den Kirchen eingeräumten Möglichkeiten sind allerdings vor allem dadurch beschränkt, weil zumeist der Funktion der kritischen Interpretation wenig Raum gewährt wird. Die Voraussetzungen hierzu sind zwar bei den Fakultäten gegeben, doch sind diese hinwiederum an der Reflexion über Praxisverhältnisse relativ uninteressiert und verhelfen der akademischen Praktischen Theologie kaum zur Erfüllung ihrer Aufgabe, religiöse und christliche Praxis zu erfassen, zu interpretieren, zu innovieren und darin auszubilden. Dies geschieht teils aus einem historisierenden oder einem einseitig theoretischen Verständnis der Theologie heraus, teils auch, weil in den Abwehrkämpfen gegen kirchliche und universitäre Gegner der Nachweis einer wissenschaftstheoretisch abgesicherten Theologie von größerem Gewicht ist als das Einlassen auf eine wissenschaftlich sehr viel schwieriger zu erfassende Praxis.

Es stellen sich zwei abschließende Fragen, die nur noch kurz andiskutiert werden können. (1) Wie verhält sich eine so bestimmte Praktische Theologie zu den übrigen theologischen Disziplinen; (2) wo wird überhaupt Praktische Theologie in diesem Sinne betrieben?

(1) Zu Anfang wurde gesagt, daß die Einführung des Begriffs des Handelns die klassische Fächeraufteilung sprengt. Es läßt sich zunächst soviel sagen, daß nach dem vorliegenden Konzept die Geschichte der kirchlichen Praxis und der christlichen Lebensäußerungen keine Aufgabe einer Praktischen Theologie ist; es ist Aufgabe der Kirchen- und Theologiegeschichte, sich der historischen Fragen von Theorie und Praxis in ihrem wechselseitigen Verhältnis anzunehmen. Eine Geschichte der Lehre von der Taufe zB. zu schreiben, ohne die jeweils korrespondierende Taufpraxis zu erforschen, wird zunehmend fragwürdig. Schwieriger ist das Verhältnis zu Systematik und Ethik zu bestimmen, sobald Dogmatik und Ethik beginnen, ihre soziale Basis mitzureflektieren. Dies wird gegenwärtig besonders sichtbar in der

46 W. Eisinger, Die Praktische Theologie zwischen Praxis und Theorie, in: Theologie als Wissenschaft in der Gesellschaft (1970) 19.

Lehre von der Kirche[47] und in der Moraltheologie bzw. Sozialethik[48], soweit hier Zielvorstellungen für das kirchliche Handeln entwickelt werden; dies ist sicher nicht möglich, ohne die Möglichkeiten einer Realisierung dieser Ziele mitzubedenken. Sobald es in Systematik und Ethik bewußt wird, daß es Menschen sind, in deren Köpfen sich theologische Vorstellungen bilden, und es soziale Gruppen sind, die einer theologischen Vorstellung Geltung verschaffen, wird eine Kooperation mit der Praktischen Theologie sinnvoll und notwendig werden.

(2) Es entsteht leicht der Eindruck, Praktische Theologie werde nur an den Universitäten getrieben. Das ist natürlich nicht zutreffend. Es gibt eine Fülle von Institutionen, die sich dieser Aufgabe annehmen, kirchliche Sozialforschungsstellen, Pädagogische Institute, Einrichtungen zur Aus- und Fortbildung kirchlicher Mitarbeiter, Planungsstäbe der Kirchen, in denen Erfassung, kritische Interpretation, Innovieren und Ausbilden in bezug auf die religiösen und kirchlichen Praxisbereiche betrieben werden, wenn auch mit unterschiedlicher Akzentuierung der einzelnen Aufgaben. Obgleich die Praktische Theologie an den Fakultäten den Vorzug hat, relativ frei von der verfaßten Kirche zu sein und halbwegs über Zeit für theoretische Arbeit zu verfügen, ist es bei der gegenwärtigen Situation kaum möglich, die hier entwickelte Konzeption primär innerhalb der theologischen Fakultäten zu verwirklichen. Diese gegenwärtige Situation heißt: Vorherrschaft der historischen Disziplinen, starke Abneigung gegen die Anwendung handlungswissenschaftlicher Methoden, mangelnde Reflexion des Praxisbezuges in allen theologischen Disziplinen und die Schwierigkeit, vom Staat eine bessere Ausstattung der Praktischen Theologie zu erreichen. Diese Situation kann sich jedoch ändern, wenn der akademischen Theologie ihre Abhängigkeit von der Kirche bewußt wird[49], wenn sie sich stärker dem Praktischwerden des von ihr erarbeiteten Wissens annimmt, wenn sie sich, statt sich mit ihrer Wissenschaftlichkeit legitimieren zu wollen, auf Druck von außen sich stärker durch die soziale Relevanz ihres Tuns rechtfertigen muß[50], wenn das Interesse an den Möglichkeiten, etwa den politischen, in der kirchlichen Praxis wächst und wenn die Einsicht zunimmt, daß es der eigenen Abdankung gleichkommt, den Kirchen die Bestimmung darüber zu überlassen, was in der Ausbildung an theologischem Wissen für die Praxis verwendbar und notwendig sei.

47 W.-D. Marsch, Institution im Übergang. Evangelische Kirche zwischen Tradition und Reform (1970).

48 Vgl. den Beitrag von W. Dreier in diesem Band 255–265.

49 Vgl. G. Otto in diesem Band 584.

50 I. S. Spiegel-Rösing, Wissenschaftsentwicklung und Wissenschaftssteuerung (1973).

Zusammenfassung

(1) Praktische Theologie als empirische Theologie befaßt sich mit den drei Praxisbereichen der religiösen und christlichen Lebenspraxis, den institutionalisierten kirchlichen Handlungen und dem Handeln der Kirchen und christlicher Gruppen als Institution.

(2) Sie hat ein besonderes Interesse daran, die theologischen Aussagen, die sich im praktischen Lebensvollzug, in den kirchlichen Handlungen und in den Strukturen der Kirchen finden, zu erfassen, kritisch zu interpretieren und in das Gespräch der theologischen Disziplinen einzubringen.

(3) Die wissenschaftliche Arbeit im Bezug auf die drei genannten Praxisfelder läßt sich aufgliedern in die Aufgabe des Erfassen, der kritischen Interpretation, der Innovation und der Aus- und Weiterbildung derer, die innerhalb dieser Praxisbereiche tätig werden bzw. sind.

(4) Die gesamtgesellschaftlichen Tendenzen der Differenzierung und der Demokratisierung stellen für die Praktische Theologie gegenwärtig vor allem folgende Probleme:

- die herrschaftsfreie Definition religiöser Bedürfnisse
- Demokratisierung als religiöses Phänomen
- der Warencharakter des kirchlichen Angebotes und die damit notwendige Balance zwischen diffusem und spezifischem kirchlichem Angebot
- die Umsetzung von Theologie in kirchliche Handlungen
- die Bürokratisierung der Kirche und ihre Überwindung
- das Verhältnis zwischen den verfaßten Kirchen und den Fakultäten.

2|26 Gert Otto

Praktische Theologie als Kritische Theorie religiös vermittelter Praxis
– Thesen zum Verständnis einer Formel* –

1. *Praktische Theologie als Kritik der Theologie*

a. Theologie, pauschal genommen, in ihren verschiedensten Ausprägungen, einschließlich Dialektischer und existential orientierter Theologie, leistet in der Neuzeit allenfalls in Ausnahmefällen Auseinandersetzung mit *Praxis,* kirchliche Praxis eingeschlossen. Insofern ist Theologie, was ihren eigenen Anspruch angeht, in hohem Maße wirkungslos – was freilich nicht ausschließt, daß sie ganz andere als beabsichtigte Wirkungen in erheblichem Maße hat; die Resonanzlosigkeit der Kirche in der Öffentlichkeit ist ephemeres Indiz[1].

Zwei einander bedingende Gründe erklären diese Situation:
– Einerseits ist die Struktur traditioneller Theologie überwiegend als historisch-narzißtisch, rückwärtsgewandt und mit sich selbst beschäftigt zu bezeichnen. Das haben studentische Kritiker Ende der sechziger Jahre unmißverständlich ausgesprochen: »Die narzißtische Struktur bedingt den der Theorie eigenen Realitätsverlust. Verschleiert ist dieser Realitätsverlust dadurch, daß die Hermeneutik sich als Übersetzungsvorgang in Gegenwart hinein auffaßt[2].« Mag hier die hermeneutische Problematik auch verkürzt erfaßt sein – verständlich auf dem Hintergrund eben vergangener hermeneutischer Hochkonjunktur –, so viel ist sicher richtig: der hermeneutische Optimismus, daß

---

* Zu diesem Beitrag ist dreierlei zu bemerken:
– Der Ausgangspunkt liegt in meinem Einleitungsartikel »Zur gegenwärtigen Diskussion in der Praktischen Theologie« in: PTH, 9–24, wo ich die Grundthese, anknüpfend an Gedanken B. Päschkes, zum ersten Mal entwickelt habe.
– Die jetzigen Thesen spiegeln den Stand der im kleinen Kreis in verschiedenartigen Zusammenhängen fortgeführten Diskussion. Ihr verdanke ich entscheidende Anregungen, bis hin in einzelne Formulierungen, auch wenn ich die vorliegende Textfassung selbst zu verantworten habe.
– Eine ausführliche Entfaltung der hier vorgelegten Thesen findet sich in der Neuauflage von: G. Otto (Hg.), Praktisch-theologische Handbuch (1974) 9 ff.

1 Vgl. dazu H. J. Dörger, Religion als Thema – in SPIEGEL, ZEIT und STERN (1973), bes. den Abschnitt über »Marginalität, 155 ff.

2 Theologiestudenten 1969 (1969) 108.

eine Übersetzung, die sich der sprachlichen Mittel ihrer Gegenwart bedient, unversehens Realität verändert, hat getrogen.

– Andererseits ist die Funktion der Praxis für die Theorie von der Kirche so wenig erkannt worden wie von der Theologie. Das gilt ebenso umgekehrt für die Funktion der Theorie im Blick auf Praxis. Denn Praxis, die meint, auf Theorie verzichten zu können, die sich also selbst nicht reflektiert, ist entweder blinder Aktionismus oder inhaltsleer. Kirchliche Praxis als Teil gesellschaftlicher Praxis ist von traditioneller Theologie weithin allein gelassen worden, aber sie hat ebenso, daraus folgend, ihrerseits die theologische Wissenschaft dadurch vernachlässigt, daß sie sie kaum in Anspruch genommen und herausgefordert hat[3].

Die Mißachtung gesellschaftlicher Realität in der traditionellen Theologie ist die Voraussetzung für das Fehlen einer Reflexion auf den Theorie-Praxis-Zusammenhang in der Theologie wie in der Kirche. Dann aber *muß* Praktische Theologie zu blinder Hilfswissenschaft werden, die – fixiert auf den Anwendungsbereich Kirche – notwendigerweise zur bloßen Vermittlerin von Handwerkslehren (vorzugsweise für Predigt, Unterricht und Seelsorge) und Amtstechnik (für das Pfarramt überlieferter Gestalt) wird, und dies auch dann, wenn sie sich selbst prinzipiell anders versteht. Selbstverständnis verändert nicht automatisch Realität. Solange Theologie narzißtisch mit sich selbst beschäftigt bleibt und das Theorie-Praxis-Problem nicht reflektiert, kann Praktische Theologie kaum mehr als Techniken reflektieren, weil sie *allein,* gegenläufig zur übrigen theologischen Wissenschaft, nicht das ersetzen kann, was Theologie *insgesamt* zu leisten hätte.

b. Die Praxisferne theologischer Theoriebildung hat K. W. Dahm zu überwinden versucht[4]. Die Resonanz, die er gefunden hat, bestätigt, daß die Tendenz seiner Thesen nicht nur einem verbreiteten faktischen Selbstverständnis der Kirche und ihrer Amtsträger, sondern auch nicht selten den Erwartungen der Gesellschaft gegenüber der Kirche entsprechen dürfte: die Aufgabe der Kirche und entsprechend der Ansatz der Praktischen Theologie werden *funktional* verstanden.

Dabei wird der Begriff »funktional« in doppeltem Sinn gebraucht:

» ›Funktional‹ bezeichnet einerseits die Verflechtung der Kirche mit anderen gesellschaftlichen Gruppierungen, Aufgaben und Interessen und ihre Bedeutung für das Zusammenleben der Menschen überhaupt. Mit der Betonung dieses Akzentes soll deutlich gemacht werden, daß Kirche nicht zureichend erfaßt ist, wenn man sie als Größe eigener Art

3 Vgl. G. Otto, Kirche und Theologie (1971) bes. 44 ff.

4 K. W. Dahm, Beruf: Pfarrer (1971).

isoliert von anderen Lebensbereichen (etwa der Wirtschaft, der Erziehung, der Wohlfahrt) betrachtet.

›Funktional‹ bezeichnet zweitens eine Sicht, die an den Aufgaben orientiert ist, die der Kirche zugeschrieben werden, die sie wahrnimmt oder abweist. Es wird etwa gefragt, was leistet die Kirche tatsächlich in der Gesellschaft – und was könnte sie leisten.«[5]

Kirchliches Handeln läßt sich in zwei Funktionsbereichen darstellen. Funktionsbereich A: »Darstellung und Vermittlung von grundlegenden Deutungs- und Wertsystemen« und Funktionsbereich B: »Helfende Begleitung, in Krisensituationen und an Knotenpunkten des Lebens«[6]. Für Dahm ist entscheidend, daß – im Sinne einer funktionalen Theorie – mit diesen beiden Bereichen »der hauptsächliche Aktionsraum der Kirche in unserer Gesellschaft umschrieben« ist[7].

Mit welchem Interesse dieser funktionale Ansatz, frühere praktisch-theologische Fragestellungen darin überholend, an *Religion in der Realität* orientiert ist, zeigt folgende Liste von Fragestellungen:

»Welche *Aufgaben* erfüllt die Religion im gesamtgesellschaftlichen Prozeß?

Welche Aufgaben erfüllt die Religion im Leben des Einzelnen?

Welche Aufgaben werden ihr zugewiesen und welche bestritten?

In welchem Verhältnis stehen ihre Aufgaben zu denen anderer gesellschaftlicher Kräfte?

Welche gesellschaftlichen Kräfte beeinflussen die Religion und die Erfüllung ihrer Aufgaben?«[8]

Dieser Ansatz Dahms macht prinzipielle Rückfragen nötig; das Gesamtverständnis von Religion, Kirche und Gesellschaft sowie von Praktischer Theologie steht zur Debatte. Rückfragen sind in folgender Richtung zu stellen:

– Religion übernimmt im Dahmschen Ansatz eine Reihe positiver Funktionen, zusammengefaßt: sozialintegrative Funktionen. Deswegen muß ihre Institutionalisierung auf Dauer gestellt werden. Aber: Wo bleibt bei dieser Sicht jene Realität, in die zu integrieren gerade nicht geboten sein kann, sondern der zu widerstehen ist? Und wie ist die Dauerinstitutionalisierung im Kirchenverständnis eigentlich theologisch verankert, oder ist sie Postulat eines bestimmten soziologischen Konzepts?

– Wie soll bei einem *funktionalen* Ansatz die Festschreibung der bestehenden Verhältnisse, zB. auch der von Dahm selbst als problematisch erkannten Verflechtungen von Kirche und Gesellschaft, wie soll gegen alle Beteuerungen Statik ausgeschlossen, wie sollen Verände-

---

5 AaO. 303.

6 AaO. 305 f.

7 AaO. 307.

8 AaO. 293.

rungen eingeleitet werden? Dies wäre ja erst dann möglich, wenn die »Ursache von Konflikten (unserer Gesellschaft) – ob in der Auflösung überkommener Kommunikationsnetze, in den Arbeits- und Leistungsbedingungen oder sonstwo – . . .«[9] zum Thema gemacht wird, was der funktionale Ansatz gerade nicht ermöglicht.

– Die Funktionsbereiche A (»Darstellung und Vermittlung von grundlegenden Deutungs- und Wertsystemen«) und B (»Helfende Begleitung, in Krisensituationen und an Knotenpunkten des Lebens«) bezeichnen Arbeitsfelder – aber *kann* man bei einer nur funktionalen und nicht inhaltlich-analytisch-kritischen Betrachtungsweise die Tendenzen reiner Sozialtechnologie, purer Anpassung überhaupt vermeiden? Zumal dann, wenn Dahm selbst zugibt, daß der polit-ökonomische Zusammenhang bei ihm vernachlässigt ist[10] – aber kann man heute zB. von »Wertsystemen« und ihrer Problematik ernsthaft außerhalb dieses Zusammenhangs reden?

– Dahm sieht selbst die Gefahren, die heraufziehen, wenn »man die Kirche in erster Linie unter dem Gesichtspunkt der Erfüllung ihrer praktischen Aufgaben«[11] betrachtet (passive Konsumentenhaltung, Unmündigkeit) – aber: ist das, was Dahm die »praktischen Aufgaben« nennt, ein zureichend reflektiertes Verständnis von Praxis? Und wie tragfähig ist eigentlich der Hinweis auf das »vorrangige Interesse«[12] der Konsumenten, wenn die Dahmsche Theorie doch die Frage nach den Bedingungen dieses Interesses gar nicht erst erlaubt, sondern nur an deren Erfüllung orientiert ist?

– Wo ist im funktionalen Ansatz die permanent notwendige Aufarbeitung der eigenen Geschichte (der Kirche, der Theologie, der Gesellschaft) und ihrer Wirkungen konstitutiv festgemacht?

Diese Rückfragen, die hier vorläufig gestellt und nicht schon ausdiskutiert werden können, nötigen uns zu einem grundsätzlich anderen Denkansatz. Implizit enthält er zugleich die Kriterien der Kritik an Dahms funktionalem Ansatz.

Die bisherigen Überlegungen aufnehmend, läßt sich als »Grundorientierung« für die folgenden Erwägungen vorweg sagen:

(1) Wir fragen nach einer *Theorie,* in der die zur Debatte stehende »Sache« in ihrem umfassenden Kontext (gesellschaftlich, geschichtlich) diskutiert wird. Weil Theorie über Gegenstandsbeschreibung und Bedürfniserhebung hinausgeht, enthält sie immer zugleich Kritik (s. u.) und Entwurf. Denn der Gegenstand wird in der Theorie in der Dimen-

---

9 Seminarkollektiv (Mainz), Religion und Funktionalismus. Kritische Überlegungen zu K. W. Dahm, Beruf: Pfarrer, in: ThPr VIII (1973) 87.

10 Vgl. K. W. Dahm, Kommentar I (zum Anm. 9 genannten Aufsatz): Religionskritik und kirchliche Wirklichkeit, in: ThPr VIII (1973) 96.

11 Dahm, Pfarrer, 308.

12 Dahm, Kommentar 1, 97.

sion seiner Veränderbarkeit, also in Geschichte verwoben, ja *als* seine Geschichte gesehen. Damit ist auch jegliche Isolierung eines Gegenstandes aufgehoben, denn er muß im Konnex mit andern Gegenständen, Bereichen der Gesellschaft, eben in der Geschichte gesehen werden.

In diesem Verständnis von Theorie ist es begründet, daß Praxis kein Zweites, der Theorie Nachgeordnetes sein kann, sondern Theorie ist konstitutiv auf Praxis bezogen.

(2) *Kritik* (und entsprechend: *kritisch*) ist dabei im ursprünglichen Sinne gemeint, also nicht abwertend oder verwerfend, sondern: wertend und beurteilend. Insofern ist Kritik positiv. Sie gewinnt diese Qualität dadurch, daß sie immer zugleich, dialektisch miteinander verschränkt, Selbstkritik und Sachkritik ist. Selbstkritik meint die Rückfrage an das (methodologische) Selbstverständnis des eigenen Denkansatzes und seiner Konsequenzen. Sachkritik ist Gegenstandskritik, sie konfrontiert das Erreichte, das Gegebene und Verwirklichte mit dem Möglichen und Nötigen (insofern muß sie innerhalb gegenwartsbezogener Analyse stattfinden). In diesem Verständnis ist Kritik Bedingung der Möglichkeit nächster Schritte. Dabei erwachsen die beiden Aspekte der Kritik – Selbstkritik und Sachkritik – aus ihrer Gegenseitigkeit und halten einander in Bewegung.

(3) »Kritik« und »Theorie« sind an das Medium der *Geschichte* gebunden. Da Entwicklungs- und Wirkungsgeschichte nur in ihrer Dialektik von Befreiung und Unterdrückung angemessen, dh. realitätsbezogen verstanden werden können, stellt sich die doppelte Rückfrage: aus welchen Traditionen leiten sich gegenwärtige gesellschaftliche Verhältnisse – an denen Kirche immer teil hat – her, welche Traditionen sind in gegenwärtigen gesellschaftlichen Verhältnissen unterdrückt, und warum sind sie unterdrückt worden? Die Notwendigkeit umfassender gesellschaftlicher Analysen, im jeweiligen Sachzusammenhang, ist sicher unbestreitbar, so wenig sie hier erfüllt werden kann. Es erweist sich dabei in unserem Zusammenhang ein Blick auf die Anfänge der Praktischen Theologie (Schleiermacher, Nitzsch, Palmer) als überraschend ergiebig[13].

Die drei Stichworte Theorie – Kritik – Geschichte machen deutlich, daß wir unsere Fragestellung als Kritische Theorie zu entfalten versuchen. Dabei handelt es sich zum Teil um »Erkundungen« neuer praktisch-theologischer Gegenstandsfelder, die einer Kritischen Theorie erst noch bedürfen. Wir können (und wollen) also nicht einfach vorlie-

---

13 Vgl. W. Pannenberg, Wissenschaftskritik und Theologie (1973) bes. 426 ff.; zu Palmer auch: D. Rössler, Prolegommena zur Praktischen Theologie, in: ZThK 64 (1967) 357 ff. – Zur Diskussion des Geschichtsverständnisses vgl. H. J. Sandkühler, Praxis und Geschichtsbewußtsein (1973).

gende Ergebnisse übernehmen, sondern müssen erst Fragerichtungen formulieren, wie sie sich vom Gegenstandsbereich Religion – Kirche – Gesellschaft her für Kritische Theorie zur weiteren Bearbeitung stellen[14]. Daher ist der vorliegende Versuch notwendig begrenzt.

2. *Praktische Theologie als Kritische Theorie*

a. Es geht der Kritischen Theorie um die Aufdeckung der verstellten Möglichkeiten des Menschen. Sie will dazu verhelfen, »eine Welt zu schaffen, die den Bedürfnissen und Kräften der Menschen genügt. Bei aller Wechselwirkung zwischen der kritischen Theorie und den Fachwissenschaften, an deren Fortschritt sie sich ständig zu orientieren hat und auf die sie seit Jahrzehnten einen befreienden und anspornenden Einfluß ausübt, zielt sie nirgends bloß auf Vermehrung des Wissens als solchen ab, sondern auf die Emanzipation des Menschen aus versklavenden Verhältnissen.«[15]

In einer Formulierung von J. Habermas zeigt sich die Richtung des Verständnisses von Kritik: »... Philosophie ... kann sich nicht länger *als* Philosophie begreifen, sie versteht sich als Kritik. Kritisch gegen Ursprungsphilosophie, verzichtet sie auf Letztbegründung und auf eine affirmative Deutung des Seienden im ganzen. Kritisch gegen die traditionelle Bestimmung des Verhältnisses von Theorie und Praxis, begreift sie sich als das reflexive Element gesellschaftlicher Tätigkeit. Kritisch gegen den Totalitätsanspruch von metaphysischer Erkenntnis und religiöser Weltauslegung gleichermaßen, ist sie mit ihrer radikalen Kritik der Religion die Grundlage für die Aufnahme der utopischen Gehalte auch der religiösen Überlieferung und des erkenntnisleitenden Interesses an Emanzipation. Kritisch schließlich gegen das elitäre Selbstverständnis der philosophischen Tradition, besteht sie auf universeller Aufklärung – auch über sich selber.«[16]

In der Kritischen Theorie sind Interessen formuliert, die im Zusammenhang mit den Ausführungen in Abschnitt 1. geeignet sind, von hieraus auch Interessen/Schwerpunkte praktisch-theologischer Reflexion zu präzisieren.

Dabei ist dem Einwand zu widerstehen, auf diese Weise würden

14 Vgl. auch U. Schweppenhäuser, Religion in der Kritischen Theorie, in: Der evang. Erzieher 23 (1971) 173 ff.

15 M. Horkheimer, Traditionelle und kritische Theorie. Fischer Bücherei 6015 (1970) 58.

16 J. Habermas, Wozu noch Philosophie?, in: ders., Philosophisch-politische Profile (1971) 29 f.

»Soziologismen« o. ä. an die Stelle originär theologischer Inhalte treten. Dagegen ist zu bedenken:

– Gehört die gesellschaftliche Realität zum Gegenstand der Theologie, hat Theologie gar nicht die Wahl, *ob* sie sozialwissenschaftliche/soziologische/philosophische Fragestellungen und Methoden aufnehmen will oder nicht, sondern sie *muß* es tun, will sie ihrer Aufgabe gerecht werden.

– Theologie hat – im entscheidenden Ductus ihres Denkens – noch nie auf die Aufnahme nichttheologischer Denkkategorien verzichten können, ja sie hat nie »eigene« Begriffe entwickelt, sondern sich stets gegebener Denkstrukturen bedient, um ihre eigenen Inhalte verständlich zu machen und zu reflektieren. Insofern sind die Anleihen beim griechischen Denken, die die Entstehungssituation abendländischer Theologie kennzeichnen, unter den Bedingungen ihrer Zeit prinzipiell nichts anderes als die Aufnahme sozialwissenschaftlicher Kategorien unter den Bedingungen unserer Zeit.

b. Praktische Theologie als Kritische Theorie religiös vermittelter Praxis in der Gesellschaft – was heißt das?

Es geht um kritische Analyse religiös motivierter Manifestationen. Religiöse Praxis ist dabei zu untersuchen als Dimension von Praxis überhaupt.

Praktische Theologie gewinnt so gesellschaftliche Dimension. Sie muß daher auch ihr Problemfeld neu vermessen, weil sie sonst dem komplexen Zusammenhang von Religion, Kirche, Gesellschaft und Theologie nicht gerecht werden kann. Die Problemstellungen, die zu verhandeln sind, passen sich nicht mehr in ein Schema ein, das traditionsgemäß von überkommenen kirchlichen Diensten her (Predigt, Religionsunterricht, Seelsorge, Gottesdienst zB.) organisiert ist. Dabei wird die Neuvermessung im Sinne einer Kritischen Theorie nicht zu neuen »Systemen« führen, sondern bewußte Offenheit, permanente Korrekturmöglichkeit in der Strukturierung der Problemfelder anstreben müssen. Das hat Folgen für Wissenschafts- und Studienorganisation.

Daraus ergeben sich u. a. folgende Einzelaspekte:

(1) *Religion.* Schleiermacher fragt noch nach einer universalen Theorie der Religion. So problematisch sein Religionsbegriff dabei sein mag, jedenfalls ist hier der Ansatz für eine Durchbrechung gesellschaftlicher Isolierung von konfessioneller Theologie und Kirche bestimmend. Dieser Ansatz beim Phänomen der Religion hinterläßt allen Späteren die Frage, ob eine *für alle* relevante Theologie und Kirche überhaupt

unter dem Gesetz jeweiliger konfessioneller Selbstgenügsamkeit denkbar sind.

Die praktisch-theologischen Systeme nach Schleiermacher waren nicht durch ein umfassendes Verständnis von Religion bestimmt, sondern an Kirche und Glaube orientiert. Erst recht gilt dies für Praktische Theologie im Schatten der Dialektischen Theologie. Entsprechend schwierig ist es heute, das Problem der Religion und ihrer Wirkungen zureichend zu erfassen. Das hat W. Pannenberg scharfsichtig erkannt: »Je länger die Theologie auf einem kerygmatischen Ansatz, der keine Befragung des Kerygmas selbst auf seine Wahrheit mehr erlaubt, beharrt, je länger sie sich den drängenden Fragen an das Christentum als Religion unter Religionen ... verweigert, desto größer muß die Verwüstung sein, die sie beim Erwachen aus ihren kerygmatischen Träumen vorfinden wird«[17] – in der Tat!

Bei dem neuen Interesse an Religion leitet nicht der Gedanke, vergangene Religion zu repristinieren. Vielmehr geht es darum, religiöses Verständnis der Wirklichkeit und religiöses Verhalten in der Wirklichkeit, in diesem Zusammenhang auch christlich-religiöses, daraufhin zu befragen, ob es, gemessen am historischen Stand der Auseinandersetzung mit externer und interner Natur, adäquat ist. Dabei ist Religion in ihren Wirkungen, in ihrem Interesse und in ihren Folgen für die Lebenspraxis in Vergangenheit und Gegenwart zu analysieren. Somit verbindet sich mit der Frage nach Religion stets die Aufgabe von Religionskritik. Dabei steht weder Religion an sich oder Religionskritik um ihrer selbst willen zur Debatte, auch nicht einfach ihr Selbstanspruch oder Selbstverständnis, auch nicht abgelöste Sinn-, Wert- oder Wesensfragen. Vielmehr geht es um Wirkung und Bedeutung der Religion in der Gesellschaft, und zwar in kritischer Hinsicht, nicht unreflektiert stabilisierend oder integrierend gegenüber Bestehendem.

Das Motiv der Frage nach Religion ist in diesem Zusammenhang doppelt zu kennzeichnen:

– Einerseits stoßen wir auf Wirkungen von Religion, die uns zur Analyse nötigen.

– Andererseits ist das Motiv »experimenteller« Natur: Es gilt zu erfragen, unter den Bedingungen welcher Weiterentwicklung/Modifikation/Transformation Religion heute welche Wirkung haben könnte.

Interesse an Religion ist kritisch-projektiv. Die Frage ist *offen,* ob und wie Religion stimulierend für Lebenspraxis wirken kann[18].

(2) *Kirchenverständnis.* Schleiermachers Kirchenverständnis war

---

17 W. Pannenberg, Grundfragen systematischer Theologie (1967) 253.

18 Für diverse Fragestellungen und weiterführende Literatur vgl. W.-D. Marsch (Hg.), Plädoyers in Sachen Religion (1973).

umfassender als spätere und gesellschaftsbezogen. Hier liegen Motive, die im Verein mit neueren sozialwissenschaftlichen Reflexionen neu zu durchdenken und weiterzuführen sind, damit die sterile und theologisch wie soziologisch im übrigen gleichermaßen falsche Alternative zwischen Kirche und Gesellschaft zugunsten einer realistisch-kritischen Perspektive überholt werden kann[19]. Dazu gehört dann heute notwendig auch die Frage, wie lange es weiterhin angängig sein wird, Kirche in zwei getrennten Begriffen zu denken oder ob dies nicht viel eher auf die Dauer der Verzicht auf wirksame Praxis sein dürfte.

Kirche ist ein Ort instutionalisierter religiöser Praxis in der Gesellschaft. Auf solchen institutionellen Rahmen kann gegenwärtig nicht verzichten, wer wirken will. In das Aufgabenfeld der Kirche gehört es, innerhalb konkreter Lebenszusammenhänge zu erfragen, inwiefern zB. die produktive Aufnahme von Elementen christlicher Tradition Lebenssituationen und Lebensverhältnisse verändern helfen kann. Kirche hat also nicht nach sich selbst zu fragen und existiert nicht um ihrer selbst willen. Sie bleibt gerade so bei ihrer Sache, daß sie Anwalt für andere ist – Anwalt einer zu humanisierenden Welt. Ist diese Welt je erreicht, dann stellt sich die Frage neu, ob und ggf. wozu Kirche nötig ist. Kirche ist *transitorisch* zu begreifen, und zwar *theologisch* gerade dann, wenn man sie im gesellschaftlichen Zusammenhang definiert.

Inzwischen – leider! – zu Zauberworten gewordene Begriffe wie »Emanzipation«, »Selbstbestimmung« harren noch ihrer inhaltlichen Füllung in diesem Kontext – nicht ein für allemal im Sinne neuer Dogmatik, sondern von Fall zu Fall in jeweiliger konkreter Situation[20].

(3) *Politische Theologie.* Wird Theologie im Horizont von Praxis und Praktische Theolologie als Kritische Theorie religiös vermittelter Praxis in der Gesellschaft entworfen, so muß sie reflektieren, daß sie politische Theologie *ist.* Es geht nicht um die Frage, ob sie es sein soll oder sein will. Praktische Theologie ist politisch naiv und daher historisch nachweisbar gefährlich, wo sie sich dessen nicht bewußt ist und folglich sich über ihre eigenen Wirkungen keine Rechenschaft ablegt. Als reflektierte politische Theologie ist sich Praktische Theologie ihrer Einbettung in gesellschaftliche Zusammenhänge und Bedingungen bewußt, stellt sich dieser Situation und analysiert zugleich, wie innerhalb des Theorie-Praxis-Zusammenhangs *jeder* Schritt, auch der nichtge-

19 Vgl. auch: Y. Spiegel, Theologie der bürgerlichen Gesellschaft (1968).

20 Vgl. die der Fortführung und Entfaltung harrenden Ansätze bei C. Gremmels, Emanzipation und Erlösung, in: W. Offele (Hg.), Emanzipation und Religionspädagogik (1972); Biemer/Siller 118–132, 163–187; P. Siller, Emanzipation als Globalziel schulischer Erziehung und die didaktischen Möglichkeiten des Religionsunterrichts, in: KatBl 96 (1971) 641–652.

tane, politische Wirkungen hat, gewollte oder ungewollte, bewußte oder unbemerkte, stabilisierende oder verändernde.

Solche politisch-gesellschaftlich bezogene Praktische Theologie verkennt dabei die Situation des Einzelnen in der Gesellschaft nicht. Die Alternative zwischen Einzelnem und Gesellschaft ist ein unsinniges Denkmodell. Der Einzelne und die Gesellschaft sind aufeinander bezogen und bedingen sich gegenseitig; wer der Realität gerecht werden will, muß immer von beiden reden.

In diesem Zusammenhang ist nicht nur die Frage nach jeweiligen Minderheiten zu diskutieren, sondern präzis auch die nach individuellen Problemen, Interessen und Bedürfnissen.

(4) *Theorie und Praxis.* Wird Praktische Theologie als Kritische Theorie begriffen, so ist dabei ein bestimmtes Verständnis des Zusammenhangs von Theorie und Praxis vorausgesetzt: Theorie und Praxis verhalten sich interdependent und reflexiv zueinander. Theorie und Praxis sind materialkritische Begriffe.

Dabei ist – Adorno folgend – zu beachten, daß es nicht um die Einheit von Theorie und Praxis geht, sondern um ein Verhältnis der Diskontinuität. Denn nur so ist für die Theorie die notwendige Chance des fruchtbaren Widerspruchs gegen jeweilige Praxis offen gehalten. »Während Theorie aus dem gesellschaftlichen Gesamtprozeß nicht herausoperiert werden kann, hat sie in diesem auch Selbständigkeit; sie ist nicht nur Mittel des Ganzen sondern auch Moment; sonst vermöchte sie nicht, dem Bann des Ganzen irgend zu widerstehen.«[21]

Aus diesem Theorie-Praxis-Zusammenhang sind Folgen für die vieldiskutierte Einbeziehung von Praxis in Forschung und Studium der Theologie abzuleiten[22].

Die bloße Einbeziehung von Bekanntschaft mit bestehender Praxis in das traditionell theoretische Studium ist:
– zufällige und »geborgte« Praxis;
– eher stabilisierend als verändernd;
– wissenschaftstheoretisch wie didaktisch fragwürdig.

Dagegen werden Theorie und Praxis in ihrem Ineinander erfahrbar im Rahmen projektorientierter Forschungs- und Studieneinheiten, in denen:
– nicht Praxis nur Theorie illustriert,
– sondern Praxisbegegnung und Handeln zur theoretischen Rückfrage nötigen (und umgekehrt);

21 Th. W. Adorno, Stichworte. Kritische Modelle 2 (1969) 190.

22 Vgl. meinen Beitrag »Curricula für das Studium der Praktischen Theologie?« in diesem Band 567–585 und die von H. Luther vorbereitete Dissertation über die Didaktik theologischer Studien.

– dabei automatisch traditionelle Fachgrenzen fraglich werden bzw. fallen
– und darüber hinaus die traditionelle Struktur von Schule und Universität mit zur Debatte steht.

Diese komplexe Situation ist verkannt, wo sich Praktische Theologie als »Anwendungswissenschaft« versteht. Das kann sowohl in traditioneller Weise durch die Bindung der Reflexion an theologische Prämissen von anderer Seite geschehen (Exegese, Dogmatik), wie auch in moderner Form durch den permanenten Schrei nach »Praxis«, bei dem nur zu leicht die Bedeutung der Theorie gerade wegen der normativen Kraft des Faktischen übersehen wird.

2|3 Das Methodenproblem

2|31 Henning Schröer
Forschungsmethoden in der Praktischen Theologie

1. Situation

Wir beginnen mit der Feststellung eines sich aus dem Vergleich ergebenden Defizits[1]. Die These lautet:

Im Gegensatz zu den historischen Disziplinen der Theologie hat die Praktische Theologie noch kein genügend ausgebildetes methodisches Instrumentarium und keinen sicheren methodischen Kanon.

Es dürfte allgemein anerkannt sein, daß sich in den biblischen und kirchengeschichtlichen Fächern der Theologie ein Methodeninstrumentarium, gekennzeichnet durch den Sammelbegriff *historisch-kritische Methode,* herausgebildet hat, das sowohl Forschungsmethode als auch Lehrgegenstand geworden ist und über die Konfessionsgrenzen hinweg Wissenschaftlichkeit indiziert. Proseminare in diesen Fächern haben deshalb eine Einführung in diesen methodischen Kanon zum Hauptgegenstand. Sicherlich gibt es Erweiterungen der historisch-kri-

---

1 Man könnte das Thema von einem aktuellen konkreten Forschungsproblem her exemplarisch angehen. Im Rahmen des Wiener Kongresses schien mir aber schließlich doch als Probe auf die Konsensusbildung die Form eines systematischen Überblicks geeigneter. Methodisch stehen meine Überlegungen somit in Analogie zu den Veröffentlichungen von H. Röhrs, Forschungsmethoden in der Erziehungswissenschaft (1971) und H. Selg/W. Bauer, Forschungsmethoden der Psychologie ([2]1973). Dabei soll allerdings nicht nur der status quo erhoben, sondern auch die Frage nach den Prioritäten und Grundlagen künftiger Forschungsstrategie erörtert werden.

Die angesprochene Problematik berührt sich eng mit den Beiträgen von K. Lehmann, N. Greinacher und R. Zerfaß. Der Wiener Kongreß hat gezeigt, daß ein bikonfessioneller Konsensus besteht, dessen Hauptpunkte in etwa so erfaßt werden könnten: Bejahung des handlungswissenschaftlichen Ansatzes; Teilidentität von Theorie und Theologie; relationale Selbständigkeit der Praktischen Theologie in Kooperation mit den anderen Disziplinen, insbesondere der Systematischen Theologie; Ernstnahme der außerwissenschaftlichen Erfahrung und damit der Spiritualität; Suche nach einer Theologie und Theorie von Kirche, die Differenz und Zusammenhang von Evangelium und Religion im Kontext emanzipatorischer Rationalität handlungsfähig artikuliert; Neufassung der Didaktik-Probleme Praktischer Theologie.

tischen Methode[2]. Trotzdem kann nicht daran gezweifelt werden, daß die historischen Fächer gegenüber Systematischer und Praktischer Theologie methodisch gesicherter dastehen. Das hat allerdings seinen Grund nicht in einer methodologischen Faulheit jener primär nichthistorischen Disziplinen, sondern hängt mit dem andersartigen Forschungsbereich und einer in letzter Zeit erheblich veränderten Forschungssituation zusammen: die Systematische Theologie ist durch den Niedergang der Philosophie hinsichtlich deren enzyklopädischer Bedeutung und die Divergenzen in dem neuen Ballungsraum Wissenschaftstheorie in ihren methodischen Grundlagen stark verunsichert worden; die Praktische Theologie ist durch die Nachbarschaft autonom gewordener Handlungswissenschaften in die Situation des uferlosen Dilettantismus, des Methodenrauschs und -katers gekommen. Die bisherigen Lösungen sind ungenügend. Vornehmlich gilt:

Der Rekurs auf »Meisterlehre« oder »Kunstregeln« reicht nicht aus.

Verstehen wir Praktische Theologie als *wissenschaftliche* Disziplin und Forschung als den Prozeß der Gewinnung neuer *wissenschaftlich* fundierter Erkenntnisse, so fällt, was für Lehre und Forschung methodisch lange an »Meisterlehre« oder »Einübung in Kunstregeln« angeboten wurde, als wissenschaftlich nicht schlüssig dahin. Wir sollten freilich diese didaktisch immer noch wichtigen Bereiche im Blick auf die kasuellen Aspekte der Praktischen Theologie sowie die personalen Interaktionsmomente und auch die Zusammenhänge von Wissen und Weisheit nicht ausklammern. Sie gehören zu der Praxis, aus der Forschung erst möglich wird: gerade Praktische Theologie muß ein extremes Interesse an der Einheit von Forschung und Lehre haben. Für die Forschungsmethoden selbst muß jedoch ein anderer Rekurs gewonnen werden. Das ergibt sich zwingend daraus, daß die Parallelität der Praktischen Theologie mit den Wissenschaften, die man zu der Gruppe der Handlungswissenschaften zusammenfaßt, zu bejahen ist:

Mit Recht wird gefordert, daß sich heutige Praktische Theologie als Handlungswissenschaft konstituiert, zu der Handlungsforschung gehört[3].

Für die Methologie der Praktischen Theologie ist es wichtiger und ergiebiger, daß sie ihre Nachbarwissenschaften nicht unter dem Nenner Human-, Sozial- oder Profanwissenschaften ins Auge faßt, sondern vor allem die Kategorie Handlungswissenschaft ernstnimmt.

Den Begriff der Handlungswissenschaft verstehe ich so, daß damit

---

2 G. Fohrer u.a., Exegese des Alten Testaments (1973) lassen beispielsweise erkennen, wie sehr derzeit die Linguistik an Boden gewinnt.

3 Vgl. dazu die Beiträge von G. Sauter, Y. Spiegel und R. Zerfaß in diesem Band 120 f., 164 f., 178 f.

Wissenschaften gemeint sind, die ausdrücklich menschliches Handeln, also nicht nur Fakten und Daten, thematisieren und dabei die wissenschaftlich engstmögliche Beziehung zur Praxis realisieren, aber Theorie der Praxis bleiben. Ob man den Begriff der Pragmatik, der linguistisch eine sehr prägnante, dem angezielten Forschungsbereich sehr nahekommende Fassung gewonnen hat, hier verwenden kann – Handlungswissenschaften = Pragmatikwissenschaften? –, lasse ich offen. Jedenfalls geht es um das der Theologie bekanntlich seit langem bewußte Problem, einerseits die Theologie als ganze aus dem Praxisbezug nicht zu entlassen, andererseits aber auch eine dafür exponierte Wissenschaft entwickeln zu müssen, da Handlungen nicht mehr nur Angelegenheit der Sitte, der Weisheit oder der Manipulation einzelner bleiben können. Es liegt natürlich nahe, hier zwischen reinen und angewandten Wissenschaften, zwischen Grundlagen- und Bedarfsforschung unterscheiden zu wollen. Diese Differenzierungen sollten wir für die Theologie nicht übernehmen. Formelhaft kommen wir kaum über die glänzende Unterscheidung des alten C. I. Nitzsch hinaus, die Theologie sei als ganze *scientia ad praxin,* die Praktische Theologie aber *scientia praxeos*[4]. Aber was das forschungsmethodisch heute bedeutet, ist konkret aufzuweisen.

Als erste Forderung nannte ich die Existenz von Handlungsforschung. Handlungswissenschaft verlangt Handlungsforschung. In der Aufnahme dieses Begriffs schließe ich mich an W. Klafkis Überlegungen an[5]. Klafki gibt mit Handlungsforschung den amerikanischen Terminus *action research* wieder. Es handelt sich um Forschung in einem direkten Reformpraxiszusammenhang, zB. bei einem Schulversuch, bei dem die strenge Trennung von Forschungssubjekt und -objekt zugunsten einer kooperativen Wechselwirkung aufgegeben wird. Forschung wird selbst zu einer Praxiskomponente, so daß auch die Zielsetzungen der Forschung im Prozeß selbst verändert werden können. Im Blick auf die Beziehung zu einer Reformpraxis und die Offenheit des Forschungsprozesses kann man auch von Innovationsforschung reden. In der Demoskopie gibt es mit der Methode aktivierender Befragungen einen ganz entsprechenden Ansatz[6]. Eine didaktische Parallele scheint mir auch der Schritt vom problemorientierten Unterricht zum Projektunterricht zu sein[7].

Praktische Theologie läßt sich forschungsgeschichtlich durchaus so charakterisieren: Zuerst versuchte sie lange, ihre Wissenschaftlichkeit durch Arbeiten zur Geschichte der Praktischen Theologie zu erweisen,

4 C. I. Nitzsch, Praktische Theologie (1847) 5.

5 W. Klafki, Handlungsforschung im Schulfeld, in: ZfPäd 19 (1973) 487–516.

6 Siehe u. 422.

7 Siehe u. 579–581.

dann geriet sie in aktuelle Problemforschung hinein und hat zur Zeit die Fragen der Projektforschung vor sich. Sicher ist Handlungsforschung, besonders wegen der noch mangelnden Präzision des Begriffs und seiner Synonyme Innovationsforschung, Begleitforschung, ein methodologisch noch undifferenziertes Gebiet, aber man kann wohl doch sagen, daß hier eine methodische Entsprechung zu dem Grundansatz kritischer Theorie gegenüber einer streng positivistischen Theoriebildung vorliegt. Handlungsforschung muß aber gleichzeitig so angelegt werden, daß der Begriff der Handlung dabei nicht in der Schwebe bleibt. Sonst könnte aus der *Not,* eine handlungsrelevante totale Objektivierbarkeit nicht bieten zu können, eine schnelle *Tugend* gemacht werden, die ideologisch firmiert wird, so daß Forschung zu einem politischen Appendix wird. Wir sollten Handlung in dem Verhältnis zu zweckrationalem Handeln, Verhalten und Erleben näher zu bestimmen versuchen.

Diese Fragestellung läßt sich durch einen Blick auf die Forschungsprobleme der Psychologie verdeutlichen. Sie kann als Wissenschaft vom Erleben und Verhalten von Lebewesen beschrieben werden[8]. Der Behaviorismus schränkt die Aufgabe bekanntlich auf Verhaltensforschung ein. Das dürfte, nicht nur im Blick auf die deutschen Traditionen, sondern auch angesichts der Komplexität der Probleme und Praxisrelevanz, eine Einschränkung sein, die für die Intersubjektivität nicht nur einen zu hohen, sondern einen generell gar nicht notwendigen Preis zahlt. Ebenso dürfte die Beschränkung des Begriffs der Handlung auf zweckrationales Handeln zwar methodisch sinnvoll, aber nicht den ganzen Bereich der Handlungsforschung zu strukturieren imstande sein. Heute wird allerdings meistens so vorgegangen, daß Ist- und Sollbestimmungen entwickelt, Abweichungen festgestellt und Korrekturmöglichkeiten, das Soll zu erreichen, versucht werden. Die Begrenztheit dieses Ansatzes zeigt sich aber dabei sowohl von der analytisch nicht aufzuhebenden Komplexität vieler Phänomene als auch von der Theologie her, die es zB. nicht zuläßt, einfach das Verhältnis von Indikativ und Imperativ (neutestamentlich gesehen sowieso besser als das Verhältnis von Indikativ und Kohortativ zu bezeichnen)[9] auf die Ist-Soll-Relation zu übertragen.

Es gibt dementsprechend nicht nur das Problem des Methodenatheismus, sondern auch des Methodenkollektivismus, zu fassen in der Frage der Relevanz von Wissenschaft für Individualität. Es dürfte anerkannt sein, daß wissenschaftliches Vorgehen so geartet ist, daß be-

8 W. Metzger, Das Experiment in der Psychologie, in: Studium generale 5 (1952) 142–163.

9 Ich beziehe mich auf eine mündliche Äußerung H. v. Campenhausens.

stimmte Aspekte aufgeblendet und zugleich andere dabei abgeblendet werden. Unter freier Bezugnahme auf V. v. Weizsäckers Begriff vom »Drehtürprinzip«[10] wäre hier entsprechend die klare Differenzierung der Aspekte zu verlangen und damit eine monolithische handlungswissenschaftliche Forschungsmethode abzulehnen. Handlung umfaßt von den Nachbarwissenschaften her gesehen auch für die Praktische Theologie die Bereiche des zweckrationalen Handelns, des Verhaltens und des Erlebens, wobei theologisch akzentuierte Begriffe wie Glaubensvollzug, Wortgeschehen, Ereignis und Werk sicher nicht einfach einrubriziert, aber doch dazu in Beziehung gesetzt werden können. Ohne eine Koalition in dieser Richtung abschließen zu wollen: es nützt der Verständigung, wenn auch in den Nachbarwissenschaften Begriffe wie Introspektion oder subjektiver Faktor eine Bedeutung für die Methodik der Forschung bekommen.

Berücksichtigen wir die verschiedenen Aspekte, die mit dem Forschungsbereich Handlungswissenschaft gegeben sind, so legt sich die Frage nahe, ob es sinnvoll ist, in Entsprechung zu dem Methodenbündel »historisch-kritische Methode« einen ähnlichen umfassenden Terminus zu bilden.

Wir sind aufgefordert zu prüfen, in welcher Weise Praktische Theologie die Forderung nach empirischer (bzw. empirisch-kritischer) Theologie erfüllen kann oder sollte.
Die Gretchenfrage an die Praktische Theologie lautet heute: Wie hältst Du's mit der Empirie?

Die Forderung nach der Entwicklung empirisch-kritischer Methodik ist in Analogie zur historisch-kritischen Methodik erhoben worden[11]. Die Analogie ist berechtigt, aber sie muß genauer bestimmt werden, damit man auch die Unterschiede sieht und nicht einfach nur extrapoliert. Für den Begriff »empirisch« ergibt sich die gleiche Spannweite wie bei dem Begriff der Handlungswissenschaft, neu akzentuiert aber durch das damit verbundene erkenntnistheoretische Problem. Man kann empirisch eng fassen, so daß damit der ausschließliche Rekurs auf intersubjektiv festgestellte Sinneswahrnehmungen gemeint ist. Sind diese die Argumentationsbasis der Forschung, so bleiben trotzdem die Probleme des Beobachtungsrahmens, der Hypothesenbildung und der Interpretation (Auswertung), grundsätzlich gefaßt, der Sprachgrammatik und des pragmatischen Kontextes. Man wird hier nicht mehr als Rechenschaft über die Methodik, Transparenz, verlangen können, ohne allerdings jede Versuchsbedingung als solche bereits hinterlistig zu hinterfragen, um Ergebnisse nicht mehr zur Kenntnis neh-

10 V. v. Weizsäcker, Der Gestaltkreis (1973) 50, 275.
11 W. Hermann/G. Lautner, Theologiestudium (1965) 80–85.

men zu müssen. Die hermeneutischen, ideologiekritischen und linguistischen Probleme der Relativierung der Sinneswahrnehmungen und Protokollsätze dürfen nicht zur Einführung eines siebenten Sinnes führen, der alle anderen Sinne diskreditiert. Theologisch wird das Problem noch komplexer, insofern die Spannung von Glauben und Schauen, von Existenzpraxis und systematischer *theoria*, mit zu bedenken ist. Theologie zeigt sich auch hier als die komplexeste aller Wissenschaften, was kein Grund ist, sie aus Gründen der Denkökonomie zu streichen, weil sie unabweisbare Fragen wachhält, Lebensvollzüge und Lebensweltbedingungen einschließlich ihrer Nichtobjektivierbarkeit und Expressivität zu bewahren versucht und damit Geschichtlichkeit bewährt.

Versuchen wir, von den Forschungsmethoden der einzelnen theologischen Unterdisziplinen auszugehen, so können wir folgende Situation konstatieren:

Die Situation der Forschungsmethoden in der Praktischen Theologie ist durch zwei Grundprobleme gekennzeichnet, die sachlich zusammenhängen:

a. *die Spannung zwischen hermeneutischen und sozialwissenschaftlichen (analytischen) Methoden,*

b. *die unausgetragenen Konflikte und unerkannten Gemeinsamkeiten von Systematischer und Praktischer Theologie, konkretisierbar in der Frage nach der relationalen Selbständigkeit Praktischer Theologie in ihrer Theoriebildung gegenüber Systematischer Theologie.*

Die unter a. genannte Spannung ist allgemein bekannt. Eine einheitliche Forschungslogik ist nicht in Sicht. Das wirkt sich theologisch aus; es ist nicht immer theologische Positionalität, die uns trennt, sondern oft nur der verschiedene wissenschaftstheoretische Ansatz bzw. auch nur Kenntnisstand.

Ergiebiger, weil bisher weniger erörtert, scheint mir die unter b. angeführte Spannung. Die Praktische Theologie, verstanden als Handlungswissenschaft, braucht eine eigene Theoriebildung. Sie gerät damit in Auseinandersetzung mit der theologischen Systematik, der Dogmatik und Ethik.

Im Augenblick beginnen sich hier verschiedene Ansätze herauszuschälen. H. D. Bastian hat in Weiterführung seines Aufsatzes »Vom Wort zu den Wörtern«[12] die damalige Entgegensetzung von assertorischem und hypothetischem Denken in die Frage nach der Theoriefähigkeit Praktischer Theologie umgesetzt und dabei der Dogmatik die Funktion der Heuristik zugewiesen[13].

---

12 H. D. Bastian, Vom Wort zu den Wörtern, in: EvTh 28 (1968) 25–55.

13 Ders., Fabeln der Dogmatiker, in: EvKomm 6 (1973) 207–211.

G. Sauter versucht, beide Disziplinen mittels eines realistischen, von den heutigen Erfahrungswissenschaften her gewonnenen Theoriebegriffs zu integrieren, wobei er der Systematik als Spezifikum die Fragen nach der Konsistenz der Theoriebildung und nach der Reichweite der Sätze zuerteilt, während die Praktische Theologie als Proprium der Forschung die variablen Situationen zugewiesen bekommt[14]. W. Pannenberg hebt die Angewiesenheit der Praktischen Theologie auf die Systematik hervor; er versucht, die Handlungstheorie von einem sie umfassenden sinntheoretischen Ansatz her zu fundamentieren[15]. In der katholischen Pastoraltheologie bzw. Praktischen Theologie sind ähnliche Ansätze einer relational selbständigen Theoriebildung zu entdecken, etwa bei F. Klostermann durch den Rekurs auf den Blickpunkt Lebensvollzüge im Horizont von Gemeinde[16]. Diese verschiedenen Ansätze können hier nicht näher diskutiert werden. Ich begnüge mich mit einigen Forderungen:

Die forschungsmethodische Situation erfordert, daß die Praktische Theologie

a. ihre Prolegomena selbst schreibt und nicht der Dogmatik überläßt,

b. sich nicht nur als Explikation der Wie- oder Wo-Frage auffaßt,

c. sich nicht vom Glauben als erkenntnisleitendem Kontinuum aller Theologie dispensiert,

d. die Zusammenhänge von Dogma und Praxis nicht ignoriert.

Die Forderung unter a. ergibt sich sowohl gegenüber Ansprüchen der Dogmatik, die die Antwort auf die Frage nach dem Inhalt von Theologie für sich allein reserviert, als auch gegenüber Versuchen – man vergleiche die »Predigtstudien«[17] – die Prolegomena zugunsten einer besseren Handlungsanweisung auszuklammern, was anderseits faktisch gar nicht gelingen kann.

Die zweite Forderung steht dem Vorschlag Bastians entgegen, Praktische Theologie auf die Wie-Frage in ihrer methodischen Ausweisbarkeit und die Wo-Frage als Erschließung der Situation des Kerygmaempfängers zu reduzieren. Es gilt aber, die Verklammerung von Was- und Wie-Frage und die Angewiesenheit der Situationsanalyse auf die Frage nach dem Wohin festzuhalten; der beliebte Ansatz, Botschaft und Situation auf diese Weise voneinander methodisch zu trennen, ist ein Holzweg. Die Forderung unter c. richtet sich gegen Versuche, die

14 G. Sauter, Beobachtungen und Vorschläge zum gegenseitigen Verständnis von Praktischer und Systematischer Theologie, in: ThPr 9 (1974) 19–26.

15 W. Pannenberg, Wissenschaftstheorie und Theologie (1973) 426 ff.

16 F. Klostermann, Prinzip Gemeinde (1965).

17 Predigtstudien, hg. von E. Lange u.a. (1968 ff.).

theologische Praxisrelevanz wieder theoretisch aufzuheben. Allmählich sollte sich die Erkenntnis durchsetzen, daß, mit G. Sauter gesprochen, das außertheoretische Moment nicht ausgeklammert werden kann[18]. Das bedeutet methodisch, daß die Frage nach der Lebenswelt bzw. nach der Umgangssprache bzw. nach Kontext und Kotext präsent bleiben muß, so schwierig dadurch auch Intersubjektivitäts- oder Feststellungsforderungen werden. Pannenberg hat mich kritisiert, daß ich aus diesem Interesse heraus den Glauben als erkenntnisleitendes Interesse der Theologie bezeichnet habe: hier handele es sich nur um die »metaphorische Adaption« der Formel von Habermas[19]. Demgegenüber halte ich die prinzipielle Angewiesenheit der Theologie auf das Phänomen des Glaubens fest, wodurch allein zB. der Unterschied von Freiheit und Emanzipation bewahrt werden kann, wenn Mündigkeit als erkenntnisleitendes Interesse ideologiekritischer Wissenschaft angegeben wird. Vermutlich ist es besser, von erkenntnisleitendem Kontinuum zu sprechen, was aber keine grundsätzliche Aufgabe gegenüber allen Ansätzen bedeutet, die von der Evidenzbehauptung ausgehen, Mündigkeit sei in sich selbst einsichtig. Die vierte und letzte Forderung schließlich zielt auf die Versuche, die Dogmatik praktisch irrelevant zu machen. M. E. kommt es gerade darauf an, daß Prakische Theologie mithilft, den wahren Sinn Systematischer Theologie – nicht zuletzt mittels besserer methodologischer Abgrenzung – herauszustellen. Dabei wird es notwendig sein, die Begriffe »systematisch« und »dogmatisch« nicht einfach synonym zu gebrauchen.

Von der hier vorgelegten Situationsanalyse ergeben sich einige grundlegende Bestimmungen für methodische Ansätze.

2. *Grundlagen*

Die später darzustellenden Ansätze und Maximen für Forschungsmethoden beziehen sich auf folgende Fassung von Praktischer Theologie: *Praktische Theologie wird im folgenden verstanden als die theologisch verantwortete Theorie der auf Kirche und Kirchenreform bezogenen Praxis*. Die besonderen Momente dieser Zielbestimmung Praktischer Theologie sind

a. die nicht aufzulösende Spannung von Theologie und Theorie; beide sind nur teilidentisch;

b. die Beibehaltung des Horizonts Kirche (zB. anstatt Religion) trotz aller Kritik an »ekklesiogenen« Definitionen der Praktischen

18 G. Sauter, Vor einem neuen Methodenstreit in der Theologie? (1970) 50 ff.
19 W. Pannenberg, 435, 822.

Theologie. Es ergibt sich nämlich sonst ein zweckloser Stellungskampf, vor allem mit der theologischen Ethik, und ein viel gefährlicherer Wirklichkeitsverlust, nämlich der Verzicht auf die im Evangelium angelegte soziale Konsequenz einer Handlungsgemeinschaft im Glauben, der Kirche als *creatura verbi;*

c. die explizite und grundsätzliche Aufnahme des Reformmoments; Kirche ist und bleibt *transitus* zu der Verheißung »Reich Gottes«. Die oben genannte Zielbestimmung stellt die Praktische Theologie vor folgende Aufgabe:

Praktische Theologie hat zwischen den drei Komponenten Erfahrung, Planung und Verheißung zu vermitteln.

Erfahrung als Grundkomponente der Theologie wird heute mit Recht wieder herausgestellt[20]. In diesem Begriff verbinden sich Tradition und Situation, Sprache und Empirie. G. Sauter hat dazu als anderen Pol theologischer Thematik die Erwartung gestellt[21]. Dieser Begriff ist innerhalb eines anthropologischen und soziologischen Bezugsrahmens sachgemäß und von daher auch theologisch verwendbar; ich würde aber den Begriff Verheißung vorziehen, weil darin mehr Theologie zur Sprache kommt und füge als die am meisten Praktische Theologie kennzeichnende Kategorie die Planungsaufgabe hinzu[22]. Der Begriff der Planung ermöglicht es uns, eine der generellen Methodenfragen der Praktischen Theologie zu lösen. Diese Behauptung setzt folgende Differenzierung voraus:

Für die Methodendiskussion der Theologie wie der Praktischen Theologie ist es sinnvoll, zwischen generellen und spezifischen Methodenfragen zu unterscheiden.

Eine solche Unterscheidung hat m.W. zuerst explizit D. Stollberg gemacht. Er differenziert bei der Frage nach dem Proprium der Seelsorge zwischen einem generellen Proprium, das er als Spezialfall der »allgemeinen Säkularisierungsproblematik« faßt und somit nur in Bezug auf die Theologie als ganze gewinnt, und einem spezifischem Proprium, das den besonderen Kommunikationsmodus von Seelsorge, nämlich therapeutisch-diakonisches Handeln, erfaßt, also Seelsorge zB. von Predigt abhebt[23]. In ähnlicher Weise muß man die Methodenfragen voneinander abheben:

In den Bereich der generellen Methodenfragen der Theologie gehört das Problem der Wissenschaftlichkeit von Theologie überhaupt (Methodenatheismus). Zu den spezifischen Methodenfragen der Theo-

20 Vgl. den Beitrag von G. Hasenhüttl in diesem Band 624–637.

21 G. Sauter, Erwartung und Erfahrung (1972).

22 Vgl. K. F. Daiber und W. Zauner in diesem Band 539 f., 663 f.

23 D. Stollberg, Therapeutische Seelsorge (^{2}1969) 148–158.

logie gehören die generellen der Praktischen Theologie. Die wichtigsten sind: das Problem der Handlungswissenschaftlichkeit von Theologie und die Frage der Integrierbarkeit Praktischer Theologie angesichts der Aufgliederung in nicht mehr von einem Einzelnen zu überblickende Unterdisziplinen.

Als Kriterien für die Handlungswissenschaftlichkeit ergeben sich Praxisbezug, Reforminteresse und das Handlungsfeld Kirche, was methodisch Planung zwischen Erfahrung und Verheißung herausfordert. Die Integrierbarkeit kann von den Unterdisziplinen herkömmlicher Art nicht erschlossen werden, so sehr sie sich in Überschneidungen andeutet. Es gilt, einen Aufbau Praktischer Theologie zu finden, der einer anderen Forschungslogik folgt. Ich verweise auf den Beitrag von R. Zerfaß unter Aufnahme der Systematik von S. Hiltner[24]. Es ließe sich aber auch an eine Aufgliederung nach den Kategorien der Semiotik (syntaktisch, semantisch, pragmatisch) denken oder einen Ansatz, der von den verschiedenen Handlungsebenen (Einzelner, Gruppe, Ortsgemeinde, Kreis, Region, Großkirche, Weltkirche) ausgeht. Die Methodenfragen nicht von dem als säkular herausstellbaren instrumentalen Modus allein her zu entwickeln, ist grundlegend wichtig und führt zu einer kritischen Reminiszenz an Schleiermacher:

Wir sind genötigt, Schleiermachers Satz: ›Dieselben Kenntnisse, wenn sie ohne Beziehung auf das Kirchenregiment erworben und besessen werden, hören auf, theologische zu sein und fallen jede der Wissenschaften anheim, der sie ihrem Inhalt nach angehören‹[25] – neu auf das Methodenproblem hin zu durchdenken, m.E. mit dem Ergebnis, daß dieser Satz nur eine Teilwahrheit enthält.

Schleiermacher macht im Blick auf die Theologie die Wichtigkeit des besonderen Kontextes geltend, darin liegt das Wahrheitsmoment; im Raum der Säkularität dagegen verzichtet er auf eine solche Ortung der Kenntnisse. Eine solche reine Instrumentalisierbarkeit aber ist hermeneutisch unsachgemäß; es gibt keinen Text ohne Kontext und keine Beobachtung ohne Beobachtungsrahmen. Das gilt auch für Methoden, nicht nur für Kenntnisse, weswegen Kontext, Instrumentalisierbarkeit und außertheoretische Korrektive generell zu berücksichtigen sind:

Als wesentliche Aspekte der generellen Methodenfragen sind zu berücksichtigen

a. der Methodenkontext (zB.: was bedeutet der Kontext Kirche für die praktisch-theologischen Methoden?),

---

24 R. Zerfaß, Praktische Theologie als Handlungswissenschaft, in: ThRv 69 (1973) 89–98.

25 Schleiermacher, KD, § 6, 3.

b. die Instrumentalisierbarkeit (zB.: sind Methoden nur instrumente oder auch Medien?),

c. die außertheoretischen Korrektive (zB.: sind Methode und Kontingenz der Praxis vereinbar?).

Die drei angeführten Fragen lassen sich hier nur stichwortartig beantworten. Der Kontext Kirche verändert die Relevanz der Methoden; zB. ist aktivierende Befragung wichtiger als rein feststellende. Methoden sind auch Medien. Die methodische Forderung, Bibeltexte zu berücksichtigen, führt zur Überwindung eines nur instrumentalen Ansatzes, die methodischen Regeln nicht-direktiver Seelsorge zu einer Habitusbildung, die mehr ist als die Summe von Anweisungen. Nur eine Methode, die offen für Kontingenz der Praxis bleibt, kann Kommunikation und Kreativität, Solidarität und Freiheit verbinden.

3. *Ansätze*

a. *Es ist notwendig, folgende drei Ansätze zu verbinden:*

(1) die Entwicklung des Methodenproblems von den korrespondierenden Säkularwissenschaften her, also die Übernahme pädagogischer, psychologischer, soziologischer (des weiteren auch linguistischer, kybernetischer und publizistischer – um nur die wichtigsten zu nennen) Methoden,

(2) die Entwicklung des Methodenproblems von der wissenschaftstheoretischen Analyse her, also die Differenzierung etwa in historiographische, hermeneutische, phänomenologische, empirische – evtl. auch »dialektische« – Methoden[26] (vgl. das genannte Buch von Röhrs als Parallele),

(3) die Entwicklung des Methodenproblems von Fragestellungen her, die »Verdichtungsstellen« theologisch verantworteter Kirche sind, wie etwa Habitusbildung, Kirchenordnung, Bekenntnisbildung oder als grundlegende Verhältnisbestimmungen Theologie generell durchziehen, wie etwa Verkündigung und Kommunikation, Geist und Methode, Glaube und Werke, Wahrheit und Wirklichkeit, Gott und Welt. Kontinuum dieser Fragestellungen ist die Aktualisierung des sich realisierenden Evangeliums als Zeit-Ansage und Heils-Zusage.

Was die ersten beiden Ansätze angeht, so wird in dieser Richtung Erhebliches geleistet[27]. Der dritte Ansatz ist noch unterentwickelt. Die

---

26 Vgl. Röhrs, 60–75.

27 Das Buch von Röhrs kann zeigen, wie in den Erziehungswissenschaften ebenso nach einer Verbindung von hermeneutischem und empirischem Denken gesucht wird, die Frage der Einschätzung kritischer Theorie noch offen ist und die Erinnerung an die Phänomenologie wichtig bleibt. Wir haben in der Theologie eben-

genannten »Verdichtungsstellen« sind daran zu erkennen, daß sie die Grenzen der Unterdisziplinen Praktischer Theologie überschreiten und eine genuine theologische Fassung verlangen. Habitusbildung stellt sich nicht nur als das Problem der Seelsorge heraus, sondern wird auch für Unterricht und Predigt zentral; Kirchenordnung erweist sich – in der Spannweite von einerseits Tendenzen zu bekennendem Recht, anderseits zu instrumentell zweckrationaler Ordnung – ebenfalls als Methodenparadigma der Praktischen Theologie mit Verankerung in der Praxis; Bekenntnisbildung schließlich stellt sich quer durch die Unterdisziplinen als Prüfstein des Ganzen heraus, wie Gottesdienstreform, Konfessionalitätsdebatten und Wiedergewinnung konfessorischen Redens als Zielsetzung homologischer Theologie deutlich zeigen. Die Problemkontinua, die von der Methodenfrage nicht eliminierbar sind, kommen aber auch in den genannten Verhältnisbestimmungen zur Geltung, die in ihrer Reihenfolge als Klimax zu verstehen sind. M.E. steht die Praktische Theologie heute vor der Frage, ob statt Verkündigung Komunikation ihr Zentralbegriff sein kann. Ich unterstütze eine solche Zentrierung. Es muß aber klargestellt werden, daß die genannten Verhältnisbestimmungen nur auf Teilidentität der jeweiligen Begriffspaare richtig auslegbar sind. Verkündigung geht nicht in Kommunikation auf, so wenig Geist voll durch Methode erfaßbar ist. Evangelium als letzten Bezugspunkt anzugeben, ist üblich; ich versuche durch den Rekurs auf Bonhoeffers Unterscheidung von Realisierung und Aktualisierung[28] und durch die Verbindung von geschichtlich-informativem (Zeit-Ansage) und soteriologisch-performativem (Heils-Zusage) Denken Evangelium in die heutigen Wirklichkeits- und Spracherfahrungen hinein nahezubringen[29].

Vielleicht kann die Bündelung der oben genannten drei Ansätze gelingen, wenn wir der These folgen:

b. *In Weiterentwicklung des zweiten Ansatzes wäre für das generelle Methodenproblem Praktischer Theologie die Differenzierung in (1) hermeneutische, (2) phänomenologische, (3) interaktionelle und (4) datenerhebende Dimensionen der Methodik sinnvoll.*

Zumindest wären damit die unguten Polarisierungen: hermeneutisch-empirisch, technokratisch-kritisch (demokratisch) im Ansatz verhindert, weil vier Aspekte zu berücksichtigen sind. »Hermeneutisch« soll dabei alle Aspekte der Sprache und Deutung umfassen, »phänomenologisch« auf primäre und protologische Erfahrungsaspekte bezo-

---

sowenig wie andere den Positivismusstreit schon hinter uns, dürfen ihn aber nicht für den einzigen Schlüssel zu dem Methodenproblem halten.

28 D. Bonhoeffer, Sanctorum Communio (^{4}1969) 103, 108.

29 H. Schröer, Inventur der Praktischen Theologie, in: Krause, 445–459.

gen sein, während »interaktionell« die Sichtweisen der Gruppendynamik im weitesten Sinn bis zur soziologischen Grundlagenforschung und »datenerhebend« die sozialtechnischen Möglichkeiten zur Geltung bringen. Die Herausarbeitung dieser vier Aspekte darf allerdings nicht die Grenzen des Theorie-Praxis-Modells als vollem Wirklichkeitsmodell aufheben. Als Forderung ausgedrückt, heißt das:

c. *Die berechtigte Ablehnung, Praktische Theologie als »Anwendungswissenschaft« zu klassifizieren, bedarf der positiven Ausarbeitung der theologischen Möglichkeiten und Grenzen des Theorie-Praxis-Schemas als umfassendem Ansatz theologischer Forschungslogik.*

In der Kritik an der Bezeichnung der Praktischen Theologie als »Anwendungswissenschaft« bin ich mit G. Otto einig[30]. Aber, da Theologie und Theorie für mich nur teilidentisch sind, kann ich nicht zustimmen, wenn das Praxis-Theorie-Modell allumfassend wird. Diese Sicht von Wirklichkeit ist nicht genuin biblisch, so unentbehrlich sie für Wissenschaftlichkeit ist. Wie biblisch Weisheit und Wissenschaft in der Moderne sich zueinander verhalten, ist noch nicht hinreichend geklärt. Mir scheint die Anknüpfung an die Tradition des Applikationsbegriffs immer noch sachgemäßer, weswegen ich die These vertrete:

d. *Notwendig ist eine kritische Neuaufnahme des Begriffs bzw. des Problems der Applikation, weil damit sowohl Praxisnähe als auch selbsthermeneutischer und generativer Charakter der biblisch begründeten lebenskritischen Versöhnung mit Gott und unter den Menschen (Schalom) zur Geltung kommt.*

Der alte Begriff einer *theologia applicata,* wie ihn G. J. Planck vor Augen hatte[31], ist gewiß tot; ihn wiederzubeleben, wäre unsinnig. Aber das Problem, Wissenschaftstheorie und Pneumatologie zusammenzudenken[32], ist gestellt, und gerade dies versuchte seinerzeit auch die altprotestantische Orthodoxie mit der Neubildung des Lehrstücks *De applicatione gratiae spiritus sancti* zu leisten. Von Praxisnähe zu reden, ist sinnvoll, wenn man nicht vergißt, daß der Bezugspunkt nicht nur eine Theorie, sondern auch eine Geschichte und die aktuelle Lebenswelt des Glaubens sind. Wissenschaftstheoretisch ergeben sich gewiß aporetisch wirkende Probleme, wenn Selbstauslegung als Erfahrungskriterium mitberücksichtigt werden muß und eine Art generativer Grammatik für die Rede vom Glauben, fundiert in Paradigmen des

---

30 H. Schröer, Theologia applicata, in: Pastoraltheologie 53 (1964) 389–407.

31 G. J. Planck, Einleitung in die theologischen Wissenschaften II (1794/95) 593 ff.

32 Sauter, Methodenstreit, 11; R. Bohren, Predigtlehre (1971) 73–82; ders., Zukunftsperspektiven der Praktischen Theologie, in: Wort und Gemeinde (1968) 395–408.

biblischen Zeugnisses, entworfen werden soll. Aber die Schwierigkeit soll uns nicht in die Resignation führen. Unschlüssig bin ich noch, ob dieser Ansatz schon bedeutet, daß heilsgeschichtliches Denken, etwa im Sinne einer Kairologie, wie sie F. Klostermann skizziert hat[33], eingebracht werden muß. Jene Kategorie »Heilsgeschichte« ruft das Dilemma hervor, daß man sie weder entbehren noch besonders gut gebrauchen kann.

Abschließend soll noch ein Blick auf m.E. notwendige Handlungs-Grundsätze für die Forschungsmethodik Praktischer Theologie geworfen werden.

4. *Maximen*

a. Eine Wieder- und Neugewinnung der phänomenologischen Methode ist praktisch-theologisch notwendig.

Diese Maxime ergibt sich zwingend, wenn in dem Praxisbegriff das Problem der Lebenswelt, von E. Husserl zuerst entwickelt[34] und sicher im Blick auf heutige Erfahrung von Geschichte und Moderne zu modifizieren, miterfaßt werden soll. Dabei kann es nicht um bloße Deskription im Sinne einer vergleichenden ekklesiologischen Verhaltensforschung gehen. Vielmehr geht es um die Elemente der Primärerfahrungen, die Zugangsweisen zu Vorgängen wie Einfall, Phantasie, Meditation und die Versuche, die Momente des Sehens im Denken kategorial zu fassen. Eine Verunglimpfung der Phänomenologie mit Stichworten wie »irrationale Wesensschau«, »bloße Meditation« ist praktisch-theologisch nicht zu verantworten.

b. Hinsichtlich der Forschungsmethodik kann die Praktische Theologie zur Zeit am meisten von der Erziehungswissenschaft lernen.

Die Erziehungswissenschaft hat – mehr als Rhetorik, Ästhetik und auch Psychologie – soziometrische Methoden, *action research* und die ganze Breite hermeneutischer Methoden, in ihr Handlungsfeld eingebracht. Der Grund liegt sicher darin, daß wir in zunehmendem Maße eine Bildungsklassen-Gesellschaft werden und Lernen zu einer umfassenden, institutionell auch alle erfassenden Praxis geworden ist, die, nicht zuletzt wegen der hohen Kosten, nach Theorie und Forschung ver-

---

33 F. Klostermann, Pastoraltheologie heute, in: Dienst an der Lehre. Wiener Beiträge zur Theologie X (1965) 49–108. Vgl. auch den Beitrag von Chr. Gremmels in diesem Band 244–254.

34 E. Husserl, Die Krisis der europäischen Wissenschaften und die transzendentale Phänomenologie, Husserliana VI (1954) 48 ff. Vgl. L. Landgrebe, Der Weg der Phänomenologie (^{2}1967) 41–62.

langt. Theologisch ist das Handlungsfeld Religionspädagogik besonders begünstigt, weil hier die Volkskirche noch eine echte Stelle des Streits um die Wirklichkeit ohne Gemeinde-Ghettobildung erreicht. Der Religionslehrer hat eine äußerst schwierige, aber noch nicht ins Abseits abgedrängte Existenz, was leider von den Kirchen nicht immer genügend anerkannt wird. Das Forschungsinstrumentarium der Erziehungswissenschaft ermöglicht einen religionspädagogisch höheren Forschungsstand als wir ihn etwa im Blick auf die Analyse der Kommunikationsprozesse im Bereich der Gemeinde haben. Gemeindepädagogik aber ist gerade eine der wichtigsten Aufgaben der Zukunft.

c. Die Relevanz empirischer – aus den Sozialwissenschaften übernommener – Methoden wie Dokumentenanalyse, Beobachtung, Befragung und soziometrisches Experiment, insbesondere deren Trag- und Reichweite, ist erst nach Durchführung einer genügenden Anzahl entsprechender Untersuchungen beurteilbar. Die zur Zeit vielfach existierende Hoch- oder Geringschätzung der Relevanz aus systematischen Prämissen ist voreilig und ineffektiv.

In den Fragen der Relevanz der empirischen Sozialforschung für die Praktische Theologie muß die Methodendiskussion aus ihrem, wenn man so sagen darf, Pubertätsstadium herausgeführt werden. Wie W. Marhold aufweist, sind die nicht geringen demoskopischen Aktivitäten der Kirche noch reichlich dilettantisch[35]. Dennoch wird hier allmählich Neuland gewonnen, und Arbeiten wie die Synodenumfrage der Deutschen Bistümer[36], die VELKD-Befragung zum Gottesdienst[37] und die Projektstudie Hohenlohe[38] halte ich für praktisch-theologische Pflichtlektüre. Was auf keinen Fall geduldet werden kann, ist die Blockierung solcher Vorhaben mit sofortigen systematischen Bedenken, wie etwa dem Einwand: Aber meßbar ist der Glaube nicht! oder: Alles nur quantitativ! Hier ist kein *status confessionis* zu proklamieren, wohl aber Priorität im Blick auf Kosten und Wirkung abzuwägen. Das wird nur möglich sein, wenn Koordination und Kooperation mit funktionaler Arbeitsteilung auch selbst Kriterien praktisch-theologischer Forschungspraxis werden. Dafür stelle ich die These auf:

e. Die notwendigen Perspektiven – sowohl Methodenpluralismus als auch Methodenkoordination – erfordern Forschungsplanung im Blick auf

(1) Dissertationen und Habilitationen,

(2) Forschungsinstitute (innerhalb und außerhalb der Hochschulen),

---

35 W. Marhold, Fragende Kirche (1971).

36 G. Schmidtchen, Zwischen Kirche und Gesellschaft (1972); K. Forster (Hg.), Befragte Katholiken (1973).

37 G. Schmidtchen, Gottesdienst in einer rationalen Welt (1973).

38 K. F. Daiber, Volkskirche im Wandel (1973).

(3) Begleitforschung,

(4) forschendes Lernen (Sozietäten, Kolloquien, Exkursionen).

Bisher schlägt sich die Forschungsarbeit vorrangig in Dissertationen und Habilitationsarbeiten (in den ersteren meistens mehr) nieder. Dieses Instrument der Forschung ist aber durch Schulbildung und Individualität in seiner Leistungsfähigkeit stark eingeschränkt. Nicht einmal eine übersichtliche Dokumentation dieser Forschungsvorhaben existiert bisher[39]. Weiterhin ist eine nähere Beschreibung der Qualifikationsmerkmale und Typen praktisch-theologischer Dissertationen notwendig, denn mancher hat es sonst schwer, Arbeiten mit starkem sozialwissenschaftlichem Einschlag als ernsthafte Forschung, als wissenschaftswürdig, anerkannt zu sehen. Da nicht alle dasselbe forschen können und sollten, müssen Schwerpunkte markiert werden. Die Autonomie der einzelnen Fakultäten führt dazu, daß echte Projektforschung eher außeruniversitär betrieben wird. Auf die Notwendigkeit von Begleitforschung wurde schon hingewiesen, wenn *action research* kein bloßes Schlagwort bleiben soll. Die ebenfalls schon betonte Einheit von Forschung und Lehre gerade in der Praktischen Theologie sollte uns die Fragen des forschenden Lernens, für die ich einige Organisationsformen genannte habe, dringlich machen. Exkursionen zB. sollten für Prüfungen nachgewiesen werden.

f. Es muß klargestellt werden, in welcher Weise die universitäre Praktische Theologie an der Forschung beteiligt bleiben kann, was nicht der Fall ist, wenn sie personell und finanziell zu Feldforschungsprojekten nicht in der Lage ist. Ein entsprechender Forschungsverbund, der durchaus bikonfessionell angelegt werden könnte, ist notwendig.

Da nicht zu erwarten steht, daß die Fakultäten sich selbst, jede für sich, zugunsten der Praktischen Theologie umstrukturieren, ist ein solcher Forschungsverbund die einzige Möglichkeit. Die Praktische Theologie an den Universitäten wird sonst nur auf die Rolle propädeutischer Lehre und interdisziplinärer Vermittlung festgelegt. Das kann nicht als zureichend angesehen werden und ist auch angesichts des Prestiges, der den Lehrstühlen gängigerweise zugebilligt wird, nicht zu verantworten. Nicht einmal eine hinreichende Plattform der Diskussion, das die vorhandenen Zeitschriften allein noch nicht bilden können, ist vorhanden. Die im Plan befindlichen oder schon vorliegenden Handbücher können das auch nicht leisten, deshalb ist zu verlangen:

39 Die entsprechenden Listen in ThPr 6 (1971) 65–67, 169; 8 (1973) 138–140 waren ein erster begrüßenswerter, wenn auch wegen nicht voller Beteiligung aller Fakultäten nur halber Schritt.

g. Für den Austausch von Forschungsinformationen muß ein entsprechendes, zumindest bikonfessionelles Forum geschaffen werden.

h. Eine Ausgliederung der Religionspädagogik aus der Praktischen Theologie kann gerade auch von den Interessen der Forschung her nicht gutgeheißen werden.

Infolge der besonderen Gegebenheiten der theologischen Lehrstühle an den Pädagogischen Hochschulen, aber mehr noch durch die in der Religionspädagogik erfolgte breitere empirische Wendung ist die Gefahr einer Entgegensetzung von Lehrer- und Pfarrertheologie gegeben. Die Versuche, zwischen Religionsunterricht und Katechese unüberschreitbare Grenzen einzuführen, verstärken die Polarisierung, die, was die Forschung angeht, nur zu Lasten aller Beteiligten gehen kann. Ob Religion oder Kirche der Handlungshorizont Praktischer Theologie sei, diese Differenz, die als Frage wachgehalten werden muß, sollte nicht zum Hebel einer falschen Abgrenzung werden.

Abschließend möchte ich von den Methodenfragen her die mir nötig erscheinenden neuen Forschungsaufgaben wenigstens nennen.

i. Notwendige neue Forschungsaufgaben sind vor allem – ohne Anspruch auf Vollständigkeit:

(1) Aufarbeitung externer biblischer Wirkungsgeschichte (insbesondere für das Verhältnis von Theologie und Literatur),

(2) Ausarbeitung von Verfahren der Situationsanalyse, anwendbar von Beobachtungsaufgaben in Praktika bis hin zu großangelegten Erhebungen,

(3) Content-Analysen von Dokumenten kirchlicher Praxis,

(4) Untersuchung der praktischen Rezeption theologisch initiierter Dokumente,

(5) Darstellung und Analyse kirchlich relevanter interaktioneller Prozesse,

(6) Entwicklung einer kirchlichen Medienpädagogik,

(7) Analyse der Korrelationen von Kirchenrecht und Kirchenreform,

(8) Erfassung mediativer Phänomene, insbesondere im Blick auf Vermittelbarkeit und Korrespondenz zu phänomenologischer und topologischer Methodik,

(9) Erfassung theologischer Phänomene im Medium der Umgangssprache,

(10) Grundlagenforschung in Relation zu systematisch-theologischer und historisch-theologischer Begriffs-, Lehr- und Theoriebildung.

Aufgabe (1) beginnt bikonfessionell entdeckt zu werden; es fehlen aber Forschungszentren dafür. Was unter (2) gefordert wird, verlangt eine praktisch-theologische Klärung des Situationsverständnisses: es fehlt hier sowohl der Theorierahmen als auch Ausbildung in Verfahren empirischer Sozialtechnik. Für Aufgabe (3) liegt ein Vorstoß auf dem Gebiet der Kasualhomiletik vor, der trotz methodischer Schwächen die Relevanz solchen Vorgehens zeigt[40]. Objekte solcher Inhaltsanalysen könnten zB. sein: die Texte neuer kirchlicher Lieder, Pfarrstellenausschreibungen, Morgenandachten im Rundfunk. Die unter (4) anvisierte Rezeptionsforschung ist als Zweig der Kommunikationsforschung sehr wichtig; zB. arbeitet eine Doktorandin von mir an einer Darstellung der Rezeption des Antirassismusprogramms auf den verschiedenen kirchlichen Handlungsebenen. Die weiteren oben aufgeführten Forschungsaufgaben dürften schon von ihrer Nennung her in ihrer Zielsetzung einsichtig sein.

5. *Schlußbemerkung*

Ich schließe mit zwei grundsätzlichen Thesen. Die erste setzt an die Stelle der vielen Bausteine einer Klagemauer in der Geschichte der Praktischen Theologie über ihre »Stellungslosigkeit«, ihrer »Aschenbrödel«- oder »Dornröschen-Rolle«, ihre »Trittbrettfahrer-Funktion« usw. die gewiß fakultätspolitisch nicht überall leicht durchsetzbare Forderung:

Die sich anbahnende volle Gleichberechtigung der Praktischen Theologie als wissenschaftliches Fach muß konsequent durchgehalten werden.

Daß im ersten Examen wissenschaftliche Hausarbeiten im Fach Praktische Theologie geschrieben werden können, war ein wesentlicher Schritt in diese Richtung. Die These nennt die Basis, von der her Forschung möglich ist, die ihren Namen verdient.

Die zweite abschließende These will die Brücke zu Luthers theologischer Grunderkenntnis, wahre Theologie sei immer *theologia crucis,* schlagen. Aktualisiert bedeutet das: V. v. Weizsäckers Stichwort von der Notwendigkeit einer »Pathosophie«[41] wird in die Traditionen der Kreuzestheorie einzubringen sein. Leiden ist die Wirklichkeit, auf die Evangelium sich bezieht. Ob Religion immer Leiden signalisiert oder nur Nostalgie an manchen Stellen oder auch Flucht vor Verantwortung, muß man fragen. Die lebenskritische Bedeutung des biblischen Leidensverständnisses in der Dialektik von Lebensgewinn und -verlust, in der Spannung von Wahrheit und Wirklichkeit ist wichtiger als die erneute Mobilisierung von Kirche gegen Welt und umgekehrt. Wirklichkeitsverlust entsteht dort, wo wir uns der Wahrheit des Lei-

---

40 Homiletische Arbeitsgruppe Stuttgart/Frankfurt, Die Predigt bei Taufe, Trauung und Begräbnis. Inhalt, Wirkung und Funktion. Eine Contentanalyse (1973).

41 V. v. Weizsäcker, Pathosophie (1956).

dens entziehen und so die Hoffnung unrealistisch verankern. In einer formelhaften These ausgedrückt bedeutet das, so wie Luther den Streit zwischen *theologia speculativa* und *practica* durch die Frage nach dem Ort und Inhalt der Theologie als Kreuzestheologie relativierte:

Praktische Theologie kann dem wahren, entscheidenden Wirklichkeitsverlust nur entgehen, wenn sie sich als scientia praxeos crucis begreift.

2 | 32 Yorick Spiegel
Sozialwissenschaftliche Forschungsmethoden in der Praktischen Theologie

In den Handbüchern zur Praktischen Theologie findet sich bisher kein Abschnitt »Forschungsmethoden«. Es werden zumeist Erfahrungsaussagen gemacht, denen der jeweilige Verfasser Generalisierbarkeit zuschreibt, aber diese Erfahrungsaussagen sind keiner wissenschaftlichen Überprüfung in der Hinsicht unterworfen worden, ob sie auch von anderen Individuen gemacht wurden oder zu machen sind, und wenn, von wievielen innerhalb eines angegebenen Bereiches. Es finden sich auch Vorschläge zum methodischen Vorgehen, etwa bei einer Unterrichtsstunde oder bei einer neuen Prioritätensetzung innerhalb der Gemeindearbeit, aber es ist nicht angemessen belegt, ob diese aufgezählten methodischen Schritte zu dem gewünschten Ergebnis führen. Diesem Defizit an Reflexion über Forschungsmethoden in den Handbüchern steht nun eine Reihe von Untersuchungen gegenüber, die mit spezifisch sozialwissenschaftlichen Forschungsmethoden arbeiten; daß solche Untersuchungen vielfach unter dem Titel »Kirchensoziologie« laufen, zeugt davon, daß solche Arbeiten nicht nur wegen einer zumeist fehlenden theologischen Reflexion, sondern vor allem wegen der in ihr verwendeten Methoden nicht recht als praktisch-theologische anerkannt werden. Es zeigt sich in jüngster Zeit eine Reihe von Bemühungen, diese Kluft zu schließen[1], aber die explizite Thematisierung der Forschungsmethoden in der Praktischen Theologie fehlt bisher[2].

---

1 H.-G. Geyer / H.-N. Janowski / A. Schmidt, Theologie und Soziologie (1970); G. Rau, Was kann die soziologische Analyse zu einer neuen Theorie und Praxis des Pfarramtes beitragen?, in: VuF 18 (1973) 75–88; M. Josuttis, Die Bedeutung der Kirchensoziologie für die Praktische Theologie, in: VuF 12 (1967) 5–94; K.-F. Daiber, Die Bedeutung der Soziologie für Theologie und Kirche, in: ThPr 4 (1969) 346–362; R. W. Becker, Religion in Zahlen. Ursprung und Wege der quantifizierenden Erforschung religiöser Orientierungs- und Verhaltensweisen (1968); L. Hoffmann, Auswege aus der Sackgasse. Anwendungen soziologischer Kategorien auf die gegenwärtige Situation von Kirche und Seelsorge (1971); J. Laloux, Seelsorge und Soziologie (1969); N. Greinacher, Soziologische Aspekte des Selbstvollzugs der Kirche, in: HPTh I, 415–448; A. Hollweg, Theologie und Empirie (1971); F.-X. Kaufmann, Theologie in soziologischer Sicht (1973); Metz /Rendtorff.

2 Vgl. jedoch H. Desroche / J. Seguy (Hg.), Introduction aux sciences humaines des religions (1970); W. W. Shephard, Religion and Social Sciences: Conflict or

Von meinem empirisch-kritischen Ansatz her[3] bezeichne ich als den in der Praktischen Theologie zu untersuchenden Forschungsgegenstand (1) die religiöse und christliche Lebenspraxis, die eine Erfüllung der Bedürfnisse nach Befreiung, Zuwendung, Sinn und Schutz anstrebt; (2) die institutionalisierten Handlungen, die innerhalb eines kirchlichen Kontextes als Angebot zur Erfüllung dieser Bedürfnisse geordnet und regelmäßig zur Verfügung stehen; und (3) das Handeln der christlichen Kirchen und Gemeinschaften als Institutionen, die bestimmte Strukturen und Legitimationen besitzen müssen, um solche institutionalisierten Angebote machen zu können.

Diese drei Bereiche werden in der praktisch-theologischen Arbeit in den vier Arbeitsschritten der Erfassung oder Erhebung, der kritischen Interpretation, der Innovation und der Ausbildung behandelt[4]. In allen vier Arbeitsschritten ist bisher weitgehend so gearbeitet worden, daß die subjektiven Erfahrungen des Praktischen Theologen nur so weit objektiviert wurden, als sie seinen Hörern bzw. den Lesern seiner Bücher evident erschienen, ohne doch als verobjektivierte Aussage verifizierbar zu sein. Das gleiche gilt für die methodischen Anweisungen, bei denen nur die Rezipienten im Vollzug feststellen konnten, ob diese Anweisungen richtig oder falsch waren, ohne daß eine objektive Zielkontrolle darüber erfolgte. Die Einführung sozialwissenschaftlicher Forschungsmethoden verändert diesen Zustand. Sie haben die Intention, subjektive Erfahrungen und Verfahrenshinweise zu verobjektivieren und sie damit in ihrem Wahrheitsgehalt von der Zustimmung der Rezipienten unabhängig zu machen; verobjektivierte Erfahrungen und Verfahrensweisen sind auch dann nicht widerlegt, wenn der Rezipient sie in seiner eigenen Erfahrung nicht bestätigen kann.

Daneben bleiben die »Kunstregeln« im schleiermacherschen Sinne bzw. Verfahrensformen zum individuellen Gebrauch weiterhin unersetzbar und notwendig, zB. hinsichtlich der Beobachtungen, die notwendig sind, um eine Gemeinde zu erfassen, diese Erfahrungen kritisch zu reflektieren, neue Ansätze durchzusetzen und eine praxisnahe Ausbildung zu erreichen. Die Anwendung sozialwissenschaftlicher Methoden wird auf lange Zeit hin und vielleicht überhaupt angesichts des Mangels an finanziellen Mitteln, an Personal und angesichts der methodischen Schwierigkeiten in ihren Ergebnissen partiell bleiben und

---

Reconciliation?, in: Journal for the Scientific Study of Religion 11 (1972) 230–239, mit weiteren Literaturangaben; St. L. Finner, New Methods for the Sociology of Religion, in: Social Analysis 31 (1970) 197–202; P. G. Swanborn, Religious Research – Objects and Methods, in: IJRS 4 (1968) 7–32.

3 Y. Spiegel, Praktische Theologie als empirische Theologie, s. o. 178–194.

4 AaO. 179–181.

die »Kunstregeln« nicht ersetzen könnnen; sie können jedoch einen wesentlichen Beitrag zu ihrer Verifizierung leisten.
Dabei ist Praktische Theologie natürlich von der Wissenschaftsentwicklung im Ganzen abhängig. Dies läßt sich daran erweisen, daß die vier Arbeitsschritte der Praktischen Theologie, Erfassung, kritische Reflexion, Innovation und Ausbildung wissenschaftlich recht unterschiedlich behandelt werden. Während in dem Bereich der Erfassung eine ganze Reihe von Arbeiten vorliegen, zeigen sich für die Bereiche Innovation und Ausbildung nur schüchterne Ansätze, während im Bereich der kritischen Reflexion noch höchste Willkür herrscht[5].

1. Die Notwendigkeit sozialwissenschaftlicher Forschungsmethoden

Weil heute jedoch der Wissenschaftsbegriff vielfach fetischisiert und die Forderung nach Wissenschaftlichkeit zu einer Ideologie werden, die den statusmäßig privilegierten Wissenschaftler der Frage nach der Legitimation und nach der gesellschaftlichen Relevanz seines Tuns entheben, muß betont werden, daß Wissenschaftlichkeit und Anwendung von wissenschaftlich anerkannten Methoden kein Selbstzweck sein kann[6]. Überzeugen kann nur der Nachweis, warum wissenschaftliche Vorgehen unausweichbar notwendig wird.

a. Bis vor nicht allzu langer Zeit wurden Rechtgläubigkeit und Orthopraxie des Pfarrers als zureichend angesehen, um die Rechtgläubigkeit und Orthopraxie der Gemeinde zu sichern[7]. Solange der Pfarrer recht lehrte, sich vorbildlich verhielt und zugleich die Einhaltung kirchlicher Vorschriften und gesellschaftlicher Normen erzwingen konnte, spielte es eine relativ geringe Rolle, was die Gemeindemitglieder wirklich glaubten; unter der Oberfläche »intakten« Glaubens verbarg sich zu allermeist eine Fülle von Aberglauben und harscher Ungerechtigkeit der dörflichen und familiären Organisation. Erst wo mit Pietismus und bürgerlichem Individualismus Religion zu einer inneren Haltung jedes Einzelnen und zugleich privatisiert wurde, wurde es notwendig, objektivierte Erfahrungen über die Glaubenshaltung und -praxis der Gemeindeglieder zu gewinnen.

b. Im Gegensatz zur landläufigen Meinung war die Vielfalt der religiösen Auffassungen und Verhaltensmuster in der vorindustriellen Zeit nicht geringer als heute; das Besondere an der heutigen Situation

5 Zur Problematik vgl. K. O. Apel u. a., Hermeneutik und Ideologiekritik (1971).
6 T. W. Adorno, Soziologie und empirische Sozialforschung, in: M. Horkheimer / T. W. Adorno, Sociologica II (1962).
7 Kaufmann, Theologie, 54.

besteht darin, daß die früher in verschiedenen regional und schichtspezifisch *getrennten* Bereichen vorhandenen Auffassungen und Verhaltensweisen sich überlagern und der Gesamtkirche ständig präsent und bekannt sein müssen. In der gegenwärtigen Gemeinde durchdringen sich verschiedene Lebenswelten, die dem Gemeindeleiter bei aller Bereitschaft des Zuhörens und Partizipierens nur in beschränktem Maße zugänglich sind. Seine individuellen Beobachtungen etwa über das religiöse Verhalten des Arbeiters sind nicht generalisierbar und bedürfen exakterer Methoden der Erhebung.

c. Wie die Gläubigkeit und die rechte Praxis der dörflichen und städtischen Lebenswelt durch die Person des Pfarrers gesichert waren, so lagen auch die Kommunikationswege fest, durch die die Zuwendung Gottes dem Einzelnen vermittelt wurde; die Messe, die Predigt, die Segnungen stellten heilige Handlungen dar und waren darin exklusiv, denn sie waren als Stiftungen Jesu legitimiert. Selbstverständlich veränderten sich diese Wege der Vermittlung im historischen Prozeß, aber die Legitimation war so generell und die Veränderungen so wenig bemerkbar und reflektiert, daß die Diskrepanz zwischen der durch die Kommunikationswege vermittelten Gnade Gottes und dem Bedürfnis nach Zuwendung, Befreiung, Sinn und Schutz nur in Zeiten großer religiöser Krisen überhaupt zu Bewußtsein kam. Heute haben sich eine Vielzahl von Kommunikationsformen neben den traditionellen entwickelt. Nicht alle können optimal entwickelt werden, und es kommt daher unweigerlich die Frage nach der Wirksamkeit bestimmter Medien auf. Die Frage der Effizienz kann aber nicht auf der Basis individueller Erfahrung beantwortet werden[8].

2. *Widerstände bei der Rezeption handlungswissenschaftlicher Methoden*

In der Diskussion um die Neubestimmung der Praktischen Theologie wird an allen Stellen emphatisch die Rezeption der handlungswissenschaftlichen Wissensbestände gefordert. Soll es jedoch zu einer durch-

8 J. Friedrichs, Methoden empirischer Sozialforschung (1973) 124: »Die Beweiskraft der ›Erfahrung‹ für die Allgemeinheit der Aussagen ist außerordentlich gering. Sie beruht ... auf einem *dreifachen Selektionsprozeß ...: Man setzt sich nur bestimmten Situationen aus, nimmt in diesen nur einen Teil der Ereignisse wahr und behält davon nur wiederum einen Teil.*«

gehenden Kooperation kommen, erheben sich vielfältige Widerstände[9]. Die Integrierung handlungswissenschaftlicher Forschungsmethoden in die Praktische Theologie schreitet relativ langsam voran. Hier ist nach den Ursachen zu fragen[10].

a. Handlungswissenschaftliche Forschungsmethoden, im Gegensatz zu historischen, haben sich erst *in den letzten Jahrzehnten herausgebildet;* die meisten Hochschullehrer in der Praktischen Theologie sind in ihnen nicht ausgebildet und stehen ihrer Vielfalt relativ hilflos gegenüber. Wissenschaftler, die in kirchensoziologischen Instituten arbeiten, werden zumeist nicht Praktische Theologen. Hinzu kommt, daß sich handlungswissenschaftliche Methoden in der Erziehungs- und Ausbildungsforschung wie in den Geisteswissenschaften überhaupt nur langsam durchsetzen; soweit sich Theologie der Geisteswissenschaft zuordnet, stellen sich die Probleme des Transfers der Sozialwissenschaften in andere Wissenschaftsbereiche bei ihr in gleicher Weise.

b. Teilt die Theologie einen generellen Widerstand mit allen Wissenschaftsgebieten, die bisher überwiegend mit historischen und vor allem mit nicht mathematisierten Forschungsmethoden gearbeitet haben, so ist sie darüber hinaus im besonderen verschreckt. Hatten doch die modernen Handlungswissenschaften in der Zeit ihres Entstehens *eine stark antireligiöse oder zumindest antikirchliche Ausrichtung*. Über deren Ursachen kann hier nicht gesprochen werden, aber diese Belastung wirkt bis heute nach.

Der Burgfriede, der heute vielerorts zwischen Sozialwissenschaftlern und Theologen geschlossen wurde, ist allerdings zutiefst fragwürdig. Die Sozialwissenschaften beschränken sich darauf, die »gesellschaftliche Komponente» zu untersuchen, und bestehen darauf, dies »wertfrei« zu tun, die Theologen bekennen sich zum »methodischen Atheismus«, um dann die Werte und Gott um so mehr als ihr eigenes zu proklamieren. Ein solches Arrangement mag zwar universitätspolitisch günstig sein, indem es das zu untersuchende Objekt auf die »Aspekte« der verschiedenen Wissenschaftsgebiete verteilt, verhindert aber gerade die notwendige Auseinandersetzung über die Konstituierung von

9 Über die kritischen Anfragen vgl. besonders: J. Hasenfuß, Der Soziologismus in der modernen Religionswissenschaft (1955); F. Haarsma, Die Lehre der Kirche und der Glaube ihrer Glieder, in: F. Haarsma / W. Kasper / F. X. Kaufmann, Kirchliche Lehre – Skepsis der Gläubigen (1970) 9–36, 127–132; W. Dantine, Die Praktische Theologie in der Sicht der Systematik, in: ThPr 4 (1969) 329–345; H. Chr. Mayer, Plädoyer für die Freiheit der Theologie von der Soziologie, in: Scheidewege 4 (1974) 179–200.

10 F. X. Kaufmann, Fragen der Soziologie an die christliche Theologie, in: H. Vorgrimler / R. von der Gacht (Hg.), Bilanz der Theologie im 20. Jahrhundert 1 (1969) 246–268.

Wirklichkeit und Lebenspraxis, von Sinn und Werten[11]. Bei genauerer Betrachtung ist keine Forschungsmethodik »atheistisch« oder »wertfrei«. Dies haben die Auseinandersetzungen zwischen der positivistischen und der dialektischen Schule in der Soziologie ausreichend belegt. Werturteile bleiben unvermeidlich, da das forschende Subjekt von der Wirklichkeit, die es mitkonstituiert, nicht grundsätzlich zu trennen ist. Wesentlich ist, daß der Forscher sich seine Werte bewußt macht, sie ausspricht und ihre Auswirkungen auf sein Forschungsinteresse reflektiert.

Forschungstheorien, die von einem umfassenden Ansatz zur Konstituierung von Wirklichkeit ausgehen und einen Totalitätsanspruch erheben, sind der Theologie prinzipiell kongenialer als solche, die jeden universalistischen Anspruch ablehnen. Letztere stellen eine besondere Herausforderung für die Theologie dar, in Rezeption und Abgrenzung ihren Anspruch auf Wertsetzung und umfassende Welterklärung, der im monotheistischen Glauben angelegt ist, zu spezifizieren und verständlich zu machen. Gerade vor dieser Auseinandersetzung schreckt die Theologie vielfach zurück und überträgt ihre Abneigung gegenüber anspruchsvoller soziologischer Theologie auf die sozialwissenschaftlichen Methoden.

c. Befürchtungen gegenüber der handlungswissenschaftlichen Forschungsmethodik ergaben sich weiter aus dem impliziten oder offen eingestandenen *Reduktionismus,* mit dem die Daten und generalisierten Beobachtungen vielfach interpretiert wurden: Gott war nichts als ein erhöhter irdischer Vater (S. Freud), die Religion nichts als die Gesellschaft in ihrem emotional erregten Zustand (E. Durkheim).

Nun hat es zwar auch in der Theologie solche reduktionistischen Verfahren schon immer gegeben; die reduktionistischen Theorien traten nur das Erbe jener verschärften Gewissenprüfungen an, die der Pietismus und die Exerzitienbewegungen im hohen Maße entwickelt hatten, nämlich in skrutinierten Verfahren die Motivation des Gläubigen zu überprüfen und jede Motivationsebene zu hinterfragen. Auch der Theologie bleibt die Entscheidung nicht erspart, welche theologische Relevanz sie den einzelnen Bewußtseinsebenen zuweist.

Die weitere Diskussion über das reduktionistische Interpretationsverfahren hat aber auch geklärt, daß entweder die sozialen Tatsachen,

11 Vgl. A. Weber, Normative Sozialwissenschaft, in: ZEE (1965) 129 ff. Dagegen Kaufmann, Theologie, 13: »Wo Strukturen, Doktrinen und Selbstdeutungen der Kirche soziologisch interpretiert werden, reichen die traditionellen Grenzziehungen, die in etwa der Soziologie die ›wertfreie Analyse‹, der Theologie die ›wertende Interpretation‹ zuweisen, nicht mehr aus.« Zur wissenschaftstheoretischen Kontroverse vgl. J. Habermas, Gegen einen positivistisch halbierten Rationalismus, in: ders., Zur Logik der Sozialwissenschaften (1970) 39–70.

auf die hin die religiösen Aussagen reduziert wurden, konstitutive Faktoren, aber keine Ursachen darstellen (so spricht selbst Freud zuweilen vorsichtiger vom »Vateranteil« am Gottesbild) oder aber diese sozialen Tatsachen dann selbst zu einer bestimmenden, gegenüber dem Menschen objektivierten Größe werden und damit selbst religiösen Charakter annehmen.

d. In ihren Ursprüngen, und das wirkt bis heute nach, sind die Sozialwissenschaftler mit einem *Programm gesellschaftlicher Veränderung* aufgetreten oder haben sich als Interpreten des eingetretenen gesellschaftlichen Wandels verstanden. Die Theologie hat höchst unglücklich reagiert, wenn sie das gerechtigkeitsschaffende Handeln Gottes dem, wie sie meinte, selbstmächtigen gesellschaftsverändernden Handeln des Menschen gegenüberstellte (wobei dann die Herrschaft Gottes mit der Herrschaft der Monarchen und später mit der Herrschaft der bürgerlichen Klasse, die selbstmächtigen Menschen mit Sozialdemokratie und später mit dem Sozialismus identifiziert wurden[12]. Damit war die Frage nach der Gestaltbarkeit dieser Welt von vornherein mit einer Fülle von unnötigen Vorbehalten belastet.

e. Eine weitere Schwierigkeit in der Verwendung handlungswissenschaftlicher Forschungsmethoden liegt in dem verhängnisvollen, wenn auch liebenswerten *Hang* der Theologen *zum Universalen,* der dazu verführt, konkrete Einzelheiten nicht mehr wahrzunehmen. Begriffe wie Liebe, Gnade, Glauben liefern dem Theologen eine ausreichende Beschreibung ganzer Komplexe interaktionaler Zusammenhänge, mit denen ein Handlungswissenschaftler sich herumschlagen muß[13]. Nichts erweist sich zB. als schwieriger, als bei der Zusammenstellung eines Fragebogens Theologen dazu zu bringen, einen Begriff wie Gnade zu operationalisieren oder wenigstens zu einer Arbeitsdefinition zu kommen.

Dabei geht es um mehr als um die altbekannte Tatsache, daß Disziplinen sich über ihr gemeinsames Objekt nicht verständigen können, weil sie mit unterschiedlichen Begriffssprachen arbeiten. Vielmehr handelt es sich um eine nur langfristig zu lösende Schwierigkeit. Zumindest die protestantische Theologie geht in ihrer systematischen Reflexion über das Verhältnis von Gott und Mensch von einem relativ einfachen und stark personalistischen Interaktionsmodell aus, etwa von dem Modell eines Dialoges. Schon den Differenzierungsgrad zu erreichen, den eine Systemtheorie erfordert, um das Handeln zwi-

---

12 Vgl. dazu R. Strunk, Politische Ekklesiologie im Zeitalter der Revolution (1971).

13 A. W. J. Den Hollander, Soziale Beschreibung als Problem, in: KZSS 17 (1965) 201–231.

schen Menschen zu beschreiben, ist nur in seltenen Fällen realisiert worden, wäre aber notwendig, sofern der theologische Satz gilt, man könne nur von Gott reden, indem man von den Menschen spricht (dabei ist schon eine soziologische Systemtheorie wegen ihres hohen Allgemeinheitsgrades nur in Teilbereichen zu operationalisieren). Ganz offensichtlich haben theologische Handlungssysteme nicht mit der Ausdifferenzierung soziologischen Systemdenkens Schritt halten können. Die hier anstehenden Probleme sind nur gesamttheologisch zu lösen; Zuordnung des christlichen Glaubens zB. zu Wert- und Normensystemen mag für bestimmte Untersuchungen hilfreich sein[14], aber sie ist in vieler Hinsicht unangemessen, weil sich nicht ohne weiteres symbolische Aussagen mit Wertvorstellungen verrechnen lassen.

f. Die Ablehnung handlungswissenschaftlicher Forschungsmethoden wird nicht selten mit dem Argument begründet: »Das Eigentliche läßt sich doch nicht statistisch erfassen«; »Gott läßt sich nicht durch Zahlen festlegen«[15]. Dieses Argument, hinter dem sich sehr verschiedene Momente verbergen, verweist auf eine Fülle *forschungsmethodologischer Probleme,* die zugestandenermaßen nur durch sehr komplizierte und entsprechend kostspielige Verfahren und unter bestimmten Umständen überhaupt nicht zu lösen sind[16]. Dies kann aber nicht bedeuten, daß es theologische Gründe geben könnte, die es prinzipiell unmöglich machen, einen Satz wie »Ich glaube an Gott« zu erfassen. Die Schwierigkeiten können darin liegen, daß der Einzelne nicht formulieren kann, was er mit diesem Satz meint. Auch der Grad der Gewißheit, den der Einzelne mit einer solchen Aussage verbindet, ist schwer zu erfassen und nicht einfach an Handlungskonsequenzen abzulesen. Vielleicht erklärt er seinen Glauben in kirchlich anerkannten Formeln, die sich aber nicht hinreichend mit seiner eigenen Einstellung decken. Des weiteren ist mit verschiedenen Bewußtseinsebenen zu rechnen. Der Befragte mag den Satz mit rationalen Argumenten ablehnen, und doch können Reste kindlichen Glaubens dieser verbalen Äußerung vehement widersprechen. Die Aufzählung solcher forschungsmethodologischen Schwierigkeiten ließe sich fortsetzen und könnte in der Aussage zusammengefaßt werden, daß die Lebenspraxis der Befragten in ihrer Totalität stets mehr ist, als sich durch Worte

---

14 T. Parsons, On the Concept of Value-Commitments, in: Sociological Inquiry 38 (1968) 135–160; J. Friedrichs, Werte und soziales Handeln (1968); R. Lautmann, Wert und Norm (1968).

15 Zur Argumentation vgl. Kaufmann, Theologie, 48 f.

16 Zu verweisen ist hier besonders auf A. V. Cicourel, Methode und Messung in der Soziologie (1970); H. Kreutz, Soziologie der empirischen Sozialforschung (1972); K. D. Opp, Methodologie der Sozialwissenschaften (1970).

erfragen läßt[17]. Aber handlungswissenschaftliche Forschungsmethoden müssen nicht aus theologischen Gründen an der Erfassung dessen scheitern, was eine solche Aussage für den bedeutet und beinhaltet, der diese Aussage machte. Es wäre auch verwunderlich, dies anzunehmen; denn auch die Theologie baut ja auf religiösen Aussagen und Erfahrungen von Menschen auf. Im Verlauf dogmatisch-systematischer Reflexion erreichen diese Alltagsaussagen zwar einen Charakter von Objektivierung, so daß sie unter Umständen für den Einzelnen erlebnismäßig nicht mehr nachzuvollziehen sind. Aber sie bleiben doch Aussagen von Menschen über eine Wirklichkeit, die die Alltagswirklichkeit übersteigt[18].

Neben diesen, auf theologischen Traditionen und Konzeptionen aufbauenden Widerständen wird oft auch auf praktische Schwierigkeiten hingewiesen, etwa auf die mangelhafte personelle und finanzielle Ausstattung der praktisch-theologischen Institute[19]. Jedoch ist es angesichts des öffentlichen und kirchlichen Interesses an praktisch-theologischen Vorhaben bei einigem Bemühen ohne weiteres möglich, für gut durchgeplante Untersuchungen Mittel der Kirchen und der öffentlichen und privaten Wissenschaftsförderung zu erhalten.

3. *Stand der sozialwissenschaftlichen Forschung*

Ungeachtet dieser Widerstände haben nahezu alle gängigen sozialwissenschaftlichen Forschungsmethoden Eingang in die Praktische Theologie gefunden[20]. Im folgenden soll anhand einer Auflistung gezeigt werden, welche dieser Forschungsmethoden im deutschsprachigen Raum bereits in verstärktem Ausmaß verwendet werden und welche bisher kaum oder überhaupt nicht aufgegriffen wurden.

(1) *Analyse kirchlicher Statistiken:* Über die Teilnahme am Gottesdienst, Abendmahl, Amtshandlungen und über die kirchliche Mitglied-

17 J. P. Dean / W. F. Whyte, »How Do You Know if the Informant is Telling the Truth?«, in: Human Organization 17 (1958) 34–38; W. A. Scott, Attitude Measurement, in: G. Lindzey / E. Aronson (Hg.), The Handbook of Social Psychology (1968) 204–273.

18 H. Garfinkel, Studies in Ethnomethodology (1967); Arbeitsgruppe Bielefelder Soziologen (Hg.), Alltagswissen, Interaktion und gesellschaftliche Wirklichkeit, 2 Bde. (1973); P. L. Berger, Zur Dialektik von Religion und Gesellschaft (1973).

19 Vgl. den Beitrag vo H. Schroer in diesem Band 206–224.

20 Die sozialwissenschaftlichen Methoden hier ausführlich zu beschreiben, ist nicht notwendig. Zu verweisen ist vor allem auf: Friedrichs, Methoden; R. König (Hg.), Beobachtung und Experiment in der Sozialforschung (1956); ders., Das Interview (1956); P. Atteslander u. a., Methoden der empirischen Sozialforschung (1969); T. Harder, Werkzeuge der Sozialforschung (1969); ders., Dynamische Modelle in der Soziologie (1973); H. Hartmann, Empirische Sozialforschung (1970).

schaft finden sich in regelmäßiger Folge Daten in den Kirchlichen Jahrbüchern der evangelischen und der katholischen Kirche[21]; diese Daten sind auch immer wieder kommentiert worden. Besonders ist hier auf die umfassende Darstellung von Burger[22] und anderen[23] zu verweisen. Groner, Boos-Nünning, Geller, Lindner und Rau[24] haben die Angaben über die Kirchenmitgliedschaft und die kirchlichen Vertretungsorgane auf ihre berufliche Zusammensetzung hin analysiert.

(2) *Befragung:* Unter dem Einfluß der französischen »sociologie religieuse«[25] liegen im Bereich der katholischen Kirche eine ganze Reihe von Arbeiten zur pastoralen Planung vor; besonders das Sozialinstitut des Bistums Essen und das Wiener Institut für kirchliche Sozialforschung haben wichtige Arbeiten erstellt. Zu nennen ist hier auch die Untersuchung des Instituts für pastorale Planung St. Gallen[26]. Von den Studien über Kirchengemeinde ist auf katholischer Seite neben den Arbeiten von Fichter, Weyand, Pflaum, Poler-Habermann und Menges[27] vor allem die Untersuchung über die »Kirche im Vorort« von Schreuder[28] zu nennen; auf evangelischer Seite haben die bereits länger zurückliegenden Arbeiten von Köster, Lohse, Tenbruck und Luck-

---

21 Vgl. Kirchliches Jahrbuch für die Ev. Kirche in Deutschland 72 (1945 ff.); Kirchliches Jahrbuch. Amtliches statistisches Jahrbuch der kath. Kirche Deutschlands (1948 ff.).

22 A. Burger, Religionszugehörigkeit und soziales Verhalten (1964) (mit Bibliographie des älteren statistischen Materials).

23 F. Groner, Die Sozialstellung der Katholiken in der Bundesrepublik Deutschland, in: Kölner Pastoralblatt 12 (1960) 178 ff. und 215 ff.; T. Nellessen-Schumacher, Sozialstruktur und Ausbildung der deutschen Katholiken (1969).

24 U. Boos-Nünning, Schichtzugehörigkeit und Religiosität; H. Geller, Die neugewählten Pfarrgemeinderäte; H. Lindner, Die Kirchenvorstände in der Evang.-Luth. Kirche in Bayern; G. Rau, Die soziale Zusammensetzung evangelischer Kirchenräte und Synoden, alle Titel in: Y. Spiegel (Hg.), Kirche und Klassenbindung (1974).

25 G. Le Bras, Etudes de socciologie religieuse, 2 Bde. (1955/56).

26 Kirche 1985, hg. vom Institut für pastorale Planung St. Gallen (1971).

27 J. H. Fichter, Soziologie der Pfarrgruppen (1958); A. Weyand, Formen religiöser Praxis in einem werdenden Industrieraum (1963); R. Pflaum, Die Bindung der Bevölkerung an die Institution Kirche, in: G. Wurzbacher (Hg.), Das Dorf im Spannungsfeld der industrieellen Entwicklung (1954); I. Peter-Habermann, Kirchgänger-Image und Kirchgangsfrequenz (1967); W. Menges, Soziale Verhältnisse und kirchliches Verhalten im Limburger Raum (1959); A. Holl / G. H. Fischer, Kirche auf Distanz (1968).

28 O. Schreuder, Kirche im Vorort (1962).

29 R. Köster, Die Kirchentreuen (1959); J. M. Lohse, Kirche ohne Kontakte? (1967); F. H. Tenbruck, Die Kirchengemeinde in der entkirchlichten Gesellschaft. Ergebnisse und Deutungen der »Reutlingen-Studie«, in: D. Goldschmidt / F. Greiner / H. Schelsky (Hg.), Soziologie der Kirchengemeinde (1960) 122–132; Th. Luckmann, Vier protestantische Kirchengemeinden, aaO. 132–144; vgl. den gesamten Sammelband.

mann[29] keine Nachfolger gefunden, die über eine beschränkte Meinungsumfrage hinausgehen. Hinzuweisen ist schließlich auf einige Studien, die sich mit schichtspezifischer Religiösität (Kehrer, Zulehner, Boos-Nünning)[30] und der von Kindern und Jugendlichen befassen (vor allem Wölber, Hunger, Gloy, Ganzert, Vaskovics)[31].

Unter dem kirchlichen Personal sind die Pfarrer besonders gründlich durch Befragung untersucht worden. Arbeiten von Wurzbacher u. a., Bormann / Bormann-Heischkeil und Dahm[32] bringen einige methodisch gesicherte Angaben über den evangelischen Pfarrer, doch liegt nur eine umfangreichere Erhebung mit der »Berliner Pfarrstudie«[33] vor. Über den Priester finden sich neben den Untersuchungen über die Priesterfrage Ende der fünfziger Jahre[34] die Arbeiten von Lindner, Lentner und Holl über das Priesterbild[35], die Untersuchung von Zulehner und Graupe[36] und die Umfrage unter allen Welt- und Ordenspriestern in der BRD, durchgeführt durch Schmidtchen[37]. Einiges Material findet sich über die Berufsvorstellungen von Theologiestudenten und Laientheologen[38]; der großartigen »Danforth Study of Campus Mini-

30 G. Kehrer, Das religiöse Bewußtsein des Industriearbeiters (1967); P. M. Zulehner, Religion ohne Kirche? Das religiöse Verhalten von Industriearbeitern; U. Boos-Nünning, Dimensionen der Religiosität (1972).

31 O. Wölber, Religion ohne Entscheidung (1959); H. Hunger, Evangelische Jugend und Evangelische Kirche (1960); H. Gloy, Die religiöse Ansprechbarkeit Jugendlicher als didaktisches Problem (1965); J. Ganzert, Kirche und Glaube, in: E. Pfeil u. a.„ Die 23jährigen (1968) 331–346; L. A. Vaskovics, Familie und religiöse Sozialisation (1970); N. Havers, Der Religionsunterricht – Analyse eines unbeliebten Faches (1972).

32 G. Wurzbacher u. a., Der Pfarrer in der modernen Gesellschaft (1960); G. Bormann / S. Bormann-Heischkeil, Theorie und Praxis kirchlicher Organisation (1971); K. W. Dahm, Beruf: Pfarrer (1971).

33 D. Goldschmidt / Y. Spiegel (Hg.), Pfarrer in der Großstadt, mit den Einzelbänden: Y. Spiegel / U. Teichler, Theologie und gesellschaftliche Praxis (1974); Y. Spiegel, Der Pfarrer im Amt (1970); E. Senghaas-Knobloch, Die Theologin im Beruf (1969).

34 J. J. Delleport / N. Greinacher / W. Menges, Die deutsche Priesterfrage (1961); J. J. Delleport / F. Jachym (Hg.), Die europäische Priesterfrage (^{2}1959).

35 T. Lindner / L. Lentner / A. Holl, Priesterbild und Berufswahlmotive (1963).

36 P. M. Zulehner / S. R. Graupe, Wie Priester heute leben ... (1970).

37 G. Schmidtchen, Priester in Deutschland (1973).

38 F. Luthe, Der Berufswechsel der Priester (1970); dazu auch: O. Schreuder (Hg.), Der alarmierende Trend (1970) (über Holland). Eine Studie über den Berufswechsel von Theologen ist im münsteraner Institut für Christliche Gesellschaftswissenschaften unter W. Marhold angelaufen; zur Berufsvorstellung katholischer Laientheologen ist hinzuweisen auf die Studie von E. Bindereif, Berufspositionen und Berufsvorstellungen promovierter katholischer Laientheologen, in: Internat. Jahrbuch für Religionssoziologie 7 (1971); J. M. Lohse, Studienverlaufsanalyse für 420 Pfarramtskandidaten, in: Reform der theologischen Ausbildung 1, 29–47; ders., Studienerfolg und Studienabbruch, aaO. 48–52; ders., Theologiestudenten in eigener Sache, aaO. VIII, 11–48.

stries«[39] ist bezüglich der Funktionalpfarrämter bei uns nichts Gleichwertiges entgegenzusetzen; über sonstige kirchliche Mitarbeiter liegt m.W. nur die Arbeit von Neumann über die Gemeindehelferin vor[40].

Die Untersuchungen zu kirchlichen, dogmatischen und ethischen Einstellungsfragen haben in den letzten Jahren erheblich an Aussagekraft gewonnen. Nachdem 1967 die SPIEGEL-Umfrage[41] den Durchbruch für die kirchliche »Marktforschung« gebracht hat, sind in den letzten Jahren wichtige Untersuchungen durchgeführt worden. Zu nennen sind hier neben den in der Anlage recht einfachen Berichten des Instituts für Kommunikationsforschung in Wuppertal drei Arbeiten, die in ihrer praktisch-theologischen Bedeutung bisher noch nicht abzusehen sind: die Synodenumfrage der Bistümer, die Gottesdienstbefragung der VELKD und die Partizipationsstudie der EKD und der Evangelischen Kirche von Hessen und Nassau[42].

In diesen Zusammenhang gehören auch die Erarbeitung eines Instrumentariums zur Erfassung von Religiösität durch Weyand[43] und Kaufmann[44] sowie die innerhalb einer gemeinsam mit Golomb durchgeführten Meinungsbefragung entwickelte Arbeit von Boos-Nünning[45].

(3) *Distanzierte und teilnehmende Beobachtungen:* Obgleich kontrollierte Beobachtung ein relativ einfaches Verfahren darstellt[46], ist es in der praktisch-theologischen Arbeit bisher kaum angewendet worden. Das Niveau der Arbeit von Schreuder über die »Kirche im Vorort«[47] ist bisher auch nicht annähernd erreicht worden. Zu erwähnen

---

39 K. Underwood (Hg.), The Church, The University, and Social Policy, 2 Bde. (1969).

40 B. Neumann, Die Gemeindehelferin, Diss. masch. Marburg (1972). Vgl. weiter: Y. Spiegel, Die Führungsschicht der evangelischen Kirche, in: Spiegel, Kirche und Klassenbindung.

41 W. Harenberg (Hg.), Was glauben die Deutschen? (1968).

42 G. Schmidtchen, Kirche und Gesellschaft (1972); ders., Gottesdienst in einer rationalen Welt (1973); G. Hild (Hg.), Wie stabil ist die Kirche? (1974).

43 A. Weyand, Zum Begriff und den sozialwissenschaftlichen Meßmethoden der Religiosität. Bericht Nr. 24 der Abt. Kirchliche Sozialforschung im Sozialinstitut des Bistums Essen, Manuskriptdruck (1966).

44 F. X. Kaufmann, Zur Bestimmung und Messung von Kirchlichkeit in der Bundesrepublik Deutschland, in: IJRS 4 (1968) 63–100, wiederabgedruckt in: J. Matthes, Kirche und Gesellschaft II (1969) 207–242; Ch. Y. Glock, Über die Dimensionen der Religiosität, aaO. 150–168.

45 Boos-Nünning, Dimensionen der Religiosität, mit besonderem Verweis auf R. Stark / Ch. Y. Glock, American Piety (1968).

46 F. Haag (Hg.), Aktionsforschung (1972); J. Friedrichs (Hg.), Teilnehmende Beobachtungen abweichenden Verhaltens (1973); ders. / H. Lüdtke, Teilnehmende Beobachtungen ([2]1973).

47 Siehe o. Anm. 28.

ist hier vor allem Dienels Untersuchung über baptistische Gruppen[48] und die Organisationsstudie von Inhoffen[49] über die Auswirkungen des Zweiten Vatikanischen Konzils.

(4) *Intensivinterviews:* Tiefeninterviews sind bisher nicht veröffentlicht worden. Auch religiöse Fallbeschreibungen, wie sie klassisch durch Freud mit dem Fall Schreber geliefert wurde, haben keinen Nachfolger gefunden[50] Zu verweisen ist allerdings auf den methodisch wenig befriedigenden Beitrag von Ganzert[51].

(5) *Inhaltsanalyse:* Neben verstreuten Einzelaufsätzen liegt nun endlich eine beachtliche Arbeit über Kasualansprachen vor[52].

(6) *Gruppendiskussion:* Keine Arbeiten.

(7) *Soziometrie:* Keine Arbeiten[53].

(8) *Experiment, Panel-Verfahren, Aktionsforschung*[54]: Zu verweisen ist auf die Arbeit von Daiber und von Hoffmeister / Jetter über den Verlauf von Reformbemühungen in einem der württembergischen Dekanate, die als Testbezirke aus den Vorschriften der Kirchenordnung herausgenommen waren[55]. Ansätze zur Aktionsforschung bringt der von Bahr herausgegebene Band über die »Politisierung des Alltags«[56].

---

48 P. Dienel, Die Freiwilligkeitskirche. Dargestellt anhand der Ergebnisse einer empirisch-soziologischen Untersuchung fünf evangelisch-freikirchlicher Gemeinden, Manuskriptdruck (1962).

49 P. Inhoffen, Der Bischof und sein Helferkreis nach dem Zweiten Vatikanischen Konzil (1971).

50 S. Freud, Psychoanalytische Bemerkungen über einen autobiographisch beschriebenen Fall von Paranoia (Dementia paranoides), Gesammelte Werke VIII ([4]1964) 239–320.

51 Ganzert. Vgl. dagegen: J. Kagan / H. A. Moss, Form Birth to Maturity (1962).

52 Homiletische Arbeitsgruppe Stuttgart/Frankfurt, Die Predigt bei Taufe, Trauung und Begräbnis, Inhalt, Wirkung und Funktion. Eine Contentanalyse. Vgl. hier bes. das Themaheft »Analyse sociologique du discours religieux«, SC 20 (1973) Heft 3.

53 Ansätze bei Bormann / Bormann-Heischkeil, 154; vgl. auch: J. Balswick / G. L. Faulkner, Identification of Ministerial Cliques. A Sociometric Approach, in: Journal for the Scientific Study of Religion 9 (1970) 303–310.

54 Vgl. dazu: König, Beobachtung und Experiment; E. Zimmermann, Das Experiment in den Sozialwissenschaften (1972); W. Fuchs, Empirische Sozialforschung als politische Aktion, in: SW 21/22 (1970/1971) 1–17. Siehe den Beitrag von K. W. Dahm in diesem Band.

55 K.-F. Daiber, Volkskirche im Wandel (1973); G. Hoffmeister / W. Jetter u. a., Konzeption und Realität. Testbezirke in der Evangelischen Landeskirche Württemberg (1974).

56 H. E. Bahr (Hg.), Politisierung des Alltags (1973); vgl. auch E. Bruchner / H. D. Engelhardt, Chancen der Gemeindearbeit durch empirische Wissenschaft, in: ThPr 7 (1972) 242–252.

(9) *Sekundäranalysen:* Bisher nur durchgeführt durch Marhold[57].

(10) *Gruppendynamische Verfahren:* Keine Untersuchungen, doch gibt es einige, freilich wenig abgesicherte Untersuchungen über Interaktionen im Unterricht[58].

(11) *Simulationstechniken:* Unter diesem etwas unscharfen Ausdruck sollen Untersuchungen über Psychodrama, Soziodrama und Techniken der Wiederholung institutioneller Abläufe in einem davon abgelösten Raum bezeichnet werden (zB. Tagungen, auf denen aus einem Betrieb Repräsentanten der einzelnen Berufsgruppen vertreten sind). Außer der Analyse der »Querschnittstagungen«[59] der Evangelischen Akademie Bad Boll keine Untersuchungen.

(12) *Kommunikationsforschung:* Vgl. dazu jetzt die Arbeit von Albrecht[60].

Mit Pannenberg[61] bin ich der Meinung, daß für die Praktische Theologie der Gegensatz zwischen nomothetischen und ideographischen Methoden bzw. zwischen naturwissenschaftlichen und geisteswissenschaftlichen Untersuchungsverfahren hinfällig geworden ist. Einerseits werden innerhalb der Naturwissenschaften Disziplinen aufgeführt, die wie die Geographie einen mehr beschreibenden Charakter haben und mathematisierbare Modelle nur in begrenztem Umfang verwenden. Andererseits dringen quantifizierende Methoden, etwa die Content-Analyse, auch in die bisherigen Geisteswissenschaften ein; auch die Geschichtswissenschaft[62] oder eine Disziplin wie die Psychoanalyse[63] beginnen, mit statistischen Methoden zu arbeiten.

Wie weit quantifizierende Modelle heute Anwendung finden, ist nicht von spezifischen Disziplinen und Wissenschaftsgebieten, sondern von folgenden drei Voraussetzungen abhängig:

(1) muß es möglich sein, das zu untersuchende Gegenstandssystem so von seiner Umwelt auszugrenzen, daß es eine relative Unabhängigkeit aufweist;

(2) muß dieses Gegenstandssystem seinerseits abgrenzbare Faktoren besitzen; und

---

57 W. Marhold, Fragende Kirche. Über Methoden und Funktion kirchlicher Meinungsumfragen (1971); ders., Kirchensoziologie im Vollzug. Gottesdienstbefragungen in der Kirche – ihre Probleme, ihre Theologie, in: WPKG 62 (1973) 223 bis 233.

58 F. W. Bargheer, Religionsunterricht, säkulare Gesellschaft und empirische Forschung, in: ThPr 3 (1968) 331–353.

59 R. Veller, Theologie kirchlicher Industrie- und Sozialarbeit (1973).

60 H. Albrecht, Kirche im Fernsehen (1974).

61 W. Pannenberg, Wissenschaftstheorie und Theologie (1973) 117–133.

62 Für den theologischen Bereich vgl. vor allem: G. E. Swanson, Religion and Regime. A Sociological Account of the Reformation (1967); ders., The Birth of the Gods: The Origins of Primitive Belief (1960).

(3) muß die Beschreibung des Zusammenhanges dieser Faktoren eine sinnvolle Aussage erlauben.

Diese drei Voraussetzungen sind offensichtlich in dem Bereich der traditionellen naturwissenschaftlichen Forschung leichter zu erfüllen und quantifizierbare Verfahren können daher hier am ehesten angewendet werden. Aber diese drei Voraussetzungen sind zB. in der Biologie sehr viel schwieriger zu erfüllen, wenn es um die Untersuchung ökologischer Systeme geht. Die Komplexität der Faktoren ist bei dem Persönlichkeitssystem des individuellen Menschen um ein Vielfaches höher und erreicht seinen höchsten Komplexitätsgrad bei der Untersuchung hochdifferenzierter Gesellschaften.

Hinsichtlich der Anwendung sozialwissenschaftlicher Forschungsmethoden in der Praktischen Theologie bleiben vor allem drei Momente bedenklich:

(1) Es ist bisher nicht gelungen, die Arbeitsbereiche Erfassen, kritische Reflexion, Innovation und Ausbildung in einen theoretischen Rahmen zu bringen: »Empirische Ergebnisse[64], hypothetische Konstruktionen und theologische Reflexionen werden miteinander verknüpft, ohne daß es bisher schon gelungen wäre, den Prozeß der Verknüpfung samt den darin enthaltenden Transformationsimplikaten eindeutig zu definieren oder auch nur durch die Entwicklung unterschiedlicher Verkopplungsmodelle diskutabel zu machen«[65];

(2) Unter den praktisch-theologischen Dissertationsvorhaben befinden sich kaum Arbeiten, die mit sozialwissenschaftlichen Forschungsmethoden arbeiten[66];

(3) Mit geringen Ausnahmen ist keine der oben genannten Arbeiten durch praktisch-theologische Universitätsinstitute ausgearbeitet und durchgeführt worden, auch wenn Praktische Theologen zuweilen als Berater hinzugezogen wurden.

---

63 Vgl. dazu vor allem: A. Ellis, An Operational Reformulation of Some of the Basic Principles of Psychoanalysis, in: The Foundations of Science and the Concepts of Psychology and Psychoanalysis (1968); St. Mentzos, Psychoanalyse – Hermeneutik oder Erfahrungswissenschaft, in: Psyche 27 (1973) 832–849; C. Schaumburg / H. Kächele / H. Thomae, Methodische und statistische Probleme bei Einzelfallstudien in der psychoanalytischen Forschung, in: Psyche 28 (1974) 353 bis 374.

64 Ansätze in: Daiber, Volkskirche im Wandel; Kirche 1985 (s. o. Anm. 26).

65 M. Josuttis, Praxis des Evangeliums zwischen Politik und Religion (1974) 11. Zuweilen wird der Mangel einer theologischen Reflexion durch zusätzliche Interpretationsbände ausgeglichen; so etwa bei der Synodenumfrage deutscher Bistümer durch: K. Forster (Hg.), Befragte Katholiken – Zur Zukunft von Glaube und Kirche (1973).

66 Vgl. zB. die Dokumentation in: ThPr 8 (1973) 138–140.

4. *Besondere Probleme praktisch-theologischer Forschungsmethoden*

Statt die Bedeutung der verschiedenen handlungswissenschaftlichen Forschungsmethoden für die Praktische Theologie zu diskutieren, erscheint es an dieser Stelle notwendiger, auf einige Probleme einzugehen, die sich bei der Anwendung solcher Forschungsmethoden im Bereich der religiösen und christlichen Einstellungen, der kirchlichen institutionalisierten Handlungen und der Kirchen und Gemeinschaften als Organisationen ergeben.

a. Es gilt zu beachten, daß religiöse Einstellungen in besonderer Weise konsensbedürftig sind, da diese Aussagen sich auf eine nichtempirische Realität von Sinnaussagen und Wertvorstellungen beziehen[67]. Sie können im allgemeinen nur dann stabil sein, wenn sie sich entweder auf die öffentliche Meinung oder auf eine festgefügte Gruppenöffentlichkeit stützen können. Bei jeder Befragung ist deshalb zu berücksichtigen, ob in dem Befragungsgebiet bzw. nach dem Verständnis des Befragten seine religiöse Meinung einen Mehrheits- oder Minderheitsstatus hat. Da die öffentliche Meinung religiöse Vorstellungen derzeit wohl eher unterdrückt, als ihre Artikulation fördert, muß bei einem religiösen Thema eine höhere Unsicherheitsschwelle überschritten werden als etwa bei einem Thema aus dem Konsumverhalten. Es bedarf also (1) eines besonders starken Anstoßes, um überhaupt eine Artikulation zustandezubringen, (2) muß wegen des privaten Charakters der Religion die Schwelle zur Intimsphäre überschritten werden, mit all den Schwierigkeiten, die ein solches Überschreiten bedeutet[68], und (3) ist wegen des fehlenden öffentlichen Diskurses über Religion das Sprechen über religiöse Probleme zerstört und bedarf mühsamer Rekonstruktion[69]. Da die Neigung bei den Befragten besteht, sich angesichts der Konsensbedürftigkeit religiöser Aussagen der Mehrheitsmeinung anzuschließen[70], bedarf es, um tieferliegende Einstellungen zu erfassen, einer besonders repressionsfreien Atmosphäre bzw. stimulierender Fragen, die der Gesamttendenz entgegenwirken[71]. Zugleich muß die Befragung dem Befragten erlauben, seine Aussagen im Verlauf des Interviews korrigieren zu können.

Solche Überlegungen können zu einer Bevorzugung bestimmter Forschungsinstrumente führen. Hier ist vor allem an Intensivinterviews,

---

67 Kreutz, 127.

68 F. v. Friedeburg, Umfrage in der Intimsphäre (1953).

69 Vgl. vor allem J. Habermas, Erkenntnis und Interesse (1973) 332–364; K.-O. Apel, Transformation der Philosophie II (1973) 96–127; A. Lorenzer, Sprachzerstörung und Rekonstruktion (²1973).

70 Ähnlich über politische Einstellungen: Kreutz, 59.

71 AaO.75.

ausführliche Fallbeschreibungen, Gruppendiskussionen und Simulationstechniken zu denken. Vor allem bei Vertretern von religiösen Minoritätsauffassungen ist es notwendig, eine simulierte Gruppenöffentlichkeit zu schaffen, da erst die Stabilisierung durch die gleichgestimmte Gruppe der religiösen Auffassung den Realitätsgrad vermittelt, den sie für den Befragten in seiner Alltagswelt hat. Da bei religiösen Aussagen vielfach symbolische Darstellungen und unbewußte Materialien eingehen, können auch projektive Tests hier Anwendung finden.

b. Die Forschung in der Praktischen Theologie in Erhebung, kritischer Reflexion, Innovation und Ausbildung kann keine neutrale und von Interessen sich unabhängig gebende Forschung sein[72]. Vielmehr hat sie in der Ausrichtung ihrer Untersuchung die Diskrepanz zwischen religiösen Bedürfnissen und kirchlichem Angebot zu verdeutlichen, die Konflikte zwischen kirchlichen Mitarbeitern und der übergeordneten Behörde zu analysieren, Mitglieder und Nichtmitglieder gegenüber den kirchlichen Mitarbeitern und die kirchlichen Mitarbeiter gegenüber Kirchenleitungen zu vertreten[73]. Eine Forschung, die zum Ziel hat, entweder die Gläubigen oder die Kirchenleitung zu beruhigen, muß von vornherein als fragwürdig erscheinen. Das erstere ist in der Synodenumfrage an alle Katholiken in der BRD geschehen. Hier stand von vornherein fest, daß eine schriftliche Befragung aufgrund der unkontrollierbaren Rücksendung der Fragebogen kein wissenschaftlich gesichertes Ergebnis bringen könnte; man entschloß sich jedoch zu einem solchen Verfahren, um den Gläubigen das beruhigende Gefühl zu geben, die Kirche frage nach ihren Vorstellungen[74]. Als Beispiel einer Untersuchung, die die Selbsttäuschung des Auftraggebers fördert, ist die VELKD-Studie »Gottesdienst in einer rationalen Welt« zu nennen, in der allein schon durch die geschickte Aufteilung der Daten den Kirchen der beruhigende Eindruck vermittelt wurde, es stehe doch nicht so schlimm um den Gottesdienst. Die Ergebnisse wurden noch dadurch verschönt, daß die industriell hochentwickelten Gebiete Rhein/Ruhr und Rhein/Main nicht untersucht wurden, da sie nicht auf dem Gebiet der der VELKD angeschlossenen Kirchen liegen[75].

c. Eine wesentliche Forderung für die Anwendung sozialwissenschaftlicher Forschungsmethoden in der Praktischen Theologie liegt darin, daß der Befragte nicht getäuscht und in seinen religiösen Ge-

---

72 Vgl. dazu den Beitrag von P. Siller in diesem Band 405–416.

73 Vgl. Friedrichs, Methoden, 35.

74 So H. Fleckenstein, einer der Berater bei der Durchführung dieser Untersuchung, zum Verf. Vgl. auch F. X. Kaufmanns Besprechung in: HerKorr 26 (1972) 505–509, und die dadurch ausgelöste Diskussion, aaO. 596–600.

75 Schmidtchen, Gottesdienst.

fühlen nicht verletzt werden darf. Er muß über die Absicht der Befragung aufgeklärt werden, selbst auf die Gefahr hin, daß er sich nicht an ihr beteiligt. Der Befragte darf auch nicht wie ein Objekt behandelt werden, von dem Daten abgerufen werden[76]. Eine Fragebogengestaltung etwa muß die Möglichkeit bieten, den Befragten seine Probleme und Bedürfnisse stärker selbst formulieren zu lassen, statt ihm standardisierte Antwortvorgaben vorzulegen, deren Auswertung freilich einfacher und billiger ist. Die Befragung muß auf kritische Punkte aufmerksam machen, die dem Befragten nicht oder nur unzureichend bewußt sind, und sich die Mühe machen, stärkere Verstehungshilfen zu geben[77]. Es muß gefragt werden, wieweit sich eine Untersuchung für die untersuchten Subjekte selbst auszahlt, in der Form eines Anstoßes zur Reflexion, in der Form der Partizipation an einem Forschungsprozeß, der nicht mit der Befragung abgeschlossen ist, in der Form, daß Hoffnung auf Veränderung entstehen kann, wenn nicht für ihn selber, so doch mindestens für andere[78].

d. Weil praktisch-theologische Forschungsarbeit nicht neutral sein kann, muß sie mit gleichem Gewicht neben der Artikulation religiöser Bedürfnisse und der Herausstellung der Konfliktursachen eine konsensfähige Konfliktlösung einplanen und vertreten[79]. Es muß deutlich werden, daß Forschung grundsätzlich ein politischer Prozeß ist und Forschungsmethoden nicht als Herrschaftsinstrumente mißbraucht werden dürfen. Die Ausarbeitung und die Interpretation müssen von einem Prozeß politischer Willensbildung begleitet sein. Das erfordert eine offene Diskussion des untersuchenden Teams mit den Befragten und mit den Auftraggebern. Schließlich darf die praktisch-theologische Forschungsarbeit nicht aufhören, wenn die fertige Untersuchung beim Auftraggeber abgeliefert wird[80]. Sie muß, soweit es möglich ist, Einfluß auf die Verwertung dieser Ergebnisse nehmen, daß sie nicht folgenlos bleiben.

Allen hier genannten Punkten ist gemeinsam, daß sie das Problem der Forschungsethik ansprechen[81]. Diese gilt natürlich nicht nur für den Bereich der Theologie. Aber die Theologie hat den Auftrag, diese ethischen Fragen aufzuwerfen und die Konsequenzen zuallererst bei ihren eigenen Forschungsvorhaben zu reflektieren. Unter der Vorherrschaft

76 Apel, Transformation, 123 ff.

77 Kreutz, 92.

78 J. Habermas, Theorie und Praxis (^{2}1973) 18.

79 J. Habermas, Wissenschaft und Technik als »Ideologie« (1968) 159.

80 Vgl. die entsprechenden Abschnitte bei Hartmann.

81 Vgl. dazu die Überlegungen bei Friedrich, Methoden, 46; I.-S. Spiegel-Rösing, Gleichgewichtstendenz und Selbstaufwertungsmotiv. Beitrag zur Selbstkritik des sozialpsychologischen Forschungsprozesses (1971) 225–233.

und dem Vorbild naturwissenschaftlicher Forschungsmethoden besteht auch in den Sozialwissenschaften eine Tendenz, den Subjektcharakter des Befragten zu mißachten. Die Verobjektivierung der Forschungsmethoden läßt den Untersuchten nicht unbeschädigt. Im Interesse der wissenschaftlichen Forschung trennen sich die Forschenden von den Erforschten, schneiden den Lebenszusammenhang ab, in dem beide Seiten bestehen, und beschränken ihn auf Teilbeziehungen oder einseitige Beziehungen[82]. Solche verobjektivierenden und depersonalisierenden Verfahren haben gewiß wichtige Ergebnisse erbracht, aber sie haben sowohl für den Erforschten wie für den Forschenden Opfer, Zurückstellung wichtiger Bedürfnisse, Entbehrungen mit sich gebracht. Es wäre gerade auch theologisch höchst fragwürdig, wenn diese Kosten wissenschaftlichen Arbeitens nicht reflektiert würden.

Wissenschaftlichkeit ist kein Selbstzweck, schon gar nicht für eine Praktische Theologie, die sich die dehumanisierenden Seiten von Wissenschaft bewußt macht. Praktische Theologie bleibt gebunden an die Hoffnung der Glaubenden und Nichtglaubenden auf die Verwandlung dieser Welt, an die Gegenwärtigkeit und Zukünftigkeit des Heils, an die Präsenz utopischer Gesellschaftsgestaltung in den Kirchen. Nicht in der Ablehnung, sondern nur in kritischer Rezeption und Reflexion handlungswissenschaftlicher Forschungsmethoden kann sie ihre Funktion für ihren Gegenstandsbereich erfüllen und zugleich die Legitimation erwerben, gegen den Mißbrauch von Forschungsmethoden in den Handlungswissenschaften Protest einzulegen.

---

82 Zimmermann, 270; dort weitere Literatur.

2|33 Christian Gremmels
Das Problem theologischer Gegenwartsanalyse

Der Anspruch der Theologie, den in vergangenen biblischen Texten begründeten Glauben im gegenwärtigen gesellschaftlichen Kontext zu aktualisieren, läßt sich nicht *unmittelbar* einlösen; weil christliche Wahrheit nicht *direkt* in der sozialen Wirklichkeit konkretisiert werden kann und das Christentum über »keine an sich ... christliche Sozialtheorie« oder »Sozialtheologie«[1] verfügt, besteht das Problem theologischer *Gegenwartsanalyse* gerade darin, daß Theologie die Gegenwart rein *theologisch* nicht analysieren kann. Nach wie vor gilt daher, was G. Traub zu Anfang dieses Jahrhunderts in Gestalt eines epistemeologischen Unmöglichkeitspostulats festgehalten hat: Der Theologie wird es »nie gelingen, Jesus und das moderne industrielle Zeitalter einander so anzunähern, daß die beiden einander unmittelbar etwas Deutliches zu sagen hätten. Das sagen wir aus Respekt vor der Geschichte.«[2] Erst mit dieser Einsicht, daß die biblischen Texte und die in ihnen enthaltenen Antworten keine *unmittelbare* Relevanz für den gegenwärtigen gesellschaftlichen Kontext und die in ihm anstehenden Fragen besitzen, ist das in mehrfacher Hinsicht schwierige Problem[3] der historischen Korrelation (P. Tillich) dieser beiden Bereiche gestellt, das von fundamentalistischer Unmittelbarkeit ebenso übersprungen wird wie von der hermeneutischen Gleichzeitigkeit eines »Glaubens *wie* Jesus« (E. Fuchs). Angesichts der damit gegebenen historischen Differenz verschärft sich das in diesem Abschnitt thematisierte »Problem theologischer Gegenwartsanalyse« in einem, wie folgt, näher zu beschreibenden Sinn: Um den Glauben geschichtlich vergegenwärtigen zu können, ist Theologie, was sich im Blick auf ihre Geschichte bestätigt, offenkundig genötigt, sich von der geschicht-

---

1 E. Troeltsch, Die Sozialphilosophie des Christentums (1922) 13,5.

2 G. Traub, Ethik und Kapitalismus (^{2}1909) 71.

3 Vgl. zB. die von J. B. Metz vollzogene Umformulierung dieser Problemstellung: »... das Problem der gegenwärtigen Theologie ist ja nicht, wie sie die in sich bekannten und bejahten Inhalte biblischer Traditionen auf die Gegenwart ›anwenden‹ könnte, sondern vielmehr die Tatsache, daß diese historische Distanz es immer wieder fraglich macht und zum Thema erhebt, was denn der Inhalt dieser biblischen Zeugnisse selbst sei.« (J. B. Metz, Kirchliche Autorität im Anspruch der Freiheitsgeschichte, in: J. B. Metz / J. Moltmann / W. Oelmüller, Kirche im Prozeß der Aufklärung [1970] 60, Anm. 16).

lichen Gegenwart berühren zu lassen. Dieser Zusammenhang von Theologie und Gegenwart kann *beispielhaft* an den bei Eintritt des Christentums in die griechische Welt erfolgten theologischen Neukonzeptionen verdeutlicht werden; an dem christlichen Dogma, das »ein Werk des griechischen Geistes auf dem Boden des Evangeliums«[4] werden *mußte,* wollte Theologie ihr Thema – die Vergegenwärtigung des Glaubens – »in einer hellenistischen Hörern verständlichen Sprache«, in einer ihnen zugänglichen »Begrifflichkeit«[5] vermitteln. Dieser theologiegeschichtliche Hintergrund muß hier weder entfaltet noch durch weitere Belege vermehrt werden, um ein historisch identisches Moment im Konstituierungsvorgang der Theologie kenntlich, um sichtbar zu machen, daß Theologie sich nicht durch die bloße Reproduktion ihrer Tradition, daß sie sich nicht allein durch sich selbst vergegenwärtigen kann, was bedeutet: Für die Theologie ist die Begegnung mit den nicht-theologischen Wissenschaften unverzichtbar, deren sie sich ohnehin stets bedient – auch dort noch, wo man, wie bei K. Barth, der Meinung war, von den »anderen Wissenschaften ... methodisch nichts ... lernen« zu können[6]. Diese einleitenden Bemerkungen im Blick auf das Thema zusammenfassend wird daher behauptet: Da die Einsicht, daß Theologie außerstande ist, ihre Gegenwart in einer theologisch unmittelbar dem Evangelium entspringenden Perspektive zu analysieren, nicht bedeuten kann, auf diese Perspektive zu verzichten, ist Theologie auf eine – im weitesten Sinne – philosophische oder sozialwissenschaftliche Analyse der Gegenwart angewiesen, die theologisch interpretieren zu wollen sie nicht verzichten kann. Wenn es daher als unstrittig gelten darf, *daß* Theologie eines nicht von ihr selbst herzustellenden Bewußtseins ihrer Gegenwart bedarf[7], so kann einzig über das im Folgenden entfaltete Problem gestritten werden, *wie* Theologie sich ihrer Gegenwart bewußt zu werden vermag.

Eine erste Antwort auf diese Frage ist mit der traditionellen, erst in

---

4 A. v. Harnack, Lehrbuch der Dogmengeschichte I (^{4}1909) 20.

5 R. Bultmann, Das Urchristentum im Rahmen der antiken Religionen (Zürich 1949) 196.

6 Barth, KD I/1,6; zur Begründung dieser These vgl. u. a. H. U. v. Balthasar, K. Barth. Darstellung und Deutung seiner Theologie (1951) 229 ff.; J. Salarquarda, Das Verhältnis von Theologie und Philosophie in K. Barths »Kirchlicher Dogmatik«. Diss. Kirchl. Hochschule Berlin (1969); F.-W. Marquardt, Theologie und Sozialismus, Das Beispiel Karl Barths (1972), 18 ff.

7 Vgl. dazu J. B. Metz, Zu einer interdisziplinär orientierten Theologie auf bikonfessioneller Basis, in: Metz/Rendtorff, 20: »Theologie«, die »sich nicht einfach aus sich selbst reproduzieren kann«, muß »um ihrer Identität und Eigenart willen ... ständig eine Art kognitiver Fremdbestimmung bei sich haben, ... ein nicht rein innertheologisch herstellbares und formulierbares ›Bewußtsein ihrer Zeit‹«.

der jüngsten Wissenschaftsdiskussion erschütterten theologischen Option für die *Philosophie* gegeben. Die Hoffnung, Philosophie – »ihre Zeit in Gedanken erfaßt« (Hegel) – werde der Theologie zu einem Verständnis ihrer Zeit verhelfen, ist freilich an Bedingungen geknüpft, die den möglichen Austausch zwischen Philosophie und Theologie auf spezifische Weise einschränken. Da die Theologie sich nicht mit *jeder* philosophischen Analyse der Gegenwart identifizieren kann, muß sie die Frage nach der »gesunden«[8] bzw. »richtigen« Philosophie stellen, die – an einer theologischen Position *beispielhaft* verdeutlicht – von R. Bultmann wie folgt beantwortet wird: »Die ›richtige‹ Philosophie ist ganz einfach diejenige philosophische Arbeit, die sich bemüht, das mit der menschlichen Existenz gegebene Existenzverständnis in angemessener Begrifflichkeit zu entwickeln.«[9] Für das hier zugrunde liegende Verständnis ist daher die mit dem Namen M. Heideggers verbundene Philosophie die »richtige«, weil sie es ist, die zur Vergegenwärtigung des Glaubens die »angemessene Begrifflichkeit« bereitstellt, über die Theologie *als* Theologie nicht verfügt[10]. Näher betrachtet bedeutet dies »in der Tat«, daß die »exegetische Arbeit in Abhängigkeit von der philosophischen« gerät. Diese Behauptung, die in der Bestreitung eines falschen theologischen Autonomieanspruchs wichtig ist, wird jedoch durch ihre Begründung mißverständlich. In diesem Zusammenhang ist es vor allem der argumentative Gedanke, daß »jede traditionelle Begrifflichkeit in irgendeiner Weise von einer Philosophie abhängig« ist, der zu einer Problematisierung herausfordert: Daß die theologisch verwandten Begriffe von der Philosophie abhängig sind, sagt noch nichts darüber aus, in welcher Abhängigkeit die Philosophie zu *ihren* Begriffen kommt, deren Theologie sich dann bedient. Die philosophischen Begriffe haben ihren »Ursprung«[11] nicht in der Philoso-

8 Vgl. dazu B. Bartmann, Lehrbuch der Dogmatik I ([5]1920) 74.

9 R. Bultmann, Entmythologisierung und Existenz-Philosophie, in: Kerygma und Mythos II, 192.

10 Ebd.

11 Das Zitat, auf das sich die voranstehende Interpretation bezieht, lautet: »... das Verstehen des Textes (kann sich) nur in der methodischen Interpretation vollziehen, und die diese leitende Begrifflichkeit kann nur in der profanen Besinnung gewonnen werden, die das Geschäft philosophischer Existenz-Analyse ist. Damit gerät nun in der Tat die exegetische Arbeit in Abhängigkeit von der philosophischen. Aber es wäre eine Illusion, zu meinen, daß je eine Exegese unabhängig von einer profanen Begrifflichkeit getrieben werden könnte. Jeder Exeget ist von einer ihm durch die Tradition zugegangenen Begrifflichkeit – durchweg unreflektiert und unkritisch – abhängig; und jede traditionelle Begrifflichkeit ist in irgendeiner Weise von einer Philosophie abhängig. Es gilt aber, nicht unreflektiert und unkritisch zu verfahren, sondern sich Rechenschaft abzulegen über die die Auslegung leitende Begrifflichkeit und ihren Ursprung. Man mag also ohne Angst formulieren: es handelt sich um die Frage nach der ›richtigen‹ Philosophie« (ebd.).

phie, sondern in der historischen »Situation«, die als materialer Bestandteil in philosophische Begriffe, in die »Arbeit des Begriffs«[12] eingeht. Daraus folgt, daß die Theologie mit der Übernahme einer aus der Philosophie stammenden »angemessenen Begrifflichkeit« zugleich die in diesen Begriffen zugänglich gemachte Situation rezipiert, wie sich insbesondere an den für R. Bultmann konstitutiven Kategorien wie Entscheidung und Gehorsam zeigt, die, keineswegs »neutral«, jeweils eine ganze Weltanschauung in sich einschließen[13].

Das anhand der Position R. Bultmanns skizzierte Problem ist in seinen Konsequenzen über diesen Beispielbereich hinaus generalisierbar. Es gehört zur Theologie, daß sie ihr Sprachsystem stets durch kategoriale Entlehnungen erweitert hat: die Übernahme der griechisch geprägten Vorstellung eines geschichtslos stillstehenden Seins, die Aufnahme der lateinisch geprägten Kategorien von satisfactio und substantia und neuerdings: die Verwendung der ursprünglich geschichtsphilosophisch orientierten Begriffe Säkularisierung (V. Cousin, M. Weber, E. Troeltsch) und Mündigkeit (I. Kant, W. Dilthey) durch F. Gogarten, J. B. Metz bzw. D. Bonhoeffer – die Rezeptionen dieser Begriffe, die ihrerseits als Ausdruck der historischen Gegenwart aufzufassen sind, die sie analysieren, fallen nicht zufällig mit entscheidenden Stationen theologischer Selbstdarstellung zusammen. Die Theologie, die den Glauben nicht in der Identität seiner ihn biblisch begründenden und entfaltenden Begriffe vergegenwärtigen kann, ist daher auf »fremde« Begriffe, auf die Begegnung mit der Philosophie angewiesen, ohne doch davon ausgehen zu können, daß »die rechte Begegnung mit der Philosophie« die Theologie *stets* »theologischer«[14] machen werde, denn: Indem in jedem philosophischen Begriff die von ihm analysierte gesellschaftliche Wirklichkeit anwesend ist[15], muß vielmehr vermutet werden, daß die Frage nach einer »angemessenen Begrifflichkeit« durch das Kriterium zu entscheiden ist, ob die gesellschaftliche Wirklichkeit in philosophischen Begriffen »angemessen« zum Ausdruck kommt. Dies zu prüfen ist für die Theologie unumgänglich, da der von ihr benutzte philosophische Begriff auch die Explikation *ihres* Themas bestimmt. In diesem Sinn ist es beispielsweise keineswegs entschieden, ob es sich bei dem Leitbegriff Säkularisierung, an dem F. Gogarten seine Diagnose des gegenwärtigen Christentums ausrichtet[16], nicht um

12 G. W. F. Hegel, Theorie. Werkausgabe III (1970) 65.

13 Vgl. dazu D. Sölle, Politische Theologie (1971) 33 ff.

14 G. Ebeling, Wort und Glaube II (1969) 93 f.

15 Vgl. dazu Th. W. Adorno, Zur Metakritik der Erkenntnistheorie (1972) 130 bis 189.

16 F. Gogarten, Verhängnis und Hoffnung der Neuzeit. Siebenstern-Tb. 72 (1966) 85–148.

eine Kategorie geschichtlichen Unrechts handelt[17]; ob das von D. Bonhoeffer ausgesprochene Doppeldekret von »mündig gewordener Welt« und »mündig gewordenem Menschen«[18] nicht dazu angetan ist, die heteronomen, nicht selbstbestimmten Lebensverhältnisse im Schein falscher Mündigkeit und Autonomie zu sanktionieren. Die allgemein gewordene Parole von der Mündigkeit ist jedenfalls ein deutlicher Beleg dafür, daß die Intention, unter der Theologie sich diesen Begriff aneignete, durch Depravation in ihr Gegenteil verkehrt werden kann – und dies bedeutet immerhin, daß der theologische »Theoretiker« blind wird, wenn er mit »vorgefaßten Begriffen« operiert, die »das Wirkliche nicht aufzunehmen in der Lage sind[19].

Diese Überlegungen, die das Verhältnis von Philosophie und Theologie anhand ihres begrifflichen Austausches zu konkretisieren versuchten, führen zu einer Einsicht, die sich mit einem *zweiten Problembereich* aufs engste berührt. Zur Vergegenwärtigung ihres Themas stehen der Theologie nicht nur keine *rein theologischen Begriffe* zur Verfügung; sie besitzt auch keine *rein theologischen Methoden.* Weil es »*die* theologische Methode ... nicht (gibt)«[20], Theologie sich jedoch methodologisch explizieren muß, gehört es zur theologischen Reflexion, daß sie sich im Streit über ihre Methoden artikuliert. Da die tradenda des biblischen Zeugnisses nicht zugleich einen festgeschriebenen methodus tradendi enthalten, handelt es sich bei dem Versuch, die Methodendiskussion im Hinweis auf die historisch-kritische Methode für beendet zu erklären, um eine wissenschaftspolitische Immunisierungsstrategie, die sich insbesondere gegen die empirisch-kritische Methode richtet[21], die als »neue(s) Projekt«, als »neuen Wissenschaftsbegriff«[22] zu bezeichnen nur im Vergessen ähnlicher Konzepte aus dem 19. Jahrhundert (R. Rothe, A. v. Oettingen) möglich ist[23]. Wenn, dies zusammengenommen, gelten kann, daß die historische »Situation« über den logischen Gehalt der Begriffe hinaus auch Bestandteil von Methodologien ist, so sind die theologisch angewandten explikativen Methoden durch ihr historisches Implikat bestimmt. (In dieser Hinsicht ist das positivistische Geschichtsverständnis der objektiven Histo-

17 Vgl. dazu H. Blumenberg, Die Legitimität der Neuzeit (1966) 11–74.

18 D. Bonhoeffer, Widerstand und Ergebung, hg. von E. Bethge, Siebenstern-Tb. 1 (1961) 216 ff., 221, 230 f. u. ö.

19 D. Bonhoeffer, Ethik, hg. von E. Bethge (^{5}1961) 12.

20 G. Wingren, Die Methodenfrage der Theologie (1957) 87.

21 Vgl. dazu W. Herrmann, Empirisch-kritische Theologie – oder: Kritik einer Theologie ohne Folgen, in: Pastoraltheologie 57 (1968) 534–539.

22 G. Sauter, Vor einem neuen Methodenstreit in der Theologie? ThEx 164 (1970) 8 f.

23 Zum Nachweis vgl. Chr. Gremmels, Theologie zwischen Philosophie und Soziologie, in: E. Amelung (Hg.), Strukturwandel der Frömmigkeit (1972) 51, Anm. 23.

riographie des 19. Jahrhunderts von der historisch-kritischen Forschung nicht zu trennen, die sich auf die Suche nach den *facta* des *historischen Jesus* begibt; sie nicht entdecken zu können, gehört in der Folge schon zur Einsicht eines nachpositivistischen Geschichtsverständnisses, das sich methodologisch in der Suche nach den *kerygmata* des *kerymatischen Christus*[24] niederschlägt). Um diese Beziehung an einem *Beispiel* zu verdeutlichen, sei an die hermeneutische Theologie erinnert, die sich angesichts der von W. Dilthey herkommenden methodologischen Antithese von natur-erklärenden und leben-verstehenden Wissenschaften[25] genötigt sah, Position zu beziehen. Die Entscheidung für das Verstehen – um 1930 bei E. v. Dobschütz, J. Wach, E. Fascher und R. Bultmann angebahnt, in der zweiten hermeneutischen Generation von G. Ebeling und E. Fuchs radikalisiert[26] – ist theologiegeschichtlich verständlich. Mit der Aufnahme des verstehenstheoretisch orientierten Ansatzes sollte gegen die objektivierenden Naturwissenschaften in der Theologie die nicht-objektivierende Rede von Gott, Welt und Mensch im Kontext einer vornehmlich sprachlich strukturiert gedachten Wirklichkeit ermöglicht werden. Mit der Option für das *Verstehen* von Sprache, die »als ... Schnittpunkt aller Dimensionen der Wirklichkeitserfahrung«[27] vorgestellt wurde, geriet Hermeneutik jedoch in die grundsätzliche Gegnerschaft zu den methodologischen Konzeptionen des *Erklärens,* die ihrer Anschauung zufolge allesamt in eine »Sackgasse« führen: »Im Grunde kann Wesentliches nicht erklärt werden.« Und: »Erklären isoliert, analysiert, objektiviert. Das kann für das Lebendige fatale Folgen haben.«[28] Heute zeigt sich jedoch, daß die Monomanie, mit der sich der sprachverstehende Ansatz gegen alle erklärungstriftigen empirischen Methoden abschirmte, fatale Folgen für die hermeneutische Gegenwartsanalyse gehabt hat. Die Fatalität dieser Folgen läßt sich belegen: Behauptet wird, daß in dem auf

---

24 Vgl. hierzu J. M. Robinson, Kerygma und historischer Jesus (1960) 48 ff.

25 Zur Problemgeschichte vgl. u. a. E. Rothacker, Logik und Systematik der Geisteswissenschaften (²1927) 6 ff.; K. O. Apel, Das Verstehen, in: Archiv für Begriffsgeschichte I (1955) 142–199; M. Riedel, Positivismuskritik und Historismus. Über den Ursprung des Gegensatzes von Erklären und Verstehen im 19. Jahrhundert, in: Positivismus im 19. Jahrhundert, hg. von J. Blühdorn und J. Ritter, Studien zur Philosophie und Literatur des neunzehnten Jahrhunderts (1971) 81–91; E. Topitsch, Das Verhältnis zwischen Sozial- und Naturwissenschaften, in: Logik der Sozialwissenschaften, hg. von E. Topitsch (⁴1967) 57–75; G. Patzig, Erklären und Verstehen, in: Neue Rundschau 84 (1973) 392–413.

26 Vgl. hierzu J. M. Robinson, Die Hermeneutik seit Karl Barth, in: Die neue Hermeneutik, Neuland in der Theologie II, hg. von J. M. Robinson / J. B. Cobb, Jr. (1965) 7–108.

27 Ebeling, Wort und Glaube II, 397.

28 E. Fuchs, Marburger Hermeneutik (1968) 21, 18.

Sprachlichkeit reduzierten Wirklichkeitsverständnis der Hermeneutik schon angelegt ist, was in ihrer Verständnislosigkeit für die gegenwärtige Wirklichkeit offen zutage tritt. Indiz dieser Verständnislosigkeit ist die hermeneutische Zivilisationspolemik[29], die überall dort Ausdruck eines dichotomischen Gesellschaftsbildes ist, wo der Welt der Innerlichkeit und »Mitmenschlichkeit« jene *andere* Welt gegenübergestellt wird, von der es heißt: »Auch das menschliche Leben wird nun planvoll bewältigt. Der Mensch wird sich selbst zum Material«; wo beklagt wird, daß »das Gewordene ... durch das Gemachte, das Gewachsene durch das Künstliche, das Organische durch Organisation (verdrängt wird)[30]«. Diese Stereotype der Kulturkritik erweisen eine Regression hinter die historische Entwicklung, die eine historisch angemessene hermeneutische Interpretation der Gegenwart erschweren. *Begründung:* Indem das Gewordene dem Gemachten in Gestalt einer theologisierten ›two-culture-theory‹[31] *alternativ* gegenübergestellt wird, entzieht sich die Argumentation dem einzig hier ins Gewicht fallenden Problem: *wie* die Welt der gemeinsamen Sprache des Glaubens und die in ihr aufbewahrten biblischen und christentumsgeschichtlichen Erfahrungen in Beziehung gesetzt werden können zu der gegenwärtigen sozialen Lebenswelt, deren szientifische Durchformung zum Element jeder intersubjektiven Selbstverständigung geworden ist. Hinter die empirisch-nomologisch formulierten Weltdeutungsschemata, die »Standards für Erklärung und Verständlichkeit« gesetzt haben[32], zurückfallend ist die im Plädoyer für die Überlegenheit des Verstehens sich darstellende hermeneutische Reflexion der Fiktion verhaftet, als ließe sich von dem wissenschaftlich erschlossenen Universum der Tatsachen eine im Verstehen zu erschließende Welt der Sprache als in sich eigenständig abheben und für die Verhaltensorientierung in der alltagssprachlichen Umgangswelt fruchtbar machen.

Die voranstehenden Erörterungen der Problembereiche theologischer Begriffs- und Methodenbildung im Blick auf das in diesem Abschnitt thematisierte »Problem theologischer Gegenwartsanalyse« zusammenfassend kann als ein Ergebnis festgehalten werden: In Ermangelung rein theologischer Begriffe und Methoden ist die Theologie, um der Vergegenwärtigung ihres Themas willen, nicht nur auf die Begegnung mit den nichttheologischen Wissenschaften angewiesen, son-

---

29 Vgl. zB. G. Ebeling, Theologie und Verkündigung (^{2}1963) 4.

30 G. Ebeling, Wort und Glaube I (^{2}1962) 387.

31 Vgl. hierzu J. Habermas, Technik und Wissenschaft als »Ideologie« (1968) 104 ff.

32 L. Krüger, Über das Verhältnis der hermeneutischen Philosophie zu den Wissenschaften, in: Hermeneutik und Dialektik I, hg. von R. Bubner / K. Cramer / R. Wiehl (1970) 9.

dern: weil die Gegenwart in spezifischer Weise in den Begriffen und Methoden schon enthalten ist, deren Theologie sich zu ihrer Interpretation bedient, liegt es in der Konsequenz der bisherigen Überlegungen, daß Theologie immer auch der *gesellschaftliche* Ausdruck der Gegenwart ist, die sie *theologisch* begreifen will. *Reine Theologie* gibt es nicht[33]. Dies vorausgesetzt kann die zumeist *postulativ* aufgefaßte Ausgangsthese, *wie* Theologie sich ihrer Gegenwart bewußt zu werden vermag, an dieser Stelle durch ihren *resultativen* Charakter näher präzisiert werden: Die unterschiedlichen theologischen Deutungsschemata der gesellschaftlichen Gegenwart beruhen offenkundig auf unterschiedlich vollzogenen Aneignungen der gegenwärtigen Gesellschaft. An den philosophisch orientierten theologischen Konzeptionen läßt sich ebenso wie an den sozialwissenschaftlich ausgerichteten ablesen, daß theologische Gegenwartsanalysen ihren Allgemeinheitsanspruch verloren haben; in eins damit zeigt sich, daß *die* Theologie selbst die Eindeutigkeit einer appellativen Instanz durch mehr oder weniger eindeutig ausformulierte *Positionen* ersetzt hat: »In der neuzeitlichen Epoche der Theologie gibt es zu ihrer positionellen Gestalt keine Alternative.« Die damit auch für die theologische Arbeit gegebene »Situation der Konkurrenz«[34] findet ihren Ausdruck in der zunehmend beschleunigten Rotation immer neuer theologischer Entwürfe. Angefangen mit der 1964 zuerst erschienenen »Theologie der Hoffnung« entstanden innerhalb eines Zeitraums von nur zehn Jahren die »Theologie der Revolution«, die »Tod-Gottes-Theologie«, die »Theologie des Schmerzes Gottes«, die »Theologie des Leidens« – um nur diese zu nennen. Und, was hier nicht vergessen werden darf: historisch gleichzeitig mit diesen modernisierenden Theologien artikulieren sich die repristinierenden Theologien aller Art fundamentalistisch-pietistischer Provenienz. Weil alle diese Entwürfe nicht nur in dem ihnen gemeinsam vorgebenen biblischen Zeugnis, sondern auch in der Intention seiner Vergegenwärtigung übereinstimmen, ist zu fragen, ob die in diesem Vermittlungsprozeß entstehenden, theologisch divergierenden Gegenwartsinterpretationen nicht auf Voraussetzungen beruhen, die theologisch nicht mehr auszuweisen sind. Mit der Einsicht, *daß* »die Gültigkeit theologischer Deutungen der Welt ... abhängig (wird) von der Zustimmung, die sie finden oder die ihnen versagt bleibt«[35], kann jedenfalls nicht zureichend begründet werden: *warum* finden jene Deutungen Zustimmung, diese aber nicht? Um diese Frage zu beantworten, müssen theologische Ergebnisse im Rahmen der außer-theologi-

33 Vgl. Sölle, 47 ff.

34 D. Rössler, Positionelle und kritische Theologie, in: ZThK 67 (1970) 217.

35 AaO. 222.

schen Voraussetzungen beurteilt werden, die ihnen zugrundeliegen. In diesem Sinn ist beispielsweise die Zustimmung zu dem Programm der Entmythologisierung (R. Bultmann) davon abhängig, ob man die nicht-theologische Gegenwartsanalyse, die in dieser Position theologisch angewendet wird, für richtig hält, nämlich: Daß der durch die Wissenschaft bestimmten »modernen Welt« der in seinem Denken wissenschaftlich bestimmte »moderne Mensch« entspricht, der »sein Leben rational organisieren« kann, der sich »selbständig und verantwortlich (weiß) für seine Herrschaft über die Natur«. Da der »Mensch von heute« – R. Bultmann zufolge – nicht mehr mythologisch denken kann[36], da er – D. Bonhoeffer zufolge – »nicht mehr religiös sein« kann, ist die entmythologisierende Interpretation biblischer Texte für jenen so unabweisbar wie für diesen die »nicht-religiöse Interpretation biblischer Begriffe«[37]. *Und umgekehrt:* Sollten die zitierten Bestimmungen der rationalen menschlichen Fähigkeiten – dem Duktus nach an die aufklärerische »maître et possesseur de la nature« Wendung erinnernd – auf eine durch Ausblendung der anthropologischen Irrationalitätsbestände verzerrte Gegenwartsanalyse zurückzuführen sein; sollte es sich zeigen, daß die von Bultmann thematisierte »moderne Welt« (beschrieben in den Termini der wachsenden Kontrolle über die *produktiv* angeeignete *»äußere Natur«*) gerade in ihren psychisch-sozialen Rückwirkungen den modernen Menschen (beschrieben im Blick auf das Ausmaß seiner *sozialisativ* noch nicht kontrollierten *»inneren Natur«*)[38] bestimmen, so bedeutet dies, daß die notwendigen Revisionen in den außer-theologischen Annahmen Korrekturen der theologischen Arbeit notwendig machen – für die durch Bultmann behauptete Konzeption besagt dies: Die in der Dechiffrierung neutestamentlicher Texte gesellschaftlich halbierte Entmythologisierung muß durch die Entideologisierung[39] ihrer Voraussetzungen (»Bultmanns gute ... Stube, ›moderner Mensch‹«[40]) ergänzt werden. Für die von Bonhoeffer vertretene These besagt dies: Die in der Entdeckung der Religionslosigkeit vollzogene »nicht-religiöse Interpretation bibilischer Begriffe« muß durch die Bestimmung des Funktionswandels der Religion erweitert wer-

---

36 R. Bultmann, Neues Testament und Mythologie, in: Kerygma und Mythos I, 17, 19, 16.

37 Bonhoeffer, Widerstand und Ergebung, 132, 136, 181.

38 Vgl. dazu J. Habermas, Legitimationsprobleme im Spätkapitalismus (1973) 20 ff., 164.

39 Vgl. dazu Sölle, 15 ff.; G. Gloege, Mythologie und Luthertum (^{2}1953) 52: »Die Forderung der Ent-Mythologisierung des Kerygmas bleibt solange unverständlich, als gleichzeitig die Aufgabe der Ent-Ideologisierung des modernen Denkens ignoriert wird.«

40 E. Bloch, Atheismus im Christentum [(1968) 69].

den[41]. *Zusammenfassend:* Indem theologische Entwürfe den ihnen gemeinsam vorgegebenen biblischen und christentumsgeschichtlichen Stoff im Aspekt unterschiedlicher gesellschaftlicher Erfahrungen unterschiedlich auslegen und vergegenwärtigen, kann jede positionelle Theologie auch durch die gesellschaftliche Position definiert werden, der sie sich verpflichtet fühlt.

In dem hier angesprochenen Verständnis ist das »*Problem* theologischer Gegenwartsanalyse« daher identisch mit der Frage nach dem gegenseitigen Begründungszusammenhang von theologischen *und* gesellschaftlichen Positionen, die mit unterschiedlicher Gewichtung in jeder theologischen Konzeption nachzuweisen sind. Diesen Zusammenhang überhaupt bestreiten zu wollen ist theologiegeschichtlich unhaltbar und theologisch insofern unsinnig, als der christliche Glaube nur doketisch von seiner politisch und universalgeschichtlich vermittelten Wirkungsgeschichte abzulösen ist; wenn daher gelten kann, daß der christliche Glaube im Zusammenhang seiner christentumsgeschichtlichen Wirkungen begriffen werden muß[42], so darf die »Wirkungsgeschichte der christlichen Botschaft« als ein »Kriterium für das Verständnis ihrer Inhalte und Intentionen« aufgefaßt werden[43]. Diese Überlegungen lassen es theologisch berechtigt erscheinen, wenn dem gegenwärtigen gesellschaftlichen Kontext ein über seine existentialen Bestimmungen hinaus gesellschaftlich erweitertes Vorverständnis korrespondiert wird; ein Vorverständnis, das den *hermeneutischen* Zugang zur Bibel vor allem *sozialhermeneutisch* und dh. im Rahmen der gegenwärtigen Problemkonstellationen eröffnet[44]. Dieser Gedanke kann an den zuvor erwähnten positionellen Deutungsschemata exemplarisch

---

41 Vgl. dazu u. a. K. W. Dahm, Beruf: Pfarrer (1971) 291–302; ders., Religiöse Kommunikation und kirchliche Institution, in: Dahm/Luhmann/Stoodt, 133–188; W. Marhold, Gesellschaftliche Funktionen der Religion, in: W.-D. Marsch (Hg.), Plädoyers in Sachen Religion (1973) 77–93.

42 T. Rendtorff, Theologie in der Welt des Christentums, in: P. Neuenzeit (Hg.), Die Funktion der Theologie in Kirche und Gesellschaft (1969) 358–370. »Die Theologie muß sein die begriffene Geschichte des christlichen Glaubens und seiner Folgen, des Christentums in seiner Welt« (360).

43 Metz, Zu einer interdisziplinären Theologie, 15; P. Stuhlmacher, Neues Testament und Hermeneutik, in: ZThK 68 (1971) 148: »Die wirklich lebensentscheidenden ... Kräfte in einer Überlieferung zeigen sich aber keineswegs nur im Rekurs auf ihre Ursprungsgestalt (sofern uns diese Ursprungsgestalt überhaupt zugänglich ist), sondern gerade auch daran, wie diese Überlieferung Jahrhunderte hindurch gewirkt und eine Welt mitgestaltet hat, die uns heute in unseren Gedanken, Erfahrungen und Ängsten bestimmt. Ist uns die Interpretation von Texten aufgegeben, so gehört die Frage nach deren Wirkungsgeschichte zur Auslegung mit hinzu, sofern wir nicht einfach abstrakt von diesen Texten sprechen wollen.«

44 Vgl. dazu G. Picht, Theologie in der Krise der Wissenschaft, in: EvKomm 3 (1970) 202.

verdeutlicht werden: Die Theologie der Hoffnung, die unter den Bedingungen der »gestorbenen Hoffnungen« (Th. Fontane) die Hoffnung des Glaubens entfaltet; die Theologie des Todes Gottes, die in den gegenwärtigen Erfahrungen des mißlingenden Lebens der Menschen erkennt: »that the death of God is an historical event, that God has died in our cosmos, in our history, in our Existenz«[45]; die Theologie der Revolution, die gegen die politische Ontologie unveränderlicher Ordnung entdeckt, daß »Gottes Schöpfung nicht mehr einfach als das zu verstehen (ist), was bereits vorliegt, sondern als das, was Gott unter Mitwirkung des Menschen in der Zukunft hervorbringen will«[46], diese drei positionellen Deutungen sind trotz ihrer Unterschiede durch ein gemeinsames Moment untereinander verbunden: Indem sie alle zu der in ihnen jeweils vorausgesetzten Analyse der gesellschaftlichen Situation aus einer ihr korrelativ zugeordneten biblischen Perspektive Stellung nehmen, erweist es sich, daß die für theologisches Denken konstitutive Relation von theologischen *und* gesellschaftlichen Positionen ihre spezifische Problematik darin besitzt, *wie* Theologie sich in der Gegenwart, die sie auch dort noch bestimmt, wo sie von ihr meint absehen zu können, theologisch vergegenwärtigen kann. Die Einsicht, daß die Theologie ihrer Zeit näher steht, als es eine aus der Position der Distanz geschriebene theologische Zeitkritik vermuten läßt, kann sich auf die theologisch-liberale Tradition berufen, die aus dem Bewußtsein zu drängen die Dialektische Theologie ihre Kraft heute erschöpft hat. »Theologie«, so heißt es bei A. v. Harnack, »ist abhängig von unzähligen Factoren, vor allem von dem Geiste der Zeit; denn es liegt im Wesen der Theologie, daß sie ihr Object verständlich machen will«[47]. Der Versuch zu unterstellen, daß mit dem Begriff ›abhängig‹ die Autonomie des theologischen Gedankens preisgegeben ist, verkennt, daß in dieser Wendung die Bedingungen theologischer Autonomie formuliert sind. A. v. Harnacks Äußerung paraphrasierend ist daher zu behaupten: Erst in der Bestimmung ihrer Abhängigkeit vom Geist der Zeit erreicht Theologie ihre Autonomie und damit die Fähigkeit, der Gefahr ihrer tendenziellen Abhängigkeit vom Zeitgeist zu entgehen.

---

45 Th. J. J. Altizer / W. Hamilton, Radical Theology and the Death of God (1966) 11.

46 T. Rendtorff / H. E. Tödt, Theologie der Revolution (1968) 97.

47 v. Harnack, 12.

2|4 Teil- oder Nachbardisziplinen?

2|41 Wilhelm Dreier
Christliche Sozialwissenschaft / Sozialethik

1. *Zu einigen begrifflichen Abgrenzungen und zum allgemeinen wissenschaftstheoretischen Reflexionsstand*

Die im obigen Titel verwandten Begriffe für eine der Praktischen Theologie benachbarte theologische Einzeldisziplin sind nur zwei aus einer Reihe möglicher und praktizierter Termini. Diese »Pluralität« im Begrifflichen hängt eng mit dem derzeit mangelhaften wissenschaftstheoretischen Selbstverständnis dieses Faches zusammen. Klarere begriffliche Abgrenzungen sind darum einerseits als Voraussetzung und andererseits auch als ein Ergebnis der Klärung dieses Selbstverständnisses zu sehen. Dabei möchte ich nicht verhehlen, daß mit einem ausschließlichen Identifikationsanspruch: Pastoraltheologie = Praktische Theologie für den Fachvertreter Christlicher Sozialwissenschaft neue Probleme seiner eigenen Standortbestimmung entstehen. Christliche Sozialwissenschaft (bzw. Sozialethik) kann sich nach einem gewandelten Theorie-Praxis-Verständnis nur als Praktische Theologie verstehen, auch wenn sie – nicht zuletzt aus der historischen Perspektive als sog. »Tochter der Moraltheologie« mit dieser vielerorts der Systematischen Theologie zugerechnet wird. Ich möchte dieser speziellen Zuordnungsfrage hier nicht nachgehen. Sie wird m.E. im Zusammenhang des auch von den systematischen theologischen Disziplinen zu lösenden Theorie-Praxis-Problems bedacht werden müssen. Die derzeitige bibelwissenschaftliche und kirchenhistorische Forschung, noch mehr aber die wissenschaftstheoretischen Neuansätze in der Praktischen Theologie lassen bereits den Schluß zu, daß eine Polarisation zwischen Doktrin und Theorie weder dem glaubenswissenschaftlichen Grundzug von Theologie noch ihrem Praxisbezug im Sinne christlich verantworteter Praxisveränderung gerecht wird. Der begonnene Prozeß selbstkritischer Reflexion auf die wissenschaftstheoretischen Grundlagen von Theologie überhaupt kann auch durch den hier anzusprechenden Wandel im Selbstverständnis Christlicher Sozialwissenschaft gefördert und beschleunigt werden.

Die im Titel dieses Beitrags enthaltenen Termini haben lange Zeit eine bedeutsame konfessionelle Abgrenzungstendenz intendiert: Christliche (= Katholische) Sozialwissenschaft versus Evangelische Sozialethik. Dabei wurde der Anspruch auf den Wissenschaftscharakter der Katholischen »Sozial*lehre*« – wie sie von einer Katholischen Sozialwissenschaft mitbegründet und vertreten wurde – mit der *naturrechtlichen Grundlegung* verteidigt, während sich die Evangelische Sozial*ethik* selbstbewußt nicht als Doktrin, sondern als ein biblisch-fundiertes sozialethisches Normengefüge verstand und katholischerseits nicht weniger selbstbewußt von der eigenen Lehre unterschieden wurde. Der heutige Stand der Naturrechtsdiskussion und die – der Katholischen Sozialwissenschaft weit vorausgeeilte – wissenschafts-theoretische Begründung *Christlicher Sozialethik* im Zusammenhang einer neuen wissenschaftlichen Standortorientierung evangelisch-theologischer Wissenschaft überhaupt hat inzwischen die genannte Abgrenzung sachlich und terminologisch mehr als fragwürdig gemacht. Beide Termini sind darum hier nicht als bescheidener Ausdruck ökumenischer Gemeinsamkeit verwandt. Vielmehr möchte ich ihre überkonfessionelle Affinität aufzeigen, was nur im Zusammenhang eigener wissenschaftstheoretischer Standortbestimmung Christlicher Sozialwissenschaft möglich ist. Darin läge dann auch der mögliche und notwendige ökumenische Beitrag.

Zuvor muß jedoch kurz auf einige weitere begriffliche Zuordnungsversuche verwiesen werden, die einen bedeutsamen Hintergrund für unsere Fragestellung aufreißen: im katholischen Raum werden neben der Verwendung der Termini »Christliche Sozialwissenschaft« und »Christliche Soziallehre« auf die Epitheta »Christlich« durch »Katholisch« oder auch »Kirchlich« ersetzt. Könnte man »Katholisch« als konfessionelle Verdeutlichung des »Christlich« verstehen, wobei vermutet werden kann, daß damit zumeist eine Abgrenzung der genannten naturrechtlichen Grundlegung von der biblischen intendiert wurde, so bringt das Epitheton »Kirchlich« eine enge Verbindung der »wissenschaftlichen« Ergebnisse mit dem von der Kirche verwalteten *depositum fidei* zum Ausdruck. So würdigte Johannes XXIII. – wie bereits vor ihm in ähnlicher Weise Leo XIII. und Pius XI. – die »Mitarbeit von Gelehrten aus dem Priester- und Laienstand« bei der Entwicklung einer »Kirchlichen Soziallehre« in den letzten 100 Jahren[1]; die Päpste dieser Zeit gaben jedoch auch offen zu verstehen, sekundiert von den meisten katholischen Sozialwissenschaftlern, daß diese Kirchliche Soziallehre, in Enzykliken, päpstlichen Briefen, Ansprachen und dgl. sich niederschlagend, als »integrierender Bestandteil der christlichen Lehre

1 Johannes XXIII., Mater et magistra (1961) 220; vgl. auch Leo XIII., Rerum novarum (1891) 41; Pius XI., Quadragesimo anno (1931) 19.

vom Menschen«[2] vom obersten kirchlichen Lehramt verwaltet und letztentscheidend interpretiert wird[3].

Zu Recht weisen jedoch Kritiker aus den Reihen der diese Lehre mitentwickelnden und vertretenden Theologen auf qualitative Mängel des Lehrgebäudes hin. H. J. Wallraff spricht von einem »Gefüge offener Sätze«[4], und für O. v. Nell-Breuning läßt sich die eigentlich verbindliche Lehre »auf einen Fingernagel« schreiben[5]. Der katholische Soziologe A. M. Knoll meint nicht mehr als »einen sozialen Bildbericht von gestern und heute – aus- und zurechtgeschnitten durch die Moral, durch das heilige Sittengesetz der Kirche, durch ihr depositum fidei« in der Kirchlichen Soziallehre erkennen zu können, dessen problematischer Kern überdies noch die Unverbindlichkeit in entscheidenden Grundaussagen über menschliches Zusammenleben darstelle. »Freiheit oder Unfreiheit sind hier gleichgültige, wesenlose Begriffe«[6].

Ich kann hier der Frage nicht nachgehen, wie weit solche Urteile und Schlußfolgerungen etwa die offene Flanke einer aus metaphysischer Seinsanalyse gewonnenen Prinzipienlehre treffen und die von Vertretern unseres Fachs oft betonte Problematik der Anwendung deduktiv gewonnener Sollensprinzipien auf die jeweilige konkrete geschichtliche Situation offenkundig machen[7]. Gleiches gilt für die erkenntniskritischen Fragen der »Einheit von Seins- und Erkenntnisordnung« oder eines naturrechtlichen Pragmatismus, der seinem eigenen Selbstverständnis entsprechend der Theologie zumindest als »norma negativa« bedarf und die Kirche als letztzuständige Sachwalterin und Interpretin akzeptiert. O. v. Nell-Breuning scheint sich – was die nachfolgende

---

2 Mater et magistra, 220.

3 Vgl. etwa Pius XII., Ansprache an das Heilige Kollegium am 2.6.1947: »Durch eine Fügung der göttlichen Vorsehung hat die katholische Kirche ihre Soziallehre ausgearbeitet und verkündet. Sie weist die Straße, die eingehalten werden muß, und keine Furcht vor dem Verlust zeitlicher Güter oder Vorteile, keine Furcht davor, den Anschein einer geringeren Verbundenheit zur modernen Zivilisation, einer geringeren patriotischen oder sozialen Einstellung zu erwecken, dürfte den wahren Christen die Berechtigung geben können, sich auch nur einen Schritt von diesem Weg zu entfernen«, in: AAS 39 (1947) 263.

4 H. J. Wallraff, Die Katholische Soziallehre – ein Gefüge von offenen Sätzen, in: Eigentumspolitik, Arbeit und Mitbestimmung (1968) 11, 33.

5 O. v. Nell-Breuning, in: Tod der katholisch-sozialen Bewegung? Dokumentation einer Diskussion, als Ms. hg. vom Katholisch-sozialen Institut der Erzdiözese Köln und der Katholischen-Nachrichten-Agentur (1971) 62.

6 A. M. Knoll, Katholische Kirche und scholastisches Naturrecht. Zur Frage der Freiheit (1962) 66.

7 Vgl. J. Höffner, Vorwort zum Jahrbuch des Instituts für Christliche Sozialwissenschaften 1 (1960) 8; Gundlach, Christliche Soziallehre: Was sie ist und was sie nicht ist, in: Die Ordnung der menschlichen Gesellschaft I (1964) 42; F. Klüber, Katholische Gesellschaftslehre (1968) 28 ff.

Aussage betrifft – auf diesem wissenschaftstheoretisch problematischen Boden äußerst sicher zu fühlen, wenn er nachdrücklich betont: »Sie (die Katholische Soziallehre), wird daran festhalten, daß die Ordnungsstrukturen der Gesellschaft der Vernunfterkenntnis zugänglich sind. Dabei vergißt sie nicht, daß ausweislich der Erfahrung im allgemeinen nur dort, wo das Licht der Offenbarung leuchtet, ungetrübte Erkenntnisse gewonnen und bewahrt werden«[8]. N. Monzel zog aus derselben »Erfahrung« die Konsequenz, daß »die Katholische Soziallehre keine anderen Quellen als die übrigen Teile der kirchlichen Lehrverkündigung« habe, nämlich »die übernatürliche Offenbarung und die durch diese legitimierte natürliche Erkenntniskraft«, so daß Erkenntnisse aus den sog. profanen Wissenschaften für ihn nur dann zur Katholischen Soziallehre gerechnet werden können, wenn und soweit sie »durch die kirchliche Lehrverkündigung legitimiert« wurden[9].

Zwar weist J. Höffner auf die enge Verbindung von intuitiver Erfahrung und rationaler Erkenntnis innerhalb des naturrechtlichen Erkenntnisprozesses und die damit gegebene historische und individuelle Bedingtheit sowie die geschichtlich nachweisbare Irrtumsfähigkeit hin[10], um dem Vorwurf der wirklichkeitsfremden Abstraktion zu begegnen. Wenn jedoch »die Grundprinzipien des Naturrechts nicht zuerst formal erfaßt und dann innerlich bestimmt (werden), sondern umgekehrt in der Familie ... von Kind an konkret und gegenständlich erlebt und erlernt (werden)«, kommt den empirischen Sozialwissenschaften, die sich der Erforschung dieses Lernprozesses zuwenden, nicht erst bei der Anwendung naturrechtlicher Prinzipien Bedeutung zu. Die diesbezüglichen Erkenntnisse vermögen die historisch nachweisbaren Tatbestände der Variabilität und Pluralität sittlicher Normen zu erklären, zT. auch zu begründen. Die jedoch in Anlehnung an Thomas von Aquin gezogene Schlußfolgerung, nämlich einer Elite »weiser Menschen« zu überantworten, »hier das Richtige zu treffen«, wird aufgrund unserer ebenfalls wechselvollen Geschichte menschlicher Weisheit und Wissenschaft mit einem Fragezeichen versehen werden müssen. Es kann hier nur auf die umfangreiche Naturrechtsdiskussion verwiesen werden[11]. Es ist jedoch erstaunlich, daß ihre Auswirkungen mehr in ethischen Detailfragen (wie etwa Ehe, Eigentum) als in grundsätzlicher Infragestellung der wissenschaftstheoretischen Basis Christlicher Sozialwissenschaft zu spüren ist.

---

8 O. v. Nell-Breuning, Freiheit und Ordnung, in: Christliche Soziallehre 38 (1964) 18.

9 N. Monzel, Katholische Soziallehre I (1965) 125 f.

10 Vgl. J. Höffner, Christliche Gesellschaftslehre ([4]1965) 61 f.

11 Vgl. etwa E. W. Böckenförde u. F. Böckle (Hg.), Naturrecht in der Kritik (1973).

Wir können allerdings nicht so schnell an den Akzenten vorbeigehen, die das II. Vatikanum setzte und die von einem entscheidenden Wandel im Selbstverständnis Christlicher Sozialwissenschaft sprechen lassen. Dieser Wandel drückt sich etwa in der Grundmaxime aus: »Die Zeichen der Zeit zu erforschen und sie im Lichte des Evangeliums zu deuten«, die von der Pastoralkonstitution »Gaudium et spes« konsequent durchgehalten wurde. Dazu fordert das Konzil zu einem interdisziplinären Dialog auf, von dem auch der nichtgläubige Wissenschaftler nicht ausgeschlossen ist, nach dem »rechten Aufbau der menschlichen Gesellschaft« zu forschen[12]. Es kann jedoch auch die Kritik von Fachvertretern nicht übersehen werden, die mit dieser Wende eine Gefahr für das traditionelle Lehrverständnis befürchten. Ihnen scheint das Lehrgebäude mit der Enzyklika »Quadragesimo anno« (1931) oder den diversen Rundfunkansprachen, Reden und Briefen Pius XII. abgeschlossen und die nachkonziliare Etwicklung in Richtung einer pastoralen Praxishilfe verlaufen zu sein, von der G. Gundlach die Katholische Soziallehre immer scharf abgegrenzt hatte[13]. Da sich mit dieser Festlegung vielfach auch die Absage an eine wissenschaftstheoretische Neubesinnung verbindet, entbehren das kritische Urteil und die ernste Mahnung O. v. Nell-Breunings nicht des realen Bezugsfeldes, wenn er von einem »äußerst schweren Versäumnis der Katholischen Soziallehre oder besser der katholischen Sozialwissenschaftler« spricht: »Wir müssen endlich und mit allem Ernst in die Auseinandersetzung mit der heutigen Wissenschaftstheorie eintreten. Wollen wir als katholische Sozialwissenschaftler uns nicht selbst aus dem wissenschaftlichen Gespräch ausschalten, dann muß der hier bestehende Rückstand in allernächster Zeit aufgeholt werden.« Nell-Breuning macht uns den schweren Vorwurf, nicht mit »aller Entschiedenheit in die Vorfragen aller Wissenschaften und insbesondere der Sozialwissenschaften« eingetreten zu sein. »Stattdessen blieben wir bei den jedem einzelnen von uns am Herzen liegenden Sachfragen oder stritten um die Auslegung päpstlicher Verlautbarungen.«[14]

Es soll zum Abschluß dieser Skizze nicht unerwähnt bleiben, daß O.

12 Vaticanum II, Pastoralkonstitution Gaudium et spes, n. 4.

13 Vgl. Gundlach, 40: »Christliche Soziallehre ist weder ein Anhängsel der Pastoral noch eine Fertigkeit wie etwa die Seelsorge. Sie hat primär keine Seelsorgefunktion»; ferner W. Weber, Populorum progressio und die Zukunft der katholischen Soziallehre, als Ms. hg. vom Bund Katholischer Unternehmer (1967); A. Rauschers Kommentar zur Enzyklika Populorum progressio, in: KNA 25/26 vom 20. 6. 1967.

14 O. v. Nell-Breuning, Die katholische Soziallehre – Aufstieg, Niedergang und bleibendes Verdienst; ein Rückblick auf ihre Leistung und ihr Versagen in acht Jahrzehnten, in: Wie sozial ist die Kirche? (1972) 93 f.

v. Nell-Breuning zwei Jahre zuvor der katholisch-sozialen Bewegung attestiert hatte, »eines sanften Todes entschlafen« zu sein[15]. Die Begründung wie auch die nachfolgende Diskussion warfen ein bezeichnendes Licht auf den Praxis-Bezug und damit auf das Theorie-Praxis-Verständnis Christlicher Sozialwissenschaft überhaupt. Es wird in unseren nachfolgenden Überlegungen zur wissenschaftstheoretischen Neuorientierung Christlicher Sozialwissenschaft einen ebenso wichtigen Platz einnehmen müssen wie der Empirie-Theorie-Bezug.

2. *Überlegungen für eine wissenschaftstheoretische Neuorientierung*

Trotz der bisherigen Fixierung unserer erkenntniskritischen Fragestellung auf den eigenen Bereich Christlicher Sozialwissenschaft kann gerade um einer konstruktiven Antwort willen nicht übersehen werden, daß heute eine wissenschafts-theoretische Reflexion auf die Erkenntnisbedingungen und Aussagemöglichkeiten für alle Wissenschaftsdisziplinen, vorab die geisteswissenschaftlichen, unumgänglich notwendig ist. Sie erweist sich zunehmend als eine zweigleisig anzugehende Aufgabe: im »Innenraum« der Einzeldisziplin als prozessual-unabgeschlossene, so gut wie jede materiale Fragestellung begleitende Denkanstrengung; ferner – und das gleich unabdingbar – im Dialog mit benachbarten Wissenschaften als immer neu abzuklärende Standortbestimmung, Aufgabendifferenzierung und wechselseitige Korrekturmöglichkeit. Meta-Reflexion und Meta-Kommunikation in diesem Sinne erscheinen derzeit für die sog. normativen Wissenschaften von besonderer Dringlichkeit zu sein, weil ihr Platz selbst im Gefüge der Wissenschaften angesichts des herrschenden Wissenschaftsideals weiterhin in Frage steht. Trotz heftiger Kontroversen, die in der Tradition des sozialwissenschaftlichen Werturteilstreits zu sehen und zu würdigen sind, zeigt sich jedoch immer deutlicher eine Frontstellung gegen einen empirisch-positivistischen Wissenschaftsbegriff, dessen Wirkmacht im 19. und beginnenden 20. Jahrhundert nach G. Picht gleichzusetzen ist mit dem Zustand der »Vernunftlosigkeit der Wissenschaft«, die »zwar alles macht, was sie machen kann, aber nicht darauf reflektiert, was sie machen soll«[16]. Nicht allein aus wissenschaftstheoretischen oder erkenntniskritischen Erwägungen heraus – so sehr diese auch als Ausdruck des geistigen Ringens um das Selbstverständnis der Sozialwissenschaften zu würdigen sind –, sondern vor dem Hintergrund einer zunehmend bedrängender empfundenen Mitverantwortung der Wis-

---

15 O. v. Nell-Breuning, in: Tod der katholisch-sozialen Bewegung, 9 ff.
16 G. Picht, Mut zur Utopie (1969) 103.

senschaft für das Überleben der Menschen rückt neben die Frage der Norm*erhebung* immer stärker auch die der Norm*setzung*. Dabei war die vom Objektivitäts-Ideal beherrschte Wissenschaftstradition nicht frei von pseudo-ethischen Aussagen und Postulaten. Vom älteren Positivismus an, wie er von A. Comte bewußt als Gegenposition zu metaphysischem Wesens- und Ursprungswissen entwickelt wurde, über die pragmatistische Stufe eines Ch. S. Peirce, bis zu den behavioristischen, deterministischen, funktionalistischen oder voluntaristischen Strömungen setzten sich beispielsweise die Sozialwissenschaften, wie G. Winter zu Recht betont, »mit der Zukunft auf ihre eigene Weise auseinander, und sie offenbaren ihr Verständnis von gesellschaftlicher Verantwortlichkeit darin, wie sie das Zustandekommen der Zukunft erklären«[17]. So versteht und wertet offenkundig der Behaviorist oder Umweltdeterminist den Menschen als ein Produkt gesellschaftlicher Konditionierung und die Zukunft als ein Ergebnis vorausgehender Kräftekonstellationen. Der Funktionalist reduziert die geschichtliche Erfüllung auf die Logik der kulturellen Integrität, und zwar mit einem offenkundigen Mißtrauen gegenüber den schöpferischen Möglichkeiten des Menschen. Wesentlich realistischer interpretiert zwar der Voluntarist die jeweiligen Interessen in der Gesellschaft und ihre Macht für die Gestaltung zukünftiger Ordnung. Allzuoft wurden, wie K. Lefringhausen meint, »logisch erschlichene Werturteile« gefällt[18], die im dialektischen Prozeß einander ablösender ideologischer Positionen Erkenntnisse und Interessen zu einer höchst problematischen Symbiose führten. Das zeigt sich auch darin, wie entscheidungs- und verhaltensnormierend sich sog. empirische Sozialwissenschaften auswirken, selbst wenn es nur um die statistische Eruierung der »Macht des Faktischen« geht. So ist es nicht erstaunlich, daß in der gegenwärtigen wissenschaftstheoretischen Auseinandersetzung innerhalb der Sozialwissenschaften der *Dialektik von Erkenntnis und Interesse* eine zentrale Position zukommt. Die historischen Wurzeln dafür liegen – worauf vor allem J. Habermas hingewiesen hat – auch in der philosophischen Tradition, wobei vor allem die Kant-Rezeption und Kant-Kritik Hegels von Bedeutung sind[19]. Die an der Basis-Überbau-Theorie von Marx ansetzende Ideologiekritik, aber auch eine Quasi-Dichotomisierung der beiden Begriffe »Erkenntnis« und »Interesse« innerhalb der philosophisch-ideologischen Auseinandersetzung im Anschluß an die unterschiedlichen Entwicklungen der Hegelschen Rechten und Linken verstärken

17 G. Winter, Grundlegung einer Ethik der Gesellschaft (1970) 294.

18 K. Lefringhausen, Die gesellschaftspolitische Verantwortung der Theologie, in: ZEE (1972) 274.

19 Vgl. J. Habermas, Erkenntnis und Interesse (1969).

zunächst die Trennung der am mathematisch-naturwissenschaftlichen Wahrheitsmodell orientierten empirisch-analytischen Wissenschaftsdisziplinen auf der einen und den geisteswissenschaftlichen Disziplinen auf der anderen Seite. Dennoch scheint diese Entwicklung nicht zuletzt durch Impulse aus der Wissenssoziologie zu einer neuen Bewertung der Position des »erkenntnisleitenden Interesses« gelangt zu sein. Dazu bieten vor allem die Studien von J. Habermas eine Ausgangsbasis, dem Anliegen einer normativen Sozialwissenschaft mit der notwendigen wissenschaftstheoretischen Meta-Reflexion und Meta-Kommunikation zu begegnen.

Auf eine weitere, für unsere Fragestellung bedeutsame Entwicklung innerhalb der empirisch-analytischen Erforschung sozialen Lebens möchte ich aufmerksam machen: die im Grenzgebiet von Soziologie, Sozialpsychologie und Phänomenologie entstandene Kleingruppenforschung. H. Steinkamp hat in seiner Studie: »Gruppendynamik und Demokratisierung« – einer ersten Untersuchung zur wissenschaftstheoretischen Neuorientierung und zu den uns heute aufgegebenen offenen Fragen gesellschaftlicher Ordnung aus meinem Institut für Christliche Sozialwissenschaft der Universität Würzburg – herausgearbeitet, »daß die empirische Erforschung der Gesetzmäßigkeiten im zwischenmenschlich-sozialen Feld auch unter ethischem Gesichtspunkt neue Einsichten im strengen Sinn ergeben haben. Es handelt sich dabei nicht um Anwendungen abstrakter Ideen, sondern um materiale Füllungen ihres formalen Gehaltes, die erst a-posteriori als solche erkennbar sind«[20]. Was Steinkamp über das spezielle Problem der Demokratisierung hinaus vor allem an allgemeinen normativen Implikationen und Postulaten aus der theoretischen und angewandten Kleingruppenforschung eruiert, was er insbesondere über »Funktion und Bedeutung von Gruppennormen«, über »Führung – Macht – Autorität« oder über »Partizipation« aussagt, legitimiert zweifelsohne eine wichtige Forderung: *»Die Sozialethik darf hinter diese Einsicht nicht mehr zurück, der Dialog mit den empirischen Sozialwissenschaften ist für sie kein beliebiges methodisches Erkenntnisprinzip, sondern Wesensbestandteil ihres Forschens«*[21]. Dabei sieht er vor allem »in der Wertschätzung des einzelnen Menschen und seiner Unverfügbarkeit, sowie dem Wert, der der mitmenschlichen Beziehung als solcher, ihrer beständigen Verbesserung im Sinne der Authentizität innewohnt, den deutlichsten und

20 H. Steinkamp, Gruppendynamik und Demokratisierung. Ideologiekritische und sozialethische Studien zur empirischen und angewandten Kleingruppenforschung (1973) 192.

21 Ebd.

intensivsten Beziehungspunkt zwischen gruppendynamischer und christlicher Ethik«[22].

Wenn Steinkamp sich zu Recht eine »Bereicherung und Erhöhung der konzeptionellen Konsistenz der gruppendynamischen Ethik durch einen Dialog mit der christlichen« verspricht, wobei er insbesondere »an eine mögliche – in einer sehr subtilen, aber entscheidenden Nuance denkbaren – Fehlinterpretation des Reziprozitätsprinzips im Sinne eines vordergründig utilitaristischen ›do ut des‹ «[23] denkt, dann ist damit gleichsam aus dem intensiven Dialog mit den empirischen Sozialwissenschaften ein wichtiges Strukturelement unseres neuen Verständnisses Christlicher Sozialwissenschaft bzw. Sozialethik erkennbar: *dieses unser Fach muß als Brückenfach zwischen den genannten Sozialwissenschaften und der Theologie verstanden werden, und zwar wie die genannten Wissenschaften selbst auf der Basis des wissenschaftstheoretischen Theorems der Dialektik von Erkenntnis und Interesse. Für den Sozialethiker müßte dabei das Interesse zum Ethos werden, alle seine wissenschaftliche Erkenntnis in den Dienst einer »verantworteten Gesellschaft« zu stellen.*

Für den Bereich Evangelischer Sozialethik hat G. Winter im intensiven Dialog zwischen Theologie und empirischen Sozialwissenschaften einen breit angelegten Entwurf der »Grundlegung einer Ethik der Gesellschaft« vorgelegt. Darin weist er »Religion und Ethik« die Aufgabe zu, aufzuzeigen, »daß die soziale Welt des Menschen mehr ist als nur Spielplatz gegensätzlicher Kräfte in einer Dialektik der Absurdität«[24]. Auch Winter macht damit eine »christliche«, die empirisch-analytische Erkenntnis übersteigende, sinndeutende Perspektive erkennbar. Ähnlich ließe sich der Dialog auf der Ebene der Habermas'schen Erläuterung des »emanzipatorischen Erkenntnisinteresses« führen, um dieses aus einer rationalistisch-individualistischen Verkürzung herauszuhalten. Wenn Habermas argumentiert: »Ein Akt der Selbstreflexion, ›der ein Leben ändert‹ ist eine Bewegung der Emanzipation«[25], dann wird hier eine dem christlichen Glaubensinteresse und einer diesem verpflichteten Sozialethik vergleichbare Wertvorgabe erkennbar. Weder das Spannungsverhältnis von Erkenntnis und Interesse, noch das von glaubens- und sozialwissenschaftlicher Erkenntnis kann letztlich aufgehoben werden. Es muß aber deutlich erkennbar sein, wie eine Christliche Sozialethik im ernsten Dialog mit den Sozialwissenschaften einerseits ihr eigenes wissenschaftstheoretisches Selbstverständnis neu

22 AaO. 194.
23 AaO. 195.
24 Winter, 259.
25 Habermas, 261.

zu begründen vermag, wie andererseits die Christliche Sozialwissenschaft als theologische Disziplin in dieser Brückenfunktion jedoch auch als kritisches Korrektiv in die Bereiche empirisch-analytischer Sozialwissenschaft hineinwirken kann. Der Erfolg einer dazu notwendigen ideologiekritischen Funktion hängt jedoch davon ab, wie vorbehaltlos, aber dennoch seines erkenntnisleitenden Interesses bewußt der christliche Sozialwissenschaftler die empirische Erforschung sozialen Lebens mitvollzieht und sich selbst nicht zuletzt aufgrund seiner ebenso verpflichtenden Ausrichtung auf eine biblisch fundierte Theologie in die volle Verantwortung für die von christlicher Zukunftshoffnung zu gestaltende Welt hineinstellt.

An dieser Stelle weise ich zurück auf die eingangs skizzierte Entwicklung unseres Faches, insbesondere auf die Impulse des II. Vatikanums. Die zitierte Aufforderung, »die Zeichen der Zeit zu erforschen und sie im Lichte des Evangeliums zu deuten«, läßt sich m.E. wissenschaftstheoretisch mit der angedeuteten Brückenfunktion Christlicher Sozialwissenschaft auf der Basis des Theorems einer Dialektik von Erkenntnis und Interesse aufgreifen. Die vom Konzil entwickelten neuen sozialtheologischen Ansätze rücken dabei vor allem aufgrund ihrer biblisch-anthropologischen und futurologischen Perspektiven das Proprium christlich-*eschatologischer* Weltveränderung wesentlich näher an die unmittelbaren Bedürfnisse und Erwartungen der Menschen; in Richtung auf den notwendigen Dialog zwischen den empirischen Sozialwissenschaften und einer sich so verstehenden Theologiewissenschaft läßt sich bereits von einer offenkundigen *Affinität* und der Möglichkeit einer *kritischen Korrekturfunktion* zwischen beiden sprechen, als deren vermittelndes und verbindendes Glied sich die Christliche Sozialwissenschaft verstehen sollte. Dabei wird im interdisziplinären Dialog noch weiterhin zu klären sein, ob das von den Sozialwissenschaften angebotene Theorieverständnis tragfähig genug ist, dem *normativen Anspruch Christlicher Sozialethik* und ihrem *praxisverändernden Interesse* gerecht zu werden. Wenn K. Lefringhausen für die evangelische Sozialethik fordert, »mit Hilfe der Theorien sozialen Wandels die Chancen von Veränderungen zum Hauptgegenstand ihrer Untersuchungen«[26] zu machen, dann kommt gerade hier der kritischen Korrekturfunktion mit Hilfe Christlicher Sozialethik eine besondere Bedeutung zu: nämlich an die Stelle bloßer *Veränderungen* im sozialen Wandel verantwortlich gestaltete *Entwicklungen* zu setzen, die sich aus den allen sozialen Wandel übergreifenden ethischen Zielwerten ergeben. In diesen interdisziplinären Dialog haben auch die philosophisch-hermeneutischen Disziplinen ihren Beitrag hineinzugeben. Das Proprium des

26 Lefringhausen, 278.

»Christlichen« leitet sich jedoch dabei unmittelbar aus biblisch-theologischer Weltsicht und Heilsantwort Gottes ab, deren glaubenswissenschaftliches Interesse in legitimer Weise eingebracht werden kann, solange es selbst nicht durch Frageverbot den Ideologieverdacht provoziert.

Eine solche dialogisch aus der genannten Brückenfunktion entwickelte Christliche Sozialethik läßt sich zu Recht als *empirisch fundiert* und *interdisziplinär kommunikabel* bezeichnen. Auf der Basis des Theorems von Erkenntnis und Interesse wächst einer sich so verstehenden Christlichen Sozialwissenschaft jene ideologiekritische Funktion zu, wie sie dem Geist und Wort des Evangeliums entspricht. Die Kirche, in ihrer Funktion und Struktur selbst dem eschatologischen Vorbehalt unterstellt, wird hinsichtlich des Spannungsverhältnisses zwischen dem »Zeichen« und der Institution zum Arbeitsfeld Christlicher Sozialwissenschaft. Die Wirksamkeit des »Zeichens« der Einheit, der Hoffnung und der Versöhnung wird nicht unwesentlich davon abhängen, wie eine empirisch fundierte Christliche Sozialethik der Kirche als Gemeinschaft der Glaubenden dazu verhilft, zum »change agent« unserer Gesellschaft zu werden. Ihre Arbeitsfelder liegen heute dort, wo »soziale Fragen« den Mangel an Einheit und Gerechtigkeit, an Zukunftshoffnung und Versöhnung, an Freiheit und Glück aller Menschen offenbar werden lassen. Nach einem Model T. Parsons ließen sich die von ihm für die Existenz jedes Sozialsystems aufgezeigten vier Grundfunktionen zu ersten Aufgabenfeldern abstecken: Politik, Bildung, Wirtschaft und Recht[27]. Hier gilt es in empirischer Forschung zu eruieren, welche Antworten, mögen sie – etwa im Sinne einer »Stückwerkstechnik« (K. Popper) – auch nur vorläufig und in Alternativen zu geben sein, theoretisch bereitgestellt werden können, um unsere Welt menschlicher zu gestalten. Dabei wird der christliche Sozialwissenschaftler von der Gewißheit getragen, dadurch »das Werk des Schöpfers weiter (zu) entwickeln«[28], denn »obschon der irdische Fortschritt eindeutig von Wachstum des Reiches Christi zu unterscheiden ist, so hat er doch große Bedeutung für das Reich Gottes, insofern er zu einer besseren Ordnung der menschlichen Gesellschaft beitragen kann«[29].

27 T. Parsons, The social system (New York 1970) 26 ff.
28 Gaudium et spes, n. 34.
29 AaO., n. 39.

2 | 42 Horst Herrmann
Kirchenrecht

»Juristerei, mehr als der Seelsorger bedarf, ist für denselben die gefährlichste Distraktion.« Dieser Satz aus einem Münsteraner Universitätsgutachten des Jahres 1791 trifft die ambivalente Situation gar nicht so ungenau, in welcher sich die theologisch-juristische Disziplin »Kirchenrecht« noch heute befindet: hatte sie über Jahrhunderte hinweg schon deswegen eine unangefochtene, wenn nicht führende Stellung unter ihren Nachbardisziplinen innegehabt, weil sie an den Lehrstätten als ein die überschaubare Welt des Theologischen reglementierendes und geradezu unverzichtbares Uraltfach gelten und zu Recht auf eine dementsprechend ausgefeilte Methodik für ihre nicht eben knappe oder problemfreie Materie verweisen durfte, so scheint sie seit geraumer Zeit den Zenit ihres Einflusses, vor allem, was die praktische Verkündigung betrifft, überschritten zu haben, von ihrem sog. »Image« gleich gar nicht zu reden. Dabei hatten sich zu einer Zeit, da von dem aufgefächerten, wenn nicht bereits ausufernden Katalog des heutigen Angebotes in theologischer Wissenschaft und Praxis nicht einmal im Traum die Rede sein konnte, nicht selten Kleriker selbst als Berufsjuristen gefunden. Nur mit Askese und schlichter Gläubigkeit, dem in der Kirche bis heute noch von manchen rigoristisch verfochtenen Ideal, doch auch mit gelehrter Theologie allein konnte die Kirche, welche auf Schritt und Tritt mit handfesten Rechtsfragen des Alltags zu tun hatte (und wohl immer noch hat!), auf die Dauer nicht auskommen. Sie suchte daher zunehmend auch ausgebildete Juristen in den Reihen des eigenen Klerus. Der graduierte Rechtswissenschaftler, der doctor iuris utriusque gar, welcher Kleriker war, hatte mindestens die gleichen Chancen auf kirchliche Ämter wie ein Theologe, wenn nicht noch bessere bei den weltlichen Großen. So war es denn kein Wunder, daß die Scholaren ihren theologischen Lehrern davonliefen und Jura studierten, so daß schließlich einige Päpste aufgrund der fortwährenden Klagen der Theologiedozenten das Studium der Rechtswissenschaften (wie der nicht weniger attraktiven Medizin) unter Androhung von Strafen verbieten mußten, schon um einen Restbestand an wissenschaftlich qualifizierten Theologen zu sichern[1]. Ob sich solche Verbote

1 Einzelheiten bei H. Herrmann, Der priesterliche Dienst IV. Kirchenrechtliche Aspekte der heutigen Problematik (1972) 50 f.

als glücklich erwiesen haben, bleibe dahingestellt (das Gestern als Korrektiv des Heute wird seinerseits ja nur zu gerne, nicht immer aber zu Recht, vom Heute oder gar vom Morgen aus korrigiert), desgleichen – eine typisch kirchenrechtliche Fragestellung –, ob sie sich auf die gegenwärtigen Experimente, wie sie von Einzeldisziplinen der Praktischen Theologie in ähnlicher Richtung unternommen werden, erstrekken können, oder ob sie sich gar auf das sog. »Zweitstudium« von Theologen beziehen. Jedenfalls war die Theologie damit auf sich selbst zurückgeworfen, Ansätze zu einem lebendigen Austausch mit anderen Wissensgebieten waren für längere Zeit unterbunden, die Geistlichkeit war auch hierin zunehmend gettoisiert, das Kirchenrecht blieb eine exklusiv »katholische« wie »klerikale« Wissenschaft. Wir tragen noch heute an dieser Hinterlassenschaft, und nicht nur an ihr, wie gleich darzustellen sein wird.

1. Einige nicht ganz überflüssige Vorbemerkungen zu innertheologischen Vermächtnissen

Es ist kaum zu bestreiten – das sei zur Klärung der Situation vorausgeschickt, in der sich ein fruchtbringender Dialog zwischen den theologischen Disziplinen von heute abspielen könnte –, daß sich das Recht der Kirche und die Wissenschaft von ihm, welche nunmehr den Angehörigen eines Klerus, der von ebendiesem Recht als eine strikt nach innen disziplinierte und in Verfolgung verengter Weltperspektiven auch nach außen abgeschirmte Elitetruppe konzipiert war[2], nicht zuletzt auch wegen dieser Isolierung zu innerkirchlichen Machtfaktoren ersten Ranges ausweiten konnten, zu Instrumenten einer Herrschaft gar, welche bis in die Gegenwart hinein trotz vielfältiger theoretischer Bestreitung und wachsender praktischer Nichtübung nicht eben viel von ihrem prinzipiellen Anspruch aufgegeben hat. Zwar dürfte der »Abschied von der Macht«, wie man ihn etwa im deutschsprachigen Raum bereits nehmen mußte, und sei es nur gegenüber den Studierenden oder so vielen Praktikern der alltäglichen Seelsorge, auch aufs Ganze der Kirche gesehen nicht mehr allzu lange auf sich warten lassen, doch ist nach wie vor mit der oft genug am eigenen Leibe von vielen bitter erfahrenen Tatsache zu rechnen, daß es immer noch juristische Strukturen gibt, die einem nicht in das (leicht idealistisch angehauchte) Konzept des theologischen Studiums oder der Seelsorgstätigkeit passen. Man wird also durchaus bis auf weiteres mit diesem Kirchenrecht zu leben haben. Wer das nicht offen genug sagt und

2 AaO. 13 f.

stattdessen auf eine nahe, gleichsam kirchenrechtsfreie Zukunft oder auch nur auf eine Zeit, da ein neues und doch wiederum nur von Kanonisten der alten Schule bearbeitetes Gesetzbuch gelten soll, vertröstet, handelt vor dem Gesamt der Kirche und ihrer Wissenschaft einfach verantwortungslos.

Nun klingt all dies einigermaßen in Moll gestimmt und auch mißtönig, sozusagen nach der Weise des »notwendigen Übels«. Dieser Eindruck wäre jedoch nur zum Teil richtig. Denn, obgleich vieles, allzu vieles auf kirchenrechtlich faßbarem Gebiet sowohl ein recht verstandenes Leben des Christen in der Welt von heute zu Unrecht und weitab vom Evangelium bedrängt als auch ziemlich viele pastorale Initiativen früher oder später abzublocken versteht und daher unbedingt revisionsbedürftig ist, wird man es sich doch nicht so leicht machen dürfen, zu glauben, für all die theologische Misere der kirchlichen Neuzeit seien allein dieses Fach und die ihm zugeordnete Materie verantwortlich zu machen. Einer derart simplifizierenden Suche nach dem Sündenbock müßte ja schon der schlichte Hinweis auf die Tatsache Einhalt gebieten, daß das Kirchenrecht immer aufs engste mit anderen Fachgebieten der Theologie verknüpft war und von daher deren Situation zumindest teilen muß. Eine etwaige Schadenfreude über ein innerkirchlich zugrundegewirtschaftetes Fachgebiet fällt somit sehr schnell auf das gesamte System zurück. Alle verwandten Disziplinen, handle es sich nun um die Dogmatik, um die Kirchengeschichte oder um die Moraltheologie, ja um die »Praktische Theologie« überhaupt, wie immer man sie fassen will, sitzen doch wohl in dem einen, inzwischen festgefahrenen Boot der Theologie einer Altkirche, welche sich ihrerseits in der neuen Welt noch ziemlich fehl am Platz vorzukommen scheint. Als einer der Erben dieses Vermächtnisses an Verflechtungen hat auch das Kirchenrecht an den Schwierigkeiten der gesamten Glaubenswissenschaft teil, nämlich auf ständig drängender werdende Fragen der Menschen innerhalb wie außerhalb der kirchlichen Gemeinschaft antworten zu sollen, und das im Bewußtsein, einerseits schwerwiegende Mängel anderer Disziplinen, welche eben kein augenzwinkernder Konsens unter Theologen totschweigen kann, noch immer mitzutragen gezwungen zu werden und auf der anderen Seite an nicht wenigen von ihnen mitschuldig geworden zu sein. Wer diese leidvoll zu erfahrenden Wechselwirkungen gering schätzt, versteht nicht eben viel vom ebenso kunstvollen wie krausen Geflecht einer so alten (und als Ganzes möglicherweise einem völlig fremdgewordenen Weltbild zugehörigen) Wissenschaft, wie sie die Theologie darstellt.

Wie aber soll das Kirchenrecht mit diesem seinem Erbe aus der Dogmatik, dh. etwa mit all den höchst eilfertig auf das »ius divinum« von einst gestützten Vorgegebenheiten, wie etwa mit all den »ewig gültigen« Normen einer in sich veralteten Sicht der Moral, die ihrerseits eben erst die ersten Schritte in eine neue Welt hinein zu tun sich anschickt, wie mit all den vererbten Institutionen einer ehrwürdigen Historie fertig werden, für die es als in diesem Fall nur »begleitende« Einzeldisziplin noch nicht einmal kann? Von wem wird zudem die spezifische Schwierigkeit der Kirchenrechtswissenschaft genügend gewürdigt, ihre theologischen Antworten früher oder später auch noch juristisch exakt formulieren und fixieren zu müssen? Stellt nicht gerade dieser immanente Zugzwang zur Sanktionierung von Ergebnissen, die zudem recht häufig aus Disziplinen stammen, die sich ihrerseits mit »fließenden Grenzen« begnügen können, eine mehr denn je bedrückende Not (und Notwendigkeit) dar? Vielleicht dürfte man gerade auf diesem Gebiet wesentlich mehr Verständnis für das Kirchenrecht von seiten all derer erwarten, deren Disziplinen im Wettstreit der Reform auch nicht eben an der Spitze liegen. Um so befremdender mutet die Erfahrung an, daß selbst ernstgemeinte Bitten um Zusammenarbeit auf so taube Ohren stoßen, daß man meinen könnte, der merkwürdige Trend zur Isolation, ja zum Fachidiotisieren sei gerade unter Theologen in besonderem Maße beheimatet, mögen auch alle möglichen Bekenntnisse anderes verheißen. Dabei wäre ein Arbeitskontakt innerhalb, ja auch unterhalb einer »Praktischen Theologie«, obwohl und weil diese selbst noch um ihre eigene Standortbestimmung besorgt ist, und das mit wechselndem Erfolg, gar nicht so abwegig, vielmehr dringend geboten, wie eine Besinnung auf einige Grundelemente der heutigen theologischen Kerndisziplinen nachweisen könnte.

2. *Auf der Suche nach einer Selbstbestimmung des Kirchenrechts*

An den Beginn der Besinnung sei eine einfache, doch noch immer selten genug angestellte Überlegung gestellt: sehr viele, ja beinahe alle Erfahrungen, Ereignisse und Erscheinungen, die nach der Überzeugung vieler für den gegenwärtigen wie für den künftigen Selbstvollzug der Kirche von eminent pastoraler Bedeutung sind, weisen – genauer besehen – eine *spezifisch kirchenrechtliche Dimension,* und das durchaus nicht nur nach ihrer »Außenseite« hin, auf. An Beispielen, die eine solche Beobachtung stützen könnten, fehlt es kaum: es seien nur die Diskussionen um den Strukturwandel der Kirche (Taufe, kirchliche Gliedschaft, Ökumene, Gemeindetheologie, Kirchenstrafen, Eucharistie, Firmung, Ehe), um das priesterliche Dienstamt (Standespflichten, Zölibat, Laisierung, Diakonat) sowie um das Verhältnis von Kirche, Staat und Gesellschaft (Konkordate, Kirchensteuer, Religionsunterricht) genannt. Daß sich diese Beispiele beinahe beliebig vermehren ließen, steht für jeden, der in solchen Perspektiven zu sehen gelernt hat, außer Zweifel. Bei dieser Feststellung handelt es sich nun kaum um ein von Juristen unter allen Umständen gesuchtes Phänomen, sozusagen um ein Fündlein zur Selbstbestätigung, vielmehr wird allein die Konkretion der Theorie, nach welcher der Kirche zur besseren Erfüllung ihres Dienstauftrages in und an der Welt auch eine bestimmte äußere Ordnung eingestiftet ist und bleibt, konstatiert, eine Konkretion allerdings, die manchen überraschender und auch schmerzlicher treffen mag als die von ihm vorgenommene prinzipiellere und damit auch in etwa ungefährlichere Anerkennung eben dieser Theorie. Der Überstieg von der generellen Bejahung eines »wie immer gearteten« Rechtes – man will ja schließlich kein neuer Rudolph Sohm sein, so nützlich ein solcher heute vielleicht wäre – zur konkreten Berücksichtigung der genannten kirchenrechtlichen Dimension des alltäglichen Heilshandelns, und sei sie nur in den »Niederungen der Theologie« anzusiedeln, mag einen hart ankommen, gleichwohl bleibt er im Interesse aller unerläßlich.

Erleichtert, und vielleicht auch menschenmöglicher gemacht, wird dieser (Erkenntnis-)Prozeß allerdings durch einen schmerzlichen Aufbruch der Kirchenrechtler an der Universität wie an der Behörde selber. Da dem Recht und seinen Vertretern ein gewisser Zug zum Bewahrenwollen eingeboren zu sein scheint, wird es dazu freilich noch einiger Überwindung bedürfen. Die »Hüter des Gesetzes« werden wohl nur dann eine Chance haben, andere von der Not und Notwendigkeit ihrer Arbeit zu überzeugen, wenn sie selbst damit beginnen, Fragezeichen hinter den Buchstaben des Gesetzes zu machen oder zumindest machen zu lassen. Zu diesen Nöten wie Notwendigkeiten gehören aber sowohl das Schicksal so vieler Menschen in der Kirche, an der Kälte des Gesetzes erfrieren zu müssen, als auch das Leiden der Kanonisten an der »gelassenen Verweigerung der Mitarbeit« von seiten so vieler in der Kirche. Die Kirchenrechtswissenschaft wird sich mehr als bisher mit dem Problem auseinanderzusetzen haben, daß die sich überall ankündigenden Realitäten der Zukunft nicht mehr in ihr Gegenwartssystem zu passen scheinen, eine Erfahrung, welche die Vertreter anderer theologischer Disziplinen in ähnlicher Weise machen mußten. Abhilfe könnte in etwa auch hier ein Gespräch aller mit allen, ein gesellschaftlicher Lernprozeß schaffen, welcher – unter Zustimmung und Mitarbeit der Kirchenrechtler – vielleicht davon ausgehen müßte, daß rechtliche Phänomene, so unverzichtbar sie erscheinen mögen, immer nur einen Sektor der Realität treffen können, ja daß gesetzliche Verpflichtungen stets vorläufig und damit auf eine freiheitlichere Endgestalt hin ablösbar sein müssen. Man kann also nur davor warnen, aufgrund einer allzu dürftigen Schultheologie, die so manche in den Kirchenleitungen wie in der Wissenschaft am Weiterdenken und -handeln hemmt, sich auf das vermeintlich »intakte« Kirchenrecht zurückziehen zu wollen, als sei hierin ein für allemal ein uneinnehmbares Bollwerk des Glaubens und der Ordnung geschaffen. Die in einer solchen Auffassung begründete Gefahr wird durchaus noch nicht von allen, selbst nicht einmal von etlichen lautstarken Kritikern, genügend erfaßt: so sehr auch im Interesse einer halbwegs geordneten Seelsorge rechtliche Strukturen gefordert werden müssen, so vorsichtig wird man den jeweils angebotenen und verteidigten begegnen. Im gleichen Atemzug muß allerdings als Bedingung für ein offenes Gespräch festgehalten werden, daß die komplexere Kirchenorganisation in der so komplizierten Gesellschaft von heute trotz aller Sehnsüchte, wie sie nicht selten von seiten der Pastoral geäußert werden, eben nicht mehr mit einem beinahe »urkirchlich« einfachen Recht auskommen kann.

In diesem Zusammenhang wird sich – und das dürfte auch für die gesprächsbereiten übrigen Disziplinen der Theologie von einigem Interesse sein – grundsätzlicher als all die andrängenden Probleme kirchenrechtlicher Konkretionen von heute die Frage nach dem *bleibenden Wert der kirchlichen Rechtsordnung* stellen. Wenn man – auf dem Hintergrund der evangelischen Botschaft und der anthropologisch wie gesellschaftlich relevanten Wende in der Neuzeit – einen geschärften Blick für die Reformabilität und Vergänglichkeit allen Rechtes (die Sonderfrage nach dem sog. »ius divinum« braucht sich hier nun nicht in ihrer Schärfe zu stellen, so interessant sie wäre!) erworben und auch die nie ganz gebannte Gefahr allen Ordnungsdenkens, die menschliche Herzenshärte durch systemimmanente Mißbräuche und Deutungsversuche legalisieren zu können (und das beileibe nicht nur im Kirchenrecht!), erkannt hat, so wird sich das Kirchenrecht – die übrigen theologischen Disziplinen werden sich mutatis mutandis anschließen können – eindeutiger als bislang als ein »Übergangsrecht« verstehen lassen, dem es nicht mehr so leicht fallen wird wie bisher, sich als Endpunkt der geschichtlichen Entwicklung und als Hort unüberbietbarer Traditionen zu sehen und zu loben. Ein Begleiten und Beschützen des Menschen auf seinem risikoreichen Weg in die (kirchliche) Zukunft hinein – man erinnert sich an das so oft zitierte und nur so selten konkretisierte Leitwort von der »salus animarum suprema lex« – wird allerdings durchaus neue und wesentlich multiplizierte Schwierigkeiten für das Recht und seine Handhabung mit sich bringen. Das Beurteilen eben dieses Weges von »sicherer« Warte aus, wie es sich so viele theologische Disziplinen und ihre Vertreter seit langem angewöhnt zu haben scheinen, ist demgegenüber selbstverständlich gefahrloser.

Theologie als »geleitende« Wissenschaft, vom Dienst soll hier einmal nicht die Rede sein, muß ein solches Risiko auf sich nehmen. Das Kirchenrecht mag seinerseits, nach seinem spezifischen Formalobjekt nämlich, die unverzichtbare Aufgabe haben, gerade weil es sich als vergängliche »*Notordnung*« verstehen muß[3], den pilgernden Menschen bei dessen Suche nach dem eigenen Wesen an seine dauernde Wandlungsfähigkeit und -verpflichtung zu erinnern und ihm von daher ein Sich-Etablieren-Wollen im »gesichert« erscheinenden *Rechtszustand* der jeweiligen Gesellschafts- und Kirchenform unmöglich zu machen. Diese (paradoxerweise auch rechtliche) »Verunsicherung« sollte geleistet werden mit Hilfe eines theologischen Verweises auf die prinzipielle Vorläufigkeit und Reformabilität alles Geschöpflichen und die daraus sich ergebende ständige faktische Weiterformung von Kirche und Gesellschaft. Umfang, Inhalt und Ausformung der kirchlichen Rechtsordnung, welche eine frühere Zeit in weitesten Teilen dem »ius divinum« gleichgesetzt hat (die staatlichen Formen der Neuzeit scheinen einen solchen Anspruch aufgegeben zu haben), sind also trotz gewisser unveränderlicher Leitlinien, die verbindlich genug festzustellen allerdings zunehmend Schwierigkeiten machen dürfte, geschichtsverhaftet und damit auch dem Menschen, wie immer man diesen als Werfer und Geworfenen der Geschichte umschreiben möchte, anvertraut. Somit bleibt das Recht dem nach Aktiv- und Passivposten noch kaum ausgeloteten Wechselspiel zwischen einer ordnend-schützenden Bestimmung des kirchlichen Menschen und einem von diesem selbst Bestimmt-Werden ausgesetzt.

Diese Wechselbeziehung läßt sich des näheren beschreiben mit Hilfe eines (freilich eher negativ getönten) Verweises auf das der Praktischen Theologie überhaupt vorgegebene Theologie-Praxis-Problem[4]. Auch die Kirchenrechtswissenschaft kann ja nicht ohne grundsätzliche Mitbesinnung auf das heute neu und wohl auch phasengerechter reflektierte Verhältnis zwischen der theoretischen und der praktischen Vernunft zu sich selbst finden: die juristische Praxis, wie sie sich im Alltag nach innen und außen darstellt, könnte sich dabei aus naheliegenden Gründen lediglich als simple »Exekution« von ewig gültigen – und dabei einfach statisch gewordenen, zu einem bestimmten Zeit- und Schnittpunkt der Menschheits- und Rechtsgeschichte aus welchen Gründen auch immer eingefrorenen – Ideen, die gleichsam in einem sich letztlich gleichgültig und eben nicht plastisch genug darbietenden Material dumpfer Raumzeitlichkeit vegetieren, verstehen wollen. Diese Vorstellung, und sei sie von noch so ehrwürdigem Alter oder von

3 H. Herrmann, Ehe und Recht. Versuch einer kritischen Darstellung (1972) 91.

4 Vgl. K. Rahner, Pastoraltheologie, in: HPTh V, 393–395.

repräsentativer Herkunft, wird jedoch aus einem tiefergehenden Verständnis der gottmenschlichen Offenbarung als Geschichte und des kirchlichen Rechtes als einer historisch gewordenen und werdenden Notordnung heraus bestritten, zumal die Historie der Kirche, mit der das Kirchenrecht seit langem im Guten wie im Bösen verflochten ist wie kaum ein anderer Zweig kirchlicher Tätigkeit, nicht nur interpretiert werden darf als bloß praktische Erhaltung und Entfaltung eines theoretisch wie immer gearteten, interpretierten, festgehaltenen, bestrittenen »depositum fidei«, sondern gesehen werden muß als eine prinzipiell und unverzichtbar offene, in die Verheißung hineingehaltene Prozedur, an welcher, nun speziell für das Fach Kirchenrecht gesprochen, ja auch die Entwicklung der von Menschen vorangetriebenen wie abgebremsten Wissenschaft vom Recht partizipiert. Ebendiese »weltliche« Jurisprudenz wird wohl, obzwar sie »nur« als Hilfswissenschaft für die Kanonistik und lediglich über diese für die übrige Theologie fungieren zu dürfen scheint (allerdings wird sie sich ihrerseits mit dem Hinweis trösten, daß die Theologie schlechthin für sie selbst hinwiederum allenfalls am Rande liege), in ihren neueren Fragestellungen, Fortschritten und Formgebungen nicht ohne Einfluß auch auf die kirchenrechtlich bedeutsame Problematik bleiben. Daß umgekehrt dem Kirchenrecht auf dem Wege über nicht wenige Inhalte der Rechts-, Staats- und Gesellschaftswissenschaften, welche es nach einem älteren Sprachgebrauch etwa als »res mixtae« mitzubetreuen hat, eine eminent politische und damit auch fachbezogen gesellschaftskritische Funktion zukommen kann (man braucht deswegen nicht schon auf die von K. Barth mehrfach vorgetragene Theorie eines »Vorbildrechtes« zu rekurrieren), sei nicht nur am Rande erwähnt. Die Chance einer Bereicherung (von der nicht gering zu schätzenden gleichzeitigen Gefährdung braucht hier nicht gesprochen zu werden) der gesamten theologischen Wissenschaft in den Kirchen, welche sich nach einem solchen Blick aus dem Fenster einstellen könnte, ist allerdings noch kaum erkannt worden: in die exemplifikativ zu nennenden Erkenntnispaare Exegese-Sprachwissenschaft, Fundamentaltheologie-Philosophie, Pastoraltheologie-Anthropologie reiht sich jedenfalls, ohne einen Vergleich scheuen zu müssen, legitimerweise auch dasjenige des Kirchen-Rechtes ein. Hält man zudem eine in singulärer Weise konkretisierbare Affinität der Disziplin Kirchenrecht zum politischen Geschehen für keine bloße Einbildung, so kann auch die Aussicht auf eine Auflösung der theologischen Universitätsfakultäten und ihre Eingliederung in andere Fachbereiche, mit der (katholischerseits) eine Entklerikalisierung dieser Wissenschaft sowie die (wenn auch als oktroyiert empfundene) Aufgabe der verengenden Ausrichtung auf die bloße »Priesterausbildung« Hand in Hand gehen dürften, bar jeder Euphorie allerdings, nicht schrecken. Doch kehren wir zu den innerfakultären Fragestellungen zurück.

3. *Zum Innenverhältnis theologischer Disziplinen*

Die im vorigen skizzierte Theorie einer kirchenrechtlichen Notordnung wie ihre konkreten Folgerungen werden sich unschwer in die Vorstellung einer »Praktischen Theologie« einordnen lassen, wie sie sich neuerdings abzuzeichnen beginnt[5], falls nur einige spezifische *Desiderate* beachtet werden, welche die theologische Einzelwissenschaft des Kirchenrechts an das neu zu erstellende und durchzugliedernde »Organisationsmodell« richtet.

a. Lernt sich die Praktische Theologie über alle frühere »Exekutionspastoral« hinaus, welche sie zu einer immer aufgeblähteren Disziplin unter vielen gemacht hatte, als die aus einer kairologischen Deutung der jeweils vorgegebenen kirchlichen wie gesellschaftlichen Situation heraus entwickelte Reflexion des je »richtigen« Selbstvollzuges der Kirche verstehen und wird sie im demütigen Nachvollzug dieses ihres ausgeweiteten Verständnisses mehr und mehr zu einem inneren Moment der Theologie selbst, statt zu einer Superwissenschaft auszuarten, der gegenüber die (im übrigen viel zu pluralistischen) Einzeldisziplinen noch eher als Sekundärwissenschaften denn als eigenständige Mitgestalter fungieren dürften, so wird man ihr gerne die Funktion einer Repräsentantin kirchlicher Selbstreflexion und eines kritischen Gewissens zubilligen. Daß diese an sich wünschenswerte Entwicklung jedoch erst anfanghaft festzustellen ist, was sich allein schon an der Tatsache ablesen läßt, daß noch immer viel mehr von einer »Pastoraltheologie« (auch im alten Sinne einer klerikal eingefärbten »Hirten«-Theologie) gesprochen wird als von der umfassenderen, wenn auch noch ungeklärteren neuen Konzeption, steht außer Zweifel. In diesem Zusammenhang ist vielleicht ganz bescheiden anzumerken, daß es keineswegs als ausgemacht gelten kann, daß etwa die Lehrstühle einer Pastoraltheologie im bisherigen Sinn gleichsam stillschweigend und ausschließlich in diejenigen einer Praktischen Theologie umgestaltet werden. Eher wird man sich vorstellen können, daß eine Vielzahl von bisherigen Einzeldisziplinen (über Einzelheiten in der »Auswahl« braucht hier kaum gehandelt zu werden) in diese Praktische Theologie eingehen werden, wobei es natürlich unbenommen ist, daß sich einige Spezialisten der spezifischen (Forschungs- und

---

5 K. Rahner, Neue Ansprüche der Pastoraltheologie an die Theologie als Ganze, in: Rahner IX, 127–147.

Lehr-)Problematik des neuen Faches im erwähnten Sinn annehmen, falls nur allen Beteiligten Platz und Möglichkeiten genug zum schöpferischen Mitgestalten der Gesamtdisziplin bleiben[6].

b. Der *Lehr*plan einer Universitätsfakultät wird entsprechend von allen geformt werden. Der Vertreter des Kirchenrechts sollte – ebenso wie andere freiwillig unter dem erwähnten Anspruch des kritischen Gewissens im Selbstvollzug der Kirche stehend – in der »Systematik« (nicht schon im »Grundkurs«, obgleich auch dort mehr als ein kurzer Hinweis darauf vonnöten wäre, daß es auch ein kirchliches Recht gibt, soll die interdisziplinäre Isolation nicht noch gefördert werden) als Pflichtvorlesung eine Grundlegung des Rechtes vortragen, eventuell mit anderen zusammen, schon um ermüdenden ekklesiologischen Wiederholungen vorzubeugen. In der »Theologie der Praxis« wird er gegenüber der heutigen Übung auf die Behandlung so mancher Materien verzichten, weil ihnen im praktischen Lebensvollzug der Kirche einfach nichts mehr entspricht, auch wenn sie in typischer Funktionärsattitüde vom Gesetzbuch noch weitergeschleppt werden sollten und für die Forschung historisches Interesse beanspruchen dürfen. Schließlich wird er Sonderkurse wie etwa zum »Verhältnis von Staat und Kirche« (falls dieser Komplex nicht doch zu den Hauptvorlesungen gehört, es sei nur an die erwähnte politische Affinität erinnert!) zusammen mit anderen Fachvertretern anbieten.

c. Ein weiteres Grundanliegen, das aus dem Modell einer kritisch-transparenten Praktischen Theologie abzuleiten ist, dürfte darin bestehen, daß die wissenschaftliche Reflexion die verschiedenen Inhalte der Praxis (auf das wahrhaftig nicht leichte Problem von Erkenntnis und Freiheit, von theoretischer und praktischer Vernunft kann hier nicht eingegangen werden, obwohl es mitbedacht wird) etwa nicht mehr ausschließlich dem Ermessen der kirchlichen Administration und deren Überlebensinteressen überlassen, sondern eine eigene Durchdringung anstrengen wird: die theologische Reflexion auf Gegenwart und Zukunft der Kirche mag sich im kirchenrechtlichen Bereich nicht als Nachreichen von Argumenten für eine bereits geschehene administrativ-exekutive Praxis, sondern als Vorausdenken über mögliche Alternativen, als geistige Vorarbeit eines *ius condendum* darstellen und damit ihrem speziellen Auftrag innerhalb der praktischen Theologie nachkommen, einem Auftrag, den nur derjenige für zweitrangig halten kann, der übersehen will, daß etwa der große Mann des Konzils, Johannes XXIII., die Ergebnisse des Vaticanum II nicht in Deklarationen versanden lassen, sondern sie in den konkreten Alltag

6 Vgl. den Beitrag von R. Zerfaß in diesem Band 173–177.

eines Gesetzbuches überführen wollte, und das nicht ohne Grund gerade als ein »pastoral« ausgerichteter Mann.

d. Die kirchliche Bemühung um das Recht der Zukunft als Spezialfeld Praktischer Theologie wird sich zudem auch neu zum Leben erweckter Traditionen anzunehmen haben, wie etwa derjenigen der sog. »relativen Ordination«, ohne die eine künftige Planung des Amtes und der Gemeinde kaum möglich sein dürfte[7]. Sie wird eine (indirekt) ökumenische Durchdringung ihrer Inhalte leisten, ein neu geschärftes Bewußtsein gegenüber dem ganzen Leben der Kirche und der Gesellschaft (im obigen Sinn) wecken, im Hinblick auf die kirchliche Organisation und »Gesamtstrategie« (auch der Veränderung), ja etwa auf die entgegen allen Kassandrarufen durchaus zunehmende gesellschaftspolitische Effizienz kirchlicher Institutionen einen neuen wissenschaftlichen Zweig der Theologie (Futurologie) mitbestreiten und eine simple Popularisierung der eigenen Wissenschaft, obgleich eine solche im Falle der Juristerei nicht besonders aussichtsreich erscheinen mag, abwenden.

e. Nicht zuletzt aus den Anstrengungen heraus, welche die Disziplin »Kirchenrecht« im Umkreis der Praktischen Theologie, der sie sich nicht ohne Stolz einreihen möchte, unternimmt, um die äußere Ordnung einer Glaubensgemeinschaft kritisch zu sichten und etwaige Fehlentwicklungen oder Entleerungen kirchlicher Rechtssätze bewußt zu machen, wird sie Verständnis erbitten dürfen für ihre spezifische Schwierigkeit (und Chance)[8], Synthesen von juristischer Fassung und innerer Wesensschau erbringen zu sollen, in denen zeitbedingte und überzeitliche Wesenselemente so verbunden sind, daß die Jurisprudenz selbst in der theologischen Höhenlage noch atmen kann, wie ihrerseits ihre Mithilfe anbieten, damit das Recht als eine Wesenskategorie kirchengesellschaftlicher Menschensorge auf der Wanderung der Kirchen ins 21. Jahrhundert nicht ganz vergessen werden möge.

---

7 Herrmann, Der priesterliche Dienst, 21 f.

8 H. Herrmann, Kleines Wörterbuch des Kirchenrechts für Studium und Praxis (1972) 69.

1. Das Ökumenische als universaler Aspekt der Theologie

Die Bezeichnung »ökumenische Theologie« meint nicht einen begrenzten materialen Teilbereich oder eine bestimmte Methode der Theologie, sondern einen besonderen, kraft seines eigenen Sinngehaltes umgreifenden Formalaspekt, der in allen Bereichen der Theologie zur Geltung gebracht werden muß.

Eine eingehende Begründung für diesen Begriffsgebrauch, der sich heute mehr und mehr durchsetzt, bietet die bisher wohl ausführlichste deutschsprachige Arbeit zu diesem Thema von J. Brosseder[1], der sich dabei auf das schon ältere Werk von G. Thils[2] und den Altmeister der ökumenischen Theologie in Frankreich, Y. Congar, stützen kann. Mit W. Seibel[3] plädiert Brosseder für ein Verständnis von ökumenischer Theologie, wonach diese weniger auf die getrennten Christen und ihre kirchlichen und theologischen Besonderheiten als vielmehr mit ihnen gemeinsam auf die Sache blickt, um die es allen geht[4]. Dies aber kann naturgemäß nicht von einer einzelnen Disziplin, sondern nur von der Theologie in ihrer Gesamtheit geleistet werden[5].

Damit ist aber auch schon eine erste Aussage über den Platz des Ökumenischen gegenüber der *Praktischen Theologie* gemacht: Es wird damit der Anspruch erhoben, daß auch die Praktische Theologie ihre gesamte Zielsetzung unter das Leitmotiv des Ökumenischen stellen muß. Dies wird um so deutlicher, wenn man den Begriff »ökumenisch« nicht in erster Linie unter dem Blickwinkel des »Seins« der Kirche, sondern ihres *Handelns* im Dienste eines universalen Auftrags definiert, wie es H. H. Wolf tut: Das Wort ökumenisch dient dazu,

---

1 J. Brosseder, Ökumenische Theologie. Geschichte – Probleme (1967).

2 G. Thils, La »théologie oecuménique«. Notions – formes – démarches (1960).

3 W. Seibel, Ökumenische Theologie, in: Gott in Welt. Festschrift f. Karl Rahner (1964) II, 472–498.

4 AaO. 482.

5 Zum Thema »Ökumenische Theologie« vgl. auch: K. Rahner, Zur Theologie des ökumenischen Gesprächs, in: Rahner IX, 34–78; Die Zukunft des Ökumenismus. Mit Beiträgen von P. Lønning, G. Casalis, B. Häring und einer Einleitung von G. Gassmann (Ökumenische Perspektiven 1 [1972]); K. Herbst, Jenseits aller Ansprüche. Neue ökumenische Perspektiven (1972).

»all das zu beschreiben, was in Beziehung gebracht werden kann zur ganzen *Aufgabe* der ganzen Kirche, nämlich das Evangelium der ganzen Welt zu bringen«[6]. Eigentlich braucht man nur die Akzente dieser Aussage anders zu setzen (wie wir es durch unsere Hervorhebung schon getan haben), um daraus eine Definition der Praktischen Theologie selbst zu machen!

Hier wird aber zugleich unser zweites Fragezeichen zu setzen sein: Tatsächlich besteht unter den Vertretern der Praktischen Theologie wohl noch kaum ein wirksamer (!) Konsensus über den Stellenwert des Ökumenischen in ihrer Disziplin[7]. Da überdies die Praktische Theologie selbst noch Schwierigkeiten hat, ihre eigene spezifische Funktion gegenüber den anderen Disziplinen zur Geltung zu bringen, könnte man sich fragen, ob dies eine Verständigung über den umfassenden Anspruch des Ökumenischen nicht noch zusätzlich erschweren muß. Andererseits könnte sich damit aber die Chance bieten, gleich in einem einzigen Anlauf ein Gesamtkonzept in Angriff zu nehmen, das sowohl die Belange der Praktischen Theologie wie des ökumenischen Aspektes im Gesamtgefüge der Theologie zur Geltung zu bringen sucht.

2. *Konkurrierender Anspruch der Praktischen Theologie?*

Die Frage, ob sich aus der derzeitigen Situation der Praktischen Theologie eine Erschwerung oder aber eine Chance für die Einarbeitung des ökumenischen Aspektes ergibt, stellt sich nochmals von neuem und schärfer, wenn man bedenkt, daß die Praktische Theologie selbst nicht eine Disziplin unter anderen ist, sondern nach neuerem Verständnis – wie es katholischerseits von den Mitarbeitern des »Handbuchs für Pastoraltheologie« angebahnt wurde – mit einem ähnlichen Anspruch im Gesamtgefüge der Theologie auftritt wie der ökumenische Aspekt: In einer so verstandenen Praktischen Theologie kommt noch einmal das *Ganze* der Theologie oder doch zumindest der Ekklesiologie zur Sprache, wenn auch unter einem begrenzten methodologischen Aspekt, insofern es nämlich um das geht, »was den je heute aufgegebenen *Vollzug* der Kirche ausmacht, bedingt und ermöglicht«[8].

---

6 H. H. Wolf, Towards an Ecumenical Theology, in: The Ecumenical Review 13 (1960–61) 216.

7 Vgl. U. Ranke-Heinemann, Die Kirche und die christlichen Konfessionen, in: HPTh II/2, 81–109; W. Beinert, Ökumenismus in der Pastoral, aaO. V, 359–360; Biemer/Siller, 218–226.

8 H. Schuster, Pastoraltheologie, in: SM III, 1060.

Wenn H. Schuster dieser Wissenschaft vom gesamten Handeln der Kirche die anspruchsvolle Bezeichnung einer »existentiellen Ekklesiologie« – im Unterschied zur traditionellen »essentiellen Ekklesiologie« – zuerkennt, und wenn er weiter die Frage aufwirft, wie weit in Zukunft die essentielle von der existentiellen Ekklesiologie noch getrennt werden kann[9], so ist damit eine Perspektive angedeutet, die auch für die Beziehung zwischen praktischer und ökumenischer Theologie von größter Wichtigkeit ist. Wenn diese Sicht, die auch von anderen maßgeblichen Wortführern einer Neuorientierung der Praktischen Theologie vertreten wird[10], von der breiten Öffentlichkeit der Kirchen insgesamt übernommen würde, könnte dies eine ganz neue Dynamik auslösen: Mit Recht nennt R. Bohren eine so verstandene Praktische Theologie die »Wissenschaft von der *ecclesia semper reformanda*«[11]. Kirchen, die ihr Selbstverständnis einem derart institutionalisierten Prozeß ständiger Kritik und Projektplanung mit konkreten Folgen für ihre Praxis aussetzten, hätten damit zugleich den entscheidenden Anfang ökumenischer Verständigung durch kirchliche Erneuerung gemacht.

3. *Konvergenz statt Konkurrenz*

Rein begrifflich läßt sich nun leicht sagen, worin Konvergenz und Verschiedenheit der beiden Totalansprüche der Praktischen Theologie einerseits und des ökumenischen Aspektes andererseits bestehen: Konvergenz besteht darin, daß beide auf den Gesamtgegenstand der Theologie bezogen sind; die Verschiedenheit liegt darin, daß die Praktische Theologie *nur einer von meheren möglichen methodischen Zugängen* zu diesem Gesamtgegenstand ist, während der ökumenische Aspekt eine umfassende formale Intention darstellt, die *in allen methodischen Zweigen* der Theologie wirksam werden kann und soll.

Insofern geht »ökumenische Theologie« in ihrer *begrifflichen* Reichweite über die Praktische Theologie hinaus, da die exegetisch, historisch und systematisch arbeitenden Fachrichtungen genau so ökumenisch ausgerichtet werden können. So wäre rein begriffslogisch eher die Praktische Theologie ein Teilbereich ökumenischer Theologie als

9 AaO. 1063.

10 Vgl. K. Rahner, Neue Ansprüche der Pastoraltheologie an die Theologie als ganze, in: Rahner IX, 127–147. Rahner spricht hier von der Praktischen Theologie als dem »kritischen Gewissen der anderen theologischen Disziplinen«. – R. Bohren, Praktische Theologie, in: LThK VIII, 685–686, spricht von der »hermeneutischen Funktion« der Praktischen Theologie. In ihr vollziehe sich die Krisis aller wissenschaftlichen Theologie und zugleich der kirchlichen Praxis.

11 AaO. 686.

der verbindlichen Zukunftsgestalt aller Theologie überhaupt zu nennen als umgekehrt.

Dies soll jedoch keineswegs heißen, daß aus dieser *logischen* Unterordnung der Praktischen Theologie unter die ökumenische Gesamtintention gefolgert werden dürfe, daß nun auch das konkrete Verhältnis beider Weisen oder Zielsetzungen theologischer Arbeit und ihre *methodologische* Abstimmung aufeinander im Sinne einer einseitigen Unterordnung der einen unter die andere verstanden werden müsse. Schon die Tatsache, daß es sich bei dem ökumenischen Gesamtinteresse nicht um eine methodologische Kategorie handelt, sondern um eine methodenunabhängige thematische Akzentsetzung, räumt den Belangen der Praktischen Theologie bei der methodologischen Abstimmung auf den ökumenischen Aspekt diesem gegenüber einen Vorrang ein. Dies kann dem an der ökumenischen Sache Interessierten nur recht sein. Denn erst dadurch, daß die einzelnen theologischen Fachrichtungen die ökumenische Zielsetzung mit Hilfe ihres jeweiligen methodischen Instrumentariums in ihre eigene Verantwortung übernehmen, wird gewährleistet, daß das Reden von einer »ökumenischen Theologie« nicht eine bloße fromme Absichtserklärung bleibt, ohne in einem verbindlichen wissenschaftstheoretischen und vor allem in einem konkreten wissenschaftsorganisatorischen Gesamtansatz Gestalt anzunehmen.

Soweit es sich um die Wahrnehmung des ökumenischen Interesses durch die exegetisch, historisch und systematisch arbeitenden Disziplinen handelt, ist damit ohnehin nicht allzuviel Neues gesagt. Anders liegen die Dinge im Verhältnis zur methodischen Eigenständigkeit der Praktischen Theologie. Man kann sich des Verdachtes nicht erwehren, daß die Praktische Theologie sich bisher für die Lösung von speziellen Problemen mit ökumenischem Einschlag die Leitnormen für ihre Entscheidungen von den anderen Fachrichtungen hat liefern lassen, daß sie sich also in diesem Feld noch kaum als eigenständige Wissenschaft bewährt, sondern die Rolle der alten Pastoraltheologie weitergespielt hat, die sich damit begnügte, als bloße »Kunstlehre« Grundsätze und Regeln »anzuwenden«, die sie von anderswoher entlehnte.

Eine Neuorientierung in diesem Punkte würde nicht nur der Praktischen Theologie als solcher für die weitere Sicherung ihres Anspruches auf volle wissenschaftliche Eigenständigkeit zugute kommen, sondern könnte auch *eine neue Epoche für die ökumenische Gesamtausrichtung der Theologie eröffnen*. Dann dürfte man freilich nicht dabei stehen bleiben, lediglich bei der Lösung einiger spezieller Probleme ökumenischer Praxis größere Eigenständigkeit zu beweisen. Vielmehr müßte man dann mit aller Intensität – am besten in einer »konzertierten Aktion« mit Vertretern der anderen Fachrichtungen – die Grundsaztfrage zu klären suchen, ob nicht die Wahrnehmung des ökumenischen Auftrags der Theologie als ganzer ihren Ausgangs- und Schwerpunkt in der Praktischen Theologie haben sollte.

Angesichts der Frage »Warum stagniert die Ökumene?«[12] hat N. Schiffers auch die Mitschuld einer bloß formalen ökumenischen Theologie angesprochen: Diese »beschreibt zwar die Struktur des Prozesses ... Dennoch verändert die Formaltheologie operational noch nichts auf der pastoralen oder institutionellen Ebene«[13]. Zunächst sei dazu angemerkt, daß diese Situationsbeurteilung fast zu optimistisch ist, denn unter den bloß beschreibenden Theologen gibt es auch solche, die nicht einmal die Struktur des ökumenischen *Prozesses,* sondern bloß *Zustände* beschreiben. Entscheidend aber ist hier eine andere Frage: Wenn man schon so sehr nach einer »operationalen«, also die Zustände verändernden ökumenischen Theologie ruft, so müßte man doch genauer zusehen, ob die Fehlanzeige nicht *strukturelle* Gründe hat: ist sie nicht einfach dadurch bedingt, daß die Theologen, die im ökumenischen Dialog tonangebend sind, im allgemeinen gar nicht die nötigen fachlichen Voraussetzungen zur Entwicklung einer »operationalen« Theologie mitbringen? Die meisten von ihnen kommen von der Systematik und von der exegetischen und historischen Quellenbetrachtung her und können daher ihren methodischen Einstieg kaum bei der Reflexion auf tatsächliche Praxis oder gar bei der Projektarbeit für zukünftige gemeinsame Praxis nehmen. Gerade dies aber wäre tatsächlich der gebotene Weg jeder ökumenisch ausgerichteten Theologie.

4. *Die Praktische Theologie als »Vorort« einer ökumenischen Theologie*

Was für die Praktische Theologie aufgrund ihrer besonderen Methodenwahl gilt – daß sie nämlich Wissenschaft vom Vollzug der Kirche, vom kirchlichen Handeln ist –, gilt für die ökumenische Theologie in ähnlicher Weise aufgrund ihres besonderen Formalobjektes, welches eben nicht mit »Einheit und Universalität«, sondern mit »*Einigung und Zurüstung für die universale Sendung*« richtig beschrieben wird: Ökumenische Theologie richtet sich also unmittelbar auf kirchliches *Handeln* im Dienste einer immer neu zu gewinnenden Einheit und Universalität.

Dies gilt nicht nur aufgrund der Spaltungen, die der vollen kirchlichen Einheit noch im Wege stehen. Auch das jeweilige Maß an *schon*

---

12 In: Una Sancta 28 (1973) 37–49.
13 AaO. 38.

erreichter Einheit zwischen den Kirchen und innerhalb der jeweiligen Kirchen bleibt eine Wirklichkeit, die zwar in Gottes gnädigem Heilshandeln in Christus ihren Ursprung und damit einen vorgegebenen sicheren Bestand haben mag, die aber dennoch in ihrem Zielpunkt eine ganz und gar menschliche, soziale Gegebenheit darstellt, die daher auch eine *ganz und gar labile Wirklichkeit* bleibt, ein Schwebezustand, der immer aufs neue dynamisch stabilisiert werden muß. Von Einheit kann daher gar nicht konkret und praktisch genug geredet werden. So wird die Praktische Theologie zum »Vorort« für die ökumenische Arbeit aller theologischen Disziplinen. An ihren Zielsetzungen und Fragestellungen muß jede ökumenisch-theologische Arbeit Maß nehmen.

5. Die hermeneutische Funktion praktisch-ökumenischer Theologie

Wenn Einheit und Katholizität oder universale, ökumenische Offenheit Wirklichkeiten sind, die als Konkretionen umfassender göttlicher Versöhnung und Sendung letztlich empirisch-sozial zu verstehen sind, kann ihre Realisierung oder zumindest ihre Realisierbarkeit nicht ohne Belang sein für das Verständnis des Stellenwertes der biblischen – und erst recht kirchlichen – Quellentexte. Der hermeneutische Zirkel, der durch das unvermeidbare Mitspielen von »Vorverständnissen« bei der Deutung von Glaubensurkunden entsteht, würde zum *circulus vitiosus,* wenn es nicht gelänge, aus der Eindimensionalität reiner Wissenschaftskompetenz auszubrechen. Legitimerweise aufgesprengt wird dieser Zirkel, wo gelebte Erfahrung die nötige Ursprünglichkeit sachgerechten Verstehens und damit die Unmittelbarkeit schafft, welche erst ein nichtdistanziertes, engagiertes Urteil – was soviel heißt wie Glaubenszustimmung – ermöglicht.

Auf diese gelebte Glaubenserfahrung zu reflektieren und neue Glaubenserfahrung durch die Vorbereitung einer entsprechenden Praxis in der Kirche zu ermöglichen, ist aber die eigentümliche Aufgabe der Praktischen Theologie – womit ihre Zuständigkeit für das Geschäft der hermeneutischen Vermittlung von Frage- und Auslegungsnormen auf der Hand liegen dürfte. Praktikabilität wird damit zum Kriterium für den konkreten Wahrheitsgehalt einer Aussage der Theologie oder der kirchlichen Verkündigung. Auch biblische und dogmatische Aussagen sind schließlich Niederschlag von konkreter Erfahrung mit dem Heilshandeln Gottes. Die Gehalte von bleibendem Belang müßten ihre Verbindlichkeit also dadurch erweisen, daß sie – um es hier wieder auf die ökumenische Thematik zuzuspitzen – in kirchenaufbauende und einheitsstiftende Praxis umsetzbar sind. Damit aber erhält – vermittelt durch die Arbeit der Praktischen Theologie – auch die Praxis aller kirchlichen Ebenen ein neues Gewicht für die ökumenische Theologie, vor allem auch die ökumenische Erfahrung an der sogenannten Basis[14].

Die Tragweite dieser hermeneutischen Norm für die ökumenische Verständigung wird noch deutlicher, wenn wir sie auf die »Instrumente der Einheit«, auf kirchliche Ämter, auf Charismen, auf Konzilien und Synoden und auch auf die die kirchliche Einheit begründenden Sakramente beziehen. Wenn hier zunächst gefragt würde, was all diese Instrumente der Einheit tatsächlich heute bewirken an realer Versöhnung und befreiender universaler Offenheit, wenn man bei allen Partnern des ökumenischen Dialogs Wirklichkeit mit Wirklichkeit vergleichen (und einander annähern) würde, statt abstrakt Anspruch gegen Anspruch zu stellen, dann würde zwar mancher selbstgefälliger Anspruch verblassen, aber vielleicht würde mancher Zug kirchlicher Wirklichkeit auch Anstöße beseitigen, welche eine abstrakt und ohne Praxisbezug dargebotene Lehre bietet, und vielleicht würden Lücken und Mängel in einem Lehrgefüge auch damit überbrückt, daß die zugehörige kirchliche Praxis von einem tiefer gründenden Wissen zeugt, das sich nur (noch) nicht in formeller kirchlicher Lehre artikuliert. Ökumenisch offene Theologen haben zwar auch bisher schon um diesen »Überschuß« an Wirklichkeit gewußt, wie er sich in der Praxis gegenüber kirchlicher Lehre zeigt. Aber dieses Wissen konnte sich meist nur in Form korrigierender Anmerkungen äußern, ohne daß es den primär auf die Lehre gerichteten wissenschaftlichen Ansatz, dem sie selbst verhaftet bleiben, hätte in Frage stellen können, vor allem aber auch ohne daß sich die ökumenische Politik der Kirchen dadurch merklich hätte beeinflussen lassen.

6. *Ökumenische Aufgaben im unmittelbaren Kompetenzbereich Praktischer Theologie*

Wenn wir auch die Aufgabe der Erarbeitung einer ökumenischen Hermeneutik für die anderen Disziplinen vorweg behandelt haben, so darf darüber doch nicht übersehen werden, daß dieser Dienst erst dann möglich wird, wenn die Praktische Theologie zunächst in ihrem unmittelbaren methodischen Kompetenzbereich an neuen Modellen er-

14 Vgl. dazu: G. Voss, Streit um die Theologie der Basis, in: Catholica 27 (1973) 359–380; A. Ahlbrecht, Spitze oder Basis – Wer ist maßgebend im ökumenischen Prozeß?, in: Ökumene am Ort (Blätter für ökumenische Gemeindearbeit, hg. von action 365, 6 Frankfurt 70, Kennedyallee 111a) 1, 10 (1972) 1–12; ders., Ökumene am Ort – Kern oder Randzone christlicher Einheit?, in: Ökumene am Ort 1, 12 (1972) 1–13.

probt hat, welche Konkretionen von Einheit und ökumenischer Offenheit vor dem Kriterium der Praktikabilität standhalten.

Dabei sollte darauf geachtet werden, daß man sich nicht allein auf die traditionellen Bereiche der alten Pastoraltheologie beschränken darf, welche sich im wesentlichen auf Leben und Handeln in der Ebene der Ortsgemeinde bezog. Auch *übergreifende kirchliche Strukturen* sind daraufhin zu durchleuchten, wieweit sie ökumenisches Handeln der Kirchen ermöglichen oder erschweren. Hier seien lediglich einige wenige Beispiele solcher Bereiche genannt: Kirchliche Gesetzgebung; Funktionsweisen kirchenleitender Organe und Synoden; Zusammenspiel der für die ökumenische Bewegung so wichtigen Spontangruppen mit offiziellen kirchlichen Institutionen; Kooperationsfähigkeit und Kooperationsbereitschaft karitativ-diakonischer Einrichtungen.

Ein besonderes Arbeitsfeld von ständig wachsender Aktualität liegt im Problemkreis des *Verhältnisses der Kirchen und der ökumenischen Bewegung zur Gesellschaft*[15]. Gerade hier hätte die Praktische Theologie eine ihrer derzeit vordringlichsten Aufgaben wahrzunehmen: zwischen den Fronten derer, die einander mit scheinbar theologischen Argumenten bekämpfen, hätte sie – zusammen mit den zuständigen Humanwissenschaften – zunächst nüchtern-empirisch zu erheben, welche *tatsächlichen* Wechselwirkungen zwischen Kirche und Gesellschaft in verschiedenen Situationen und angesichts unterschiedlicher kirchlicher Leitbilder und Strukturen bestehen, um so erst einmal den Zugang zur Möglichkeit einer ideologiekritischen und dann auch theologischen Beurteilung der Probleme zu bahnen.

Die Lösung dieser Aufgabe ist auch unter ökumenischem Aspekt so dringlich, weil die hier mittlerweile eingetretene Polarisierung die Kirchen nicht nur bei der Erfüllung ihrer Verpflichtungen inmitten dieser Weltgesellschaft, sondern auch bei ihren Bemühungen um Verständigung untereinander behindert.

Eine ähnliche Aufgabe liegt in der dringend notwendigen Untersuchung von *Fremdmotiven,* die in ökumenischem oder antiökumenischem Verhalten wirksam sind. Erste Ansätze in dieser Richtung sind bereits zu verzeichnen. So hat Lengsfeld sich mit der Rolle von *»Macht als Faktor in ökumenischen Prozessen«*[16] befaßt. Auch zum Thema

15 Vgl. dazu R. Frieling, Ökumene in Deutschland (1970); F. Hasselhoff/H. Krüger (Hg.), Ökumene in Schule und Gemeinde (1971); E. Lange, Die ökumenische Utopie oder Was bewegt die ökumenische Bewegung? (1972).

16 In: Una Sancta 28 (1973) 235–241.

»Angst in der Kirche« liegt eine Gemeinschaftsarbeit von evangelischen und katholischen Autoren vor[17].

Letzte Bezugsebene allen kirchlichen Handelns und damit auch aller theologischen Arbeit ist aber die *örtliche Gemeinde* in ihren verschiedenen Erscheinungsformen, weil hier die primären Vollzüge christlichen Glaubens ihren vornehmlichen Ort haben. Entsprechend dem Anspruch der Praktischen Theologie, das *Ganze* des Vollzugs von Kirche in allen Ebenen zu bearbeiten und entsprechend auch dem gleich umfassenden Anspruch der ökumenischen Theologie gibt es an sich keinen Bereich im gesamten Leben und Handeln der Gemeinde, der nicht von der Praktischen Theologie unter ökumenischen Perspektiven bearbeitet werden müßte. Dennoch liegt es nahe, gewisse Prioritäten zu setzen oder besser: die aufgrund von besonderen Berührungs- und Reibungspunkten *vorgegebenen Prioritäten* zu beachten.

Dabei drängt sich vor allem ein alle Kirchen in gleicher Weise betreffendes Grundproblem auf: Durch den Zerfall der selbstverständlichen Volkskirchlichkeit ist die Existenz ihrer Gemeinden in ihrer bisherigen Gestalt in Frage gestellt. Mit der unausweichlichen Aufgabe des situationsgerechten neuen Gemeindeaufbaus sind die Gemeinden aller Konfessionen vor die gleichen theologischen Grundfragen gestellt: Im Medium der Frage nach einer neuen Gestalt der Gemeinde zwischen Volkskirche und »kleiner Herde« stellt sich die Frage nach dem Verständnis von Kirche in der Welt überhaupt; ferner die Frage nach dem rechten Gebrauch der Sakramente (oder Riten) der Initiation (Taufe, Firmung/Konfirmation)[18].

An dieser Stelle, wo die angesprochene kirchliche und theologische Problematik auch für die Ortsgemeinden in konkreten Vollzügen faßbar und unumgänglich wird, läge eine besondere Chance der Praktischen Theologie, durch die Vorbereitung (oder Begleitung) gemeinsamer neuer Praxis neue ökumenische Realitäten zu schaffen: Wo bezüglich der Taufe in der Ebene der Lehre und der jeweiligen – noch könnten und müßten hier über die bloß juridisch-deklamatorische Anerkennung hinaus Wege zur *Herstellung einer Handlungsgemeinschaft* gesucht werden: Durch gemeinsame Taufkatechesen oder Taufelternseminare, vor allem aber durch Vollzug der Taufen in Anwesenheit der anderskonfessionellen Partnergemeinden oder ihrer Vertreter müßte diese grundsätzlich schon gegebene Anerkennung in das Be-

17 R. Bohren/N. Greinacher (Hg.), Angst in der Kirche verstehen und überwinden (1972).

18 Ansätze dazu bei K. W. Dahm/H. de Bruin (Hg.), Ökumene in der Gemeinde (1971); R. Volp/H.Schwebel (Hg.), Ökumenisch planen (1973); W. Schmandt, Keine Angst vor Ökumene (1972).

wußtsein der Gemeinden eingestiftet werden. Vor allem aber müßte dieser gemeinsame Vollzug so gestaltet und gedeutet werden, daß er zur Stiftung verbindlicher kirchlicher Partnerschaft, ja kirchlicher Gemeinschaft (»koinonia«) wird. Solange man die Stiftung solcher Verbindlichkeit durch die künstliche Konstruktion der Gründung von »Arbeitsgemeinschaften christlicher Gemeinden« (deren höchste Weihe die Eintragung in das Vereinsregister bildet!) erreichen zu können meint, wird ökumenische Gemeinschaft im Bewußtsein der Gemeindeglieder den Charakter des Beliebigen behalten.

Aber auch dort, wo keine Übereinstimmung in der Lehre und kirchlichen Wertung besteht, wie hinsichtlich der Firmung bzw. Konfirmation, ist der umfassendere Problemhorizont bezüglich der Frage der psychologischen Reife, des pädagogischen Vorgehens und der Erprobungskriterien und im Medium dieser praktischen Fragen auch des Kirchenverständnisses doch wieder der gleiche, so daß sich auch hier ein Feld für gemeinsame praktisch-theologische Initiativen bietet. Dabei könnte sich zeigen, daß die neugewonnene Übereinstimmung im Verständnis dieses weitergespannten Problemhorizontes zu einem Konsensus in der »existentiellen Ekklesiologie« führt, der auch für die Frage der Herstellung voller Kirchengemeinschaft das Übergewicht über einzelne Differenzpunkte in der »essentiellen Ekklesiologie« oder der Sakramentenlehre gewinnt. Dabei ist nicht einmal auszuschließen, daß sich nach der Herstellung einer Übereinstimmung in den umfassenderen Fragen der »existentiellen Ekklesiologie« auch in den zunächst noch offengelassenen Einzelfragen Übereinstimmung anbahnt.

Diese beiden Arbeitsvorschläge sind nur als Beispiele gedacht, an denen andeutungsweise einige Kennzeichen ökumenisch-praktischer Projektarbeit sichtbar werden: verschiedene Typen der Ausgangslage (gemeinsame Praxis bei Übereinstimmung oder Nichtübereinstimmung in der Lehre); Bezug zur gesellschaftlichen Gesamtsituation; Einbettung in das gottesdienstlich-sakramentale Leben; rechtes Verhältnis zwischen ökumenischer Strategie und »Wachsenlassen« usw. Eine eingehendere theologische Absicherung der angedeuteten Vorschläge ist hier nicht möglich.

Zum rechten Verständnis der Gesamtlinie dieser Überlegungen sei nur noch dies gesagt: Der Vorwurf eines unzulässigen Pragmatismus, der gegenüber einer ökumenischen Programmatik übrigens eher zu erwarten ist als gegenüber einer im innerkirchlichen Kreis operierenden Praktischen Theologie, ginge hier an der wirklichen Intention und Aussage vorbei: Die Wertfrage tritt hier keineswegs zurück hinter die Frage nach einer reinen Faktizität. Vielmehr werden beide Aspekte hier eng verklammert: Eben um des angezielten Wertes willen wird gefragt, welches Handeln faktisch zur Erreichung dieses Wertes führt.

Konkrete Einheit hat freilich auch dann, wenn sie erst fragmentarisch und anfanghaft besteht, größeren Wert, stärkere Wirklichkeit und Seinsdichte als eine Haltung, die zwar vollkommene Einheit denkt und fordert, aber sich scheut, den mühsamen Weg der kleinen Schritte zu gehen, der die einzig mögliche geschichtliche Erscheinungsform wachsender Einheit von Kirche und Welt ist.

2 | 44 Ludwig Rütti

Mission – Gegenstand der Praktischen Theologie oder Frage an die Gesamttheologie? Überlegungen zum Ende der kolonialen Mission

Im Rahmen eines Sammelwerkes, das eine Bestandsaufnahme vor allem wissenschaftstheoretischer und methodischer Probleme der Praktischen Theologie darstellt, legt es sich nahe, das Thema Mission und Missionstheologie unter dem Aspekt seiner Beziehung zur Praktischen Theologie und seiner Bedeutung für die Gesamttheologie zu untersuchen.

1. Zur Fragestellung

Wegen der gebotenen Kürze kann es sich im folgenden nur um eine Problemskizze handeln. Die Analyse der gegenwärtigen ökonomisch-politisch-kulturellen Situation, in der Mission betrieben und über Mission reflektiert wird, die Analyse der traditionellen Missionstheologie und der Aufweis möglicher Konsequenzen für die Theologie können nur in Stichworten vorgelegt werden. Das Ziel ist, möglichst klar und scharf eine fundamentale Dimension und von da aus eine Gesamtperspektive der gegenwärtigen Missionsproblematik aufzuzeigen, also nicht, einen umfassenden Überblick zur Missionswissenschaft mit deren verschiedenen Themen und Einzeldisziplinen (biblische, dogmatische und pastorale Missionslehre; Mission und Ökumenismus; Missionsgeschichte; Missionskunde der verschiedenen Kontinente und Länder; Religionskunde, Völkerkunde und Soziologie als »Hilfswissenschaften«) oder die verschiedenen Auffassungen und »Theorien« von Mission darzulegen. Es soll auch nicht über die verschiedenen neueren missionstheologischen Konzeptionen referiert werden, die von bestimmten bibeltheologischen oder ekklesiologischen Ansätzen ausgehen, da diese Konzeptionen zumeist weder auf das tatsächliche Missionswesen (mit dem Gewicht seiner geschichtlichen Gegebenheit und mit der in ihm institutionalisierten Theologie) noch auf die Bedingungen in der heutigen Weltsituation in stringenter Weise bezogen sind[1].

---

1 Vgl. folgende Einführungen und Gesamtdarstellungen zur Missionstheologie (Auswahl). Katholische Autoren: D. Catarzi, Lineamenti di dommatica missio-

Im Hinblick auf diese Fragestellung – Bedeutung der Missionsproblematik für die Theologie in der heutigen Weltsituation – kann die Diskussion über das Verhältnis von Praktischer Theologie und Missionstheologie aufschlußreich sein (2. Abschnitt). Die Missionstheologie wurde und wird vielfach nicht nur als eine Nachbardisziplin der Praktischen Theologie betrachtet. Mission wird als ein Feld kirchlicher Praxis verstanden. In beiden Disziplinen besteht daher als ein spezifisches Problem der Situationsbezug und das Verhältnis von »Theorie« und »Praxis«, von Erfahrung bzw. Handeln und theologischer Reflexion. Die in diesem Rahmen geführte Diskussion über den Ort der Missionstheologie innerhalb der Theologie bietet Ansätze, die, kritisch weiterentwickelt, auch einen theologiegeschichtlichen Zusammenhang für die hier vorgelegte Fragestellung sichtbar machen.

Die Bestimmung des Gegenstandes »Mission« ist unter den Fachleuten in vielfacher Weise strittig und hängt von der jeweiligen Position und Intention ab. Gemäß den nachfolgenden Ausführungen soll Mission hier primär problem- und situationsbezogen (dh. im Zusammenhang von Kolonialismus und Dritter Welt) »definiert« werden, da die Definitionen aufgrund von geographischen, kulturell-religiösen (außerabendländische, nichtchristliche, nichtkatholische Völker und Kulturen) oder kirchlichen (Existenz und Entwicklungsstadium von Kirche bzw. kirchlichen Institutionen) Kriterien als entscheidende Merkmale für die »Missionssituation« und damit als leitende Kategorien für christlich-kirchliches Handeln von vornherein in der Gefahr stehen, die Ausgangssituation für Kirche und Mission heute – auch und gerade in ihrer theologischen Relevanz – nicht oder nur spezifisch gefiltert wahrzunehmen[2]. Mission auf Dritte Welt hin inhaltlich zu bestimmen und in diesem Bezug die grundlegende Problematik der Mis-

---

naria – Parte Generale (1958); ders., Teologia delle missioni estere – Aspetti specifici (1958); Ch. Couturier, Die Mission der Kirche (1959); A. Cracco, Breve Corso di missionologia (1960); A. Freitag, Mission und Missionswissenschaft (o. J.); J. Glazik, Missionswissenschaft, in: E. Neuhäusler / E. Gössmann (Hg.), Was ist Theologie? (1966) 369–384; A.-M. Henry, Esquisse d'une théologie de la mission (1959); K. Müller, Die Weltmission der Kirche (1960); Th. Ohm, Machet zu Jüngern alle Völker – Theorie der Mission (1962); A. Seumois, Introduction à la missiologie (1952); B. Willeke, Neue Thesen und Trends in der Katholischen Missionstheologie seit dem Zweiten Vatikanum, in: Evangelische Missionszeitschrift 31 (1974) 1–14. – Evangelische Autoren: H.-W. Gensichen, Glaube für die Welt – Theologische Aspekte der Mission (1971); H. J. Margull, Theologie der missionarischen Verkündigung – Evangelisation als ökumenisches Problem (1959); M. Spindler, La Mission, combat pour le salut du monde (1967); G. F. Vicedom, Missio Dei – Einführung in eine Theologie der Mission (1958); ders., Mission im ökumenischen Zeitalter (1967).

2 Zu den verschiedenen Definitionen von Mission vgl. Ohm, 33–57.

sion anzusetzen, stellt keinen circulus vitiosus dar, insofern der Geschichts- und Gesellschaftsbezug für die Theologie fundamental ist und diese Bestimmung von Mission – besser und umfassender als andere Ansätze – zum Verständnis des geschichtlichen Erbes und der Gegenwart der Mission sowie zu einem an der realen Situation orientierten Erkennen der zukünftigen Aufgaben führen kann. Wenn durch die inhaltliche Verbindung von Mission und Kolonialismus/Dritter Welt einzelne geographische Gebiete, die traditionellerweise zu den »Missionsländern« gerechnet werden, auf den ersten Blick außer Betracht zu fallen scheinen (zB. Japan), sei darauf hingewiesen, daß einerseits alle bisherigen Definitionen von Mission auf Schwierigkeiten in gewissen »Grenzfällen« stoßen und andererseits »Dritte Welt« eine Problematik bezeichnet, die sich nicht auf bestimmte Weltregionen beschränkt, sondern im Grunde eine Strukturfrage der internationalen Beziehungen insgesamt darstellt. Aber auch in einem weniger präzisen Sinn ist Dritte Welt – als der ehemals (und in einigen Ländern heute noch) der Kolonialherrschaft unterworfene und gegenwärtig »unterentwickelte« Teil der Welt – fast völlig identisch mit den früher sog. »Missionsgebieten«[3].

Die nachfolgenden Ausführungen zur Mission beziehen sich auf die Frage nach dem »Ort« dieses Praxisfeldes in der Theologie und auf die Herausforderung der Theologie durch die Mission (4. Abschnitt). Um die Notwendigkeit einer Neuorientierung aufzuzeigen, werden (im 3. Abschnitt) die »Dimensionen der Missionsproblematik in der Gegenwart« grob skizziert. Bei einer solchen Zielsetzung kommt es gerade nicht auf eine alles umfassende und auf *einer* Ebene auftragende Darstellung aller möglichen Aspekte der Mission an, sondern auf den Aufweis der *determinierenden* Zusammenhänge und Strukturen der neuzeitlichen Mission, die den Rahmen und die Grundbedingungen für die regionale und individuelle Missionstätigkeit schaffen. Die Grundbedingungen der kolonialen Situation bilden die Voraussetzungen, angesichts derer wohl auch andere, in Gegensatz zur »kolonialisti-

---

3 Nach dem »kanonistischen« Missionsbegriff, der zwar von vielen Missionstheologen abgelehnt wird, aber die praktische Missionstätigkeit in der Neuzeit nachhaltig bestimmt hat, besteht Mission in den Ländern, die der Römischen Propaganda-Kongregation (1622 gegründet, seit 1967 auch »Kongregation für die Evangelisation der Völker« genannt) unterstellt sind. Danach zählt etwa ein Drittel der wirklichen »Missionsgebiete« nicht zur »Mission«, weil sie (wie die portugiesischen Territorien Angola und Mosambik oder die Indianermissionen in Lateinamerika) anderen römischen Behörden unterstehen, während andererseits Länder wie Dänemark und Schweden dazugerechnet werden. Die Unterscheidung hat auch einen finanziellen Aspekt, denn nur die der Propaganda unterstehenden Gebiete erhalten Unterstützung von den Päpstlichen Missions-Hilfswerken (vgl. Freitag, 35 ff.).

schen« Mission stehende Konzeptionen und Praxen möglich waren und sind, in der Wirklichkeit aber relativ selten und kaum dauerhaft realisiert werden konnten. In diesem Sinne ist die gegenseitige Beziehung von Mission und Kolonialismus zu verstehen. Sie herauszustellen ist deshalb nicht »einseitig«, denn der Aufweis von strukturellen Bedingungen soll nicht gleichmäßig alle Phänomene erfassen und nach einem allgemeinen und zumeist nicht näher begründeten Schema ordnen; vor allem jedoch können auch missionarische Verhaltensweisen, die sich im Widerstand zu den kolonialen Grundbedingungen entfalten, nicht gegen diese selbst aufgerechnet werden.

Da nicht beabsichtigt ist, die verschiedenen, auch neuen Tendenzen in der Missionstheologie darzustellen, sondern eine Anfrage an die Theologie zu formulieren, ist es unvermeidlich, vorwiegend kritisch zu argumentieren. Intendiert ist jedoch nicht bloß die Kritik an einer vergangenen Epoche der Mission. Das Zusammenfallen der neuzeitlichen Mission mit der wirtschaftlich-politisch-kulturellen Expansion des Westens hat die Grundbegriffe und Strukturen der Mission (und damit auch das Selbstverständnis des abendländischen Christentums) zutiefst geprägt. Dieses »Erbe des Kolonialismus« bildet die gegenwärtige Ausgangsposition sowohl für die Universalkirche als auch für die sog. einheimischen Kirchen in der Dritten Welt. Das Problem liegt tiefer als die feststellbare (kirchen-)politische Kollaboration mit oder der Widerstand gegenüber den Kolonialmächten. Trotz bester Absichten der Beteiligten gerät die nachkonziliare Reform der Mission in die Gefahr, zwar die frühere Verquickung mit der Kolonisierung selbst zu kritisieren, gleichzeitig aber sich der Praxis und der Ideologie der (neokolonialistischen) »Entwicklung« anzupassen: Man spricht von »Selbständigkeit der Jungen Kirchen« und von »zwischenkirchlicher Partnerschaft«, ohne die realen strukturellen Voraussetzungen dafür zu erkennen oder zu schaffen, und vielfach wird durch neue theologische Begriffe auf »idealistische« Weise die in den Institutionen und Mentalitäten noch weiterwirkende Vergangenheit eher verdrängt als wirklich aufgearbeitet. Nur durch eine Vertiefung der historischen und strukturalen Analyse, die den Zusammenhang der »kolonialistischen« Mission mit dem abendländischen Kirchenverständnis und mit der abendländischen Theologie untersucht, kann verhindert werden, daß die »Erneuerung« der Mission eine oberflächliche Modernisierung und eine Anpassung an die gegenwärtigen Praktiken und Ideologien der westlichen Industriegesellschaften (»Entkolonisierung«, »Entwicklungshilfe« usw.) bleibt. In den folgenden Ausführungen soll auf dieses Problem hingewiesen und damit auch die Frage nach dem Sinn von Mission gestellt werden.

2. Mission als Gegenstand der Praktischen Theologie

Von Anfang an bis heute kam die Frage nicht zur Ruhe, ob die Missionswissenschaft innerhalb der Theologie eine selbständige Disziplin sein soll.

Der eine Aspekt dieser Frage betrifft die Wissenschaftsorganisation und die Arbeitsteilung. Diesbezüglich hat eine bemerkenswerte Umkehr der Argumentation stattgefunden. Gegen Ende des 19. Jahrhunderts entstand die Missionswissenschaft als eine theologische Einzeldisziplin. Im deutschen Sprachraum wurde auf protestantischer Seite der erste Lehrstuhl für Missionswissenschaft 1896 in Halle (mit G. Warneck), auf katholischer Seite 1910 in Münster (mit J. Schmidlin)[4] errichtet. Nach der Meinung von Warneck und Schmidlin sollten die Missionsfragen (biblische und dogmatische Missionsbegründung, Missionsgeschichte, Missionspastoral usw.) zunächst in den entsprechenden anderen theologischen Disziplinen oder wenigstens in enger Kooperation mit diesen behandelt werden; sobald jedoch eine genügende Fülle von Material aufgearbeitet, genügend Fachleute herangebildet, Lehrstühle und Institute errichtet seien, sollte die Missionswissenschaft als selbständige Wissenschaft bestehen, die sich mit sämtlichen die Mission betreffenden Fragen befaßt[5]. Inzwischen hat sich in der Missionswissenschaft eine solche Menge von Material angesammelt und eine solche Spezialisierung vollzogen (da die Missionswissenschaft nicht nur alle anderen theologischen Disziplinen mit deren stets weiter verfeinerten Methoden im Hinblick auf die Mission umfaßt, sondern darüber hinaus noch Religionswissenschaft, Ethnologie und Soziologie), daß in Zukunft nach J. Glazik[6] Missionswissenschaft sinnvoll und zumutbar nur noch von einem größeren Team von Spezialisten für einzelne Teilgebiete betrieben werden kann oder, was noch wünschenswerter wäre, wenigstens die Behandlung der exegetischen, systematischen, pastoralen, liturgischen und geschichtlichen Fragen der Mission den entsprechenden klassischen Disziplinen übertragen werden sollte.

Der andere Aspekt der Frage, ob es eine selbständige Missionswis-

---

4 Die näheren Umstände sind erwähnenswert: Im Sommersemester 1909 wurde die Katholisch-Theologische Fakultät der Universität Münster vom Berliner Kultusministerium aufgefordert, »in ihrem Lehrbetrieb auch das Kolonialwesen zu berücksichtigen«; der Lehrauftrag für J. Schmidlin bezog sich auf die Thematik »Die Mission in den deutschen Schutzgebieten«. Vgl. Glazik, Missionswissenschaft, 371.

5 Vgl. F. Kollbrunner, Der Ort der Mission in der Theologie, in: Vermittlung zwischenkirchlicher Gemeinschaft, hg. von J. Baumgartner (1971) 252 f.

6 Vgl. J. Glazik, Aufgaben und Ort der Missionswissenschaft heute, in: Evangelische Missionszeitschrift 25 (1968) 125–133, bes. 133.

senschaft geben soll, ist sachlicher Art. Im Hinblick auf das grundlegende Verständnis von Mission wird gefragt, welcher theologischen Disziplin aufgrund der dieser eigenen spezifischen Fragestellung und Methode die Theologie der Mission zuzuordnen sei. Auch diesbezüglich ist eine eigentümliche Konvergenz zwischen der anfänglichen Diskussion im 19. Jahrhundert und den gegenwärtigen Positionen festzustellen. Damals wie heute tendiert die vorherrschende Meinung darauf hin, die Missionslehre als einen Teil der Praktischen Theologie zu verstehen. Eine solche Auffassung findet sich im 19. Jahrhundert bei Vertretern der Praktischen Theologie sowohl auf protestantischer Seite (zB. D. F. Schleiermacher) als auch auf katholischer Seite (zB. J. B. Hirscher, A. Graf)[7]. Auf diese Ansätze und auf deren Begründung bezieht sich auch K. Rahner, der in neuerer Zeit eine fundierte und von vielen aufgegriffene Konzeption vorgelegt hat, wonach die Entfaltung und Begründung des Missionsverständnisses zum Aufgabenbereich der Praktischen Theologie gehört[8].

Nach der Definition Rahners ist die Praktische Theologie »die theologische, normative Wissenschaft vom Selbstvollzug der Kirche in allen Dimensionen«[9]. Eine dieser Dimensionen ist die »missionarische Sendung« der Kirche. Die Missiologie ist daher nicht Teil der »essentiellen Ekklesiologie«, weil die aktuelle Missionstätigkeit – wie jede pastorale Tätigkeit – sich immer auf zwei Pole beziehen muß: auf die *Kirche* in ihrem normativen Wesen und mit ihren wesentlichen Aufgaben und auf die *Situation,* in der sich dieser Auftrag konkretisiert und die nur empirisch mit den entsprechenden wissenschaftlichen Methoden erkannt werden kann.

Die Mission vom Wesen und Auftrag der Kirche her zu definieren, entspricht dem gegenwärtig vorherrschenden Verständnis in den Missionsinstitutionen und in der Missionswissenschaft; die unterschiedlichen Auffassungen vom Ziel der Mission – Bekehrung von Nichtchristen oder Errichtung der Kirche als Institution bzw. Gemeinschaft – beziehen sich letztlich nur auf verschiedene Phasen der Missionierung oder setzen unterschiedliche Akzente in einer Tätigkeit, die insgesamt von der Kirche (als bestehender) ausgeht und auf die Kirche (als auszubreitende oder zu errichtende) hinzielt[10]. Zur theoretischen Unterscheidung, vorwiegend aber aus pragmatischen Gründen (zur Rollen-

7 Vgl. Glazik, Missionswissenschaft, 370; Kollbrunner, 250.

8 K. Rahner, Grundprinzipien zur heutigen Mission der Kirche, in: HPTh II/2, 46–80.

9 AaO. 50.

10 Zum »ekklesiozentrischen« Missionsverständnis mit dessen weitreichenden Zusammenhängen vgl. L. Rütti, Zur Theologie der Mission – Kritische Analysen und neue Orientierungen (1972).

definition des Missionars und der Missionsinstitutionen, zur Werbung für Missionspersonal und für Unterstützung der Mission) wird die (»äußere«) Mission abgegrenzt von der Pastoral und der »inneren Mission« als der Seelsorge in »christlichen Ländern« bzw. – in »Missionsländern« – an den schon Bekehrten und in die Kirche Eingegliederten[11].

Einige kritische Anmerkungen sollen auf die Implikationen und auf die Problematik dieses Missionsverständnisses und der entsprechenden Zuordnung der Missiologie zur Praktischen Theologie hinweisen[12]. Die Formel »Selbstvollzug der Kirche«, die nach dieser Auffassung den Ausgangspunkt der Praktischen Theologie bildet und auch die Missionsbegründung umfaßt, mag theologisch richtig sein und scheint in ihrer Abstraktheit, die die unterschiedlichsten Deutungen zuläßt, unangreifbar. Sie verdeckt jedoch wesentliche Probleme der heutigen kirchlichen und missionarischen Situation: Wie und nach welchen Kriterien konstituiert sich Kirche? Wie und von wem wird das Selbstverständnis und der Selbstvollzug der Kirche bestimmt? Die Formel unterstellt ein universal gültiges und akzeptiertes Verständnis vom Wesen und Auftrag der Kirche, was jedoch heute – mit guten theologischen Gründen – nicht zuletzt von den (Jungen) Kirchen in der Dritten Welt bisweilen radikal in Frage gestellt wird[13]. In einer Situation, in der eine bestimmte abendländische Form von Theologie und Kirchentum dominiert, die Missionsinstitutionen beherrscht und kontrolliert und dadurch – unter anderem – die Jungen Kirchen in völliger Abhängigkeit hält, droht die Universalformel »Selbstvollzug der Kirche« faktisch die abendländische Vorherrschaft zu bestärken und die Mission als Reproduktion westlichen Kirchentums weiterhin zu bestätigen. Auch wenn »Selbstvollzug der Kirche« und »Mission als Wesensaufgabe der Kirche« (gegenseitige Integration von Mission

---

11 Im Anschluß an die Missionsdiskussion auf dem Vatikanum II stellt Y. Congar fest: »Man weiß noch zur Genüge, wie Missionare und Missiologen reagiert haben, als die Kirchen der alten Gebiete der Christenheit, die sich mit den modernen Problemen des Unglaubens auseinanderzusetzen haben, die Begriffe ›Mission‹ und ›Missionare‹ übernahmen ... Sie sind daher der Auffassung, hier von ›Missionen‹ zu sprechen, sei letztlich eine Unehrlichkeit und berge die Gefahr, die Aufmerksamkeit und die Berufungen von den eigentlichen Missionsgebieten abzulenken«; Y. Congar, Theologische Grundlegung (Nr. 2–9), in: J. Schütte (Hg.), Mission nach dem Konzil (1967) 149 f. Vgl. auch N. Dunas; Perspectives d'une Théologie missionnaire – Missions extérieures et missions intérieures, in: Parole et Mission 1 (1958)342–366.

12 Zu K. Rahners Konzeption und zur Aufgabe der Missionswissenschaft vgl. auch A. Camps, Missiologie in deze tijd, in: wereld en zending 1 (1972) 5–16.

13 Vgl. R. Ageneau / D. Pryen, Un nouvel âge de la mission (1973), bes. 124 bis 143.

und Kirche) an sich auch für eine andere Interpretation offen sind, verbirgt sich dahinter doch zumeist eine institutionalistische Sicht und Praxis, dh. die christlich-kirchliche Sendung wird primär als amtlich-institutionelle Funktion definiert und organisiert, für die die Menschen als Objekte erscheinen, sei es der Seelsorge (pastorale Betreuung) oder der Mission (Errichtung der Kirche und Eingliederung der Menschen in die Kirche). »Selbstvollzug der Kirche« kann auch, wie in der nachkonziliaren Ekklesiologie und Missionstheologie vielfach erklärt wird, so verstanden werden, daß die Kirche primär die »Gemeinschaft der Glaubenden« ist, daß Kirche situationsbezogen und schöpferisch in je neuen Formen und Strukturen der Gemeinschaft entsteht[14], daß sich das Glaubensverständnis und entsprechend die Theologie in einer »einheimischen« Gestalt artikulieren soll. Diese Erklärungen bleiben aber bloß schöne Worte, solange nicht die institutionellen, kirchenrechtlichen, personellen und finanziellen Bedingungen für deren Reali-

14 »Als eschatologisches Geschehen ist die Mission ein geschichtlicher Prozeß. Zu einem geschichtlichen Prozeß gehört wesentlich das Unableitbare der Freiheit, das Unvorhergesehene und das schöpferisch Neue. ... Durch die Mission wird deshalb, wenn sie sich eschatologisch versteht, die Kirche nicht bloß ausgedehnt; die Kirche entsteht vielmehr in jedem Volk neu. Es geht nicht um Indoktrination, Werbung neuer Mitglieder, Gewinnung eines neuen Rekrutierungsbereichs, sondern um einen geschichtlichen Vorgang. Wenn das Evangelium gepredigt wird, dann kommt ein Prozeß zustande, den man weder vorhersehen noch vorherplanen kann. Es ist zunächst offen, in welcher Weise sich konkret Volk Gottes sammelt.« (W. Kasper, Warum noch Mission?, in: Ordens-Korrespondenz 9 [1968] 251 f.). Wie jedoch auch die nachkonziliaren römischen Richtlinien für die Mission zeigen, ist – zumindest von dieser Seite her – die Mission nach wie vor »institutionalistisch« und »zentralistisch«. Vgl. Instruktionen der Kongregation für die Evangelisation der Völker, mit einem Kommentar von J. Glazik (1970); J. Kelly, Organization of Missionary Activity, in: Agenzia Internazionale Fides, Documentazione, Vol. IV (1968) No. 58, 462–478; K. Müller, Die großen Prinzipien der zentralen Missionsleitung, in: Concilium 2 (1966) 163–173. Nach offiziellen Angaben hat die Propaganda-Kongregation folgende Funktionen und Kompetenzen: »Die Hl. Kongregation errichtet und teilt die Missionsdistrikte je nach Opportunität; sie hat den Vorsitz in der Leitung der Mission und prüft alle Fragen und Berichte, die von den Ortsordinarien und Bischofskonferenzen eingereicht werden; sie überwacht das christliche Leben der Gläubigen und die Disziplin des Klerus sowie alle karitativen Vereinigungen und die Vereinigungen der Katholischen Aktion; und schließlich wacht sie über die bessere Entwicklung der katholischen Schulen und insbesondere der Seminarien.« (Annuario Pontificio per l'anno 1974. Città del Vaticano 1974, 1431 f.).

sierung in die theologischen Reflexionen einbezogen und in der Praxis geschaffen werden[15].

3. Dimensionen der Missionsproblematik in der Gegenwart

Die politischen, ökonomischen und kulturellen Prozesse in der Dritten Welt sowie die zum großen Teil dadurch bedingten Veränderungen der Mission bzw. der Jungen Kirchen stellen in einem bisher noch kaum wahrgenommenen Ausmaß das traditionelle Missionsverständnis und die dahinter stehende Theologie und Kirche in Frage. Nur wenn es gelingt, dieses Phänomen in seinen verschiedenen Dimensionen zu erfassen, kann sich auch zeigen, ob und in welcher Weise eine theologische Reflexion über die Mission heute sinnvoll und nützlich ist und welcher Stellenwert ihr im Ganzen von Theologie und Kirche zukommt.

Hinsichtlich der »Entkolonisierung« mußten die Völker der Dritten Welt schon sehr bald erkennen, daß die formale politische Unabhängigkeit noch keineswegs die wirkliche Befreiung von der kolonialen Vergangenheit gebracht hat[16]. Unter neuen Formen bestehen die alten wirtschaftlich-politischen Abhängigkeiten weiter und werden durch neue Entwicklungen noch verstärkt: nachteilige Welthandelsbedingungen, Industrialisierung nach den Profitinteressen des Kapitals der reichen Länder bzw. der multinationalen Konzerne und nicht nach den Bedürfnissen der eigenen Volkswirtschaft und der Gesamtbevölke-

---

15 Wie A. Hastings in einer detaillierten Untersuchung mit umfangreichem statistischem Material nachgewiesen hat, wird die katholische Kirche in Schwarzafrika in absehbarer Zeit einen großen Teil der Christen verlieren, weil es – aufgrund des Festhaltens an der (westlichen) kirchlichen Struktur und vor allem an einem uniformen Typ von Gemeindeleitern (Priester mit Ausbildung und Lebensform nach den Vorschriften der lateinischen Kirche) – nicht gelingt, das Christentum mit den Lebensfragen des afrikanischen Menschen zu konfrontieren und eine wirkliche und lebendige christliche Gemeinschaft zu bilden. (A. Hastings, Das schwarze Experiment – Kirche und Mission im modernen Afrika [1969]).

16 Zu Kolonialismus/Dritte Welt vgl.: G. Balandier, Die koloniale Situation: ein theoretischer Ansatz, in: R. v. Albertini (Hg.), Moderne Kolonialgeschichte (1970) 105–124; D. Danckwerts, Entwicklungshilfe als imperialistische Politik (1968); D. Senghaas (Hg.), Imperialismus und strukturelle Gewalt – Analysen über abhängige Reproduktion (1972); P. Jalée, Die Ausbeutung der Dritten Welt (1968); ders., Das neueste Stadium des Imperialismus (1971); R. Jaulin, La paix blanche – Introduction à l'ethnocide (1970); G. Myrdal, Politisches Manifest über die Armut in der Welt (1972); G. v. Paczensky, Die Weißen kommen – Die wahre Geschichte des Kolonialismus (1970); R. Zahar, Kolonialismus und Entfremdung – Zur politischen Theorie Frantz Fanons (1969).

rung, bestimmte Formen der Entwicklungshilfe und Entwicklungspolitik, die nur flankierende Maßnahmen für ausländische Privatinvestitionen darstellen oder durch Auflagen (zB. Beschaffung von Investitionsgütern aus dem Geberland, Bedingungen für das politische Verhalten) die Handlungsfreiheit einschränken, als Ergebnis dieser Politik eine zunehmende Verschuldung und dadurch neue Abhängigkeit. Die koloniale Abhängigkeit wirkt sich auch im sozialen und kulturellen Bereich aus. Nach jahrzehnte- oder jahrhundertelanger Unterdrückung der einheimischen Sprachen, der kulturellen und religiösen Traditionen durch die Kolonialmächte, nach der weitgehenden Zerstörung der sozialen Grundstrukturen als der Basis der eigenen Kultur stellt sich für diese Völker die schwierige Aufgabe, ihre eigene kulturelle Identität wiederzufinden. Vor allem ist es in den meisten Ländern der Dritten Welt noch nicht gelungen, das Schul- und Bildungssystem, das aus der Kolonialzeit stammt, nach den Interessen der Kolonialherrschaft ausgerichtet und weitgehend den Missionen übertragen war, grundlegend so zu verändern, daß es der Gesamtbevölkerung zugute kommt, den aktuellen Bedürfnissen entspricht und einer umfassenden Emanzipation dient.

Das Streben der Länder der Dritten Welt nach Emanzipation von der kolonialen Vergangenheit und von neokolonialen Abhängigkeiten betrifft vielerorts auch die christliche Mission: Ausweisung von ausländischen Missionaren (zB. in China, Vietnam, Guinea) oder einschränkende Bedingungen für deren Anwesenheit (zB. in Nigerien), Auflagen für die von der Mission geführten Schulen usw. Bis in neuere Zeit wurden diese Vorgänge von kirchlicher Seite vorwiegend als antireligiöse und antikirchliche Maßnahmen verstanden, allenfalls als Auswüchse eines »übersteigerten«, »weltanschaulichen« (die Nation vergötzenden) Nationalismus. Man war – und ist zum Teil bis heute – so sehr selbst in der abendländisch-kolonialistischen Mentalität befangen, daß man das Ausmaß der Verflechtung von Mission bzw. Kirche und Kolonialismus in der Neuzeit nicht wahrnahm oder insgesamt für berechtigt hielt und daher die Notwendigkeit und Legitimität der Emanzipation auch von kultureller und religiöser Entfremdung in der Dritten Welt nicht erkannte. Das wachsende Bewußtsein von diesen Zusammenhängen und die weitgehende Ratlosigkeit angesichts dieser Situation ist eine der wesentlichen Ursachen für die gegenwärtige Krise der Mission. Die Verflechtung betrifft nicht nur die Parallelität und die gegenseitige Unterstützung von Kolonial- und Missionspolitik, sondern auch die kolonialistischen Züge der Missionsorganisation, der Missionspraxis und selbst der Missionstheologie, auch wenn immer wieder einzelne Missionare gegen gewisse Exzesse der Kolonialherrschaft aufgetreten sind und sich seit einigen Jahren verstärkt für die

Interessen der Bevölkerung einsetzen[17]. Es geht hier zunächst nicht um Personen, sondern um das System, um die bestimmenden Strukturen, Mentalitäten und Verhaltensmuster. Die Mission und die Kirchen in der Dritten Welt sind durch folgende Charakteristika geprägt: eine abendländische Gestalt des Christentums hinsichtlich der Glaubenslehre, der kirchlichen Organisation (Diözesen, Pfarreien) und der kirchlichen Ämter; Errichtung von kirchlichen Institutionen (Kirchen, Seminaren, Schulen, Krankenhäuser usw.) nach importierten Konzeptionen, mit ausländischem Geld und ausländischem Personal, wodurch eine dauernde Abhängigkeit entsteht; ein Führungskader, der fast ausschließlich aus Klerikern und Ordensleuten (zudem in vielen Ländern noch großenteils von ausländischer Herkunft) besteht, unter seinen spezifischen Gesichtspunkten das kirchliche Leben prägt und durch seine verstärkte Bindung an die Zentralen (Rom und Ordensleitungen) den Zentralismus und die Uniformität aufrechterhält; fehlende oder noch völlig unzureichende Kommunikation an der Basis und zwischen den regionalen Kirchen und kirchlichen Gruppen (einbahniges vertikales Informationssystem der Weisung »von oben«), was eine Überwindung der bisher anerzogenen Passivität der Christen und die Entfaltung eigenständiger Formen des Glaubensverständnisses und der kirchlichen Gemeinschaft erschwert[18].

Um der Glaubwürdigkeit in ihrer politisch-gesellschaftlich-kulturellen Umwelt und um der eigenen christlichen Identität und des eigenen Auftrags willen müssen die Kirchen in der Dritten Welt die extreme Abhängigkeit von den kirchlichen Zentralen und von den westlichen Kirchen der reichen Länder überwinden. Dieser Weg erfordert erheblich einschneidendere Veränderungen als einige Konzessionen auf dem Gebiet der Liturgie oder der Neugestaltung von Katechismen, worauf sich die »Anpassung« (Akkommodation) bisher zumeist beschränkt

17 Vgl. A. Diop, Der Kulturimperialismus des Westens und die Mission der Kirche, in: Dokumente 15 (1959) 111–118; L. Hurbon, Racisme et théologie missionnaire, in: Présence africaine, no 71 (1969) 35–47; ders., Incidences culturelle et politique du christianisme dans les masses haïtiennes, in: Présence Africaine, no 74 (1970) 98–110; Cl. Souffrant, Religion dominante et religion dominée, in: Parole et Mission 13 (1970) 505–512.

18 Vgl. die sehr informative Situationsanalyse von R. Ageneau / D. Pryen, den Leitern der Missionszeitschrift »Spiritus« (s. Anm. 13); J. Rutishauser, Die Kirche ist tot – Lebt die Kirche? Fragende Notizen eines Afrika-Missionars (1972). Die offene Kritik an den Zuständen in der Mission, aber auch mutige Vorschläge zur Veränderung erscheinen weniger in der missionstheologischen Literatur als in Erfahrungsberichten von Missionaren, in der »grauen« Literatur und in Arbeitspapieren von Missionarsgruppen und Missionsgesellschaften.

hat[19]. Ein Signal für den Aufbruch gaben nicht zuletzt die zahlreichen religiösen Bewegungen und unabhängigen Kirchen in Ozeanien, Afrika und Lateinamerika, die ein nicht von westlichen Kirchen dominiertes Christentum für sich in Anspruch nehmen[20]. Auch innerhalb der Großkirchen verstärken sich die emanzipatorischen Tendenzen in vielen Ländern der Dritten Welt: die Bildung von Basisgemeinden verschiedenster Art, die ihr Glaubens- und Kirchenverständnis im Kontext ihrer konkreten Situation gewinnen und die starren kirchlichen Institutionen unterlaufen; Bewegungen, die die Situation der Abhängigkeit und Entfremdung in der Dritten Welt als Herausforderung für ein christliches Engagement verstehen, woraus sich auch radikale kritische Fragen an die traditionelle (westliche) Theologie und an die

---

19 »In allen Völkern der Erde wohnt also dieses eine Gottesvolk ... Da aber das Reich Gottes nicht von dieser Welt ist (vgl. Jo 18, 36), so entzieht die Kirche oder das Gottesvolk mit der Verwirklichung dieses Reiches nichts dem zeitlichen Wohl irgendeines Volkes. Vielmehr fördert und übernimmt es Anlagen, Fähigkeiten und Sitten der Völker, soweit sie gut sind. Bei dieser Übernahme reinigt, kräftigt und hebt es sie aber auch ... Kraft dieser Katholizität bringen die einzelnen Teile ihre eigenen Gaben den übrigen Teilen und der ganzen Kirche hinzu, so daß das Ganze und die einzelnen Teile zunehmen aus allen, die Gemeinschaft miteinander halten und zur Fülle in Einheit zusammenwirken.« (Vatikanum II, Kirchenkonstitution, n. 13.) Auch das Dekret über die Missionstätigkeit der Kirche spricht von »Akkommodation« und von den Schätzen der Völker, von ihren kulturellen und religiösen Traditionen, die in die Junge Teilkirche eingebracht und in die Vielfalt der katholischen Einheit aufgenommen werden sollen (n. 19–22). Praktisch geht es jedoch um einen sehr begrenzten Bereich: um gewisse Anpassungen in der Katechese, in der Liturgie und im Kirchenrecht; auch dies soll erst in einer späteren Phase der Kirchengründung geschehen. Vgl. dazu den Kommentar von A. Seumois (in: Schütte [Hg.], 251 f.). Gewiß gibt es zahlreiche Bemühungen um einen »Dialog« mit den Religionen und um eine »Anpassung« an die Kulturen, vor allem im Bereich der sog. Hochkulturen wie in Indien oder Japan. Diese Ansätze haben jedoch zumeist einen elitären Charakter und wirken sich kaum auf das alltägliche christliche Verhalten und auf die kirchlichen Gemeinschaftsformen aus. – Vgl. dazu auch den Bericht der Sektion III, »Erneuerung der Kirchen in der Mission«, auf der Weltmissionskonferenz in Bangkok 1973 (in: Das Heil der Welt heute – Ende oder Beginn der Weltmission? Dokumente der Weltmissionskonferenz Bangkok 1973 (1973) 209–225): » ›Partnerschaft in der Mission‹ bleibt ein leeres Schlagwort. Selbst wo Autonomie und gleichberechtigte Partnerschaft theoretisch verwirklicht sind, wird in der Praxis durch die Eigendynamik der Geschehnisse ein Verhältnis von Beherrschung und Abhängigkeit aufrechterhalten ...« (aaO. 214).

20 Vgl. D. B. Barrett, Schism and Renewal in Africa – An Analysis of six thousand Contemporary Religious Movements (1968); E. Benz (Hg.), Messianische Kirchen, Sekten und Bewegungen im heutigen Afrika (1965); V. Lanternari, Religiöse Freiheits- und Heilsbewegungen unterdrückter Völker (o. J. – Ital. Originalausgabe 1960); M.-L. Martin, Kirche ohne Weiße – Simon Kimbangu und seine Millionenkirche im Kongo (1971); F. Steinbauer, Melanesische Cargo-Klute (1971).

Strukturen und Verhaltensweisen der offiziellen Kirchen ergeben[21]. Aus Geschichte und Gegenwart der Mission steht heute daher zur Diskussion: das zentralistische System der (katholischen) Kirche; die Bildung von wirklich selbständigen Ortskirchen und Gemeinden und von neuen Formen der zwischenkirchlichen Kommunikation; die Kriterien für das Christsein, für die christliche »Sendung« (die nicht mehr isoliert vom sozio-kulturellen Kontext und vom politisch-gesellschaftlichen Engagement der Bekehrung von Nichtchristen oder als Errichtung der Kirche verstanden werden kann) und die Kriterien für die Konstituierung von christlichen Gemeinden und Kirchen; die kirchlichen Ämter als Funktionen, entsprechend der Eigenart und den Bedürfnissen der jeweiligen Gemeinden; schließlich, all dies umfassend, eine bereits sich abzeichnende neue Spaltung der Christenheit zwischen den Kirchen der reichen und der armen Länder, zwischen einem dominierenden und einem dominierten Christentum, zwischen einer Kirche mit entfremdenden und autoritären Strukturen und einer Kirche, die selbst ein Raum der zwischenmenschlichen Kommunikation und der Freiheit sein will, um sich für die Freiheit anderer einsetzen zu können. Ein christliches Engagement und eine theologische Reflexion, die auch die politischen Implikationen in Fragen des Glaubens und der Kirche ernstnehmen, dürfen nicht vorschnell der »horizontalistischen« Reduktion des Glaubens auf »bloßen Humanismus« oder Politik und des Mißbrauchs des Christentums zu unmittelbaren politischen Zwecken verdächtigt werden. Ohne eine solche politische Vermittlung sind ein freier Glaube, eine freie Theologie und eine freie Kirche nicht möglich: befreit von autoritären Strukturen, von (neo-)kolonialer Abhängigkeit und Entfremdung[22].

---

21 Das Problem der Abhängigkeit von der »westlichen« Theologie wird ausdrücklich in der lateinamerikanischen »Theologie der Befreiung« gestellt, die von ihrer geschichtlichen Situation ausgehen und gerade so für die Universalkirche relevant sein will; vgl. G. Gutiérrez, Theologie der Befreiung (1973) (bes. 28–42); H. Assmann, Teología desde la praxis de la liberación – Ensayo teológico desde la América dependiente (1973); ferner den Beitrag von B. Päschke in diesem Band 670 f. Aber auch in der afrikanischen »Schwarzen Theologie«: vgl. H. Bucher, Black Theology in South Africa, in Neue Zeitschrift für Missionswissenschaft 29 (1973) 190–199; Relevant Theology for Africa – Report on a Consultation of the Missiological Institute at Lutheran Theological College, Mapumulo, Natal, Sept. 12–21, 1972 (1973); Th. Sundermeier (Hg.), Christus, der schwarze Befreier – Aufsätze zum Schwarzen Bewußtsein und zur Schwarzen Theologie in Südafrika (1973). Ähnliche Ansätze finden sich auch in Indien.

22 Zum Thema Heil, christliche Sendung und »Befreiung« vgl. (außer der lateinamerikanischen »Theologie der Befreiung«): G. Girardi, Christianisme, libération humaine, lutte des classes (1972); Idéologies de libération et message du salut – Quatrième Colloque du Cerdic, Strasbourg, 10–12 mai 1973, publié par R. Metz /

4. »*Mission*« *als Herausforderung an die Theologie*

Kann die Mission noch Thema der Theologie sein? Zwei Gründe sprechen zunächst dagegen.

Die umwälzenden Prozesse bezüglich der Dritten Welt deuten darauf hin, daß sich ein epochaler Einschnitt vollzieht. Die Epoche der neuzeitlichen Expansion und der Herrschaft der abendländisch-westlichen Mächte über den Rest der Welt geht zu Ende. Das bedeutet auch das Ende der »Mission«. Damit soll nicht bloß ein billiges Zugeständnis an einen vielleicht modischen Trend gemacht werden, die Worte »Mission« und »Missionar« als unpassend oder unbequem nicht mehr zu gebrauchen. Vielmehr scheint in der Tat das, was der Begriff und die Wirklichkeit der Mission bis in die Gegenwart an relevanten Aspekten, an Implikationen, an vielfach unausgesprochenen Selbstverständlichkeiten und Voraussetzungen enthält, insgesamt ein Produkt der abendländischen Neuzeit zu sein. Mit den ersten überseeischen Entdeckungen und Eroberungen begann die neuzeitliche Mission unter – verglichen mit früheren Epochen der Ausbreitung des Christentums – neuartigen Voraussetzungen und theologischen Fragestellungen. Die wirtschaftliche, politische, kulturelle und kirchlich-theologische Motivation der abendländischen Expansion bilden eine – gewiß in sich differenzierte – Einheit: von der Ausbreitung der Herrschaft christlicher Könige und vom »zivilisatorischen Auftrag« abendländisch-christlicher Völker bis zur Auffassung von der Mission als einem notwendigen Beitrag zur Kolonalisierung und neuerdings als der »Seele«, dem »spirituellen« (gegenüber dem bloß wirtschaftlich-technischen) Aspekt einer »integralen Entwicklung«. Wenn diese weitreichenden Zusammenhänge nicht beachtet werden, entsteht heute leicht der Eindruck, daß die kolonialistischen Züge der Mission nur »zeitbedingt«, äußerlich und daher ohne weiteres ablegbar seien. Damit würde jedoch die Fragestellung verkürzt und am Entscheidenden vorbeigehen: Ist die (neuzeitliche) »Mission« nicht so sehr integrierendes Element der sich expandierenden westlichen Welt (christliches Abendland mit Kirche und Theologie als ein Ganzes, unter Berücksichtigung der bekannten Auflösungserscheinungen und der Restaurations- bzw. Anpassungsbemühungen), daß sie nur in irreführender Abstraktheit als Fortsetzung frühchristlicher und mittelalterlicher Ausbreitung des Christentums verstanden werden kann? Kann es in

---

J. Schlick (1973); El misionero – signo liberador. Ante el próximo Sínodo de los Obispos: La evangelización en el mundo contemporáneo, in: Misiones extranjeras, numero extraordinario, Nos 16–17 (Julio-oct 1973); L. Olivier, Développement ou libération – Pour une théologie qui prend parti (1973).

Zukunft noch solche »Mission« geben? Oder ist das, was in Zukunft von christlicher und kirchlicher Seite zu tun sein wird, so epochal verschieden vom Früheren, daß es auch die theologischen, ekklesiologischen und institutionellen Grundlagen der »Mission« radikal in Frage stellt?[23] Damit wird nicht ausgeschlossen, daß Elemente der »Mission« (u. a. auch »Bekehrung« und »Kirchengründung«) weiterbestehen, aber nicht mehr im gesellschaftlich-politischen und kirchlichen Rahmen von »Mission«, sofern dieser Begriff nicht von allen konkreten Inhalten entleert und als überzeitliche Idee verstanden wird, die jedoch auch in ihrer Abstraktheit noch die Grundzüge jener geschichtlichen Wirklichkeit trägt, deren Abstraktum sie darstellt[24].

Früher oder später drängt sich daher auch die Frage auf, ob das

---

23 Auch wenn in neuerer Zeit die Bestimmungen von »Mission« – bezeichnenderweise – immer abstrakter geworden sind und in »rein« theologisch-kirchlichen Begriffen formuliert werden, ist bei näherem Zusehen und im Hinblick auf die konkrete Wirklichkeit der Missionsorganisation der expansionistische und zT. auch integralistische Charakter dieses Missionsverständnisses deutlich erkennbar, wie die folgende – keineswegs außenseiterische – Definition zeigt: Die missionarische Tätigkeit ist »die Ausbreitung der Kirche über ihre je faktische Präsenz in der Menschheit hinaus ... Die Ausbreitung der Kirche durch die Mission ist – so gesehen – identisch mit der umfassenden Wieder-Geburt eines Menschen, einer Gesellschaft oder einer ganzen ›Welt‹ ... Die Mission geht von der Kirche aus, sie wird durch die Kirche, für die Kirche durchgeführt, und ihr Ziel ist die Kirche in dieser Welt selbst«, wobei »die Kirche jene sakrale und übernatürliche Gemeinschaft ist, in der schließlich alle menschlichen Bemühungen zusammengefaßt werden«. (J. Masson, Art. Mission, in: SM III, 482 ff.).

24 Aufschlußreich ist auch der Begriff »missio«, der im strengen und juridischen Sinn von amtlicher Beauftragung und Bevollmächtigung (zusätzlich – im selben Sinne – dogmatisch begründet in den »trinitarischen Sendungen«) eine zentrale Rolle im neuzeitlichen Missionsverständnis spielt. Dieser Missionsbegriff enthält nicht nur die Identifizierung von missionarischer und hierarchischer Struktur der Kirche (mit der entsprechenden qualitativen Einstufung des Missionspersonals: Priester, Ordensbrüder und -schwestern, Laienhelfer), sondern er spiegelt auch – geschichtlich – die zentralistische Tendenz von seiten der römischen Missionsleitung wider, die seit der Gründung der Propaganda-Kongregation (1622) das gesamte katholische Missionswesen (u. a. in Auseinandersetzung mit dem portugiesischen und spanischen Patronatsrecht) unter ihre Kontrolle zu bringen suchte. Auch die neutestamentlichen Texte wurden unter diesem Aspekt gelesen, und man fand die »amtliche Beauftragung« als Hauptmerkmal der biblischen Missionslehre (vgl. Ohm, 407–470). Neuere exegetische Untersuchungen zeigen jedoch ein vollkommen anderes Bild vom biblischen und frühchristlichen Missionsverständnis und vor allem von der entsprechenden Missionspraxis (vgl. u. a. H. R. Boer, Pentecost and Missions [1961]; H. Kasting, Die Anfänge der urchristlichen Mission – Eine historische Untersuchung [1969]). Der Unterschied kann nur als »epochal« bezeichnet werden. Damit soll nicht eine »Kontinuität« der »christlichen Verantwortung für die anderen« bestritten werden, aber sie kann und muß in einem umfassenden geschichtlichen Verständnis gründen und nicht in der Abstraktion und Verallgemeinerung eines bestimmten neuzeitlichen Missionsverständnisses.

Wort »Mission« weiterhin verwendet werden soll. Die Antwort darauf ist nicht einfach. Das Wort sollte nicht aufgegeben werden, weil es unbequem geworden ist; es bestünde die Gefahr, daß auf diese Weise das Erbe der »Mission« und die faktische gegenwärtige Ausgangssituation nur verdrängt würden. Als ein historischer Begriff – für eine bestimmte Epoche – wird das Wort bleiben. Für die zukünftige Praxis scheint sich der Gesamtkomplex der traditionellen Mission in mehrere verschiedene sachliche Aspekte aufzulösen, je nach den Erfordernissen und Möglichkeiten in der konkreten Situation, aber nicht in »dualistischer« Aufteilung von »religiöser Mission« und »Weltauftrag«. Für die Kirchen in der Dritten Welt könnte diese Differenzierung bedeuten: Aufbau und Aktivitäten von Ortsgemeinden, bezogen auf ihre sozio-kulturelle Umwelt, Basisgemeinden, sei es vorwiegend im Hinblick auf personale Kommunikation oder auf gesellschaftlich-politisches Engagement, Kontakte und Zusammenarbeit mit Vertretern von anderen Religionen, spezielle Projekte und Institutionen wie soziologische oder pastoraltheologische Forschungsstellen, Schulen, medizinische Versorgung. Die regionalen und internationalen Beziehungen könnten sich – anstelle der uniformen, zentralistischen und primär auf die amtlich-kirchlichen Bedürfnisse ausgerichteten Strukturen der »Mission« – in vielfältiger Weise differenzieren: Erfahrungsaustausch und Zusammenarbeit zwischen Kirchen verschiedener Länder und Kontinente, Angebot von Personal und Hilfsmitteln für besondere Projekte, Engagement und internationale Zusammenarbeit von christlichen (Solidaritäts-)Gruppen für Gerechtigkeit und Frieden in den internationalen Beziehungen, vor allem im Hinblick auf die Emanzipation der Dritten Welt. In die Richtung der genannten Beispiele weisen auch viele Ansätze zur Neuorientierung und Reorganisation von Missionsinstituten, deren bisherige theologische Grundlage und institutionelle Verfassung (für klerikale oder Ordensgemeinschaften) dadurch aber in Frage gestellt werden.

Damit ist auch schon der zweite Grund genannt, der dagegen spricht, daß die »Mission« noch Thema der Theologie sein kann. Der Gegenstand, die Mission – als eine bestimmte, einzelne, privilegierte, universale, in der Grundstruktur der Kirche verankerte und von speziellen Organen zu realisierende Dimension des »Selbstvollzugs der Kirche« – verschwindet, um einer Vielzahl von Formen christlicher Sendung oder Praxis Raum zu geben, die sich bereits entwickeln und den neuen Situationen besser entsprechen. Die anstehenden Probleme – Selbstverständnis und Funktion der (Jungen) Kirchen in ihrer soziokulturellen und politischen Umwelt, zwischenkirchliche Beziehungen im Spannungsfeld globaler Interdependenz- und Abhängigkeitsverhältnisse, neue Formen christlicher Gemeinden, kirchlicher Strukturen und kirchlicher Ämter usw. – können nicht mehr mit den theologischen Kategorien und mit den institutionellen Möglichkeiten der traditionellen Mission begriffen werden. Das Ende der »Mission« kündigt sich auch darin an, daß ihre »Träger«, die Missionsorden und Missionskongregationen, in eine schwere Krise ihrer Orientierung und ihres Bestandes geraten sind. Außer den allgemeinen Gründen für den beschleunigten Rückgang der Priester- und Ordensberufe und für die wachsende Zahl von Austritten läßt sich als eine wesentliche Ursache für diese Krise der Wandel in den Ländern und in den Kirchen der Dritten Welt erkennen. Viele Missionare geben frühzeitig ihren Missionsdienst auf und kehren in ihre Heimatländer zurück. Immer weniger junge Menschen sehen in den traditionellen Missionsinstitutionen einen Weg des christlichen Engagements für die Menschen und für die Kirchen in der Dritten Welt[25].

Auch wenn jedoch eine Theologie der Mission, sofern sie sich auf die Realität der Mission bezieht und sich nicht abstrakt einen neuen Gegenstand schafft, im wörtlichen Sinne gegenstandslos zu werden scheint, sind die von der Mission her gestellten Probleme für die Theologie keineswegs erledigt. Im Gegenteil, es bietet sich die Chance, gemäß dem alten Postulat – unter anderen Voraussetzungen und mit anderen Konsequenzen – die Missionswissenschaft in das Ganze der Theologie zu integrieren. Das entspräche auch der Forderung, im Verhältnis zur Dritten Welt insgesamt den »tiers-mondisme« zu überwinden: »Man muß über den ›tiers-mondisme‹ hinauskommen, dh. aufhören, Spezialisten für die Dritte Welt neben anderen Spezialisten zu schaffen; man muß bei sich selbst anfangen und da die Gegenwart der andern entdecken – und nicht von sich weggehen, um sich angeblich besser ›mit den anderen beschäftigen‹ zu können.«[26] Besondere Anstrengungen und spezielle Institutionen sind dennoch notwendig und zu fördern, aber nicht isoliert und am Rande, sondern im Hinblick auf die Vermittlung und Integration der Missionsproblematik in das Ganze der abendländischen Kirche und Theologie, damit diese »die Gegenwart der andern bei sich selbst« entdecken. Aus dem Bereich von Kirche und Mission in der Dritten Welt stellen sich fundamentale theologische Fragen, da dort ein wesentliches Stück Wirkungsgeschichte von Christentum und Theologie in außereuropäischen Kulturen liegt. Diese Fragen betreffen nicht nur eine »spezifische Dimension« des »Selbstvollzugs der Kirche«, sondern richten sich an die systematische, exegetische und historische Theologie ins-

25 Vgl. R. Ageneau / D. Pryen, Un nouvel âge de la mission (1973) 266–283.

26 Six règles pour ceux qui travaillent à l'éducation de la solidarité, in: Terre Entière, no 57/58 (1973) 166.

gesamt[27]. Mit einigen Fragen und Hinweisen soll versucht werden, diese Perspektive für die abendländische Theologie etwas zu erläutern.

Die Theologie dient der Reflexion und Artikulation des Glaubensverständnisses in der konkreten geschichtlichen Situation. Um diese Aufgabe erfüllen zu können, muß sie politisch werden, dh. immer auch sich selbst hinsichtlich ihrer möglichen oder tatsächlichen ideologische Funktion kritisch prüfen, die politischen Implikationen ihrer Kategorien und Aussagen berücksichtigen und die Glaubensinhalte politisch vermitteln[28]. Eine wesentliche Dimension der heutigen geschichtlichen Situation ist das historische Erbe und der gegenwärtige Wandel der kolonialen und missionarischen Expansion des Abendlandes in alle Länder der Welt. Warum haben Kirche und Theologie die Unterwerfung und wirtschaftliche Ausbeutung fremder Völker, auch die Sklaverei, offiziell gutgeheißen und legitimiert? Warum konnten – und können noch heute zB. in den afrikanischen Kolonien Portugals – Bekehrung und Taufe als Mittel kolonialistischer Integrationspolitik gebraucht werden? Diese und ähnliche Tatsachen sind nicht einfach als »zeitbedingte« Erscheinungen ad acta zu legen. Vielmehr müssen die tieferen Ursachen erforscht werden, die offensichtlich noch weiter bestehen, da die Kirche heute weitgehend ebenso »zeitbedingt« und kritiklos den Sprachgebrauch und die Praxis einer neokolonialistischen Entwicklungspolitik übernimmt. Welches sind – im abendländischen Glaubensverständnis, in der Theologie und in der Verfassung der Kirche – die Ursachen, die den Ethnozentrismus, den Paternalismus, die Herrschaftsansprüche, das gewalttätige Vorgehen fördern oder zumindest einen wirksamen Widerstand dagegen verhindern?

Im engeren kirchlichen Bereich stellen sich ähnliche Fragen. Warum waren Kirche und Theologie während der ganzen Epoche der neuzeitlichen Mission – mit wenigen Ausnahmen – nicht fähig, in den fremden Ländern – entsprechend den kulturellen und religiösen Bedingungen – der Entfaltung neuer Formen des Glaubensverständnisses, des christlichen Lebens und der kirchlichen Gemeinschaft Raum zu geben, wie es besonders deutlich im indischen und chinesischen Ritenstreit

---

27 Wie sehr eine Wissenschaft in ihrenMethoden, Kategorien und Aussagen von der geschichtlichen Situation und bestimmten Interessen geprägt sein kann, zeigt sich zB. im Falle der (Kultur-)Anthropologie (Völkerkunde). Vgl. G. Leclerc, Anthropologie und Kolonialismus (1973). In ähnlicher Weise müßte das Verhältnis der abendländischen Theologie zur abendländischen Expansion in der Neuzeit untersucht werden.

28 »Politische Vermittlung« ist hier in dem fundamentalen Sinne der »politischen Theologie« zu verstehen. Vgl. J. B. Metz, Politische Theologie, in: SM III, 1232 bis 1240; Diskussion zur »politischen Theologie«, hg. von H. Peukert (1969).

(im 17. und 18. Jh.), aber ebenso in der gegenwärtigen Blockierung eines wirklichen Selbständigwerdens der »einheimischen« Kirchen sichtbar wird? Worin gründet die Praxis, alles bis in die Kleinigkeiten zentral zu reglementieren und zu kontrollieren? Liegen die Ursachen dafür nicht – wenigstens zum Teil – im Wahrheitsverständnis, in der Ekklesiologie, im Verwaltungssystem der Kirche, in der Konzeption und in der Praxis des Kirchenrechts?

Alle diese Fragen und die kritische Beurteilung der neuzeitlichen Prozesse müßten auch dazu führen, die gängige Geschichtsschreibung – Kirchen-, Missions- und Theologiegeschichte – zu revidieren.

Eine unerläßliche Aufgabe müßte schließlich die Praktische Theologie wahrnehmen. Die Gläubigen und die christlichen Gemeinden stehen vor einem notwendigen umfassenden und tiefgreifenden Prozeß des Lernens und Umlernens, der auch die Vorstellungen von der Dritten Welt und von der Mission betrifft. Auch für die Gemeinden und für ihre volle christliche Verantwortung ist es erforderlich, die »Gegenwart der andern bei sich selbst« zu entdecken, dh. die Beschäftigung mit den Ländern und Kirchen der Dritten Welt nicht mehr der Mission und deren Spezialisten allein zu überlassen, sondern die Zusammenhänge zu erkennen zwischen den Strukturen und Verhaltensweisen in ihrer eigenen gesellschaftlichen und kirchlichen Umwelt und den Problemen der Dritten Welt, einschließlich denen der dortigen Christen und Kirchen. Eine solche weltweite Offenheit könnte auch helfen, die eigenen Probleme zu relativieren, den Provinzialismus zu überwinden und von den Erfahrungen und Experimenten anderer zu lernen.

Diese wenigen Hinweise sollen verdeutlichen, worum es bei der Integration der Missionsproblematik in die Gesamttheologie geht. Der hauptsächliche Mangel liegt nicht so sehr in der fast gänzlichen thematischen Abwesenheit der Missionsproblematik oder in deren bloß korollarischer Behandlung innerhalb der einzelnen theologischen Disziplinen, sondern tiefer im zumeist impliziten Universalitätsanspruch der abendländischen Theologie (in ihren Kategorien, Methoden, Aussagen usw.), der de facto einen für die Kirchen in der Dritten Welt folgenschweren Ethnozentrismus darstellt[29]. Die Aufwertung der Ortskirchen (in den früheren »Missionsländern«) und die Ansätze zu einer Akkommodation (in Liturgie, Verkündigungssprache usw.) sind bisher weitgehend an der Oberfläche geblieben und gerade deshalb nicht wirksam geworden, weil man das »Einheimischwerden« als ein Problem »der andern« (dh. der Christen und Kirchen in der Dritten Welt) betrachtet und nicht die innere Struktur der abendländischen Kirche

29 Siehe Lit. in Anm. 17.

und Theologie als die eigentliche Ursache und das größte Hindernis erkannt hat. Die Missionsproblematik in dieser Weise ernstzunehmen bedeutet, einen Prozeß der »Entkolonisierung« und des Dialogs in Gang zu bringen, dessen Ergebnis nicht vorweggenommen werden kann. Das Setzen von einigen neuen ekklesiologischen oder bibeltheologischen Akzenten im Rahmen der bisherigen (Missions-)Theologie kann zwar ein notwendiger Schritt auf diesem Weg sein, reicht aber nicht aus und wird, wo man sich damit begnügt oder gar eine fundamentale Analyse ablehnt, von der eigentlichen Problematik ablenken.

Auf der Weltmissionskonferenz in Bangkok 1973 wurde von Vertretern aus der Dritten Welt ein »Moratorium« gefordert, eine zeitweilige Unterbrechung des personellen und finanziellen Engagements der westlichen Kirchen bei den Jungen Kirchen, um diesen die Überwindung der extremen Abhängigkeit und Entfremdung zu ermöglichen[30]. Vielleicht ist auch ein »theologisches Moratorium« notwendig, eine Phase, in der sich die abendländische Kirche und Theologie hinsichtlich neuer Konzeptionen und Anweisungen für die Kirchen in der Dritten Welt zurückhalten und durch Selbstkritik und durch Abbau ihrer Vormacht die Voraussetzungen für eine zukünftige Weltkirche ohne interne Abhängigkeitsverhältnisse schaffen, womit sie auch ein prophetisches Zeichen im Hinblick auf die Emanzipation der Dritten Welt und auf eine Weltgemeinschaft ohne Abhängigkeit und Ausbeutung setzen könnte.

---

30 »Wir prüften auch radikalere Lösungen, wie den kürzlich eingebrachten Vorschlag, während einer bestimmten Zeit die Entsendung von Personal und Geld einzustellen. Die ganze Debatte über dieses ›Moratorium‹ entstand nur, weil es uns nicht gelungen ist, Beziehungen zueinander zu entwickeln, die nicht eine Seite herabsetzen. Das ›Moratorium‹ gäbe der Empfängerkirche Gelegenheit, ihre Identität zu entdecken, ihre Prioritäten selbst festzulegen und innerhalb ihrer eigenen Gemeinschaft die zur Erfüllung ihrer authentischen Sendung nötigen Mittel ausfindig zu machen. Gleichzeitig könnte auch die Sendekirche ihren Standort in der gegenwärtigen Situation neu bestimmen.« (Das Heil der Welt heute, 216.)

2 | 5 Praktische Theologie und Humanwissenschaften

2 | 51 Sigurd Martin Daecke
Wissenschaftstheoretische Einführung

Ihr Verhältnis zu den Humanwissenschaften zu bestimmen, ist für die Praktische Theologie kein zusätzliches Problem, das additiv zu der Besinnung über ihr Selbstverständnis und über ihre einzelnen Bereiche oder Arbeitsgebiete hinzukäme. Vielmehr ist diese Beziehung für die wissenschaftstheoretische Begründung der Praktischen Theologie konstitutiv. Denn die Praxis der Kirche und der Christen hat es mit dem Menschen in der Gesellschaft zu tun, und die gesellschaftliche Wirklichkeit des Menschen ist wissenschaftlich für die Theologie nur noch in den Forschungsergebnissen der Human- und Sozialwissenschaften präsent. Nicht nur für die Praktische, sondern für die gesamte Theologie gilt, daß die anthropologischen Aussagen der kirchlichen und theologischen Tradition nicht mehr ausreichen, und zwar weder für das Handeln der Kirche und der einzelnen Christen am Menschen noch für die theologische Theorie dieses Handelns. Die früher geübte säuberliche Verteilung des Menschen – seine Natur als Bereich der Humanwissenschaften, seine Innerlichkeit, seine »Seele«, seine Religion als Feld der Theologen – ist heute nicht mehr möglich.

Trotzdem konnte noch im Jahre 1959 H.-O. Wölber zutreffend feststellen, daß die Praktische Theologie »den ihr vor allem durch die empirische Anthropologie geöffneten Raum noch nicht betreten« habe, da deren soziologische, psychologische und pädagogische Erkenntnisse »nicht recht Gegenstand eigener Forschung und Darstellung« geworden seien[1]. Heute dagegen ist man sich darüber einig, daß eine »interdisziplinäre und interfakultative Kooperation ... zur Selbstverständlichkeit werden«[2], daß ein »Gespräch zwischen der Theologie und den empirischen Wissenschaften« beginnen[3], daß die Theologie »die Anfragen aufnehmen und theologisch verarbeiten« muß, die ihr von den Humanwissenschaften gestellt werden[4], daß »verhaltenswis-

---

1 H.-O. Wölber, Religion ohne Entscheidung (1959) 217 f.

2 H. Schröer, Der praktische Bezug der theologischen Wissenschaft auf Kirche und Gesellschaft, in: H. Siemers / H. R. Reuter (Hg.), Theologie als Wissenschaft in der Gesellschaft (1970) 170.

3 A. Hollweg, Theologie und Empirie (1971) 310, 336.

4 F. Mildenberger, Theorie der Theologie (1972) 137.

senschaftliche, pädagogische, psychologische und soziologische Erkenntnisse von Belang für die Konstitution der Praxis« sind und daß die Theologie »Interesse an der Positivität moderner wissenschaftlicher Welterklärung« hat[5]. Der Theologe müsse sich in den Humanwissenschaften »einüben«[6], eine »Zusammenarbeit mit den Gesellschaftswissenschaften (Soziologie, Psychologie, Politologie, Philosophie, Medizin usw.)« beginnen[7] und als Praktischer Theologe sogar stets Spezialist auf zwei Gebieten sein: in der Theologie und in einer der drei ihr benachbarten Humanwissenschaften (Psychologie/Psychotherapie, Sozialpsychologie oder Kommunikations-/Medienforschung), was der Praktischen Theologie allein das methodische Reflexionsniveau garantiere[8].

Diese Beispiele, ihr Kontext und ihre Verfasser zeigen einerseits, daß es sich bei der Kooperation von Praktischer Theologie und Humanwissenschaften immer noch um eine bloße *Forderung* handelt, die im gegenwärtigen Forschungs- und Lehrbetrieb noch kaum verwirklicht worden ist, andererseits, daß zumindest dieser Vorschlag nicht kontrovers ist und sowohl von Katholiken als auch von Protestanten, sowohl von Kirchenleitungen als auch von Hochschullehrern, sowohl von traditionsverpflichteten als auch von progressiven Theologen vertreten wird. Was aber ist nun konkret mit dieser Forderung gemeint? Wo zwischen »additivem« und »integrativem« Verhältnis unterschieden wird[9], wird die »Integration« der Humanwissenschaften in die Theologie (und zwar nicht nur in die Praktische) empfohlen. Doch was heißt nun »Integration« der nichttheologisch gewonnenen Einsichten, die vermeidet, daß sie »Fremdkörper« im theologischen Denken bleiben? Diese Frage bleibt offen. Für die Antwort darauf ist es unerheblich, ob sich Theologie und Humanwissenschaft in ein und derselben Person begegnen – durch ein Zweitstudium des Theologen, wie es Hiltner und Schröer vorschlagen –, oder ob das im interdisziplinären Dialog verschiedener Wissenschaftler geschieht. Die theoretischen und methodischen Probleme bleiben in jedem Falle dieselben, und gerade wenn die Humanwissenschaft keinen selbständigen Anwalt hat, kann sie um so leichter zur dienenden Hilfswissenschaft, zur modernen »an-

---

5 T. Rendtorff, Was heißt »interdisziplinäre Arbeit« für die Theologie? in: Metz/Rendtorff, 48, 53.

6 Nach S. v. Kortzfleisch, Gemeinsam die Krise meistern (Bericht über die Tagung von Vertretern der EKD-Kirchenleitungen und Theologieprofessoren vom 17. bis 21. 9. 1973), in: Lutherische Monatshefte 12 (1973) 528.

7 H. Schuster, Pastoraltheologie, in: SM III, 1059–1066.

8 R. Zerfaß, Praktische Theologie als Handlungswissenschaft, in: ThRv 69 (1973) 96.

9 Vgl. Kortzfleisch (s.o. Anm. 6).

cilla theologiae« degradiert werden, die lediglich Zubringerdienste zu leisten hat.

Bei einer Rezeption und Integration von Handlungswissenschaften im Sinne der Kritischen Theorie der Frankfurter Schule, wie sie etwa von G. Otto und seinem Schüler B. Päschke vorgeschlagen und vorgenommen wird (Otto: »Praktische Theologie ist kritische Theorie religiös vermittelter Praxis in der Gesellschaft«[10]; Päschke: »Praktische Theologie als kritische Handlungswissenschaft«[11]), entsteht, anders als bei den empirisch-analytischen Humanwissenschaften, allenfalls ein ideologisches, aber kaum ein methodisches Problem: es handelt sich dabei ja (nach H. Albert[12]) selber um »politische Theologie«, da die hermeneutische Philosophie und dialektische Soziologie eine »Fortsetzung der Theologie mit anderen Mitteln« seien[13]. Denn Albert meint, »daß Hermeneutik und Dialektik gemeinsam das Erbe der Theologie angetreten haben«[14]. Aber auch, wenn die Theologie bei einer Begegnung mit der Kritischen Theorie und den von ihr geprägten Handlungswissenschaften mehr als eine säkularisierte Doppelgängerin treffen würde, so handelt es sich hier jedenfalls noch nicht um einen ausgeprägten Gegensatz der Methode.

Schwieriger ist die Integration der historisch-hermeneutisch arbeitenden Theologie und der überwiegend empirisch-analytisch orientierten Humanwissenschaften. Ein Versuch, dieses Problem zu lösen, ist die Konzeption der Theologie und speziell der Praktischen Theologie als *empirisch-kritischer* Wissenschaft, um sich damit methodisch bereits auf den Boden der Humanwissenschaften zu stellen und auf diese Weise eine methodische Aporie zu vermeiden. Als »empirisch-systematische Wissenschaft« wurde die Praktische Theologie zuerst 1965 von W. Herrmann und G. Lautner im »Gutachten des Fachverbandes Evangelische Theologie im VDS« bezeichnet[15]. Was »empirisch-kritische Methode« heißt, versuchte W. Herrmann dann 1968 in Antithese zur historisch-kritischen Methode ausführlicher zu erklären, ohne jedoch viel mehr sagen zu können, als daß durch die Arbeit mit »ge-

10 Otto, 23.

11 B. Päschke, Praktische Theologie als kritische Handlungswissenschaft, in: ThPr 6 (1971) 1–13.

12 H. Albert, Kritische Rationalität und politische Theologie, in: Plädoyer für kritischen Rationalismus (1971) 45 ff.

13 H. Albert, Traktat über kritische Vernunft (^{2}1969) 132, 143, 157.

14 AaO. 57.

15 W. Herrmann / G. Lautner, Theologiestudium. Entwurf einer Reform (1965) 91, 84.

genwarts-kritischen« Methoden »die soziale Dimension neben die historische und die anthropologische« in der Theologie trete[16].

So verdienstvoll es war, schon Mitte der sechziger Jahre auf diese bis dahin erstaunlicherweise weithin übersehene Möglichkeit theologischer Arbeit hingewiesen zu haben, so ungenügend waren die unkritischen und verallgemeinernden Skizzen Herrmanns. Wenn er etwa schreibt, daß Gegenstand der empirischen Theologie »empirisch verifizierbare Gegenstände« seien[17], so wird offenbar »Verifikation« naiv im unreflektierten, positivistischen Sinne verstanden und sogar die sozialphilosophische Diskussion um die Möglichkeit von Verifikation und Falsifikation seit K. Poppers Kritik der positivistischen Verifikationsforderung (1935) ignoriert[18].

Präziser und schärfer umrissen war die Zielsetzung A. Hollwegs 1971: die Aufgabe der auch von ihm projektierten »empirischen Theologie« – die aber nicht wie bei Herrmann mit den empirischen Wissenschaften gleichgesetzt wird – sieht Hollweg in der Vermittlung zwischen normativer Theologie und empirischen Sozialwissenschaften: die empirische Theologie mache 1. »die erkenntnistheoretische und die experimentelle Arbeit der empirischen Wissenschaften vom Menschen für die theologische Reflexion fruchtbar«, stelle sich 2. »in den Dienst ihres Gesprächspartners«, indem sie ihm helfe, »seine wissenschaftliche Aufgabe der Erforschung empirischer Wirklichkeit und die damit verbundene Verantwortung wahrzunehmen«, erfülle durch die mit den Sozialwissenschaften gemeinsam ausgeübte Wahrnehmung sozialer Wirklichkeit eine kritische Funktion 3. gegenüber Theologie und Kirche und 4. gegenüber den empirischen Wissenschaften, indem sie zB. auf Verkürzungen der Empirie aufmerksam mache und die anthropologischen und sozialphilosophischen Prämissen der empirischen Methode kritisch prüfe[19]. Noch enger, nämlich auf die Untersuchung des Lebens der Kirche in der Gesellschaft, umgrenzt F. Mildenberger die auch von ihm angeregte empirisch-kritische Reflexion der Theologie[20]. Mit »humanwissenschaftlichen Techniken« solle die Theologie lernen, »die kirchliche Praxis effizienter zu gestalten«, aber auch mit dem »emanzipatorischen Interesse« der Humanwissenschaften »ein gutes Stück Aufklärung« zu verwirklichen[21]. Etwas umfangreicher

---

16 W. Herrmann, Mündigkeit, Vernunft und die Theologie, in: Reform der theologischen Ausbildung 2 (1968) 61.

17 W. Herrmann, Alternative Studiengänge, in: Reform der theologischen Ausbildung 3 (1969) 31.

18 Vgl. dazu: W. Pannenberg, Wissenschaftstheorie und Theologie (1973) 31 bis 73; und: G. Sauter u.a., Wissenschaftstheoretische Kritik der Theologie (1973) 107 f.

19 Hollweg, 334–350.

20 Mildenberger, 135.

21 AaO. 71 f.

wird der Gegenstandsbereich empirischer Theologie von Y. Spiegel gesehen: als empirische Theologie verstandene Praktische Theologie soll drei Bereiche der Wirklichkeit erfassen, kritisch interpretieren und neue Praxis in ihnen innovieren: außer den institutionalisierten kirchlichen Handlungen und dem Handeln der Kirchen als Institutionen nämlich auch die religiöse und christliche Lebenspraxis[22].

Bei den immer noch recht seltenen Versuchen, den Gedanken einer »empirischen Theologie« aufzugreifen, handelt es sich also nicht um globale Gegenentwürfe zur historisch-hermeneutisch oder »spekulativ« arbeitenden Theologie, wie es bei W. Herrmann scheinen konnte und wie es bei marxistisch inspirierten Ansätzen unterhalb der literarischen Ebene der Fall ist, wo jede »Metaphysik« abgelehnt und die Theologie auf Kritik kirchlicher Institutionen und religiöser Ideologien reduziert wird. Vielmehr geht es hier lediglich um ein Teilgebiet der Praktischen Theologie und der Sozialethik, in dem das religiöse Leben des Menschen und das christliche bzw. kirchliche Leben in der Gesellschaft mit empirisch-humanwissenschaftlichen Methoden untersucht und entsprechende humanwissenschaftliche Forschungsergebnisse kritisch aufgegriffen werden sollen.

Das Konzept einer empirischen Praktischen Theologie als Arbeitspartner der Humanwissenschaften muß allerdings berücksichtigen, daß nicht alle Handlungs- und Humanwissenschaften durchgehend empirische Wissenschaften sind. Etwa in der Anthropologie, der Psychologie (einschließlich Psychotherapie und Tiefenpsychologie), der Soziologie und der Ethologie (Verhaltensforschung) herrscht ein Methodenpluralismus, ja -gegensatz, wie etwa der »Positivismusstreit« in der Soziologie oder die Diskussion der verschiedenen Schulen in der Psychologie, besonders der Tiefenpsychologie, zeigen. Empirische und hermeneutische, analytische und dialektische Methoden stehen nicht nur in der Theologie im Widerstreit. Andererseits weist Ch. Gestrich darauf hin, daß eine »die Wirklichkeit am Leitfaden der Sinnfrage interpretierende und eine die Wirklichkeit auf der Grundlage empirisch-analytischer Forschung verändernde Wissenschaft« miteinander verschmelzen und »ihr Wesen in der Richtung auf ›Planwissenschaft‹« verändern. Darum sei die Unterscheidung zwischen Natur- und Geisteswissenschaften, empirischen und hermeneutischen Methoden »nahezu unbrauchbar geworden«[23]. Mit einer Verabsolutierung der empirischen Methoden würde die Praktische Theologie also wieder einmal zu spät kommen. Multimethodische Projektwissenschaften, wie

---

22 Siehe o. 181–186.

23 Ch. Gestrich, Dogmatik und Pluralismus, in: R. Weth / Ch. Gestrich / E.-L. Solte, Theologie an staatlichen Universitäten (1972) 78.

etwa die Friedens- oder Zukunftsforschung, sind da schon wieder ein Stück voraus – allerdings auch unter Beteiligung von Theologen.

Ist es dann aber wenigstens möglich, einen *gemeinsamen* empirischen *Sektor* innerhalb von Theologie und Humanwissenschaften abzugrenzen, so wie es etwa Hollweg, Mildenberger und Spiegel offenbar vorschwebt? Darauf dann die empirische Methode anzuwenden, scheint auf den ersten Blick noch keine wissenschaftstheoretischen Probleme aufzuwerfen. Aber selbst wenn die Theologie nur die gesellschaftliche Wirklichkeit des Menschen und seine historischen Zeugnisse zum unmittelbaren Gegenstand hätte, wäre schon ein empirisch gegebener, erforschbarer und nachprüfbarer Bereich überschritten. Obwohl G. Sauter einräumt, daß wenigstens »quasi-empirische Gegenstände ... im Bereich menschlichen Verhaltens angegeben werden können (etwa ... die Versöhnungsbereitschaft von Christen)«, wäre es seiner Meinung nach »nicht nur das Ende jeder theologischen Theologie, sondern ... ganz einfach unmöglich«, irgendwelche empirischen Gegenstände in der Theologie anzugeben. »Solche Gegenstände können zwar (sc. empirisch) beschrieben werden, sind aber in ihrer theologischen Qualität gerade nicht mehr überprüfbar«[24].

Das heißt: es gibt zwar empirisch faßbare und beschreibbare Gegenstände für die Theologie, von der Wirkungsgeschichte und Welt des Christentums (T. Rendtorff) über die menschliche Religiosität und die Kirche in der Gesellschaft bis zu allen spezifischen Gegenständen der Humanwissenschaften – aber der inhaltlich wie auch methodische Überschritt vom empirisch Gegebenen zu demjenigen, dem das eigentliche Interesse der Theologie gilt, zur Dimension des Glaubens und zu dem, was mit »Gott« gemeint ist: dieser Schritt kann nicht gelingen. Wo Theologie wirklich anfängt, hört der Bereich »empirischer Theologie« schon auf. Verifikation im banal positivistischen Sinne ist in der Theologie nicht möglich, denn sie formuliert allgemeine Sätze, und schon nach K. Popper selber »kann ein allgemeiner Satz niemals durch Beobachtungen verifiziert werden«[25]. Dafür hat Popper das Kriterium der Falsifizierbarkeit aufgestellt: empirisch ist, was falsifizierbar ist, und zwar durch Beobachtungssätze, die der Gesetzeshypothese entgegenstehen. Das also wäre das Feld der »empirischen Theologie«, einer methodisch in die Humanwissenschaften integrierten Theologie. Aber Gegenstand der Theologie, auch der Praktischen Theologie, ist nicht nur in Gesetze Faßbares und Beobachtbares, sondern gerade auch das nicht gesetzmäßige Kontingente, das Einmalige und Besondere, und andererseits nicht nur ein ausgegrenzter Aspekt der Wirklichkeit, sondern die Wirklichkeit im Ganzen, die Totalität aller Wirk-

---

24 Sauter, 266.

25 Pannenberg, 39.

lichkeits-Aspekte. Und hier ist der Bereich des Falsifizierbaren, der schon innerhalb der Naturwissenschaft eingeschränkt wird[26], endgültig überschritten.

Es wird zwar auch innerhalb der Theologie von »Verifikation« gesprochen, wie neuerdings von W. Pannenberg und G. Sauter, aber hier ist etwas anderes gemeint: die Begründung des Wahrheitsgehaltes einer theologischen Aussage, die Überprüfung theologischer Hypothesen im »Begründungszusammenhang«, die nach Sauter gerade das Gegenteil des apologetischen Versuches ist, »sich empiristisch der Verifikationsforderung anzugleichen«[27]. Auch W. Pannenberg hält theologische Aussagen im Hinblick auf ihren Wahrheitsanspruch für überprüfbar[28]. Ob sie sich bewähren oder nicht, läßt sich zwar nicht empiristisch durch Beobachtung verifizieren oder falsifizieren, wohl aber – nach Pannenberg – überprüfen durch die Frage nach ihrer logischen Konsistenz, nach ihrer Tauglichkeit zur Integration der Erfahrungsbereiche, nach ihrem Verhältnis zur biblischen, kirchlichen, theologischen und philosophischen Überlieferung sowie zum Stand des heutigen Problembewußtseins.

Die *Fragestellung* der Handlungs- und Humanwissenschaften, ihre Forderung nach Überprüfung ihrer Gegenstände, ist also für die ganze Theologie fruchtbar. Dagegen wird ihre empirische *Methode* dem umfassenden Gegenstand der Theologie nicht gerecht. Aber da die Theologie diese Aporie mit den meisten Humanwissenschaften teilt, deren Gegenstände auch nicht in allen ihren Aspekten empirisch faßbar sind, wird der Methodenpluralismus nicht zu einem absoluten Methodengegensatz, sondern schafft vielmehr ein gemeinsames Problembewußtsein für die Methodenfrage. Was etwa den Menschen, den zentralen Gegenstand der Humanwissenschaften, betrifft, so ist allenfalls sein Verhalten, sind seine gesellschaftlichen Aktionen und psychischen Reaktionen zu beobachten und zu quantifizieren, aber nicht sein eigentliches Wesen, nicht der Mensch als ganzer. Hier stehen die Humanwissenschaften vor denselben Aporien wie die Theologie, und diese könnte sie aufgrund ihres schon geschärften kritischen Methodenbewußtseins vor naiver Überschätzung und Verabsolutierung der Empirie bewahren – sofern nicht die Theologen selber bereits deren Opfer geworden sind.

Wenn also nicht einmal ein der empirischen Methode offenstehender Bereich innerhalb der Theologie ausgegrenzt werden kann, dann kann auch die Praktische Theologie nicht als ganze empirische Theologie sein. Zwar sind etwa der Gottesdienst als Veranstaltung, die re-

26 AaO. 54–60.

27 Sauter, 266.

28 Pannenberg, 333–348.

ligiöse Veranlagung des Menschen und die Kirche als gesellschaftliche Organisation empirisch faßbar – ein Stück weit wenigstens. Mit begrenzter Zielsetzung und im vollen Bewußtsein ihrer Grenzen sind empirische Untersuchungen innerhalb dieses human- und sozialwissenschaftlichen Erfahrungsbereichs auch für die Praktische Theologie und die Religionspädagogik sinnvoll und notwendig. Die »empirische Wendung«, die K. Wegenast 1968 in der Religionspädagogik festgestellt hat[29], ist als ein Aspekt oder ein Schritt auf dem Wege der Forschung durchaus legitim. Aber bei einer theoretischen und methodischen Ableitung der Praktischen Theologie sowohl von den empirischen Humanwissenschaften als auch von den durch die Kritische Theorie geprägten sozialen Handlungswissenschaften (etwa G. Otto und B. Päschke, s.o.) ist »gegenüber einer sich wissenschaftstheoretisch verselbständigenden Handlungswissenschaft deren Angewiesenheit auf (eine) dem jeweiligen Handeln vorgegebene und Handeln überhaupt erst ermöglichende Sinnerfahrung« zu betonen[30]. Im Unterschied zu den Humanwissenschaften muß die Praktische Theologie die Religion nicht nur als psychisches Phänomen, sondern im Horizont des Glaubens, muß sie den Gottesdienst nicht nur als Sozialisationsform, sondern im Bezug auf Gott, muß sie die Kirche nicht nur als gesellschaftliche und bürokratische Organisation[31], sondern als Volk Gottes und Leib Christi betrachten. Und bei diesem Überschritt muß die Grenze der empirischen Methode beachtet werden. Denn die falsche Optik verzerrt den Gegenstand oder macht ihn sogar unsichtbar.

Die Frage nach dem, worin die Praxis Praktischer Theologie besteht, ist ebensowenig Aufgabe dieses Beitrags wie die wissenschaftstheoretische Begründung Praktischer Theologie als solcher. Jedoch hängt das Verhältnis zu den Human- und Sozialwissenschaften davon ab, um welche »Praxis« der Theologie es sich handelt. Nach sämtlichen Verständnissen und Definitionen Praktischer Theologie zielt die Praxis der Theologie – zumindest auch – auf die *Kirche,* es geht ihr primär oder sogar ausschließlich um *kirchliche* Praxis, weiter gefaßt – nach G. Otto – um religiös vermittelte Praxis in der Gesellschaft. »Der Gedanke des Reiches Gottes in seiner Differenz zur Kirche«[32] einerseits und das Verständnis der Praxis des Glaubens als verwirklichende und verändernde, als – mit dem mißbrauchten und unscharfen Schlagwort – »emanzipative«, besser: als *befreiende* andererseits sollten jedoch

29 Wieder abgedruckt in: K. Wegenast, Glaube – Schule – Wirklichkeit (1970) 41 ff., bes. 49–58.

30 Pannenberg, 435.

31 Y. Spiegel, Kirche als bürokratische Organisation (1969).

32 Pannenberg, 441.

zur Folge haben, daß die Praktische Theologie »die Praxis des Christentums insgesamt« im Auge hat und als ihren Gegenstand »die gesellschaftliche Lebenswelt des Christentums«[33], »die heutige praktische Lebenswelt des Christentums«[34] überhaupt versteht. (Die Frage nach der Abgrenzung gegenüber der Systematischen Theologie soll an dieser Stelle nur erwähnt, aber nicht beantwortet werden.)

Wenn es nun der Praktischen Theologie nicht nur um pastorale Anwendung theologischen Wissens, nicht nur um die Technik von Verkündigung und Seelsorge, nicht nur um die Organisation der Gemeinde geht, sondern – viel weiter gefaßt – um die kritische Gestaltung der gesellschaftlichen Lebenswelt des Christen, um die Verwirklichung des Glaubens auch über die Kirche hinaus, um die Entscheidung zwischen Bevormundung und Aufklärung, zwischen Stabilisation und Emanzipation, zwischen Anpassung und Befreiung – dann ist die Empirie überfordert, weil es um Kriterien und Normen, um Werturteil und Sinnfrage geht. Hier kehrt sich der Prozeß des Gebens und Empfangens um: hier hat die Praktische Theologie nicht nur kritische Rezeption und Reflexion human- und sozialwissenschaftlicher Forschungsergebnisse nötig, um ihr Praxisfeld erkennen und verstehen zu können, hier bedarf sie nicht nur der Vermittlung des auf wissenschaftliche Weise zugänglichen Aspektes der gesellschaftlichen Wirklichkeit des Menschen durch die empirischen Wissenschaften – hier kann die Theologie ihrerseits kritisches Korrektiv sein gegenüber einer Verabsolutierung der empirischen Methode durch die Humanwissenschaften.

Zuletzt bleibt noch die Frage, ob durch eine Integration von Praktischer Theologie und Humanwissenschaften nicht die »Verdoppelung« der profanen Wissenschaften in der Theologie noch verschärft wird, die – von zwei entgegengesetzten Blickrichtungen her – sowohl der Theologe K. Barth als auch der Soziologe H. Schelsky bereits festgestellt haben, als das Problem dieses Beitrages noch gar nicht in Sicht war. Eine Theologie, die den Ehrgeiz hat, sich im Sinne der Universität als Wissenschaft zu verstehen, war für Barth eine »ganz unnötige Verdoppelung einiger in andere Fakultäten gehöriger Disziplinen«[35]. Und mit seiner Behauptung, »daß die heutigen Fakultäten die vorhandenen Wissenschaften in bezug auf den Glauben verdoppeln«, meint Schelsky, daß die Theologie lediglich »mit dem Material, den Erkenntnissen und den Methoden arbeitet, die ihr die profanen Fachwissen-

33 AaO. 442, 440.

34 T. Rendtorff, Theorie des Christentums (1972) 157.

35 K. Barth, Das Wort Gottes als Aufgabe der Theologie, in: Das Wort Gottes und die Theologie (1924) 163.

schaften liefern«[36]. Wo heute nicht nur die philologisch-, historisch- und systematisch-hermeneutischen, sondern auch noch die empirisch-analytischen Wissenschaften von der Theologie rezipiert und reproduziert werden, würde das um so mehr gelten.

Kann man diesem Dilemma mit Barth dadurch entkommen, daß man auf die Verdoppelung und damit auf die »Wissenschaftlichkeit« ganz verzichtet? Oder soll man mit E. Jüngel die »Verdoppelung« der profanwissenschaftlichen Methoden in der Theologie bejahen, weil ja der Primat des Glaubens ihre Über- und Indienstnahme rechtfertige und der »Bezug auf den Glauben« aus den verdoppelten Wissenschaften »ein wohlgeordnetes Ganzes der Erkenntnis« mache[37]? Oder darf man umgekehrt mit T. Rendtorff die »Verdoppelung der Wirklichkeit« durch die Theologie als nur scheinbare deuten, den damit gemeinten »produktiven Umgang« des christlichen Bewußtseins mit der Wirklichkeit jedoch verteidigen[38]? Dann würden nicht etwa die profanen Wissenschaften in die Theologie hereingeholt und ihr dienstbar gemacht, sondern umgekehrt hörte Theologie hier auf, eine »besondere selbständige Wissenschaft« zu sein, und würde »eine allgemeine und notwendige Funktion der neuzeitlichen Welt«[39]. Rendtorff vermeidet zwar jede Einseitigkeit: er schließt das Verständnis der »Wissenschaften . . . als Zulieferer von Informationen zur Strukturierung von kirchlichem oder christlichem Handeln« nicht aus[40]. Aber fruchtbarer als das Hereinholen der Wissenschaften in die Theologie, diese »Scheininterdisziplinarität«, bei der die eine Wissenschaft in ihrem »aggressiv gestimmten kognitiven Universalitätsanspruch« die andere als bloßen »Informationslieferanten« ausnützt[41], ist umgekehrt die Auswanderung der Theologie in die »Welt des Christentums«, die »exemplarischer Forschungsgegenstand« für Human- und Handlungswissenschaften sei[42]. So würde die »Verdoppelung« der Wissenschaften durch ihre Ausbeutung als Zulieferer von Methoden und Materialien vermieden. Die Theologie verzichtet auf die Verdoppelung, indem sie ihrerseits den anderen Wissenschaften dient und sich – nach R. Weths Rendtorff-

36 H. Schelsky, Einsamkeit und Freiheit. Idee und Gestalt der deutschen Universität und ihrer Reformen (1963) 289.

37 E. Jüngel, Das Verhältnis der theologischen Disziplinen untereinander, in: Jüngel/Rahner/Seitz, 33.

38 T. Rendtorff, Der politische Sinn theologischer Kontroversen, in: Ders., Theorie des Christentums (1972) 114 f.

39 R. Weth, Ort und Funktion der Theologie als Wissenschaft, in: Weth/Gestrich/Solte, 35 ff.

40 Rendtorff, Interdisziplinäre Arbeit, 53.

41 J. B. Metz, Zu einer interdisziplinär orientierten Theologie ..., in: Metz/Rendtorff, 18.

42 Rendtorff, Interdisziplinäre Arbeit, 55.

Deutung – versteht als »begleitende Theoriefunktion im Zusammenhang aller einzelnen Wissenschaften«[43]. Ähnlich versteht K. Rahner die Theologie als »Anwalt der Selbstkritik der Wissenschaften, ihrer Bescheidenheit, des Bewußtseins ihrer Vorläufigkeit«, als »Anwalt des unbegreiflichen Geheimnisses, das ... von jeder Wissenschaft respektiert werden muß«[44].

Die beiden alternativen Modelle einer Integration von Praktischer Theologie und Humanwissenschaften, die das additive Nebeneinander, das bloße »Gespräch« oder die unverbindliche »Kooperation« vermeiden will, bestünden also darin, daß die Theologie einerseits die Humanwissenschaften in ihren Dienst nimmt, sie sich – sie damit »verdoppelnd« – einverleibt, oder daß sie anderseits sich in den Dienst der Humanwissenschaften stellt, sich in ihnen verwirklicht, sie damit nicht verdoppelt, sondern bereichert, indem sie sie zur vollen Erkenntnis der in ihnen liegenden Probleme bringt, gleichzeitig aber ein kritisches Prinzip gegen Selbstüberschätzung und Grenzüberschreitung darstellt. Jede Wissenschaft braucht die sie ergänzenden und ihr widerstreitenden Disziplinen, meint H. von Hentig, aber die einzelnen Wissenschaften können diese Aufgabe nur erfüllen, »wenn sie die wohlgeordnete Ebene der Disziplinen verlassen« und wenn die neuen »Interdisziplinen« nicht ihrerseits wieder zu Disziplinen erstarren[45]. Demnach wäre die Forderung der Integration auch nicht erfüllt mit einem humanwissenschaftlich-empirischen Arbeitszweig der Praktischen Theologie, der seinerseits wieder ein Eigenleben führen und sich durchzusetzen versuchen würde, sondern erst mit der Einfügung theologischer Theorie und christlicher Praxis in die von v. Hentig anstelle der horizontalen Ordnung der Disziplinen vorgeschlagene »vertikale Einheit – von der Philosophie über die Systemtheorien, die Fachwissenschaften, die Anwendung bis zur Gemeinerfahrung«[46]. Fern aller disziplinären oder interdisziplinären Selbstbehauptung könnte der Theologe hier die ihm gestellten Aufgaben erfüllen. Von Hentig fordert von allen Disziplinen die Aufgabe ihrer isolierten Eigenexistenz. Und gerade die Theologie sollte doch die Selbstpreisgabe und Selbstentäußerung zum Dienst am Anderen am wenigsten fürchten. Sie, die doch von der »Befreiung durch das Evangelium« redet, sollte »sich von ihren alten Formen befreien« und sich nicht mehr »nach dem Modell der anderen

---

43 Weth, 37.

44 K. Rahner, Theologie im Gespräch mit den modernen Wissenschaften, in: Metz/Rendtorff, 32, 30.

45 H. v. Hentig, Magier oder Magister? Über die Einheit der Wissenschaft im Verständigungsprozeß (1972) 119, 90.

46 AaO. 119.

Universitätswissenschaften als *Fach*wissenschaft« verstehen, rät G. Picht[47].

Was für hochschuldidaktische und -organisatorische Konsequenzen dieses Verständnis der Integration von Praktischer Theologie und Humanwissenschaften hätte, ist noch nicht reflektiert worden. Für diesen Aspekt der Sache gibt es bisher nur wenige Ansätze. Eine »Zweiteilung in einen historisch-kritisch und einen empirisch-kritisch ausgerichteten Studiengang«, wie F. Mildenberger es vorschlägt[48], würde zwar der Konsequenz einer empirischen Theologie entsprechen, dem skizzierten Ansatz aber nicht adäquat sein. Auf jeden Fall notwendig wäre jedoch die Einbeziehung einiger Humanwissenschaften – und nicht nur der Soziologie – in das theologische Studium (so auch H. Schröer[49]). Da die Studieninhalte aber nicht vermehrt, sondern konzentriert werden sollten, müßte Mildenbergers Vorschlag, dafür die alten Sprachen zu streichen (oder besser: auf das unbedingt notwendige Maß zu reduzieren), wenigstens diskutiert werden. Oder auf wessen Kosten könnten sonst die anerkennenswerten Empfehlungen der »Gemischten Kommission für die Reform der theologischen Ausbildung« verwirklicht werden: in der Eingangsstufe des Studiums Lehrveranstaltungen, die in grundlegender Weise mit Methoden und Begriffen von Handlungswissenschaften bekannt machen; im Hauptstudium interdisziplinäre thematische Studieneinheiten, die andere Handlungswissenschaften, ihre Methoden und Einsichten in das theologische Studium einbeziehen?[50] Daß das nicht »unreflektiert und additiv« geschieht, sondern mit einer »Reflexion auf deren theologische Bedeutung«, wie es der Bonner Kommentar zu den Empfehlungen bemerkt, sollte selbstverständlich sein. Wenn allerdings, wie in der Betheler Stellungnahme, eine »spezifisch kirchliche Ausrichtung« gefordert wird und »die Sache der Theologie ... einen der ›Dialektik von Theorie und Praxis‹ ... überlegenen eigenen Wahrheitsbereich« beansprucht, oder wenn befürchtet wird, daß »die Theologie im Verbund mit den Handlungswissenschaften ... ihre Identität verliert« (Erlangen[51]), dann scheint übersehen zu werden, daß Theologie nicht im Himmel getrieben wird, sondern in dieser Welt und für den in ihr lebenden Menschen, und daß das nur möglich ist, wenn dem Theologen diese Welt und dieser Mensch bekannt sind. Und wer der »Sache der Theologie« vertraut, braucht sie nicht kleinmütig in einem »über-

47 G. Picht, Interview in: EvKom (1973) 750.

48 Mildenberger, 146.

49 Schröer, 170.

50 Die Ausbildung des Theologen – Empfehlungen für einen Gesamtplan, in: Reform der theologischen Ausbildung 9 (1972) 22–24 (6.33 und 6.6 bis 6.63).

51 AaO. 30 f.

legenen eigenen Wahrheitsbereich« zu hüten; wer sich ihrer gewiß ist, braucht um ihre Identität nicht zu fürchten, auch und gerade wenn die Theologie auf ihre disziplinäre Selbstbehauptung gegenüber den Humanwissenschaften verzichtet und sich zum kritischen Dienst an ihnen und in ihnen »entäußert«[52]

Es kann sogar gefragt werden, ob sich die Theologie, wenn sie sich für eine selbständige Wissenschaft neben anderen Disziplinen hält, nicht mißversteht und verfehlt. Theologie und Humanwissenschaften sind keine »Partner auf gleicher Ebene, die miteinander ein Bündnis eingehen könnten oder auch nicht«, keine gleichartigen und gleichrangigen Disziplinen, die addiert werden können, meint D. Stollberg[53]. Vielmehr ist die Theologie eine »Totalansicht von Welt«, und diese »Perspektive des Glaubens« kann »in Gestalt der verschiedensten Wissenschaften zu Theologie werden«. Die praktische Konsequenz daraus lautet – im Gegensatz zu den oben zitierten Befürchtungen: »Es kann auf die Dauer kein Hauptstudium ›Theologie‹ geben, sondern nur das Studium einzelner profaner Disziplinen im Interesse der Kirche wie des einzelnen« – wobei die geisteswissenschaftlichen Fächer nicht etwa »theologischer« sind als die empirischen und humanwissenschaftlichen[54].

Ihre »Identität«, um die manche Vertreter theologischer Fakultäten bangen, könnte die Theologie, vor allem die Praktische, also nicht neben, auch nicht über, sondern nur in den Humanwissenschaften finden – was aber (s.o.) keineswegs zu einer »empirischen Theologie« führen dürfte. Die Praktische Theologie sollte nicht versuchen, die Humanwissenschaften in sich zu integrieren, sondern sich verstehen als integrierende Kraft der von ihr gerade nicht verdoppelten, annektierten und bevormundeten Wissenschaften[55]. Wenn Gott als *in* der Weltwirklichkeit verborgen und offenbar geglaubt wird und wenn, wer von Gott reden will, von der Welt und vom Menschen reden muß, dann könnten die Wissenschaften von der Welt und vom Menschen – die Humanwissenschaften – selber Rede von Gott, Theologie, werden. Theologie wäre es dann, von der Welt und dem Menschen nicht

52 Nach T. Rendtorff ist die Abgrenzung der Theologie von der »Welt« und ihren profanen Wissenschaften als von einem »Außen« die Ursache des Anscheins einer »Verdoppelung« der Wissenschaften in der Theologie: Theologie in der Welt des Christentums, in: Rendtorff, Theorie des Christentums, 153.

53 D. Stollberg, Die Wissenschaften werden Theologie. Gegen das Verständnis einer Theologie als Geisteswissenschaft, in: EvKom (1974) 18 f.

54 AaO. 19 f.

55 Zum Verhältnis der *gesamten* Theologie zu den Humanwissenschaften vgl. auch den letzten Abschnitt des einleitenden Beitrags des Verf. in: Pannenberg/Sauter/Daecke/Janowski, Grundlagen der Theologie. Ein Diskurs, 1974.

nur empirisch Teilaspekte, sondern sie ganz unter der Perspektive des Ganzen zu sehen, ihre Sinntotalität zu suchen (W. Pannenberg), in der die zukünftige Vollendung der weltlichen und menschlichen Wirklichkeit glaubend und hoffend, aber auch handelnd vorweggenommen wird.

In welchem Sinne soll hier nach den Beziehungen zwischen Praktischer Theologie und Philosophie gefragt werden? In diesem: *Was können Vertreter der beiden Fächer in den nächsten Jahren im deutschen Sprachraum im Blick auf gemeinsame Probleme füreinander und miteinander tun?*

Das Verhältnis zwischen den beiden Disziplinen wird also nicht grundsätzlich bestimmt. Versuche dieser Art laufen Gefahr, geschichtlich zusammen Gewachsenes (dialektisch Kon-Kresziertes) abstrakt aufzuspalten, einem nicht philosophisch erarbeiteten Verständnis von Philosophie aufzusitzen und sich in aussichtslose Fragen nach dem Gegenstand, den Methoden oder dem Wesen der beiden Fächer zu verrennen. Die europäischen Philosophien und Theologien sind jedoch bis in die allerjüngste Vergangenheit hinein geschichtlich und dh. sachlich ineinander verstrickt gewesen[1]; der Begriff der Philosophie »ist selber Gegenstand der Philosophie«[2]; die verschiedenen Disziplinen können nicht mehr auf Wesensmerkmale festgelegt, sondern müssen als geschichtlich offene, sich selbst vorantreibende und wandelnde Kommunikations-, Theoriebildungs- und Lernprozesse untersucht und gefördert werden[3].

Philosophen haben ihre Tätigkeit von jeher auf unterschiedliche Begriffe gebracht. Auf einen Zug philosophischen Denkens weisen jedoch gerade neuere Denker häufig hin: Wer philosophiert, der hält eigene oder fremde Fragen, Meinungen, Erfahrungen und Handlungen von sich weg, um sie auf ihre Bedingungen, Voraussetzungen, Gründe und Folgen hin zu durchdenken[4]. Soll die Frage, was Praktische Theologie

---

1 Vgl. G. Ebeling, Theologie und Philosophie I–III, in: RGG VI, 782–830, mit R. Schaeffler, Philosophie, in: SM III, 1164–1194 (besonders 1189 f.).

2 Siehe H. Krings / H. M. Baumgartner / C. Wild, Philosophie, in: HPhG II, 1071–1087.

3 Siehe dazu H. Peukert, Zur Frage einer »Logik der interdisziplinären Forschung«, in: Metz / Rendtorff, 65–73. Einführung und Literatur zur Wissenschaftstheorie der Theologie: G. Sauter u.a., Wissenschaftstheoretische Kritik der Theologie. Die Theologie und die neuere wissenschaftstheoretische Diskussion. Materialien Analysen Entwürfe (1973).

4 Vgl. dazu zB. Th. W. Adorno, Stichworte. Kritische Modelle 2 (1969) 16 mit K.-O. Apel, Transformation der Philosophie (1973) 75 und B. Russell, Probleme der Philosophie (engl. 1912) (³1969) 132 ff., sowie C. F. v. Weizsäcker, Die Einheit der Natur (²1971) 37.

und Philosophie für- und miteinander tun können, in diesem Sinne philosophisch angegangen werden, dann muß zumindest eine Vorfrage ausdrücklich gestellt werden: *Für wen und wozu ist Philosophie* – als Lebensform, als kommunikatives Handeln, als Weiterdenken überlieferter Fragen und Antworten, als Universitätsdisziplin – *heute nützlich und nötig*[5]? Diese Vorfrage klingt zwar amateurhaft[6], aber sie ist nötig, und sie ist offen[7].

1. *Wozu und für wen Philosophie?*

a. Die Frage

Die europäische Philosophie war von Anfang an Kritik. Sie kritisierte das herrschende Weltverständnis (Parmenides, Heraklit), die religiösen Weltmodelle (Anaxagoras, Lukrez), das politisch-moralische Bewußtsein (Sokrates), das zerfallende politisch-soziale System (Platon), die überlieferten eigenen Grundfragen und Theorien (Aristoteles) und alle Versuche, eine metaphysischen Theorie des Ganzen der Wirklichkeit zu bilden (Kant)[8]. Bei Kant wird sie zur kritischen Selbstreflexion der Vernunft. Sie überläßt die Körperwelt den Naturwissenschaften als deren Forschungsfeld[9] und zieht sich auf die faktische Vernunft im Menschen als die unbedingt bejahenswerte, verpflichtende und sinnerschließende Realität zurück[10]. Im 19. Jahrhundert wird diese Selbstkritik radikal: sie geht an die Wurzel des Faktums Vernunft[11]. Vernunft ist »im Grunde« blinder Lebenswille (Schopenhauer), konkret gelebtes Dasein (Feuerbach), Ausdruck materieller Produktionsverhältnisse (Marx) oder das machtsteigernde Zusammenspiel aller Fak-

---

5 Vgl. dazu Th. W. Adorno, Eingriffe. Neun kritische Modelle ([7]1971) 23 mit H. M. Baumgartner, Lebensphilosophie, in: H. Vorgrimler / R. vander Gucht (Hg.), Bilanz der Theologie im 20. Jahrhundert ([2]1970) 293 und Rahner IX, 85 mit Schulz, 8.

6 Vom »amateurhaften Klang« der Frage spricht Adorno, Eingriffe, 11; er gesteht sich dort das Recht, sie aufzuwerfen, nur deshalb zu, weil er »der Antwort keineswegs gewiß« ist.

7 Siehe dazu H. R. Schlette (Hg.) u.a., Die Zukunft der Philosophie (1968).

8 Siehe auch Adorno, Eingriffe, 14 f.

9 Siehe dazu Schulz, 93–96, 103–106.

10 Siehe dazu I. Kant, Kritik der praktischen Vernunft. Philosophische Bibliothek 38 (1959) 138–140, 154–157, sowie K.-O. Apel, Transformation der Philosophie II (1973) 417–419 und Schulz, 752 f.

11 So K. Marx, Die Frühschriften. Herausgegeben von S. Landshut (1953) 216: »Radikal sein ist die Sache an der Wurzel fassen. Die Wurzel für den Menschen ist aber der Mensch selbst.«

toren in gesunden biologischen Systemen (Nietzsche)[12]. Die Universitätsphilosophie wird als unredlich verdächtigt[13]. Denken dient bei Schopenhauer der Trauerarbeit, in der der Einzelne durch Mitleid und Resignation zur Ruhe kommen kann[14]. Feuerbach will durch Philosophie dem leibhaftigen Zusammenleben Recht und Würde zurückgeben[15]. Bei Marx wird Philosophie zur kritischen Theorie der politisch-ökonomischen Prozesse, die zur Verwirklichung der Philosophie in der proletarischen Revolution führen[16]. Nietzsche will einer künftigen Weltkultur vorarbeiten, indem er den Glauben an Selbsttäuschungen wie »Ich«, »Wahrheit« und »Wert« untergräbt[17]. Das philosophische Denken wird so zur Theorie einer – jeweils verschieden bestimmten – Praxis, die eben diese Theorie in sich auflöst und dadurch Philosophie auch noch als radikale Selbstkritik überflüssig macht. Dabei setzte Schopenhauer auf die Kunst und die individuelle Loslösung vom Egoismus, Feuerbach auf ein vorbehaltlos diesseitiges, erfülltes gemeinsames Leben, Marx auf die vom Proletariat vorangetriebene allgemeine Emanzipation und Nietzsche auf die produktive Abweichung des »freien Geistes« von den herrschenden Gedanken und Sitten. Diese Erwartungen sind inzwischen der politisch-ideologischen »Zerstörung der Vernunft«, der inneren »Dialektik der Aufklärung« zum Opfer gefallen[18]. Heute ist es die Praxis und die Sprache der Natur- und Sozialwissenschaftler, der Kybernetiker, Planer und Ingenieure, die philosophisches Denken auch und gerade da, wo es sich selbst aufhebt, überflüssig zu machen scheint und Philosophen gleich welcher Arbeitsrichtung – Sprachanalytiker, Wissenschaftstheoretiker, Her-

---

12 Siehe zB. A. Schopenhauer, Die Welt als Wille und Vorstellung II. Sämtliche Werke II (²1968) 179–183; L. Feuerbach, Grundsätze der Philosophie der Zukunft. Kritische Ausgabe von G. Schmidt (1967) 105; Marx, 348; F. Nietzsche, Also sprach Zarathustra. Kritische Gesamtausgabe VI/1 (1968) 35.

13 Nach wie vor lesenswert zB. A. Schopenhauer, Parerga und Paralipomena I. Sämtliche Werke IV (²1968) 171–242.

14 Siehe dazu M. Horkheimer, Sozialphilosophische Studien. Aufsätze, Reden und Vorträge 1930–1972 (1972) 68–78 und 145–156 sowie Schulz, 399–407.

15 Siehe Feuerbach, 88–91.

16 Vgl. Marx, 207–209, 215, 223 f. mit 493–397, 514 und 539; siehe auch A. Schmidt, Praxis, in: HPhG II, 1107–1139.

17 Siehe dazu zB. F. Nietzsche, Nachgelassene Schriften 1870–1873. KGW III/2 (1973) 367–384 und ders., Menschliches Allzumenschliches I. KGW IV/2 (1967) 19 f., 48–51.

18 Unter diesen beiden Titeln sind G. Lukács sowie M. Horkheimer und Th. W. Adorno der Frage nachgegangen, wie sich die Entwicklung der Philosophie in Deutschland seit 1870, das Vordringen des Irrationalismus in Europa bis hin zum Faschismus, das Umschlagen der von der Aufklärung freigesetzten Energien in ausbeuterische, menschenmörderische Gewalt auf die Sozialgeschichte der europäischen Industriestaaten beziehen und von ihr her deuten lasse.

meneutiker, rationale Kritizisten, Agnostizisten, Wortführer der kritischen Theorie, Neomarxisten – zu der Frage herausfordert: Wozu noch Philosophie?

b. Eine Antwort: Philosophie als Institution rationaler Kritik im technologischen Zeitalter[19]

(1) Wer wissen will, ob Philosophie heute noch nötig ist, der fragt nach ihrer Leistung, ihrer Funktion in unserer gesellschaftlichen Lebenswelt. Wir leben in einer durch Wissenschaft, Technik und Industrie bestimmten Welt. Diese Faktoren sind durch übergreifende Verfahren rationaler Planung, Steuerung und Veränderung aller Lebensbereiche miteinander verflochten[20]. In dieser »technologisch« strukturierten Welt erscheint der Philosophieprofessor herkömmlicher Art als Luxusgeschöpf, das am Bruttosozialprodukt schmarotzt. Was diese Welt braucht, um zu überleben, das ist rationale Zukunftsplanung[21]. In diese Planung gehen Wertvorstellungen und Wertentscheidungen sowohl als Voraussetzung als auch als Gegenstand mit ein: nicht nur die Bedingungen künftigen Lebens, sondern auch die als künftighin geltend anzustrebenden Normen, Perspektiven und Ziele müssen heute entworfen werden[22]. Die gattungs- und kulturgeschichtlich überkommenen Wertsysteme sind schon den bereits bestehenden militärischen, wirtschaftlichen und politischen Problemen weder entscheidungslogisch noch inhaltlich gewachsen. Eine zukunftserschließende Theorie und Ethik planetarischer Verantwortung, rationaler Planung und selbstkritischer Verhaltensänderung muß erarbeitet werden[23].

---

19 Antworten auf die Frage »Wozu noch Philosophie?« finden sich ausdrücklich oder einschlußweise bei Vertretern aller gegenwärtig meinungs- und schulbildenden Richtungen deutschsprachiger Philosophie von der »Kritischen Theorie« über die »Erlanger Schule« bis hin zur Sprachanalytik. Sie können und brauchen hier nicht vorgeführt werden; ein Beispiel genügt. Ich wähle als Exempel H. Lenks Überlegungen über »Philosophie im technologischen Zeitalter« ([2]1972) vor allem 9–54 u. 108–133, die von der Wissenschafts- und Gesellschaftstheorie K. Poppers und seiner »rational-kritizistischen« Schule ausgehen.

20 Diese Verflechtung zu einer »künstlichen Welt« wird auch von Vertretern anderer Positionen betont. Siehe zB. G. Picht, Mut zur Utopie. Die großen Zukunftsaufgaben (1969) 23–35.

21 Lenk stimmt damit ausdrücklich der utopischen Grundannahme Pichts zu, »daß die großen Weltprobleme durch die Macht der Vernunft zu lösen sind« (Picht, 120; vgl. Lenk, 47).

22 Lenk steht auch mit dieser Sicht nicht allein; vgl. zB. die »kritische Würdigung« der Meadows-Studie durch den Club of Rome in D. Meadows u. a., Die Grenzen des Wachstums (1972) 174 f.

23 Lenk trifft sich in dieser Forderung mit Vertretern anderer Ansätze, so zB. mit Schulz, 798–841.

(2) Damit wird deutlich, was aus der Philosophie werden muß, was sie leisten soll und wofür sie steht:

Die Philosophie muß zu einer rational-kritischen, zukunftsorientierten Ethik und Rechtstheorie werden. Diese Moralphilosophie muß herrschende Wertsysteme analysieren und vergleichen, die Logik von wertenden Entscheidungen sowie den Begriff der Norm klären, konkurrierende Sollzustände und Moralen mitentwerfen, zur Gewinnung von Bewertungskriterien gegenwärtiger und künftiger Normen beitragen und Grundsätze aufstellen, mit deren Hilfe wissenschaftlich bewährte Aussagen über die Realität und ethisch-sozialkritisch geprägte Zielsetzungen kritisch unterschieden und aufeinander bezogen werden können. Die rational-kritische Ethik muß sowohl verhindern, daß das Wirkliche als vernünftig verherrlicht wird, als auch deutlich machen, daß das, was nicht zu machen ist, auch nicht vernünftig sein kann[24].

Diese Philosophie sucht Problemzusammenhängen nachzugehen, wie sie an den Nahtstellen und in den Grenzfragen der Wissenschaften deutlich werden. So leistet sie das, was die spezialisierten Wissenschaften brauchen, aber selber nicht tun können: sie erhebt und kritisiert die Werturteile, die in jede wissenschaftliche Fragestellung und Hypothese mit eingehen. Sie fördert durch ihre Einwände und Rückfragen die interdisziplinäre Zusammenarbeit, den Methodenpluralismus und die freie Konkurrenz der Theorien; sie lenkt den Blick der Forschung auf die fächerübergreifenden Probleme, an denen gearbeitet werden müßte[25].

Diese Philosophie mißt auch ihre eigene Überlieferung, ihre Chance und Arbeit nicht mehr an vermeintlichen letzten Wahrheiten und Gewißheiten oder an anderen Dogmen, sondern an der allein vorwärtsweisenden Möglichkeit, alles und jedes kritisch zu prüfen. Sie glaubt nicht an eine reine Vernunft, nicht an den Endsieg des Guten, nicht an Leib und Seele, nicht an letzte Einsichten; sie rechnet nicht mehr mit einer Wahrheit, die man »im Grunde« weiß oder lebt und daher auch vollends allein oder mit den anderen zusammen findet. Diese Philosophie hat nichts gegen Metaphysik, sofern diese zu neuen schöpferischen Theorien führt und so die Testsituation für alle miteinander kämpfenden Vermutungen verschärft. Aber der rationale Kritizist selbst hat nur eine Leitidee – die der kritischen Prüfung –, keine Überzeugung. Er kann diese handlungsorientierende Leitidee in

---

24 Siehe Lenk, 12–14, 47–53.

25 Sowohl Lenk als auch Rahner VIII, 80 vergleichen in diesem Zusammenhang die Fachwissenschaftler bzw. Philosophen und Theologen mit Schrebergärtnern, die nur noch ihre Gartenzwerge umstellen (siehe Lenk, 63).

die Institutionen, in die Entscheidungsgremien, in die Schulen hineintragen und an die Verantwortlichen appellieren, sich rational-kritisch zu verhalten – mehr nicht[26].

(3) Das Engagement des Philosophen für kritische Rationalität bedingt einen neuen Arbeitsstil:

Die einsame Arbeit des begreifenden, sich in Gedankenbestimmungen bewegenden Denkens muß durch Konfrontation und Zusammenarbeit mit Fachwissenschaftlern ergänzt werden. Nur wer eine Natur- oder Sozialwissenschaft im Hauptfach studiert hat, sollte in die Philosophie gehen[27].

Der Philosoph muß jedoch auch das fachwissenschaftlich-universitäre Ghetto verlassen und wie Sokrates auf den Markt der Expertengespräche, der Politik und Politikberatung und der Entscheidungsgremien gehen. Er muß sich seiner Verantwortung gegenüber der künftigen Menschheit stellen[28].

c. Tendenzen

Diese Antwort ist nur eine unter anderen. Man kann sie als naiv wissenschaftsgläubig, technokratiefreundlich und als blind gegenüber politisch-ökonomischen Zusammenhängen (zB. zwischen »technologischer« erster und ausgebeuteter dritter Welt) kritisieren. Kritisch geprüft zu werden entspräche ja ihrem kritizistischen Ansatz und Programm (das sich somit von seiner Machart her dagegen wehrt, von Theologen als »richtige«, dh. sympathische und passende Philosophie übernommen zu werden[29]). Als Beispiel gegenwärtigen Philosophierens darf der skizzierte Gedankengang jedoch insofern gelten, als er Tendenzen widerspiegelt, die gegenwärtig in vielen Strömungen westdeutscher Philosophie zu wirken scheinen:

Diese Philosophie setzt – auch und gerade da, wo sie (im Blick auf die USA) zur militanten Kapitalismuskritik wird[30] – auf Rationalität, Argumentation, Diskurs. Sie arbeitet »aufklärerisch« auf Kommuni-

---

26 Siehe Lenk, 34 f.

27 Das alte Problem des Verhältnisses von Kontemplation und Aktion, das Lenk auf diese Weise gelöst sehen möchte, kehrt vor allem in Th. W. Adornos Philosophieverständnis wieder: Der Philosoph darf sich kulturell-politisch nicht in die Ecke stellen lassen, nicht in einer abgeschirmten Sonderwelt denken; er darf sich jedoch gerade um möglicher Praxis willen nicht vom geduldig konzentrierten »arm chair thinking« abbringen lassen (s. Lenk, 29; Adorno, Eingriffe, 27, und Adorno, Stichworte, 15).

28 Zu der mit dieser Aufgabenstellung verbundenen Problematik siehe vor allem Schulz, 659–662, 831–840.

29 Siehe dazu in diesem Band den Beitrag von Ch. Gremmels, 244–254.

30 Siehe H. Marcuse, Konterrevolution und Revolte (1973) 149, 152.

kation, rationale Konfliktlösung, Verständigung und Konsens hin. Irrationalität aller Art – Dogmatismus, Alleinvertretungsansprüche auf Wahrheit, Anheizung von Gefühlen, Fanatismus, Aktionismus – sollen als unvernünftig und böse aufgezeigt und bekämpft werden.

Diese Philosophie ist nur noch als Kritik – Sprachkritik, Ideologiekritik, Kritik am Fachidiotismus, an fragwürdigen Institutionen und Normen – und das heißt: als Selbstkritik möglich. Sie ist weder Weltdeutung noch Grundwissenschaft noch Sinngebung noch politisch-moralischer Gesetzgeber. Sie lebt auch in Deutschland inzwischen nicht mehr von und in großen philosophischen Lehrern (wie M. Heidegger, K. Jaspers, Th. W. Adorno es waren), sondern vollzieht sich als ständiger weitverzweigter wissenschaftsnaher Forschungs- und Diskussionsprozeß[31]. In diesem Vorgang verbinden sich die drei Fragen Kants (Was kann ich wissen? Was soll ich tun? Wenn ich nun tue, was ich soll, was darf ich alsdann hoffen?) zu einer Schlüsselfrage: Was sollen wir – das derzeit entstehende Gesamtsubjekt Menschheit – in Zukunft aus uns in unserer Welt machen? Die Philosophie beginnt im Blick auf die Zukunft auf Theorien menschlichen Handelns und Verhaltens und damit auf Chancen künftigen vernünftigen, richtigen, guten Handelns hinzuarbeiten. Sie wird wieder stärker »praktische Philosophie«[32].

In der gegenwärtigen Philosophie werden Anstöße wirksam, die von den über unsere bisherige Geschichte überschießenden Zukunftserwartungen des biblischen Judentums und des frühen Christentums ausgehen[33]. Die Philosophie wirkt als Ferment des Meinungsstreits darüber, was als menschlich gutes Leben für die Zukunft anzustreben ist. Sie trägt so dazu bei, Verantwortung zu wecken und zukunftsorientiertes Handeln möglich zu machen. Die philosophische Reflexion übersetzt also jene religiösen Heilserwartungen, die von den kirchlichen Theologien um ihre Stoßkraft gebracht worden sind, in mitteilbare, prüfbare, konsensfähige, handlungsorientierende Hypothesen[34]. Sie wird durch diese theologiekritische Freisetzung ehemals religiöser Utopien jedoch weder tröstlich noch erbaulich noch kirchlich. Im Gegenteil: Die Kirchen in der BRD, ihre Sinnangebote, ihre gesellschaftlichen Funktionen und Aktivitäten sind kaum noch Ge-

---

31 Siehe dazu J. Habermas, Philosophisch-politische Profile (1971) 9, 11, 13 f.

32 Siehe dazu vor allem H. Fahrenbach, Ein programmatischer Aufriß der Problemlage und systematischen Ansatzmöglichkeiten praktischer Philosophie, in: M. Riedel (Hg.), Rehabilitierung der praktischen Philosophie I (1972) 15–57.

33 Ein Beispiel dafür bietet Picht, 131–142.

34 Zur Übernahme jüdisch-christlicher Gehalte in die durch die Religionskritik hindurchgegangene Philosophie s. vor allem Habermas, Profile, 27 f., 35 sowie Adorno, Stichworte, 20–29.

genstand philosophischer Reflexion. Sie sind zum Forschungsfeld der Religionswissenschaft, der Tiefen- und Sozialpsychologie, der Wissens-, Religions- und Organisationssoziologie geworden.

Ist Philosophie heute nützlich oder gar nötig? Das ist offen und nicht von mir zu entscheiden. Meine Hauptfrage lautet: Was können Philosophie – und zwar Philosophie, die bei aller Unterschiedlichkeit der Ansätze und Verfahren den angedeuteten Trends folgt – und Praktische Theologie heute miteinander anfangen? *Was können sie in nächster Zeit füreinander und miteinander tun?* Genauer gefragt: 1. Was kann die Praktische Theologie an die Philosophie herantragen? 2. Inwiefern braucht die Praktische Theologie die Philosophie? Wo könnte und sollte sie sich philosophisch beraten, kritisieren, verunsichern oder ermutigen lassen? 3. Auf welchen gemeinsamen Problemfeldern könnten die beiden Disziplinen in gemeinsamer Verantwortung an Lösungen mitarbeiten?

2. *Philosophie und Praktische Theologie*

a. Was kann die Praktische Theologie für die Philosophie tun?

(1) Der *katholische* Praktische Theologe wird da, wo Philosophie in der einen oder anderen Form zur Theologenausbildung gehört, wohl zunächst einmal fragen: Was bringen die Studierenden aus *dieser* Philosophie an Denkweisen, Deutungsmustern und Handlungsorientierungen mit? Worauf sind sie aufmerksam gemacht worden – und worauf nicht? Wie sieht die Lebenswelt, auf deren kirchlichem Sektor die Studenten bald arbeiten werden, im Licht dieser Philosophie aus? Welche Realitäten kommen in diesem Denken vor, welche nicht? Leitet es dazu an, mutig und »mit allen menschlich verfügbaren Kräften und Mitteln«[35] über die Vorgänge und Probleme nachzudenken, in die der Praktische Theologe theoriebildend und ausbildend einführen soll? Thematisiert diese Philosophie zB. Kommunikation (Gruppenbildung, Gespräch, Beratung, kompetente öffentliche christliche Rede, Sprachregelung und deren Veränderung, Wahrheitsfindung durch Konsensbildung), Konflikt (Kommunikationsbarrieren, Interessengegensätze, Kämpfe zwischen sozialen Gruppen und in Organisationen) oder die Spannung zwischen Absurdität und Sinnstiftung (zwischen dem banal-normal geschehenden Bösen und dem Versuch, es wieder gut zu machen, zwischen kollektiver Verblendung und befreiender

35 Rahner IX, 150, versteht Philosophieren im weitesten Sinn dieses Wortes als ein solches Denken.

Abweichung)? Die im deutschsprachigen Katholizismus beheimateten philosophischen Strömungen, denen der Praktische Theologe diese Fragen schuldig ist, hängen mit der Neuscholastik und dem Neothomismus nur noch mittelbar zusammen[36]; sie sind stark durch das Gespräch mit Kant, Hegel, der Existentialontologie, der Phänomenologie geprägt. Trotzdem kann man fragen, ob in diesen innerkatholischen Philosophien nicht handlungorientierende ontologische Entwürfe unterschwellig nachwirken, die der Wahrnehmung und Deutung der gesellschaftlich-kirchlichen Realität in der BRD, in den anderen »reichen« Ländern und auf der Ebene der Weltkirche eher hinderlich sind[37]. Unter welchen sozialgeschichtlichen Bedingungen entstand zB. die Lehre von der hierarchischen Rangordnung alles Seienden? Welche gesellschaftlichen und politischen Funktionen hatte (und hat noch?) die Rede von den transzendentalen Bestimmungen des Seins, derzufolge man ein Seiendes um so mehr lieben, um so besser erkennen, um so mehr bewundern und um so klarer als in sich stimmig erfassen kann, je höher sein Rang in der Seinshierarchie, je größer seine »Seinsmächtigkeit« ist? Welche politischen Leitbilder lassen sich mit der Theorie von der Proportionalitätsanalogie des Seins verknüpfen, nach der die endlichen Seienden sich nicht sich selbst, sondern einem Absoluten verdanken, dem sie ontologisch zugehörig sind, das ihnen aber (als das »von-selbst-Sein«) schlechthin überlegen ist[38]? Was besagt es politisch, daß dieses Absolute theologisch mit dem Gott Jesu ineinsgesetzt wird? Die Praktische Theologie erwiese den Philosophien, die durch derartige politische Onto-Theologie untergründig mitgeprägt sind, den Gemeinden und den Studierenden einen Dienst, wenn sie solche Deutungsmuster der interdisziplinären Debatte durch Wissenssoziologen, Sozialhistoriker, Politikwissenschaftler und Philosophen aussetzte[39].

(2) Die katholische Praktische Theologie kann die im deutschsprachigen Katholizismus beheimateten Philosophen auf eine Tatsache aufmerksam machen, die philosophisch bedacht werden will. Katholi-

36 Siehe Rahner VIII, 68 f.

37 Vgl. Rahner IX, 133 f.

38 Eine erste Information über diese Lehren gibt A. Diemer, Ontologie, in: ders. / I. Frenzel (Hg.), Philosophie. Fischer Lexikon 11. Neuausgabe (1967) 209 bis 240, vor allem 214–216, 227–229 und 235.

39 F. van Steenberghen, Die neuscholastische Philosophie, in: Vorgrimler / Vander Gucht, 352–363. Hier sagt van Steenberghen S. 361: »Die wesentlichen Thesen der thomistischen *Ontologie* bleiben voll und ganz gültig ... Ihre Synthese bildet einen großartigen Raum, worin die theologische Reflexion sich mühelos bewegen und entfalten kann.« Dazu muß wohl mit Möller, 240, gesagt werden: »Die Rückkehr zu Thomas von Aquin kann uns heute weder theologisch noch philosophisch retten.«

sche Christen in vielen Basisgemeinden aller Erdteile deuten ihre Lebenswelt heute in dem von K. Marx entworfenen Theorierahmen. Sie analysieren und kritisieren die Entwicklungen in der dritten und ersten Welt und deren Zusammenhänge aufgrund von Hypothesen und mit Verfahren, die die politökonomischen Theorien von Marx und Lenin weiterbilden. Es gibt also heute Christen, die ihre Praxis und damit ihren Glauben nicht mehr ontotheologisch, hermeneutisch-geisteswissenschaftlich oder idealistisch-ethisch, sondern von Marx her als einen Versuch verstehen, ihre als unmenschlich begriffene Lebenswelt auf die Zukunft hin aufzubrechen. Die Praktische Theologie könnte von dieser Tatsache her Fragen an die Philosophie stellen. Wird eine Marxinterpretation, die philosophie- oder ideengeschichtlich vorgeht, den gegenwärtigen Problemen gerecht? Müßte die im westdeutschen Katholizismus beheimatete Philosophie nicht die vorliegenden Kapitalismustheorien, die im Sozialismus entwickelten politisch-ökonomischen Modelle und Planungstheorien, die Kontroversen über den Gehalt des Begriffs »Sozialismus« und die philosophischen Ansätze eines sozialistischen Humanismus kritisch aufarbeiten? Und zwar im Blick auf die Probleme und Zukunftsaufgaben, die die Realität derzeit definieren und viele Christen Lateinamerikas, Afrikas und Westeuropas dazu bringen, sich für einen künftigen Sozialismus zu engagieren[40]?

Die Praktische Theologie sollte die Studierenden unter anderem dazu fähig machen, in beschädigtes Leben helfend einzugreifen oder es doch solidarisch zu begleiten. Sie müßte sich daher sowohl die Fragestellungen, Forschungen und Theorien kritisch aneignen, die sich mit Kranksein, Altern und Sterben, mit Krisen, Trauer und Schuld, mit zerfallenden Ehen, Familien und Gruppen, mit Verhaltensstörungen, Kommunikationszusammenbrüchen und Selbstzerstörung befassen, als auch alle verfügbaren und sich anbahnenden Verfahren und Theorien der helfenden Begleitung und Wiederherstellung beschädigten

40 Zu diesen Problemen und Aufgaben s. vor allem Picht, 35–131. Wie groß, wie komplex, wie wenig wissenschaftlich verstanden diese Probleme und Aufgaben sind und wie kontrovers die Ansatzpunkte, die Richtung und die Chancen ihrer Lösung erscheinen, zeigt die bisherige Debatte über die »Grenzen des Wachstums«; siehe D. Meadows u.a., Die Grenzen des Wachstums (1972); C. Freeman / M. Jahoda u.a., Die Zukunft aus dem Computer? Eine Antwort auf Die Grenzen des Wachstums (1973); H. v. Nussbaum (Hg.), Die Zukunft des Wachstums. Kritische Antworten zum »Bericht des Club of Rome« (1973); K. Scholder, Grenzen der Zukunft (1973); H. M. Enzensberger / K. M. Michel (Hg.), Ökologie der Politik oder Die Zukunft der Industrialisierung. Kursbuch 33 (1973); M. Schloemann, Wachstumstod und Eschatologie (1973); W. L. Oltmans, »Die Grenzen des Wachstums« Pro und Contra. Interviews über die Zukunft (1974). Vgl. auch den Beitrag von K. Füssel in diesem Band 370–380.

Lebens in kritischer Prüfung für die kirchliche Arbeit fruchtbar machen. Ginge die Praktische Theologie in diesem Sinne gegen gesellschaftlich beiseitegeschobenes, bedingtes oder vermehrtes Leid an, dann könnte sie (3) dazu beitragen, daß auch die Philosophie sich mit den Realitäten beschädigten, vorenthaltenen, verunglückten, von Hunger, Krieg und Elend zerstörten Lebens noch schärfer auseinandersetzte. Die Philosophie kann weder die Erscheinungsbilder noch die Ursachen etwa von Angst, Depression, Feindseligkeit, Verwahrlosung, Sucht, Grausamkeit und Selbstzerstörung erforschen, noch Vorschläge zur Therapie und zur Reform der familiären und schulischen Erziehung, der Gefängnisse und psychiatrischen Anstalten, der Sozialarbeit und der Krisenberatung unterbreiten. Aber sie kann und soll anthropologisch, sprachphilosophisch, gesellschaftskritisch und wissenschaftstheoretisch auf Realitäten, Theorien und Therapien beschädigten Lebens, auf Gegenentwürfe möglichen besseren Lebens und auf Chancen verantwortlichen, verändernden Handelns reflektieren. Ohne diese ihr mögliche Form der Solidarität mit den Geschädigten und Gestörten verkäme die Philosophie zum »Luxusschmuck der Leistungsgesellschaft«[41]. Der Praktische Theologe könnte den Philosophen auf Erfahrungen und Probleme hinweisen, die zu dieser Solidarität herausfordern.

b. Wofür braucht die Praktische Theologie die Philosophie?

(1) Man kann, wie dieses Buch zeigt[42], Praktische Theologie unterschiedlich verstehen, ansetzen und ausrichten. Voranbringen wird sie derzeit wohl am ehesten, wer sich theologisch auf das einläßt, was gegenwärtig geschieht und gelebt wird, wer sich also in der geschichtlich-gesellschaftlichen Lebenswelt zu orientieren und festzumachen versucht[43] und sich um dieser Orientierung willen um eine zureichende Sicht dieser gegenwärtigen Realität bemüht. Eine solche Situationsanalyse würde den wirklich wichtigen Zusammenhängen, Trends und Problemen um so eher gerecht, je prüfbarer, korrigierbarer und reflektierter sie wäre. Das heißt: sie müßte sich an Theorien (nicht an persönlichen Einzelerfahrungen des Praktischen Theologen) orientieren,

---

41 So Lenk, 10. Für Psychoanalyse und Psychotherapie liegen Beispiele der hier geforderten philosophischen Reflexion vor, so etwa A. Lorenzer, Sprachzerstörung und Rekonstruktion (1973) und P. Ricoeur, Die Interpretation. Ein Versuch über Freud (1969). Siehe ferner W. Oelmüller, Das Böse, in: HPhG I, 255–268.

42 Siehe Abschnitt 2.2 dieses Buches.

43 Wer sein Denken und seine Arbeit in den Problemzusammenhang seiner Zeit einwurzelt, paßt sich dadurch keineswegs dem »Zeitgeist« an; siehe dazu Schulz, 842, 630–634, 719.

methodologisch verantwortbar sein und sich wenigstens teilweise mit Daten verknüpfen lassen, die allgemein als relevant akzeptiert werden; sie müßte den Charakter eines Versuchs, eines Gefüges von Vermutungen haben, also vorläufig und überholbar bleiben; sie müßte dem Praktischen Theologen vor allem bewußt machen, daß seine Sicht selbst ein Ausdruck partikulärer gesellschaftlicher Erfahrungen, Lebensweisen, Deutungsmuster und Interessen ist[44]. Gerade durch diese Einsicht könnte der Versuch, sich auf die Realität – von der BRD bis hin zur »Lage der Menschheit« – verstehend einzulassen, dem Theologen zur bewußten gesellschaftlich-theologischen Option und damit zu einer bescheiden-entschiedenen Parteilichkeit verhelfen.

Die Fragestellungen, Theorien mittlerer Reichweite, theoriegeleiteten Beobachtungen, Prognosen und Denkmodelle, die in solche Versuche mit eingehen müssen, können heute nicht mehr aus den Philosophien kommen. Sie kommen aus den Strukturwissenschaften (allgemeine Systemtheorie, Informationstheorie, Spieltheorie), aus Ökologie und Wirtschaftswissenschaft, aus Biologie und Verhaltensforschung, aus verschiedenen Arbeitsrichtungen der Soziologie und Psychologie (Sozialisations-, Bildungs-, Medienforschung, Tiefenpsychologie, Gruppenforschung) und aus der Zukunftsforschung. Bevölkerungswachstum, Ernährungslage und Umweltbelastung; Situation und Aussichten der Entwicklungsländer; sich wandelnde Lebensbedingungen in den Industriegesellschaften; militärische, wirtschaftliche, politische, soziale und ideologische Dimensionen gegenwärtiger Instabilität – wer sich in dieser Problemlandschaft theologisch orientieren will, ist auf die einschlägigen Wissenschaften angewiesen.

Er bedarf darüberhinaus jedoch auch heute der Kontrolle und Anregung durch die philosophische Reflexion. Philosophie kann auch heute sein, was sie nach Hegel ist: »ihre Zeit in Gedanken erfaßt«[45]. Sie kann die unübersichtliche Realität weder zum begreifbaren Ganzen verklären noch in eine rekonstruierte Gattungs-, Sozial-, Kultur- oder Denkgeschichte einordnen; sie blickt nicht »tiefer« in etwas, was »im Grunde« vorginge. Aber die Philosophie kann Reflexionsfragen stellen: Welche Art von zeitlich-praktischem Umgang mit der Umwelt liegt in den Wissenschaften vor? Wie konzipieren diese die Realität in ihren Denkmodellen und Theorien, wie präparieren sie sie in ihrer For-

---

44 Siehe dazu Lenk, 31 und den Beitrag von Ch. Gremmels in diesem Band 244 f.

45 G. W. F. Hegel, Grundlinien der Philosophie des Rechts, Vorrede (1972) 12; zur Deutung und Kritik dieser Behauptung siehe Schulz, 7 f., 14 f., 89, 463–467 und 841–847. Das Werk von W. Schulz beweist, daß Philosophie als Zeitanalyse möglich und nötig ist. Zu den folgenden Gesichtspunkten siehe bei Schulz vor allem 131–145, 202–205, 326–336, 457–467, 542–552, 624–630, 738–748 sowie 798 bis 841.

schung, wie verändern sie sie? Welche Dimensionen und Problemkomplexe werden in diesen Prozessen abgeblendet? Welche ungelösten Probleme, welche Aporien stecken schon in den forschungsleitenden Grundbegriffen etwa der Gesellschaftswissenschaften? Wie hängen wissenschaftliche Forschung, technologische Planung und Steuerung, politische Willensbildung und ethische Wert- und Zielsetzungen gegenwärtig zusammen? Welche Konzepte von Wahrheitsfindung und Befreiung, von lebenswertem Leben und wünschenswerter Zukunft stoßen dabei aufeinander? Gibt es elementare Interessen, die man trotz aller Konflikte weltweit gemeinsam verfolgen sollte? Diese Fragen geben den Blick auf Probleme frei, um die gerade eine theologische Situationsanalyse kaum herumkommen dürfte:

Es kann derzeit keine theorie- und damit keine konsensfähige Deutung der Wirklichkeit als Ganzer geben. Jede Gesamtschau, jedes Weltbild, jede »Weltanschauung« ist heute zwangsläufig beliebig. Was bedeutet das für das Selbstverständnis der Praktischen Theologie?

Viele Menschen finden es heute gut, daß es sie gibt, ohne nach einem Ganzen, nach »Transzendenz«, nach letztem Sinn oder nach einem Gott zu verlangen[46]. Man kann ohne »Sinnfrage« sinnvoll leben. Viele Leute jedoch scheinen andererseits durch den Zerfall bisher selbstverständlicher monotheistisch-religiöser Grundüberzeugungen so verunsichert und gefährdet zu sein, daß sie ihre Identität in Kleingruppen verschiedenster Art suchen[47]. Wie können die großen Hochreligionen künftig dazu beitragen, Individuen zu sich selbst, Gruppen und Schichten der Bevölkerung zur Vernunft zu bringen?

Die gegenwärtig lebende Weltbevölkerung ist, ob sie das weiß und will oder nicht, für das verantwortlich, was aus ihr, aus den nächsten Generationen, aus den Lebensbedingungen und vielleicht aus der Biosphäre wird. Diese Verantwortung besagt zweierlei: Die Menschheit muß sich als das eine Gesamtsubjekt ihrer Welt konstituieren, indem sie lernt, Konflikte friedlich zu lösen und Ordnungen des Zusammenlebens zu entwickeln; der Einzelne muß lernen, sich selbst politisch-ethisch aktiv an diesem Lernprozeß zu beteiligen, sich als verändernd ins Spiel zu bringen[48]. Gibt es gerade auch in den Schichten der Bevölkerung der BRD, die noch stark an die Großkirchen gebunden sind, ein Potential an Lernwilligkeit und Verantwortung, das die Kirchen für die Bewältigung der Zukunftsaufgaben mobilisieren könn-

---

46 Siehe dazu zB. C. Amery, Das Jahrhundert ohne Gott, in: H. R. Schlette (Hg.), Die Zukunft der Philosophie (1968) 13–33.

47 Siehe Schulz, 671 f., mit Bezugnahme auf Habermas, Profile, 35 f.

48 Siehe dazu Schulz, 608, 631, 705–710, 811–813, 831–840.

ten? Welche Verantwortung tragen die Kirchen vor der Geschichte und für sie?

(2) Ein zureichendes Bewußtsein ihrer eigenen vielfältigen Voraussetzungen ist eine zwar nicht hinreichende, aber notwendige Bedingung praktisch-theologischer Lehre und Forschung. Ohne philosophisch-kritische Reflexion kommt die Praktische Theologie weder zu diesem Bewußtsein noch kann sie bei ihm bleiben[49]. *Sie braucht die Philosophie somit in erster Linie deshalb, weil sie sich nur durch unabschließbare Selbstaufklärung vor Betriebsblindheit, Gedankenlosigkeit, Dogmatismus und Realitätsverdrängung einigermaßen bewahren kann:*

Die Praktische Theologie orientiert sich teilweise noch immer an Denkmodellen, dh. an archetypischen Erklärungsmustern, die philosophisch fragwürdig geworden sind[50]: etwa am Modell funktionierender Teile eines Systems, an den Koordinaten senkrecht-waagerecht oder am Marktmodell der bürgerlichen Wirtschaftswissenschaften.

Sie arbeitet mit Leitbegriffen (dh. mit theoretischen Konstrukten, die den Rahmen der Theoriebildung und Forschung bereitstellen), deren Tragfähigkeit sozial-, wissenschafts- und philosophiegeschichtlich überprüft werden muß: etwa mit dem Begriff der praktischen Vernunft, des Interesses oder mit dem Theorie-Praxis-Schema. In manchen dieser Leitbegriffe stecken Probleme, die in philosophischer Reflexion bewußt gemacht und angegangen werden müssen. Das ist zB. bei »Religion«, »Bedürfnis«, »Sinn« und »Sinntotalität« der Fall.

Die Praktische Theologie unterstellt sich zum Teil Operationsregeln, die philosophisch gesehen überflüssig sind, so zB. der Forderung, sich aus irgendeinem (dogmatischen oder auch nicht-theologischen) Lehrsatz als ihrem Prinzip zu begründen. Manche dieser Operationsregeln führen in die philosophische Diskussion der Grundlagen der Geschichtswissenschaft, der Geisteswissenschaften als solcher und der philosophischen Hermeneutik. So überschneiden sich zB. im Ansatz der Praktischen Theologie bei der »Sache Jesu«[51] wenigstens vier Problemkomplexe, deren theologische Klärung ohne Auseinandersetzung mit der philosophischen Arbeit von Dilthey, Troeltsch, Gadamer, Ha-

---

49 Siehe dazu Ch. Wild, Das Erbe Kants und des deutschen Idealismus, in: Vorgrimler / Vander Gucht, 288 f.

50 Zum gegenwärtigen Begriff des Modells s. F. Ferré, Die Verwendung von Modellen in Wissenschaft und Theologie, in: D. M. High (Hg.), Sprachanalyse und religiöses Sprechen. Mit einer Einführung von H. Peukert (1972) 51–93.

51 Siehe dazu den Beitrag von H. Schuster in diesem Band und vor allem J. Nolte, Die Sache Jesu und die Zukunft der Kirche, in: F. J. Schierse (Hg.), Jesus von Nazareth (1972) 214–233 (Lit.).

bermas, Searle und vor allem Danto[52] kaum möglich zu sein scheint. Da sind zunächst die Probleme der geschichtswissenschaftlichen Rekonstruktion des »historischen Jesus«. Dieser ist ein Konstrukt; man hat seine Sache nie unmittelbar, sondern immer nur als Ergebnis methodisch komplizierter Vermutungen. Da ist ferner die Frage, welcher hermeneutische Rahmen für die Interpretation der Sache Jesu gewählt werden solle. Man wird das Phänomen Jesus heute mehrdimensional angehen: mit den Mitteln der Kommunikationstheorie, der linguistischen Pragmatik, der Rollentheorie, der Religionswissenschaft, der Konfliktsoziologie, der Sozialgeschichte, vielleicht auch einer historischen oder an der Sinnfrage orientierten Anthropologie. Welcher Verstehenshorizont soll maßgebend sein? Da ist weiter das Problem der Normativität: ist die Sache Jesu ein (oder das) kirchen-, religions-, gesellschafts- und theologiekritische Kriterium oder auch Legitimationsbasis? Ist ihre Normativität argumentativ prüfbar? Läßt sich eine Logik der Entscheidung für Jesus, eine Struktur der Jesuserfahrung angeben? Da ist schließlich das Problem der Kontinuität bzw. Diskontinuität zwischen Jesus und den Jüngern. In welchem Theorierahmen läßt es sich am ehesten klären: in einer Hermeneutik der Wirkungsgeschichte oder in einer Analyse der Narrativität historischen Wissens?

Die Praktische Theologie verwendet Forschungsmethoden der Geschichts- und Literaturwissenschaft, der analytischen Gesellschaftswissenschaften und der Ideologiekritik. Zumindest insofern gehört sie zu den Gegenständen der wissenschaftstheoretisch-wissenschaftskritischen Reflexionen in der gegenwärtigen Philosophie. Wo immer es der Praktischen Theologie um wissenschaftstheoretische Selbstaufklärung geht, da sollte sie sich mit den zeitgenössischen Wissenschaftstheorien auseinandersetzen.

Die Praktische Theologie bringt ihre erkenntnisleitenden Interessen zum Teil auf Begriffe, deren ethisch-pragmatischer Gehalt, deren Geltungsanspruch und deren regulative Funktion philosophisch überprüft und einsichtig gemacht werden muß: so etwa die Begriffe »Emanzipation«, »Befreiung«, »Mündigkeit« und »herrschaftsfreie Kommunikation«.

Es dürfte deutlich geworden sein: in der Praktischen Theologie muß philosophiert werden[53] – aber mit den Philosophen zusammen.

---

52 Siehe dazu vor allem H. M. Baumgartner, Kontinuität und Geschichte, Zur Kritik und Metakritik der historischen Vernunft (1972).

53 Siehe Rahner VIII, 66–88.

c. Was können die beiden Disziplinen miteinander tun?

Vor allem eines: *Sie könnten und sollten auf den drei Problemfeldern Sprache, Praxis und Zukunft miteinander* (und mit den einschlägigen Wissenschaften einschließlich der Zukunftsforschung) *zusammenarbeiten.* Denn auf diesen Arbeitsfeldern liegen die heute und morgen wirklich dringenden theoretischen Probleme und praktischen Aufgaben sowohl der Philosophie als auch der Praktischen Theologie, und die drei Felder Sprache – Handeln – Zukunft bilden ein Problemkontinuum, das die beiden Disziplinen zu gemeinsamer Forschung herausfordert[54].

(1) Die Linien, auf denen Praktische Theologie und Philosophie gegenwärtig unabhängig voneinander arbeiten, schneiden sich in genau diesem Problemkontinuum:

Die Praktische Theologie beginnt um einer besseren Theorie religiöser Sprache und um einer besseren Praxis christlicher Rede willen die linguistische, sprachanalytisch-sprachkritische, informations- und kommunikationstheoretische Forschung aufzuarbeiten. Sie erforscht religiös, insbesondere christlich bestimmte bzw. kirchlich institutionalisierte Praxis in ihren verschiedenen Dimensionen. Sie sucht auf unterschiedlichen Wegen zu Theorien darüber zu kommen, wie Menschen mit- und füreinander Zukunft erschließen, indem sie sich durch sprachlich verfaßtes gemeinsames Handeln persönlich verändern. So lädt sie indirekt dazu ein, mit Jesus und dadurch mit Gott, dh. praktisch: mit den Menschen gemeinsame Sache zu machen gegen alles, was Menschen heute um ihre Zukunft bringt[55].

Die Philosophie sieht Sprache nicht mehr als ein Thema unter anderen, sondern begreift sie als Medium möglicher Verständigung, also als Bedingung und Dimension gemeinsamer Praxis und dh. möglicher Wahrheit. Erkenntnistheorie wird zur gesellschaftskritisch vermittelten Wahrheitstheorie in praktischer Absicht[56]. Die Philosophie beginnt zugleich auf die politisch-pragmatischen Sachprobleme zu reflektieren, zu deren zukunftsentscheidenden Bewältigung sie als Ethik beizutragen versucht[57]. Sie denkt damit als Philosophie der Zukunft »im Spannungsbogen zwischen kritischer Analyse der Gegenwart mit

---

54 Siehe zum Folgenden vor allem H. Fahrenbach, Zukunft als Thema der Philosophie. Zur Grundlagenthematik einer Philosophie der Zukunft, in: Wirklichkeit und Reflexion. Zum 60. Geburtstag für Walter Schulz (1973) 99–135 mit Anm. 7, 132.

55 Siehe dazu in diesem Band vor allem den Beitrag von H. Schuster, 150–163.

56 Siehe dazu Apel, Transformation II, 311–330, 348–357 und 400 Anm. 57.

57 Siehe dazu Schulz, 624–627 und 630 ff.

ihren Zukunftsmöglichkeiten und dem normativ utopischen Entwurf wünschbarer, besserer Zukunft«[58].

(2) Das Problemkontinuum Sprache – Praxis – Zukunft stellt sich als ein Verweisungszusammenhang dar, dem die interdisziplinäre Arbeit an diesem Problemkomplex folgen könnte. Die theoretischen Probleme und praktischen Aufgaben lassen sich nur in den drei aufeinander verweisenden Dimensionen der herrschaftsfreien Kommunikation, der ethischen Verantwortung und der auf möglichen Sinn vorgreifenden Hoffnung angehen. Kritische Theorie kommunikativ erreichbarer Wahrheit, argumentativ-appellative Ethik konkreter gesellschaftlich-politischer Verantwortung und kritische Analyse der Utopien, Zielvorstellungen und Entwürfe künftigen sinnvollen Lebens greifen ineinander.

Wenn die Praktische Theologie noch stärker zu einem Prozeß selbstkritisch reflektierter Theoriebildung über Kirche (auch als ein Bereich und Faktor in der Gesellschaft der BRD) heute und morgen werden will, wenn sie also dazu fähig werden möchte, das Gewissen der westdeutschen Universitätstheologie zu werden[59], dann braucht sie künftig die durchgängige kritische Begleitung durch Philosophie in allen Phasen ihres forschenden Lernens. Und daraus ergibt sich als weitere Konsequenz: Die Philosophie sollte in Zukunft nicht auf die beiden ersten Studienjahre bzw. auf ein künftiges Grundstudium – wie immer dies aussehen wird – beschränkt werden, sondern in allen Phasen aller theologischen Studiengänge präsent sein können[60].

---

58 Fahrenbach, Zukunft, 104.

59 Von der Praktischen Theologie als dem Gewissen der Theologie als ganzer spricht Rahner VIII, 133–153, vor allem 141 f.; vgl. auch Rahner IX, 127–148 und G. Stachel, Wie konstruiert man »Curricula in Theologie«?, in: Feifel, 67 f.

60 Das fordert zu Recht J. Möller, Der Glaube ruft nach dem Denken. Zur Rolle der Philosophie innerhalb des Theologiestudiums, in: HerKorr 26 (1972) 239–243; vgl. auch D. Mieth, Tübingen – Versuche der Studienreform, in: Feifel, 128.

2 | 53 Joachim Scharfenberg
Psychologie und Psychotherapie

R. Bultmann schrieb im Jahre 1925: »So bleibt das richtig: wenn gefragt wird, wie ein Reden von Gott möglich sein kann, so muß geantwortet werden: nur als ein Reden von uns.«[1] Seither ist das Problem, wie wir nur eins mit dem anderen tun können, in der Theologie und speziell in der Praktischen Theologie nicht zur Ruhe gekommen. Die Lage hat sich insofern verändert, als zu Bultmanns Zeiten als einziger ernst zu nehmender Gesprächspartner für diese Aufgabe die Philosophie in Frage kam, während uns heute – in einer geradezu explosionsartigen Ausweitung des Pluralismus ihrer Ansätze und Methoden – die Humanwissenschaften als Gesprächspartner vorgegeben sind. Unter ihnen waren Psychologie und Psychotherapie die ersten, zu denen die Praktische Theologie ihr Verhältnis zu bestimmen versuchte. Diese Verhältnisbestimmung ist aber immer neu vorzunehmen und dem jeweiligen Erkenntnisstand der Forschung anzupassen. Es soll im Folgenden versucht werden, einige der wichtigsten Modelle einer solchen Verhältnisbestimmung vorzuführen und sie, soweit möglich, kritisch zu hinterfragen. Es kann dies nach Lage der Dinge nur »pluralistisch« und »paradigmatisch« geschehen.

1. Das Modell »Hilfswissenschaften«

Im Grenzgebiet zwischen Praktischer Theologie und Psychologie herrschte spätestens seit dem Aufkommen der dialektischen Theologie Streit. Sowohl der Versuch, mit den experimentell-empirischen Methoden der Psychologie sich dem Phänomen »Religion« zu nähern, wie es in der religionspsychologischen Schule praktiziert wurde, als auch der Versuch, mit den Mitteln der neuaufkommenden Psychoanalyse die Phänomene des christlichen Glaubens auf unbewußte Elemente hin zu befragen, stieß auf den energischen Widerstand der Theologen. Worum es im christlichen Glauben im eigentlichen gehe, sei mit psychologischen Mitteln überhaupt nicht zu erfassen. Die Polemik trug deutlich die Züge eines Rückzuges auf die Festung eines »inneren

---

1 R. Bultmann, Welchen Sinn hat es von Gott zu reden, in: Glaube und Verstehen I (1933) 33.

Kernes« des Menschen, der sich dem erklärenden Zugriff jeglicher Form von Humanwissenschaft zwangsläufig und prinzipiell entziehe.[2] So konnte es geschehen, daß seit 1908 bis zur Gegenwart eine ganze Literatur von tiefenpsychologischen Interpretationen religiöser Texte, Rituale, Dogmen und Persönlichkeiten entstand[3], ohne daß – abgesehen von einigen jüdischen Theologen[4] – die theologische Forschung beider Konfessionen überhaupt Kenntnis von dieser Literaturgattung nahm, geschweige denn in eine kritische Auseinandersetzung mit ihr eintrat. Die Nazidiktatur in Deutschland sorgte für eine gründliche Verlagerung dieses ganzen Forschungsbereiches nach den Vereinigten Staaten[5], der Streit verschwand damit total von der europäischen Bühne.

Er wurde aber auch nach dem Zweiten Weltkrieg nicht wieder aufgenommen, denn E. Thurneysen hatte inzwischen eine Formel gefunden, die im Grenzgebiet von Praktischer Theologie und Psychologie so etwas wie Friedhofsruhe eintreten ließ: Die Seelsorge stelle gegenüber der Psychoanalyse »etwas toto genere und unabtauschbar Anderes«[6] dar. Da die zunächst so leidenschaftlich bestrittenen Konzepte der Psychologie sich durchgesetzt hatten und so unwiderlegbare Wahrheiten enthielten, daß ihre Bestreiter ihr nichts anhaben konnten[7], versuchte man sie jetzt durch die Verbannung in einen Teilbereich unschädlich zu machen: Der innerste personale Kern des Menschen könne nach wie vor nur mit der Kategorie des Geheimnisses umschrieben werden und sei dem Zugriff der psychologischen Erkenntnis entzogen[8]. Dieser Aufweis des grundlegenden Dissensus im anthropologischen Bereich besagt jedoch nicht, daß man im Methodischen nicht eine Menge von der Tiefenpsychologie lernen könne. Ihre Fähigkeiten, die Wirklichkeit des Menschen offensichtlich zu treffen und zu verändern, kann sogar als vorbildhaft für die so offensichtlich recht wirkungslose kirchliche Praxis hingestellt werden. Allerdings müßten die psychoanalytischen Erkenntnisse einem Reinigungsbad unterzogen werden;

---

2 Beim Glauben gehe es ja gerade um »das prinzipielle und radikale Ignorieren aller inneren Prozesse«, so E. Brunner, Erlebnis, Erkenntnis und Glaube (^{2}1923) 35.

3 In einem Forschungsprojekt des Praktisch-Theologischen Seminars der Universität Kiel zählten wir über 1300 Titel. Einige wenige Beispiele dieses Materials sind veröffentlicht in Y. Spiegel (Hg.), Psychoanalytische Interpretation biblischer Texte (1972); vgl. auch Th. Reik, Dogma und Zwangsidee, hg. von Y. Spiegel und J. Scharfenberg (1973).

4 So etwa I. Maybaum, Creation and Guilt (1969).

5 Die Publikationsorgane wurden hier die American Imago und The psychoanalytic Study of Society (1968 ff.).

6 E. Thurneysen, Die Lehre von der Seelsorge (1948) 216.

7 AaO. 189.

8 E. Thurneysen, Seelsorge und Psychotherapie (1950) 5 f.

sie müßten von ihren weltanschaulichen Hintergründen abgelöst, als »reine Praxis« in die christliche Anthropologie eingefügt werden und könnten dann in der Seelsorge zur Anwendung gelangen[9].

Mit diesem Ansatz ist der Zusammenhang von Theorie und Praxis zerstört. Der theologischen Anthropologie bleibt eine Erkenntnisquelle »höherer Art« vorbehalten, die sich jedoch als unfähig erweist, eine eigene, ihr gemäße Praxis zu entwickeln. Als einziges Projekt, auf das die theologische Theorie bezogen wird, erscheint die »Verkündigung«, ein Begriff von größter Allgemeinheit, Ungenauigkeit und Praxisferne. Wo diese zu einer konkreten Arbeit mit dem Menschen vorstößt, arbeitet sie weithin mit einer geliehenen Praxis, auf deren theoretische Hintergründe kaum differenzierter reflektiert wird. Jede beliebige psychologische Praxis erscheint so als »Hilfswissenschaft« mit jeder beliebigen theologischen Theorie amalgamierbar. Da sie kaum mehr auf ihre eigene Theorie bezogen ist, wird der hermeneutische Zirkel, der zwischen dem Verstehen von Texten und dem Verstehen von Menschen besteht, aufgelöst, die kirchliche Praxis tritt so als Konkurrent zu anderen psychologischen Praktiken auf, die propriums-Frage wird so zu einem nicht endenwollenden Problem kirchlicher Seelsorge.

2. *Das Modell »Religionskritik«*

Der erste, der die religionskritische Kraft der Psychologie in Gestalt der psychoanalytischen Theorie entdeckte, war der Schweizer Pfarrer O. Pfister, ein früherer Schüler und lebenslanger Gesprächspartner Sigmund Freuds. Freilich wehrte er sich mit Entschiedenheit dagegen, daß die Religionskritik der Psychoanalyse den christlichen Glauben in seinem Kern zu zerstören vermöchte. Er sah in ihr vielmehr ein »prachtvolles Mittel, die Religion zu läutern und zu fördern«[10]. Sein Ansatz besteht zunächst darin, krankhafte religiöse Manifestationen besser zu verstehen und solche Religionsformen zu beseitigen, die als neurotisch bezeichnet werden müssen, weil sie dem nicht standzuhalten vermögen, was Pfister im Anschluß an Freuds »Realitätsprinzip« das »Realitätsdenken« nennt[11]. Freilich entdeckt er sehr schnell, daß die Psychoanalyse in ihrem Bemühen um seelische Realität keineswegs empirisch vorgeht. Wenn sie sich selbst zu den exakten Naturwissenschaften rechne, so müsse ein solches Selbstmißverständnis korrigiert werden, denn mit dem Einsatz der Sprache als Therapeutikum stellt

9 A. Allwohn, Das heilende Wort (1958) 16.
10 O. Pfister, Die Illusion einer Zukunft, Imago 14 (1928) 149.
11 O. Pfister, die psychoanalytische Methode (1913) 351.

sich neben der Frage nach den Kräften, die den Menschen vom Unbewußten her bestimmen, die Frage nach dem Sinn der unbewußten Manifestationen. Wo es aber um Sinn geht, kann die Psychoanalyse nicht auf eine Art »allgemeiner Interpretation«[12] verzichten, die tief geprägt ist von den Niederschlägen allgemeiner Menschheitserfahrungen, wie sie sich unter anderem auch in der mythischen Überlieferung aussprechen. An dieser Stelle aber, wo es um die Sinnesdeutung menschlicher Existenz mit Hilfe der Überlieferung geht, ist Pfister bereit, mit Freud in den Streit einzutreten. Im Namen einer kritischen Theologie, die nicht notwendigerweise zur Regression auf die infantile Stufe des Lustprinzips führen müsse, plädiert Pfister für ein dialektisches Bezogensein von Wunsch und Wahrnehmung der Wirklichkeit, in dem »die Zurückdrängung des Wunschdenkens durch das Realdenken und die Mobilisation des Realdenkens durch das Wunschdenken« angestrebt wird. So kann es zu einer »abgeklärten Religion« kommen, die aus einer harmonischen Verbindung des Glaubens und des Wissens, aus einer gegenseitigen Durchdringung des Wunsch- und Realdenkens besteht[13].

Dieses Programm einer durch einen kritischen Dialog geläuterten Religion ist durch den Engländer und anglikanischen Theologen R. S. Lee aufgenommen worden. Er macht das psychische Reifungsgeschehen zum Zentralbegriff seiner Religionskritik und konstatiert: »Falls das Christentum dabei beharrt, neurotische Manifestationen des Unbewußten als wahre Religion für mündige Männer und Frauen anzusehen, verurteilt es sich selbst dazu, beiseite gefegt zu werden in dem Aufwärtsstreben des Menschen zu den natürlichen Zielen Freiheit, Macht und Liebe. Es wird aufhören, wahrhaft christlich zu sein.«[14]

In der Gegenwart wird die Religionskritik der Psychoanalyse innerhalb der evangelischen Theologie vor allem als eine Kritik der gegenwärtigen Kultur und ihrer Institutionen aufgegriffen, als deren legitimes Motiv »die zum Schaden beider bis heute noch nicht rechtskräftig geschiedene Ehe zwischen der Religion und der säkularen Kultur«[15] angesehen wird.

Die Schwäche des religionskritischen Ansatzes zur Verhältnisbestim-

---

12 J. Habermas, Erkenntnis und Interesse (1968) 321.

13 Pfister, Illusion, 157 und 182. Vgl. zum Ganzen auch das Themenheft. O. Pfister, Pfarrer und Analytiker, mit Beiträgen von G. Bittner, Th. Bonhoeffer, J. E. Irwin, H. U. Jäger, H. W. Kienast und J. W. Stettner sowie einer Gesamtbibliographie Pfisters von D. Scheible, in: WzM 25 (1973) 433–512.

14 R. S. Lee, Freud and Christianity ([2]1967) 176.

15 Ch. Link, Theologische Perspektiven nach Marx und Freud (1971) 81. Vgl. auch J. Scharfenberg, Sigmund Freud und seine Religionskritik als Herausforderung für den christlichen Glauben ([3]1971).

mung zwischen Theologie und Psychologie besteht m.E. darin, daß sie weithin apologetisch bestimmt ist. Wenn auch treffend der Konvergenzpunkt bestimmt wird, an dem beide Bereiche aufeinander bezogen sind, so fehlt dieser Begegnung oftmals noch die Gegenseitigkeit, durch die auch die Theologie zur Psychologiekritik werden könnte.

3. Das Modell »Kooperation«

In besonders starker Weise hat P. Tillich den religionskritischen Ansatz der Tiefenpsychologie aufgenommen und vorangetrieben. Indem Freud das vorurteilslose Annehmen des Menschen zur unabdingbaren Voraussetzung seiner Therapie machte, habe er sehr viel dazu beigetragen, das intellektuelle Klima in Richtung auf eine Wiederentdekkung des zentralen Evangeliums von der Annahme des Sünders umzugestalten[16]. Wenn die Kirchen diese gegen sie aufgestandene Fremdprophetie nicht akzeptieren, »werden sie zur Bedeutungslosigkeit herabsinken, und der göttliche Geist wird durch scheinbar atheistische und antichristliche Bewegungen wirken«[17]. Zwar gehören die Erkenntnisse der Psychologie nach Tillich dem Bereich der »gewöhnlichen Erkenntnis« an, der zunächst mit der Offenbarungserkenntnis nichts zu tun hat. Freuds Menschenverständnis wird aber in eine Linie gerückt mit den existentialistischen Analysen der menschlichen Situation, durch die die Selbstentfremdung des Menschen aufgedeckt wurde. Sie ermöglicht es, den Blick freizumachen auf das eigentliche Wesen des Menschen im nichtentfremdeten Zustand, das darzustellen als die Aufgabe der Offenbarungserkenntnis angesehen wird.

Von dieser Grundposition aus gelangt Tillich zu einem äußerst plausiblen Modell der Kooperation von Seelsorger und Psychotherapeuten, das er am Leitfaden der Angst exemplifiziert und deutlich gemacht hat, weil sie die ontologische Basis abgibt, auf der beide sich treffen können. Von der allgemeinen Existenz-Angst des Menschen wird die neurotische Angst scharf abgegrenzt. Sie nämlich ruft als Abwehr unrealistische Sicherheit, unrealistische Vollkommenheit, unrealistische Gewißheit hervor, deshalb muß sie das Objekt des ärztlichpsychotherapeutischen Heilens sein, dessen Ziel nicht die Beseitigung der Angst, sondern das Aufdecken der existentiellen Angst ist, die nun wieder das Objekt der seelsorgerlichen Hilfe ist, und dem Menschen beistehen soll, die Angst auf sich zu nehmen[18]. Damit wird in der Be-

16 P. Tillich, Der Einfluß der Pastoralpsychologie auf die Theologie, in: NZSysTh 2 (1960) 132.

17 P. Tillich, Systematische Theologie III (1956) 239.

18 P. Tillich, Der Mut zum Sein (1954) 59 und 122.

ziehung von Theologie und Psychologie ein Leitbild des offenen Gesprächs und der Zusammenarbeit von Arzt und Seelsorger geschaffen, das jedoch an der grundsätzlichen Funktionsteilung festhält. Die Psychotherapie hat sich mit der neurotischen Angst zu befassen, mit falsch plazierter Unsicherheit, falsch plaziertem Schuldbewußtsein, falsch plaziertem Zweifel, die als solche nicht das Anliegen des Seelsorgers sein können. Er kommt als Theologe da ins Spiel, wo die Aufgabe einer Lehre vom Menschen und damit einer Ontologie gestellt ist, die weder der Psychologe noch der Theologe vermeiden können, die aber von keinem allein gelöst werden kann[19].

Ein strukturell ähnliches Kooperationsmodell schwebt offenbar J. Goldbrunner vor, wenn er der Psychotherpie – hier vorwiegend Jungscher Prägung – die Aufgabe zuweist, der systematischen Untersuchung einen weiteren Bereich der Schöpfungswirklichkeit zu erschließen durch die Ausweitung der Wirklichkeit des Seelenlebens auf das Unbewußte hin[20], der Theologie aber vorbehält, die aus dem kollektiven Unbewußtsein aufsteigenden Urbilder einer behutsamen Korrektur zu unterwerfen, so daß es zu einer sorgfältigen Unterscheidung des Christlichen, einer Zurücknahme unberechtigter Projektionen und einer wirklichen Begegnung mit Christus kommen kann[21].

Das Kooperationsmodell scheint an die Denkvoraussetzung gebunden zu sein, daß zwischen die Gegenstandsbereiche von Theologie und Psychologie eine sozusagen neutrale allgemeine Ontologie und Anthropologie gleichsam eingeschoben wird, die als gemeinsame Basis für beide Wissenschaften dienen kann. Aus der Kritik daran erwuchs in der amerikanischen Theologie ein weiteres erwähnenswertes Modell.

4. *Das Modell »Theologie als Psychologie«*

Seit etwa 20 Jahren gibt es an der Divinity School der University of Chicago einen eigenen Fachbereich »Religion and Personal Sciences«, in dem der gezielte Versuch unternommen wird, durch systematisch-theologische Forschung zu einer Überwindung der bei uns noch allgemein üblichen klaren Abgrenzung zwischen Humanwissenschaften und Theologie zu kommen. Die sich vornehmlich um P. Homans[22] sammelnde Theologengruppe fühlt sich vor allem dem von E. H. Erikson geprägten Begriff der Ich-Identität verpflichtet und gelangte zu der

19 Vgl. aaO. 57 f.
20 J. Goldbrunner, Realisation (1966) 144.
21 AaO. 203.
22 Vgl. P. Homans, Theology after Freud (New York 1970).

Überzeugung: was in der christlichen Überlieferung als Glaube bezeichnet wird, sei heute mit dem Begriff Identität neu zu interpretieren. Damit wird die Frage gestellt, ob nicht die Psychotherapie weithin das kulturelle Erbe der religiösen Erfahrung angetreten habe »und Psychologie die einzige Art von Theologie sei, die die Zukunft erlaubt«[23]. Gleichzeitig wird der Hoffnung Ausdruck verliehen, daß auf dem Wege über die psychologischen Wissenschaften das eigene theologische Erbe neu entdeckt werden kann.

Die theologische Arbeit muß deshalb in zwei Richtungen vorwärts getrieben werden:

a. Einmal kommt es darauf an, die christliche Überlieferung mit den Mitteln der modernen Psychologie, ihrer Persönlichkeitstheorien und den sich daraus ergebenden hermeneutischen Möglichkeiten neu aufzuarbeiten. Die Versuche, die dazu bereits vorliegen, beziehen sich auf so fundamentale Themen wie Traum und Mythos[24], das zum Anlaß genommen wird, eine »Mythodynamik« des Wunsches zu entwerfen, die zu einer Vertiefung der Entmythologisierung dienen kann, oder aber auf Bereiche der jüngeren Theologiegeschichte wie den Gegensatz zwischen Schleiermacher und dialektischer Theologie, die Debatte zwischen Barth und Bultmann, oder Beziehungspunkte zwischen Kierkegaard und Erikson gerichtet ist.

b. Zum anderen kommt es darauf an, den Ansatz von Tillich zu überwinden und weiterzuführen, nach dem sich die theologische Anthropologie eines Wirkungsbereiches »jenseits« der Strukturen und Prozesse versichert, die den psychologischen Kategorien und Methoden zugänglich sind. Dies wird in Form einer Religionspsychologie neuen Stiles versucht, die nicht länger an einem Gottesbild festhält, das an das schlechte moralische Gewissen gebunden ist, sondern die analysiert, was jenseits des Über-Ichs liegt, dieses transzendiert. Es ist dies das transmoralische Gewissen, das als eine Funktion des Ichs im Sinne von Erikson angesehen werden muß. Die Frage nach dem Ich ist aber für Autoren wie P. Homans im Prinzip ein theologisches Problem, wenngleich man sich ihm auf psychologischem Wege nähert. Da die Energien, die bisher in der moralisierenden Über-Ich-Religion gebunden waren, heute weithin von den volkstümlichen Mythologien und Ideologien einer Massenkultur absorbiert werden und damit der Regression, dem psychischen und religiösen Infantilismus verfallen, stellt sich die Frage nach einer nicht pathologischen Form der Regres-

---

23 P. Homans (Hg.), The Dialogue between Theology and Psychology (New York 1968) 10.

24 So L. McCutchen, Psychology of the Dream: Dream without myth, aaO. 183 ff.

sion, die im Zeichen der Phantasie steht, die Unerbittlichkeit des Realitätsprinzips durchbricht und als Quelle eines Neuanfangs angesehen werden kann, der im Zeichen der Hoffnung zur Basis des menschlichen Selbsttranszendierens werden könnte.

Aus dem Überblick über einige Modelle der Verhältnisbestimmung von Theologie und Psychologie scheint sich mir folgende Konsequenz zu ergeben:

Wann immer Seelsorge sich als wirkungskräftig erwies, war sie von einer Theologie getragen, die mit demselben Griff sowohl ihre eigenen Quellen wie auch die Wirklichkeit des Menschen, mit dem sie es zu tun hatte, zu deuten verstand. So hatte, um nur einige Beispiele zu nennen, die Scholastik mit den Denkkategorien der Aristotelischen Philosophie sowohl ihre eigene Überlieferung als auch die Psyche des Menschen gedeutet. Oder ein J. Ch. Blumhardt konnte mit dem gleichen naiven und gläubigen Realismus, mit dem er die Heilige Schrift verstand, die Wirklichkeit der ihm Anbefohlenen deuten und verändern. Selbst die Dialektische Theologie entwickelte mit dem Stichwort »Verkündigung« einen gemeinsamen Fluchtpunkt, auf den hin sowohl die theologische Theorie als auch die seelsorgerliche Praxis ausgerichtet war. Erst der von der Existenzanalyse Heideggers beeinflußten Theologie gelang es offenbar nicht mehr, eine der existentialen Interpretation gleichwertige Seelsorgepraxis von derselben Plausibilitätsstruktur zu entwickeln. Es scheint mir nun ein dringendes Erfordernis, daß diese verlorengegangene Dimension in der Praktischen Theologie zurückgewonnen wird. Nur wenn es gelingt, die gleichen Methoden, mit denen wir in der Seelsorge die Strukturen menschlicher Wirklichkeit erfassen, auch auf die christliche Überlieferung und ihre Texte anzuwenden, wird der unausweichliche hermeneutische Zirkel erhalten bleiben, kann der Seelsorger seine Identität wahren, bleibt die kritische Kraft des Evangeliums in Geltung.

Freilich, das ist ein theologisches Programm, von dem bisher nur Ansätze verwirklicht sind. Mir scheint jedoch die Zukunft der Praktischen Theologie in Europa davon abzuhängen, ob dies mit der gleichen Sorgfalt, Begeisterung und Intensität in Angriff genommen wird, wie die praktischen »Trainings« bereits vorangetrieben werden.

2|54 Günter Altner
Verhaltensforschung

Wenn die Pastoraltheologie heute die ihr vorgegebenen Probleme nur unter Berücksichtigung humanwissenschaftlicher Fragestellungen lösen kann, so wird man zu der Palette der zu berücksichtigenden Humanwissenschaften auch die Verhaltensforschung zu zählen haben. Allerdings ergibt sich hier eine interdisziplinäre Schwierigkeit, die nicht allein die Pastoraltheologie betrifft. Hat die Verhaltensforschung überhaupt eine humanwissenschaftliche Relevanz, gehört sie trotz aller popularisierenden Einbeziehungen des Menschen nicht vielmehr in den Bereich der Biologie? Der inzwischen heiß entbrannte Streit zwischen Soziologen, Psychologen, Philosophen und Verhaltensforschern über die Tragweite ethologischer Kategorien ist letztlich ein Streit um den humanwissenschaftlichen Rang der neueren Verhaltensforschung und damit wieder einmal ein Streit um die praktische und theoretische Bedeutung der Biologie bei der Interpretation des Menschen.

1. *Methodologische Probleme*

Wir lassen hier ganz außer acht, daß die moderne Verhaltensforschung, wie sie durch O. Heinroth und K. Lorenz begründet wurde, eine lange Vorgeschichte hat, die bis zu Reimarus zurückreicht. Wir setzen hier gleich bei Lorenz' Überlegungen ein; denn er ist es gewesen, der der Verhaltensforschung über seine aufsehenerregenden praktischen Ergebnisse hinaus ein erstes wissenschaftstheoretisches Fundament gegeben hat. Wir machen hier auf eine Grundlegung aufmerksam, die Lorenz in den fünfziger Jahren versucht hat. Wie für jede Disziplin der Biologie, so ist auch für die Verhaltensforschung die evolutionsgeschichtliche Perspektive die Induktionsbasis ihres vergleichenden Vorgehens: »Die unbestreitbare und unbestrittene Tatsache der Deszendenz bringt die Erkenntnis mit sich, daß eine unermeßliche Zahl von Struktureigenschaften menschlichen Verhaltens und Innenlebens ihr So-und-nicht-anders-Sein dem historisch einmaligen Gange der Phylogenese verdankt und ohne Einsicht in deren Zusammenhänge schlechterdings unverständlich bleiben muß. Für die sozialen Verhaltensnormen des Menschen gilt dies in besonders hohem Maße, weil sie mehr als andere an ererbte, arteigene Aktions- und Reaktionsweisen gebunden sind.«[1] Eben die Tatsache, daß auch das Verhalten des Menschen als Ergebnis phylogenetischer Prozesse gesehen werden muß, berechtigt den Verhaltensforscher zur vergleichend-biologischen Einbeziehung des Menschen in seine Verhaltensanalyse. Allerdings stellt sich dann gleich auch die Frage, wie weit dieser Vergleich gelingen kann und wo seine Grenzen liegen. Hat doch der Mensch im Verlauf seiner Abstammungsgeschichte eine Stellung gewonnen, die ihn trotz aller seiner natürlichen Bezüge aus eben dieser Natur heraushebt. Daß man den Menschen zoomorph betrachten dürfe, ist von Anhängern und Gegnern der Verhaltensforschung gemeinsam geteilte Anschauung. Die unbeantwortete Streitfrage ist vielmehr die, wie weit diese Betrachtung gehen könne.

Lorenz selber hat aus seiner Annahme naturgegebener Konstanten im menschlichen Verhalten sehr weitgehende wissenschaftstheoretische Konsequenzen ziehen wollen. So wie der Mensch in seinem sozialen Verhalten das Ergebnis phylogenetischer Prozesse sei, so müsse dann auch die Verhaltenslehre das Fundament der Psychologie bilden. Und eine so fundierte Psychologie könne dann ihrerseits als Basalwissenschaft für die Soziologie dienen. «Es ist also ganz sicher keine ressortpatriotische Überheblichkeit, sondern eine vom Standpunkt induktiver Forschung völlig unwiderlegliche Aussage, wenn ich behaupte, daß alle vom Menschen handelnden Wissenszweige, sofern sie als Naturwissenschaften gelten wollen, aus genau denselben Gründen die vergleichende Verhaltensforschung benötigen, aus denen die Stoffwechselphysiologie der Chemie bedarf.«[2]

Der von Lorenz herangezogene Vergleich Stoffwechselphysiologie/Chemie übersieht, daß für den Humanwissenschaftler (welcher Couleur auch immer) der ausschließliche Rückgang auf die naturgesetzlich bedingten Komponenten des menschlichen Verhaltens eine Metabasis in einen anderen Wirklichkeitsbereich, in den subhumanen Bereich ist, ohne daß dabei die historischen Zusammenhänge und die gesellschaftlichen Abhängigkeiten genügend mitreflektiert würden. Wolfgang Schmidbauer nennt diese reduktionistische Methodologie von Konrad Lorenz eine »letzten Endes reaktionäre Sicht«, die ideologiekritisch überprüft werden müsse. In der Lorenzschen Position würden gerade die natürlichen Abhängigkeiten menschlicher Geschichte durch ihre Totalisierung verschleiert, was darauf hinausliefe, daß einer Anpassung an subhumane Naturzustände das Wort geredet werde. Die

1 K. Lorenz, Über tierisches und menschliches Verhalten II (1965) 252.
2 Ebd.

Humanethologie als evolutionstheoretisch fundierte Anthropologie dürfe eben den Zoologen nicht allein überlassen bleiben[3].

Ohne Zweifel gibt es in den Veröffentlichungen deutscher und angelsächsischer Verhaltensforscher – insbesondere in ihren popularwissenschaftlichen Büchern – Trends, die in die von Schmidbauer beklagte Richtung weisen. Dabei ist freilich zu beachten, daß das letzte Jahrzehnt – seit der ersten Auflage von Lorenz' »Sogenanntem Bösen« im Jahre 1963 – erhebliche Differenzierungen gebracht hat, die sich auch in den Ergebnissen und dem Methodenbewußtsein der Verhaltensforschung niedergeschlagen haben. So gibt es unter den angelsächsischen Verhaltensforschern den berechtigten Versuch, insbesondere Verhaltensbeobachtungen an Affen als der dem Menschen nächstverwandten Gruppe für den Tier-Mensch-Vergleich bevorzugt heranzuziehen. W. Wickler hat seinerseits mit einer Reihe von Veröffentlichungen[4] deutlich gemacht, daß die Verhaltensforschung bis zum Gespräch mit der Theologie vorstoßen kann, ohne daß dabei die von Schmidbauer und anderen befürchteten Vereinnahmungen stattfinden müßten. Und I. Eibl-Eibesfeldt hat inzwischen eine Humanethologie im Ansatz entworfen, die sehr deutlich bemüht ist, die reduktionistischen Gefahren einer früheren Forschungsstufe zu überwinden[5]. Leider ist es unter den deutschen Verhaltensforschern nicht üblich, die methodischen Auseinandersetzungen intra muros öffentlich zu führen. Insofern ist auch das erfreuliche Bild der methodischen Weiterungen durch die nicht widerrufenen Pauschalisierungen der Vergangenheit verunklart.

2. *Das Triebkonzept der Humanethologie*

Der beste Prüfstein für die interdisziplinäre Bereitwilligkeit der Verhaltensforschung heute ist das Triebkonzept der Humanethologie. Die Humanethologie fragt nach den natürlichen Vorprogrammierungen im menschlichen Sozialverhalten, die der Mensch mit anderen Lebewesen teilt. Es lassen sich dabei aber auch die Besonderheiten und Abweichungen im menschlichen Verhalten herausstellen. Untersuchungen an Taubblinden und kulturvergleichende Interaktionsforschungen haben zu ersten Ergebnissen geführt. Die vergleichende Verhaltensfor-

---

3 W. Schmidbauer, Biologie und Ideologie – Kritik der Humanethologie (1973) 17 ff.

4 W. Wickler, Sind wir Sünder? – Naturgesetze der Ehe (1969); ders., Die Biologie der Zehn Gebote (1971).

5 I. Eibl-Eibesfeldt, der vorprogrammierte Mensch – das Ererbte als bestimmender Faktor im menschlichen Verhalten (1973).

schung unterscheidet vier Vorprogrammierungen im tierischen und menschlichen Verhalten: Das angeborene Können, das angeborene Erkennen, Antriebe und Lerndispositionen.

Bei dem angeborenen Können handelt es sich um angeborene Bewegungskoordinationen, die vom Erbgut her fixiert sind und je nach Bedarf physiologisch abgerufen werden können. So etwa das Schnabelsperren bei jungen Singvögeln oder die Versteckhandlung bei Eichhörnchen. Ein Eichhörnchen wird immer wieder, ob Jungtier oder Alttier, eine Nuß mit den gleichen Bewegungsabläufen und Bewegungsfolgen verstecken. Eibl-Eibesfeldt weist darauf hin, daß im äußeren Bewegungsablauf des menschlichen Lachens und Weinens und in den Ausdrucksbewegungen des Verneinens und Bejahens auch solche angeborenen Bewegungskoordinationen vorhanden sein müßten. Aber bezeichnenderweise wechselt die Bevorzugung dieser und jener Form des Verneinens von Kultur zu Kultur. Dem Menschen kommt eine gewisse Wahlfreiheit bezüglich der ihm zur Verfügung stehenden Bewegungsmuster zu.

Die andere Vorprogrammierung, der angeborene Auslösemechanismus (= das angeborene Erkennen), läßt sich am Fangverhalten eines Frosches, der nach seiner Beute schnappt, darstellen. Das betreffende Flugobjekt wirkt auf den Frosch als Schlüsselreiz, und auf diesen Schlüsselreiz hin klinkt der Frosch mit Beuteschnappverhalten ein. Es handelt sich hier um einen Verhaltensmodus, der auf bestimmte Außenreize hin zielgerecht abläuft, so daß Schlüsselreiz und ausgelöster Mechanismus wie Schlüssel und Schloß zusammenpassen. Über solche angeborenen Auslösemechanismen werden viele der sozialen Reaktionen bei Tieren wie Balz, Kampf und Unterwerfung ausgelöst. Der Nachweis angeborener Auslösemechanismen für den Menschen ist noch nicht abgeschlossen. Immerhin hat K. Lorenz darauf hingewiesen, daß die Proportionen und Formmerkmale des Kleinkindes bei Erwachsenen wie Kindchen-Signale wirken und fürsorgliches Verhalten auslösen können.

Bei den Antrieben spontanen Charakters handelt es sich um Aktivitäten, deren Zustandekommen nicht auf Außenreizen beruht, sondern aufgrund einer inneren Motorik relativ autonom ausgelöst wird. Tiere sind keineswegs jene Handlungsautomaten, als die sie die ältere Reflexologie verstehen wollte. Das hungrige Tier wird unruhig und sucht nach Freßbarem, das durstige Tier sucht nach Wasser. Das aggressiv gestimmte Tier sucht nach einem Partner, mit dem es seine Aggression abreagieren kann. Interessant ist bei diesen Antrieben spontanen Charakters die Tatsache, daß sie mit bestimmten Schwellenerniedrigungen korreliert sein können. Je stärker der Antrieb wird, desto niedriger kann die Reizschwelle sein, die zum Anlaß der Entladung wird. Als Beispiel wird immer wieder der gekäfigte Star angeführt, der, reichlich gefüttert, offenbar immer stärker unter der endogenen Dringlichkeit steht, nun seine klassischen Beuteobjekte zu fangen. Und dann beginnt dieser Star auch damit, imaginäre Insekten zu fangen und zu schlucken. Deutet man dieses Phänomen auf der Grundlage des spontanen Antriebs, so muß man sagen: Hier ist ein spontaner Antrieb vorhanden, der in das Beutefangverhalten eingeht und unter entsprechender Stauungssituation frei abläuft. Die Verursachung von Antrieben des geschilderten Typs wird durch innere Sinnesreize, Hormone und zentralnervöse Instanzen bewirkt, die für die Spontaneität des Verhaltens verantwortlich sind. Ohne Zweifel unterliegt auch der Mensch periodischen Stimmungsschwankungen bezüglich Hunger, Aggressivität und Sexualität, die ihre Entstehung den genannten Ursachen verdanken.

Bei den »angeborenen Lerndispositionen« handelt es sich um Verhaltensspielräume kleineren oder größeren Ausmaßes, in denen die erbliche Koordination Lernmöglichkeiten läßt. Das können ganz verschiedene Spielräume sein. Sie können sehr begrenzt und sehr weit sein. Es gibt bei vielen Singvögeln eine kurze sensible Periode während der Jugendentwicklung, in der sie ihren artgemäßen Gesang erlernen können, wenn sie ihn von ihren erwachsenen Artgenossen hören. Andererseits gibt es bei Säugetieren sehr respektable Lernleistungen, die Grundlage komplexen Werkzeugverhaltens sind. Der Mensch ist durch eine Reihe hochspezifischer Lernbegabungen ausgezeichnet. Es ist hier insbesondere an die Begabung zum Sprechenlernen zu erinnern. Ein Kind ist schon im zweiten Lebensjahr in der Lage, vorgesagte Worte nachzusprechen und so in seine Sprachbefähigung hineinzuwachsen. Auch beim Menschen gibt es also besondere Perioden erhöhter Sensibilität und Lernbereitschaft. Es ist hier über die verschiedenen Entwicklungsphasen des Kleinkindes hinaus vor allem auch an die Periode der Pubertät zu erinnern, in der die Auseinandersetzung mit den geltenden Gruppenwerten erfolgt.

Die hier gebrachte Vorstellung der ethologisch faßbaren Vorprogrammierung im menschlichen und tierischen Verhalten macht schon deutlich, daß die Befunde keineswegs als abgeschlossen gelten können. Insbesondere muß gefragt werden, ob die auf das menschliche Verhalten bezogenen Übertragungen zutreffend sind. Eibl-Eibesfeldt, dessen Konzept wir hier skizziert haben, merkt selber an, daß das menschliche Verhalten durch eine über das Tierreich hinausgehende Variabilität gekennzeichnet ist. »Ihm (dem Menschen) sind wohl Antriebe gegeben, ferner kurze Bewegungsfolgen in Form von Erbkoordinationen und einige Reaktionen auf unbedingte Reize. Auch scheinen gewisse ethische Normen in stammesgeschichtlichen Anpassungen veranlagt; aber der Gesamtablauf seines Verhaltens unterliegt keinen strengen Kontrollen, er ist oft in weiteren Grenzen, aber nicht beliebig, variabel. Erst kulturelle Kontrollmuster setzen dieser Variabilität engere Grenzen. Da diese Kontrollmuster aber von Ort zu Ort verschieden sein können, konnten sich Menschen schnell an verschiedene Umweltbedingungen anpassen.«[6]

3. *Die Aggressionsdebatte*

In der gegenwärtigen Aggressionsdebatte, die ursprünglich durch Lorenz' endogen-spontanen Aggressionsbegriff ausgelöst wurde und nicht zuletzt zu einer Auseinandersetzung mit dem durch Skinner vertretenen Behaviorismus geführt hat, wird die von Eibl-Eibesfeldt versuchte Berücksichtigung kultureller Kontrollmuster leider noch weitgehend übersehen. Die Polemiken der Soziologen und Psychologen zielen immer noch auf den von Lorenz konzipierten Aggressionstrieb, der in seiner ursprünglichen Einseitigkeit den Vorwurf reaktionärer Pseudoaufklärung einigermaßen rechtfertigen mochte[7]. Die Schärfe der in dieser Auseinandersetzung hinüber und herüber ausgetauschten Argumente beruht nicht nur auf der jeweiligen fachspezifischen Abblendung des Urteils. Es steht hier mehr auf dem Spiel. Mit der Frage nach Wesen und Lenkbarkeit menschlicher Aggression ist ein Jahrhundertthema gestellt, das die krisengeschüttelte Menschheit von heute zutiefst betrifft und zu mancherlei ideologischer Versuchung Anlaß gibt. Die Folgen unbewältigter Aggressionen reichen tief hinein in die unzähligen Ezistenznöte der Einzelnen und der Gesellschaften. Wer hier wirklich Helfendes sagen will, der kann und darf sich nicht nur auf die natürlichen Vorgegebenheiten konzentrieren, der muß gleichermaßen die historischen Zusammenhänge und die gesellschaftlichen Einflüsse mitberücksichtigen. Hier darf nicht der Anpassung an frühere Naturzustände das Wort geredet werden. Hier geht es vielmehr darum, daß sich der Mensch der ihm wissenschaftlich vermittelten Möglichkeiten für die Weiterverantwortung menschlicher Geschichte kritisch bewußt werde. Insofern stellt die Aggressionsdebatte einen Prüfstein dafür dar, ob die Verhaltensforsung die von Lorenz in den fünfziger Jahren vollzogenen methodischen Engführungen hinter sich zu lassen bereit ist.

---

6 AaO. 68.

7 Vgl. R. Denker, Aufklärung über Aggression. Kant, Darwin, Freud, Lorenz (1966); W. Lepenies / H. Nolte, Kritik der Anthropologie (1971); A. Schmidt-Mummendy / H. D. Schmidt, Aggressives Verhalten (1971); H. Selg, Zur Aggression verdammt? (1971).

Auch Eibl-Eibesfeldt mißt der Aggression – wie Lorenz – endogen-spontanen Charakter zu. Auch er hält Aggression für einen staubaren Antrieb, der genetisch vorprogrammiert und zentralnervös vermittelt ist. Aber darüber hinaus rechnet Eibl-Eibesfeldt mit der Wirksamkeit erlernbarer, kulturell vermittelter Ablaufkontrollen. »Dies ist bei den Tieren ganz anders. Hier sind den Antriebsystemen im allgemeinen auch die Ablaufkontrollen angeborenermaßen zugeordnet. Im Verlauf der Menschwerdung wurden jene offenbar sekundär abgebaut, während die Antriebe in Takt blieben.«[8] Die Modifikation von Aggression durch erlernbares Sozialverhalten wird von Eibl-Eibesfeldt also ausdrücklich zugestanden. Freilich ist auch dieses weiterentwickelte Modell, obwohl es über Lorenz hinausgeht, immer noch zu einfach. Die Vereinfachung ist in der Annahme zu sehen, als würde das triebliche Grundgefüge unmittelbar einem kulturellen Kontrollmuster unterstellt, so wie es bisher instinktkontrolliert war. Es gibt Indizien, die auf eine solche Situation hinweisen. Manche angeborenen Bewegungskoordinationen des Menschen werden ja in der Tat, wenn man den Menschen vergleichend-biologisch betrachtet, ziemlich unverändert aus dem Tierreich übernommen. Aber das sind äußere Abläufe, die uns über die innere Integration der Gesamtkomponenten wenig sagen. Vermutlich ist die Wechselwirkung zwischen dem trieblichen Erbe aus dem Tierreich und den Lernkomponenten im Verhalten des Menschen sehr viel komplexer, als es das Modell der kulturellen Kontrollmuster erkennen läßt.

Bei Eibl-Eibesfeldt schwingt im geheimen immer noch jener hierarchisch definierte Instinktbegriff mit, wie er von N. Tinbergen entwickelt worden ist. Tinbergen definiert einen Instinkt als einen hierarchisch organisierten nervösen Mechanismus, der auf bestimmte vorwarnende, auslösende und richtende Impulse, sowohl innere wie äußere, anspricht und sie mit wohlkoordinierten lebens- und arterhaltenden Bewegungen beantwortet[9]. Es ist unsere Vermutung, daß sich mit der gesteigerten Variabilität des menschlichen Triebgefüges ein Verhältnis zwischen genetisch fixierten und erlernbaren Antrieben eingespielt hat, das in seinen Wechselwirkungsprozessen durch das hierarchisch definierte Triebmodell Tinbergens nicht mehr angemessen abgebildet wird. Aber hier wissen wir noch zu wenig, um eine alternative Erklärung anbieten zu können. Es ist in diesem Zusammenhang auch die Möglichkeit zu unterstreichen, daß die Aggression im Verlaufe der Evolution mehrfach entstanden sein könnte. Das würde heißen, daß wir mit mehreren ver-

---

8 I. Eibl-Eibesfeldt, Liebe und Haß (1970) 44.

9 N. Tinbergen, Von Krieg und Frieden bei Tier und Mensch, in: G. Altner (Hg.), Kreatur Mensch (1969) 163 ff.

schieden konstruierten Aggressionstypen zu rechnen hätten. Und damit bleibt auch vorläufig unklar, wie stark und wie geartet der evolutive Anteil am Phänomen der menschlichen Aggression ist.

Es erweist sich auch an dieser Stelle als entscheidend wichtig, daß die Verhaltensforschung den von ihr konzipierten Triebbegriff vor allen möglichen ideologischen Engführungen bewahrt und in der nötigen Offenheit reflektiert. Nur so läßt sich ein Verhaltensbegriff entwickeln, der den subhumanen Vorgaben und den kulturell vermittelten Ablaufkontrollen im menschlichen Verhalten gleichermaßen Rechnung trägt.

Nun hat Eibl-Eibesfeldt auf der Grundlage seines Konzeptes neuere Forschungen an Buschmannpopulationen in Afrika durchgeführt. Diese Untersuchungen dienten unter anderem der Überprüfung einer Behauptung, die immer wieder unter Ethnologen kursiert, daß es aggressionsfreie Gesellschaften gäbe. Es wurde dies nicht zuletzt auch bezüglich der Buschleute behauptet. Buschleute in Afrika leben in kleinen Populationen als Sammler und Jäger. Sie leben auf einem steinzeitlichen Niveau, das – vorsichtig geurteilt – Modellcharakter für den frühen Menschen haben könnte. Eibl-Eibesfeldt fand nun Aggressionen auch bei den Buschleuten. Er beobachtete bei den Buschmannkindern viele Aggressionen, die man auch bei unseren Kindern sehen kann. Aber gleichzeitig stieß er auf die erstaunlich gut entwickelte Fähigkeit der Kinder, ihre eigenen Streitigkeiten wieder zu beheben. Erwachsene mußten äußerst selten bei diesen Streitigkeiten eingreifen. Und ebenso war auch das Miteinander der Erwachsenen von einer auffällig gut funktionierenden sozialen Aggressionskontrolle geprägt. Nicht daß die Aggressionen darüber verborgen geblieben wären, aber diese auftretenden Aggressionen wurden überraschend gut ausgelebt: »Innerhalb der Buschmann-Gruppe gibt es aggressive Auseinandersetzungen. Man kann sie in den Spielgruppen der Kinder besonders gut beobachten, auszählen und filmen. In einer Beobachtungszeit von 191 Minuten wurden in einer Spielgruppe von neun Kindern zum Beispiel 166 aggressive Akte gezählt.«[10]

Letztlich fand Eibl-Eibesfeldt sein Grundkonzept der kulturellen Kontrollmuster bestätigt. Besonders bedeutsam sind seine Hinweise auf die verbale Aggressionskontrolle unter den Buschleuten. »Interessant ist, daß die Neckereien, insbesondere auch unter Erwachsenen, sich vielfach wie bei uns verbal vollziehen. Verbale Herausforderung und Antwort ergeben eine Art Turnier, über die Aggressionen ausgelebt werden. Das scheint mir deshalb wert, hervorgehoben zu werden, weil es die für den Menschen so typische Verschränkung von Angebo-

10 I. Eibl-Eibesfeldt, Die KO-Buschmann-Gesellschaft (1972) 192.

renem und kulturell Tradiertem zeigt. Worte als kulturelle Symbole werden zu Schlüsseln, über die Instinktmechanismen aufgeschlossen werden, wobei sie die biologisch auslösenden Reizsituationen adäquat beschreiben. Sie betätigen als sekundäre Schlüssel offenbar die gleichen Schlösser (Auslösemechanismen) wie die normalen Schlüsselreize.«[11]

Auch an dieser Stelle kann man wieder fragen, ob Eibl-Eibesfeldt sich nicht viel zu stark an das subhumane Triebmodell der Verhaltensforschung anlehnt. Kann die menschliche Sprache den altererbten Auslösemechanismen einfach als Schlüssel zugeordnet werden? Welch differenzierte Sozialisationsprozesse sind in die Entstehung der menschlichen Sprache eingegangen, und wie hat ihrerseits die Sprachwerdung auf die Sozialisationsprozesse zurückgewirkt! Dennoch führt Eibl-Eibesfeldt mit seiner Würdigung der Sprache als aggressionskontrollierender Sozialinstanz weit über Lorenz' Aggressionskonzept hinaus. Es ergeben sich in diesem Zusammenhang auch sehr unmittelbare Kontakte zu einer interdisziplinär aufgeschlossenen Praktischen Theologie. Wenn es die Praktische Theologie ernsthaft mit der Wirksamkeit des verkündigten und gelebten *Wortes* zu tun hat, wird sie nicht umhin können, diese Wirksamkeit im Kontext natürlich und kulturell vermittelter Gruppenprozesse unter Menschen zu erfragen. Dabei wird die Frage nach der Erlernbarkeit und Lehrbarkeit aggressionskontrollierender Verhaltensweisen eine besondere Rolle spielen. Wie überhaupt das therapeutische Anliegen einer möglichst ungestörten Antriebsentwicklung heranwachsender Menschen ein Zentralbereich der Begegnung zwischen Verhaltensforschung und Pastoraltheologie sein könnte. Für die Verhaltensforschung würde dies zumindest ein interessanter Test des von ihr entwickelten Antriebskonzeptes sein.

4. *Verhaltensforschung und Kinderpsychotherapie*

Interessanterweise hat die Psychagogin Ch. Meves im Hinblick auf Verhaltensstörungen bei Kindern einen solchen interdisziplinären Erprobungsversuch unternommen[12]. Meves vergleicht Triebbehinderungen beim Menschen im frühen Kindesalter und bei Tierjungen. Sie berücksichtigt bei ihrem Vergleich das oral-kaptative, das intentionale, das aggressive und das sexuelle Antriebsgeschehen und die jeweiligen Antriebsstörungen. Sie fragt nach deren Ursachen und Folgen. Die von Ch. Meves durchgeführte Prüfung auf Übereinstimmung zwischen Kinderpsychotherapie und Verhaltensforschung geht von gewissen

11 AaO. 121/122.
12 Ch. Meves, Verhaltensstörungen bei Kindern (^{3}1973).

Gemeinsamkeiten in der Theorie der Instinkthandlung aus. Die Autorin verweist auf die enge Verzahnung von angeborenen Auslösemechanismen und spezifischen Lernakten bei Tier und Mensch. Dieser Ansatz erinnert unmittelbar an Eibl-Eibesfeldts Modell der kulturell kontrollierten Antriebsmechanismen. Allerdings unterstreicht Meves mit Nachdruck, daß die Übereinstimmung in der eben skizzierten Verzahnung von Antrieb und Lernakt für Tier und Mensch nur so weit gelten könne, als dies auf den jungen Menschen zuträfe. Der erwachsene Mensch werde durch die Variabilität der ihm zur Verfügung stehenden Lernmöglichkeiten auf ein Niveau geführt, das sich dem unmittelbaren Tier-Mensch-Vergleich entziehe. Für Tier- und Menschenkinder hingegen ergebe sich eine große Ähnlichkeit der Verhaltensstörungen im Falle entsprechender Triebbehinderungen. »Wenn wir uns nun daran machen, für diese verschiedenen Kategorien bei Tieren Entsprechungen herauszufinden in den neurotischen Symptomen bei Kindern, so machen wir die Erfahrung, daß alle diese Mechanismen dort in der Tat Übereinstimmungen haben. Es gibt auch bei Kindern Befriedigung an Ersatzobjekten, Leerlaufhandlungen, Übersprungshandlungen, ja, es gibt anscheinend auch bei Kindern ein Lernen, ja, geradezu ein Festprägen von falschen Merkmalen oder falschen Objekten.«[13]

Es ist hier nicht möglich, das ganze Vergleichsmaterial der Mevesschen Untersuchung zu diskutieren. Insgesamt dokumentiert die Untersuchung von Ch. Meves aber sehr überzeugend die Tatsache, daß den subhumanen Vorgaben des menschlichen Verhaltens im Laufe des menschlichen Lebens ein sehr verschiedener Stellenwert zukommt. In der Phase der frühkindlichen Entwicklung führt der tier-menschliche Verhaltensbegriff noch am ehesten zu übereinstimmenden Beobachtungen. Die Neurotisierbarkeit des Menschen während der frühen Kindheit beruht auf dem Vorrang des Antriebsgeschehens während der ersten Lebensjahre und auf der Abhängigkeit von bestimmten natürlichen Entwicklungsbedingungen, die nur bei Strafe späterer Verhaltenskomplikationen mißachtet werden dürfen. Der normalentwickelte und der therapiebedürftige gestörte Erwachsene hingegen übersteigen auf je verschiedene Weise das vorprogrammierte Niveau nichtmodifizierbarer Verhaltensabläufe. So spiegelt sich in der Existenz des einzelnen Menschen noch einmal jene Gesamtentwicklung, die den Menschen aus dem Tierreich herausgeführt hat.

13 AaO. 23.

5. Verhaltensforschung und ethische Normen

W. Wickler hat in seinem Buch »Die Biologie der Zehn Gebote«[14] den Versuch gemacht, jenen eigentümlichen Ablösungsprozeß des Menschen aus der Natur dergestalt zu beschreiben, daß er nach den biologischen Wurzeln der Zehn Gebote fragt. So vorgehen heißt nicht, die ethischen Normen des Menschen biologisch abzuleiten. Es geht um die Rückführung eines historisch einmaligen Geschehens, die nur aus der Rückschau betrieben werden kann. Wicklers Arbeitsmethodik kann als Angebot zu einer interdisziplinär organisierten Handlungswissenschaft verstanden werden, bei der Pastoraltheologie und Verhaltensforschung neben anderen Disziplinen Gesprächspartner zu sein hätten:

»Der hier unternommene Versuch, unsere geltenden ethischen Grundforderungen auf biologische Wurzeln zurückzuführen, ist – soweit ich das beurteilen kann – sowohl biologisch wie ethisch legitim. ›Zurückführen auf‹ ist jedoch etwas anderes als ›ableiten aus‹. Jeder kann sich mit seiner engeren und weiteren Verwandtschaft auf bestimmte Ur-Ahnen zurückführen; er kann aber nicht aus gegebenen Ahnen deren Nachfahren ableiten – sonst könnte er auch seine eigenen Enkel vorhersagen. Man kann eben nur die Vergangenheit rekonstruieren, nicht die Zukunft. Das gilt auch für die vergleichend arbeitende Biologie und die vergleichende Verhaltensforschung, deren Methoden es nicht erlauben, menschliche Eigenschaften aus tierischen abzuleiten, wohl aber, sie auf tierische zurückzuführen und dabei zu erfahren, wie Merkmale und Eigenschaften sich entwickeln oder auch – falls genügend Parallelfälle untersucht wurden – wie sich Merkmale und Eigenschaften zu entwickeln pflegen. Solche Gesetzmäßigkeiten zu kennen gestattet begrenzte Vorhersagen über mögliche und wahrscheinliche weitere Entwicklungen und gestattet die Ausnutzung dieser Gesetzmäßigkeiten beim Versuch, die Weiterentwicklung zu steuern.«[15]

---

14 W. Wickler, Die Biologie der Zehn Gebote (1971).

15 AaO. 191.

2 | 55 Julius Morel
Soziologie

Die Welt des Menschen ist vieldimensional. Jede zielgerichtete Beschäftigung mit dem Menschen, von der Politik bis zur Seelsorge, hat ein Interesse daran, möglichst viele dieser Dimensionen, auch in ihren wissenschaftlich immer neu interpretierten und vertieften Bedeutungen kennenzulernen, um auf der Basis der wirklichen Gegebenheiten und in richtig erfaßtem Kontext ihre Ziele zu setzen und verwirklichen zu können. Eine von vielen ist die soziale Dimension, die den Gegenstand der Soziologie bildet[1].

Nur eine naive Einseitigkeit kann zur Auffassung führen, die soziologische Betrachtungsweise könnte die menschliche Wirklichkeit in ihrer Totalität erfassen und allgemeingültig interpretieren. Gleichzeitig muß aber anerkannt werden, daß es kein Element des Menschlichen gibt, das außerhalb der sozialen Dimension und unabhängig von ihr vollständig verstanden werden könnte. Gegenstand der Soziologie ist die Totalität des menschlichen Phänomens – unter einem partikulären Aspekt[2].

Die folgenden Abschnitte werden diese Aussage belegen und interpretieren, gleichzeitig einen kurzen Überblick über die wichtigsten Themen der Soziologie geben, wobei sich die Struktur der Abhandlung durch die Antworten auf die Frage ergibt: *welche Erträge können von der Soziologie erwartet werden?*

---

1 Als Einführungslektüre empfiehlt sich P. L. Berger, Einladung zur Soziologie (1969) oder J. Matthes, Einführung in das Studium der Soziologie. rororo studium 15 (1973); F. Jonas, Geschichte der Soziologie, 4 Bde. rde 302–309 (1968–1969).

2 Die folgenden Ausführungen stützen sich bes. auf Th. W. Adorno u.a., Der Positivismusstreit in der deutschen Soziologie. Soziologische Texte 58 (1969); P. L. Berger / Th. Luckmann, Die gesellschaftliche Konstruktion der Wirklichkeit (1969); P. S. Cohen, Moderne soziologische Theorie (1972); E. Durkheim, Die Regeln der soziologischen Methode. Soziologische Texte 3 (²1965); G. Gurvitch, Déterminismes sociaux et liberté humaine (Paris ²1963); G. C. Homans, Grundfragen soziologischer Theorie (1972); R. König (Hg.), Handbuch der empirischen Sozialforschung, 2 Bde. (1962–69); N. Luhmann, Soziologische Aufklärung (1970); C. W. Mills, Kritik der soziologischen Denkweise (1963); T. Parsons (Hg.), Theories of Society (New York 1965); H. Schoeck, Die Soziologie und die Gesellschaften (1964); M. Weber, Wirtschaft und Gesellschaft (⁴1956).

1. Der Mensch unter dem Aspekt des Sozialen

Die Soziologie betrachtet den Menschen als Mitglied verschiedener Personeneinheiten, die verschiedene Typen des Verhaltens bedingen und prägen und in denen charakteristische Prozesse vor sich gehen. Diese Sicht findet ihren Niederschlag in komplexer Weise in den soziologischen Theorien, in übersichtlicherer Weise in den geläufigsten Grundbegriffen der Wissenschaft, die im folgenden Kurztext zusammengefaßt werden können:

Volle Menschwerdung ist aus zwingenden biologischen und psychischen Gründen nur mit Hilfe zwischenmenschlicher Beziehungen möglich. Menschwerdung impliziert also *Sozialisation,* dh. Hineinwachsen in eine menschliche *Gesellschaft,* Internalisierung einer bestimmten *Kultur,* deren wichtigste Träger die *Institutionen* und deren Grundelemente, die inneren und äußeren *Verhaltensmuster,* sind. Die Gesellschaft versucht mit Hilfe der *sozialen Kontrolle* zu sichern, daß jedes Mitglied der Gesellschaft die seinem *Status* entsprechenden *Rollen* ausübt. Diese sind je unterschiedlich nach der Zugehörigkeit der Person zu

- bestimmten *sozialen Kategorien,* dh. Personenkreisen mit einem gemeinsamen Merkmal,
- *sozialen Schichten,* dh. Personenkreisen mit bestimmten, für eine soziale Einstufung relevanten Merkmalskonfigurationen,
- *sozialen Aggregaten,* dh. zu Ansammlungen von Menschen, die sich in physischer Nähe befinden,
- verschiedenen *Gruppen,* dh. zu Einheiten von Personen, die miteinander in mehr oder weniger ständiger und unmittelbarer *Interaktion* stehen und schließlich

zur jeweiligen *Gesamtgesellschaft,* dh. zur größten, für die Person signifikanten Einheit mit gemeinsamer Kultur, in der verschiedene *soziale Prozesse,* wie die der *Kommunikation* und der *Mobilität* zu beobachten sind und die selbst dem Prozeß des *sozialen Wandels* unterworfen ist.

Die Soziologie hilft uns also, den Menschen unter einem neuen Aspekt, nämlich als ein Wesen in der Struktur der Zwischenmenschlichkeit, zu verstehen.

Der Mensch als Mitglied einer *sozialen Kategorie,* dh. als Mann oder Frau, als Stadt- oder Landbewohner, als jung oder alt, als Autobesitzer, Gastarbeiter, gläubiger Christ oder als Akademiker, kann sein Verhalten nicht unabhängig davon bestimmen, was die für ihn signifikante Gesellschaft, seine Umwelt, von ihm erwartet. Die Merkmale, die er gemeinsam mit anderen trägt, reihen ihn in Minderheiten oder Mehrheiten innerhalb der Gesellschaft ein und lassen die Mitmenschen seine soziale Position, seinen Status bestimmen, mit dem (je nach Typus der Gesellschaft) gewisse Verhaltenserwartungen verknüpft sind. Entspricht er diesen, so übt er die von ihm erwartete Rolle aus, handelt er anders, muß er mit negativen Sanktionen, mit Unverständnis, mit Verachtung oder mit Gefängnis, rechnen. Bestimmte Konfigurationen von Merkmalen, die in seiner Umwelt als für eine wertende Einstufung besonders bedeutsam erachtet werden (in den Industriegesellschaften etwa Bildung, Beruf, Einkommen), definieren seine Position innerhalb einer komplexen Skala vertikaler Einordnung höher und niedriger bewerteter sozialer Schichten und versehen ihn mit spezifischen Rechten und Pflichten.

Damit der Mensch sich in diesem Universum erwarteter und mehr oder weniger verpflichtender Verhaltensmuster zurechtfindet, muß er *sozialisiert* werden. Dieser Prozeß bedeutet seine zweite, soziale Geburt: Sie ist eine notwendige Bedingung, daß er sich in der gegebenen Umwelt zuhause fühlen und von seinen Mitmenschen akzeptiert werden kann; allerdings mit der Konsequenz, daß er im ersten Augenblick seiner Existenz, in dem er sich wissend und frei, ganz »menschlich« entscheiden kann, sich auch hinsichtlich seines Denkens und seiner Freiheit im internalisierten Koordinatensystem seiner Gesellschaft befindet. Seine Sprache, seine Denkweise, sein Normensystem, sein Verhalten sind durch diesen unvermeidbaren Anpassungsprozeß geprägt, und wenn er diese konstitutiven Elemente seiner Existenz in Frage stellt, kritisiert und reformiert, kann er dies nur mit dem Erlernten und in Relation zum eigenen Bezugssystem tun.

Bestimmte Verhaltensmuster verdichten sich in der Gesellschaft zu *Institutionen,* um die geregelte Befriedigung sozialer Grundbedürfnisse zu sichern. Diese Regelungssysteme entlasten mit Hilfe vorgeformter Verhaltensweisen den einzelnen von ständigen konkreten Entscheidungen und befähigen ihn zur Konzentration auf die Qualität oder auf die wesentlich gehaltenen Elemente des Vollzugs und schaffen für die Gesamtgesellschaft übersichtliche Verhältnisse in komplizierten sozialen Bereichen. Die Institutionen beschränken allerdings gerade durch ihre Regelungsfunktion die Freiheit der Person und hemmen die dynamische Entwicklung der Gesellschaft. So entsteht mit jeder Institution jeder Gesellschaft eine widersprüchliche Lage: Der Mensch will die entlastende und ordnende Funktion der Institutionen, die um so wirksamer sind, je dauerhafter und unveränderter die Regelung ist, er kämpft aber dagegen im Interesse der Freiheit und des Fortschrittes an, die um so mehr in Gefahr sind, je dauerhalter und unveränderter die Institutionen sind. Die Kompromisse müssen bald die einen, bald die anderen Vorteile opfern, weil ein kompromißloses einseitiges Beharren zum Tode der Institution führt.

Die hier skizzierten Beispiele können nur eine Kostprobe geben, wie die Soziologie eine partikuläre aber die ganze Existenz betreffende Dimension der menschlichen Wirklichkeit beleuchtet, sie können nur als Einladung aufgefaßt werden, den Menschen in jeder konkreten Planung und Entscheidung auch so zu betrachten. Die soziologische Betrachtungsweise ist nicht nur quantitativ aufwendiger, sondern auch wesentlich komplexer; dies vor allem wegen der vielfältigen Zusammenhänge innerhalb der gesellschaftlichen Wirklichkeit. Denkt man etwa über Verhaltensmuster, sanktionierte Rollenerwartungen, institutionell geregelte Formen und Normensysteme nach, so müßte diese Betrachtung außer den angedeuteten Themen nicht nur noch weitere Elemente der gleichen Ebene heranziehen, sondern das ganze auch etwa unter dem Aspekt des sozialen Wandels betrachten. Dies schließt dann in concreto zB. die Veränderungen in sich, die die Normen durch Entstehung neuer Fragestellungen und neuer Verhaltensinhalte, aber auch neuer Einstellungen zur Norm und zur Normierung überhaupt erfahren. So können Begriffe des täglichen Lebens zu einem neuen Verständnis geführt und auf einer qualitativ verschiedenen Reflexionsebene betrachtet werden.

2. *Neue Sicht der menschlichen Wirklichkeit*

Diese Aufgabe wird vor allem in den zahlreichen konkreten Bereichen der angewandten Soziologie erfüllt. Da jeder Begriff der alltäglichen Wirklichkeit unter dem soziologischen Aspekt gesehen werden kann, entstehen nacheinander Spezialbereiche: Wissenssoziologie, Soziologie der Freizeit, Religionssoziologie[3], Betriebssoziologie usw. Der Ertrag dieser Spezialgebiete der Soziologie ist ein doppelter (was nicht in jedem Fall erreicht wird oder werden kann). In der ersten Bewegung wird ein Phänomenbereich der menschlichen Wirklichkeit in der soziologischen Dimension untersucht und durchleuchtet und dadurch zu einem neuen Verständnis geführt. In einer zweiten Bewegung kann die so gesehene Wirklichkeit zu einer Neudefinition des den Phänomenbereich bezeichnenden Begriffes oder wenigstens zu seiner Hinterfragung führen.

Als erstes vereinfachendes Beispiel für das Gesagte könnte das in der *Betriebssoziologie* berühmt gewordene Hawthorn-Experiment dienen. Der Phänomenbereich der menschlichen Arbeit im Rahmen eines Betriebes wurde unter der Hypothese untersucht, daß die Verbesserung

3 Hier seien eigens genannt: J. Wössner, Religion im Umbruch (1972); R. Robertson, Einführung in die Religionssoziologie (1973).

der physischen Arbeitsverhältnisse eine Erhöhung der Arbeitsleistung nach sich zieht. Das Fehlschlagen des Experimentes führte zu einer neuen Hypothese, die dann auch empirisch belegt werden konnte: die Arbeitsleistung ist weitgehend von den im Betrieb herrschenden menschlichen Beziehungen abhängig. Durch dieses Experiment wurden nicht nur die tatsächlichen Verhältnisse innerhalb eines Unternehmens unter einem neuen Aspekt durchleuchtet, sondern auch Ansätze zur Hinterfragung des bis dahin herrschenden Begriffes und Elemente seiner neuen Definition geschaffen. Analog dazu können Untersuchungen etwa im Bereich von Universitäten oder Kirchen die Frage aufwerfen und eventuell beantworten, inwiefern Universitäten oder Kirchen auch als Organisationen aufzufassen sind, in denen somit für alle Organisationen gültige Mechanismen vorgefunden werden können.

Charakteristische Beispiele der erwähnten Doppelfunktion der angewandten Soziologie liefert auch die *Religionssoziologie.* Am plastischsten (wenn auch nicht im zentralsten Forschungsbereich) kann dies an der Untersuchung Sorokins verdeutlicht werden. Um ein Teilphänomen innerhalb des religiösen Bereiches zu klären, hat er eine repräsentative Auswahl aus den Kunstwerken der letzten elf Jahrhunderte daraufhin untersucht, ob sie einen religiösen oder einen profanen Inhalt haben. Das Ergebnis der Untersuchung, eine ansteigende Linie vom 10. bis zum 13. Jahrhundert (82% – 97%) zugunsten des religiösen Inhaltes und eine beständig und steil abfallende Linie vom 13. bis zum 20. Jahrhundert (97% – 4%), gibt zwar eindeutige Auskunft über einen konkreten Tatbestand im Bereich des Religiösen, wie es allgemein verstanden wird, führt aber in einer zweiten Bewegung zur Reflexion über die Definition des Begriffes Religion: in welchem Sinne kann das, was hier mit einer unübersehbaren Regelmäßigkeit im Verschwinden begriffen ist, als Indikator für den Begriff Religion angesehen werden, oder anders ausgedrückt: was ist eigentlich Religion?

Ein letztes Beispiel könnte aus dem Gebiet der *Wissenssoziologie* gewählt werden, um das gleiche Thema von einer ganz anderen Seite her zu zeigen. Das Wissen des Menschen, von den Alltagsinterpretationen angefangen bis zu den wissenschaftlichen Denkkonstruktionen und bis zur Kunst liegt auch nicht außerhalb des Sozialen. Umgekehrt: je mehr die soziologische Reflexion und Forschung die Wirklichkeit durchleuchtet, um so deutlicher entdeckt sie den Einfluß des gesellschaftlichen Seins auf das Bewußtsein, die Abhängigkeit des Denkens vom Standort des Denkenden, die Bedingtheit der Reflexion (auch die der soziologischen) durch die Sozialisation. Unsere Sicht über die Wirklichkeit ist eben eine gesellschaftliche Konstruktion; wenn dem nicht so wäre, dann könnte man zB. durch die Analyse kultureller Produkte nur typisch persönliche, nicht aber je nach Zeit und Region verschiedene typische soziale Erscheinungsformen entdecken (was übrigens sowohl für die Theologie als auch für die geistesgeschichtlich bekannte Mystik vollinhaltlich zutrifft). Obwohl der hier gebrauchte Begriff der Wirklichkeit mit dem der Wahrheit nicht identisch (wenn auch verbunden) ist, kann kein Zweifel darüber bestehen, daß die wissenssoziologische Analyse in einer zweiten Bewegung zur Modifizierung der Definition von Wissen führt, soweit dieser Begriff Wirklichkeit und Wahrheit als konstitutive Elemente impliziert.

3. *Möglichkeit der Systemkritik*

Bekanntlich hat A. Comte, dessen Wortschöpfung die Soziologie ist, diese Wissenschaft als die Grundlage für die Umgestaltung der durch die französische Revolution erschütterten bürgerlichen Gesellschaft aufgefaßt. Auch ohne nähere Analyse dieser programmatischen These sind ihre wertenden Voraussetzungen unmittelbar ersichtlich, obwohl der Autor die Aufgabe mit positiven (im Gegensatz zu mythisch-theologischen und metaphysischen-philosophischen) Methoden erreichen wollte. Ein Jahrhundert später – inzwischen war nicht wenig für die eigenständige Ausformung der Soziologie und für ihre Abgrenzung gegen Nachbar- und Mutterdisziplinen geschehen – erreichte die Diskussion im sog. Werturteilstreit durch M. Weber einen ersten Höhepunkt. Nach Weber können im Forschungsprozeß wohl viele Elemente der Entscheidung (Geeignetheit der Mittel zum vorgegebenen Zweck, Chancen, Nebenfolgen oder »Kosten« der Zweckerreichung) wohl wissenschaftlich erarbeitet werden, die Abwägung der Werte liegt aber beim »wollenden Menschen«. Unübersehbar ist der Gegensatz zu dieser Auffassung etwa in der Formulierung des Wörterbuches der marxistisch-leninistischen Soziologie: »Die offene Parteinahme für die Arbeiterklasse ... ist als Wesenszug der marxistisch-leninistischen Soziologie eine Grundbedingung für ihre Wissenschaftlichkeit«, oder in der Formulierung eines nationalsozialistischen Autors: »Die Soziologie, auch die antisemitische Soziologie ... muß zu politischen Schlüssen führen.« Die folgenschwere Ausweglosigkeit einer Situation, die aus den Positionskämpfen marxistischer, katholischer oder gar antisemitischer »Soziologie« entstehen muß, war mit ein Grund für die Entstehung einer neopositivistischen und kritisch-rationalen Richtung in der Wissenschaftstheorie der Soziologie, die ihrerseits in Widerspruch zu dem in den demokratischen Strukturen immer stärker hervortretenden Verantwortungsbewußtsein geraten ist. Der Hauptvorwurf der Vertreter der dialektischen Richtung (vor allem der »Frankfurter Schule«) galt der politischen Neutralität einer positivistischempirischen Soziologie, die das bestehende etablierte System nicht nur fraglos akzeptiert, sondern nolens-volens lebensfähig macht und es dadurch in seinem unveränderten, vielleicht gänzlich veralteten und menschenunwürdig gewordenen Zustand zementiert.

Diese Gefahr besteht zum Teil ohne Zweifel. Jede Klärung der Verhältnisse innerhalb eines geschlossenen Systems, sei es zB. ein Industriebetrieb oder ein religiöser Orden, kann (und wird normalerweise) dazu benützt werden, die innere Struktur im Dienste der Systemerhaltung zu verbessern, unabhängig davon, ob dieser Betrieb in der Wirtschaftsstruktur oder jener Orden in der Gesamtkirche eine positive Funktion erfüllt oder für das Ganze eine Belastung geworden ist. Oder das gleiche Problem auf einer anderen Ebene ausgedrückt: Wenn in einem System die Effizienz als oberstes Kriterium gilt, für den Forschungsauftrag aber die Aspekte eines menschenwürdigen Daseins überhaupt nicht vorgegeben sind, dann werden die Forschungsergebnisse die Einseitigkeit des Systems vergrößern und unter bestimmten Aspekten als erhaltungswürdiger nachweisen. Diese Gefahr besteht folglich nicht, wenn es um die Anwendung soziologischer Methoden innerhalb eines Systems geht, das zumindest zum aktuellen Zeitpunkt bejaht, akzeptiert und als förderungswürdig erachtet wird. Dieser Fall in der angeführten mehrfachen Differenzierung liegt häufig vor, selbstverständlich auch dann, wenn ein System etwa auf revolutionäre Weise durch ein grundsätzlich neues System ersetzt wird (vgl. den nächsten Abschnitt dieser Abhandlung). Hier soll nur kurz angedeutet werden, daß die empirisch-positive Anwendung der Soziologie keineswegs aus der Natur der Sache oder per definitionem zur Zementierung des Systems führen muß. Dies zeigen selbst in ihrer notgedrungenen Kürze die drei Beispiele des vorhergehenden Abschnittes. In allen drei geht es nämlich darum, daß die Untersuchung zwar innerhalb des Systems in seinen etablierten Strukturen und Bedeutungen beginnt, in einer zweiten Bewegung aber zu mehr oder weniger grundlegenden Veränderungen der strukturellen und die Bedeutung betreffenden Ausgangsposition mit weitreichenden konkreten Konsequenzen für die soziale Wirklichkeit führt.

Ein zweiter Zugang zur systemkritischen Möglichkeit der Soziologie sollte in logischer Konsequenz aus der Tatsache abgeleitet werden können, daß die Elemente eines geschlossenen Systems genauso im Rahmen dieses Systems – und seine etablierten Wesenselemente vorausgesetzt – empirisch untersucht und zu einer effizienten Koordination gebracht werden können, wie das selbe System, wenn es als Element innerhalb eines übergeordneten Systems betrachtet wird. Anders ausgedrückt: Die Soziologie kann auch in ihrer empirisch-positiven Ausrichtung echte Systemkritik verwirklichen, solange sie das zu hinterfragende System als Element eines übergeordneten Systems, also in dem letzteren Sinne systemimmanent behandeln kann. Allerdings gibt es abgesehen von praktischen Grenzen des konkret Möglichen auch eine absolute Grenze, nämlich ein letztes System, das kein übergeordnetes System mehr hat, deshalb auch nicht mehr empirisch überprüfbar ist und sich auf letzte Wertungen und Überzeugungen stützt.

4. *Möglichkeit der Systemstärkung*

Wenn und insofern ein System gewollt oder durch kein besseres zu ersetzen ist, kann es berechtigterweise und soll es vernünftigerweise auch systemimmanent gefördert und verbessert werden. Auch diese Aufgaben kann die Soziologie, vornehmlich mit Hilfe ihrer empirischen Methoden erfüllen. Aus den vielen Aspekten der empirischen Sozialforschung sollen hier nur einige kurz erwähnt werden.

Jede Gemeinschaft, Institution oder Ideologie hat ein großes Interesse daran, sich die Wirklichkeit, in der sie eingebettet ist, durch präzise Beschreibung und Analyse der Verhältnisse bewußt zu machen, um sie besser beherrschen zu können. Eine besonders interessante und noch viel zu wenig eingesetzte Methode in diesem Bereich ist die *Inhaltsanalyse*. Inhalttragende Ausdrucksgefüge, also Text, Kunstwerk usw. werden mit Hilfe eines Kategoriensystems in Elemente aufgelöst, um darin signifikante Strukturen zu entdecken. Da man annehmen kann, daß jeder Ausdruck Merkmale und Eigenschaften des Autors widerspiegelt, der Autor aber immer durch seine Kultur geprägt ist, sind die aufgedeckten Strukturen für die Gesellschaft, in der das Werk entstand, charakteristisch. So können nicht nur Stiländerungen, Ideenströmungen oder Verlagerungen des Interesses, sondern auch Vorurteile, gegenüber einer Institution Widerstand erzeugende Elemente entdeckt, Verzerrungen in der Darstellung verschiedenster Phänomene oder gemeinsame Elemente antagonistischer Denksysteme festgestellt werden: Das sind zweifellos wichtige Erträge soziologischer Forschung für die Verteidigung, Stabilisierung oder Reformierung bestehender Systeme.

Bis zu einem gewissen Grad können mit Hilfe empirischer Methoden auch *Ursachen von Erscheinungen* bestimmt werden. Wenn ein Betrieb die Frage stellt, worauf eine überdurchschnittliche Fluktuationsrate in der Belegschaft zurückzuführen ist, oder wenn eine Kirche die Gründe für die wachsende drop-out-Quote bei Priestern und Ordensleuten wissen will, können wichtige Elemente zur Klärung beigetragen werden, in besonderen Fällen sogar Kausalzusammenhänge bewiesen werden, dann nämlich, wenn eine Art experimenteller Situation (Neutralisierung aller wirksamer Faktoren durch gleichmäßige Verteilung zwischen zwei vergleichbaren Gruppen und Isolierung der ursächlich wirkenden Variablen) hervorgerufen oder vorgefunden werden kann.

Die fortschreitende Demokratisierung des Lebens, die immer allgemeiner werdende Ablehnung des Zwanges und die Notwendigkeit der Anpassung an die explosiv dynamisierten aber sich nicht gleichmäßig verändernden Teilbereiche vieler soziokultureller Systeme macht die genaue Kenntnis, also auch die Erhebung der vorherrschenden Meinungen und Wünsche, eminent wichtig. In dieser Phase kann die *Meinungsforschung* nicht nur genaue Auskunft über die diesbezügliche Lage in einer Bevölkerung, sondern auch über statistische Gesetzmäßigkeiten des standortgebundenen und kategorienspezifischen Denkens und Wollens der Menschen geben.

Leider sind die Methoden der Sozialwissenschaften keineswegs einfacher als die der Naturwissenschaften. Gutgemeinte dilettantische Forschungen geben ein trügerisches Bild der Sicherheit und der Exaktheit und müssen deshalb als gefährliche Irreführungen bezeichnet werden. Unzählige Forschungen liegen vor, die weder zuverlässig (wegen der Unkenntnis der komplizierten Spielregeln der Methode) noch gültig sind (weil man leicht meßbare Phänomene gedankenlos als Indikatoren für die aufzuklärende Sache benützt. zB. Kirchenbesuch für Religiosität). Eine daraus resultierende Skepsis auf die empirischen Methoden überhaupt auszubreiten, wäre genauso ungerechtfertigt, wie eine naiv-unkritische Methodengläubigkeit.

5. *Eine eigenständige Wissenschaft*

Die wichtigen Erträge und die damit verbundenen Möglichkeiten kann die Soziologie nur dann realisieren, wenn sie als Soziologie betrachtet, akzeptiert und betrieben wird und nicht als Weltanschauung, Philosophie oder Psychologie. Nicht als Weltanschauung, obwohl sie glücklicher- und tragischerweise jedem weltanschaulichen System dienen kann je nach Überzeugung und Ethos ihrer Vertreter – allerdings nur so lange, bis sie von einer Ideologie gewaltsam absorbiert wird. Dann wird sie nicht mehr als Wissenschaft helfen können, weil sie nicht nur die Möglichkeit der Wahrheitsfindung, sondern auch die Ausrichtung auf die Wirklichkeit verliert. Soziologie darf auch nicht als Philosophie aufgefaßt werden, obwohl sie ihre wichtigsten wissenschaftstheoretischen Grundlagen und fruchtbarsten Anregungen von der Philosophie erhält und ihr durch Klärung der sozialen Bedingtheit menschlichen Denkens manche Dienste erweist. Soziologie kann auch nicht mit Psychologie verwechselt oder auf sie zurückgeführt werden, obwohl dies vor Durkheim und neuerdings wiederum von einzelnen versucht wurde. Wie auch psychologische Erscheinungen und Gesetzmäßigkeiten zur Klärung der Entstehung sozialer Phänomene dienlich sein können, so auch umgekehrt: wenigstens manche Elemente und Erscheinungsformen psychischen Geschehens sind nur durch soziale Tatbestände erklärbar. Die Eigenständigkeit der Soziologie auch inmitten sehr verwandter Nachbarwissenschaften kann am besten durch die Präzisierung ihres Gegenstandes und ihres spezifischen Aspektes, unter dem sie ihren Gegenstand betrachtet, klargemacht werden.

Gegenstand jener wissenschaftlichen Theoriesysteme, die sich seit anderthalb Jahrhunderten als Soziologie bezeichnet haben, bildeten erstens Personen, die unter verschiedenen Gesichtspunkten (vor allem aufgrund einheitlicher Handlungen) als Einheit betrachtet werden können, zweitens menschliche Handlungen und Verhaltensweisen, die gerade wegen ihrer Beziehungen zu den Personeneinheiten bestimmte Gleichförmigkeiten und Einheitlichkeiten aufweisen, und drittens Prozesse, die Ursachen und/oder Konsequenzen der genannten Einheiten und Einheitlichkeiten oder Veränderungsvorgänge derselben sind.

Der so umschriebene Gegenstand der Soziologie kann natürlich – wenn auch nicht so zentral – Gegenstand anderer Wissenschaften sein. Das Spezifische an der Soziologie ist der Aspekt, unter dem sie ihren Gegenstand betrachtet, nämlich unter dem Aspekt der Einheit und der Einheitlichkeit. Das eigentliche Interesse der Soziologie betrifft Personen, Handlungen und Prozesse insofern sie Einheiten bilden, Einheitlichkeit zeigen, aus der Einheit fließen oder zur Einheit führen. Bei der Entstehung einer Gruppe etwa fragt die Soziologie nicht nach der Verpflichtung zu dieser Vereinigung oder nach der Menschenwürdigkeit derselben (sozialethischer Aspekt), nicht nach den psychischen Bedürfnissen nach Vereinigung oder nach den psychischen Konsequenzen derselben für einen einzelnen oder für alle einzelnen Mitglieder der Gruppe (psychologischer Aspekt), sondern versucht zu verstehen, warum die Mitglieder aus bestimmten sozialen Schichten oder Kategorien leichter zueinander finden, nach welchen Gesetzmäßigkeiten das Leben der Gruppe sich als Gruppe abspielt, welchen Platz und welche Funktion die Gruppe in übergeordneten Systemen der Gesellschaft übernimmt, ob durch die Entstehung der neuen Gruppe Konflikte mit bereits bestehenden Gruppen ausbrechen und weshalb und wie, usw.

Selbst eine so skizzenhaft und gröblich vereinfachende Darstellung der soziologischen Gedankenwelt sollte zur Erahnung jenes Problems hinführen, das sowohl den Theologen[4] wie auch jeden Menschen, der

4 Zum Gespräch zwischen Theologie und Sozialwissenschaften vgl. bes. Metz / Rendtorff; F. X. Kaufmann, Theologie in soziologischer Sicht (1973).

seine Stellung in der sozialen Wirklichkeit tiefer bedenkt, vielleicht am meisten interessiert: der Mensch ist als soziales Wesen Produkt der Gesellschaft, die er sich selbst schafft. Eine ernüchternde Begrenztheit menschlicher Existenz tut sich hier auf, zugleich eröffnen sich aber auch unerschöpfliche Möglichkeiten des Menschen in Hinblick auf sein eigenes Schicksal. Sowohl Begrenztheit wie auch Entfaltungsmöglichkeiten des Menschen sind nur in ihrem sozialen Umfeld zu verstehen. Das Studium dieser Phänomene ist die ureigenste Aufgabe der Soziologie.

6. *Eine nützliche Wissenschaft*

Außer den geschilderten grundlegenden Erträgen soziologischer Perspektive erweist die Soziologie in ihren angewandten Wissenschaftszweigen verschiedenen Institutionen und Lebensbereichen auch unmittelbar nützliche Dienste. Als Paradigma dafür kann die Pastoralsoziologie angeführt werden. Manche Beispiele im vorangehenden Text wurden bereits aus diesem Anwendungsbereich entnommen. Sie geben einige Ergebnisse der pastoralsoziologischen Forschung wieder, die allerdings nur unter bestimmten Voraussetzungen zu einem sinnvollen Ertrag führen kann.

Eine Grundforderung dabei ist, daß die pastoralsoziologischen Forschungshypothesen und Theorien im Rahmen der religionssoziologischen, diese wiederum im Rahmen der soziologischen Theorien aufgestellt werden. Rein statistische Zählungen etwa über die religiöse Praxis oder über Amtsniederlegungen von Priestern können zwar zu genauen Zahlen, aber trotzdem zu nichtssagenden oder sogar irreführenden Interpretationen führen. Im ersten Fall sollte man zB. die Forschung im Kontext der religionssoziologischen Theorie über die Gültigkeit der religiösen Praxis als Indikator zur Messung der Religiosität und im Kontext allgemeiner soziologischer Theorien über das soziale Handeln, über die Zugehörigkeit zu Sekundärgruppen oder Assoziationen oder über die Identifikation mit institutionalisierten Verhaltensweisen durchführen. Gerade unter dem pastoralsoziologischen Aspekt ist die Interpretation der religiösen Praxis als rein traditional gelebter Brauch bzw. als äußerliche Anpassung unter dem Druck der sozialen Kontrolle von dem internalisierten, »innen-geleiteten« Vollzug radikal verschieden. Im zweiten Beispiel würden zum religionssoziologischen und allgemein soziologischen Bezugsrahmen etwa folgende Theorien gehören: der Priesterberuf als soziale Rolle (Rollenunsicherheit, Rollenerwartungen, Rollenkonflikte), sozialer Wandel innerhalb und außerhalb der Kirche, Typologie des abweichenden Verhaltens (Ritualismus, Innovation, Revolte usw.), soziale Konsequenzen des Berufswechsels. – Kurz zusammengefaßt: die Pastoralsoziologie ist keine Teildisziplin der beschreibenden-vergleichenden Religionswissenschaft. Um zuverlässige Unterlagen für pastorale Entscheidungen liefern zu können, muß sie sich im Rahmen der auf den kirchlich-religiösen Bereich angewandten soziologischen Theorien bewegen und mit den geeichten Methoden der empirischen Sozialforschung arbeiten.

Scharfer Kritik wurden pastoralsoziologische Untersuchungen nicht nur wegen ihrer amateurhaften Theorielosigkeit, sondern auch wegen ihrer mangelnden Kraft der Systemüberwindung unterzogen. Solche Vorwürfe sind häufig berechtigt, ihr Anlaß liegt aber nicht in der Natur der Sache. Prinzipiell ist es keineswegs notwendig, daß pastoralsoziologische Forschungen unter ideologischen Beschränkungen durchgeführt werden (»Die ungestörte Ruhe des Systems ist oberstes Prinzip« oder »Die vorhandene Struktur ist a priori besser als Experimente«). Genügend weitgeführte Erhebungen können zur berechtigten Annahme einer Sackgassensituation führen und die gegebene Struktur in Frage stellen. Wenn die Ergebnisse vergleichender Untersuchungen zur Liturgiereform zwar eine größere Zufriedenheit der Teilnehmer, aber keine größere Anziehungskraft für Außenstehende aufweisen, so führen sie zur pastoralen Frage einer grundlegenderen Neugestaltung der Liturgie. Kann ein Zusammenhang zwischen herrschenden Strukturen und kontinuierlicher Abnahme des Interesses (zB. Drop-out-Phänomenen) festgestellt werden, so liegt die pastorale Folgerung nahe, daß selbst Autorität, Organisation und Prestige schädigende Krisen für das soziale System Kirche günstiger sind als ein Fortdauern der negativen Trends. Untersuchungen im Dienste der Seelsorge sind nicht mehr und nicht weniger gefährlich, als Marktforschungen im Dienste der Bedarfsweckung oder Meinungsforschungen im Dienste der politischen Entscheidungen. Nur kurzfristige Auftraggeber sind an verzerrten Ergebnissen interessiert. Langfristig verantwortbare Entscheidungen benötigen zuverlässige und objektive Angaben über die tatsächlichen Verhältnisse.

2 | 56 Kuno Füssel
Futurologie

1. *Zur Vorgeschichte einer neuen Disziplin*

Für das moderne Bewußtsein ist eine radikale Zukunftsorientierung konstitutiv. Seit der Aufklärung des 18. Jahrhunderts geht es dabei jedoch mehr um die Hoffnung auf eine glückliche Zukunft des Menschengeschlechtes im Diesseits als um die Hoffnung auf ein Jenseits. Saint-Simon, Ch. Fourier, R. Owen und W. Weitling zB. legen in ihren großen Utopien Grundlagen zur Verbesserung der politischen, sozialen und wirtschaftlichen Lebensbedingungen und projektieren damit ein besseres Morgen als Antwort auf das zeitgenössische Elend des Frühkapitalismus. Seitdem ist das systematische Bemühen um die Zukunft sowohl unaufgebbarer Bestandteil des radikalen Dynamismus von Gesellschaft und Kultur wie auch mit der Entwicklung von Technologie und politischer Ökonomie verknüpft. Kaum einer sah dies so deutlich wie K. Marx, der die Anatomie der bürgerlichen Gesellschaft und des Kapitalismus zukunftsorientiert analysierte, sei es in der Theorie der Entwicklung der gesellschaftlichen Formationen, sei es bei der Bestimmung der revolutionären Rolle des Proletariats und der faszinierenden Zukunftsvision einer klassenlosen Gesellschaft. Trotz der von Marx in seiner Revolutionstheorie vorgenommenen welthistorischen Deutung der Zukunft blieb jedoch erstaunlicherweise die Wissenschaft von der Zukunft, die O. K. Flechtheim 1943 erstmals unter dem Namen Futurologie allgemein bekanntzumachen versuchte, bis in unsere Zeit hinein relativ unterentwickelt. Im Gegensatz zum marxschen Impuls gewann die Futurologie sogar ihre ersten Konturen im Kontext der Ausbildung von Strategien plankapitalistischer Krisenverhinderung.

2. *Voraussetzungen und Methodik einer Wissenschaft von der Zukunft*

a. Zum Ansatz einer Futurologie

(1) Es gehört zum Wesen der technisch-wissenschaftlichen Kultur, daß der Mensch sich und seine Welt immer mehr und schneller verändert.

Auch Zukunft bleibt dabei nicht länger unvermeidliches und unvorhergesehenes Schicksal oder unentwirrbare Komplexität, sondern wird Gegenstand menschlicher Steuerung und Erfindung[1]. »Seit der Mensch unwiderrufbar zum Bürger einer von ihm selbst produzierten Welt geworden ist, ... ist seine Zukunft eine andere geworden. Die Zukunft der technischen Welt unterscheidet sich qualitativ von allem, was frühere Epochen Zukunft nannten.«[2] Diese qualitative Differenz drückt sich vor allem darin aus, daß unsere Zukunft, indem sie gestaltbar wurde, gleichzeitig auch zerstörbar geworden ist. So zwingt der entscheidende Eingriff in eine selbst zu machende Zukunft den Menschen, mit der Autorschaft auch die Verantwortung für das Gelingen oder Scheitern dieser Zukunft zu übernehmen. Die Zukunft ist dadurch zur Aufgabe der ganzen Menschheit geworden und kann nur in gemeinsamer Anstrengung aller Menschen gewonnen werden oder im friedlosen Gegeneinander verlorengehen. Die Frage, wie die Bedingungen der Möglichkeit einer methodischen Vorwegnahme und konsequenten Realisierung von Zukunft aussehen, ist somit aus einer transzendentalen in eine lebensentscheidende Dimension hineingewachsen.

(2) Die Entwicklung der wissenschaftlich-technischen Welt und der mit der Temposteigerung gesellschaftsverändernder Prozesse in Wissenschaft, Technik und Wirtschaft entstehende Zeitdruck des Handelns haben dazu geführt, daß die Zukunft in qualitativ neuer Weise vom Stand dieser Entwicklung abhängt. Ohne wissenschaftliche Methoden und Modelle vermag der Mensch überhaupt nicht mehr die Fülle der Wirklichkeit zu ordnen und die in Gang gesetzten Prozesse zu steuern. Die immer stärker spezialisierten Wissenschaften und verfeinerten Techniken aber drohen sich zu verselbständigen und durch die sie handhabenden Eliten das Gesetz des Handelns zu oktroyieren. Andererseits stößt die beschleunigt fortschreitende Technisierung aller Lebensbereiche sowie die Steigerung der ökonomischen Wachstumsraten immer schneller an innere Grenzen. Die Studie des Club of Rome hat für fünf wichtige Trends – Industrialisierung, Bevölkerungswachstum, Unterernährung, Ausbeutung der Rohstoffreserven, Zerstörung

1 Als Einführung in die fast unüberschaubar werdende Literatur zur Futurologie seien empfohlen: J. W. Forrester, Der teuflische Regelkreis (1972); O. K. Flechtheim, Futurologie (1970); H. Kahn / A. J. Wiener, Ihr werdet es erleben (1968); K. Lorenz, Die sieben Todsünden der Menschheit (1972); D. L. Meadows u. a., Die Grenzen des Wachstums. Bericht des Club of Rome zur Lage der Menschheit (1972); ders., Wachstum bis zur Katastrophe? Pro und Contra zum Weltmodell (1974); G. Picht, Prognose – Utopie – Planung (1967); K. Steinbuch, Mensch Technik Zukunft (1971).

2 Picht, 8.

des Lebensraumes – und deren zusammenhängende Entwicklungen nachgewiesen, daß es eine tödliche Illusion ist, in einer begrenzten Welt sich so zu verhalten, als ob es unbeschränkte Möglichkeiten der Ausbeutung von Rohstoffquellen und Energievorräten, quantitativer Ausdehnung und technologischer Machbarkeit gäbe. Ungebremstes Wachstum droht über die Zerstörung der Natur und der Umwelt neben atomarer Rüstung und planetarischer Friedlosigkeit zur dritten Möglichkeit der Selbstvernichtung der Menschengattung zu werden. Der Zwang, auf die Zukunft steuernd und gestaltend einwirken zu müssen, um nicht das Opfer der eigenen Zukunft zu werden, produziert jedoch noch nicht aus sich heraus schon die genügenden Voraussetzungen und Mittel zur konstruktiven Bewältigung dieser Situation. Auch die Hoffnung, sich dabei auf die Orientierungsleistung der Produktivkraft Wissenschaft und die Potentiale der Technik verlassen zu können, wird gleich doppelt geschmälert, einmal weil Wissenschaft und Technik nicht nur zur erhofften Lösung, sondern bereits zur feststellbaren Ursache der gegenwärtigen Problematik gehören, zum andern, weil Wissenschaft und Technik als Folge arbeitsteiliger Gesellschaften durch kapitalistische und militaristische Interessen fremdbestimmt sind.

(3) Ein entscheidendes Problem bildet daher die Relation zwischen technologisch machbarer und gesellschaftlich-politisch wünschenswerter Zukunft. Es gilt dabei, die hinter Sachzwängen sich verbergenden Interessen freizulegen und diejenigen gesellschaftlichen Mächte zu benennen, die sowohl technischen wie sozialen Wandel steuern und dadurch Zukunft bestimmen oder verhindern. Selbst die Berufung auf die Bedürfnisse der Menschen als letztes Kriterium für die Auswahl wünschenswerter Zukünfte verliert in dem Moment ihre Selbstverständlichkeit, wo auch die Bedürfnisse produzierbar geworden sind. Da also unvermeidlich jede mögliche Zukunft schon die Züge einer erwünschten Zukunft trägt, kann die Frage nach dem optimalen Zukunftskonzept nur in einem rationalen Diskurs aller Beteiligten und Betroffenen entschieden werden, indem die verschiedenen Zielvorstellungen auf ihre Realisierbarkeit, Vernünftigkeit und Wünschbarkeit hin geprüft werden[3]. Als grundlegende Regel müßte dabei gelten: »Unsere Verantwortung bei dem Entwurf der Planung und bei der Produktion der technischen Welt bemißt sich danach, ob diese Planung Situationen schafft, in denen eine neue Freiheit und eine neue Vernunft ermöglicht wird«[4]. Voraussetzung aber dazu ist sowohl eine konstruk-

3 F. W. Menne, Menschliche Bedürfnisse und Grenzen des Wachstums, in: Internat. Dialogzeitschrift 6 (1973) 142–153.

4 Picht, 10.

tive und schöpferische Phantasie beim Entwurf humaner Zukunftsbilder, die über militärische und industrielle Vorstellungen hinausführen, als auch der entsprechende politische Rahmen zu ihrer Durchsetzung sowie ein handlungsfähiges Subjekt.

(4) Bei dieser Ausgangslage läßt sich die unentbehrliche Funktion der Futurologie wesentlich als pragmatisch definieren. Es hieße die Leistung der Futurologie überschätzen, wollte man in ihr die Erfüllung des uralten Menschheitsbedürfnisses, wissen zu wollen, was sein wird, und damit den ersehnten Fortschritt der Utopie zur Wissenschaft gekommen sehen. Gegen eine solche Überschätzung des futurologischen Griffs nach der Zukunft spricht nicht nur die Einsicht, daß es zu jeder früheren Zeit aufgrund der relativen Konstanz der Verhältnisse leichter war als heute, das Aussehen der Welt von morgen abzuschätzen, sondern auch die damit zusammenhängende Notwendigkeit, Futurologie gerade als Korrektiv zu einem sich immer schneller zusammenziehenden Zukunftshorizont entwickeln zu müssen. »Es ist die seriöse und fortschreitend unentbehrlichere Funktion der Zukunftsforschung ... im pragmatischen Detail ablaufende Prozesse zu prognostizieren, um die prekäre Kalkulationsbasis unserer zukunftsbezogenen Entscheidungen zu festigen ... Die Basis unserer Entscheidungen und Handlungen ist um so verläßlicher, je stabiler die Verhältnisse sind, unter deren Bedingungen wir unsere Entscheidung treffen«[5]. Je mehr jedoch das Tempo der Veränderung der Verhältnisse wächst und die Anzahl der prozeßbestimmenden Faktoren zunimmt, desto stärker muß die so produzierte Entscheidungsunsicherheit wieder ausgeglichen werden. Diese Konsistenz, wenigstens für partielle Sektoren, kann heute nur noch über Wissenschaft hergestellt werden. Hilfreich für die Futurologie ist dabei vor allem der Einsatz der elektronischen Datenverarbeitung, wodurch Wissensbestände gewonnen und ausgewertet werden können, die vorher selbst im Teamwork nicht zu bewältigen waren. Eine Theorie des Zukünftigen findet darüber hinaus heute vielfältige Unterstützung zur Erfüllung ihrer Aufgaben durch andere neue Wissenschaften wie Informationstheorie, Spieltheorie und Systemtheorie.

b. Zur Methodik der Futurologie

Die wissenschaftliche Antizipation von Zukunft vollzieht sich hauptsächlich in den drei Formen von Prognose als Zukunftsforschung, Pla-

---

5 H. Lübbe, Ernst und Unernst der Zukunftsforschung, in: ders., Theorie und Entscheidung (1971) 88 f.

nung als Zukunftsgestaltung und Modellkonstruktion als Zukunftsentwurf.

(1) Prognose. Unter Prognose ist eine methodisch begründete Voraussage des Zustands, der Struktur oder des Verlaufs bestimmter Größen, Ereignisse oder Prozesse in einem bestimmten Gegenstandsbereich und über einen bestimmten Zeitraum zu verstehen. Sicherheit und Erklärungskraft der Prognose hängen davon ab, wie genau und umfassend Anfangsbedingungen, Entwicklungsgesetze, Haupt- und Nebenfaktoren des betrachteten Vorgangs oder Systems ermittelbar sind. Zur Gewinnung einer Prognose benutzt man heute in der Futurologie und ihren Nachbarwissenschaften meist eine oder mehrere der folgenden Methoden: Trendextrapolation, Relevanz-Baum-Verfahren, Delphi-Methode, morphologische Methode[6]. Überraschungsfreie Prognosen sind nur bei völlig überschaubaren Ausgangslagen und Prozessen möglich und daher entsprechend unwahrscheinlich. Während zB. die Stellung eines Planeten aus seiner Bahngleichung exakt berechnet werden kann, ist die Vorhersage des Wetters bereits von sprichwörtlicher Unsicherheit, ganz zu schweigen von der Unberechenbarkeit menschlichen Verhaltens. Der Prognosetyp variiert jedoch zusätzlich in Abhängigkeit von folgenden Größen: dem Umfang des Gegenstandsbereichs, dem Zeitraum der angestrebten Gültigkeit, der gewählten Aussageform. Die prognostische Bestimmung des Verlaufs sich wechselseitig beeinflussender Prozesse stößt sehr schnell auf komplizierte Überlagerungsphänomene, was entsprechend die Genauigkeit der Prognose rapide sinken läßt. Die Prognose gerät schließlich bei den derzeitigen Methoden an die Grenze ihrer Leistungsfähigkeit, wenn man von ihr erwartet, daß sie die bestätigende oder störende Einwirkung auf ihre eigenen Voraussetzungen vollständig mitreflektiert.

(2) Planung. Die Durchsetzung der Prognose verlangt nach der Stufe der Planung. Im Gegensatz zur Prognose ist das Hauptziel der Planung nicht die möglichst genaue Erkenntnis dessen, was sein wird, sondern die erfolgreiche Durchführung und Verwirklichung einer Kombination von Handlungsanweisungen. Selbstverständlich muß sich dabei die Planung auf richtige Prognosen stützen, um zu gelingen. Der Bereich des Planbaren ist einerseits begrenzt durch den Fall rein technischer Planung, die ihren Gegenstand nach Beschaffenheit und Funktion durch die Fertigungsart von vornherein festlegt (zB. Bau einer Maschine) und andrerseits durch die Auffassung von Pla-

6 Vgl. zur näheren Beschreibung dieser Verfahren K. Füssel, Experiment Zukunft zwischen Wissenschaft und Ethik, in: J. Hüttenbügel (Hg.), Gott – Mensch – Universum ([2]1974).

nung als permanentem Prozeß der Selbststeuerung gesellschaftlichen Handelns.

Planung führt also heraus aus reiner Reaktion auf die jeweilige Situation und versucht das Zukünftige durch überlegte Bereitstellung und Koordination seiner Teilmomente zu konstruieren (vgl. Planung eines Straßensystems). In der Planung wird versucht, ein System (zB. ein Unternehmen) bei vorgegebenen Mitteln (zB. Maschinen) durch Schaffung neuer Strukturen und Wahl geeigneter Strategien des Mitteleinsatzes (zB. Wahl der Reihenfolge im Fertigungsprozeß) optimal auf die Erreichung vorgegebener Ziele (zB. Produktion von Gütern) einzustellen. Ein Plan umfaßt demnach die Festlegung eines Ziel-Mittel-Zusammenhangs für einen bestimmten Gegenstandsbereich und Ereignisraum sowie die Regelung der realisierenden Maßnahmen. Der Unterschied der Bereiche, auf die sich Planung beziehen kann, produziert dementsprechend eine Vielzahl unterschiedlicher Pläne, vom Bauplan und Stundenplan bis zu langfristigen Wirtschaftsplänen[7]. Die Anforderungen an den Prozeß der Planung können mit zunehmender Unübersichtlichkeit des Objektbereiches, der Inkonsistenz der Verhältnisse, der Konkurrenz zwischen Teilzielen und Hauptziel bis zur Vereitelung jeglicher Planbarkeit anwachsen. Spätestens beim Aufstellen eines Gesamtplans des Geschichtsverlaufs ist diese Grenze erreicht.

(3) Modelle. Das Zukünftige existiert nicht als Objekt, auch nicht wenn es als noch leere oder unerfüllte Zeit oder Verlängerung des Bestehenden gedacht wird. Aussagen über die Zukunft lassen sich aber auch von ihrer Intention her weder direkt verifizieren noch falsifizieren. Eine Aussage, deren erklärte Absicht es ist, vor dem zu warnen, was kommen könnte, wird nicht falsch, wenn das Befürchtete nicht eintritt. Um so wichtiger ist die Antezipation des in entsprechende Teilzukünfte zerlegten Komplexes Zukunft durch den Entwurf von Modellen, an denen die prognostische Analyse von Ursache, Verlauf, Ausmaß usw. der zukunftsrelevanten Größen und Systeme ansetzen kann. Das Modell darf daher als die charakteristische Gegebenheitsweise des Zukünftigen angesehen werden.

Unter Modell versteht man dabei ein aufgrund von Struktur-, Funktions-, Verhaltensanalogien konstruiertes Objekt, das unter bestimmter Hinsicht und für bestimmte Zwecke das Original vertritt. Die Funktion eines Modells kann sowohl von natürlichen und technischen Objekten wie auch von Menschen oder semiotischen Systemen wahrgenommen werden. In vielen Fällen kommt jedoch dem qualitativen

7 Zur Planung im kirchlichen Raum vgl. die Beiträge von K. F. Daiber und W. Zauner in diesem Band 539–553, 663–669.

Unterschied des Modellsubstrats gegenüber dem Original eine entscheidende Bedeutung zu, so wenn zB. politische und soziale Prozesse durch kybernetische Systeme dargestellt werden, wobei die soziale Realität dann noch zusätzlich auf ihre logische Struktur und die quantitativer Beschreibung zugänglichen Aspekte reduziert wird. Der Einsatz eines Modells erscheint vor allem dann zweckmäßig – wie bei der Zukunft, wenn für das erkennende oder planende Subjekt direkte Operationen mit dem Original nicht möglich sind.

Allen Modellen ist gemeinsam, daß sie sich notwendigerweise gerade in jenen Punkten vom Original unterscheiden, die dessen Zugänglichkeit erschweren, worin ja gerade der methodische Vorteil eines Modells liegt. Andrerseits aber muß ein Modell gerade in jenen Eigenschaften möglichst genau mit dem Original übereinstimmen, die Gegenstand des speziellen Forschungsinteresses sind. Die Güte eines Modells zeigt sich daran, wie das durch diese beiden konkurrierenden Momente entstehende Optimierungsproblem gelöst ist.

Für die sogenannten Weltmodelle, die durch die Diskussion um die Grenzen des Wachstums ins Bewußtsein der breiten Weltöffentlichkeit gerückt sind, ergibt sich eine Potenzierung der grundlegenden Problematik von Modellen, die auch dann nicht geringer wird, wenn man sich vergegenwärtigt, daß der Ausdruck »Weltmodell« etwas zu hoch greift, da er sich nur auf bestimmte Subsysteme der komplexen Wirklichkeit Welt, sowie bei der Meadows-Studie auf das Öko-System, bezieht.

(4) Zur Problematik eines Weltmodells. Die Meadows-Studie entwirft das Bild eines Zustandes des Öko-Systems Erde, der mit allen Kräften verhindert werden soll. Dieser negativen Utopie[8] liegt ein Modell zugrunde, das die dynamische Wechselwirkung der die Zukunft des menschlichen Umweltsystems bestimmenden 5 Haupttrends methodisch durchsichtig machen soll. Unterstellt man einmal, daß wirklich die wichtigsten Trends ausgewählt wurden und daß nichts Bedeutsames beim Sichten der Grundparameter ausgeblendet wurde, dann bleiben immer noch zwei schwerwiegende Forderungen an das Modell. Erste Forderung an das Modell ist, daß es wirklichkeitsgetreu ist, dh. zumindest die Makroprozesse des Öko-Systems ausreichend zu erfassen und für Berechnungen zugänglich zu machen gestattet. Mindestens folgende Bedingungen müssen dabei erfüllt sein: (a) Die in der Systemanalyse angenommenen Ausgangsdaten müssen zutreffen und die berücksichtigten Faktoren hinreichend repräsentativ sein; (b) die im System angesetzten Strukturen und Abhängigkeiten müssen zumindest an Subsystemen durch Kontrollexperimente überprüfbar sein

8 Vgl. G. Picht, Die Bedingungen des Überlebens, in: Merkur 27 (1973) 211–222.

und dürfen nicht ohne eine wie immer definierte Möglichkeit der Falsifikation einfach als gültig unterstellt werden (zB. die Kontinuität bestimmter Abläufe); (c) die entscheidenden Einflußgrößen der Realität müssen meßbar sein, dh. letztlich müßten auch qualitative Momente durch Zahlenwerte und logische Operationen repräsentierbar sein (diese Bedingung kennzeichnet übrigens die grundlegende Grenze der Systemanalyse); (d) schließlich muß unterstellt werden, daß die an den Verhältnissen der Computerwelt studierten Abläufe, Zustände und Zusammenhänge immer richtig interpretiert wurden und die gewonnenen Ergebnisse in die Praxis zurückübersetzt werden können. Wahrscheinlich müssen noch andere Bedingungen erfüllt sein. Das Nichterfülltsein der angegebenen ist jedoch hinreichend, um das Modell zu Fall zu bringen.

Eine zweite Forderung an das Modell läßt sich aus seinem Charakter als negative Utopie ableiten. Da es den simulierten Zustand verhindern und zu weltweitem Umdenken anleiten will, muß das Modell mit einer grundlegenden trendkorrigierenden Modifizierbarkeit des dargestellten Weltsystems rechnen, dh. es muß die Existenz wirksamer Änderungsfaktoren unterstellen, welche auch in der Tat in Gestalt technologischer Innovationen, politischer Maßnahmen, Änderung des Wertesystems und des menschlichen Verhaltens von den Konstrukteuren des Weltmodells als verfügbar angesehen werden. Dann muß jedoch der Einfluß dieser Änderungsfaktoren ebenfalls durch das Modell erfaßt werden, dh. sie müssen als Parameter in das Modell selber eingehen. Nicht zuletzt müßte das Modell, will es wirklich ein Weltmodell sein, die Wechselwirkung zwischen menschlicher Erkenntnis und menschlichem Handeln einerseits und Natur sowie materiellen Prozessen andererseits sichtbar machen können. Auch wenn man das Modell konstruiert hat, um allein die Frage zu beantworten, wieviel Wachstum das materielle ökologische System ohne Kollaps ertragen kann, verhindert also das Ausklammern der sozialen Dimension bereits die volle Brauchbarkeit des Modells.

Damit sind zwei scharfe Kriterienkombinationen zur Beurteilung des Weltmodells angegeben. Ohne die unbestreitbaren Anstöße zum Nachdenken und politischen Handeln zu verniedlichen, die von der Meadows-Studie ausgehen, kann die Kritik am zugrundeliegenden Weltmodell dahingehend zusammengefaßt werden, daß es die oben genannten Anforderungen nicht erfüllt.

3. *Kritik der Futurologie als Aufbau einer kritischen Futurologie*

a. Da Prognose, Modell und Planung unvermeidlich auf das zugängliche Material und auf gegenwärtig verfügbare Methoden angewiesen sind, besteht die Gefahr, daß das große Vorhaben der Futurologie allzu schnell auf eine Verlängerung der herrschenden Trends zusammenschrumpft und so eine veränderungsbedürftige Vergangenheit stabilisiert, ja sogar durch scheinbar konsequente Fortsetzung rechtfertigt. Besonders technologisch geprägte Zukunftsbilder sagen oft wenig aus über den neuen Menschen und präsentieren stattdessen den alten Menschen mit neuen Accessoires. Dies wird sich auch vermutlich so lange nicht ändern, wie die Futurologie das Monopol von im Dienste kapitalistischer oder militaristischer Interessen stehenden technopolitischen Eliten bleibt.

Angesichts der Drohung globalen Untergangs können wir nur dann jedoch das wissenschaftlich technologische Verfügungspotential zur Bewältigung der vielfältigen Zukunftsaufgaben heilbringend nützen, wenn wir nicht länger wie gebannt auf das Irrlicht des Wachstums der Wirtschaft und des Fortschritts der Technik starren, sondern stattdessen mehr als bisher auf eine grundlegende Bewußtseinsänderung, eine Neufestsetzung der Prioritäten, eine Wiederbelebung systemübersättigender und befreiender Phantasie in Gestalt sozialer Utopien hin arbeiten, in denen aufgeklärte Vernunft und der Traum der Hoffnung verwirklicht sind.

b. Zu der Veränderung, welche Wissenschaft, Technik und Industrie darstellen, muß eine höhere Dimension von regulativer Kompetenz treten, welche der zur objektiven Konstellation der technischen Lebenswelt gewordenen Veränderung sich überlegen zeigt. Daraus folgt, daß jede konstruktive Methode der Antizipation von Zukunft neben der prognostisch planungstechnischen Komponente mit einer gleichwertigen normativen Komponente ausgestattet sein muß. Dies erfordert andererseits ein Wertesystem, welches geeignet ist, unser Verhalten unter den neuen Bedingungen zu leiten und unsere Ziele zu rechtfertigen. Statt technologischer Zukunftskontrollstrategien geht es darum, eine kritische Futurologie aufzubauen, die die betroffenen Menschen mit ihren Bedürfnissen, Nöten und Sehnsüchten in den Mittelpunkt stellt[9]. Eine unerläßliche Voraussetzung einer solchen Futuro-

---

9 Vgl. die – gegensätzlichen – Ansätze zu einer solchen kritischen Futurologie bei H. M. Enzensberger (Hg.), Ökologie und Politik. Kursbuch 33 (1973); W. D. Marsch, Zukunft (1969); J. B. Metz, Erinnerung des Leidens als Kritik eines teleologisch-technologischen Zukunftsbegriffs, in: EvTh 32 (1972) 338–353; J. Moltmann, Hoffnung und Planung, in: ders., Perspektiven der Theologie (1968) 251 bis 268; K. Rahner, Die Frage nach der Zukunft, in: Rahner IX, 519–540.

logie, die bisher noch weitgehend ein Postulat geblieben ist, aber ist neben der Gegenwartsanalyse eine Reflexion auf Geschichte. Erst wenn man über Sinn und Verlauf geschichtlicher Prozesse nachgedacht hat, ist es auch möglich, begründete Aussagen über Bedingungen, Möglichkeiten und Grenzen der Zukunft zu machen. Das Verständnis des technischen und sozialen Wandels bleibt daher zurückverwiesen auf eine Reflexion der Geschichte im ganzen. Die Zukunft zeigt dann neben ihrem individuellen und globalen ihren universalen Aspekt.

c. Hat sich gezeigt, daß nur noch eine tiefgreifende Änderung des menschlichen Verhaltens, der Leitvorstellungen und politischen Maßnahmen der Zukunft eine Chance läßt, dann bedarf es zur Kritik der planenden Vernunft der Ausbildung einer technopolitischen Ethik, die der Veränderung des Charakters menschlichen Handelns Rechnung trägt und die alte Nachbarschaftsethik durch eine planetarische Verantwortungsethik ablöst. Umweltverschmutzung ist nur ein Index zur Verdeutlichung einer unbewußt selbstmörderischen Alltagspraxis, die private Handlungen in planetarische Untergangsdimensionen hinein verlängert. Wo die Folgen des Handelns seinen erstrebten Zweck zu ruinieren beginnen, ist eine grundlegende Neubestimmung des richtigen Handelns in Alltag, Technik, Wirtschaft und Politik lebensnotwendig geworden. Dies hat jedoch auch eine Revision der anthropologischen Grundlagen der Ethik zur Folge. Der Mensch muß als Herrschaftssubjekt über Natur und Mitmenschen abdanken, will er nicht zum Selbstmörder werden. Dabei markiert die unter Anerkennung des praktischen Primats der menschlichen Leidensgeschichte vollzogene anthropologisch-politische Wende vom herrschenden zum liebenden Menschen gleichzeitig auch den Übergang zu einer höheren Lebensqualität.

4. *Aufgaben der Praktischen Theologie angesichts der gefährdeten Zukunft*

Damit ist die Stelle im futurologischen Kontext bezeichnet, wo ein Engagement der Praktischen Theologie sinnvoll und wünschenswert ist. Auf einige Aufgaben soll hier stellvertretend aufmerksam gemacht werden.

a. Praktische Theologie ist aufgefordert, an der weltweiten Aufklärungs- und Umerziehungsarbeit mitzuwirken, die aufgewendet werden muß, um die überlebenswichtigen Verhaltensänderungen zu sich selbst, zum anderen und zur Zukunft einzuüben[10].

b. Praktische Theologie muß versuchen, bei der Änderung des fundamentalen Wert- und Normensystems dadurch mitzuwirken, daß sie auf Paradigmata des Umdenkens in ihrer eigenen Tradition (Exodus- und Metanoia-Motiv) zurückgreift. Wie ernst sie die heutige Situation nimmt, sollte sie dadurch beweisen, daß sie die Mitschuld der christlichen Tradition an dieser Situation adäquat analysiert und durch Mobilisierung alternativer Traditionsinhalte korrigiert.

c. Praktische Theologie muß sich um den Preis ihrer Identität der Aufgabe stellen, glaubhaft zu definieren, was ein gelungenes Leben ist, mit all seinen Sehnsüchten, Utopien und unaufzehrbaren Geheimnissen. Nur dann wird es ihr auch gelingen, vertrauenswürdig zu erscheinen, wenn sie sich dagegen wehrt, die Identität des Lebens zur individuellen oder kollektiven Disposition zu stellen und das System der Werte unbesehen mit dem System der Bedürfnisse zu identifizieren.

d. Der Aufbau eines neuen Wertesystems und die Sensibilisierung für neue Handlungsmöglichkeiten erfordern jedoch eine Verbesserung der privaten und öffentlichen Verständigungsverhältnisse. Dies bedeutet zunächst für die Theologie, daß sie ihre eigenen Vermittlungsstrukturen unter dem Aspekt ihrer Motivierungsleistung für Exodus und Metanoia überprüfen muß.

e. Praktische Theologie muß gerade angesichts der eschatologischen und apokalyptischen Momente des Glaubens dazu beitragen, daß die Angst vor der Zukunft einer begriffenen Hoffnung weicht, statt neue Ängste zu produzieren oder dem bestehenden Desaster eine numinose Weihe zu verleihen.

---

10 Zur Methodik solcher Aufklärungsarbeit vgl. M. G. Ross, Gemeinwesenarbeit (1968); H. Faber, Neue Wege kirchlichen Handelns (1972). Als Modelle verdienen Beachtung: H. Falkenstörfer / K. Lefringhausen (Hg.), Aktionen zur Bewußtseinsveränderung. Aktion Entwicklungshilfe 4 (1973); Schweizerisches Pastoralsoziologisches Institut (Hg.), Kirche 1985 ([2]1971).

2|57 Anton Grabner-Haider
Sprachanalyse

Sprachanalyse ist ein Teilbereich der analytischen Philosophie. Diese Denkrichtung beschäftigt sich entweder mit empirischen Analysen von Sachverhalten oder Gegenständen oder aber mit sprachlichen Analysen von Ausdrücken. Im ersten Fall haben wir es mit Philosophie der Naturwissenschaften zu tun, im zweiten Fall mit Philosophie der Sprache. Unter Analyse versteht man dabei die Zerlegung komplexer Sachverhalte in einfachste Bestandteile oder Strukturen. Analytische Philosophie zeichnet sich aus durch mühevolle Kleinarbeit und exakte Forschung im Detail. Sie fordert, daß ihre Forschungsergebnisse klar dargestellt werden und von jedermann mit hinreichender Kompetenz nachprüfbar seien. Sie hat ein gewisses Mißtrauen gegen vorschnelle oder sog. tiefere Einsichten. Sie fragt nicht nach dem Wesen der Dinge oder der Sprache, sondern nach deren Funktionieren. Sie wendet die Standards und Kriterien exakter Wissenschaft auch auf die Philosophie und Humanwissenschaften an. In der Philosophie überprüft sie Behauptungen konsequent an deren logischen Folgen[1].

1. Zur Entstehung der Sprachanalyse

Die Anfänge der analytischen Philosophie fallen ziemlich genau mit dem Beginn unseres Jahrhunderts zusammen. Sie sind eng verknüpft mit den Namen und philosophischen Haltungen der beiden Forscher B. Russell und E. G. Moore. Beide grenzen sich durch eine neue Forschungsrichtung von der idealistischen Philosophie des 19. Jahrhunderts entschieden ab. Ihnen geht es um ein größeres Maß an Exaktheit sowohl in der Sprache wie in der Wissenschaft. Das Instrumentarium dieser Exaktheit ist die moderne Logik, die, angestoßen durch die Philosophie der Mathematik, sich nun innerhalb der analytischen Philosophie entwickelt. Großes Gewicht bekommen hier die Schriften von G. Frege. Im Herbst 1911 kommt L. Wittgenstein nach Cambridge, um unter der Anleitung von Russell und später von Moore Philosophie zu studieren. Wittgensteins »Tractatus logico-philosophicus«, der bereits

1 Vgl. E. v. Savigny, Analytische Philosophie (1970) 15 f., W. K. Essler, Analytische Philosophie I (1972).

1918 fertiggestellt ist, aber erst 1922 als Buch erscheinen kann, wird so etwas wie ein Manifest der analytischen Philosophie wie der Sprachanalyse. Hier wird die Sprache zum vorrangigen und zeitweise zum ausschließlichen Gegenstand der Philosophie.

In dieser frühen Phase der Sprachanalyse ist die Logik der einzige Zugang zur Welt, und es wird nach einer logischen Idealsprache gesucht, die Welt abbilden soll. Und es soll scharf zwischen sinnvoller und sinnloser Rede unterschieden werden. Deswegen wird nach einem allgemein anwendbaren Sinnkriterium gesucht. Die erste Fassung dieses Sinnkriteriums fällt ungemein eng aus und lautet: sinnvoll ist nur empirische Sprache, die durch Tatsachen überprüft werden kann. Dieses Sinnkriterium ist auf dem philosophischen Boden eines logischen Empirismus oder gar Positivismus gefaßt und scheidet alle nicht-empirische Rede als sinnlos, weil nicht exakt entscheidbar aus. Daraus leitet Wittgenstein sein berühmtes Schweigegebot ab: »Wovon man nicht sprechen kann, darüber muß man schweigen[2].« Er weiß, daß er selbst nichtempirische, metaphysische Sätze verwendet hat. Er will diese Sätze als Leiter verstanden wissen, über die man zu einer richtigen Sicht der Dinge hinaufsteigen muß. Wenn man hinaufgestiegen ist, muß man die Leiter wegwerfen.

Von einem sehr ähnlichen Standpunkt aus wird Sprachphilosophie betrieben im sog. »Wiener Kreis«. Die Mitglieder dieses Kreises wie zB. M. Schlick, R. Carnap, O. Neurath stehen durchwegs auf einem empiristischen und positivistischen Standpunkt. Man spricht daher in diesem Zusammenhang auch von Neopositivismus. Auch hier dominiert die moderne Logik, und Metaphysik soll durch logische Analyse der Sprache überwunden werden (R. Carnap). Gesucht wird ein sprachliches Sinnkriterium, das zuerst in der empirischen Verifikation und dann in der empirischen Falsifikation besteht. Es wird eine logische Sprache konstruiert (Konstruktsprache), die eindeutig und exakt ist und den logischen Aufbau der Welt widerspiegeln soll. Metaphysik soll in der Wissenschaft deswegen überwunden werden, weil sie der permanente Anlaß zu Mißverständnissen und zu unlösbaren Fragen ist. Wir sehen also, daß sich Sprachanalyse in ihrer ersten Phase im Kontext des Empirismus und des Neopositivismus entwickelt hat.

Um 1929 wendet sich Wittgenstein nach fast zehnjähriger Unterbrechung wieder der Philosophie zu. Er stößt nun auf die Grenzen und auf die Unhaltbarkeiten seines frühen Werkes und beginnt nun eine völlig neue Philosophie. Da es sich nicht bloß um eine Weiterentwicklung seiner »ersten Philosophie« handelt, sondern um einen Neuansatz, sprechen wir von der »zweiten Philosophie« Wittgensteins. Er

2 L. Wittgenstein, Tractatus logico-philosophicus (1963) 115.

ist seiner ursprünglichen Methodik und Zielsetzung treu geblieben. Was er aber radikal ändert, ist sein philosophisches Credo. Er zerstört das ontologische Grundgerüst des Tractatus. Die Welt zerfällt nicht mehr eindeutig in elementare Tatsachen, die die Sprache abbildet (realistische Semantik), sondern erst in der sprachlichen Beschreibung erschließt sich uns die Welt (pragmatische Semantik). Die Welt ist uns nie an sich gegeben, sondern immer nur in sprachlicher Interpretation[3]. Damit wird die Suche nach einer Idealsprache aufgegeben und es wird die Umgangssprache zum Objektbereich wissenschaftlicher Analyse. Es gibt nicht mehr nur eine zugelassene Sprache, sondern eine Vielzahl verschiedener »Sprachspiele«, die bestimmten Regeln folgen.

Wir nennen diesen Neuansatz der analytischen Sprachphilosophie oder der Sprachanalyse die »pragmatische Wende«. Es wird eine realistische Semantiktheorie (Bedeutung = Abbild der Wirklichkeit) durch eine pragmatische Semantiktheorie (Bedeutung = Sprachgebrauch) abgelöst. Diese pragmatische Wende des zweiten Wittgenstein wird von einem großen Teil der angelsächsischen Philosophie mitvollzogen. Wir nennen diese Richtung innerhalb der Sprachanalyse die »Philosophie der natürlichen Sprache« oder das Oxforder Modell (»ordinary language philosophy«). Ihre berühmtesten Vertreter sind G. Ryle, J. L. Austin, P. Strawson u.a. Ein anderer Teil der analytischen Philosophie hat die pragmatische Wende nicht mitvollzogen und ist dem logischen Empirismus und der logischen Konstruksprache treu geblieben. Wir nennen diese Richtung die »Philosophie der künstlichen Sprache«. B. Russell oder R. Carnap sind dem zweiten Wittgenstein nicht gefolgt.

So haben wir heute in der analytischen Sprachphilosophie im großen zwei methodische Forschungsrichtungen, von denen die eine auf Wittgensteins Frühwerk und die andere auf Wittgensteins Spätwerk basiert. Die Methode der Konstruktsprache (Philosophie der künstlichen Sprache) analysiert Sprache nach den leistungsfähigsten Modellen der modernen Logik und sucht nach einer exakten Sprache für die Wissenschaft, die heute zB. in vielen Bereichen der Naturwissenschaft oder in der modernen Automatentheorie zum Tragen kommt. Die Methode der Umgangssprache (Philosophie der natürlichen Sprache) analysiert die Sprache des Alltags und führt philosophische Probleme oder metaphysische Formulierungen auf die Sprache des Alltags zurück. Beide Methoden arbeiten von verschiedenen philosophischen Standpunkten aus. Der sprachkritische Akzent ist allerdings in der Philosophie der künstlichen Sprache noch stärker.

---

3 Vgl. F. v. Kutschera, Sprachphilosophie (1971) 220; W. Stegmüller, Hauptströmungen der Gegenwartsphilosophie ([4]1969) 564 ff.

2. *Zur Methode der Sprachanalyse*

Auf welchen Ebenen wird nun Sprache analysiert dh. in ihre Bestandteile und Strukturen zerlegt? Das sind drei Ebenen, nämlich die Ebene der Syntax, der Semantik und der Pragmatik. Auf der *syntaktischen* Ebene werden die einzelnen Wörter als sprachliche Zeichen behandelt, und es werden die Relationen zwischen den einzelnen Sprachzeichen analysiert. Unter Syntax verstehen wir die logischen Relationen, die zwischen den einzelnen Sprachzeichen bestehen. Bei der syntaktischen Analyse wird also von der Bedeutung eines Wortes sowie vom Benützer eines Wortes abgesehen. Das Instrumentarium der syntaktischen Analyse ist die moderne Logik. Damit ist die syntaktische Analyse die exakteste im Arbeitsbereich der analytischen Sprachphilosophie. Die Methode der Konstruktsprache sieht in ihr den vorrangigen oder beinahe ausschließlichen Forschungsbereich und möchte nicht selten semantische Probleme auf syntaktische reduzieren.

Auf der *semantischen Ebene* werden die sprachlichen Zeichen als Bedeutungsträger betrachtet, und es wird die Relation zwischen dem sprachlichen Zeichen und dem Bezeichneten analysiert. Semantik setzt die Syntax bereits voraus und abstrahiert nur noch vom Zeichenbenutzer oder vom Sprecher einer Sprache. Die semantische Analyse sucht Regeln, nach denen ein Sprecher oder Hörer (Sprecher-Hörer) Sätze als bedeutungstragende Mitteilungen interpretiert. Die Semantik unterscheidet noch zwischen zwei Funktionen des sprachlichen Zeichens, nämlich zwischen der Funktion des Bezeichnens und der Funktion des Bedeutens. Bezeichnung entspricht der Extension (Umfang) des Begriffs, Bedeutung aber der Intension (Inhalt). Die Semantik arbeitet auf Grund verschiedener Semantiktheorien. Das sind philosophische Entscheidungen darüber, was Bedeutung sei. Wir haben bereits eine realistische und eine pragmatische Semantiktheorie kennengelernt.

Daneben spricht man noch von behavioristischen Theorien der Semantik[4].

In der semantischen Analyse wird die Unterscheidung zwischen »Objektsprache« und »Metasprache« eingeführt. Die Objektsprache, die über nichtsprachliche Objekte spricht, gilt als die erste semantische Stufe. Metasprache, die nicht über Objekte, sondern über Sprache spricht, zB. über die Objektsprache, bildet zur Objektsprache die zweite semantische Stufe. Nun kann zu jeder Metasprache eine weitere Metasprache (Metametasprache usw.) gebildet werden. Die letzte

4 Vgl. Kutschera, 162 f.; H. E. Brekle, Semantik. Eine Einführung in die sprachwissenschaftliche Bedeutungslehre (1972); R. Freundlich, Sprachtheorie (1970); ders., Einführung in die Semantik (1972).

Metasprache ist aber dabei immer die Umgangssprache, dh. ich kann nicht anders als umgangssprachlich über die Konstruktsprache oder die Theoreme der Logik sprechen. Durch diese Unterscheidung der semantischen Stufe sind gewisse semantische Antinomien (wie zB. das alte Problem des »Lügners«) lösbar geworden.

Auf der *pragmatischen* Ebene werden die Relationen zwischen dem Sprecher-Hörer (Sprachbenutzer), zwischen dem sprachlichen Zeichen und zwischen dem Bedeuteten bzw. Bezeichneten analysiert. Im Vordergrund dieser Analyse steht der Sprachbenutzer, der in einer bestimmten Sprech- und Handlungssituation sprachliche Zeichen sendet. Pragmatik setzt sowohl Syntax wie Semantik voraus. Hier wird zB. der Zusammenhang zwischen »Sprachspiel« und »Lebensform« untersucht; also der Zusammenhang zwischen Sprechen und Handeln. Sprechen gilt als eine regelgeleitete Form des Verhaltens (J. R. Searle). Sprache führt Sprachhandlungen und Sprechakte aus (J. L. Austin)[5]. Da die pragmatische Analyse mit den meisten Faktoren arbeiten muß, ist sie gewiß die am wenigsten exakte. Deswegen wird sie von Vertretern der Konstruktsprache gemieden, weil man in ihr nicht metaphysikfrei reden könne. Andere Logiker wie R. Montague haben versucht, auch Pragmatik in die Logiktheorie einzubauen. Pragmatische Analysen werden vor allem in der Philosophie der natürlichen Sprache betrieben.

Seit R. Carnap und W. Morris[6] faßt man die drei Ebenen der Sprachanalyse, nämlich die Syntax, die Semantik und die Pragmatik unter der Bezeichnung »Semiotik« zusammen. Diese Bezeichnung ist aber scharf zu unterscheiden von Semiotik oder »Semiologie« im Sinne des französischen Strukturalismus, wo beide Begriffe sehr verschwommen gebraucht werden und keine exakte Methodologie bezeichnen. Semiotik oder Sprachanalyse im Sinne der analytischen Philosophie meinen eine exakte und detaillierte Forschungsstrategie. Wenn man in der modernen Linguistik von Semiotik oder von semiotischer Textlinguistik spricht, meint man vorwiegend pragmatische Analysen. Erst in letzter Zeit, vor allem angestoßen durch die generative Transformationsgram-

---

5 Vgl. J. L. Austin (Hg. J. O. Urmson), How to Do Things with Words (Oxford 1962); J. R. Searle, Speech Acts. An Essay in the Philosophy of Language (Cambridge/Mass. 1969).

6 R. Carnap, Introduction to Semantics (Cambridge/Mass. 1942); Ch. W. Morris, Foundations of the Theory of Signs, in: International Encyclopedia of Unified Science I, 1 (Chicago 1938) 77–139; vgl. dazu A. Grabner-Haider, Semiotik und Theologie. Religiöse Rede zwischen analytischer und hermeneutischer Philosophie (1973) 18 ff.

matik[7], finden auch logische und syntaktische Analysen Eingang in die Linguistik.

Das Instrumentarium der Sprachanalyse ist die *moderne Logik*. Diese hat sich anhand der modernen Mathematik herausgebildet und heißt daher auch mathematische Logik, gelegentlich noch Logistik. Sie ist bei weitem leistungsfähiger als die traditionelle Logik. Die einfachste Theorie dieser Logik ist die *Aussagenlogik* (AL). Diese ist als Kalkül aufgebaut. Sie untersucht die Verknüpfungen von unzertrennten Aussagen und Sätzen. Die sprachlichen Zeichen, die diese Verknüpfungen anzeigen, nennen wir Junktoren. Die moderne Logik bedient sich einer eigenen, allerdings noch nicht einheitlichen Symbolsprache. So werden auch die einzelnen Junktoren durch logische Symbole dargestellt. Es sind dies folgende: die Negation, die Konjunktion, die Disjunktion, die Implikation, die Äquivalenz. Diese Junktoren verbinden Sätze oder Satzteile in verschiedener Stärke.

Die Aussagenlogik besteht nun aus exakten Regeln, wie von einer Verbindungsform zu einer anderen übergegangen werden kann, wie Junktoren also umgewandelt werden können. Diese Regeln werden nach dem amerikanischen Logiker I. M. Copi benannt[8]. Weiters werden für die einzelnen Aussagefunktionen »Normalformen«, das sind Standardformen, angegeben. Die Entscheidungsverfahren für das aussagenlogisch gültige Schließen sind entweder die Tafeln der sog. Wahrheitswerte, oder aber die genannten Umformungsregeln. Die Aussagenlogik ist als axiomatische Theorie aufgebaut und besteht aus Axiomen, aus Deduktionsregeln und aus einem Axiomenschema[9].

Wesentlich leistungsfähiger ist die *Prädikatenlogik* (PL), mittels der die Struktur der logischen Prädikate dargestellt wird. Ein logisches Prädikat gewinnen wir, wenn wir in einem einfachen Satz alle vorkommenden Namen wegstreichen. Durch das Wegstreichen der Namen entstehen Leerstellen. Je nach der Zahl dieser Leerstellen haben wir es mit einstelligen oder mehrstelligen Prädikaten zu tun. Einstellige Prädikate sind Eigenschaften, mehrstellige Prädikate sind Relationen. Auch die Prädikatenlogik arbeitet mit logischen Operatoren: das ist der Alloperator oder Allquantor mit der Form: »Für jedes x gilt, daß ...«. Und das ist der Existenzoperator oder Existenzquantor mit der Form: »Es gibt mindestens ein x, für das gilt ...«

7 Vgl. J. Bechert u.a., Einführung in die generative Transformationsgrammatik (1971).

8 I. M. Copi, Symbolic Logic (New York 1966) 35–41; ders., Introduction to Logic (New York 1965) 277 f.

9 Vgl. F. v. Kutschera / A. Breitkopf, Einführung in die moderne Logik (1971) 58; Freundlich, Einführung, 20 f.

Die Symbolik der Prädikatenlogik wird aufgebaut aus Prädikaten erster Stufe, aus Prädikaten höherer Stufe, aus Individuen-Konstanten und Individuen-Variablen, aus den beiden genannten Quantoren, aus den logischen Junktoren sowie aus Klammern. Auch die Prädikatenlogik hat genaue Umwandlungsregeln sowie Normalformen, nämlich die pränexe und die Skolemsche Normalform. Ein eigener Teilbereich der Prädikatenlogik ist die Logik der Relationen. Die Aussagenlogik ist in der Prädikatenlogik enthalten, aber nicht umgekehrt. In zunehmender Weise wird heute auch die Logik der Normen, Werte und Entscheidungen (deontische Logik = Sollenslogik) ausgebaut[10].

Eng verbunden mit der Sprachanalyse ist die *Wissenschaftstheorie* der analytischen Philosophie. Darin soll die logische Struktur der wissenschaftlichen Erkenntnis dargestellt und verfeinert werden. Das geschah zuerst für den Bereich der Naturwissenschaft. K. R. Popper hat in seinem Standardwerk »Logik der Forschung«[11] gezeigt, daß die wissenschaftliche Erklärung eine deduktive Struktur hat: »Einen Vorgang kausal erklären heißt, einen Satz, der ihn beschreibt, aus *Gesetzen* und *Randbedingungen* deduktiv abzuleiten.« Die logische Struktur wissenschaftlicher Erklärung wurde dann durch C. G. Hempel und P. Oppenheim noch näher dargestellt. Seither sprechen wir von einem H-O-Schema (Hempel-Oppenheim-Schema) und einer deduktiv-nomologischen Struktur in der wissenschaftlichen Erklärung[12].

Eine wissenschaftliche Erklärung besteht demnach aus einem Explanans und aus einem Explanandum. Das Explanandum ist, was erklärt werden soll. Das Explanans ist, womit erklärt wird. Das Explanandum, das Ereignisse, Tatsachen, Strukturen, Gegebenheiten oder Sachverhalte beschreibt, muß eine bestimmt logische Form haben. Es müssen Existenzaussagen sein, die gehaltvoll sind und mit Raum- oder Zeitangaben versehen sind. Das Explanans hingegen besteht aus zwei Teilen: nämlich a) aus allgemeinen Sätzen, die den Status von Hypothesen, Theorien, Gesetzen oder Axiomen haben, und b) aus den sog. Randbedingungen oder einschränkenden Bedingungen, die für den konkreten Fall des Explanandums gelten. Die Hypothesen, Theorien und Gesetze haben die Form von Universalsätzen. Die Randbedingungen haben die logische Form von gehaltvollen Existenzsätzen. Wissenschaft ist demnach ein System von Sätzen, und es besteht zwischen dem Explanans und dem Explanandum ein deduktiver Zusammen-

---

10 Vgl. F. v. Kutschera, Einführung in die Logik der Normen, Werte und Entscheidungen (1973); N. Rescher, The Logic of Commands (London 1966).

11 K. R. Popper, Logik der Forschung (1934) 31 f.

12 Vgl. C. G. Hempel / P. Oppenheim, Studies in the Logic of Explanation, in: Philosophy of Science 15 (1948) 135–175; W. Stegmüller, Probleme und Resultate der Wissenschaftstheorie und Analytischen Philosophie I (1969) 75 ff.

hang. Besteht dieser deduktive Zusammenhang nicht, so liegt keine wissenschaftliche Erklärung vor. Für die wissenschaftliche Ableitung gelten die verschärften Kriterien der relativen Bewährbarkeit und der intersubjektiven Prüfbarkeit. Die einzelnen Ableitungen müssen, je nach ihrer Eigenart, entweder empirisch oder formal bewährbar sein, und sie müssen prinzipiell von jedem Individuum mit hinreichender Kompetenz nachprüfbar sein[13].

Auch in der Wissenschaft fungiert die moderne Logik als Organon der Kritik. Wichtiger als die Verifizierung ist die mögliche Falsifizierung wissenschaftlicher Aussagen. Eine stark bewährte Hypothese wird zu einem Gesetz. Eine Theorie setzt sich aus Gesetzen und Hypothesen zusammen. Wissenschaftliche Aussagensysteme sind per definitionem fallibel und korrigierbar. Das deduktiv-nomologische Modell ist zwar an den Naturwissenschaften entwickelt worden, gilt aber prinzipiell genauso für die logische Struktur der Geisteswissenschaften. Ob für diese Modifizierungen nötig sind, darüber ist die Diskussion noch rege im Gange. Teilt man Wissenschaft nach der Form jener Klasse von Sätzen ein, die erklärt werden, dann erhält man rein deskriptive, rein normative sowie gemischte deskriptiv-normative Wissenschaften. Nach dem darin verwendeten Erklärungsschema sind die Geisteswissenschaften den human-theologischen Wissenschaften zuzuordnen[14].

3. Zur Anwendung in der Praktischen Theologie

Die Theologie hat bisher von den Methoden der Sprachanalyse kaum Gebrauch gemacht. Weil diese zuerst in einem empiristischen Kontext entwickelt wurde, hatte die Theologie ein starkes Unbehagen davor. Gewiß kann man keinen Diskurs führen mit jemandem, der einem ein Schweigegebot auferlegt. Aber dies hat sich seit der pragmatischen Wende in der Sprachanalyse grundlegend geändert. Seither scheint die Anwendung der Sprachanalyse auch auf die religiöse Glaubenssprache und die Sprache der Theologie vollauf möglich zu sein. Ist doch die Methode dieser Analyse an kein philosophisches Credo gebunden.

Wir können im Gefolge Wittgensteins sagen, daß es keine religiöse Sprache, sondern nur einen religiösen Gebrauch der natürlichen Sprache gibt. Denn die Glaubenssprache besteht durchwegs aus Wörtern der normalen Sprache. Nur wird darin in logischer Hinsicht die Sprache auf das Objekt der Religion, auf »Gott« bezogen. Der Glaubende be-

13 Vgl. P. Weingartner, Wissenschaftstheorie I (1971) 47 ff.; R. Wohlgenannt, Was ist Wissenschaft? (1969) 139 ff.

14 Vgl. Weingartner, 127 ff.

zieht sich, sein Leben, seine Welt zu Gott hin. Und davon spricht er. Gott aber ist in dieser Sprache transzendent, zeitlos, allmächtig usw. Durch diese Relation zum Objekt der Religion bekommen die Wörter eine neue Bedeutung; eigentlich eine zweite Bedeutung. Ihre erste Bedeutung liegt in ihrem Gebrauch in der natürlichen Sprache. In logischer Hinsicht besteht die Glaubenssprache aus einem aussageartigen und aus einem nichtaussageartigen Teil. Es werden darin teils Aussagen gemacht, teils werden andere Sprechakte ausgeführt. Wir können den einen Teil auch deskriptiv, den zweiten nichtdeskriptiv nennen.

Auf den deskriptiven Teil der Glaubenssprache ist die Logik der Aussagen voll anwendbar. Dieser Teil läßt sich sogar als ein axiomatisches System darstellen. Er besteht a) aus der Klasse der gültigen Sätze, die objektsprachlich formuliert sind. Diese Satzklasse macht den objektiven Gehalt des Glaubens oder den objektiven Glauben aus. Diese Sätze machen im axiomatisierten System die Axiome und die daraus abgeleiteten Theoreme aus. b) Sodann ist eine Klasse von Regeln gegeben, die bestimmen, welche Sätze zum objektiven Gehalt des Glaubens gehören und welche nicht. Wir können diese Regeln, die metasprachlich formuliert sind, heuristische Regeln nennen. c) Schließlich haben wir noch die Grundannahme. Das ist die metasprachliche Feststellung, die sagt, daß jeder durch die heuristischen Regeln ausgezeichnete Satz im System Gütigkeit hat[15].

Der weitaus größere Teil der Glaubenssprache aber ist nichtdeskriptiv. Da werden keine Aussagen, sondern andere Sprechhandlungen und Sprechakte ausgeführt. Das können Akte des Staunens, des Bittens, des Dankens, des Preisens, der Hingabe, des Jubels, wie der Trauer sein. Auch diese Sprechakte haben eine logische Struktur. Sie sind weder wahr noch falsch, sondern sie gelingen oder mißlingen. Sie folgen bestimmten Regeln, die für ihr Gelingen notwendig sind. Diese Regeln werden aus ihrem Mißlingen abgeleitet. J. L. Austin hat diese Sprechweise »performativ« genannt, und er hat zwischen lokutionären, illokutionären und perlokutionären Sprechakten unterschieden, je nachdem ob man auf den Inhalt, die Handlung oder die Folgen des Sprechens blickt[16].

Wo ist der logische Ort, wo Glaubenssprache entsteht? Das sind nach I. T. Ramsey Situationen, in denen Empirisches gegeben ist, in denen aber ein Sprecher auf Grenzen des Empirischen stößt und staunend sagt: hier ist Empirisches und zugleich mehr als Empirisches. Das

---

15 Vgl. J. M. Boscheński, Logik der Religion (1968) 56 f.
16 Vgl. Savigny, 90 f.

ist eine Erschließungssituation des Glaubens[17]. Darin erschließt sich einem Sprecher Empirisches und zugleich mehr als Empirisches. Die Sprache, mit der er dann über dieses Metaempirische spricht, ist eigenartig im Vergleich zur natürlichen Sprache. Glaubenssprache hat ihren Ursprung in derartigen Erschließungssituationen. Sie führt ursprünglich Sprechakte des Glaubens aus. Aus diesen Sprechakten werden später Aussagen des Glaubens abgeleitet. In logischer Hinsicht ist also das Preisen Gottes primär von der abgeleiteten Aussage: »Gott ist gut«. Derart ist die Glaubenssprache evokativ; dh. sie kommt aus Erschließungssituationen des Glaubens und will stets neue derartige Situationen hervorrufen.

Nach Wittgenstein wäre die Glaubenssprache ein »Sprachspiel«. Sie kommt aus einer ganz bestimmten »Lebensform« und artikuliert diese Lebensform. Ohne diese Lebensform wäre das Sprachspiel des Glaubens bedeutungslos. Das Lernen dieser Sprache bedeutet Einübung in eine Lebensform. Insofern die Glaubenssprache zu einem bestimmten Handeln und Verhalten anspornt, können wir sie incitativ nennen.

In semantischer Hinsicht entsteht bei der Glaubenssprache das Problem der zweifachen Bedeutung. Dieses Problem ist durch das traditionelle Modell der Analogie darstellbar. Jedoch läßt sich dieses relationenlogisch ausdrücken. Nehmen wir das Beispiel »Sohn des Vaters« in der natürlichen und in der Glaubenssprache. Es liegen zwei Bedeutungen vor, zwischen denen die Relation der Analogie besteht. Was den beiden Bedeutungen gemeinsam ist, sind die formalen Eigenschaften der Relationen[18].

Da die Glaubenssprache die natürliche Sprache enthält, enthält sie auch das Wissen der natürlichen Sprache. Glaube enthält also ein Wissen, während umgekehrt das exakte Wissen keinen religiösen Glauben enthält. Glaube und Wissen liegen in epistemologischer Hinsicht auf zwei verschiedenen Ebenen und haben jeweils verschiedene Funktionen im menschlichen Leben. So kommt es auf ein und derselben Ebene zu keinem Widerspruch zwischen dem Wissen und dem Glauben. Wenn es zu einem Widerspruch kommt, dann nicht zwischen dem Akt des Glaubens und dem Wissen, sondern zwischen dem exakten Wissen, das sich jeweils vermehrt und auch modifiziert, und zwischen dem Wissen, das der Glaube in seiner Sprache enthält und das noch einer früheren Stufe des Wissens entstammt.

Sprachanalyse kann in der Praktischen Theologie sehr vielfältig angewandt werden. Da muß zuerst eine exakte *Struktur der Glaubens-*

---

17 I. T. Ramsey, Religious Language (London 1957) 32 ff.
18 Vgl. Bocheński, 103 f.

sprache gewonnen werden. Glaubenssprache entsteht dadurch, daß natürliche Sprache auf das »Objekt der Religion«, auf Gott, bezogen wird; es liegt ein neuer Sprachgebrauch vor. Sie besteht a) aus einer *deskriptiven* und b) aus einer *nichtdeskriptiven* Dimension. Zur ersten gehören die verschiedenen Aussagen des Glaubens, zur zweiten die verschiedenen Sprechakte des Glaubens. Glaubenssprache hat ihren ursprünglichen Ort in Lebenssituationen, in denen ein Sprecher sein Leben auf Gott bezieht. Er antwortet auf diese Situationen durch verschiedene Sprechakte. Das können Sprechakte des Staunens, des Preisens, des Jubels, aber auch der Angst und der Bitte sein.

Diese Sprechakte führen sprachliche Handlungen aus, sie wollen etwas bewirken. Sie machen keine Aussagen. Sie stehen vor den Aussagen des Glaubens. Diese werden aus jenen abgeleitet. Auch diese Sprechakte haben eine logische Struktur und sind in Einzelbestandteile zerlegbar. Aus ihnen nämlich bauen sich die verschiedenen Sprechakte der Glaubensverkündigung auf: der Katechese, der Predigt, des Glaubensgesprächs. Hier werden nämlich nicht primär Aussagen des Glaubens gemacht und geordnet, hier wird primär zu Erschließungssituationen des Glaubens hingeführt, hier wird Glaube vorbereitet oder geweckt. Erst in einem weiteren Schritt werden Aussagen des Glaubens gemacht[19].

Daraus lassen sich bereits verschiedene Strukturen der Predigt oder der Katechese ableiten.

a) Die Predigt (Katechese) kann die Struktur eines *nichtdeskriptiven Sprechaktes* haben. Der Aufbau ist folgender: 1. Schritt: es wird mit einer konkreten Lebenssituation begonnen; diese wird internalisiert. 2. Schritt: die Situation wird vertieft und zu Grenzen des Empirischen hingeführt. 3. Schritt: die empirische Grenze wird überschritten, es wird eine Erschließungssituation des Glaubens vorbereitet. 4. Schritt: die ursprüngliche Situation wird nun im Lichte des Glaubens gesehen, sie wird auf Gott bezogen; es entsteht eine gewandelte Situation. 5. Schritt: es wird eingeführt in die Lebensform, die aus der neuen Situation des Glaubens folgt.

b) Die Predigt (Katechese) kann die Struktur eines *nichtdeskriptiven Lernmodells* haben, wie es von der Lernpsychologie erarbeitet wird. Der Aufbau sieht dann so aus: 1. Schritt: der Hörer wird auf einen konkreten Sachverhalt seiner Lebenswelt aufmerksam gemacht. 2. Schritt: es wird ein Reagieren auf diesen Sachverhalt geweckt. 3.

19 Ich habe dies näher ausgeführt in meinen Arbeiten »Zur Theorie und Methode der Predigt« in: G. Hierzenberger (Hg.), Thematische Verkündigung – was heißt das? (1974) 52–110, und »Sprechen und Glauben. Zur Theorie und Methode der Religionspädagogik« (erscheint 1975).

Schritt: es folgt eine natürliche Bewertung des Sachverhalts. 4. Schritt: nun wird diese Bewertung im Lichte des Glaubens korrigiert, es erfolgt eine Umwertung bzw. Neubewertung. 5. Schritt: Das Handeln des Hörers soll bestimmt sein von dieser Neubewertung im Glauben. – Diese beiden Modelle bewegen sich in der nichtdeskriptiven Dimension der Glaubenssprache. Es sind noch verschiedene andere Modelle möglich.

Nun werden in der Glaubensverkündigung auch Aussagen des Glaubens gemacht und eingeübt.

c) Daher können Predigt und Katechese auch die Struktur eines *deskriptiven Informationsmodells* annehmen. Der Aufbau ist folgender: 1. Schritt: begonnen wird mit einer Motivation für das Aufnehmen neuer Informationen. 2. Schritt: es wird das aussageartige Problem exakt und sachgemäß gestellt. 3. Schritt: es werden verschiedene Lösungen versucht, es werden Lösungskriterien eingeführt und daraus Lösungsirrtümer abgeleitet. 4. Schritt: es erfolgt die Lösung, die den eingeführten Kriterien standhält, es erfolgt der Konsistenztest. 5. Schritt: die gewonnene Lösung wird eingeübt und für neue Situationen bereitgestellt; es wird ein adäquates Problemlösungsverhalten angeeignet. – Dieses Modell ist geeignet sowohl im Kontext reiner Glaubensaussagen wie auch in der Konfrontation von Aussagen der natürlichen Sprache mit Aussagen des Glaubens.

Sprachanalyse vermag nun die einzelnen Schritte der genannten Modelle noch zu verfeinern, indem sie für diese neue Regelsysteme und Kriterien aufstellt. Im aussageartigen Teil überprüft sie die Folgerichtigkeit der Argumentation. Im nichtaussageartigen Teil erhellt sie die Bedingungen für das Gelingen oder Mißlingen eines Sprechaktes. Vor allem aber gibt sie erst einmal die Grundregeln für die Glaubenssprache an. Sie analysiert nicht nur Sprache, sondern ebenso Lebenssituationen und Lebensformen, die der Sprache vorangehen. Als angewandte Disziplin arbeitet sie eng mit den Humanwissenschaften wie Psychologie, Pädagogik, Anthropologie zusammen, wiewohl ihr eigenes Instrumentarium primär die moderne Logik ist.

Da es die Praktische Theologie vornehmlich mit Sprache zu tun hat, scheint sie ein weites Betätigungsfeld für angewandte Sprachanalyse zu sein. Es ist nicht ausgeschlossen, daß diese einen gewichtigen Beitrag zu einer zeitgemäßen Glaubensverkündigung leisten kann.

Fragen wir abschließend noch nach dem wissenschaftstheoretischen Status der Praktischen Theologie[20]. Auch für sie gilt die deduktiv-no-

20 Ich habe den wissenschaftstheoretischen Status der Praktischen Theologie ausführlicher dargestellt in meinem Buch »Theorie der Theologie als Wissenschaft« (1974) 190 ff.

mologische Struktur, wobei das Verstehens-Problem besonders zu berücksichtigen ist. Es erfolgen Ableitungen aus Hypothesen (bzw. Theorien) und aus Randbedingungen. Das Explanadum sind einerseits deskriptive und andererseits normative Sätze. Es werden also einerseits Aussagen und anderseits Normen abgeleitet. Damit können wir diese Disziplinen zu den deskriptiv-normativen Wissenschaften zählen. Als Humanwissenschaft über menschliches Verhalten, Sprechen und Handeln verwendet sie ein humantheologisches Erklärungsschema. Ihre allgemeinen Aussagen haben wie in allen Humanwissenschaften den forschungslogischen Status von mehr oder weniger stark bewährten Hypothesen. Exakte Gesetze zu erreichen ist in allen diesen Disziplinen überaus schwierig, wenn auch nicht ausgeschlossen.

Auch auf die Praktische Theologie sind die verschärften Kriterien der analytischen Wissenschaftstheorie anwendbar. Voraussetzung ist der Übergang von vagen zu exakten Begriffen. Dafür müssen die Bedingungen der logischen Definition erfüllt werden. Wie viele andere Humanwissenschaften ist auch die Praktische Theologie in der Sicht der analytischen Philosophie auf dem Weg von einem vorwissenschaftlichen zu einem exakt wissenschaftlichen Stadium.

Heinrich Pompey
Medizin

Das interdisziplinäre Gespräch zwischen Medizin und Theologie blickt auf eine Tradition zurück, die weit vor der Zeit der Verbreitung des Christentums beginnt. Die Affinität zwischen ärztlicher Heilkunde und Heilkunst sowie kirchlichem Heilsauftrag und Heilsdienst bildet – wenn auch nicht immer bewußt – die Ursache für den bis heute ununterbrochenen Dialog zwischen beiden Disziplinen. Bei der expliziten und impliziten Zielsetzung von Medizin und Theologie (bes. der Seelsorge), »dem Heil des Menschen zu dienen«, und bei der Zunahme des anthropozentrischen Denkens im Laufe der Geschichte – vor allem zZ. des Humanismus und der Aufklärung – verwundert es nicht, daß sich der Dialog zu einer eigenen Disziplin entwickelte, zur sog. Pastoralmedizin. Auf die anthropologische Grundlegung von Medizin und Pastoraltheologie geht die Entfaltung der sog. Pastoralmedizin als einer Teil- bzw. Hilfsdisziplin der Praktischen Theologie zurück; sie konnte im Rahmen der spekulativ-theologischen Fachrichtung nicht entstehen, da der anthropologische Ansatz theologischer Reflexionen den spekulativ-theologischen Disziplinen lange fremd war. Begünstigt wurde das Zusammengehen durch die meist sehr lebensnahen Fragestellungen der Mediziner an die Theologen wie durch die seelsorgspraktischen Informationswünsche der Pfarrer an die Ärzte. Spekulative Reflexionen zB. zur ärztlichen Ethik wurden in diesem Dialog nicht ausgeschlossen. Eine wesentliche Ursache für die historische Stellung der Pastoralmedizin als der ältesten Teil- bzw. Hilfsdisziplin der Praktischen Theologie ist darin zu sehen, daß der Arzt bis zum Anfang dieses Jahrhunderts der einzige praktisch-anthropologisch ausgerichtete Gesprächspartner des Seelsorgers war (Soziologie und Psychologie entwickelten sich erst im 19. Jahrhundert als eigenständige empirisch-praktische Wissenschaften).

Zwei große Aufgabenfelder charakterisieren den interdisziplinären Dialog zwischen Medizin und Theologie: die Hilfen der Medizin für die je notwendige Seelsorge und die Hilfen der Theologie für Medizin und Arzttum[1]. Im einzelnen werden Themen und Selbstverständnis der sog. Pastoralmedizin bestimmt durch die Heilssorge der Kirche wie

1 Vgl. H. Fleckenstein, Aufgaben und Möglichkeiten einer sogenannten Pastoralmedizin, in: Würzburger Universitätsreden 23 (1957) 5–22.

durch die jeweiligen Aufgaben und Möglichkeiten der Medizin. Da konkret ausgeübte Medizin und Seelsorge stets vom Weltbild des geschichtlichen Menschen mitgeprägt sind, wird der Dialog zwischen Medizin und Praktischer Theologie zudem auch von der jeweiligen Anthropologie und Wertung des Menschen beeinflußt.

1. *Die historische Ortsbestimmung des medizinisch-pastoraltheologischen Grenzbereichs*

a. Altertum und Mittelalter

Die früheste Geschichte des medizinisch-theologischen Grenzbereichs geht zurück auf die alte theurgische Verbindung von Priestertum und Arzttum. Als Folge des totalen theozentrischen Welt- und Selbstverständnisses der damaligen Menschen waren Arzt- und Priestertum sachlich und personell identisch. Mit Hippokrates begann im hellenistischen Kulturkreis die Ablösung der Heilkunst von den religiösen Funktionen der Priester, vermutlich unter dem starken Einfluß der griechischen Philosophie[2]. Durch den Eintritt des Christentums in die Geschichte erfuhr das abendländische Denken eine formale wie materiale Bereicherung, die nicht nur in der Philosophie, sondern auch in allen anderen Wissenschaften ihren Niederschlag fand. Es entwickelte sich ein neues, von der Gottes- und Menschenliebe geprägtes, theozentrisches Daseinsverständnis. Der Mensch als Ebenbild und Kind Gottes trat durch die Offenbarung des Gottmenschen Jesus Christus in ein neues Verhältnis zu Gott dem Schöpfer und Erhalter, was auf den Dialog zwischen Medizin und Theologie nicht ohne Einfluß blieb. Wohl nicht zuletzt bedingt durch die erneute Zunahme des theozentrischen Denkens bis zum Hochmittelalter verschwand die personelle Trennung des Arzt- und Priesterberufes wieder, und es entstand die sog. Mönchsmedizin (oder medicina clericalis). Literarische Zeugnisse dieser von Mönchen geprägten Phase des medizinisch-theologischen Dialogs sind erhalten zB. von Nemesius von Emesa (400–450), Theodor von Canterbury (602–690), Hrabanus Maurus (780–856), Konstantin Africanus (1018–1087), Hildegard von Bingen (1098–1179) und zahlreichen Priester-Ärzten der Schulen von Salerno und Montpellier[3]. Das Ende der sog. frühen Vorgeschichte des medizinisch-theo-

2 H. Pompey, Die Bedeutung der Medizin für die kirchliche Seelsorge im Selbstverständnis der sogenannten Pastoralmedizin – Eine bibliographisch-historische Untersuchung bis zur Mitte des 19. Jahrhunderts (1968) 13–16.

3 AaO. 19–22.

logischen Dialogs begann im 13. Jahrhundert, als eine erneute personelle Trennung der beiden Berufe einsetzte und als die anthropozentrische Denkweise die theozentrische Lebens- und Seinsschau verdrängte. Die kirchlichen Verbote der Ausübung der Heilkunst durch Kleriker und das Vordringen der Laienärzte unterstützten die Entwicklung[4].

b. Neuzeit bis zur Aufklärung

Erst mit der Freisetzung der Naturwissenschaften von Theologie und Philosophie durch die rasch voranschreitende Herrschaft des Menschen über die Natur[5] begann ein echtes dialogisches Gegenüber von Medizin und Theologie, das zwischen 1600 und 1800 zu einer großen theologisch-medizinischen Auseinandersetzung führte[6]. In dem Ablösungsprozeß der Heilkunst von der Theologie und Religion lassen sich deutlich zwei Vorgänge unterscheiden: einmal die Freisetzung der Medizin von der Theologie und zum anderen die Loslösung der Theologie von der Medizin. Beides geschah nicht antireligiös oder mit gegenseitiger Verurteilung. In der Literatur, die sich der Freisetzung der Medizin von der Theologie zuordnet, finden sich Überlegungen über die Bedeutung der beiden Disziplinen füreinander, über ihre Gemeinsamkeiten und über die Vereinbarkeit der medizinischen Tätigkeit mit der Religion usw.

Eine betont pragmatische Ausrichtung erhielt der theologisch-medizinische Dialog im Laufe des 18. Jahrhunderts, nicht zuletzt verursacht durch den zunehmenden Rationalismus. Mit Hilfe einer volkshygienischen und medizinischen Aufklärung sollten alle durch die Vernunft bestimmten Menschen – die gebildeten und verantwortungsbewußten Bürger, die menschenfreundlichen Geistlichen und die Landesherren – das allgemeine zeitliche Wohl der Landbevölkerung bessern; denn der Dienst am Menschen beinhaltete das vollkommenste religiöse Tun, wie es die Vernunft verlangte. Religion als Gottesdienst oder Spekulation über Gott bedeutete den utilitaristisch und anthropozentrisch denkenden Vertretern der Aufklärung nicht viel[7]. Zahlreiche medizinisch belehrende Not- und Hilfsbüchlein entstanden in dieser Phase der eigentlichen Vorgeschichte der sog. Pastoralmedizin, unter ihnen viele Schriften, die sich bes. an die Landpfarrer richteten[8].

4 AaO. 23–26.
5 AaO. 294.
6 AaO. 35–55.
7 AaO. 74–82.
8 AaO. 83–101.

c. Der medizinisch-theologische Grenzbereich seit der Aufklärung

Infolge des Utilitarismus trat – mit Ausnahme von einigen Literaturanmerkungen – die eine Richtung des wechselseitigen Dialogs zwischen Medizin und Theologie völlig zurück: die Erarbeitung von Hilfen der Theologie für Medizin und Arzttum[9]. Man erwartete von der Theologie keine solchen Dienste und traute sie ihr auch nicht zu. Diese Dominanz der Medizin im medizinisch-theologischen Grenzbereich dauerte bis zum Zweiten Weltkrieg an und zeigte sich außerdem darin, daß die sog. Pastoralmedizin – unter deren Namen der medizinisch-theologische Dialog seit dem Ende des 18. Jahrhunderts firmierte – fast ausschließlich von Medizinern betrieben wurde und nicht von Theologen.

Es entsprach der seelsorglichen Neubesinnung zZ. M. Sailers (1751 bis 1832) – eine Ausprägung der profanen Anthropozentrik im Bereich der Theologie –, diese kleinen möglichen Hilfen aus den anthropologischen Wissenschaften systematisch zusammenzustellen, um sie den Seelsorgern besser zugänglich zu machen. Einen ersten Versuch hatte der Arzt F. X. Mezler (1794) mit seinem »Beytrag zur Pastoralmedicin« unternommen. Es war das erste umfassende Werk, das mit den Erkenntnissen und Erfahrungen der anthropologischen Wissenschaften, wie Medizin, Psychologie, Hygienik und zT. schon Soziologie, den Seelsorgern helfen wollte[10]. Mit dieser Schrift wandelte sich die Pastoralmedizin zur Seelsorgshilfe, obwohl Mezler, aber noch weit mehr sein Kollege A. M. Vering mit der Schrift: »Versuch einer Pastoral-Medizin« (1809), vorwiegend die Pastoralhygiene (= Hygienik bei den seelsorglichen Amtsgeschäften) berücksichtigten[11]. Indirekt prägte auch weiterhin die Philanthropie mit ihrer Volkswohlfahrtspflege das frühe Schrifttum dieser Disziplin und damit des medizinisch-theologischen Dialogs. Doch die Beiträge kamen nicht allein der Volkswohlfahrtspflege zugute, sie schufen manche Ausgangsbasis für eine pfarrliche Pastoration und vermittelten dem Pfarrer – zwar meist unbeabsichtigt – für die Seelsorge notwendige anthropologische Kenntnisse aus Medizin, Hygienik und Psychologie. Bei Mezler und Vering stand der seelsorgliche Aspekt im Mittelpunkt, während sich in den

---

9 AaO. 247–288.

10 F. X. Mezler, Über den Einfluß der Heilkunst auf die praktische Theologie; ein Beytrag zur Pastoralmedicin (1794); vgl. Pompey, Bedeutung der Medizin, 164 bis 168.

11 A. M. Vering, Versuch einer Pastoral-Medizin (1809); vgl. Pompey, Bedeutung der Medizin, 169–173.

12 C. H. T. Schreger, Handbuch der Pastoral-Medizin für christliche Seelsorger (1823); vgl. Pompey, Bedeutung der Medizin, 174 f.

bedingt durch die josephinistische Restauration, die Volkswohlfahrts- nachfolgenden Beiträgen von Schreger (1823)[12] und Bluff (1827)[13], pflege wieder stärker ausprägte. In einer kurzen Zwischenepoche beeinflußten Romantik und Naturphilosophie die Entwicklung des Dialogs zwischen Medizin und Praktischer Theologie durch die Werke von de Valenti (1831)[14] und Windischmann (1824)[15]. Bes. Windischmann propagierte äußerst vage religiös-mystische Heiltheorien und Praktiken im Sinn einer christlichen Naturphilosophie. Als Anhänger des Pietismus vertrat de Valenti die Erweckungspastoration, die Pastoralmedizin reduzierte er auf eine Bekehrungshilfe. Mit dem Werk von de Valenti verstummt im evangelisch-theologischen Bereich die Literatur zur Pastoralmedizin. Sie bleibt ausschließlich eine katholische Fachdisziplin innerhalb der Theologenausbildung des deutschen Kulturraums[16]. Mit den beiden Handbüchern der Ärzte Macher (1838)[17] und Britzger (1848)[18] setzte sich das utilitaristische Denken der Aufklärungszeit wieder voll durch und beschränkte die Pastoralmedizin auf eine pfarramtliche Sanitätsordnung, die höchstens noch einer Pastoralhygiene entsprach, aber kaum Hilfen aus Medizin und Psychologie für die Seelsorger bereitstellte. Volkswohlfahrt und Volksgesundheit waren ihre ersten Anliegen. Die beiden restaurativen Werke von Macher und Britzger beendeten die frühe Phase der Pastoralmedizin in den sechziger Jahren des vorigen Jahrhunderts. Das volkshygienische Anliegen war allmählich einer staatlichen Medizinalpolizei und Gesundheitsaufsicht übertragen worden; zudem hatte die Märzrevolution den Einfluß des Klerus im öffentlichen Bereich ganz ausgeschaltet. So traten die profanen Aufgaben zurück; es blieb der Pastoralmedizin, medizinisch mitbedingte Seelsorgshilfen zu erarbeiten. Das rein pastorationsmethodische Anliegen wurde zT. von den Ärzten Ricker (1888),

---

13 M. J. Bluff, Pastoral-Medizin (1827); vgl. Pompey, Bedeutung der Medizin, 177 f.

14 E. J. G. de Valenti, Medicina clerica, oder: Handbuch der Pastoral-Medicin für Seelsorger, Pädagogen und Aerzte, nebst einer Diätik für Geistliche (1831/32); vgl. Pompey, Bedeutung der Medizin, 186 f.

15 C. J. Windischmann, Ueber Etwas, das der Heilkunst Noth thut. Ein Versuch zur Vereinigung dieser Kunst mit der christlichen Philosophie (1824); vgl. Pompey, Bedeutung der Medizin, 181 f.

16 Pompey, Bedeutung der Medizin, 207 Anm.

17 M. Macher, Pastoral-Heilkunde für Seelsorger. Eine kurzgefaßte Pastoral-Anthropologie, Diätik und Medizin mit besonderer Rücksicht auf die in den k.k. Österreichischen Staaten geltenden Sanitäts-Gesetze und Verordnungen (1838); vgl. Pompey, Bedeutung der Medizin, 196 f.

18 F. X. Britzger, Handbuch der Pastoral-Medizin für Seelsorger auf dem Lande. Mit besonderer Rücksicht auf die in den süddeutschen Staaten geltenden Sanitäts-Gesetze und Verordnungen (1848); vgl. Pompey, Bedeutung der Medizin, 202 f.

Stöhr (1878), Olfers (1881), Capellmann (1877) und Familler (1898)[19] aufgegriffen und von ihnen erstmals klar, jedoch nach einem sehr starren und unpersonalen Verhaltensschema gestaltet. Bis Niedermeyer (1949)[20] bestimmten nun vorwiegend die Pastorationshilfen aus Medizin, Hygiene und Psychologie das medizinisch-praktisch-theologische Gespräch. Der arztethische Bereich wurde nur behandelt, soweit er die Beichtseelsorge berührte.

2. *Wissenschaftstheoretische Ortsbestimmung des medizinisch-pastoraltheologischen Grenzbereichs*[21]

Der medizinisch-theologische Dialog und mit ihm die sog. Pastoralmedizin als Teildisziplin der Praktischen Theologie gehören zu den jüngeren Entwicklungen der theologischen wie der medizinischen Wissenschaft, obwohl die Vorgeschichte eine lange Tradition aufweist. Heute versteht man nach H. Fleckenstein diesen interdisziplinären Austausch als »eine wissenschaftlich durchaus noch nicht fest umrissene Aufgabe im Grenzgebiet zwischen der Pastoraltheologie auf der einen und der Medizin, medizinischen Psychologie, insbesondere den neueren Bestrebungen einer Psychotherapie, auf der anderen Seite«[22]. Er teilt die Aufgaben einer sog. Pastoralmedizin in zwei größere Gebiete: der erste Bereich umfaßt Hilfen und Ratschläge aus der Medizin für die theologischen Disziplinen und für die Seelsorge, der zweite behandelt einen möglichen Dienst der Theologie und der kirchlichen Seelsorge an Medizin und Arzttum[23]. Inwieweit bei dieser vorwiegend pragmatischen Zielsetzung von Fleckenstein der sog. Pastoralmedizin ein legitimer Ort innerhalb der Pastoraltheologie bzw. der Praktischen Theologie zukommt, bedarf einer näheren Untersuchung. Zur Beurteilung dieser Frage ist es methodisch angebracht, die beiden Aufgaben-

19 A. Ricker, Pastoral-Psychiatrie zum Gebrauche für Seelsorger (1888); A. Stöhr, Handbuch der Pastoralmedizin mit besonderer Berücksichtigung der Hygiene (1878); E. W. M. v. Olfers, Pastoralmedizin. Die Naturwissenschaft auf dem Gebiet der katholischen Moral und Pastoral. Ein Handbuch für den katholischen Klerus (1881); C. Capellmann, Pastoral-Medicin (1877); Familler, Pastoralpsychiatrie (1898); vgl. Pompey, Bedeutung der Medizin, 207.

20 A. Niedermeyer, Handbuch der speziellen Pastoralmedizin, 4 Bde. (1949 bis 1952).

21 Vgl. H. Pompey, Fortschritt der Medizin und christliche Humanität. Der Dienst der Praktischen Theologie an einer Medizin im Umbruch. 7. Kap. (1974), in Druck.

22 Fleckenstein, 5; K. Gastgeber / H. Gastager, Pastoralmedizn, in: HPTh V, 388–391.

23 Vgl. Pompey, Bedeutung der Medizin.

felder bezüglich ihres wissenschaftstheoretischen Ortes getrennt einzuschätzen.

a. Medizinische Impulse für die Theologie

Legt man diesen Reflexionen die Überlegungen des Handbuchs der Pastoraltheologie[24] zugrunde, dann rückt der erste Aufgabenbereich der sog. Pastoralmedizin (Hilfen der Medizin für theologische Disziplinen insbes. für die seelsorgliche Praxis) in den äußersten Grenzbereich der Pastoraltheologie. H. Schuster definiert die Pastoraltheologie als jene theologische Disziplin, die den jetzt aufgegebenen Vollzug der Kirche reflektiert. Sein engeres Verständnis schließt eine primär pragmatische Zielsetzung aus. Umfaßt das *Materialobjekt* der Pastoraltheologie im weiteren Sinn nicht nur die praktisch-theologischen Einzeldisziplinen wie Liturgik, Katechetik, Homiletik, Missiologie, Caritaswissenschaften usw., sondern auch die im Sinne Schusters nicht primär theologischen jedoch seelsorgsmethodischen und situationsanalytischen Hilfsdisziplinen Pastoralpsychologie, Pastoralsoziologie und Pastoralmedizin, dann darf der erste Aufgabenbereich materialiter zur Pastoraltheologie gezählt werden. Als seelsorgsmethodische Hilfe läßt sich der erste Aufgabenbereich der sog. Pastoralmedizin aber in jedem Fall dem *Formalobjekt* der Pastoraltheologie zuordnen, das nach Schuster in der Bedingtheit des Vollzugs der Kirche durch die je vorliegende Gegenwartssituation besteht. Wird also Pastoraltheologie ausschließlich als Theologie (=Theorie) der Seelsorge verstanden – wie es der Name nahelegen mag –, dann läßt sich der erste Aufgabenbereich der Pastoralmedizin – in der beschriebenen Form – nicht als eine ihrer Teildisziplinen, sondern nur als Hilfsdisziplin bezeichnen[25].

Der erste Aufgabensektor muß jedoch nicht nur pastoral-praktisch ausgerichtet sein, sondern kann durchaus auch pastoral-theologisch Beiträge liefern, indem die sog. Pastoralmedizin in der Spannung von Theorie und Praxis zur *Analyse* und theologischen *Reflexion* seelsorglicher Aufgabenfelder und zur Entwicklung von Seelsorgskonzepten in speziellen Pastorationsbereichen, zB. der Krankenseelsorge, der kirchlichen Ehe- und Lebensberatung, der Jugenderziehung usw. beiträgt. Im Sinne des kybernetischen Modells regelt sie die Wirkung von Kausa auf Effektus und von Effektus auf Kausa; daraus folgt, daß die sog. Pastoralmedizin keine material bleibenden theologischen Aus-

24 F. X. Arnold, Pastoraltheologische Ansätze in der Pastoral bis zum 18. Jahrhundert, in: HPTh 1, 15–39; Schuster, GP, 40–92; WP, 93–114; K. Rahner, Ekklesiologische Grundlegung, in: HPTh 1, 117–148.

25 Pompey, Bedeutung der Medizin, 2–5.

sagen treffen kann. Als konstant zeigt sich, entsprechend dem kybernetischen Modell, nur ein formaler Gesichtspunkt: die erarbeiteten Einsichten und Hilfen aus der stets voranschreitenden Erkenntnis der Medizin unter dem Anspruch des Glaubens an die je gegebene Seelsorgssituation anzupassen und umgekehrt, das tradierte Glaubensgut vom Blickpunkt der psychosomatischen und sozialen Notlage des Menschen zu hinterfragen und neu zu definieren. Durch diese wissenschaftlichen Funktionen erweist sich die sog. Pastoralmedizin als eine theologische Fachdisziplin. In besonderem Maße werden die Lösungen der Aufgaben des pastoraltheologisch erweiterten ersten Bereichs immer auch von außertheologischen Gegebenheiten und Vorverständnissen abhängen; denn als Transformator bzw. Feedback-Regler anthropologischer Wissenschaften für die kirchliche Heilssorge ist die sog. Pastoralmedizin durch ihre Verankerung in den Naturwissenschaften mit dem Selbstverständnis dieser Disziplinen verbunden.

Wird der seelsorgsmethodische Ansatz von S. W. Hiltner den Überlegungen zugrunde gelegt, dann erweist sich das erste Aufgabenfeld des theologisch-medizinischen Grenzbereichs als genuin theologisch und kann der von Hiltner eingeführten pastoral-praktischen Kategorie, dem »shepherding«, zugezählt werden[26]. Nicht die Erforschung der Glaubensquellen (Exegese, Kirchengeschichte) oder ihre systematisch-logische Bearbeitung (Dogmatik und Moral) ist Aufgabe dieses Dialogs, wohl aber die Analyse und Reflexion der je gegebenen Glaubenspraxis und des jeweiligen kirchlichen Lebens angesichts bestimmter psychosomatischer und psychosozialer Lebensbedingungen. Solche Analysen und Reflexionen haben ein *empirisches* Moment, das im Rahmen der sog. Pastoralmedizin der Medizin wie der Psychologie und Soziologie entnommen ist, und ein *kritisches* Moment, das Kriterien einschließt, die aus den Quellen der Offenbarung durch spekulativ-theologische Reflexionen entwickelt wurden. Die sog. Pastoralmedizin legt ihrer wissenschaftlichen Arbeit folglich eine *empirisch-kritische Methode* zugrunde[27]. Bleibt sie jedoch beim traditionellen Dialog im Sinne eines wissenschaftlichen Daten- und Erfahrungsaustausches unter Einschluß von Angeboten zu gegenseitiger Hilfe stehen, reduziert sich das empirische Moment auf die Übernahme empirischer Fakten, dh. ihre Forschungsmethode ist lediglich empirisch-rezeptiv und kritisch-deskriptiv. Will die sog. Pastoralmedizin jedoch einen effektiven Beitrag zur Heilssorge um den Menschen leisten, wird sie

---

26 R. Zerfaß, Praktische Theologie als Handlungswissenschaft, in: ThRv 69 (1973) 93 f.; R. Riess, Seelsorge – Orientierung, Analysen, Alternativen (1973) 218 ff.

27 Zerfaß, 94; vgl. auch H. Schroer u. Y. Spiegel in diesem Band 206–243.

bei ihrer theologisch-anthropologischen Analyse und Reflexion eigene sozial-empirische Forschungen und Anfragen an die Theologie vornehmen müssen, wenn auch das medizinisch-empirische Forschen den medizinischen Fachdisziplinen überlassen bleibt. So überschreitet bzw. erweitert die sog. Pastoralmedizin legitim den von Fleckenstein skizzierten ersten Aufgabenbereich; sie stellt für die seelsorgliche Praxis nicht mehr nur Hilfen zur Verfügung, sondern kann selbst Hilfen für den leidenden Menschen erarbeiten und einen entscheidenden, direkten Beitrag zum Heilsdienst der Gemeinden leisten.

Erweisen sich Praktische Theologie und mit ihr die sog. Pastoralmedizin als Handlungswissenschaften, schließen sie die Sinnfrage ein, denn *ultima et prima ratio* menschlichen Handelns ist die Sinnfrage. Von daher definiert sich noch deutlicher das wissenschaftliche Aufgabenproprium und damit das Gewicht der sog. Pastoralmedizin, ihre interdisziplinäre Aufgabenstellung zwischen Medizin und Praktischer Theologie. Entsprechende spezifisch theologisch-anthropologische Fragestellungen zeichnen den ersten Aufgabenbereich faktisch aus, zB. die Frage nach dem Sinn oder nach dem gegenwärtigen und künftigen Heil des Menschen angesichts seiner stets bedrohten Lebenswirklichkeit (in Situationen der Krankheit, des Konflikts, der Gesundheit und der Lebensreifung usw.). Darüber hinaus entwickelt die sog. Pastoralmedizin theologische Fragestellungen (zB. zum menschlichen Handeln, zur Sinnfindung des Lebens usw.), die sich aus ihrer Theorie-Praxis-Reflexion ergeben und die zT. als Anfragen an die spekulativen Disziplinen der Theologie weitergeleitet werden. Da die Sinnfrage nur von einem Selbst- und Weltverständnis, dh. in diesem Fall von einem bestimmten theologischen Konzept her beantwortet werden kann, unterscheidet sich die Pastoralmedizin auch deutlich von der sog. Sozialmedizin. Sozialmedizin als Tatsachenwissenschaft würde ihre methodischen Möglichkeiten überschreiten, versuchte sie Sinnfragen zu lösen. Die handlungskritische Perspektive setzt ein Sinnkonzept, dh. ein Welt- und Seinsverständnis, voraus, das die Sozialmedizin von sich aus nicht besitzt.

b. Theologische Impulse für die Medizin

Das zweite Aufgabengebiet unterscheidet die sog. Pastoralmedizin von den anderen anthropologisch fundierten Teildisziplinen der Pastorationsmethodik, wie zB. Pastoralpsychologie und Pastoralsoziologie, und setzt im Sinne der Konzeption des Handbuchs der Pastoraltheologie weit mehr als die ekklesiologische Theologie der Seelsorge voraus. So soll zB. der medizinisch gebildete Theologe Fragen der Arztethik kennen. Daher gehört diese Aufgabe nicht ausschließlich zum

Materialobjekt der Pastoraltheologie, sondern ist zu einem wesentlichen Teil dem Materialobjekt der Moraltheologie zuzuordnen. Nur soweit diesem Dienst kerygmatischer Charakter zukommt, zB. gruppenspezifische Glaubensverkündigung unter den medizinischen Berufen, läßt er sich zum Materialobjekt der Pastoraltheologie rechnen. Kann der erste Aufgabenbereich der sog. Pastoralmedizin in Anlehnung an Schuster nur begrenzt als spezifische Funktion einer theologischen Disziplin angesehen werden, da die material-theologische Aussage fehlt, so ist es beim zweiten Aufgabensektor anders: die sog. Pastoralmedizin gestaltet die moraltheologischen Aussagen für den ärztlichen Bereich im konkreten seelsorglich-medizinischen Dialog wesentlich mit. Nach dem Konzept von Hiltner wird aus diesem Grund das zweite Aufgabenfeld hinsichtlich seines pastoralen Aspekts dem »communicating« zuzuordnen sein.

Gemeinsam ist beiden Aufgabenbereichen, daß die sog. Pastoralmedizin dem Theologen medizinisches Wissen vermittelt, einmal für die zweckmäßige Analyse und Reflexion einiger Felder der Seelsorgspraxis und zum anderen für die Beantwortung arztethischer Fragen. Angesichts dieser dialogischen Funktion zwischen Medizin und Theologie ist es ratsam, auch in Zukunft die beiden Aufgabenbereiche in einer Disziplin zu belassen. Fällt der sog. Pastoralmedizin die Transformation und die theologische Reflexion anthropologischer Erkenntnisse und Erfahrungen im Blick auf die kirchliche Heilssorge zu, so wird sie im Rahmen der seelsorgswissenschaftlichen Forschungen der Praktischen Theologie jederzeit mit den ihr pastoral und anthropologisch nahestehenden Disziplinen der Pastoralpsychologie und Pastoralsoziologie kooperieren müssen; denn Aussagen über den Menschen haben eine somatische, psychische und soziale Dimension. Von daher liegt es nahe, im Interesse einer effektiven pastoralen Forschung alle drei Disziplinen zu einem Arbeitsverbund zusammenzufassen, was bereits unter dem Sammelnamen *Pastoralanthropologie* angestrebt wird[28]. Stets ist der sog. Pastoralmedizin eine solche gesamtmenschliche Sicht und Arbeitsweise zu eigen gewesen; lediglich der Name Pastoralmedizin läßt irrtümlich eine Einengung auf nur medizinisch-theologische Fragestellungen vermuten[29].

---

28 G. Griesl, Auf dem Weg zu einer pastoralen Anthropologie, in: Arzt und Christ 19 (1973) 107 ff.

29 Vgl. H. Pompey, Aufgaben und Möglichkeiten einer Pastoralpsychologie – Ein Beitrag zur Aufgabenstellung der Pastoralanthropologie, in: Diakonia 3 (1972) 378 f.

3. Künftige Aufgaben

Wollen Theologie und Kirche zum gegenwärtigen und künftigen Heil des Menschen beitragen, müssen die Nöte und Sorgen, die durch die technisch-wissenschaftliche und soziale Entwicklung der Welt entstehen, in die theologischen Analysen und Reflexionen aufgenommen werden. Anthropologische Probleme, zB. Geburtenplanung, Überbevölkerung, Technisierung der Krankenbehandlung und ärztliches Management, Leistungsanspruch im Beruf, Lebensverlängerung bzw. Sterbensverzögerung, Unbrauchbarkeit im Alter, gesellschaftliche Isolation der Alten, Kranken, Asozialen usw.[30], signalisieren Gefährdungen und Bedrohungen des gegenwärtigen und damit auch des künftigen Heils der Menschen. Kommt im Bereich der Theologie die praktisch-theologische Reflexion der kirchlichen Heilssorge den spezifisch seelsorglichen Wissenschaften zu – ist doch die Seelsorge der praktisch-geschichtliche Zugang der hilfe- und antwortbringenden Heilsbotschaft zur Welt –, so zeichnet sich hier für die Zukunft ein weites Aufgabenfeld der Praktischen Theologie ab, das sie gemeinsam mit der Medizin zu bearbeiten hat. Aus pastoral-theologischer Sicht wird die Praktische Theologie mit Hilfe der sog. Pastoralmedizin bzw. der Pastoralanthropologie dabei durchaus die Initiative ergreifen dürfen und auf die Medizin zugehen müssen. Angesichts der angedeuteten Probleme kann sich aber die interdisziplinäre Forschung von Medizin und Praktischer Theologie nicht allein auf mitmenschliche Einzelfallhilfen beschränken, sondern ist verpflichtet, soll ihr Bemühen effektiv sein, ebenso politisch-kritische Aktionen, die zu gesellschaftlichen Strukturveränderungen führen, zu initiieren.

30 Vgl. Pompey, Bedeutung der Medizin, 305 ff.

3 EINZELNE BEREICHE DER PRAKTISCHEN THEOLOGIE

3|1 Pius Siller
Reden wir von der Wirklichkeit

Ein Gespräch zwischen einem Pfarrer (P), einem Laien (L) und einem Hochschullehrer für Praktische Theologie (H) – zweihundert Jahre nach Begründung der Pastoraltheologie.

H: Wir wollten diesmal also nicht über die Verbesserung der Praxis, sondern über die Verbesserung der Praktischen Theologie reden?
P: Aber doch wohl im Interesse der Praxis! Wenn ich an meine Studienzeit denke . . .
L: Als Herr P damals die Leitung unserer Pfarrei übernommen hatte, bekam ich den Eindruck, daß er aus der Studienzeit in der Rocktasche eine Reißbrettskizze mitbrachte: eine ziemlich genaue Handlungsanweisung. Soziale und religiöse Varianten waren vorgesehen. Nicht in Rechnung gestellt hatte er, daß hier bereits eine Praxis gelaufen war, entsprechende Erwartungshaltungen eingeübt waren und deshalb nichts bei Null beginnen konnte.

Wissenssoziologie und die Wissenschaft der Praktischen Theologie

P: Ich muß das bestätigen. Aber es war ja nicht nur eine bereits laufende Praxis, sondern darin ist ja auch schon eine theoretische Meinung zu dieser Praxis eingeschlossen[1]. Dieser Sachverhalt stürzte mich in eine »theologische Identitätskrise«.
H: Wenn ich Sie recht verstehe, dann haben Sie die Erfahrung gemacht, daß die Gemeindemitglieder keine Objekte pastoraler Planspiele, sondern selbst schon »theoriebildende Subjekte«[2] sind. Die Leute in der Gemeinde hatten schon eine Meinung darüber, was die Gemeinde, sie selbst und der Pfarrer, zu praktizieren haben. Die Praktische Theologie kommt also immer schon zu spät. – Ihre Erfahrung, Herr P, ist eigentlich eine Selbstverständlichkeit, aber ich finde es nun

1 Vgl. P. L. Berger / Th. Luckmann, Die gesellschaftliche Konstruktion der Wirklichkeit ([2]1971) 21–48.

2 H. Peukert, Zur Frage einer »Logik der interdisziplinären Forschung«, in: Metz / Rendtorff, 65–73.

doch auch merkwürdig, daß in der Wissenschaft das theoriebildende Moment der Gemeinde, also die Meinung der Leute, nicht von vornherein und ausdrücklich in die Reflexion auf kirchliche Praxis einbezogen wird.
P: Dabei ist allerdings noch nicht ausgemacht, ob und inwiefern dieses Wissen um die eigene Praxis heute in einer Gemeinde ein Veränderungs- oder ein Legitimierungspotential ist. Es könnte in verschiedener Hinsicht Verschiedenes leisten. – Auch scheint ein solches Wissen nur sehr schwer und nicht rein kognitiv veränderbar zu sein, weil es sich in Sprache, Normen und Rollen sedimentiert hat[3]. Es gelingt mir zB. nur teilweise, die Meinung der Leute über sich als Konsumenten, als Objekte der Seelsorge zu verändern und sie zum Bewußtsein von Subjekten kirchlichen Handelns zu bewegen[4].

Legitimationsprobleme in der Praktischen Theologie

L: Ich weiß, daß Sie dieses Problem beschäftigt. Auch leuchtet mir ein, daß in der Gemeinde mit schlechten Traditionen zu rechnen ist, zumal sich in diesem Zusammenhang in der kirchlichen Gemeinde ebenfalls der Verlust der Öffentlichkeit und die Privatisierungstendenz des Spätbürgertums auswirkt[5]. Müßte man sich aber nicht vorher fragen, ob für die Gemeindemitglieder der Funktionszusammenhang der von ihnen geforderten Praxis überhaupt noch einsichtig ist? Mir legt sich der Verdacht nahe, daß die Mitarbeit von Laien bei den Kirchenleitungen nur erwünscht ist, um bestimmte Institutionssektoren weiterhin funktionsfähig zu erhalten, deren Notwendigkeit aber für unsereinen durchaus nicht mehr immer einsichtig ist[6].
H: Ich muß Ihren Verdacht als Anfrage an die Praktische Theologie verstehen. Tatsächlich sehe ich einen Zusammenhang zwischen der Meinung, die sich mit der bisherigen Praxis unangefochten zurechtfindet und sie deshalb als notwendig rechtfertigt, und bestimmten Interessen, die sich innerhalb der Praktischen Theologie geltend machen. Druck ist spürbar sowohl von seiten der Praktiker, die verständlicher-

---

3 Vgl. Berger / Luckmann, 72–84. Es könnte unter Umständen interessant sein, wissenssoziologisch den Boden genauer kennenzulernen, auf dem Basisgemeinden (wie Isolotto, Ijmond u.a.) entstanden sind und sich halten konnten.

4 Zur Identifizierung von »Kirche« mit dem Klerikerstand vgl.: F. X. Kaufmann, Fragen der Soziologie an die christliche Theologie, in: Bilanz der Theologie I (1969) 264.

5 Vgl. J. Habermas, Strukturwandel der Öffentlichkeit ([3]1968).

6 Zum systemerhaltenden Interesse kirchlicher Institutionen vgl. W. Dantine, Die Praktische Theologie in der Sicht der Systematik, in: ThPr 4 (1969) 340.

weise von der Wissenschaft Stützkonzeptionen erwarten, als auch von seiten der Kirchenleitungen, die Argumente für bestimmte politische Ziele brauchen und vielleicht dazu neigen, die Praktische Theologie als Produktionsstätte neuer Sinnhaftigkeit für längst institutionalisierte und nun fragwürdig gewordene Tätigkeiten anzusehen[7]. Ich denke etwa an die Ablehnung der Laienpredigt oder an das Problem der Bußandachten.

P: Ihr Theoretiker tut Euch leicht, die Notwendigkeit bestimmter Institutionen zu bezweifeln, mit denen wir Praktiker leben müssen. Als Experten[8] erhebt Ihr Euch über die Praxis und folgt der Eigenlogik Eurer Wissenschaft. Die Unverständlichkeit Eures humanwissenschaftlichen Soziolekts bringt mich auf eine ganz andere Vermutung: Die Praktischen Theologen brauchen ihre Sondersprache und ihr Sonderwissen als Einschüchterungsversuche und als Prestigesymbole, um die Notwendigkeit ihres Betriebs und ihren Platz an der Universität zu legitimieren[9].

H: Ich möchte zu bedenken geben, daß Ihnen bei der praktischen Arbeit durch den methodischen Zweifel an institutionalisierten Tätigkeiten mittelfristig besser geholfen ist als durch eine Legitimationsmaschinerie. Die Aufdeckung historischer und soziologischer Voraussetzungen gibt Ihnen ja den Spielraum zurück, den Sie brauchen, um in neuen Situationen bessere Handlungsmöglichkeiten ausfindig zu machen. – Dagegen: Ihren Verdacht einer möglichen Ideologisierung der Praktischen Theologie im Dienst eigener verholener Überlebensinteressen halte ich für fruchtbar. Er müßte meines Erachtens genau in dem Zusammenhang diskutiert werden, in dem Sie ihn geäußert haben: im Zusammenhang mit der Sprache.

Sprachstörungen im Problemfeld der Praktischen Theologie

L: Vielleicht darf ich Ihnen erklären, wie es mir geht, wenn ich Theologen reden höre oder lese: Ich könnte nicht behaupten, daß ich grammatisch nicht verstünde, aber die Sprache ist mir nicht in der Weise nachvollziehbar, daß sie eine notwendige Einsicht erzeugen würde, die dann mein Handeln, meine eigene Rede bestimmen würde. Ich fühle mich aus dem eigentlich theologischen Themenbereich aus-

---

7 Zum Legitimationsproblem vgl. Berger / Luckmann, 98–138; J. Habermas, Legitimationsprobleme im Spätkapitalismus (1973).

8 Berger / Luckmann, 126 ff.

9 AaO. 92 f; zur soziologischen Betrachtung der Theologie vgl.: F. X. Kaufmann, 249; ders., Theologie in soziologischer Sicht (1973).

geschlossen. Ich muß auf Experten vertrauen und fühle mich deshalb durchaus nicht mündig oder – um Ihren Sprachgebrauch zu übernehmen – als Subjekt kirchlichen Handelns, sondern als dessen Objekt. Ich fühle mich abhängig und theologisch manipulierbar.
P: Aber Sie leugnen doch nicht den Informationsvorsprung, den sich ein Fachmann durch seine Ausbildung und seine intensive Beschäftigung mit der Sache angeeignet hat?
L: Natürlich nicht. Aber ich gebe zu bedenken:
1. Tendiert das gute Lehrer/Schülerverhältnis nicht auf einen Ausgleich des Wissens, wogegen das theologische Wissen immer noch zur Stabilisierung von Rollen und Klassenunterschieden verwendet wird[10]?
2. Müßte ein Wissen, das Lebenspraxis bestimmen soll, nicht anders angeeignet werden als das *know how* des Technikers[11]? Wenn ich an diese Fragen eine Beobachtung anfügen darf: Wenn gewöhnliche Christenmenschen über ihren Glauben sprechen, dann nimmt sich das für sie selber und für die Hörer aus, als ob sie sich in einer Fremdsprache ausdrücken würden[12]. Sie fühlen sich unsicher, wagen sich nicht frei auszudrücken, reden in Klischees und ungedeckten Phrasen. Sie haben das Gefühl, nicht zu treffen, was sie meinen. Wenn sie ihr eigenes religiöses Verständnis formulieren können, dann sprechen sie nicht die Sprache der Kirche.
P: In dieser Beobachtung stimme ich Ihnen zu. In den Äußerungen der Leute über Religion ist vielfach der neutestamentliche Glaube nicht wiederzuerkennen. Ich denke an den Moralismus, den religiösen Erfahrungsfetischismus, den allgemeinen Religionismus, in denen Christen ihren Glauben äußern. Ich erkläre mir das so, daß die schlecht überlieferten Inhalte mit Hilfe abgesprengter und sich zur Weltanschauung aufblähender oder sogar nichtchristlicher, aber plausibel gewordener Stereotypen ausgedrückt werden[13].

---

10 Berger / Luckmann, 126 ff. Daran ändert auch die Tatsache nichts, daß vielfach die »Laientheologen« Experten geworden und die Kleriker einfache Praktiker geblieben sind.

11 Vgl. A. Schütz, Das Problem der Relevanz (1971); K.-O. Apel, Transformation der Philosophie II (1973) zB. 137–145; J. Habermas, Erkenntnis und Interesse (1973) mit einem neuen Nachwort, 412 f.

12 G. Biemer (Hg.), Die Fremdsprache der Predigt (1970). Hierhin gehört auch das merkwürdige Phänomen, daß den Mundarten durchwegs die Möglichkeit religiöser Artikulation fehlt.

13 Zum Problem der Plausibilität vgl. Berger / Luckmann, 165–170. Vgl. auch die Beiträge im Themaheft »Zur Krise der religiösen Sprache«, in: Concilium 9 (1973) 307–377.

Praktische Theologie als Reflexionswissenschaft

H: Wenn Praktische Theologie als Reflexion auf kirchliches Handeln – auch Sprechen ist Handeln[14] – verstanden werden kann, dann müßte sie ja diesen Sprachstörungen auf die Spur kommen, um sie den Gestörten therapeutisch durchsichtig zu machen[15]. Denn diese Kommunikationsstörungen sind es ja, die verhindern, daß der normale Christenmensch in seiner Kirche Subjekt kirchlichen Handelns, also mündig wird.

L: Ihnen schwebt das Beispiel der Psychoanalyse vor[16]. Für eine derartige Reflexionswissenschaft genügt es in der Tat nicht, daß dem Klienten ein Sachverhalt informativ zur Kenntnis gebracht wird. Zwar ist der Therapeut dem Patienten durch die Kenntnis des ursächlichen Zusammenhangs der kommunikativen Störungen voraus; aber wenn nicht nur wieder eine neue objektive Kontrollinstanz im Patienten aufgebaut werden soll, dann darf dieses »Voraus« innerhalb des therapeutischen Gesprächs nur in der Art zur Geltung kommen, daß es in der biographischen Rekonstruktion der Störungen zu einer zwingenden Einsicht wird: Die Wahrheit der Reflexion ist die Wahrhaftigkeit[17].

H: Neuere wissenschaftstheoretische Überlegungen zur Methode der Sozialwissenschaften gehen ebenfalls in diese Richtung[18], und zwar aus einer ähnlichen Problemstellung: aus der Sorge um die Würde des Subjekts[19]. Sozialwissenschaften hätten demnach ursächliche Deutungsschemata bereitzustellen zur Reflexion kommunikativer Störungen, die in der Gesellschaft auftreten[20]. Eine solche kritische und zugleich therapeutische Aufgabenstellung scheint für die Praktische

---

14 Vgl. J. L. Austin, Zur Theorie der Sprechakte (1972); J. R. Searle, Sprechakte (1971); E. v. Savigny, Philosophie der normalen Sprache (1969).

15 Vgl. A. Lorenzer, Sprachstörung und Rekonstruktion. Vorarbeiten zu einer Metatheorie der Psychoanalyse (1972).

16 Zur Psychoanalyse als Paradigma einer Reflexionswissenschaft vgl. Habermas, Erkenntnis und Interesse, 262–332; Apel, 142 f.

17 Neben der unter Anmerkung 16 genannten Literatur vor allem J. Habermas, Theorie und Praxis ([2]1973) mit neuer Einleitung, 29–37.

18 Habermas, Erkenntnis und Interesse, 332–364; Theorie und Praxis, 9–45; Apel, 96–127 (Szientistik, Hermeneutik, Ideologiekritik) und 128–154 (Wissenschaft als Emanzipation).

19 ZB. Apel, 123 ff.

20 Vgl. J. Habermas, Vorbereitende Bemerkungen zu einer Theorie der kommunikativen Kompetenz, in: J. Habermas / N. Luhmann, Theorie der Gesellschaft oder Sozialtechnologie (1971) 101–141. Zur Möglichkeit einer Pathologie des Sozialen vgl. H. P. Dreitzel, die gesellschaftlichen Leiden und das Leiden an der Gesellschaft (1968); ders., Soziale Rolle und politische Emanzipation, in: Das Argument 14 (1972) Nr. 71.

Theologie unvermeidbar[21]. Das diese Reflexion leitende Ideal wäre die in jeder Hinsicht umfassende, alle einbeziehende und gleichberechtigende »Kommunikationsgemeinschaft«[22].

P: Ein solches Kriterium würde der Praktischen Theologie einen Schlag versetzen. Steht sie nicht immer noch im Erbe der Kerygmatheologie? Die Betonung der objektiven Seite des Gotteswortes, des *›extra me‹* und deshalb des Gehorsams dürfte dann nicht mehr genügen[23]. – Ich würde daraus zunächst drei Folgerungen für die Praxis ziehen, die zugleich drei Postulate an die Praktische Theologie sind:

1. Das Glaubensverständnis, das immer mit der Verkündigung zugleich angeboten wird, müßte offen und unfertig bleiben; es müßte eher als Provokation mitgeteilt werden, selbst ein eigenes Glaubensverständnis zu erzeugen, freilich in einer Gemeinde – wovon noch zu reden sein wird. Frage an die Praktische Theologie: Wie würde eine dazu provozierende Glaubensmitteilung aussehen?
2. Auch der Praktiker ist mit seinem Glaubensverständnis nicht fertig. Ähnlich wie der Therapeut ist er bei der Glaubensmitteilung selber in einen Reflexionsprozeß hineingenommen. Frage an die Praktische Theologie: Verändert sich dadurch nicht das Selbstverständnis des Praktikers und müßte er nicht auf einen solchen permanenten Lern- und Reflexionsprozeß vorbereitet werden?
3. Unter solchen Voraussetzungen wird sich der Rollenkonflikt des Praktikers eher noch verschärfen. Frage an die Praktische Theologie: Was kann sie tun, um den Praktiker konfliktfähig zu machen?

H: In der Tat – so scheint mir – kommen auf die Praktische Theologie in Forschung und Lehre mit einem solchen kritischen Wis-

21 »Die Theologie hat deshalb die Aufgabe, ihre Tradition so zu erschließen, daß sie für den Kommunikationszusammenhang der kirchlich-sozialen Öffentlichkeit Kategorien christlicher Wirklichkeitserfahrung bereitstellt, ein Praxiswissen, das – so J. Habermas – zur hermeneutischen Klärung des Selbstverständnisses handelnder Subjekte verhilft.« H. Ringeling, Begriff und Bedeutung einer kritischen Religiosität, in: T. Rendtorff / A. Rich, Humane Gesellschaft (1970) 102. – Zur kritischen Aufgabe der Praktischen Theologie innerhalb der Kirche und der theologischen Wissenschaften: Rahner IX, 50–61; Dantine, 340–345; G. Otto, in diesem Band 195–205.

Vorschläge zur Entwicklung der Praktischen Theologie als kritische Handlungswissenschaft unter Zuhilfenahme von Ratschlägen aus der »Kritischen Theorie« machen: H. Schröer, Inventur der Praktischen Theologie, in: Krause, 445–459; B. Päschke, Praktische Theologie als kritische Handlungswissenschaft, in: ThPr 6 (1971) 1–13; H. Luther, Kommunikationszerstörung, aaO. 297–315; W. Herrmann, Mündigkeit, Vernunft und die Theologie, in: Reform der theologischen Ausbildung 2 (1968).

22 Apel, 434.

23 R. Zerfaß, Herrschaftsfreie Kommunikation – eine Forderung an die kirchliche Verkündigung, in: Diakonia 4 (1973) 339–350.

senschaftsverständnis eine Reihe Aufgaben zu, für die sie kaum gerüstet ist. Sie dürfen nicht übersehen, daß in der Folge dann auch beim Theoretiker ein ähnlicher Prozeß einsetzen wird wie beim Praktiker. Unter diesen Voraussetzungen wird der Theoretiker nicht mehr der sein können, der auf Abruf für praktische Probleme die Antwort bereit hält. Das wird eine sorgfältige Überprüfung der eigenen, auch der bisher als gesichert geltenden Bestände, Einstellungen und Methoden bedeuten.

Die Funktion der Empirie in der Praktischen Theologie

P: In diesem Vorhaben kann ich Sie nur bestärken. Vielleicht darf ich offen von meinen allergischen Reaktionen auf praktisch-theologische Literatur berichten. Da ist im Stil einer Tatsachenbeschreibung vom »Gottesdienst als Gemeindeversammlung«, von der »Kirche als Lerngesellschaft«, vom »Religionsunterricht als religiöser Sozialisation« die Rede oder, weil es in unsern Gesprächszusammenhang paßt, von der »Tätigkeit der Kirche«[24]. Schön wär's, so wird ein milde Gestimmter sagen. Aber wie wirkt sich eine solche Redeweise aus, wenn man nicht ausdrücklich ihren normativen Charakter und die Diskrepanz zu den Tatsachen deutlich macht! Es ist mir verständlich, daß eine praktische Wissenschaft normierend reden muß, aber sie kann angesichts der Komplexität der heutigen Wirklichkeit deren Kenntnis nicht voraussetzen[25], zumal die Blickverengungen, die aus der eigenen Biographie und Tätigkeit resultieren, notwendig objektiviert werden müssen. Ich halte deshalb für meine Arbeit die empirisch-analytischen Wissenschaften für nützlich.

L: Verstehen Sie darunter Statistiken über Gottesdienstbesuch und Sakramentenempfang? Ich wäre in der Beurteilung derartiger und anderer empirischer Untersuchungen nicht so zuversichtlich[26]. Über die Bedeutung einer solchen Erhebung ist nichts auszumachen, weil der Sinn eines Verhaltens in die Statistik überhaupt nicht eingeht. Ich habe eine Abneigung gegen die Beobachtung meines kirchlichen Ver-

---

24 Die Redeweise hat normativ verstanden einen guten Sinn. Deskriptiv verwendet unterstellt sie eine Ontologisierung der Kirche und ideologisiert die substitutive Tätigkeit der Amtskirche als »Tätigkeit der Kirche«. Zum biblischen Sachverhalt vgl. E. Käsemann, Paulinische Perspektiven (1969) 178–210.

25 Die Wahrnehmung der konkreten und pluralen Realität stellt innerhalb der Theologie immer noch ein Problem dar, und zwar weniger in wissenschaftstheoretischer als in wissenschaftsorganisatorischer Hinsicht. Vgl. dazu: A. Hollweg, Theologie und Empirie (²1971), bes. 339 ff.

26 Kaufmann, Fragen der Soziologie, 257.

haltens, ich will lieber gefragt sein, warum ich so handle[27]. – Verstehen Sie: Die empirische Forschung könnte ja auch das Instrument eines kirchlichen Managements sein und so heraufführen, was kirchlicher Dienst hoffentlich vermeiden will: die Herrschaft von Menschen über Menschen[28] oder die Kontrolle der Kirchenbehörde über die Gemeinde. Denken wir nur an die Manipulation des Konsumenten durch den Werbefachmann[29]. Mich würde zum Beispiel eine soziologische Analyse der kirchlichen Betriebsführung und Systemsteuerung interessieren. Mit einer solchen Aufgabe würde die Praktische Theologie eine dem kirchlichen Dienst nützliche Funktion ausüben[30].

H: Es ist nicht zu bezweifeln, daß die objektiv-distanzierende Analyse einer kirchlichen oder auch religionssoziologischen Struktur (etwa des kirchlichen Presse- und Informationsdienstes) eine befreiende Wirkung haben kann. Auch meine ich, daß die Praktische Theologie sich selbst einem solchen Säurebad unterziehen müßte. Will man aber verhindern, daß die empirisch-analytischen Techniken als Herrschaftsinstrument verwendet werden, dann müssen sie in den Dienst der Selbstreflexion der Gemeinde genommen werden. Mir scheint, daß nur zusammengespannt beide sich gegenseitig vor der Ideologisierung bewahren: Empirie enttäuscht Projektionen, Reflexion zerbricht die Selbstverständlichkeiten des Faktischen[31]. – In diesem Zusammenhang möchte ich gern den Sinn des Experiments in der Praktischen Theologie zur Diskussion stellen.

Das Experiment in der Praktischen Theologie

L: Hier erlaube ich mir für viele Gemeindemitglieder zu sprechen. Die Aufklärer sollten sich nicht täuschen: Es gibt auch ein legitimes Bedürfnis der Menschen durch institutionelle Ordnungen vor dem Grauen und dem Chaos geschützt zu werden[32]. Außerdem gehört der Begriff des Experiments in den Funktionskreis des instrumentalen

---

27 Habermas, Theorie und Praxis, 18.

28 Apel, 41 f.; J. Habermas, Technik und Wissenschaft als »Ideologie« (1968) 168.

29 Kaufmann, Fragen der Soziologie, 255 ff., 264.

30 Ebd.; Y. Spiegel, Kirchliche Bürokratie und das Problem der Innovation, in: ThPr 4 (1969) 363–379. Vgl. den Beitrag von K. F. Daiber in diesem Band 539 f.

31 Habermas, Technik und Wissenschaft, 159, 166 f.; Apel, 120–127, 261 f., 385 bis 394; Peukert, 68.

32 Berger / Luckmann, 109; F. X. Kaufmann, Sicherheit als soziologisches und sozialpolitisches Problem (1970).

Handelns. Seine Absicht ist eine Erfolgskontrolle[33]. Man ist also im pastoralen Experiment genötigt, Menschen zu arrangieren.
H: Lassen sich Ihre Bedenken nicht vermeiden? Wie soll man in unserer Arbeit überhaupt noch weiterkommen, wie sollen Innovationen möglich sein, wenn man auf das längst Erprobte festgelegt bleibt? Und: Wie kam es zu dem, was heute als erprobt gilt? Kreativität ist undenkbar ohne den Spielraum des Experiments. Ein Verzicht darauf würde die Praktische Theologie auf die vorhin diskutierten Legitimationsfunktionen festlegen.
P: Ich sehe nur die Möglichkeit, daß die Betroffenen zu Beteiligten gemacht werden. Die Leute müssen über die experimentelle Situation aufgeklärt werden. Das verändert natürlich das Untersuchungsfeld und den Sinn des Experiments in der Praktischen Theologie völlig[34].

Erfolgskontrolle in der Praktischen Theologie

H: Damit sind wir bei der Frage: Wie lernt die Praktische Theologie aus ihren Fehlern? Gibt es Kriterien für eine Erfolgskontrolle? Es ist theologisch geklärt, daß es eine subjektiv und intersubjektiv überprüfbare Heilsgewißheit nicht gibt. Das scheint mir schon durch den Gegenstand der Theologie ausgeschlossen zu sein: das Geheimnis der Selbstmitteilung Gottes[35]. Eine letzte und eindeutige Erfolgskontrolle für das Gelingen kirchlicher Praxis ist damit ausgeschlossen[36]. Allerdings scheint mir bei einem »Begriff« des Geheimnisses, der die neutestamentlichen Markierungen der Geschichtlichkeit und Freiheit in sich schließt[37], damit das letzte Wort noch nicht gesprochen zu sein.
P: Sie meinen also, daß es Merkmale geben muß dafür, daß eine Rede,

33 Habermas, Technik und Wissenschaft, 156. Vgl. den Beitrag von K. W. Dahm in diesem Band 651–662.

34 Zur Problematik einer derartigen experimentellen Situation vgl. Habermas, Theorie und Praxis, 18.

35 Rahner IV, 51–99; IX, 113–126; E. Jüngel, Das Verhältnis der theologischen Disziplinen untereinander, in: Jüngel / Rahner / Seitz, 15–19.

36 H. Albert nennt das die Immunisierungsstrategie der Theologie: durch ihre Gegenstandsbestimmung und dogmatische Abschirmungsprinzipien entzieht sich die Theologie dem Falsifikationstest und ist deshalb für eine wissenschaftliche Erkenntnis irrelevant. Vgl. Traktat über kritische Vernunft ([2]1969) 104–130, bes. 114, Anm. 27. Allerdings wird das dafür zugrundegelegte Kriterium der Falsifikation auch in der wissenschaftstheoretischen Diskussion als unzureichend empfunden. – Zum Problemstand vgl. vor allem: Peukert, 67 f.; auch G. Sauter u.a., Die Theologie und die Wissenschaftstheoretische Diskussion (1973) 107, 206 und: Hollweg, 350–353.

37 P. Siller, Unbegreiflichkeit, in: LThK X, 470–472.

die das Geheimnis näherbringen will, mißlungen ist. Und diese Merkmale wären dann auch Kriterien für eine Theorie theologischer Praxis. Ich meine, nachdem was wir oben diskutiert haben, können solche Kriterien nur im Begriff einer gelungenen Kommunikation liegen[38]. Das würde bedeuten, daß dann eine Theorie theologischer Praxis sich nicht bewährt hat, wenn es ihr nur gelungen ist, Menschen sich als Objekte kirchlichen Handelns verständlich werden zu lassen; daß aber eine Theorie sich dann bewährt hat, wenn es ihr in der Gegenwart und in Konkurrenz zu anderen Theorien besser gelungen ist, Menschen sich als Subjekte kirchlichen Handelns verständlich werden zu lassen.

Das Laboratorium der Praktischen Theologie

H: Nun wird wohl niemand mehr im Ernst der Meinung sein können, daß ein kluger Kopf, allein oder ausgerüstet mit einem Institut, in der Lage sein wird, das Geschäft der Praktischen Theologie sinnvoll zu betreiben. Denken wir nur an die Vielzahl der einschlägigen Wissenschaften. Aber was die Frage noch drängender macht – und das haben die empirischen Analysen doch nun erbracht –, ist die Tatsache, daß die pastoralen Modelle und Theorien schichtenspezifisch auf die Interessen des Mittelstandes abgestimmt sind und sich darin die »Wahlverwandtschaft«[39] des Klerus zum Kleinbürgertum auswirkt; daß die Perspektive des kirchlichen Funktionsträgers durch Herkunft, Ausbildung und Wirkungskreis beschränkt ist; daß es gar nicht möglich ist, die Perspektiven des Insiders, des Outsiders und des »partiell Identifizierten«[40] gleichzeitig im Auge zu behalten; daß der Pfarrer unter einem völlig anderen gesellschaftlichen Druck steht (wenn er ihn nicht immer schon institutionell abgefangen hat) als die bischöflichen Behörden; daß deshalb die theologischen Interessen beider notwendig verschieden sein müssen[41].

L: Die Erfahrung auf anderen Gebieten, zum Beispiel in anderen Wissenschaften, in Wirtschaft und Politik gehen ebenfalls dahin, daß das Risiko, praktische Entscheidungen vorzubereiten und zu treffen nur

38 Habermas, Theorie und Praxis, 38, 42 ff.

39 W. Weber, Erwägungen zur soziologischen Ortsbestimmung des Weltpriesters in der modernen Industriegesellschaft, in: JCS 9 (1968) 91.

40 H. Ringeling, Verfaßte Kirchen und distanzierte Kirchlichkeit, in: ThPr 5 (1970) 103–113; T. Rendtorff, Christentum außerhalb der Kirche (1969); E. Stammler, Protestanten ohne Kirche ([2]1960).

41 Kaufmann, Theologie, 127–155; L. Hoffmann, Auswege aus der Sackgasse (1971).

noch von Gruppen getragen werden kann[42]. Besonders in einer so für Ideologie anfälligen Wissenschaft wie der Praktischen Theologie scheint ein wissenschaftlicher Alleingang oder auch nur eine solitäre Spitzenbefugnis im Rahmen eines Instituts untragbar. Die prinzipielle Überwindung des Egoismus individueller Wissenschaftler[43] ist auch in der Theologie unvermeidlich.

H: Vielleicht ist uns mit dem Hinweis geholfen, daß diese Forderung nicht so neuartig und umstürzend ist, sondern in bestimmter Weise immer schon erfüllt ist und ausgeübt wird, wo wissenschaftlich gearbeitet wird. Wissenschaftlich arbeiten heißt doch Argumente liefern und annehmen. Wo nun aber argumentiert wird, muß auch eine Gemeinschaft da sein, in der die Argumente ausgetauscht werden. Eine Argumentationsgemeinschaft ist also die stillschweigende Voraussetzung jeden wissenschaftlichen Arbeitens[44]. Eine solche Argumentationsgemeinschaft setzt nun allerdings die wechselseitige Anerkennung aller Mitglieder als gleichberechtigte Diskussionspartner voraus[45]. Selbst wenn diese Anerkennung faktisch nicht geleistet wird, lebt doch in jeder solchen Argumentationsgemeinschaft kontrafaktisch der Anspruch auf eine solche ideale und das heißt herrschaftsfreie Kommunikation, eine Art »logischen Sozialismus«[46].

P: Wer aber gehört nun zu einer solchen Argumentationsgemeinschaft? Wenn man den Katalog der Desiderate an eine solche Gemeinschaft durchgeht, dann müßte man eigentlich sagen: idealerweise alle, die damit befaßt oder davon betroffen sind; aktuell diejenigen, die argumentierend sich auf eine Problemdiskussion einlassen. Konkret aber käme es darauf an, als Subjekte einer künftigen Praktischen Theologie Laboratorien zu organisieren, die einerseits arbeitsfähig sind – dh. die Argumente der Mitglieder sind kurzfristig austauschbar –, die andererseits ein möglichst gestreutes Interessenspektrum repräsentieren. Im Fall der Praktischen Theologie sollte man sich wenigstens darauf einigen können, daß neben dem Experten auch der Betroffene, neben dem Theoretiker auch der Praktiker, neben dem Insider auch

---

42 Berger / Luckmann, 134.

43 Apel, 404.

44 Zur Argumentationsgemeinschaft als quasitranszendentale Voraussetzung wissenschaftlicher Arbeit: Apel, 220–268 und 358–435. – Die wissenschaftliche Reflexion auf Argumente darf freilich nicht vom Subjekt und damit von der pragmatischen Dimension der Argumentation abstrahieren. – Zur subjektlosen Analyse von Denk- und Geschichtsprozessen vgl. J. B. Metz, Zukunft aus dem Gedächtnis des Leidens, in: Concilium 8 (1972), 399 f.; ders., Erinnerung des Leidens als Kritik eines teleologisch-technischen Zukunftsbegriffs, in: EvTh 32 (1972) 338 f.

45 Apel, 400 und 404.

46 Ebd., mit Verweis auf Ch. S. Peirce.

der Outsider[47] einbezogen werden sollte. Je spannungsreicher der Weg zum Konsens aller Argumentierenden ist, um so langwieriger ist er, aber auch um so innovatorischer und um so sachgerechter werden die Entscheidungen vorbereitet.

L: Wenn ein Experiment in einem derartigen Laboratorium vorbereitet ist, dann fallen damit natürlich auch meine letzten Einwände gegen experimentelles Handeln weg. – In bestimmter Weise wäre ja ein solches Laboratorium nicht nur der Ort einer theoretischen Reflexion über kirchliche Praxis, sondern selbst schon kirchliche Praxis. Es sucht paradigmatisch die im Laboratorium auftretenden Sprachstörungen reflexiv zu durchleuchten und zugleich ein Interpretationsschema kirchlicher Sprachstörungen in therapeutischer Absicht zu entwickeln.

L: Sie spitzen also den ganzen Ertrag unseres Gesprächs auf das Laboratorium hin zu und meinen, daß hier kirchlich gehandelt und zugleich – was allerdings über das sonstige kirchliche Handeln hinausführt – eigens auch systematisch darüber reflektiert wird[48]. Wie jedes kirchliche Handeln wäre dann die Argumentation im Laboratorium zugleich antizipatorisch: herrschaftsfrei, und therapeutisch: Kommunikationsstörungen aufklärend.

P. War es also das, was wir jetzt zu tun versucht haben?

---

47 Zur Bedeutung der »memoria passionis« und des »Paradox« bei der Konsensfindung vgl. Metz, Zukunft, 400 ff.; K. Schäfer, Paradox, in: HPhG II, 1051–1059.

48 Zu der mit dem Laboratorium implizierten Kirchlichkeit der Praktischen Theologie wäre zu beachten, was K. Rahner zu seiner eigenen Methode sagt: »Der heutige Mensch, der die geschichtliche Bedingtheit seiner Erkenntnis und die Möglichkeit einer adäquaten Reflexion auf die Voraussetzungen seiner eigenen Erkenntnisse reflex erfaßt, kann in einer früher so gar nicht möglichen Weise sich selbst gegenüber kritisch sein. Er kann deutlicher realisieren, daß seine Ansichten im selben Augenblick zur subjektiven Beliebigkeit zu werden drohen, wo sie nicht in einer offenen Weise und in einem grundsätzlich und praktisch aufrechterhaltenen Dialog mit den Überzeugungen der Gesellschaft konfrontiert bleiben. Er kann heute besser verstehen, daß die Wahrheit sogar mit Institutionen etwas zu tun hat, daß man auch in der Erkenntnis nicht das isolierte Einzelsubjekt sein kann ...« (Rahner IX, 91).

3 | 2 Christof Bäumler
Gemeindeaufbau

In der einschlägigen Literatur wird der Begriff »Gemeindeaufbau« – gelegentlich zusammen mit »Gemeindepflege«[1] – im Gegensatz zur »Mission«, die sich an die Kirchenfremden wendet, als Leitbegriff zur Kennzeichnung des inneren Aufbaus von Kirchengemeinden verstanden. Die praktisch-theologische Diskussion dieser Frage wurde im 19. Jahrhundert ausgelöst durch die Aufgabe, die durch raschen Zuzug in den Großstädten entstandenen riesigen Parochien zu strukturieren[2].

Im engeren Sinne wird »Gemeindeaufbau« vor allem auf den Gottesdienst bezogen, im weiten Sinne schließt er alle Aktivitäten der Gemeinde ein. Bezieht er sich im umfassenden Sinn auf die gesamte Praxis der Kirchengemeinde, so wurde doch gelegentlich eine Aktivität der Kirchengemeinde, zB. der Konfirmandenunterricht[3], für das wirksamste Instrument des Gemeindeaufbaus gehalten.

Die Feststellungen der Apostelgeschichte: »Sie blieben beständig bei der Lehre der Apostel, bei der Gemeinschaft, beim Brotbrechen und bei den Gebeten«[4], enthalten die konstitutiven Elemente des Gemeindeaufbaus[5]. Sie kennzeichnen die Grundstruktur der Gemeinde auch dann, wenn die überkommene Parochie nicht mehr als die Norm, sondern nur noch als eine mögliche Organisationsform christlicher Gemeinde betrachtet wird[6].

Aus der durch die historisch-kritische Forschung gewonnenen Einsicht in die vielfältigen, teilweise auch widersprüchlichen Lehren von Kirche und Gemeinde im Neuen Testament[7] wurden für die theologische Interpretation der Gemeinde in der Praktischen Theologie vor

1 W. Rott, Gemeindeaufbau und Gemeindepflege, RGG II, 1340 ff.

2 E. Sulze, Die evangelische Gemeinde (1891); H. Swoboda, Großstadtseelsorge (²1911); A. Blöchlinger, Die heutige Pfarrei als Gemeinschaft (1962) 136–145.

3 E. Rosenboom, Gemeindeaufbau durch Konfirmandenunterricht (²1963).

4 Apg 2, 42; Übersetzung von U. Wilkens (1972).

5 F. Klostermann, Allgemeine Pastoraltheologie der Gemeinde, in: HPTh III, 17–58.

6 H. J. Margull, Kleine Gemeinden, in: A. Schönherr, Anruf und Aufbruch. Zur Gestalt der Kirche in Gegenwart und Zukrnft (1965) 184–196.

7 Vgl. E. Schweizer, Gemeinde nach dem Neuen Testament (1949); E. Käsemann, Einheit und Vielfalt der neutestamentlichen Lehre von der Kirche, Oekum. Rundschau (1964) 18 ff.

allem das paulinische Konzept der Gemeinde als »Leib Christi« und die besonders im Hebräerbrief vertretene Auffassung von der Gemeinde als dem »wandernden Gottesvolk« aufgenommen. Hat die am Verständnis der Gemeinde als des Leibes Christi orientierte paulinische Ekklesiologie eine vermittelnde Funktion zwischen der palästinensischen Auffassung von der Gemeinde als einem Bauwerk und dem johanneischen Bild von der Gemeinde als der Herde, die ihres Hirten Stimme hört[8], und stellt sie die Unumkehrbarkeit des Verhältnisses von Christus und Gemeinde ebenso heraus wie den freien Zugang aller Gemeindeglieder zum Herrn der Gemeinde und den wechselseitigen Dienst der Glieder am Leibe Christi gemäß der ihnen verliehenen Geistesgaben[9], so schärft die Rede von der Gemeinde als dem wandernden Gottesvolk den eschatologischen Vorbehalt ein, unter dem die Gemeinde lebt. Für K. Barths Lehre von der Gemeinde, die für die theologische Reflexion des Gemeindeaufbaus in der Praktischen Theologie der letzten Jahrzehnte im evangelischen Bereich eine wichtige Rolle spielte, sind die christologische und die eschatologische Perspektive der Gemeinde konstitutiv[10]. Barths Interesse an dem christologisch begründeten Zusammenhang von Sammlung, Erbauung und Sendung der Gemeinde läuft auf die These von der Gemeinde als dem »Volk Gottes im Weltgeschehen« hinaus[11]. Daraus kann eine theologische Kritik einer im »Gemeindeaufbau« zu sehr mit sich selbst beschäftigten Gemeinde erwachsen[12]. Das Ziel des Gemeindeaufbaus ist in dieser theologischen Perspektive in der Sammlung der Gemeinde nicht erreicht. Gemeindeaufbau muß die Gemeindeglieder zur Teilnahme an der Mission Gottes befähigen[13] und diasporafähig machen[14]. Die Sammlung der Gemeinde erfolgt um ihrer Sendung willen[15].

Gehörte für die Nachkriegszeit Theorie und Praxis des Gemeindeaufbaus zum Ertrag des »Kirchenkampfes«[16], so gilt der Begriff neuerdings als problematisch, weil er die Aufmerksamkeit auf innergemeindliche Vorgänge beschränkt und ihm ein statisches Verständnis

8 E. Schweizer, Gemeinde nach dem Neuen Testament (1949).

9 E. Käsemann, Amt und Gemeinde im Neuen Testament, in: E. Käsemann, Exegetische Versuche und Besinnung I (1960) 109–133.

10 Barth, KD IV/2, 695–824.

11 Vgl. Ch. Bäumler, Die Lehre von der Kirche in der Theologie Karl Barths (1964).

12 Vgl. J. Moltmann, Theologie der Hoffnung (1964).

13 R. Bohren, Mission und Gemeinde (1962).

14 Margull, Kleine Gemeinden.

15 H. J. Margull, Mission als Strukturprinzip (1965).

16 E. Wolf, Bilanz des Protestantismus, in: E. Wolf, Ordnung und Freiheit (1962).

anhaftet[17]. Versuche, den Begriff »Gemeindeaufbau« im Zusammenhang mit der Diskussion der »Strukturen missionarischer Gemeinde«[18] als »Erbauung der Gemeinde zu einer Gemeinde für andere« neu zu interpretieren[19] haben sich, insgesamt gesehen, nicht durchsetzen können. In gewisser Hinsicht wird diese Intention gegenwärtig durch die Verbindung von »Gemeindeaufbau« mit »Gemeinwesenarbeit«[20] aufgenommen.

1. Zur gegenwärtigen Problemlage

Was immer man unter dem Begriff »Gemeindeaufbau« genauer verstehen mag, intendiert ist mit ihm eine Praxistheorie der Kirchengemeinde. Für die Praktische Theologie, die an dieser Praxistheorie im Rahmen einer auf die christliche und kirchliche Praxis in der gegenwärtigen Gesellschaft bezogene Theoriebildung zu arbeiten hat, stellen sich in diesem Zusammenhang einige wissenschaftstheoretische, forschungsstrategische und handlungsrelevante Probleme.

a. Die Einsicht, daß es nicht genügt, die Kirchengemeinde im Rahmen der Ekklesiologie theologisch zu reflektieren, sondern daß sie auch soziologisch analysiert werden muß, wenn sie wissenschaftlich erforscht werden soll, hat sich gegen erhebliche Widerstände allmählich durchgesetzt[21]. Wie freilich theologische und soziologische Fragestellung auf eine überzeugende Weise miteinander vermittelt werden können ist erst ansatzweise erkennbar[22]. Über die Feststellung, Kirche und Gemeinde seien sowohl »Sozialgebilde« wie »eschatologische Gemeinschaft«[23], hätten einen »transzendentalen« und einen »empiri-

---

17 G. Kugler, Zwischen Resignation und Utopie. Die Chancen der Ortsgemeinde (1971).

18 C. W. Williams, Gemeinden für andere, Orientierung zum kirchlichen Strukturwandel (1965); W. Hollenweger, Die Kirche für andere (1967).

19 Ch. Bäumler (Hg.), Treffpunkt Gemeinde. Jugend im Gemeindeaufbau (1965) 19 f.

20 Vgl. W. Grünberg, Gemeindeaufbau und Gemeinwesenarbeit (1972).

21 N. Greinacher, Soziologie der Pfarrei. Wege zur Untersuchung (1955); J. Freytag, Die Kirchengemeinde in soziologischer Sicht (1959); D. Goldschmidt / F. Greiner / H. Schelsky, Soziologie der Kirchengemeinde (1960); O. Schreuder, Kirche im Vorort (1968).

22 T. Rendtorff, Die soziale Struktur der Gemeinde. Die kirchlichen Lebensformen im gesellschaftlichen Wandel der Gegenwart (1958); G. Kehrer, Gemeinde, in: PTH 186–198; K. F. Daiber, Volkskirche im Wandel (1973) 184–219.

23 M. Honecker, Kirche als Gestalt und Ereignis. Die sichtbare Gestalt der Kirche als dogmatisches Problem (1963) 205.

schen« Aspekt[24], führte bereits D. Bonhoeffer hinaus[25]; trotz der teilweise berechtigten Kritik an seinem Versuch, Dogmatik und Empirie von Kirche und Gemeinde mit Hilfe theologischer und sozialphilosophischer Theorieansätze miteinander zu vermitteln[26], stehen weiterführende Versuche zur Lösung dieses Problems noch immer aus.

Im Zusammenhang mit der Diskussion der Säkularisierungsthese hat sich in den letzten Jahren die Frage gestellt, ob die kirchensoziologische Untersuchung der Ortsgemeinde nicht zur religionssoziologischen Fragestellung ausgeweitet werden müsse, wenn man von einer bloßen Beschreibung zur Analyse der Kirchengemeinde, ihrer Funktion und Struktur gelangen wolle[27]. Diese Ausweitung der kirchensoziologischen zur religionssoziologischen Fragestellung geht einher mit der theologischen Frage nach dem Verhältnis von Kirche und Christentum in der gegenwärtigen Gesellschaft. In diesem Fragehorizont wird die direkte Konfrontation dogmatischer Aussagen zum Wesen von Kirche und Gemeinde mit Ergebnissen ihrer empirischen Analyse übergeführt in die Forderung, die geschichtlich-gesellschaftlich vermittelte Praxis der Kirchengemeinde interdisziplinär zu erforschen. Theologisch zeichnet sich diese Wendung darin ab, daß in der Neuzeit der Kirchenbegriff zu einem zentralen Thema der theologischen Reflexion wurde[28]. Wenn in der dialektischen Theologie der Begriff der Kirche anstelle des Begriffes der Geschichte dazu diente, sowohl die Vermittlung der Offenbarung an die Welt als auch die Rückbindung an ihren Ursprung theologisch zu interpretieren, so konnte das für die Praxistheorie der Kirchengemeinde die Konsequenz haben, daß die Kerngemeinde in Abgrenzung von der sie umgebenden Gesellschaft als die wahre Gestalt der Gemeinde verstanden wurde. Vermittelt sich hingegen Offenbarung in der Geschichte, dann ist die Kirchengemeinde auch theologisch in ihren geschichtlichen Zusammenhängen als ein Medium dieses Vermittlungsprozesses zu untersuchen. Die Lösung der angedeuteten wissenschaftstheoretischen Probleme hat forschungsstrategische und handlungsbezogene Folgen.

b. Faßt man die Kirchengemeinde als die empirische Gestalt des Trägers der Offenbarung, dann sind aus der dogmatischen Lehre von der

---

24 W. D. Marsch, Institution im Übergang. Evangelische Kirche zwischen Tradition und Reform (1970).

25 D. Bonhoeffer, Sanctorum communio. Dogmatische Untersuchungen zur Soziologie der Kirche (1930).

26 Vgl. Honecker, 124–156.

27 J. Matthes, Kirche und Gesellschaft, Einführung in die Religionssoziologie II (1969).

28 T. Rendtorff, Kirche und Theologie. Die systematische Funktion des Kirchenbegriffs in der neueren Theologie (1966).

Kirche Kriterien abzuleiten, unter denen die empirische Analyse der Ortsgemeinde durchgeführt und Vorschläge für ihre Praxis gemacht werden können. Die einschlägigen Sozialwissenschaften: Soziologie, Psychologie, Sozialpsychologie und Erziehungswissenschaft fungieren dann als Hilfswissenschaften einer normativen Theologie.

Versteht man dagegen Theologie als kritische Theorie der Christentumsgeschichte, dann ist die Ortsgemeinde unter der leitenden Fragestellung nach ihrer Funktion in der gegenwärtigen Situation einschließlich ihrer Geschichte zu analysieren, wobei die theologische Reflexion in die Hypothesenbildung eingeht; es kommt zu einer forschungsstrategischen Kooperation von Theologie und Sozialwissenschaft von Anfang an.

c. Auch auf der Ebene der Kritik und Konstruktion von Praxismodellen zeitigen die verschiedenen Ansätze unterschiedliche Folgen hinsichtlich der Funktion und der Struktur der Ortsgemeinde. Dem dogmatischen Ansatz entspricht für die Praxis der Kirchengemeinde das »pastorale Grundmodell«[29] mit dem Postulat der »überschaubaren Gemeinde«[30]. Der kritischen Analyse hingegen erschließt sich die Ortsgemeinde als differenziertes Praxisfeld im Geflecht gegenwärtigen Christentums, als Angebot für das »Ensemble der Opfer der Zeit«[31], als lokale Präsenz der Kirche in der Wohnwelt[32], als Chance für engagierte Gruppen[33].

2. *Zum theoretischen Rahmen und zur Forschungsstrategie einer Praxistheorie der Kirchengemeinde*

a. Wird die Praxistheorie der Kirchengemeinde unmittelbar aus der Ekklesiologie abgeleitet, dann entsteht die Neigung, von »der« Gemeinde, ihren Aufgaben und Zielen zu sprechen, ohne die konkreten Bedingungen zu erfassen, unter denen diese Aufgaben zu bewältigen und diese Ziele zu verfolgen sind. An die Stelle einer brauchbaren

---

29 G. Bormann / S. Bormann-Heischkeil, Theorie und Praxis kirchlicher Organisation. Ein Beitrag zum Problem der Rückständigkeit sozialer Gruppen (1971) 34–60.

30 H. Schnell, Die überschaubare Gemeinde (1962).

31 E. Lange, Chancen des Alltags. Überlegungen zur Funktion des christlichen Gottesdienstes in der Gegenwart (1965).

32 W. Jetter. Was wird aus der Kirche? Beobachtungen – Fragen – Vorschläge (1968).

33 P. Krusche, Perspektiven einer Kirche von morgen, in: E. Wilkens (Hg.), Die Zukunft der Kirche und die Zukunft der Welt (1968) 97–115; T. Allan, Eine Gemeinde wird lebendig. Großstadtgemeinde auf neuen Wegen (1965).

Praxistheorie tritt die bloße Aneinanderreihung von Postulaten, die sich kaum verwirklichen lassen.

Die Wendung zur Empirie brachte neue Ansätze[34]. Von 115 durch W. Marhold erfaßten kirchlichen Meinungsumfragen im Bereich der evangelischen Kirche in Deutschland befaßten sich 23 unmittelbar mit der Gemeinde; zählt man die benachbarten Problemfelder »Struktur« (16 Befragungen) und »Gottesdienst« (17 Befragungen) hinzu, dann ergibt sich, daß beinahe die Hälfte dieser Erhebungen mittelbar oder unmittelbar dem Problemfeld Gemeinde gewidmet sind[35]. Offensichtlich gehen die Untersuchungen von der gemeinsamen Hypothese aus, daß sich in der Parochialgemeinde die Kirche auch in der gegenwärtigen Gesellschaft am deutlichsten manifestiert. Auf der anderen Seite zeigt die von U. Boos-Nünning durchgeführte Untersuchung über die Religiosität der Katholiken in einer Großstadt, daß nur 3% der Befragten ihre Bindung an die Pfarrgemeinde als »sehr eng«, 10% als »eng« bezeichneten[36]. Dem entsprechen Ergebnisse der Untersuchung über Beziehungsstrukturen evangelischer Kirchengemeinden in einer mittelgroßen Stadtregion von J. M. Lohse, wonach nur jeder vierte Gottesdienstbesucher engere Beziehungen zur Kirchengemeinde hat[37].

Der Diskrepanz zwischen dem Anspruch der Ortsgemeinde, der »Normalfall« von Kirche zu sein[38] und dem faktisch distanzierten Verhalten der Mehrheit ihrer nominellen Mitglieder tragen viele Untersuchungen dadurch Rechnung, daß sie die Befragten zugleich aktivieren und zur Mitarbeit in der Kirchengemeinde gewinnen möchten[39]. Die Gemeindeerhebung wird zum Instrument des Gemeindeaufbaus[40]. Solche Untersuchungen gehören im Gegensatz zu sozial-wissenschaftlichen Analysen, in denen Hypothesen falsifiziert oder verifiziert werden sollen, in die Kategorie der Aktionsforschung[41].

Die Tendenz zu konkreten, aktivierenden Gemeindebefragungen ist für eine Praxistheorie der Kirchengemeinde in doppelter Hinsicht förderlich:

Da einmal auf die Dauer die Religiosität der Sozialform nicht ent-

---

34 Siehe o. Anm. 21 und 22.

35 W. Marhold, Fragende Kirche. Über Methode und Funktion kirchlicher Meinungsumfragen (1971) 83 f.

36 U. Boos-Nünning, Dimensionen der Religiosität (1972) 110 f.

37 J. M. Lohse, Kirche ohne Kontakte (1967) 101. Ähnliche Befunde bei G. Schmidtchen, Zwischen Kirche und Gesellschaft (1973) 103–106.

38 Lange, 289 f.

39 Marhold, 96.

40 Siehe u. Anm. 58.

41 Vgl. F. Haag, Aktionsforschung. Forschungsstrategie, Forschungsfelder und Forschungspläne (1972).

behren kann[42], sind aus solchen Befragungen Anstöße für die Neustrukturierung des »intermediären Sozialgebildes Kirchengemeinde«[43] zu erwarten. Da sich zum anderen das Sozialgebilde Kirchengemeinde in der gegenwärtigen Gesellschaft nicht mehr durch *einen* Idealtypus erfassen läßt – O. Schreuder hat zwölf verschiedene Idealtypen von Kirchengemeinden unterschieden[44] –, ist es notwendig, konkrete Untersuchungen für die Praxistheorie der jeweiligen Ortsgemeinde anzusetzen.

b. Um so wichtiger ist es dann, einen theoretischen Rahmen für solche Untersuchungen zu erarbeiten. Die strukturell-funktionale Theorie[45] scheint mir unter der Bedingung dazu geeignet zu sein, daß die Frage nach der Funktion der Kirchengemeinde die Priorität vor der Frage nach ihrer Struktur bekommt und daß zwischen faktischen und wünschenswerten Funktionen der Kirchengemeinde sowie zwischen ihren invariablen und ihren variablen Strukturelementen unterschieden und auf diese Weise ein kritisches Element in den theoretischen Rahmen eingebaut wird. Dabei werden Funktionen als nachprüfbare Folgen, Strukturen als rechtliche, personelle und materielle Bedingungen der Praxis der Kirchengemeinde verstanden. In der Bestimmung der wünschenswerten Funktion der Kirchengemeinde wird zugleich das erkenntnisleitende Interesse an der empirischen Erforschung ihrer Praxis definiert. Die Forschungsstrategie zur Erarbeitung einer Praxistheorie der Kirchengemeinde müßte sich dann an folgenden Fragen orientieren:

(1) Welche wünschenswerten Funktionen *sollte* die Kirchengemeinde auf ihre Mitglieder und auf ihre soziale Umwelt ausüben, und welche Prioritäten sollte sie dabei setzen?

(2) Welche Funktionen übt die Kirchengemeinde *tatsächlich* aus, und welche Prioritäten setzt sie dabei?

(3) Welche invariablen bzw. variablen Strukturelemente sind für die Ausübung der wünschenswerten Funktionen der Kirchengemeinde förderlich bzw. hinderlich?

Zu (1): Die inhaltliche Diskussion darüber, welche Ziele die Kirchengemeinde in ihrer Praxis verfolgen und welche Prioritäten sie dabei setzen sollte, muß eine Praxistheorie der Kirchengemeinde von Anfang

---

42 Boos-Nünning, 150 f.

43 Lohse, 173–184.

44 O. Schreuder, Die Kirchengemeinde. Typen und Leitbilder, in: O. Betz (Hg.), Gemeinde von morgen (1969) 53–104.

45 Vgl. O. Schreuder, Die strukturell-funktionale Theorie und die Religionssoziologie, in: IJRS 2 (1966) 99–136; K. W. Dahm, Beruf: Pfarrer (1971) 303–309.

an begleiten[46]. In ihr wird der theoretische Rahmen bereitgestellt und korrigiert, ohne den eine kritische Praxistheorie nicht möglich ist. An dieser Aufgabe sollten sich die Gemeindeglieder selbst beteiligen, damit die unterschiedlichen Auffassungen über die wünschenswerten Funktionen der Kirchengemeinde sichtbar und diskutierbar werden. Diese Diskussion erfolgt in einem bereits vorstrukturierten Feld. W. Marhold unterscheidet bei den von ihm erfaßten Gemeindebefragungen den volksmissionarischen, den kerygmatischen, den sozialdiakonischen und den dogmatischen Ansatz der Praxis der Kirchengemeinde[47]. Die Pluralität dieser Ansätze läßt sich theologiegeschichtlich erklären und die Vermutung ist naheliegend, daß der im konkreten Fall dominierende Ansatz vor allem durch die Sozialisationsgeschichte der Mitarbeiter in der Gemeinde, insbesondere der Pfarrer, zur Geltung gebracht wird.

Gegenüber dem Monopol eines dogmatischen Ansatzes, der den Pluralismus in Kirche und Theologie als Auflösung der Substanz beklagt, muß zunächst die Vielfalt der Konzepte der Gemeindearbeit als Bedingung der Möglichkeit einer für ihre soziale Umwelt und ihre gegenwärtigen Probleme offenen Praxis der Kirchengemeinde erkannt werden.

Die Grundfunktionen Zeugnis, Gemeinschaft und Dienst, die sich in Gottesdienst, Predigt, Kasualien, Gemeindeseminaren, Konfirmandenunterricht, Jugendarbeit, Seelsorge, Diakonie konkretisieren, müssen von einem Funktionsprinzip aus inhaltlich genauer bestimmt werden, das seinen Anhalt an Jesus hat. (Diese zurückhaltende Formulierung ist deshalb geboten, weil Jesus Christus in einem »verbindlichen Konsens«[48] immer wieder aufs neue entdeckt werden muß[49].) Die Diskussion der wünschenswerten Funktion der Kirchengemeinde muß also die ekklesiologische Diskussion aufnehmen, die ihrerseits im Vollzug des theologischen Entdeckungs- und Begründungszusammenhangs geführt wird[50]. Da Theologie als kritische Theorie christlicher und kirchlicher Praxis in Geschichte und Gegenwart kein fertiges Produkt ist, sondern sich selbst als einen unabschließbaren Prozeß versteht, ist die Gemeinde bei der Suche nach einem verbindlichen Konsens über das Funktionsprinzip ihrer Praxis an dem Prozeß der Theologie beteiligt. Die Praktische Theologie kann ihre Vermittlungsfunktion zwi-

---

46 Vgl. K. F. Daiber und W. Zauner in diesem Band 540–553, 663–669.

47 Marhold, 92–99.

48 G. Sauter, Die Begründung theologischer Aussagen – wissenschaftstheoretisch gesehen, in: ZEE 15 (1971) 299–308.

49 Vgl. L. Schottroff, Der Mensch Jesus im Spannungsfeld von Politischer Theologie und Aufklärung, in: ThPr 8 (1973) 243–257.

50 Sauter.

schen Theorie und Praxis nur dann hinlänglich erfüllen, wenn sie selbst die sich aus der Praxis der Gemeinde ergebenden Fragestellungen herausarbeitet und die übrigen theologischen Disziplinen dazu bereit und in der Lage sind, diese Fragestellungen in ihren Forschungsprozeß aufzunehmen. Nur auf diese Weise könnten tragfähige Funktionsprinzipien für die Praxis der Gemeinden erarbeitet werden. Nach meiner beschränkten Einsicht in die gegenwärtige Diskussionslage werden vor allem drei Funktionsprinzipien für die gemeindliche Praxis erörtert:

- Kirche als Ursakrament der Menschheit[51]
- Gemeinde für andere[52]
- Kirche als Experiment der Befreiung[53].

Warum ich für das dritte Funktionsprinzip eintrete und welchen theologischen Entwürfen ich mich dabei verpflichtet weiß, habe ich an anderer Stelle angedeutet[54]. Wird Jesus im Glauben als der fremde Bruder erfahren, der von Gott bis zum Tode am Kreuz geliebt und aus dem Tode errettet wird, dann kann die nach seinem Namen genannte Gemeinde die Freiheit gewinnen, sich mit den unter den Schrekken des Todes in allen seinen Formen leidenden fremden Brüdern ohne Angst in Liebe zu solidarisieren.

Zu (2): Die aus dem Funktionsprinzip »Kirche als Experiment der Befreiung« gewonnenen wünschenswerten Funktionen der Kirchengemeinde müssen kritisch auf ihre faktischen Funktionen bezogen werden. Sie können ohne Berücksichtigung ihrer historischen Dimension nicht erfaßt werden. Das mit der Geschichte der Parochie[55] verbundene »pastorale Grundmodell« wirkt sich bis in die gegenwärtige Praxis der Kirchengemeinde aus und bezieht seine Legitimation vor allem aus den Erwartungen der Kerngemeinde; ihnen entsprechen die Konzepte konservativer Kräfte in den Kirchenleitungen, die vor allem an der Kontinuität kirchlicher Praxis interessiert sind. In den gesellschaftlichen Prozessen der Neuzeit stehen die Parochien, besonders in den Großstädten, häufig wie erratische Blöcke in der Landschaft und längst sind die territorialen Gemeinden durch funktionale, auf bestimmte Gruppen oder Projekte bezogene Gemeinde ergänzt wor-

---

51 Vgl. L. Boff, Kirche als Sakrament im Horizont der Welterfahrung (1972).

52 Siehe o. Anm. 18 und R. G. H. Boiten, Gastfreie Kirche (1972).

53 Vgl. H. D. Bastian (Hg.), Experiment Isolotto (1970); G. Gutiérrez, Theologie der Befreiung (1973). J. Friebe, Pilgerndes Gottesvolk. Eine pastoraltheologische Untersuchung in der kritischen Gemeinde Ymond. Diss. Nijmegen (1973).

54 Ch. Bäumler, Kirchliche Praxis im Prozeß der Großstadt (1973) 37 f.

55 G. Holtz, Die Parochie. Geschichte und Problematik (1967); Blöchinger 57 bis 152.

den[56]. Dennoch ist die Parochie keineswegs funktionslos geworden. Das zeigen etwa die Versuche einer auf die Wohnwelt und ihre Probleme bezogenen Gemeindearbeit[57]. Die faktischen Funktionen der konkreten Ortsgemeinde lassen sich ermitteln, wenn man die Erwartungen der Bewohner an die Gemeinde dem Selbstverständnis der Gemeinde und ihren Aktivitäten gegenüberstellt, die Substrukturen der Gemeinde analysiert und die Ergebnisse mit den Problemen der sozialen Umwelt konfrontiert.

In den Hypothesen, unter denen die empirische Analyse der faktischen Funktionen der Kirchengemeinde erfolgt, gehen die bei der inhaltlichen Diskussion der wünschenswerten Funktionen der Kirchengemeinde gewonnenen Ergebnisse als erkenntnisleitende Interessen ein. Umfangreiche wissenschaftliche Untersuchungen sind schon aus finanziellen Gründen nur in Ausnahmefällen möglich. Es sind jedoch mit relativ einfachen Mitteln Gemeindeanalysen durchführbar[58], an denen wiederum Gemeindeglieder – nach Möglichkeit unter Beratung durch Fachleute – zu beteiligen sind.

Zu (3): Die wichtige Unterscheidung von invariblen und variablen Strukturelementen soll an einem zentralen Beispiel, der Personalstruktur der Kirchengemeinde, erläutert werden. Auch die kaum bestreitbare Tendenz von der »Volkskirche« zur »Verbandskirche«[59] ändert grundsätzlich nichts daran, daß es auf lange Sicht hauptberufliche Mitarbeiter in Kirchengemeinden geben wird. Zu prüfen ist jedoch, ob der theologisch gebildete Pfarrer gemeinsam mit Diakon und Gemeindehelferin, die ihm zugeordnet sind, und unterstützt durch ehrenamtliche Mitarbeiter, denen Teilfunktionen delegiert sind, in jedem Fall die angemessene Personalstruktur für die wünschenswerten Funktionen einer konkreten Kirchengemeinde darstellen. Aus der Funktionsbestimmung und der Funktionskritik einer solchen Gemeinde könnte sich eine andere Personalstruktur als notwendig ergeben, zB. ein kooperatives Team verschieden ausgebildeter und gleichberechtigter Mitarbeiter. Das wäre zugleich eine mögliche Alternative zum »pastoralen Grundmodell«, das die Personalstruktur der Kirchengemeinden oft auch dort bestimmt, wo man sich moderner Methoden bedient. Mit einer solchen praktischen Alternative ließe sich vielleicht

---

56 Vgl. N. Hepp, Neue Gemeindemodelle (1971).

57 Außer Grünberg vgl. P. G. Seiz, Die Siedlung als Neuland der Kirche, Kirchenreform II (1968).

58 N. Greinacher, Soziologie der Pfarrei, in: HPTh III, 17–58; M. Cremer, Fragebogen für eine Selbstanalyse der Gemeinde, in: Seiz, 79–82; H. Fischer/W. Schöpping (Hg.), Materialdienst Gemeindearbeit (1971 ff.).

59 F. Fürstenberg (Hg.), Religionssoziologie (1964) 249–266.

das postulierte »allgemeine Priestertum aller Gläubigen« in der Praxis der Ortsgemeinde ansatzweise verwirklichen, vorausgesetzt freilich, daß sich die Gemeindeglieder an den Entscheidungsprozessen wirklich beteiligen können und das Team kritisch begleitet und kontrolliert wird[60].

3. Zur Revision der Praxis der Kirchengemeinde – von der »Haushalterschaft« zur »Gemeinwesenarbeit«

Zwischen der Einschätzung der Ortsgemeinde als des unaufgebbaren Maßstabs für jede kirchliche Praxis und den Versuchen, sie für überholt zu erklären und neue Formen kirchlicher Praxis in einem Netz kleiner Dienstgruppen innerhalb regionaler Organisation an ihre Stelle zu setzen, hat sich die Erkenntnis durchgesetzt, daß die Ortsgemeinde zwar viele ihrer ursprünglichen Funktionen verlor, aber wichtige, besonders auf die Wohnwelt bezogene Funktionen behielt und sogar neu übertragen bekam[61].

Das Programm der »Haushalterschaft«, angeregt durch die Praxis der *stewardship* in den Kirchen der Vereinigten Staaten von Nordamerika, diente zur Aktivierung des Lebens der Ortsgemeinde in den Jahren nach 1945. Durch Besuchsdienst sollten die Kontakte zwischen Kirchengemeinde und allen ihren Gliedern hergestellt werden, verschiedene Gruppen und Kreise für unterschiedliche Erwartungen und Bedürfnisse angeboten werden[62]. Die Aufmerksamkeit konnte sich dabei verschiedenen Zielgruppen zuwenden, zB. den Familien mit kleinen Kindern, den alleinstehenden Müttern, den alten Menschen. Das Ziel der Konzeption der »Haushalterschaft« ist die Integration der Gemeindeglieder in die vorhandene Struktur der Ortsgemeinde, insbesonders in den Gemeindegottesdienst. Die Diskussion über den Beruf der »Gemeindehelferin« spiegelt Chance und Grenze dieses Ansatzes wider[63]. Die Mitarbeiterin des Pfarrers verstärkte gewiß auf der einen Seite die Kontakte der Ortsgemeinde mit der Bevölkerung, andererseits blieb sie von der zentralen Figur des Pfarrers in hohem Maße abhängig. Zwar wurde in diesem Konzept aus dem »Pfarr-

---

60 Vgl. J. Muhs / M. Rannenberg / J. B. Zierau, Teampfarramt in modernen Wohngettos (1972).

61 Lange, 290 f.; vgl. auch A. Stadelmann / G. Mainberger, Auszug aus dem Getto (1972); P. Görges u.a., Wer mitmacht, erlebt Gemeinde (1972).

62 Vgl. H. Reich, Besuchsdienst in christlicher Haushalterschaft (1967); M. Simmon-Kaiser, Besuch und Begegnung (^{2}1969).

63 Vgl. B. Neumann, Gemeindehelferin – mediatrix pastoris?, in: E. Amelung (Hg.), Strukturwandel der Frömmigkeit (1972) 298–305.

herrn« der »Rektor geistlicher Dienste«, der Verantwortung delegieren kann und versucht, sich entbehrlich zu machen. Dennoch blieb er das den Gemeindeaufbau letzten Endes bestimmende Subjekt. Das zeigte sich auch dann, wenn Pfarrer mit Nebenaufgaben bzw. Pfarrer mit speziellen Zusatzausbildungen in der Gemeindepraxis arbeitsteilig kooperieren.

Eine Alternative zeichnet sich vielleicht in dem Konzept des Gruppengemeindeamtes ab, wenn es mit Methoden der Gemeinwesenarbeit verbunden werden kann[64]. Erst hier nämlich wird die Gemeinde als Subjekt des Gemeindeaufbaus bis in den praktischen Vollzug hinein begriffen. Die Theologen sind Mitglieder eines Teams gleichberechtigter, verschieden ausgebildeter Mitarbeiter, die mit verschiedenen Gruppen kooperieren und von der Gemeindevertretung kontrolliert werden. Freilich zeigt sich, daß bei solchen Versuchen erhebliche Schwierigkeiten auftreten[65]. Weder lassen sich die vorherrschenden Erwartungen der Kerngemeinde an die Gemeindepfarrer leicht abbauen, noch sind Konflikte im Team sowie zwischen dem Team und anderen Gruppen in der Gemeinde vermeidbar. Ferner gibt es keine einheitliche Konzeption der Gemeinwesenarbeit[66]. Neben der bloßen Koordinierung vorhandener Aktivitäten stehen die Konzepte einer durch allmähliche Reformen entwickelnden und einer durch disruptive Taktik die Strukturen verändernden Gemeinwesenarbeit[67]. Schließlich hat die oben erwähnte Lücke in der Theoriebildung in der Praxis die Folge, daß Methoden der Gemeinwesenarbeit, soweit sie überhaupt schon Eingang in die Gemeindepraxis gefunden haben, noch nicht hinreichend reflektiert werden.

Bevor es noch gelungen ist, eine überzeugende und tragfähige Theorie und Praxis gesellschaftsbezogener Gemeindearbeit zu entwickeln, verstärkt sich gegenwärtig die Tendenz, mit Hilfe des Instruments der Gruppendynamik das Konzept des Aufbaus einer sich der Gesellschaft gegenüber separat verhaltenden Kirchengemeinde auf eine perfekte Weise zu erneuern. Diese Tendenz muß im Zusammenhang mit der Bedeutung gesehen werden, die die kleine Gruppe in unserer gegenwärtigen Situation gewonnen hat[68]. So notwendig und begrüßenswert

---

64 Neben Grünberg vgl. L. Schaller, Kirche und Gemeinwesen (1972).

65 Y. Spiegel, Kooperative und funktionsgegliederte Gemeindeleitung, in: WPKG 60 (1971) 162–167.

66 Vgl. M. G. Ross, Gemeinwesenarbeit (1968); Ü. Luuka, Gemeinwesenarbeit (1971).

67 Vgl. C. Müller/P. Nimmermann, Stadtplanung und Gemeinwesenarbeit (1971).

68 Vgl. K. Horn (Hg.), Gruppendynamik und der »subjektive Faktor«. Repressive Entsublimierung oder politisierende Praxis (1972); H. E. Richter, Die Gruppe.

die Aufnahme von Psychoanalyse, Psychotherapie und Gruppendynamik in Theorie und Praxis der Kirchengemeinde ist, so wenig darf m.E. die Gefahr verkannt werden, daß dadurch womöglich an die Stelle der Innerlichkeit der Person, die bisher den Vorrang hatte, in den Mittelpunkt der Gemeindepraxis die sich selbst reflektierende Gruppe tritt. Gerade weil damit ohne Zweifel Bedürfnisse der in und an der gegenwärtigen Gesellschaft leidenden Menschen aufgenommen werden, darf die Praxis christlicher Gemeinde die Frage nach den Ursachen dieses Leidens nicht aus den Augen verlieren. Orientieren sich die Ziele der Gemeindepraxis am befreienden Handeln Gottes in Jesus Christus, dann muß die Praxis der Kirchengemeinde der verschiedenen Typen an dem Experiment der Befreiung partizipieren, als das sich die Kirche in der Gesellschaft selbst zu verwirklichen hat, wenn sie ihrer eigenen Intention entsprechen will. Das bedeutet: Die Identität der Ortsgemeinde ist nicht in der Kerngemeinde vorgegeben, sondern muß in offenen, geplanten und kontrollierten Projekten gewonnen werden, in denen sich die Praxis der Ortsgemeinde auseinandersetzt mit den unvermeidlichen Erfahrungen, denen ihre Mitglieder in ihrem Alltag ausgesetzt sind. Stimmt die Annahme, daß die Funktionen der Ortsgemeinde vornehmlich auf die Wohnwelt zu beziehen sind, dann werden in erster Linie die im Reproduktionsbereich auftretenden Konflikte zum inhaltlichen Thema der Praxis der Gemeindearbeit[69].

Verfolgte das Konzept der »Haushalterschaft« eher die Tendenz einer bewahrenden Integration der Gemeindeglieder, so zielt das Konzept der Gemeinwesenarbeit auf ihre konfliktorientierte Emanzipation. Für die Praxis der Kirchengemeinden wird vor falschen Alternativen gewarnt werden müssen. Gottesdienst und Diakonie, Seelsorge und kirchliche Amtshandlungen, Konfirmandenunterricht und Hausbesuche haben entlastende und innovierende Funktionen. Sie werden aber beide nur da wirksam, wo die Praxis der Kirchengemeinde nicht nur die von Kirchenjahr, Lebensalter und biographischen Ereignissen bestimmten Rituale bereithält, sondern sich konfliktorientierte Projekte vornimmt, die bezogen sind auf ihre soziale Umwelt und an denen Gemeindeglieder in freier Selbstbestimmung nach ihren Kenntnissen und Fähigkeiten teilnehmen können.

Hoffnung auf einen neuen Weg, sich selbst und andere zu befreien (1972); H. Steinkamp, Gruppendynamik und Demokratisierung (1973).

69 Vgl. H. E. Bahr, Politisierung des Alltags, Gesellschaftliche Bedingungen des Friedens (1972); Grünberg, 15–51.

3 | 3 Jürg Kleemann
Die Predigt

1. Die neu gefragte Predigt

Während sich die Kirchen der Prediger leeren, füllen sich ihre Regale mit homiletischer Literatur; die Predigt erscheint auffällig erklärungsbedürftig zu werden, hinfällig dagegen das theologische Modell, welches ihr jahrzehntelang die Begründung lieferte: die Verkündigungstheologie K. Barths[1]. Ebenfalls als Antwort auf eine fragwürdige Predigt entstanden, löste dieses Modell nach dem ersten Weltkrieg die protestantische Theologie samt »moderner« Predigt ab. Seine drastische Reduktion der hochspezialisierten Theologie auf die Verkündigung des Wortes Gottes in Bibel und kirchlicher Praxis machten es über National- und Konfessionsgrenzen hinweg[2] zum Paradigma theologischer Wissenschaft[3]. Um so verwunderter reagieren ökumenische Freunde, wenn evangelische Homiletik sich nun von der »Leerformel« Verkündigung ab- und der Empire zuwendet[4]. Wer dies Revolution nennt[5], bestätigt neben der in Predigthilfen vielfach dokumentierten Vorherrschaft des Verkündigungsparadigmas auch dessen Schwäche: die Abwehr alles erfahrungswissenschaftlich begründeten Umgangs mit Predigt. Wer nun unter dem Leitbegriff »Situation« nach ihrem Wie, Wann und Wo fragt[6], sucht Umgangsformen, die ihm Teilnahme

---

1 »Predigen, ja wer darf, wer kann das...?« Die Ansätze K. Barths auf dem Hintergrund »liberaler« Theologie behandelt F. Wintzer, Die Homiletik seit Schleiermacher bis in die Anfänge der dialektischen Theologie in Grundzügen (1969).

2 H. Jacob, Theologie der Predigt (1969), widerlegt mit seiner »Deutung der Wortverkündigung durch die neuere katholische Theologie« jedenfalls theoretisch die von K. Barth beklagte »Abseitsstellung der Predigt« (Barth, KD I/1, 67).

3 Zum Zusammenspiel von Normalwissenschaft, Zweifel und Erklärung: Th. Kuhn, Die Struktur wissenschaftlicher Revolutionen (1967) 28 ff., 213 f.; W. Stegmüller, Wissenschaftliche Erklärung und Begründung (1969) 72 ff.; E. Scheibe, Ursache und Erklärung, in: L. Krüger, Erkenntnisprobleme der Naturwissenschaften (1970) 253 ff.

4 Kritisch P. Krusche, Rezension zum Handbuch der Verkündigung, hg. von B. Dreher u.a., 2 Bde. (1970), in: ThPr 7 (1972) 264 ff.; G. Otto, Wider den Mythos der Verkündigung, in: ThPr 7 (1972) 316.

5 R. Müller-Schwefe, Die Praxis der Verkündigung (1973) 17 ff.

6 E. Lange u.a., Zur Theorie und Praxis der Predigtarbeit (1968) 8 f. Einladungsschreiben und Voten dieses Bandes markieren eine homiletische Wende, die

am laufenden Forschungs- und Zeitgespräch erlauben. Hatten ihn Dialektik und Hermeneutik – als Universal- wie Geheimwissen mißbraucht – mit esoterischem Text- und Sprachgebrauch privatisiert, so öffnet ihn jetzt die Logik und Methodik empirischer Forschung für Austausch und Verarbeitung allgemeinen Erfahrungswissens[7]. Jedoch ist dieser Umgang mit der Predigt als Explanaudum – soll er nicht vom Regen neuscholastischer in die Traufe empiristischer Dogmatik geraten – nicht zu trennen von der »Vielfalt christlichen Redens«[8]. Was da an kurzfristig experimentierender und langfristig überlieferter Erfahrung mit Gott, an Wert- und Vorurteilen, Alltags- und Theoriewissen in Sachen Predigt umläuft, muß in der Gewinnung von Methoden ihrer Analyse, Herstellung und Durchführung einbezogen werden. Daher wendet sich im folgenden die Aufmerksamkeit dem Reden über Predigt als einem empirisch erfaßbaren Objekt zu. Dies läßt erhebliche Schwierigkeiten erwarten: einmal im Reden über Predigt[9], dann in der Unterscheidung: wie *wird* über Predigt, wie *soll* über sie geredet werden? Daß dies methodisch zu geschehen habe, ist selbst wieder eine mit dem vorliegenden Band gegebene Festsetzung, die ihm zur theologischen Begründung aufgegeben ist.

2. *Über Predigt reden*

Diese im Verkündigungsparadigma zentrale Aufgabe wurde dort weniger *be*schreibend als *vor*schreibend angegangen durch Bestimmung des Wesens der Predigt. Ähnliche Behandlung widerfuhr ihr von der Praktischen Theologie: auch Homiletik redete am liebsten

---

sich in den folgenden Bänden der Predigtstudien doppelt profiliert: in einem ausgefeilten Verfahren und in Kurzbeiträgen mit empirischen Fragestellungen.

7 Umfassend zu dieser »Logik«: Stegmüller; kritisch: C. F. v. Weizsäcker, Die Einheit der Natur (1971) 120 f.; theologisch: G. Sauter, Die Theologie und die neuere wissenschaftstheoretische Diskussion (1973) 61 ff.; W. Pannenberg, Wissenschaftstheorie und Theologie (1973) 37 ff.; speziell zur Homiletik: K. F. Daiber, Plädoyer für interdisziplinäre Fragestellungen in der Predigttheorie, in: werkstatt predigt Nr. 3 (1973) 29–37; E. Bartsch, Verkündigung als sakrale Leerformel oder als Deutung der Wirklichkeit im Glauben, in: Probleme der Entsakralisierung, hg. von H. Bartsch (1970) 146–167.

8 Sauter, 313; O. Bayer, Was ist Theologie? (1973) 62. Pannenberg, 426, spricht von »Bezug auf die Lebenspraxis«; vgl. auch die »R-Sätze« der Gläubigen als Beginn der Theologie bei I. M. Bochenski, Logik der Religion (1968) 62; und M. Josuttis, Verkündigung als kommunikatives und kreatorisches Geschehen, in: EvTh 32 (1972) 3 f.

9 Zur Problematik der Sprache als Objekt einer Meta-Sprache: H. Schnelle, Sprachphilosophie und Linguistik (1973) 54–77; vgl. Bochenski, 55; Sauter, 273.

a. dogmatisch[10]

Da wäre es nun normal, im folgenden die Frage nach dem Reden über Predigt mit Festsetzungen ihres »Ortes«, Inhaltes und Zieles zu beantworten. Aber ließ nicht eben dieser entschiedene Umgang mit ihr sie und ihren theologischen Rahmen hinfällig werden? So legt sich dem Praktischen Theologen das »metasprachliche Toleranzprinzip« zur Einübung sprachlicher Askese und Nächstenliebe nahe[11]. Protokolliert er nämlich respektvoll alles, was er an Äußerungen zur Predigt dingfest machen kann, so stellt er – mit den hierfür nötigen Differenzierungen – bereits verschiedene Möglichkeiten des Gebrauchs von Sprache innerhalb der Theologie fest. Wenn nun daraus zu lernen wäre, wie im Umgang mit Predigt die »höheren« Freiheitsgrade[12] der Dogmatik nicht länger mit den rituellen Bindungen des Sonntagmorgens oder Friedhofs verwechselt werden oder Exegese mit Predigtvorbereitung, dann ist für alle Beteiligten viel gewonnen: flexibles Mitteilungsvermögen, Einsicht in die Funktion exegetischer, alltäglicher oder dogmatischer Sprache. Dogmatik wird dann nicht direkt auf Predigt, sondern zur Regelung des Redens darüber angewandt: In »Dialogregeln« wirksam, zielt sie auf sachliche Übereinstimmung, weniger auf Überredung, wie dies in ihrer direkten Inanspruchnahme für Predigtanweisung der Fall ist. Dort wirkt sie

b. persuasiv-expressiv[13]

Für die Eigenart dieses Sprachgebrauches ist »Predigt im Gespräch« aufschlußreich: eine Reihe, welche das Potential des Verkündigungsparadigmas an weithin anerkannten Regeln für den Dialog aufschließen wollte[14]. Dies glückte zunächst, weil Prediger wie Kritiker zusammenfanden in der Anerkennung des Kriteriums der Textgemäßheit. Redete man dabei über Fernsehansprachen oder Kasualpredigten,

---

10 Zur Begründung vgl. Barth, KD I/1, § 3; zur Durchführung vgl. die Aufsätze zur Homiletik von E. Thurneysen bis G. Harbsmeier, gesammelt bei E. Hummel, Aufgabe der Predigt (1971); s. u. Anm. 22.

11 Vgl. K. Burke, die Rhetorik in Hitlers »Mein Kampf« und andere Essays zur Strategie der Überredung (1967) 142 ff.; H.-D. Bastian, Fabeln der Dogmatiker, in: EvKomm 6 (1973) 207–211.

12 N. Luhmann, Religiöse Dogmatik und gesellschaftliche Evolution, in: Dahm / Luhmann / Stoodt, 26 f.

13 Vgl. Badura, 37 ff.; E. v. Savigny, Philosophie der normalen Sprache (1969) 170 ff.

14 Vgl. die Schlußnotiz (1971, 228): »Die Reihe sollte mithelfen, aus Gewohnheitskirchgängern kritische Hörer werden zu lassen ... der Versuch ist ... gescheitert.«

Hörer und Situation oft vage, subjektiv, ja unsachlich[15], so ausführlich und objektiv über das Verhältnis von jeweiligem Text und Auslegung. Häufiges Ergebnis: sie versagt, bleibt hinter der biblischen Aussage zurück. Dieses auffallende Mißverhältnis erscheint normal angesichts der dem Verkündigungsparadigma eigenen Dialogregeln. Erlauben sie nämlich Reden über Predigt nur in der Dialektik von Menschen- und Gotteswort[16], dann funktioniert »Textgemäßheit« zur Sicherstellung eines regelrechten Vollzugs: sie weist den Prediger an den Text, läßt ihn daran scheitern und so die Unverfügbarkeit des Gotteswortes bewähren. Diese paradoxe Anleitung zum Erfolg durch Mißerfolg wirkte lähmend, würde ihre kritische Tendenz nicht überlagert von einer gegenläufigen Gesamtintention und Grundstimmung. Sie artikuliert sich, wenn »Predigt im Gespräch« zur Predigt über Predigt, der Fachtheologe zum väterlichen Freund wird, der mit dogmatischen Sätzen einer positiven Einstellung zur Predigt Ausdruck verleiht und andere dazu überreden will[17]. *Daß* gepredigt wird, daß Gleichgesinnte sich in der Wertschätzung dieser Praxis zur Gemeinde sammeln, das konnte und kann expressiv-persuasive Sprache bewirken, in einer Umwelt, welche dieselben Mittel für antichristliche Propaganda nutzt. So unerläßlich dieser werbende, auf emotionale Einstimmung drängende Umgang mit Predigt auch ist und in ihrer Bewertung als »Verkündigung« und »Gotteswort«[18] Niederschlag findet: Sie erstarrt unter dem Zustimmungszwang expressiver Kommunikation zur fraglos fixen Größe, an der sich Freund und Feind scheiden. Mit *gepredigter* Predigt verstricken sich alle Beteiligten in Sprachverwirrung. »Eindimensionale Rhetorik« mißbraucht nun »Predigt zum Modell wissenschaftlichen Verhaltens«[19] und den Dialog über sie zu

---

15 Vgl. die Besprechung (aaO.) von M. Höhn, Die unter die Gauner fielen (1971).

16 Barth, KD I/1, 97.

17 »Predigen als Leidenschaft« eröffnet R. Bohrens Predigtlehre (1972) 17–27; W. Jetter, Wem predigen wir? (1964) 6, geht es um eine »Mahn- und Trostrede«; J. Schreiber (Predigt, in: PTH, 403) schließt mit einem Imperativ, Chr. Bizer mit »Halleluja« (Die Predigt und ihr Kreuz, in WPKG 62 [1973] 488).

18 Vgl. die Bewertung der Predigt durch Kirchgänger in der VELKD-Umfrage: G. Schmidtchen, Gottesdienst in einer rationalen Welt (1973) 97.

19 Sauter, 230 ff. Sein Nachdruck auf sprachkritische Theologie wird verständlich angesichts der Folgen expressiver Kommunikation in der Kirche, etwa bei Predigern (vgl. S. und G. Bormann, Theorie und Praxis kirchlicher Organisation [1971] 173 ff.) oder Predigtlehrern: R. Bohren handelt poetisch von Poesie und Sprache, verwechselt Kommunikation mit deren Theorie: »Wenn die Erkenntnisse der Kommunikationsforschung auf Kanzeln erst fruchtbar werden, werden sie vermutlich zu einer Apokalypse der Sprachlosigkeit führen« (Predigtlehre, 42). H. G. Geyer kritisiert ihn, indem er über Bohrens Lob der Predigt das »Lob einer Homiletik« anstimmt, in: VuF 18 (1973) 1–13. Zu Ursachen und Auswirkun-

Monologen, die von Fachkollegen, kaum jedoch von Predigern und noch weniger von deren Hörern zur Kenntnis genommen werden. Denn Dogmatik als Stimmungsmache, Exegese und Kirchenrecht als Homiletik, das alles genügt nicht den Anforderungen erlern- und erklärbarer Redepraxis, wie die heimliche Vorherrschaft einer zweiten, praktischen Predigtlehre«[20] vermuten läßt. Aber auch sie bleibt zu wenig

c. konstruktiv

Das wäre der Versuch, Faktenwissen über die Predigt als Explanandum (Feststellungen zu ihrem Wann und Wo, Hypothesen zu ihrem Warum) zu vermitteln mit Wertwissen von ihr als dogmatischem Traktandum (Festsetzungen ihres Was und Wozu ...). Daraus könnten sich praktikable *Standards,* Handlungsanweisungen zu ihrem Vollzug, ihrer Herstellung und Kritik ergeben. Solche Standards kämen Reiseführern gleich: sie enthalten Beschreibungen, verbale Landkarten[21] eines bestimmten Geländes (Sonntagsgottesdienst, Friedhof, Rundfunk ...) und seiner Kommunikationsbedingungen, aber auch Verfahrensschritte zur Erreichung bestimmter Ziele.
Deren Auswahl zu begründen, dafür zu begeistern und zu überreden, ist Aufgabe der fundamentalen Welt- und Stimmungsbilder der Dogmatik[22]. Ihre Prospekte entbehren jedoch aktueller Geländeerfahrung; es fehlen Orts- und Fahrpläne und die Kennzeichnung von Verkehrshindernissen. Auch Verlängerungen exegetischer oder kirchengeschichtlicher Ausgrabungen bieten bestenfalls Sonntagsausflüge in Ruinenfeldern[23]. Dagegen kommt das gegenwärtige Kommunikations-

---

gen solcher Sprachverwechslungen in der Predigt: J. Kleemann, Verkündigung als Sprachproblem, in: neues hochland 65 (1973) 106 f.

20 D. Rössler, Das Problem der Homiletik, in: ThPr 1 (1966) 25 ff. Zur dort – vgl. auch Analyse des Verkündigungsmodells! – geforderten Vermittlung von Prinzip und Erfahrung vgl. K. F. Daiber, Volkskirche im Wandel (1973) 11 f.

21 Zu dieser berühmten Metapher der semantischen bzw. Abbildfunktion der Sprache vgl. S. I. Hayakawa, Sprache im Denken und Handeln ([4]1972) 29 ff.; S. Toulmin, Einführung in die Philosophie der Wissenschaft (1953) 107 ff.; C. A. v. Peursen, Phänomenologie und analytische Philosophie (1969) 149 ff.

22 Programmatisch für ihre Verwechslung mit Homiletik: H. Ott, Dogmatik und Verkündigung (1961) 20; E. Jüngel, Predigten ([2]1970) 126 ff. (vgl. dagegen die präzise Abgrenzung bei Barth, KD I/1, 81 f.); katholisch: F. Sobotta, Die Heilswirksamkeit der Predigt in der theologischen Diskussion der Gegenwart (1968) und Jacob, 206–268; s. o. Anm. 10.

23 Exegetisches Beispiel dafür: L. Goppelt, Zu Mt 13, 10–17, in: Calwer Predigthilfen (1968) 91, 95; 2 Kor als Homiletik: K. Adloff, Predigt als Plädoyer (1971); prinzipiell: W. Schütz, Vom Text zur Predigt (1968); kritisch: F. Kamphaus, Von der Exegese zur Predigt ([2]1968) 339 ff.; kirchengeschichtlich: M. Schoch, Verbi

gelände – zB. »Stationen des Hörens«[24] – besser in Sicht bei der Entzifferung der Satelliten- oder Nahaufnahmen empirischer Forschung. Aber ihr enormes Faktenwissen führt ohne theologische Bestimmung von Zielen und Reisewegen überall und nirgend hin. Es gilt also, Reden über Predigt vor allem nach Ansätzen zu Standards zu durchmustern – eine erste Auswahl! Sie wird nicht vom Methodenpurismus des Praktischen Theologen geleitet, sondern von seinem Interesse an der Basis schon immer laufender Kommunikation des Evangeliums. Gerät er dabei nicht erneut in die homiletischen Kreise seiner Fachkollegen, die noch am ehesten Standards und Verfahren formulieren?[25] *Ja,* soweit er nicht länger nur Reden über Predigt begutachtet, sonder konstruierend daran teilnimmt. *Nein,* soweit dies nicht einsam von Katheder und Schreibtisch herabdozierend, sondern protokollierend, experimentierend überall dort geschieht, wo christliche Zeitgenossenschaft sich kommunikativ bewährt. Es geht um den »Kontakt mit der durch das Zeugnis gebildeten Konsensgruppe«, sei das nun Isolotto, Taizé, Riesi, Heerstraße Nord in Berlin oder Maxvorstadt München. In der Artikulierung der hier wie in Predigtgewohnheiten unausgesprochen wirksamen Konventionen, weiter in deren Konfrontation mit theologischem, soziologischem, linguistischem Wissen, in der Präzisierung endlich zu vorläufigen Gebrauchsregeln für Predigt wird über sie konstruktiv geredet. Ansatzweise geschieht dies in den Predigtstudien[26]. So wird weder neutral-beschreibend alles gelassen wie es ist[27], noch vorschreibend über alle Beteiligten hinweg bessere Praxis verordnet. Weiter ergibt die Mobilisierung von Erfahrung aller

---

Divini Ministerium I (1968); Luther folgend: Chr. Bizer, Viva vox impressa, in: WPKG 62 (1973) 1–11.

24 K. W. Dahm, Beruf: Pfarrer (1971) 310–319.

25 Seltene Beispiele für Predigtanalyse: W. Born, Kriterien der Predigtanalyse (1971) und J. Konrad, Die Evangelische Predigt (1963), dessen ausgefeilten Kriterien R. Kliem, Die Katholische Predigt (1967), mit meditativen »Betrachtungen« nichts Vergleichbares zur Seite stellt (vgl. 374 ff.). Ebenso rar sind Verfahren, die nicht nur Rezeptsammlungen darstellen: H. Arens, Die Predigt als Lernprozeß (1972); D. Trautwein, Lernprozeß Gottesdienst (1972). Vorbildlich konstruktiv: »Predigtstudien« und »werkstatt – predigt« (eine homiletische Korrespondenz, hg. von der niedersächsischen Studiendirektorenkonferenz, 3411 Imbshausen).

26 Sie bilden praktisch wie theoretisch den Hintergrund meiner Überlegungen; vgl. J. Kleemann, Zerredete Verkündigung, in: Das Missionarische Wort 23 (1970) 262–271. Zur »Konsumgruppe« vgl. H. M. Barth, Theorie des Redens von Gott (1972); Sauter, 357.

27 T. Rendtorff: »Es gibt die Predigt, weil es sie gibt«, in: Lange, 81; dagegen Bastian, aaO. 82.

28 Theologie als »langfristige Wissenschaft«: v. Weizsäcker, 35 f.; ähnlich: Pannenberg, 23 ff. Vgl. auch den Beitrag von G. Hasenhüttl in diesem Band 624 f.

Grade[28] – etwa im interdisziplinären Dialog[29] – eine Verminderung der Wissensfülle zugunsten eines Konsensus in Richtung machbarer Predigt. Die Unterscheidung von dogmatischem oder empiristischem Reden *über* sie schützt nicht nur alle Beteiligten vor Sprachverwirrungen, sondern öffnet sie für Lernprozesse. Beispiele – auch für die Rückkopplung von Ist- und Sollwerten christlicher Erfahrung – bieten: das *social gospel,* dessen gutgehende Praxis der dogmatischen Neubesinnung nicht standhielt, oder die »politische Predigt«, welche die wohletablierte Homiletik des Verkündigungsparadigmas in Frage stellte, ja bei den »religiösen Sozialisten« die Predigtpraxis überhaupt zugunsten von Agitation[30]. Jedenfalls: ist konstruktives Reden über Predigt am faktisch Möglichen, Machbaren interessiert, muß es daran scheitern können. So erbrachte es in der Herausarbeitung spezifischer Funktionen der Sonntags- oder Radiopredigt und Kasualrede[31] gegen deren dogmatische Gleichschaltung zu »Verkündigung« zunehmende Bedenken. Diese zur Korrektur, ja Veränderung auf fundamentaltheologische Sollwerte zurückzumelden ist die eine Konsequenz[32]. Die andere könnte lauten: das Schweigen und Klagen über Predigt nicht persuasiv zu übertönen, sondern konstruktiv aufzuarbeiten bis hin zu ihrer methodischen Destruktion als einer nicht mehr mach- und wünschbaren Kommunikation des Evangeliums[33]. So oder so – muß konstruktiver Umgang auch nicht unbedingt zum Abbruch, dann doch

---

29 Hier wären für das Geschäft der Homiletik anregend K. F. Daiber (s. o. Anm. 7) und H. Weinrich, System, Diskurs, Didaktik und die Diktatur des Sitzfleisches, in: Theorie der Gesellschaft oder Sozialtechnologie, hg. v. F. Maciejewski (Theorie-Diskussion Supplement 1 [1973] 145 ff.).

30 Vgl. H. G. Jung, Befreiende Herrschaft (1965) 15–70; ferner das gegen Textauslegung kritische Nachwort bei H. Gollwitzer, Politische Predigten (1973), sowie W. Deresch, Predigt und Agitation der religiösen Sozialisten (1971).

31 Zum Diskussionsstand: Y. Spiegel, Gesellschaftliche Bedürfnisse und theologische Normen, in: ThPr 6 (1971) 212; R. Leuenberger, Taufe in der Krise (1973); exemplarisch in Material und Diskussion: Homilet. Arbeitsgruppe Stuttgart-Frankfurt, Die Predigt bei Taufe, Trauung und Begräbnis, Inhalt, Wirkung und Funktion. Eine Contentanalyse (1973).

32 Über Schleiermacher hinaus kann das Verhältnis von Praktischer und Systematischer Theologie im Sinne einer konstruktiven Verfahrenstheorie nicht irreversibel-deduktiv verstanden werden. Zu Schleiermacher: Wintzer, 11; kritisch: Bayer, 40 ff.

33 Nicht nur von »links« (vgl. W. D. Bukow, Das Elend der sozialistischen Opposition in der Kirche, in: ThExNf Nr. 162 [1969]), sondern aus der Pastoraltheologie werden dafür Argumente geliefert: J. Scharfenbergs Kritik am Mißbrauch des Gesprächs gilt indirekt der Predigt: Seelsorge als Gespräch (1972) 14 ff.; vgl. auch L. Hoffmann, Auswege aus der Sackgasse (1971) 15–51; Pro und Contra aus dem Pfarramt: O. Halver u.a., Hoppereiter mit dem lieben Gott (1970); zur Kanzelrede: Bizer, Kreuz; von der Jugendarbeit her: Chr. Bäumler, Kirche und Gottesdienst, in: Handbuch der Religionspädagogik, hg. von E. Feifel u.a., I (1973) 191–203.

zur Unterbrechung laufender Redepraxis führen und gleicht darin dem Diskurs. Dieser, hier als »*Lernhandlung*« verstanden[34], läßt ein weiteres praktisch-theologisches Interesse am konstruktiven Reden über Predigt erkennen. Es behandelt sie nämlich auch

d. didaktisch

Hier wäre zu fragen: Wer redet darüber mit wem – und zwar konstruktiv? Dieser Zusatz unterstreicht den didaktischen Aspekt[35]. Denn mitreden wird da vor allem, wer lehren und lernen will. Also bekommt der Praktische Theologe auch sich und die Teilnehmer an akademischer wie kirchlicher Ausbildung in den Blick. Im Interesse am konstruktiven Umgang mit Predigt widmet er sich nun ihrer Behandlung als *Lern*gegenstand, denn: ohne Standards keine Lehrgespräche, wohl aber Befehls- und Gefühlsaustausch im Priesterseminar oder zwischen Pfarrer und Vikar. Kann über Predigt nicht in einem Curriculum geredet und ihre Prüfbarkeit nicht nachgewiesen werden, dann muß der, der sie unterrichtet oder beurteilt, dies ebenfalls in Form einer Predigt tun. Ein Kommunikationsbenehmen, das praktisch-theologische Aus- und Fortbildung expressiv (s.o. 2.b) und methodenfeindlich unterläuft, weil es sich seiner selbst als Methode nicht bewußt wird. Durch Abrichten und Nachahmen in kirchlichen Lebensformen und Studiengängen zur zweiten Natur geworden, äußert es sich in Wiederholungszwängen auf dem Weg von autoritativen Texten zu Aus- und Aufrufen. Dieses Sprachverhalten gelangt über ein »Predige wie Jesus ... wie ich«[36] nicht hinaus. So verhindert es, was Konzil und Synoden fordern: tätige Mitverantwortung des ganzen Gottesvolkes, der Laien. Soll sich dies nicht nur auf ihre Beifalls- und Begeisterungsbereitschaft beziehen, dann bedeutet »Verkündigung als Einladung«[37] die konsequente Ausarbeitung von Lernprogrammen. Die Einübung von Laien in Kommunikation, Umgang mit Zuhörern und Bibeltexten, ja nur in Nachgespräche ist ein Testfall didaktisch-methodischen Umgangs mit Predigt: nur wer sie nach angebbaren, verbindlichen Regeln lernte, kann andere in ihrer Herstellung, Kritik oder Analyse unterweisen.

---

34 So im Anschluß an J. Habermas: H. v. Hentig, Komplexitätsreduktion durch Systeme oder Vereinfachung durch Diskurs? in: Theorie-Supplement 1 (1973) 115 bis 144.

35 Mehr auf Predigt bezogen, aber mit viel Literatur: H. B. Kaufmann, Didaktik und Homiletik, in: EvTh 32 (1972) 61–69; reformatorisch-systematisch: Chr. Bizer, Unterricht und Predigt (1971).

36 J. Schreiber, Predigt, in: PTH, 403; Kliem, 306 f.; vgl. dagegen G. Krause, Plädoyer für die Examenspredigt und ihre Reform, in: ZThK 69 (1972) 466–496 (in Form eines Gutachtens).

37 A. Grabner-Haider, Verkündigung als Einladung (1969) 1 ff., 123 ff.

»Wie soll man Predigt lehren?«[38] So, daß die Ausgebildeten zu Ausbildern (Multiplikatoren) befähigt werden und die Gemeinde mitreden und lernen kann.

Bleibt dabei eine hierarchische Unterscheidung passiv-hörenden und aktiv-ausführenden Gebrauchs der Predigt unumkehrbar erhalten, hält sich diese Forderung in den Grenzen dogmatischer Regeln, was das Amt angeht. Ökumenisch strittig wird sie, wo didaktischer Umgang mit Predigt zu anderen Kirchenstrukturen führt, programmiert als Gesamtkatechumenat oder Erwachsenenbildung[39].

Anhaltspunkte dazu bietet nicht nur die Praxis von Experimentgruppen, sondern auch von Orts- und Freikirchen, deren Reden über Predigt jeden Hörer als potentiellen Prediger einschätzt. Wenn der Praktische Theologe solche Ansätze als »Verkündigungsgespräch«[40] thematisiert und homiletisch für Laienpredigt, liturgisch für die Messe fruchtbar macht[41], übersetzt er nicht allein offizielle Standards wie »gemeindegemäße Predigt«[42] in verständliche Kriterien für die untere Mitgliedergruppe[43], öffnet ihr amtlich reservierte Praxis und verhilft dieser wieder zu Lösungen in Rollenkonflikten und Nachwuchssorgen. Vielmehr intensiviert er die ökumenische Rückfrage nach dem dritten Glaubensartikel in seinem Wert als Dialogregel[44]. Ja, mehr noch: Sein Interesse an einer vom ganzen Gottesvolk gefragten Predigt ermittelt und erprobt gerade im didaktischen Reden über sie ihren gesellschaftlichen Stellenwert. Könnte eine Gemeinde oder Kirche, die ihre Predigt als Bildungsgegenstand behandelt, als Sprach- und Redeschule funktionieren?[45] Übt sie ihre Mitglieder im kritischen Gebrauch

---

38 Bohren, aaO. 48; vgl. A. Sommerauer, Das Handwerk der Predigt (1973); Praktische Bibelarbeit heute, hg. vom Kath. Bibelwerk Stuttgart (1973); W. Blasig, Praktikum für Gottesdiensthelfer (1974).

39 Gottesdienst, Predigt und Erwachsenenbildung: E. Lange, Sprachschule für die Freiheit, in: EvKomm 5 (1972) 204–209; diskutiert bei Trautwein, 336.

40 H. W. Heidland, Das Verkündigungsgespräch (1969); P. Siller, Das Predigtgespräch, in: Die Fremdsprache der Predigt (1970) 89–104.

41 Die Gruppenmesse kann in ihrer homiletisch-didaktischen Wirkung nicht hoch genug eingeschätzt werden: vgl. H. Reifenberg, Hauseucharistie (1973) und die »Erlebnisberichte lebendiger Liturgie« bei H. Haas, In seinem Namen versammelt (1972).

42 Hummel, 165 ff., 402 ff.

43 Vgl. die Vorschläge bei Bormann, 341 ff., und die »Anmerkung eines Nachtbeters«: Politisches Nachtgebet in Köln II (1972) 201 ff.; Synodale in: Hummel, 336 f.

44 O. Weber, Grundlagen der Dogmatik II (1962) 636 ff.; pastoraltheologisch konsequent (wie R. Bohren): F. Klostermann, Die Träger der Verkündigung, in: Handbuch der Verkündigung I (1970) 363–409, 399 f.

45 Vgl. Lange, Sprachschule; zur Kritik: H. Geissner, Rede in der Öffentlichkeit (1969) 7–31; H. Glaser, Das öffentliche Deutsch (1972) 11, 41 ff.

der Predigt, erkundet sie mit diesen als Bürgern zugleich neue Wege der Rhetorik[46] und Ethik öffentlicher Rede[47]. Soweit sie dabei jedermann und jederzeit diskursiv in Lernhandlungen Rede und Antwort zu stehen vermag über Interessen und Kriterien solcher Kommunikationspraxis, könnte sie – und wenn Objekt oder Zielscheibe emanzipatorischer Kritik – demokratische Redekultur befördern[48]. Solche Rechenschaftsablage macht nochmals die Probe aufs Exempel: für konstruktiv-didaktisches Reden über Predigt, für ihre öffentliche Relevanz. Muster dafür bieten die Lern- und Verlernprozesse der Verkündigung in den Massenmedien[49]. Wie hier noch oder nicht mehr mit Predigt umgegangen wird, gibt nicht nur über ihre erwünschten und tatsächlichen Möglichkeiten Aufschluß. Denn jedes Reden über sie, als »Landkarte« befragt, ist für die jeweilige Geländekenntnis, für das Wirklichkeitsverständnis ihrer Benutzer äußerst

e. informativ

Hier wird semantisch gefragt nach Gegenständen, Personen und deren Verbindungen zu Sachverhalten und Ereignisfolgen, auf welche Reden

46 Systematisch: W. Grünberg, Homiletik und Rhetorik (1973); in Fortsetzung von M. Josuttis und H. G. Wiedemann: Zur rhetorischen Gestaltung der Predigt, in: EvTh 32 (1972) 38–61. Wichtig zum Verständnis protestantischer Tradition: U. Schnell, Die Homiletische Theorie Ph. Melanchthons (1968).

47 Grundlegend noch immer H. E. Bahr, Verkündigung als Information (1968); Benedict; H. J. Dröger, Religion als Thema in Spiegel, Zeit und Stern (1973) 7–65; R. Zerfaß, Herrschaftsfreie Kommunikation – eine Forderung an die kirchliche Verkündigung? in: Macht – Dienst – Herrschaft in Kirche und Gesellschaft, hg. v. W. Weber (1974) 81–106; kritisch gegen den »Himmel« herrschaftsfreien Dialogs: Weinrich, 148 f.

48 R. Geißler, Massenmedien, Basiskommunikation und Demokratie (1973); H. J. Benedict, Die Pastorenkirche als Demokratisierungsfaktor, in: Th. Ebert / H. J. Benedict (Hg.), Macht von unten (1968) 179–199. Verbindung zum Predigtgespräch: Siller, 96; zur Predigtkritik: R. Zerfaß, Kriterien der Predigtkritik, in: Das Evangelium auf dem Weg zum Menschen, hg. v. O. Knoch u. a. (1973) 143–154.

49 Hier finden sich: Teamarbeit, Rollentausch Laie–Priester (D. Baacke, Massenmedien, in: PTH 356), mediengerechte homiletische Standards (G. Schmid, Verkündigung als gesprochenes Wort, in: Verkündigung im Zeitalter der Massenmedien, hg. v. F. Zöchbauer [1969]), sozialkritische Erwachsenenbildung (vgl. zB. W. Joelsen / Ch. Hoffmann / H. Michel, Denkanstöße – Neue Moral? [1972] und: Niemand spricht mit mir, hg. v. H. Michel [1973]), Ausbildung in Kommunikation, Medienkritik und Seelsorge durch Selbsterfahrungsgruppen (F. Zöchbauer / H. Hoekstra, Sensibilisierungstraining Massenkommunikation, in: Publizistik 18 [1973] 137–146), interdisziplinäres Gespräch Theologie – Publizistik (vgl. Konfrontation – Massenmedien und kirchliche Verkündigung, hg. v. W. Massa [1972], sowie die Zeitschriften medium und ComSoc). Kritisch: B. Klaus, Massenmedien im Dienst der Kirche (1970). Literaturüberblick: M. Josuttis, Zur Kommunikation in der Kirche, in: VuF 1 (1973) 47–74.

über Predigt Bezug nimmt, über die es etwas aussagt[50]. Denn – ob Mikroskop des Theologen oder rosa Brille des Kirchgängers –, mit Sprache kommt eine Optik ins Spiel, die Modelle, Bilder der Welt, des Hörers usw. konstruiert[51]. Sie läßt den betont naiven Praktiker oder Kirchgänger zB. biblische Texte besser, Lokalpolitik verschwommen oder gar nicht wahrnehmen und – entscheidend für seine Erwartungen und Entschlüsse – entsprechend reagieren[52]. Solche Blickverengungen, lebens- und predigterhaltend als »Reiseführer« im Alltag, lassen ihre Bedeutung, ihren Wert erst erkennen im Vergleich mit anderen Blickwinkeln. Selbst wenn diese alle – ob von Konfirmanden oder Nichtkirchgängern – derselben Optik zugehören sollten: in der Vielfalt »christlichen Redens« stellen sie doch Variationen der Brennweite (Fokus als Interessenstandpunkt!) dar: die jeweilige Abgrenzung des Ausschnitts an Wirklichkeit wirkt sich aus in der Wahl und Schärfe von Objekten, die im Prozeß der Predigt relevant sein sollen[53]. Werden nun dem Prediger solche Blickwinkel bewußt, bringt das ihre Verengungen nicht zum Verschwinden. Jedoch methodisch als rhetorische Alternativen für Situationstypen entscheidbar gemacht, geben sie ihm mit offener Wahrnehmung seiner Umwelten auch weitere Sprach- und Reaktionsmöglichkeiten[54]. Nicht länger auf einen reifizierten Idealtyp »Predigt« fixiert, könnte er zunächst zu einer viel- statt zweiwertigen (Sonntag-Werktag, Kirche-Welt!) Orientierung seiner Kommunikationspraxis gelangen[55]. Mit der Einsicht, daß es *die* Predigt nicht gibt,

---

50 Zur Semantik, welche sich auf die inhaltlichen, referierenden, prädizierenden Funktionen der Sprache bezieht: Stegmüller, 33; J. Searle, Sprechakte (1971) 114–149; W. Kamlah / P. Lorenzen, Logische Propädeutik (1967) 27–53.

51 Die von Humboldt und Sapir, Whorf, Wittgenstein ausgearbeitete Auffassung der Sprache als Weltansicht wendet auf Theologie an: H. Fischer, Glaubensaussage und Sprachstruktur (1972) 236 ff., vgl. auch P. L. Berger, Die gesellschaftliche Konstruktion der Wirklichkeit (1969) 36 ff., und K. Müller, Die präparierte Zeit (1972).

52 Grundsätzlich diskutiert bei H. u. M. Sprouts, Ökologie, Mensch, Umwelt (1971) 162–180; hier wird Reden über Umwelt sprachkritisch untersucht.

53 Zur Terminologie K. Pike, Language in relation to a unified theory of the structure of human behavior (1967) 73–93. Er weist in der Analyse eines Gottesdienstes nach, wie je nach Wahrnehmungsinteresse die Verhaltenseinheit Predigt durch die Teilnehmer verschieden unterteilt und zugeordnet wird.

54 W. Jens formuliert das Programm: Von deutscher Rede, dtv 806 (1972) 11 f.; zur Beschreibung von Redesituationen vgl. Dittmar, Soziolinguistik (1973) 199 bis 227. In diese Richtung zielen auch die Predigtstudien, die den Prediger mit verschiedenen Situationen und Weltbildern in der Vorbereitung konfrontieren; vgl. W. Massa, Predigttypologie, in: Handbuch der Verkündigung II (1970) 239–310.

55 Bormann, 54 f.

könnte semantische Analyse eigenen wie fremden Redens über sie beitragen zur Therapie von Betriebsblindheit und Weltverlust[56].

Um jedoch Vorstellungen von ihr als solche von Wirklichkeit auszuwerten, müßten Inhaltsanalysen vorgenommen werden[57]: Welche Ereignisse, Menschen, Dinge werden in Kategorien zusammenbegriffen oder auseinanderdividiert, wo man über Predigt redet? Welche Begriffe werden synonym verwendet?[58] Was wird mit »Predigt« positiv, was negativ assoziiert, mit welcher Intensität werden Gefühle, Bewertungen stimuliert?[59] In solchen Wort- und Satzverbindungen wirken nicht zuletzt dogmatische Sprachregelungen nach, welche der Einheit »Predigt« ihre artgemäße Umwelt zuteilen. Unterklasse von »Verkündigung«, ist sie kirchlichem Reden gleich- und »weltlichem« vor- oder gegenübergestellt[60]. Findet sie dabei – ob »Kult«- oder »Kanzelrede« – ihre ökologische Nische hinter Kirchenmauern, so geht sie als »Agitation«[61] auf die Straße, in Parlamente und Betriebe. »Information« (H. E. Bahr) oder »Problemlösungsphase« (D. Trautwein), gerät sie zur Funktion von Lernprozessen, bescheidet sich unter dem Dach des »Gesprächs« zur Lebenshilfe[62], abenteuert »poetisch« (R. Bohren) im Untergrund, arbeitet endlich als »Kommunikationsmittel« (K. W. Dahm) im Überlebens- und Evolutionsprozeß der Gattung Mensch. Solche Definitionsversuche sind persuasiv, wenn in der Koppelung mit Fachbegriffen die Predigt aufgewertet, als modern empfohlen werden soll. Diesem Aufwertungs- entspricht ein Abwertungseffekt dort, wo »Information« oder »Lernprozeß« negative Reizworte

---

56 In diesem therapeutischen Interesse treffen bei ganz verschiedenen Voraussetzungen Psychoanalyse und Sprachphilosophie zusammen. Zu S. Freud und L. Wittgenstein vgl. A. Lorenzer, Sprachzerstörung und Rekonstruktion (^{2}1971) 161 ff. Predigtanalyse unter diesem Aspekt betonen Chr. Hermann und O. Mettler, in: Die Predigt bei Taufe ... (s. o. Anm. 31) 85–124.

57 Ein neuralgischer Punkt: einmal bleibt die Inhaltsanalyse praktisch hinter ihren anspruchsvollen Theorien zurück (so H. J. Bessler, Aussagenanalyse [1970] und J. Ritsert, Inhaltsanalyse und Ideologiekritik [1972]); zum anderen wäre ihr Ansatz jeweils auch theologisch zu begründen (s. o. Anm. 8, 9, 11).

58 Selbstkritisch H. Krebber, in: Die Predigt bei Taufe..., 125 ff.

59 Mit dem semantischen Differential (Ch. Osgood, The measurement of meaning [1957] wären Einstellungen der Hörer bzw. Prediger zu Predigtzielen, Themen, Schlüsselworten der Homiletik zu messen und ergeben eine emotional-verbale Landkarte; vgl. die unterschiedliche Bewertung der »Politik« in Kirchgängerbefragungen und in systematischem oder homiletischem Reden über Predigt.

60 Anders G. Wingren, Die Predigt (1955) 19, für den Verkündigung als Kultrede eine Verengung der Predigt ist. Typisch dagegen W. Hammer, Die Sprache der Verkündigung, in: Die Predigt als Kommunikation (1972) 11.

61 Vgl. Deresch; Benedict; marxistisch: G. Klaus, Sprache der Politik (1971).

62 In Umkehrung der im Verkündigungsparadigma geltenden Klassifizierung, etwa bei E. Thurneysen, Seelsorge im Vollzug (1968) 28.

darstellen[63]. So oder so – expressiv gebraucht werden sie ihres Erfahrungsgehaltes entleert, und verschaffen so mangels konstruktiver Operationalisierung zu machbarer Predigt dieser keinen Geländegewinn, sondern lassen sie weiter über Gott reden in der gewohnten Umgebung von Altar und Talar. Wenn bei solchen bodenlos-fabulierenden verbalen Landkarten der Praktische Theologe Inhalts- mit Psycho-Analyse vertauschen möchte ..., erst in ihrem Vergleich mit anderen Wirklichkeitsverständnissen kommt er Pfarrer- und Konfirmanden-, Arbeiter-, Akademiker- oder Kirchgänger-Welten auf die Spur, und ihren noch oder nicht mehr vorhandenen Gemeinsamkeiten in Sachen Predigt. Sondert er nun im Reden über sie veraltetes oder irreführendes Material aus, operationalisiert, quantifiziert und konstruiert er und deckt »linguistischen Terror«[64] auf, so muß er diese empiristische, ideologiekritische Verwendung der Sprache begründen: er muß dem theologischen Gespräch der Kirche und damit Regeln folgen, die in der Geschichte eben jener Kommunikation entstanden, die er als Predigt methodisch – also den Regeln einer anderen Sprache folgend – zugänglich machen will. Könnte er solches Interesse an der Mitteilbarkeit und Nachprüfbarkeit ihrer Kriterien nicht in dem sie begleitenden Anspruch auf Botschaft begründen? »Verkündigung des Evangeliums« muß, will sie Kommunikation sein, doch erlernbaren Regeln folgen? Bisher war die Suche nach ihnen jedoch auf verbales Material beschränkt. Um der besseren Erfassung christlicher Lebenspraxis willen kann es ausgeweitet werden zu:

3. *Über Predigt kommunizieren*

Also über sie klatschen ... weinen ... musizieren ... den Talar anziehen ... Kerzen anzünden ...: ein ganzes Bündel von Botschaften, mit denen sich verschiedene Ebenen und Mittel der Kommunikation überlagern. Schon verbal teilt der Prediger Inhalte, aber auch seine Einstellung zu ihnen wie zu seinen Hörern mit, Mimik und Gestik

63 Vgl. Hammer; mit begründeter Kritik: Grünberg; zu »metaphorischer Adaptation«: Pannenberg, 436, Anm. 822. Vorbildlich die Aufarbeitung der Kommunikationsbegriffe für Praktische Theologie: W. F. Lerg / R. Zerfaß, Modelle der Kommunikation, in: Konfrontation (s. o. Anm. 49) 17–29; ferner W. Bartholomäus, Evangelium als Information (1972).

64 Ein Leitmotiv der Kybernetik und Strukturalismus wie Psychoanalyse und Verhaltensforschung integrierenden Essays von A. Wilden, System and structure (1972).

kommen hinzu, weiter Raumanordnung, Gerüche, Farben ...[65]. So kompliziert Unterscheidung, Entzifferung und vor allem didaktische Erschließung dieses vieldeutigen Nachrichtenverkehrs auch ist – als Kommentierung, ja Definition der Predigt anvisiert, erlaubt er einen auch ökumenisch bedeutsamen Blickwechsel.

a. Reformatorisch – Gegenreformatorisch

Interesse an *Reden* über Predigt und an ihr selbst als Wortgeschehen wird nun zur Blickverengung. Rückt doch hier verbale Kommunikation derart ins Licht, daß averbale Zeichen dieses Licht bestenfalls noch reflektieren können. So bleibt der Kommunikation über Predigt nur die Theologie, die mit verbalem Gotteslob[66] – Mozart gleich – expressiven Ersatzdienst leisten muß. Aber auf die tabuisierten Symbole fällt vom Opfermahl her gegenreformatorisch verstärkter Glanz. *Kommunion* ist Kommunikation über Predigt und alle Worte im Gottesdienst: ihren Stellenwert definieren Verlauf, Anordnung und Ort des Mahles; seine »Heilszeichen« appellieren an die Beziehung der Menschen mit Gott und so untereinander[67]. Die Rubriken der Messe wären dann Anweisungen zur Vorbereitung und Darstellung dieses Geschehens, das verbal allein nicht mitteilbar, wohl aber ankündbar ist: in Formeln des Segens, der Anbetung und Absolution, in

65 Wegweisend für die Unterscheidung von Kommunikationsebenen ist die Palo-Alto-Schule: P. Watzlawick u. a., Menschliche Kommunikation (²1971). Versuche der Anwendung auf Predigt: Bastian, Kommunikation; Kleemann, Verkündigung als Sprachproblem; H. W. Dannowski, Reflexion auf Sprache in der Beerdigungspredigt, in: werkstatt predigt, Nr. 4 (1973) 19–24. Zur Unterscheidung illokutiver und propositionaler Sprechakte vgl. Searle, diskutiert bei Bartholomäus, 185 ff.; zur Semiotik: M. Bense, Einführung in die informationstheoretische Ästhetik, rde 320 (1969), zur »Körpersprache«: J. Fast; zur Sprache der Bänke, Lichter: P. Pruyser, Die Wurzeln des Glaubens (1971) 55 ff.; zur »Sprache der Grundrisse«: E. Schulz, Der Weg zur Katakombe, in: Kirchen in nachsakraler Zeit, hg. v. H. E. Bahr (1968) 32 ff.

66 G. Harbsmeier, Spielen auf dem Erdboden vor Gott, in: VuF 1 (1973) 90. Prinzipiell zum Vorrang des Wortes: ders., Daß wir die Predigt und sein Wort nicht verachten (1958); vgl. die Auslegung des dritten Gebotes bei Luther im Großen Katechismus, in: Die Bekenntnisschriften der Evang. Luth. Kirche (³1956); zur »Sprache« der Schöpfung: Barth, KD IV/3, 158 f.; homiletisch: H. R. Müller-Schwefe, Die Lehre von der Verkündigung (1965).

67 L. Scheffcyk, Die Heilszeichen von Brot und Wein, Eucharistie als Mitte christlichen Lebens (1973); K. Gamber, Liturgie übermorgen (1966); zum Versuch einer evang. Deutung: V. Vajta, Die neuen eucharistischen Hochgebete, in: Dem Wort gehorsam (1973) 394–407.

Rezitation heiliger Texte und durch religiöse Kontaktlaute[68]. Der Homilet, nunmehr methodisch Liturgiker, bekommt hier ein reformatorischem Fokus kontroverses Bild zu sehen: die gewohnten Faktoren Prediger–Hörer übernehmen in einer eucharistischen Umwelt die Funktion von Priester–Kommunikant. Soll er nun – den hier wirksamen konfessionellen Dialogregeln folgend – solche Gegensätze zu »evangelischer« Predigtlehre standardisieren? Oder kann er sie ökumenisch brauchbar machen als weniger konträre denn komplementäre, nämlich digitale *und* analoge Aspekte der Kommunikation?[69]

b. Digital – analog

Zunächst reißt der Praktische Theologe seinen Blick los von den verbalen Landkarten der Homiletik und Liturgik. Was nämlich eine Messe, Rundfunkandacht, Prozession oder Beerdigung an Botschaften bringen – das Medium ist die Botschaft! – kann nur unter Verlust an Bedeutung verbalisiert, also digital, etwa in Anmutungskategorien, übersetzt werden[70]. Solche komplexen, vor allem analog vermittelten Nachrichten können genau nur im Jetzt und Hier entziffert werden. Übungsfeld dafür ist die Kleingruppe. Sie eignet sich – ob in Predigtvorbereitung oder besser unter einem Trainer – zum homiletischen und liturgischen Labor[71]. Selbst die Fremdwahrnehmung von Verhalten als Kommunikation, besseres Verständnis für Sprache als Kontaktbenehmen, sowie Erfahrung mit ihren Wirkungen durch unmittelbare *Rück*wirkungen sind schon für den Prediger nützlich zur genaueren Einstellung auf Redesituationen, aber auch zur Bereitschaft ihrer Veränderung durch liturgische Initiativen. Also ein zum Poime-

---

68 Eine Sprache, die »bringt«, was sie sagt, benutzt Worte als Anzeichen, Symptome, welche gerne als »Symbole« bezeichnet werden. Zu Tillich, Bultmann, Heidegger und ihrer Sprachauffassung A. Jeffner, The study of religious language (1972) 58 f. Zur Deutung dieser Sprachfunktion als Performativ: L. Bejerholm, Wort und Handlung (1966); vgl. Bayer, 25 ff.

69 Zu den kommunikationstheoretischen Grundlagen dieser Unterscheidung: Wilden, 155–200; Watzlawick u. a., 64 ff.; Bastian, 54 ff. Was gemeinhin »symbolische Kommunikation« oder »evokative« Sprache genannt wird, arbeitet mit Mitteln analoger Kommunikation. Vgl. dazu auch G. Ebeling, Worthafte und sakramentale Existenz, in: Wort Gottes und Tradition (1964) 197.

70 Vgl. M. Schäfer, in: Die Predigt bei Taufe ..., 27 f.; die latente »Stimmung« zwischen Prediger und Hörer will auch Born, 31 ff. – unter Verweis auf die Kriterien von K. W. Dahm – analysieren.

71 Dahm, 245; vgl. E. Bartsch u. a., Verkündigung (1970) 33, 92 f., 100 ff.; H. Chr. Piper, Die Predigtanalyse in der klinischen Seelsorgeausbildung, in: WzM 25 (1973) 355–365 (wichtig für Predigtvorbereitung!). Zu Gruppenmesse und gruppendynamischen Kommunikationsübungen s. o. Anm. 38, 41, 49.

niker wohlgeratener Liturgiker und Homiletiker, geeignet für den Rückzug christlicher Kommunikation in privaten Sprachverkehr und Getto? So fragt, wen überlieferte verbale Landkarten Eucharistie und Predigt als Knotenpunkte öffentlichen Nachrichtenverkehrs sehen und übersehen lassen, daß christliche Gruppenbildungen ein dort unbefriedigtes Bedürfnis anzeigen.[72] Dabei gewonnene Erfahrungen ermutigten die Beteiligten zudem zur Erprobung neuer Möglichkeiten der Veröffentlichung des Evangeliums. Einmal im Versuch einer bewußt analogen (Liturgische Nacht am Kirchentag Düsseldorf 1973) oder digitalen (Politisches Nachtgebet) Kommunikation in »Wort«- oder »Experimentgottesdiensten«[73], zum anderen durch Digitalisierung in Theologien des Festes[74] oder Wortes.

c. Information – Evokation

Nun kann der Praktische Theologe nochmals vergleichend vorwissenschaftliches Meinen und Reden über Predigt heranziehen, indem er es analog zurückübersetzt: was etwa Kirch- und Nichtkirchgänger kritisch zu Experiment- und Sonntagsfeiern äußern, sind ihm digitalisierte Beziehungswünsche. Sie bedürfen der Inszenierung durch Mittel analoger Kommunikation. Was leisten dafür Familien- und Gruppenfeste, Spiele, Tauf-, Trau- und Beerdigungsrituale? Was tragen liturgische Tradition und Experiment bei zur Kommunikation der emotionalen Bedeutung des Glaubens?[75] In solchen Szenen gerät Sprache – ob kreativ freigesetzt oder in Formeln gebannt – durch

---

72 Einen neuen Pietismus diagnostiziert Th. C. Oden, The intensive Group Experience (1972).

73 Eine »Wiederkehr der Liturgie« konstatiert Müller-Schwefe, 95 f.; Aufwertung der Liturgik fordern nicht nur N. Frenkle u. a., Zum Thema Kult und Liturgie (1972), sondern auch M. Seitz in seinem Nachwort zur VELKD-Umfrage, in: Schmidtchen, Gottesdienst, 159. Ihre historischen Kategorien verstellen ihnen jedoch die Wahrnehmung und Verarbeitung der hier betonten gruppendynamischen und kommunikationstheoretischen Bedingungen und damit der Gottesdienstexperimente. Vgl. dagegen die Ansätze bei Y. Spiegel (Hg.), Erinnern, Wiederholen, Durcharbeiten (1972) und M. Josuttis, Gesetz und Gesetzlichkeit im Politischen Nachtgebet, in: EvTh 33 (1973) 559–578, sowie den Beitrag von P. Cornehl in diesem Band 449–463.

74 Diskutiert mit Literatur: G. M. Martin, Fest und Alltag (1973).

75 L. Bertsch, Die Ritualisten als Frage an die Riten und Symbole der Kirche, in: K. Forster (Hg.), Befragte Katholiken (1973) 83–97; zum Beerdigungsritual vgl. P. Krusche, Trost als Beruf, in: Dem Wort gehorsam (1973) 198–216; ferner K. F. Daiber, Die Trauung als Ritual, in: EvTh 33 (1973) 578–597. Vgl. den homiletischen Ansatz F. Schleiermachers bei Kult als Darstellung (Literatur bei Wintzer, 17 ff.); Grundlagenforschung: The communication of emotional meaning, hg. von J. R. Davitz (1964).

evokativen Gebrauch an ihre Grenzen[76] und Predigt zwischen alle Stühle. Problemanzeigen dafür bieten die Tendenz zu »Themagottesdiensten« wie der Versuch, »Information« dem Bereich der Schul- und Erwachsenenbildung vorzubehalten[77]. Aber solche Unterscheidungen begrenzen die Hypostasierung der Predigt und bringen sie als Sonderfall der Verflochtenheit von Sprache und Gebrauchssituation in den Blick.

d. Die »Sprache« der Verhältnisse

Sonntagmorgen, Kirche, akademische Theologie, Arbeit und Freizeit sind metakommunikative Botschaften. Wen immer diese Begegnungssysteme miteinander leben und damit reden lassen, dem geben sie auch Rolle, Partner, Texte, Gegenstände und Zeit wie Ort für Sprechakte, also *kommunikative* Kompetenz[78].

Zunehmende Selbsterfahrung und theoretische Einsicht auch der Prediger in diese sozialen Bedingtheiten lassen neu nach der Predigt fragen[79]. Welchen Umgangs- und Sozialformen kann sie »situativ-funktional« korrespondieren?[80] Kürzer: was bedeutet die *»Situation«* für die Predigt? Ein Begriff ohne deskriptiven, aber mit präskriptivem Gehalt, geeignet und gebraucht zur Auseinandersetzung mit dogmatischem Wertwissen[81]. Etwa jenem, das vorschreibt, über Predigt als

---

76 Als Eigenart religiösen Gebrauchs von Sprache betont bei P. van Buren, The egdes of language (1972); Sauter, 314; Bohren, 338–346. Daß eine emotive Funktion der Sprache über Formeln zu Leerformeln und ins Schweigen führt, ist nicht nur mystische Erfahrung; vgl. das Material zu »wortenger Sprache« bei H. Meier, Deutsche Wortstatistik (^{2}1967) 60–109; »vorsymbolische Sprache« bei Hayakawa, 78 ff.; oder die Funktion des Lateins: Pruyser, 149 ff.

77 Typisch zur »Information«: Biemer / Siller, 210–218; ähnlich die Zweiteilung »Wort- und Zeichen-Gottesdienst« bei Reifenberg, Hauseucharistie, 33 f. Die Diskussion im evangelischen Raum, auch in der Wiedergabe von Hörermeinungen, signalisieren: H. Schroer / F. Ruddat, Thema-Gottesdienste (1973); G. Kugler / J. Viebig, Kommentargottesdienste (1972); als Gegenposition: J. Konrad, Sozialethische Themen auf der Kanzel (1973). Mit dem »Thema« kommt die Relevanz der Ethik und damit auch der Konflikt kirchlicher und gesellschaftlicher Wertsysteme, auf Predigt angewandt, zur Geltung. Vgl. G. Schmidtchen, Zwischen Kirche und Gesellschaft (1972) 40–93; M. Seitz, Die Umfrage-Ergebnisse als Aufgabe, in: Schmidtchen, Gottesdienst, 152–157.

78 Hier im Sinne von D. Hymes, Modelle für die Wechselwirkung von Sprache und sozialer Situation, Sprache und kommunikative Kompetenz (1973) 80 ff., als Möglichkeit des Eintretens in Begegnungssysteme auf verschiedenen Bezugsebenen.

79 Siehe Anm. 1–7.

80 J. Kopperschmidt, Kommunikationsprobleme der Predigt, in: Biemer, Fremdsprache, 30–57; Schnelle, 270 ff.; wichtig der Befund der Unabhängigkeit von Kasus und Ansprachen bei K. H. Lütcke, in: Die Predigt bei Taufe . . ., 58 f.

81 K. Hemmerle, Was heißt Glaubenssituation? in: Befragte Katholiken, 23–42, vgl. Lange u. a., 21 f.

freie Rede zu reden[82] und den Prediger in ein Dilemma fängt: Entweder durchstreicht er folgsam seine Verständigungsbemühung durch Mißachtung ihrer situativen Abhängigkeit, oder er beachtet diese und mißachtet dann – einer heimlichen Predigtlehre oder gesundem Volksempfinden preisgegeben – Dogmatik und Theologie überhaupt. Der Praktische Theologe kann ihm nicht durch expressive Beschwörungen der »Situation«, sondern durch konstruktive Anleitungen heraushelfen: Es geht dann um Herstellung von Gebrauchssituationen, in denen freie Rede gefragt und praktizierbar wird[83]. So wären Organisationsplanung und Gemeindeaufbau neben Liturgik und Poimenik methodische Zugänge zur Predigt, die ihr mit neuer Umgebung auch neue Kriterien anlegen[84].

e. Situation und semiotische Freiheit

Analoge Kommunikation des Evangeliums setzt die Predigt nicht nur mit anderen Mitteln fort, sondern gebraucht sie als Zeichen. Wie immer sie die an ihr Beteiligten zueinander in Beziehung setzt, sie zeigt oder durchstreicht und qualifiziert damit analog, was sie digital sagt. Institution und Situation der Predigt sind ihr eigener Kommentar. Derart als Beziehungsappell entziffert, fällt sie unter ein Zeichenrepertoire, das – in Brot und Wein kanonisch autorisiert – zur analogen Übersetzung des Evangeliums benutzt wird. Wenn dieser Vorgang im Liebesgebot legitimiert ist – Liebesbeziehungen sind analoge Kommunikation[85] –, dann stellt sich die Frage: »Sprache« des Kultes oder der politischen Diakonie? »Beides – und auch Kirche der Armen, der Priester samt den Zeichen von Zölibat, Maschinengewehr, Domglokken ...« stellt der Praktische Theologe enthaltsam protokollierend fest. Ein »Entweder – Oder« formuliert er erst dann, wenn er Vieldeutiges eindeutig und Widersprüchliches verständlich oder unwirksam machen will. Dies aber – gerade auch Berufung auf das Liebesgebot – ist digitale Zeichenverwendung. Sie erst erlaubt ihm ein *»Nein«* und damit Distanz zu den Imperativen der Begegnungssy-

---

82 K. Barth, Homiletik (1966) 64 f., spricht auch von »Originalität«.

83 Siehe Anm. 48.

84 Vgl. Daiber, Volkskirche; A. Weyand, Pastorale Planung in den Bistümern, in: Befragte Katholiken, 98–105.

85 So Watzlawick u. a., 64; Diakonie als »Verkündigung« bei Barth, KD I/1, 54 f., in diesem Zusammenhang steht die Diskussion um die Bedeutung der Mahlfeier als Liebesgemeinschaft und Opfermahl erneut an; vgl. J. Roloff, Anamnese und Wiederholung im Abendmahl, in: Spiegel (Hg.), Erinnern, 114 ff.; s. o. Anm. 41 und 67.

steme. Soweit diese das Evangelium in Klischee[86] und Kontaktlaut symbiotischer Bindungen zurückübersetzen, privatisieren oder expressiv uniformieren, bedarf er digitaler Mittel: konstruktives Reden über Predigt, inhaltliche Gegendarstellungen und Rückgriff auf Dialogregeln (Theologie!), auch Protest. Er nützt so eine spezifisch humane, nämlich »semiotische Freiheit«[87], die gerade in Überlieferung und damit hermeneutisch für Methodik wirksam wird[88]. Diese Freiheit bewährt er auch im »Nein« gegen ihren Mißbrauch im semantischen Terror eines auf Inhalte fixierten theologischen Redens[89]: Verbale Landkarten, die digital trennen, was nur miteinander kommunizierend leben kann: zB. Text-Hörer-Prediger-Sakramente. So wird ideologische Fluchthilfe geleistet aus dem Gelände zwischenmenschlicher Beziehungen und ihrer Gesetzmäßigkeiten. Dieser Basis bleibt konstruktives, didaktisches Reden deshalb treu, weil es – noch im Nein zur Predigt – ihr Potential semiotischer Freiheit zugunsten menschlichen Überlebens gegen geschlossene Systeme wirksam halten will.

So könnte der Praktische Theologe mit methodischen Zugängen zur Predigt alle an ihr Beteiligten, die Kirche und sich selbst resozialisieren in den offenen Prozeß von Versuch und Irrtum. Ihm Ziele zu setzen und Sinn zu geben bleibt die Chance einer Kommunikation des Evangeliums. Damit ist ein persuasiver Schluß formuliert und dem Verkündigungsparadigma Tribut gezollt.

---

86 Zur Pathologie des Symbols: Lorenzer, 85 ff. Hinweise auf die psychoanalytische Kritik am Ritual bei Spiegel (Hg.), Erinnern, 9–33; performative, evokative Sprache kann durch formelhafte Wiederholung auch Krankheitssymptom sein (s. o. Anm. 64 und 76).

87 Wilden, 230 f. zu Natur-Kultur; Beispiel wäre der Diskurs als Lernhandlung. Zum Protest vgl. Müller-Schwefe, 26. – K. Barths »freie Rede« ist eine extreme Konsequenz.

88 Dies setzt eine methodisch, nicht theoriefeindlich betriebene Hermeneutik voraus: R. Bubner, Über die wissenschaftstheoretische Rolle der Hermeneutik, Dialektik und Wissenschaft (1973) 89 ff. Vgl. auch Herrmann, 45–74.

89 Zur Überdigitalisierung, Mathematisierung, Logisierung vgl. Lorenzer, 86 f.; Bastian, Kommunikation, 56; Scharfenberg, 29 ff. Aus der Fülle von Beispielen für die Fixierung auf »Inhalte« der Verkündigung: Th. Lorenzmeier, Predigt, in: Taschenlexikon Religion und Kirche III (1971) 190 ff.; K. Marti, Politische Gottesdienste in der Schweiz (1971) 7; weiter die Contentanalyse von Kasualreden (Die Predigt bei Taufe, 28 f.): Zentralteil des Kategoriensystems ist die Glaubensdimension; sie ist »zutiefst inhaltlich gemeint«, während Kategorie 281 »Situatives, Floskel, Füllsel« als nicht-inhaltlichen Abfall sammelt, der für analoge Kommunikation gerade bedeutsam sein dürfte (s. o. Anm. 70). Die Entdeckung dieser Dimension wird stimuliert durch Kontakte mit Weltreligionen, vor allem aber mit jungen Kirchen der Dritten Welt: Ein Symposium mit Vertretern der schwarzen und lateinamerikanischen Theologie wird zur Anklage der kommunikationslosen, digitalen »weißen« Theologie (incommunication, Risk 9 (1972) 6 ff.).

3|4 Peter Cornehl
Gottesdienst

1. Der Ausgangspunkt: ein doppeltes Dilemma

Die »liturgische Lage« ist gegenwärtig unübersichtlich, widersprüchlich, von gegenläufigen Tendenzen bestimmt. *Einerseits* gibt es einen deutlichen Trend: Der Gottesdienstbesuch geht kontinuierlich zurück (wenn auch mit regionalen und konfessionellen Unterschieden). Daran haben die Reformbemühungen der letzten Jahre nichts geändert. Der regelmäßig gefeierte Sonntagsgottesdienst hat an Integrationskraft verloren. *Andererseits* registrieren wir überall ein steigendes Interesse für »lebendige Liturgie«. Wie stehen in der gesamten Ökumene in einer Experimentierphase von beachtlichen Ausmaßen. Politische Gottesdienste, multimediale Experimente, Liturgische Nächte, Mahlfeiern in Gruppen, die Wiederentdeckung der Feste, des Spiels, der Meditation – all das signalisiert den Umbruch traditioneller Gottesdienstgewohnheiten ebenso, wie es neue Ausdrucksmöglichkeiten erschlossen hat. Wir erleben gegenwärtig einen tiefgreifenden Funktions- und Strukturwandel des Phänomens Gottesdienst. Aber es fehlt eine zureichende Analyse dieses Prozesses. *Die liturgische Praxis verlangt nach einer Theorie, die das sich verändernde Gesamtfeld in seiner Komplexität begreift und die Frage nach Sinn und Gestalt des Gottesdienstes, seiner verschiedenen Erscheinungsformen, in unserer Gesellschaft beantwortet. Die Praktische Theologie beider Konfessionen ist jedoch bislang nicht in der Lage, diese Aufgaben angemessen wahrzunehmen*[1]. Die zünftige Liturgiewissenschaft ist so sehr auf das offizielle kirchliche Selbstverständnis von Gottesdienst festgelegt, daß ihr für die meisten Probleme, die diesen Rahmen überschreiten, nicht einmal Kategorien zur Verfügung stehen. Dieses Dilemma besteht für die *prote-*

1 Ich bin mir der Schwierigkeit bewußt, in der folgenden Skizze nicht nur die mir vertraute protestantische Szene zu beschreiben, sondern auch Urteile über die in vielem anders gelagerte katholische Situation abzugeben. Generell gilt deshalb: Was apodiktisch klingt, ist hypothetisch gemeint, verlangt also nach Korrektur. Die Anfragen sollen ein Gespräch eröffnen, nicht beenden.

2 Vgl. A. Häußling: Die kritische Funktion der Liturgiewissenschaft, in: H.-B. Meyer (Hg.), Liturgie und Gesellschaft (1970) 10 ff., 111 f. Bestätigung aus dem Munde der kirchenpolitischen Gegner bei E. M. de Saventhem, Una voce – nunc et semper? in: Liturgiereform im Streit der Meinungen (1968) 111 ff.

stantische Liturgik seit längerem. Sie war deshalb für die experimentelle Praxis der letzten Zeit weitgehend irrelevant. Der *katholischen* Liturgiewissenschaft steht, so scheint es, die entscheidende Beunruhigung erst noch bevor. Im Augenblick ist ihr Selbstbewußtsein ungebrochen[2]. Tatsächlich hat die konziliare Liturgiereform der Wissenschaft ein weites Aufgabenfeld verschafft, das ihr theoretisch und praktisch eine produktive Funktion als Reformkraft und eine entsprechende Anerkennung sicherte. Doch was kommt danach? Gelehrte historische Einzelforschung und subtile Interpretationen kirchenamtlicher Dokumente, beides erscheint zunehmend als museale Verwaltung eines ehrwürdigen Bestandes. Die Praxis drängt überall über den zugestandenen Aktionsradius hinaus. Doch jenseits der Tradition ist die Unsicherheit groß. Die Diskrepanz zwischen einer hochgradig theoriebedürftigen, aber von der Wissenschaft alleingelassenen Praxis und einer der Praxis entfremdeten esoterischen Forschung ist schmerzlich. An ihrer Überwindung wird gearbeitet. In dieser Situation möchte ich vier Fragen erörtern: Wie läßt sich der gegenwärtige Schwächezustand der Liturgik erklären? Welche methodischen und inhaltlichen Forschungsansätze der letzten Zeit erscheinen fruchtbar für eine Neuorientierung? Gibt es einen Rahmen theologischer Theoriebildung, in den die neuen Fragestellungen und Teilantworten eingefügt werden können? Welche Prioritäten für Forschung und Organisation lassen sich daraus ableiten für die Arbeit der nächsten Jahre?

2. *Historischer Aspekt: Substanzerhaltung durch Abwehr – das antimodernistische Syndrom*

Die fast ausschließliche Konzentration des liturgiewissenschaftlichen Interesses auf Geschichte und Gegenwart des agendarisch verbindlichen Gottesdienstes ist Ausdruck eines antimodernistischen Syndroms. Sie ist eine Reaktionsbildung auf die seit der Aufklärung erfolgte liberale Öffnung (auch) des Gottesdienstes zur modernen Welt, zur je eigenen Zeit und Situation. Sie läßt sich nur überwinden, wenn es gelingt, die dahinter sitzenden Widerstände und Ängste aufzulösen. Das ernstzunehmende *Motiv* der antimodernistischen Abwehr ist die *Angst vor Substanzverlust.* Die Kirche soll im Zentrum ihres Lebens als

3 Vgl. zu den theologischen Grundlagen P. Brunner, Die Ordnung des Gottesdienstes an Sonn- und Feiertagen, in: Untersuchungen zur Kirchenagende I, 1 (1949) 9 ff.; ders., Zur Lehre vom Gottesdienst der im Namen Jesu versammelten Gemeinde, in: Leiturgia I (1954) 83 ff. Zur Entwicklung K. F. Müller, Die Neuordnung des Gottesdienstes in Theologie und Kirche, in: L. Hennig (Hg.), Theologie und Liturgie (1952) 197 ff.

autonome theologische Größe stabilisiert und so dem bedrohlichen Wandel aller substanziellen Lebensformen und Glaubensinhalte in der modernen Gesellschaft entnommen werden. So wurde die Liturgik zur Legitimationswissenschaft gottesdienstlicher Bestandswahrung. Sie beginnt erst langsam, sich aus dieser Rolle wieder zu befreien. Das liturgische Abwehrprogramm zeigt in beiden Konfessionen übereinstimmende Züge:

a. *Liturgische Dogmatik.* Gottesdienstliches Handeln und Theoriebildung werden direkt der Herrschaft orthodoxer kirchlicher Lehre unterstellt. Mit einer bekannten Umkehrformel: »Liturgie ist gebetetes Dogma«, »Dogma ist gedachte Liturgie«. Die Liturgik ist eine Funktion der Dogmatik. Damit wird der Gestaltungsspielraum gottesdienstlicher Freiheit eng begrenzt. Im *evangelischen* Bereich (Deutschland) hat sich diese Tendenz im Kirchenkampf 1933–45 durchgesetzt. In der Abwehr der deutsch-christlichen Häresie und im Widerstand gegen die NS-Ideologie bewährten sich Bibel und Bekenntnis als alleinige Norm. Die Ausscheidung aller liberalen, modernistischen Traditionen wurde zur Voraussetzung für die Neugestaltung des Gottesdienstes, liturgische Orthodoxie die Basis der Agendenrestauration im Nachkriegsdeutschland[3]. Bis heute werden von dieser Seite aus »Gottesdienste in neuer Gestalt« einer affektgeladenen dogmatischen Zensur unterworfen[4]. Im *katholischen* Bereich begann das Einfrieden der gottesdienstlichen Formen viel früher. Es war die Antwort auf die Reformation im Tridentinum. Deshalb erzielte der katholische Modernismus in der Liturgie weniger Einbruchserfolge als auf anderen Gebieten. Das Bollwerk der römischen Liturgie hielt stand.

b. *Von der historischen Konstanz zum Wandel.* »Die politische Geschichte ändert sich jäh; in der Dogmengeschichte gibt es Schulen und ›Moden‹. Der Gottesdienst aber stellt das kontinuierliche Moment dar, das der Kirchengeschichte ihre Stetigkeit verleiht und in Umbruchszeiten die Kirche zu sich selbst zurückführen kann.«[5] Solche Sätze sind weniger Beschreibung eines differenzierten historischen Sachverhaltes als normatives Postulat. Die Hochschätzung des Klassischen bekommt liturgischen Sollwert. Ausdruck dafür ist sowohl P. Graffs These von der »Auflösung der alten gottesdienstlichen Formen in der

---

4 P. Brunner, Theologische Grundlagen von »Gottesdiensten in neuer Gestalt«, in: Kerygma und Melos. Festschrift für Chr. Mahrenholz (1970) 103 ff. Dazu P. Cornehl, Liturgik im Übergang. Eine Zwischenbilanz, ThPr 6 (1971) 382 ff. Vgl. auch K. F. Müller, Theologische und liturgische Aspekte zu den Gottesdiensten in neuer Gestalt, JLH 13 (1968) 54 ff.

5 R. Stählin, Die Geschichte des christlichen Gottesdienstes von der Urkirche bis zur Gegenwart, in: Leiturgia I (1954) 3.

evangelischen Kirche«[6] als auch A. Baumstarks »Gesetz der Erhaltung des Alten in liturgisch hochwertiger Zeit«[7]. Beides sind konservative liturgiepolitische Bannformeln. Sie dienen freilich unterschiedlichen taktischen Zielen. Die *lutherische* Ausrichtung am Ideal des 16. Jahrhunderts war, als Abwehr des Liberalismus, durchweg restaurativ. Die Orientierung an der altkirchlichen Meßliturgie ist in der *katholischen* Liturgik, da kritisch bezogen auf die nachtridentinische Erstarrung, relativ progressiv. Immer deutlicher artikuliert sich deshalb im fortschrittlichen Lager der katholischen Liturgiewissenschaft auch ein verändertes historisches Bewußtsein: Die Geschichte belegt nicht länger die Konstanz, sondern den radikalen Wandel, die Veränderbarkeit der Liturgie[8].

c. *Bändigung reformerischer Impulse der liturgischen Bewegungen.* Die Anfänge liegen in beiden Konfessionen im Ausstrahlungsbereich der Jugendbewegung nach dem ersten Weltkrieg. Im evangelischen Raum, bei den Berneuchenern, wurden Kirche, Sakrament und Symbol wiederentdeckt. Es herrschte ein starkes schöpferisches (wenngleich naturromantisch-antizivilisatorisch gefärbtes) Interesse an der Gestaltung ganzheitlicher Liturgien[9]. Seit dem Kirchenkampf sind diese konstruktiven Impulse mehr und mehr zurückgenommen und kirchlich angepaßt worden.[10] Ziel der *katholischen Reformbewegung*[11] war es, die reine römische Klerikerliturgie zu überwinden und die Gemeinde an der Feier der Messe aktiver zu beteiligen. Die entsprechenden theologischen Programme – R. Guardinis liturgische Pädagogik und O. Casels Mysterientheologie[12] – waren dabei im Grunde ähnlich konservativ-antimodernistisch wie ihre amtskirchlichen Gegenspieler[13].

---

6 P. Graff, Geschichte der Auflösung der alten gottesdienstlichen Formen in der evangelischen Kirche in Deutschland (1921/1939).

7 A. Baumstark, Das Gesetz der Erhaltung des Alten in liturgisch hochwertiger Zeit, JLW 7 (1927) 1 ff.

8 H.-B. Meyer, Beharrung und Wandel im Gottesdienst, in: Liturgiereform im Streit der Meinungen (1968) 81 ff., 95 f., 102.

9 Das Berneuchener Buch (1926); W. Stählin, Berneuchen (1937); K. B. Ritter, Die Liturgie als Lebensform der Kirche (1946). Dazu die verschiedenen Gottesdienstordnungen des Ev. Michaelsbruderschaft.

10 Vgl. den kritischen Rückblick von W. Stählin, Via Vitae (1968) 313 ff., 345 ff., 526 ff.

11 Genauer: der dritten »volksliturgischen» Phase. Vgl. W. Birnbaum, Die deutsche katholische liturgische Bewegung (1966); F. Messerschmid, Liturgie und Gemeinde (1939).

12 R. Guardini, Vom Geist der Liturgie (1918); ders., Liturgische Bildung (1923); O. Casel, die Liturgie als Mysterienfeier (1921); ders., Das christliche Kultmysterium (1948); Th. Filthaut, Die Kontroverse über die Mysterienlehre (1947).

13 Vgl. Guardini, Vom Geist der Liturgie, 74 ff.: Liturgie als Gegenmacht gegen das protestantische Prinzip der modernen Welt. Deutlicher noch in: ders., Litur-

Pius XII. hat in »Mediator Dei« die Anliegen der Bewegung zugleich verbal berücksichtigt und praktisch stillgelegt[14]. Erst die Konstitution »De Sacra Liturgia« des II. Vatikanums brachte einen Durchbruch: Jetzt werden die neuscholastisch-juristischen Konstruktionen der Kulttheologie erweitert durch eine breite Rezeption bibeltheologischer und patristischer Motive; die allgemeine Erneuerung der Liturgie wird proklamiert (Art. 21); die »plena et actuosa participatio« des Volkes Gottes am Vollzug des Gottesdienstes steht im Mittelpunkt der pastoralen Intentionen (Art. 14); eine vorsichtige Dezentralisierung (Zulassung der Volkssprachen) wird eingeleitet[15]. Dennoch sind die engen Grenzen des Reformspektrums nicht zu übersehen. Das Monopol der Messe ist ungebrochen. Die nachkonziliare Entwicklung hat Zug um Zug die ängstlichen Stimmen wieder erstarken lassen. Es gibt korrekte Revisionen, aber kaum Ermutigungen, wirklich neue Wege zu beschreiten. Liturgische Experimente stehen weiterhin unter Verdacht. Auch in der Frage der Interkommunion und der ökumenischen Gottesdienste bleibt ein breiter theologischer Konsensus ohne administrative Konsequenzen[16]. Die katholische Praktische Theologie konzentriert sich in dieser Situation auf progressive Hermeneutik und intensive liturgische Schulung. Sie sucht (im Gefolge K. Rahners) Freiheit durch Interpretation. Sie bemüht sich, durch eine liberale Auslegung Raum zu gewinnen und zugleich die Substanz zu bewahren. Der immanente Ansatz beim liturgischen Dogma wird beibehalten, aber durch das existentialtheologische Netzwerk mit Anthropologie und Gesellschaft verbunden[17]. Wo freilich der dogmatische Schutzraum

---

gische Bildung (1923). Bei der Überarbeitung dieser Schrift für den Sammelband Liturgie und liturgische Bildung (1966) haben die Herausgeber die antimodernistischen Züge vorsichtig korrigiert. Sein Geschichtsbild hat Guardini zusammengefaßt in: Das Ende der Neuzeit (1951).

14 Pius XII, Rundschreiben über die heilige Liturgie vom 20. 11. 1947 (Herder-Ausgabe) (1948). Vgl. J. A. Jungmann, Die Enzyklika »Mediator Dei« und die katholische Liturgische Bewegung im deutschen Raum, ThLZ 75 (1950) 9 ff. E. Schillebeeckx, Die eucharistische Gegenwart (1967).

15 Text und Kommentar v. E. J. Lengeling (1964). A. Hänggi (Hg.), Gottesdienst nach dem Konzil (1964); W. Krawinkel (Hg.), Pastorale Liturgie (1965); K. Gamber, Liturgie übermorgen (1966); Liturgiereform im Streit der Meinungen (1966); G. Deussen, Die neue liturgische Gemeinde (1968); A. Adam, Erneuerte Liturgie (1972).

16 Vgl. das Memorandum »Reform und Anerkennung kirchlicher Ämter« (1973); F. J. Trost (Hg.), Christen wollen das eine Abendmahl (1971); K. W. Dahm / H. de Bruin, Ökumene in der Gemeinde (1971).

17 M. Löhrer, Die Feier des Mysteriums der Kirche. Kulttheologie und Liturgie der Kirche, in: HPTh I, 287 ff.; K. Rahner, Die Sakramente als Grundfunktionen der Kirche, in: HPTh I, 323 ff.; H.-B. Meyer, Lebendige Liturgie (1966); E. Schillebeeckx, Die eucharistische Gegenwart (1967).

verlassen wird, wie zB. in der kurzen liturgischen Säkularisierungsdebatte (unter dem bezeichnenden Titel: »Ist der Mensch von heute noch liturgiefähig?«), zeigen sich auch fortschrittlichere Liturgiker überfordert. Die Wiederkehr des lange Verdrängten erzeugt zunächst nicht geringe Verlegenheiten[18].

d. *Wissenschaftstheoretische Isolation.* Solange kirchliche Selbstauslegung und gottesdienstliche Wirklichkeit in Übereinstimmung standen, waren Homiletik und Liturgik die dominierenden Disziplinen der Praktischen Theologie. Sie erlebten nach dem zweiten Weltkrieg noch einmal eine Blütezeit (im katholischen Bereich folgt sie mit einer gewissen Phasenverschiebung nach 1963). Die steilen dogmatischen Ansprüche an Gottesdienst und Predigt werden inzwischen von der Realität kaum noch gedeckt. Die normative Liturgik verlor (wenigstens im evangelischen Raum) den Kontakt zur Praxis. Eine der Folgen war die fortschreitende Selbstisolierung des Faches und die Verlagerung des wissenschaftlichen und studentischen Interesses auf andere Gebiete. Im Vordergrung der Aufmerksamkeit in Forschung, Lehre und Ausbildung stehen heute Seelsorge und Religionspädagogik. Diese Disziplinen haben einen zusätzlichen Vorteil: Sie haben im nichttheologischen Bereich expandierende Parallel- und Hintergrundwissenschaften, von deren Konjunktur sie profitieren. Schon C. I. Nitzsch erklärte dazu: »Die sicherste Probe der Selbständigkeit einer theologischen Wissenschaft ist die, zu untersuchen, ob sie mit einem besonderen, selbständigen Gebiete der allgemeinen philosophischen oder historischen Wissenschaft in ein notwendiges Verhältnis der Wechselwirkung trete.«[19] *Die wissenschaftstheoretischen Schwierigkeiten der Liturgik beruhen mit darauf, daß sie keine eindeutige Zuordnung zu einer entwickelten nichtideologischen Fachwissenschaft hat.* Dies könnte allerdings *auch eine Chance* sein. Die Liturgik wird interdisziplinär beweglicher. Sie wird stimuliert, zu *verschiedenen*

18 Ausgelöst durch R. Guardini, Der Kultakt und die gegenwärtige Aufgabe der liturgischen Bildung. Ein Brief, in: Hänggi, 18 ff.; Th. Bogler (Hg.), Ist der Mensch von heute noch liturgiefähig? (1966); E. J. Lengeling, Sakral-profan. Bericht über die gegenwärtige Diskussion, JLW (1968) 164 ff.; A. Aubry, Ist die Zeit der Liturgie vorbei? (1969); H. Bartsch (Hg.), Probleme der Entsakralisierung (1970); H. Mühlen, Entsakralisierung, ein epochales Schlagwort in seiner Bedeutung für die Zukunft der christlichen Kirchen (1970); vgl. die ökumenische Konsultation K. F. Müller (Hg.), Gottesdienst in einem säkularisierten Zeitalter (1971). N. J. Frenkle u. a., Zum Thema Kult und Liturgie (1972).

19 C. I. Nitzsch, Praktische Theologie I (^{2}1859) 30. »Eine Homiletik ist nur durch Zurückführung der kirchlichen Rede auf die allgemeine Idee der öffentlichen Rede, Katechetik nur in Verbindung mit didaktischen Gesetzen möglich; ohne Psychagogik, Pädagogik, Politik gibt es auch keine geistliche Pädeutik, keine Theorie der Kirchenverfassung.« Vgl. Otto, 9 ff., 13.

nichttheologischen Handlungswissenschaften Beziehungen aufzunehmen und von ihnen zu lernen. In dieser Richtung ist in den letzten Jahren einiges geschehen.

3. *Interdisziplinärer Aspekt: kleine Bestandsaufnahme methodischer Innovationen in der Rezeptionsphase*

Auf breiter Front sind Erkenntnisse der Sozialwissenschaften für die Erforschung des Phänomens Gottesdienst fruchtbar gemacht worden. Dabei handelt es sich zT. um methodisch gesicherte Unternehmungen, zT. um erste Annäherungsversuche, um eine Art wissenschaftliches Probierverhalten. Einige wichtige Fragestellungen seien kurz genannt.

a. *Kirchensoziologie.* Hier vollzog sich die älteste Rezeption empirischer Sozialforschung. Untersucht wurden die Regeln gottesdienstlicher Beteiligung, Einstellungsprofile, Kirchgängerimages, Gemeindestrukturen, Kommunikationsnetze[20]. Im Hintergrund standen reformerische Interessen bzw. Anpassungsstrategien der Kirchenleitungen. Die Erkundung der Lebens- und Kirchengewohnheiten der Leute sollte Aufschluß geben, wie der drohende Besucherschwund aufgehalten werden könne[21].

b. *Religionssoziologie, funktionale Kirchentheorie.* Die Diskussion ist über dies erste Stadium hinausgegangen. Der allzu enge methodische Ansatz konnte erweitert und aus dem Bann der einseitigen Säkularisierungsthese befreit werden[22]. Die Forschung konzentriert sich

---

20 Vgl. u. a. N. Greinacher, Soziologie der Pfarrei (1955); T. Rendtorff, Die soziale Struktur der Gemeinde (1958); R. Köster, Die Kirchentreuen (1959); W. und H. P. M. Goddijn, Kirche als Institution (1960, dt. 1963); O. Schreuder, Kirche im Vorort (1962); N. Greinacher, Die Kirche in der städtischen Gesellschaft (1966); J. M. Lohse, Kirche ohne Kontakte? (1967); I. Peter-Habermann, Kirchgänger-Image und Kirchgangsfrequenz (1967). In jüngster Zeit erfolgte noch einmal ein größerer Datenschub durch die repräsentativen Umfragen bei Katholiken und Protestanten. G. Schmidtchen, Zwischen Kirche und Gesellschaft. Forschungsbericht über die Umfragen zur Gemeinsamen Synode der Bistümer in der BRD (1972/73); ders., Protestanten und Katholiken. Soziologische Analyse konfessioneller Kultur (1973); ders., Gottesdienst in einer rationalen Welt. Religionssoziologische Untersuchungen im Bereich der VELKD (1973); H. Hild (Hg.), Wie stabil ist die Kirche? Ergebnisse einer Meinungsumfrage (1974); Materialband zu »Wie stabil ist die Kirche?« (1974).

21 Das gilt auch für die jüngste VELKD-Umfrage, vgl. M. Seitz, Zur Vorgeschichte der Erhebung, in: Schmidtchen, Gottesdienst XI f.

22 Methodische Kritik bei F. X. Kaufmann, Zur Bestimmung und Messung von Kirchlichkeit in der BRD, IJRS 4 (1968); W. Marhold, Fragende Kirche (1971). Konzeptionelle Kritik bei Th. Luckmann, Das Problem der Religion in der modernen Gesellschaft (1963); T. Rendtorff, Zur Säkularisierungsproblematik. Über die Weiterentwicklung der Kirchensoziologie zur Religionssoziologie, IJRS 2 (1966) 51 ff. Zusammengefaßt von J. Matthes, Kirche und Gesellschaft (1969).

jetzt auf die strukturellen Bedingungen differenzierter Teilnahme am kirchlichen Leben in volkskirchlichen Systemen, die mit Hilfe funktionaler Religionstheorien interpretiert werden[23]. Daraus könnte eine realistischere Einschätzung der Situation erwachsen. Die depressive Suggestion der Schwundtendenzen kann nur überwunden werden, wenn zuvor die strukturelle Verankerung des Gottesdienstverhaltens und die »Logik« der Teilnahme verstanden worden ist. Voraussetzung dafür ist eine Feldbeschreibung, die nach Zielgruppen, Anlässen, Bedürfnissen, Lebensrhythmen differenziert und sich dabei von den normativen Vorstellungen der »versammelten Gemeinde« weitgehend freimacht. Zwei Auswirkungen hat diese Betrachtung schon jetzt gehabt: Es kam zu einer neuen Aufmerksamkeit für die emotional stabilisierenden Leistungen des Gottesdienstes für bestimmte Gruppen (hier wären im übrigen die volkskirchlichen Feste mit einzubeziehen). Und es kam zu einer beachtlichen theologischen Rehabilitation der *Kasualien,* der lebensgeschichtlichen Kulthandlungen, deren Stabilität im volkskirchlichen Verhalten vorher eher pastorale Abwehrreaktionen auslöste. Ihre Bedeutung als »Rites des passages«, als symbolische Identitätsverbürgung und Orientierungshilfe an den Übergangsstellen und Krisenpunkten des individuellen und familiären Lebenszyklus wird neu entdeckt[24].

c. *Kommunikationstheorie, Verhaltensforschung, Lernpsychologie.* Gottesdienst ist soziale Kommunikation. Er besteht aus einem Ensemble geprägter Gesten, Verhaltensregeln, Handlungen und Sprachspielen, in denen kognitive und affektive Informationen und Signale übermittelt werden, deren Entschlüsselung an bestimmte Voraussetzungen gebunden ist. Seit H.-D. Bastian in den sechziger Jahren damit begonnen hat, das Instrumentarium der allgemeinen Zeichentheorie zur Beschreibung und Erklärung gottesdienstlicher Kommunikation und ihrer Störungen heranzuziehen[25], ist unser Wissen über Bedingungen und Wirkungen von Predigt und Liturgie bedeutend vermehrt worden. Entsprechende Einführungen gehören mittlerweile zum Stan-

---

23 Matthes, aaO.; O. Schreuder, Die strukturell-funktionale Theorie und die Religionssoziologie, IJRS 2 (1966); T. Rendtorff, Christentum außerhalb der Kirche (1969); W.-D. Marsch, Institution im Übergang (1970); K. W. Dahm, Beruf: Pfarrer (1971); Dahm / Luhmann / Stoodt.

24 Y, Spiegel, Gesellschaftliche Bedürfnisse und theologische Normen, Versuch einer Theorie der Amtshandlungen, ThPr 6 (1971) 212 ff.; Dahm, Pfarrer, 51 ff.; vgl. W. Neidhart, Die Rolle des Pfarrers beim Begräbnis, in: Wort und Gemeinde. Festschrift für E. Thurneysen (1968) 226 ff.; W. Steck, Die soziale Funktion der kirchlichen Trauung, in: WPKG 63 (1974) 27–46.

25 H.-D. Bastian, Verfremdung und Verkündigung (1968); ders., Theologie der Frage (1969); ders., Kommunikation (1972).

dardrepertoire homiletischer und liturgischer Ausbildung[26]. Wissenschaftliche Vertiefungen der damit eingeleiteten Fragestellungen erfolgen in kritisch-analytischer Absicht u.a. bei J. Kleemann, der die pathologischen Stereotypen und Rollenkonflikte im traditionellen gottesdienstlichen Verhalten untersucht hat[27], und in konstruktiver Absicht bei D. Trautwein, der die »Gottesdienste in neuer Gestalt« als »Lernprozesse« begreift und eine neue liturgische Didaktik anstrebt, in der von den Einsichten der einschlägigen Fachwissenschaften konstruktiver Gebrauch gemacht wird[28].

d. *Tiefenpsychologische und soziologische Symboltheorien.* Schon in der liturgischen Bewegung und bei P. Tillich sind Gottesdienst und Sakrament unter dem Aspekt symbolischer Interaktion gedeutet worden[29]. Für diese Ansätze bestand in der katholischen Theologie stets mehr Aufmerksamkeit als in der evangelischen, wo sie von der dialektischen Theologie zurückgedrängt wurden[30]. Erst neuerdings regen sich wieder Versuche, unbefangener den Symbolbegriff als Schlüsselkategorie zur Interpretation gottesdienstlicher Handlungen zu verwenden. Dabei werden unterschiedliche Theorietraditionen aufgegriffen: einerseits tiefenpsychologische Erklärungen aus der Schule von S. Freud, C. G. Jung und E. H. Erikson, die sich besonders in der An-

---

26 Vgl. nur Dahm, Pfarrer, 218 ff.; D. Schneider, Unter welchen Voraussetzungen kann Verkündigung Einstellungen ändern? WPKG 58 (1969) 246 ff.; O. Schreuder, Soziologische Aspekte der Verkündigung, Concilium 4 (1968) 170 ff.; E. M. Lorey, Mechanismen religiöser Information (1970); T. Stählin, Kommunikationsfördernde und -hindernde Elemente in der Predigt, WPKG 61 (1972) 297 ff.; E. Bartsch u. a., Verkündigung (1970).

27 J. Kleemann, Wiederholung als Verhalten, in: Y. Spiegel (Hg.), Erinnern – Wiederholen – Durcharbeiten. Zur Sozialpsychologie des Gottesdienstes (1972) 34 ff.; ders., Gottesdienstexperimente. Eine ökumenische Problemanzeige, Una Sancta 27 (1972) 188 ff.; ders., Verkündigung als Sprachproblem, in: neues hochland 65 (1973) 98 ff.

28 D. Trautwein, Lernprozeß Gottesdienst (1972) (Lit!).

29 P. Tillich, Gesammelte Werke V, 196 ff.; II, 349 ff.; IX, 82 ff. Dazu K. Schedler, Natur und Gnade. Das sakramentale Denken in der frühen Theologie P. Tillichs (1970); M. v. Kriegstein, Methode der Korrelation und Symbolbegriff P. Tillichs. Diss. Theol. Hamburg (1972). W. Stählin, Vom göttlichen Geheimnis (1936); ders., Symbolon (I 1958, II 1963).

30 Vgl. K. Barths Grundsatzkritik an Tillich und den Berneuchenern, KD, I/1, 48, 55, 63 ff.

31 Vgl. A. Lorenzer, Kritik des psychoanalytischen Symbolbegriffs (1970); H.-J. Thilo, Beratende Seelsorge (1971) 145 ff., 188 ff., 222 ff.; J. Scharfenberg, Religion zwischen Wahn und Wirklichkeit (1972); Marsch, 237 ff. unter Bezug auf den wichtigen Aufsatz von E. H. Erikson, Die Ontogenese der Ritualisierung, Psyche 22 (1968) 481 ff.; Y. Spiegel, Die Kirche im Prozeß des Trauerns (1972); ders. (Hg.), Erinnern; K.-F. Daiber, Die Trauung als Ritual, EvTh 33 (1973) 578 ff.

wendung auf die Kasualien bewähren[31], andererseits soziologische Erklärungsmodelle in der Tradition M. Weber, E. Durkheim, T. Parsons, auch die symbolische Interaktionsanthropologie H. Meads verspricht interessante Aufschlüsse[32]. Bezieht man Ästhetik[33], Theaterwissenschaften[34] und die diversen Festtheorien[35] mit ein, so ist hier noch mit einem beträchtlichen Zuwachs an wichtigen Einsichten zu rechnen.

e. *Politologie, Pädagogik, Publizistik.* Nachdem das Kölner Politische Nachtgebet nicht nur im protestantischen Bereich eine Repolitisierung des Gottesdienstes in Gang gebracht hat[36], werden auch politische Aspekte wieder als liturgisch relevant erkannt. Daraus folgen historische und aktuelle Untersuchungen: liturgiegeschichtliche Studien zur Funktion des öffentlichen Gottesdienstes im Blick auf die Legitimation politischer Herrschaft[37] ebenso wie systematische Kontroversen um das Recht von Politik im Gottesdienst[38]. Sachlich geht es um die Fragen nach der spezifischen Leistung politischer Gottes-

---

32 H. J. Helle, Soziologie und Symbol (1969); ders., Symbolbegriff und Handlungstheorie, in: KZSS 20 (1968) 17 ff.; ders., Symbol und Gottesdienst, in: H. G. Schmidt (Hg.), Zum Gottesdienst morgen (1969) 24 ff.; O. Seydel, Spiel und Ritual, WPKG 60 (1971) 507 ff.; K. Raiser, Identität und Sozialität. G. H. Meads Theorie der Interaktion und ihre Bedeutung für die theologische Anthropologie (1971); Y. Spiegel, Der Gottesdienst unter dem Aspekt der symbolischen Interaktion, JLH 16 (1971) 105 ff. Die beste theologische Verarbeitung des ganzen Zusammenhanges finde ich bei F. Steffensky, Glossolalie – Zeichen – Symbol. Bemerkungen zum Symbolgebrauch in christlichen Gottesdiensten, JLH 17 (1972) 80 ff.

33 Vgl. die Zeitschrift Ästhetik und Kommunikation (ab 1970); ferner H. K. Ehmer (Hg.), Visuelle Kommunikation. Beiträge zur Kritik der Bewußtseinsindustrie (1971).

34 Vgl. die Hinweise auf Brecht, Handke, Straßentheater und Fernsehdramaturgie von H.-E. Bahr, Gottesdienst als Öffentlichkeit, in: P. Cornehl / H.-E. Bahr (Hg.), Gottesdienst und Öffentlichkeit (1970) 9 ff. 197 ff.

35 H. Cox, Das Fest der Narren (1970) und die von ihm verarbeitete Literatur; T. Schramm, Biblische Festlichkeit, WPKG 60 (1971) 543 ff.; Liturgie als Fest, Themenheft Kirche und Kunst 2 (1971); G. M. Martin, Fest und Alltag (1973).

36 D. Sölle / F. Steffensky, Politisches Nachtgebet in Köln I (1969); II (1971); U. Seidel / D. Zils (Hg.), Aktion Politisches Nachtgebet (1971); K. Marti (Hg.), Politische Gottesdienste in der Schweiz (1971); G. Kugler u. a., Kommentargottesdienste (1972).

37 ZB. P. Cornehl, Öffentlicher Gottesdienst. Zum Strukturwandel der Liturgie, in: Cornehl / Bahr, 118 ff.; M. Josuttis, Die Staatsauffassung und Agendengebete, in: EvTh 28 (1968) 238 ff.

38 Vgl. M. Josuttis, Gesetz und Gesetzlichkeit im Politischen Nachtgebet, in: EvTh 33 1973) 559 ff. Dort Auseinandersetzung u. a. mit G. Harbsmeier, Das Experiment Gottesdienst – Liturgie der Revolution? in: VuF 15 (1970) 3 ff.; W. Schmithals, Die Königsherrschaft Jesu Christi und die heutige Gesellschaft, in: W. Schmithals / J. Beckmann, Das Christuszeugnis in der heutigen Gesellschaft (1970) 14 ff. Vgl. auch H.B. Meyer, Politik im Gottesdienst? (1971); R. Leuenberger, »Politischer Gottesdienst«, in: ZThK 69 (1972) 100 ff.

dienste: Was heißt und wie geschieht heute öffentliche Buße? Wie kann die angestrebte Sensibilisierung der Gewissen erreicht werden? Wie ist das Verhältnis von Liturgie und Aktion? Wie vollzieht sich die motivationale Vergewisserung kritischer Widerstandspraxis in einem durch Massenmedien und Bewußtseinsindustrie regulierten kapitalistischen Alltag?[39] Fragestellungen, bei denen die Kommunikations- und Partizipationsprobleme unter dem Stichwort »Entschulung des Nachtgebets« mehr als nur technischen Charakter haben[40].

4. *Vorschlag für einen Rahmen gottesdienstlicher Theoriebildung: Liturgie als »darstellendes Handeln« der Kirche (Schleiermacher)*

Es gehört zum Wesen auch dieser Rezeptionsphase, daß sie in Entdeckerfreude zunächst das große Anregungspotential ausschöpft, das in den neuentdeckten Bezugswissenschaften gespeichert ist. Die Beliebigkeit der Aspektwahl und die wissenschaftstheoretische Unschuld, mit der dabei Materialien und Argumente aus ganz heterogenen Theoriesträngen aufgenommen und miteinander kombiniert werden, kann nicht ewig dauern. Die Praktische Theologie muß versuchen, die gewonnenen Einsichten, Verfahren und Hypothesen in einen neuen theoretischen Rahmen einer Theologie des Kultus einzuordnen. Es kann nicht ausreichen, die sozialwissenschaftlichen Daten einfach den gegebenen Kategorien der liturgischen Dogmatik einzuverleiben[41]. Kirchliche Wirklichkeit kann mit kirchlichen Mitteln nicht mehr wissenschaftlich kommunikabel gemacht werden. Um interdisziplinär argumentationsfähig zu werden, muß bei der Theoriebildung das Phänomen Gottesdienst (mit Nitzsch zu sprechen) auf eine »allgemeine Idee« zurückgeführt werden. Deshalb legt sich m. E. methodisch und sachlich der Rückgriff auf eine Tradition der Theoriebildung nahe, wie sie in den klassischen Systemen neuzeitlicher Theologie vorliegt und lange Zeit (zumindestens im protestantischen Bereich) von der wissenschaftlichen Theologie als Alternative zur kirchlichen Dogmatik gepflegt

---

39 H.-J. Benedict, Alltagsverhältnisse im Gottesdienst. Zur Dialektik von Politisierung und Vergewisserung, in: WPKG 60 (1971) 534 ff.; ders., Der genormte Alltag. Die Ritualisierung des Lebens durch die Massenmedien, in: EvKomm 5 (1972) 342 ff.

40 P. Cornehl, Training für den Ernstfall. Politisches Nachtgebet als öffentliche Kommunikation, in: EvKomm 5 (1972) 382 ff.; F. Steffensky, Politisches Nachtgebet und neue Gemeinde, in: WPKG 60 (1971) 527 ff.

41 Diesen Eindruck erweckt das Fazit von M. Seitz, Die Umfrageergebnisse als Aufgabe, in: Schmidtchen, 150 ff., der dafür eintritt, die gegenwärtige Problematik im Rahmen der Gottesdienstlehre P. Brunners zu verarbeiten.

wurde. Ich plädiere für eine Wiederaufnahme von Schleiermachers praktisch-theologischer Enzyklopädie, innerhalb derer der Gottesdienst als Manifestation des »darstellenden Handelns« der Kirche verstanden wurde[42].

Auf die Gegenwart übertragen, bedeutet das, Liturgie, im weitesten Sinne, zu definieren als die Ausdrucksdimension des christlichen Glaubens. *Im Gottesdienst vollzieht sich das »darstellende Handeln« der Kirche als öffentliche symbolische Kommunikation der christlichen Erfahrung im Medium biblischer und kirchlicher Überlieferung zum Zwecke der Orientierung, Expression und Affirmation.* Die im Gottesdienst versammelte Gemeinde bringt in bestimmten verbalen, visuellen, musikalischen Interaktionen, Zeichen, Gebärden, in Diskursen und Handlungsketten das anschaulich zum Ausdruck, wovon sie sich als christliche bestimmt weiß, was sie »unbedingt angeht«: ihre Begegnung mit Christus, ihre Betroffenheit von Gebot und Gnade, ihre Hoffnung. Symbolische Kommunikation im Gottesdienst ist Kommunikation über einem Dritten, der christlichen Überlieferung, deren Symbole, Geschichten, Bilder das Medium sind, in dem sich die gegenwärtige Erfahrung in Erinnerung und Hoffnung als christliche qualifiziert und immer neu legitimiert. In der Terminologie der Wissenssoziologie: Die »symbolische Sinnwelt«[43] der christlichen Normen und Grundwerte bildet den Rahmen gottesdienstlicher Kommunikation. Dieses »Sinnsystem« (das kein geschlossenes, sondern ein offenes ist) wird im liturgischen Vollzug öffentlich dargestellt, dramatisch inszeniert, durch Diskurse interpretiert, korrigiert, erweitert und auf das alltägliche Leben der Gesellschaft bezogen. Die doppelte Herausforderung durch die Gegenwart und durch das Evangelium erzeugt das Spannungsfeld, in dem Orientierung und Vergewisserung geleistet werden sollen. Diese Aufgabe teilt der Gottesdienst mit anderen kirchlichen Kommunikationsformen, mit dem Katechumenat, der Gruppenarbeit, der Seelsorge. Das Spezifikum, durch das er sich von ihnen unterscheidet, liegt im Moment der Darstellung, der Symbolisierung. Gottesdienst ist Feier. »Lebendige Liturgie«[44] lebt von der symbolischen Evidenz, mit der es gelingt, Gedanken und Affekte, Erfahrungen und Erwartungen in sinnlich faßbare und erlebbare gemeinschaft-

---

42 F. D. Schleiermacher, Die christliche Sitte (^{2}1884) 502 ff.; vergl. Chr. Albrecht, Schleiermachers Liturgik (1963). Ferner C.I. Nitzsch, Der evangelische Gottesdienst, Praktische Theologie II/2 (1863).

43 P. L. Berger / Th. Luckmann, Die gesellschaftliche Konstruktion der Wirklichkeit (1969).

44 H. Haas, In Seinem Namen versammelt. Erlebnisberichte lebendiger Liturgie (1972). Vgl. Liturgische Nacht. Hg. vom Arbeitskreis für Gottesdienst und Kommunikation (1974).

liche Vollzüge umzusetzen und überzeugende Handlungsabläufe zu gestalten, die dem einzelnen Beteiligung ermöglichen, ohne ihn zu überwältigen[45]. Niemand wird das Argumentative – Information, Urteil, Lehre – im Gottesdienst geringachten. Der »Kältestrom« analytischer Kritik ist unabdingbar zur inhaltlichen Verantwortung. Aber seine eigentliche Intensität gewinnt der Gottesdienst durch den »Wärmestrom«[46] religiöser Ermutigung. Faszination und Stärke der Liturgie liegen nicht in der Rationalität ihrer Reflexion, sondern in der Vitalität ihrer Expression, in der Überzeugungskraft ihrer Symbolisierungen. Gottesdienst ist der Ort, wo Menschen vor Gott als Gemeinde Jesu ihr »Leben« formulieren: ihre Klage, ihren Protest, ihre Trauer, ihr Versagen, aber auch ihre Freude, ihr Glück, ihren Dank, ihre Befreiung; wo sie an den biblischen Imperativen und Verheißungen ihre Verbindlichkeiten stärken, ihre Motivationen erneuern in der Arbeit für Gerechtigkeit, im Warten auf das Reich. »Im Cultus bringt der Mensch sich diese Vergewisserung hervor und ergreift er die an sich vollbrachte Versöhnung«, formuliert Hegel[47]. Deshalb ist Kult Affirmation: Vollzug der Vermittlung und ohne ein Stück Mystik, Identifikation, letztlich kaum zu begreifen. »Das Individuum vergißt sich in der Andacht, ... es ist erfüllt von seinem Gegenstande, es gibt sein Herz, Gott aufnehmend, auf und hat somit sein Herz nur als Gott im Herzen tragend.«[48]

Die Wiederaufnahme der Bemühungen um eine Theorie des darstellenden Handelns hätte m. E. eine Reihe von Vorteilen: 1. Es wäre von vornherein die Fixierung auf den agendarischen Gottesdienst überwunden, dessen dogmatische und liturgische Isolierung das Problem aporetisch zugespitzt hat. Das Feld darstellenden Handelns ist größer. Ein entsprechender Ansatz ermöglicht eine einheitliche Begriffsbildung, die alle Ausdrucksformen der Frömmigkeit und ihre Anlässe mit einbeziehen würde, die sich dem gleichen Impuls darstellender Kommunikation verdanken. 2. Überwunden würde auch die kirchlich-theologische Immanenz. Die Theoriebildung erschöpft sich in der genannten Tradition nicht darin, den Zusammenhang der dar-

---

45 Dazu bes. F. Steffensky, Glossolalie (1972) 83 ff. Anregend auch J. Gelineau, Entwickeln sich neue Formen im liturgischen Gesang und in der liturgischen Musik?, in: Concilium 6 (1970) 90 ff.

46 E. Blochs Unterscheidung ist aufgenommen worden von H.-E. Bahr, Kältestrom und Wärmestrom bei der Vermittlung des Christlichen, in: Cornehl / Bahr, 197 ff.

47 G. W. F. Hegel, Vorlesungen über die Philosophie der Religion (hg. von H. Glockner), Jub.-Ausg. XV (1959) 254.

48 G. W. F. Hegel, Vorlesungen über die Philosophie der Religion (hg. von G. Lasson), I (1966) 253.

stellenden mit den anderen innerkirchlichen Kommunikationsformen zu beschreiben. Die praktisch-theologische Enzyklopädie korreliert mit der philosophischen. Die Systematik kirchlicher Handlungsformen ist bezogen auf die allgemeine Anthropologie. Gottesdienst als Feier der Befreiung reklamiert eine für die Bewahrung der Humanität in der Arbeitsgesellschaft unverzichtbare allgemeine Relevanz[49]. In diesem inhaltlich-kritischen Sinne müßten die aufgeführten Frageaspekte theoretisch integriert werden. 3. Eine derartige Theoriebildung könnte Vermittlungsdienste und Sprachhilfen im ökumenischen Dialog leisten. Sie müßte ihre Konsistenz daran bewähren, daß sie auch die überkommenen kirchlichen Selbstauslegungen des Gottesdienstes mit begreift, ohne sich deren Vorzensur zu unterwerfen. Das Recht solcher liturgischer Dogmatiken kann ja nicht generell bestritten werden. Auch wenn sie zur externen interdisziplinären Kooperation strukturell ungeeignet sind, behalten sie eine begrenzte, aber sinnvolle interne Funktion für die innerkirchliche Selbstverständigung. Sie stehen allerdings in der Gefahr, durch das Festschreiben historisch-konfessioneller Sprach- und Denktraditionen auch die ökumenische Konsenusbildung zu erschweren. Der hier vorgeschlagene Weg hätte vielleicht die Chance, dadurch, daß er die konfessionellen Erfahrungen und Begabungen auf einer allgemeineren Ebene formuliert, die darin enthaltenen Potenzen für die praktische Arbeit der Erneuerung des Gottesdienstes wechselseitig aufzuschließen.

5. *Forschungsstrategischer Aspekt: Zukunftsaufgaben liturgiewissenschaftlicher Arbeit – ein skeptischer Ausblick*

Die unter 3. und 4. formulierten Aufgaben würden ausreichen, um die Praktische Theologie auf Jahre hinaus zu beschäftigen. Man könnte daraus eine lange Liste von Forschungsvorhaben und Prioritätenkatalogen entwickeln. Wünschenswert, um einen größeren Schritt voranzukommen, wären:

– *forschungsgeschichtliche Arbeiten* zur Rekonstruktion der systematischen Vorurteilsstrukturen, die bei der Beschreibung der Phänomene Kult, Ritus, Gottesdienst und ihrer theologischen Bewertung in Exegese, Kirchengeschichte und Liturgik leitend gewesen sind, unter Berücksichtigung der Querverbindungen zu Religionswissenschaft, Reli-

49 Vgl. E. Lange, Erwachsenenbildung in der Freizeitgesellschaft, in: WPKG 60 (1971) 68 ff., bes. 79 ff.; ders., Was nützt uns der Gottesdienst?, in: F. Lorenz (Hg.), Deutscher Evangelischer Kirchentag Düsseldorf 1973. Dokumente (1973) 403 ff.

gionsphänomenologie und -soziologie bzw. der Gründe ihrer Ausblendung;
– Anregung neuer *historischer Studien* zum Gottesdienst auf exegetischem und liturgiegeschichtlichem Gebiet unter Aufnahme ideologiekritischer, kultur- und wissenssoziologischer Fragestellungen;
– vor allem *interdisziplinäre Forschungen* in Gestalt *wissenschaftlicher Begleitung und Auswertung gottesdienstlicher Praxis,* um an konkreten Projekten die Zusammenarbeit zwischen Theologie und Humanwissenschaften zu erproben, in der Erwartung, daß sich durch exemplarische Konzentration am ehesten Möglichkeiten und Grenzen der Aspektverschränkung methodisch und theoretisch testen lassen. Beispiele: Familiengottesdienst; Liturgische Nacht Düsseldorf und die Folgen; Meßreform in einer durchschnittlichen Pfarrei; Wirkungen politischer Gottesdienste; (ökumenische) Trauungen; Gemeindefeste im kommunalen Kontext usw.;
– Hypothesenbildung für eine Theorie des Gottesdienstes; *Feldbeschreibungen* zur Bestandsaufnahme des komplexen Gesamtspektrums darstellender Kommunikation auf den verschiedenen kirchlichen Handlungsebenen.

Freilich ist gegenüber allen Maximalprogrammen Skepsis geboten. Zu ihrer Realisierung fehlen, wenigstens auf *evangelischer* Seite, die elementarsten Voraussetzungen: Kenntnisse, Forschungskapazitäten, organisatorische Basis. Es gibt an den deutschsprachigen evangelisch-theologischen Fakultäten keinen einzigen liturgiewissenschaftlichen Lehrstuhl, keine Spezialinstitute. Alle Versuche, umfangreichere Forschungsprojekte in Angriff zu nehmen, sind gescheitert. – Auf *katholischer* Seite ist die institutionelle Situation ungleich besser. Es existieren eine beachtliche Anzahl liturgiewissenschaftlicher Lehrstühle, Institute und internationale Organisationen. Die katholische Liturgiewissenschaft müßte also insgesamt die Führung übernehmen. Wird sie es tun? Hier scheinen eher systematische Sperren zu bestehen, die eine entschlossene Inangriffnahme der aufgegebenen Probleme erschweren.

Möglich und realisierbar erscheinen bescheidenere Lösungen: Zusammenarbeit in begrenzten lokalen Praxisfeldern, lockere Koordination parallelgehender Forschungsinteressen, vor allem mehr Kontakte, mehr Austausch, um sich gegenseitig zu einer Erweiterung des Problembewußtseins zu verhelfen auf der Suche nach dem Gottesdienst der Zukunft.

3 | 5 Richard Riess
Seelsorgerliche Beratung

1. *Zur anthropologischen Analyse*

»Der Mensch bedarf des Rats, des Beistands, der Aufrichtung, der Rettung.« M. Buber[1]

Der Mensch bedarf des Rats. Weil er Mensch ist und nicht Gott: unfertig, unstet und seiner ungewiß. Zweifellos ist dem Menschen unserer Zeit ein hohes Maß an Aufklärung und Autonomie zuteil geworden. Zugleich sind aber auch Angst und Abhängigkeit gestiegen. Eine Analyse, welche bei der anthropologischen Basis der gegenwärtigen Beratung einsetzen möchte, wird solche Ambivalenzen beachten müssen. Der folgende Abschnitt soll deswegen dazu dienen, diese anthropologische Ausgangsbasis in ihrer Ambivalenz zu umreißen.

a. Beratung als allgemeinmenschliches Bedürfnis

Der Mensch ist ein Wesen, das in einzigartiger Weise nach sich selbst zu fragen vermag und auf diesem Wege zu sich selbst zu finden versucht. »Daß der Mensch in seiner Vorstellung das Ich haben kann – so schon der Anfang von Kants Anthropologie – erhebt ihn unendlich über alle andere auf Erden lebende Wesen. Dadurch ist er eine *Person* . . .«[2] Dieses Wissen um eine – wie auch immer geartete – personale Mitte und die Weltoffenheit werden denn auch bis in unsere Gegenwart hinein von verschiedensten Wissenschaften als Grundzüge menschlicher Existenz genannt. Es sei nur an folgende Beispiele erinnert:

- Der Mensch als eine physiologische Frühgeburt, welche schon in frühester Zeit ihrer Umwelt ausgesetzt wird (A. Portmann);
- der Mensch als ein ex-zentrisches Wesen, das zu sich selbst in ein Verhältnis zu treten vermag (H. Plessner);
- der Mensch als ein ins Offene gewiesener, auf ein Gegenüber seiner Welterfahrung angewiesener Partner (W. Pannenberg).

Freilich bricht an der Frage der Weltoffenheit eine doppelte Wertigkeit auf:

---

1 M. Buber, die Erzählungen der Chassidim (1949) 20.

2 I. Kant, Anthropologie in pragmatischer Hinsicht, in: Werke in zwölf Bänden (Theorie-Werkausgabe), hg. von W. Weischedel, Bd. XII (1964) 407.

- Der Mensch ist auch ein tiefgreifend triebgeleitetes Wesen, das es nur mühsam lernt, Herr im eigenen Hause zu werden (S. Freud);
- der Mensch ist auch ein sich selbst entfremdetes Wesen, das gerade am Werk seiner Hände seine eigentliche Un-wesentlichkeit erfährt (K. Marx);
- der Mensch ist auch ein Mängelwesen, das nur mithilfe der Kultur seine von Natur aus schwache Stellung zu halten vermag (A. Gehlen)[3].

So auseinanderdividiert sich solche Ambivalenzen zunächst auch ausnehmen mögen – eines machen sie deutlich: In aller Mangelhaftigkeit des Menschen steckt zugleich auch seine Möglichkeit, zum Menschen zu werden. Die Not des Fragmentarischen treibt in die Notwendigkeit des Fragens. Aus der Notwendigkeit des Fragens aber, dem »Prinzip der offenen Frage« (H. Plessner), entspringt schließlich ein Prozeß des Fragens, des Hoffens, des Suchens. Und darin ist wohl bis heute eines der wesentlichen Motive für die Wissenschaft und Forschung des Menschen zu sehen: in jener sokratischen Weisheit zu wissen, daß ich nichts weiß, und daher zu fragen, was ist, was war und was sein wird. Vielleicht ist eine solche offene Fragehaltung nicht fern von der Fähigkeit, überhaupt etwas erwarten und empfangen zu können, an welche das Wort Jesu erinnert: »Wenn ihr nicht umkehrt und werdet wie die Kinder ...« Die Welt des wissenden Erwachsenen wird immer an Menschlichkeit gewinnen, wo sie jenen Fähigkeiten des Fragens und Empfangens, des Staunens und Vertrauens Zugang gewährt, welche in der Welt des Kindes wurzeln. Der Schritt über die Schwelle, zu fragen und sich zu beraten, bedeutet sicherlich eine Rückkehr auf die Stufe des Kindes und das Risiko, auch wie ein Kind behandelt zu werden. Zugleich aber bedeutet er auch einen Schritt in Richtung menschlicher Reifung. »Der größte Vertrauensbeweis des Menschen – schrieb Bacon schon über die Beratung von Königen – liegt darin, daß sie sich voneinander beraten lassen.«[4]

b. Ohnmacht und Orientierungslosigkeit heute

Der Mensch bedarf des Rats. Denn Ratlosigkeit gehört zu seiner Realität. Diese Not des Menschen – das war zu sagen – ist sicherlich seine Tugend. Diese Tugend – das ist nun zu sagen – ist auch seine

---

3 Zur Anthropologie der Gegenwart vgl. u. a. H.-G. Gadamer / P. Vogler (Hg.), Neue Anthropologie, Bd. 1 ff., dtv-Wiss. Reihe (1972 ff.); HPTh II/1; R. Rocek / O. Schatz (Hg.), Philosophische Anthropologie heute (1972).

4 F. Bacon, Essays, hg. von L. L. Schücking (Wiesbaden o. J.) 90.

Not, im Falle des neuzeitlichen Menschen sogar seine Tragik: Allmählich daran gewöhnt, todsichere Antworten aus technischen Gehirnen abrufen zu können, gelingt es ihm kaum noch, sich den Fragen des Lebens und Sterbens ernsthaft zu stellen. Gegenüber der Ratlosigkeit angesichts vielfältigster Lebenskrisen versagt nicht selten seine Rationalität. An diesen Nahtstellen nämlich tritt ihm seine eigentliche Not entgegen: das Nichtwissenkönnen und Nichtwahrhabenwollen des Todes. Weil die Schatten des Todes durch Abbau und Altern, Konflikte und Krankheit, Scheitern und Schuld schon frühzeitig auf das Leben fallen, legt sich die Versuchung nahe, nicht nur das Lebensende, sondern auch die Lebenskrisen zu verdrängen. Vermutlich zeigt sich auch in dieser Tabuisierung der Versuch des technologischen Menschen: zu vergessen, daß diese Welt eine vergehende und von daher zu verantwortende Schöpfung ist.

Dabei ist der Zeitgenosse der Zweiten Aufklärung von einem zermürbenden Zwiespalt gezeichnet:

- ausgestattet einerseits mit einem Machtpotential und mit Möglichkeiten, von denen weder Bacon noch Kant etwas träumen konnten;
- andererseits von Angst und Aversion gegen eine Aufklärung erfüllt, die nicht nur die berühmten Attribute des Fortschritts wie beispielsweise Emanzipation, Flexibilität oder Liberalisierung des Lebens, sondern auch neue Aporien beschert: wirtschaftlich-politisch-militärische Abhängigkeiten von ungeahntem Ausmaß, weltweite Ohnmacht und Orientierungslosigkeit des Einzelmenschen und das Schwinden von Selbstgewißheit und Sinnerfüllung.

So weisen die weitverbreitete Verdrossenheit gegenüber Institutionen oder die Verunsicherung aufgrund der Inflation der Werte, aber auch das Anwachsen von Magie, Messianismus und Mystik auf eine ins Irrationale übergreifende Veränderung des Bewußtseins, auf »die Ver-rücktheit des heutigen Menschen« hin[5]. In einem Zeitalter, in welchem Informationen, Innovationen und Identitätskrisen zunehmen, wächst auch die Ausschau und die Sehnsucht nach Individuen oder nach Gruppen, die verbindlich zu sagen vermögen, was gilt und was gelten soll. In diesem konkreten zeitgeschichtlichen Kontext ist der Stellenwert von emotional so besetzten Schlüsselwörtern wie »Beratung«, »Lebenshilfe« oder »Orientierung« zu begreifen. Suchen wir die ihnen zugrunde liegenden Bedürfnisse zu erfassen, so begegnen wir einem ganzen Syndrom von elementaren Gefühlen wie beispielsweise der Vereinsamung, Verlassenheit und Verwaisung, dem Grundgefühl einer »vaterlosen Gesellschaft« (A. Mitscherlich), oder der Selbstentfrem-

---

5 T. Brocher, Sind wir verrückt? (1973) bes. 10 ff.

dung und narzißtisch-nostalgischen Sehnsucht, einer Gestimmtheit, die unter anderem auch in der gesteigerten Suche nach Selbsterfahrung und Solidarität zum Ausdruck kommt[6]. Analog zur paulinischen Anthropologie wird heute die Aussage aktuell: Wir wissen noch nicht, was wir sein werden. Wir sehen jetzt durch einen Spiegel in einem dunklen Wort. Der »homo faber« (M. Frisch) ist im Grunde ein »homo viator« (G. Marcel), ein Mensch des Übergangs. Er bedarf auf seinem Wege der Begleitung und Beratung.

c. Beispiel einer seelsorgerlichen Beratung (Ausschnitt)[7]

Herr S.: Diese Scheidung hat mich schier umgehauen. Klar, wir hatten unsere Auseinandersetzungen, und sie hatte oft mit der Scheidung gedroht, aber als es dann passierte, konnte ich es einfach nicht fassen. Eine Stinkwut hatte ich, klar, aber am stärksten war das Gefühl, etwas Großes verloren zu haben.

Pfarrer: Sie fühlten sich zerschlagen und leer; etwas, das in Ihrem Leben von Bedeutung gewesen war, war weg.

Herr S.: Ja, und das Gefühl der Leere ist noch stärker, da ich so weit weg bin. Nach den Kindern sehne ich mich doch sehr. Mein Junge ist dieses Jahr bei den Pfadfindern eingetreten, und bei dieser Sache erwartet man doch, daß die Väter auch dabei und bei ihren Jungs sind.

Pfarrer: Die Entfremdung macht Ihren Verlust noch schmerzlicher, da Sie nicht dabei sein können, wenn er etwas unternimmt.

Herr S.: Na ja, ich frag mich dauernd, ob ich nicht eine Riesendummheit gemacht habe, als ich hierher ging. Ich möchte doch meinen Kindern ein guter Vater sein. Und doch, ich hatte einfach das Gefühl, daß ich aus dieser Tretmühle heraus mußte. Ich hatte Pech mit meiner Arbeit – war ein paarmal mit meinem Temperament in Schwierigkeiten gekommen. Da dachte ich, es wäre vielleicht besser, irgendwo einen neuen Anfang zu machen, wo man nicht dauernd in die Spuren der Vergangenheit tritt. Vermutlich wollte ich J. zeigen, daß ich nicht auf sie angewiesen bin – daß ich auch ohne sie ganz gut zurechtkomme.

Pfarrer: Beides – die Arbeit und die Eheprobleme – erweckte in Ihnen das Gefühl, daß ein Ortswechsel das beste sei. Aber jetzt kommen Ihnen plötzlich Zweifel, da Sie Sehnsucht nach den Kindern haben.

Herr S.: (nickt) Von der Ehe ist nichts mehr zu retten, aber ich möchte nicht, daß meine Kinder ohne mich aufwachsen müssen.

Pfarrer: Wenn ich das, was Sie sagen, recht verstehe, haben Sie das Gefühl, als würden Sie in zwei Richtungen gezogen, so daß Sie nicht entscheiden können, was Sie tun sollen, zurückgehen oder hierbleiben.

Dieser Gesprächsgang kann – in aller Kürze – vor allem zwei Gesichtspunkte verdeutlichen:

– das ambivalente Motiv auf seiten des Ratsuchenden, das in dem Gefühl, in zwei Richtungen gezogen zu sein, das in Rastlosigkeit und Ratlosigkeit resultiert;

6 H. E. Richter, Lernziel Solidarität (1974).

7 Aus: H. J. Clinebell, Modelle beratender Seelsorge (1971) 51 f.

– die empathische Methode des seelsorgerlichen Beraters, der sich ganz auf seinen Partner einzustellen, dessen emotionale Situation einzufühlen und mit seinen eigenen Worten wiederzugeben sucht, ein Moment, das für die Methodologie seelsorgerlicher Beratung von grundlegender Bedeutung ist.

2. *Methodologisches Konzept: Die Korrelation von Frage und Antwort*

Wir haben bewußt bei der anthropologischen Basis eingesetzt, um nun einige Bemerkungen über das methodologische Konzept der kirchlichen Beratungsarbeit anzuschließen. Damit folgen wir im wesentlichen einem Ansatz, der sich in der amerikanischen Seelsorgebewegung[8] wie in der kontinentalen Beratungspraxis weithin abzeichnet: der induktiven, von der Praxisanalyse zur Theoriebildung fortschreitenden Denkbewegung. Ein grundlegendes Kennzeichen dieses Praxis-Theorie-Modells ist gerade die Korrelation von Situation und Reflexion. »Die konkrete Situation – so S. Hiltner, Pionier des Pastoral Counseling – kann nur verstanden werden, wenn allgemeine, umfassende Prinzipien beachtet werden; und . . . die allgemeine, umfassende Bedeutung kann nur mit Hilfe der Erforschung konkreter Erfahrungen untersucht, überprüft und umgestaltet werden.«[9] Unschwer ist diesem methodologischen Modell der Einfluß der Theologie von Tillich und die Einwirkung der empirischen Wissenschaften abzuspüren. Dabei ist durch die verschiedenen Begriffe hindurch eine wechselseitig wirkende, jedoch dialektisch formulierte Denkfigur auszumachen:

Die Korrespondenz von
Situation und Reflexion
Empirie und Theorie
Frage und Antwort.

Freilich stellt sich dieses Denkmuster bei näherer Betrachtung als ein kompliziertes Beziehungsgefüge dar. So fächert sich beispielsweise die Größe »Frage« in eine Reihe von Faktoren auf: Ängste und Abwehrmechanismen, Riesenansprüche und Rollenerwartungen und anderes mehr auf seiten des Ratsuchenden; so ist andererseits die Größe »Antwort« als ein ganzes Bündel von Bedingungen zu begreifen: von Bedürfnissen und Begabungen, Vorurteilen und Verständigungsstilen

8 Zur amerikanischen Seelsorgebewegung s. vor allem D. Stollberg, Therapeutische Seelsorge (1969).

9 S. Hiltner, Theology and Pastoral Care (1967), zitiert in: R. Riess, Seelsorge (1973) 203.

und anderem mehr auf seiten des Beratenden. Aus diesem Grunde ist im Blick auf die Methodologie der Beratung von einem hermeneutischen Zirkel oder – noch genauer – von einer »hermeneutischen Ellipse« zu sprechen:

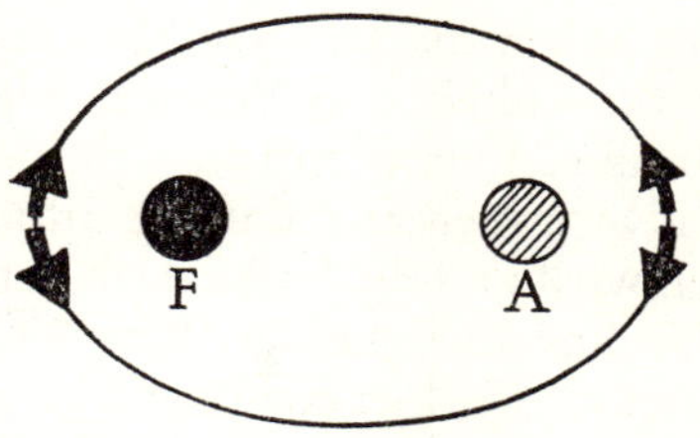

F = Frage-Empirie-Situation
A = Antwort-Theorie-Reflexion

Als nicht zu unterschätzende Merkmale der Methodologie seelsorgerlicher Beratung sind nicht zuletzt auch das Menschenbild, das Motiv und die Zielsetzung des Beraters zu bezeichnen, zumal sie – mindestens unbewußt – effektiv mit im Umlauf sind. Jeder Berater hat sich deshalb auch mit folgenden Fragen auseinanderzusetzen:

- In welchem Maße beeinflußt mein Menschenbild meine Beratungspraxis?
- Was kann ich als ein Motiv meiner Arbeit erkennen und einsehen?
- Welchem Zweck und welchem Ziel dient meine Tätigkeit?

S. Hiltner hat in seinen Arbeiten wichtige Aspekte zu diesen Fragen geliefert[10]. Seine Argumente sind deshalb hier besonders und beispielhaft heranzuziehen.

a. Das Gleichnis vom verlorenen Sohn als Muster eines Menschenbildes

Der verlorene Sohn ist ein vielfältig sprechendes Symbol für den Menschen. Verloren und verkauft an die Verhältnisse, findet er sich nur dadurch heraus, daß er sein Verlorensein einsieht. Es geht ihm auf, daß er es ist, der entfremdet worden ist, und daß er es wiederum ist, der sich aufzumachen hat. Auf diesem Wege erlebt er eine neue Wirklichkeit: Indem er heimkehrt, kommt er auch zu sich selbst. Indem er zu sich kommt, kehrt er auch heim.

Hiltner deutet das Gleichnis im Bezugsrahmen des christlichen Glaubens. Die Hauptfigur ist demzufolge der Vater. Seine Haltung

---

10 Zu Seward Hiltner s. aaO. 201–244; D. Stollberg, Seelsorge, 203–275; R. Zerfaß, Praktische Theologie als Handlungswissenschaft, s. o. 164–177.

gegenüber dem heimkehrenden Sohn symbolisiert eine Erfahrung des Glaubens: Daß Gott »bereit ist zu vergeben, eine neue Chance zu schenken und auf die Lebensrichtung des Menschen statt auf seine Leistungen zu schauen«[11].

In solchen Sätzen ist auch eine Entsprechung zu unserer anthropologischen Analyse zu entdecken. In dem Symbol des verlorenen Sohnes kommt gerade die Verlassenheit und Verlorenheit der »lost generation« zur Sprache. Darüber hinaus spricht sich in dem Gleichnis der Glaube und das Grundvertrauen aus, daß die Situation der Gott-verlassenheit überwunden wird und die Suche nach dem »Haus der Kindheit« (M. L. Kaschnitz) ans Ziel gelangt. Was Bloch in anderen Zusammenhängen beschreibt, tritt hier ins Blickfeld: »Die wirkliche Genesis ist nicht am Anfang, sondern am Ende.«[12]

b. Die Beispielerzählung vom Barmherzigen Samariter

Gegenüber der säkularen Gesellschaft gewinnt die Beispielerzählung vom Barmherzigen Samariter eine richtungweisende Bedeutung. Denn sie vermag zu zeigen, wie sehr spontane Zuwendung vonnöten ist – ohne lange und breite Reflexion und ohne Rücksicht auf die Zugehörigkeit zu einer bestimmten Rasse, Religion oder politischen Richtung. Zumeist macht der Zeitpunkt den »Nächsten« ohnehin und notgedrungen zum Mittelpunkt der Sorge. Das schließt freilich die Fragestellung des sozialen Feldes mit ein. Das »Prinzip des Barmherzigen Samariters« (S. Hiltner) ist gerade darin zu sehen, daß ich den anderen so annehme, wie er ist, ob verlassen, verletzt oder verloren. Dieser Sicht zufolge wird sich »Beratung«, »Lebenshilfe« oder »Seelsorge« ganzheitlich und umfassend verstehen: als Individual- wie als Sozialhilfe.

Die Beispielerzählung vom Barmherzigen Samariter hat unserer Meinung nach bis in säkulare Bereiche hinein motivationsbildend gewirkt. Sie stellt sich somit als ein Archetyp für jene Aktionen dar, in denen sich einer dem anderen bedingungslos zuwendet, als ein Archetyp für »das Apostolat des uneingeschränkten Erbarmens« (H. O. Wölber)[13], dessen christologische Ausgangsbasis uns im Leben Jesu, seinem Dasein-für-Andere, einzigartig und exemplarisch begegnet.

11 S. Hiltner, Selfunderstanding (1951), zitiert bei Riess, 212.
12 E. Bloch, Das Prinzip Hoffnung III (1970) 1628.
13 H.-O. Wölber, Das Gewissen der Kirche (1963) 34.

c. Ziele seelsorgerlicher Zuwendung

Im Anschluß an S. Hiltner und W. A. Clebsch / Ch. R. Jaekle[14] kann man überblicksweise von vier Aspekten kirchlicher Beratung sprechen: Heilen – Beistehen – Leiten – Versöhnen. Die hauptsächliche Bedeutung seelsorgerlicher Beratung liegt dabei in der Hilfe zur Selbsthilfe und Selbstverantwortung. Diese Sicht hat auch im deutschen Sprachraum Zustimmung gefunden. »Die Aufgabe der Seelsorge – schreibt beispielsweise D. Stollberg – besteht in der Hilfe zur Selbsthilfe. Seelsorge soll nicht so helfen, daß sie als Bestätigung infantiler und regressiver – wenngleich durchaus verständlicher und einfühlbarer – Abhängigkeitswünsche aufgefaßt werden kann.«[15] Seelsorge läßt sich vielmehr aufgrund ihrer didaktischen, emanzipatorischen, kathartischen, therapeutischen Zielsetzung als ein Medium auf dem Wege zum Mündigwerden des Menschen begreifen. Sie darf sich daher als ein integraler Bestandteil jener kirchlichen und säkularen Bemühungen verstehen, die vom Evangelium Jesu Christi her zur Befreiung von Angst und Abhängigkeit beizutragen und auf authentische Art den Freiheitsraum des Menschen und der Gesellschaft unserer Gegenwart zu erweitern suchen.

3. *Pluralität der Praxis*

a. Felder und Funktionen

Jeder Mensch erlebt ein Kontinuum an Krisen. Zum einen jene normativen Krisen, wie sie der natürliche Lauf des Lebens mit sich bringt:

Geburt – allmähliche Ablösung – Pubertät – Probleme der Partnerschaft und Ehe – Konflikte in der Erziehung – Lebensmitte – Klimakterium – Altern – Sterben.

Zum anderen jene akzidentiellen Krisen, welche durch ein unerwartetes Schicksal hereinbrechen können:

Krankheit – Scheidung – Trauer – Unfall – Verlust von Beruf, Heimat Vermögen und dergleichen.

Die Verschiedenartigkeit der Konflikte und Krisen verlangt begreiflicherweise eine Vielfalt von Formen und Funktionen kirchlicher Beratung. Um nur einige spezifische Felder zu nennen[16]:

---

14 Vgl. S. Hiltner, Preface to Pastoral Theology (Nashville 1958) und W. A. Clebsch / Ch. A. Jaekle, Pastoral Care in Historical Perspective (New Jersey 1964).

15 D. Stollberg, Mein Auftrag – Deine Freiheit (1972) 48.

16 Vgl. H. Niederstrasser, Theologie und Oikonomie (1972) vor allem 194 ff.

- Arbeit mit Alkoholkranken und Drogenabhängigen
- Ehe-, Erziehungs-, Familienberatung
- Klinikseelsorge
- Lebensberatung und Lebensmüdenbetreuung
- parochiale Praxis
- Rehabilitierung von Strafgefangenen
- Telefonseelsorge und andere.

b. Mannigfaltigkeit der Methoden

Die Verschiedenartigkeit der Krisen, aber auch die Vielfalt der Konzeptionen haben ein ganzes Kaleidoskop von Methoden mit sich gebracht, die auf unterschiedlichste Art ihre Akzente setzen können[17]. So suchen – grob gesehen – manche Modelle ihre Ausrichtung vornehmlich an

dem Berater	wie zum Beispiel die autoritätsorientierten, kurzfristigen oder stützenden Beratungsmethoden;
dem Klienten	wie zum Beispiel die klient-zentrierte Gesprächstherapie oder die Gestalttherapie;
der Interaktion	wie zum Beispiel die rollenbezogene Eheberatung oder die Transaktionsanalyse;
dem Milieu	wie zum Beispiel die neuere Familienberatung;
der Gruppe	wie alle einschlägigen Verfahren der nichtstrukturierten oder der themenzentrierten Gruppenberatung und Gruppentherapie;
der Gesellschaft	wie zum Beispiel die Methoden der Gemeinwesenarbeit oder der politisch orientierten Beratung.

Die Praxis der Beratung spiegelt insofern eine Pluralität verschiedenster Positionen, vielleicht sogar die Pluralität des Psychischen überhaupt. Ein so weitgespannter Methodenpluralismus verursacht sicherlich nicht wenige Probleme, verschafft jedoch auch wichtige Plattformen, auf denen psychische und psychosoziale Konflikte je nach Notwendigkeit verschiedenartig bearbeitet werden können.

c. Partizipation an gemeinsamen Problemen

Bei aller Vielfalt und Verschiedenheit der Funktionen, Formen und Felder ergibt sich jedoch auch eine Fülle von Problemen, die ihnen gemeinsam aufgegeben sind. Wir beschränken uns hier auf drei Beispiele:

17 Vgl. u. a. Clinebell, passim, und J. Scharfenberg, Seelsorge als Gespräch (1972) 111 ff.

- die Bedeutung der Persönlichkeit des Beraters für den Prozeß der Beratung[18],
- die Bedeutung von Interaktion und Kommunikation und ihre Komplikation[19],
- die Bedeutung des Beratungsvorganges als eines Prozesses mit verschiedenen Phasen[20].

4. *Theologische Konklusion*

Der Mensch bedarf des Rats. Weil er Mensch ist und nicht Gott: unfertig, unstet und seiner ungewiß. Wäre er fertig, seßhaft und seiner sicher, so bedürfte er keines Rats, so bedürfte er nicht des Wortes, das ihm von außen, extra nos, widerfährt. Der Mensch ist aber unterwegs durch Zeit und durch Unzeit. Das Exodusgeschehen des Gottesvolkes ist eine Erfahrung, die gerade unserer mobilen Gesellschaft nicht unzugänglich ist. Freilich wird sie ohne den Glauben an den Gott, der mitgeht, an Eindeutigkeit einbüßen. Die Erfahrung des Exodus bleibt insofern zunächst zweideutig. Denn mit der Expansion und Erweiterung unserer Welt gehen zugleich auch Einsamkeit und Entfremdung einher. Darin zeigt sich eine ungeheuerliche anthropologische Ambivalenz, ja Paradoxie: Der Mensch lebt nur menschlich im Miteinander und zieht sich doch immer – als der *homo in se incurvatus* (Luther) – in sich selbst zurück. Das gilt in besonderem Maße vom Menschen der neueren Zeit. Nicht erst, aber gerade nach Auschwitz ist der Mensch zu einem *homo absconditus* (Bloch) geworden, zu einem Ratlosen und Rätsel seiner selbst. Dem *homo absconditus* entspricht nicht von ungefähr der *deus absconditus* (Luther). Wo aber die Gottverlassenheit und Gottlosigkeit zu einer Grundstimmung wird, gesellt sich unversehens zur Ratlosigkeit auch die Resignation.

Die christlichen Kirchen wissen sich gegen die Ratlosigkeit und die Resignation im Glauben an den *deus revelatus* (Luther) aufgerufen, im Glauben an den Gott, dessen Sohn für den gottlosen Menschen starb, gottverlassen, ratlos und »mit der Frage auf den Lippen« (A. Camus). Die Menschwerdung dieses Gottes in Jesus ist für die Sicht des Glaubens das Signum, daß diese Schöpfung bei aller Ambivalenz auf Kommunikation und auf Kommunion angelegt ist. Der Kommunikation und Kommunion möchte schließlich auch die Beratung der

18 Siehe F. Riemann, Die Struktur des Therapeuten und ihre Auswirkung in der Praxis, in: Psyche XIII (1959) 150–159.

19 Siehe H. Junker, Das Beratungsgespräch (1973) bes. 23 ff.

20 Siehe Riess, 135 u. a.

Kirchen dienen, das *mutuum colloquium et consolatio fratrum* (Luther) oder – in neueren Begriffen – die frohe Botschaft »in der Sprache der zwischenmenschlichen Beziehungen« (R. Howe). Bei aller Kunst der Gesprächsführung oder der Gruppenarbeit[21] wird ein wesentliches Kriterum für die Kommunikation darin liegen, ob sie im Grunde Evangelium und nicht Gesetz, Versöhnung und nicht Verwerfung vermittelt. Die Mitte der seelsorgerlichen Beratung wird die Menschwerdung sein, weil sie sich auf die Menschwerdung dessen gründen darf, der den Gottlosen rechtfertigt, und dem ruft, was nicht ist, daß es sei. Aus der Rechtfertigung des Gottlosen folgt nicht zuletzt die Rechtfertigung des Ratlosen.

---

21 Aus dem reichen Literaturangebot seien noch eigens genannt:
R. Bang, Das gezielte Gespräch, 2 Bde. (1969 ff.);
W. Berger / H. Andrissen, Das amerikanische Phänomen »Pastoral Counseling« und seine Bedeutung für die Pastoraltheologie, in: HPTh III, 571–586;
K.-W. Dahm / H. Stenger (Hg.), Gruppendynamik in der kirchlichen Praxis (1974);
R. L. Dicks (ed.), Successful Pastoral Counseling Series (Philadelphia o. J.);
Ch. Ertle, Erziehungsberatung (1971);
H. Faber / E. van der Schoot, Praktikum des seelsorgerlichen Gesprächs ([3]1971);
Th. Filthaut, Das seelsorgerliche Gespräch, in: HPTh III, 560–571;
H. Harsch, Theorie und Praxis des beratenden Gesprächs (1973);
S. Hiltner, Pastoral Counseling (Nashville 1949);
W. E. Hulme, Counseling and Theology (Philadelphia 1967);
P. E. Johnson, Psychologie der pastoralen Beratung (1969);
J. W. Knowles, Gruppenberatung als Seelsorge und Lebenshilfe (1971);
H. Lattke, Das helfende Gespräch (1969);
W. Offele, Das Verständnis der Seelsorge in der pastoraltheologischen Literatur der Gegenwart (1966);
H.-Chr. Piper, Gesprächsanalysen (1973);
H. E. Richter, Eltern, Kind und Neurose (1969);
ders., Patient Familie (1970);
R. Riess (Hg.), Perspektiven der Pastoralpsychologie (1974);
ders. / H. Stenger (Hg.), Beratungsreihe (1974 ff.);
C. R. Rogers, Counseling and Psychotherapy (Boston 1942), dt.: Die nicht-direktive Beratung (1972);
ders., Client-Centered Therapy (Boston 1951), dt.: Die klient-bezogene Gesprächstherapie (1973);
C. J. Sager u. a. (Hg.), Handbuch der Ehe-, Familien- und Gruppen-Therapie, erweiterte dt. Ausgabe hg. von A. Heigl-Evers, 3 Bde. (1974);
V. Satir, Conjoint Family Therapy (Palo Alto 1967);
D. Stollberg, Seelsorge durch die Gruppe (1971);
G. Struck / L. Loeffler (Hg.), Einführung in die Eheberatung (1971);
R. Tausch, Gesprächspsychotherapie ([2]1968);
N. Wetzel, Das Gespräch als Lebenshilfe (1972);
C. A. Wise, Pastoral Counseling (New York 1951).

3|6 Josef Sudbrack
Geistliche Führung

Worte wie »Geistliche Führung«, »Seelenleitung« klingen nach überholter Vergangenheit, nach unreflektierter Frömmelei. Doch verantwortungsbewußte und deshalb die Vergangenheit aufarbeitende Praxis und Theorie können an dem mit diesen Begriffen Gemeinten nicht vorbeigehen; zu sehr stand es in der Mitte des traditionellen pastoralen Bemühens – was auch immer mit ihm gewollt wurde. Hinzu kommt, daß das Christentum von heute in der Begegnung mit den Weltreligionen vor die Frage nach dem »Meister« (Abbas, Staretz, Rabbi, Shaïk, Pir, Guru, Roshi usw.) und vor die Frage nach dem »Weisen« und »Lehrer« gestellt wird.

Mangelnde Aufarbeitung und fehlende Reflexion des historischen Materials verlangen dessen kurze Skizzierung (1). Aufgrund einer Aporetik (2) kann die andeutende Darstellung (3) gewagt werden.

1. Religionswissenschaftliche Materialien

a. Die Elemente: Meister – Buch – Lehrer

Die Vergangenheit muß bis in den *Schamanismus* und verwandte religionsgeschichtliche Erscheinungen[1] zurückverfolgt werden. Man glaubte von diesen Männern (nur selten Frauen), daß sie in Verbindung mit dem Ursprung ständen, mit Gott, Göttern, Geistern, magischen Kräften. Mit ihrer aus Begabung und Initiation herrührenden Kraft übten sie Einfluß aus auf Naturmächte und auch Menschen. Der Mittelpunkt ihrer Praktiken, das Jenseits (zB. Geleit der Seelen zum Himmel), war eng mit dem Diesseits verbunden. Ihr Wirken erstreckte sich auf nahe und entfernte Umwelt: Heilen, Beschwören, Verzaubern, Versetzen in Trancezustände, Führen zur Bewußtseinserweiterung, Heranbilden zur schamanischen Macht, mit all den vielfältigen magi-

---

1 Vgl. M. Eliade, Schmiede und Alchemisten (1960) bes. 110–122; D. Langen, Archaische Ekstase und asiatische Meditation und ihre Beziehungen (1963) bes. 14–31. Le maître spirituel dans les grandes traditions d'occident et d'orient: Égypte, Antiquité grecque et latine, Judaïsme, Christianisme, Islam, Brahmanisme, Tantrisme, Boudhisme, Taoïsme (Hermes, Recherches sur l'expérience spirituelle 4 [1966–1967]).

schen und zauberischen Praktiken, die in den verschiedensten Kulturen überraschend gleichförmig auftreten.

Die archaischen Phänomene sind nicht restlos mittels *literarischer* und *psychologischer Erklärung* zu entmythologisieren. Auch *Psychopathologie* und *Parapsychologie* alleine reichen nicht aus, um die Fähigkeiten dieser im unmittelbaren Naturzusammenhang stehenden Menschen zu deuten. Religion und – mit allem gebotenen Vorbehalt – deren Gegenbild, die Dämonologie, spielen dabei eine wissenschaftstheoretisch schwer einzuschätzende Rolle.

In dem kaum zu ordnenden, mit »*Yoga*«[2] umschriebenen Phänomen des indischen Subkontinents ist eine »direkte Verbindung mit den archaischen Ekstasetechniken sichtbar, die sich in einzelnen Unterformen des Yoga, wie dem Hatha-Yoga sowie zB. im tantrischen Yoga, noch besonders erhalten haben«[3]. Ähnliche Verknüpfungen sind überall zu entdecken, wo das Suchen nach religiöser Versenkung und Ekstase methodisch ausgeformt wurde. Im ostasiatischen Bereich, wo die konsequenteste Methodik erarbeitet wird, geht die Entwicklung über den schon in vedischen Schriften Altindiens feststellbaren Yoga-Meister bis zum heutigen säkularisierten *Guru* oder *japanischen Zen-Meister*.

Wenn auch mit verschiedenem Stellenwert, so trat in wohl allen Religionen mit wachsendem Bewußtsein *das Buch* neben den Meister[4]. Die heilige Überlieferung – auch die der Seelenführung – objektivierte sich in den heiligen Schriften[5]. Bis in den Schweigekult der Zen-Klöster mit ihrer Ablehnung alles Verständlichen behält die Buchrolle ihre sakrale Funktion. Innerhalb der westlichen Kultur von heute scheinen Zauberbücher und magische Schriften eine neue Bedeutung zu erhalten[6].

Das Buch als Medium der religiösen Selbstfindung, also in der Rolle eines »Seelenführers«, gehört besonders zum *jüdisch-christlichen Kulturraum*[7]. Man muß diese seine Stellung aus einem größeren Zusammenhang heraus entschlüsseln: Buch als Zeichen dafür, daß der »Mei-

2 Vgl. M. Eliade, Yoga. Unsterblichkeit und Freiheit (1960) 12–14.

3 Langen, 33.

4 Vgl. F. Heiler, Erscheinungsform und Wesen der Religionen (1961) 339–364; vgl. den Sammelartikel Buch, in: Reallexikon für Antike und Christentum II (1954) 688–731; ferner die Beitragsreihe: Wert und Wertung des heiligen Buches in den nichtchristlichen Religionen, in: Concilium 3 (1967) 839–856.

5 Zur christlichen Unterscheidung vgl. G. Rosenkranz, Muhammed und der qu'rân – Jesus und die Bibel, in: Religionswissenschaft und Theologie (1964) 110–124.

6 Kabbala (jüdisch) und Tantarismus (indisch) gehören zu Modeerscheinungen.

7 F. Weinrich, Der göttliche Bauplan der Welt. Der Sinn der Bibel nach der ältesten jüdischen Überlieferung (1966) – ein ernstzunehmendes modernes Beispiel.

ster« in einer Tradition steht, daß er in einem Sprachzusammenhang agiert, daß er gleichsam multimedial, mit festgelegten Riten und Worten sein Amt ausübt.

Nicht unabhängig vom archaischen Ursprung und vom buchhaften Niederschlag, aber doch in einer spezifisch ausgeformten Weise gewann *»die griechisch-römische Tradition der Seelenleitung«*[8] Einfluß auf die christliche Seelenführung. Man kann diesen Einfluß als *philosophischen Ansatz* beschreiben (neben dem archaisch-religiösen und dem traditionell-buchhaften Ansatz). In der *Stoa* soll Seelenführung die Einsicht bringen: Alle Übel sind unerheblich; sie können nur den Nichteinsichtigen erschüttern. Wahre Erkenntnis bereitet den Weg zum glückseligen Leben, ist schon selbst dieses Leben oder wenigstens ein mit Notwendigkeit dort hinführender Beginn.

Der Seelenführer wird zum philosophischen Lehrer. Während er im »religiösen« Verständnis ein einmaliger, durch die Persönlichkeit wirkender »Meister« ist, kann man ihn jetzt mehr oder weniger austauschen.

b. Geschichtliche Figuren

Die verschiedenen Ansätze dürfen nicht im Sinne der Comteschen Philosophie als sich ablösende Stadien, die zur Schlußphase der Wissenschaftlichkeit übergehen, interpretiert werden. In jedem von Ihnen schlagen sich menschliche Erfahrungen nieder, die durch keine Systematik eingeholt werden. Auch die *Geschichte der christlichen Seelenführung* wird durch alle Faktoren: Meister – Buch – Lehrer bestimmt. Schon in der Patristik finden sich die entsprechenden Repräsentanten. Vereinfachend kann man die Gnosis des Klemens von Alexandrien oder die Pädagogik des Basilius um den lehrhaften Pol anordnen. Die mönchische Tradition des »geistlichen Vaters«[9] gehört zum Phänomen des Meisters. Das Buch der Bibel umgriff in seiner Stellung als Medium der Selbstfindung die gesamte christliche Tradition[10].

In der *Ostkirche* blieb die Tradition des Meisters und des Buchs als »Seelenführer« bis in die unmittelbare Gegenwart wach[11]. Im Westen

8 I. Hadot, Seneca und die griechisch-römische Tradition der Seelenleitung (1969); in Korrektur zu P. Rabbow, Seelenführung. Methodik der Exerzitien in der Antike (1954).

9 I. Hausherr, Direction spirituelle en Orient autrefois (Rom 1955); als Zusammenfassung vgl. den Sammelartikel Direction Spirituelle, in: Dictionnaire de Spiritualité III (1957) 1008–1060.

10 Vgl. H. de Lubac, Exégèse médiévale I und II (Paris 1959–1964).

11 Vgl. die mannigfachen Arbeiten von zeitgenössischen Theologen der Ostkirche wie V. Lossky, P. Evdokimov, J. Meyendorff.

wurde die Stellung des Lehrers beherrschend. Schon beim Mönchsvater Benedikt von Nursia wird die Gabe der Geistesunterscheidung zur *discretio* und allmählich zur Klugheit[12]. Noch weniger Platz hat das neuansetzende Wissenschaftsverständnis der *Scholastik* für die Rolle eines »geistlichen Vaters«. Auch die geistliche Funktion des Bibelwortes geht in Haarspaltereien und Systematisieren[13] unter.

In der *mönchischen Praxis* hingegen blieb die Tradition des Meisters lebendig und drängte gleichsam immer wieder in die theologische Reflexion hinein. Manches an der »Deutschen Mystik«, die sicher auch aus dem seelsorglichen Bemühen der Dominikaner erwuchs, ist so zu verstehen[14].

Die *ignatianischen Exerzitien* erhalten nicht zuletzt deshalb ihren Einfluß, weil sie im Gegensatz zur »Deutschen Mystik« auf theoretische Reflexion verzichten[15]. Einen Höhepunkt finden Praxis und Theorie der »Seelenführung« im *französischen 17. Jahrhundert*. Die damals auftretenden dämonischen und ekstatischen Phänomene zeigen, wie wenig der archaisch-religiöse Ursprung der Seelenführung übersehen werden darf[16].

Außer wohlmeinenden Zusammenfassungen gibt es bis zur Neuzeit kaum einen größeren Neuansatz[17].

c. Gegenwärtige Tendenzen

Durch verstehende, experimentelle oder statistische *Psychologie*, insbesondere durch die Psychotherapie mit ihren verschiedenen Schulen schien die Funktion des »geistlichen Meisters« erledigt zu sein. Charismatische Begabung und persönliches Einfühlen sollten durch *wissenschaftlich-exakte Daten* abgelöst werden. Doch wenigstens in der Praxis ist sein einigen Jahren die Tendenz gegenläufig. »Der Ruf nach

12 Vgl. G. Switek, »Diskretio spirituum«. Ein Beitrag zur Geschichte der Spiritualität, in: Theologie und Philosophie 47 (1972) 36–76.

13 Vgl. J. Sudbrack, Die geistliche Theologie des Johannes von Kastl. Studien zur Frömmigkeitsgeschichte des Spätmittelalters I (1966) 106–119.

14 Vgl. J. Weilner, Johannes Taulers Bekehrungsweg. Die Erfahrungsgrundlagen seiner Mystik (1961) in Verbindung mit Taulers Biographie: H. J. Scheeben, Zur Biographie Johann Taulers. Johannes Tauler als Mystiker. Gedenkschrift zum 600. Todestag, hg. von Th. Filthaut (1961) 19–36.

15 Vgl. L. Bakker, Freiheit und Erfahrung. Redaktionsgeschichtliche Untersuchungen über die Unterscheidung der Geister bei Ignatius von Loyola (1970) 79: »Man muß nur zwischen den Zeilen lesen können« mit der entsprechenden Anmerkung 31.

16 Vgl. die Dokumentation von M. de Certeau, La Possession de Loudun (Paris 1970) mit der Ausgabe von J. J. Surin, Correspondance (Paris 1966).

17 Als Beispiel einer Zusammenfassung: G. B. Scaramelli, Anleitung in der mystischen Theologie. Neuausgabe der deutschen Übersetzung (1973).

dem Meister«[18] ertönt stark wie kaum zuvor. Abgesehen von dem herauszuhebenden christlichen Grundansatz wird er aus drei Richtungen vernehmbar.

Die fernöstliche Richtung mit ihren propagierenden oder sich zurückziehenden Gurus und Zen-Meistern ist in manchen, besonders nordamerikanischen Kreisen zum modischen Lieblingskind ganzer Gesellschaftsschichten geworden.

Die *spiritistisch-magische Richtung* erobert sich in meist popularisierenden und oft minderwertigen Erzeugnissen den Buchmarkt, was als Symptom einer tiefgreifenden Bewegung zu werten ist.

Die *psychologische Richtung* sieht besonders in Kreisen, die mit dem tiefenpsychologischen Ansatz C. G. Jungs oder der Existenzanalyse in Berührung stehen, den Therapeuten nicht nur als Arzt an, sondern versieht ihn mit einigen Qualitäten des religiösen Meisters.

2. *Offene Fragen*

Eine Klassifizierung der verschiedenen Elemente bleibt aporetisch; zu sehr überlappen sich die Erscheinungen und lassen kaum einzuordnende Reste zurück.

Die Frage nach dem *Magischen, Zauberhaften, Spiritistischen* darf auf keinen Fall als unwissenschaftlich beiseite gelegt werden. Eine erste Prüfung von Berichten und Erlebnissen, in denen ein »Meister« sein Gegenüber durch solche Praktiken zur Ekstase oder einem ähnlichen Zustand führt, wird das meiste als Betrug oder Legende ausscheiden[19].

Ein weiterer Teil ist der hypnotisch-suggestiven Ausstrahlungskraft des »Meisters« zuzuschreiben. Dabei muß man allerdings die Unklarheit berücksichtigen, die sich mit diesen Begriffen verbindet[20]. Zur Bewertung ist das zu sagen, was Ignatius von Loyola seinen Exerzitien voranstellt: »Die (d.i. alle!) anderen Dinge auf Erden sind zum Menschen hin geschaffen, und um ihm bei der Verfolgung seines Zieles zu helfen, zu dem er geschaffen ist.«[21]

---

18 K. Graf Dürckheim, Der Ruf nach dem Meister. Der Meister in uns (1972).

19 Wie auf weite Strecken J. G. Frazer, Das Geheimnis von Glauben und Sitten der Völker (1928).

20 Vgl. verschiedene französische Arbeiten wie der Sammelband Direction spirituelle et psychologie. Les Etudes Carmélitaines 30 (1951); der Entwurf »Direction spirituelle et psychologie«, in: Dictionnaire de Spiritualité III (1957) 1143–1173 (hier weiterführende Bibliographie); religionsgeschichtlich-essaiistisch: Mysticism, Based on Papers read at the Symposium on Mysticism hold at Åbo on the 7th–9th September, 1968 (Stockholm 1970).

21 Ignatius von Loyola, Geistliche Übungen, übersetzt von H. U. v. Balthasar (1954) Nr. 23.

Mit dem verbleibenden Rest stehen wir in dem Bereich, in dem sich einerseits das abspielt, was die personale Philosophie als *Begegnung*, als »Zwischen« (M. Buber)[22] bezeichnet. Falscher Personalismus bestände im unkritischen Einsetzen der personalen Begrifflichkeit als Deus ex machina für dies oder jenes. Richtig wäre es, einen Bereich des Personalen anzuerkennen, der durch keine logizierende Anstrengung aufzulösen, der aber ständig kritisch zu überprüfen ist.

Zugleich und untrennbar damit wird der ausgesprochen *religiöse Bereich* sichtbar, wo ähnliches wie zum Personalismus zu fordern ist: Anerkennung und ständige kritische Beobachtung.

Diese letztere Doppelhaltung sollte eine Grundhaltung jeder »Seelenführung« sein: *Anerkennung einer Effizienz*, die mit quantifizierenden oder ähnlichen Methoden von Psychologie und Soziologie nicht auszuschöpfen ist; und zugleich ständiges *kritisches Messen dieses Bereichs* an ebendieser Psychologie und Soziologie[23]. Im ersten liegt die Distanz zu Positivismus und Empirismus; im zweiten der Abstand zu Aberglaube, Bigotterie und zum Eingefangenwerden von personaler oder anderer Machtausübung.

Man kann diese – methologische, nicht aber ontologische – Doppelhaltung auch mit Begriffen umschreiben wie Einzeln-Allgemein: wobei die Einzelbegegnung der Seelenführung zwar mit allgemeinen Gesetzen zu überprüfen und korrigieren ist, aber nicht in sie aufgelöst werden kann. Ein anderes Begriffspaar lautet: Erfahrung und Systematik; wobei wiederum die Systematik eine möglichst große Rolle spielen soll, aber die Einzelerfahrung einer echten Seelenführung nicht in allgemeine Einsichten auflösen darf.

Ein klassischer Versuch, diese Dialektik methodisch greifbar zu machen, findet sich in den *Exerzitien* des Ignatius von Loyola[24].

Noch viel zu wenig beachtet ist der *Anspruch des Elitären*, der sich in so gut wie allen modernen Bestrebungen der »Seelenführung« findet[25]. Hier gilt ähnliches wie eben gezeigt. Ein Versuch, personale Begegnung, personale Führung als (formal)-demokratischen Tatbestand anzusehen, widerspricht dem Phänomen, widerspricht der Erfahrung.

---

22 Vgl. M. Theunissen, Der Andere. Studien zur Sozialanthologie der Gegenwart (1965) 243–346.

23 Vgl. die methodologischen Ausführungen in: J. Sudbrack, Motive – Modelle für ein Leben als Christ (1972) 37–50.

24 Historisch-hermeneutisch dargestellt bei Bakker; modernisiert bei J. Sudbrack, Unterscheidung der Geister – Entscheidung im Geiste, in: Kirche zwischen Planen und Hoffen 7 (1972) 35–63.

25 Mit dem klassischen Anspruch des Ordensstandes als »Stand der Vollkommenheit«. Vgl. auch N. Greinacher/H. Schuster, Elite und Masse, in: HPTh II/1, 79–102.

Umgekehrt wäre eine Trennung: hier elitäre Kreise im Meister-Schüler-Verhältnis – dort die dumpfe Masse der »vielen«, des »Man«, unchristlich und auch unmenschlich.

Man kann mit dem *Modell der Pyramide* arbeiten: Personale Begegnung und Seelenführung in quasi reiner Form nur für wenige; in abgeschwächter oder anderer Form aber für mehr und mehr Menschen – wie sich die Spitze der Pyramide zur Basis verbreitert[26]. Aller Anschein des »Elitären« fällt dort weg, wo – wie es zentralchristliche Tradition ist[27] – sich die Erfahrung einer echten »Seelenführung« an der Spitze umsetzt in Weitergabe an andere, zur Basis.

Buddhistischer und auch westlich-philosophischer Tradition entspricht es, daß der *»Meister«, der »Seelenführer« dem Schüler nichts übermittelt,* sondern nur dessen »Buddha«-Natur, d.i. dem allgemeinen, jedem zu eigenen Wesen ans Licht hilft. »Das einzige, was der Lehrer tun kann, ist, die richtige Situation zu schaffen. Durch diese Situation ... wird das Bewußtsein des Schülers in den rechten Zustand versetzt, weil es schon – darin ist.«[28]

Dem steht eine christliche Tradition gegenüber, daß *der »Geführte« wirklich empfängt,* geschenkt erhält, einen Weg geführt wird, der nicht restlos aus seinem eigenen Inneren verstanden werden kann, obgleich der Mensch darauf angelegt ist und dorthin strebt[29].

Philosophisch stehen wir vor der Situation der Begegnung. Theologisch kommen Worte wie Erlösung (durch einen anderen) und Gnade (von außen, Extradimension) in Erinnerung. Zu warnen ist wiederum vor der eindeutigen Entweder-Oder-Haltung. Erfahrbar und auch reflektierbar wird hier das Sichdurchdringen von Immanenz und Transzendenz. Das von-außen-Kommende (Transzendente) wird zur inneren Selbstwerdung (Immanenz).

3. *Leitlinien*

a. Theologische Einordnung

Ein eindeutiges »Meister-Schüler«, also Seelenführung im Sinne einiger indischer Bestrebungen, wo der Guru zum göttlichen Wesen wird,

---

26 Dies zeigt die Theologie des Ordenslebens, wie sie H. U. v. Balthasar auf breiter historischer Basis verschiedentlich entworfen hat.

27 Am Wechsel-Verhältnis von Aktion und Kontemplation abzulesen; vgl. J. Sudbrack, Probleme – Prognosen für eine kommende Spiritualität ([2]1970) 53–139.

28 T. Trungpa, Aktive Meditation. Tibetische Weisheit (1972) 47; vgl. Dürckheim.

29 H. de Lubac, Surnaturel. Etudes historiques (1946), erweitert und übersetzt: Die Freiheit der Gnade, 2 Bde. (1971); im Anschluß an de Lubac hat die »Nouvelle Théologie« diese Fragen weiterverfolgt.

gibt es christlich *nur zu Gott und »seinem Christus«* (Apg 3, 18). Doch innerhalb dieses Grundverhältnisses findet sich mannigfache »Seelenführung« und Menschenleitung.

Die beiden neutestamentlichen Topoi für das christliche Leben zeigen es: *Nachfolge Jesu*[30] mit der Entfaltung in die Vielfalt späterer Formen. Die Konkretheit des Anrufes bleibt nach dem Tod und Weggang Jesu erhalten in der konkreten Begegnung mit einem Menschen, einer Gelegenheit, einer Institution, einer Aufgabe, wo der eigene Weg des Gerufenen klar wird. Beim andern Topos der *Charismen* ist schon vom neutestamentlichen Befund her kein Zweifel über die Geistesgabe der Leitung, der Interpretation, der personalen Hilfe am Mitchristen[31].

Neutestamentlich unterliegen alle diese »Gaben« dem *doppelten Kriterium:* »Herr ist Jesus« (1 Kor 12,3; 1 Joh 4,2) und »geistige Förderung der Gemeinde« (1 Kor 14). In die Wirkungsgeschichte des neutestamentlichen Ansatzes übertragen, in die christlichen Kirchen, kann dies nur heißen, daß alle Seelenführung, jedes Meister-Schüler-Verhältnis sich zu messen hat an dem kirchlichen Ganzen – wie immer man dies auffaßt, und wie verschieden die Verflechtungen mit ihm sein können.

b. Die Rolle der Humanwissenschaften

Damit aber ist zugleich die *Auseinandersetzung mit den Humanwissenschaften* als wissenschaftlicher Objektivation psychologischer und sozialer Wirklichkeiten aufgegeben. Das Eigentümliche der »Seelenführung« läßt sich von dem mit »Seele« Gemeinten ableiten. Es geht um *die personale Mitte des Menschen,* die – nicht abgelöst, aber dennoch (wenigstens postulatorisch) unterschieden von der psychologisch-soziologisch greifbaren Struktur – das ansprechbare und verantwortliche spezifische Wesen des Menschen konstituiert[32].

Wissenschaftstheoretisch wird damit eine möglichst breite *soziologische und psychologische Fundamentierung* und *kritische Überprü-*

30 Vgl. M. Hengel, Nachfolge und Charisma. Eine exegetisch-religionsgeschichtliche Studie zu Mt 8,21 f. und Jesu Ruf in die Nachfolge (1968).

31 Überblicke bei J. Kremer, Pfingstbericht und Pfingstgeschehen. Eine exegetische Untersuchung zu Apg 2,1–13 (1973) 28–63.

32 Trotz Ankündigung gelingt es kaum einem der psychologischen oder soziologischen Arbeiten zur Seelenführung und Seelsorge bis in diesen personalen Bereich vorzustoßen. Eine wichtige Ausnahme ist J. Goldbrunner, Realisation. Anthropologie in Seelsorge und Erziehung (1966) und ders., Seelsorge – eine vergessene Aufgabe. Über die Erwartung der Gläubigen und die Arbeit des Priesters heute (1971).

fung jeder Seelenführung verlangt, die aber niemals die personale Zwischendimension auflösen darf in allgemeine Gesetzlichkeit; dh. eine offene Psychologie und eine offene Soziologie sind notwendige Hilfen der »geistlichen Leitung«.

Diese ist also nur *als Prozeß* zu verstehen, zwischen den dialektisch sich ergänzenden Polen von empirischem Wissen und personaler Begegnung. Was sich an traditioneller Erfahrung und intuitiver Begabung bei einem »Seelenführer« oder »Meister« findet, sollte die Wissenschaft analytisch beobachten, korrigieren und für weitere Hilfeleistungen fruchtbar machen. Sie muß sich aber zugleich hüten, dieses einmalige Verhältnis von »Meister« und »Schüler« in allgemeine Gesetzlichkeit aufzulösen. Das *Spannungsverhältnis:* Meister (personal), Schrift (Weisheit der Tradition) und Lehrer (Wissenschaft), dient der Bereicherung, nicht aber der Auflösung eines der Pole.

c. Schwerpunkte christlicher »Seelenführung«

Aus dem umfassenden Gebiet ist an dieser Stelle die *personale Komponente des Verhältnisses* eigens zu behandeln. Es versteht sich von selbst, daß nur modellhafte Hinweise gegeben werden können und daß der psychologisch-soziologische Vorbau und Prüfstein immer mitverstanden wird[33].

(1) *Die Unterscheidung »Seelsorge« und »Seelenführung«* trennt die allgemeine Aufgabe des Priesters, Gemeindeleiters usw. von der sich über längere Zeit erstreckenden spezifischen »geistlichen« Leitung eines Einzelnen oder einer personal zu überblickenden Gruppe. In beiden Fällen aber geht es um das spezifisch christliche Ziel des Menschen.

(2) Der *»Meister«* sollte sich nicht als Meister, sondern als *Diener* und *Wegbegleiter* fühlen. Das entspricht der Erfahrungstatsache, daß das »Meister-Schüler«-Verhältnis ungebrochen so gut wie niemals vorkommt; stets sind beide Nehmende und Gebende. Das entspricht der christlichen Tradition – »Nur einer ist euer Meister« –, die sich als »Demut der Meister« artikuliert hat. Das entspricht dem demokratischen Menschenbild unserer Zeit.

(3) *Die menschliche Qualität zur Begegnung* und *die wissenschaftliche Qualität zur Reflexion* gehören zum »Seelenführer« aus den schon dargelegten Gründen. Ziel sollte sein, den Geführten in seine eigene

---

33 G. de Sainte Marie Madeleine, Justification théologique, in: Dictionnaire de Spiritualité III (1957) 1173–1194, arbeitet das traditionell-katholische Material auf. Eine Skizze, »Geistlicher Dienst am Mitmenschen« findet sich bei J. Sudbrack, Dienst am geistlichen Leben (1971) 118–136.

Verantwortung hinein zu entlassen. Das ereignet sich im Reifeprozeß der Begegnung. Auf der Ebene der Reflexion besagt dies, daß der Seelenführer bei und wegen seiner Einfühlungsgabe sich um Sachlichkeit bemühen muß. Je mehr er sein intuitives Erspüren objektiviert, desto sicherer kann er sein, die Basis zu erreichen, auf der sein Gegenüber den eigenen Weg findet.

Die Elemente der selbstkritischen Reflexion (vgl. Lehrer) und der Überprüfung an der Tradition (vgl. Buch) gehören zur Vollgestalt des Seelenführers. Im christlichen Verständnis lassen sich von hier aus sowohl die Lehre von den Charismen[34] wie auch die Ekklesiologie[35] überblicken.

(4) *Konkrete Hilfen* zur »Seelenführung« sind nach dem Gesagten zuerst in den entsprechenden psychologischen und soziologischen Anweisungen nachzulesen. Auf diesen Voraussetzungen baut jede personale Hilfe auf. Deren spezifisches Eigentun läßt sich – mit allem Vorbehalt – nicht mehr in eindeutigen Formeln umreißen. Es kann im *Angebot einer Identifikationsmöglichkeit* bestehen, um die dort geschehene Erfahrung zu reflektieren und verständlich werden zu lassen. Es kann der ständige Versuch sein, *überindividuelle Perspektiven* in die persönliche Erfahrungswelt einzuführen. Es kann als Ermutigung und *Bestätigung der Eigeninitiativen* geschehen, die im zweiten Gang kritisch überdacht werden.

Als Grundrichtung gilt, daß *von der Person des anderen* auszugehen ist, von dessen Erfahrungen und Möglichkeiten; nicht aber von überpersönlichen Normen (ihre Maßgeblichkeit sollte der Erfahrung entspringen), noch weniger von den Meinungen des Seelenführers. In der christlichen Tradition wird diese Erfahrungsbasis berührt, wenn von *Freude, Trost, Identität* als Kriterium der einzelnen Entscheidung und des gesamten Lebens gesprochen wird.

(5) Man muß unterscheiden zwischen einer geistlichen Führung, die sich *über Jahre hin* erstreckt, und einer intensiven geistlichen Begleitung *über einen begrenzten Zeitraum*. Für letzteres bieten die ignatianischen Exerzitien ein gültig bleibendes Exempel. Ignatius weist dem, der die Exerzitien vorlegt (er nennt ihn nicht Meister), eine entscheidende, aber dienende Funktion zu; er stellt in den Mittelpunkt die Beschäftigung mit der Schrift, setzt als Kriterium den Trost dh. Freude

---

34 Vgl. H. U. v. Balthasar, Thomas und die Charismatik, in: Th. von Aquin, Summa theologica (Die deutsche Thomasausgabe) XXIII, hg. von der Albertus-Magnus-Akademie Walberberg bei Köln (1954) 251–464; ders., Ignatius von Loyola. Geistliche Übungen (1954).

35 K. Rahner, Über die Schriftinspiration (1958) hat die Einheit von Schriftwerdung und Kirchenwerdung der Lehre Jesu beschrieben.

und Identität, zieht möglichst viele vortheologische Hilfen heran, braucht einen längeren Zeitraum, in dem sich das Geschehen abspielt. Die nüchterne, schrift- und traditionsbezogene Sachlichkeit gilt auch dem ersten Typ geistlicher Führung.

Zu unterscheiden ist *zwischen Gruppe* und *Einzelnem*. Für die geistliche Leitung einer Gruppe können in weitem Maße die Regeln der Gruppenpsychologie ins geistliche übersetzt werden; dh. mit anderen Worten: Stärkung der Gruppeninitiativen und -entscheidungen durch Austragung der Konflikte, statt Anlegen von äußerlich bleibenden Maßstäben.

(6) Diese Hinweise beruhen auf der *Grundeinsicht*, daß das eigentlich »geistliche« Moment – sei es religiös, sei es personal verstanden – durch *keine theoretische Reflexion festzulegen ist*, daß es aber in allen Dimensionen dort sich am stärksten auswirken wird, wo der *wissenschaftlich zu reflektierende Vorbau miteinbezogen* wird in die »geistliche Führung«. Die von der Tradition überlieferten Einsichten bringen auf weite Strecken schon eine solche Synthese zwischen reflektierten Regeln und dem nicht zu reflektierenden (aber zu überprüfenden und korrigierenden) personalen Einsatz.

Der christliche Glaube gibt besonders in seiner katholischen Ausprägung den Mut, sich in die säkularisierte Wissenschaft der »Seelenführung« (sprich Psychologie, Gruppendynamik usw.) hineinzubegeben. Denn er vertraut – aus seiner Einsicht in das Verhältnis Gnade–Natur – darauf, daß die religiöse Selbstwerdung am sichersten dort geschieht, wo die wissenschaftlichen Einsichten nicht beiseitegeschoben, sondern einbezogen werden in die christliche Sinngebung.

3 | 7 Dietrich Zilleßen
Religionsunterricht

1. Problemstellung

Wer sich heute mit dem Phänomen Religionsunterricht (RU) beschäftigen möchte, stößt auf eine Vielzahl von Fragestellungen, Problemen und Diskussionsansätzen.

Er hat die Möglichkeit,

– die Theoriediskussion zu verfolgen und sich an ihr zu beteiligen[1],

– Unterrichts»hilfen«, Materialien, Modelle, Lehrbücher, Lehrpläne, Richtlinien zu analysieren[2],

– empirische Untersuchungen über Schülereinstellungen zum RU, Schülertheologie, Lehrertheologie, Erfahrungen über Praxisprobleme etc. kennenzulernen[3].

Es ist zu diskutieren, ob diese Wege jeweils sachgemäße Zugänge zu der Wirklichkeit des Religionsunterrichts eröffnen. Der RU ist sicher von der Theoriediskussion, von den Medien und Lehrplänen sowie von Schülereinstellungen beeinflußt – vielleicht unterschiedlich inten-

---

1 Aus der Fülle der Literatur wird auf drei Sammelwerke verwiesen (dort weitere Literaturangaben): W. G. Esser (Hg.), Zum Religionsunterricht morgen I–III (1970–1972); E. Feifel u. a. (Hg.), Handbuch der Religionspädagogik I (1973); D. Zilleßen (Hg.), Religionspädagogisches Werkbuch (1972).

2 Aus dem reichhaltigen Angebot von Unterrichtsmaterialien, Textausgaben, Modellen, Lehrbüchern etc. kann hier keine Auswahl getroffen werden. Zu Lehrpläne/Richtlinien vgl. H. Schultze, Richtlinien für den evangelischen Religionsunterricht (1970); ders., Religion im Unterricht (1970).

3 F. W. Bargheer, Das Verhältnis des Jugendlichen zum Religionsunterricht, in: Der Evang. Erzieher 23 (1971) 100–114 (Lit.!); G. Berk, Die Einstellung der Berufsschüler Münchens zum Religionsunterricht (Diss. 1972); H. Gloy, Die religiöse Ansprechbarkeit Jugendlicher als didaktisches Problem, dargestellt am Beispiel des Religionsunterrichts an der Berufsschule (1969); J. Goeze-Wegner/W. Rentz, Schülererwartungen an einen Oberstufen-Religionsunterricht im Kurssystem, in: Der Evang. Erzieher 25 (1973) 128–145; N. Havers, Der Religionsunterricht – Analyse eines unbeliebten Fachs (1972); W. Prawdzik, Der Religionsunterricht im Urteil der Hauptschüler (1973); K. Preyer, Der Religionsunterricht in der Einschätzung der Hauptschüler (1972); H.-J. Roth, Das Kurssystem im Religionsunterricht der gymnasialen Oberstufe, in: ThPr 7 (1972) 60–77; R. F. Stiegler, Ansätze zur Empirie im Bereich der Religionspädagogik, in: Der Evang. Erzieher 23 (1971) 85–100 (Lit.!); K. Spichtig, Mittelschüler und Kirchenbindung (1970).

siv, vielleicht einmal langfristig, einmal mittelfristig, einmal kurzfristig. Es muß sich herausstellen, unter welchen Bedingungen die Beschäftigung mit dem Phänomen RU wissenschaftstheoretisch abgesichert ist.

Die Fülle der Perspektiven und Fragestellungen, unter denen sich das Phänomen RU zeigt, verwirrt beim näheren Hinsehen.

Im allgemeinen versucht man, das Praxisfeld RU von seiner Theorie her mit dem Ziel aufzuschlüsseln, den Standort des RU unter dem Gesichtspunkt der Institutionen Schule/Kirche oder den Perspektiven der Wissenschaften Theologie / Religionswissenschaft / Erziehungswissenschaft auszumachen.

Mittelbar zielt das ganze Bemühen auf eine Veränderung der Praxis selbst: Verbesserung, Erweiterung, Beschränkung, Umorientierung etc.

Ist es daher nicht sachgemäßer, wissenschaftliches religionspädagogisches Bemühen in erster Linie in der Aufgabe empirischer Erforschung gegenwärtiger Praxis, ihrer Bedingungen und Wirkungen zu sehen? Muß die Praxis besonders hinsichtlich der Wirkungen von Theorien, didaktischen Konzepten etc. analysiert werden – auch hinsichtlich der Wirkungen von unterschiedlichen Theologien? Ist es wichtiger zu wissen, wie der praktizierende Religionslehrer (der durchschnittliche (?) Lehrer, der Grundschullehrer, der unterrichtende Pfarrer, der Landschullehrer) sein Fach, sich selbst und seine Aufgabe versteht, als über herrschende religionspädagogische Theorien innerhalb der wissenschaftlichen Diskussion informiert zu sein? Ist man damit »näher an der Wirklichkeit«? Müssen nicht Theorien daran gemessen werden, ob sie die Kraft besitzen, Praxis zu integrieren – dem RU praktische Identität zu ermöglichen? Was leistet der Aufweis der Problem- und Entwicklungsgeschichte des RU? Welche funktionalen Bezüge gibt es zwischen der praktischen Wirkung neuer Konzepte und der Altersstruktur ihrer Adressaten? (Sind jüngere Religionslehrer aufgeschlossener?). Welche Rolle spielen in der Praxis der »Theologievermittlung« bestimmte soziale Bedingungen auf seiten der Schüler, auf seiten des Lehrers? Wie wirkt sich praktisch aus, ob ein Lehrer Überblick über die Forschungsdiskussion und historisches Bewußtsein besitzt?

Die Fragen lassen sich leicht vermehren. Für die einzelnen Bereiche (Theoriediskussion, Medien/Lehrpläne, Unterrichtspraxis) sollen einige konkrete Problemstellungen aufgewiesen werden. Dabei werden unterschiedliche wissenschaftstheoretische Lösungsmethoden zu beachten sein.

Es ist für die Beurteilung der Praxis RU und für eine wissenschaftliche Beschäftigung mit dem Phänomen RU entscheidend wichtig, wie die einzelnen Erkenntnismethoden ansetzen. Man kann in *hermeneutisch-geisteswissenschaftlicher* Problembearbeitung das, was ist, zu *ver-*

stehen suchen aus der Geschichte der Sache selbst – zusammen mit seiner eigenen persönlichen Geschichte.

Man kann mit *empirisch-analytischen* Methoden versuchen, Zusammenhänge zu *erklären,* indem man sie unter allgemeine Gesetzmäßigkeiten subsumiert.

Das Selbstverständnis (die Identität) des RU und auch des Religionslehrers wird – einseitig hermeneutisch-geisteswissenschaftlich gesehen – nur aus seinen historischen Bedingtheiten, aus seiner Geschichte selbst transparent. Die Identität wird unter diesen Gesichtspunkten nicht in Frage gestellt, wenn sie in der konkreten Praxis nicht zur Geltung kommt: Praxis kann eine Theorie desavouieren, nicht aber falsifizieren (bzw. verifizieren).

Einseitig empirisch-analytisch gesehen muß sich das Selbstverständnis des RU und des Religionslehrers an der Praxis, an seinem praktischen Vollzug bewähren. Seine Nützlichkeit (in diesem Sinne: seine Richtigkeit) wird einer praktischen Funktionsprüfung unterzogen: Praxis kann eine Theorie verifizieren oder falsifizieren. Bei den folgenden konkreten Problemstellungen sollen keine Lösungen geboten, sondern unter wissenschaftstheoretischen Aspekten Probleme bewußt gemacht und Lösungsmöglichkeiten angedeutet werden. Dazu wird dem Leser empfohlen, das danach folgende wissenschaftstheoretische Grundmodell an diese Problemstellungen zurückzukoppeln.

2. *Problembereiche*

a. Zum Problem *Begründung* des Religionsunterrichts

Die Diskussion um die Begründung des RU wird nach wie vor auf breiter Basis geführt. Die Argumentation beruft sich auf theologische Kriterien (zB. P. Tillichs), soziologische/religionssoziologische Theorien (zB. P. L. Berger/Th. Luckmann, K. W. Dahm), sozialpsychologische Ansätze (zB. E. H. Erikson), religionswissenschaftliche Gesichtspunkte[4], anthropologische Erkenntnisse (zB. H. Roths), sozialphilosophische Theorien (zB. Habermas), pädagogische Leitlinien (zB. Mol-

4 Es ist nicht ganz klar, was zB. Halbfas unter Religionswissenschaft versteht. Anfangs bezog er sich in Distanz zu *den* Religionswissenschaften auf H. R. Schlette (H. Halbfas, Fundamentalkatechetik [1968] 29 f.). Zuletzt weist er auf die jüngste amerikanische Forschung hin und umschreibt dazu eine Religionswissenschaft, die sich m. E. erst noch etablieren muß (H. Halbfas, Religionsunterricht und Katechese, in: Zilleßen, 9–14). Vgl. weiter: W. Cremer, Schule und Religion, in: K. Wegenast (Hg.), Religionsunterricht wohin? (1971) 225–240.

lenhauer/Blankertz), schultheoretische Grundlagen (zB. Th. Wilhelm)[5].

Der Beobachter der Diskussion kann manchmal den Eindruck gewinnen, daß die Versuche überwiegen, aktuelle Konzepte in erster Linie erfahrungswissenschaftlich abzusichern. Zielstellungen werden aus aktuellen praktischen Notwendigkeiten konkretisiert bzw. korrigiert und dabei als ideologiekritisch ausgegeben. Doch wird dieser Methode von anderer Seite der ebenso ideologiekritische Vorwurf »Geschichtsvergessenheit« gemacht. Es läßt sich zB. leicht feststellen, daß die Konzeption der Evangelischen Unterweisung für viele zu einem deutlichen Negativmuster geworden ist. Besonders aufgrund der unterstellten Klerikalisierung dieses Unterrichts, die man sowohl in der Dialektischen Theologie als auch in der Kirchenkampfsituation begründet sieht, bezieht man peinlich genaue Abgrenzungspositionen. Ob diese Klerikalisierung in der Praxis der RU nachzuweisen ist, müßte empirisch untersucht werden[6]. Hier wird jedenfalls in einem speziellen Gesichtspunkt ein Stück des Hintergrundes sichtbar, vor dem sich die gegenwärtige religionspädagogische Diskussion abspielt. In der Kontroverse zwischen H. Halbfas und K. E. Nipkow wird von Halbfas der Vorwurf »Geschichtsvergessenheit« vorgebracht, der sich gegen diejenigen richtet, die die Tradition »zugunsten aktueller Intentionen« unterschlagen[7]. Dieser Vorwurf könnte auf den Autor zurückfallen, wenn sich herausstellen würde, daß nur die Problemgeschichte ohne Praxisgeschichte (Wirkungsgeschichte etc.) berücksichtigt ist und Selbstreflexion unter den Bedingungen der Tradition eben nicht vollzogen wurde[8]. Gerade die in diesem Zusammenhang verwendeten Begriffe »Mündigkeit und Glück«[9] sind in der religionspädagogischen Diskussion oft zu hören. »Emanzipation, Parität, Solidarität« sind zu Leitbegriffen geworden. Macht man sich immer die Mühe, empirisch-analytisch ihre konkreten Praxisbedingungen auszumachen? Mehr noch: Sind ohne hermeneutisch-geisteswissenschaftliche Diskussion für

---

5 Eine Auswahl der Literatur: E. Feifel, Modelle der Begründung religiöser Erziehung, in: Feifel u. a., 260–279; W. Offele (Hg.), Emanzipation und Religionspädagogik (1972); K. Wegenast, Herkömmliche und gegenwärtige Grundtypen einer Theorie, in: Feifel u. a., 260–279; ders., Neue Ansätze zu einer Theorie des Religionsunterrichts, in: Feifel u. a., 313–334; G. R. Schmidt, Religionsunterricht in pädagogischer Sicht, in: Wegenast, 39–57.

6 Vgl. dazu H. Kittel, Freiheit zur Sache. Eine Streitschrift zum Religionsunterricht (1970).

7 H. Halbfas, Religionsunterricht und Katechese, in: Der Evang. Erzieher 25 (1973) 3–9; K. E. Nipkow, Zwingende Alternativen?, in: Der Evang. Erzieher 25, 10–16; H. Halbfas, Antwort an K. E. Nipkow, aaO. 16–10; K. E. Nipkow, Antwort auf die Replik von Hubertus Halbfas, aaO. 20–26.

8 Nipkows Einwände beziehen sich zT. auf diesen Sachverhalt (aaO. 11 f.).

9 Halbfas, aaO. 6.

solche Leitbegriffe und ihre praktische Realisierung überhaupt Beurteilungskriterien zu gewinnen?[10]

Besonders deutlich werden die wissenschaftstheoretischen Probleme in der Diskussion um die schultheoretische Legitimierung des RU.

Es müßte zB. untersucht werden, welche Schultheorien das Selbstverständnis gegenwärtigen Religionsunterrichts beeinflußt haben. Wie wurden und werden solche Einwirkungen vermittelt? Wer sich mit den Versuchen schultheoretischer Absicherung des RU beschäftigen will, hat auch die historische Bedingtheit und die geistes- wie sozialgeschichtlich vermittelten Wirkungen zu analysieren: Warum üben bestimmte Schultheorien auf den Religionspädagogen und Religionslehrer Faszination aus?[11] Auf welchen spekulativen, geistesgeschichtlichen und auf welchen empirischen Grundlagen basiert die jeweilige Schultheorie?[12]

Wenn sich die Aufgabe der Schule nach gesellschaftlichen Notwendigkeiten bemißt, braucht man daher nur die sozialen Probleme empirisch zu erheben, um diese Aufgabe zu konkretisieren? Oder zielt Schule auf einen »anthropologischen Überschuß«, auf ein Potential an Menschlichkeit, das sich nicht in der Bewältigung bestimmter sozialer und psychisch-individueller Probleme erschöpft? In diesem Fall wäre eine empirische Überprüfung der Theorie nur bedingt möglich, jedenfalls nicht als ihre Verifizierung bzw. Falsifizierung.

K. E. Nipkow hat Versuchungen für Religionspädagogen im Umgang mit Schultheorien konstatiert und dargestellt[13]. Nachdrücklich weist er hin auf den Zusammenhang zwischen Traditions- und Wirkungsgeschichte. Die Reflexion über Schultheorien muß die Bedingungen ihres Wirksamwerdens mitbedenken. Leider fehlen bis heute empirische Bestandsaufnahmen, die zeigen könnten, ob »theoretische Umverteilungen und Vorstöße« nicht »sehr oft trotz der bewußtseinsmäßigen und verbalen Übernahme durch den Lehrer dessen faktisches Verhalten und damit die Unterrichtspraxis wenig verändern«[14].

---

10 Bemerkenswerterweise will H. v. Hentig »sehr altmodisch und ... zugleich richtiger« von »Freiheit, Gleichheit, Brüderlichkeit« sprechen. H. v. Hentig, Systemzwang und Selbstbestimmung (^{3}1970) 8 f.

11 Vgl. die meistgenannte Schultheorie: Th. Wilhelm, Theorie der Schule (^{2}1969) bes. 7 f., 329 f.

12 Vgl. Wilhelm, 51; zu ganz anderen Ergebnissen kommt die Gesellschaftsanalyse v. Hentigs, 7 f.

13 K. E. Nipkow, Gegenwärtige Schultheorien in ihrer Bedeutung für den Religionsunterricht, in: Feifel u. a., 280–300.

14 AaO. 283.

b. Zum Problem *Curriculumtheorie und Religionsunterricht*

Von vielen wird versucht, den Religionsunterricht curriculumtheoretisch zu legitimieren[15]. Andere weisen solche Versuche zurück[16].

Es ist umstritten, ob curriculare Kategorien nur »analytisches Instrumentarium zur Rationalisierung und Objektivierung der curricularen Lernzielerhebungs- und Lernzielentscheidungsprozesse« darstellen[17] oder ob sie ihrem ursprünglichen Ansatz gemäß einen »inhaltlich-normativen Aspekt« beinhalten, »der auf Demokratisierung der Lehr- und Lernprozesse zielt(e)«[18]. Die für die gegenwärtige religionspädagogische Diskussion so wichtige Beantwortung dieser Frage hängt ab von der Bewertung der Lernzieltradition sowie von der Selbstreflexion des Interpreten. Diese Perspektive gerät in den Blick, wenn man I. Baldermanns Ausführungen zur Sache betrachtet[19]. Er versteht die curriculare Theorie als Kind eines bestimmten Zeitgeistes. Sie habe bestimmte Intentionen, aber andere Wirkungen[20]. Er fragt mit Recht nach ihren empirischen Voraussetzungen[21]. Aber es muß ebenso noch überprüft werden, ob Schule, Unterricht und Schüler dem »empirischen« Befund Baldermanns entsprechen. Vielleicht schleichen sich auch hier Vor-Urteile ein, die erst durch eine hermeneutisch-geistesgeschichtliche Überprüfung des Baldermannschen Standpunktes ans Licht gebracht werden. Baldermanns »Lernen des Verstehens« hat genauso eine Tradition wie das Lernen als Erwerb von Qualifikationen. Möglicherweise ist der von Baldermann konkretisierte Gegensatz[22] bei einer wissenschaftstheoretisch sachgemäßen Fragestellung unhaltbar. Trifft darüber hinaus Baldermanns Kritik nicht nur einen Gegner, der unter Verkennung wissenschaftstheoretischer Forderungen eine Lernzieltechnologie entworfen hat?[23]

Beim Versuch der Operationalisierung von Lernzielen vertieft sich das Problem. Die Realisierung von Zielen muß durch *empirische* Kontrolle überprüft werden. Sachverhalte sind als Operationen zu be-

15 Vgl. zB. S. Vierzig, Lernziele des Religionsunterrichts, in: informationen 2 (1970) H. 1 u. 2, 5–16.

16 ZB. W. Karb, Religionsunterricht als Erziehung zur »Emanzipation«? Wissenschaftstheoretische Überlegung zur curricularen Religionspädagogik, in: KatBl 98 (1973) 51–57.

17 Nipkow, in: Der Evang. Erzieher, 15.

18 Halbfas, in: Der Evang. Erzieher, 19.

19 I. Baldermann, Lernziele im Religionsunterricht?, in: Mutuum Colloquium, Festschrift für H. Kittel (1972) 7–18.

20 AaO. 13, 8.

21 AaO. 9.

22 AaO. 12 (»ganz andere Art des Lernens«).

23 Vgl. Baldermanns Bezug auf den o.a. (Anm. 15) Aufsatz von Vierzig.

schreiben und zu quantifizieren. Dagegen hat G. Stachel seine Forderung nach *ideologie-kritischer* Kontrolle von Lernvorgängen mit dem Hinweis auf geisteswissenschaftliche Beurteilungsmethoden versehen (Begriff »Lerngeschichte«[24]), die die empirische Verifizierung bzw. Falsifizierung ergänzen müssen. Diese Überlegung hat Stachel inzwischen modifiziert. Er möchte Operationalisierung nur noch analog verstehen: wirklichkeitsbezogen und praxisbezogen reden[25]. Die jüngste pädagogische Diskussion um »offene Curricula« macht sich auch religionspädagogisch bemerkbar[26].

Es bedarf – wie gesagt – wissenschaftstheoretischer Klärung, ob RU einseitig als »Lernen des Verstehens« beschrieben werden kann. Ist die Wirklichkeitserfassung des RU nur ein Verstehensprozeß? Schließt Verstehen – es muß doch auch ideologiekritisch sein – Operationalisierung aus, weil es im ausschließlichen Gegensatz zum empirischen Erklären gesehen wird?

Diese Fragen sind zugleich an W. Karbs Kritik der curricularen Religionspädagogik zu stellen. Karb kommt zu der Schlußfolgerung: »das curriculare Modell, seine Methoden und Kategorien basieren auf einem prinzipiell anderen wissenschaftstheoretischen Fundament als die Inhalte und Kategorien des Religionsunterrichts«[27].

Kritisieren Baldermann und Karb *Absolutheitsforderungen* empirischer Theorien, können sie Sympathie erwarten[28]. Sieht man jede Art von Curriculumtheorie nur unter empirischen Vorzeichen und will man Ideologiekritik ausschließlich der Hermeneutik als Verstehenslehre überlassen, so bleiben die gestellten Fragen als Kritik bestehen[29].

Die Praxis der Operationalisierung scheint allerdings eine verhängnisvolle Wirkung der Theorie zu erweisen, die die Theoriediskussion

---

24 G. Stachel, Lernziele und Religionsunterricht, in: KatBl 95 (1970) 343–359.

25 Ders., Operation-Operationalisierung-Praxisbezug, in: KatBl 98 (1973) 536–548.

26 Vgl. H. Brüggelmann, Offene Curricula, in: ZfPäd (1972) 95–188; H. v. Mallinckrodt, Religionsunterricht und Curriculum. Offener Brief an W. Langer, in: KatBl 98 (1973) 309–311 (Antwort H. Langers, aaO. 311–312); S. Vierzig, Der Schüler im Religions-Unterricht. Thesen zu einer schülerorientierten Religionsdidaktik, in: informationen 4 (1972) H. 2, 1–8.

27 Karb, 54.

28 AaO. 57. Vgl. dazu auch die weiterführenden Ausführungen von H.-B. Kaufmann, Problemorientierter thematischer Religionsunterricht, in: Zilleßen, 102– 109, bes. 107 ff.

29 So bes. Baldermann; Karb ist zurückhaltender. Man möchte jedoch von ihm wissen, wie er seine These »Religionsunterricht jenseits der Beschränktheit instrumenteller Vernunft« (Karb, 57) inhaltlich konkretisiert.

nicht ignorieren kann: bei der Lernzielbeschreibung scheinen viele Lehrer eindeutig Ziele rein kognitiven Lernens zu bevorzugen[30].

c. Zum Problem »*Proprium des Religionsunterrichts*«

Die Frage nach dem Proprium (Wesen, Eigentliches) des RU wird heute wieder häufiger gestellt[31]. Gesichtspunkte dieser Diskussion wurden schon angedeutet. Das Problem wird in der Regel theoretisch angesprochen – als Frage nach der Funktion von Theologie im Religionsunterricht, nach »der Wahrung der Eigenpotenz der Inhalte des Religionsunterrichts«[32].

Wird es dadurch nicht verkürzt? Stellt es sich nicht mindestens genau so dar als die Frage nach der praktischen Identität des Faches RU? Der RU soll sich doch offenbar auch in der Praxis als unverwechselbar mit anderen Fächern ausweisen. Sicherlich bedarf es dazu einer Theorie. Aber wird sie als Theorie im Aufweis theologischer Inhalte nicht häufig überbewertet? Es geht doch nicht nur um eine esoterische Identität. Muß nicht eine Theorie »kommunikativer Identität« des RU wesentlich stärker die konkreten Bedingungen der Praxis berücksichtigen: Rolle des Religionslehrers im Kollegium, Funktion nebenamtlicher Lehrkräfte, Einstellungen zum RU, zur Kirche und zum Glauben, Zensurenproblem, Schulgottesdienst, Pfarrer in der Schule etc.?

P. Biel hat die theologische und wissenschaftstheoretische Problematik der Propriumfrage aus seiner Perspektive angesprochen: Theologie muß das Praxisfeld der Religionspädagogik berücksichtigen. Theologie muß auf verschiedene (religionspädagogische) Funktionen hin entworfen werden[33]. K. Wegenast hat kritische Fragen an Biel gerichtet[34]. Aber es muß festgestellt werden, daß Biel ernsthaft versucht, religionspädagogische (empirische) Praxis in seinen Entwurf einzubeziehen[35]. Andererseits wehrt er sich mit Recht gegen eine Verrechnung der Wirklichkeit auf empirische Daten[36]. Unter solchen wissenschaftstheoreti-

30 Vgl. dazu Stachel, in: KatBl 98, 544 f.

31 Vgl. zB. Baldermann, Lernziele; G. Kittel, In sich selbst verkrümmt. Überlegungen zu den Leitideen gegenwärtiger Religionspädagogik und Didaktik, in: Der Evang. Erzieher 25 (1973) 424–435; P. Biel, Zur Funktion der Theologie in einem themenorientierten Religionsunterricht, in: H.-B. Kaufmann (Hg.), Streit um den problemorientierten Unterricht (1973) 64–79.

32 Wegenast, in: Feifel u.a., 326.

33 Biel, 65, 66.

34 Wegenast, in: Feifel u.a., 319.

35 Biel, 66, »Die Aussagen der Theologie müssen bereits (in einer interdisziplinären Kooperation) auf Wirklichkeit bezogen sein.«

36 Ebd.

schen Voraussetzungen ist eine rein hermeneutisch-geisteswissenschaftliche Interpretation der eigentlichen »Sache« des RU problematisch. Den entsprechenden, mehr emotional besetzten als sachlich begründeten[37] Versuch G. Kittels hat H. Schröer einer wissenschaftstheoretischen und theologischen Kritik unterzogen[38]. Schröers Hinweis auf den Positivismusstreit in der Soziologie hat Gewicht. G. Kittel ignoriert die ganze Problematik und bringt ihren Begriff »begegnende Wirklichkeit«, der doch auch eine differenzierte Tradition hat, einseitig im Sinne der traditionellen Hermeneutik ausdrücklich gegen Biels Formel »Weltverstehen und Handlungsorientierung«[39] ins Spiel. Die Versachlichung der Diskussion muß auf ihre wissenschaftstheoretischen Implikationen zurückkommen. P. Biels Forderung, den abstrakten Gegensatz zwischen Glaube und Erfahrung aufzuheben[40], markiert die religionspädagogische Diskussionsrichtung, wie sie im weiteren noch angezeigt wird.

d. Medien/Lehrpläne

Für diesen Bereich liegt bereits entsprechende Literatur vor, die Hinweise zur Aufschlüsselung des Praxisfeldes RU unter wissenschaftstheoretischer Fragestellung enthält[41].

Nachdrücklich ist jedoch darauf aufmerksam zu machen, daß auch dieser Zugang zum RU ebenso wie die Theoriediskussion nur Teilaspekte eröffnen kann. Der wechselseitige Einfluß und die gegenseitige Abhängigkeit von Theoriediskussion, Medien/Lehrpläne und Unterrichtspraxis zeigen sich hier deutlich.

Das Verständnis des RU soll auf diesem Wege durch eine Analyse der alltäglichen Praxis über Medien/Lehrpläne ermöglicht werden. Dabei sind Unterrichtsmaterialien, Lehrprobenentwürfe, Lehrpläne, Richtlinien, Unterrichtsprotokolle ebenso heranzuziehen wie Statistiken über Verkaufszahlen von Schulbüchern, Angaben über Verwendung von Lehrermaterial, Verbrauchsmaterial für Schüler etc. Darüber hinaus sind regionale Gesichtspunkte zu berücksichtigen: Schul-

---

37 Vgl. die Replik von H.-B. Kaufmann, Plädoyer für ein faires Gespräch, in: Der Evang. Erzieher 26 (1974) H. 4.

38 H. Schröer, Problem contra Sache? Emanzipation = Sünde, Bemerkungen zu G. Kittels »Ruf zur Sache«, in: Der Evang. Erzieher 25 (1973) 436–439.

39 Biel, 67.

40 AaO. 66.

41 Vgl. zB. F. Doedens, Medien im Unterricht, in: ru 2 (1972) 58–65; W. E. Failing, Medien in Lernprozessen, in: D. Zilleßen, 227–235; ders., Zum Beispiel: Das Religionsbuch, in: Der Evang. Erzieher 23 (1971) 114–126 (Lit.!); G. Debbrecht, Audiovisuelle Medien im Religionsunterricht (1973). Vgl. auch die beiden Arbeiten von Schultze, in Anm. 2.

politische, kulturpolitische, soziokulturelle Grobanalysen. Die ganze Problematik zeigt sich, wenn man die Faktorenkomplexität innerhalb des Lernprozesses berücksichtigt: Unter welchen Bedingungen werden in der Regel Medien eingesetzt? Wie stark binden sich Lehrer (bestimmte Lehrergruppen, Altersgruppen, Lehrer in bestimmten Schulformen etc.) an Lehrpläne? Welche Bedeutung hat das Selbstverständnis des Religionslehrers? Welche Wirkungen haben in dieser Hinsicht bestimmte Konzeptionen von RU, von Theologie, von Glauben? Welche didaktischen Entscheidungen des Lehrers werden realisiert? Welche Schulbuchverlage wirken mit welchen Büchern/Medien in welchen Regionen? Welche Einstellungen der Schüler sind zu berücksichtigen (Einstellungen zum RU; Schülertheologie etc.)?[42]

e. Unterrichtspraxis

Nach den mehr oder weniger programmatischen Erklärungen[43] liegen inzwischen einige empirische Untersuchungen (mit unterschiedlichem Repräsentativitätsanspruch) vor[44]. Sie heben Teilaspekte des Praxisfeldes heraus: Einstellungen von Jugendlichen gegenüber dem RU, Erwartungen an den RU etc. Nur verstreut finden sich in anderen Untersuchungen einige Bezüge zum RU[45], die zB. die Funktion des RU innerhalb der religiösen Sozialisation ansprechen. Zu nennen sind auch Erhebungen über Zusammenhänge zwischen religiöser und politischer Sozialisation, über geglückte und mißglückte religiöse Sozialisation, über die »Homogenität des religiösen Feldes«[46].

Statistische Angaben zB. über die Zahl der Abmeldungen vom RU, über Ausfall von Religionsstunden, über den Einsatz haupt- und nebenamtlicher Lehrer (mit oder ohne Fakultas), über Modellversuche im RU etc. können zT. die Landeskirchenämter, Kirchenleitungen und Generalvikariate vorweisen.

Informationen über die Ausbildung der Lehrer[47], über Fächerkombinationen und Studienabschlüsse, Analyse von Prüfungsordnungen,

---

42 Vgl. dazu Failing, Medien.

43 H. D. Bastian, Didaktische Anatomie des Religionsunterrichts, in: ThPr 1 (1966) 170 ff.; K. Wegenast, Die empirische Wende in der Religionspädagogik, in: Der Evang. Erzieher 20 (1968) 111–125; E. Feifel, Religionspädagogische Realitätskontrolle, in: KatBl 95 (1970) 321–342.

44 Vgl. Anm. 3.

45 Vgl. G. Schmidtchen, Protestanten und Katholiken. Soziologische Analyse konfessioneller Kultur (1973) 202, 278 f., 307.

46 Vgl. G. Schmidtchen, Zwischen Kirche und Gesellschaft (1972) 117 ff.; siehe auch 35 f. und 81 f.

47 Vgl. W.-E. Failing, Theologie und Didaktik im Spiegel der religionspädagogischen Lehrveranstaltungen an Pädagogischen Hochschulen, in: ru 3 (1972) 57–63.

Berichte aus der zweiten Ausbildungsphase, über Vokationstagungen etc. sind als weitere Bedingungen der Praxis RU zu interpretieren. Ein wichtiger Faktor stellt auch die Fortbildungsarbeit staatlicher und kirchlicher Institutionen dar. Es ist erforderlich, nicht nur die verschiedenen Angebote religionspädagogischer Institute, evangelischer und katholischer Akademien, der Landesfort- und Weiterbildungsinstitute zu analysieren, sondern auch den Teilnehmerkreis quantitativ und qualitativ (nach Schulformen, Altersstruktur, Fächerkombination etc.) zu sichten.

Soziologisch fundierte *Einzel*untersuchungen zur religiösen Entwicklung von Jugendlichen usw. ergänzen den Aufgabenkatalog, der zu der zwar ungemein schwierigen, aber notwendigen Erforschung der Praxis RU anleiten könnte. Dabei kann die aufgezeigte Interdependenz der Bereiche Theoriediskussion, Medien/Lehrpläne, Unterrichtspraxis nur in kooperativen Unternehmungen zur Geltung kommen, was auch in der lange vernachlässigten Aufgabe vergleichender Religionspädagogik zu realisieren ist[48].

3. *Perspektiven der Wissenschaftslehre*

Nach den bisherigen Ausführungen dürfte ersichtlich sein, daß die Beschränkung der Diskussion um den RU auf *einen* der angeführten Bereiche die Wirklichkeit ideologisch verstellt.

Zum Zwecke der Ideologiekritik müssen der hermeneutisch-geisteswissenschaftliche und der empirisch-analytische Ansatz dialektisch miteinander vermittelt werden. K.-O. Apel hat eine entsprechende Wissenschaftslehre vorgestellt[49].

Einige Gesichtspunkte: Das hermeneutische Axiom der Selbstreflexion schließt die Erkenntnis ein, daß der Interpret keinen neutralen Standpunkt einnehmen kann. Wie soll er sich aber dann der Autorität der Geschichte (Gadamer) entziehen können und ein ideologiekritisches Bewußtsein gewinnen? Dies wird nach Apel ermöglicht durch den »partiellen Abbruch der hermeneutischen Kommunikation zugunsten objektiver Erkenntnismethoden«[50]: Soziologische und psycholo-

48 Vgl. W.-E. Failing, Historisch-empirische und vergleichende Aspekte in der Religionspädagogik (Ms.).

49 K.-O. Apel, Szientistik, Hermeneutik, Ideologiekritik. Entwurf einer Wissenschaftslehre in erkenntnisanthropologischer Sicht, in: K.-O. Apel u.a., Hermeneutik und Ideologiekritik. Theorie-Diskussion (1971) 7–44. Die Auseinandersetzung mit H. Albert und seiner Kritik muß hier unterbleiben. Vgl. H. Albert, Konstruktion und Kritik (1972) 265–373.

50 AaO. 39.

gische Verhaltensforschung interpretiert menschliche Lebensäußerungen in einer Sprache, »an der die Urheber der Lebensäußerungen nicht unmittelbar teilnehmen können«[51]. Darum sind die Erkenntnisleistungen der Verhaltenswissenschaften nur quasi-objektiv. Objektiv-distanzierte Verhaltens-»Erklärung«, welche den partiellen Abbruch der Kommunikation voraussetzt, muß nachfolgend »aufgehoben« und in ein vertieftes Selbstverständnis zurückgeführt werden[52]. Dieses wird also nicht einfach durch empirische Erklärung von Verhaltensweisen gewonnen. Ihm würde jedes Kriterium und regulative Prinzip fehlen. Da es darüber hinaus keine monologische Selbstgewißheit gibt[53], vermögen nur die Teilnehmer einer »Kommunikationsgemeinschaft«[54] wirklich zu verstehen. J. Habermas vertieft diesen Ansatz: Sinnverstehen kann nicht gegenüber der Idee der Wahrheit indifferent bleiben. Diese Idee bemißt sich am wirklichen Dialog, am wahren Konsensus, an unbegrenzter Kommunikation. Die »Antizipation möglicher Wahrheit und richtigen Lebens (ist) für jede nicht monologisch sprachliche Verständigung konstitutiv[55].«

Auch diese Wissenschaftslehre belegt die These, daß Wirklichkeit modellhaft erfaßt werden muß – in Widerspiegelung empirischer Daten und Entwurf von Sinn[56]. Die jeweilige Kommunikationsgemeinschaft ermöglicht die dialektische Vermittlung der beiden Aspekte des Modells.

4. *Konkretionen für den Religionsunterricht*

Die Aufgabe modellhafter Erfassung von Wirklichkeit in der dialektischen Vermittlung von hermeneutisch-geisteswissenschaftlichen und empirisch-analytischen Methoden stellt sich auch für den Zugang zum Praxisfeld RU. Diese Dialektik von empirischer Erklärung und Sinn-Verstehen ist Konstitutivum des Begriffs Erfahrung[57]. In der Erfahrung sind Theorie und Praxis, aktive und passive Elemente vermittelt: Rezeptive Erlebnisse werden durch sinnentwerfendes (individuelles/gesellschaftliches) Bewußtsein zu Erfahrung(en) verarbeitet. Darum ent-

---

51 AaO. 41.

52 AaO. 43.

53 Vgl. J. Habermas, Der Universalitätsanspruch der Hermeneutik, in: Apel u.a., 120–159, hier: 158.

54 Apel, 28.

55 Habermas, 155.

56 Vgl. D. Zilleßen, Unterrichtsmodelle, in: Zilleßen, 89–94.

57 Vgl. E. Feifel, Die Bedeutung der Erfahrung für die religiöse Bildung und Erziehung, in: Feifel u.a., 86–107; D. Zilleßen, Glaube und Erfahrung, in: Zilleßen, 179–183.

steht Erfahrung in Lernprozessen, die durch Sprache ermöglicht und zugleich beschränkt werden[58]. So ist auch Glaubenserfahrung aktiver Entwurf von Lebenssinn in konkret erlebten, rezeptiv aufgenommenen Situationen, die aber ihrerseits wieder in gleicher Weise dialektisch vermittelt sind. Gerade deshalb kann auch Glaubenserfahrung nicht in monologischer Selbstgewißheit (Habermas) bestehen, sondern muß ihre Kriterien in der »Kommunikationsgemeinschaft« (Apel) gewinnen. Sie schließt sich an das geschichtlich gewordene und geschichtlich (biblisch) vermittelte Erfahrungsmodell Jesus Christus an. Sie konstituiert (nicht einfach konstatiert) in diesem Geiste neue Erfahrungen. Die *Verbindlichkeit* solcher Glaubenserfahrung ist in der in diesem Geiste *verbundenen* Kommunikationsgemeinschaft gegeben. Die Verbindlichkeit ist offen und muß immer wieder zur Disposition und Diskussion gestellt werden. Geist und Ungeist sind mit Hilfe der Dialektik von Hermeneutik der Geschichte und Empirie der Situationen immer neu zu diagnostizieren. Hier könnte sich Theologie als »Rechenschaft von Glauben« realisieren[59]. Die Tiefe und Weite der Wirklichkeit, ihre Wahrheit, ihr Sinn vermögen sich in solcher Erfahrung modellhaft zu eröffnen. Dazu ist eine Kooperation der Theologie mit den Erfahrungswissenschaften notwendig. Doch kann nur die nachfolgende Aufhebung der empirischen Erklärung ein vertieftes Verstehen (Apel) von Welt und Mensch gewährleisten.

Seine Aufgabe kann der RU nur erfüllen, wenn er eine Kommunikationsgemeinschaft zwischen Schüler und Lehrer anstrebt[60]. Das bedeutet auch, daß die Elemente, Faktoren und Bedingungen des jeweiligen Kommunikationsprozesses allen Beteiligten transparent zu machen sind: Einstellungen und Erwartungen der Schüler und des Lehrers,

---

58 Vgl. Feifel, Die Bedeutung der Erfahrung, 91 f. (Geschichtlich-gesellschaftliche Dimension der Erfahrung); H. Schröer, Glaubensvorstellungen, in: Zilleßen, 172–178, bes. 173.

59 Vgl. E. Feifel, Die Bedeutung theologischer Denkmodelle für ein Konzept theologischer Erwachsenenbildung, in: KatBl 98 (1973) 461–476. Feifels Konzept einer anthropologisch ausgerichteten Theologie als Rechenschaft vom Glauben müßte weiter diskutiert werden. Mit Recht tendiert es auf eine Kooperation mit den Humanwissenschaften besonders der Verhaltens- und Einstellungsforschung. Geklärt werden müßte aber die Formel »anthropologisch ausgerichtet« im Hinblick auf kommunikationstheoretische Überlegungen. (Vgl. auch H. Zirker, Barrieren der Kommunikation im religiösen Bereich, in: KatBl. 98, 653–663 und R. Kollmann, Monologische und dialogische Kommunikation im Religionsunterricht, in: KatBl. 98, 663–672). M.E. sollte man wieder einmal den Ansatz einer Theologie des Geistes (kommunikative Theologie) reflektieren. Hier ist auch die Basis einer Theologie für alle, nicht nur für Theologen.

60 Hier ist die Legitimationsbasis für den sog. therapeutischen Aspekt des Religionsunterrichts, der Information und Interaktion aufeinanderbezieht. Vgl. dazu: Der Evang. Erzieher 25 (1973) 165–238.

vorgegebene und neue Informationen, sozialer Hintergrund, bisherige Erfahrungen etc. Es genügt deshalb nicht, daß *wissenschaftliche* Religionspädagogik u.a. empirische Methoden aufnimmt. Auch den an der Praxis beteiligten Lehrern und Schülern müssen Raster an die Hand gegeben werden zur empirischen Erforschung ihrer Einstellungen, Erwartungen und Erfahrungen. Notwendig sind deshalb zB. Befragungs- und Interviewmuster, Fragebogen etc., die alle Beteiligten in die Lage versetzen, die Situation zu analysieren. Dies gilt nicht nur, um die Voraussetzungen des Unterrichts zu erheben, sondern ebenso um Ergebnisse usw. zu überprüfen. Die Aufgabe ist nicht nur wegen der Faktorenkomplexität sehr schwierig, lediglich ausschnittartig möglich und darüber hinaus auch »nur« quasi-objektiv (Apel). Sie ist aber erforderlich und nach den jeweiligen praktischen Möglichkeiten zu beginnen, gerade weil Unterricht und seine wirkliche Kontrolle ein kommunikatives Geschehen, einen Prozeß *vertieften Verstehens* darstellen, der im Grunde nur in einer Atmosphäre (kommunikativen) Vertrauens gelingen kann.

In diesem Sinne kommt der RU über die Probleme und Themen der Gegenwart wieder zu seiner Sache. Der heute oft reklamierte Gegensatz zwischen bibelorientiertem und problemorientiertem RU besteht nur als Konsequenz wissenschaftstheoretischer Unklarheiten. Unter den hier dargestellten wissenschaftstheoretischen Perspektiven ist die Frage neu aufzugreifen, wie Lebenswirklicheit und Glaubens»inhalt« zu vermitteln sind[61].

---

61 Vgl. dazu die Diskussion zwischen G. Baudler (Wie sollen Lebenssituation und Glaubensinhalt miteinander verbunden werden?, in: KatBl 98 [1973] 265–372), W. Nastainczyk (Lebenssituation und Glaubensinhalt, in: KatBl. 98, 571–572) und E. Paul (Wie ist Glaube auf Erfahrung beziehbar?, in: KatBl 98, 699–703.).

3 | 8 Arnd Hollweg
Diakonie und Caritas

1. Aufgabe und Methode der Diakoniewissenschaft

Die Frage nach dem wissenschaftlichen Zugang zu diakonischer Praxis führt in erkenntnistheoretische und theologische Probleme hinein, die in der Praktischen Theologie bisher noch kaum erörtert worden sind, in Diakonie und Caritas nur in Ansätzen[1]. Ich verstehe unter diakonischer und caritativer Praxis einen Prozeß korporativen Hilfehandelns in ekklesiologischem Zusammenhang, da der Christ durch seinen Glauben immer Glied der Gemeinde Jesu ist. Das korporative Hilfehandeln trägt gruppenspezifische Züge. Das ist auch ein empirisch-anthropologischer Sachverhalt. Die Person des Trägers geht immer in irgendeiner Weise in das soziale Handeln ein, selbst wenn dieser sich darüber keine Rechenschaft gibt. Auch der Hilfeempfänger entscheidet jeweils mit, ob und in welcher Weise er die Hilfe akzeptiert und gebraucht. Hilfehandeln vollzieht sich somit in einem interpersonalen Prozeß, in welchem auch die Beziehungen des jeweiligen sozialen Feldes konstitutiv wirksam sind. Es läßt sich nicht nur technisch-funktional bestimmen.

Die Wirksamkeit der Hilfe hängt davon ab, daß sie ihren Empfänger befähigt, sich selbst weiterzuhelfen, eigenständig sein Leben zu führen und an den Aufgaben des sozialen Feldes partizipieren zu können, soweit das in der konkreten Situation möglich ist. Das setzt einen Prozeß der Selbstannahme und Selbstfindung voraus. Ob dieses Ziel jeweils erreicht wird, hängt von dem Sozialisationsgeschehen ab, in das Hilfehandeln eingebettet ist[2].

Die Qualität der Hilfe ist durch die Qualität der Beziehungen bestimmt, in denen sie sich vermittelt. Die Qualität der Beziehungen im

---

1 Diese Forschung wurde bisher hauptsächlich von den theologischen Abteilungen des Diakonischen Werkes der EKD und der Caritas und von den Instituten für Diakonie- und Caritaswissenschaft getrieben. Vgl. besonders zum Versuch einer wechselseitigen Integration von Diakonie und Theologie und einer Entfaltung der diakonischen Dimension des Evangeliums P. Philippi, Christozentrische Diakonie (1963); zur wechselseitigen Integration von caritativer und diakonischer Praxis und Theorie die Aufsatzbände: Deutscher Caritasverband Freiburg (Hg.), 75 Jahre Deutscher Caritasverband 1897–1972 (1972); H. C. v. Hase / A. Heuer / P. Philippi (Hg.), Solidarität + Spiritualität = Diakonie (1971).

2 Vgl. P. Collmer, Referat »Diakonie und Gesellschaftstheorie«, Heitersheim 15. 10. 1973, demnächst veröffentlicht in: Die Innere Mission (1974); ders., Sozialhilfe, Diakonie, Sozialpolitik (1969) bes. 174–199.

sozialen Handeln ist ihrerseits entscheidend durch den Glauben beeinflußt, der es trägt und in ihm zur Auswirkung kommt. Damit meine ich zunächst den tatsächlichen Glauben des Menschen, wie er in seiner empirischen Wirksamkeit festgestellt werden kann. Dieser kann auch im Widerspruch zum theologisch-theoretischen Selbstverständnis des Menschen stehen; theologische oder philosophische Theorie und Praxis sind nicht notwendig deckungsgleich. Auch im Hilfehandeln können sich Machtstreben, egoistische Wünsche, Geltungssucht, materielle Interessen, Neid, Feindschaft, Selbsttäuschungen, Illusionen etc. verbergen. Es kann beispielsweise meinen: eine Hand wäscht die andere. Darum ist es notwendig, sich jeweils über die in der Hilfe wirksamen Kräfte Rechenschaft zu geben. Dazu bedarf es je nach Art des Hilfehandelns unter Umständen einer methodischen Ausbildung, zB. in Psychoanalyse oder feldtheoretischer Sozialwissenschaft. Aber auch unsere philosophischen und theologischen Theorien gehen in unser Hilfehandeln ein. Was wir von uns selbst, vom Menschen, von der Welt, von Gott im negativen oder positiven Sinne glauben, reguliert und steuert unser Wahrnehmen, Werten und Verhalten, bestimmt die Strukturen, die Weise unseres Aus- und Einblendens von Wirklichkeit, die Tabus, die individuellen und kollektiven Verdrängungen. Darum bedürfen auch die jeweilige philosophische Theorie, ihre Methodologien und Instrumentarien der kritischen Reflexion in bezug auf ihre Praxis und die geschichtlich-soziale Wirklichkeit, in der diese eingebettet ist. An der Diskussion darüber hat sich die Diakoniewissenschaft zu beteiligen. Letztlich entwickelt jede gesellschaftliche Gruppe oder auch Gesellschaft irgend eine philosophische Theorie sozialen Handelns, wie zB. Nationalismus, Kapitalismus, Sozialismus.

Das Selbstverständnis der christlichen Gemeinde in ihrem sozialen Handeln ist ein theologisches. Es wurzelt in ihrer Beziehung zu Gott, die auch im sozialen Handeln motivierend und orientierend wirksam ist. Diakonische Praxis ist immer gleichzeitig Praxis des christlichen Glaubens. Darum hat es die Wissenschaft von Diakonie und Caritas mit der Wechselbeziehung von Glauben und sozialer Arbeit in allen sozialen Aufgaben und Problemen zu tun.

Als eine theologische Wissenschaft bedarf sie des Gespräches mit den Humanwissenschaften, um ihren Wirklichkeitsbezug und ihre soziale Praxis kritisch verantworten zu können. Sie wird auch mit deren logischem Instrumentarium einer genetischen Erkenntnistheorie und Methodik arbeiten müssen, wenn es ihr um eine Vermittlung von Theologie, wissenschaftlicher Theorie und Praxis zu tun ist[3]. Die ge-

---

3 Vgl. zu den folgenden Ausführungen A. Hollweg, Theologie und Empirie ([2]1972) 30 ff., 203–231, 280 ff., 549 ff.

netische Methode geht von der empirisch angetroffenen Wirklichkeit aus und versucht, sie in ihren Zusammenhängen zu verstehen. Dabei versucht sie nicht, wie die überkommene deduktionalistisch-monokausale Methode, jeweils ein Wirklichkeitselement aus dem anderen abzuleiten, um damit gleichzeitig die Frage nach Gewißheit von Wirklichkeit zu verknüpfen[4]. Durch ein solches Verfahren würde der lebendige Wirklichkeitszusammenhang auseinandergerissen, in dem sich soziale Praxis vollzieht. Die Auseinandersetzung zwischen kausaler und genetischer Methode in der Wissenschaftstheorie gehört zu den erkenntnistheoretischen Grundlagenproblemen einer Diakoniewissenschaft. Die kausale Wissenschaftstheorie ist am Gegenständlich-Handwerklichen orientiert und verlegt die lebendige Bewegung in das Wesen und damit in die Metaphysik von Gegenständlichem hinein, statt sie in ihrer geschichtlich-sozialen Vorfindlichkeit zu analysieren und zu interpretieren[5]. So ist sie nicht in der Lage, ihr Denken auf geschichtliche, soziale und personale Prozesse zu beziehen, um die es im biblischen Zeugnis und diakonischen Handeln geht. Die ihr zugrunde liegende Logik ist daher für eine theologische Theorie sozialen Handelns ungeeignet.

Die genetische Methode begreift die Verfaßtheit von Lebendigem im Zusammenhang und in Wechselwirkung von je Verschiedenem[6]. Das entspricht auch dem Wirklichkeitsverständnis der Bibel. So lassen sich dem biblischen Zeugnis nach Glaube und Liebe genau so wenig auseinanderreißen wie Leib und Seele des Menschen. Die Folge dessen wären ein toter Glaube, eine tote Liebe, ein Leichnam. Die Ableitung eines toten Elementes aus dem anderen schafft keinen Bezug auf das lebendige Ganze. Die Notwendigkeit kritischer Nachfrage, wie das Denken jeweils mit angetroffener Wirklichkeit verfährt, läßt sich nicht überspringen. Das gehört auch zur theologischen Verantwortung. Es besteht kein Ableitungsverhältnis zwischen Predigt und diakonischer Praxis im Sinne der deduktionalistischen Wissenschaftstheorie. Diakonisches Handeln ist nicht nur Antwort auf Verkündigung in Wort und Sakrament. Weder läßt sich Verkündigung auf Glauben, noch diakonisches Handeln auf Liebe zurückführen. Beide sind Zeugnis des Glaubens, der in der Liebe wirksam ist. Der Glaube geht darum nicht der

---

4 Vgl. W. Metzger, Psychologie ([3]1963) 8 ff.

5 Vgl. dazu K. Lewin, Der Übergang von der aristotelischen zur galileischen Denkweise in Biologie und Psychologie, in: R. Carnap / H. Reichenbach (Hg.), Erkenntnis 1 (1930/31) 421–466; ders., Grundzüge der topologischen Psychologie (1969) 30 ff.; E. Cassirer, Substanzbegriff und Funktionsbegriff (1923) 10 ff., 125 ff., 228 f.

6 Zur genetischen Methode in Psychologie und Sozialwissenschaften vgl. u.a. K. Lewin, Feldtheorie in den Sozialwissenschaften (1963) 47 ff., 229 ff., 271 ff.

Liebe in der Weise voraus, als käme letztere als weniger wichtig noch hinzu, so daß das diakonische Zeugnis auch fehlen könnte. Beide existieren nur in einem wechselseitigen Bedingungsverhältnis, wie auch der Glaube sich als von der Liebe Gottes ins Leben gerufen erkennt und gleichzeitig sich selbst als Voraussetzung der Erfahrung von der Liebe Gottes versteht.

Ebensowenig läßt sich Mission einfach der verbalen und Diakonie der nonverbalen Ebene zuordnen. In beiden geht es um die Wechselbeziehung von verbalem und nonverbalem Geschehen, nur jeweils mit anderer Zielorientierung und deren Implikationen[7]. Auf die weitreichenden Folgen, welche die deduktionalistisch-kausale Wissenschaftstheorie auf Theologie, Kirchengeschichte und kirchliche Praxis hatte, kann hier nicht weiter eingegangen werden.

Von dem angedeuteten theologisch-erkenntnistheoretischen Hintergrund her wird es auch für eine Diakoniewissenschaft möglich, diakonische Praxis als Praxis des Glaubens, wie auch Praxis des Glaubens in ihrer sozialen Dimensionalität zu verantworten.

2. *Glaube und soziale Wirklichkeit*

Es geht in Diakonie und Caritas um die »Fleischwerdung des Glaubens in der Liebe«, um Inkarnation im geschichtlichen Verständnis. Man könnte sagen, daß sich Diakonie- und Caritaswissenschaft auf den Glauben in seiner geschichtlich-sozialen und personalen Wirksamkeit und Gestaltwerdung bezieht. Theologische Prinzipien lassen sich erst in bezug auf das Inkarnationsgeschehen aufstellen. Sie gehen diesem nicht voraus.

Das Glaubensproblem stellt sich für den Menschen in jeder Begegnung mit Wirklichkeit und darin auch mitten in den logischen Grundlagen der empirischen Wissenschaften selbst. Die Gewißheit in bezug auf Wirklichkeit leitet sich nicht aus der Erklärung der einen Wirklichkeit durch die andere ab (wie zB. in Materialismus, Idealismus, Psychologismus, Soziologismus etc.), sondern von einem wissenschaftlich begründbaren Vertrauen im Umgang mit der Wirklichkeit. Die Bedingung der Möglichkeit des Erkennens ist in der Begegnung mit der Wirklichkeit gegeben.

---

7 Die diakonische Aufforderung an einen in Not befindlichen kann zB. darin bestehen, wieder Zugang zu seiner nichtchristlichen Gemeinschaft zu suchen. Andererseits kann es die missionarische Aufforderung in einer öffentlichen Verkündigung sein, sich einer christlichen Gemeinschaft anzuschließen. In beiden (verbalen) Aufforderungen bezeugt sich je nach Situation derselbe Glaube als Zeugnis der freigebenden und in die Freiheit rufenden Liebe Gottes.

Der Christ steht im Blick auf die mit humanwissenschaftlichen Erkenntniswerkzeugen untersuchte Wirklichkeit in keiner anderen Situation als der Nichtchrist. Es ist nicht nötig, daß er gewissermaßen aus seinem Glauben herauszutreten hätte, um einen angemessenen, wissenschaftlich kontrollierbaren Realitätsbezug zu gewinnen. Christ und Wissenschaftler sind in ihm nicht gespalten. Er muß die Probleme des Glaubens in derselben kritisch-wissenschaftlichen Verantwortung zur Sprache bringen wie der Wissenschaftler mit einem anderen Glauben auch. Vom Evangelium her ist er sogar dazu genötigt, denn er kann mit Gott nur über die geschichtlich-soziale und personale Realität kommunizieren. Seine Offenbarung in Jesus Christus bedeutet, daß er in die »wirkliche Wirklichkeit«, nicht in eine Scheinwirklichkeit eingegangen ist und diese angenommen hat. Nur in ihr ist er zu finden. Darum hat es eine Diakoniewissenschaft genau so wie die empirischen Wissenschaften ständig mit der Frage nach Wirklichkeit und Schein zu tun, auch in ihren theologischen Aussagen.

Die im Evangelium erschlossene Wahrheit erweist sich für den Christen gerade darin, daß sie mit seinen geschichtlichen, sozialen und personalen Erfahrungen und kritischen, wissenschaftlich verantworteten Wirklichkeitsurteilen übereinstimmt. Er findet im Zeugnis der Bibel keine andere menschliche Realität als die, welche er in seinem Leben und in der Geschichte antrifft: Leiblichkeit, Endlichkeit, Bedingtheit, Gruppenbeziehungen, personale Beziehungen, Geld; unsichtbare, das soziale Feld strukturierende Mächte wie Neid, Stolz, Ehrgeiz, Haß, Feindschaft, aber auch Annahme, Liebe, Hoffnung, Wahrheitsstreben, Freude; Möglichkeiten des Fehlverhaltens und der Selbsttäuschung in bezug auf die Realitäten, mit denen er umgeht; Verdrängungen, falsche Projektionen; Übertragungen, Verstrickungen, Schöpfertum, Herrschaft, Macht, Ohnmacht, Kulturen, Religionen etc. Er hat sich am Feedback dieser Wirklichkeit kritisch zu orientieren, es anzunehmen, aufzuarbeiten, zu verantworten. Er versteht diese empirisch angetroffene und antreffbare Wirklichkeit im Zusammenhang mit der Inkarnation Gottes in Jesus Christus als die Wirklichkeit, in die Gott eingegangen ist. Darum hat er sie anzunehmen, darf ihr nicht ausweichen, sie fliehen oder aus ihr auswandern, um den eigenen Wünschen, Träumen oder Illusionen nachzuhängen.

Die Befähigung zum Helfen in den Nöten unserer Zeit hat es mit den geschichtlich-sozialen und personalen Realitäten zu tun. Darum setzt sie humanwissenschaftliche Ausbildung und humanwissenschaftlich verantwortete Praxis voraus. Wir müssen die Prozesse in ihren Zusammenhängen wahrnehmen lernen, aus denen die Probleme erwachsen, mit denen wir uns in der diakonischen Praxis auseinandersetzen. Dem gilt die theologisch-theoretische Arbeit einer Grundlagenforschung. Andererseits müssen wir uns einüben, das humanwissenschaftliche Instrumentarium und seine Methoden in der rechten Weise anzuwenden. Dem gilt die praktische Ausbildung. Theorie und Praxis in ihren geschichtlich-sozialen Bezügen müssen vom Christen theologisch verantwortet werden.

3. Theologische Orientierung im sozialen Handeln

Man könnte diakonische Praxis definieren als soziale Arbeit in der Partizipation an der helfenden Beziehung Gottes zur Welt in Jesus Christus. Die Erfahrung, die der Christ mit dieser helfenden Beziehung in seinem Leben gemacht hat, geht auch in sein Hilfehandeln ein. Was uns selbst wahrhaft geholfen hat, ermöglicht auch Einsichten, worin und wie wir anderen helfen können. Insofern bringt jeder, der in sozialer Arbeit steht, seine Erfahrungen von Hilfe genau so ein, wie sich nach den Ergebnissen psychoanalytischer Forschung empfangene oder nicht empfangene Liebe auf unsere Fähigkeiten und Möglichkeiten zu lieben auswirkt. Das Einbringen des eigenen Erfahrungshintergrundes und der »Biographie« des Trägers sozialer Hilfe ist zum wechselseitigen Verständnis wichtig, auch wenn es sich um einen korporativen Träger handelt. Für die Gemeinde ist das Hilfehandeln Gottes in Christus in ihrem eigenen Handeln konstitutiv, weil sie von ihm her ihr Leben und darin ihre Identität im Glauben hat, die sie auch in der sozialen Arbeit nicht aufgeben kann. Insofern ihr soziales Handeln durch Partizipieren an der helfenden Beziehung Gottes zur Welt qualifiziert ist, müßte sich von hier aus auch die theologische Orientierung für ihre diakonische Praxis ergeben. Eine solche ist nötig zur Klärung der Fragen nach Ziel und Gestalt der Prozesse diakonischer Hilfe in konkreten Situationen. Wie sie erfolgen kann, soll an einem Beispiel aufgezeigt werden.

Gottes helfende Beziehung erfahren wir in seinem Offenbarwerden in Christus, in welchem er sich für die Welt und die Menschen in ihr öffnet und so den Hilfesuchenden einen Zugang zu sich ermöglicht. Dieses »Sich-Öffnen« Gottes in Christus für die Welt wird im Neuen Testament in vielen Bildern und Vorgängen beschrieben: das Zerreißen des Vorhanges im Tempel, das Niederreißen des Zaunes zwischen Juden und Heiden, die Gemeinschaft Jesu mit den Sündern, sein Hilfehandeln an denen, die nicht zum Volk Gottes gehören u.a. mehr. Das Geschehen selbst bedeutet schon Hilfe für die Welt, trägt demnach bereits diakonischen Charakter. Das kommt schon darin zum Ausdruck, daß Gott sich in dem Helfer Jesus Christus offenbar macht. Offenbarung Gottes meint kein bezugsloses Erkennbarwerden seiner selbst in Raum und Zeit. Offenbarung und Hilfegeschehen, objektiver und subjektiver Aspekt, stehen in unauflöslicher Wechselbeziehung (reformatorisches »für mich«). An diesem Öffnungsgeschehen Gottes in Christus gegenüber der ganzen Welt hat die Christenheit teil, indem sie durch die Offenbarung als Kirche Gottes für die Welt, für andere berufen wird. Im diakonischen Einsatz für die Welt und den Menschen wird diese ekklesiologische Dimension sichtbar. In ihrer Diakonie vollzieht die Kirche eine Öffnung zur Welt. Das kommt bereits in der Art der rechtlichen Verfaßtheit von Diakonie und Caritas zum Ausdruck, durch die sie gleichzeitig als Teil der Kirche und als freier Wohlfahrtsverband gewissermaßen zwischen der institutionalisierten Kirche und der Welt tätig sind. Dieses Sich-Öffnen für die Welt als Vollzug des Glaubens kämpft mit der Angst, sich selbst und Gott dabei zu verlieren. Darin liegt die Möglichkeit eines Spannungsverhältnisses zwischen Diakonie und Caritas einerseits und Kirche andererseits.

Die in der Öffnung Gottes und darin auch in der Öffnung der Kirche zur Welt wirkende Kraft ist die Liebe. In der Offenbarung Gottes in Jesus Christus tritt die Liebe Gottes geschichtlich-wirksam in die Erscheinung als Grund unseres Glaubens und wirkende Macht in dieser Welt. Dieses Sich-Mitteilen Gottes hat die Wissenschaft der Diakonie und Caritas zur Voraussetzung, genau so wie ohne Selbstmitteilung und Feedback des Menschen keine Humanwissenschaft möglich ist. Durch das Partizipieren an der Liebe Gottes im Glauben empfängt diakonisch-caritatives Handeln seine innere Dynamik und äußere Zielrichtung, formt sich seine Intentionalität. Seine damit gegebenen oder darin entstehenden Charakteristiken könnte man als »Eigenschaften der Liebe« bezeichnen, welche im Glauben an Jesus Christus wirksam sind. Sie müssen als Eigenschaften eines Beziehungsverhältnisses, nicht eines Trägers verstanden werden. Als theologische Kriterien meinen sie keine Normen oder Ideen, die der Mensch zu »verwirklichen« hat. Auf solchem Wege kommt es nicht zu »Vollzügen von Beziehungen«. Vielmehr sind sie Eigenschaften einer vorgegebenen Wirklichkeit, von der wir immer bereits herkommen, aber mit der wir im Glauben verantwortlich arbeiten müssen. Das schließt nicht aus, daß wir auf dem Wege des Empfangens in diesen Vollzügen weiter wachsen können[8]. Aber sie werden nur als Möglichkeiten eines Beziehungsverhältnisses angetroffen, in welchem der Mensch nicht für sich allein und isoliert, sondern immer gleichzeitig Empfangender und Gebender ist. Das Verdanktsein menschlicher Existenz auch in der Liebe ist ein empirischer Sachverhalt, der allerdings nicht notwendig im Zusammenhang mit

8 Vgl. zB. über den Zusammenhang von Beten und Tun H. C. v. Hase, Beter, Täter, Theologen, in: v. Hase / Heuer / Philippi, 26–40.

Gott verstanden oder interpretiert werden muß[9]. Aber es ist nicht nur in der theologischen Perspektive von großer Wichtigkeit, daß sich humane Existenz auch in spirituellem, nicht bloß in materiellem Austauschprozeß verwirklichen muß. Auch hier ist ein wechselseitiges Bedingungsverhältnis gegeben. In solchem spirituellen Austauschprozeß begründet sich auch die Wechselseitigkeit des Verhältnisses zwischen Helfendem und Hilfeempfänger. Das, wessen der Mensch bedarf, und das, was er zu geben befähigt wird, kann er nur über Beziehungsverhältnisse gewinnen, nicht aus sich selbst heraus. Das gilt insbesondere in bezug auf Gott.

4. *Geschichtliche Gestaltwerdung diakonischen Handelns*

Die Weise, in welcher sich solche Erfahrungen des Glaubens und darin gewonnene Einsichten und Antriebe in Bezugspunkte sozialen Handelns umsetzen lassen, wie sich Probleme und Aufgaben der Gestaltwerdung einer Partizipation an der helfenden Beziehung Gottes zur Welt in den geschichtlich-sozialen Bezügen der Gegenwart stellen, soll an einigen Beispielen skizziert werden.

Die Liebe Gottes in ihrer Barmherzigkeit sucht die Verlorenen, Zerbrochenen, Gescheiterten, Ausgestoßenen, Verachteten, Machtlosen, Kranken, Gefangenen, Verkrüppelten, Notleidenden, die Menschen am Rande. Indem sie sich der Ausgestoßenen annimmt, gerät sie in Auseinandersetzung mit den Aggressions- und Ausstoßungsmechanismen, die in den Tiefen der Gesellschaft wirksam sind[10]. Daran haben wir teil in unserer Auseinandersetzung mit Strukturen der Gesellschaft und Kirche, die ihre Opfer produzieren. Ausstoßungsmechanismen in frommer Gestalt bewirken, daß die Gemeinden gerade diejenigen Menschen abschrecken, für die sie eigentlich »Empfangsraum« sein müßten, wie zB. für sozial desintegrierte Schichten, Verarmte, Fremde, Verhaltensgestörte, sexuell Abnorme, seelisch Kranke, entlassene Strafgefangene. Wie die Diakonie- und Caritasgeschichte zeigt, wirkt sich diakonisches Handeln nach innen notwendig in Richtung einer Kirchen- und Strukturreform aus. Es kann nicht eher zum Ziel kommen, bis die Gemeinden selbst die »soziale Dimension ihres Glaubens« entdecken und verantworten lernen.

Auch im Bereich menschlichen Wahrnehmens und Erkennens gibt es

9 Vgl. dazu A. Hollweg, die psychologische und soziologische Deutung von Schuld im Licht der Theologie, in: Die Innere Mission 9/10 (1972) 403–426.

10 Vgl. zB. Y. Spiegel, Jesus und die Minoritäten, in: O. Seeber / Y. Spiegel (Hg.), Behindert – Süchtig – Obdachlos (1973) 13–31.

ausgestoßene, »ausgeklammerte« Wirklichkeit, die vielfach durch Tabus vom Menschen ferngehalten wird. Diakonie- und Caritaswissenschaft müssen darum das Gespräch mit Sozialpsychiatrie, Psychosomatik und anderen wissenschaftlichen Forschungsrichtungen suchen, die sich solcher Wirklichkeitsbereiche annehmen. Ihre Bedeutung für die soziale Arbeit wird schon darin sichtbar, daß von ihren Theorien her eine Fülle neuer Berufswege erschlossen wird, die für den Vollzug sozialer Verantwortung heute unentbehrlich sind[11]. Indem sich Diakonie- und Caritaswissenschaft um die ausgestoßene und ausgeklammerte menschliche Wirklichkeit kümmert, geht es ihr gerade darin um die ganze Wirklichkeit, der die helfende Beziehung Gottes in Christus gilt. Sie will, daß nichts verloren gehe.

Dieser Bezug der Liebe Gottes zum ganzen Menschen in der ganzen Wirklichkeit bedeutet für die Diagnose der Not, daß auch sie sich ganzheitlich orientiert. Damit kann diakonisches Handeln heute in Widerspruch zu Formen spezialwissenschaftlicher Praxis geraten, die auf Grund ihrer Gebundenheit an ein deduktionalistisch-monokausales Wissenschaftsverständnis einen partiellen Perfektionismus und eine Ideologisierung ihrer Methoden betreiben. Diakonie und Caritas sollten gerade diejenigen interdisziplinären humanwissenschaftlichen Praxisfelder fördern, in denen der Aspekt der Ganzheitlichkeit besonders betont wird, wie zB. die verschiedenen Formen sozialpädagogischen, sozialpsychiatrischen, gruppentherapeutischen Hilfehandelns, der Gemeinwesenarbeit, des breitgefächerten Zusammenarbeitens in Diakonie- und Caritasstationen auf Kreisebene etc.

Auch die Wechselbeziehungen in der Zusammenarbeit von humanwissenschaftlich ausgebildeten Spezialisten und ehrenamtlichen Helfern, Initiativgruppen, sozialen Institutionen etc. gehören heute zum Aspekt ganzheitlicher Hilfe. Die gesellschaftlichen Gruppen müssen dadurch befähigt werden, die aus Anstalten und Heimen Entlassenen in sich sozial zu integrieren. Daß zB. auch der Patient ein Krankenhaus ganzheitlich erlebt, muß Folgen für die Struktur desselben haben. Wie Statistiken in den USA zeigen, hängt die Genesung des Patienten oft mehr von dem Pflegepersonal ab als von der medikamentösen Behandlung[12]. Hier stellen sich in der spezialisierten und technisierten Gesellschaft wichtige Aufgaben für Diakonie und Caritas.

So müßten wir nun weiter die Eigenschaften der helfenden Beziehung Gottes zur Welt, an der die Gemeinde partizipiert, im geschicht-

---

11 Vgl. Berufsprospekte der Diakonie und Caritas, die von den Hauptgeschäftsstellen angefordert werden können.

12 Vgl. dazu P. Fürstenau, Probleme der vergleichenden Psychotherapieforschung, in: Psyche 6 (1972) 430 f.

lich-sozialen Kontext unserer Gegenwart zu entfalten versuchen: die Liebe Gottes als die freimachende verweist diakonisches Handeln heute in den Zusammenhang der Emanzipationsbewegung[13], die Liebe Gottes, die uns durch Christus in eine brüderliche Gemeinschaft aufnimmt, deckt die Bedeutung des Vollzuges von *koinonia* für die *diakonia* auf, wie sie zB. heute im Zusammenhang von Sozialisationsprozessen und sozialer Arbeit in der Altenhilfe, in der Erziehung im Elementarbereich und an anderen Stellen akut wird; die Liebe Gottes in ihrem Wahrheitsernst lehrt die Heilungsprozesse in Psychoanalyse, Familientherapie, Gruppentherapie u.a. besser verstehen, zeigt die Voraussetzungen prophylaktischen diakonischen Handelns auf und die sozialpolitische Verantwortung, die heute eine diakonische Öffentlichkeitsarbeit im Blick auf desintegrierende Prozesse und Strukturen der Gesellschaft hat; die Liebe Gottes in ihrem Kairoshandeln motiviert Spontaneität und unmittelbare Konkretheit diakonischer Hilfe; die Liebe Gottes in ihren Hoffnungs- und Zukunftsaspekten ermutigt uns zum Fragen danach, wie wir heute mehr für die Menschen in völlig ausweglosen Situationen tun können, zB. für die unheilbar Kranken und Sterbenden.

Das alles bedarf eines gründlichen Durchdenkens der Zusammenhänge, in denen jeweils unser Hilfehandeln steht. Man muß Prozesse, Handlungsabläufe, Interventionen, Wechselwirkungen, Verhaltensweisen in dem, was sie jeweils in den Zusammenhängen des empirischen Feldes bewirken, gründlich studieren, um das rechte Hilfeangebot zu finden. Aber gleichzeitig geht es darin für das diakonische Handeln um konkrete Zeichen für die helfende Beziehung Gottes zur Welt, um seine Öffnung zum Menschen hin, um das Inkarnationsgeschehen im geschichtlich-sozialen Sinne.

5. *Christen und Nichtchristen im sozialen Dienst*

Damit stellt sich der Diakoniewissenschaft auch immer wieder das Problem der konkreten Gestaltwerdung der Beziehung zwischen Gemeinde und Welt, wie zB. heute im Blick auf die Mitarbeiterschaft in Diakonie und Caritas. Nicht alle Mitarbeiter sehen sich selbst als der christlichen Gemeinde zugehörig an. Viele stehen in Distanz zu deren institutioneller Ausgestaltung. Doch sie sind zur Mitarbeit in gemeinsamem Hilfehandeln bereit und gehören zur diakonischen Gemeinschaft. Diese kann sich daher nur als eine »offene« verwirklichen. Die

---

13 Zur Auswirkung des falschen Verständnisses von Röm 13 in der Diakoniegeschichte vgl. zB. A. Hollweg, Emanzipation – soziale Hilfe – Heil, in: Reform von Kirche und Gesellschaft 1848–1973 (1973) 141–150.

»Liebe« als motivierende Kraft im sozialen Handeln ist nicht nur im Christen wirksam. Jesus macht das zB. im Gleichnis vom barmherzigen Samariter deutlich. Er stellt den, der nicht zum Volke Gottes gehörte, als Vorbild für seine Jünger hin. Er sieht sich sogar selbst in dessen Tun, denn auch er war ein Ausgestoßener in seinem Volk und wurde darum außerhalb der Tore Jerusalems gekreuzigt. Damit stellt sich die Frage nach draußen und drinnen im ekklesiologischen Sinne. Um sie geht es heute meist, wenn man das Proprium diakonischer und caritativer Arbeit gegenüber der Sozialarbeit im allgemeinen sichtbar machen möchte. Auch derjenige liebt, der sich nicht als zur Gemeinde Jesu zugehörig betrachtet. Ohne daß die Kräfte der Liebe, Freiheit, Wahrheit, Freude, Gerechtigkeit etc. in der geschichtlich-sozialen Welt wirksam wären, gäbe es keine menschliche Existenz. Sie sind als konstitutive Faktoren derselben anzusehen. Aber das hindert den Christen nicht daran, für die Gaben und das Wirken Gottes im Leben des Nichtchristen dankbar zu sein.

In allen diesen Fragen geht es um das Verhältnis zwischen erstem und drittem Glaubensartikel, zwischen der geschichtlich-menschlichen Lebenswelt, wie wir sie antreffen, und dem ekklesiologischen Prozeß. Die theologische Tradition ist auch in der Entfaltung dieser wichtigen Problematik durch eine deduktionalistisch-kausale Wissenschaftstheorie gehindert worden, da sie sich für diese nur als Frage der Zurückführbarkeit oder Ableitbarkeit der Gotteserkenntnis von natürlicher Erkenntnismöglichkeit stellen konnte.

Gerade für eine Diakonie- und Caritaswissenschaft wird die Entfaltung des ersten Artikels in seiner Beziehung zum dritten heute insofern besonders akut, als sich darin auch die Frage der Verantwortung des Menschen und der christlichen Gemeinde für die geschichtlich-soziale Lebenswelt stellt. Die Probleme der Ökologie, des Verhältnisses von Naturgeschichte und Menschheitsgeschichte, der technisch-industriellen Welt, des Ortes der christlichen Gemeinde in der Gesellschaft u.a. mehr lassen sich nur mit Hilfe eines solchen Bezugsrahmens entfalten.

Die Frage nach dem Proprium des Christen in der sozialen Arbeit kann nicht in dem Sinne gestellt werden, daß der Christ durch sichtbare Unterscheidungsmerkmale gegenüber anderen seiner eigenen Frömmigkeit und Gotteszugehörigkeit gewiß werden möchte. Sie stellt sich für ihn jedoch als Frage, woran sich für ihn im Lichte des biblischen Zeugnisses sein Glaubensvollzug entscheidet. Die Bibel bezeugt, daß sich auch der Gottesfeind auf Gott, der Antichrist auf Christus, der Lügner auf die Wahrheit berufen kann. Wirklichkeit und Schein können vielfältige Gestalten und verwirrende Formen annehmen. Der Kampf zwischen wahren und falschen Propheten und Theologen, zwischen wahrem und falschem Gottesdienst in der Bibel zeigt, daß sich unser Glaube nicht an bestimmten theologischen Inhalten, Prinzipien, Gesetzen oder Strukturen entscheidet, sondern im und am Vollzug selbst, in dem sich die helfende Beziehung Gottes zur Welt in Jesus Christus auch in unserem Leben, Tun und Reden realisiert. Davon haben Diakonie und Caritas in Praxis und Theorie Zeugnis zu geben.

3 | 9 Heinrich Missalla
Politische Diakonie

1. Hinweise zur Entwicklung der politischen Diakonie

Mag der Begriff »Politische Diakonie« auch neu sein und die damit gemeinte Sache erst seit kurzer Zeit reflektiert werden, weil erst die neuzeitliche Entwicklung der Gesellschaft jene Probleme im Gefolge hatte, die eine »Politische Diakonie« erfordern, so soll doch in aller Kürze auf Erscheinungen in Lehre und Leben der Kirche(n) hingewiesen werden, die bei gewandelten Verhältnissen unter Aufnahme alter Impulse zu einer politischen Diakonie führen mußten.

a. Erste Ansätze

Die eschatologisch-endzeitliche Heilsbotschaft relativierte von Anfang an nicht nur die gesellschaftlich-staatlichen Strukturen und ein sich selbst absolut setzendes Staatsdenken, ihr Universalitätscharakter und die Forderung zur Liebe überwanden prinzipiell und ansatzweise auch die mit Völkern, Klassen und Geschlechtern gegebenen Schranken, auch wenn die Auswirkungen zunächst auf die Primärgruppe der Gemeinde beschränkt blieben. War der kirchliche Dienst anfangs situationsgemäß auf die unmittelbare Hilfeleistung am bedürftigen Nächsten eingeengt, so hat doch eine Notsituation im dritten Jahrhundert dazu geführt, daß Bischöfe staatliche Aufgaben der Armenpflege mit Hilfe der staatlichen Versorgungseinrichtungen übernahmen[1]. Zwar gab es nach der öffentlichen Anerkennung und Förderung der Kirche im 4. Jahrhundert keine grundlegende Strukturveränderung im Staatswesen, doch sind neben Teilerfolgen (zB. im Sklavenwesen) hier und dort eine engagierte Gesellschaftskritik zu finden. So trat der Bischof Johannes Chrysostomos energisch für eine der damals am meisten benachteiligten Schichten (Witwen und Waisen) ein und nahm dafür die Verbannung bis zu seinem Tod in Kauf[2]. Eine in Mailand tagende Bischofskonferenz hat sich nicht nur über einen von Kaiser Theodosius befohlenen Massenmord an Bürgern von Thessalonich empört; Bischof Ambrosius erwirkte vielmehr, daß der Kaiser acht Monate lang

---

1 Vgl. H. Wagner, Diakonie, in: RGG II, 162–167.
2 Vgl. K. Baus, Johannes Chrysostomos, in: LThK V, 1018–1021.

Buße tat und Weihnachten 390 vor allem Volk seine Sünden bekannte[3].

b. Tendenzen im Mittelalter

Die mittelalterlichen Gründungen von Klöstern, Hospitälern und Bruderschaften galten zwar der Not vieler einzelner Menschen, doch überstiegen sie als institutionelle Einrichtungen zugleich den Bereich des rein Privaten. Das um so mehr, als sie oft eine Auswirkung der Bettelorden einerseits und der Bewegungen der Albigenser und Katharer andererseits waren, die auf je eigene Weise eindeutig sozialkritische Züge trugen. Auch der Versuch Girolamo Savonarolas zielte über eine Erneuerung der Kirche auf eine Erneuerung des gesellschaftlichen Lebens. Die Bauernaufstände unter Thomas Müntzer zeigen ebenso wie später die aus christlich-ethischen Impulsen entstehenden Ideen zum Menschen- und Völkerrecht (Francisco de Vitoria, Hugo Grotius) die in der christlichen Überlieferung ruhenden Wirkmöglichkeiten auf die Gesellschaft.

c. Fragestellungen der Neuzeit

Doch erst mit den Problemen der Neuzeit und dem Kampf gegen Rationalismus und Individualismus, Liberalismus, Sozialdarwinismus und Kapitalismus wurde eine überwiegende Individualethik durchbrochen und die Neuorientierung in Richtung »Politische Diakonie« vorbereitet. Der Kampf gegen die genannten Strömungen galt sowohl den in diesen Bewegungen enthaltenen christentums- und kirchenfeindlichen Lehren als auch der Verwirklichung einer humaneren Gesellschaft (F. v. Baader, J. Görres, A. Müller u.a.). Trotz aller Mängel stellte die Kirche eine antikapitalistische Kraft der Gesellschaft dar (Bischof E. v. Ketteler, F. Hitze). Die »Christliche Soziallehre« hat mit dazu beigetragen, das Aufgehen der Sozialpolitik in reinen Pragmatismus zu verhindern und durch ihre Aussagen über die rechtlichen Beziehungen zwischen Kapital und Arbeit und über die rechtliche Natur der Beziehungen zwischen den gesellschaftlichen Gruppen überhaupt der Sozialpolitik eine geistige Basis zu geben. Von Anfang an haben christliche Gruppen die »Organisation der Gesellschaft im Interesse einer einzigen Klasse verhindert«[4]. Auf evangelischer Seite hat besonders J. H. Wichern versucht, die Tätigkeit der Kirche und der Christen vom Wandel der Gesellschaft her zu bestimmen und zu qualifizieren.

---

3 Vgl. K. Rahner, Kirche und Staat im frühen Christentum. Dokumente aus acht Jahrhunderten und ihre Deutung (1961) 111 f., 184–193.

4 L. Reichhold, Christentum – Gesellschaft – Sozialismus (1969) 232.

Es sei auch verwiesen auf die verschiedenen Vertreter des religiösen Sozialismus, die bei aller unterschiedlichen Auffassung doch dies gemeinsam haben, daß sie die mit der Industrialisierung sich einstellenden sozialen Probleme ebenso wie die Gesellschaftskritik des Sozialismus als Herausforderung an die Kirche erkannten (J. C. Blumhardt, H. Kulter, L. Ragaz)[5].

d. Neuorientierungen der EKD nach 1945

Im Versuch einer Neuorientierung bemühte sich die Evangelische Kirche Deutschlands nach 1945 um ein positives Verhältnis zur Demokratie. In Stellungnahmen und Denkschriften nahmen die Synode bzw. der Rat der EKD offiziell Stellung zu Zeitfragen und haben dadurch entscheidend zu einer im demokratischen Staatswesen notwendigen Diskussionsfähigkeit der Bürger beigetragen, sei es, daß die EKD sich eindeutig und einmütig geäußert hat, sei es, daß sie ihre eigene Ratlosigkeit und Uneinheitlichkeit angesichts bestimmter Probleme offen darlegte. Auch die politische Tätigkeit des Ökumenischen Rates mit seinen Veröffentlichungen zur Friedensfrage, zum Rassismus, zur gesellschaftlichen Revolution und zur Entwicklungshilfe, seine Konferenz in Genf 1966 über »Kirche und Gesellschaft« und seine vierte Vollversammlung in Uppsala 1968 zeigen den Willen, Verantwortung in der Gesellschaft zu übernehmen[6]. Freie kirchliche Institutionen wie die Evangelischen Akademien, der Deutsche Evangelische Kirchentag, die Evangelischen Studentengemeinden und die Evangelische Studiengemeinschaft wie auch lokale Gruppierungen geben auf jeweils eigene Art Aufschluß über das Ende einer überwiegend privat verstandenen Frömmigkeit.

e. Entwicklung in der katholischen Kirche der Bundesrepublik nach 1945

Vielschichtiger und komplizierter bietet sich das Bild der katholischen Kirche dar. In den amtlichen Verlautbarungen der Deutschen Bischofskonferenz und in Hirtenbriefen ist fast durchgängig eine Reduktion des Politischen auf kulturpolitische Fragen festzustellen. Nur zögernd überwand man die Konzeption der »Katholischen Aktion« mit kirchlichen Gruppierungen und Verbänden als dem verlängerten Arm der Hierarchie. Der mühselige Weg zu einem angemessenen Verhältnis zur

---

5 Vgl. dazu H. Schmidt (Hg.), Gesellschaftliche Herausforderung des Christentums (1970) pass.

6 Vgl. K. A. Odin, Die Denkschriften der EKD. Texte und Kommentare (1966).

demokratischen Lebens-, Staats- und Gesellschaftsform ist durch die Absage des Konzils an die eher macht- als sachpolitisch orientierte und weltanschaulich verbrämte Einmütigkeit der katholischen Kirche in politischen Fragen zwar gewiesen, das Ziel aber aufs Ganze gesehen noch nicht erreicht. Als Beispiele für eine größere Eigenständigkeit seien die Katholische Arbeitnehmer-Bewegung (KAB) und die Jungen Christlichen Arbeitnehmer (CAJ) genannt. Schon seit längerer Zeit haben die Zentrale und einige Diözesanstellen der deutschen Sektion der internationalen katholischen Friedensbewegung »Pax Christi« eine kritische und gesellschaftspolitisch orientierte Position bezogen. Die Katholische Deutsche Studenten-Einigung (KDSE) hat bis zum März 1973, als ihr durch die Deutsche Bischofskonferenz die materielle Basis entzogen wurde, besonders akzentuierte und engagierte Initiativen entwickelt. Unter dem Aspekt der Öffentlichkeitsbeachtung dürfte eine der zZ. bedeutsamsten Gruppen im deutschen Katholizismus der »Bensberger Kreis« sein, der, finanziell und parteilich unabhängig, mit Stellungnahmen zu politischen und kirchlichen Problemen aktuelle Fragen aufgreift, die nach seiner Meinung nicht oder zu wenig bedacht werden. Ohne Zweifel ist das Bewußtsein der Mitverantwortung für Frieden und Gerechtigkeit in der Welt bei Katholiken gewachsen. Es zeigt sich u.a. in den Hilfswerken Misereor und Adveniat, über deren Projektfinanzierung zunehmend mehr unter gesellschaftspolitischen und strukturverändernden als unter karitativen Gesichtspunkten entschieden wird[7].

Die Deutsche Bischofskonferenz hat 1969 die Dienstfunktion der Kirche in ihrem Verhältnis zur Gesellschaft betont und gleichzeitig den Anspruch erhoben, daß die Kirche den Gruppeninteressen gegenüber das Gesamtinteresse der Gesellschaft vertrete. Dieser Anspruch ist zwar durch die kirchliche Praxis (noch) nicht gedeckt und stößt verständlicherweise mancherorts auf Skepsis, doch könnte und müßte gerade hier eine der großen Aufgaben für die Zukunft liegen. Denn daß die pluralistische Gesellschaft angesichts der tendenziellen ideologischen Monopolisierung des Gemeinwohls durch partikuläre Gruppen (Herrschaft der Mehrheitspartei über den Staat, Herrschaft der Verbände über die Parteien) eines Hüters des Gemeinwohls bedarf, scheint kaum zweifelhaft. Ob die Kirchen diese Funktion wahrzunehmen vermögen, muß ihre künftige Praxis erweisen.

---

7 Vgl. E. G. Mahrenholz, Die Kirchen in der Gesellschaft der Bundesrepublik ([2]1972) 61 ff.

2. *Elemente einer theologischen Grundlegung der politischen Diakonie*

a. Erlösung und Befreiung

Mit Recht wird darauf verwiesen, daß weder Jesus noch die Urgemeinde unmittelbar politisch geredet oder gehandelt haben. Doch wird man anderseits nicht bestreiten können, daß Botschaft und Praxis Jesu wie zuvor die der Propheten eine zumindest indirekte und latent emanzipatorische Kraft und Tendenz enthielten[8]. Ohne daß »Befreiung« und »Erlösung« identifiziert werden (dürfen), gilt doch, daß Erlösung, die sich nicht innerweltlich anzeigt und wenigstens partiell auszeitigt, zumindest spiritualistisch mißverstanden werden kann. Sinn, Selbstverständnis und auch Anspruch der Kirche Jesu Christi sind mit ihrem Zeichencharakter unlösbar verbunden. Zeichen aber müssen nicht nur erkennbar und verständlich sein, sie bedürfen auch der Glaubwürdigkeit, um ihre Funktion erfüllen zu können.

b. Impulse zur politischen Diakonie

Politische Diakonie wird ermöglicht und gefordert aufgrund des Glaubens an Gott, der die Welt liebt und niemanden von seiner Liebe ausschließt. Sie empfängt ihren Impuls von der Reich-Gottes-Botschaft und versucht, die Verheißung des Reiches unter den Bedingungen der gegenwärtigen Gesellschaft zu realisieren. Dabei können auch inhaltliche Kriterien von der Reich-Gottes-Botschaft her entwickelt werden. Denn angesichts dieser Botschaft und der damit gegebenen Hoffnung auf Vollendung wird immer ein auf Zukunft hin zu überwindendes Defizit zwischen dieser Hoffnung und dem jeweils Erreichten verbleiben. Diese Hoffnung ist nie einholbar und der damit gegebene Stachel, auf eine umfassendere Menschlichkeit hinzuarbeiten, nie überflüssig. Wenn bisher mit zunehmendem technischen und wissenschaftlichen Fortschritt, ohne den die Menschheit nicht mehr zu existieren vermag, die menschlichen Probleme nicht geringer geworden sind, so ist für die Zukunft mit Sicherheit nichts anderes zu erwarten.

c. Diakonie als Nachfolge

Verstand man unter Diakonie früher den eines Mannes nicht würdigen (Tisch-)Dienst oder die Verrichtung von Sklavenarbeit, so könnte sie heute zu fassen sein als »Zur-Verfügung-stehen« oder »Sich-in-

---

8 Vgl. W.-D. Marsch, Demokratie als christlich-ethisches Prinzip, in: ders. (Hg.), Die Freiheit planen. Christlicher Glaube und demokratisches Bewußtsein (1971) 202 f.

Dienst-nehmen-lassen«. Im christlichen Verständnis ist sie von Kenosis – Selbstentäußerung – nicht zu trennen und schließt die von Jesus vollzogene und geforderte Umkehrung menschlicher Herrschafts- und Dienstordnungen ein (vgl. Mk 10,45). Das »Beispiel« Jesu (vgl. Joh 13,15) ist der einzig legitime Maßstab für die christliche und kirchliche Existenz. Diakonie des Christen und der Kirche ist die allein mögliche Antwort auf den, der »sich selbst entäußert« hat. Sie ist darum nicht beliebig annehmbar oder abzulehnen. Dabei geht es nicht primär um das Errreichen bestimmter Erfolge, weder im privaten noch im öffentlichen Bereich, sondern um »Nachfolge«. In der Solidarität mit der Welt, mit der Gegenwart, mit der Not wird Jesus Christus bezeugt, und die Art und Weise des Zeugnisses wird bestimmt durch die jeweiligen Umstände.

d. Die politische Dimension der Diakonie

So unabdingbar die Forderungen des Evangeliums nach Freiheit, Brüderlichkeit, Gerechtigkeit usw. an den Einzelnen gerichtet sind und bleiben, so wahr ist, daß Freiheit, Brüderlichkeit, Gerechtigkeit usw. heute politisch dimensioniert sein müssen. Politische Diakonie ist das Ergebnis der Einsicht, daß Engagement und Hilfe heute in einem bisher nicht gekannten Maß gefordert sind und daß diese Hilfe weder den unzähligen Einzelnen unmittelbar gelten kann noch von Einzelnen oder von kleinen Gruppen im erforderlichen Ausmaß zu leisten ist. Es geht nicht mehr darum, dem unter die Räuber gefallenen Individuum einfach zu helfen – das auch! –, sondern darum, daß die »Straße von Jerusalem nach Jericho« gesichert wird und Ausplünderungen möglichst nicht mehr stattfinden. Darum sind die verschiedenen Bilder des Dienstes (der Liebesdienst des Samariters, der Dienst des treuen Verwalters, das Wachen der wartenden Knechte und Jungfrauen, das Suchen nach dem Verlorenen) umfassender zu deuten als es bisher in der Regel der Fall war.

e. Schalom als Horizont der politischen Diakonie

Der Horizont der Politischen Diakonie ist mit dem Begriff »Schalom« angezeigt: Inbegriff des Friedens und der Gerechtigkeit, eines umfassenden Wohlergehens, der Gemeinschaft, der Versöhnung und der Wahrheit. Die (wenn auch notwendigerweise bruchstückhafte) Antizipation des erhofften zukünftigen »Schalom« ermöglicht eine zugleich zukunftsorientierte wie gegenwartsbezogene Formulierung von Zielvorstellungen eines christlichen weltbezogenen Handelns. Die politische Dimension zentraler Inhalte der biblisch-christlichen Botschaft

(Heil, Friede, Versöhnung usw.) schließt, auch wenn das nicht immer mit der nötigen Schärfe gesehen wurde, eine Beschränkung dieser Inhalte auf den Bereich des Innerlichen und Privaten aus.

f. Politische Diakonie als Antwort auf die Strukturen der modernen Weltgesellschaft

Die sich anbahnende Einsicht in die Notwendigkeit einer politischen Diakonie der Kirchen ist nicht einfach als eine Ausweitung der (eher privaten) Caritas zu sehen, die auch die komplizierten gesellschaftlichen Gefüge als Wege zum Menschen nutzt. Politische Diakonie ist vielmehr das Ergebnis der Frage nach den Ursachen und Bedingungen der Not des Menschen und der von daher sich ergebenden Frage nach jenen Strukturen, die Not produzieren, begünstigen und aufrechterhalten und entsprechend der Frage nach möglichen Änderungen dieser Strukturen. Sie ist ferner eine Folge der Erkenntnis, daß auch das Gesellschaftsgefüge nicht ein einmalig zu schaffendes und dann lediglich zu erhaltendes Gebilde darstellt, sondern daß stets neu um das Gleichgewicht zwischen Person und Gesellschaft, Freiheit und Ordnung gerungen werden muß, damit eine künftige Gesellschaft als eine humane Gesellschaft ermöglicht wird. Auch die Kirchen haben die Verantwortung für eine zukünftige Geschichte zu übernehmen, die, soll sie sinnvoll sein, humanes Leben zu gewährleisten hat. Zwar ist Kirche als Kirche nicht kompetent noch hat sie die Macht, Zukunftsplanungen zu entwickeln und zu realisieren, aber sie kann einen Teil jener moralischen und geistigen Energien freisetzen, deren die Welt zur Lösung ihrer Probleme bedarf. Dazu gehört auch, daß die Universalität des Evangeliums und damit auch die universale Verantwortung neu erkannt werden.

g. Politische Diakonie als Teil des Selbstvollzugs der Kirche

Angesichts der Herausforderung durch die Weltlage und unter dem Horizont der von der »Politischen Theologie« neu in die Diskussion gebrachten Eschatologie, des universalen Heilshandelns Gottes und dem damit gegebenen Auftrag, den Glauben unter den Bedingungen der geschichtlichen Stunde zu realisieren, ist politische Diakonie keine Sache der Beliebigkeit. Politische Diakonie ist die angemessene Antwort auf die Gegenwartssituation und Teil des Selbstvollzugs der Kirche, die sich im Nachvollzug des »Für-euch-und-für-alle« an Engagement, Phantasie und Zähigkeit von keiner anderen Gruppe übertreffen lassen dürfte.

h. Ziele einer politischen Diakonie

Aus dem Gesagten ergibt sich, daß »Politische Diakonie« nicht die Verzweckung der Kirche auf vorprogrammierte Ziele meint, auch nicht die Förderung oder Unterstützung einer politischen Gruppe oder bestimmter politischer Verhältnisse, nicht einmal die Anwendung oder Durchsetzung sog. »christlicher Grundsätze« im Sinne einer lediglich anzuwendenden Theorie. Sie beabsichtigt auch nicht eine unvermittelte Umsetzung von Glaubensaussagen in politische Handlungsanweisungen und damit eine Neuauflage des »Politischen Katholizismus«. Sie zielt – im Sinne eines neuzeitlichen Verständnisses des Polischen, das jenen öffentlichen Lebensbereich, in dem sich die Interessen der staatlichen Institutionen artikulieren, von dem anderen öffentlich-gesellschaftlichen Bereich unterscheidet, in dem demokratisch die Freiheit des einzelnen und aller Menschen vermittelt und realisiert wird – auf Herstellung jener politischen Voraussetzungen, unter denen kritische Vernunft, Aufklärung und Freiheit realisiert werden können. Eine praktisch handlungsorientierte Theologie muß sich mit den jeweils bestehenden gesellschaftlichen Verhältnissen auseinandersetzen und sie daraufhin prüfen, ob in ihnen die Möglichkeit garantiert ist, das Wohl des Menschen zu realisieren, eine Aufgabe, die für den Christen kraft des Gesetzes der Nächstenliebe mit der Sorge um das Heil untrennbar verbunden ist. Das führt sowohl zur Kritik an den jeweiligen Verhältnissen als auch zur Aktivierung von Kräften, die eine Wandlung der kritisierten Verhältnisse herbeiführen (können).

i. Zum Verhältnis von Amt und Fraktionen

Solche Kritik und Freisetzung kann in der Regel nicht Sache der Kirche als ganzer sein. In der immer mehr sich differenzierenden Weltsituation leiden kirchliche Äußerungen zu Fragen des gesellschaftlichen und politischen Lebens an dem Dilemma, entweder abstrakt-prinzipiell zu bleiben (und darum praktisch überall und nirgends zu treffen), oder aber so konkret zu werden, daß sie günstigstenfalls an *einer* Stelle zutreffen. Der Zwang, Situationen zu beurteilen, führt in der Regel zu unterschiedlichen Analysen, Einschätzungen, Stellungnahmen und Lösungsvorschlägen sowohl dem Inhalt nach als auch hinsichtlich der Prioritäten. Je nach Schwierigkeitsgrad und Gewichtigkeit der anstehenden Probleme können unterschiedliche Stellungnahmen bis zur Polarisierung und Konfrontation der verschiedenen Gruppen führen. Die vom kirchlichen Amt gefällten Entscheidungen oder vorgelegten Weisungen im politisch-gesellschaftlichen Bereich können weder jenes Maß an Verbindlichkeit beanspruchen, das den Äußerungen des Lehramts in Fragen des Glaubens zukommt, noch ist dem Amt von der Sache her eine größere Kompetenz für die analytische Erfassung politischer Situationen zuzuerkennen, die über die Zuständigkeit anderer Menschen und Gruppen hinausginge. Hier zählen nur Argumente und nicht eine in Anspruch genommene Autorität. Damit erhebt sich die Forderung nach Gruppen- oder Fraktionsbildung innerhalb der Kirche(n), die in je eigener Verantwortung ihre Arbeit betreiben. Dem Amt, das dadurch auch eine Entlastung nicht nur quantitativer Art erfahren würde, käme dabei die Aufgabe zu, über die Wahrung der »Sache Jesu« ebenso zu wachen wie über die Einhaltung der Liebe beim notwendigen Sachstreit der Brüder. Die mit einer Fraktionsbildung verbundenen Gefahren sind nicht zu übersehen, doch abgesehen davon, daß es angesichts der Vielfalt der Probleme, der beschränkten Möglichkeiten der Amtsträger und der jeweils anderen Kompetenz der einzelnen Christen kaum einen anderen Weg zur Problemlösung gibt, sollte das Vertrauen in das Wirken des Geistes und zu den engagierten »Brüdern« stärker sein als diese oder jene Befürchtung[9].

k. Politische Diakonie in der gegenwärtigen Theologie

Die bisherigen Vorlagen oder Entwürfe zu einer »Politischen Diakonie« lassen unterschiedliche Ansätze erkennen. Für H. Cox realisiert sich das Reich Gottes in einer humaneren menschlichen Gesellschaft[10]; R. Shaull erfährt es einerseits als Motivation des Handelns, anderseits sieht er in jeder neuen Gemeinschaftsbildung einen Hinweis auf das Reich, auf das der Mensch sich hinbewegt und an dem er jetzt schon partiell teilhat; J. Moltmann wiederum faßt das Reich Gottes und die Hoffnung darauf sowohl als Erwartungshorizont und Motivation als auch als Kriterium eines zukunftsorientierten und auf Veränderung des Bestehenden gerichteten Handelns aus dem Geist Jesu Christi; H. Gollwitzer erkennt im Reich Gottes eine Anleitung zum Leben in der Freiheit und der Liebe[11]. Alle diese Aspekte brauchen sich nicht auszuschließen, sie durchdringen und ergänzen einander. Auf katholischer Seite ist es vor allem J. B. Metz, der aufgrund eines neuen Theorie-Praxis-Verhältnisses die Theologie als handlungsorientiert aufzuweisen und den der neutestamentlichen Botschaft innewohnenden Öffentlichkeitsbezug unter Berücksichtigung der Situation der aufgeklärten und säkularisierten Gesellschaft neu zu reflektieren versucht[12].

---

9 Zum Thema Parteibildung vgl. die Beiträge in: Concilium 9 (1973) 525–601.

10 Vgl. H. Cox, Stadt ohne Gott? ([4]1968) pass.

11 E. Feil/R. Weth, Diskussion zur »Theologie der Revolution« (1969) 29 ff., 65 ff., 41 ff.

12 Vgl. J. B. Metz, Politische Theologie, in: SM III, 1232–1240.

3. Voraussetzungen und mögliche Formen einer politischen Diakonie

a. Entwicklung einer Kairologie

Unabdingbare Voraussetzung (die ihrerseits allerdings weithin erst einmal zu schaffen ist) jeglicher politischen Diakonie ist ein strenges Ernstnehmen der Zeit als einer jüdisch-christlichen Grundkategorie, in der der Mensch nicht als zeitüberlegenes Geistwesen verstanden wird, das im Grunde Zeit und Geschichte als Akzidens erachtet oder lediglich als Material zur Selbstauslegung und -findung verwertet oder als bloße »Vorbereitungszeit« versteht, sondern als in Zeit und Geschichte gerufenes Freiheitswesen, das den Kairos als die nur hier und jetzt ihn beanspruchende geschichtliche Situation zu erkennen und sich ihr zu stellen hat. Erst dann wird der volle Ernst menschlicher Existenz mit ihrer Einmaligkeit und Unwiederholbarkeit deutlich, aber auch die Unwiederbringlichkeit des aufgrund von Nachlässigkeit, Trägheit, Blindheit usw. Versäumten. Politische Diakonie macht die Entwicklung einer Kairologie ebenso erforderlich wie die Befähigung zum Erfassen von Situationen und zur Entwicklung jener Qualifikationen, die zur angemessenen Antwort auf die Situationen verhelfen.

b. Förderung des Demokratieverständnisses

Als die heute gegebene Möglichkeit, die Menschlichkeit des Menschen zu erreichen und zu sichern, ist Demokratie nicht nur eine zufällige geschichtliche Erscheinungsform sozialen Lebens, die man zur Kenntnis nehmen oder lediglich taktisch als günstiges Instrument zur Wahrung kirchlicher Interessen gebrauchen könnte. Sie ist als die unter den Bedingungen der gegenwärtigen Weltsituation allein zumutbare gesellschaftlich-staatliche Lebensform anzunehmen oder zu realisieren, weil sie der Personalität und Würde des Menschen am ehesten angemessen ist und zudem dem Geist des Evangeliums heute näher steht als andere Lebensformen. Das ambivalente Verhältnis zumal der Katholiken zum modernen Freiheitsgedanken und die innere Affinität der katholischen Kirche zu autoritären Regimen – beides kaum dogmatisch, um so mehr durch herrschende Lehrmeinungen begründet – ist zugunsten eines unbedingten Respekts vor der Entscheidungsfreiheit des Einzelnen und durch das Eintreten für Ordnungen und Strukturen, die das Miteinander mündiger Menschen ermöglichen, zu überwinden. Das gilt nicht nur für Postulate nach außen, sondern ebenso für Maßnahmen im innerkirchlichen Bereich.

c. Dienst am Menschen

Wie jede Art des Gemeinschaftslebens ist auch die Demokratie abhängig vom Grad der Reife der Beteiligten. Hier zu wirken erscheint als eine vorrangige Aufgabe politischer Diakonie. Wenn die direkte Veränderung der Verhältnisse nicht primäre Aufgabe der Kirchen ist, so doch um so mehr die Änderung des Bewußtseins, die der erstgenannten Veränderung parallel verlaufen muß, soll diese nicht unwirksam bleiben. Mag man von einer therapeutischen (Teil-)Funktion der Kirchen reden: solange es um den Menschen geht, darf diesem Wort keinerlei abwertende Bedeutung beigemessen werden. Denn es gibt zahlreiche soziale Defekte, die organisatorisch nicht gelöst werden können, die aber um des Menschen willen nicht übersehen werden dürfen. Jenen, die sich diesen Aufgaben zuwenden, darf man nicht eine willentlich oder unwissentlich systemstabilisierende Funktion unterschieben. Selbst dann, wenn durch solche Arbeit systemgefährdende Konflikte entschärft oder revolutionäre Entwicklungen gebremst werden sollten, müßte man sich die Frage stellen (lassen), ob es rechtens ist, Menschen einem (auch an sich vielleicht wünschenswerten) Ziel zu opfern. Auch an dieser Stelle wird sich zeigen müssen, ob der konkrete, jetzt lebende und leidende Mensch mehr zählt als eine Idee oder als eine erhoffte neue Menschheit.

d. Die besondere Funktion der Kirche in der Gesellschaft

Allein die Tatsache, daß es Gruppen in der Gesellschaft gibt und nicht einfachhin *die* Gesellschaft, weist auf unterschiedliche Ziele, Orientierungen und Interessen hin, die miteinander im Konflikt liegen (können), die zumindest nicht von vornherein auf einen Nenner zu bringen sind. Die damit gegebenen Ungleichheiten und Spannungen sind ehrlich zuzugestehen und offen auszutragen. Wenn die Kirche auch als *eine* Gruppe der Gesellschaft zu sehen ist, so hat sie doch aufgrund ihres Selbstverständnisses und ihres Auftrages eine besondere Funktion: Parteilichkeit und Solidarität mit Benachteiligung aller Art; Kritik an jeglicher Art von Absolutsetzung (Nation, Rasse, Klasse, -ismen); Entschiedenheit und Fairneß bei Auseinandersetzungen. Dabei gelten für die Kirchen strengere Maßstäbe als für andere Gruppen wegen des von ihnen selbst proklamierten Evangeliums, und zwar um der Welt als auch um ihrer selbst willen.

e. Konfliktbewältigung

Eine Folge der Organisations-, Rechts- und Führungsstruktur der katholischen Kirche ist die wenig entwickelte Fähigkeit zu rationalem Konfliktverhalten. Noch immer werden Konflikte in der Kirche nicht als Lebenselement, sondern vorwiegend als Störvorgänge, wenn nicht gar als systemzerreißende Kräfte verstanden. In einer Welt voller und sich mehrender Konflikte weist die Kirche sich aber nicht dadurch als vermittelnde Instanz aus, daß sie eine Vielzahl von Appellen an die Welt richtet, sondern durch den Ernst, mit dem Techniken der Konfliktbewältigung eingeübt und die dafür erforderlichen Voraussetzungen geschaffen werden. Dazu zählt eine intensivere Kommunikation ebenso wie die Förderung der Emanzipation, die ihrerseits ohne mehr Bildung, Rationalität und Aufklärung nicht denkbar ist[13].

f. Die Herausforderung durch den Pluralismus

Gerade jene Gruppe, die wie kaum eine andere an ein (dogmatisches) Bekenntnis gebunden ist und die – berechtigt oder unberechtigt – im Ruf besonderer Unduldsamkeit steht, könnte durch ihre Praxis dartun, wie trotz eines verbindlichen Bekenntnisses Freiheit und Toleranz, Brüderlichkeit und eine Vielfalt von Ausprägungen möglich sind. Sie könnte sich dadurch nicht nur als Sachwalterin der Freiheit erweisen, sie könnte dadurch auch in einer Zeit zunehmender Polarisierung den Weg zur Überwindung fruchtloser Konfrontationen aufweisen. Wenn Pluralismus zwar allerorten behauptet und gefordert wird und doch immer mehr Anzeichen auf eine zunehmende dogmatische Verhärtung deuten, sollten Kirchen und Gemeinden ein Beispiel dafür geben, wie Einheit in Verschiedenheit gelebt werden kann und wie Auseinandersetzungen über die Realisierungen von Gerechtigkeit, Friede und Freiheit wahrhaftig (das schließt Kritikfähigkeit gegenüber der eigenen Geschichte ein) ohne Verletzung des Andersdenkenden auszutragen sind.

g. Weitere Aufgabenbereiche

Es sieht so aus, als seien Menschen vielerorts unfähig und müde, Demokratie zu praktizieren, weil die Kompliziertheit der Probleme und der Zwang zur Wachheit wie zur Dauerreflexion sie überfordern, weil sie anfällig sind für Selbstsucht und Korruption, Unsachlichkeit und

---

13 Vgl. I. Hermann, Konflikte und Konfliktlösungen in der Kirche, in: Concilium 8 (1972) 206–212.

Machthunger. Hier eröffnet sich ein weites Feld für politische Diakonie, die sich mehr oder weniger unmittelbar aus dem Evangelium ergibt und ein Eingehen auf die »Zeichen der Zeit« oder die »Absicht Gottes« bedeutet[14]. Außer den schon genannten Möglichkeiten für eine politische Diakonie gilt es u.a. folgende Problemfelder und Aufgabenbereiche um der vom Menschen zu verantwortenden Zukunft willen anzugehen: Kooperation mit Andersdenkenden; Einsatz für Minderheiten und Schwächere, die sich nicht selbst vertreten können; Mut zum Experiment; Entlarvung der Eigentumsideologie; Entwicklung von Alternativen zum kleinbürgerlichen Verhaltenskodex; Vorliebe für die Unbequemen und Fragenden, die um der Sache willen streiten; Annahme von Krisen als Herausforderung, statt sie zum Anlaß für Lamentationen zu nehmen; nicht zuletzt die Bildung von Gruppen, die sich am Geist und Verhalten Jesu orientieren und eine kritische Distanz zu den herrschenden Meinungen, ein aufgeklärtes Bewußtsein und Widerstandskraft gegenüber allen Manipulationen durch Großverbände ermöglichen.

4. *Eine Anfrage im Angesicht des Todes*

Kurz vor seinem Tod schrieb P. A. Delp im Gefängnis: »Das Schicksal der Kirchen wird in der kommenden Zeit nicht von dem abhängen, was ihre Prälaten und führenden Instanzen an Klugheit, Gescheitheit, ›politischen Fähigkeiten‹ usw. aufbringen. Auch nicht von den ›Positionen‹, die sich Menschen aus ihrer Mitte erringen konnten. Das alles ist überholt ... Von zwei Sachverhalten wird es abhängen, ob die Kirche noch einmal einen Weg zum Menschen finden wird ... Der eine Sachverhalt meint die Rückkehr der Kirchen in die ›Diakonie‹ ..., und zwar in einen Dienst, den die Not der Menschheit bestimmt, nicht unser Geschmack oder das Consuetudinarium einer noch so bewährten kirchlichen Gemeinschaft. ›Der Menschensohn ist nicht gekommen, sich bedienen zu lassen, sondern zu dienen.‹ Man muß nur die verschiedenen Realitäten kirchlicher Existenz einmal unter dieses Gesetz rufen und an dieser Aussage messen, und man weiß eigentlich genug. Es wird kein Mensch an die Botschaft vom Heil und vom Heiland glauben, solange wir uns nicht blutig geschunden haben im Dienst des physisch, psychisch, wirtschaftlich, sittlich oder sonstwie kranken Menschen«[15]

14 Vaticanum II, Die Pastoralkonstitution über die Kirche in der Welt von heute »Gaudium et Spes« n. 4; n. 11.

15 A. Delp, Im Angesicht des Todes (^{5}1956) 138 ff.

3 | 10 Traugott Stählin
Öffentlichkeitsarbeit und Massenkommunikation

1. *Aspekte des Verhältnisses von Weltöffentlichkeit und Kirche*

a. Öffentlichkeitsarbeit und Gettogefahr

Das Wirken der Kirche ist seinem Wesen nach öffentlich; Öffentlichkeit ist konstitutiv für seine Wirkung. Wirken und Wirkung sind in ihrer Öffentlichkeit begründet im universalen Zuspruch und Anspruch der eschatologischen Selbstmitteilung Gottes im Alten und Neuen Testament[1]. Die Mitte der Öffentlichkeit ist Person und Wort Jesu, sie setzt keine Grenzen und läßt sich keine Grenzen setzen. Das »Zeugnis vor grundsätzlich unbegrenztem Forum (ist) die charakteristische Form christlichen Wortes ... Die eminente Öffentlichkeit und die damit sich einstellende Geschichtlichkeit ist die Folge des Wahrheitsverständnisses christlichen Wortes«[2]. Universal ist Zuspruch und Anspruch Gottes und damit der Auftrag der Kirche, partiell ist ihr tatsächlicher Kontakt. Der partielle Kontakt, wird er nicht durch die Antriebskräfte des universalen Auftrags überschritten und relativiert, birgt in sich die Gefahr der Gettobildung. Sektiererische Orthodoxie und ängstlicher Separatismus sind als Bauelemente kirchlicher Gettos Gegenkräfte christlicher Öffentlichkeitsarbeit. Der Prozeß der Arbeit der Kirche in der Öffentlichkeit hat erst begonnen; denn, was P. Cornehl im Blick auf den veranstalteten Gottesdienst sagt, trifft auf die Arbeit der Kirche im umfassenden Sinn zu: »Die Herstellung der Öffentlichkeit steht ... noch bevor.«[3] Nur scheinbar einfach, tatsächlich aber voller Spannung und Explosivkraft ist die Feststellung: Die unbewältigte Öffentlichkeit ist das zentrale Problem der Öffentlichkeitsarbeit der Kirche. Es geht nicht um einen gängigen, unreflektierten Welt- und Öffentlichkeitsenthusiasmus, sondern um einen notwendigen, harten und verheißungsvollen Prozeß. K. Barth hat die Geschichte

---

1 Zur Öffentlichkeit des Heils im AT vgl. Jes 2; zur Universalität des Evangeliums im NT: Universalität der Liebe (Joh 3,16), der Erkenntnis (1 Tim 2,4), der Diakonie (Mt 20,28), der Lehre und Taufe und des Wirkens der Jünger (Mt 28,19; 5,13 u. 14).

2 G. Ebeling, Lebensangst und Glaubensanfechtung, in: ZThK 70 (1973) 96.

3 P. Cornehl, Öffentlicher Gottesdienst. Zum Strukturwandel der Liturgie, in: P. Cornehl / H.-E. Bahr (Hg.), Gottesdienst und Öffentlichkeit (1970) 121.

der Kirche in der Neuzeit als die Geschichte des »Aufbruchs der Kirche in die Welt« gekennzeichnet[4]. Die Kirche wird nicht schon dadurch qualitativ öffentlich, daß sie an die Rampen der Weltöffentlichkeit tritt, sondern erst dadurch, daß sie in den Zusammenhang der neuzeitlichen Welt und ihrer Öffentlichkeitsprozesse eintritt. Dem Denkprozeß einer »Theologie der Welt« entspricht der Kommunikationsprozeß im Öffentlichwerden der Kirche[5]. Die theologische Definition der Öffentlichkeit korrespondiert der Theorie der Kirche. In Jesus von Nazareth ist die Öffentlichkeit von Welt und Kirche definiert. Ohne ihn enden alle Prozesse der res publica und der res christiana in Gewaltsystem oder Gettoexistenz.

b. Rechtlich-körperschaftliche und diakonische Weise der Öffentlichkeit der Kirche

Die Tatsache, daß Kirchen rechtlich-körperschaftlich verfaßt sind, steht *als solche* dem Kommunikationsprozeß zwischen Kirche und Welt nicht entgegen. Nur birgt die rechtlich fixierte Weise des Öffentlichseins der Kirche die ständige Gefahr in sich, an der *Selbstreproduktion* des öffentlich-rechtlichen Bestandes und an den Überlebensinteressen mehr orientiert zu sein als am Wagnis neuer Kommunikationsformen und am *diakonischen Einsatz*[6]. Sicher gilt es, spiritualistischer Illusion zu wehren und Institution und Körperschaft in ihren positiven Zügen nicht zu verkennen, aber es darf dabei keinesfalls übersehen werden, daß körperschaftliche und diakonische Weise der Öffentlichkeit immer wieder im Spannungsverhältnis zueinander stehen. Die Wurzeln dieses Spannungsverhältnisses gehen tief. Sie reichen bis ins Autoritätssystem der spätantiken Gesellschaft, das in der Kirche auf einer sakralrechtlichen Linie übernommen wurde, »die Macht in juristischen Kategorien als Weihegewalt des priesterlichen Amtes definiert, kraft deren die Elemente Brot und Wein zum gültigen Meßopfer konsekriert werden«[7]. Im frühen Mittelalter wird in der Folge Öffentlichkeit in ihrem Wesenskern sakramentale Öffentlichkeit. Dem Ausschluß der Laien vom eigentlichen Mitvollzug im Gottesdienst »entspricht ein Geheimnis im inneren Zirkel der Öffentlichkeit: sie basiert auf einem Arkanum; Messe und Bibel werden lateinisch, nicht in der Sprache des

---

4 Barth, KD IV/3, 1, 18.

5 Vgl. zum Gesamtzusammenhang: J. B. Metz, Zur Theologie der Welt (1968) und T. Rendtorff, Theorie des Christentums (1972).

6 Nach W. Jetter muß die Kirche »das Kunststück zuwege bringen, ihre Begriffe, Erfahrungen und Institutionen zugleich zu bewahren und zu verflüchtigen«. (W. Jetter, Was wird aus der Kirche? [1968] 53.)

7 Cornehl, 148.

Volkes gelesen«[8]. Es wäre eine Selbsttäuschung der reformatorischen Kirchen, wenn sie sich in ihrem Amts- und Institutionsverständnis dieser geschichtlich gewachsenen Struktur enthoben sähen. Die oft so verhängnisvollen Spannungen zwischen körperschaftlich-autoritärer und diakonischer Öffentlichkeit der Kirche sind ein ökumenisches Problem: sie charakterisieren eine negative Ökumene, die beträchtliches Ausmaß hat. Die gesamtgesellschaftliche Kommunikation ihrem diakonischen Auftrag gemäß verbessern zu wollen, wird den Kirchen nicht gelingen, solange ihre innerkirchliche Öffentlichkeit – bis hin zu ihrem Kern: dem Gottesdienst – unter erheblichen Kommunikationsbarrieren leidet. Wenn die Kirche gegen den Krankheitsherd der Kommunikationslosigkeit und Unmenschlichkeit vorgehen will, muß sie zuerst den Kampf gegen die eigene innerkirchliche Inhumanität und Kommunikationserstarrung aufnehmen. *Öffentliche* ist zugleich *selbstkritische* Seelsorge oder sie ist keine Seelsorge. Dazu gehört vor allem die kritische *Unterscheidung* zwischen den Ansprüchen (zB. als öffentlichrechtliche Körperschaft) in der Öffentlichkeit und dem geistlichen Auftrag an die Öffentlichkeit. Wird hier nicht klar unterschieden, entsteht das öffentliche Ärgernis jener »Prälatenmentalität«, die den göttlichen Auftrag außerhalb der Regeln innergesellschaftlicher Auseinandersetzung durchführen will, sich über alle Partner wegzusetzen sucht und so nur erreicht, daß der diakonische Öffentlichkeitsdienst zum ideologischen Machtanspruch pervertiert wird. In diesem Zusammenhang ist es wichtig, festzustellen, daß die Berichte über die Öffentlichkeit Jesu wesentlich Passionsberichte sind. Leiden und Tod Jesu schließen niemanden aus und sind diakonische Öffentlichkeit im Vollsinn des Wortes. In der Folge und Nachfolge Jesu ist Öffentlichkeitsbewußtsein der Kirche primär Leidensbewußtsein. Der schwarze amerikanische Dichter J. Baldwin bezeichnet deshalb ein wesentliches Ziel der Öffentlichkeitsarbeit der Kirche, wenn er sagt: »Wir müssen so weit kommen, daß alle Menschen bemerken, daß jeder Mensch hungrig ist, wenn ein Mensch hungert.«[9]

c. Zum Verhältnis von Kommunikationswissenschaft und praktisch-theologischer Zielrichtung

In der vielschichtigen Kommunikationswirklichkeit ist es eine zentrale, in die Tiefe der heutigen Kommunikationseuphorie und -misere reichende Zielsetzung, die die Praktische Theologie der Kirche in ihrer Öffentlichkeitsarbeit nahelegen muß: *aufzuspüren und aufzudecken,*

---

8 J. Habermas, Strukturwandel der Öffentlichkeit (^{5}1971) 22.

9 J. Baldwin / M. Mead, A Rap on Race (New York 1971) 148.

wo gelitten wird. Hier vor allem – so einleuchtend oder verführerisch andere Zielvorstellungen und Projekte sein mögen – ist die Mitte des »Öffentlichkeitssensoriums«[10], das die Kirche heute neu entwickeln muß. Zwar muß sie »ihren ›Text‹ des Glaubens als ›Kontext‹ im Verkehr der Erfahrungswissenschaften zwischen Lebewesen und Maschinen riskieren«[11], aber vor allem muß sie sich selbst riskieren, indem sie Ohnmacht und Macht Gottes als Leidensannahme und -überwindung Jesu in die Auseinandersetzungen der Kommunikationstheorien einbringt. Hier in erster Linie muß die Kirche kommunikativ vorbereitete Interaktionen initiieren. In der Theorie- und Praxislosigkeit in dieser zentralen Hinsicht liegt ein neuralgischer Punkt, der die Situation schafft und gleichzeitig charakterisiert, »in der viele Theologen nicht mehr von Innovationen der historischen Substanz der Theologie eine Fortführung theologischer Arbeit erwarten, sondern Interventionen von außen herbeiführen möchten«[12]. Die Kirche arbeitet und kommuniziert darin öffentlich, daß sie die öffentliche Meinung für die Unterprivilegierten und Leidenden mobilisiert – auch für die kleinste unterprivilegierte Minderheit: den einzelnen. Damit würde der Begriff »öffentliche Meinung« zu dem werden, was er ursprünglich war: ein Kampfbegriff (im vorrevolutionären Frankreich, in dem er den politischen Anspruch des unterdrückten Bürgertums gegenüber den herrschenden Mächten bezeichnete)[13]. Das bedeutet zugleich den Kampf gegen die »Antistruktur« von Kommunikation, die durch Befehl und Gehorsam gekennzeichnet ist[14]. In solcher Öffentlichkeitsarbeit wird Theologie und Praxis kaum einem bloßen Positivismus und Pragmatismus verfallen können, weil die diakonisch-gesellschaftspolitische Zielrichtung konsequent berücksichtigt bleibt[15].

In der Verwirklichung dieser Zielrichtung kann die Kirche von einem Forschungsbereich besondere Hilfe in der Auseinandersetzung mit den Kommunikationswiderständen erfahren: der Selektionsforschung. Diese untersucht vor allem die Einstellungen des Rezipienten und die Widerstände gegen Veränderungen seiner Einstellungen. Die

10 Vgl. Jetter, 131.

11 H.-D. Bastian, Kommunikation (1972) 10.

12 G. Sauter, Kommunikation und Wahrheitsfrage, in: D. Rössler u.a., Fides et Communicatio. Festschrift für M. Doerne (1970) 284.

13 G. Baumert / W. Mangold, Öffentliche Meinung, RGG IV, 1563–1565. Heute dagegen sieht Habermas eine »Refeudalisierung der Öffentlichkeit« gegeben: Der Begriff Öffentlichkeit nimmt gewissermaßen wieder »feudale Züge an: die ›Angebotsträger‹ entfalten repräsentativen Aufwand vor folgebereiten Kunden«. (Habermas, 233).

14 Vgl. G. Otto, Wider den ›Mythos‹ der Verkündigung, in: ThPr 7 (1972) 321.

15 Vgl. M. Josuttis, Zur Kommunikation der Kirche (Buchbericht), in: VuF 18 (1973) 58.

gewonnenen Daten werden in mehreren Dimensionen aufgeschlüsselt (Geschlecht, Alter, Beruf, Bildungsstand) und bieten den Kommunikatoren Unterlagen für die kritische Überprüfung ihrer Strategie und Programmgestaltung[16]. Die selektive Perzeption beginnt schon bei den gewissermaßen »natürlichen« Abwehrmechanismen des Menschen gegenüber dissonanten und nonkonformen Informationen, denen er sich möglichst von vornherein gar nicht aussetzt (selective exposure), setzt sich – wenn es doch zur Konfrontation mit solchen Informationen kommt – in der selektiven Verwertung (selective perception) fort, die alles dem eigenen Wertesystem ein- und unterzuordnen sucht, und hat schließlich ihre letzte »Abwehrwaffe« in einem System der Erinnerung und des Vergessens (selective retention), das nonkonforme Inhalte abzustoßen bzw. zu vergessen sucht. Eng verzahnt mit dem Selektionsmechanismus sind die wichtigen Faktoren der Gruppenzugehörigkeit und des inneren Stabilitätsbedürfnisses des Menschen[17]. Die Selektionsforschung konfrontiert die Kirche in erster Linie mit dem Tatbestand: reinforcement (Verstärkung) steht bei der Informationsaufnahme des Menschen hoch über conversion (Veränderung)[18]. Grundsätzlich ist im Blick auf die Selektionsforschung wie auf die gesamte Kommunikationsforschung zu sagen: wissenschaftliche Theologie wird weder in theologischer Kapitulation, die sich in geistloser horizontaler Informations-Rezeption erschöpft, noch in einem unreflektierten Rückzug auf theologische Grundwahrheiten hinter dem Drama der menschlichen Kommunikation enden, wo die Forschungsergebnisse der Humanwissenschaften unterschätzt oder ignoriert werden. H. Kraemers Wort erweist auch hier seine Gültigkeit: »As in all things, one must be theological at the right moment, and not at every moment, which is a great art.«[19]

---

16 Vgl. G. Maletzke, Psychologie der Massenkommunikation (1963); P. Müller, Die soziale Gruppe im Prozeß der Massenkommunikation (1970); A. D. Leifer / D. F. Roberts, Children's Responses to Television Violence (Stanford 1971).

17 Vgl. L. Festinger, Die Lehre von der »kognitiven Dissonanz«, in: W. Schramm (Hg.), Grundfragen der Kommunikationsforschung (1964) 27–38; ders., A Theory of Cognitive Dissonance (Stanford ³1965); R. P. Abelsen (Hg.), Theories of Cognitive Consistency (Chicago 1968); Müller, 181 ff.

18 Vgl. K. Lang, Reinforcement Effects of the Mass Media, in: NAEB-Journal 21, 3 (1962) 44 ff.; H. C. Kelman, Processes of Opinion Change, in: W. Schramm / D. F. Roberts (Hg.), The Process and Effects of Mass Communication (Urbana-Chicago-London ²1971) 399 ff.; T. Stählin, Kommunikationsfördernde und -hindernde Elemente in der Predigt, in: WPKG 61 (1972) 297 ff., bes. 299–301.

19 H. Kraemer, The Communication of the Christian Faith (Philadelphia 1957) 60.

2. *Zur Öffentlichkeitsarbeit der Kirche im Prozeß der Massenkommunikation*

a. Kirchliche Publizistik in der Defensive?

Schon F. A. Löffler erkannte gegen Mitte des vorigen Jahrhunderts, daß Forschungen über die Medien »notwendig eine weitere und tiefere Untersuchung des gesellschaftlichen Systems überhaupt« zur Folge haben müßten und daß Publikum und Medium »eine beständige und höchst intime Wechselwirkung« aufeinander ausüben[20]. Erst im und nach dem Zweiten Weltkrieg wurde die Kommunikations- und Medienforschung zum selbständigen, heute vom einzelnen Wissenschaftler kaum mehr überschaubaren Wissenschaftszweig.

O. Roegele formuliert in einem zusammenfassenden Wort über die katholische Pressearbeit: »War es im 19. Jahrhundert und beginnenden 20. Jahrhundert die vordringliche Aufgabe der katholischen Publizistik, die Belange der Kirche in ihrem Befreiungs- und Selbstbehauptungskampf gegen Staatskirchentum, Religionsfeindschaft und kulturkämpferische Obrigkeit durchzusetzen, so ist es heute wohl ihre erste Pflicht, das reiche Erbe und die Kraft des deutschen Katholizismus im selbstlosen Dienst des Ganzen von Volk und Staat wirksam zu machen.«[21] Während der Weg der evangelischen Presse im 19. Jahrhundert und noch bis zum Ende des Ersten Weltkriegs vor allem durch eine weitgehende Identifizierung mit der preußisch-protestantischen Staatsidee gekennzeichnet war, läuft er seit der Weimarer Republik im wesentlichen parallel zur katholischen Presse. Trotz einer gewissen Euphorie in den ersten beiden Jahrzehnten nach dem Zweiten Weltkrieg und trotz intensiver Bemühungen um das Gespräch in den Medien als dem »Zeitgespräch der Gesellschaft« (Formulierung der »Münchner Schule«: Braun, Roegele) blieb das Gespräch in der kirchlichen Presse beider Konfessionen im wesentlichen Selbstgespräch. Es dringt kaum über die Mauern der Kirche, weil es über die Kirchentreuen kaum hinausreicht[22]. Die Gefahr des Rückfalls in eine Gettoexistenz ist seit dem Scheitern des Experiments »Publik« noch größer geworden. Im Herbst 1968 erschien die erste Nummer dieser unge-

---

20 Zit. nach O. Groth, Die Geschichte der deutschen Zeitungswissenschaft (1948) 448. Vgl. O. Groth, Die unerkannte Kulturmacht. Grundlegung der Zeitungswissenschaft I (1960).

21 O. B. Roegele, Der deutsche Katholizismus und seine Presse, in LS 8 (1960) 265. Vgl. zu diesem Zusammenhang K.-W. Bühler, Die Kirchen und die Massenmedien (1968) 50 ff.

22 Nur bedingt stellen etwa Hanns Liljes »Sonntagsblatt« und die Funkzeitschrift »Gong« eine Ausnahme dar.

wöhnlichen, kritischen Wochenschrift. Am 19. November 1971 erschien die letzte Nummer unter der Überschrift: »Publik ist tot«. Damit war mehr als nur eine Wochenzeitung gestorben: es war ein Schlag für die Publizistik und Publizität der Kirche überhaupt, nicht nur der katholischen Kirche. Es wäre eine fatale Illusion, zu glauben, es gäbe keine tiefen unterirdischen Kanäle gegenseitiger Beeinflussung zwischen den Kirchen, die kirchenamtlicher Kontrolle nicht zugänglich sind. Es gibt auch eine negative Ökumene. Zum »Tod« von Publik schrieb A. Schardt: »Woran wir gestorben sind? Am katholischen Milieu!«[23] Es gibt – mutatis mutandis – auch ein »protestantisches Milieu«, an dem nicht nur das Informations- und Diskussionsrecht der gesamten Öffentlichkeit, sondern auch das der Glieder der Kirche zugrundegehen kann. Theoretisch unterstützen katholische und evangelische Kirche uneingeschränkt die Freiheit der Presse. Nach katholischer Auffassung ist sie sogar ein Naturrecht, das dem Staat vorgeht und keiner Reglementierung unterworfen ist. Wie soll aber die kirchliche Presse eine Kontrollinstanz in Staat und Demokratie sein, wenn die kirchliche Obrigkeit selbst sie in Defensive und Gettoexistenz drängt? »Publik« war und ist ein beunruhigendes Symptom. Die Presse wird offenbar nicht nur außerhalb, sondern auch innerhalb der Kirche immer wieder in die Defensive gedrängt statt darin unterstützt, »eine moderne zivilisierte Form des Widerstandsrechts«[24] zu werden. Es bleibt in diesem Zusammenhang der erschütternde Sachverhalt bestehen, daß auch in der Kirche Geist am Geld scheitern kann. Jeremias Gotthelf ist aktuell und die Gefahr »kirchlichen Milieus« in allen christlichen Lagern akut geblieben.

b. Zur Arbeit im Hörfunk: Die Soziusfunktion der Kirche im »akustischen Environment«

Diese Gefahr ist in den elektronischen Medien nicht geringer als in den »print media«. Auch hier kann der Öffentlichkeits*anspruch* die differenzierte, verantwortungsvolle Öffentlichkeits*arbeit* behindern. In dieser Problematik ist etwa die Verlautbarung der Fuldaer Bischofskonferenz »Zur Rundfunkgesetzgebung in Deutschland« von 1955 zu sehen, in der es heißt: »An sich hat die Kirche das Recht, selbst einen Sender ... zu errichten. Wenn sie es nach reiflicher Überlegung vorerst unterläßt, dann hat der Staat doppelte Pflicht(!), der Kirche bei den öffentlichen Rundfunkanstalten die ihr zukommenden Rechte

23 A. Schardt, Leitartikel: »Publik ist tot«, in: Publik 4 (1971) Nr. 47.
24 R. Marcic, zit. nach KNA Nr. 18 vom 15. 1. 1957.

einzuräumen.«[25] In ähnlicher Weise hat auch die evangelische Kirche ihre Ansprüche angemeldet. D. Pirson drückt diese beiden Kirchen gemeinsame Haltung, die mehr einer bestimmten Mentalität als theologischer Reflexion entspringt, zusammenfassend aus: »Die Kirche erwartet, daß die Welt ihren Öffentlichkeitsanspruch respektiert, so, wie sie erwartet, daß die Welt die christliche Botschaft annimmt.«[26] Zwar ist das kirchliche Interesse an der öffentlichen Verantwortung besonders nach den dunklen Erfahrungen im Dritten Reich berechtigt und notwendig – begründet etwa in der evangelischen Kirche auf Interpretationen der Barmer Theologischen Erklärung von 1934 –, aber in der Praxis eines offenen oder sublimen Selbsterhaltungstriebes ist die Kirche oft mehr darauf ausgerichtet, *sich zu veröffentlichen und zu reproduzieren als öffentlich zu werden.*

Abgesehen von den ungelösten gesellschaftspolitisch-kirchenrechtlichen Fragen, auf die hier nicht eingegangen werden kann, steht der Kirche eine elementare Selbstbesinnung in ihrer Begegnung mit den Massenmedien noch bevor. Noch immer mischen sich unqualifiziertes Mißtrauen und unkritischer Optimismus[27]. Zu bewähren und zu konkretisieren ist diese Selbstbesinnung zunächst in der Zusammenarbeit mit den Rundfunkredaktionen des Kirchenfunks wie auch der kirchlichen Beauftragten in den Rundfunkanstalten. Die Bindung dieser Redaktionen ist nur eine *inhaltliche, keine administrative.* Das Evangelium und sein Öffentlichkeitsauftrag ist die einzig legitime Bindung

---

25 Zit. nach K. Becker / K.-A. Siegel, Rundfunk und Fernsehen im Blick der Kirche ([2]1957) 340.

26 D. Pirson, Öffentlichkeitsanspruch, Evang. Staatslexikon (1966) 1391. Nur aus großer Distanz können die Kirchen in der DDR und anderen sozialistischen Staaten diesen Anspruch, der einer westlich-kapitalistischen Situation entspricht, zur Kenntnis nehmen. In ihrer Situation wird Öffentlichkeit nach marxistischer Auffassung als in jedem Fall inhaltlich qualifiziert – die öffentliche Meinung stellt einen Konsensus dar, der nicht durch Kompromiß, sondern durch Parteilichkeit entstanden ist und seinen Klassencharakter nicht verliert – verstanden und zielt auf eine in sich geschlossene Gesellschaft (vgl. A. K. Uledow, Die öffentliche Meinung. Eine Studie zum geistigen Leben in der sozialistischen Gesellschaft [1964]). In dieser Öffentlichkeit ist für die Kirche weder als zu integrierender Faktor noch als eigenständiger Partner ein Platz vorgesehen. Manche Anzeichen deuten darauf hin, daß auch die westlichen Kirchen sich in zunehmendem Maß geschlossenen Gesellschaften gegenübersehen werden. In jedem System jedoch bleibt die Öffentlichkeitsarbeit der Kirche »ein unabdingbarer Aspekt ihrer Welthaftigkeit, der die ekklesiologische Entsprechung zur christologischen Inkarnationslehre darstellt« (Arbeitspapier des Luth. Weltbundes, Selbstverständnis und Aufgaben der kirchlichen Presse in der sozialistischen Gesellschaft, Manuskr. [1972] 3).

27 »Diese Erfindung (sc. des Rundfunks) ist wie für den Christen gemacht ... Die Wellen des Funks dringen durch verschlossene Türen und finden Eingang, wohin kein Priester je gelangen kann.« (Pius XII., zit. nach V. Schurr, Seelsorge in einer neuen Welt [1957] 248).

des Redakteurs. In der Freiheit des christlichen Redakteurs, der zugleich Vertreter der Öffentlichkeit und Öffentlichkeitsarbeiter der Kirche ist, wird sich kirchliche Humanität und Demokratie in exemplarischer Weise als Realität oder als leeres Postulat erweisen. Nur durch solche Freiheit kann die Gefahr gebannt werden, einem Mißverständnis und einer Zwangsvorstellung zu erliegen, in deren Folge es zu einer Art »permanenter Leistungsschau einer sich als Verband mißverstehenden Kirche (kommt), die nicht die Dimension des Ganzen (res publica) repräsentiert, sondern nur mehr ihre partikularen Institutionsbelange (res privata)«[28].

Einer der neuralgischen Punkte in diesem Problemzusammenhang ist Sinn und Gestaltung des Gottesdienstes im Rundfunk. Zahlreiche Theologen beider Konfessionen sind noch heute der Ansicht, daß die Übertragung eines Gottesdienstes im Rundfunk nur Reportage religiöser Belange, nicht Gottesdienst sei, weil die Gläubigen nicht räumlich und zeitlich vereint als anwesende Gemeinde versammelt seien[29]. Mehr oder weniger explizit bestimmt dabei ein dinglich-sakramentaler Charakter des Heiligen das Verständnis. Die eigentlich notwendige *Unterscheidung* ist heute nicht mehr die zwischen Heiligem und Profanem, sondern *zwischen Kommunikation und Kommerz.* Mit anderen Worten: zwischen christlicher Wirklichkeitsveränderung und gedankenloser oder zynischer Wirklichkeitsstabilisierung, die keinerlei Raum für das eigentlich Unterscheidende lassen will: die Möglichkeit des Wirkens Gottes in der Wirklichkeit des Menschen[30].

Um Mißverständnisse auszuschließen: Auch im Zeitalter der Massenkommunikation wird der Gottesdienst der leiblich versammelten Gemeinde ein Brennpunkt der kirchlichen Existenz und Arbeit bleiben. Aber er wird es nur bleiben können, wenn er mit neuen Formen des Gottesdienstes in der Massenkommunikation kommuniziert, damit er ausstrahlungskräftiges Zentrum im Ganzen der Kommunikationswirklichkeit des heutigen Menschen bleibt oder eher: wieder wird und nicht zum ängstlich gehüteten Reservat einer Gettogemeinde absinkt. Es kennzeichnet tatsächlich eher Ideologie als Theologie, nicht wahr-

---

28 H.-E. Bahr, Verkündigung als Information (1968) 96. In diese Richtung zielt auch E. M. Lorey, Mechanismen religiöser Information. Kirche im Prozeß der Massenkommunikation (1970).

29 Vgl. zB. die Enzyklika »Miranda prorsus«, in: K. Rudolf (Hg.), Masse und öffentliche Meinungsbildung (1958) 215. Auch evangelische Theologen wie H. Vogel und K. Frör haben dem Rundfunk nur »Zubringerdienste« zum Gemeindegottesdienst zugestanden (H. Vogel, Rundfunk und Fernsehen als Kommunikationsmittel der christlichen Wahrheit, und K. Frör, Predigt im Rundfunk, in: M. Josuttis (Hg.), Beiträge zu einer Rundfunkhomiletik (1967) 33–51 bzw. 76–89).

30 Zu diesem Problemkreis vgl. E. Jüngel, Unterwegs zur Sache (1972) 206 ff.

zunehmen, daß die Gemeindegottesdienste in vielen Fällen mindestens ebenso wenig Wirklichkeitsveränderung kommunizieren und Möglichkeiten der Erneuerung des Geistes freisetzen wie die Verkündigungs- und Kommunikationsbemühungen in den Massenmedien. Die Konsequenz dieser Einsicht ist der Versuch, nicht nur das traditionelle Verständnis des Gottesdienstes an die Massenkommunikation heranzutragen, sondern auch dieses traditionelle Verständnis von den Erkenntnissen und Erfahrungen der Massenkommunikation in Frage stellen zu lassen[31]. Die *eigentliche Frage* scheint mir nicht mehr zu sein, ob Gottesdienst überhaupt oder welche Teile aus ihm im Rundfunk übertragen werden können, sollen oder nicht, sondern *wie Verkündigung durch die Medien – von gottesdienstlichen Formen bis hin zu christlichen Unterhaltungssendungen – kommuniziert werden kann. Das Ereignis der Mitteilung des Wortes Gottes ist an kein Medium gebunden und von keinem Medium ausgeschlossen.* Daß dies zur praktisch realisierten Erkenntnis der Kirche wird, ist dringend nötig, damit alle Kräfte der Christen sich in den Medien in Freiheit und mit Phantasie ungehindert einsetzen können.

Die elektronischen Medien sind primär *Unterhaltungsmedien.* Das ist allgemein bekannt. Aber noch keineswegs allgemein akzeptiert geschweige denn realisiert ist die – für manche Christen noch immer schockierende – Einsicht, daß es eine große Aufgabe ist, christliche Kommunikation in den Bereich der Unterhaltung und des Spiels zu transformieren. Holländer und Angelsachsen werden dieses anspruchsvolle Ziel allem Anschein nach eher erreichen als Deutsche. Im Hörfunk wird Unterhaltung zunehmend synonym mit Musik verstanden, die den Hörfunk in erster Linie zum akustischen »Environment«[32] macht. Eng damit hängt die Tatsache zusammen, daß der Rundfunkhörer weniger an einem bestimmten Inhalt als an dem akustischen Environment als ganzem interessiert ist, das Unterhaltung und Entlastung verspricht. Auch der Prozeß der Hörfunkkommunikation ist jedoch komplex. Zu ihm gehört, daß die menschliche Stimme und damit die Persönlichkeit bestimmter Kommunikatoren im Konzept der musikalischen Unterhaltung eine neue Bedeutung zu gewinnen vermag: in Kommentaren, Verkündigungssendungen und – Schlagertexten kann

---

31 »Einstweilen wird wohl an den Aufgaben kirchlicher Rundfunkkommunikation weit mehr für die kirchliche Kommunikation überhaupt zu lernen sein als dies in umgekehrter Richtung der Fall ist« (W. Jetter, Verkündigung im Rundfunk, Manuskr. [1970] 24).

32 »Environment« wurde von mir gewählt, denn es kennzeichnet in einer von keinem deutschen Wort erreichten Weise das Massenmedium als konstitutiven Bestandteil der Umwelt, der täglichen, nicht auswechselbaren Umgebung des heutigen Menschen. Vgl. die Arbeiten von W. Kuhns in der folgenden Anm.

eine neue »Soziusfunktion« des Hörfunks zur Wirkung kommen[33]. Eine wichtige Voraussetzung für das kirchliche Handeln in den Massenmedien ist die Forschung und Theoriebildung im Verhältnis zwischen christlicher Kommunikation und Unterhaltung. W. R. Stephenson[34] gehört zu denen, die für die Theologie anregend sein können. Er geht so weit, zu behaupten, daß Spiel, nicht Information der primäre Aspekt jeder Kommunikationstheorie sein sollte. Jedenfalls aber geht es in Zukunft um theologisch-künstlerische Wagnisse ins Neuland der Koexpression von Musik und Wort im Unterhaltungsmedium.

c. Zur Arbeit im Fernsehen: Bildwelt und Weltbild im optisch-akustischen Environment

Von dem französischen Schriftsteller Reverdy stammt das Wort: »Es gibt keine Bilder in der Natur. Das Bild ist dem Menschen eigentümlich.« Es wäre denkbar, eine Kulturgeschichte des Menschen vom Gesichtspunkt der Geschichte des Bildes aus zu schreiben: von den ältesten, uns bekannten Höhlenbildern bis zum technisch produzierten und millionenfach vervielfachten Bild in Film und Fernsehen. Die Photographie – im 19. Jahrhundert vor allem das Mittel dafür, das gegebene Objekt perspektivisch in seiner Objektrolle zu fixieren – wurde durch den Film zum bewegten Bild, das die Bewegung selbst »objektivieren« kann und Wirklichkeit so zeigen kann, wie sie das menschliche Auge niemals zu erfassen vermag. Die Bildnachricht, zunächst ein Abbild der Realität, gewinnt eigene Wirklichkeit. So kam die Entwicklung in Gang, an der wir alle – freiwillig und unfreiwillig – teilnehmen, in deren Fortschritt das Bildwort des Fernsehens unsere Wirklichkeit nicht allein durch informatorische Prozesse, sondern *als Medium* verändert.

M. McLuhan hat diesen Sachverhalt mit dem häufig zitierten, in der Regel unreflektiert weitergegebenen Schlagwort gekennzeichnet: »The medium is the message«[35]. Medien haben eine Tendenz, sich zu verselbständigen, ihre optisch-akustische Reizflut kann zu einer seltsamen

---

33 Vgl. H. Prakke, Die Soziusfunktion der Presse, in: Publizistik 5 (1960) 558; W. Kuhns, Environmental Man (New York - Evanston - London 1969) 88 ff.; ders., The Electronic Gospel. Religion and Media (New York 1969) 95 ff.

34 W. R. Stephenson, The Play Theory of Mass Communication (New York - London 1967). Stephensons Konzeption ist eng verwandt mit Huizingas Spieltheorie.

35 M. McLuhan, Understanding Media. The Extensions of Man (New York [13]1964) 23, deutsch: Die magischen Kanäle (1968) 13. Bezeichnend für McLuhans assoziativ-plakatorischen Denkstil ist, daß er 1967 einen Band mit dem Titel »The Medium is the *Massage*« herausbrachte, der sich mit den Massenmedien unter diesem Schlagwort beschäftigte.

Art täglichen »Brots« für den Menschen und das Medium zur Droge werden. (In den USA sind tatsächlich die ersten Klinikabteilungen für Mediendrogensüchtige eingerichtet worden.) Das Bild fesselt den Menschen. Er identifiziert sich mit dem Phänomen, das ihn fixiert. Er beginnt, das Bild für Wirklichkeit zu halten. Die Bildwelt wird nicht nur zum Weltbild, sie wird zur Welt des Menschen[36]. Man kann über diesen Prozeß klagen, indem man in ihm ausschließlich eine Destruktion der Wirklichkeit als Destruktion des Personalen analysiert und sich aus ihm zurückzuziehen sucht. Aber gerade auch für den Prozeß der Massenkommunikation gilt R. Musils Wort: *»Man kann seiner eignen Zeit nicht böse sein, ohne selbst Schaden zu nehmen.«*[37] Die Kirche und jeder einzelne scheint heute wieder Erfahrungen mit diesem Wort machen zu müssen. Wenn es den Christen wirklich um Gottes Handeln in dieser Welt geht, dürfen sie keiner Konzeption eines limitierten Wirkens Gottes verfallen. Vielmehr erscheint dann auch die »sekundäre Wirklichkeit« der technisch bedingten Massenkommunikation als Teil der einen Wirklichkeit, in der wir zu leben und die Möglichkeit Gottes, mit der er unsere Wirklichkeit offen hält, in der Öffentlichkeit zu vertreten haben. Deshalb leisten Christen überall da Widerstand, wo die Zielvorstellungen sich in einem Zusichselbstkommen der Wirklichkeit erschöpfen. Gottes barmherzige Revolution durch das Kreuz Jesu widerlegt solche Konzeptionen und läßt die Kirche ihre primäre Aufgabe auch in der Massenkommunikation darin sehen, aufzudecken, wo gelitten wird, und den Menschen zu erschließen, wo Leiden an und in der Wirklichkeit in Wahrheit überwunden wird. Sie braucht dabei in ihrer konkreten Arbeit im Medium Fernsehen nicht ängstlich oder kleinlich in der Wahl ihrer Bundesgenossen zu sein. Zu solchen Bundesgenossen gehören Männer wie Th. Gallehr und R. Schübel mit ihrem Fernsehfilm »Rote Fahnen sieht man besser« (WDR 1971), in dem die Hilflosigkeit entlassener Arbeiter und das rücksichtslose Vorgehen der Kapitaleigner bei einer Betriebsstillegung dokumentiert

---

36 Indem das Einzelne erst durch seinen Anteil am Allgemeinen – in der Öffentlichkeit des Massenmediums – wirklich wird, wird das Massenmedium gewissermaßen zu einem Medium der »transzendentalen Publizität«, von der Kant (und auch Hegel) gesprochen hat. Kant verstand darunter den Bereich, der von der Vernunft bestimmt wird, in dem das Einzelne erst Realität wird. »Heute leben wir konsequent nach diesem Modell von Wirklichkeit: Ein Ereignis ist erst wirklich, wenn es veröffentlicht wird in Presse, Rundfunk und Fernsehen.« (H.-R. Müller-Schwefe, Gibt es eine Theologie der Massenmedien? in: H. Breit / W. Höhne (Hg.), Die provozierte Kirche (1968) 150.

37 R. Musil, Der Mann ohne Eigenschaften (1970) 59. Vgl. auch Th. W. Adorno, Minima Moralia (1962) 7: »Wer die Wahrheit übers unmittelbare Leben erfahren will, muß dessen entfremdeter Gestalt nachforschen, den objektiven Mächten, die die individuelle Existenz bis ins Verborgene bestimmen.«

wird, ebenso wie H. Andics und A. Corti, die in dem österreichischen Fernseh-Dokumentarspiel »Der Fall Jägerstätter« (ZDF/ORF 1970) in überzeugender Weise Militärdienstverweigerung und Hinrichtung eines christlichen Bauern im Dritten Reich darstellen[38]. Für die gesamte Ökumene beispielhafte Arbeit leistet die United Church of Christ unter der Leitung von E. Parker in New York. Parker und seine Mitarbeiter sind gegen verschiedene Rundfunk- und Fernsehstationen (vor allem in den Südstaaten der USA) vorgegangen, die erst durch konsequent verfochtene juristisch-politische Kampfmaßnahmen der Kirche von ihrer rassistischen Weigerung abgebracht werden konnten, auch den Minderheiten in ihrem Gebiet, Negern und Mexikanern, die ihnen gesetzlich zustehenden Sendezeiten zur Verfügung zu stellen[39]. Hier wurde die Erkenntnis in die Tat umgesetzt, daß Freiheit Jesu in erster Linie Freiheit für andere ist und daß Liebe zu Unterdrückten sich in der Öffentlichkeit vor allem im Kampf um Gerechtigkeit realisiert. Deckt die Kirche bei solchem Einsatz in den Massenmedien schonungslos – auch gegen sich selbst – soziale Konflikte auf, gerät sie in Frontstellung nicht nur zu mächtigen Interessengruppen, sondern oft auch zu einem großen Teil des Publikums. Das Wagnis des Eingehens und Mitgestaltens, gerade auch in der Unterhaltungsdimension der Massenkommunikation, ist wesentliche Aufgabe der Kirche in der Zukunft. Aber dieses Wagnis muß sich verbinden mit Wachsamkeit: mit dem Widerstand gegen die Tendenz der Medienkommunikation, den status quo nicht in Frage zu stellen, den Menschen eher ans Unvermeidliche zu fixieren als zu verändern. Zielrichtung sind eher die latenten Wünsche des Rezipienten als die Verfremdung und die Veränderung des vorhandenen Bewußtseins. Die Zielsetzung von theologischem und künstlerischem Wagnis in der Massenkommunikation läßt sich so zusammenfassen: *zugleich zu unterhalten und zu verfremden.* Dabei muß das Problem ständig im Blickfeld bleiben, daß die Verfremdung durch ein Medium gelingen soll, das stark dahin tendiert, Entfremdung zu bewirken.

Die Kirche ergreift auch und gerade in der Massenkommunikation die Partei der Verheißung angesichts der Übermacht der Wirklichkeit.

38 Ein Bildgegenstand von unzweifelhaftem Wortcharakter ist in diesem Fernsehfilm meisterhaft in Szene gesetzt worden: *das menschliche Antlitz.* Leiden und Überwindung im Gesicht des Jägerstätter-Darstellers Kurt Weinzierl haben, wovon man nicht oft mit Bestimmtheit sprechen kann: Zeugnischarakter.

39 Vgl. E. Parker, Theologische Überlegungen zur Kommunikation, in: medium 3 (1968) 166 ff. Vgl. dazu auch: U. Saxer, Massenkommunikation als Mittel christlicher Verkündigung, in: ComSoc 2 (1969) 115. Die Probleme der Arbeit der Kirche im Prozeß der Massenkommunikation werden in meiner Habilitationsschrift, die in diesem Jahr in Tübingen vorgelegt wird, ausführlicher behandelt.

Dabei muß sie der Versuchung widerstehen, zu einer esoterischen Spezialität zu werden. Davor kann sie vor allem die Erkenntnis bewahren: Die Sache Gottes wird nicht öffentlich durch Öffentlichkeitsbewußtsein und -aktivität der Kirche, sondern die Kirche arbeitet in der Öffentlichkeit, weil die Sache Gottes *öffentlich ist*. Dieses Vertrauen wird die Kirche vor der Hektik und Ängstlichkeit eines unkritischen und atemlosen Kommunikationswillens schützen. Ohne die Verheißung und Erkenntnis der Wirklichkeitsüberwindung erschöpft sich alle Theorie und Praxis der Wirklichkeitsbewältigung in der Nachkonstruktion und bleibt ein Stück Technik.

3 | 11 Karl-Fritz Daiber
Kirchenleitung und Kirchenplanung

1. Vorbemerkung

Kirchenleitung vollzieht sich überall, wo die christliche Gemeinde als konkretes Sozialgebilde Gestalt gewinnt, in den Einzelgemeinden ebenso wie in der Weltkirche. Im folgenden liegt der Schwerpunkt der Analyse speziell bei solchen kirchlichen Organisationseinheiten, wie sie innerhalb des deutschen Protestantismus in der Gestalt der Landeskirchen, bzw. innerhalb der katholischen Kirchenorganisation in der Gestalt der Diözesen als Amtsbereichen der Bischöfe ausgebildet wurden. Auf dieser Ebene gewinnt der wie immer verstandene Zusammenschluß von Einzelgemeinden die deutlichste Ausprägung. Kirchenleitung in dem Sinne, daß sie überparochiales kirchliches Handeln ermöglicht, wird zur festen Institution. Innerhalb des deutschen Protestantismus bildeten die Landeskirchen und ihre Untergliederungen lange Zeit die einzige über die örtliche Gemeinde hinausreichende Organisationsform der Kirche. Im Katholizismus wird seit dem Zweiten Vatikanischen Konzil den von den Bischöfen geleiteten Teilkirchen erhöhte Bedeutung zugemessen. Daher ist die Schwerpunktsetzung begründet. Allerdings kann es nicht darum gehen, die Leitungssysteme der Landeskirchen und Diözesen isoliert zu untersuchen. Das Ausmaß der innerkirchlichen Öffentlichkeit, die Mitbeteiligung der Gemeindemitglieder an Entscheidungsprozessen oder das Verständnis des geistlichen Amtes sind Faktoren, die für das Verständnis von kirchlicher Leitung und ihrem Vollzug auf allen Handlungsebenen konstitutiv sind.

2. Die Behandlung des Themas in der Praktischen Theologie seit Beginn des 19. Jahrhunderts

Der geschichtliche Überblick zeigt, daß die Aufnahme des Themas abhängig ist von den jeweils vorgegebenen kirchlichen Strukturen und ihrem Wandel, bzw. vom Selbstverständnis der Theologie, insbesondere der Praktischen Theologie als Wissenschaft. So wird das Problem der Kirchenleitung zunächst theologisch nur in der Weise relevant, daß es dabei um die Legitimierung vorhandener Institutionen geht.

»Kirchengewalt« und »Kirchenregiment« sind die zentralen Begriffe, die dabei entfaltet werden, wobei die katholische Lehre »Kirchengewalt« auf die in der Person des Bischofs repräsentierte Gesamtheit kirchenleitenden Handelns bezieht, während das evangelische Kirchenrecht von Kirchengewalt nur dort redet, wo es um das Amt der Verkündigung und der Sakramentsverwaltung geht. Alle äußeren Ordnungsfragen sind *de jure humano*. Kirchenordnungen müssen lediglich so beschaffen sein, daß sie dem Amt der Verkündigung den notwendigen Raum schaffen. Die reformierte Tradition kennt allerdings weitere Ämter, vor allem das Ältestenamt, dem mit dem Amt der Verkündigung zusammen die Leitung der Gemeinde aufgetragen ist.

Die praktisch-theologische Reflexion über Strukturen und Funktionen der Kirchenleitung beginnt mit Schleiermacher. Für ihn hat die Theologie im ganzen die Aufgabe, die Leitung der christlichen Kirche zu ermöglichen[1]. Von daher analysiert er in seiner praktischen Theologie nicht bloß das institutionalisierte Kirchenregiment, sondern auch die kirchenleitende Bedeutung des akademischen Lehrers und des theologischen Schriftstellers[2]. Auf katholischer Seite bezieht Graf, der die Pastoraltheologie zur Praktischen Theologie erweitert sehen möchte, die Theorie des Kirchenregiments in den neu definierten Wissenschaftsbereich ein[3]. Die Ansätze Grafs, die von der evangelischen Praktischen Theologie mit beeinflußt sind, können sich in der Folgezeit nicht durchsetzen. Schleiermachers Fragestellungen bleiben dagegen auch für die späteren praktisch-theologischen Entwürfe der evangelischen Theologen bestimmend. Die Lehre vom Kirchenregiment wird als theologische Kybernetik abgehandelt, wobei freilich das Thema gegenüber den übrigen Disziplinen wie Homiletik, Katechetik und Poimenik deutlich in den Hintergrund tritt. Dies gilt auch für die praktisch-theologischen Lehrbücher der letzten Jahrzehnte. Während A. D. Müller dem Amt und der Verfassung der Kirche noch einen eigenen Abschnitt widmet[4], bringt das Praktisch Theologische Handbuch keinen eigenen Artikel zum Thema Kirchenleitung[5]. Auf katholischer Seite dokumentiert das Handbuch der Pastoraltheologie den weitgreifenden Wandel der Fragestellungen. Als Gesamttheorie kirchlichen Handelns wendet sich die Praktische Theologie auch den Lei-

---

1 Schleiermacher, KD, §§ 3–5.
2 Schleiermacher, SW I/13, 521 ff.
3 Graf, 182 ff.
4 A. D. Müller, Grundriß der Praktischen Theologie (1950) 67 ff.
5 Sie wird nur unter dem Stichwort »Pfarramt« angesprochen; vgl. PTH, 375 bis 379.

tungsproblemen zu. Bischof und Bistum werden zum Thema gemacht[6]. Zugleich wird die neue Fragestellung »Planung in der Kirche« zum ersten Mal systematisch entfaltet[7].

3. *Diskussionsschwerpunkte*

Das Interesse der Praktischen Theologie an der Problematik der Kirchenleitung muß insgesamt als gering veranschlagt werden. Die theoretische Diskussion wird hauptsächlich im Bereich des Kirchenrechts geführt; praktische Zielsetzungen werden dort entwickelt, wo die Kritik an der Kirche zur Forderung nach Reformen führt.

Die Erfahrungen aus der Zeit der Auseinandersetzung der deutschen evangelischen Kirchen mit dem Nationalsozialismus hatten in den Nachkriegsjahren intensive Bemühungen um die rechtliche Neuordnung ausgelöst. Das im Kirchenkampf bewährte Bischofsamt mußte kirchenrechtlich stärker begründet und theologisch legitimiert werden[8]. Die theoretische Darstellung der Probleme erfolgte vor allem in der Zeitschrift für evangelisches Kirchenrecht; neben dem Bischofsamt galt das Interesse auch der Synode, der Kirchenleitung und der Kirchenverwaltung[9]. Die juristischen Beiträge beschränken sich dabei weitgehend auf eine kritische Darstellung der Rechtsstruktur, die theologische Analyse bemüht sich um die Legitimationsproblematik. Sie fragt etwa, inwieweit neue Institutionen vor dem Hintergrund des in den Bekenntnissen formulierten Verhältnisses von Amt und Gemeinde als theologisch berechtigt angesehen werden können.

Innerhalb der katholischen Kirche hatte das Zweite Vatikanische Konzil Impulse gegeben, die bislang gängige Leistungsformen veränderten. Zwar blieb die grundsätzliche Autorität des Bischofs unangetastet, aber ihm wurden doch Räte als beratende Gremien zur Seite gestellt. Ihre Einrichtung führte in den deutschen Diözesen zu Ordnungen, die zT. über die Intentionen des Konzils hinausgingen. Die

6 K. Rahner, Die Träger des Selbstvollzugs der Kirche, in: HPTh I, 181 ff.; N. Greinacher, Der Vollzug der Kirche im Bistum, in: HPTh III, 59 ff.

7 N. Greinacher, Planung und Koordination in der Kirche, in HPTh IV, 603 ff.; HPTh V, Lexikon, 416 ff. Weitere Literatur im Beitrag von W. Zauner in diesem Band 663 f.

8 Vgl. u.a. W. Maurer, Das synodale evangelische Bischofsamt seit 1918, Fuldaer Hefte 10 (1955).

9 Vgl. außerdem als Gesamtdarstellung H. Frost, Strukturprobleme evangelischer Kirchenverfassung (1972).

theoretische Aufarbeitung der Fragestellungen brachte eine breite theologische und kirchenjuristische Diskussion[10].

Die verstärkte Forderung nach gesellschaftlichen Reformen löste Ende der sechziger Jahre eine entsprechende Diskussion innerhalb der Kirche aus. Demokratie sollte nicht nur Staatsordnung sein, sondern das gesellschaftliche Leben im ganzen bestimmen. Hieraus wurden konkrete Forderungen nach einer Demokratisierung der Kirche abgeleitet, die als solche sich durchaus als theologisch legitimierbar erwiesen[11].

Einen Neuansatz der praktisch-theologischen Analyse von Leitungsinstitutionen der Kirche brachte die Einbeziehung organisationssoziologischer Fragestellungen. So wird etwa die Kirche als bürokratische Organisation untersucht[12] oder das Bischofsamt unter Einbeziehung sozialwissenschaftlicher Methoden analysiert[13]. Diese praktisch-theologischen Untersuchungen werden durch rein organisationssoziologische Analysen ergänzt[14].

Infolge der gesellschaftlichen Veränderungen, insbesondere durch die zunehmende Urbanisierung weiter Gebiete hatte sich die Erfahrung einer wachsenden Disfunktionalität kirchlicher Strukturen eingestellt. Mit der Notwendigkeit der Anpassung verband sich zugleich die Forderung nach einem Beitrag der Kirchen zur Neugestaltung der Gesellschaft. Anpassung und Neugestaltung setzten aber die Situationsanalyse voraus. Diese mußte ihrerseits auf ihre Konsequenzen hin untersucht und in Einzelschritte der Veränderung übersetzt werden. Damit stellte sich auch für die Kirche die Aufgabe der Planung und so die der Neugewinnung eines Leitungsstils, der durch eine reflektierte Methodik geprägt ist und einen relativ hohen Grad der Rationalität aufweist. Der Schwerpunkt der kirchlichen Planungsarbeit lag zunächst bei der Regionalplanung[15]. Im weiteren zeigte sich, daß

---

10 Als juristischer Beitrag sei hier vor allem genannt: K. Mörsdorf, Die andere Hierarchie – Eine kritische Untersuchung zur Einsetzung von Laienräten in den Diözesen der Bundesrepublik Deutschland, in: AkathKR 138 (1969) 461–509.

11 Vgl. u. a. W. Simpfendörfer, Offene Kirche – Kritische Kirche (1969) 82 ff.; J. Ratzinger / H. Maier, Demokratie in der Kirche (1970); Demokratisierung der Kirche in der Bundesrepublik Deutschland, hg. vom Bensberger Kreis (1970).

12 Y. Spiegel, Kirche als bürokratische Organisation, ThEx 160 (1969).

13 P. Inhoffen, Der Bischof und sein Helferkreis nach dem Zweiten Vatikanischen Konzil (1971).

14 G. Bormann / S. Bormann-Heischkeil, Theorie und Praxis kirchlicher Organisation, Beiträge zur soziologischen Forschung 3 (1971) 199 ff.; N. Luhmann, Die Organisierbarkeit von Religionen und Kirchen, in: J. Wössner (Hg.), Religion im Umbruch (1972) 245–285, 277 ff.

15 Siehe E. Bodzenta / N. Greinacher / L. Grond, Regionalplanung in der Kirche (1965).

andere Bereiche kirchlichen Handelns ebenfalls unter Einsatz wissenschaftlicher Methoden analysiert und für sie realisierbare Zielvorstellungen entwickelt werden müssen. Dabei erwies sich die Entwicklung eines interdisziplinären, dh. theologische und sozialwissenschaftliche Verfahren integrierenden Vorgehens unumgänglich[16].

4. *Interdisziplinarität als methodisches Grundproblem*

a. Glaube und Vernunft

Interdisziplinär erarbeitete Problemlösungen werden nicht nur im Zusammenhang der Entwicklung von kirchlichen Planungszielen nötig, sondern ebenso dann, wenn es um die Analyse und um den Entwurf von Leitungsstrukturen innerhalb der Kirche geht. Selbst wenn sich die Theologie damit begnügt, die Legitimität von Rechtsstrukturen im Kontext der eigenen Tradition zu überprüfen, kann sie dieser Aufgabe heute nicht mehr gerecht werden, ohne soziologische Fragestellungen aufzunehmen. Die soziale Wirklichkeit kann nämlich der Rechtsintention fundamental widersprechen. In welchem Umfang Erkenntnisse der Sozialwissenschaften für theologische Fragestellungen als relevant zu betrachten sind, hängt allerdings von der Beantwortung der fundamentaltheologischen Fragestellung nach der Zuordnung von Glaube und Vernunft ab. Beide Begriffe umschreiben Interpretationsformen der Wirklichkeit. Beide können zugleich unterschiedliche Verhaltensmuster angeben, die sich gegenseitig nicht ausschließen müssen. Seit der Aufklärung ist Vernunft zu einem ideologischen Begriff geworden, zum Symbol der Emanzipation des denkenden Subjekts von der Religion. Gleichzeitig hat sich nicht selten mit dem Begriff des Glaubens die Ideologie derer verknüpft, die christliche Haltung als Antithese zu aufgeklärter Rationalität verstehen. Interdisziplinäre Problemlösungen werden nur möglich, wenn Glaube und Vernunft aus diesem möglichen ideologischen Gegensatz gelöst werden. Dies ist dann der Fall, wenn *aus Glauben* weltimmanente Lösungsmöglichkeiten gesucht werden, diese zugleich aber als Ausdrucksformen des Handelns aus Glauben interpretierbar bleiben. Das speziellere Problem der Verhältnisbestimmung zwischen Theologie und Humanwissenschaften ist damit noch nicht angesprochen.

---

16 K.-F. Daiber, Volkskirche im Wandel (1973) 11 ff., 184 ff.

b. Forderungen für die Ekklesiologie

Wenn Glaube und Vernunft keinen absoluten Gegensatz darstellen, können vernünftige Lösungen des Problems der Leitung in sozialen Gruppen nicht von vornherein als mögliche Antworten auf die Frage nach sachgemäßen Formen der Kirchenleitung ausgeschlossen werden. Wohl sind diese vor dem Hintergrund zu diskutieren, daß der Glaubende Christus als den *einen* Herrn der Kirche bekennt. Eine Diskussion und damit eine offene Auseinandersetzung um Lösungsmöglichkeiten findet nicht statt, wenn aus Bekenntnissätzen unmittelbar kirchliche Strukturen abgeleitet werden, wenn also beispielsweise aus dem Prinzip der Christokratie eine Hierarchie der Ämter, eine Ablehnung von demokratischen Mehrheitsentscheidungen in der Kirche oder eine Zurückweisung der These, daß das Volk Gottes Träger der Kirchengewalt sei, abgeleitet wird. Die offene Diskussion vermeidet die Identifizierung empirischer Strukturen mit Glaubenssätzen und ermöglicht von daher vernünftige Lösungen, die der Intention des Bekenntnisses in jeweils vorgegebenen historischen Situationen gerecht zu werden versuchen. Dabei ist die historische Situation vom sozialen Umfeld ebenso bestimmt wie von der Tradition der einzelnen Kirchengemeinschaft.

c. Praktische Theologie, Organisationssoziologie, Planungstheorie

Die Einsicht in die Notwendigkeit vernünftiger Problemlösungen bedingt die Suche nach Ansätzen für die interdisziplinäre Zusammenarbeit zwischen Theologie und Sozialwissenschaften. In diesem Zusammenhang geht es insbesondere um die Rezeption organisationssoziologischer Methoden. Wendet man sie an, zeigt sich die Kirche als anderen Großorganisationen durchaus vergleichbar. Erkenntnisse, die im Bereich von staatlichen Verwaltungen oder Wirtschaftsbetrieben gewonnen werden, erweisen sich auch in der kirchlichen Organisation als relevant. Besonders wichtig wird etwa unter diesem Aspekt das wechselseitige Beziehungsverhältnis zwischen einer Organisation als sozialem System und der jeweiligen Umwelt: Die Ziele der Organisation können nicht als fest und unveränderlich vorausgesetzt werden. Sie unterliegen einem begrenzten Veränderungsprozeß, der sich u. a. als Vorgang einer immer neuen Einordnung in das soziale Feld beschreiben läßt[17]. Die Strukturen von Organisationen sind dadurch gekennzeichnet, daß sie u. a. mehr oder weniger verbindliche, formalisierte Verhaltensschemata darstellen. Gleichzeitig wird die formale

---

17 Vgl. als Einführung A. Etzioni, Soziologie der Organisationen (^{2}1969).

Struktur durch die informale Organisation ergänzt, die gerade auch innerhalb des Leitungssystems von Bedeutung ist: neben die formale Autorität tritt die informale Macht. Der Vorgang der Ämterkumulation wie die Bedeutung der persönlichen Autorität der einzelnen Funktionsträger will deshalb im Rahmen der Analyse beachtet sein. Formale wie informale Führungsleistungen werden für Organisationen um so notwendiger, je problematischer die Normen des Systems sind, wobei eine Problematisierung der Normen sowohl auf eine Veränderung der Umwelt wie auf Meinungsverschiedenheiten unter den Mitgliedern zurückzuführen ist[18].

Entwickelt die Praktische Theologie Kriterien für kirchliche Leitungsstrukturen, muß sie auf diese soziologischen Gesetzmäßigkeiten achten. Rechtsordnungen können theologischen Zielvorstellungen, etwa dem Gedanken der bruderschaftlichen Kirchenleitung, durchaus entsprechen, trotzdem können sie informale Strukturen nach sich ziehen, die der Intention entgegenstehen[19]. Die praktisch-theologische Theorie der Kirchenleitung impliziert daher die organisationssoziologische Analyse.

Planung als methodisch festgelegte Form der Steuerung in Organisationen unterliegt in ähnlicher Weise empirisch feststellbaren Gesetzmäßigkeiten. Die Planungstheorie versucht diese zu ermitteln und von daher Planungstypologien bzw. Planungsstrategien zu entwikkeln[20]. Luhmann verweist darauf, daß Planung Fixierung von Entscheidungsprämissen bedeutet, wobei gleichzeitig davon ausgegangen werden muß, daß dieser Vorgang bereits dort einsetzt, wo überhaupt organisatorische Regelungen getroffen oder wo bestimmte Persönlichkeiten für Leitungsfunktionen ausgewählt werden[21].

Der Vorgang der Planung ist mit dem Entwurf von Zieldefinitionen verknüpft. Auch wo sich ein System lediglich einer geänderten Umwelt anpaßt und vorhandene Ziele in relativ hohem Umfange weiterführt, bleibt er normativ gesteuert. Von daher ist Planung in der Kirche ein Prozeß, in dem sich theologische Vorentscheidungen durchsetzen. Diese müssen in der Analyse erkannt, kritisiert und ggf. verändert werden. Dabei handelt es sich keineswegs um eine exzeptionelle Situation. Gerade auch innerhalb der staatlichen Organisation er-

---

18 N. Luhmann, Funktionen und Folgen formaler Organisation ([2]1972) 206 ff.

19 Vgl in diesem Zusammenhang G. Heinemann, Synode und Parlament, und die kritischen Rückfragen von S. Meurer, in: Reformierte Kirchenzeitung, 113 (1972) 38–44.

20 J. Friedemann, Ein konzeptionelles Modell für die Analyse von Planungsverhalten, in: J. Esser / F. Naschold / W. Väth (Hg.), Gesellschaftsplanung in kapitalistischen und sozialistischen Systemen (1972) 212–238.

21 N. Luhmann, Politische Planung (1971) 77.

weist sich Planung als politische Aufgabe, die die Wertediskussion notwendig macht[22]. So wenig einer Überschätzung der Planung das Wort geredet werden kann[23], so sehr ist es zunächst Aufgabe der Praktischen Theologie, Planung als Aufgabe der Kirchenleitung darzustellen[24]. Dabei geht es mit darum, die Entwicklung von theologischen Zielkonzeptionen für umgrenzte kirchliche Arbeitsbereiche in Angriff zu nehmen.

5. Interessen und Ziele

Wie die Wissenschaft im ganzen, und zwar auch dort, wo sie wertfrei orientiert ist, funktional innerhalb des gesellschaftlichen und politischen Systems verortet ist, vollzieht sich die Theologie darüber hinaus noch im besonderen Handlungsfeld der Kirche. Ihre Interessen sind nicht unmittelbar die Interessen der Kirche, wohl aber auf sie bezogen. Als Handlungswissenschaft orientiert sich die Praktische Theologie daran, den Vollzug kirchlichen Lebens und Arbeitens mit zu steuern. Dies geschieht im wesentlichen in dreifacher Weise: 1. durch die kritische Analyse, 2. durch die Entwicklung von realitätsbezogenen Utopien[25], 3. durch den Entwurf von überprüfbaren Handlungsmodellen.

Die kritische Analyse, die realitätsbezogene Utopie und das Handlungsmodell sind jeweils abhängig von einem vorformulierten Verständnis von Kirche und von bestimmten Erwartungen, die zwar ihrerseits im Vollzug des Denkprozesses überprüft werden, aber doch dessen Einstiegsphase darstellen. Die Zielvorstellungen, die der folgenden Darstellung von Einzelproblemen aus dem Bereich von Kirchenleitung und -planung zugrunde liegen und zugleich ihre Auswahl bestimmt haben, lassen sich mit den Begriffen »Lernfähigkeit«, »Herrschaftsabbau« und »Identitätswahrung« umschreiben.

Kirchenleitende Organe arbeiten dann funktional, wenn sie die Lernfähigkeit des kirchlichen Systems gewährleisten. Dazu gehört zunächst die Anpassung an das jeweils vorgegebene soziale Feld, wobei Anpassung nicht als passiver Prozeß verstanden ist, sondern als aktive Auseinandersetzung mit anderen gesellschaftlichen Teilsystemen. Anpassung meint also zugleich die Beeinflussung der Gesellschaft, wobei

---

22 H. Lenk, Erklärung – Prognose – Planung (1972) 95 ff.

23 Vgl. in diesem Zusammenhang auch F. H. Tenbruck, Zur Kritik der planenden Vernunft (1972).

24 K.-F. Daiber, Die Bedeutung der Soziologie für Theologie und Kirche, in: ThPr 4 (1969) 356 ff.

25 Vgl. Greinacher, HPTh IV, 607 und Daiber, Die Bedeutung der Soziologie.

noch nichts darüber ausgesagt ist, ob dieser Vorgang primär über Aktivitäten geschieht, die sich auf einzelne, auf Gruppen oder auf die gesellschaftliche Öffentlichkeit unmittelbar beziehen.

Die Struktur des Leitungssystems von Kirchen ist dann funktional, wenn Herrschaftsverhältnisse, dh. die auf Macht beruhende Überordnung von einzelnen und Gruppen soweit wie möglich reduziert ist. Hier ist der Gedanke einer bruderschaftlichen Ordnung aufgenommen, in der die verschiedenen Dienste faktisch gleichrangig sind.

Kirchenleitung vollzieht sich schließlich dann funktional, wenn sie einen Beitrag dazu leistet, daß die Identität der Kirche erhalten bleibt. Ihre Sicherung ist gerade nicht möglich durch die kritiklose Übernahme von Formeln und von in der Vergangenheit richtigen Strukturen, sondern nur dort, wo die *Intention* der Tradition gewahrt bleibt. Im Traditionalismus verliert gegenwärtiges christliche Handeln seine Identität. Es kann sich nur selbst treu bleiben, indem es die offene Auseinandersetzung mit den Gegebenheiten auf sich nimmt, und in dieser Auseinandersetzung das durch Christus verwirklichte und gewollte Leben gestaltet.

6. *Einzelprobleme*

Die folgenden drei Teilbereiche sind schwerpunktmäßig je einem der Zielbegriffe zugeordnet. Die Frage nach Planung und Information in der Kirche soll den Begriff »Lernfähigkeit« verdeutlichen. Das Problem der vertikalen Machtkontrolle ist dem Begriff »Herrschaftsabbau« zugeordnet und die Frage nach der Funktion des Theologen beschäftigt sich mit dem Kriterium der Identitätswahrung. Auch wenn eine schwerpunktmäßige Zuordnung möglich ist, sind die drei Zielbegriffe für alle Teilbereiche wichtig.

a. Planung und Information

Voraussetzung der Planung als Festlegung von Entscheidungsprämissen zur Steuerung von Anpassung und Innovation ist die Information über innerorganisatorische Wandlungsprozesse sowie über Veränderungen innerhalb des sozialen Umfeldes. Die kirchenleitenden Gremien informieren sich hauptsächlich durch die Beobachtungen der Pfarrer, der Dekane oder der Mitglieder der Kirchenbehörde selbst. Die Informationen beziehen sich im wesentlichen auf die Untergliederungen der Landeskirchen bzw. Diözesen, auf die Pfarrsprengel, Dekanate und kirchlichen Regionen. Weitere wichtige Informationsträger sind die Massenkommunikationsmittel und die kirchlichen Pressedienste. Die Landeskirchen und Diözesen unterhalten über die Zentralstellen der funktionalen Dienste (Jugendarbeit, Sozial- und Industriearbeit, Frauenarbeit, Diakonie u.a.) zwar vielfache Kontakte zu einzelnen Bevölkerungsgruppen, die Koordination dieser Arbeitsformen in den Seelsorgeämtern und den Ämtern für Gemeindedienst gelingt aber – zumindest im evangelischen Bereich – nur mit Schwierigkeiten; die Information kirchenleitender Gremien über die Situation einzelner Zielgruppen findet kaum hinreichend statt. Insbesondere fehlt in den zentralen kirchlichen Behörden, sofern sie Verwaltungsbehörden sind, nicht selten eine Stelle, die entsprechende Informationen aufnimmt und verarbeitet. Die Information durch sozialwissenschaftliche Analysen ist auf wenige Auftragsarbeiten begrenzt. Kirchliche Institute, die sich der empirischen Sozialforschung widmen, sind inerhalb der katholischen Kirchen selten, innerhalb der protestantischen Kirchen so gut wie gar nicht vorhanden[26]. Wo empirische Untersuchungen durchgeführt werden, kommt es fast kaum zur Umsetzung in Entscheidungsprozesse. Die Kirchenleitungen haben sogar Schwierigkeiten damit, die Ergebnisse der amtlichen kirchlichen Statistik aufzunehmen. Dies liegt nicht zuletzt daran, daß die Gremien durch Fragen der alltäglichen Verwaltung ausgelastet sind. Infolgedessen beziehen sich die Entscheidungsabläufe auf unmittelbar Anstehendes. Der Entwurf nur auch mittelfristiger Planungsziele ist schwer realisierbar. Das Fehlen von wissenschaftlich abgesicherter Information führt nicht selten zu Entscheidungen, die emotional begründet sind.

Eine weitere Schwierigkeit entsteht dadurch, daß Planungsmaßnahmen einzelner Abteilungen nicht hinreichend koordiniert werden. Luhmann verweist auf den engen Zusammenhang von Programmpolitik, Personalpolitik und Organisationspolitik innerhalb der Strukturplanung[27]. Kurzfristige Planungen finden in diesen Arbeitsfeldern durchaus statt. Diese stellen aber in der Regel Maßnahmen der Anpassungsplanung dar; innovierende Impulse würden erst von längerfristigen Planungsmaßnahmen ausgehen, die miteinander koordiniert sind.

Im Rahmen der kirchlichen Regionalplanung haben eine ganze Reihe von Landeskirchen Zielvorstellungen entwickelt. Weil auf die

---

26 Katholischerseits vgl. das Institut für Kirchliche Sozialforschung Wien, das Schweizerische Pastoralsoziologische Institut St. Gallen und für die BRD – allerdings nur auf Diözesansebene – das Institut für Kirchliche Sozialforschung des Bistums Essen. Einen ersten Versuch auf evangelischer Seite stellt die seit 1971 bestehende Pastoralsoziologische Arbeitsstelle der Evang.-Luth. Landeskirche Hannovers dar.

27 Luhmann, Organisierbarkeit, 279.

Erarbeitung eines breiten Konsensus verzichtet wurde, stellten sich erhebliche Widerstände ein[28].

Die geschilderten Defizite lassen sich natürlich durch die Anpassungsschwächen bürokratischer Systeme erklären. Hinzu kommt allerdings, daß die mangelnde Umweltorientierung der kirchlichen Organisation und die dadurch bedingte verminderte Anpassungsfähigkeit durch Planung vom Einfluß solcher theologischer Theorien mitbestimmt ist, für die der Verkündigungsauftrag der Kirche in den von der Tradition überkommenen Formen schon seine letztgültige Ausformung erfahren hat. Die Chancen einer effizienten kirchlichen Planung sind deshalb in hohem Maße davon abhängig, daß es gelingt, sowohl den Beitrag der Theologie wie den der Sozialwissenschaften einsichtig zu machen. Die praktische Planungsarbeit läßt sich von den bislang vorhandenen zentralen kirchlichen Institutionen nicht übernehmen. Selbständige wissenschaftliche Institutionen sind dazu erforderlich[29]. Ihre Eingliederung in die zentralen Verwaltungsbehörden sollte vermieden werden, um den Freiraum für die Entwicklung kritischer Analysen und innovatorischer Impulse zu gewährleisten. Die interdisziplinär besetzten Institute sollten neben sozialwissenschaftlichen Analysen auch Beiträge zur Entwicklung mittelfristiger Konzeptionen kirchlicher Arbeit erbringen. Ein besonders wichtiger Arbeitszweig wird die Begleitung solcher Projekte sein, in denen sich geplanter Wandel verwirklicht[30].

b. Vertikale Machtkontrolle

In Gesellschaftsformen, die allen Betroffenen einen relativ hohen Einfluß auf Leitungsentscheidungen zubilligen, kann die spezielle Ordnung der Kirchen das Prinzip der Christrokratie nur in der Weise verwirklichen, daß sie der Rechtsgleichheit der Kirchenmitglieder in möglichst hohem Umfang Rechnung trägt. Dies bedeutet, daß die Inhaber von Leitungsfunktionen der Kontrolle unterliegen, diese aber wiederum so verwirklicht wird, daß sie nicht Über- bzw. Unterordnung konstituiert wie im hierarchischen System, sondern sich als gegenseitige

---

28 Vgl. zur Bedeutung des Konsensus für gesellschaftliche Steuerungen: A. Etzioni, Ansätze zu einer Theorie gesellschaftlicher Steuerung, in: Gesellschaftsplanung in kapitalistischen und sozialistischen Systemen, 187–211.

29 Vgl. Greinacher, HPTh IV, 616 f.; ferner Y. Spiegel, Kirchliche Bürokratie und das Problem der Innovation, in: ThPr 4 (1969) 374 ff. und W. Simpfendörfer, Kirche in der Region – Theologie und Strategie, in: K.-F. Daiber / W. Simpfendörfer (Hg.), Kirchenreform 4 – Kirche in der Region (1970) 164 ff.

30 Hier ist vor allen Dingen an die Rolle des »change-agent« zu erinnern: H. Faber, Neue Wege kirchlichen Handelns (1972) 69 ff.

Verantwortlichkeit von Gleichrangigen darstellt, wie dies für Prozesse innerhalb von kleineren Gruppen angestrebt wird. Herrschaft vollzieht sich demgemäß in der Doppelheit von Leitung und Kontrolle, wobei eine strikte Trennung der beiden Funktionen und ihre Verteilung auf unterschiedliche Gremien weder durchführbar noch notwendig ist. Konstitutiv für die Effizienz der Kontrolle und damit zugleich für einen möglichen Herrschaftsabbau innerhalb der Kirchen ist der Grad der Öffentlichkeit der Konsensusbildung im Bereich von Leitungsentscheidungen. Im Gegensatz zur katholischen Kirche, wo Synoden – zumindest kirchenrechtlich gesehen – beratende Gremien sind, haben die Synoden der evangelischen Kirchen die Kompetenz der Gesetzgebung. Sie stellen ein den Kirchenleitungen gegenüberstehendes selbständiges Leitungsorgan dar. Trotzdem gelangen Konflikte zwischen Kirchenleitungen und Synoden, bzw. Meinungsdifferenzen innerhalb synodaler Gruppen kaum an die Öffentlichkeit, sie werden allenfalls innerhalb des Funktionärskorps diskutiert. Die kirchenleitenden Gremien schirmen sich gegen die öffentliche Diskussion ab. Sie verhindern damit, daß eine kritische innerkirchliche Öffentlichkeit entstehen kann, die ihrerseits eine engagierte Mitbeteiligung einer größeren Zahl von Gemeindemitgliedern erst denkbar macht[31].

Wo Leitungskonflikte nicht hinreichend diskutiert werden, können unterschiedliche Standpunkte innerhalb der Kirche auch nicht zu einer entsprechenden Gruppenbildung führen. Damit ist ein zweiter, in diesem Zusammenhang wichtiger Punkt angeschnitten.

Eine vertikale Machtkontrolle innerhalb der Kirche wird verstärkt möglich, wenn im Rahmen der formalen Leitungsstrukturen auch die Bildung innerkirchlicher Gruppen möglich ist, die für die Meinungsbildung relevant sind. Innerhalb des gesamten Leitungssystems aber muß als weitere Voraussetzung für die Reduktion unkontrollierter Herrschaft das Prinzip der Legitimation durch Wahl gelten. Kirchenleitende Ämter, einschließlich des Pfarramts, sollten zeitlich befristet durch Wahl vergeben werden. Lehr- und Ordnungsstruktur der einzelnen Kirchen bedingen hier unterschiedliche Lösungen. Der Grundsatz sollte generell angewandt werden. Legitimation durch Wahl zu vollziehen, führt zu der weiterführenden Frage nach Wahlmodus und Wahlrecht. Eine Entfaltung dieses Themas ist nicht möglich. Es muß hier der Hinweis genügen, daß bereits im Wahlrecht Vorentscheidungen über die Leitungsstruktur der Kirche fallen. Dies gilt etwa auch im Blick auf das synodale Wahlrecht, das in der Regel auf dem Siebsystem aufbaut.

---

31 E. G. Mahrenholz, Die Kirchen in der Gesellschaft der Bundesrepublik (^{2}1972) 92 ff.

Erst von diesen allgemeinen Bedingungen her läßt sich die spezielle Frage nach der wechselseitigen Zuordnung der leitenden Gremien auf der Ebene der Landeskirchen und Diözesen klären. Das Problem der letztinstanzlichen Leitungsgewalt ist im Katholizismus und Protestantismus unterschiedlich gelöst. Die katholische Tradition sieht sie beim Bischof, in der evangelischen Tradition liegt sie bei der Synode. Da legislative und exekutive Rechte nicht streng voneinander getrennt werden können, kommt es darauf an, daß im Prozeß der für die Leitung notwendigen Konsensusfindung eine gegenseitige vertikale Machtkontrolle der beteiligten Gremien, dh. der Synode, der kirchlichen Zentralbürokratie und des Bischofs, bzw. des Bischofsrates stattfindet. Da die einzelnen Organe unterschiedlichen Wahlkörperschaften bzw. Berufungsinstanzen zugeordnet sind, werden diese differenzierte Erwartungen ausbilden, die ihrerseits eine solche Konsensusbildung notwendig machen, in der Meinungsunterschiede profiliert ausgetragen werden. Ein zusätzliches Element vertikaler Machtkontrolle ergibt sich dann, wenn die mittlere kirchliche Verwaltungsebene gestärkt wird, also eine regionale Dezentralisierung von Kompetenz einsetzt.

Einer vertikalen Kontrolle ist gegenüber einer hierarchisch strukturierten auch im Visitationsbereich der Vorrang einzuräumen. Visitation sollte vor allen Dingen in der Form geschehen, daß in einer Gruppe von Gemeinden die Kontrollfunktion gegenüber der Einzelgemeinde und ihrer Leitung von Repräsentanten der anderen Gemeinde übernommen wird. Dabei meint »Kontrollfunktion« den Prozeß einer kritischen Diskussion der Konzeption und Praxis der jeweiligen Gemeindearbeit.

c. Die Funktion des Theologen

Im Vergleich mit anderen Organisationen verfügen die Kirchen über ein breit entfaltetes Werte- und Normensystem, das für die Integration konstitutiv ist. Seine Tradition wurde insbesonders durch professionelle Theologen als Amtsträger sichergestellt. Über Jahrhunderte hinweg blieben den von den Theologen zu leistenden Interpretationen durch das kirchliche Dogmensystem enge Grenzen gesteckt. Infolge des Abbaus der religiösen Fundierung des gesamtgesellschaftlichen Wertesystems büßt auch das innerkirchliche Wertesystem an Festigkeit ein, seine Interpretationsbedürftigkeit steigt, der im Bekenntnis vorgegebene Lehrkonsensus verliert an Bedeutung. Da nach wie vor die Kirche ihre Identität dadurch gewinnt, daß sie die Gültigkeit ihrer Tradition, insbesondere ihrer Ursprungstradition bekennt, muß der theologische Konsens, der das Handeln im Zusammenhang mit der eigenen Geschichte legitimiert, immer von neuem gesucht werden. Natürlich sind andere Formen der Traditionssicherung wirksam: die verfestigten kirchlichen Organisationsformen, die religiösen Rituale, die Erwartungen an die Kirchen. Wenn über die Formen des pragmatischen Konsens hinaus gerade der theologische Konsens erstrebt wird, bedeutet dies, daß mit der Frage nach der Legitimation die Überprüfung der Praxis einsetzt, daß sich also von theologischen Kriterien her eine Kontrolle der kirchlichen Arbeitsformen vollzieht. Was im Blick an die Anpassung der Kirche an ihre Umwelt gesagt wurde, gilt gerade auch in diesem Zusammenhang. Die Auseinandersetzung mit Aufgaben, die sich aus neuen Situationen ergeben, ist ein aktiver Prozeß, der um der Identitätsgewinnung willen neue Entwürfe wagt.

In den evangelischen Kirchen wurde das Amt der Wortverkündigung und Sakramentsverwaltung vor allem deshalb als eine Institution *de iure divino* betrachtet, weil das Gegenüber des verkündigten Wortes zur Gemeinde sichergestellt werden sollte. Die kritische Funktion des Evangeliums mußte gewährleistet bleiben. Auch künftige Organisationsformen der Kirchenleitung können nicht umhin, dieser Zielvorstellung Rechnung zu tragen. Gerade angesichts des Funktionsverlustes der Lehraussagen kommt der Entwicklung des befristeten projektbezogenen Konsensus besondere Bedeutung zu. Für seine Gewinnung ist der Beitrag des theologischen Amtes unerläßlich, dessen Freiraum auch im Gegenüber zur Gemeinde gesichert werden muß. Fraglich ist, ob die theologische Aufgabe künftig noch von einzelnen wahrgenommen werden kann, ob nicht vielmehr um der Differenzierung der Situation willen Gruppen von Theologen oder interdisziplinär zusammengesetzte Ämter notwendig sind. Dies gilt für die ortsgemeindliche Ebene, zugleich aber auch für den Leitungsbereich der Landeskirchen und Diözesen. Die kirchlichen Zentralbehörden sind zwar überwiegend nach dem Kollegialsystem organisiert, Theologen und Juristen treffen gemeinsam die notwendigen Entscheidungen. Die anstehenden Verwaltungsaufgaben lassen aber keinen hinreichenden Raum für die kritische theologische Reflexion. Vielfach wird vom Bischof bzw. dem leitenden geistlichen Amt erwartet, daß dieser spezielle Beitrag der theologischen Akzentuierung eingebracht wird, ohne daß die damit verbundene Überforderung erkannt würde. Trotzdem empfiehlt sich die Einrichtung eines theologischen Stabes nicht, da es nicht darum geht, kirchliche Normaltheologien zu entwickeln. Notwendig ist aber eine kleine Koordinierungsstelle, die die theologische Entwicklung beobachtet und zu einzelnen Sachproblemen Gutachten der theologischen Fakultäten oder der kirchlichen Akademien und Institute anfordert.

Sieht man die Funktion des theologischen Amtes, sei es des Bischofs oder der Mitglieder des Pfarramts, besonders darin, die kritische Reflexion sicherzustellen, ergeben sich Spannungen zu den traditionellen Erwartungen an diese Ämter. Sie sollen nämlich nicht zuletzt die Integration der Kirche gewährleisten. Von daher reduziert sich die tolerierte Möglichkeit zur einseitigen Stellungnahme. Dies bedeutet, daß der theologische Reflexionsprozeß immer auch außerhalb des formalisierten Leitungssystems der kirchlichen Organisation seinen Platz haben muß. Die Theologie als Universitätswissenschaft gewinnt hier eine besondere kirchenleitende Funktion.

Schließlich darf nicht übersehen werden, daß theologisches Denken nicht an die Profession des Theologen gebunden ist. Die »Gemeindetheologie« hat ihr eigenes Gewicht. Sie ist häufig stärker als das Denken der professionellen Theologen daran interessiert, die Tradition im Rückgriff auf das Bewährte zu bewahren. Recht verstanden nimmt sie darin ebenfalls eine kritische Aufgabe wahr. Auch wenn an einem besonderen theologischen Amt festzuhalten ist, bleibt dieses doch mit der Gemeinde als Partner in der Funktion der Kirchenleitung verbunden.

4 DIDAKTISCHE PROBLEME DER PRAKTISCHEN THEOLOGIE

4 | 1 Manfred Josuttis
Zur Didaktik der Praktischen Theologie

Didaktik und Definition der Praktischen Theologie bedingen einander. Jede Definition enthält didaktische Konsequenzen und wird zugleich durch die Entfaltung ihrer didaktischen Implikate in ihrer Operationabilität begründet. Jede Didaktik der Praktischen Theologie enthält definitorische Implikate und wird durch die Entfaltung ihrer definitorischen Voraussetzungen hinsichtlich ihrer theoretischen Validität überprüft. In meinen Überlegungen zur Didaktik der Praktischen Theologie gehe ich von folgender Definition der Praktischen Theologie aus: Praktische Theologie ist die Theorie der Praxis des Evangeliums durch die Kirche in der Gesellschaft[1]. Demgemäß reflektiert sie in ihrer Didaktik die Ziele, die Inhalte sowie die Organisationsprobleme einer Ausbildung zur Praxis des Evangeliums durch die Kirche in der Gesellschaft.

In der kurzgefaßten Skizze, die ich hier nur vorlegen kann, bleiben diejenigen didaktischen Gesichtspunkte, die die Praktische Theologie mit den anderen theologischen Disziplinen oder gar mit allen anderen Wissenschaften unter den Arbeitsbedingungen der Universität in der gegenwärtigen Gesellschaft teilt[2], weitgehend unberücksichtigt. Dazu gehören vor allem:

- das Verhältnis von Forschung und Lehre;
- die Planung von interdisziplinären und interfakultären Veranstaltungen;
- die Prüfung der Lerneffizienz von Lehrbuch, Vorlesung und Gruppenarbeit[3] sowie die Entwicklung neuer Verbundangebote[4];
- das Verhältnis von »Lehrfreiheit und Selbstbestimmung«[5] bei der Planung und Durchführung von Lehrveranstaltungen;

---

1 Dazu ausführlich M. Josuttis, Praxis des Evangeliums zwischen Politik und Religion. Grundprobleme der Praktischen Theologie (1974).

2 Vgl. H. Seiffert, Hochschuldidaktik und Hochschulpolitik (1969).

3 Sehr instruktiv B. Genser/K. W. Vopel/P. Buttgereit/B. Heinze, Lernen in der Gruppe. Theorie und Praxis der themenzentrierten interaktionellen Methode (Ruth C. Cohn) (1972).

4 Siehe etwa das Modell der Göttinger Blockseminare, dargestellt in: Reform des Theologiestudiums V und bei J. Lähnemann (Hg.), Ansätze zu einer Hochschuldidaktik im Bereich evangelischer Theologie (1973).

5 D. v. Oppen (Hg.), Lehrfreiheit und Selbstbestimmung. Bericht von einer neuen Seminarform (1969).

– die Verkoppelung von Lehrangebot und Prüfungsanforderungen.

Daß ich diese Problembereiche in diesem Zusammenhang ausklammere, erfolgt nicht deshalb, weil ich meine, daß die Praktische Theologie im Rahmen der Theologischen Fakultät nicht die Aufgabe hätte[6] und die Fähigkeit haben müßte[7], dazu exemplarische Lösungen zu entwickeln. Aber schon diese Aufgaben sachgemäß zu formulieren, vermag sie in den meisten Fällen erst dann, wenn sie sich hinsichtlich ihrer Ziele, Inhalte und Organisationsformen festgelegt hat, wobei natürlich auch immer einzelne Aspekte der genannten Problembereiche in die Diskussion einbezogen werden müssen.

1. Ziele der Praktischen Theologie

Das Studium der Praktischen Theologie soll die Theorie der Praxis des Evangeliums durch die Kirche in der Gesellschaft in der Weise vermitteln, daß die Studierenden dadurch sowohl zu einer kritischen Analyse der gegenwärtigen Praxis des Evangeliums durch die Kirche in der Gesellschaft als auch zu einer konstruktiven Gestaltung und Veränderung dieser Praxis befähigt werden.

Einige der Determinanten, die diese Globaldefinition beeinflußt haben, sind in dem Leitbegriff der »Praxis des Evangeliums durch die Kirche in der Gesellschaft« enthalten. Dabei geht es vor allem um das Verhältnis von Religion und Evangelium, Kirche und Gesellschaft, Theorie und Praxis[8].

Die Praxis des Evangeliums betrifft die politische und die religiöse Dimension menschlich-gesellschaftlichen Daseins, sie vollzieht sich in den politischen und in den religiösen Interaktionsbereichen der Gesellschaft, und sie wird demgemäß sowohl in politischen als auch in religiösen Begriffen interpretiert. Die definitorische Verwendung des Begriffs Evangelium soll die Praktische Theologie dabei sowohl mit dem Normenarsenal der biblisch-theologischen Tradition verbinden als auch von einer einseitigen Beschäftigung mit »rein« religiösen Phänomenen bewahren. Durch den Bezug auf die biblisch-theologische Tradition gewinnt Praktische Theologie einerseits eine kritische Instanz zur Beurteilung gegenwärtiger Praxis in der kirchlichen Wirk-

6 So eine Intention bei H. D. Bastian, Theologie der Frage. Ideen zur Grundlegung einer theologischen Didaktik und zur Kommunikation der Kirche in der Gegenwart (1969).

7 Methodische Möglichkeiten dazu zeigt G. Dohmen (Hg.), Forschungstechniken für die Hochschuldidaktik (1971).

8 Im folgenden geht es um eine stillschweigende Auseinandersetzung mit G. Otto; ausführlicher bei Josuttis, Praxis des Evangeliums, 253 ff.

lichkeit[9], und andererseits wird sie dadurch angehalten, die Praxis von Freiheit, Frieden, Versöhnung über den religiösen, aber auch über den kirchlichen Bereich hinaus ins Auge zu fassen.

Die Praktische Theologie zielt also auf die Praxis des Evangeliums durch die Kirche in der Gesellschaft. Ihr primäres Forschungsobjekt sowie das Berufsfeld, auf das hin sie ausbildet, ist die gegenwärtige kirchliche Wirklichkeit. Diese kirchliche Wirklichkeit ist nicht der einzige Bereich, in dem sich Praxis des Evangeliums ereignen kann und ereignen soll. Sie steht auch der Wirklichkeit der Gesamtgesellschaft nicht in der Weise gegenüber, daß diese einzig zum Adressaten ihrer missionarischen oder aufklärerischen oder emanzipatorisch-pädagogischen Bemühungen wird. Die Erkenntnis der Tatsache, daß die Kirche auf mannigfache Weise mit der Gesellschaft verknüpft ist, indem sie von den ökonomischen, politischen und kulturellen Entwicklungen dieser Gesellschaft beeinflußt wird, indem sie innerhalb dieser Gesellschaft bestimmte, vorwiegend religiöse Funktionen der Sinnstiftung, Normenvermittlung und Integration erfüllt, hebt die Differenzierung zwischen Kirche und Gesellschaft nicht auf. Schon aus Gründen von Arbeitsteilung ist die Beschränkung auf einen bestimmten Raum gesellschaftlicher Wirklichkeit sinnvoll. Darüber hinaus präsentiert sich die Kirche als jener auch organisatorisch eigenständige Gruppenbereich innerhalb der Gesellschaft, der seinem erklärten Selbstverständnis nach bei den Kriterien und Normen der biblisch-theologischen Tradition »Evangelium« zu behaften ist. Entsprechend soll die Praktische Theologie ihre Studenten zu einer kritischen Wahrnehmung beruflicher Tätigkeiten im organisatorischen Bereich der Kirche befähigen[10].

Als Theorie einer Praxis des Evangeliums kann Praktische Theologie ihre Didaktik weder im Sinne einer reinen Erfahrungswissenschaft noch im Sinne einer reinen Anwendungswissenschaft konzipieren. Sie kann sich also auf der einen Seite nicht damit begnügen, Studierende zu einer methodisch gesicherten Analyse gegenwärtiger kirchlicher Wirklichkeit auszubilden. Sie kann auf der anderen Seite aber auch ihr bisher weithin geübtes Verfahren nicht fortsetzen, aus dogmatischen Prinzipien die Wirklichkeit der Kirche betreffende Konsequenzen zu ziehen. Mit der Ausbildung zur empirischen Analyse kirchlicher Wirklichkeit in der Gesellschaft muß sie die Ausbildung zur kri-

9 Obwohl die hier vorgeschlagene Zieldefinition wie jede andere normative Elemente enthält, verstehe ich sie nicht als normativ im Sinne von H. Blankertz, Theorien und Modelle der Didaktik (^{4}1970).

10 Deshalb scheint es mir sinnvoll zu sein, die Religionspädagogik aus dem Aufgabenbereich der Praktischen Theologie auszuklammern.

tischen Beurteilung und zur konstruktiven Veränderung dieser Wirklichkeit verkoppeln. Die Befähigung zur empirischen Analyse wehrt der dogmatischen Konstruktion, die Wirklichkeit nicht erfaßt und mit ihren Veränderungsappellen gegenüber der Konsistenz empirischer Wirklichkeit und politischer Interessen wirkungslos bleibt. Die Befähigung zur kritischen Beurteilung verhindert eine blinde Reproduktion gegenwärtiger Wirklichkeit, die den Umgang mit Menschen und Institutionen allenfalls als Sozialtechnik praktizieren kann. Die Befähigung zur konstruktiven Gestaltung verhindert eine resignative Kapitulation vor der Übermacht von Institutionen und Interessen, indem sie die Einsichten der kritischen Beurteilung auf die gegenwärtige Wirklichkeit der Kirche und in dieser Wirklichkeit planerisch und organisatorisch durchzusetzen lehrt.

Demgemäß kann ich die oben vorgetragene Zieldefinition in folgender Weise differenzieren:

Die Praktische Theologie soll im Zuge der Ausbildung an die Studierenden vermitteln:

– Kenntnisse der Theorien, Problembereiche und Fragestellungen zur gegenwärtigen Praxis des Evangeliums durch die Kirche in der Gesellschaft;
– – Einsichten in die historische Dimension gegenwärtiger kirchlicher Wirklichkeit (zB. Parochialstruktur);
– – Einsichten in die politische Verflochtenheit gegenwärtiger Kirchlichkeit in der Gesellschaft (zB. Militärseelsorge);
– – Einsichten in die sozialpsychologische Funktion gegenwärtiger kirchlicher Wirklichkeit (zB. Kasualpraxis);
– – Einsichten theologischer Theorien über die gegenwärtige kirchliche Wirklichkeit (zB. Amtsverständnis);

– Fähigkeiten zur methodisch gesicherten Analyse der gegenwärtigen Praxis des Evangeliums durch die Kirche in der Gesellschaft;
– – methodische Verfahren zur Erfassung der historischen Dimension gegenwärtiger kirchlicher Wirklichkeit (Elemente der historischen Kritik);
– – methodische Verfahren zur Erfassung der politischen Verflochtenheit gegenwärtiger kirchlicher Wirklichkeit in der Gesellschaft (Elemente der Ideologiekritik);
– – methodische Verfahren zur Erfassung der sozialpsychologischen Funktion kirchlicher Wirklichkeit in der Gesellschaft (Elemente der empirischen Sozialforschung);
– – methodische Verfahren zur Erfassung der Wirkung bzw. Wir-

kungslosigkeit theologischer Theorien auf die gegenwärtige kirchliche Wirklichkeit (Elemente der Wissenssoziologie);

- Fähigkeiten zur kritischen Beurteilung der gegenwärtigen Praxis des Evangeliums durch die Kirche in der Gesellschaft;
- – die Fähigkeit zur Verknüpfung der verschiedenen empirischen Aussagen;
- – die Fähigkeit zur Verknüpfung von theoretischen und empirisch-analytischen Aussagen;
- – die Fähigkeit zur Verknüpfung von sozialwissenschaftlichen und biblisch-theologischen Aussagen;

- Fähigkeiten zur konstruktiven Gestaltung gegenwärtiger kirchlicher Wirklichkeit von Praxis des Evangeliums in der Gesellschaft;
- – die Vermittlung von Einsichten über den Prozeß des sozialen Wandels;
- – die Vermittlung von methodischen Prozeduren zur Beförderung von Innovation;
- – die Vermittlung der Fähigkeit zur Planung und Steuerung von strukturellen Reformen, von Gruppenprozessen, von therapeutischen Vorgängen bei einzelnen und in der Gesellschaft.

2. *Zur Auswahl und Aufteilung der Inhalte der Praktischen Theologie*

Daß die Praktische Theologie Fragestellungen, Einsichten und Methoden der empirischen Sozialwissenschaften, der historischen Hermeneutik und der systematischen Theologie integrieren und im Studium weiter vermitteln sollte, darüber besteht gegenwärtig innerhalb der Disziplin weitgehende Übereinstimmung. Ungelöst, ja noch nicht einmal diskutiert ist dagegen das didaktische Problem, nach welchen Gesichtspunkten das vielfältige Material möglicher Lehr- und Lerninhalte aus den verschiedensten Wissenschaften für die Praktische Theologie auszuwählen und innerhalb der Praktischen Theologie auf verschiedene Unterdisziplinen aufzuteilen ist. Nachdem die Notwendigkeit der Integration von empirischen Forschungsverfahren allgemein anerkannt ist, ist es an der Zeit, das Problem der Auswahl aus den verschiedensten Wissenschaftsbereichen und das Problem der Aufteilung innerhalb der Praktischen Theologie zu klären.

Die Schwierigkeit, beide Probleme angemessen zu lösen, hängt u. a. damit zusammen, daß das berufliche Feld, auf das hin Praktische Theologie arbeitet, derzeit noch keine klar strukturierten Konturen aufweist. Neben dem herkömmlichen Gemeindepfarramt wächst die

Zahl der noch immer sog. »Sonderpfarrämter«[11], und auf der Parochialebene wird im Zuge der landeskirchlichen Strukturreform versucht, eine funktionsorientierte Aufgabenverteilung unter dem Mitarbeiterteam zu organisieren. Die Aufgabe, Kriterien der Auswahl und Kategorien der Aufteilung von Lerninhalten zu ermitteln, wäre der Didaktik der Praktischen Theologie wesentlich erleichtert, wenn sie zB. nur für ein rein funktionsgegliedertes Berufsfeld auszubilden hätte. So wird die Praktische Theologie schon aus dem berechtigten Eigeninteresse, ihre eigenen Lehrinhalte dann präziser definieren und organisieren zu können, die Bemühungen zur Kirchenreform unterstützen.

In der derzeitigen Situation, in der neben einer wachsenden Zahl von funktionsgegliederten Arbeitsbereichen noch immer das lokalgegliederte Parochialprinzip herrscht, ist das Problem der Auswahl von Lerninhalten m. E. nur durch eine bestimmte Organisation des Verhältnisses von Basis- und Spezialwissen zu lösen.

Das Basiswissen muß dann nicht nur diejenigen Lerninhalte umfassen, die notwendige Voraussetzung für die Aneignung des Spezialwissens bilden; vielmehr müssen die Inhalte des Basiswissens so beschaffen sein, daß sie zu einer sachgemäßen Wahrnehmung der beruflichen Aufgaben im Parochialbereich befähigen. Eine derartige Konstruktion muß natürlich insofern unbefriedigend wirken, als sie, wie auch bisher üblich, die Spezialisierung gegenüber und im Rahmen der Parochialfunktion definiert. Eine verbesserte Lösung könnte darin bestehen, auch die Tätigkeit im parochial organisierten Praxisfeld als Tätigkeit eines Spezialisten zu organisieren. Dann müßte das Basiswissen all jene Lerninhalte aus den Sozialwissenschaften, der historischen Hermeneutik und der systematischen Theologie umfassen, auf die die Spezialausbildung für die Tätigkeit in bestimmten Funktionsbereichen, aber auch im parochial gegliederten Pfarramt aufbauen können muß.

Wenn man, wie hier vorgeschlagen, die Auswahl der Lerninhalte von Praktischer Theologie am Raster von Basis- und Spezialwissen vornimmt und wenn sich die Unterscheidung von Basis- und Spezialwissen an den Anforderungen der beruflichen Praxis orientiert, dann läßt sich auch begründen, daß die Lehrinhalte aus den verschiedenen Wissenschaftsgebieten in den beiden Phasen verschieden stark gewichtet sein müssen. Da die Spezialausbildung sich verstärkt auf die Funktionen des jeweiligen Berufsfeldes bezieht, wird hier die Vermittlung von Kenntnissen und Fertigkeiten aus dem Bereich der empirischen

11 Vgl. Y. Spiegel (Hg.), Pfarrer ohne Ortsgemeinde. Berichte, Analysen und Beratungen (1970).

Sozialwissenschaften im Vordergrund stehen. Da in allen Funktionen die Fähigkeit zur theologischen Urteilsbildung gefordert ist, wird zum Basiswissen in verstärktem Maß die Vermittlung von theologischen Einsichten gehören. Da sowohl theologisches Urteil als auch sozialwissenschaftliche Analyse nicht ohne die Berücksichtigung der historischen Dimension ihres Gegenstands zustandekommen, werden Elemente der historischen Hermeneutik in beide Phasen zu integrieren sein. Da weder theologische Urteile auf dem Wege rein dogmatischer Definition noch sozialwissenschaftliche Einsichten rein als Gebrauchsanweisung verstanden werden können, ist die unterschiedliche Verteilung von systematischer Theologie und empirischer Sozialwissenschaften auf Basis- und Spezialwissen nur im Sinne einer akzentuierten Gewichtung zu verstehen.

Die gegenwärtige Aufteilung der Praktischen Theologie orientiert sich an den Hauptaufgaben des parochialen Pfarramtes: Predigt, Gottesdienst, Unterricht und Seelsorge. Die Praktische Theologie ist faktisch noch immer als Pastoraltheologie organisiert[12]. Bei dieser Aufteilung bleiben weitgehend unberücksichtigt: 1. Tätigkeiten im Gemeindebereich durch den Pfarrer (Gruppenarbeit); 2. Tätigkeiten im Gemeidebereich durch andere Berufsgruppen (Diakon, Gemeindehelferin); 3. Tätigkeiten im überparochialen Bereich (mediale Publizistik); 4. Berufsgruppen im überparochialen Bereich (Sonderpfarrämter, kirchenleitende Ämter). Wie lassen sich die Lerninhalte der Praktischen Theologie zusammenfassend unterteilen, so daß sowohl möglichst viele Tätigkeitsbereiche als auch möglichst alle Berufsgruppen von einer solchen Aufteilung erfaßt werden?

Der Versuch, wie er im 19. Jahrhundert verschiedentlich unternommen worden ist, die Ordnung der Lerninhalte der Praktischen Theologie aus einem theologischen Oberbegriff, etwa einem bestimmten Verständnis von Kirche, abzuleiten[13], hat sich insgesamt als wenig hilfreich erwiesen. Denn entweder war ein solcher Entwurf außerstande, alle Wirklichkeitsbereiche der gegenwärtigen Kirche zu erfassen, oder er mußte sich trotz des Anspruchs einer apriorischen Konstruktion doch an der aktuellen Wirklicheit der Kirche orientieren. Grundsätzlich sind zwei andere Ansatzmöglichkeiten für die Gliederung der Lehrinhalte gegeben. Die erste besteht darin, daß man die Unterteilung der empirischen Sozialwissenschaften in die Praktische Theologie verlängert und, wie neuerdings auch schon üblich, von Pastoralsoziologie, Pastoralpsychologie, Pastoralpädagogik redet. In kon-

12 Siehe auch Schuster, WP; F. Winter, Praktische Theologie und Pfarramt, in: Fides et communicatio. Festschrift M. Doerne (1970) 412–427.

13 Vgl. den Überblick von R. Rothe bei Krause, 103 f.

sequenter Realisierung wäre das eine Aufteilung nach dem Prinzip unterschiedlicher sozialwissenschaftlicher Methoden, innerhalb derer jeweils die verschiedenen Funktionsbereiche kirchlicher Praxis behandelt werden müßten. Abgesehen von der Engführung auf die pastorale Tätigkeit besteht das Hauptproblem einer solchen Aufteilung darin, daß die Sozialwissenschaften selber nicht durch unterschiedliche Methoden eindeutig voneinander abgegrenzt sind (die Pädagogik benutzt auch soziologische und psychologische Verfahren) und daß innerhalb einzelner Sozialwissenschaften wie einzelner kirchlicher Funktionsbereiche verschiedene methodische Ansätze angewendet werden (analytische Therapie, Gruppendynamik, Gesprächstherapie in [Tiefen]psychologie bzw. seelsorgerlicher Beratung).

Eine weitere Möglichkeit zur Ordnung der Lehrinhalte könnte in den Kommunikationstypen bestehen, die in der kirchlichen Praxis ablaufen. Man könnte dann unterscheiden zwischen einseitigen Kommunikationsformen, die die Bereiche von Homiletik, Publizistik und Medienkunde umfassen würden; dialogischen Kommunikationsformen, wozu vor allem die seelsorgerliche Beratung gehörte, und gruppalen Kommunikationsformen, die als so divergent geltende Arbeitsbereiche wie Unterricht, Gemeindearbeit und Gottesdienst umfassen müßten. Die Hauptschwierigkeit dieser Lösung dürfte darin bestehen, eine Durchlässigkeit zwischen Kommunikationstypen und Funktionsbereichen zu gewährleisten.

So kann man im Augenblick nur konstatieren, daß eine befriedigende Aufteilung der Lehrinhalte von Praktischer Theologie bisher noch nicht gelungen ist. Ein Entwurf, der auf weitgehende Zustimmung rechnen darf, muß die Funktionsbereiche und Kommunikationstypen der kirchlichen Praxis mit den unterschiedlichen Methoden der empirischen Sozialwissenschaften in der Weise verkoppeln, daß er möglichst alle kirchlichen Tätigkeitsfelder möglichst aller in der Kirche tätigen Berufsgruppen derart erfaßt, daß er die Beziehungen dieser Tätigkeitsfelder und Berufsgruppen zur Wirklichkeit der Gesamtgesellschaft aufzudecken vermag und Arbeitsziele wie Organisationsformen der kirchlichen Praxis kritisch-theologisch zu reflektieren versteht.

3. *Organisationsprobleme der Praktischen Theologie*

Die Didaktik der Praktischen Theologie ist nicht nur, aber auch in organisatorischer Hinsicht mit der Planung des gesamten Theologiestudiums befaßt. Denn die didaktische Reflexion der Praktischen Theologie schließt ein Begründungen und Entscheidungen über:

- die Stellung der Praktischen Theologie im Aufbau des Theologiestudiums;
- die Unterteilung des Theologiestudiums in zwei Phasen;
- die Verknüpfung zwischen Aus-, Fort- und Weiterbildung;
- das Verhältnis von Ausbildung und praktischer Tätigkeit;
- eine Aufteilung des Lehrangebots in Vorlesung, Übung, Pro-, Haupt- und Oberseminar.

Ich greife aus diesem Problemkatalog diejenigen Fragen heraus, die nicht an einer anderen Stelle dieses Bandes ausdrücklich thematisiert sind.

Die gegenwärtige Stellung der Praktischen Theologie im Rahmen der theologischen Ausbildung definiert sie allen gegenteiligen Absichtserklärungen zum Trotz zur Anwendungswissenschaft, zur »Kunstlehre« im Schleiermacherschen Sinn[14]. Wenn der Student sich nach der historischen und der systematischen der Praktischen Theologie zuwendet, erwartet er, daß er die dort gewonnenen Erkenntnisse hier im Blick auf die kirchliche Praxis anwenden lernt. Auch die von manchen exegetischen Schulen vertretene Anschauung, die historischen Texte der Bibel drängten von sich aus zur Aktualisierung in der gegenwärtigen Predigt, führt aus diesem Rahmen keineswegs heraus, indem auch sie die Praktische Theologie zur Verlängerung der Exegese deklariert.

Die Praktische Theologie kann sich mit ihrer herkömmlichen Stellung im Theologiestudium aus verschiedenen Gründen nicht zufriedengeben. Erstens hat sie, wie die historische und systematische Theologie, einen eigenständigen Forschungsbereich, die empirische Kirche in ihrer gesellschaftlichen Verflochtenheit. Zweitens muß sie daran erinnern, daß das erkenntnisleitende Interesse zur Beschäftigung mit der historischen und der systematischen Theologie sich weitgehend aus praxisorientierten Motivationen speist, was schon auf die Methodendiskussion der anderen Disziplinen erhebliche Auswirkungen haben dürfte. Drittens ist der Prozeß der Übertragung von historischen und systematischen Erkenntnissen auf die kirchliche Praxis mit dem Stichwort »Anwendung« deshalb unzureichend beschrieben, weil er die sachlichen und politischen Veränderungen, die jene Erkenntnisse im Transformationsprozeß erfahren, unberücksichtigt läßt.

Wer es unternimmt, die Stellung der Praktischen Theologie in der theologischen Ausbildung zu verändern, kann die auftretenden Schwierigkeiten nicht leicht überschätzen. Denn die Probleme sind nicht damit gelöst, daß man, wie verschiedentlich vorgeschlagen, praktisch-theologische Lehrveranstaltungen schon zu Beginn des Studiums ein-

14 Vgl. M. Doerne, Theologie und Kirchenregiment. Eine Studie zu Schleiermachers Praktischer Theologie, in: NZsysTh 10 (1968) 360–386.

baut, etwa im Rahmen einer Motivationserklärung bei den Studienanfängern. Auch ein verstärktes zusätzliches Angebot an Praktischer Theologie in der zweiten Hälfte dürfte bestenfalls zur Verlängerung, aber nicht zur Veränderung des Studiums führen. Die Diskussion um die Studienreform ist auch ein Macht- und Meinungsstreit zwischen den verschiedenen theologischen Disziplinen[15]. Entweder gelingt der Praktischen Theologie der Entwurf eines curricularen Studienmodells, das die anderen Disziplinen mit deren Zustimmung in eine funktionale Rolle gegenüber der Praktischen Theologie verweist, oder sie wird sich faktisch weiterhin mit der Aufgabe einer Anwendungswissenschaft begnügen müssen. Insofern kann die Praktische Theologie ihre Stellung im Rahmen des Theologiestudiums nur als Reform dieses Studiums organisieren.

So ungeklärt wie ihre Stellung inerhalb der theologischen Disziplinen ist auch ihr Verhältnis zu den außeruniversitären, vor allem landeskirchlichen Ausbildungsinstitutionen. Während in den anderen Fakultäten, zB. der juristischen, der zweiphasige Ausbildungsgang mindestens versuchsweise reformiert wird und die Aufgaben der zweiten, mehr praxisorientierten Phase auch in die akademische Ausbildung integriert werden sollen, wird die überkommene Aufteilung in zwei Phasen in der neueren Diskussion zur Reform des Theologiestudiums unbesehen übernommen[16] und durch den verstärkten Ausbau landeskirchlicher Einrichtungen wie der religionspädagogischen, pastoralsoziologischen und pastoralpsychologischen Institute zementiert.

So begrüßenswert die Initiative der Landeskirchen, die damit für eine gezielte Vorbereitung ihrer künftigen Amtsträger auf den Kirchenberuf sorgen wollen, auch sein mag, so darf man doch die Nachteile dieser Entwicklung nicht übersehen. Die Ausklammerung dieser Ausbildungsaufgaben aus dem akademischen Studium entlastet dieses Studium von dem Zwang, sich selbst im Blick auf die künftige Berufspraxis zu reformieren und trägt also zur Konsolidierung der bisherigen unbefriedigenden Lösungen bei. Sie enthebt die akademische Theologie aber auch von dem Zwang zur interdisziplinären Kooperation, wie sie dann in gewissem Umfang innerhalb der landeskirchlichen Institute geleistet werden muß. Und sie birgt nicht zuletzt die Gefahr in sich, daß aufgrund der Trennung vom universitären Bereich die integrierten Humanwissenschaften zu reinen Hilfswissenschaften für die kirchliche Praxis degradiert werden, indem man auf die theoretische Dis-

15 Ich erinnere an die Auseinandersetzung zwischen K. Rahner und N. Lohfink, kurz zusammengefaßt bei Ch. Bizer, Unterricht und Predigt. Analysen und Skizzen zum Ansatz katechetischer Theologie (1972) 18 ff.

16 Vgl. die Diskussionsbeiträge in Reform der theologischen Ausbildung I–X.

kussion ihrer anthropologischen Voraussetzungen und methodischen Anwendungsmöglichkeiten verzichtet.

Die neuere Entwicklung läßt sich eigentlich nur unter einem Gesichtspunkt begreifen und vielleicht auch begründen. Neben der Immobilität der theologischen Fakultäten spielt dabei die ökonomische Situation der Universitäten und die kulturpolitische Einschätzung der theologischen Fakultäten in ihr die entscheidende Rolle[17]. Die Integration der zweiten Ausbildungsphase in die Universität setzt, wie die landeskirchlichen Neugründungen zeigen, einen derartigen Ausbau der Praktisch-theologischen Institute in materieller und personeller Hinsicht voraus, daß eine Bereitstellung der dafür erforderlichen Mittel von seiten des Staates nicht zu erwarten, vielleicht auch nicht einmal zu fordern ist. Da aber angesichts der ökonomischen und kulturpolitischen Gegebenheiten eine grundlegende Änderung der augenblicklichen Lage nicht zu erwarten ist, ist von der Praktischen Theologie zu verlangen, daß sie ihre Begrenzung auf den akademischen Bereich aufgibt und sich als eine Disziplin versteht, die für beide Phasen der theologischen Ausbildung in praktisch-theologischer Hinsicht verantwortlich zeichnet. Daraus folgt als notwendige Forderung die enge Kooperation zwischen universitären und landeskirchlichen bzw. diözesanen Ausbildungsinstituten und vor allem eine präzise Absprache über die jeweiligen Lehrangebote. Die gegenwärtige Situation, in der praktisch-theologische Institute und Predigerseminare bzw. Priesterseminare nebeneinander herarbeiten, ohne die Inhalte und Organisationsformen ihres Angebots aufeinander abzustimmen, trägt nur zur faktischen Bedeutungslosigkeit der Praktischen Theologie innerhalb der theologischen Fakultät und zur Überlastung der zweiten Ausbildungsphase bei. Daß die Reform der zweiten Ausbildungsphase innerhalb der einzelnen Landeskirchen verschieden weit fortgeschritten und mit unterschiedlichem Ergebnis erfolgt ist, wird einer gezielten Koordination erhebliche Schwierigkeiten bereiten. Aber mindestens für den regionalen Bereich dürfte diese Koordination nicht nur erforderlich, sondern auch zu erreichen sein.

Eine weitere grundlegende Aufgabe innerhalb der Organisationsproblematik stellt die Aufteilung der Lehrinhalte auf verschiedene Unterrichtsformen dar. Angesichts der allgemein anerkannten Notwendigkeit, Einsichten und methodische Fertigkeiten der empirischen Sozialwissenschaften in die Praktische Theologie zu integrieren, scheint mir die Einrichtung eines praktisch-theologischen Proseminars besonders dringlich zu sein, in dem grundlegende sozialwissenschaftliche

17 Vgl. R. Weth/Ch. Gestrich/K. Solte, Theologie an staatlichen Universitäten? (1972).

Untersuchungstechniken vermittelt und hinsichtlich ihrer Anwendungsmöglichkeit auf die kirchliche Praxis reflektiert werden[18]. Zu diesen grundlegenden methodischen Fertigkeiten, die für alle Arbeitsbereiche der künftigen Berufspraxis konstitutiv sind, gehören u.a.:

- Techniken der begleitenden Beobachtung;
- Techniken der Interviews, der Fragebogenherstellung und -auswertung;
- die Fähigkeit zur Auswertung von Statistiken;
- die Fähigkeit zur Analyse und Steuerung von Gruppenprozessen.

Noch nicht gelungen ist der Praktischen Theologie bisher eine sachgemäße und überzeugende Zuordnung von Lehrinhalten und Lehrformen für ihre verschiedenen Unterdisziplinen. Das gilt insbesondere für die Integration praktischer Übungen in die akademische Ausbildung. G. Otto hat folgende Gattungen vorgeschlagen[19]: »Vorlesung/Übung« – »Vermittlung von Grundwissen und Einführung in ausgewählte elementare Problemstellungen«; »Seminar« – »Intensive Einarbeitung in speziellere Probleme«; »Oberseminar« – »Studium als Forschung«.

Einleuchtend an diesem Vorschlag ist insbesondere die Verkoppelung von Vorlesung/Übung, wie zB. eine Vorlesung über Probleme seelsorgerlicher Beratung ohne begleitende Gruppenarbeit nicht denkbar sein sollte. Unbefriedigend wirkt dagegen der grundsätzliche Verzicht auf das Proseminar, was zur Folge hat, daß in diesem Entwurf die Vermittlung methodischer Fertigkeiten überhaupt nicht bzw. nur am Rande angestrebt wird. Ungeklärt bleibt auch die Stellung und die Funktion der praktischen Entwürfe, die Teilnehmer in die Lehrveranstaltung einbringen sollen. Wahrscheinlich krankt dieser Entwurf noch daran, daß er die Folge von Übung, Seminar und Oberseminar aus den anderen theologischen Disziplinen in die Praktische Theologie unbesehen übernimmt. Den spezifischen Aufgaben der Praktischen Theologie scheint mir folgende Unterscheidung eher gerecht zu werden:

- methodenorientierte (Pro-)Seminare (zB. »Kommunikationsbedingungen der Predigt«);
- themenorientierte Seminare (zB. »Die Kasualansprache«);
- projektorientierte Seminare (zB. Diskussion von Predigtentwürfen).

Die Kombination dieser drei Seminartypen mit einer Vorlesung, die

---

18 Da die in letzter Zeit verstärkt eingeführten Gemeindepraktika weitgehend als Beobachtungspraktika ablaufen, liegt es nahe, ein solches Proseminar mit der Vorbereitungs- und Auswertungsphase des Praktikums zu verbinden.

19 Nach G. Otto, Zur Didaktik praktisch-theologischer Theologie, in: ThPr 6 (1971) 13–32, 16 ff., nachgedruckt bei Lähnemann (Hg.), Ansätze zu einer Hochschuldidaktik, 119 ff.

das entsprechende Grundwissen zu vermitteln hätte, wäre nach Fach und Thema variabel. Dabei bieten sich vor allem folgende Grundmuster, jeweils verteilt auf zwei Semester, an:

1. Semester: Vorlesung und Methodenseminar (je 2 Semesterwochenstunden) – und
2. Semester: themenorientiertes Seminar und projektorientiertes Seminar (4 Semesterwochenstunden je zur Hälfte verteilt); oder
1. Semester: Vorlesung und thematisch orientiertes Seminar (je 2 Semesterwochenstunden) – und
2. Semester: Methodenseminar und Projektseminar (4 Semesterwochenstunden, je zur Hälfte verteilt).

Das vollständige Grundmuster sollte vor allem auf die derzeit vorhandenen Teilbereiche Homiletik (unter Einschluß von Publizistik und Medienkunde) und Katechetik (unter Einbeziehung der Erwachsenenbildung) angewendet werden, während man sich für Seelsorge, Liturgik und Gemeindeaufbau in der ersten Ausbildungsphase mit einem reduzierten Angebot begnügen könnte. Insgesamt ergäbe sich dann unter den gegenwärtigen Ausbildungsbedingungen ein Minimum von 30 Semesterwochenstunden Praktische Theologie[20] innerhalb eines Theologiestudiums, das auf die Tätigkeit im parochialen Pfarramt zuführt und auf das eine zweite Ausbildungsphase folgt.

---

20 Diese Zahl schließt ein:
2 Semesterwochenstunden Praktische Theologie in der Studieneingangsphase;
2 Semesterwochenstunden Sozialwissenschaftliches Proseminar;
8 Semesterwochenstunden Homiletik;
8 Semesterwochenstunden Katechetik;
6 Semesterwochenstunden Seelsorgerliche Beratung;
4 Semesterwochenstunden Liturgik und Gemeindeaufbau.

4|2 Gert Otto
Curricula für das Studium der Praktischen Theologie?

Der wahre Lehrer der Kirchen muß seyn διδακτικός *oder geschickt zu seinem Lehr-Amt, daß er wisse, was denen Zuhörern vorzutragen nöthig, und nützlich ist, dieweil er sonst zum Lehr-Amt untüchtig ist. Dahero der Apostel Paulus Tit. 1 V. 9 von einem Lehrer der Kirchen erfordert, daß er müsse* lehren *können.*

C. Stock, Homiletisches Reallexikon (1741) 738.

Wer[1] Studiengänge plant, ihre Inhalte auswählt, Schwerpunkte setzt, organisatorische Strukturen erwägt, der konkretisiert damit sowohl explizit wie implizit ein inhaltliches Verständnis des betreffenden Lehrgebietes, und zwar mit allen Bedingungen und Folgen, die dazugehören: der jeweils *eigene* Horizont wird verabsolutiert, dem Planer fremde Perspektiven fehlen, und die Wirkung der Planung verfehlt leicht die viel komplexere Realität. Weil dies so ist, darf Studienplanung weder als nebensächlich angesehen werden, noch darf sie einzelnen »Beauftragten« oder bestimmten »Instanzen« oder fachwissenschaftlichen »Expertenkommissionen« überlassen werden. Vielmehr muß Studienplanung im öffentlichen Diskurs aller Beteiligten und Betroffenen erfolgen[2]. Mit dieser Forderung ist zugleich und von vornherein der endgültige Verzicht auf die Alleinherrschaft der Fachwissenschaften angesprochen. Stattdessen geht es in jenem diskursiven lich der Frage ist: *was warum* mit welchem *Ziel,* innerhalb und mit-
Verfahren – das der Ausgangspunkt aller Ermittlungsprozesse bezüg-

1 In den folgenden Ausführungen stecken natürlicherweise die eigenen konkreten Erfahrungen der letzten Jahre. Das heißt zugleich, daß hinter der schriftlichen Fixierung, die ich allein zu verantworten habe, vielfältige Anregungen der permanenten Diskussion mit meinen Mitarbeitern stehen, für die ich zu danken habe.

2 Ein instruktives Beispiel für einen solchen öffentlichen Diskurs ist der Prozeß, den die Hessischen Rahmenrichtlinien für Deutsch und Gesellschaftslehre ausgelöst haben, freilich verspätet, denn die Diskussion hätte *vorher* stattfinden sollen. Immerhin ist erreicht worden, daß *öffentlich* diskutiert wird, was in zwei Fächern in den Schulen eines Bundeslandes in Zukunft unterrichtet werden soll. Dies dürfte ein erstmaliger Vorgang sein. Er wiegt schwerer – im Sinne einer prinzipiellen Weichenstellung – als die Frage, ob man den Rahmenrichtlinien in allen Punkten zustimmen mag; und zwar deswegen, weil die Frage der Zustimmung oder Nichtzustimmung zu dem, was in unseren Schulen geschieht, nicht mehr hinter verschlossenen Türen stattfindet, in Kommissionen, deren Zustandekommen und deren Zusammensetzung eigene Rätsel aufgaben. Daß dieser Zustand überwunden worden ist, genau dies ist das Entscheidende. Vgl. G. Köhler / E. Reuter, Was sollen Schüler lernen? Die Kontroverse um die hessischen Rahmenrichtlinien für die Unterrichtsfächer Deutsch und Gesellschaftslehre. Fischer-Tb. 1460 (1973).

tels welcher *Inhalte* zu lehren und zu lernen sei – in unserem Bereich um die Beteiligung verschiedener Gruppen, die allesamt ihre Interessen, ihre Situationseinschätzungen, ihren Sachverstand einzubringen haben:
- Lehrende als Vertreter der Wissenschaft;
- Studierende;
- Nichttheologen, um deretwillen Theologie getrieben wird;
- Fachleute aus Nachbarwissenschaften;
- Vertreter der Berufsfelder, in denen Theologen arbeiten.

Je selbstverständlicher, weil sachlich einleuchtend, die Breite des Spektrums ist, aus didaktischen Gründen, aus Gründen künftiger Berufspraxis, aus Gründen gesellschaftlicher Zusammenhänge, desto mehr wird man begreifen, daß dabei die erste Frage nicht die nach den Paritäten der einzelnen Gruppen sein muß. Um es unmißverständlich zu sagen: Sowohl unsere Studienschwerpunkte wie unsere Prüfungsanforderungen sähen anders aus, wenn sie nicht nur von Theologen bestimmt würden, sondern auch von *Verbrauchern von Theologie*[3].

Dieser Ansatz soll im folgenden unter einigen Aspekten entfaltet werden, um Bedingungen und Problemstellungen von Studienplanung in Auswahl zu verdeutlichen. Ich sehe es also nicht als meine Aufgabe an, unter dem mir gestellten Thema einen »Plan« vorzulegen – gerade dies würde dem postulierten Ansatz kraß widersprechen –, sondern umgekehrt geht es mir um die Diskussion der an Studienplanung beteiligten Faktoren und Probleme, wie sie sich einstellen, wenn man sich auf curriculares Denken einläßt[4]. Der Stellenwert von Planungsüberlegungen ist neu zu bestimmen, der Weg, auf dem ein Plan zustande kommt, neu zu definieren[5].

---

3 Es läge auf der Hand, von solchen Ausgangspunkten her, eine intensive inhaltliche Auseinandersetzung mit der Arbeit der »Gemischten Kommission« zur Reform des theologischen Studiums zu führen – das ist leider in diesem Rahmen nicht möglich.

4 Die Literaturhinweise werden bewußt sparsam gehalten; bevorzugt wird solche Literatur genannt, die in die Problemstellungen einführt und bibliographisch ergiebig ist. Vorweg ist unter diesem Aspekt zu nennen: E. Guhde, Bibliographie zur Hochschuldidaktik. AHD Materialien 17 (1970); Reihe: Blickpunkt Hochschuldidaktik (1969 ff.); Reihe: Hochschuldidaktische Materialien (1968 ff.); daraus besonders: R. Cachandt u.a., Entwurf eines theologischen Curriculums 34 (1972); J. Lähnemann (Hg.), Ansätze zu einer Hochschuldidaktik im Bereich evangelischer Theologie. Diskussionsbeiträge und Erfahrungsberichte 39 (1973); Reform der theologischen Ausbildung 6 (1970), 9 (1972); H. Prior, Kritische Biographie zur Hochschuldidaktik. Blickpunkte Hochschuldidaktik 17 (1971).

5 Als eine der wenigen Arbeiten, die dieses Thema direkt aufgreifen vgl. K. H. Flechsig, Die Entwicklung von Studiengängen. Hochschuldidaktische Stichworte 6, hg. vom Interdisziplinären Zentrum für Hochschuldidaktik der Universität Hamburg (1973).

1. Zur gegenwärtigen Studiensituation

Bezieht man heute das Zauberwort »Curriculum« auf das Studium der Theologie, beschäftigt man sich mit dem, was allenthalben »Studienreform« genannt wird, läßt man sich also auf »hochschuldidaktische« Überlegungen ein, so ist, will man der Realität nahe bleiben, von folgender Situationsbeschreibung des theologischen Studiums auszugehen:

Bislang findet *»Lehre«* innerhalb des theologischen Studiums kaum statt. Ausnahmesituationen mögen die Regel bestätigen. Und die Regel heißt: *gelehrt* wird kaum. Dieser Satz stimmt natürlich nur, wenn man »Lehre« und »lehren« in ihrer spezifischen Bedeutung nimmt. Dazu gehört zB.:

- planmäßiger Aufbau;
- konstitutive Berücksichtigung der Situation der Lernenden;
- konstitutive Berücksichtigung der Situationen, für die gelernt wird;
- Begründung, warum was gelehrt wird und gelernt werden soll.

Solche Überlegungen – sie wären leicht durch entsprechende andere zu erweitern – bestimmen aber den Lehrbetrieb einer theologischen Fakultät bestenfalls am Rande. Stattdessen steht etwas ganz anderes im Vordergrund, was gewiß nichts Schlechtes ist, nur eben mit Lehre wenig zu tun hat. Im Vordergrund steht die Binnensystematik einzelner wissenschaftlicher Fächer. Sie bestimmt den Aufbau der Darbietungen, die fälschlich Lehre genannt werden, in hohem Maße. Das gilt übrigens nicht nur für die Theologie, sondern mutatis mutandis für viele andere geisteswissenschaftliche Fächer auch.

Die viel berufene Zusammengehörigkeit von »Forschung und Lehre«, die für die deutsche Universität charakteristisch sein soll, hat also faktisch eine ganz bestimmte inhaltliche Füllung erfahren: Lehre wird nicht als didaktisch reflektierter Prozeß verstanden, sondern als die Weitergabe von Forschungsinhalten und -ergebnissen. Auf diese Weise ist aber das, was man mit Hilfe dieser Zusammengehörigkeitsformel oftmals gegen anderslautende Vorstellungen hat retten wollen, in der deutschen Universität in aller Regel gerade nicht geleistet worden: »Lehre«. Von daher wird auch verständlicher, warum gegenüber Studienplanung und Studienaufbau, gegenüber didaktischen Überlegungen insgesamt bei uns zulande besonders gern das Gespenst der »Verschulung« der Universität beschworen wird – denn: auf die Eigenproblematik von »Lehre« sich überhaupt einzulassen, ist vielen »Forschern« so befremdlich, daß eine negative Wertung sogleich naheliegt (womit keineswegs bestritten sei, daß es auch Tendenzen in Richtung Verschulung gibt, die zweifellos negativ zu werten sind).

Streng genommen trifft aber der Vorwurf der »Verschulung« zumeist gerade diejenigen, die ihn bei uns erheben. Die unaufgebbare Zusammengehörigkeit von Forschung und Lehre will nämlich auch als didaktisch reflektierter Prozeß der Einführung in *forschendes Lernen*[6] und in wissenschaftliche Kommunikation begriffen werden. Die Formel »Forschung *und* Lehre« ist also gerade denjenigen vorzuhalten, die sie nur zu oft im Munde führen und nicht merken, daß sie hinter ihr zurückbleiben, indem sie Studenten gerade nicht an Wissenschaft als Forschung, am Prozeß offenen Fragens teilhaben lassen – das wäre Lehre! –, sondern es stattdessen für Lehre halten, wenn sie die Ergebnisse ihrer Forschung mitteilen, um sie späterhin als Kenntnisse abzufragen. In *diesem* Mißverständnis von Lehre ist die Zusammengehörigkeit von Forschung und Lehre aufgegeben, ist die beklagte »Verschulung« der Universität längst Ereignis geworden[7].

Die Abwesenheit von Lehre ist gewiß vielen überhaupt nicht bewußt. Sie ist aber so bedeutungsvoll, daß man sie noch etwas weiter konkretisieren muß.

Eine Vorlesung zB., in der Abschnitt für Abschnitt eine biblische Schrift ausgelegt wird, mag fachwissenschaftlich hervorragend sein; sie ist aber keine »Lehre«, sondern lediglich die Mitteilung von Forschungsergebnissen. Ansatzpunkte der Lehre wären erst erreicht, wenn zB. der Aufbau der Vorlesung nicht einfach den Kapiteln der Schrift folgte, sondern durch die Situation des Lernenden, dem Zugänge erschlossen werden sollen, bestimmt wäre. – *Oder:* Die Tatsache, daß Professor X im Wintersemester Geschichte der Predigt vorträgt und im folgenden Sommer moderne Unterrichtstheorien traktiert, läßt kaum Schlüsse auf den Aufbau der Lehre zu. Zur Lehre gehören jedoch *Lehrgänge,* so flexibel und variabel sie auch sein mögen. Lehrgänge entstehen aber nur dadurch, daß über ein Semester hinausgehende Planungen angestellt werden; gegenwärtig entstehen Lehrgänge aus Zufallsangeboten nur in Sternstunden – Sternstunden sind *selten,* unsere Lehrangebote aber *meist* zufällig. – *Oder:* Bezeichnenderweise fehlen uns fast völlig Lehrbücher, die für Lehre bei Erwachsenen[8] nötig wären. Was es gibt und was oft fälschlich als Lehrbücher ausgegeben

---

6 Vgl. dazu die Veröffentlichungen der Bundesassistentenkonferenz: Forschendes Lernen – Wissenschaftliches Prüfen (1970); Beiträge zur Studienreform (1970).

7 Zum Problemkreis Forschung – Lehre – Wissenschaft vgl. H. Seiffert, Hochschuldidaktik und Hochschulpolitik (1969), bes. 58 ff.; H. v. Hentig u.a. (Hg.), Wissenschaftsdidaktik (1970); D. Spindler (Hg.), Hochschuldidaktik (1968), bes. H. v. Hentig, 7 ff.; H. v. Hentig, Magier oder Magister? Über die Einheit der Wissenschaft im Verständigungsprozeß (1972).

8 Hochschule als Teil der Erwachsenenbildung sieht zB. K. Opitz, Konkrete Utopie: Aufgabe und Form einer zeitgemäßen Universität, in: neue sammlung 10 (1970) 247 ff.

wird, sind Darstellungen, die der Logik des jeweiligen Stoffes folgen, ohne zB. danach zu fragen, an welcher Stelle der Studierende sinnvollerweise in den Stoff einsteigen sollte. Vorausgesetzt ist stillschweigend: natürlich bei den Voraussetzungen oder am chronologischen Anfang oder bei Punkt 1 der Gliederung – nur, wer sagt denn, daß dies *didaktisch* sinnvoll ist? Es ist ja auch gar nicht unter diesem Aspekt erwogen. Dann käme man etwa auf die Frage nach der Unterscheidung zwischen fachwissenschaftlicher und didaktischer Systematik, oder – um nur ein Beispiel zu nennen – zur Debatte müßte die Entwicklung eines Buchtyps stehen, der Problemdarstellung und (ergänzungsfähige) Darbietung kontroverser Quellen so miteinander verbindet, daß der Leser weniger als Konsument der Darstellung gewertet wird, sondern zur Auseinandersetzung und eigenen Beurteilung des Problems eingeladen wird.

Kurzum: Mitteilung von wissenschaftlichen Ergebnissen ist nicht Lehre. Lehre vollzieht sich erst da, wo, einsetzend bei der Situation des Lernenden, die Zielfrage gestellt und von daher die Wahl von Inhalten problematisiert wird. Formelhaft gesagt: Der »Stoff« und seine »Vermittlung« – diesen Begriff hier so komplex wie möglich genommen – bilden in der Lehre eine dialektische Einheit, insofern sie wechselseitig aufeinander wirken und die beiden Fragerichtungen niemals auseinanderdividiert werden dürfen.

Da statt Lehre bei uns weitgehend Mitteilung wissenschaftlicher Beobachtungen, Ergebnisse, Thesen usw. stattfindet, gewinnen manche Beobachter den Eindruck, das Theologiestudium orientiere sich im Grunde daran, aus den Studierenden Theologieprofessoren hergebrachten Typs zu machen. Das ist unter bestimmtem Gesichtswinkel eine durchaus zutreffende Beobachtung. Andererseits wird von hier aus die Feststellung vieler Absolventen erheblich, das Studium habe ihnen für ihre Berufspraxis wenig oder gar nichts genutzt; das wird dann gern den Absolventen zur Last gelegt, aber sie stellen doch nur fest, was stimmt: Lehre fand kaum statt.

2. *Was heißt Curriculum?*

Da der Sprachgebrauch inzwischen fast hoffnungslos verschwommen, zugleich die Bedeutungsbreite außerordentlich komplex geworden ist, gehen wir in der Klärung schrittweise vor[9]. Als Ausgangspunkt emp-

9 Vgl. H. Blankertz, Theorien und Modelle der Didaktik (^{5}1972); S. B. Robinsohn, Bildungsreform als Revision des Curriculum (^{3}1971); D. Knab, Ansätze zur Curriculumreform in der BRD, in: betrifft erziehung 5 (1972) 15 ff.; F. Achtenhagen /

fiehlt sich ein Blick auf die Struktur traditioneller Lehrpläne im Sinne einer »Front«, der gegenüber die Curriculumdiskussion in Gang gekommen ist. Traditionelle Lehrpläne, von denen über lange Zeiträume gilt, daß der nächste aus dem jeweils vorhergehenden erwachsen ist, sind – überspitzt – folgendermaßen charakterisierbar:

- sie *setzen* Inhalte weitgehend ohne zu begründen, *warum diese* Inhalte berücksichtigt werden sollen;
- bei der *Wahl der Inhalte* leiten, oft unausgesprochen, das Gewicht der Tradition und die Binnenlogik der jeweils zugehörigen Fachwissenschaft;
- die *Zielsetzungen* des Unterrichts bleiben entweder Leerformeln oder werden gar nicht thematisiert;
- *Unterrichtsverfahren* liegen außerhalb des Interesses;
- der *Effekt* des Lehrens und Lernens liegt außerhalb des Interesses.

Gegen solche Tendenzen, die leicht an kodifizierten Lehrplänen der Schulen oder an ungeschriebenen Lehrgewohnheiten der Universität verifizierbar sind, ist in den fünfziger Jahren in den USA, in den sechziger Jahren durch S. B. Robinsohn in Deutschland die Curriculumdiskussion in Gang gekommen. Daß dabei politische und ökonomische Gründe ihr eigenes Gewicht hatten, muß hier außer Betracht bleiben[10].

Jenseits der verschiedenen Ausprägungen der Curriculumentwicklung lassen sich folgende Charakteristika herausheben:

- die *Ziele* für Unterrichtsprozesse werden ausgewiesen und weitgehend in Kategorien erwünschten Verhaltens ausgedrückt; dabei gibt es Ziele verschiedener Stufung und Reichweite;
- den Zielen werden funktional *Inhalte* des Unterrichts zugeordnet;
- die *Arbeitsformen* werden im Zusammenhang der Ziele und der aufgrund der Zielsetzungen ausgewählten Inhalte thematisiert;
- Kriterien für die Ermittlung des *Lehr-Lern-Erfolgs* und, damit zusammenhängend, die *Revision* des Curriculums gehören zum Curriculum selbst.

H. L. Meyer, Curriculumrevision. Möglichkeiten und Grenzen (1971); H. A. Hesse/W. Manz, Einführung in die Curriculumforschung (1972); H. L. Meyer, Einführung in die Curriculum-Methodologie (1972).

10 Vgl. dazu K. E. Nipkow, Politische Aspekte der Lernzieldiskussion. Curriculumforschung auf dem Hintergrund antagonistischer Bildungspolitik, in: H. Hauke (Hg.), Aspekte des Lernens (1972) 73 ff.; F. Huisken, Zur Kritik bürgerlicher Didaktik und Bildungsökonomie (1972); auch H. Blankertz. – Daß sich selbst Vertreter der Curriculumforschung im konkreten Fall gegen ihre eigenen Prinzipien rigiden politischen (hier: kirchenpolitischen) Vorentscheidungen unterwerfen, zeigt in wünschenswerter Deutlichkeit D. Knab in ihrem Vorwort zu einem Curriculumkonzept, welches *zuvor* von der Deutschen Bischofskonferenz *genehmigt* worden ist. In: D.I.P.-Information 2 (Dezember 1972) I f. (als Manuskript vervielfältigt).

Aus zwei voneinander unabhängigen, ja, teils gegenläufigen Gründen hat sich inzwischen gezeigt, daß eine konsequente Verwirklichung des Curriculum-Ansatzes eigene Probleme aufwirft.

Einerseits: Bedenken gegen die totale Verplanung. Die Fixierung der Ziele antizipiert »das notwendige oder wünschbare Handeln der Menschen ... Je präziser ein diesem Handeln entsprechendes Endverhalten als Ziel des Lernprozesses fixiert wird – und dies entspricht dem ursprünglichen Ansatz der Curriculumentwicklung – desto größer ist die Gefahr, daß nur das durch die ›vorgegebenen‹ Situationen ›geforderte‹ Verhalten, nicht aber selbstbestimmtes Handeln ihnen gegenüber eingeübt und andere als die nun einmal vorgesehenen Qualifikationen als überflüssig ausgeschieden werden«[11]. Dies gilt natürlich um so mehr für Bereiche, in denen es anstelle eines speziellen, genau umschreibbaren Verhaltens eher um eine allgemeine Fähigkeit geht oder in denen Ziele gar nicht eindeutig sind. Mit diesem Bedenken gegen eine totale Verhaltensplanung ist eng die Rückfrage an die Gefahren einer ausschließlich zweckrationalen Steuerung der Unterrichtsprozesse verbunden. Es muß bedenklich stimmen, daß »von dem zweckrationalen Unterrichtskonzept aus andere Reaktionen der Lernenden als die vorgesehenen von vornherein nur noch als ›Störungen‹ erscheinen: mit manchem pädagogischen Schlendrian zusammen drohen dabei auch Spontaneität der Lehrenden und Lernenden, didaktische Phantasie der Lehrer, aktuelle Lerninteressen der Lernenden, abweichende Entscheidungen über Lernziele und schließlich furchtbare Irrtümer ausgemerzt zu werden«[12]. Aufgrund solcher Überlegungen wird man gerade dann, wenn man den curricularen Ansatz hinsichtlich vieler Korrekturen an bisherigen Planungsvorstellungen für einen Fortschritt hält, gegen Tendenzen Bedenken anmelden müssen, die den Lehr-Lern-Prozeß vorwiegend behavioristisch[13] auffassen, und gegen solche, die Curricula ausschließlich in Gestalt von Lerntaxonomien[14] konzipieren. Diese Kritik gilt auch einer kybernetisch-informationstheoretischen Didaktik, die eine Technik des »didaktischen Informationsumsatzes« entwickelt, bei der die gesellschaftlichen Verhältnisse programmatisch ausgeblendet werden[15].

---

11 I. Bürmann / L. Huber, Curriculumentwicklung im Hochschulbereich. Hochschuldidaktische Stichworte 2, hg. vom Interdisziplinären Zentrum für Hochschuldidaktik der Universität Hamburg (1973) 6 f.

12 AaO. 7.

13 ZB. W. Correll (Hg.), Programmiertes Lernen und Lehrmaschinen (1965).

14 ZB. B. S. Bloom (ed.), Taxonomy of Educational Objectives (1956); Ch. Möller, Technik der Lehrplanung (1969).

15 Vgl. dazu H. Frank, Kybernetische Grundlagen der Pädagogik, 2 Bde. ([2]1969); F. v. Cube, Kybernetische Grundlagen des Lehrens und Lernens (1965).

Andererseits: Die Unmöglichkeit der Realisierung. Curriculumentwicklung, in der vollen Konsequenz des eigenen Anspruchs genommen, setzt zB. allein für die Ausarbeitung der Zielvorstellungen ein derartiges Instrumentarium voraus (Analysen der Gesellschaft und diverser spezieller Situationen, Analysen beruflicher Qualifikationen, Normendiskussionen im Zusammenhang empirischer Befunde usw.), daß es mit ad-hoc-Kommissionen nicht getan ist. Es ist irreal zu vermuten, daß die notwendigen Institutionalisierungen und Etatisierungen im Bereich des absehbar Möglichen liegen. Im Zusammenhang mit dem erstgenannten Einwand gegen die totale Verplanung ist also vorrangig an begrenzte Projekte zu denken.

Was ich bisher dargestellt habe, sind einige Aspekte der Curriculumdiskussion, wie sie für allgemeinbildende Schulen, nicht für Hochschulen geführt worden ist. Wenn man sich jedoch anschickt, Curriculum-Prinzipien in die Hochschuldidaktik einzuführen, dann erspart man sich Umwege, wenn man die bisherige Diskussion für die Schulen aufarbeitet.

Worum es auf diesem Hintergrund geht, ist folgendes: »Klug« geworden durch die bisherige Diskussion, ist der *falschen* Faszination eines neuen Schlagwortes zu *widerstehen* (es löst nicht alle Probleme von selbst); zu *widerstehen* ist auch dem Irrglauben, eine möglichst getreue Übernahme des ursprünglichen, spezifisch amerikanischen Curriculum-Modells oder eine seiner deutschen Variationen und Modifikationen durch ein paar Experten könnten das Dilemma, das darin besteht, daß wir weitgehend Studien anbieten, ohne die spezifische Lehrsituation reflektiert zu haben, überwinden. Es wäre nur ein Tausch.

Zu *widerstehen* ist deswegen auch dem sich allerorten ausbreitenden Etikettenschwindel, der nach seltsamen Gesichtspunkten konstruierte Lehreinheiten nunmehr als Curricula bezeichnet[16] und meint, damit irgendein Problem gelöst zu haben.

Zu *widerstehen* ist nicht minder der sich für manchen nahelegenden Auffassung, weil der Entwurf eines Curriculums seine eigenen Fragen mit sich bringe, lasse man es doch lieber beim Alten, also bei weitgehend unbegründeten und unbegründbaren Entscheidungen über Lehrinhalte und bei nicht ausgewiesenen, mehr oder minder willkürlichen Zielvorstellungen.

Zu *widerstehen* ist schließlich dem Trend, die zentrale Forderung des Curriculumansatzes – *vor* der Auswahl von Inhalten nach Quali-

---

16 Eine Tendenz, die gerade in religionspädagogischen Veröffentlichungen belegbar ist.

fikationen zu fragen – aufgrund theologischer Vorentscheidungen zu unterlaufen[17].

Stattdessen: Modifikationen, die sich bei einer kritischen Rezeption der Curriculumforschung aufgrund der gemachten Einwände und Erfahrungen selbst abzeichnen, sind auf ihre Tragfähigkeit für hochschuldidaktische Überlegungen hin zu untersuchen.

3. Zwei Zwischenüberlegungen

Bevor wir diesen Versuch unternehmen, sind zwei Zwischenüberlegungen notwendig.

Entgegen meinem mir gestellten Thema ist festzuhalten, daß ein Curriculum nicht von einem bestehenden Fach, zB. von der Praktischen Theologie her zu entwickeln ist (und die andern theologischen Fächer hätten es dann je für sich auch zu tun). Denn ein Element im Ansatz der Curriculum-Theorie, das mir unbedingt festhaltenswert erscheint, weil es nämlich weitergehende didaktische[18] Möglichkeiten einschließt, besteht ja gerade darin, herkömmliche Fachgrenzen für die Situationen der Lehre nicht unbefragt stehen zu lassen, insofern sie didaktisch irrelevant oder hemmend sind. Lehre ist eben etwas anderes als Mitteilung fachwissenschaftlicher Systematik.

Zum andern: Reformüberlegungen müssen einkalkulieren, *wer* die Reformen durchführen soll und für wen, *mit welchen Adressaten* sie durchgeführt werden müssen. Deren Möglichkeiten und Grenzen sind im Konzept der Reform konstitutiv einzubauen. Das ist kein Widerspruch zum Plädoyer für Innovationen, sondern genau umgekehrt: es ermöglicht sie erst, wenn auch vielleicht in gegebenen Situationen nur begrenzt. Aber wer sich diese Frage nicht stellt, also seine Ziele nicht mit den Realitäten vermittelt, der schafft sich selbst, was heute Frustrationen heißt – und verhindert, gegen seinen eigenen Elan, folgenreich Reformen.

Konkret heißt das – es ist delikat – für unsern Zusammenhang:

- Die Mehrzahl der Hochschullehrer ist didaktisch ahnungslos (nicht etwa nur methodisch!). Reformkonzepte müssen also damit beginnen, *Lehrende* mit didaktischen Grundvorstellungen elementar ver-

17 Vgl. dazu die Anfragen, die K. Wegenast formuliert, in: ders. (Hg.), Curriculumtheorie und Religionsunterricht (1972) 3.

18 Damit kein Mißverständnis entsteht: Der Begriff der Didaktik bezieht sich hier wie durchgängig auf *Inhalte* und meint nicht etwa nur deren abgelöste Vermittlungsproblematik (wie er freilich oft genug, gerade in hochschuldidaktischen Diskussionen, verwendet wird).

traut zu machen[19]. Das ist weder Vorwurf noch Anklage. Es kann ja gar nicht anders sein, erwirbt man doch die Qualifikation als *Lehrer* an einer Hochschule bislang durch den Nachweis, *Wissenschaftler* zu sein. Am Schreibtisch arbeiten ist aber etwas anderes als unterrichten.

– Die Mehrzahl der Studierenden kommt aus Schulen, in denen sie rund zwölf Jahre geprägt worden sind – in vielerlei Hinsicht, kaum aber in Richtung *Selbstbestimmung*. Reformvorstellungen können also niemals diese Fähigkeit bei Studierenden voraussetzen.

4. *Ansatzpunkte*

Vor der Konkretisierung von Ansatzpunkten für das Studium sind noch einige Überlegungen anzustellen, die sich auf alle Einzelerwägungen beziehen. Sie betreffen, sollen die Ansätze nicht technokratisch unter dem didaktischen Anspruchsniveau bleiben, das leitende Gesamtverständnis von (Praktischer) Theologie und ihrem Studium[20]. Dabei sollen diese Überlegungen zugleich ausschließen, daß der »öffentliche Diskurs« (s.o.) unter der Hand standpunktlos wird und die Problematisierung des Curriculumansatzes rein formal bleibt. Unter diesem Blickwinkel ist hier folgendes festzuhalten:

Im Studium ist, unter jeglichem Aspekt der Planung und der inhaltlichen Entscheidung, zu realisieren, daß es sich um einen *wissenschaftlich-kritischen Lernprozeß* handelt, der zugleich ein *reflexiver Bildungsprozeß* ist. Diese beiden Aspekte des einen Prozesses zusammengenommen, handelt es sich, auf anderer Ebene betrachtet, zugleich um einen *Qualifikationsprozeß*[21]. Studiensituationen und Studieninhalte sind so zu reflektieren, daß die drei Aspekte zusammengehalten werden, damit Studium gelingen kann: gelingen als kritische Begegnung mit Wissenschaft; gelingen als kritische Begegnung des Studierenden

---

19 Diese Problematik, ihre Voraussetzungen und ihre Folgen erörtert aufschlußreich B. Eckstein, Hochschuldidaktik und gesamtgesellschaftliche Konflikte. es 536 (1972) 43 ff. (Hochschullehrer und Hochschuldidaktik) und bes. 65 ff. (Der Reformwiderstand als sozialpsychologisches Phänomen). Eigene Fragen werfen die Therapievorschläge (119 ff.) auf, worauf aber hier nicht eingegangen werden kann. Vgl. auch: W. Keil / V. Piontowski, Strukturen und Prozesse im Hochschulunterricht (1973).

20 Vgl. in diesem Band 195 f. G. Otto, Praktische Theologie als kritische Theorie religiös vermittelter Praxis.

21 Die Unterscheidung dieser drei Aspekte im Prozeß des Studiums übernehme ich von H. Luther, der eine Dissertation zur Didaktik der Theologie vorbereitet; dort wird auch die neue Aufnahme des Bildungsbegriffs erörtert.

mit sich selbst[22]; gelingen als Vorbereitung auf die Übernahme beruflicher, dh. öffentlicher Verantwortung[23].

Aus einem so gefaßten Grundverständnis von Studium lassen sich folgende drei inhaltliche Bezugspunkte des Studienaufbaus ableiten:

Neben der projektiven Komponente gehört zum Studium entscheidend die *Kritik der eigenen Traditionen* und ihrer Wirkungen in Geschichte und Gegenwart. Diese Kritik schuldet Wissenschaft der Gesellschaft, auf die sie einwirkt. Sie eröffnet die Möglichkeit neuer Ansätze, neuer Fragestellungen und vorwärtsweisender Veränderung. Auf unser Feld bezogen heißt das: Religionskritik, Theologiekritik und Kirchenkritik sind als ureigenes Thema der Theologie selbst zu begreifen und von ihr zu leisten[24]; sie sind nicht der Affront gegen Theologie und deshalb andern zu überlassen, sondern sie sind ein nobile officium der Theologie.

(Praktische) Theologie nimmt teil an der vielfältigen Reflexion von *Lebenspraxis*. Mag auch religiös motivierte Praxis vorrangiger Reflexionsgegenstand sein, so darf doch der Totalaspekt nie aus dem Auge verloren werden.

Die Forderung der *Berufsbezogenheit* des Studiums hat gegenüber einem Wissenschaftsverständnis ihr Recht, das sich aus der Realität in den Elfenbeinturm »reiner Forschung« flüchtet. Insofern sind Studiensituationen und Studieninhalte in vielen Fächern und auch in der (Praktischen) Theologie neu zu strukturieren. Dabei ist aber zu beachten, daß Berufsbezogenheit nicht unter der Hand in die Vorstellung umschlägt: es darf nur studiert werden, was unmittelbar »verwertet« werden kann. Das wäre die entscheidende Weichenstellung in Richtung Kurzstudium, in dem nur Platz hat, was unter den gegebenen Bedingungen gebraucht wird. Studium würde in diesem mißverstandenen Sinn von Berufsbezogenheit notwendig jeglicher kritischen Impulse beraubt und die künftige Berufspraxis folglich auch.

Zu fragen ist nunmehr im Zusammenhang der gegebenen Studiensituationen und angesichts der neu zu erwägenden Anregungen aus

---

22 An dieser Stelle wäre die komplexe Problematik von kognitiven und affektiven Komponenten des Studiums zu erörtern, einschließlich aller Voraussetzungen und Folgen, die hier nicht erörtert werden können – auf dem Hintergrund der Tatsache, daß gegenwärtiges Studium ausschließlich kognitiv orientiert ist und somit nur mit »halben Menschen« rechnet.

23 Zur Mehrdimensionalität curricularer Zielvorstellungen vgl. E. Becker, Hochschulpolitik als Rationalisierungsstrategie und als Projektwissenschaft mit emanzipatorischem Interesse, in: Studentische Politik (1971) Heft 5.

24 C. Gremmels / W. Herrmann, Vorurteil und Utopie (1971); G. Sauter, Wissenschaftstheoretische Kritik der Theologie (1973); F. v. d. Oudenrijn, Kritische Theologie als Kritik der Theologie (1972).

der Curriculum-Theorie nach möglicherweise ergiebigen *Ansatzpunkten* für neue Studienplanung, Lehrformen, Studienorganisation. Folgende drei zeichnen sich ab:

- gemeinsame Planung von Arbeitseinheiten durch Lehrende und Lernende (aber nicht: Entwicklung von Curriculum-Einheiten durch übergeordnete Expertenkommissionen);
- »offene« Konstruktion der Arbeitseinheiten (aber nicht totale Fixierung des Unterrichts durch Totalplanung);
- Förderung des Projektstudiums.

Diese drei Ansatzpunkte sind wenigstens mit einigen Hinweisen zu konkretisieren.

Gemeinsame Planung

Ein, wenn nicht das entscheidende Medium, in dem sich alle bisherigen Überlegungen konkretisieren werden, dürfte die Beteiligung der Studierenden an Planung und Organisation des Studiums sein[25]. Dabei ist (im Sinne der Zwischenüberlegung, s. o.) zweierlei zu bedenken:

- Es ist nicht vorauszusetzen, daß die Studierenden im Schnitt dazu in der Lage sind. Also kann es nur schrittweise geschehen, und es wird Zeit kosten. Aber diese Zeit ist, nimmt man Studium als reflexiven Bildungsprozeß ernst, keine für die Lehre verlorene Zeit, sondern auf eigene Weise lehrintensiv.
- Es ist nicht vorauszusetzen, daß Selbstorganisation im Sinne von Mitbeteiligung an der Planung vom Beginn des nächsten Semesters an in allen Veranstaltungen »eingeführt« werden könnte. Es wird eine lange Zeit verschiedene Strukturen nebeneinander geben.

»Offene« Konstruktionen

Die Anlage von »Arbeitseinheiten«, dh. die Ablösung der Vorstellung, man habe möglichst »reine« Wissenschaft zu vermitteln, zugunsten der Frage nach didaktisch reflektierten Lehr-Lern-Prozessen, die Konstruktion von Arbeitseinheiten also kann nicht an geschlossenen Stoffkomplexen und erst recht nicht an einlinigen Lernerfolgsnachweisen im Sinn von Verhaltensergebnissen sich orientieren. Vielmehr wird es darum gehen, bestimmte Modelle für Teil-Curricula zu entwickeln, in denen

- Materialien von Fall zu Fall auswechselbar sind, je nach Anlaß und Situation, je nach Interesse der Studierenden und der Lehrenden, wie wohl das Ziel und die Absicht kontinuierlich sind (zB. Arbeitseinheit »Einführung in das Studium der [Praktischen] Theologie«);

25 Vgl. D. v. Oppen (Hg.), Lehrfreiheit und Selbstbestimmung (1969).

– alternative Problemlösungen oder Entscheidungs- und Beurteilungssituationen materialreich einander konfrontiert werden.

Solche Modelle gewinnen, was nötig und rationell ist, Funktionen über den Anlaß der Veranstaltung eines Semesters hinaus.

Projekt-/problemorientiertes Studium

Die Curriculum-Theorie übernimmt mit guten Gründen den (aus arbeitstechnischen Gründen für den Wissenschaftler sicher begrenzt notwendigen und berechtigten) Einteilungsraster der Fachwissenschaften und besonders ihrer Untergliederungen *nicht* als Leitseil und Struktur. Denn die didaktische Struktur ist eigenständig und nicht einfach eine verwässerte Wiederholung der Fachsystematik auf anderer Ebene. Hinzu kommt, daß von fachwissenschaftlichen Orientierungen her die herkömmliche Trennung von Theorie und Praxis nicht überwindbar ist. Hier liegt ein Problemkomplex, dem wir uns Schritt für Schritt nähern müssen.

Unter Projektstudien versteht man die Beteiligung von Studierenden und Lehrenden an einem gegebenen praktischen Sach- und Problemzusammenhang, dessen Bewältigung differenzierte Arbeitsgänge nötig macht: Situationsanalysen, Sachklärungen, fachwissenschaftliche Erkundungen, Problemlösungen im theoretischen wie im praktischen Bereich. Projekte stellen also den Versuch dar, die traditionelle Trennung von fachwissenschaftlicher Ausbildung und künftiger Praxis tendenziell aufzuheben. »Derartiges ist zB. im Projekt ›Osdorfer Born‹ an der Hamburger Universität intendiert. Aktive Arbeit mit Kinder-, Schüler- oder Elterngruppen im Stadtteil, Beobachtungen und Protokollation dieser Arbeitsprozesse, Analysen der akuten Probleme, Erarbeitung der theoretischen Grundlagen und schließlich Konzipierung und Planung der Projektarbeit im ganzen bilden verschiedene Tätigkeitsfelder, die miteinander verschränkt sind, aber von den Studenten in unterschiedlicher Folge wahrgenommen werden, wobei diese Stationen mindestens einen großen Teil der sozialwissenschaftlichen Studiengänge abdecken. Insofern in der Konzeption des Projektstudiums die Orientierung an Problemen der Praxis, die Beziehung auf den künftigen Beruf der Lernenden, die gemeinsame Entscheidung der Beteiligten und damit auch die Voraussetzungen für ihre Motivation vereinigt sind, stellt sie die Überwindung einiger Begrenzungen und Widersprüche der klassischen Curriculumansätze dar, obwohl sie umgekehrt auch jene als Korrektiv gelten lassen muß«.[26]

Das sozialwissenschaftliche Beispiel vermag die verschiedenen Aspekte, die zu bedenken sind, relativ genau zu verdeutlichen:

---

26 Bürmann / Huber, 20.

Abstrakte *Fachgrenzen* werden überwunden, weil die Realität ja gerade dadurch gekennzeichnet ist, daß Probleme niemandem den Gefallen tun, »lupenrein«, nach wissenschaftlichen Einteilungskriterien geordnet, aufzutreten, sondern immer komplex sind, also mehrdimensional. Dies muß erkannt werden – wie umgekehrt vielmehr erst von hieraus das begrenzte Recht und die aus wissenschaftsökonomischen Gründen relative Notwendigkeit der Trennung der Aspekte, wie sie die Fächergliederung vornimmt, begriffen werden kann. Das ist der Gegensatz zu der vertrauten Situation, gelegentlich Veranstaltungen (»interdisziplinär«) durchzuführen, in denen Lehrende einen Dialog vorexerzieren sollen, weil die Studierenden den Zusammenhang der Fachaspekte nicht mehr sehen können – und die Lehrenden tun sich dann mehr als schwer wegen der übergroßen Verständigungsschwierigkeiten.

Der *Theorie-Praxis-Zusammenhang* ist evident. Praxis wird erfahren, in ihr stellt sich die Frage nach theoretischen Voraussetzungen und Reflexionen unmittelbar, und dies wirkt wieder auf Praxis im Sinne möglicher Veränderung ein. Praxis wird so konstitutiv für das Studium, ist Teil des Studiums selbst. Das ist der Gegensatz zu der verbreiteten Methode, theoretisches Studium durch Praxis zu illustrieren. Das muß stets relativ effektlos bleiben, weil genau der obengenannte Zusammenhang, die gegenseitige Verwiesenheit aufeinander nicht erfahren wird, sondern nur zu leicht: Praxis als unvermittelbarer Gegensatz zu Theorie, als »andere Welt«.

Die *Motivationsprobleme* der Studierenden, ein fraglos immer schwieriger werdendes Problem, lösen sich im Theorie-Praxis-Zusammenhang nachweislich sinnvoller, weil Konkretionen hilfreich sind[27].

Es spricht viel für die Vermutung, daß projekt-/problemorientierte Studien als ein grundlegend anderer Ansatz im Vergleich zu den systematisierenden, »Fächer« isolierenden Studien eine hervorragende, didaktisch ungemein ergiebige Möglichkeit darstellen. Sie kommen »forschendem Lernen« (s.o.) wohl am nächsten. Dies darf aber nicht den Blick für die damit gegebenen neuen Probleme verstellen. Sie bedürfen weiterer Reflexion, und zwar im Zusammenhang mit *Versuchen* projekt-/problemorientierten Studiums. Es handelt sich vorrangig um zwei Fragen:

Die Struktur dessen, was ein *»Projekt«* ist, muß noch sehr viel genauer bestimmt werden. Das gilt für projekt-/problemorientiertes Stu-

---

27 Die komplexe Motivationsproblematik kann hier nur genannt, aber nicht weiter verfolgt werden. Vgl. dazu G. Portele, Intrinsische Motivation in der Hochschule. Eine empirische Untersuchung zum »forschenden Lernen«. Blickpunkt Hochschuldidaktik 12 (1970).

dium generell, besonders aber für (praktisch-)theologische Projekte. Welche Kriterien müssen erfüllt sein, wenn von einem Projekt die Rede ist? Wie komplex muß es sein? Wie umfangreich? In welchen zeitlichen Dimensionen ist es zu denken? Wonach bestimmt sich Eignung oder Nichteignung eines Projektes? Ist es vorher sehr genau zu präzisieren oder soll die Präzisierung gerade umgekehrt erst im Prozeß der Arbeit erfolgen?

Man darf nicht verkennen, daß projekt-/problemorientierte Studien die herkömmliche *Struktur der Universität* und ihrer Studienorganisation ernsthaft tangieren. Insbesondere gilt das für die geisteswissenschaftlichen Fächer einschließlich der Theologie. Studienreform schlägt hier zwangsläufig in Hochschulreform, Hochschulpolitik um. Das gilt für so verschiedenartige und unterschiedlich gewichtige Probleme wie Stundenpläne und Stundendeputate (auch der Lehrenden!) und die völlige Durchsetzung ganzer Studienbereiche mit Praxis, was ja der überlieferten geisteswissenschaftlichen Orientierung der deutschen Universität stracks zuwider läuft. Diese Veränderung der Universität muß man wollen, wenn man problem/projektorientierte Studien will. Sie beträfe nicht nur die Neustrukturierung unserer Fächer, einschließlich der (Praktischen) Theologie, sondern sie wäre überdies geeignet, Universität und Realität, und das heißt auch: Studium und Berufspraxis, die einander fast aus den Augen verloren haben, wieder aufeinanderhin zu bewegen.

Wenn die Einführung projekt-/problemorientierter Studieneinheiten eigene, noch weiter zu klärende Fragen aufwirft und wenn man davon ausgeht, daß lange nicht alle Hochschullehrer bereit bzw. fähig sind, an derartigen Projekten mitzuarbeiten (denn das setzt für viele Hochschullehrer eine weitgehende Umorientierung ihrer wissenschaftlichen Existenz voraus, die man gar nicht von allen erwarten kann: vom hochgradig spezialisierten Einzelarbeiter zum teamfähigen Mitarbeiter an komplexen, praxisnahen Projekten, die sich nicht ohne weiteres an Fachgrenzen halten), dann liegt auf der Hand: anzustreben ist die Möglichkeit vorerst begrenzter Versuche mit projekt-/problemorientierten Studieneinheiten, die unvermeidlich neben ganz anders strukturierten Studienformen und -angeboten laufen werden; unrealistisch ist die Vorstellung, das gesamte Theologiestudium von heute auf morgen projekt-/problemorientiert umzubauen. Von daher ergeben sich auch schon Indizien für die etwaige zeitliche Ausdehnung eines Projektes: kaum länger als ein Jahr. Die studienorganisatorischen Probleme für die Studierenden wären vermutlich am ehesten so lösbar, daß die Teilnehmer an einem Projekt während dieser Zeit an andern Studienveranstaltungen nur begrenzt teilnehmen.

5. *Prüfungen*

Eine Studienreform, die sich nicht in einer Revision der Prüfungsordnung niederschlägt, ist in sich unsinnig. Viele Mühen, die in Einzelexperimente gesteckt worden sind, sind vergeudete Kraft gewesen, weil die nachfolgende Prüfung, von anderen Kriterien geleitet, desavouiert, was zuvor geschehen ist – und den Studierenden einer Doppelbelastung unterstellt.

Faßt man die inzwischen hinlänglich bekannte psychologische Problematik der Prüfungen[28] – die freilich von nicht wenigen Prüfern weiterhin wider alle empirischen Befunde in Abrede gestellt wird – und die sich aus curricularen Studienansätzen ergebenden Forderungen an die Prüfungsstruktur zusammen, so sind vorrangig drei Forderungen zu erheben[29].

– Der Katalog der Prüfungsfächer und Prüfungsleistungen muß in erheblichem Maße *Wahlmöglichkeiten* zulassen. Dies entspricht lediglich der viel größer gewordenen Breite des Studiums gegenüber früher; es entspricht auch der Notwendigkeit, daß innerhalb wie außerhalb der Kirchen Theologen gebraucht werden, die unterschiedliche Schwerpunkte haben, und diese Schwerpunkte müssen auch schon während des Studiums gesetzt werden können, wenn sich dies für jemanden nahelegt.

Der Einwand, daß so wichtige Fächer »abgewählt« werden können, verschlägt letztlich nicht. Natürlich werden jeweils wichtige Fächer abgewählt, denn unwichtige gibt es ja wohl in keiner Prüfungsordnung. Es ist dies aber die Voraussetzung für Konzentration und fundiertes Wissen *trotz* immer größerer Ausuferung des Wissens und immer größerer Komplexität der Problemlandschaften. Und unvertretbare Verkürzungen der Wahl lassen sich schließlich durch die Prüfungsordnung ohne weiteres verhindern.

– Bei sorgsamer Abwägung dürften die Vorzüge einer *kumulativen,* also entzerrten Prüfung statt einer geballten am Studienende überwiegen. Mindestens sollten die *Möglichkeiten* vergrößert werden, Studienleistungen während des Studienganges als Prüfungsleistungen, im

28 Vgl. M. Schütz u.a. (Hg.), Prüfungen als hochschuldidaktisches Problem. Blickpunkt Hochschuldidaktik 1 (1969); B. Eckstein, Hochschulprüfungen: Rückmeldung oder Repression. Blickpunkt Hochschuldidaktik 13 (1971); H.-H. Müller / R. Schulmeister, Hochschuldidaktik und hochschulpolitische Praxis. Blickpunkt Hochschuldidaktik 27 (1972); Reform der theologischen Ausbildung 2 (1968), 5 (1970), 8 (1971).

29 Vgl. die (inzwischen revisionsbedürftige) Diskussionsvorlage einer Prüfungs- und Promotionsordnung, erarbeitet von G. Otto, P. Sauer, L. Schottroff und K. Weber, in: G. Otto, Kirche und Theologie (1971) 114 ff.

Zusammenhang mit Veranstaltungen und Projekten, anerkannt zu bekommen. Der Einwand, daß damit das Studium zur permanenten Prüfungssituation entarte, ist ernst zu nehmen. Spontaneität, die Lust an Umwegen, die keine »Scheine« einbringen, könnten gemindert werden. Letztlich scheint mir aber die Problematik der geballten Prüfung und insbesondere die auf sie hin von vielen praktizierte Vorbereitung – in deren Zusammenhang, wie jeder wissen kann, nicht nur Zusammenbrüche, unverarbeitete Niederlagen, sondern auch Selbstmorde gehören – so ungelöst, daß ich mich eher für die cumulative Prüfung entscheide.

– Geht man davon aus, daß eine Prüfung für den Betroffenen dazu dient, zu reflektieren, was er getan hat, nachzuweisen, was er kann, nicht aber der Ort ist, festzustellen, was er nicht kann, geht man also von der positiven didaktischen Funktion einer Prüfung aus – Ordnung und Auswertung des Studienganges –, dann sollte es selbstverständlich sein, daß zur Prüfung die freie *Prüferwahl* und die *Mitbestimmung* über die Prüfungsthemen gehört.

Der Einwand, daß auf diesem Wege der »Forderungscharakter«[30] der Prüfung unvertretbar ermäßigt wird, ist nicht zwangsläufig. Es ist nur selbstverständlich, daß die Bewertungskriterien schärfer sein werden, wenn der Kandidat in Gebieten seiner Wahl geprüft wird – das kann er dann ja auch ertragen. Dabei lasse ich jetzt unerörtert, daß die Frage der Kriterien ein eigenes ungelöstes Thema darstellt[31]. Anderer-

---

30 Die Problematik des Begriffs muß hier auf sich beruhen.

31 Als Raster für die Beurteilung von (mündlichen) Prüfungssituationen wäre etwa zu erwägen:
Das Prüfungsgespräch wird unter drei Kriterien beurteilt:
- Kenntnisse im Spezialgebiet;
- Verständnis, Reflexionsvermögen, Problembewußtsein;
- Fähigkeit zur Einordnung des Spezialgebiets in übergeordnete Zusammenhänge.

Innerhalb jedes dieser Kriterien wird die Leistung nach Punkten gewertet. Es sind jeweils 0 bis 3 Punkte erreichbar, halbe Punkte sind zulässig.

Hat der Kandidat ein Spezialgebiet mit besonderem Schwierigkeitsgrad gewählt, erhält er einen Punkt Aufschlag.

Alle Punkte werden addiert und nach folgendem Schlüssel in Noten umgesetzt (die höchste erreichbare Punktzahl ist 9 + 1 = 10):

8 und mehr Punkte	=	sehr gut (1)
6 bis 7 Punkte	=	gut (2)
4 bis 5 Punkte	=	befriedigend (3)
3 Punkte	=	ausreichend (4)
weniger als 3 Punkte	=	nicht ausreichend (5)

Es ist zu beachten, daß die drei genannten Kriterien nicht nacheinander »abgeprüft« werden können; sie stellen vielmehr Hilfsfragen dar, um das Prüfungsgespräch inhaltlich zu analysieren.

In die Punktfestsetzung sind Kontrollfragen einzubeziehen, die sich an den Prü-

seits machte der genannte Einwand auf etwas aufmerksam, wofür offenbar noch wenig Erfahrungen vorliegen: die rechtzeitige, vernünftig organisierte, ihnaltlich fruchtbare Beratung des Kandidaten bei der Wahl seiner Prüfungsgebiete.

6. Kooperation

Lag unser Ausgangspunkt beim öffentlichen Diskurs der Beteiligten und Betroffenen, bewußt über die Ausbildungsinstitutionen hinausgreifend, so ist abschließend ausdrücklich auf solche Kooperationsmöglichkeiten hinzuweisen, die naheliegen, aber kaum oder gar nicht wahrgenommen werden.

Eine eigene Tradition der Beziehungslosigkeit, wenn nicht der Kontroverse, vielfältig psychologisch motiviert, besteht im evangelischen Bereich zwischen den Predigerseminaren, also den Ausbildungsstätten der zweiten Phase[32], und den Fakultäten bzw. Fachbereichen. Es bestehen alle Chancen, dieses Dilemma im Verhältnis zu den Kirchlichen Fachhochschulen konsequent fortzusetzen. Dennoch bleibt wahr, daß Theologiestudium nur sinnvoll zu konzipieren, zu organisieren und – allein schon aus Gründen begrenzter Mittel – zu realisieren ist, wenn die verschiedenen Ausbildungsinstitutionen permanent kooperativ wirken. Psychologische Blockaden der verschiedenen Beteiligten, Standes- und Prestigeprobleme oder verschieden veranschlagte vermeintliche wissenschaftliche Dignität dürfen dies nicht länger verhindern. Auch wenn man einen Horror vor neuen Ausschüssen haben muß, so ist ein entscheidender genau der, den es nicht gibt: auf Länder- oder Landeskirchen- bzw. Diözesen-Ebene ein Ständiger Gemeinsamer Ausschuß Theologischer Ausbildungsstätten. Ich sehe keine Notwendigkeit, ihn konfessionell zu konstruieren – im Gegenteil. Es bedarf der Nötigung zum Dialog, von wem sie auch ausgehen mag, zwischen allen Beteiligten, und vielleicht können dabei, regional gewiß unterschiedlich, in manchen Bereichen kirchliche Instanzen oder Repräsentanten das Tempo der Betroffenen überholen, um auslösende Funktionen zu übernehmen.

---

fer richten und insbesondere vom Protokollanten und vom Beisitzer zu beachten sind:
- Hat der Prüfer dem Kandidaten genügend Anstöße in der Richtung der drei Kriterien gegeben?
- Hat der Prüfer den Prüfling an der Entfaltung seiner Möglichkeiten gehindert?

32 Zur Situation der zweiten Ausbildungsphase vgl. jetzt: materialien zur vikarsausbildung. neue modelle in der erprobung. problemskizzen berichte dokumente I, hg. vom Comenius-Institut (1973).

Schließlich: Mag dieser oder jener der Meinung sein, in der Forschung geschehe Entscheidendes (noch) durch große Einzelne – *Lehrer* kann man nur in Kooperation mit andern sein, jedenfalls ein Lehrer, für den gilt – nach Ch. Stocks Homiletischem Reallexikon aus dem Jahre 1741 –, daß er sei:

»Gleich einer Uhr, welche schläget, wie sie weiset und zeiget.
Gleich einer Laternen, welche das Licht in sich führet, und andern fürleuchtet, daß sie den rechten Weg nehmen und gehen.
Gleich einem Fuhrmann, welcher nicht nur den Weg an Ort und Stelle weiset, sondern auch selbst mitfähret.
Gleich einem Licht, welches andere nicht anzündet, wo es nicht selbsten brennet.
Gleich einem Hahn, welcher, wenn er mit seinem Krähen andere will munter machen, sich selbst zuvor mit Zusammenschlagung der Flügel munter machet.«[33]

---

33 C. Stock, Homiletisches Real-Lexikon Oder Reicher Vorrath zur geist- und weltlichen Beredtsamkeit (1741), Art.: Lehrer der Kirchen, 741.

4 | 3 H. Korsten / H. Meertens / A. Reijnen Klientenzentrierte Aus- und Fortbildung

1. *Die Ausgangssituation*

Bereits in den sechziger Jahren[1] wuchs in Holland die Überzeugung, daß die bislang übliche Form der Priesterausbildung den Forderungen einer zeitgemäßen Pastoral immer weniger entsprach. Das geschlossene Seminarsystem (Internat usw.) bot wenig Kontakt mit der Lebenserfahrung der Menschen »draußen« und schuf dadurch eine Kluft, die viele später nicht mehr zu überbrücken imstande waren. Das ausgiebige Angebot an geistlicher Bildung schenkte, trotz aller guten Absichten, der Reifung der Persönlichkeit zu wenig Aufmerksamkeit; die meisten Priester waren zwar fromm, waren jedoch damit noch keine Persönlichkeiten. Viele waren dadurch auch den Forderungen des pastoralen Berufes eigentlich kaum gewachsen.

So wurde klar, daß eine Ausbildung durch ein ausschließlich theoretisch-wissenschaftliches Studium eine adäquate Ausübung des Berufes immer weniger garantieren konnte; Kenntnisse waren genügend vorhanden, Fähigkeiten jedoch zu wenig. Es war denn auch kein Zufall, daß in den sechziger Jahren mancherorts pastorale Ausbildungskurse ins Leben gerufen wurden, in denen die pastorale Praxis stark betont wurde.

Das Aufkommen der genannten Ausbildungskurse war auch eine Folge der Unruhe, die sich bei den Seelsorgern in der Praxis regten. Schon jahrelang war die Unzufriedenheit laut geworden. Viele Pastoren hatten zunehmend das Gefühl, den Kontakt mit ihren Leuten zu verlieren und unzureichend ausgerüstet zu sein, um in einer angemessenen Weise die Seelsorge auszuüben. Ihre Identität als Pastor stand auf dem Spiel[2]. Die Gesamtheit der gesellschaftlichen Veränderungen

---

1 Diese Überlegungen berichten von Erfahrungen, die die drei Autoren in den Jahren 1968–1972 in der Diözese Roermond (Niederlande) gemacht haben. In dieser Periode waren die Autoren in der pastoralen Gruppenarbeit für die Weiterbildung von Priestern, im Personalreferat und in der pastoralen Ausbildung der Priesterstudenten tätig. Unsere Ausgangspunkte sind sowohl die Erfahrungen mit Studenten der Hochschule für Theologie und Pastorat in Heerlen (Niederlande) als die Erfahrungen, welche wir bei den Trainings und der Weiterbildung von Seelsorgern, die schon länger in der Praxis tätig waren, gemacht haben.

2 H. Korsten/H. Meertens/A. Reijnen, Werken aan de basis (Nijmegen 1973) IX.

und als deren Folge das Aufkommen neuer Werte und Verhaltensmuster für Mensch und Gesellschaft stellten die Pastoren[3] vor die Frage: Was bedeutet Evangelium und Kirche für die werdende neue Gesellschaft? Wo ist im Ganzen der Wohlfahrtspflege noch Platz für den Pastor? Ist ein nur versorgendes Pastorat noch eine angemessene Antwort für den Menschen und die Gesellschaft von heute? Stützt sich der Pastor nicht zu viel auf seine von jeher gewordene Funktion und zu wenig auf realen menschlichen Kontakt? Braucht er für diesen Kontakt nicht eine Anzahl spezifischer Fähigkeiten?

Um diesen Aufgaben gewachsen zu sein, mußten die Leiter der Ausbildungskurse und die Leitung der Diözese eine Entscheidung treffen. Sie konnten nicht alle Formen der Pastoral, territoriale und kategoriale, zur gleichen Zeit reformieren. Sie wählten die große Gruppe der Seelsorger im »Basispastorat«. Darunter verstanden sie die Männer, die in der Nähe des Wohnens und Lebens der Menschen für die Entfaltung des Glaubens, der Hoffnung und der Liebe eintreten, zu denen das Evangelium uns auffordert. Es sind die Leiter der lokalen Gemeinde, gleichviel ob es sich um eine territoriale oder eine kategoriale Gemeinde handelt. Außerdem – und das ist die zweite Bedeutung des Wortes »Basispastorat« – brauchen solche Pastoren eine elementare Fähigkeit, Einsicht und Einstellung, die es ihnen erlaubt, sich kurzfristig in anderen Formen des Pastorates zu spezialisieren. Auf dem Hintergrund dieser Umschreibung des Basispastorates entwickelte sich die konkrete Zielsetzung unserer Aus- und Fortbildung für das Basispastorat.

2. *Die Reform der Ausbildung*

a. Zielsetzung

Die konkrete Vorbereitung der Studenten auf das Basispastorat hat drei Schwerpunkte:

– *Gemeindeaufbau:* Menschen und Gruppen von Menschen in bezug auf ihre normalen Lebensverhältnisse professionell begleiten zum Wohl des Ganzen. Es handelt sich dabei um das Entwickeln (Keryg-

3 Wenn in diesem Artikel das Wort »Pastor« oder »Pastoren« gebraucht wird, sind fast immer die Priester gemeint, die in den Pfarrgemeinden arbeiten, gleichviel, ob sie Pfarrer oder Kaplan sind. In den letzten drei Jahren jedoch wurden auch Laien in der gleichen professionellen Weise ausgebildet wie die Priester. Diese bekommen die gleiche theoretische und praktische Ausbildung und werden im Rahmen des Gemeindeaufbaus, der missionarischen Aktivitäten, der pastoralen Gruppenarbeit usw. als Pastoren eingesetzt.

ma), das Feiern (Liturgie) und das tatsächliche Realisieren (Diakonie) des gemeinsamen (Koinonie) Glaubens, Hoffens und Liebens.
– *Seelsorge:* Das Begleiten von Menschen bei ihren reiligiösen Existenzfragen.
– *Vermittlung:* Das Pastorat als Vermittlungsinstanz zur Wohlfahrtspflege.

Und dies alles um *dieser* Menschen willen, denen die Kirche dienen will, und um des *Evangeliums* willen, von dem die Kirche zeugen will.

b. Qualifikationen

Um diese Zielsetzung verwirklichen zu können, muß der Basispastor über ein ausreichendes theoretisch-wissenschaftliches Rüstzeug, über die nötigen praktischen Fähigkeiten und über eine pastorale Einstellung verfügen.

(1) *Wissenschaftliches Rüstzeug:* Die Hochschule für Theologie und Pastorat bietet den Studenten die Möglichkeit, ihre Studien mit der Pastoraltheologie zu absolvieren. Dazu hören die Studenten Vorlesungen auf dem Gebiet der verschiedenen theologischen Fächer, der Philosophie, der Psychologie und der Soziologie.

(2) *Praktische Fähigkeiten:* Die Fähigkeiten, über welche der Basispastor, wie wir ihn sehen, verfügen muß und denen unsere Ausbildung ständig ihre Aufmerksamkeit widmet, beziehen sich auf folgende Gebiete: die pastorale Aufbauarbeit; die pastorale Gruppenarbeit; das individuelle Pastorat; das Feiern der Liturgie; die Verkündigung; die Katechese.

(3) *Pastorale Einstellung:* Der Pastor, der die oben skizzierte dreifache Zielsetzung realisieren will, muß dauernd an einer Einstellung arbeiten, in der folgende Elemente bedeutsam sind:
– eine wahrhaftige Glaubenshaltung und ein authentischer Wirklichkeitssinn;
– ein grundsätzlicher Glaube an den Menschen und seine Möglichkeiten und eine begeisternde, appellierende und einladende Haltung;
– Flexibilität im Auftreten;
– Festigkeit bei Unsicherheiten, eine kritische und zugleich loyale Haltung gegenüber Vorgesetzten, Glaubensbrüdern und Strukturen.

c. Struktur und Arbeitsweise der Ausbildung

Wir glauben im pastoralen Feld vier Aspekte unterscheiden zu können, die freilich auch einen engen Zusammenhang aufweisen:
– Die Situation, in der gearbeitet wird;

- die Zielsetzung, die die Arbeit bestimmt;
- die Fähigkeiten, die die Zielsetzung verwirklichen;
- die Einstellung, die die gesamte Arbeit prägt.

Wir sind der Meinung, daß wir in der Ausbildung diesen vier Aspekten ausdrücklich unsere Aufmerksamkeit widmen müssen, namentlich im fünften und sechsten Jahr; hier machen die Studenten drei Tage in der Woche eine Stage, dh. einen pastoralen Einsatz, und sind zwei Tage pro Woche im Institut, um Vorlesungen zu hören und in Gruppen ihre Arbeitserfahrungen zu besprechen.

Wir haben uns festgelegt auf eine nach diesen vier Aspekten geordnete Besprechung der Arbeit, welche die Studenten am Ort der Stage verrichten. Wir haben das aufgrund der Erfahrungen getan, daß diese Ordnung mehr Einblick in die verschiedenen Probleme bietet, mehr Einfallswinkel für eine zweckmäßige und erfolgreiche Lösungssuche schafft und so den Studenten mehr Befriedigung schenkt. Schematisch dargestellt zeigt unsere Ausbildung für das fünfte und sechste Jahr folgendes Bild:

SITUATION	ZIELSETZUNG	FÄHIGKEITEN	EINSTELLUNG
Ort der Stage	Theologische Reflexion und Vorlesungen	Besprechung der Arbeit	Supervision
– Anhand bestimmter Kriterien sucht der Stab im Einvernehmen mit dem Studenten eine angemessene Situation. – Es ist eine Stagesituation, in welcher der Student unter der Verantwortung der lokalen Pastoren drei Tage pro Woche pastorale Arbeit verrichtet, etwa in einem Krankenhaus, in einer Schule, in einem Institut, in einer Pfarrgemeinde.	– Zwei Stunden pro Woche theologische Reflexion in Gruppen, wobei man von den eigenen Arbeitserfahrungen ausgeht. – Vorlesungen: Pastoraltheologie, Pastoralsoziologie, Pastoralpsychologie, Hermeneutik. – Indirekt via Arbeitsbesprechung und Supervision. – Schriftliches Referat.	– Zwei Stunden pro Woche Arbeitsbesprechung in Gruppen über methodische Behandlungsweise des Gemeindeaufbaus, der Seelsorge und der Vermittlung. – Besprochen werden: methodische Gemeinwesenarbeit, Gruppenpastorat, individuelles Pastorat, liturgische Ausdrucksfähigkeit und Katechese je nach dem Problemanfall seitens der Studenten.	– Zwei Stunden pro Woche Gruppensupervision; anderthalb Stunden individuelle Supervision. Beide anhand von Berichten über Arbeitserfahrungen. – Die Gruppensupervision ist vor allem auf die Einstellung gerichtet, die für Gemeindeaufbau und Verkündigung erforderlich ist. – Die individuelle Supervision richtet sich vor allem auf die helfende

SITUATION	ZIELSETZUNG	FÄHIGKEITEN	EINSTELLUNG
Ort der Stage	Theologische Reflexion und Vorlesungen	Besprechung der Arbeit	Supervision
– Einmal im Monat Werkbesuch durch den Arbeitsbegleiter aus dem Ausbildungsteam.		– Vorlesungen über methodische Aufbauarbeit, Gruppendynamik, Gesprächstechnik.	Einstellung, welche der Pastor für Seelsorge und Vermittlung benötigt.

Gewiß besteht die Gefahr, daß auseinandergerissen wird, was eigentlich unteilbar ist. Durch eine allzu starke Betonung der Unterschiede kann es für den Studenten schwierig werden, zu einer Integrierung dieser vier Aspekte und zu einem Gesamtentwurf für sein eigenes Pastorat zu kommen. Wir sind jedoch der Meinung, daß wir diese Gefahr in der Praxis hinlänglich vermieden haben – durch ein Verfahren, das wir nun beschreiben möchten.

a. Die Mitglieder des Ausbildungsstabes, die sich je nach ihrem eigenen Fachbereich mit theologischer Reflexion, Supervision und Arbeitsbegleitung beschäftigen, achten darauf, aufkommende Fragen, die in ihrer Sitzung nicht am Platze sind, im richtigen Augenblick an den betreffenden Kollegen zu verweisen. Der Pastoraltheologe als Begleiter der theologischen Reflexion beschäftigt sich mit dem Inhalt, den Hintergrundfragen und dem persönlichen Glauben der Studenten. Der Supervisor konzentriert sich, sowohl in der Gruppe selbst als auch bei der Einzelsupervision auf Fragen und Erfahrungen der Studenten, die sich auf die eigene pastorale Grundhaltung beziehen. Der Arbeitsbegleiter ist bei der Besprechung der methodischen Arbeitsweise behilflich.

Diese klare Abgrenzung unter den Ausbildern bei gleichzeitigem Verweis auf die jeweilige Kompetenz des anderen hält bei den Studenten das Bewußtsein lebendig, daß es sich um die gleiche pastorale Arbeit handelt.

b. Um die Integrierung der einzelnen Teile des Programms zu sichern, ist ziemlich viel Zeit angesetzt für die Beratung zwischen den Mitgliedern des Stabes, die sich mit den einzelnen Sparten der Ausbildung beschäftigen. Hierbei geht es vor allem um den Lernprozeß bei den einzelnen Studenten und Gruppen, je nach der Optik der verschiedenen Sparten der Ausbildung.

c. Aufgrund dieser Stabsberatungen findet mit den Studenten, individuell und im Gruppenverband, in regelmäßigen Abständen eine Evaluierung statt. Bei diesen Evaluierungen, welche sich meistens auf das Ganze des Arbeitens und Lernens der Studenten beziehen, sind immer mehrere Mitglieder des Stabes aus verschiedenen Fachbereichen zugegen.

d. Um zu vermeiden, daß ein Student zu einseitig nach dem Lernerfolg in der Ausbildung beurteilt wird, findet einmal im Monat ein Gespräch zwischen dem Arbeitsbegleiter, dem Studenten und dem Team der Pastoren statt, unter deren Verantwortung der Student arbeitet. Alle Teile der Arbeit kommen dabei zur Sprache, jetzt von der praktischen Arbeitssituation her gesehen.

e. Während der ganzen Ausbildungszeit sind wir in jeder Beziehung bemüht, die Integration von Theorie und Praxis von wissenschaftlichen Informationen und praktischen Arbeitserfahrungen bei den Studenten intensiv zu fördern[4].

Besonders positiv hat sich die Tatsache ausgewirkt, daß der Student hier in vierfacher Weise mit der Realität konfrontiert wird: durch die Arbeit am Ort der Stage, durch die methodischen Fragen bei der Arbeitsbesprechung, durch die inhaltsbezogenen Fragen bei der theologischen Reflexion und durch die Fragen über die persönliche Einstellung bei den Supervisionssitzungen. Diese Arbeitsweise konfrontiert den Studenten mit mehreren Widerständen und Lernebenen, wodurch sein Lernprozeß intensiv in Bewegung gehalten wird. Unsere Erfahrung bestätigt hier die These, daß Menschen am meisten an Widerständen wachsen.

Wir werden noch sehen, wie die Kernelemente dieser Ausbildung zum Pastorat für Studenten auch in der Fortbildung der Pastoren eine Rolle spielen.

3. *Die Reform der Fortbildung*

a. Ein neuer Leitungsstil

Die Probleme der Pastoren in der Praxis veranlaßten die Diözesanleitung, sich auf ihre eigene Arbeitsweise zu besinnen. Indem man Priester und Laien beim »Selbstvollzug der Kirche« mitwirken ließ, ent-

4 Vgl. H. Korsten, H. Meertens, in: De H. T. P. te Heerlen, een opleiding tot basispastoraat, in: Tijdschrift voor Pastorale Psychologie 4 (1972) 97–101.

stand ein neues Leitungsmodell. Die Mitverantwortung von Priestern und Laien konkretisierte sich in mancherlei Beratungsorganen. Dies bedeutete, daß das ehemalige hierarchisch-autoritäre Leitungsmodell langsam, jedoch unverkennbar durch ein Beratungsmodell abgelöst wurde, wo allmählich alle Ebenen, Bischof, Priester und Laien, ihre eigene Verantwortung erkannten. Die eigene Verantwortung der Diözesanleitung in dieser neuen Struktur könnte man folgendermaßen formulieren:

– *Entwicklung von Ansatzpunkten* für die Pastoral auf der Grundlage des Evangeliums, der Tradition der Kirche und der Alltagserfahrungen und in ständiger Beratung mit allen Ebenen.
– *Erweiterung des Horizontes* der Pastoren und der Laien an der Basis, die ja infolge ihres beschränkten Arbeitsbereichs immer der Gefahr der Einseitigkeit ausgesetzt sind, etwa in bezug auf die Aufgabe der Kirche in der heutigen Gesellschaft, auf das Verstehen des Evangeliums und auf die konkrete Ausübung des Pastorates.
– *Stimulierung der Beratungen* auf allen Ebenen.
– *Dienstleistung an den Pastoren,* damit diese ihre Funktion optimal in eigener Verantwortung ausüben können.

Dies führt uns zum Thema der Fortbildung der Pastoren.

b. Fortbildung als Dienst am Seelsorger

Infolge dieses neuen Stils der Diözesanleitung, durch welche der Pastor im Pastorat vom Vollstrecker oberhirtlicher Anweisungen zu einem professionellen Mitarbeiter mit einer ausgesprochen eigenen Verantwortung wurde, wuchs bei der Diözesanleitung und den Pastoren das Bedürfnis nach Vermehrung der Kenntnisse, nach Zunahme der Fähigkeiten und nach Vertiefung der pastoralen Haltung. Wer dem Pastor eine größere Verantwortung gibt, muß ihn besser ausrüsten, um dieser Verantwortung entsprechen zu können. Die Diözesanleitung wurde diesen Bedürfnissen gerecht, indem sie

– *eine Anzahl von Instituten gründete,* die inhaltlich und methodisch Priestern und Laien auf verschiedenen Gebieten der Pastoral Hilfestellung gaben: das liturgische Zentrum, das katechetische Zentrum, das Zentrum für Jugendseelsorge, ein diözesanes Institut für internationale Solidarität (das für Missions-, Entwicklungs- und Friedensprobleme zuständig ist);
– *das Personalreferat zu einer Dienststelle ausbaute,* die den Aufbau und die Leitung der Personalversorgung nach ihren verschiedenen Aspekten (Organisation, Ernennung und pastorale Weiterbildung) zur Aufgabe hat. So wird die Aufmerksamkeit für die persönliche Lebens- und Arbeitssituation stark betont.

– *ein Dienstzentrum gründet* für die Weiterbildung von Pastoren auf den Gebieten der theologischen Reflexion, der methodischen Fähigkeiten und der pastoralen Haltung. Als diese Dienststelle auf dem Höhepunkt ihrer Tätigkeit war, verfügte sie über acht Mitarbeiter, die für Gruppen von je acht bis zehn Pastoren methodische Trainings, Gruppensupervision und theologische Reflexion durchführten. Zugleich waren sie für die entsprechenden Bereiche der Ausbildung zuständig.

c. Fortbildung als Identitätssuche

Je mehr wir mit neuen Methoden, neuen theologischen Einsichten und einer guten Analyse der Situation der Gemeinde gerecht zu werden suchten, um so mehr zeigte sich, daß noch andere, tieferliegende Fragen nach dem Pastor selber, nach seinem eigenen Glauben, nach der eigenen pastoralen Grundhaltung ins Bewußtsein traten. Dabei stellte sich oft das Problem, weshalb ein Mensch (auch ein Pastor) so schwer zu authentischem Glauben, Hoffen und Lieben kommt; es ist das Problem, wie ein Seelsorger vor allen Dingen zum authentischen Gläubigen wird. Dazu muß er sich, zusammen mit seinen Mitmenschen, mit seinen Urerfahrungen befassen, mit Unsicherheit, Versagen, Dankbarkeit, Angst, Bestätigung. Diese Urerfahrungen erweisen sich als ein Weg, auf dem man zusammen mit anderen zu authentischen religiösen Erfahrungen kommen kann. »Das echte, tiefe Verhältnis von Mensch zu Mensch, worin Urbegriffe wie Angenommensein, Hingabe, Glaube, Hoffnung, Liebe, Vergebung und Schuld lebendig zu werden anfangen und vom Pastor und von denjenigen, für die er Pastor sein darf, erfahren werden, ist unserer Ansicht nach ein reeller und notwendiger Beitrag dazu, als Mensch auch gläubig sein zu können. In der Authentizität der menschlichen Beziehung können diese Urbegriffe zu religiösen Erfahrungen werden. Es geschehen dann zwischen Menschen Dinge, welche größer sind als sie fassen können. In echten Beziehungen können Menschen aneinander göttliche Dinge geschehen lassen, eine Wirklichkeit wachrufen, die auf Gott verweist. In echten Beziehungen können Menschen gläubige Menschen werden. Die Identität als Glaubender ist naturgemäß eine Voraussetzung für jemand, der sich um den Glauben anderer Menschen kümmern will. Ein Pastor soll, ungeachtet des Unglaubens, den er mit jedem Menschen gemeinsam hat, ein gläubiger Mensch sein, jemand, der aus den eigenen religiösen Erlebnissen heraus die Alltagssituation im Licht des Evangeliums zu verstehen sucht. Er bemüht sich, seine Urerfahrungen religiös zu verstehen, und wird sie dann erleben als Möglichkeiten zum Heil oder zum

Unheil«[5]. – Es stellt sich heraus, daß dies im Grunde genommen auch zu tun hat mit der An- oder Abwesenheit eines *basic trust,* eines *basic-sense-of-competence,* des Grundgefühls: das bin ich, und das darf ich und das will ich auch sein. Es ist einleuchtend, daß ein derartiger Prozeß – sei es für den einzelnen Seelsorger, sei es für eine Gruppe – viel Zeit und Betreuung verlangt. Das veranlaßte die Diözesanleitung, diese vertiefte Begleitung nur einer relativ kleinen Anzahl von Pastoren zukommen zu lassen, in der Hoffnung, daß sie ihre Erfahrungen weitergeben würden. Die Hauptmasse der Pastoren wurde gleichwohl nicht außer acht gelassen. Für sie wurden theologische Kurse und kürzere Trainings in Gesprächstechnik und Gruppenarbeit angeboten.

Das Ergebnis der genannten Begleitung war das Wiederfinden der Identität als Mensch, Gläubiger und Pastor in der heutigen Welt. Sobald der Pastor sein eigenes Glauben, Hoffen und Lieben entfaltet, entdeckt er auch in der Gesellschaft mehr Möglichkeiten für sein Pastorat, für seine Beschäftigung mit Heil und Unheil im Licht des Evangeliums.

d. Fortbildung und Supervision

Um dies alles in Gang zu bringen und anzuregen, haben wir bei der Supervision einen wichtigen Platz eingeräumt: der Aufmerksamkeit auf die Grundhaltung des Pastors anhand seiner Arbeitserfahrungen. Es handelt sich hier um einen ganz persönlichen Entwicklungsprozeß, in welchem der persönlichen Eigenheit des einzelnen Rechnung getragen wird, der letzten Endes selber das Fortschreiten des eigenen Lernprozesses bestimmt. In Anbetracht des hier Gesagten und im Bewußtsein, daß wir aufgrund einer vorläufigen Analyse von Lernprozessen sprechen, sind wir der Meinung, daß sich auf dem Weg zur pastoralen Identität folgende Phasen im Supervisionsprozeß erkennen lassen:

– *Lernen zu hören* auf das, was im Pastor selber und in den Menschen an Möglichkeiten und Unmöglichkeiten, an Heil und Unheil lebt. Es zeigt sich immer wieder, daß es keine einfache Sache ist, Zuhören zu lernen, nicht etwa weil wir nicht zuhören wollen, sondern weil in uns selber eine Reihe von Hindernissen vorhanden ist, die das Zuhören blockieren. Das führt uns von selbst zu der zweiten Phase:

– *Lernen, introspektiv zu werden.* Wir sind nun einmal geneigt zu exteriorisieren, die Ursache jeglichen Mankos in erster Linie außerhalb der eigenen Person zu suchen. Der Supervisionsprozeß will das Vermögen zur Introspektion fördern. So entwickelt sich das Gefühl für die eigenen Erfahrungen.

---

5 Vgl. Korsten / Meertens / Reijnen, 80 ff.

– *Authentizität;* der Introspektionsprozeß läuft meistens auf die Frage hinaus: Wer bin ich eigentlich selber in meiner Beziehung zu anderen? Die Beschäftigung mit dieser Frage führt zu der Selbsterkenntnis, die erforderlich ist, der Wahrheit über sich selber ins Auge zu sehen, mit all den erfreulichen und schmerzlichen Momenten, welche diese Neugeburt mit sich bringt[6]. In dieser Weise kann der Mensch ein Verhältnis zu sich selber finden, lernt er, er selber zu sein. Authentizität des Lebens, Denkens und Glaubens ist für jemand, der sich mit den Tiefen und dem Mysterium der menschlichen Existenz beschäftigen will, eine unentbehrliche Grundlage. Nur in echten Beziehungen, die man auf der Grundlage der eigenen Authentizität eingegangen hat, können religiöse Erfahrungen ausgelöst werden.
– *Authentische religiöse Erfahrungen;* das Durchmachen der obigen Phasen schafft unseres Erachtens die Offenheit für religiöse Erfahrungen, welche die letzte Geborgenheit, den tiefsten Sinn des Lebens betreffen. Es handelt sich hier um eine in der menschlichen Beziehung geweckte Perspektive, daß es jemanden gibt, der mich akzeptiert und liebt, dem ich mich hingeben kann, um endgültig ich selber zu werden, von dem ich Heil empfange als eine Gabe. In diesem Prozeß endeckt der Pastor, daß Seelsorge sich nicht durch die Thematik der Gespräche ausweist, die er führt, auch nicht durch die Aktivitäten, die er entwickelt, sondern in erster Linie durch die religiösen Erfahrungen, die er macht bei dem, was er tut, und durch den Umgang mit diesen Erfahrungen in seinen Beziehungen zu anderen[7].

e. Wirkungen personbezogener Fortbildung

Die deutlichste Wirkung, die wir beobachten konnten, war ein neuer Mut und eine neue Freiheit, sich auf das Evangelium einzulassen und es wirksam werden zu lassen. In der oben beschriebenen Offenheit des Pastors kann das Wort Gottes sowohl an den Pastor als durch ihn an den Gläubigen appellieren; so kommen Glauben, Hoffen und Lieben im Sinne des Evangeliums zum Leben.

Im Lauf dieses Prozesses wird die Frage nach der Zunahme der pastoralen Fähigkeit in ein anderes Licht gerückt. Die pastorale Aufbauarbeit wird in Angriff genommen. Es ist dies eine auf der Basis der Gemeinwesenarbeit entwickelte Methode, jedoch angewandt auf pastorale Situationen, wie den Aufbau der Glaubensgemeinde. Der Pastor, der sich selber als Gläubiger und als Pastor gefunden hat, wird auch der Gemeinde gegenüber seinen angemessenen Platz finden. Er

6 AaO. 85–87.
7 AaO. 89 f.

wird in der Gemeinde jemand sein, der seine eigene Überzeugung, seine eigene Auffassung, sein eigenes Glaubenserleben einbringt; der anerkannt wird in seiner Gabe, die Gemeinde im Einklang mit ihrer Aufgabe in der Welt begleiten zu können; der immer mit der Gemeinde im Dialog bleibt; der feststeht im Spannungsfeld zwischen den Wünschen und Erwartungen von Menschen und den Werten und Auffassungen, welche er als Pastor zu bringen und zu vertreten hat; erfüllt vom Glauben an die Möglichkeiten der Gemeinde und andererseits fähig in kritischer Loyalität der eigenen Berufsgruppe und der kirchlichen Institution die Treue zu halten. Wo der Pastor in dieser Weise am Gemeindeaufbau arbeiten kann, wird in ihm auch das Gefühl geweckt, daß er in seiner Arbeit glücklich sein kann. Niemals nachlassender Einsatz ohne Unruhe, Planmäßigkeit bei der Arbeit, Bereitschaft zur ständigen Weiterbildung (etwa in der Gruppenarbeit, in *pastoral counseling,* in der Fähigkeit ansprechend die Liturgie zu feiern und das Wort Gottes zu verkünden) werden selbstverständlich. Sie liefern einen Beitrag zur Gewinnung der pastoralen Berufsidentität.

Ebenso dürfte es klar sein, daß auch das theologische Denken des Pastors erneuert wird. Es kommt nämlich eine viel vergessene Dimension hinzu: das Ernstnehmen der eigenen religiösen Erfahrung und der religiösen Erfahrung der Gemeinde. Bei uns ist zunehmend die Erkenntnis gewachsen, daß sich in der konkreten Geschichte des Menschen und seiner Gesellschaft Heil und Unheil abspielen. Hierin wird das Evangelium immer wieder zum Ereignis. Anders gesagt: im eigenen Leben, in der Gegebenheit, daß der Mensch durch gesellschaftliche und kulturelle Prozesse bedingt ist, und in seiner eigenen Verantwortung erfährt der Mensch, was Heil und Unheil ist, kann er Anschluß finden an den Glauben, das Hoffen und das Lieben, an den evangelischen Aufruf zu Umkehr, Vergebung und Gnade; bekommt der *basic trust* die Dimension der Geborgenheit in Gottes Hand; wächst die Mensch-Gott-Relation; kann die klare Einsicht entstehen, daß Menschenliebe und Gottesliebe auf der gleichen Längsachse liegen. Der Pastor, der imstande ist, mit der eigenen Religiosität umzugehen, wird seine Mitgläubigen in deren Religiosität leichter verstehen und besser begleiten.

Daß dies alles zugleich für die eigene Spiritualität des Pastors von Bedeutung ist, dürfte klar sein. Das gleiche gilt für die Entwicklung einer Berufsethik als Folge der beschriebenen Einstellung. Vor allem hat sich eine bedeutende Zunahme der Kollegialität unter den Pastoren und gegenüber der Leitung bemerkbar gemacht. Sie stützt sich auf gegenseitiges Vertrauen, auf das Bewußtsein der Verantwortung aller Beteiligten und auf die Funktion eines jeden beim Aufbau der Kirche.

Daß diese Kollegialität zugleich eine Loyalität, wenn auch eine kritische, impliziert, wird niemand nach dem, was wir oben gesagt haben, wundern.

f. Schwierigkeiten, die bei der Fortbildung auftauchen

(1) Hindernisse im Seelsorger selbst

Es zeigt sich ein großer Widerstand, konsequent zu glauben, daß Mensch und Welt erlöst sind; es fällt schwer, an die Inkarnation, an den Geist Gottes, der im Gläubigen und in der Gemeinde lebt, zu glauben. Infolgedessen fällt mancher Pastor bei der Ausübung seines Amtes (gleichviel ob es eine Predigt oder den Kontakt mit dem einzelnen Menschen, bzw. in Gruppengesprächen betrifft) in seine alte und offenbar tief verwurzelte Überzeugung zurück, daß er das Heil zu bringen hat und daß beim andern wenig oder kein Heil zu finden wäre. Es zeigt sich, daß die Entwicklung einer neuen Einstellung einen langwierigen Prozeß fordert. Dabei hat der Pastor in erster Linie eine authentische Beziehung zu den Menschen und dem Evangelium anzustreben oder vielmehr zu Jesus von Nazareth. In der authentischen Beziehung und dadurch, daß der Pastor Menschen hilft, miteinander authentische Beziehungen anzuknüpfen, *entdeckt* er das Heil eher, als daß er es *bringt;* spürt er, wie das Heil uns als eine Gabe begegnet und geschenkt wird. Das bedeutet, daß der Pastor zunächst sich selber durch das Heil, von dem er zeugen soll, ergreifen läßt. Dies ist aber kein Abstractum, eine im Studierzimmer errungene Einsicht, sondern eine Realität, die man im täglichen Umgang mit Menschen entdecken muß. Es dürfte eines der wichtigsten Probleme des Pastors sein, daß er sein Gemüt nur schwer richtig ergreifen läßt, weder durch die Menschen, noch durch Jesus von Nazareth, noch durch die eigenen Erfahrungen. Dies dürfte darauf hinweisen, daß es für den Pastor auch schwer ist, echt zu glauben.

Außerdem zeigt es sich, daß es leichter ist, über authentische Beziehungen zu sprechen, als sie zu realisieren. Hier dürfte sich die allzu einseitig intellektuell ausgerichtete Bildung rächen. Immer wieder erfahren wir, wie schwer es den Pastoren fällt, die eigenen Gefühle und Erfahrungen zu erkennen, besprechbar zu machen und im Verkehr mit anderen spielen zu lassen. Dies sind aber nach unseren Ansichten wesentliche Bedingungen, wenn man individuell und zusammen mit den Mitgläubigen zu echten religiösen Erfahrungen kommen will. Bei vielen Pastoren läßt sich auch eine merkwürdige Scheu beobachten, mit ihren Kollegen in einer offenen Atmosphäre kritisch die Arbeit des andern zu evaluieren und sich Rechenschaft zu geben über das, was man tut, über die Art und Weise, wie man es tut, und über die Gründe, weswegen man es so tut.

Es zeigt sich schließlich, daß viele Seelsorger Hemmungen haben, wenn es gilt, innerhalb des nun einmal vertraut gewordenen Musters pastoraler Versorgungstätigkeiten für die Arbeit am Gemeindeaufbau bewußt Raum zu schaffen, für einen Gemeindeaufbau, der so verstanden werden soll, daß man, so weit dies möglich ist, alle – je nach ihren eigenen Gaben (*charismata*) und in eigener Verantwortung – an dem Aufbau der Gemeinde teilnehmen läßt. Die Gemeinde ist nicht daran gewöhnt, und auch der Seelsorger ist nicht daran gewöhnt, und das macht es schwer, hier Änderungen durchzuführen. Dabei werden etwa folgende Fragen wach: »Welche Perspektiven hat mein Pastorat?« und: »Welche Prioritäten muß ich aufstellen?« – Wenige sind imstande, sich konsequent mit diesen Fragen zu beschäftigen und für ihre praktische Arbeit Folgerungen daraus zu ziehen.

(2) Hindernisse von außen

Eine zweite Serie von Problemen hat ihren Ursprung in kirchlichen (und gesellschaftlichen) Strukturen und Traditionen.

Die hierarchische Struktur der Kirche kann – wo sie Möglichkeiten eines autoritären Auftreten in sich birgt – für den Entwicklungsprozeß im Pastor tödliche Folgen haben. Pastoren können sich nur dann erneuern, wenn die Diözesanleitung bereit ist, zusammen mit ihnen den Reisestab in die Hand zu nehmen und sich gemeinsam auf den Weg zu machen. Die Leitung sollte sich mehr bewußt sein, daß die Entwicklung in der Kirche ein Beratungsmodell verlangt, nach welchem man der Frage, wie man im Einvernehmen mit allen Beteiligten zu pastoralen Richtlinien kommen kann, größere Aufmerksamkeit widmet als dem Eintragen der Anzahl der Kommunionen. Die Richtlinien der Diözesanleitung sollten ständig an den Entwicklungen auf Dekanats- und Gemeindeebene erprobt werden. Dabei sollte man Respekt zeigen vor der Kreativität und der eigenen Verantwortung der Basis.

Die Weiterbildung von Pastoren kann gefährlich ins Stocken geraten, weil zu wenig Kräfte vorhanden sind, die ihnen behilflich sind. Die Lust zur Fortbildung kann auch sehr verleidet werden, wenn man den Seelsorgern Dienstleistungen abverlangt, die den Erfordernissen der heutigen Zeit methodisch und theologisch nicht gerecht werden.

Ein Problem für manchen Seelsorger ist die Zusammensetzung des pastoralen Teams. Wenn dies, gleichviel aus welchen Gründen, nicht harmonisch aufgebaut ist, werden Aufgabenteilung und Spezialisierung und Planung innerhalb des Teams nicht in Angriff genommen. Die Teamversammlungen beschränken sich dann oft auf einige materielle Absprachen.

Mancher Pastor kennt in seiner Gemeinde das Phänomen der Polarisierung: die Erwartungen an den Seelsorger sind diametral entgegengesetzt. Es ist dann für ihn oft außerordentlich schwer, die Lage richtig einzuschätzen und einen klaren Standpunkt zu beziehen. Er ist in Gefahr zu zögern, mit jedem gut Freund bleiben zu wollen und letzten Endes niemandem zu dienen. Er kann sich ohnmächtig und frustriert fühlen, u.a. weil er meint, in der Seelsorge käme es vor allem darauf an, Konflikte zu vermeiden. Entscheidend ist hier wieder die eigene Identität des Menschen, des Gläubigen, der Pastor ist. Auf der Suche nach dieser Identität wird der Pastor entdecken, daß dies eine falsche Auffassung von Seelsorge ist, weil sie seiner eigenen Menschwerdung – und zu dieser fordert das Evangelium uns doch heraus – im Wege steht.

Es handelt sich also bei der Fortbildung um sehr viel mehr als um einige Techniken und Methoden. Vor allem von Seelsorgern, die jahrelang in einer ihnen vertrauten Weise das Pastorat ausgeübt haben, wird verlangt, daß sie den Mut haben, alten Sicherheiten Lebewohl zu sagen und eine Art Wüstenreise anzutreten.

»Überlegen wir uns gut, vor allem als Seelsorger, daß das Leben eigentlich auch nichts anderes ist und daß gerade darin das Lebensglück zu finden ist: immer aufs neue in die Wüste zu ziehen, auf der einen Seite mit Schmerzen, Unsicherheiten, Enttäuschungen und einem immer sich wiederholenden Sterben, auf der anderen Seite aber mit dem Manna des Glaubens, der Hoffnung und der Liebe, der Zusammengehörigkeit, der Dankbarkeit, der Verwunderung und des Trostes. Eine solche pastorale Haltung möchten wir fördern, wohl wissend, daß dies keine einfache Sache ist.«[8]

8 Das Projekt Tegelen, CEP-Kongress Heerlen 1973, 27.

4|4 Roman Roessler
Berufsbegleitende Weiterbildung

1. *Life-long-learning*

Die traditionelle Vorstellung von zwei Lebensphasen – Studienzeit und Berufsleben – ist durch die Auffassung abgelöst worden, daß Lernen sich nicht auf einen Abschnitt am Anfang des Lebens beschränken kann, sondern als elementarer Bestandteil des Berufslebens selbst anzusehen ist. Das gilt auch für kirchliche Berufe. Der rasche Wandel, der sich in allen Lebensbereichen vollzieht, das Entstehen neuer gesellschaftlicher Strukturen und Gruppierungen, neuer Konflikte, neuer Kontaktfelder, die zunehmende Differenzierung kirchlicher Aufgabenbereiche, das sich verändernde Selbstverständnis der Kirche und das Fortschreiten der theologischen Forschung machen ein stetes Weiterlernen erforderlich, das einen am ständigen Umwandlungsprozeß biblisch-christlicher Überlieferung in gegenwärtige Erfahrungen teilnehmen läßt. Verantwortliche Berufsausübung schließt die Bereitschaft zu lebenslangem Lernen (*life-long-learning*) ein. Sie rechnet mit der Unabgeschlossenheit allen Wissens und der fortgesetzten Veränderung der beruflichen Situation.

In der Regel wird sprachlich zwischen Fortbildung und Weiterbildung unterschieden. Unter *Fortbildung* wird derjenige Teil der Berufsausbildung verstanden, der die in Studium und Ausbildung erworbenen Kenntnisse und Fähigkeiten erweitert, ergänzt und vertieft und zwischen theologischer Reflexion und kirchlicher Praxis zu vermittlen versucht. Unter *Weiterbildung* wird die Vorbereitung auf eine spezielle, die Grundausbildung und eine entsprechende Berufserfahrung voraussetzende Tätigkeit verstanden, die in der Regel einen Wechsel des Berufsfeldes oder eine berufliche Statusveränderung zur Folge hat. Weiterbildung stellt dabei einen Sonderfall der Berufsbildung dar. Wir gehen auf diese Unterscheidung hier nicht näher ein und verwenden das Leitwort »*berufsbegleitende Weiterbildung*« im allgemeinen Sinne als Bezeichnung für die der Ausbildungsphase nachfolgende Berufsbildung.

2. *Weiterbildung als Aufgabe der Kirchen*

Konzeptionen der Weiterbildung unterscheiden sich heute im Hinblick auf ihre *didaktischen Leitvorstellungen* nur wenig, gleich welcher Herkunft sie sind. »Schulmethoden«, Vortragsstil, bloße Wissensvermittlung, einseitige Stofforientierung werden generell abgelehnt. Dozenten und Lehrer werden mehr und mehr durch Trainer und Gesprächsleiter ersetzt. Vorlesungsbetrieb wird durch Seminarstil verdrängt. Die *Lerngruppe* ist bestimmend geworden. Didaktische Methoden sind dabei zumeist an habituellen Lernzielen orientiert; sie sollen zum Beispiel befähigen helfen: zu eigenständigem Lernen und selbständiger Informationsbeschaffung, zu problemorientierter Arbeitsweise, zu Selbstorganisation von Lernprozessen durch die Gruppe, zur Sensibilität für Eigen- und Fremdverhalten, zur kritischen Beurteilung der eigenen Praxis, zur Einübung von Teamfähigkeit und kooperativem Handeln. Dazu gesellt sich heute die Einsicht, daß eine Reihe von Kenntnissen und Fähigkeiten grundsätzlich andere Formen der Aneignung voraussetzt als den Zweischritt von theoretischer Kenntnisnahme und praktischer Anwendung, wie er für das universitäre Studium bestimmend ist, nämlich ein *learning by doing*. Überlegungen zur Studienreform treffen sich hier weitgehend mit Fortbildungskonzeptionen der Kirchen.

Unterschiedlich stellen sich die Bildungskonzepte jedoch dar, wenn man sie von ihren verschiedenen *Ausgangsvoraussetzungen* her betrachtet. Geht man von dem voraufgegangenen Universitätsstudium und der praktisch-kirchlichen Theologenausbildung aus, dann spielen die Fragen einer sachgerechten Unterscheidung und Zuordnung zwischen den Aufgaben der Ausbildung (I. und II. Phase) und Aufgaben der Weiterbildung (III. Phase), eine verbindende und weiterführende Curriculumsplanung usw. eine bedeutende Rolle. Im Mittelpunkt der Überlegungen steht dann der Beruf des Pfarrers. – Geht man von der Berufswirklichkeit kirchlicher Mitarbeiter, ihren konkreten und aktuellen Anforderungen, Belastungen, Erfahrungen und Bedürfnissen aus, dann stehen Fragen der beruflichen Motivation des einzelnen, die kritische Auseinandersetzung mit dem eigenen Berufs- und Amtsverständnis, das Verhältnis von Institution, Amt und Person usw. im Vordergrund des Interesses. – Geht man schließlich von den Mandaten der Kirche und den Aufgabenfeldern kirchlichen Handelns aus, dann prägt sich das in funktionsorientierten und aufgabenspezifischen Weiterbildungskonzepten aus. – Da in der Regel die Kirchen selbst als *Träger der berufsbegleitenden Weiterbildung* in Erscheinung treten, spielt der letztgenannte Aspekt in der Konzeptionsbildung den primären Orientierungsrahmen.

Das bedeutet unter anderem:

a. Die Berufsfähigkeit kirchlicher Mitarbeiter ist Voraussetzung für die Handlungsfähigkeit der Kirche. Weiterbildung hat daher die Aufgabe einer den Handlungsfeldern entsprechenden berufsspezifischen Qualifikation.

b. Als »Arbeitgeber« übernehmen die Kirchen mit der Anstellung und dem Einsatz ihrer Mitarbeiter zugleich die Verpflichtung und Verantwortung für deren berufliche Förderung und Fortbildung.

c. Berufliche Weiterbildung hat darin die gleichrangige Förderung aller kirchlichen Mitarbeiter zum Ziel. Sie kann sich nicht auf die Pfarrer bzw. die akademisch Vorgebildeten beschränken.

d. So verstanden gehört die Aufgabe der Weiterbildung in den Bereich der Personalplanung und Personalpolitik der Kirchen und ist in das Personalwesen zu integrieren. Das geschieht faktisch durch eine reguläre Institutionalisierung des Bildungswesens mit allen dementsprechenden organisatorischen Regelungen wie Bildungsplanung, Programmangebot, Ordnung des Bildungsurlaubs, Schaffung der personellen, haushaltsmäßigen und baulichen Voraussetzungen usw.

3. Methodische Orientierung

Weiterbildung zielt grundlegend auf die Befähigung kirchlicher Mitarbeiter zu einem dem Geist des Evangeliums, den Grundlagen des christlichen Glaubens und den Mandaten der Kirche entsprechenden, praxisgerechten Dienst. Die theologische Reflexion kirchlicher Praxis stellt daher für die Weiterbildung in allen ihren Vollzügen die primäre Aufgabe dar. Methodisch wird eine so verstandene Weiterbildung dabei von einer dreifachen Fragestellung geleitet sein:

a. *Funktionskontrolle:* Wie funktioniert Kirche im Horizont ihrer gesellschaftlichen Umwelt? Welche Funktionen haben *de-facto*-Priorität? Wie verhält sich diese zum kirchlichen Selbstverständnis? Welche Spannungen und Disfunktionalitäten sind zwischen faktischen Prioritäten und kirchlichen Handlungszielen zu beobachten? Welche Reichweite haben Reformversuche und Experimente? Welche Entwicklungstendenzen sind im Konfliktfeld zu konstatieren?

b. *Bedürfnisanalyse:* Wie verhält sich kirchliche Praxis zu den Erwartungen und Bedürfnissen der kirchlichen Mitgliedschaft? Wie verhält sie sich zu den Erwartungen der Gesamtgesellschaft an die Kirchen als Institutionen öffentlicher Religion? Welche spezifischen gesellschaftlichen Konfliktgruppen treten in Erscheinung? Welche Differenzen zeigen sich zwischen Funktionen und Bedürfnissen?

c. *Traditionskontrolle:* Wie erscheint die Differenz von Funktion und Bedürfnis im Licht des kirchlichen Anspruchs? Wie sind bereits vollzogene oder sich aufdrängende Anpassungen von den Mandaten der Kirche her zu beurteilen? Wo erweist sich die Berufung auf die Überlieferung der Kirche als uneingelöste Behauptung, als Anstoß zu innovatorischem Handeln, als Anlaß zur Kirchenreform?

Alle Formen der Weiterbildung stehen – an dieser dreifachen Fragestellung gemessen – im Zusammenhang des *Theorie-Praxis-Problems*. Die hier skizzierte theologische Reflexion kirchlicher Praxis vermag eine »Theorie kirchlichen Handelns« zwar nicht vorauszusetzen, steht jedoch gleichwohl vor der Aufgabe, diese in der Konkretion der jeweiligen Aufgabenbereiche entwickeln zu helfen.

4. *Inhaltliche Ziele der Weiterbildung*

a. Der berufliche Alltag übt einen ständigen *stress* aus, der Zeiten der Entspannung und Entlastung nötig macht (»Pauseneffekt«). Belastende Erfahrungen und Enttäuschungen werden im persönlichen Gespräch mit anderen leichter verarbeitet; Isolierung wird überwunden; der Austausch von Erfahrungen führt zu gegenseitiger Ermutigung und Anregung. Auch die Muße, sich zeitweilig anderen, nicht durch die beruflichen Anforderungen bedingten Interessengebieten zuwenden zu können, hat eine wichtige *Entlastungsfunktion*. Weiterbildung hat auch die Aufgabe, »Freiräume« zu schaffen, die einer bloßen Arbeitsverzweckung des Menschen entgegenwirken.

b. Die Tätigkeit kirchlicher Mitarbeiter hängt wesentlich von ihrer Einstellung zur *Kommunikation* ab, von der Fähigkeit, die Einstellungen, Erwartungen, Äußerungen, das Verhalten anderer zu verstehen, aber auch sich selber anderen verständlich zu machen. Um Dolmetscher des Glaubens zu sein und Menschen das Evangelium von Jesus Christus nahebringen zu können, müssen sie Verstehenshindernisse erkennen und Kommunikationsschranken überwinden lernen. Dazu gehört auch die Selbsterfahrung, die umfassender verstehen lehrt, wie eigenes Verhalten die menschlichen Beziehungen zu anderen beeinflußt.

c. Die Spannung zwischen Eigenerwartungen und Gemeindeerwartungen, die gesellschaftlich umstrittene Position kirchlicher Berufsträger, das veränderte Verständnis kirchlicher Ämter machen eine kritische Auseinandersetzung mit dem eigenen *Berufsverständnis* nötig, um vor Routine und Resignation zu bewahren. Weiterbildung hat hier die Aufgabe, das eigene Verhältnis zu anderen Auffassungen der Theologie, zur Kirche, zur Gemeinde, zur gesellschaftlichen Umwelt sachkritisch überprüfen zu helfen und neue Verhaltensweisen zu üben.

d. Die *theologische Wissenschaft* schreitet fort. Als »Praktischer

Theologe« sollte vor allem der Pfarrer mit dem gegenwärtigen Stand theologischer Wissenschaft und kirchlicher Entwicklung soweit vertraut sein, daß er seine eigene Tätigkeit theologisch qualifiziert beurteilen und, soweit nötig, korrigieren kann.

e. *Gesellschaftliche Strukturen* unterliegen rascher und steter Veränderung. Lebensbereiche und Lebensbedingungen haben sich vielfältig und unterschiedlich entwickelt. Kontakte zu Menschen knüpfen sich leichter, wenn man die Probleme und Interessen, mit denen sie umgehen, kennt. Verständnis für die geistige und soziale Lage ist nötig, um sachgerecht reden und solidarisch handeln zu können. Die Fähigkeit zur Analyse der gegenwärtigen Situation von Kirche und Umwelt und das Verstehen der Zusammenhänge zwischen theologischen und gesellschaftlichen Problemen spielen hier eine wichtige Rolle.

f. *Empirische Wissenschaften* (wie Soziologie und Verhaltensforschung, Psychologie, Psychotherapie, Pädagogik u.a.), die den Menschen als Humanum zum Gegenüber haben, haben Kenntnisse und Mehoden entwickelt, die für die Arbeit kirchlicher Mitarbeiter wichtige Hilfestellungen zu leisten vermögen. Die Sorge, daß darüber die Originalität des Glaubens und das Spezifikum kirchlichen Dienstes aus den Augen verloren wird, ist begründet, wenn die Beschäftigung mit Wissenschaftsbereichen anderer Art zur Ersatzhandlung wird und theologische Arbeit verdrängt. Sie ist nicht begründet, wenn sie von der Einsicht geleitet ist, daß theologische Reflexion ständiger Umsetzung in empirisch vermittelte reale Daseinsformen bedarf, um faktische Relevanz zu gewinnen.

g. Zur Weiterbildung gehört auch die Aufgabe, zu *konfliktorientierter Arbeitsweise* anzuleiten und projektbezogene Arbeitsformen zu vermitteln. Teilnahme an der experimentellen Erstellung und Erprobung neuer Modelle (neuer Wege der Gemeindearbeit, neuer Gottesdienstformen, neuer Ansätze der Gemeindebildung, der Gemeinwesenarbeit, der Gruppenberatung usw.) und gemeinsame Auswertung von Erfahrungen spielen hier eine wesentliche Rolle.

h. Das Verlangen einzelner Gruppen nach spezieller Beratung und Lebenshilfe (zB. Jugend-, Ehe-, Alters-, Kranken-, Gastarbeiter-, Suchtgefährdeten-Seelsorge) vermehrt den Bedarf der Kirchen an Mitarbeitern mit besonderer Eignung und spezieller Qualifikation, die eine *Zusatzausbildung* erhalten.

5. *Berufsspezifische Qualifikation*

Sind mit dem hier Gesagten zunächst die allgemeinen Lernziele der Weiterbildung abgesteckt worden, so geht es im Hinblick auf den einzelnen Mitarbeiter oder bestimmte Mitarbeitergruppen um die Aufgabe einer berufsspezifischen Qualifikation, genauer gesagt: um die Aufgabe der *Berufsbefähigung*. Zum Maßstab der Berufsfähigkeit werden dabei in einer aufeinander bezogenen und doch zugleich unterscheidenden Weise »Kenntnisse«, »Können« und »Kompetenz« gemacht.

a. *Kenntnisse:* Was muß ich wissen, um meinen Beruf angemessen auszuüben? – Weiterbildung richtet sich, die Ausbildung ergänzend oder fortführend, auf die Vermittlung inhaltlicher, methodischer und praxisbezogener Kenntnisse und Erfahrungen. Wenn Lernen vormals einseitig auf das Verstehen und Behalten von Wissensstoff bezogen gewesen ist (und in der universitären Ausbildung auch heute noch zu sein scheint), so zeigt sich gegenwärtig der gegenläufige Trend zur einseitigen Beschäftigung mit Verhaltensanalysen. Auch Verhaltensforschung und -wissenschaft hat es, wenn sie nicht zur narzißtischen Selbstbeschäftigung entarten soll, mit lernbarem Wissen zu tun. Der notwendige Rückbezug auf die Quellen christlicher Überlieferung und ihrer Auslegungsgeschichte schließt jedoch seinerseits unverzichtbar informative Wissensvermittlung ein. »Lehre« muß dabei allerdings ideologiekritisch ihre Lernziele reflektieren.

b. *Können:* Was muß ich können, um meinen Beruf angemessen auszuüben? – Weiterbildung bezieht den Menschen als Träger seines Berufes unmittelbar ein und zielt personbezogen auf die Befähigung zur Berufsausübung. Es geht daher immer zugleich um die Aufgabe, die besonderen Anforderungen, Belastungen, Erfordernisse und Krisen der situationsbedingten Berufswirklichkeit zu bedenken, berufliche Erfahrungen zu reflektieren, Mitarbeitern konkrete Berufshilfe zu ermöglichen. Einstellungs- und Verhaltensänderung spielen dabei in der Tat eine hervorgehobene Rolle, und zwar erstens im Hinblick auf die berufliche Motivation (warum tue ich, was ich tue?), zweitens und damit zusammenhängend im Hinblick auf die kritische Auseinandersetzung mit dem eigenen Berufsverständnis, die heute zunehmend an Bedeutung gewinnt (berufliche Identität) und drittens im Hinblick auf die berufliche Sozialisation (Erlernen von Kommunikationsfähigkeit, Teamfähigkeit, Kooperationsfähigkeit).

Das beinhaltet unter anderem die Beschreibung und Verdeutlichung kirchlicher Berufsbilder, die Ausrichtung von Kursen und Seminaren auf problemorientierte Arbeitsweisen und die Analyse der eigenen Praxis, die Selbstorganisation von Lerngruppen und Lernprozessen, Angebote zur spirituellen Vertiefung und geistlichen Vergewisserung. Zum heutigen Berufsverständnis gehört dabei auch die Fähigkeit, persönliche Identität und berufliche Funktion in einem gelösten Verhältnis zueinander sehen zu lernen, um berufliche Konflikte, Belastungen, ja auch Mißerfolge nicht unmittelbar als persönliches Versagen oder Scheitern erleben zu müssen.

c. *Kompetenz:* Was autorisiert und legitimiert mich zur Ausübung meines Berufes? – Religiöse Krise, institutionelle Krise und berufliche Krise sind sicher nicht einfach identisch. Dennoch scheint hier ein evidenter Zusammenhang zu bestehen. Die kritische Frage, die sich vor allem auf den Beruf »Pfarrer« im Rahmen der heutigen Berufswelt richtet, spiegelt die problematische Stellung der Kirche im Umfeld der heutigen Gesellschaft wider. Hier wird das Problem nur persönlich erlebt. Ebenso aber, wie die Rolle der Kirche als »Institution im Übergang« gegenwärtig nicht pauschal beantwortet werden kann, sondern in konkretem Engagement, in Situationen der Herausforderung entdeckt und bestätigt werden muß, so kann auch die Frage nach dem Berufsbild des Pfarrers oder anderer kirchlicher Mitarbeiter zur Zeit nicht generell beantwortet werden. Sie stellt sich konkret, als Frage nach relevanten Funktionen und Formen kirchlichen Handelns. Vorhaben der Weiterbildung sind dabei in sich selber »Projekte«, die der Ausbildung einer »Theorie kirchlichen Handelns« zu dienen haben. Wie stellt sich das Verhältnis von Kirche und Gesellschaft, Institution, Amt und Person, von Theologie und Empirie dar? Worauf begründet sich – worauf richtet sich kirchliches Handeln? Im Schnittpunkt dieser beiden Leitlinien – der Frage nach der theologischen Legitimation und der Frage nach der gesellschaftlichen Relevanz – ist im Vollzug der Weiterbildung das Problem der beruflichen Kompetenz anzugehen.

6. *Weiterbildung als Teil der Kirchenreform*

Die vorausgehenden Abschnitte sollten deutlich gemacht haben, daß Weiterbildung kirchlicher Mitarbeiter, wie sie als generelle Aufgabe der Kirchen verstanden wird, von den verfaßten Kirchen nicht einfach »verwaltet« oder in ihren Zielsetzungen, Inhalten und Methoden gar normativ vorgeschrieben werden kann. Kirchliche Institutionen unterwerfen sich dabei vielmehr selbst einem permanenten Bildungsprozeß. Weiterbildung ist eine Weise der Kirchenreform, wie man umgekehrt ebenso sagen könnte: Kirchenreform ist eine Form der Weiterbildung, ein Bildungsprozeß. Nach einem Jahrzehnt zahlloser Vorstöße zur Kirchenreform stellt sich die Frage, woran es liegt, daß soviel Thesen verfochten, soviel kirchenkritische Literatur produziert, soviel Pläne und Arbeitskonzepte publiziert worden sind und gleichwohl das Bild der kirchlichen Landschaft sich keineswegs in dem erhofften Maße verändert hat. Zusammenfassend wird man wohl sagen müssen, daß man Programmen und Plänen zuviel zugetraut hat. Inzwischen setzt sich die Einsicht durch, daß Innovationen der Kirche, daß die Realisierung von Reformen, daß die Verwirklichung von Plänen in erster Linie nicht durch die Kraft von Argumenten, nicht durch kritische Analysen oder die Präzision der Planung bestimmt und getragen werden, sondern primär von Lernbereitschaft und Einstellungswandel abhängig sind. Auf eine knappe Formel gebracht: das Zentrum aller Kirchenreform ist ein Bildungsprozeß. Ein Unterschied zu früher ist dabei deutlich: Der vormals viel stärker erlebte Konflikt mit der Kirche wird zunehmend als persönliche Krise erfahren. Im Bild gesprochen: das Auge hängt nicht so sehr an den Rissen, die in den Mauern und im Gebälk der Kirche zu sehen sind; es ist ein Riß, der durch einen selber hindurchgeht. Der institutionelle Konflikt ist internalisiert worden. Die »inneren Realitäten« sind wichtig geworden; der Streit um die Zukunft der Kirche beginnt bei uns selbst, und das heißt im Hinblick auf Menschen als Träger kirchlicher Berufe und Ämter: als kritische Auseinandersetzung mit dem eigenen Berufsverständnis. Das hat sein gutes: es nimmt uns aus der Konfrontation mit anderen zurück; wir selber sind mitten im Lernen und bilden uns fort.

7. Das Verhältnis kirchlicher Weiterbildung zur Praktischen Theologie

Wie stellt sich das Verhältnis der gegenwärtigen Formen kirchlicher Weiterbildung zur universitären Form Praktischer Theologie dar?

a. Träger kirchlicher Weiterbildungsprogramme sind Theologische Seminare, Akademien, Institute kirchlicher und außerkirchlicher Art, Pastoralkollegs, Fachleute verschiedener humanwissenschaftlicher Disziplinen. Die Hilfestellung der Theologischen Fakultäten und insbesondere der Praktischen Theologie erweisen sich de facto als begrenzt.

b. Praktiker sind für die Entwicklung und Vermittlung von aufgabenspezifischen und der Berufswirklichkeit entsprechenden Angeboten der Weiterbildung vielfach besser geeignet als Wissenschaftler. Das gilt häufig auch für die von allen Seiten geforderte kritische Reflexion der Praxis. (So sind zum Beispiel nahezu alle positiven Anstöße zu einer neuen Seelsorgepraxis von Therapeuten, Klinikern, Gruppenpädagogen u.a. vermittelt worden.)

c. Die Praktische Theologie wird von den Kirchen in völlig unzureichendem Maße in Anspruch genommen und zur Lösung der vielfältig gestellten Aufgaben herangezogen. Demgegenüber muß allerdings auch gesagt werden, daß Überlegungen zur Kirchentheorie in der Regel nur dann in den Vollzug der Weiterbildung übernommen und eingebracht werden können, wenn sie in didaktische Verfahren zur Selbstreflektion von Lerngruppen übertragen werden.

d. Das Verhältnis von Ausbildungsphasen und Phasen der Weiterbildung bedarf dringend einer Klärung. Aus- und Weiterbildung sind in einer curricularen Gesamtplanung miteinander zu verbinden. Alle Vorschläge dieser Art setzen jedoch bereits die Verwirklichung von Vorschlägen zur Studienreform voraus, die eine stärker berufsfeldorientierte Ausbildung beinhalten, wie sie zur Zeit jedenfalls noch nicht realisiert ist. Solange die Weiterbildung aber Defizite der Ausbildungsphase auszugleichen hat, hat sie notwendigerweise auch an deren intendierten Inhalten und Aufgaben teil.

e. Die in den voraufgegangenen Abschnitten mehrfach genannte Aufgabe einer »Theorie kirchlichen Handelns«, also einer auf den praktischen Vollzug, seine Analyse und seine Zukunftsorientierung bezogenen »Kirchenlehre«, ist so vielschichtiger und komplizierter Natur, daß eine Lösung nur im Verbund aller geistigen Kräfte gesucht werden kann. Hier müssen sich die Kirchen von der Praktischen Theologie wesentliche Hilfen erwarten.

4 | 5 Frans Haarsma
Supervision: ein Modell von Reflexion kirchlicher Praxis

Aus zwei Gründen habe ich gerade die Supervision als ein Modell von Reflexion kirchlicher Praxis gewählt. Wir haben nämlich in Nijmegen mit der Supervision, die hier neun Jahre praktiziert wird (und dies gilt ebenso für andere Ausbildungsmöglichkeiten in Holland), positive Erfahrungen gemacht; sie hat sich bei der Ausbildung der zukünftigen Pastoren und pastoral Tätigen überaus positiv ausgewirkt, ja sie ist eigentlich beim Curriculum in der Praktischen Theologie ein Element geworden, das nicht mehr wegzudenken ist. Wir hoffen, daß dies aus dem folgenden Beitrag deutlich wird. Außerdem ist diese didaktische Methode im deutschen Sprachraum noch relativ unbekannt, zumindest in der theologischen Ausbildung.

Es gibt natürlich noch andere Arten von Reflexion kirchlicher Praxis; sollten sie noch nicht bestehen, so müßten sie entwickelt werden, vor allem auf dem Gebiet von praktisch-theologischen Untersuchungen. Man kann sich des Eindrucks nicht erwehren, daß auf diesem Gebiet eine gewisse Scheu und Furcht – übrigens irgendwie verständlich – besteht. Es gibt einige theoretische Betrachtungen, zB. über eine theologisch-soziologische Situationsanalyse, aber praktische Beispiele, die über ein Literaturstudium hinausgehen, sind noch sehr selten. Darum hätte ich gern einige Versuche in diese Richtung, die man in Nijmegen zu starten wagte, zur Diskussion vorgelegt, wobei ich an die Untersuchung in einer sogenannten kritischen Gemeinde (Kritische Gemeinde Ymond, Beverwijk, Holland) denke; sie befaßt sich damit, wie man den theologischen Begriff vom pilgernden Gottesvolk[1] erlebt. In ähnlicher Weise wäre zu denken, wie Unterrichtstheorien auf die katechetische Lehrplanzusammenstellung[2] angewandt werden, oder an eine agologisch-theologische Analyse des pastoralen Planes »Innenstadt Amsterdam« in seinem Entstehen und in der ersten Phase seiner Realisierung[3]. Dies alles sind erste Ansätze zu empirisch-theologischen Un-

---

1 J. Friebe, Pilgerndes Gottesvolk. Eine pastoral-theologische Untersuchung in der kritischen Gemeinde Ymond. Diss. Nijmegen (1973).

2 J. van der Ven, Katechetische Leerplanontwikkeling (1973).

3 Beschreibung des Planes in: B. Peters, Pastoraal Plan Binnenstad Amsterdam (1969); Analyse in: J. Commissaris, Een kerk plant haar toekomst (Manuskript Theol. Institut Nijmegen).

tersuchungen; gerade darum könnte für eine weitere Entwicklung dieser Sache ein umfassenderer Gedankenaustausch äußerst nützlich sein, doch der Rahmen, in dem dieser Beitrag erscheint, bietet dazu leider keine Möglichkeit. Deshalb erwähnte ich sie, um nämlich deutlich zu machen, daß Supervision nicht die einizige Form von Reflexion kirchlicher Praxis, sondern nur ein Modell unter vielen ist, mit denen die Praktische Theologie in der Zukunft zu arbeiten hat.

1. Supervision im allgemeinen

Ohne auf die Kontroversen zwischen den verschiedenen Schulen einzugehen, möchte ich zuerst einige wesentliche Aspekte der Supervision im allgemeinen besprechen[4].

Das erste Merkmal einer Supervision ist folgendes: Es handelt sich hier um eine didaktische Methode neben anderen didaktischen Methoden wie Vorlesung, Seminar, Literaturstudium etc. Aus der Perspektive des Lernenden betrachtet ist Supervision ein Lernprozeß. Gerade als Lernprozeß unterscheidet sich Supervision von einer bloßen Praktikumsbegleitung. Das letzte ist ja ausschließlich auf ein optimales Funktionieren der Tätigkeit des jeweiligen Praktikanten ausgerichtet: wie realisiert er eine bestimmte Zielvorstellung an dem Platz des jeweiligen Praktikums[5]? Demgegenüber ist Supervision sowohl auf den Lernprozeß als auch auf den Praktikumsprozeß ausgerichtet. Hinsichtlich der Frage, ob es wünschenswert ist, auch die Praktikumsbegleitung dem Supervisor anzuvertrauen, gehen die Meinungen auseinander. Unsere Erfahrung lehrt, daß die Praktikumsbegleitung ohne weiteres von einer Person, die am Ort des Praktikums tätig ist, übernommen werden kann, vorausgesetzt allerdings, daß sie die nötige professionelle Befähigung dafür besitzt. Dies bedeutet nicht, daß die Praktikumsbegleitung und die Supervision vollkommen voneinander getrennt sind, im Gegenteil; in der Supervision wird die Praktikumsbegleitung als eines der Themen, die besprochen werden sollen, wieder aufgenommen.

Das Ziel der Supervision ist, (besser) *berufsadäquat funktionieren zu lernen*. Beim Erlernen eines Berufes kann man abstrakt zwei extreme Typen unterscheiden: eine primär kongnitiv-theoretische Vorbereitung für den zukünftigen Beruf und die damit zusammenhängenden Probleme und das Erlernen eines Berufes durch nahezu ausschließlich

4 F. Siegers (Hg.), Supervisie (1972); L. Houtsma, Aspekten van Supervisie (1973).

5 H. J. Zier, Discussie over supervisie, in: Siegers, 23.

praktische Erfahrung, die in der Ausübung des betreffenden Berufes gemacht wird. Die früher übliche Ausbildung der Priester und Pastoren widmete der erstgenannten sehr große Aufmerksamkeit; sie bildete möglicherweise 95% der theologischen Ausbildung. Nach Abschluß dieser Ausbildung kam dann die praktische Erfahrung in der Ausübung des Berufes meistens unter Leitung älterer und erfahrener Kollegen, doch ohne systematische Reflexion der Praxis. In der Supervision als einer didaktischen Methode geht es nun gerade um eine adäquate Verbindung zwischen Theorie und Praxiserfahrung.

Supervision ist ein Lernprozeß, bei dem das Material primär aus der Erfahrung *des Supervisanten* mit seinem beruflichen Tun besteht und aus seiner Reflexion darüber. Aufgrund dieses Materials kann man von drei Schwerpunkten in der Supervision sprechen: die *Theorie,* das heißt die mehr oder weniger explizierten Auffassungen über die Weise, wie der Beruf oder eine bestimmte Funktion in diesem Beruf ausgeübt werden soll, ferner die *Person des Supervisanten* mit seinen Kenntnissen, mit seiner Einsicht, seiner Haltung, seinen Gefühlen und seinen Möglichkeiten hinsichtlich seines Tuns, mit seiner mehr oder weniger deutlichen Motivation, seinen manifesten und latenten Zielsetzungen, und schließlich die *konkrete Praktikumssituation,* in der er tätig ist.

Das Ziel der Supervision ist, diese drei genannten Bereiche *im Supervisanten zu integrieren.* Supervision ist also nicht primär auf Wissenserweiterung oder auf Haltungsveränderung oder auf das Vergrößern der Fähigkeit, richtig zu handeln, gerichtet. Es geht hier um die Verbindung dieser Elemente. Dadurch, daß man die Reflexion des Supervisanten über sein eigenes berufliches Tun in die Mitte stellt, kann der Zusammenhang zwischen diesen Elementen oder das Fehlen dieses Zusammenhangs bei seiner Berufsaktivität explizit dargelegt und besprochen werden. Der Supervisant lernt, auf sich selbst zu schauen, einerseits hinsichtlich der Anforderungen, die an die Berufstätigkeit gestellt werden, andererseits hinsichtlich der konkreten Situation, die oft total anders aussieht als er es von der Theorie her erwartet hatte. Er lernt seine Möglichkeiten und seine Unzulänglichkeiten kennen, und er lernt sie auch zu handhaben. Da Supervision als Lernprozeß ausschließlich zur Ausbildung für Berufe in Betracht kommt, die in hohem Maße durch ein selbständiges Auftreten und Handeln gekennzeichnet sind, wird die Supervision auf die Entfaltung der Kreativität des Supervisanten gerichtet sein müssen, so daß dieser in anderen und stets neuen Situationen zu einer optimalen Ausübung seines Berufes kommen kann.

2. *Theorie und Praxis in der Supervision*

Supervision ist auf eine adäquate *Verbindung von Theorie und Praxis* gerichtet. Gerade hinsichtlich unseres Themas müssen wir diesen Aspekt etwas näher betrachten. Als wir davon sprachen, daß die Integration von Kenntnissen, Einsicht, Haltung, Gefühlen und der Fertigkeit situationsgerecht zu handeln, als Ziel der Supervision zu betrachten sei, wiesen wir darauf hin, daß es hier nicht um eine Integration schlechthin geht (sonst sollte eher von Therapie gesprochen werden), sondern um eine Integration hinsichtlich der Weise des beruflichen Funktionierens. Dies impliziert, daß in der Supervision eine Konfrontation zwischen den in der Theorie entwickelten Erkenntnissen, der notwendigen Haltung und den beschriebenen Fertigkeiten situationsgerechten Handelns einerseits und zwischen dem Wissen, der Haltung und der erwiesenen Befähigung des Supervisanten andererseits zustande kommen muß. Es geht hier um eine doppelte Bewegung, um eine Wechselwirkung. Einerseits wird in der Supervision das Handeln von der Theorie her durchleuchtet und näher betrachtet, und dies auf dem Niveau des Supervisanten, so daß dieser sieht, inwiefern sein Handeln theoretisch zu verantworten ist oder nicht, und zugleich lernt, wie er die Theorie in *seiner* Situation und mit *seinen* Möglichkeiten zukünftig in die Praxis umzusetzen vermag. Doch das Umgekehrte ist auch richtig; durch sein professionelles Handeln und die Reflexion darüber kann er zu einer tieferen Einsicht in die Theorie kommen, er kann sich diese mehr aneignen, oder um es mit dem bekannten Unterschied von Newman zu sagen, er kann von einer begrifflichen zu einer realen Zustimmung (*real assent*) bezüglich der Theorie kommen.

Außer einer Integration von Theorie und Praxis auf dem Niveau des Supervisanten besteht noch ein anderes Niveau, auf dem Theorie und Praxis aufeinander bezogen werden sollen. Es ist das Niveau, auf dem man fragt, inwieweit die Theorie aufgrund der reflektierten Berufspraxis noch genügt, die Frage also, ob und inwieweit die Theorie weiter entwickelt werden muß, oder durch neue Theorien ergänzt, korrigiert oder gar ersetzt werden muß. Der Sozial-(Päd)agoge Siegers verknüpft mit dieser Betrachtung eine Frage, die er für ein Existenzrecht der sozialen Agogik als Wissenschaft von wesentlicher Bedeutung erachtet. Wenn diese Wissenschaft das Studium von zielgerichteten Veränderungsprozessen betreibt, ergibt sich für ihn als logische Konsequenz, daß diese Wissenschaft sich unmittelbar auf die Frage der Verbindung Theorie-Praxis zu richten hat. Supervision sieht er als eine Lernmethode, die ganz besonders zur Realisierung dieses Zieles beitragen kann. Denn in der Supervision wird nicht nur gestrebt »nach einer Internalisierung beim Supervisanten von dem in der

Theorie beschlossen liegenden Wissen, der Haltung und den Fertigkeiten zum Handeln (Integration auf dem Niveau des Supervisanten), sondern auch, daß man einen besseren Zugang zur Theorie bekommt und aufgrund eigener Erfahrung mit professionellem Handeln zur Formulierung neuer Fragen kommt (Förderung der Verbindung Theorie-Praxis im eigentlichen Sinn durch weitere Theorie-Entfaltung).

Hier ist noch eine andere Bemerkung von Siegers anzuführen, die nicht nur für die soziale Agogik, sondern meines Erachtens auch für die Praktische Theologie von großer Bedeutung ist. Dabei handelt es sich um das Verhältnis zwischen sozialer Agogik und sozialen Berufen. Man hört nicht selten Bedenken gegen die Einführung der Supervision in ein universitäres Curriculum, namentlich die Bedenken, daß man damit die wissenschaftliche Ausbildung zu einer Berufsausbildung machen könnte. Siegers ist der Meinung, daß sich hinter diesen Reaktionen »eine bestimmte Auffassung über das Verhältnis Wissenschaft–Beruf verbirgt, eine Auffassung, die jedenfalls Züge einer bestimmten hierarchischen Ordnung zwischen beiden zeigt«[6]. Die Wissenschaft wird dann als Produzent von Wissen betrachtet, der Beruf als der Konsument. Der Wissenschaftler untersucht die Praxis nur, um sein Wissen erweitern zu können, mit der Ausübung von Praxis beschäftigt er sich nicht. Siegers stellt diesem hierarchischen Verhältnis ein funktionales Verhältnis gegenüber, das er für die weitere Entwicklung der Wissenschaft der sozialen Agogik als unentbehrlich erachtet. Dies bedeutet, daß die Wissenschaft sich nicht darauf beschränken kann, die Praxis derer, die professionell tätig sind, von außen zu betrachten, will sie zu einer adäquaten, weiteren Theoriebildung kommen. Dies bedeutet zugleich, daß die auf einem »Feld« professionell Tätigen nicht völlig von der Aufgabe ausgeschlossen werden sollten, bei der Entwicklung der Theorie mitzuarbeiten. Es gibt eine funktionale Teilung der Aufgaben, bei der beide Gruppen auf Theorie und Praxis basieren, jedoch die Wissenschaftler auf die Theorie ihren Schwerpunkt legen und diejenigen, die einen Beruf ausüben (Praktiker), auf die Praxis.

3. *Pastorale Supervision*

Wenn man von pastoraler Supervision spricht, kann das Wort pastoral auf zweifache Weise verstanden werden. Einige verstehen es rein als eine nähere Bestimmung der professionellen Tätigkeit, die der Supervisant ausübt. Sie geben eine allgemein-methodische Beschreibung von

6 AaO. 28.

Supervision, die bei verschiedenen Berufen angewendet werden kann. Die Methode bleibt dieselbe, ob sie nun bei der Ausbildung eines Psychotherapeuten, eines Psychiaters, eines Sozialarbeiters oder eines Pastors angewandt wird. Andere wollen das Wort pastoral in der Verbindung pastorale Supervision verstanden wissen als eine qualitative Bezeichnung der Supervision selbst. Die Definition, die sie von Supervision geben, ist dann auch berufsspezifisch. Dies auf die pastorale Supervision angewandt, könnte bedeuten, daß die Supervisionsbeziehung die Kennzeichen der pastoralen Beziehung tragen sollte. Hinsichtlich der Berufsidentität des Pastors, die in der heutigen Kulturwende so schwierig zu finden ist, verdient meines Erachtens die zweite Auffassung den Vorzug. Dies bedeutet nicht, daß Supervision und pastorale Beratung ohne weiteres zusammenfallen. Supervision ist und bleibt eine Lernmethode, doch sie ist eine Lernmethode, die als Methode wesentlich durch das mitbestimmt wird, was gelernt werden muß: adäquates, pastorales Handeln. Die Beziehung zwischen Supervisor und Supervisant ist nicht direkt auf das persönliche Wachsen und die persönliche Glaubensentwicklung des Supervisanten gerichtet. Sonst könnte sie mit Seelsorge zusammenfallen. Was die Supervision direkt beabsichtigt, ist, dem Pastor zu helfen, besser als Pastor zu wirken. Zunächst sucht man die Hindernisse, die beim Supervisanten selbst auftauchen, im Supervisionsprozeß ans Licht zu bringen und sie besprechbar zu machen, so daß der Student lernt, sich dazu zu verhalten, und fähig wird, sich selbst zu ändern. Soweit es Wachstumsprobleme betrifft, wird die Supervision ausreichen, um sie zu lösen. Auf diese Weise ist die Supervision indirekt, doch real auf das Wachstum und die Entwicklung der Persönlichkeit sowie auf das Glaubensleben des Supervisanten gerichtet. Werden jedoch auf Seiten des Supervisanten psychische oder religiöse Störungen sichtbar, so wird er zu einem Psychotherapeuten, beziehungsweise zu einem Pastor verwiesen. So steht Supervision zwischen Praktikumsbegleitung und Seelsorge.

a. Supervision als theologische Reflexion der eigenen pastoralen Praxis

Im Lichte des Vorausgehenden mag deutlich geworden sein, daß Supervision eine wichtige Form von Reflexion der kirchlichen Praxis ist. Wenden wir nämlich die eben beschriebene Theorie, die nahezu völlig der sozialen Agogik entnommen ist, auf die pastorale Supervision an, dann wird auch sie durch eine adäquate Verbindung von Theorie und Praxis charakterisiert werden müssen, also zwischen Praktischer Theologie und pastoraler Praxis. Der Supervisant kann durch die Reflexion seines pastoralen Wirkens entdecken, ob und inwieweit er den Anforderungen, die durch die Praktische Theologie gestellt werden, entspricht. Dies gilt nicht nur für den Inhalt seines Auftretens, für die Worte, die er sagt, sondern auch und vielleicht zunächst für die Haltung, mit der er den Menschen begegnet, und für die Gefühle, die in seinen Worten und seinem Tun mehr oder weniger deutlich zum Ausdruck kommen. Er sieht sich selbst als Pastor gleichsam in einem Spiegel und wird sich seiner selbst bewußt; er erkennt, wie sehr sein Auftreten bisher vom Unbewußten bestimmt war. Er wird sich jedoch nicht nur seiner Haltung, seiner Emotionen und seiner Handelnsweise bewußt, auch theologische Begriffe und Zusammenhänge können aufgrund der Erfahrungen in der Praxis auf eine neue Weise angeeignet werden. Ich kann dies am besten mit einem Beispiel aus der Gruppensupervision verdeutlichen: Ein (ziemlich) junger Student ist als Praktikant in einem Altersheim tätig. Er ist nicht geweiht; als Assistent des Seelsorgers macht er Krankenbesuche, hilft bei der Vorbereitung der Liturgie mit, predigt manchmal und teilt an die Kranken die Heilige Kommunion aus. Er schreibt in einem Auswertungsbericht (= Evaluationsbericht) der Gruppensupervision, bei der sein Funktionieren besprochen wurde: »Dem Kommunionausteilen stehe ich sehr ambivalent gegenüber; ich empfinde es einerseits als ein Phänomen aus einer verflossenen Zeit; andererseits macht es mich bang.« In der Sitzung berichtete er, daß er nur mit Widerwillen Talar und Chorhemd anzog, weil ihn das an eine Form von religiösem Erleben aus seiner Kinderzeit erinnerte, die er hinter sich gelassen hatte. Aber angesichts der Frömmigkeit, so fügte er hinzu, mit der die alten Menschen die Kommunion empfingen, wurde er sich bewußt, daß es um mehr ging als um seine Person. In der Supervision wurde dies der Anlaß, um über die Spannung zwischen Person und kirchlichem Dienst oder »Amt« zu sprechen. Theologische Begriffe wie Sendung, Vermittlung der Tradition, Repräsentation von Gott und Kirche, der Unterschied zwischen *opus operantis* und *opus operatum*, zeigten sich von großem Wert, um seine Erfahrungen zu verdeutlichen und einigermaßen zu ordnen. Doch gleichzeitig bekamen diese theologischen Begriffe für ihn einen neuen Inhalt, sie erhielten so erst echte Bedeutung.

Die Supervision bietet für eine theologische Reflexion der kirchlichen Praxis reale Möglichkeiten, doch wir müssen auch auf einige Beschränkungen hinweisen, die damit verbunden sind. (1) Es geht in erster Linie um das persönliche, pastorale Wirken des Supervisanten: Vom Ganzen der kirchlichen Praxis aus gesehen ist dies aber eine relativ schmale Basis, wenn auch ganz gewiß über den Kontext seiner pastoralen Tätigkeit in der Supervision gesprochen wird. (2) Gerade beim heutigen Unterrichtssystem, bei dem das kognitive Element so sehr vorherrscht und die Oberhand über das Affektive hat, bei dem so stark Nachdruck auf Information gelegt wird, besteht beim Studenten, auch beim Theologiestudenten, häufig eine große Ohnmacht, seine Gefühle zuzulassen, zu erkennen und zu akzeptieren und sie kreativ zu handhaben. Die Folge ist, daß in der Supervision, besonders am Anfang, die größte Aufmerksamkeit darauf verwandt werden muß, den Weg für diese Gefühle freizumachen, soll eine fruchtbare theologische Reflexion überhaupt möglich werden. Wenn irgendwo das Wort von Pascal wahr ist: *Le coeur a ses raisons que la raison ne connaît pas,* dann ist es auf dem Terrain von Glaube, Religion und also auch von Theologie. (3) Es besteht die Gefahr, daß der Supervisant eine bestimmte Methode von Pastorat sich so sehr aneignet, die theologische Theorie, die seiner Praxis zugrundeliegt, so sehr internalisiert[7], daß er keine Distanz gegenüber seiner eigenen Methode mehr wahren kann und sich kritiklos der einmal üblichen Praxis und dem Rahmen, in dem sie ausgeübt wird, anpaßt. Dies ist die Gefahr, die in der Verlängerung des Vorwurfs liegt, der in Amerika durch die *social-action-movement* an die Adresse der *pastoral-counseling-movement* gerichtet wird: Man lehrt das Individuum, sich den bestehenden Strukturen anzupassen, und man arbeitet so an deren Befestigung mit. Man weist deshalb zu Recht darauf hin, daß Supervision niemals die einzige didaktische Methode sein kann, sondern daß sie andere Methoden als Ergänzung voraussetzt, durch die es möglich wird, Distanz gegenüber der eigenen Methode zu wahren. Es ist deutlich, daß diese Gefahr mehr mit der persönlichen Supervision als mit der Gruppensupervision verbunden ist, bei der das Feld der Praxis, über die reflektiert wird, viel breiter ist.

b. Supervision und praktisch-theologische Theoriebildung

Von der sozialen Agogik her, so haben wir gesehen, wurde für eine Konfrontation von Theorie und Praxis nicht nur in der Person und auf dem Niveau des Supervisanten, sondern auch in einem mehr allgemeinen Sinn plädiert, indem es um die kritische Betrachtung der Theorie im Lichte der Praxis geht. Die Supervision sollte dann zu einem Laboratorium werden, wo neue Theorien für das pastorale Handeln entstehen. Ich sagte bereits, daß dieselbe Argumentation nach meiner Meinung für die Praktische Theologie gilt, die ja Wissenschaft vom pastoralen Handeln im breitesten Sinne des Wortes ist. Dies wird durch Andriessen bestätigt, der von einer langen Erfahrung mit der pastorolen Supervision aus sprechen kann. Als vorläufige Richtlinie für

7 AaO. 288.

die weitere Entwicklung stellt er fest, daß die pastorale Supervision »beim Pastor auch das Entstehen einer Untersuchungsmentalität fördern muß«[8]. Er macht dabei keinen Unterschied zwischen persönlicher und Gruppensupervision. Vielleicht ist dieser Unterschied hier aber doch angebracht. Denn in der persönlichen Supervision steht die Person des Supervisanten im Mittelpunkt der Aufmerksamkeit, wenn man auch nie vergessen darf, daß es um die Person geht, die als Pastor tätig ist. Beide sind wesentlich – Person und Funktion –, jedoch liegt der Akzent auf der Person, mit ihrem Erleben, ihrer Wahrnehmung, ihren Gefühlen und ihren Möglichkeiten. Andriessen bezeichnet deshalb als Globalziel des Supervisionsprozesses die allmähliche Entwicklung einer »pastoralen Berufsperson«. Damit signalisiert er ein dringliches Bedürfnis nach einer Theoriebildung über das Pastorat und formuliert dies als eine Frage an die Theologie im Ganzen. Durch die Internalisierung einer derartigen Theorie wird sich der Supervisant im Supervisionsprozeß allmählich zu einer pastoralen Berufsperson entwickeln. Den Supervisoren stellt er die Aufgabe, sehr präzis und konkret Fragen zu formulieren, auf welche sie von der Theologie eine Antwort erwarten. Dies alles setzt einen Supervisionsprozeß voraus, der zunächst auf eine Integration der theologischen Theorie und der kirchlichen Praxis auf dem Niveau des Supervisanten gerichtet ist, und zwar auf eine authentische Weise in allen Dimensionen dieses Menschen in seiner Einzigartigkeit. Wenn die individuelle Supervision dies erreicht, dann ist bereits viel erreicht. Zu dieser Prägung kann aber auch die Gruppensupervision in besonderer Weise beitragen, bei der jeder der Reihe nach seine pastoralen Erfahrungen der Gruppe zur Reflexion vorlegt. Bekanntlich besteht das Spezifische der Gruppensupervision darin, daß der Gruppenprozeß als solcher zum Lernmittel wird: Die Gruppenmitglieder werden gegenseitig Supervisanten. Hier geht es darüber hinaus um die Möglichkeiten, die die Gruppensupervision für die praktisch-theologische Theoriebildung bietet. Diese Möglichkeiten kommen, wie mir scheint, von zwei Seiten; zunächst aus der Art der Themen, die als Gesprächsstoff für die Gruppensupervision geeignet sind. Aus einer im Jahre 1961 veröffentlichten Untersuchung wird nämlich deutlich, daß nicht alle Themen als Mittel für die Gruppensupervision geeignet sind. Dies gilt namentlich für persönliche Probleme von Studenten. Zu den Themen, die sehr wohl geeignet sind, gehört zum Beispiel die Haltung der Studenten zu der Anstalt oder Einrichtung, in der sie ihr Praktikum absolvieren, und zu dem weiteren gesellschaftlichen Rahmen, in dem die Anstalt fungiert. Weitere Themen sind: die Verwaltungsführung innerhalb der Anstalt, ihre

8 H. Andriessen, Pastorale Supervisie, in: Siegers, 267–277.

Struktur und bestimmte Fragen, die eventuell in dem Milieu virulent sind, in dem die Praktikanten arbeiten. Es soll gelernt werden, Situationen zu diagnostizieren und sich zu entschließen, wenigstens vorläufig einer bestimmten Arbeitsweise zu folgen[9]. Auch hier handelt es sich wieder um Sozialarbeit, doch sie ist leicht auf die kirchliche Praxis zu übertragen. Bei der Anstalt kann man an eine Pfareri denken, an ein Stadtviertel, eine Eheberatungsstelle, ein Krankenhaus oder eine Strafanstalt. Die Praktikumssituation ist auch nicht selten Anlaß zur Reflexion von Fragen wie: Welche Stellung hat der Pastor bezüglich anderer Hilfeleistungs-Berufe? Wie kann Hilfeleistung bei kurzer Dauer mit Aktivitäten verbunden werden, die auf Veränderungen der Strukturen gerichtet sind, die Mitursache der Not sind, die gelindert werden muß? Wie soll sich der Pastor und der aktive Teil der Gemeinde gegenüber den distanziert-kirchlichen Gläubigen verhalten?

Um auf die letzte Frage noch etwas näher einzugehen: Es handelt sich hier um ein Phänomen, das in seinem Ausmaß wenigstens für die Niederlande gewiß eine neue Erscheinung ist. Man könnte auch sagen, daß die übliche pastoraltheologische Theorie nicht ausreicht, um das Wirken des Pastors und der Gemeinde in diesem Punkt zu unterstützen und ihm Richtung zu geben. Die Erfahrung eines Studenten, der als Praktikant für Gemeindeaufbau in einem neuen Viertel einer mittelgroßen Stadt tätig ist, führte zu einer sehr fruchtbaren Diskussion darüber, wie man diese Menschen anzusprechen und ihnen näherzukommen vermag, und wie ein fruchtbarer, gegenseitiger Kontakt zwischen diesen Menschen und der Pfarrei geknüpft werden kann, ohne sie sofort zum alten kirchlichen Verhaltensmuster zurückzuzwingen. Es zeigte sich, daß hierfür unter anderem eine Mentalitätsveränderung bei einem großen Teil der Kerngemeinde nötig war. Die theologische Frage nach den Grenzen der Kirche kam ebenso zum Vorschein wie die Frage, auf welche Weise die Kirche in der heutigen Gesellschaft ihrem Auftrag zur Missionierung Gestalt geben kann; schließlich die unentbehrliche Bedeutung der Gemeinschaft für das Erleben und Bewahren des Glaubens und die Verschiedenheit der Formen, in welcher sie in unserer Kultur Gestalt gewinnen kann. So wurden von allen Seiten Elemente herangetragen, um zu einer praktisch-theologischen Theorie über die Stellungnahme einer örtlichen Kirchengemeinschaft gegenüber Gläubigen zu kommen, die der Kirche entfemdet sind. Dies war zugleich für den Studenten eine Verdeutlichung der eigenen nur partiellen Identifikation mit der Kirche in ihrer heutigen, konkreten Gestalt.

Es gibt noch einen zweiten Faktor, der das Klima in der Gruppen-

---

9. W. F. van Stegeren, Groepssupervisie, in: Siegers, 145–159; hier 153.

supervision begünstigt, um zur Theoriebildung über die kirchliche Praxis zu kommen. Dieser Faktor ist – wie paradox dies im ersten Augenblick auch klingen mag – das Fehlen, wenigstens zum großen Teil, einer deutlichen Theorie über das Pastorat. Paradox deshalb, weil Supervision als eine Weise einer adäquaten Verbindung von Theorie und Praxis gerade eine Theorie voraussetzt, während hier der Supervisionsprozeß als der Ort erscheint, wo solche Theoriebildung allererst entstehen kann.

Wir stoßen hier auf die heikle Frage der Professionalisierung der kirchlichen Ämter. Ich nenne dies eine heikle Frage, weil ein Plädoyer für eine Professionalisierung des kirchlichen Amtes, wie dies Schreuder im Jahre 1964 getan hat[10], von seiten der Theologie und der kirchlich Verantwortlichen auf starken Widerstand stieß, da man dies als einen Anschlag auf das sakrale Priestertum betrachtete. Dieses Plädoyer ist jedoch nicht ohne Auswirkung geblieben. Die Ausbildung der kirchlichen Dienstätigkeit, sei es im amtlichen, sei es im nicht-amtlichen Status, ist seitdem viel stärker auf die Weckung und Formung pastoraler Fähigkeiten neben theoretisch-theologischer Ausbildung gerichtet[11]. Das Thema spielt aufs neue eine Rolle, wenn man sich auf Wege besinnt, auf welchen man dem stets drängenderen Priestermangel Abhilfe verschaffen kann. L. Hoffmann nennt vier Möglichkeiten: (1) das part-time-Priestertum, (2) eine beträchtliche Reduktion der Ausbildungsforderungen, zum Beispiel dadurch, daß man nicht länger eine universitäre Ausbildung verlangt, sondern sich mit einer höheren Berufsausbildung zufriedengibt, (3) das charismatische Priestertum, und schließlich (4) die Professionalisierung des Priestertums[12]. Wählt man wie Hoffman die letzte Lösung, dann bleiben die Schwierigkeiten stehen, die mit der Anwendung des soziologischen Begriffes Beruf auf das kirchliche Amt entstehen[13]. Stellt man daneben noch fest, daß es viele Theologiestudenten gibt, die wohl an der christlichen Praxis in der Welt arbeiten wollen, aber nicht in der kirchlichen Praxis oder wohl in der kirchlichen Praxis, doch sich nicht (sei es wegen der Zölibatsverpflichtung oder aus anderen Gründen) zu Priestern weihen lassen wollen, dann ist die Problematik zwar nicht vollständig, aber doch ausreichend aufgezeigt. Ganz anders als bei der Sozialarbeit, haben wir es in der kirchlichen Praxis mit einem Beruf zu tun, der in einem

10 O. Schreuder, Het professioneel karakter van het geestelijk ambt (1964).

11 Literaturangabe in K. Rahner, Zur Reform des Theologiestudiums (1969); F. Klostermann, Priester für Morgen (1970).

12 L. Hoffmann, Auswege aus der Sackgasse (1971) 115–155.

13 Th. M. Gannon, Priest/Minister: profession or non profession, in: Review of religious research 12 (1971) 66–79.

tiefgreifenden Veränderungsprozeß begriffen ist. Die Nöte, denen der pastorole Beruf Abhilfe schaffen muß, sind zu einem wesentlichen Teil dieselben, aber zu einem gleich wesentlichen Teil ganz anders als früher. Die hohen Anforderungen, die an gesellschaftlich-verwandte Berufe gestellt werden, führen zum Bewußtsein, daß der pastorale Funktionär nicht auf allen Gebieten, die in der agrarischen Gesellschaft zum Tätigkeitsfeld des Priesters gehörten, seine Tätigkeit auf dem erforderlichen Niveau verrichten kann. Dies führt zur Aufteilung der besonderen Funktionen und zur Spezialisierung in bestimmte Aufgaben. Dies ruft wieder die Frage nach einer Möglichkeit einer weiteren Differenzierung des *sacramentum ordinis* hervor. Die Team-Arbeit, die als Kehrseite der Spezialisierung bezeichnet wird, stellt neue Anforderungen, Anforderungen von Kollegialität und Zusammenarbeit, wofür die Regeln noch genauer entwickelt werden müssen. Schließlich stehen wir vor der Aufgabe, Studenten für einen Beruf auszubilden, der noch nicht existiert, der jedoch von ihnen selbst noch gemacht werden muß. Dabei denke ich vor allem an Studenten, die in einem anderen als im bestehenden kirchlichen Rahmen an der christlichen und/oder an der kirchlichen Praxis arbeiten wollen. Summa summarum: Es geht in der heutigen Supervision um ein »Amt im Umbruch«[14]; die Supervision wird neben anderen Zielen auch zu einer weitergehenden Theoriebildung über die Praxis von Christentum und Kirche führen müssen und können. Die Frage nach einer Theorie über das Pastorat wird zu Recht an die Adresse der Theologie gerichtet, aber die Theologie kann diese Frage nur beantworten, wenn sie die Praxis des Pastorats sorgfältig beobachtet und methodisch analysiert. Die Supervision kann dabei als Lupe dienen[15].

Es ist möglich, daß die Professionalisierung der Priester in Richtung »Gemeindeleiter« gehen muß. Dies bedeutet nach meiner Meinung nicht, daß es in der Supervision und in der Praktischen Theologie um die Theorieformung nur über den Beruf des Gemeindeleiters gehen sollte. Es geht vielmehr um das Entwickeln von Theorien über eine Anzahl von differenzierten Funktionen, von denen einige durch den Gemeindeleiter ausgeübt werden sollen, andere nicht. Diese letztgenannten werden aber ebensosehr auf dem Niveau der Theorie in enger Fühlung mit der Praxis entwickelt werden müssen. Bei einigen dieser Funktionen wird von einem pastoralen Beruf gesprochen wie dem

---

14 Vgl. H. D. Bastian (Hg.), Kirchliches Amt im Umbruch (1971).

15 Vgl. H. Andriessen/W. Zandbelt, Wacht bij het Woord (1972) 1–11 (wo auch auf das Verhältnis von Psychologie und Theologie in der Analyse des pastoralen Gespräches eingegangen wird) und 203–214 (wo einige Resultate der Analyse herausgearbeitet werden).

pastoral counseler, dem Katecheten, vielleicht auch dem pastoralen *community-organizer.* Bei anderen Funktionen, wie dem Vorbereiten der Liturgie, dem Leiten von katechetischen, pastoralen oder Bibelgruppen, das Predigen, ist es schwieriger, an einen selbständigen Beruf zu denken: dies sind eher Funktionen des Pastors oder des pastoral Tätigen, der nicht per se Priester und Gemeindeleiter zu sein braucht. Vielleicht darf man wohl sagen, daß in all diesen Fällen *ein* gemeinsamer Nenner in der Supervision besteht: sich der eigenen Haltung, der eigenen Motive, Gefühle und des eigenen Verhaltens beim Funktionieren in der Praxis bewußt zu werden. Deshalb scheint es mir überaus wichtig, daß auch die, welche die Aufgabe der christlichen Gemeinde zunächst auf dem Niveau der Befreiung der Unterdrückten, der prophetischen Kritik an der Gesellschaft oder des öffentlichen Exorzismus sehen, sich selbst in der Supervision einen Spiegel vorhalten lassen, der ihnen hilft, sich selbst und ihr Auftreten besser kennenzulernen.

4. *Konkrete Erfahrungen in Nijmegen*

Was ich bis jetzt über die pastorale Supervision als ein Modell theologischer Reflexion kirchlicher Praxis sagte, ist nicht wirklichkeitsfremd, aber bestimmte Züge des skizzierten Bildes sind fraglos von dem Gedanken bestimmt, was pastorale Supervision sein müßte und sein könnte. Darum folgen zum Schluß noch einige Bemerkungen, die auf der Erfahrung basieren, die wir an der theologischen Fakultät von Nijmegen mit der pastoralen Supervision gemacht haben.

Eine erste Serie von Bemerkungen bezieht sich auf die *Supervisanten,* in diesem Fall die Studenten. Ein großer Teil der Studenten kommt in ihrem Praktikum zum ersten Mal mit der pastoralen Praxis in Berührung; sie kommen in Kontakt mit älteren Kollegen-Pastoren, die bisweilen ihre Arbeit ganz anders angehen als die Studenten dies gelernt haben. Hier wird deutlich, daß eine große Pluriformität besteht, manchmal sogar eine Polarisation, sowohl zwischen den Pastoren wie zwischen den Gläubigen. Sie müssen im Rahmen einer Kirche arbeiten, die kein gutes Image hat und in der Öffentlichkeit heftiger Kritik ausgesetzt ist. Sie erfahren ihre Ohnmacht hinsichtlich ihres Auftrages, und es stellen sich ihnen allerlei Fragen über ihren eigenen Glauben und ihre eigene Religiösität. Sie werden gleichzeitig mit der Frage konfrontiert, ob sie selbst in dieser Situation bleiben können, ehrlich und authentisch. Sie fühlen sich überfragt und erfahren eine Kluft zwischen ihrem persönlichen Glaubenserleben und den Anforderungen, die das pastorale Wirken an sie stellt. In der Supervision wird diesen verwirrenden Erfahrungen und chaotischen Gefühlen große Aufmerksamkeit gewidmet. Dies kann soviel Zeit in Anspruch nehmen, daß einer Konfrontation zwischen Theorie und Praxis in der Person des Supervisanten nur mehr wenig Aufmerksamkeit gewidmet werden kann. Das Terrain des Gefühlslebens muß erst geordnet werden, bevor Glaube und Theologie Wurzel schlagen können.

Das *Material,* anhand dessen die Supervision ausgeübt wird, liegt in Nijmegen vor allem auf drei Gebieten: der Seelsorge im strikten Sinne, der Katechese am Gymnasium und dem Gemeindeaufbau. Bei der Seelsorge werden nicht nur pastorale Gespräche vorgelegt, sondern auch Predigten, die Arbeit mit Gruppen, das liturgische Funktionieren. Besondere Aufmerksamkeit wird der Beziehung des Supervisanten zu dem Praktikumsbegleiter und zu den Kollegen, auch anderer Hilfeleistungs-Berufe gewidmet. Bei der katechetischen Supervision sieht der Supervisor sowohl auf pädagogische als auf theologische Aspekte der katechetischen Tätigkeit. Dies gilt nicht nur für die Phase des katechetischen Prozesses, sondern auch für die der Lehrstoffplanung[16]. Beim Gemeindeaufbau geht es um die Aktivierung der Gemeinde von der Basis her, um die Partizipation von möglichst vielen Gliedern an den Aktivitäten der Pfarrei. Die Prozesse, die darauf gerichtet sind, und in die der Supervisant eingeschaltet ist, werden bezüglich ihrer agogischen und ekklesiologischen Aspekte reflektiert.

Zum Schluß muß ich noch etwas über den eigenen Platz der *Gruppensupervision* sagen. Zum normalen Programm auf den verschiedenen Gebieten, die ich vorhin nannte, gehört, daß derselbe Student sowohl persönliche als Gruppensupervision empfängt. Kennzeichnend für die Gruppensupervision ist eine gewisse Doppelung: denn die Aufmerksamkeit richtet sich einerseits auf das Supervisionsmaterial, dh. auf das pastorale Auftreten des Supervisanten in seiner konkreten Situation, andererseits spielt auch der aktuelle Gruppenprozeß, wie er sich während der Sitzung entwickelt, eine wesentliche Rolle[17]. Um beiden Ebenen zu entsprechen, haben wir uns in Nijmegen im Bereich der Seelsorge und des Gemeindeaufbaues für eine Gruppensupervision mit zwei Supervisoren entschieden. Ihre Aufgaben sind keinesfalls strikt voneinander zu scheiden und gewiß nicht exklusiv zu definieren, dennoch kann man sagen, daß der Supervisor, der vor allem auf dem Gebiet der Sozialwissenschaften und ihrer Fertigkeiten Fachmann ist, sich zuallererst für das Gruppengeschehen verantwortlich

16 Vgl. J. van der Ven, Katechetische Leerplanontwikkeling (1973) besonders These 6 dieser Dissertation.

17 Vgl. A. Uleyn, Groepssupervisie; Varianten van rolopvatting bij groepssupervisoren, in: Gedrag. Tijdschrift voor psychologie 1 (1973) 184–199.

weiß, während der »theologische« Supervisor besonders darauf achten wird, daß die theologischen Fragen, die aus dem Supervisionsmaterial zum Vorschein kommen, nicht unter den Tisch fallen.

Die theologische Reflexion der kirchlichen Praxis befindet sich noch in einem Anfangsstadium. Experiment und theologische Reflexion werden Hand in Hand gehen müssen. Die Möglichkeit, Erfahrungen und Kritik auszutauschen, ist an sich bereits ein bedeutender Beitrag für die Entwicklung der Praktischen Theologie.

5 KIRCHLICHES HANDELN ALS ANSTOSS FÜR DIE PRAKTISCH-THEOLOGISCHE REFLEXION

5 | 1 Gotthold Hasenhüttl
Erfahrung als Ort der Theologie

1. Einführung

a. Die katholische Eingrenzung der Erfahrung

Wenn wir von einer »grauen Theorie« sprechen, dann meinen wir ein Gedankensystem, das durch keine Erfahrung abgedeckt ist. Manches dogmatische System, in dem Theorie und Praxis nicht vermittelt sind, nimmt auf Erfahrung keine Rücksicht, sondern ist aprioristische Konstruktion. Dogmatische Aussagen stehen oft im »luftleeren Raum«, so daß der Eindruck entsteht, Theologie sei keine Erfahrungswissenschaft.

Vielfach wird zwar angenommen, Erfahrung und Theologie überschnitten sind, von einer Deckungsgleichheit könne jedoch keine Rede sein. Gewisse Erfahrungen spielten bei der Entwicklung der Theologie eine Rolle, aber sie selbst gehe weit darüber hinaus. Äußere und innere (religiöse) Erfahrung könne einen Beitrag leisten, aber sei niemals für die Theologie entscheidend. Der Wert der Erfahrung für die Theologie liege vor allem darin, daß sie apologetische Dienste leisten kann. Es sei aber verfehlt zu meinen, »daß die Wahrheit des Dogmas durch die Erfahrung bedingt und begrenzt (sei) . . . , statt umgekehrt die Wahrheit der Erfahrung im Horizont des Glaubensverständnisses zu begründen«[1]. Die Erfahrung wird hier als etwas Abgeleitetes, Sekundäres gegenüber der Glaubenswahrheit verstanden. Diese ist nicht auf Erfahrung angewiesen, sondern ihr Ursprung leitet sich von einer Erkenntnis bzw. einem Glauben her, der jenseits der Erfahrungsdimension liegt. Eine solche Verhältnisbestimmung von Theologie und Erfahrung wird um so unverständlicher, wenn Erfahrung definiert wird als »eine Erkenntnis, die durch Begegnung von den wirklichen Dingen her gewonnen ist«[2]. Wird die Theologie nicht »von den wirklichen Dingen« her gewonnen?

---

1 W. Lohff, Erfahrungstheologie, in: LThK III, 982.
2 G. Siewerth, Erfahrung, philosophisch, in: LThK III, 977.

Das Bedenken der katholischen Theologie gegen die Erfahrung hat eine Wurzel in den Auseinandersetzungen des 16. Jahrhunderts. Im sogenannten »Fiduzialglauben« der Reformatoren sah man einen Rückgriff auf die innere Erfahrung der Gewißheit, durch die die kirchliche Bindung des Glaubens gelockert wird; daher die Verurteilung der Notwendigkeit einer Erfahrung der Glaubensgewißheit. Ein sicherer Glaube ohne jeden Zweifel ist nicht notwendig, um die Vergebung der Schuld zu empfangen[3].

Auch ist die innere Erleuchtung und die Erfahrung einer inneren Sicherheit nicht das Kriterium, wonach man beurteilen kann, ob man sich richtig oder falsch verhält[4]. Und in der Enzyklika gegen die Modernisten (*Pascendi dominici gregis* von 1907) wird auf die vorausgehende Verurteilung hingewiesen und der Verweis auf Erfahrung als eine pseudomystische Meinung abgetan. Der Glaubensausdruck, der Glaubenssatz kann niemals seinen Grund in der Erfahrung des einzelnen (*in privata ... experientia*) haben[5]. Alle Tendenzen, die menschliches Verhalten und den Glauben selber in der subjektiven Erfahrung des Menschen begründen wollen, werden zurückgewiesen. Die innere Erfahrung allein kann nicht der Ort der Theologie sein.

Hier wird der Erfahrungsbegriff wesentlich auf die innere Dimension eingegrenzt, die freilich auch nicht so leicht abgetan werden kann, weil sie der Raum der Freiheit (des Gewissens) und der Spontaneität ist.

b. Das evangelische Bedenken gegen die Erfahrung

Der Vorbehalt gegen die Erfahrung als theologischer Ort ist heute ebenfalls in der evangelischen Theologie verbreitet, besonders in Frontstellung gegen Schleiermacher. Zwar stimmen einige zu, daß in einem weiten Sinne jede Theologie in der Erfahrung entsteht, dh. der Glaube »weiß sich durch eine überzeugende Wirklichkeit gewirkt«[6]. Freilich wäre hier sofort zu fragen, ob auch diese »überzeugende Wirklichkeit« im Raum der Erfahrung oder ihr transzendent ist. Niemand bestreitet gerade auch im Hinblick auf die praktische Theologie die Bedeutung der Erfahrung; die Frage ist aber, ob sie den legitimen Horizont theologischer Aussagen bildet. Luther betont die Wichtigkeit der Erfahrung. »Von den jungen Theologen (sagt man), daß er die Hölle mit Seelen fülle. Denn sie wollen alles ohne Erfahrung, die allein klug

3 Vgl. Denzinger, 802, 822, 823.
4 Vgl. 1687 die Verurteilung von Michael de Molinos: aaO. 1273.
5 Vgl. aaO. 2081.
6 P. Althaus, Erfahrungstheologie, in: RGG II, 552.

macht, nach ihren Gesetzen und Regeln fertig bringen; darum laufen sie an und irren, sehr den Menschen zum Schaden wie der Sache«[7]. Durchlebte Erkenntnisse sind notwendig, um klug und besonnen mit Menschen umzugehen; auch die tiefsten theologischen Spekulationen entheben von dieser Erfahrung nicht. Luther stellt sich bei der Erörterung der »Lebenserfahrungen« nicht prinzipiell die Frage nach ihrer theologischen Relevanz.

Er geht bei der Zuordnung von Glaube und Erfahrung noch weiter und verlangt Erfahrungen, soll der Glaube nicht leer und dürr werden. »Denn wenn der mensch also sicher hingehet ynn dem wahn, als habe er den glauben und doch nimer *erferet,* der mus verfaulen und verdorren ...«[8]. »So mus sich ja solchs an euch beweisen, das jr es *fuelet* und bey euch *gespueret* werde, ... das es nicht allein wort, sondern wahrheit und leben sey«[9]. Das Gleiche gilt auch für Calvin; die Glaubenserfahrung ist unabdingbar. »Dies aber (Glaubensgewißheit) kann nicht eintreten, wenn wir nicht seine (Gottes) Güte wirklich in uns selbst fühlen und erfahren (*sentiamus et experiamur*)«[10]. Die Erfahrung wird, wie bei Luthers Glaubenserfahrungen, stark auf den inneren Bereich eingeschränkt und bei aller anscheinenden Zuordnung zum Glauben diesem doch nachgeordnet. Der Glaube bringt Erfahrung mit sich, aber geschieht deshalb noch nicht in der Erfahrung, die der Mensch macht.

In der neueren evangelischen Theologie werden m.E. durchaus in Fortführung des lutherischen Ansatzes, das »Neue Sein«, die »Widergeburt« und die Erfahrung auf zwei verschiedenen Ebenen angesiedelt: »Wie soll auf dem Wege der Erfahrung Gewißheit um den rechtfertigenden Gott zustande kommen?«[11] Die Rechtfertigung wird jeder Erfahrung vorgeordnet; diese bleibt ständig »bruchstückhaft« und »fraglich«. Dagegen kann man fragen: wie soll überhaupt ohne Erfahrung ein vernünftiger Glaube an Gott zustande kommen? Und zieht nicht gerade die fragliche Erfahrung Gott in Frage und hilft da wirklich etwas anderes als neue, vielleicht bessere Erfahrung? Dient die Partikularisierung des Geltungsanspruchs der Erfahrung wirklich einer ernstzunehmenden Theologie?

7 WA, 42, 505.
8 AaO. 36, 468, 29.
9 AaO. 21, 266, 20; vgl. auch 10 I 2, 186, 15; 12, 500, 10; 10 I 1, 372–73.
10 J. Calvins: Institutio religionis christianae (1536) III 2, 15; vgl. III 2, 9.
11 Althaus, 553.

c. Innerlichkeit und Wort Gottes: Schleiermacher und Barth

Schleiermacher wollte alle theologischen bzw. dogmatischen Aussagen vor der Erfahrung verantworten. Ja, Dogmatik sei nichts anderes als reflektierte Erfahrung. Diese Erfahrung ist in die reine Innerlichkeit zurückgenommen. »Alle eigentlichen Glaubenssätze müssen in unserer Darstellung aus dem christlich frommen Selbstbewußtsein oder der inneren Erfahrung des Christen gewonnen werden.«[12] Die Dogmen sind demnach Ausdruck der inneren Erfahrung[13]. Ist eine Lehre nicht durch diese gedeckt, dann ist sie eine Leerformel, ist nicht als Glaubensausdruck anzusehen. Diese bewußte Einengung auf die »innere« Erfahrung machte die Erfahrung für die Theologie noch verdächtiger.

Im Gegenzug zu Schleiermacher entwickelte Barth seine Theorie von der Erfahrung des Gotteswortes, wobei hier fast nur die »äußere« Erfahrung ins Gespräch kommt[14]. Er versuchte in einem bestimmten Sinne diese Erfahrung wieder aufzuwerten. Ein Gegenstand, der von außen an den Menschen herangetragen wird, bestimmt durch seine Wahrheit die Existenz des erkennenden Menschen. Diese Bestimmung der Existenz des Menschen von außen nennt Barth Erfahrung. Der Mensch existiert durch dieses Bestimmtsein von außen als Mensch. Nun kann der Mensch auch durch das Wort Gottes bestimmt werden, und diese Bestimmtheit durch das Wort Gottes ist die Erfahrung vom Wort Gottes. Diese Erfahrung kann der Mensch nicht sich selbst geben, sie hebt aber seine Selbstbestimmung auch nicht auf. »Menschen können in ihrer Selbstbestimmung durch das Wort Gottes bestimmt sein«[15], dh. Erfahrung des Wortes Gottes machen. Diese Erfahrung von außen schließt alles menschliche Vermögen ein, so daß auch das Gefühl oder Gewissen Erfahrung vom Wort Gottes machen kann. Diese ist eine so qualifizierte Erfahrung, daß sie Bestimmung der ganzen Existenz des Menschen ist. Gerade im Akt der Anerkennung dieser Totalbestimmung liegt die Erfahrung des Wortes Gottes. Wer dies anerkennt, unterwirft sich im Gehorsam Gott und entscheidet sich für das Bestimmtsein durch ihn. Der Mensch tritt selbst zurück und weicht der Autorität des Anderen. Das Woher der Entscheidung des Menschen, sein Kriterium und der Sinn seiner Stellungnahme liegt außerhalb seiner selbst. So hat die Erfahrung des Wortes Gottes als ein Sich-bestimmen-Lassen von außen und daher als Anerkennung, Sinn und Grund nicht in sich, sondern in dem, was dem Menschen entgegengesetzt ist. Damit hört nach Barth die Erfahrung gerade als Erfahrung auf, Erfahrung zu sein, dh. »daß Erfahrung vom Worte Gottes möglich ist, daß sie aber

12 Schleiermacher, GL § 64.
13 AaO. § 100, 3.
14 Barth, KD I/1, 206–239.
15 AaO. 210.

gerade hinsichtlich ihres *Sinnes* und *Grundes,* ihres letzten Ernstes und eigentlichen Gehaltes, gerade hinsichtlich ihrer Wahrheit und Wirklichkeit, nicht Erfahrung, mehr als Erfahrung ist«[16]. Menschen können also ihre Existenz durch das Gotteswort bestimmt sein lassen, machen also Erfahrung mit ihm, diese hat aber ihre Wahrheit (also Sinn und Grund) nicht im Vollzug selbst, sondern in dem »Mehr«, das über Erfahrung hinausgeht und ihr Grund ist. Denn sonst wird das Wort Gottes zu einem Prädikat der menschlichen Existenz[17].

Weil Barth das Gotteswort damit in die Verfügbarkeit und in den Besitz des Menschen geraten sieht, ist es für ihn notwendig, die Erfahrung einzuschränken und ihren Sinn in der Transzendenz anzusetzen. Wenn nun aber die Wahrheit (Sinn) der Erfahrung in ihr selbst liegt, indem sie intersubjektiv geteilt werden kann, dann wird Barths Konstruktion hinfällig. Im Horizont der Erfahrung wird das Wort von Gott nicht eigenmächtiger Besitzanspruch, sondern Mitteilung an andere Menschen. Die Erfahrungen, die der Mensch machen kann, sind dann in sich selbst sinnvoll und brauchen keine postulierte Begründung. Der Begriff der Erfahrung wird bei Barth ungenügend entwickelt und auf die »äußere« Erfahrung weitgehend eingegrenzt. Ein philosophisch erarbeiteter Erfahrungsbegriff könnte m.E. tatsächlich aufweisen, daß jedes Dogma, jeder Glaubenssatz, ja jedes Bekenntnis nichts anderes sein kann als Ausdruck menschlicher Erfahrung.

2. *Grundlegung*

a. Wahrnehmung und Erfahrung

Schon aus den bisherigen angeführten Beispielen für die Ablehnung der Erfahrung als Ort der Theologie geht für den Begriff so viel hervor, daß Erfahrung nicht mit Wahrnehmung gleichgesetzt werden kann. Zur Abwertung und Eingrenzung des Geltungsbereiches der Erfahrung hat wesentlich diese Gleichsetzung beigetragen, die im 17. Jahrh. von den englischen Empiristen nahegelegt wurde. J. Locke setzt häufig Wahrnehmung und Erfahrung in eins. Bis zu ihm wurde in die Erfahrung im weiteren Sinne[18] auch das Verstehen einbezogen, so daß Erfahrung ein Ergebnis menschlicher Vollzüge ist. Lockes *Essay Concerning Human Understanding* »leitet einen Gebrauch von Erfahrung ein, nach dem dieser Terminus nicht mehr für das Resultat menschli-

16 AaO. 218.

17 Vgl. aaO. 224.

18 Wie zB. bei Th. v. Aquin, Summa Theologica (1267–73) I, q. 54, 5 ad 2; q. 68, 3 ad 3 u.a.m.

cher Erkenntnis – und Verständigungsgeschichte, insbesondere das Ergebnis besonderer methodischer Bemühungen steht, sondern einen frei von menschlicher Arbeit vorgestellten Anfang jeder Erkenntniskonstruktion bezeichnen soll«[19]. Der menschliche Verstand ist so das »weiße Papier«[20], auf das die Erfahrungsdaten, dh. die »reinen Gegebenheiten« (wie später Carnap sich ausdrückt), eingetragen werden. Erfahrung bzw. Wahrnehmung steht dem Vernunftakt gegenüber. Je nach Akzentsetzung wird dann später die Wahrnehmung oder die Erkenntnis betont, wobei diese scharfe Trennung beibehalten wird. Sicher war dies die Ermöglichung der Entwicklung der empirischen Wissenschaften und damit zugleich der weiteren Eingrenzung der Theologie auf Vernunft – bzw. Offenbarungsspekulationen. In dieser Tradition steht auch Kant. Häufig ist bei ihm Erfahrung gleichbedeutend mit Wahrnehmung, wenn er auch zwischen Wahrnehmungs- und Erfahrungsurteilen unterscheidet. Das begründete Erfahrungsurteil geht über den wahrgenommenen Einzelfall hinaus, hat aber noch keine Allgemeingültigkeit; es ist mit der »empirischen Erkenntnis«« gleichzusetzen[21], oder Erfahrung wird als »Möglichkeit empirischer Erkenntnis«[22] charakterisiert. Sie ist dann nur eine durch die Vorstellung notwendige Verknüpfung der Wahrnehmungen[23]. Alle »inneren« Erfahrungen sind von der »äußeren« abhängig, wobei die Zeit die Anschauungsform der »inneren« Erfahrung ist. Bei allen Tendenzen, Wahrnehmung und Erfahrung gleichzuschalten, ist sich Kant bewußt, daß ihr (der Erfahrung) die menschliche »Zutat«, dh. Aktivität nicht abgesprochen werden kann. Gerade diese Meinung Kants sollte in der Geschichte besondere Beachtung durch den deutschen Idealismus finden. Unter Schellings Einfluß ist auch Schleiermachers Reaktion auf die empiristische Position zu sehen. Er versuchte der Erfahrung auf dem Weg der Verinnerlichung eine neue Bedeutung zuzuerkennen und sie von der äußeren Wahrnehmung klar zu unterscheiden. Stützt sich die Theologie aber auf dieses Erfahrungsverständnis (Verinnerlichung), dann ist ihre Wissenschaftlichkeit mit Recht weitgehend in Frage gestellt und ihr ein schlechter Dienst erwiesen. Wird die Theologie andererseits auf die »sinnliche« Erfahrung (Wahrnehmung) allein bezogen, dann ist sie wie auch die Philosophie erledigt. Verzichtet sie überhaupt auf Erfahrung, so ist sie Ideologie und reine Spekulation.

Anders verhält es sich jedoch, wenn der Ort der Theologie als Er-

---

19 Historisches Wörterbuch der Philosophie (Hg. J. Ritter) II (1972) 613; vgl. Art.: Erfahrung 609–624.

20 J. Locke, An Essay Concerning Human Understanding (1690) II, 1, § 2.

21 Vgl. I. Kant, Kritik der reinen Vernunft (^{2}1786) 2 ff.

22 AaO. 147.

23 Vgl. aaO. 218.

fahrung im vollen Sinne des Wortes angegeben wird. Der hebräische Begriff dafür ist: יָדַע. Es bedeutet: durch das Gesicht wahrnehmen, sehen und zugleich auch das geistige Wahrnehmen, also Verstehen, Erkennen und umfaßt als Synthese das »Erkennen« zwischen Mann und Frau. Erfahrung beinhaltet daher das Wahrnehmen und Erkennen bzw. Sehen und Verstehen. »Ich nehme euch als mein Volk an, ich will euer Gott sein und ihr sollt erfahren, daß ich es bin, der Herr, euer Gott, der euch von der niedren Fron der Ägypter befreit hat«[24]. Eine konkrete Wahrnehmung bildet den Ausgangspunkt der Erkenntnis, daß Gott ist. Die wahrgenommenen Ereignisse werden verstanden und interpretiert, dh. erfahren. Natürlich nicht jede Interpretation kann sich als Erfahrung darstellen, sondern nur die, die das Verstehen eng an die Wahrnehmung bindet.

Damit ist aber schon eine wesentliche Aussage über den theologischen Ort gemacht. Ist die theologische Aussage an Erfahrung gebunden, so ist sie immer an konkrete Wahrnehmungen gekoppelt und kann als Erfahrungswissenschaft nie zu einer *spekulativ-abstrakten* Allgemeingültigkeit ihrer Aussagen gelangen. Die allgemeinen Lehrsätze haben dann nur insofern Bedeutung, als sie konkret verifizierbar sind. Sind sie durch keine Erfahrung abzudecken, besitzen sie auch keinen Wert und können keine Geltung für den konkreten Menschen bzw. die konkrete Gemeinschaft haben. Theologie als Erfahrungswissenschaft kann keinen abstrakten Absolutheitsanspruch erheben, muß vielmehr auf eine solche Allgemeingültigkeit verzichten, was aber nicht besagt, daß sie die Wahrheit aufgibt; vielmehr ist die Erfahrung der Weg, auf dem die Theologie ihren Wahrheitsanspruch erheben kann. Daß auch die Erfahrung mißbraucht wurde, ist genauso selbstverständlich, wie der Mißbrauch abstrakter Normen. Nicht der Mißbrauch, sondern die Erfahrungslosigkeit macht ein Wort (zB. »Gott«, »Liebe« usw.) zur Leerformel. Die Erfahrung garantiert ja auch allein das mögliche Interesse an der Theologie. Denn die menschliche Welt ist *Erfahrungswelt.* »Erfahrung bedeutet ... nicht nur sinnliche Wahrnehmung, sondern immer schon deren geistige Durchdringung im Denken und Verstehen«[25]. Erfahrung, an sinnliche Wahrnehmung gebunden, ist immer schon mehr als eine Summe von Sinneseindrücken. Sie ist Verstehen von Sinn und Wert und daher niemals rein passives Hinnehmen, sondern verarbeitender Vollzug.

Daher ist die Erfahrung nie auf reine Wahrnehmungen, die nur ein Element darstellen, zu reduzieren. Das wird schon daraus klar, daß

---

24 Ex 6, 7.

25 E. Coreth, Was ist der Mensch? (1973) 60 f., 65 f., 82; vgl. auch Rahner IX, 161 ff.

Wahrnehmungen nicht falsch sein können. Täuschen wir uns, dann haben wir die Wahrnehmung falsch interpretiert und einem anderen Verstehenszusammenhang zugeordnet, wir hatten also eine andere Wahrnehmung, als wir meinten, oder überhaupt keine. Erst durch die Verarbeitung ergibt sich die Möglichkeit der Erfahrung, die wahr oder falsch sein kann. Zugleich erreicht die Erfahrung eine menschliche Dimension, die der Wahrnehmung unzugänglich ist. Zwar kann ich ein Lächeln, einen Händedruck, Sonnenschein und fallende Herbstblätter wahrnehmen, die Erfahrung aber, die darin liegt, Freundschaft, Liebe, Treue, Hoffnung, Trauer, Einsamkeit usw. umschließt die Wahrnehmung und stellt sie in einen völlig neuen Verstehenshorizont. So läßt sich die Erfahrung der Liebe usw. nicht auf Wahrgenommenes reduzieren, sie kann aber auch niemals ohne Wahrnehmung gemacht werden. In gleicher Weise ist die Rede von Gott und damit die Theologie auf Erfahrung radikal verwiesen.

b. Die dialektische Bewegung der Erfahrung – die Umkehr

In dieser Erfahrung ist eine doppelte Bewegung zu erkennen. Der wahrgenommene Gegenstand wird in eine Wirklichkeitsdimension gebracht, die er nur mittels des erkennenden Menschen erhält. Der Mensch als bewußtes Wesen wandelt sich durch den so erkannten Gegenstand, ist nicht mehr der gleiche wie vorher und hat selbst eine neue Dimension gewonnen. Seine bisherigen Ansichten, Verhaltensweisen usw. werden mit ihren Maßstäben einer Prüfung unterzogen. »Bittere Erfahrungen« die man mit einem Auto, einem Berufskollegen oder mit einem geliebten Menschen macht, sind neue Verhältnisbestimmungen zur Umwelt, zu sich selbst. Überall wo diese dialektische Bewegung vom Erkannten und Erkennenden stattfindet, kann man zu Recht von Erfahrung sprechen. Nun ist es aber auch so, daß durch bestimmte Wahrnehmungen kein neuer »Gegenstand« entspringt, keine Erfahrung gemacht wird, oder einmal gemachte Erfahrung versteinert und den Menschen selbst zu »Stein« werden läßt, unwandelbar macht. Erfahrung kann verbittern und daher verblenden und blind machen für neue Möglichkeiten. Eine Erfahrung zerstört also alle zukünftigen Erfahrungen und führt so selbst situationslos zur Erfahrungslosigkeit. Den umgekehrten und doch wieder denselben Vorgang charakterisiert das Sprichwort: er hat aus der Erfahrung nichts gelernt. Was andere Menschen zu neuen Erkenntnissen brachte, verwandelte, ist an ihm abgeflossen, als wäre es nie gewesen. »Aus der Erfahrung nichts lernen« ist gleichbedeutend mit keine Erfahrung machen. Eine erfahrungslose Theologie muß nicht nur den Anspruch der Wissenschaftlichkeit fallen lassen, sondern auch auf ihre menschenverändernde

Kraft verzichten. Eine erfahrungslose Rede von Gott ist reines Gerede, das auf die entscheidende, verwandelnde dialektische Bewegung verzichtet und zum »Theismus« führt.

Die ethische Kraft der Erfahrung ist daraus leicht ersichtlich. Damit ein Gegenstand, ein Mensch mir als Erfahrung erscheint, ist mein Fraglichwerden notwendig. Etwas wird nur dann zur Erfahrung, wenn ich mich durch dieses mit meinen Maßstäben in Frage stellen lasse. Der neue Gegenstand wird zur Erfahrung, wenn eine Veränderung bzw. Umkehrung des Bewußtseins bewirkt wird. Nicht von ungefähr beginnt Jesus mit der Forderung der Umkehr, der *Metanoia:* Kehret um, denn nur so kann Gottes Nähe den Menschen geschenkt werden. Erfahrung, ein neues Erscheinen einer Wirklichkeit kann nur durch Umkehr ermöglicht werden. Theologie ist damit zugleich eine handlungsbezogene Interpretation gewisser Wahrnehmungen. Sie kann sich ebenfalls nicht aus dem Prozeß des Werdens herausretten durch Behauptung der Geschichtslosigkeit einer Wahrheit. Als Wissenschaft von der Umkehrung des Menschen bleibt sie auf Praxis wesentlich bezogen und lebt von der Erfahrung. Theologie ist Wissenschaft von der Erfahrung des bewußten Menschen. Diese Aussagen über Erfahrung als Umkehrungsprozeß und Veränderung der Dinge wie der Maßstäbe haben bedeutende Folgen für das Verständnis von Theologie und ihrem eigensten Gegenstand. Der Gegenstand nämlich behält in der Erfahrung nicht seinen Standort und ist auch niemals der unveränderliche Maßstab eines Prozesses. Erfahrung prüft beide, Mensch und Gegenstand (im Falle der Theologie: Gott). »In der Prüfung, als welche das Bewußtsein selbst ist, besteht weder das Geprüfte noch der Maßstab die Prüfung. Beide bestehen sie nicht vor dem, was im Prüfen inzwischen selbst entstanden ist«[26]. Der Gegenstand der Theologie erwächst also im Prozeß der Prüfung, in der Prüfender und Geprüfter einbezogen sind. An einem wahrgenommenen Gegenstand (Objekt), der sich durch das Subjekt (Mensch) zu einem Erfahrungsgeschehen verdichtet, entspringt der Gegenstand der Theologie, der sich als eine Neuheitserfahrung darstellt.

c. Die »Offenbarung« der Wirklichkeit – die Erfahrung

Ganz allgemein ist die Erfahrung eine Weise der Eröffnung der Wirklichkeit. Was ist, offenbart sich in der Erfahrung. Das Erfahren ist ein Gewärtigwerden bzw. Gegenwärtigwerden eines Ereignisses, eines Wirklichkeitsgeschehens. Die Erfahrung erhält ihre Bestätigung im Handlungskontext, im Umgang mit dem, was ist. Dieser Umgang reißt

26 M. Heidegger, Holzwege ([5]1972) 165.

gleichsam die Verdecktheit des alltäglichen Lebens auf, durchbricht das Dahinleben im Trott geschäftlicher und geschäftiger Besorgungen; er läßt uns einen Augenblick aufhorchen, zu uns selbst und zum Gegenstand finden. Sein, Wirklichkeit, eine neue Dimension menschlichen Daseins wird angesprochen, offenbart sich uns. Die Erfahrung, indem sie uns hellhörig, aufmerksam macht, ist ein nicht mehr reduzierbarer Prozeß. Sie ist etwas Absolutes. Indem sie uns etwas Neues erscheinen läßt, ist sie selbst (die Erfahrung) die Weise, in der sich – wenn überhaupt – Absolutes erschließen kann. Erfahrung, die uns eine neue Wirklichkeit, etwas Wahres offenbart, ist selbst nicht dieses »Etwas«, dieses Besondere, was mir im Erfahrungshorizont aufgeht, sondern ist die Seinsweise, die Grunddimension dessen, was sich neu zeigt, was erscheint. Man kann daher sagen, daß die Erfahrung die Wahrheit der neuen Erkenntnis, des als neu erkannten Sachverhaltes ist. Damit ist aber der neue »Gegenstand« selbst die Erfahrung. Daß wir Gegenständen, Sachverhalten, menschlichen Äußerungen Wahrheit zusprechen können, liegt in der Erfahrung, die diese Wahrheiten legitimiert, rechtfertigt. Sie selbst ist nämlich für uns der Modus des Sichzeigens, des Sich-Offenbarens der Wirklichkeit.

Erfahrung, die wir machen, zeigt sich nicht an dem Gegenstand selbst, sondern immer nur indirekt an etwas Anderem. Mit uns selbst machen wir schlechte Erfahrungen nie unmittelbar, sondern nur indirekt, indem wir uns in einer Situation nicht bewähren. Gute Erfahrungen mit einem Mitmenschen machen wir, indem er uns in einer unangenehmen Situation verteidigt, mit seinem Hab und Gut für uns einsteht usw. Am Anderen zeigt der Mensch wie er wirklich ist. So zeigen auch die kontingenten Gegenstände Erscheinungen und Ereignisse, wie sich die Wahrheit, das Absolute offenbart und was es ist. Da die Erfahrung und nur sie uns zu neuer Erkenntnis führt, uns die Wahrheit erschließt, ist sie auch die einzige Weise, in der sich letzte Wirklichkeit bei uns anmeldet. »Die Erfahrung ist das Sein, demgemäß das Absolute bei uns sein will«[27]. Wobei zu bemerken ist, daß dieses »sein will« nur als eine mythologische Ausdrucksweise gewertet werden kann, da es eine Subjektivität nahelegt, die von der Erfahrung her nicht so prompt belegt werden kann. In dem Augenblick, wo die Erfahrung nicht mehr als Raum letzter Wirklichkeit erkannt, sondern eingeschränkt wird, wird das Absolute (und damit der Gegenstand der Theologie) aus dieser Dialektik (der Erfahrung) herausgenommen und verselbständigt. Dann aber benötigt dieser Selbstand (eines vorgestellt Absoluten) einen Beweis. Der klassische Gottesbeweis, der auf diese Weise die erfahrbaren Gegenstände absichern will, zerstört die

27 AaO. 188.

Erfahrung selbst, degradiert sie zu einem Mittel und beraubt sich seiner eigenen Grundlage. Absolutes wird aber nie ohne die Erfahrung gegenwärtig, ist nie »rein« zu haben, auch nicht durch den besten »Beweis«, sondern immer nur im menschlichen Vollzug (der Erkenntnis, der Praxis) und immer nur am anderen, sei es ein Gegenstand oder vor allem ein Mensch. Die Erfahrung begründet die Theologie als Anthropologie. Auf der Ebene des Vollzugs der Begegnung zeigt sich Absolutes.

d. Die Objektivität der Erfahrung

Die »Objektivität« dieser Erfahrung (und damit der Theologie) erweist sich dann nicht in abstrahierender Argumentation, nicht in der Verideologisierung und damit in einem dogmatischen Anspruch, der etwa gar autoritär verfügt wird, sondern in der Fähigkeit, intersubjektiv und gesellschaftlich teilbar zu sein. Die Mittelbarkeit und gegenseitige prozessuale Erfahrung erschließt den Gegenstand der Theologie und gibt ihm seine »Objektivität«. Diese Weise der »Objektivität« entspricht genau der Dialektik der Erfahrung. Diese Verifikationsweise der Erfahrung entspricht der Theologie als einem »dia-lektischen« Wort von Gott. Die Forderung der Bezeugung und des Glaubenschenkens ist nur in dieser Teilbarkeit der Erfahrung zu begründen. Sonst wäre sie Verknechtung und Vergegenständlichung des Menschen, sonst wäre sie Machtanspruch über fremde Subjektivität. Unter dem Vorzeichen der Erfahrung wird freilich der Gegenstand der Theologie nicht mehr so leicht verfügbar sein wie ein metaphysischer, theistischer Gott oder ein historischer Jesus, dem man seine Göttlichkeit ansieht. Von Gott zu sprechen wird hier die Mühe der Erfahrung voraussetzen und stets praxisbezogen bleiben, indem in der Rede von Gott die Umkehr steckt, die wesentlich die Erfahrung ausmacht. Gott begegnet in der Sprache des Lebens, die Erfahrung ist, und nur dort. Zu ihr gehört der antwortende Vollzug, denn sonst kann man nicht von Erfahrung im vollen Sinne des Wortes sprechen. Geantwortet wird hier aber nicht direkt einem Gott, der unmittelbar zu einem spricht und mit dem man »Zwiegespräch« hält, sondern man antwortet der Situation bzw. macht mit Dingen, Ereignissen und Menschen Erfahrungen. In der Erfahrung, die mir Wirklichkeit erschließt, steckt meine Antwort. »Können wir der Situation entsprechend antworten, so hat vielleicht *Gott* gesprochen! Gerade unsere Antwort ist dann die Bedingung dafür, die *ratio cognoscendi, daß* uns Gott in der Sprache des Lebens *begegnet*«[28]. Der Nächste kann dabei, indem wir unser Leben als Antwort bzw. Er-

28 E. Fuchs, Glaube und Erfahrung (1965) 185 f.

fahrung einbringen, zum Inhalt des Wortes »Gott« werden. Die so oft verpönte Mitmenschlichkeitstheologie hat in dieser Struktur der Erfahrung ihre Legitimation. Freilich wehrt sich dagegen jede Theologie, die ungezwungen von Gott daherredet, was ihr ideologisch notwendig scheint. Jede theistische Theologie, die Gottes Objektivität festhält, um seine Subjektivität zu retten, muß die Erfahrung eingrenzen und die Theologie zur Spekulation machen. Aus der Perspektive der Erfahrung ist dies jedoch eine Degradierung der Theologie. Man kann sich sicherlich fragen, ob für diese Erfahrungswissenschaft das bisherige mißverständliche und mißverstandene Wort Theologie noch angebracht ist und man nicht besser – wie einst Heidegger vorgeschlagen hat – von Theiologie spricht. Dadurch wird angedeutet, daß eine Erfahrung, die vom Absoluten sprechen will, vorsichtiger mit »Gott« umgeht, als es bisherige Theologie tat. Eine solche »Theiologie« wäre ganz anders relevant für das menschliche Leben, wäre eine radikale Kritik an der bisherigen Theologisiererei und müßte auch inhaltlich in weiten Strecken dem Herkömmlichen widersprechen.

e. Erfahrung und Argumentation

Am schlimmsten trifft es vor allem – wenn konsequent die Erfahrung als Ort der Theologie gedacht wird – die Dogmatik. Sie kann sich auch nicht hinter einer Unterscheidung von Erfahrungs- und Argumentationsebene verstecken[29]. Denn die Argumentation muß durch Erfahrung bestätigt werden, wenn sie sich auch dadurch unterscheiden, daß die Argumentation nicht als solche kommunikatives Handeln ist (wie die Erfahrung), sondern ein Diskurs. Eine systematische Darlegung kann »nur zugleich *unter Bedingungen* der Argumentation und in den Grenzen der vorgängigen Objektivierung des erfahrbaren Geschehens gebildet und fortgebildet werden«[30].

Die Argumentationsweise ist in allen Wissenschaften grundlegend gleich. Alle stehen nämlich unter der Bedingung, daß der Wahrheitsanspruch, der erhoben wird, diskursiv eingelöst werden muß. Grundsätzlich kann argumentativ ein Konsens hergestellt werden. Die Systeme können geprüft und auf ihre Stimmigkeit hin untersucht werden. Die Bindung an die Erfahrung wird nur unter einem Aspekt aufgehoben, insofern die Geltung und die Wahrheit des Systems durch Argumente suspendiert und bewußt im Diskurs in Frage gestellt wird. Gerade aber auch von dieser Forderung her, daß Theologie stets argumentativ sein muß, wird sie (besonders jedoch die Dogmatik) gezwun-

29 Vgl. J. Habermas, Erkenntnis und Interesse (1973) bes. 382–417.
30 AaO. 392.

gen, ihren argumentationsfeindlichen Anspruch aufzugeben. Der Verweis auf formale Autorität wie Lehramt und Offenbarung helfen da nichts, sondern verweigern nur die Wissenschaftlichkeit der Theologie. Wohl aber kann sie sich als Wissenschaft bewähren, wenn der argumentativ erzielte Konsens sich sachlich in den Grenzen der Erfahrung bewegt. Damit hat in der Theologie, im Sprechen aus, von und über Gott die erfahrungsfremde autoritäre Verfügung (in Schrift und Tradition, wenn diese nicht als Niederschlag einer Erfahrung gesehen werden), der Erfahrung zu weichen, denn nur in ihr zeigt sich genuin letzte Wirklichkeitsdimension an. So erweist sich, auch vom methodischen Unterschied zwischen Argument und Erfahrung her, die Erfahrung als Ort der Theologie, in dessen Grenzen die diskursive rationale Argumentation sich halten muß. Die Erfahrung bietet dann im analytischen Innewerden die Auflösung von Zwängen an und hat einen emanzipatorischen Zug (gegenüber Autoritätsgläubigkeit). Es liegt auf der Hand, wieso die Dogmatik sich gegen die Erfahrung als ihre Grundlage wendet. Anders ist es m.E. bei der sogenannten »praktischen« Theologie. Sie versteht sich von der dialogischen Situation der Erfahrung her. Damit soll auch in ihrem Bereich nicht einer unkontrollierten, arationalen »Erfahrungswut« das Wort geredet sein, vielmehr einer rational durchdachten Erfahrung. Ist nun die dialogisch wie dialektisch angelegte Erfahrung der Ort der Theologie, ist Theologie sich selbst auslegende Erfahrung und gründet die Praktische Theologie in ihr, so ist von ihrem Wesen her die Theologie als Erfahrungswissenschaft stets von »Praktischer Theologie« determiniert. Damit erweist sich nochmals die Erfahrung als einzig möglicher Ort der Theologie.

3. *Zusammenfassung*

Wir gingen vom gängigen Mißtrauen gegenüber der Erfahrung aus. In der katholisch wie evangelischen Theologie wird die Offenbarung, das Wort Gottes wie auch der Glaube der Erfahrung vorgeordnet. Der Protest Schleiermachers, der einzig darsteht, hatte zwar Auswirkungen auf den Ansatz von Barth, wurde aber allgemein abgelehnt. Das hat seinen Grund darin, daß einerseits der Begriff der Erfahrung verengt gebraucht, andererseits nur mangelhaft reflektiert wurde. Überdies ist die Theologie autoritär verhaftet. Wird nämlich die formale Autorität absolut gesetzt, ihr ein unbedingter Vorrang eingeräumt, dann muß jede Argumentation ihr nachhinken und jede Erfahrung ihr untergeordnet werden. Sobald aber jede Autorität und sei sie noch so göttlich, nur in der Erfahrung begründet werden kann, bildet diese den universalen Horizont. Theologie läßt sich nur in diesem Raum als Wissenschaft begründen.

Die Darlegungen wollten sich dieser Aufgabe stellen und den Begriff der Erfahrung klären. Dazu ist notwendig, daß Wahrnehmung und Erfahrung nicht vermischt, sondern die Wahrnehmung als ein Teil der Erfahrung verstanden wird. Erfahrung ist auch kein analytischer Prozeß, in dem nur der Gegenstand sich zeigt, sondern eine dialektische Bewegung in der Subjekt wie Objekt in Frage stehen. Daraus ergibt sich die Struktur der Erfahrung als Veränderung und Umkehrung, die auch eine ethische Komponente hat und mit der jesuanischen Grundforderung in Beziehung steht. Dieser Prozeß ist der einzige Modus in dem sich dem Menschen die Wirklichkeit zeigt. Ja, die Erfahrung ist die Weise, in der sich die Wahrheit der Dinge enthüllt. Damit ist sie auch der Ort der Rede von Gott. Ihre Objektivität erhält sie nicht durch eine transzendente Begründung der Erfahrung, sondern durch die Vermittelbarkeit und Teilbarkeit. Erfahrung benötigt keine ihr übergeordnete Begründung, sondern vollzieht diese selbst. Jede Argumentation muß sich innerhalb der Grenzen der Erfahrung bewegen. Die Theologie macht hier keine Ausnahme, vielmehr ist sie als Wort von Gott wie keine andere Wissenschaft auf Erfahrung verwiesen. Damit verbunden ist die grundsätzliche Bedeutung der Praktischen Theologie für die ganze Theologie. Alle Disziplinen müssen eine praktischtheologische Dimension haben. Nur so bleibt der einzig legitime Ort der Theologie die Erfahrung.

5|2 Ferdinand Klostermann
Veränderung in der Kirche als theologisches und praktisches Problem

Die Geschichte der christlichen Kirchen ist eine Geschichte der Veränderungen, in die sie von außen hineingezogen wurden, die sie selbst provozierten und die sich in ihnen, in ihrem Leben, ihrem Glauben, ihren Strukturen und in ihrer theologischen Reflexion vollzogen. Heute wird die Einstellung zum Problem der Veränderung in den Kirchen Ursache oder doch Anlaß vieler innerkirchlicher Krisen, Polarisierungen und Kontestationen, ja für viele zum Schibboleth wahrer Christlichkeit. Freilich kann Veränderung angesichts der Möglichkeit von Irrtum und Sünde für Christen nicht Selbstzweck sein; es bedarf vielmehr der Kriterien ihrer Angemessenheit und ihrer Christlichkeit.

Wir legen daher zunächst einige theologische Thesen vor und schließen praktische Überlegungen an.

1. Das theologische Problem

a) Veränderung in der Geschichte Israels

(1) Die ganze Geschichte Israels erweist sich als Prozeß, der sich nicht nur in Auseinandersetzung mit der jeweiligen Umwelt und ihren Religionen kritisch und assimilierend zugleich vollzieht und sie verändert, sondern der auch unaufhaltsam auf ein Ziel hin ausgreift, einer noch unbekannten, aber sich immer deutlicher abzeichnenden Zukunft entgegenstrebt[1].

Dieser Prozeß begann mit der Erwählung und Herausrufung Abrams (Gen 12, 1 f.) und setzte sich in immer neuen Erwählungen, Berufungen und Führungen fort: in den Wanderungen der Urväter, in der befreienden Herausführung der Moseschar aus dem Sklavenhaus Ägypten (Ex 20, 2), in der Wüstenwanderung, in der Landverheißung und Landnahme. Das alles aber waren nur typische »Voraustaten«, »Vorworte«[2] Jahwes für einen immer neuen Exodus in ein neues und

1 Vgl. G. v. Rad, Theologie des Alten Testamentes, 2 Bde. (^{4}1962, ^{4}1965).
2 A. Deissler, Die Grundbotschaft des Alten Testamentes (1972) 155.

endgültiges Land der Verheißung, das der erwartete Heilbringer herbeiführen wird, für eine vollendete Befreiung.

(2) Der Jahwe-Gott zeigt sich als Partner des Menschen, der, gerade weil er der ganz andere ist, den Menschen in die Freiheit entläßt und dadurch Geschichte, echte Veränderung der Welt ermöglicht.

Jahwe zeigte sich von Anfang an als dialogischer Gott, der auch den Menschen als dialogisches Wesen will und als Partner ernstnimmt. Dies wird vor allem in der Idee des Bundes deutlich, der selbst wieder voller Verheißung und Zukunftsträchtigkeit ist. Trotz aller Ungleichheit der Partner wird er nicht ohne den gläubigen Gehorsam Abrams und auch am Sinai – in der elohistischen Darstellung – erst nach der ausdrücklichen Einwilligung des Volkes geschlossen (Ex 24, 3–8). Bei näherem Zusehen erweist sich dieser Bund selbst als ein äußerst dynamisches Gebilde, in dem nichts feststeht als die Treue Gottes[3].

Überdies entgöttert schon der priesterschriftliche Schöpfungsbericht radikal Kosmos und Erde, überstellt diese dem Walten des Menschen, macht ihn zum gottesbildlichen und gottähnlichen Mandatar Gottes, zum Herrscher, Verfüger und Keltertreter über die außermenschliche Welt (Gen 1, 26–28) und damit zum Kulturschöpfer. So ermöglicht Gott Freiheit und Veränderung der Welt durch den Menschen[4].

(3) Jahwe wird von Anfang an als ein Gott für Welt und Menschen erfahren, als ein Gott der Zuwendung in die Geschichte eines konkreten Volkes und damit in die Veränderung der Welt hinein, der seine Zuwendung, sein Ja zum Menschen trotz aller Sünden nicht aufhebt.

Eindrucksvoll zeigt sich dies schon in der Offenbarung des Jahwenamens: daß sich Jahwe in der Geschichte je neu für sein Volk als Daseiender, Befreiung und Heil Wirkender erweist[5].

Diese Erfahrung Gottes bringt eine seltsame Dynamik in das Gottesverständnis. Sie bewahrt davor, Gott in Sätze, Bilder (Bilderverbot), in Zeiten, Orte, Gegenstände oder Personen zu fixieren und so seiner habhaft werden zu wollen[6].

(4) Das Heil, das Israel stellvertretend (vgl. Ps 72, 17; Jes 56, 1–8) erwartet und das im Jahwe zusagt und verheißt, ist ein alle menschlichen Bereiche umfassendes und dennoch alle menschlichen Grenzen übergreifendes Heil. Es hat mit Geschichte zu tun und ist ein wesentlich dynamisches Heil.

Es begann mit einer sehr irdischen Befreiung eines Volkes aus der Knechtschaft und wird in seiner Vollendung nur jenen geschenkt, die

3 AaO. 49–52.

4 Rad I, 160.

5 Deissler, 48–52.

6 W. Simpfendörfer (Hg.), Die Gemeinde vor der Tagesordnung der Welt (1968) 40.

zu ihm unterwegs sind, schon hier Jahwes Willen erfüllt haben und immer wieder zu ihm umgekehrt sind. Bezeichnend sind auch die Synonyma, die die alttestamentlichen Schriften für »Heil« verwenden, vor allem das Schlüsselwort »Schalom«, die Gabe Jahwes (Jes 45, 7), das umfassende Heilsein, Unversehrtsein, Vollendetsein.

(5) Die Botschaft der Propheten, die dieses Heil beschreibt, tendiert von Anfang an auf eine zweifache Veränderung: die Wiederherstellung der Treue zum Jahwebund und das immer neue Ausschreiten in eine Zukunft, die letztlich Gott selbst ist.

Propheten sind darum Verkünder, Ausrufer Gottes und seines Willens, die die Erinnerung an Jahwe wach halten[7]. Zugleich aber rufen die Propheten, vom Geist Jahwes erfaßt, das Kommende aus. Ein neues Heilsgeschehen, ein neuer Gottesknecht, ein neuer Bund, ein neues Jerusalem werden verkündet, und die Gegenwart wird von dieser Zukunft, von der Erfüllung her gedeutet und mit Hoffnung angesteckt[8].

b. Veränderung in Leben und Botschaft Jesu

Auch die durch Jesus initiierte Glaubenserfahrung, das im Ereignis Jesus ausgesagte und uns offenbar gewordene endgültige Ja Gottes zu uns und unserer Geschichte steht zunächst im geschichtlichen Kontext des Alten Bundes, der freilich mit ihm aufgehoben und erfüllt wird (vgl. Mk 1, 15; Hebr 1, 1).

(1) Markus versteht die gute Botschaft Jesu als Proklamation des Nahe-Herbeigekommen-Seins der Gottesherrschaft, die sich im Alten und Neuen Bund nicht so sehr als »etwas Statisch-zuständliches«, sondern als »dynamisches Handeln Gottes« erweist[9].

Diese Gottesherrschaft ist im Munde Jesu einerseits ein zukünftiges, eschatologisches Ereignis, das Gott allein heraufführen wird, anderseits ist sie mit Jesu Person verbunden, bricht in ihm schon an und leuchtet in seiner Vollmacht und seinen Machttaten auf (Lk 4, 18 f.; 11, 20; Mt 11, 4 f.). Hierin gründet das dynamische »Schon« und »Noch-nicht« der Zwischenzeit der Kirche. Die Gottesherrschaft deckt sich inhaltlich mit dem Heil, das auch im Neuen Bund nicht nur alle

---

7 Deissler, 14, 97–126.

8 Hier und in der folgenden Apokalyptik tritt ein enthusiastisches, unberechenbares, überraschendes, oft »eruptiv charismatisches« Element in die Heilsgeschichte ein, das G. v. Rad als »Gewalttätiges und Erschreckendes« schon in den Anfängen des Jahwekultes feststellt und »für einen konstituierenden Faktor der Jahwereligion« hält (I, 106–113).

9 J. Maisch / A. Vögtle, Jesus Christus, in: SM II, 900–920.

Gruppen und Völker, sondern auch das leibliche Wohlergehen wie die eschatologische Zukunft umgreift.

(2) Die vom Menschen zu leistende Voraussetzung für das Nahekommen der Gottesherrschaft ist die Umkehr, die Veränderung des ganzen Denkens und Wollens und der Glaube an die gute Botschaft Jesu (Mk 1, 15).

Gottesherrschaft und Heil bedeuten also für den Menschen nicht nur Gabe, sondern auch ständige Aufgabe, Entscheidung, Nachfolge Jesu, Erfüllung des Doppelgebotes der Liebe (Mk 12, 29–31), das im letzten *ein* Gebot ist, so daß man sich für Gott gar nicht engagieren kann, ohne sich für den Menschen zu engagieren. Wer das tut, wird die Herrschaft Gottes erfahren. Dabei ist der Bezugspunkt der Umkehr, der Veränderung, nicht ein neuer Nomos, ein starres Gesetz, ein neues Lehrsystem, sondern eine Person, der Mensch Jesus von Nazareth. Dieser Bezugspunkt und damit auch unsere Veränderung sind aber selbst wieder nicht nur auf eine Vergangenheit rückbezogen, sondern auf den Gott vor uns, auf einen von uns täglich anzustrebenden Zielpunkt: »Seid vollkommen, wie euer Vater im Himmel« (Mt 5, 48)[10].

(3) Die gute Nachricht von der Nähe der Gottesherrschaft und dem damit verbundenen Heil richtet sich zunächst an die der Hilfe am meisten Bedürftigen; ihnen wird die große Veränderung, die Befreiung in der Gottesherrschaft verheißen; an ihnen darf man jetzt schon nicht vorübergehen (Lk 10, 30–37).

Die Vorliebe Jesu gilt offensichtlich den Einfachen und Armen, den Kindern, Kranken und Sündern, den Trauernden und vom Leben Enttäuschten, nach Gerechtigkeit Hungernden, Unterdrückten, Verfolgten, gesellschaftlich Verfemten, Gestrauchelten, den Zöllnern und Huren. Für sie ergreift Jesus Partei, mit ihnen solidarisiert er sich am meisten; sie sind die unmittelbaren und ersten Adressaten seiner befreienden, erlösenden Botschaft. Sie hält er am ehesten für fähig, seinem Ruf zu Umkehr und Veränderung zu folgen; ja Sorge um sie und um die Veränderung ihrer Lage ist geradezu das Kriterium, nach dem Gott selbst den Menschen letztlich beurteilt, an dem sich die Zugehörigkeit zum Heil entscheidet (Mt 25, 31–45; vgl. Lk 7, 21 f.).

(4) In seinen Worten und Taten meldet Jesus einen unerhörten Anspruch an. Er setzt sich selbst in eine eschatologische Beziehung zu Gott und seiner Herrschaft, er beansprucht das göttliche Privileg der Sündenvergebung und stellt seine Autorität über die der »Alten«, ja über die der Tora und der Propheten.

---

10 H. Merklein, in K. H. Müller (Hg.), Die Aktion Jesu und die Reaktion der Kirche (1972) 65–100.

Das alttestamentliche Gesetz wurde von Jesus auf den dahinterliegenden Willen Gottes zurückgeführt und gegenüber der nur äußeren, buchstabengetreuen Erfüllung außerordentlich verschärft (verinnerlicht) und so »erfüllt« (Mt 5, 17 f.). Über gewisse Satzungen, vor allem des Frühjudentums, setzte sich Jesus überhaupt hinweg. Dies muß von seinen Zuhörern als geradezu revolutionäre Veränderung empfunden worden sein.

In einer souveränen Freiheit interpretierte er das Gesetz und korrigierte seine rabbinische Auslegung, die Reinheitsvorschriften, die Ehescheidungsbestimmungen. In seiner Stellung zu Schrift und Tradition, zum Tempelkult, zu den führenden Mächten und Parteien, erklärte er im Namen Gottes das Wohl des Menschen zum Maßstab des Gesetzes: auch »der Sabbat ist um des Menschen willen da und nicht der Mensch um des Sabbat willen« (Mk 2, 27).

c. Die verändernde Ostererfahrung

Auch wenn wir das Erlebnis, das die Jünger zum Osterglauben brachte, im einzelnen nicht mehr rekonstruieren können, der Osterglaube selbst ist ein historisches Faktum, das eine tiefe Zäsur in die menschliche Geschichte einträgt.

(1) Ostererfahrung und Osterglaube verändern zunächst die verzweifelten Jünger und begründen die christliche Gemeinde.

Die Osterereignisse überwältigen die Jünger und veranlassen sie, sich wieder zu sammeln, um von Jesus als dem Erhöhten zu verkünden, der unser aller Schicksal erhellt und für uns alle rettende Bedeutung hat, und um eine Gemeinde zu bilden, die der Osterglaube eint und in der er sich bewähren und immer neu verifizieren muß. In der Gemeinde, in der sie seine Botschaft weitersagen und sein Gedächtnis feiern, beginnen sie wieder zu vertrauen, zu hoffen gegen alle Hoffnung und zu lieben trotz aller schlechten Erfahrungen, erfahren sie seine verändernde Macht, seine Befreiung, sein Leben.

(2) Mit Ostererfahrung und Osterglaube beginnen aber auch »eine fortschreitende Explikation des Christusgeschehens und eine rückläufige Interpretation des Lebens Jesu«, die sich schon früh in kerygmatischen Formeln und christologischen Würde- und Hoheitstiteln äußern[11].

Schon die neutestamentlichen Schriften bezeugen in der nachösterlichen Gemeinde Entwicklungen und Veränderungen sehr verschiedener Art: solche, die noch zum Urkerygma, zum apostolischen Erbe gehören und darum für alle kommenden christlichen Generationen

11 Maisch / Vögtle, 911.

verbindlich bleiben, und solche, die schon situationsbedingte Akzentuierungen und Anpassungen des Evangeliums darstellen. So begegnen wir schon verschiedenen Theologien, Versuchen, das Urkerygma Menschen einer bestimmten Zeit und Kultur verständlich zu machen. Diese Versuche enthalten darum auch zeitgebundene Elemente: man denke an die Naherwartung Pauli, seine Eschatologie, seine Einstellung zur Frau und ähnliches[12].

(3) Die österlichen und nachösterlichen Erfahrungen deuten die Jünger Jesu aufgrund der Verheißungen des Alten Bundes und Jesu selbst als vom Heiligen Geist gewirkt, als Geisterfahrung.

Im Geist setzt sich die Ostererfahrung fort, ist Jesus seiner Gemeinde weiterhin präsent, und die Kriterien des Geistempfanges, die Früchte des Geistes, sind nicht so sehr außerordentliche Phänomene, sondern die Erfahrung von Friede, Freude, Hoffnung, Freiheit und Liebe; von Geborgenheit, Angenommenheit, Versöhnung, Befreiung und Sinn.

Dem Geist verdankt die Gemeinde Christi, die Ekklesia, immer neue Einfälle und Wege, immer neue und überraschende Gaben, Charismen und Krafterweise, außergewöhnliche und alltägliche, äußerlich feststellbare und innerlich erfahrbare.

Mit dem Geist Jesu und seines Vaters ist darum ein eigenständiges, dynamisches, kreatives, spontanes, vorwärtsdrängendes, jeglichen Nomos überwindendes, befreiendes, also veränderndes Prinzip in der Kirche wirksam geworden: »Wo der Geist des Herrn waltet, dort ist Freiheit« (2 Kor 3, 17). Von hier aus wird auch das unerhörte Neuheitserlebnis der jungen Christen und ihrer Gemeinden verständlich, das in der Oster- und Geisterfahrung geweckt wurde. Neue Horizonte werden sichtbar; in einem »Pathos des Staunens« ist die Rede von einem neuen Bund, einem neuen Jerusalem und Tempel, einem neuen Adam, einer neuen Schöpfung[13].

(4) Wie schon die Geschichte Israels, das Leben und die Botschaft des irdischen Jesus, stehen die nachösterlichen Gemeinden und ihre Geschichte im »Horizont der Hoffnung« auf eine letzte Gnade und erhalten von da eine letzte und unaufhebbare Dynamik.

Alle Veränderungen in der nachösterlichen Gemeinde weisen auf ein noch Ausstehendes, Zukünftiges, wenn auch hier schon Anhebendes hin, haben eine eschatologische Dimension und ermöglichen gerade dadurch »Hoffnung gegen alle Hoffnung«[14].

Gewiß ist dieser Gemeinde das Reich Gottes letztlich als Geschenk

---

12 O. Kuss, Paulus (1971) 331–333, 437–439, 452 f.

13 Rad II, 349.

14 J. Moltmann, Theologie der Hoffnung (1965) 13, 17, 29, 332–334.

Gottes und nicht des Menschen zugesagt; aber in dem ihr geschenkten Geist, in der Kraft Gottes kann und soll sie die Zeichen des Reiches – Liebe, Gerechtigkeit, Freiheit, Freude, Friede und Versöhnung (Gal. 5, 22 f.) – jetzt schon setzen, jetzt schon Menschen von Dämonen, Blindheit, Taubheit und Trauer befreien und von Krankheiten heilen (Mk 16, 17 f.).

d. Veränderungen in der Kirche und durch sie

Aus dem Gesagten ergeben sich Konsequenzen für die Veränderungen in der Kirche, die sowohl dem historischen Jesus als auch in besonderer Weise der ursprünglichen Ostererfahrung und dem Osterglauben der Urzeugen verpflichtet bleiben. Darin liegt ihre Kontinuität.

(1) Die grundlegende und fortwährende Veränderung in der Kirche muß die Metanoia, die Umkehr zur Botschaft und zur Nachfolge Jesu sein.

Das Zurückfragen nach dem Willen Jesu ist »ein ureigenes und nie aufhebbares christliches Anliegen«[15]. Darum ist das Umdenken unsere dauernde Aufgabe. Es ist ein veränderndes Element, auch weil es in einem immer neuen Suchen der konkreten Nachfolge Jesu aus dem Anruf des Tages, der Zeit, der Geschichte und damit in einem verantwortungsbewußten Mitgestalten der Geschichte aus dem Geist Jesu besteht.

Dieses Umdenken und diese Veränderung ist auch der ganzen christlichen Gemeinde aufgegeben. Denn ohne Bekehrung der Gemeinden, der Kirchen und ihrer Amtsträger zur Botschaft und zur Nachfolge Jesu werden ihre Verkündigung, ihre Liturgie, ihre Diakonie, ihre Disziplin, ihre Lebensformen und Strukturen unglaubwürdig, ja zum Antizeugnis und zum Verrat an den eigentlichen Anliegen Jesu[16]. Daraus resultiert die Aufgabe einer permanenten Reform der Kirchen[17]; Totalidentifikation mit der konkreten Kirche ist unsittlich, weil sie mit Unbußfertigkeit gleichzusetzen wäre[18].

---

15 R. Schnackenburg, in: Müller, 120.

16 Angesichts der erschreckenden zentralistischen und autoritären Haltung Pius' X., angesichts seiner Enge, Intransigenz und Härte, seiner freiheits- und dialogfeindlichen Gesinnung und seiner Beziehungslosigkeit gegenüber der Gegenwart meinte ein Kardinal: »Wenn Jesus wiederkäme, würde er wieder gekreuzigt, doch diesmal nicht in Jerusalum, sondern in Rom«: vgl. E. Weinzierl, Der Antimodernismus Pius' X., in: E. Weinzierl (Hg.), Der Modernismus (1973) 235–255 bzw. 247.

17 Vgl. die Übernahme des Postulats der »ecclesia semper reformanda«, in: Vatikanum II, Ökumenismusdekret, n. 6; Kirchenkonstitution, n. 8.

18 Vgl. J. B. Metz, Reform und Gegenreformation (1972).

(2) Die zweite elementare Pflicht zur Veränderung ergibt sich aus dem Sendungsauftrag der Kirche in der Zeit.

Neue Zeiten stellen neue Fragen und zwingen uns, neue Antworten aus der ursprünglichen Botschaft zu suchen; sie lassen uns unter Umständen darin neue Schätze entdecken und alte in neuem Lichte sehen. So kommt es nicht nur zu neuen Formulierungen, sondern auch zu neuen und tieferen Interpretationen und Erkenntnissen, zu einer legitimen Weiterentwicklung der ursprünglichen Botschaft. So kann es »unter dem Beistand des Heiligen Geistes« zu einem wirklichen »Fortschritt«, zu wirklich neuen Erkenntnissen kommen, die als solche nicht mehr zurückgenommen werden können und dann zur echten »apostolischen Tradition« gehören[19].

Außerdem ist zu bedenken, daß in der Geschichte, also in einem bestimmten Verstehenshorizont formulierte Sätze und Glaubensaussagen niemals das Ganze der gemeinten Wahrheit erfassen können, sondern immer auch anders und – in anderen geschichtlichen Zusammenhängen – unter Umständen besser und verständlicher formuliert werden können, daß sie also nach vorne immer offen sind[20].

(3) Die Veränderung in der Kirche hat eine innere Grenze in der Treue zu ihrer Sendung und damit zum apostolischen Urkerygma. Nur in dieser Treue und zugleich in der Offenheit für das Drängen des Geistes und für die Impulse des je neuen Kairos gibt es genuin christliche und lebendige Traditionen.

Der Sinn der Kirche ist die treue Weitergabe des apostolischen Kerygmas und des durch Christus uns offenbar gewordenen und geschenkten Heils. Darum muß jede neue Interpretation der überlieferten Botschaft, jedes Weiterdenken und Weiterbauen im Geiste Jesu geschehen und an den Ursprüngen und Quellen gemessen und geprüft werden, an der heilschaffenden Selbsterschließung Gottes, die in Jesus, dem Christus, ihr endgültiges Wort und im apostolischen Urkerygma ihr verbindliches Zeugnis gefunden hat. Darüber von amtswegen zu

---

19 Vatikanum II, Offenbarungskonstitution, n. 8.

20 Gewiß qualifizieren die Fundamentalisten beider Kirchen solche Überlegungen als Rationalismus, der das Geheimnis und den Glauben zerstört. Aber, wie N. Brox aufzeigen konnte, hat der Konflikt zwischen dem viel gepriesenen »einfachen Glauben« und der Theologie, die man als Luxus oder als Quelle der Verunsicherung erlebt, von Anfang an geschwelt, wobei sich aber die gepriesene Simplizität des Glaubens bald als schutzlos, naiv und äußerst gefährlich, nämlich den Glauben gefährdend erwies; die Verunsicherung durch die Theologie erwies sich als notwendig, wenn der Glaube überleben wollte und es nicht zu einem defekten, unzulänglichen Glauben kommen sollte. Vgl. N. Brox, Der einfache Glaube und die Theologie, in: Kairos 14 (1972) 161–187.

wachen und so die notwendige Einheit des Glaubens zu wahren, ist eine spezifische Aufgabe des kirchlichen Amtes[21].

2. *Praktische Überlegungen*

Wenn das Christentum ein »Programm der Veränderung« ist, wie unsere Thesen zu zeigen versuchten, dürfen sich auch die institutionalisierten Kirchen nur im Dienst dieses Programms verstehen[22].

Nur so kann die immer notwendigerweise vorhandene Differenz zwischen Christlichkeit, dh. der Sache und dem Anliegen Jesu, und den institutionalisierten Kirchen auf ein erträgliches Maß herabgemindert werden. Nur so kann das allenthalben sich ausbreitende Klima der Resignation abgebaut werden, die ein weit gefährlicherer Zustand ist als lautstarke Proteste, die immer noch ein Zeichen von Liebe, wenn auch von verletzter Liebe, sein können. Resignation ändert nichts, sie lähmt nur. Auch äußere und innere Emigration trägt nichts zur Veränderung bei; sie ist nur Ausdruck der Verzweiflung, Veränderungen durchzusetzen.

a. Menschliche und christliche Voraussetzungen

(1) Veränderungen werden immer ambivalent erlebt. Was den einen entlastet und ermutigt, löst bei anderen Angst und Orientierungsverlust aus. Deshalb ist das *umfassende und geduldige Gespräch* aller mit allen die erste Voraussetzung für das Gelingen langfristiger Veränderungen.

Dazu gehören ein Klima der Menschlichkeit, der Freundschaft und Brüderlichkeit, der Offenheit und Mitverantwortung; umfassende Information, allseitige Kommunikationsbereitschaft und Loyalität, Dialog- und Kooperationswilligkeit, Geduld, Innovationsfähigkeit, Mut und Zivilcourage; Phantasie, Spontaneität und Kreativität; Reflexion, Rationalität, kritischer Sinn, Erziehung zu kritischem Gehorsam und zu demokratischer Gesinnung, politische Bildung, Immunisierung gegen Manipulation und Propaganda, Kenntnis der rein triebhaften Reaktionen und anderer psychischer Mechanismen, Automatismen und

---

21 K. H. Weger, Tradition, in: SM IV, 955–965; J. Blank, Verändert Interpretation den Glauben?, in: Wort und Wahrheit 24 (1969) 3–20; W. Kasper, Glaube und Geschichte (1970) 159–186.

22 Vgl. W. D. Marsch, Institution im Übergang (1970); ferner das Themenheft »Reform der Kirche«, in: Concilium 8 (1972) 155–231, sowie den Beitrag von K. F. Daiber in diesem Band 539–553.

Barrikaden; Beherrschung der Aggressivität und des Adaptionszwanges, Beweglichkeit, Kontakt- und Anpassungsfähigkeit; Abbau von Angst und Apathie, von Ideologisierungen und Tabuisierungen, von Intoleranz und Verteufelung; Einheit in der Vielfalt statt Uniformismus und Wahrung des legitimen Freiheitsraumes. Von größter Bedeutung ist die Offenheit der Christen und ihrer Gemeinden für den Geist, der »weht, wo er will« (Joh 3, 8) und der auch in Minderheiten oder in einzelnen Propheten zu uns sprechen kann.

(2) Das gute Gelingen der fälligen Veränderungen hängt entscheidend von der *Art der Autoritätsausübung* ab.

Dazu gehören Abbau von Machtstrukturen, von monokratischen Führungsmodellen und Kastenbildungen in der Kirche seitens des Klerus, im besonderen auch der Bischöfe und aller höheren kirchlichen Amtsträger; subsidiäres Verhalten; Beschränkung der Interventionen der Autorität auf das Notwendigste statt deren Eskalation; klare Unterscheidung der lehramtlichen Entscheidungen von den hirtenamtlichen oder rein disziplinären; Nichtinanspruchnahme der Autorität Christi für bloß gesellschaftliche Ordnungsautorität, die es natürlich auch in der Kirche gibt; Transparenz in der Entscheidungsfindung; dialogischer, partnerschaftlicher, kooperativer, kollegialer Führungsstil nicht nur dort, wo man Schützenhilfe für seine Meinung braucht; Dienstgesinnung; Anerkennung der berechtigten Pluralität; Bereitschaft, Fehlentscheidungen zu revidieren, die auch in der Kirche möglich sind; Offenheit für Kritik, ohne die es selten zu wirklichen Reformen kommt.

Die Amtsträger dürfen sich nicht nur als Durchführungsgehilfen der je höheren Instanzen verstehen, sondern müssen auch Vertreter der Meinungen und Wünsche derer sein, die sie vertreten. Der Kommunikationsfluß muß darum auch von unten nach oben gehen; das Anhören und Einholen der Meinungen von unten darf nicht bloß zum Schein erfolgen[23]. Hierin gehört auch das Gespräch der Amtsträger mit der Theologie, nicht nur mit einer bestimmten theologischen Richtung.

Nur totalitäre Systeme beanspruchen für alle Entscheidungen und Befehle kritiklose »Gefügigkeit, Verbreitung und Verteidigung«, und versuchen, im Namen der Loyalität jegliche Kritik zu unterbinden und unliebsame Kritiker zu isolieren, zu verdächtigen und zu ächten. Leider kommen solche evangeliumswidrige Erscheinungen immer wieder auch in der Kirche vor. Man versucht, das freie Gespräch über durch-

---

23 Als schlimmes Beispiel aus der jüngsten Vergangenheit müssen die »Konsultationen« genannt werden, die der römischen Regelung der Erstbeicht 1973 vorangingen.

aus diskutierbare Meinungen zu verhindern und deren Vertreter zu diskriminieren, zu maßregeln, mundtot zu machen und von der weiteren Mitarbeit in kirchlichen Gremien auszuschließen, womit man sich freilich letztlich selbst bestraft.

Die kirchlichen Autoritätsträger dürfen sich schließlich, wenn sie im Geiste Jesu handeln wollen, nicht immer zunächst einmal gegen Veränderung sperren, auch längst notwendige Veränderungen so lange wie möglich verhindern oder sich nur in qualvoller Verzögerungstaktik abnötigen lassen; sie sollten vielmehr positiv zu nützlichen Veränderungen stehen, dazu ermutigen und Experimente nicht nur dulden, sondern höheren Orts auch verteidigen[24]. Das Gleichnis vom ängstlichen Knecht, der sein Talent vergräbt, statt es im Experiment für das Reich Gottes zu riskieren, wird sonst zum Gerichtswort.

b. Maßnahmen und Methoden

(1) Konkret bedarf es zunächst der möglichst objektiven *Analyse der Situation,* um die fälligen Veränderungen planen zu können. Pastorale Institute für gewisse Großräume werden unumgänglich sein, um optimale Formen für die Weitergabe des Evangeliums zu ermöglichen und Formen und Verhaltensweisen zu beseitigen, die ihr im Weg stehen.

(2) Die fälligen Veränderungen werden am besten *zunächst in kleinen Gruppen* und Basisgemeinschaften vorbereitet, erprobt und eingeübt. Solidarisierungen von gleichgesinnten Laien, Presbytern und Ordensleuten, getrennt oder gemischt, auf pfarrlicher oder überpfarrlicher Ebene, sollten darum gefördert und nicht verdächtigt und diskriminiert werden. »Untergrundkirchen«, bloß »kirchliche Gruppen«, »kritische Gemeinden« und Emigration sind keine Dauerlösung.

(3) Zum Durchsetzen der wünschenswerten oder notwendig scheinenden Veränderungen wird man sich aller sittlich einwandfreien, dem Geist Jesu entsprechenden und dem zu erreichenden Ziel proportionierten Mittel bedienen dürfen. Die *öffentliche Meinungsbildung* und der gezielte Einsatz der Kommunikationsmedien sind als durchaus legitime Mittel anzusehen. Es wäre ein kaum zu begründendes Obrigkeitsdenken, den Gebrauch solcher Mittel nur den Amtsträgern zuzubilligen oder nur von deren Zustimmung abhängig zu machen[25].

---

24 Hier fällt eine erstaunliche Standfestigkeit des Schweizerischen Episkopats auf (zB. in der Frage der Weiterverwendung laisierter Priester oder auch der Erstbeicht).

25 Wohl sollte man zunächst mit den zuständigen Amtsträgern Kontakt aufnehmen bzw. die vielleicht vorhandenen Einrichtungen benützen, wie dies auch

(4) Unter gleichen Umständen sind evolutive Methoden, der lange Weg der kleinen Schritte, dem kurzen Weg des offenen Konflikts vorzuziehen.

Dennoch können auch *offene Konflikte* in der Kirche unvermeidbar werden, wenn wichtige Güter auf dem Spiel stehen, kein anderer Weg zum Ziel zu führen scheint und der Nutzen voraussichtlich größer ist als der Schaden, der dadurch vielleicht entsteht[26]. Konflikte haben nämlich nicht nur mögliche negative Auswirkungen: stärkere Polarisierung, Verwandlung in destruktive Gewalt, Schaffung und Vertiefung von Feindschaften, die Gefahr, falsche Feinde zu treffen; sie können auch der einzige Weg zu notwendigen Veränderungen sein und überdies auch passive Menschen aufrütteln und zur Teilnahme am Entscheidungsprozeß bewegen.

Christen sollten freilich dann um *Konfliktlösungen* bemüht sein und sich dabei der Motivation, die uns das Evangelium anbietet, aber auch der Ergebnisse der modernen Konflikttheorie, der Konfliktpsychologie und -soziologie, bedienen und ihre Konfliktstrategie danach revidieren. Man wird dann Konflikte rational zu lösen versuchen; man wird den Konfliktpartner nicht verteufeln; man wird Konflikte einzugrenzen und nicht zu eskalieren trachten; man wird Zeit zu gewinnen suchen und nicht alles über Nacht lösen wollen; man wird sich der Grenzen seiner eigenen Wahrheitserkenntnis bewußt sein und vorsichtig sein im Ausspielen letzter Werte und Wahrheiten; man wird Informationen austauschen, Mißverständnisse ausräumen, die andere Position zu verstehen und die eigene zu hinterfragen versuchen, vom anderen zu lernen bereit sein und dem Partner zum mindesten guten Willen zubilligen, so lange nicht das Gegenteil erwiesen ist; man wird im Rahmen des Möglichen flexibel und zum Wandel bereit sein; man wird indirekte Lösungen direkten (durch Gewalt und Unterwerfung) vorziehen; man wird mehrere Wege zur Konfliktaustra-

---

das Vatikanum II empfiehlt (Kirchenkonstitution, n. 37). Wenn aber dies nicht zum Ziel führt und die Sache eine entsprechende Bedeutung hat, kann es nicht verwehrt sein, sich für notwendig scheinende Veränderungen auch der Hilfe von Gesinnungsgenossen zu versichern und sich dafür auch in aller Öffentlichkeit und mit den hier üblichen Mitteln einzusetzen. Die vehemente Reaktion der kirchlichen Autoritäten auf den Appell, den 33 Theologen aus aller Welt im April 1972 »wider die Resignation« gerichtet hatten, hat freilich gezeigt, wie wenig bisher die Öffentlichkeit als Ort der Konfliktbewältigung akzeptiert wird. Vgl. Kathpress v. 27. 3. 1972, n. 72, 1 f.; v. 28. 3. 1972, n. 99, 5 f.; v. 29. 3. 1972, n. 74, Beilage 1 f.; v. 2. 5. 1972, n. 101, 5; v. 5. 5. 1972, n. 104, 5; v. 16. 5. 1972, n. 112, 5; v. 18. 5. 1972, n. 114, 5; Kathpress – Informationsdienst v. 28. 3. 1972, n. 179, 1–4.

26 Exemplarisch mag hier das Konfliktverhalten (und das dahinterstehende Kirchenbild) eines Ignatius v. Loyola sein; vgl. R. Schwager, Das dramatische Kirchenverständnis bei Ignatius von Loyola (1970).

gung und -bewältigung anwenden und sich nicht nur auf einen verlassen; man wird durch Einschalten Dritter den üblichen Zweierkonflikt zu einer Dreierstruktur aufbrechen und so mehrdimensional machen[27].

Die Christen müssen lernen, auch in der Kirche *mit Konflikten zu leben:* mit Konflikten unter Christen und christlichen Gruppen, unter Theologen, zwischen Theologen und Lehramt, zwischen Charisma und Amt, zwischen Gemeinden und ihren Amtsträgern. Christen sollten sich sogar bemühen, Modelle christlicher Konfliktbewältigung zu entwickeln. Daß sich derzeit die Konflikte in der Kirche und das Unbehagen darüber, wie sie gelöst werden, so mehren, ist freilich ein Zeichen dafür, daß das Christentum weithin nicht mehr als Programm der Veränderung akzeptiert wird.

Wenn man Religion nur als konservierende, eine Urzeit durch ihre Riten heraufbeschwörende oder den gesellschaftlichen Status quo erhaltende Kraft versteht, ist das Christentum keine Religion. Es kennt nur *eine* verbindliche Erinnerung, die an Jesus von Nazareth; aber diese weist selbst nach vorne und drängt in dem der Gemeinde gegenwärtigen Geist nach permanenter Erneuerung, nach Veränderung auf die Zukunft hin, die Gott selbst ist, der spricht: »Siehe, ich mache alles neu« (Apk 21, 5).

27 Vgl. W. L. Bühl (Hg.), Konflikt und Konfliktstrategie (1972); I. Hermann, Die Christen und ihre Konflikte (1970); ders., Konflikte in der Kirche und Probleme ihrer Lösung, in: Macht, Dienst, Herrschaft in Kirche und Gesellschaft, hg. von W. Weber (1974) 174–192; W. Simpfendörfer, in: K. F. Daiber / W. Simpfendörfer (Hg.), Kirche in der Region (1970) 149–189.

5 | 3 Karl-Wilhelm Dahm
Das Experiment in der Praxis der Kirche und seine empirische Überprüfung

Der Begriff »Experiment« wird in der »Praxis der Kirche« etwa seit Mitte der sechziger Jahre häufig – und in vielfältiger Bedeutung verwendet. Meist steht er im Zusammenhang von Kirchenreform, von Kritik und Veränderungswillen. »Experimentieren« bedeutet dann gewöhnlich (ähnlich wie in der Umgangssprache) »Ausprobieren«[1]; bestehende Bedingungen sollen probeweise oder definitiv verändert werden. In diesen unscharfen Sprachgebrauch von Experiment mischen sich Bedeutungen wie Modell, Projekt, Versuch, Strukturelle Reform, Planung usw. Nur selten aber geht es, wenn von Experiment die Rede ist, um eine Versuchsanordnung im streng wissenschaftlichen Sinn; also darum, die Bedingungen und Variablen der Untersuchungsgegenstände genau zu identifizieren, zu kontrollieren und das Ergebnis gründlich mit Programm und Hypothesen zu vergleichen. Schon im Sprachgebrauch wird demnach eine Spannung erkennbar zwischen kirchenreformerischer Experimentierfreudigkeit einerseits und dem Defizit an wissenschaftlicher Überprüfung andererseits. Diese Spannung soll im ersten Teil der folgenden Erörterung problematisiert werden. Dabei ist zuerst den Gründen für das zunehmende Interesse an »Experimenten« nachzugehen; danach ist das Überprüfungsdefizit auf seine Gründe und auf die Chancen seiner Überwindung zu befragen. – In einem zweiten Teil soll exemplarisch gezeigt werden, welche Experimente langfristig für die kirchliche Praxis besonders wichtig zu sein scheinen und wie diese Experimente empirisch überprüft werden können.

1. *Experimente zwischen reformerischer Motivation und Überprüfungsdefizit*

In den traditionellen Lehren und Reflexionen über die Kirche kommt das Wort Experiment nicht vor. Man sucht es vergeblich in den Registern der großen Theologischen Handwörterbücher; es findet sich

1 Zu Begriff und Verwendung von »Experiment« vgl. J. Friedrichs, Methoden empirischer Sozialforschung (1973) 333 ff. Sowie R. Mayntz u.a., Einführung in die Methoden der empirischen Soziologie ([2]1971) 168 ff.

auch nicht in den Lehrbüchern der Praktischen Theologie. Und mit dem Wort Experiment fehlt der damit umschriebene Sachverhalt, fehlt weithin schon der Gedanke, daß kirchliche Handlungsformen veränderbar seien. Zwar wurde zu allen Zeiten (wenn auch jeweils in unterschiedlicher Intensität) der theologische Grundsatz »ecclesia semper reformanda« behauptet und erörtert. Doch betraf das eher die Inhalte der Verkündigung, die Kirchenordnung oder das Staatskirchenrecht als die Arbeitsformen der parochialen Praxis; »semper reformanda« wurde nur selten auf Gottesdienst, Predigtform, Unterricht, Seelsorge oder Gemeindearbeit bezogen. Gerade diese Aktivitäten des parochialen Gemeindelebens aber stellten und stellen auch heute die ganz überwältigende Masse dessen dar, was man als kirchliche Praxis empirisch fassen kann.

Das alles änderte sich beinahe schlagartig seit der Mitte der 60er Jahre; offensichtlich im Zusammenhang mit jenem tiefgreifenden gesellschaftlichen Prozeß, der gewöhnlich abgekürzt mit dem Stichwort »Studentenbewegung« gekennzeichnet wird, der aber wohl als eine Art Kulturrevolution zu begreifen ist. In allen gesellschaftlichen Bereichen bestimmen jetzt Worte wie Kritik, Reform, Veränderung, Innovation zunehmend die Diskussionen und langsam auch die Handlungsmaximen; in der Politik ebenso wie in Universität und Kirche. Überall wird das Gegebene unter dem Gesichtspunkt von besseren Möglichkeiten hinterfragt, werden Experimente der Veränderung gestartet. In den theologischen Publikationen, in Zeitschriftenaufsätzen und Buchtiteln kommen immer häufiger Worte wie Kirchenreform, empirisch-kritische Theologie, Strukturwandel und dann auch Experiment vor. – Im Sachregister des 1970 herausgekommenen »Praktisch-Theologischen Handbuches« finden sich für Experiment insgesamt fünf Hinweise; und zwar auf so verschiedene Sachartikel wie Abendmahl, Pädagogik, Kirche, Kirchenbau und Kirchenmusik[2].

Hier wird exemplarisch deutlich, daß inzwischen fast alle Bereiche der kirchlichen Praxis von den Reformbestrebungen erfaßt sind. Überall wird »experimentiert«; hier mit großem Engagement, dort wenigstens in der Bereitschaft, neue Formen zu erproben. Doch bleibt es fast immer und fast überall bei Experimenten im Sinne des Ausprobierens. Die für eine längerfristige und tiefergreifende Veränderungspolitik notwendigen Experimente im Sinne einer überprüfbaren Versuchsanordnung finden kaum oder gar nicht statt. Wenn es daher um eine längerfristige Strategie kirchlichen Handelns geht, wird man gründlicher zu untersuchen haben, worin dieses Überprüfungsdefizit begründet sein könnte.

2 Vgl. PTH, Sachregister.

a. Wo von Reform und Experiment die Rede ist, stellt sich implizit sofort die Frage nach den entsprechenden *Zielen:* woraufhin soll reformiert und experimentiert werden? Der Verlauf der seit 1965 ausgetragenen Grundsatzdiskussion zeigt, daß es um ganz verschiedenartige, ja gegensätzliche theologische und gesellschaftstheoretische Leitvorstellungen geht. Im Kirchenverständnis beispielsweise konkurrieren und vermengen sich Vorstellungen von einer »gesellschaftskritischen Avantgarde«, von einer Dienstleistungsorganisation für »Kontingenzbewältigung«, für »Sinnfragen« und für »emotionale Zuwendung«, von einer überweltlichen Heilsanstalt, von einem Aktionsraum für emanzipatorische Sozialisation, von Volkskirche und von Freikirche[3].

Darüber hinaus verzichten zahlreiche reformerische Ansätze ganz auf eine ausdrückliche Festlegung von Zielen; teils weil es ihnen darum geht, daß überhaupt etwas in Bewegung kommt und man sich nicht in theoretischen Streitereien festfährt; teils vielleicht auch, weil pragmatischer Handlungsdruck stärker ist als der Wunsch nach theoretischer Klarheit. Dabei kann es allerdings durchaus passieren, daß man mal in Richtung dieser, mal in Richtung der entgegengesetzten Zielvorstellung agiert. In dieser Verschiedenheit von Zielvorstellungen und von Zielklarheit liegt zweifellos eine erste Ursache für die Schwierigkeit, vergleichbare Überprüfungskriterien und -methoden zu gewinnen.

Doch zeichnet sich im letzten Jahrzehnt deutlich eine bestimmte Entwicklung ab: trotz weiterbestehender gravierender Differenzen im kirchentheoretischen Ansatz hat das gemeinsame Interesse an empirischen Analysen und Reformversuchen erheblich zugenommen. Offensichtlich haben sich gewichtige Akzente in der Debatte über Kirchenreform von der Ebene ekklesiologischer Spekulationen und Postulate auf die Ebenen des praktischen kirchlichen Handelns verschoben. Man ist weithin bereit auch zu überprüfbaren Versuchsanordnungen. Doch kompensiert diese Bereitschaft noch keineswegs die Verlegenheiten, die sich aus der Unklarheit oder Widersprüchlichkeit der Ziele für ein solches Experiment ergeben. Die Schwierigkeiten wandern gewissermaßen aus der Personengruppe derer, die die theoretische Diskussion

3 Wichtige Entwicklungslinien der Grundsatzdiskussion im protestantischen Bereich spiegeln sich in der Reihenfolge folgender Publikationen: D. Sölle / H. J. Margull / J. Rau / P. Krusche, Kölner Vorträge zur Kirchenreform (1965); W. Herrmann, Empirisch-kritische Theologie, in: WPKG 57 (1968) 534 ff.; W. Simpfendörfer (Hg.), Die Gemeinde vor der Tagesordnung der Welt (1968); K. W. Dahm, Reform und Realität, in: WPKG 58 (1969) 297 ff.; W.D. Marsch, Institution im Übergang (1970); E. Amelung (Hg.), Strukturwandel der Frömmigkeit (1972); K. F. Daiber, Volkskirche im Wandel (1973).

über kirchliche Ziele führen, in die Gruppe derer, die ein »Experiment« im strengen Sinn wissenschaftlich organisieren sollen.

b. Mindestens verstärkt, vielleicht aber auch mitbegründet wird die Zielproblematik durch jenes komplizierte Bündel von Schwierigkeiten, das mit der *empirischen Überprüfbarkeit theologischer Grundaussagen* zusammenhängt. Auch bei explizit erklärter Bereitschaft der Reformer zu kritischer Überprüfung ihrer Versuche erwies es sich, daß theologisch formulierte Ziele und Teilschritte sich in ihrer »eigentlichen« Absicht der empirischen Überprüfbarkeit gewöhnlich entziehen. Die meisten der zentralen theologischen Aussagen, etwa Theologumena wie Offenbarung, Wort Gottes, Unverfügbarkeit, »Haben als hätte man nicht« usw. haben ja geradezu ihre theologische Spitze darin, nicht von weltlicher, also von menschlicher Beurteilung oder Leistung abhängig zu sein. Beinahe selbstverständlich geht darum ein Christ davon aus, daß Glaube nicht meßbar und verrechenbar sei. Auch das Verkündigungshandeln der Kirche, soweit es auf Glauben zielt, sei demgemäß empirisch nicht überprüfbar.

Man hat versucht, die sich daraus ergebenden Schwierigkeiten für die rationale Planung so zu umgehen, daß man die theologisch formulierten Absichten in sozialwissenschaftliche Begrifflichkeit transferierte. Beispielsweise hat man aus dem inhaltlichen Syndrom des Wortes »Verkündigung« den Aspekt der »interpersonalen Beeinflussung« heraus isoliert und etwa die *Predigt* auf ihre Wirkung bei den Predigthörern (Veränderung, Bestätigung, Tröstung usw.) hin überprüft[4]. Doch erwies sich bald, daß theologische Kategorien eben nicht nahtlos in sozialwissenschaftlich-empirische überführt werden können. Im Zusammenhang der Predigtuntersuchungen wurde gerade von den Betroffenen, Predigern wie Hörern, bemängelt, daß das, was als »Heiliger Geist« bezeichnet wird, nicht angemessen erfaßt sei. »Heiliger Geist« aber sei für sie von entscheidender Bedeutung im gesamten Predigtvorgang.

Ein anderes, im Zusammenhang der Vikarausbildung diskutiertes Beispiel ist die Frage, ob das Wort *Glauben* in der sozialwissenschaftlichen Kategorie »Befähigung zur Lebensbewältigung« angemessen wiederzugeben ist[5]. Die Kategorie »Befähigung« ließe sich ja in Oberziele und Teilziele gliedern und empirisch überprüfen. Wiederum aber lautet die Frage der Betroffenen, ob in einer solchen Übersetzung von Glauben nicht das »Eigentliche«, das »Unverfügbare« verlorengeht.

Wenn also Wirkungen der Predigt oder von Glaubensformen des Alltags überprüft werden sollen, muß der Empiriker damit rechnen,

4 Vgl. K. W. Dahm, Hören und Verstehen, in: Beruf: Pfarrer ([2]1972) 218–264.
5 Vgl. Ziele für die Vikarausbildung; epd.-Dokumentation 1973, Nr. 27.

daß möglicherweise seine Auftraggeber selbst in den verwendeten Kategorien ihre eigene Identität nicht wiederentdecken und darum die Untersuchungsergebnisse als sachfremd ansehen und vielleicht sogar ablehnen.

c. Neben der Widersprüchlichkeit theologischer Zielvorstellungen und neben den Verlegenheiten, theologische Grundauffassungen angemessen in empirisch überprüfbare Einstellungen und Verhaltensweisen zu transferieren, kann endlich ein drittes Bündel von Schwierigkeiten ausgegrenzt werden, das das Defizit von Experimenten im Sinne wissenschaftlich überprüfbarer Versuchsanordnungen erklären zu helfen vermag: nämlich die *Verflechtung* von mehreren und meist *verschiedenartigen* oder gegensätzlichen *Teilzielen (Teilfunktionen)* in den hauptsächlichen Handlungsformen der kirchlichen Praxis. Geht man wiederum vom Beispiel Predigt aus, so kann es, funktional betrachtet, sowohl um die Vergewisserung des eigenen Glaubens als auch um Evangelisation im Sinne von Missionierung, um die theologische Explikation von Sinnfragen, um meditative Formen der Selbstbesinnung oder um ethische Herausforderungen gehen.

Fast jede dieser Teilfunktionen verlangt aber, um empirisch auf ihre Wirkung überprüft zu werden, eine andere Versuchsanordnung. Die Schwierigkeit für den Sozialwissenschaftler, der die Versuchsanordnung organisieren soll, wird dadurch noch vergrößert, daß die unterschiedlichen Teilfunktionen, besonders deutlich im Falle der Predigt, von vielen Theologen absichtlich, paradox oder antinomisch, ineinander verschränkt werden.

Wie im Falle der Predigt sind auch in der konventionellen Gestalt des Sonntagsgottesdienstes unterschiedliche Teilfunktionen spannungsreich miteinander verbunden. Schon in der Motivation zum Gottesdienstbesuch lassen sich ja unterschiedliche Interessen unterscheiden: bei dem einen ist es der Wunsch nach individueller Erbauung, bei dem anderen der nach Gemeinschaftserfahrung oder nach sozialen Kontakten, bei dem dritten der nach theoretisch-theologischer Anregung, oder die Freude an alter (oder moderner) Orgelmusik; schließlich kann es die soziale Kontrolle des Heimatdorfes sein, die zum Kirchgang »motiviert«.

In empirischen Versuchsanordnungen lassen sich zwar diese Teilfunktionen voneinander isolieren und läßt sich überprüfen, welche neue Gottesdienstgestalt diesem und welche jenem Interesse am ehesten entspricht; dies ist bisher auch mehr oder minder gründlich geschehen und hat zur Einrichtung von speziellen Gottesdienstformen für bestimmte Zielgruppen (Jugendgottesdienste, Familiengottesdienste usw.) geführt.

Daß die zahllosen Experimente mit »Gottesdiensten in neuer Gestalt«[6] trotzdem nicht zur durchgreifenden Neugestaltung des konventionellen Sonntagsgottesdienstes geführt haben, dürfte zum guten Teil mit eben dieser Mehrfunktionalität zusammenhängen, die in den Gottesdienstvorstellungen der kirchlichen Bevölkerung eingelebt und offenbar so schnell nicht durch ein vielfältiges Angebot unterschiedlicher Gottesdienstformen zu ersetzen ist.

Endlich scheint auch das Ergebnis der vielfältigen Impulse zur Reform des Pfarrerberufes im Sinne einer stärkeren Spezialisierung in Ausbildung und Aufgabenfeld (beispielsweise in der Unterscheidung von seelsorgerlichen, pädagogischen und homiletischen Funktionen) dieses Problem der Mehrfunktionalität kirchlicher Handlungsformen widerzuspiegeln. Denn auch diese Versuche erreichen ihre Grenze, wo die Gemeindeglieder eben jene Verklammerung verschiedener Teilfunktionen erwarten, die seit Jahrhunderten das besondere Profil des Pfarrerberufes ausmacht[7].

Der tatsächlichen Entwicklung von Reformversuchen im Bereich dieser mehrfunktionalen kirchlichen Handlungsformen entspricht auf anderer Ebene wiederum die grundsätzliche Schwierigkeit, für solche komplexen Handlungsformen wissenschaftlich überprüfbare Versuchsanordnungen zu organisieren. In einem solchen Experiment müssen, wie erwähnt, die Teilziele und Teilfaktoren ja entweder je für sich überprüft werden oder untereinander mindestens »stimmig« sein; ein unausgeglichenes oder widersprüchliches Verhältnis der Teilfunktionen erschwert die Versuchsanordnung erheblich oder macht sie unmöglich.

Es dürften vor allem diese drei Schwierigkeitskomplexe sein, also die Widersprüchlichkeit theologischer Ziele, die Überprüfungsproblematik theologisch formulierter Verhaltenskategorien und die spannungsreiche Mehrfunktionalität kirchlicher Handlungsformen, bei denen die tieferen Ursachen für das Defizit wissenschaftlich durchgeführter Experimente im Felde kirchlicher Praxis zu suchen sind. Diese Schwierigkeitskomplexe sind, das ist deutlich zu erkennen, keineswegs leicht wegzuarbeiten. Die Anordnung und Durchführung von Experimenten im Sinne empirischer Überprüfung dürfte darum auch auf absehbare Zukunft schwierig bleiben. Vielleicht ist es nicht selten die nüchterne Einsicht in diese Schwierigkeiten, die dazu führt, die eigene reformerische Energie auf Experimente im Sinne pragmatischen Ausprobierens zu legen. – Wichtige Beispiele dieses Ausprobierens sollen im zweiten Teil der vorliegenden Erörterung skizziert werden.

6 G. Schnath (Hg.); Fantasie für Gott, Gottesdienste in neuer Gestalt ([2]1965).

7 Vgl. zuletzt: H. Hild (Hg.), Wie stabil ist die Kirche? (1974) 275–283. Zum Gesamtproblem: K. W. Dahm, Beruf: Pfarrer ([2]1972).

2. *Ausprobieren von Veränderung*

Da die Fülle von Versuchen hier nicht quantitativ erfaßt und erörtert werden kann, soll als Maßstab einer exemplarischen Betrachtung die Frage gelten, welche Art von Experimenten und welche Experimentierfelder die Praxis der Kirche langfristig voraussichtlich am stärksten beeinflussen oder verändern werden.

a. Die Berufssozialisation der Pfarrer als Großversuch

Kirchliche Reformen scheinen, zumindest was die gegenwärtige Lage der abendländischen Christenheit betrifft, sehr eng mit Struktur und Funktion des Pfarrerberufes zusammenzuhängen, ja weithin von Veränderungen der pfarramtlichen Berufspraxis geradezu abhängig zu sein. Jedenfalls verweisen alle empirischen Untersuchungen über die Einstellung der Bevölkerung zur Kirche, über ihre Verbundenheit mit und über ihre Orientierung in der Kirche auf die Schlüsselgestalt des Pfarrers[8].

Veränderungen der pfarramtlichen Praxis wiederum hängen wesentlich ab von der Berufsauffassung, den beruflichen Fähigkeiten und damit von der Berufssozialisation der Pfarrer. Zu dieser Berufssozialisation gehören Kindheits- und Jugendeindrücke ebenso wie Studium, Vikariat und die erste Begegnung mit einer eigenen Gemeinde. Unter den verschiedenen Stadien scheint für die praktische Gestaltung des eigenen Berufsalltags die sogenannte zweite Ausbildungsphase (Vikariat, Predigerseminar) besonders wichtig zu sein: einerseits müssen jetzt die sozusagen handwerklichen Fähigkeiten, eine Predigt oder eine Unterrichtsstunde zu halten, in oft mühsamer Kleinarbeit eingeübt werden; andererseits geht es darum, die aus dem Studium mitgebrachten theologischen und politischen Impulse mit den Möglichkeiten der kirchlichen Handlungsfelder zu vermitteln; in beiden Fällen spielt das Kollektiv eines etwa gleichaltrigen Kandidatenkurses für die langsame Veränderung der eigenen Vorstellungen eine unerhört wichtige Rolle. In dieser zweiten Ausbildungsphase nun sind seit 1965 die Experimente und Reformen so zahlreich und intensiv vorangetrieben worden wie in keinem anderen Sektor der kirchlichen Arbeit[9].

Die Impulse dazu gingen vor allem von Studenten und Vikaren

8 Vgl. Hild, 275–283.

9 Vgl. Reform der theologischen Ausbildung VII, 32 ff.; K. W. Dahm, Der kirchliche Vorbereitungsdienst, in: Amelung, 276–283.

selbst aus. Die von der Studentenbewegung geprägten Jahrgänge forderten schon prinzipiell eine größere Nähe zur Praxis und eine stärkere Demokratisierung des Bildungsbereiches; dieses Postulat wurde von den Theologen noch verstärkt, weil sie ihre vorwiegend historisch-kritische Ausbildung als unzureichend für die Praxisbedürfnisse eines Pfarrers in der gegenwärtigen gesellschaftlichen Situation empfanden. Im übrigen konnten die Landeskirchen als Träger der zweiten Ausbildungsphase auf Reformvorschläge und Experimente weit flexibler reagieren als etwa die theologischen Fachbereiche der Universitäten mit ihren fachspezifisch festgeschriebenen Lehrstühlen.

Um der von allen Seiten geforderten engeren Verzahnung zwischen Theorie und Praxis näher zu kommen, wurden in allen Landeskirchen zuerst die zeitlichen Rhythmen zwischen den beiden, früher jeweils mehrere Monate andauernden Hauptabschnitten verändert: durch kurze und flexible Phasenwechsel zwischen den Arbeitswochen in der Praktikumsgemeinde und denen im Studienseminar sollten Erfahrungen der parochialen Praxis ganz unmittelbar mit den Möglichkeiten einer theoretischen Verarbeitung im Seminar verknüpft werden.

Diese zeitorganisatorischen Maßnahmen können auf den ersten Blick als zweitrangig und unbedeutend für Kirchenreform empfunden werden; doch manifestiert sich in ihnen schon bald (und deutlicher als in anderen Reformversuchen), daß das Ausprobieren der besten Möglichkeit, daß also gewissermaßen experimentelles Denken selbst sich zum Prinzip der Ausbildungsorganisation entwickelt. Diese Entwicklung wurde dadurch gefördert, daß wenigstens im Bereich der Zeiteinteilung unmittelbare Rückmeldungen durch alle Beteiligten (Vikare, Lehrpfarrer in der Gemeinde und Seminardozenten) möglich waren und auch massiv vorgenommen wurden.

Der Grundzug einer auf experimentelles Handeln gerichteten Arbeitsmentalität wurde ganz wesentlich verstärkt durch in dieser Zeit rapide anwachsende Verwendung von Arbeitsmethoden der empirischen Wissenschaften. Vor allem war es die Curriculum-Theorie[10], die in Lernzielformulierungen und in der Operationalisierung sowohl ganzer Ausbildungsabschnitte als auch einzelner Projektaufgaben ein empirisch-experimentelles Denken nötig machte. Daneben war es die sogenannte Klinische Seelsorgeausbildung (Clinical Pastoral Training), deren enger Verbund von Praxisversuch, Supervision und Theoriebildung durch »learning by doing« einen induktiven, an Feedback

10 Dazu H. Rück, Die Revision der Curricula im Fach Religion, in: WPKG 62 (1973) 417–433.

orientierten, also regelkreisähnlichen Arbeitsstil einzuüben und zu internalisieren half.

Solche induktiven Arbeitsformen, die etwa durch Begriffe wie »Versuch und Irrtum«, »offenes Curriculum« und »koordiniertes Suchen« umschrieben werden, bleiben zweifellos in ihrer Wirkung nicht auf die Arbeitsmethodik und Experimentierfreudigkeit begrenzt; sondern sie strahlen auch auf die sogenannten inhaltlichen Aspekte der pfarramtlichen Berufsauffassung aus. Kategorien des Suchens und Ausprobierens stehen aber auf den ersten Blick in einem deutlichen Spannungsverhältnis, für viele sogar in einem ausgesprochenen Gegensatz zu den theologisch bislang dominierenden Kategorien wie Antwort, Offenbarung, Dogma, Gehorsam usw. So könnte es sein, daß durch die Verstärkung einer experimentellen Arbeitsmentalität unter den Vikaren auch eine bestimmte theologische Tendenz verstärkt wird, die übrigens im ökumenischen Prozeß der christlichen Theologie an vielen Stellen beobachtet werden kann; nämlich eine Verlagerung theologischer Ansätze und Schwerpunkte: Jesus als der suchende, mit den Schwachen und Ausgestoßenen solidarische, am Kreuz scheiternde Mensch; die Rechtfertigung durch Gott als Urbild von Annahme der Menschen untereinander; der Glaube als ein »Sich-Einlassen« auf neue Möglichkeiten (auf »Experimente«); die Eschatologie als offene Zukunft und Hoffnung auf eine bessere Welt . . ., – das alles tritt mehr in den Vordergrund der theologischen Interessen von Vikaren und jungen Pfarrern; anderes, etwa die Metaphysik von Sünde und Erlösung oder die als repressiv und autoritär empfundenen konventionellen Gottesvorstellungen, treten an Bedeutung zurück. Noch ist freilich nicht abzusehen, ob sich in alledem tatsächlich, wie viele meinen, ein neues Profil des christlichen Glaubens entwickelt; vielleicht eine Veränderung von ähnlicher Bedeutung, wie sie vor fast 500 Jahren die Reformation hatte.

Jedenfalls aber stellen sich die fundamentalen Veränderungen und Experimente in der Berufssozialisation von Vikaren und Pfarrern als ein Großversuch dar, der von allen gegenwärtig durchgeführten kirchlichen Experimenten die »Praxis der Kirche« langfristig am meisten verändern wird. Um so wichtiger erscheint es, das Ausprobieren in diesem Bereich empirisch zu überprüfen. Abgesehen von den unmittelbaren Rückmeldungen, etwa durch betroffene Lehrpfarrer und Gemeinden, die natürlich über zeitorganisatorische Anlässe hinaus auch theologisch-inhaltliche Fragen (vor allem die politische Thematik) umfassen, ist eine gründlichere Untersuchung über die Berufssozialisation eines ganzen Kandidatenkurses bisher nur einmal in Angriff genommen worden: Der fast zweijährige Ausbildungsprozeß des »F-Kurs« am Theologischen Seminar Herborn wurde unter verschiedenen Aspekten empirisch untersucht; besonders wichtig waren dabei die in bestimmten Zeitabständen durchgeführten insgesamt 20 Befragungen jedes Kandidaten und der Dozenten[11].

Trotzdem kann bei den bisher vorgelegten und zu erwartenden Ergebnissen noch nicht von exakten Lernzielkontrollen gesprochen werden; dazu ist das Untersuchungsfeld zu komplex. Doch haben sich u. a. wichtige Ergebnisse in Hinsicht auf die Frage ergeben, wie die Überprüfung eines Ausbildungsexperimentes überhaupt wissenschaftlich operationalisiert werden kann. Im übrigen gründen sich auch die hier vorgetragenen Thesen über die zentrale Bedeutung der zweiten Ausbildungsphase für die Berufssozialisation und über die zunehmende Bedeutung von experimentellem Denken in Bewußtsein und Handlungsform der Kandidaten nicht zuletzt auf die inzwischen zugänglichen Teilergebnisse dieser Untersuchung.

b. Experimentierfeld Konfirmandenunterricht als Beispiel

Nach allem, was wir über die religiöse und besonders die kirchliche Sozialisation der protestantischen Bevölkerung durch Umfragen wissen, spielt in der Reihe der verschiedenen Sozialisationsagenturen (Familie, Kindergottesdienst, Religionsunterricht usw.) der Konfirmandenunterricht insofern eine besondere Rolle, als hier das Kind zum ersten und oft einzigen Mal mit dem Eigenleben der Institution auf seinen verschiedenen Handlungsebenen (Gottesdienst, Lehre, Freizeit, Diakonie, Person des Pfarrers usw.) vertraut gemacht, ja in dessen Vollzug mit hineingenommen wird. In der Regel wird gerade durch die Erfahrungen im Konfirmandenunterricht eine Einstellung gewonnen und internalisiert, die oft für ein ganzes Leben das Verhältnis des Protestanten zu seiner Kirche prägt[12].

Es entspricht dieser Bedeutung des Konfirmandenunterrichts, wenn, vielleicht neben dem Bereich Gottesdienst[13], hier die meisten und vielleicht auch folgenreichsten Experimente im Sinne von Ausprobieren in der Praxis der Kirche durchgeführt wurden[14]. Sucht man diese »Ex-

---

11 K. Martin, Zwischenbericht über die Beobachtung des F-Kurses, in: Ansätze. Zeitschrift des Theol. Seminars Herborn 3 (1972) 41–55; K. Martin, Codebuch zur Beobachtung des F-Kurses, einschließlich der Basisdaten, Theol. Seminar Herborn (1974). Weitere Veröffentlichungen zu dieser Untersuchung sind in Vorbereitung.

12 Vgl. Hild, 149–162.

13 Aus der schon umfangreichen Literatur über Gottesdienst-Experimente seien erwähnt: D. Trautwein, Lernprozeß Gottesdienst (1972) und G. Kugler, Familiengottesdienste ([2]1972).

14 Dazu ausführlich: K. Dienst, Moderne Formen des Konfirmandenunterrichts (1973) – Ferner: C. Bäumler, Der Nachwuchs der Volkskirche, in: ThPr 8 (1973) 230–242; W. Neidhart, Konfirmandenunterricht in der Volkskirche (1964).

perimente« zu ordnen, dann fällt sofort wiederum die Vielfalt und Gegensätzlichkeit der reformerischen Konzeptionen auf: Die einen wollen die theologischen Normen im Sinne der dogmatischen Bekenntnisse verschärfen; andere wollen die Kinder gerade im Wege einer kritischen Auseinandersetzung mit der dogmatischen Tradition und der empirischen Kirche an die Dimension des Glaubens heranführen; wieder anderen geht es hauptsächlich um eine Vermittlung von Impulsen aus einer politischen Theologie oder einer politisch-emanzipatorischen Pädagogik; viele orientieren sich in erster Linie an den konkreten (etwa pubertätsbezogenen) Lebensproblemen der Konfirmanden und versuchen, diese u. a. mit Hilfe gruppendynamischer Verfahren, etwa als »soziotherapeutischer Interaktion«[15] aufzuarbeiten.

Wiederum fällt auch auf, daß bei den meisten Reformern eine hohe und oft konstitutiv für die eigene Konzeption geäußerte Bereitschaft zur Überprüfung ihrer Experimente, zur »Revision« und »Erfolgskontrolle« besteht. Fast in jedem Jahresplan und fast in jedem Unterrichtsentwurf ist eine »Überprüfung« vorgesehen. Diese Absicht wird, was die einzelne Unterrichtsstunde betrifft, sicher häufig und auf verschiedene Weise wenigstens ansatzweise zu verwirklichen versucht: etwa im Wege eines Reihum-Feedback durch die Konfirmanden (»was hat Dir heute gefallen«, »was war heute schlecht«, »was hat's gebracht?«) oder eines fachlichen Feedback durch den Kollegen aus dem Vikarsteam oder dem Pfarrerteam.

Schwieriger ist es, eine echte Erfolgskontrolle über längere Unterrichtseinheiten oder über die ganze Konfirmandenzeit zu gewinnen; u. a. schon deshalb, weil kaum Klarheit und Übereinstimmung über die »Kriterien des Erfolgs« besteht. So werden zumindest unter den ehemaligen Konfirmanden selbst andere Erfolgskriterien angelegt als in den kirchlichen Zielvorstellungen: Durch Umfragen ergibt sich durchweg, daß deutliche Mehrheiten der Protestanten zwar recht gute persönliche Erinnerungen an ihre eigene Konfirmandenzeit haben, daß dieser Unterricht ihnen aber in ihren damaligen Fragen und Nöten eigentlich nicht geholfen, daß man vielmehr »nur« Liedertexte und Bibelsprüche auswendig gelernt habe, und daß an der im engeren Sinn religiös-theologischen Thematik meist nur eine Minorität interessiert war.

Der überwiegend positive Gesamteindruck gründet sich hauptsächlich auf die persönlichen Kontakte innerhalb der Gruppe und mit dem

---

15 Dazu vor allem die Arbeiten von D. Stoodt, besonders: Die Praxis der Interaktion, in: Der Evang. Erzieher 23 (1971) 1–10; Konfirmandenunterricht als kirchliche Sozialisationsbegleitung, in: WPKG 62 (1973) 375–389.

Pfarrer: besonders auf Freizeiten, Wochenendfahrten und gemeinsame (etwa karitative) Aktionen[16].

Diese Ergebnisse von »Erfolgskontrollen« haben vielfach dazu geführt, in den »neuen Formen« des Konfirmandenunterrichts gerade die gemeinschaftsbildenden und gruppenpädagogischen Elemente stark zu akzentuieren; bei politisch engagierten Pfarrern geschieht das oft in Verbindung mit sozialkritischen oder politisch-emanzipatorischen Unterrichtsinhalten[17]. Rückmeldungen gerade in diesem Bereich zeigen jedoch, daß sozialkritische Themen (Autoritätsprobleme in Familie und Schule, Drogen, Sexualität usw.) bei den Konfirmanden leicht zu einem Eindruck von Überfütterung führen, weil ähnliche Themen von aufgeschlossenen Lehrern in der Schule ebenfalls behandelt werden.

Eine ganz andere Art von Reaktionen werden in letzter Zeit von Eltern und Kirchenvorstehern berichtet: man befürchtet die Zerstörung von Autorität, die Aufhetzung der Kinder untereinander und gegen die eigenen Eltern, eine linke Indoktrination und insgesamt die Verkehrung des Evangeliums in eine politische Heilslehre.

Derartige Rückmeldungen auf »Experimente im Konfirmandenunterricht« können leicht zu Resignation oder Verstockung derjenigen führen, die das Experiment entworfen und durchgeführt haben; nicht selten wird berichtet, daß junge Pfarrer zwei bis drei Jahrgänge hindurch ihre Experimente durchzuführen versucht und dann angesichts zunehmender Widerstände auf konventionellere Formen zurückgegriffen hätten. Eine kritische Überprüfung des eigenen Ausprobierens neuer Formen kann jedoch auch zu fruchtbarer Selbstkritik führen; etwa zu der Einsicht, daß wichtige Variablen (im Falle des Konfirmandenunterrichtes beispielsweise eine parallel geschaltete Arbeit mit Eltern oder Kirchenvorstehern) nicht genügend berücksichtigt wurden. Gerade ein kritisches Ergebnis bei der Überprüfung des eigenen Experimentes kann so zum Impuls einer neuen Versuchsanordnung im Sinne der angestrebten Ziele werden.

---

16 Vgl. Hild, 152–162. Zu ähnlichen Ergebnissen kommen: R. Müller, Umfrage über Konfirmation und Kirche; W. Ramseier, Tendenzen des Konfirmandenunterrichts; W. Neidhart, Erfolgskontrollen im Konfirmandenunterricht; alle Aufsätze in ThPr 8 (1973) 258–285.

17 Vgl. die »Problemskizze eines Jahres mit Konfirmanden«, von H. G. Berg ua., Konfirmandenunterricht als Jugendarbeit, in: WPKG 61 (1972) 245–258.

5|4 Wilhelm Zauner
Prioritätensetzung in der pastoralen Praxis

1. Das theologische Problem

Mehr denn je müssen heute für die Tätigkeit der Kirche auf allen Ebenen Pläne erstellt werden: die Aufgaben sind differenzierter geworden, die vorhandenen Kräfte müssen möglichst rationell eingesetzt werden, manche Methoden der modernen Pastoral sind überhaupt nur aufgrund sorgfältiger Planung anwendbar[1]. Pastorale Planung ist aber nur möglich durch Setzen von Prioritäten: was soll zuerst geschehen, was kann etwas später drankommen; was hat Vorrang, was kann zurückgestellt werden; worauf liegt der Akzent, was soll nebenbei geschehen; was bestimmt die Linie, was ist peripher?

Diese Fragen führen sofort in eine theologische Kontroverse, gleich auf welcher Ebene sie gestellt werden. Sie zwingen zu einer Rückfrage über Sinn und Aufgabe einer kirchlichen Gemeinde, einer Diözese oder der Kirche überhaupt. Priorität ist Wertung, Gewichtung, und dies ist im kirchlichen Bereich ohne Theologie nicht möglich – freilich auch nicht durch Theologie allein, sondern durch Einbeziehung und Reflexion der jeweiligen Situation. Weder ein abstrakter theologischer noch ein rein empirischer Befund können allein Grundlage einer Prioritätensetzung in der pastoralen Planung sein[2].

---

1 Vgl. bes. den Beitrag von K. F. Daiber in diesem Band 539–553.

2 Die einführende Literatur sei hier zusammengefaßt:

a. Grundsätzliche Überlegungen:

HPTh II/1, 215–218; II/2, 19–24; IV, 603–617, 721 ff.; V, die Stichworte »Planung, pastorale« und »Pfarrplanung«; – Ph. Bauchard, La mystique du plan (1963); A. Sokolski, Méthode de planing paroissale urbain, in: SC 7 (1960) 313–324; E. Golomb, Auch die Kirche muß ihren Einsatz planen, in: N. Greinacher u. a. (Hg.), Bilanz des deutschen Katholizismus (1966) 42–67; J. Moltmann, Hoffnung und Planung, in: ders., Perspektiven der Theologie (1968) 251–268; J. H. Kaiser, Exposé einer pragmatischen Theorie der Planung, in: ders. (Hg.), Planung I (1965) 11–34; W. Schöllgen, Der Heilige Geist und die Sozialforschung, in: LS 7 (1965) 221–224; J. Kowalski, Kirchliche Planung – oder: Die Kirche zieht mit den Menschen, in: Kölner-Aachener-Essener Pastoralblatt 11 (1959) 137–148.

b. Inhaltliche Überlegungen:

L. Hoffmann, Auswege aus der Sackgasse (1971); M. Ross, Gemeinwesenarbeit (1968); J. Broer / K. Utermann, Gemeinwesenarbeit (1970); H. Cox, Das Fest der Narren (1970); E. Golomb, Seelsorgsplanung in der Großstadt, in: TThZ 3 (1963)

Damit ist eine erste Schwierigkeit aufgezeigt: Prioritätenfindung setzt eine Einigung im theologischen Bereich angesichts einer konkreten Situation voraus – bei der Pluralität der heutigen Theologie keine leichte Sache. Verschiedene theologische Grundpositionen sind heute nicht nur bei professionellen Theologen (war es früher anders?), sondern in jedem kirchlichen Planungsteam vorhanden, etwa bei Pfarrer und Kaplan, in den Pfarrgemeinderäten, in Missionsstationen und Ordensgemeinschaften, bei den einzelnen Mitgliedern eines Pastoralrates oder einer Bischofskonferenz. Es sind verschiedene theologische Vorstellungen bei denen vorhanden, die in der Kirche etwas tun, und bei denen, für die etwas getan werden soll. Eine Totaleinigung wird nicht möglich sein, es sei denn auf einer so hohen Abstraktionsebene, daß davon kein konkreter Imperativ mehr direkt abgeleitet werden kann. Also muß eine wenigstens partielle Einigung angestrebt werden, ein Konsens über bestimmte pastorale Leitbilder oder »Realutopien«. Ohne Bemühung um einen wenigstens teilweisen Konsens ist eine Prioritätensetzung nicht sinnvoll. Sie könnte nur autoritär verfügt werden und würde wohl bei ihrer Verwirklichung auf passive Resistenz stoßen.

Die Schwierigkeit einer Einigung im theologischen Bereich besteht oft in der Befürchtung, es könnte etwas von der christlichen Botschaft her Peripheres große Wichtigkeit erlangen, während zentrale Anliegen womöglich verloren gehen. Vielleicht ist es gegenüber dieser Befürchtung eine Hilfe, darauf hinzuweisen, daß es bei der Setzung von Prioritäten theologisch gerade darum geht, den vollen Auftrag der Kirche zu erfüllen, der jedoch bei der Begrenztheit des Menschen und somit auch der kirchlichen Mittel und Kräfte nur nach und nach, im Eingehen auf die konkrete Situation erfüllt werden kann. Man kann eben nicht jederzeit alles – zumindest nicht alles mit gleicher Kraft tun.

Priorität in der pastoralen Planung sagt zudem normalerweise nicht absolute, sondern relative Priorität: Aus der jeweiligen Situation heraus kann und muß vielleicht etwas Peripheres zur pastoralen Priorität werden. Damit ist ja selbstverständlich nicht gemeint, daß nun nur das getan werden soll und darf, was der gesetzten Priorität entspricht. Eine Vielzahl von Aufgaben muß von der Kirche immer wahrgenommen werden. Wenn einige daraus besonders hervorgehoben werden,

---

129–149; H. Houtard, Gesamtpastoral und Pastoralpläne, in: Concilium 1 (1965) 175–184; L. Bosse, Außergewöhnliche Seelsorge in der pastoralen Planung, in: Paulus 38 (1966) 42–48; N. Greinacher, Die Kirche in der städtischen Gesellschaft (1966) 293–346, 355–358; Schweizer. Pastoralsoziolog. Institut, Kirche 1985 (1970); O. Schreuder u. a., Gemeindereform – Prozeß an der Basis (1970); M. Enkrich / A. Exeler, Kirche, Kader, Konsumenten (1971); E. Müller / H. Stroh (Hg.), Seelsorge in der modernen Gesellschaft (1961); Österr. Seelsorgeinstitut, Kirche in der Stadt, 2 Bde. (1968).

heißt das noch nicht, daß andere wichtige unter den Tisch fallen können. Ein Monismus der Praxis wäre ebenso gefährlich wie ein Monismus in der theologischen Reflexion.

2. *Das psychologische Problem*

Priorität des einen heißt freilich immer auch Posteriorität des anderen; Vorrang des einen hat Nachrang des anderen zur Folge. Wenn das bedacht wird, sinkt oft der Mut. Es ist ja psychologisch viel leichter, eine Priorität als eine Posteriorität zu beschließen, wiewohl ehrlicherweise für etwas ein Vorrang nur beschlossen werden kann, wenn zugleich der Nachrang eines anderen mitbeschlossen wird. Vielleicht kommt mancher Konsens über pastorale Prioritäten deshalb so leicht zustande, weil entweder diese Implikationen nicht mitbedacht werden oder weil man gar im stillen hofft, es werde schon nicht so ernst werden mit den neuen Akzentsetzungen und vor allem nichts Bisheriges vernachlässigt werden. Damit verliert aber jede Priorität ihren Sinn und die Durchführung ihre Schlagkraft.

Größere psychologische Schwierigkeiten entstehen auch durch unbewußt bereits gesetzte Prioritäten. Solange sie nicht bewußt gemacht und ausgesprochen werden, können sie nicht in die Diskussion einbezogen werden. Werden sie aber von jemand ausgesprochen, so ist die Reaktion oft heftig und irrational – man ist auf unterirdisches ideologisches Gelände gestoßen und muß dann mit großer Geduld diese Felsen bearbeiten.

Es gibt aber auch eine Art ausgesprochener »Drei-Stern-Prioritäten«, die jeder Diskussion entzogen sind: etwa der Vorrang der Priesterbildung vor der Laienbildung, der Lehrerbildung vor der Akademikerseelsorge, der territorialen vor der kategoriellen Seelsorge, der Liturgie vor der Diakonie usw. Das Bestehende hat meist Vorrang vor dem Neuen, dringliche, meßbare Aufgaben rangieren oft vor Zielforderungen oder Haltungen, die nicht so leicht ins Meßbare umgesetzt werden können. Es gibt auch unangefochtene Prioritätswerte, etwa Gebet, Meditation, Askese u. dgl. Wo diese genannt werden, traut sich selten jemand, ihnen einmal eine relative, aus einer bestimmten Situation sich ergebende Posteriorität zuzuweisen.

Die Erfahrung zeigt auch, daß für gewisse Posten oder Aufgaben kein Priestermangel und kein finanzielles Problem zu bestehen scheint. Manchen Funktionen wird ein solcher Vorrang eingeräumt, daß der dazu Berufene seine bisherige Beschäftigung aufgeben und für ihn eben ein Ersatz gefunden werden muß. Eine Reflexion darüber, ob die Funktion wirklich so vorrangig ist, scheint geradezu unangebracht.

Da auf diese Weise der Bereich des aus theologischen oder psychologischen Gründen bereits Gebundenen meist sehr groß ist, ist der Bewegungsraum für einschneidende Prioritäten oft stark eingeschränkt.

Schließlich stößt der Versuch, pastorale Prioritäten zu setzen, manchmal auf Schwierigkeiten sehr grundsätzlicher Art. Es kann zB. sein, daß Planung überhaupt abgelehnt wird, etwa mit Berufung auf die Führung des Geistes, der ja »weht, wo er will«. Die Suche nach Prioritäten wäre demnach Sache des Geistes, unsere eigene Bemühung wäre überflüssig. Oder man sagt: weniger planen und mehr arbeiten, dann wird's schon gehen. Wer sich Pastoral so leicht macht – dem ist nicht zu helfen.

Eine wichtige Begründung der Notwendigkeit, pastorale Prioritäten zu setzen, ist die damit zu erwartende psychische Entlastung der Verantwortlichen. Der Auftrag der Kirche hat eine derartige Amplitude, daß Akzentuierungen vorgenommen werden müssen. Die Last dessen, was nicht getan wird, drückt oft mehr als die Last dessen, was getan wird. Praktisch werden doch Prioritäten gesetzt, freilich dann unreflektiert und ohne Entscheidungsprozeß. Wenn jedoch nach Prüfung und Überlegung von zuständiger Seite eine Priorität gesetzt wird, kann sich der jeweils Verantwortliche auch vor seinem Gewissen darauf berufen.

3. *Das methodische Problem*

Theoretisch ist die Methode, Prioritäten in der pastoralen Planung zu finden, leicht klarzumachen: sie besteht in einer Konfrontation des Auftrags der Kirche mit der Situation, und zwar unter »strategisch-taktischen« Gesichtspunkten. Praktisch läßt sich aber keine absolut zielführende Methode angeben, wie man zum Setzen richtiger Prioritäten kommt. Zunächst muß davor gewarnt werden, sich auf seine Erfahrung oder sein Fingerspitzengefühl zu verlassen oder sich etwa gar auf sein Charisma (und sei es das des Amtes) zu berufen und ohne kairologische Vorarbeit einfach selbstherrlich Prioritäten zu setzen. Andrerseits ist aber auch nicht alles von der Wissenschaft zu erwarten. So wie der Politiker nicht einfach beim Politologen ein Rezept für konkrete politische Entscheidungen bestellen kann, so kann auch der kirchliche Entscheidungsträger nicht etwa beim Praktischen Theologen ein Rezept für zu setzende Prioritäten anfordern.

In der Praxis lassen sich zwei Wege denken, wie man zu Prioritäten kommt: eine induktive und eine deduktive Methode. Bei der induktiven Methode lautet die Frage: Was brauchen die Menschen? Man verschafft sich also einen Überblick über die Bedürfnisse und Nöte der Menschen eines Planungsbereiches und versucht, sie aus dem Glauben und anhand des kirchlichen Auftrags zu beurteilen. Daraus ergeben sich von selbst Wertungen und Gewichtungen für die Planung. Selbstverständlich sind unter »Bedürfnissen und Nöten« nicht nur die leiblichen gemeint, sondern auch die geistigen (also etwa ein Bildungsdefizit, Ratlosigkeit in Lebensfragen u. dgl.) und die geistlichen.

Bei der deduktiven Methode heißt die Frage: Wie lautet der Auftrag? Man geht also vom Gesamt des Glaubens und des Auftrags der Kirche aus und überprüft daran die kirchliche Tätigkeit. Als Raster bieten sich etwa die gemeindlichen Grundfunktionen Kerygma, Liturgie und Diakonie sowie die Grundaussagen des Vatikanum II an. In diesem Spiegel zeigt sich meist rasch ein Defizit und die Notwendigkeit einer neuen Gewichtung der kirchlichen Tätigkeit. Dabei sind auch vorgegebene Pastoralpläne von den größeren Bereichen her (etwa von der Diözese oder der Bischofskonferenz eines Landes) zu berücksichtigen.

Bei beiden Methoden muß selbstverständlich mit den Humanwissenschaften zusammengearbeitet werden. In beiden Fällen muß ja die Situation erhoben werden, müssen Methoden für eine wirksamere kirchliche Praxis entwickelt werden, was ohne Psychologie, Soziologie, Werbetechnik u. a. nicht möglich ist. Man wird sich aber auch auf Untersuchungen und Statistiken allein nicht verlassen, sondern muß mit möglichst vielen informierten und interessierten Personen sprechen sowie Experten befragen. Das ständige Hinhören auf die Menschen ist ja Voraussetzung für jede pastorale Tätigkeit und Planung.

Die Entscheidung über eine pastorale Priorität kann aber selbstverständlich nicht ohne theologische Reflexion und Argumentation getroffen werden. Die Theologie muß oft schon zur Beurteilung herangezogen werden, ob ein von den Humanwissenschaften her gemeldetes Defizit auch theologisch ein Defizit ist, wie schwer es wiegt, unter Umständen mit welcher Methode es behoben werden kann oder darf. Praktische Theologie bleibt auch hier immer Theologie und kann durch Humanwissenschaften nicht ersetzt oder abgelöst werden.

4. *Der Entscheidungsprozeß*

Die Frage ist hier: Wer trifft die Entscheidung über eine pastorale Priorität, wie kommt sie zustande? Wer soll in den Entscheidungsprozeß einbezogen werden?

Ohne Zweifel ist eine möglichst breite Beteiligung am Finden der Prioritäten sowie an der Entscheidung darüber wünschenswert. Ohne entsprechenden Konsens derer, die nach den gesetzten Prioritäten arbeiten sollen sowie ohne möglichst breite Zustimmung derer, für die gearbeitet werden soll, ist eine Durchführung nicht möglich oder doch sehr erschwert. Es geht nicht an, daß etwa ein Pfarrer allein für seinen Bereich die Schwerpunkte setzt oder ein Bischof allein für seine Diözese. Einer allein ist zu sehr in Gefahr, seine Lieblingsidee zur pastoralen Priorität zu erklären und sie so anderen aufzudrängen. Eine Beteiligung der Räte auf den verschiedenen Ebenen (Pfarrgemeinderat, Pastoralrat einer Diözese u. ä.) wäre das mindeste. Durch die Räte, aber auch über sie hinaus sollen viele auf verschiedenen Wegen informiert und einbezogen werden. Sie sollen mitdenken, mitberaten und mitentscheiden, etwa in Form von Gemeindeversammlungen, durch Abstimmungen auf verschiedenen Ebenen u. dgl.

5. Ebenen und Bereiche

Pastorale Prioritäten müssen auf allen Ebenen der Kirche gesetzt werden, an der »Basis« ebenso wie in den Diözesen, der Kirche eines Landes oder der Weltkirche. Je näher der Basis, desto eher ist Einseitigkeit und Unvollständigkeit, aber auch größere Konkretheit möglich. Darin liegt ja die Chance der Prioritätensetzung: Einseitigkeit und Konkretheit erhöhen die Wirksamkeit. Die Gemeinden können hier von den Ordensgemeinschaften lernen, die sich meist klare Prioritäten gesetzt haben und dadurch zu großer Wirkung kamen. Im pastoralen Großraum einer Diözese oder eines Landes ist die pastorale Priorität oft eher allgemein, abstrakt und deshalb nicht so wirkungsvoll. Dennoch ist die Vorgabe einer pastoralen Priorität von den Zentralen her nicht überflüssig. Es ist erstaunlich, in welchem Maß sich solche Vorgaben bis in die einzelnen Gemeinden tragen lassen.

Prioritäten sind in allen Bereichen zu setzen, in denen pastorale Planung geschieht oder geschehen soll, also in der Personalplanung, der Sachplanung, der Finanzplanung, des Baukonzepts u. dgl. Eine gesetzte Priorität, die nicht durch alle betroffenen Bereiche durchgezogen wird, bleibt sonst in einem Bereich hängen, der nicht einbezogen wurde. Deshalb muß jene Stelle, wo die Entscheidung über eine pastorale Priorität fällt, zunächst die betroffenen Bereiche informieren und zur Zustimmung bringen, sofern sie nicht von vornherein zur Durchführung verhalten sind.

6. Die Bedeutung der Prioritäten für die kirchliche Praxis

Prioritätensuche und Prioritätensetzung ist nicht ein kleines Spielchen, das sich die heutige hochentwickelte und mit allen humanwissenschaftlichen Zusatzapparaturen ausgestattete Pastoral eben leisten kann. Seit es die Kirche gibt, gibt es auch ein ernstes Bemühen um die Erkenntnis der pastoralen Prioritäten. Schon die Zwölf stellen nach kurzer pastoraler Tätigkeit fest: »Es ist nicht recht, daß wir das Wort Gottes vernachlässigen und uns dem Dienst an den Tischen widmen.« (Apg 6, 2). Und Paulus stellt fest: »Christus hat mich nicht gesandt zu taufen, sondern das Evangelium zu verkünden.« (1 Kor 1, 17). Mit Unbefangenheit und Entschiedenheit wird also hier das Kerygma über die Liturgie, dort das Kerygma über die Diakonie gestellt – nicht als absolute Priorität, sondern aus der pastoralen Situation der Zeit heraus.

Richtig erkannte und richtig gesetzte Prioritäten können große Entwicklungen einleiten, etwa die Gründung der tridentinischen Seminare zur Priesterbildung, die Preßvereine, die Katholischen Bewegungen des 19. Jahrhunderts – um nur einige zu nennen. Aber auch in den einzelnen Gemeinden hat es sich oft gut ausgewirkt, wenn klare Prioritäten gesetzt wurden und man den Mut hatte, eine Aufgabe zugunsten einer anderen zurückzustellen, anstatt jederzeit alles tun zu wollen und dann doch nichts gut getan zu haben. Ja es zeigt sich ein Geheimnis: Wenn eine Aufgabe konsequent und mit aller Kraft getan wird, werden auch die anderen Aufgaben oft besser mit erfüllt.

Manche faktisch gesetzten Prioriät müßte überprüft und gegebenenfalls revidiert werden, etwa die Priorität der Männerseelsorge vor der Frauenseelsorge, der Kinder- und Jugendseelsorge vor der Erwachsenen- und Altenseelsorge, der Vorrang des sakramentalen Vollzugs vor dem Kerygma oder der Diakonie u. dgl. m.

Die praktische Theologie kann sicher einen Beitrag dazu leisten, die jeweils notwendigen Prioritäten zu finden. Das Setzen richtiger Prioritäten ist aber letztlich nicht eine Sache der Wissenschaft oder der »Kirchenpolitik« allein, sondern auch eine Sache der Weisheit.

5 | 5 Bernd Päschke
Zu Theologie und Praxis der Befreiung in Lateinamerika

»Die Befreiung ist ›ein Senfkorn, nur ein kleines Samenkorn, aber wenn es wächst, wird es größer als alle anderen Gartenkräuter. Es wächst zu einem Baum heran, und alle Vögel kommen, sich auf seinen Ästen niederzulassen‹.«[1]

»Hoffen wir, inzwischen ein paar Bäume zu finden, um uns vor den Kugeln zu schützen.«[2]

»Es gibt Kapitel in der Theologie, die erst später geschrieben werden können ...«[3]

1. Partizipation

Das Thema ist absichtlich schwebend formuliert: es heißt nicht »Theologie der Befreiung«, sondern »Theologie und Praxis der Befreiung«; offen bleibt, worauf Befreiung zu beziehen ist: auf Theologie und Praxis oder nur auf Praxis. Es geht also nicht um eine »Theologie der Befreiung« im Sinne traditioneller oder progressiver Genetiv-Theologien, es geht eigentlich gar nicht *in erster Linie* um Theologie, mindestens nicht schwerpunktartig. Thematisiert wird vielmehr der konkrete historische Befreiungsprozeß in Lateinamerika und die Beziehung, die Theologie und Kirche zu dieser praktizierten Befreiung haben bzw. haben könnten. Doch auch diese Definitionen verlangen ernüchternde Einschränkungen; Theologie und Kirche spielen in diesem Prozeß keine führende Rolle; der christliche Beitrag zum Befreiungsprozeß ist weder strategisch initierend noch primär motivierend. Das »spezifisch Christliche« – wenn man es unbedingt haben will – hat sich nicht als sehr relevant, aufs ganze gesehen eher als hinderlich erwiesen. Daß es einen christlichen Beitrag sozusagen als ein *subsidiäres* Element[4] im

---

1 M. M. Alves, Brasilien – Rechtsdiktatur zwischen Armut und Revolution. (1972) 173.

2 Tagebuchnotiz eines von der chilenischen Junta erschossenen katalanischen Priesters in der Nacht vor seinem Tod, mitgeteilt von G. Arroyo, vgl. Anm. 12.

3 G. Gutiérrez, Theologie der Befreiung (1973) 258.

4 »Even if the action of Christians, in certain circumstances, is effective in clearing away obstacles present in the superstructure, Christians must refrain from proclaiming themselves outright as the ›revolutionary vanguard‹ because they are really no more than an auxiliary. It should also be understood that their influence is limited to the impact made by incisions in the superstructure. Among Christians of petit bougeois origin, as well as among intellectuals and priests, this aspect seems to predominate. They are thus obliged, in terms of overall political analysis,

lateinamerikanischen antikapitalistischen Befreiungskampf gibt, ist eher das Überraschende und Unerwartete. Überraschend und unerwartet deshalb, weil er nicht wegen, sondern gerade trotz des hierzulande so gern beschworenen »spezifisch Christlichen« möglich ist. Minderheiten von christlichen Gruppen, von Priestern, Ordensleuten, christlichen Laien, auch Bischöfen, die die radikalen praktischen Konsequenzen aus diesem Kampf für sich gezogen haben, handeln notwendig im Gegensatz zu kirchlichen Strukturen und den Prinzipien herrschender Theologie, weil sie eine politisch-ökonomische und psycho-soziale Abhängigkeitsstruktur überwinden wollen, die nicht nur historisch gesehen, sondern bis heute durchaus auf kirchlichen und religiösen Fundamenten ruht. Das gilt in verschiedener Weise für Lateinamerika als Beispiel eines unterentwickelten Kontinents einerseits und für die sogenannte entwickelte Welt andererseits.

Das heißt: Voraussetzung für die Teilnahme von Christen am Befreiungsprozeß ist die faktische, wenn auch seltene Möglichkeit, daß religiöses Bewußtsein und kirchliche Institution eben dies nicht verhindern; doch was sollte daran gerade »spezifisch christlich« sein?[5]

Das Umgekehrte dürfte eher möglich sein. Spezifische Konsequenzen für den christlichen Glauben, für pastorale Handlungs- und kirchliche Organisationsformen haben sich erst unter den Bedingungen der Teilnahme am Befreiungskampf ergeben können. Dazu aus dem Santiago-Dokument:

»Diese Teilnahme am revolutionären Kampf hat uns die Bedeutung des Befreiungswerkes Christi wiederentdecken lassen ... Nicht länger ist die Reflexion auf den Glauben eine von den geschichtlichen Bedingungen losgelöste Spekulation. Revolutionäre Praxis ist stattdessen der Anlaß und der Rahmen für eine theologische Neubesinnung. Theologisches Denken wird so in kritische Reflexion auf be-

---

to make the humble position of auxiliary to the vanguard.« H. Assmann, The Christian Contribution to the Liberation of Latin America. (Gott-Paper, Cuernavaca/Mexico 1972) 12 f.

5 »The question of the specific Christian contribution to liberation is usually approached from a presumptuous and triumphalist angle. We must give up the idea that Christians know much more than others about what the nature of the truly human character of liberation should be. Is it not much more important that a growing number of Christians resolve to make a genuine contribution to liberation instead of continuing to be primarily preoccupied with their ›specific contribution‹? To insist upon the unique dynamic offered by the social teaching of the churches, while ignoring the terrible sociological reality of the great mass of ›Christian‹ reactionaries, is to do nothing less to transform what is best in Christianity – its real possibility of contributing a humanizing dimension – into an trivial ideology.« (AaO. 14).

freiendes Handeln überführt«[6], dh. auf befreiendes Handeln zielend und zugleich von befreiendem Handeln ausgehend, bzw. unter der Bedingung der Teilnahme an dieser Praxis. Dieses Konsequenzverhältnis ist also genau umgekehrt wie etwa in einer »Theologie der Hoffnung« oder in den nordamerikanischen und europäischen Rezeptionen einer »Theologie der Revolution«. Während bei diesen eine wie auch immer geartete Praxis postulatorisch aus bestimmten ausgewählten theologischen Voraussetzungen deduziert bzw. von daher begründet wird – was, wie die Folgen solcher Theologien gezeigt haben, ein fast sicherer Weg ist, gerade diese postulierte Praxis zu verhindern –, führt die Teilnahme an einer Praxis der Befreiung zur Reflexion eben dieser Praxis, die auch die eigenen theologischen Voraussetzungen nicht unverändert läßt.

2. *Eine neue theologische Praxis*

Es kann also nicht darum gehen, die aus der revolutionären Situation Lateinamerikas erwachsende theologische Reflexion als »neue Theologie« – sei es als eine neue Spielart einer politischen Theologie, sei es als neuen theologischen Ansatz oder Denkstil – zu rubrizieren. Das, was hier thematisiert wird, entzieht sich theologisierendem Zugriff, generalisierender Einordnung in theologisch derzeit und allgemein Gültiges, entzieht sich kategorialer Aufbereitung in der nicht zuletzt durchaus auch von kapitalistischen (Buch-)Marktgesetzen vorangetriebenen theologischen Diskussion und literarischen Produktion. Es geht allerdings, wenn man so will, um elementare Vorfragen nach der historisch-konkreten Möglichkeit von Theologie, dh. um die Bedingungen dafür, zum gegenwärtigen Zeitpunkt überhaupt authentisch Theologie treiben zu können und (wie und mit welcher Gesellschaft vermittelt) Kirche sein zu können. Es geht vor allem weder um *die* noch um irgendeine marginale Spielart lateinamerikanischer Theologie als weit entferntes Exotikum, sondern um eine notwendige Neudefinition von Theologie überhaupt angesichts der *bruta facta* eines sich teils latent, teils manifest verschärfenden planetarischen Klassenkampfes. Es geht unter der Voraussetzung der spezifischen Option des mar-

---

6 Erster Lateinamerikanischer Kongreß »Christen für Sozialismus«, 23.–30. 4. 72 in Santiago, Chile. Schlußdokument, übersetzt von H.-J. Schmutzler, in ThPr 8 (1973) 61, 67. Aus der inzwischen fast unübersehbar werdenden lateinamerikanischen Literatur, die dieses theologische Konsequenzverhältnis in einer lebendigen und differenzierten Diskussion expliziert, hat neben verstreuten Einzelaufsätzen bisher erst G. Gutiérrez den Weg in den deutschen Sprachraum gefunden; vgl. jedoch auch das Themenheft »Praxis der Befreiung und christlicher Glaube«, in: Concilium 10 (1974) 381–460.

ginalisierten Christentums in Lateinamerika überhaupt nicht mehr um eine Theologie, die von (Berufs-)Theologen gemacht wird, sondern um die Theologie »des armen und geringen Volkes« (im Sinne von Zeph 3, 12a), um die »Theologie der Unterdrückten« (in der Konsequenz von P. Freire[7]), dh. um die Theologie des ausgebeuteten und marginalisierten Proletariats – und zwar in dem Sinne, daß dieses Proletariat nicht Objekt (und insofern auch nicht einfach »Text«), sondern jedenfalls tendenziell Subjekt dieser Theologie ist.

»Die Theologie im landläufigen Sinn eines ›Metiers von Fachleuten‹ wird sich dieser Aufgabe gegenüber als ganz und gar hilflos erweisen, weshalb eine neue theologische Praxis erforderlich ist, die sich vom Innern der revolutionären Praxis her definiert und deren ›Subjekt‹ nicht mehr in erster Linie der einzelne Theologe sein kann, sondern die revolutionär engagierte Christengruppe.«[8]

Gerade das Selbstverständnis der marginalen Theologie Lateinamerikas verbietet es dem europäischen Theologen, hier so etwas wie eine im Interesse theologischer Integration zu vollziehende Rezeption durchzuführen. Gerade das landläufige primär theologische Interesse wäre wohl das fundamentalste Mißverständnis dieser Theologie, die sich dezidiert als »zweiter Akt« der Reflexion auf eine »vorangehende Befreiungs- bzw. Klassenkampf-Praxis« versteht[9].

Zurecht wächst darum die Kritik lateinamerikanischer Theologen an der theologischen »Mehrwertabschöpfung«[10] durch die progressiven Theologen der atlantischen Welt. Sie erinnert in fataler Weise an die Ausbeutung der Rohstoffe und Arbeitfkräfte dieses Kontinents durch die kapitalistischen Zentren. Denn zugegebenermaßen hat inzwischen auch der theologische wie jeder andere Teilmarkt der »ersten Welt« sein Interesse an den Rohstoffen der »dritten Welt« entdeckt; der Verwertungsprozeß beginnt als theologische Verarbeitung anzulaufen – an eine In-Frage-Stellung der eigenen theologischen Dominanz ist dabei selbstverständlich nicht gedacht:

– Theologie der Befreiung vielmehr als Rohstoff in den theologischen Zentren der »ersten Welt« aufbereitet, veredelt, mißbraucht zur Inovation eines steril gewordenen theologischen Wissenschaftsbetriebes, der bei aller wohlwollenden, selbstverständlich kritischen Rezeption

7 Vgl. P. Freire, Pädagogik der Unterdrückten (1972).

8 H. Assmann, Politisches Engagement aus der Sicht des Klassenkampfes, in: Concilium (1973) S. 281.

9 G. Casalis, Entstehung und Hintergründe einer Theologie der Befreiung in Lateinamerika. Bremer Vortrag 1973, gesendet am 1. und 8. 9. 73 von Radio Bremen.

10 Vgl. L. Ossa, Die Revolution – das ist ein Buch und ein freier Mensch. Zur Inkulturation des Christentums in Lateinamerika (1973) 163 f.

sich nur selbst in seiner hegemonialen Stellung weiterbestätigen will; – Ausbeutung des theologischen Mehrwerts einer Praxis, deren Konsequenzen für die eigene Situation man unter dem Vorwand selbstverständlich kritisch-wissenschaftlicher Vorbehalte mit schlafwandlerischer Sicherheit ausweicht. Diesen Mißbrauch meinen Assmann, Alves und Cone mit ihrem an die Adresse der Theologen der »ersten Welt« gerichteten Vorwurf: »Hört endlich auf mit der Befreiungstheologie zu flirten«[11].

3. *Bewußtwerdung*

Das Stichwort Befreiung im gegenwärtigen lateinamerikanischen Kontext konfrontiert den Theologen mit dem Kampf der »Verdammten« dieses Kontinents gegen den nationalen und internationalen Kapitalismus, der sie ihrer Lebenschancen und Menschenrechte, der Reichtümer ihrer Länder an Rohstoffen und vor allem ihrer eigenen Arbeitskraft beraubt; mit dem Kampf der ausgebeuteten und leidenden Massen gegen ein System struktureller Gewalt, das sich mit systematischer Folterung und partiellem Genocid offen zur Heraufkunft eines neuen nationalen und tendenziell kontinentalen Faschismus bekennt[12].

»Befreiung in Lateinamerika« signalisiert einen in allen gesellschaftlichen und kulturellen Bereichen um sich greifenden Prozeß der Bewußtwerdung der eigenen Situation als abhängig und ausgebeutet durch die Doppelstruktur des externen und internen Neokolonialismus[13]. Dieser Prozeß läßt sich nicht trennen von den konkreten Erfahrungen des eigenen praktischen Engagements in der Auseinandersetzung mit denjenigen Klassen, Institutionen und Ideologien, die Ab-

11 G. Casalis, aaO.

12 G. Arroyo, Dieser Faschismus wird sich weiter ausbreiten. Rede beim Internationalen Treffen der »Christen in der Revolution für die Zukunft der Menschen« in Lyon, 17./18. November 1973, abgedruckt in: Frankfurter Rundschau, 22. 12. 73. J. de Santa Ana, The Implications of the Chilean Experience for the Latin American Struggle for Liberation, Vortrag in: Monthly Seminars on Marxism and China (Genf 4. 12. 73).

13 Das durch die *dependencia*-Begrifflichkeit charakterisierte lateinamerikanische sozialwissenschaftliche Denken versteht sich als Antithese zur vorherrschenden »Entwicklungs«-Ideologie, die als Kernstück des technokratischen Faschismus in Lateinamerika ihre historische Widerlegung bis heute überdauert hat. Ohne auf die in sich sehr vielseitige und differenzierte Ausformung dieses mit dem Begriff »Theorie der Abhängigkeit« in seiner Frontstellung identifizierten wissenschaftstheoretischen Ansatzes eingehen zu können, sei hier nur auf die entscheidende Neuinterpretation des Begriffs »Unterentwicklung« hingewiesen: Unterentwicklung wird nicht funktional-technokratisch als historische, kulturelle und technologische Rückständigkeit gegenüber der »entwickelten Welt«, sondern historisch-konkret

hängigkeit, Ausbeutung und Unterdrückung bewirken. Das Bewußtsein der Abhängigkeit und der notwendigen Befreiung entsteht dort zuerst, wo die materielle, kulturelle und institutionelle Abhängigkeit am härtesten erfahren wird, in oder angesichts der Situation des überausgebeuteten und zunehmend marginalisierten Proletariats. Der heutige Befreiungsprozeß in Lateinamerika ist deshalb historisch nicht in der Nachfolge der nationalen Befreiungsbewegungen des 19. Jahrhunderts zu sehen, sondern im Zusammenhang der Geschichte der Arbeiterbewegung, der mundtot gemachten Gewerkschaften und Bauernligen, der verzweifelten Sklavenaufstände des 17. und 18. Jahrhun-

---

als Folge und Voraussetzung der »Entwicklung« des atlantischen Kapitalismus verstanden. Man spricht deshalb nicht von »unterentwickelten«, sondern von »unterentwickelt gehaltenen« Ländern bzw. von »Entwicklung der Unterentwicklung«. Bezeichnet der Begriff »externer (Neo-)Kolonialismus« unter den Bedingungen eines globalen Kapitalismus zutreffend die einseitige Abhängigkeitsbeziehung der Peripherieländer von den imperialistischen Zentren, so die des »internen (Neo-)Kolonialismus« die sich in der Sozial- und Wirtschaftsstruktur, ja in allen Lebensbereichen bis in die abgelegensten Winkel der Peripherienationen selbst fortsetzende »Metropole-Satelliten«-Struktur von Abhängigkeit, Ausbeutung und Unterdrückung. Das Funktionieren der Reproduktionsmechanismen des »abhängigen Kapitalismus« basiert auf der Verklammerung von externem und internem Kolonialismus durch die Brückenkopffunktion, die die »Subzentren« der imperialistischen Metropole in den Satelliten selbst haben. Der Teufelskreis der Abhängigkeit als eines Systems »struktureller Gewalt« ist damit geschlossen. Als Einführung für den deutschen Leser in den hier angedeuteten Fragenkreis: A. G. Frank, Kapitalismus und Unterentwicklung in Lateinamerika (1969); A. Cordova, Strukturelle Heterogenität und wirtschaftliches Wachstum, (1973) enthält 108 ff. eine Auseinandersetzung mit Franks Konzept des unterentwickelten Kapitalismus; A. G. Frank, Ch. Guevara, M. Marini, L. Vitale u.a.: Kritik des bürgerlichen Antiimperialismus, (1969); Imperialismus und strukturelle Gewalt. Analysen über abhängige Reproduktion, hg. von D. Senghaas (1972); A. Cordova, H. Silva Michelena: Die wirtschaftliche Struktur Lateinamerikas. Drei Studien zur politischen Ökonomie der Unterentwicklung (1969); D. Ribeiro, Der zivilisatorische Prozeß (1971); D. Danckwerts, H. Pfütze, N. Lechner, R. Stiebitz, Die Sozialwissenschaften in der Strategie der Entwicklungspolitik (1970); J. P. Miranda, Von der Unmoral gegenwärtiger Strukturen. Dargestellt am Beispiel Mexiko (1973); J. M. Alfonso, Guatemala. Unterentwicklung und Gewalt (1971); A. Münster, Chile – friedlicher Weg? Historischer Bericht und politische Analyse (1972); I. D. Illich, Almosen und Folter. Verfehlter Fortschritt in Lateinamerika (1970). Ferner: I. Horowitz, J. D. Castro, J. Gerassi (Hg.), Latin American Radicalism (New York 1969); J. Petras, M. Zeitlin (Hg.): Latin America. Reform or Revolution (Greenwich 1968); J.-L. Herbert, C. G. Bockler, J. Quan, Indianité et lutte des classes (Paris 1972); J. Barreiro, Dominacion, Dependencia y »desarrollo solidario«, in: De la iglesia y la sociedad, hg. von R. Alves, J. Barreiro, J. de Santa Ana u.a. (Montevideo 1968), 89 ff.

derts, der nie geschriebenen Geschichte des unter der Herrschaft von Kreuz, Schwert und Kapital stumm gewordenen Leidens[14].

4. *Politische Lernprozesse*

Im kirchlichen Bereich verdankt dieser Befreiungsprozeß seine Impulse darum nicht einem breiten Strom kirchlicher Initiativen, religiöser Motivationen oder theologischer Innovationen des nachkonziliaren Katholizismus. Es geht vielmehr um Lernprozesse aufgrund der konkreten Erfahrungen von Gruppen und Einzelnen, die in die schweren gesellschaftlichen Konflikte ihrer Völker teils objektiv verwikkelt, teils subjektiv engagiert sind[15]; wo sich Gruppen oder Einzelne innerhalb der Kirche, der Universitäten oder der Massenkom-

---

14 E. Galeano, Die offenen Adern Lateinamerikas. Die Geschichte eines Kontinents von der Entdeckung bis zur Gegenwart (1973); F. Juliao, Les Ligues Paysannes au Brésil, Dossiers Partisans (1966); J. Barreiro, Ideologia y cambios sociales (1966); I. Bengoa, Lucha de clases y conciencia de clases (1972).

15 Einen breiten Konsens repräsentiert das Schlußdokument des 1. lateinamerikanischen Kongresses »Christianos por el socialismo« (vgl. Anm. 2); Zu Camilo Torres vgl. E. Hochman, H. R. Sonntag, Christentum und politische Praxis: Camilo Torres (1969); H. Lüning, Camilo Torres – Priester, Guerrillero (1969). Zur argentinischen Gruppe der »Priester für die dritte Welt« vgl. Ossa, Die Revolution, 62 ff. Zu dem bolivianischen Priester-Guerrillero »Francisco« Néstor Paz Zamora vgl. Entwicklungspolitische Korrespondenz 4 (1973) 21 ff. Zu dem 1969 in Brasilien ermordeten Studentenpfarrer Pater Antonio Henrique Neto vgl. Ch. Antoine, Kirche und Macht in Brasilien (1972) 214 ff. u. Die Papageienschaukel. Diktatur und Folter in Brasilien. Eine Dokumentation. Übersetzt und in Zusammenarbeit mit der Brasiliengruppe von Amnesty international hg. von J. M. Brune (1971) 79 ff.; Th. C. Bruneau, Catholicism, Culture, and Modernization in Brazil. The Historical Role of the Church in Brazil. Diss. McGill University, Montreal o.J.; Zur columbianischen Priestergruppe von »Golconda« vgl. Golconda. El libro rojo de los »curas rebeldes«, hg. von MUNIPROC (Movimento Universidario y Profesional de Organizacion de la Comunidad) (Bogota 1969). Kirche der Armen? Neue Tendenzen in Lateinamerika. Eine Dokumentation. Hg. von A. U. Gerling, E. Scholl (1972), 86 ff. Zur Jesuiten- und Dominikaner-Kommune in Netzuacoyotl, einem der größten Slumgebiete von Mexico City vgl. Entwicklungspolitische Korrespondenz 4 (1973) 3 f. Zu den Erfahrungen nordamerikanischer Missionare in Chile vgl. A. Pastoral Letter from Concerned U.S. Missioners in Chile to Leaders of the Christian Churches in die United States (Goff-Paper, Cuernavaca/Mexico 1973). Als Beispiel für die kritische Praxis einer Minderheit von brasilianischen Bischöfen vgl. »Ich habe den Klageruf meines Volkes gehört (Exodus 3, 7).« Ein Dokument von Bischöfen und Ordensoberen des Nordostens Brasiliens. 6. Mai 1973. Aus dem Portugiesischen übersetzt von B. Asseburg, unveröffentl. Manuskript, Hamburg, Seminar für ökumenische Theologie (1973). Weitere Literatur und Hinweise in dem Situationsbericht von R. Frieling zur kirchlichen Situation in Argentinien, Peru, Chile, Brasilien, Paraguay, Bolivien, Mexico, Uruguay, Columbien in: Materialdienst des Konfessionskundlichen Instituts Bensheim 23 (1972), 21 ff. und 44 ff.

munikationsindustrie, kurz: innerhalb des Institutionengefüges kultureller und ideologischer Herrschaftssicherung ihrer Partizipation am Gesamtzusammenhang eines kulturellen Neokolonialismus bewußt werden; wenn beispielsweise bereits ein zaghaftes Eintreten für die Wahrung grundlegender Menschenrechte außerhalb, aber auch innerhalb der Kirche (als eben eines solchen »Legitimationsapparates«[16]) mit der institutionalisierten Praxis des internationalen Verbrechens konfrontiert wird[17].

Eine unter den Bedingungen eigener konfliktorischer Erfahrungen erfolgte Option für die hier angedeutete spezifische Befreiungspraxis kann auf eine Analyse der Voraussetzungen, Bedingungen und Mechanismen im strukturellen Gewaltzusammenhang neokolonialer Abhängigkeit nicht verzichten. Die Interdependenz von Sozialstruktur, Produktionsverhältnissen, kultureller und religiöser Fremdbestimmung erschloß sich bislang nicht bürgerlicher Sozialwissenschaft, sondern einer durchaus auch mit marxistischen Kategorien arbeitenden kritischen Theorie des abhängigen Kapitalismus[18]. In diesem Stadium wissenschaftlicher Evolution kann sich auch der Theologe keine »vormarxistische Naivität« leisten[19]; da ihm weder katholische Soziallehre

---

16 »Die herrschende Ideologie verwendet gewisse christliche Elemente zu ihrer ideologischen Abstützung und als Mittel der ideologischen Verwirrung der lateinamerikanischen Massen. Andererseits nimmt die herrschende Ideologie Einfluß auf die Formulierung der christlichen Soziallehre, der Theologie insgesamt und auf die kirchliche Organisation. Der ideologische Kampf hat deshalb die Identifizierung und Entlarvung der – angeblich christlichen – ideologischen Legitimationssysteme zur zentralen Aufgabe.« (Santiago-Dokument, 65). Vgl. auch H. Assmann, La función legitimadora de la religión para la dictadura brasilera, in: Perspectivas de Dialogo, Montevideo (August 1970) 171–181.

17 Vgl. G. Girardi, Unfehlbar faschistisch? Der Papst und Chile. In: Neues Forum, Heft 12 (1973) 30 f.

18 »Die Teilnahme an einer revolutionären Bewegung verlangt ein übergreifendes geschichtliches Konzept für die Veränderung der Gesellschaft. Weder gutmütiges Zusehen noch ein hochherziger Wille reichen hier aus. Politische Aktion macht die exakte wissenschaftliche Analyse der Wirklichkeit nötig, denn es gibt einen untrennbaren Zusammenhang zwischen Theorie und Praxis. Diese Analyse hat allerdings ihre eigene Stringenz; ihre Logik ist qualitativ verschieden von der bürgerlichen Sozialwissenschaft.

Die soziale Struktur unserer Länder basiert auf bestimmten Produktionsverhältnissen (hauptsächlich kapitalistischen oder vom Weltkapitalismus abhängigen Verhältnissen) und gründet in der Ausbeutung der Arbeiter. Die Einschätzung des Klassenkampfes als ein fundamentales Faktum macht uns fähig, zu einer umfassenden Interpretation der lateinamerikanischen Zustände zu gelangen. Revolutionäre Praxis zeigt, daß zu jeder objektiven und wissenschaftlichen Interpretation eine Klassenanalyse als Schlüssel zur Interpretation gehört« (Santiago-Dokument, 64).

19 M. Manzanera, Theologie der Befreiung. Ansatz – Ziel - Methode. Vortrag an der Philosophisch-Theologischen Hochschule St. Augustin, Juni 1973.

noch evangelische Sozialethik ein brauchbares analytisches Instrumentarium anbieten, ist er wohl oder übel auf das Handwerkszeug einer kritischen Kapitalismustheorie angewiesen.

Imperialismusanalyse, Klassenanalyse und Entmythisierung der jeweiligen Legitimationssysteme aus der Situation neokolonialer Abhängigkeit, also aus der Situation der Betroffenen selbst entwickelt, überführt das herrschende Entwicklungsdenken als folgenschweren Irrtum bzw. als Lüge derer, die die Situation der Unterentwicklung, deren Überwindung ihre Rhetorik anpreist, nicht nur zementieren, sondern für die immer größer werdenden Massen der Betroffenen immer unerträglicher werden läßt. Befreiung aus den externen und internen Bedingungen struktureller Gewalt erscheint auf diesem Niveau der Bewußtwerdung und der Intensivierung des Leidensdruckes nicht mehr durch Reformen kapitalistischer bzw. neokolonialer Strukturen möglich, sondern nur noch durch deren Überwindung als Voraussetzung zum Aufbau eines selbstbestimmten »indianisch-amerikanischen Sozialismus«.

5. *Polarisierte Kirche*

Die Unvereinbarkeit von Reform und Revolution bestimmt auch das Bild der kirchlichen Wirklichkeit Lateinamerikas. Auch abgesehen von den nationalen Unterschieden vermittelt sie einen so widersprüchlichen Eindruck, daß es nicht möglich erscheint, noch von *der* Kirche, *der* christlichen Religion oder gar *der* Theologie in Lateinamerika zu sprechen. Auf der einen Seite agiert eine Kirche, die den neuen Faschismus Lateinamerikas legitimiert, die nicht dem Volk, sondern der Bourgoisie dient; eine Kirche, die die gesellschaftlichen Widersprüche gerade dadurch zementiert, daß sie sie durch einen Kult verschleiert, der Ausbeuter und Ausgebeutete miteinander versöhnt[20]. Auf der anderen

20 »Der koloniale Caesaropapismus dieser Kirche zeigt sich in Brasilien, in Argentinien oder, bis vor kurzem, in Chile darin ganz offen, daß der Papst zB. gerade jetzt vor drei Monaten trotz unserer Warnung aus ganz Lateinamerika einen Mann, der wegen seiner persönlichen Verbindung mit der Geheimpolizei von Brasilien bekannt ist, zum Bischof von Arracaou im Staate von Sergipi ernannt hat, und einen Mann, der bekannt ist dafür, daß er seit Jahren Militärparaden des brasilianischen Heeres offiziell abnimmt, zum Erzbischof der wichtigsten Stadt, nämlich Rio de Janeiro ernannt hat; im ersten Fall ist es Don Lucian, im zweiten Fall ist es Don Eugenio Sales, der natürlich für Sie Deutsche wegen seiner Rhetorik aus der unterentwickelten Welt kommend als ein linksgerichteter Mann der päpstlichen Sozialenzykliken dargestellt wird, ein Mann, der nicht böswillig, sondern aus Dummheit den gegenwärtigen Nationalfaschismus Brasiliens stützt; während Don Lucian bekannt ist als jemand, der Priester an die Geheimpolizei verraten

Seite gewinnen jene zunehmend verfolgten Minoritäten christlicher Gruppen, vor allem auch des niederen Klerus, an Bedeutung, denen es wirklich um die Menschen, die in eine marginale Situation hineingestoßen wurden, um die Masse der Armen und Ausgebeuteten geht; jene Minoritäten innerhalb der Kirche, die sich in einem Zweifrontenkrieg befinden, nicht nur einer neokolonialen Gesellschafts- und Herrschaftsstruktur, sondern auch ihrer eigenen Kirchenstruktur gegenüber, die eben dieses Gesellschafts- und Herrschaftssystem eines abhängigen Kapitalismus widerspiegelt und legitimiert.

Zwischen diesen beiden Polen wird die zahlenmäßig starke Position der reformistischen Mitte immer unhaltbarer[21]. Sie tritt für Entwicklung und Reformen ein und ist damit eine wichtige Stütze eines modernen Kapitalismus, der im eigenen Interesse überalterte Strukturen reformieren muß. »Wie die traditionelle Kirche, von der sie (sc. die Reformkirche) eine neue Version ist, bekennt sie sich nicht zu den Unterdrückten, sondern zur Machtelite. Deshalb verteidigt sie die Strukturreform gegen die radikalen Strukturveränderung; sie spricht eher von der ›Humanisierung des Kapitalismus‹ als von seiner totalen Beseitigung . . . Ihre Sprache verbirgt mehr als sie offenbart. Man spricht lieber von den ›Armen‹ oder ›den Unterprivilegierten‹ als von den ›Unterdrückten‹! Weil sie die Entfremdung der Herrschenden und der beherrschten Klasse auf derselben Ebene sieht, nimmt sie den Antagonismus zwischen ihnen nicht wahr, der das Ergebnis des Systems ist, das beide geschaffen hat.[22]« Diese Kirche folgt in Krisenzeiten den Schwan-

---

hat, wofür wir Belege haben und was wir vor Gericht beweisen können. Trotzdem werden solche Leute zu Bischöfen ernannt, obwohl der Vatikan vorher darüber informiert wurde.« (I. D. Illich, Interview im April 1971 in Cuernavaca/Mexico).

21 1969/70 hat das Centro Bellarmino in Santiago de Chile unter chilenischen Priestern eine Umfrage nach ihrer ideologischen Einstellung – und zwar gezielt nach ihrem Verhältnis zum Marxismus – durchgeführt, aus der die zahlenmäßige Verteilung auf rechte, linke und reformistische Positionen, aber auch die Abhängigkeit der ideologischen Positionen von den jeweiligen Praxisbedingungen hervorgeht: »1. Die chilenische Priesterschaft ist zu 50% ideologisch in der Mitte angesiedelt. Die andere Hälfte befindet sich zu etwa gleichen Teilen auf der Rechten und der Linken. Die in Chile arbeitenden Priester nichtchilenischer Nationalität sind linker eingestellt als die chilenischen Priester. 2. Die Ideologie des Seelsorgers wechselt begleitenderweise mit der sozialen Schicht des Sektors, in dem er arbeitet; diejenigen, die in unteren Schichten arbeiten, stehen weiter links, und die, die mit Gruppen der Oberschicht zusammenleben, stehen weiter rechts.« Revista del Domingo, 13. 6. 71, zit. nach D. Nohlen, Chile. Das sozialistische Experiment (1973) 273.

22 P. Freire, Education, Liberation und the Church. Study Encounter Vol. IX/No. 1/1973. Genf, zit. nach: Entwicklungspolitische Korrespondenz 4 (1973) 15.

kungen der Macht[23]. Insofern ist die lateinamerikanische Kirche trotz oder gerade wegen ihrer reformistischen Mitte eine tendenziell polarisierte Kirche, die damit ein genaues Spiegelbild der politischen Szene Lateinamerikas darstellt. »Für die jüngste Entwicklung der Länder Lateinamerikas ist vom politischen Blickpunkt aus die *Polarisierung* der Kräfte charakteristisch. Auf der Rechten und auf der Linken kommt es zu einer Ausprägung der Standpunkte und die Parteien der politischen Mitte verlieren ihre Position. Eine politische Aktion ist heute möglich nur von rechts, dh. von der Position konservativer und reaktionärer Kräfte her, oder von links, dh. von den Positionen revolutionär-progressiver Kräfte her. Das Beharren in der Mitte macht jede politische Engagiertheit unmöglich.«[24]

6. *Anti-thesen*

Kann also die marginale lateinamerikanische Befreiungstheologie nicht ohne den Zusammenhang mit dem Kampf der unterdrückten Massen dieses Kontinents gesehen werden, so sind abschließend in Thesenform nochmals einige Züge herauszustellen, die sie im Verhältnis zum zeitgenössischen vorherrschenden theologischen Denken Westeuropas als »Antitheologie« identifizieren, »die alles, was für uns Europäer Theologie ist, zunächst auf den Misthaufen wirft«[25]:

(1) Ausgangspunkt dieser Theologie im Sinne von Luthers *»experientia facit theologum«* ist die eigene Erfahrung politischer Konfliktsituationen, die zunehmend den geschichtlich konkreten Charakter des Klassenkampfes zeigen.

(2) Ist eine faktische Parteinahme im Klassenkampf gerade auch die Konsequenz einer sich subjektiv als unpolitisch verstehenden Theologie (im Zweifelsfall immer Parteinahme für die Unterdrücker), dann entkommt auch der Theologe nicht der Polarisierung zwischen Faschismus und Sozialismus.

(3) Definiert sich Theologie der Befreiung durch ihre »Option für die Unterdrückten«, dann kann sie ihre Identität nur in der prakti-

---

23 Vgl. Ch. Antoine, Kirche und Macht in Brasilien (1972); D. E. Mutchler, The Church as a Political Factor in Latin America. With Particular Reference to Colombia and Chile. (New York 1971); Th. C. Bruneau, Catholicism, Culture, and Modernization in Brazil. The Historical Role of the Church in Brazil. Diss. McGill University, Montreal. o.J.; R. K. Dehainaut, Faith and Ideology in Latin American Perspective. Sondeos No. 85 (Cuernavaca/Mexico 1972).

24 J. Gajardo, Die Zukunft Lateinamerikas, in: Christliche Friedenskonferenz. (Prag, März 1970) Nr. 30, 9.

25 Casalis, Bremer Vortrag, aaO.

schen Solidarität mit dem unterdrückten und um seine Befreiung kämpfenden Proletariat realisieren; das bedeutet Aufkündigung der bisherigen Identität, die in der Solidarität mit den Unterdrückern bestand.

(4) Subjekt dieser Theologie (und insofern »Text«) ist »das Volk«; daher kann sie sich weder im römisch-katholischen noch im barthianischen Sinne als »kirchliche Theologie«, sondern im Sinne von Zeph 3,12a und in der Konsequenz Paulo Freires nur als »Theologie der Unterdrückten«, dh. konkret als »proletarische Theologie« verstehen.

(5) Hermeneutisches Prinzip ist die Kategorie des Klassenkampfes im Kontext einer historisch-konkreten Analyse der Abhängigkeitssituation Lateinamerikas; »Klassenkampf« wird dabei nicht als unvermittelter abstrakter Begriff oder als ideologische Parole gebraucht, sondern als »eine Ausdrucksweise, die aus einer bestimmten Praxis stammt und nur als Komponente der kritischen Verwerfung dieser Praxis besteht«[26]. Das Verhältnis von kritischer Theorie und kritischer Praxis macht folglich den hermeneutischen Zirkel dieses theologischen Denkens aus.

(6) Kritische Theorie als Moment, Folge und Reflexion von Praxis bleibt hier nicht mehr in der Konsequenz habitueller Arbeitsteilung bloßes Reflexionsgeschäft, sondern kommt auf der Ebene kritischer Praxis erst eigentlich zu sich selbst; Subjekt von kritischer Theorie, die diesen Namen verdient, können nur diejenigen sein, die an kritischer Praxis partizipieren.

---

26 Assmann, Politisches Engagement aus der Sicht des Klassenkampfes, aaO. 277.

5 | 6 Josef Nolte
Orthodoxie – Orthopraxie
Skizzen zur Tendenz des Christlichen

Et verbum caro factum est (Joh 1)

Der nachfolgende Versuch ist – man wird es ihm anmerken – seinem Verfasser nicht leicht von der Hand gegangen. Und dies trotz der großzügigen Ausgangsbedingungen seitens der Herausgeber, welche dafürhalten, daß wissenschaftlicher Fortschritt auch im Bereich der Theologie nicht möglich sei ohne »das Experiment und die gewagte These«. Doch so reizvoll das Thema auf den ersten Blick erscheinen mag, so widerständig erweist es sich bei näherer Behandlung. Für diese Widerständigkeit und Unhandlichkeit ist nicht zuletzt die bisherige Debatte über den Begriff und die Zuordnung von Orthodoxie und Orthopraxie verantwortlich zu machen. Die Intention dieses Versuchs besteht demzufolge vor allem darin, die derzeitige Diskussion über das Thema Orthodoxie – Orthopraxie begrifflich und sachlich zu straffen. Dabei können nur ausgewählte Gesichtspunkte eines schier unabsehbaren Problemgeflechts aufgeführt werden und auch dieses geschieht – um nochmals den Einladungsbrief der Herausgeber zu zitieren – »in bewußt fragmentarischer Weise«.

Im einzelnen können der beschriebenen Intention zufolge zunächst die Begriffslage (1.) und dann die seitherige Zusammenhangsbestimmung von Orthodoxie und Orthopraxie ein besonderes Interesse erwarten (2.). Über diesen Problemstand hinaus soll abschließend (in Benutzung des gewährten experimentellen Spielraums) die Diskussion auf einen Gesamtentwurf über die Tendenz des Christlichen zugespitzt werden (3.). Die Hauptthese dieses Entwurfs lautet: die globale Tendenz des Christlichen verläuft von der lange dominanten Identifikationsform »Orthodoxie« zu einer neuen Gestalt des Christlichen, welche in starker Abkürzung »Orthopraxie« genannt werden mag. Von dieser Basisthese her erfahren Begriff und Sache von Orthopraxie eine Art Meistbegünstigung im Verlauf der nachfolgenden Erörterungen.

1. Beobachtungen zur Begriffssituation

Die Begriffslage hinsichtlich der beide Titelworte Orthodoxie und Orthopraxie ist keineswegs geklärt oder gar so eindeutig, wie die gelegentlich allzu laute Verwendung dieser Ausdrücke es nahelegen könnte. Die formale Gestalt des Begriffspaars Orthodoxie – Orthopraxie bedarf mithin durchaus einer Überprüfung, bevor eine sachliche Kritik den Sinn der bisherigen Verwendung und Zuordnung dieser Begriffe in Frage stellen kann.

a. Was die formale Seite der beiden Ausdrücke Orthodoxie und Orthopraxie angeht, so stellt besonders der Orthopraxie-Begriff ein Musterbeispiel für die Eigenart – dh. auch für die Verwilderung – theologischer Begriffsbildungen in der Gegenwart dar. Denn es macht die Eigenart dieser Begriffsbildung aus, daß sie nicht auf dem Wege einer geordneten Verabredung geschieht, sondern daß solche neuen Begriffe gleichsam unter der Hand fallen, dann in der Diskussion grassieren und erst zuletzt einer terminologischen Regelung zugeführt werden[1].

Eben dies ist der Weg des hauptsächlich in Frage stehenden Ausdrucks »Orthopraxie«. Den hier eingezogenen Erkundigungen zufolge wurde der Orthopraxiebegriff zunächst im Raum der niederländischen katholischen Theologie der letzten Jahre erwähnt[2], ergriff dann einigermaßen unbedacht in der theologischen Diskussion um das Theorie-Praxis-Verhältnis Platz[3] und wird erst seit kurzem einer terminologischen Revision und Reflexion unterzogen[4].

Die seither mehr kursorisch angebrachten Beobachtungen zur Begriffsgestalt weisen meist darauf hin, daß der Ausdruck Orthopraxie einen Neologismus darstelle, der in Analogie zum Stammbegriff »Or-

1 Vgl. die mustergültige Arbeit von R. Staats, Der theologiegeschichtliche Hintergrund des Begriffs »Tatsache«, in ZThK 70 (1973) 316–345.

2 Die erste Thematisierung des Problems stammt von P. Schoonenberg, Orthodoxie und Orthopraxis, in: Die Antwort der Theologen (1968) 29–35. Dort die Hinweise auf H. van Praag, Jezus, de eerste messiaanse mens, in: De Heraut 99 (1968) 60–63 und: Th. de Kruiif, Godsdienst en Gods-dienst in de Bijbe, in: Tijdschrift voor Liturgie 51 (1967) 331–341, welche als erste den Ausdruck »Orthopraxie« benutzen.

3 Von besonderer Bedeutung für die Verarbeitung wird die Verwendung des Ausdrucks »Orthopraxie« gewesen sein bei E. Schillebeeckx, Glaubensinterpretation. Beiträge zu einer hermeneutischen und kritischen Theologie (1971) 68–75. Hier spricht Schillebeeckx vom »Kriterium der christlichen Orthopraxie«.

4 Dies geschieht besonders in der recht ausgewogenen Darstellung von Th. Schneider, Orthodoxie und Orthopraxie, in: TThZ 80 (1971) 140–152 sowie vorher bei O. Semmelroth, Orthodoxie und Orthopraxie, in: GuL 42 (1969) 359–373.

thodoxie« gebildet sei und in der Regel komplementär zu dieser Größe stehe.

Diese Charakterisierung der Begriffslage ist nicht von der Hand zu weisen, aber wohl kaum differenziert genug, um die Eigenart und systematische Problemstellung zu erfassen, welche gerade der Ausdruck Orthopraxie enthält. Zum einen ist die genannte Charakterisierung nicht vollständig zutreffend, da der Ausdruck Orthopraxie nur in einem eingeschränkten Sinn ein Neologismus ist[5] und zudem eher ein Homoioteleuton als eine strenge Analogiebildung darstellt[6]. Zum andern vernachlässigt diese erste (mehr äußerliche) Begriffsbeschreibung, daß der Ausdruck Orthopraxie die strukturale Weite einer Totalkategorie angenommen hat, welche – wie der Ausdruck Orthodoxie – einen Typus des Christlichen in seiner Gesamtheit bezeichnet. Inhaltlich stellen beide Größen, wie bereits in der Basisthese angedeutet wurde, das unterschiedliche Verfahren zur Identitätsstiftung bzw. Kontinuitätsgewinnung des Christlichen dar und sind mithin so etwas wie der Hauptnenner für zwei einander ablösende Vertretungsformen und Tendenzen des Christlichen.

Ferner kommt es einer Verbergung (deren Interesse noch aufzudekken ist) gleich, wenn die bisherigen Notizen zur Gestalt des Orthodoxiebegriffs den oppositionellen Klang zwischen Orthodoxie und Orthopraxie übergehen und statt dessen durchwegs die Komplementarität und positive Koordination der beiden Größen herausstellen. Damit hängt dann auch zusammen, daß der tendentielle Ton im Ausdruck Orthopraxie nicht bemerkt, bzw. nicht vermerkt wird und daß mithin die systematische Brisanz sowie der programmatische Ansatz des Begriffs im Dunkeln bleiben.

b. Die Überprüfung der hier in Rede stehenden Begriffsbildung ergibt, daß die Kategorie Orthopraxie nicht gerade durch besondere Klarheit ausgezeichnet ist[7]. Denn stehen bereits die formalen Züge von Komplementarität und Harmonisierung auf der einen, sowie Tendenzcharakter und Oppositionalität auf der anderen Seite unverbunden nebeneinander, so bilden vollends die materialen Gegenläufigkeiten in den Größen Orthodoxie und Orthopraxie eine beträchtliche Differenz. Auch kann kaum abgesehen werden von dem Umstand, daß der – überdies mit einer wechselhaften Begriffsgeschichte belastete –

---

5 Hingewiesen werden kann schon auf die antike Graecität, welche das Substantiv ὀρθοπραγία und die Verbalbildungen ὀρθοπραγῶ, ὀρθῶς πράττω kennt.

6 So liegt der Ton bei Ortho-doxie stärker auf dem Präfix *orthos;* während im Begriff Ortho-praxie besonders das Wort *praxis* hervorgehoben ist.

7 Mit Recht spricht Schneider von einer »sprachlich unbefriedigenden Begriffsbildung« (140).

Orthodoxiebegriff in diachroner und synchroner Hinsicht geradezu das Hauptwort eines retardierenden Traditionalismus darstellt[8], wohingegen der Ausdruck Orthopraxie eben einen Ausweg, ja den Ausbruch aus solchem Traditionalismus anzeigen will. Ganz zu schweigen von dem Umstand, daß der Orthopraxiebegriff Ausdruck einer weitgehenden Verlegenheit hinsichtlich der bisherigen Orthodoxieforderung darstellt. Vor allem in dieser Hinsicht aber kann dem nicht eben glücklichen Begriff Orthopraxie als vorläufige Artikulierung eines systematischen Problems eine gewisse Geltung und Geeignetheit zuerkannt werden.

2. *Bemerkungen über die systematische Zuordnung von Orthodoxie und Orthopraxie*

Es klang bereits an, daß die bisherige systematische Diskussion von dem Willen geprägt ist, eine positive Zuordnung der beiden Größen Orthodoxie und Orthopraxie herzustellen. Die Typen solcher Zusammenhangsbildung rufen jedoch schon wie von selber eine Kritik hervor. Um die systematische Problematik dieser Zusammenhangsbildungen zur Kenntnis zu bringen, wurde anstelle der üblichen Konstellation (Orthodoxie *und* Orthopraxie) der unhandliche Titel gewählt: Orthodoxie – Orthopraxie. Und es hätte der hier vorgelegte Versuch durchaus den Untertitel tragen können: Reflexionen über einen Gedankenstrich.

a. Die bisherige systematische Arbeit konzentriert sich auf das Problem einer positiven Zusammenhangsstiftung zwischen den Größen Orthodoxie und Orthopraxie[9]. Dabei durchzieht das vielbesprochene Theorie-Praxis-Verhältnis als eine Art Bauplan die bisherige Typik der Koordinationsversuche von Orthodoxie und Orthopraxie[10]. Denn sei es, daß (im traditionellen Typus) Orthopraxie lediglich als Durchsetzung, Folge und Frucht von Orthodoxie verstanden wird, bzw. Orthodoxie den Grund und die Grenze für Orthopraxie dar-

8 Vgl. die kurze Geschichte des vieldeutigen Begriffs »Orthodoxie« bei Schneider, 141–144, und Semmelroth, 361–365.

9 Aufschlußreich sind schon die Titel der genannten Aufsätze von Schoonenberg, Semmelroth und Schneider, welche sämtlich die Kopula »und« zum eigentlichen Thema ihrer Überlegungen machen.

10 Semmelroth verweist in seinem Beitrag gleich eingangs auf die »uralte Frage« von Theorie und Praxis (361 f.), und Schneider stellt am Ende seiner Überlegungen fest, daß es darum gehe, »eine spezifisch christliche Lösung der modernen Theorie-Praxis-Problematik anzuzielen« (151).

stellt[11]; sei es aber auch, daß (im sozusagen taktischen Typus) Orthodoxiefragen eingeklammert werden und ein voreiliger Nachdruck auf die Orthopraxieforderung gelegt ist[12] – in jedem Fall bestimmt die griechisch-mittelalterliche Entfaltung des Theorie-Praxis-Verhältnisses diese Zuordnungen von Orthodoxie und Orthopraxie. Nur in dieser Hinsicht wird es verständlich, daß in den bisher bekannten Spielarten des Christlichen ein Primat der Lehre vor dem Leben, ein Vorrang der Kontemplation vor der Aktion, eine Bevorzugung der Dogmatik vor der Ethik bestanden hat. Und dieser Vorrang ist keineswegs durch eine bloße Reduktion der Orthodoxieansprüche schon aufgehoben; er ist vielmehr nur suspendiert durch solche taktischen Ermäßigungen der Orthodoxieproblematik.

b. Dementsprechend hätte die Kritik der bisherigen Zuordnung von Orthodoxie und Orthopraxie an der theologischen Rezeption des Theorie-Praxis-Verhältnisses anzusetzen; wobei jedoch nicht nur die einseitige Übernahme des griechischen Theorie-Praxis-Modells, sondern die Leistungsfähigkeit der Theorie-Praxis-Relation überhaupt in Frage geraten kann.

So fällt bereits der noch äußerliche Befund ins Auge, daß die Beziehung Orthodoxie-Orthopraxie keineswegs hinreichend vergleichbar ist mit der allgemeinen Theorie-Praxis-Relation; und daß somit eine Substitution der Orthodoxie-Praxis-Beziehung in das weitreichendere Verhältnis von Theorie und Praxis nicht statthaft ist. Denn Orthodoxie ist nicht schon mit Theorie ineinszusetzen und Orthopraxie ist nicht Praxis schlechthin. So fehlt gerade der Orthodoxie das ausschlaggebende Moment kritischer Freiheit und freier Kritik, welches für Theorie konstitutiv ist. Als festgelegte Theorie ist Orthodoxie eher die Karikatur von Theorie und keineswegs ernsthaft an deren Stelle zu setzen. Ferner gehorcht die bisherige Systematik des Orthodoxie-Orthopraxie-Problems einigermaßen einseitig dem aristotelisch-scho-

11 Solcher Harmonisierungswille findet sich nicht nur bei den genannten katholischen Systematikern, sondern auch bei einem so unverdächtigen Protestanten wie E. Käsemann, der in seinem Vortrag: »Liebe, die sich der Wahrheit freut«, in: EvTh 33 (1973) 447 vorweg erklärt: »In christlicher Existenz geht es darum, Wahrheit und Liebe zu verbinden«.

12 Solche Einklammerungen und Ermäßigungen der Orthodoxieproblematik haben ihren Sitz besonders im ökumenischen Gespräch. Vgl. die Anfrage von R. Slenczka, Die Lehre trennt – aber verbindet das Dienen? Zum Thema: Dogmatische und ethische Häresie, in: KuD 19 (1973) 125–149.

lastischen Theorie-Primat, ohne von der neuzeitlichen Umkehrung dieses Verhältnisses Notiz zu nehmen[13].

Eine weitere Kritik könnte jedoch noch radikaler anfragen und den Wert der Theorie-Praxis-Relation philosophisch und theologisch in Zweifel ziehen. Dabei entsteht die Frage, ob die Beschreibungskategorien Theorie und Praxis einerseits überhaupt zutreffend die Wirklichkeit erreichen; und ob andererseits nicht gerade die Komplexität der Wirklichkeit durch die miteinander im Zusammenhang stehende Duale und Dualismen wie: Theorie-Praxis, Form-Inhalt, Subjekt-Objekt, aktiv-passiv usw. unsachgemäß zerschnitten wird. Denn diese zudem leicht hypostasierbaren Duale und Dualismen sind von Hause aus auf Herrschaft, Durchsetzung und Streit (und damit auf eine Überforderung des Lebendigen) angelegt, so daß die Dogmatismen im theoretischen Bereich ebenso wie die Aktionismen im praktischen Feld die ständige und notwendige Folge der Theorie-Praxis-Schere darstellen. Zudem liegen so wichtige Dimensionen wie: Ergriffenheit, Erfahrung, Entschlossenheit, Ereignis, Erleben usw. außerhalb und womöglich oberhalb der Theorie-Praxis-Relation.

Die theologische Kritik der Theorie-Praxis-Relation kann dabei auf die Eigenart des jüdisch-christlichen Wirklichkeitsverständnisses zurückgreifen, welche den tat-sächlichen Charakter des göttlichen Wortes (etwa unter den großen Bildern der Schöpfung und Menschwerdung) betont und somit die vorgängige Komplexität des Lebensvollzuges vor aller Zerschneidung der Realität in Theorie und Praxis erfaßt.

Wenn diese Fragen ihr Recht haben, so erscheint die bisherige Zuordnung von Orthodoxie und Orthopraxie bedenklich. Denn es kann leicht einsichtig gemacht werden, daß die am griechisch-scholastischen Theorieprimat orientierten Koordinationen dem hauptsächlichen Interesse unterstellt sind, einen prinzipiellen Vorrang – oder wenigstens ein Eigenrecht – von Orthodoxie zu wahren. Letzteres geschieht (wie bereits angedeutet wurde) sowohl auf dem direkten Weg der Hervorhebung von Orthodoxie als auch auf dem versteckteren Weg ihrer Entlastung. Gerade in letzterer Hinsicht kann und muß die derzeit in Mode befindliche Ausklammerung des Orthodoxieproblems als Anpassungsvorgang angesehen werden, welcher der in Verlegenheit geratenen Orthodoxie eine Überlebenschance sichern soll.

---

13 Die philosophische Literatur zum Theorie-Praxis-Problem ist fast unüberschaubar. Als Einstieg empfiehlt sich: »Marginalien zu Theorie und Praxis« von Th. W. Adorno, in: ders., Stichworte (1969). Eine ausführliche Geschichte bei: N. Lobkowicz, Theory and Practice. History of a Concept from Aristotle to Marx (London 1967).

Den vielleicht rafiniertesten Versuch solcher Apologetik dürfte die sich selber so nennende »politische Theologie« darstellen, welche – allzu politisch – sich weitgehend der Kritik an den Positionen und Traditionen einer festgelegten Orthodoxie enthält und statt dessen behende die Siebenmeilenstiefel einer allgemeinen Praxisbezogenheit anzieht oder anempfiehlt[14]. Eine Theologie aber, welche die Kritik vergißt, mag zur Deklaration und zum Transport christlich-orthodoxer Eigeninteressen taugen; einen Anspruch auf Geistesgegenwart wird sie kaum erheben können.

3. *Besinnungen zu einem Programm: Orthopraxie mit kritischem Rückhalt*

Die abschließenden Besinnungen gehen von einer gleichsam projektiven Verabredung zum Orthopraxie-Begriff aus. Orthopraxie bezeichnet demzufolge sowohl in seiner strukturalen Weite als auch in seiner oppositionellen und tendentiellen Schärfe den Hauptnenner für eine anstehende Transformation des Christlichen von dessen Symbol zur Sache, von einer dogmatischen Vertretbarkeit zur praktischen Erfüllung.

Eine solche Begriffsbestimmung aber enthält bereits den programmatischen Vorschlag zur Tendenz des Christlichen überhaupt in sich und stellt die systematische Hauptthese dieses Versuchs dar. Die Konsequenzen dieses Vorschlags können zum Schluß nur angedeutet werden.

a. Die bisherige Systematik war geradezu bedingungslos bereit, zwischen den beiden Dimensionen Orthodoxie und Orthopraxie einen positiven Zusammenhang herzustellen. Demgegenüber verzichten diese Besinnungen auf solche Zusammenhangsbildung und versuchen statt dessen das Programm einer Orthopraxie herauszustellen. Überspitzt gesprochen: der Gedankenstrich zwischen Orthodoxie und Orthopraxie wird dabei zum Trennungsstrich. Denn Orthodoxie ist nicht der Horizont von Orthopraxie, und Orthopraxie bedarf nicht der Orthodoxie zu ihrer Begründung.

Der Einwand liegt nahe, aus solcher Einseitigkeit folge notwendig ein theorieloser Pragmatismus oder gar »Praktizismus« (Adorno). Diesem Einspruch ist fürs erste entgegenzuhalten, daß Orthodoxie (wie bereits formuliert wurde) nicht schon Theorie ist, da Theorie wesentlich auf Kritik und Freiheit hinausläuft. So gesehen wird Orthopraxie,

14 So wird man vergeblich systemkritische Äußerungen von seiten der »politischen Theologie« zu Fragen der Dogmatik, der Kirchenstruktur oder Ethik suchen.

wo sie einen theologischen Rückhalt sucht, eben nicht einen orthodoxen Rückhalt suchen können; sondern Orthopraxie wird die Kritik als solche zur Instanz einer Selbstvergewisserung wählen. In diesem Verstande ist die hier vorgeschlagene Konzeption auch unter den Kurznenner zu fassen: Orthopraxie mit kritischem Rückhalt.

Die in Rede stehende Kritik von Orthopraxie aber richtet sich nach den Metakriterien aller menschenmöglichen Erkenntnis: nach Vernunftgebrauch und Realitätsbereitschaft. Ferner bilden Wahrheit und Freiheit, Gerechtigkeit und Menschenliebe als Axiome konkreter Humanität auch die Kriterien und Maßstäbe kritischer Orthopraxie.

So gesehen aber steht auch das Christliche, wo es auf seinen innersten Verstand gebracht ist, sehr wohl mit dem Programm einer universalen kritischen Orthopraxie in Einklang. Es ist eben leicht erweislich, daß der Grundgestalt des Christlichen die Tendenzlinie der Orthopraxie mehr entspricht als eine orthodoxieverhaftete Vertretung. Denn das Christliche ist seiner Grundgestalt zufolge dadurch bestimmt, daß es nichts für sich selber sein will. Dieser Verzicht auf Eigenständigkeit aber berührt nicht nur die Einzelheiten christlicher Existenz und Geschichte, sondern seinen Vertretungsrahmen im ganzen. In dieser Hinsicht aber läßt eine orthopraktisch orientierte Vertretung des Christlichen eher dessen – theologisch gesprochen – kenotische Grundgestalt zum Zuge kommen als die orthodoxieverhaftete Behauptung christlicher Positionen und Traditionen.

Wo etwas daran läge, ließe sich dann eine breite Topik theologischer Argumentationen für den hier erhobenen Orthopraxievorschlag zusammenstellen. Besonders die theologischen Felder der Pneumatologie, Christologie und der Gotteslehre enthalten auf ihrer Tiefe einen durch und durch orthopraktischen Zug. In die gleiche Richtung weist die summative und ultimative Heraushebung des Liebesgebots in der christlichen Literatur seit ihren Anfängen.

Eine weitere Argumentationsmöglichkeit liegt ferner im geschichtlichen Verlauf des Christlichen selber begründet. Dieser Verlauf – meist als Säkularisation beklagt oder gefeiert – macht deutlich, daß das Christliche sich geschichtlich umgestellt hat und zu einer inwendigen Erfüllung gelangt ist in den Forderungen einer humanistischen Ethik.

Auf den ersten Blick mag solche Umgestaltung als Entchristlichung mißdeutet werden. Doch liegt es in der Dialektik von Erfüllung, daß eine historische Gestalt, dort wo sie ihre Aufgabe erfüllt hat, sich selber aufheben kann. In diesem Verstande zielt der Vorschlag von Orthopraxie auf die Erfüllung des Christlichen in seinen Zwecken sowie auf die entschlossene Einwilligung in seine Aufgabe.

Allerdings ist mit solcher Einwilligung in die kenotische Struktur und orthopraktische Tendenz des Christlichen das Konto einer hier ausgiebig in Anspruch genommenen *theologia experimentalis* womöglich schon überzogen. Andererseits sollte der naheliegende Häresievorwurf bedenken, daß die Frage nach der *vera religio* dort, wo das Christliche auf seine kenotisch orthopraktische (deutlicher geredet: kenotisch-christopraktische) Tiefenstruktur hin gedeutet wird, offener ist, als die wütende Wachsamkeit einer um sich selbst besorgten Orthodoxie dies vermuten möchte. Jedenfalls müßte eine solche orthodoxieverhaftete Vertretung des Christlichen erklären, wie »das Wort Fleisch werden« kann ohne die kenotisch-christopraktische Tendenz zur Erfüllung und Liebe. Anders gesagt: mit dem Orthopraxie-Konzept wird letztlich ein Übersetzungsversuch des Christlichen angestrebt. Dieser Übersetzungsversuch zielt auf den Grund des Christlichen, wonach Selbstaufgabe die Voraussetzung für weiteres Leben ist. Demzufolge wird hier der Versuch gemacht, mit christlichem Recht über die orthodoxieverhaftete Vertretung des Christlichen hinauszugelangen auf das offene Meer einer geschichtlich-praktischen Erfüllung.

b. Daß mit dem Vorschlag einer Transformation des Christlichen von Orthodoxie zu Orthopraxie weitreichende Konsequenzen verbunden sind, läßt sich von vornherein vermuten. An dieser Stelle sollen – dem wissenschaftsbezogenen Kontext des vorliegenden Gemeinschaftswerkes entsprechend – weniger die Umstellungen der christlichen Existenz als vielmehr die Transpositionen theologischer Arbeit berührt werden.

Selbstverständnis, Arbeitsweise und Aufbauweise von Theologie verändern sich nämlich tiefgreifend, wo die Theologie nicht mehr Sachwalterin einer festgestellten Orthodoxie ist, sondern wo sie den kritischen Rückhalt einer Orthopraxie-Konzeption bildet. Theologie hätte – wo trotz allem auf die Theorie-Praxis-Konstellation rekurriert wird – den Ort von Theorie inne und hätte mithin die Aufgabe uneingeschränkter Kritik wahrzunehmen. Ihrem Selbstverständnis zufolge wäre solche Theologie als kritische Theorie christlicher Praxis oder als kritisch-praktische Theologie anzusehen.

Ihrer Arbeitsweise nach vollzieht diese kritisch-praktische Theologie sich weithin historisch, insofern sie die diachronen und synchronen Traditionsbestände bzw. Gegenwartsprodukte von Orthodoxie und Orthopraxie der Sprache und Sache nach zu überprüfen hat. Erst wo dieses historisch-textbezogene Geschäft einigermaßen zuverlässig getan ist, kann eine kritisch-praktische Theologie ihrem praktischen Hang Folge leisten und in systematischer Arbeit die Kategorien einer Fundamentalethik erkunden. In starker Abkürzung gesagt: eine kritisch-praktische Theologie vollzieht sich in den Dimensionen historisch-textbezogener Kritik und systematisch-ethischer Konstruktion. Auf eine Pastoraltheologie oder Praktische Theologie im engeren Sinn wird eine kritisch-praktische Theologie verzichten können, da letztere in der Regel nur das Alibi oder die Selbsttröstung einer letztlich praxisfernen, orthodoxieverhafteten Vertretung des Christlichen ausmacht.

Bei diesem Versuch der Exploration einer kritisch-praktischen Theologie sollte der von orthodoxieverhafteter Seite vorgebrachte Einwand nicht allzuviel Eindruck machen, wonach eine solche Theologie sich einerseits nicht von der früheren liberalen Theologie und andererseits nicht von einer universalen praktischen Philosophie unterscheidet. Beide Vorwürfe könnten eher als Auszeichnung aufgefaßt werden. Denn weder sind die Anliegen der liberalen Theologie überholt, noch ist seitens der orthodoxieverhafteten Apologetik die Fragestellung einer praktischen Philosophie bisher erreicht.

Neben solcher Transposition der Theologie sind durch die bisherigen Thesen nahezu alle Felder christlicher Existenz in Frage gestellt. Denn wo das Christliche nicht länger auf Wahrung, Durchsetzung oder Darstellung von Orthodoxie hinausläuft, sind Bekenntnis, Kirche oder Moral nicht mehr die entscheidenden Identitätsfaktoren des Christlichen. Vielmehr läuft der Zug von Orthopraxie – um mit dem Neuen Testament zu reden – auf jenes *obsequium rationale* hinaus, demzufolge die konkrete Existenz als *hostia vivens* aufgeopfert wird. Daß solcher säkulare Gottesdienst, als welcher Orthopraxie auch zu verstehen wäre, sich gleichwohl nicht – um weiterhin im Zusammenhang von Röm 12 zu reden – »mit dieser Welt gleichförmig macht« – kann jedes Experiment eines tatsächlich von Wahrheit und Freiheit (oder gar von Liebe) ergriffenen Lebens leicht in Erfahrung bringen. Denn gerade die sich selber vergessende Liebe ist (als der Orthopraxie letzter Schluß) nicht schon Naturprodukt menschlicher Umwelt, sondern der leidvoll zustandekommende Glücksfall zwischenmenschlicher Ergriffenheit. Letztere umgreift Theorie und Praxis und übersteigt sie wohl auch.

Zuletzt kann noch vermerkt werden, daß die hier angeregte Transformation und tiefgreifende Allegorese des Christlichen hin zur Orthopraxie in früherer Zeit als das Reich des Geistes, der Freiheit und der Liebe herbeigewünscht wurde. Ohne die derzeitige Lage zu überfordern, lautet dann die Schlußfrage, ob das Christliche sich selber suchen will in einer festgestellten Orthodoxie oder ob es den Rubikon bisheriger Eigenbestrebungen überschreiten und dabei letztlich zu einer sich selbst getrost vergessenden Tat-Sache werden kann. Solchermaßen zur Vernunft gebracht, vermöchte das Christliche sich wohl selber zu entsprechen und seinen eigenen Grundsatz zu riskieren: Et verbum caro factum est.

Autorenregister

Experiment Isolotto. Dokumentation einer neuen Gemeinde. Herausgegeben und eingeleitet von Hans-Dieter Bastian. Aus dem Italienischen übersetzt und bearbeitet von Edmund Labonté.

Elmar Maria Lorey, Mechanismen religiöser Information. Kirche im Prozeß der Massenkommunikation.

Pfarrer ohne Ortsgemeinde. Berichte, Analysen und Beratung. Herausgegeben und eingeleitet von Yorick Spiegel.

Wolfgang Marhold, Fragende Kirche. Über Methode und Funktion kirchlicher Meinungsumfragen. Mit einer Einführung von Norbert Greinacher.

Margaretta K. Bowers u. a., Wie können wir Sterbenden beistehen. Mit einer Einführung zur deutschen Ausgabe von M.-P. Engelmeier und Y. Spiegel. Aus dem Amerikanischen.

Kirchliches Amt im Umbruch. Herausgegeben von Hans-Dieter Bastian.

Howard J. Clinebell, Modelle beratender Seelsorge. Mit einem Nachwort von Helmut Harsch. Aus dem Amerikanischen.

Wybe Zijlstra, Seelsorge-Training. Clinical Pastoral Training. Mit einem Nachwort von Hans-Christoph Piper. Aus dem Niederländischen.

Angst in der Kirche verstehen und überwinden. Herausgegeben von Rudolf Bohren und Norbert Greinacher.

Behindert – Süchtig – Obdachlos. Projektarbeit mit Randgruppen. Herausgegeben von Otto Seeber und Yorick Spiegel.

Yorick Spiegel, Der Prozeß des Trauerns. Analyse und Beratung.

Die Predigt bei Taufe, Trauung und Begräbnis. Inhalt, Wirkung und Funktion. Eine Contentanalyse. Erarbeitet von der Homiletischen Arbeitsgruppe Stuttgart/Frankfurt.

Gruppendynamik in der kirchlichen Praxis. Erfahrungsberichte. Herausgegeben von Karl-Wilhelm Dahm und Hermann Stenger.

Artur Reiner, »Ich sehe keinen Ausweg mehr«. Suizid und Suizidverhütung – Konsequenzen für die Seelsorge.